I0891069

Der Preis des „weißen Goldes“

Preispolitik und -strategie im Merkantilsystem am Beispiel der Porzellanmanufaktur Meißen 1710–1830

von
Dr. Alessandro Monti
Universität Köln

Oldenbourg Verlag München

Titelbild: „Maria Immaculata", Madonna mit Christuskind im Arm auf der Weltkugel, auf der ein Drachen aufsitzt. Neuadaption in Anlehnung an ein Modell von Johann Joachim Kaendler, 1737 – 1738, H. 44 cm, Inv. Nr. P.E. 3774; aus der Königlichen Sammlung im Japanischen Palais

Abdruck mit freundlicher Genehmigung
der Staatlichen Porzellan-Manufaktur Meissen GmbH

Bibliografische Information der Deutschen Nationalbibliothek

Die Deutsche Nationalbibliothek verzeichnet diese Publikation in der Deutschen Nationalbibliografie; detaillierte bibliografische Daten sind im Internet über http://dnb.d-nb.de abrufbar.

© 2011 Oldenbourg Wissenschaftsverlag GmbH
Rosenheimer Straße 145, D-81671 München
Telefon: (089) 45051-0
www.oldenbourg-verlag.de

Zugl.: Köln, Univ., Diss., 2010

Das Werk einschließlich aller Abbildungen ist urheberrechtlich geschützt. Jede Verwertung außerhalb der Grenzen des Urheberrechtsgesetzes ist ohne Zustimmung des Verlages unzulässig und strafbar. Das gilt insbesondere für Vervielfältigungen, Übersetzungen, Mikroverfilmungen und die Einspeicherung und Bearbeitung in elektronischen Systemen.

Lektorat: Kristin Beck
Herstellung: Constanze Müller
Einbandgestaltung: hauser lacour
Gesamtherstellung: Grafik + Druck GmbH, München

Dieses Papier ist alterungsbeständig nach DIN/ISO 9706.

ISBN 978-3-486-70435-8

„Das porzellan (...) die vor hergehendes fassong und mallery kann wie vor hero gemachet und debitirt werden und noch mehrer Rafinirt. Beides muß aumb eynen erleitligen preis gesetzet werden daß auch die manifactur prosfitiren kan".[1]

August der Starke, Kurfürst von Sachsen und König von Polen
Eigenhändige Notiz, März 1731

---

1 Hauptstaatsarchiv Dresden (HStAD), Bestand 10026, Loc. 2097/49, S. 9.

Vorwort

Bei dem vorliegenden Buch handelt es sich um eine leicht überarbeitete Fassung meiner Dissertation, die im Februar 2010 von der Wirtschafts- und Sozialwissenschaftlichen Fakultät der Universität Köln angenommen worden ist.

Dieses Werk stellt den Abschluss eines mehrjährigen Projektes dar, um dem schon seit Schulzeiten bestehenden Interesse für (Wirtschafts-)Geschichte auch auf wissenschaftlichem Gebiet Ausdruck verleihen zu können. Ein Projekt, welches gleich einem persönlichen Herzenswunsch seit etlichen Jahren bestand und nie aus den Augen verloren wurde. Und schließlich durch die Unterstützung von verschiedenster Seite mit Rat und Tat auch seine Realisierung gefunden hat.

Zuvorderst möchte ich meinem Doktorvater, Prof. Dr. Toni Pierenkemper, sehr herzlich für die Übernahme des Dissertationsvorhabens danken. Die unkomplizierte Betreuung, die vielfältigen Impulse aus einer Vielzahl von Gesprächen, der wohlwollend gewährte Freiraum in der wissenschaftlichen Bearbeitung und die angenehme Zusammenarbeit haben mit dazu beigetragen, dieses Projekt erfolgreich abschließen zu können. Danken möchte ich auch Prof. Dr. Ralph Anderegg für die freundliche Übernahme des Zweitgutachtens und weiterführende Hinweise zu meiner Arbeit.

Dem „Dissertation Committee“ der „European Business History Association“ (EBHA) gebührt mein Dank, im Rahmen der Jahrestagung im August 2010 meine Arbeit ausgezeichnet und so für außerordentlich positiven Zuspruch aus der europäischen wirtschaftshistorischen Forschungsgemeinschaft gesorgt zu haben. Weiterhin möchte ich mich ganz herzlich bedanken bei der Gesellschaft für Unternehmensgeschichte e.V. und der Jury, die mein Werk mit der Vergabe des Preises für Unternehmensgeschichte 2010 bedacht hat und mir so eine große Ehre hat zuteil kommen lassen. Dank gilt im Rahmen dieser beiden Auszeichnungen besonders Prof. Dr. Harm Schröter und Dr. Andrea Schneider.

Während meiner Archivrecherchen in Sachsen habe ich besondere Unterstützung durch Dr. Peter Braun und Frau Sylvia Jungermann in Meißen erfahren. Ich danke beiden für die kompetente und stets sehr freundliche Hilfe bei meiner Suche nach geeigneten Quellen im Werksarchiv der Porzellanmanufaktur Meißen und für die kostenlose Bereitstellung des Titelbildes zu diesem Buch. Ebenso bedanke ich mich bei den Mitarbeitern des Hauptstaatsarchivs in Dresden für die Unterstützung. Wertvolle Hilfe habe ich überdies von Herrn Claus Boltz und Frau Julia Weber erhalten, die mir mit Materialien, Bildern und konstruktiven Hinweisen immer wieder auch den kunsthistorischen Aspekt meines Projektes näher gebracht haben. Den Herren Philipp Burtscheidt, Georg Maier und Alexander Westphal möchte ich besonders für die Durchsicht meines Manuskripts und für die stets freundschaftliche Hilfe danken.

Frau Kristin Beck vom Oldenbourg Verlag danke ich für die gute Zusammenarbeit, die Korrektur des Manuskripts und die Bereitschaft, meine Vorstellungen bei der Gestaltung des Buches zu berücksichtigen.

Zu Dank bin ich Frau Annette Ohl verpflichtet, die mir während der gesamten Zeit Unterstützung und Motivation hat zukommen lassen und selbst inmitten der schweren eigenen Prüfungsvorbereitungen immer hilfreich zur Seite stand. Schließlich danke ich meinen Eltern, ohne deren Einsatz und Führung mein Lebensweg mich nicht an diesen Punkt gebracht hätte. Ihnen gebührt meine tiefste Wertschätzung.

Dedicato a voi.

Bonn, im Januar 2011 Alessandro Monti

Inhalt

1 Einleitung

1.1 Fragestellung und Forschungsstand

In der wirtschaftshistorischen Forschung bedürfen noch zahlreiche Themengebiete einer umfassenden Untersuchung. Eines dieser Forschungsfelder ist die historische Analyse der Preispolitik in Gewerbe und Handel.[2] Werner Sombart, der in seinem oft zitierten Hauptwerk „Der moderne Kapitalismus" nahezu sämtliche einzelwirtschaftliche Aspekte der Wirtschaftsgeschichte beleuchtete und die Entwicklungsgeschichte von Gewerbesektoren und Betrieben[3] nachzeichnete, musste für die Erforschung der Preisgestaltung zugeben:

> *„Die Geschichte der Preisbildung ist, soviel mir bekannt, niemals für eine historische Epoche zum Gegenstande einer systematischen Untersuchung gemacht worden".*[4]

Mehr als 100 Jahre nach der Erstveröffentlichung seines Hauptwerkes in zwei Bänden im Jahre 1902 ist die von Sombart festgestellte Forschungslücke noch immer nicht geschlossen worden. Diese vorliegende Arbeit soll helfen, diese Lücke zu schließen und einen Beitrag zu liefern, der interdisziplinär sowohl für die Wirtschaftsgeschichte als auch für die Betriebswirtschaftslehre von Nutzen sein kann. Denn die Entscheidung über den Preis eines hergestellten Produktes oder über eine angebotene Dienstleistung ist eine der wichtigsten unternehmerischen Entscheidungen überhaupt. Ein erfolgreiches wirtschaftliches Bestehen erfordert die Einrückung der preispolitischen Entscheidung in das Zentrum sämtlicher unternehmerischer Überlegungen. Zu hohe oder zu niedrige Preise bergen die Gefahr von Nachfragerückgängen, Über- oder Leerkapazitäten, verringerten Deckungsbeiträgen, verstärkten Konkurrenzreaktionen und können schließlich zu betrieblichen Verlusten führen. Die Preispolitik ist besonders wichtig, da sie das entscheidende Instrument für die Sicherung des Absatzes und für die Generierung von Umsätzen ist. Es stellt sich nun die Frage, wann und wie diese Kausalzusammenhänge im Laufe der Wirtschaftsgeschichte erkannt worden sind. Daran eng geknüpft ist die Fragestellung, wie in den neu entwickelnden dezentralisierten Gewerben der Neuzeit das preispolitische Instrumentarium von den Entscheidungsträgern eingesetzt wor-

2 Nachfolgend soll das Gewerbe als Sektor der veredelnden Weiterverarbeitung verstanden werden, im Unterschied zur stoffbeschaffenden Urproduktion und der Güterverteilung des Handelssektors, vgl. Pierenkemper (1994), S. 3.

3 Die trennscharfe Definition der Begriffe „Betrieb" und „Unternehmen" ist nicht abschließend geleistet worden, vgl. Pierenkemper (2000), S. 15. Nachfolgend soll einem Ansatz gefolgt werden, in welchem beide Begriffe der „Charakterisierung der produzierenden Wirtschaftseinheiten in ganzheitlicher Sicht", dienen, vgl. Kolbeck (1980), S. 67.

4 Sombart (1928a), S. 195.

den ist. Allgemein wird die Etablierung des Marketing, dem die Preispolitik als Teilbereich angehört, als Maxime und Leitlinie des marktnahen unternehmerischen Handelns zu Beginn des Zeitalters der Industrialisierung und der Massenproduktion zwischen 1830 und 1850 datiert.[5] Ob diese Periodisierung jedoch möglicherweise zeitlich weiter zurück datiert werden muss, wie konkret der spezifische Umfang absatz- und preispolitischer Bestrebungen sowie die Art und Weise des praktischen Einsatzes der Preispolitik war und ob man, nach einer eingehenden Analyse historischer Primärquellen, die bisher dominierenden Ansätze und Forschungsschwerpunkte in der Preisgeschichte um eine weitere Perspektive erweitern sollte – diese Fragestellungen verbleiben für die wirtschaftshistorische Forschung weiterhin noch im Dunkeln.

Diese vorliegende Arbeit untersucht den einzelwirtschaftlichen Aspekt der Preispolitik während der Zeit von 1710 bis 1830 am Beispiel der Porzellanmanufaktur Meißen. Im Fokus steht dabei die Frage nach den strategischen und unternehmerischen Überlegungen, die zum Einsatz des preispolitischen Instrumentariums geführt haben. Kernaspekte sind dabei die Charakterisierung der preispolitischen Grundsatzentscheidungen auf Ebene der damaligen Manufakturführung und die Untersuchung der Entwicklung von Kompetenzen und Kenntnissen in Preisbildung und Kalkulation. Im engen Zusammenhang dazu wird geprüft, ob und in welchem Ausmaß die gewählte Preispolitik weitere Interdependenzen mit Entscheidungen auf benachbarten Ebenen der Geschäftsführung gehabt hat, wie der Produktpolitik, der Qualitätssteuerung und der Personalpolitik. Ferner soll analysiert werden, wie das preispolitische Instrumentarium im Vertrieb der Produkte genutzt wurde und wie der Wettbewerb mit den konkurrierenden Manufakturen preispolitisch angegangen wurde. Ziel ist es, die damaligen Grundlagen der Preispolitik herauszustellen.

Die makroökonomisch dominierte Auseinandersetzung mit Preisen hat in der wirtschaftshistorischen Forschung traditionell einen hohen Stellenwert.[6] Ganz allgemein wird die Preisgeschichte als die wissenschaftliche Beschäftigung mit historischen Preisreihen und -strukturen in einem gesamtwirtschaftlichen Kontext definiert.[7] Das Sammeln, die Analyse und die Aufbereitung von Daten zu Preisen und Löhnen sollen die Interpretation und das Verständnis der Konjunktur und den ökonomischen und sozialen Problemen in historischer Perspektive ermöglichen.[8] Dies führte in den 1930er Jahren zur systematischen Aufarbeitung von historischen Preisreihen durch die deutsche Arbeitsgruppe des „Internationalen Komitees für die Geschichte der Preise und Löhne" unter Leitung von Moritz Elsas, während nach dem Zwei-

---

5 Vgl. Fullerton (1988), S. 122, zu systematischen Einteilungen in historische Perioden der Marketingentwicklung, vgl. Church (1999). Gemeinhin wird der Durchbruch der Industrialisierung, die Abkehr von vorindustriellen Zuständen und die Hervorbildung von modernen Unternehmen in Deutschland um die Jahre 1835/1840 angesetzt. Je nach zugrundeliegendem Wachstumstheorem und angenommenen Stadien wirtschaftlichen Wachstums kann aber auch der Zeitpunkt ab 1850 hinzugezogen werden, so besonders im Stadienschema nach Walt W. Rostow, vgl. Kocka (1980), S. 77, Wehler (1970), S. 87 und grundlegend Rostow (1967). Zur Datierung und Periodisierung des Industrialisierungsprozesses, vgl. ausführlich Mottek (1960), Pierenkemper (2005), S. 148–164.

6 Vgl. Gerhard/Kaufhold (2001), S. 17. Zusammenfassend zu den grundlegenden Aufgaben der Preisgeschichte, vgl. Morgan (1950).

7 Vgl. Gerhard/Engel (2006), S. 20.

8 Vgl. Abel (1974), S. 259, Kaufhold (1991), S. 154 und Stuebel (1938).

ten Weltkrieg die Preisreihen von Wilhelm Abel in Göttingen weitergeführt wurden.[9] Zu Beginn des 20. Jahrhunderts setzte auch eine ausgiebige Forschung zur „Preisrevolution“ des 16. und 17. Jahrhunderts ein, als in ganz Europa ein starker Anstieg der Preisniveaus beobachtet wurde.[10] Die Preisgeschichte steht nahezu ganz im Dienste von konjunktur- und agrarhistorischen Forschungen. Der dabei eingesetzte Fleiß bei der Datensammlung von Preisreihen geht bis in die vorchristliche Zeit zurück. So gibt es Aufzählungen für Preise im antiken Babylon[11], Preislisten für gehandelte Güter in der syrischen Stadt Ugarit für die Zeit um ca. 1.300 v. Chr.[12] und sogar Preise, verteilt über die letzten 200 Jahre vor Christi Geburt, die von Sklaven in der griechischen Stadt Delphi gezahlt werden mussten, um ihre Freiheit zu erlangen.[13]

Preise haben in ihrer dreifachen Funktion als Indikatoren für die Koordination (Abstimmung der Wirtschaftspläne der Marktteilnehmer), die Allokation (Zuwendung der Produktionsfaktoren in ihre rentabelste Verwendung) und die Information (Anzeige der Knappheitsverhältnisse) besonders für Wirtschafts- und Sozialhistoriker eine aufschlussreiche Bedeutung.[14] Insbesondere die Funktion der Anzeige von Knappheitsrelationen auf Märkten gibt einerseits einen Hinweis auf das makroökonomische Zusammenspiel zwischen Angebot und Nachfrage und andererseits den Einblick in die für dieses Zusammenspiel grundlegenden Elemente der Marktverflechtung und Freiheit der Preisbildung. Die Preise werden so zu einer Quelle, durch die Hinweise auf vergangene wirtschaftliche und gesellschaftliche Strukturen und Prozesse ermöglicht werden.[15] Einzelne Preise und der betriebliche Hintergrund ihrer Bildung sind dabei von untergeordneter Bedeutung, ist es doch erst das Zusammenspiel von vielen Preisen in ihrer Relation untereinander, welches der Konjunkturforschung den höchstmöglichen Erkenntnisgewinn liefert.[16] Das Verhältnis der Preise zueinander und ihre Veränderung ergeben den Grundstein für die in einer Wirtschaft zugrunde liegenden Entwicklungen und Vorgänge.[17] Durch die Analyse der Preisentwicklung im Zeitablauf lassen sich Krisen und Konjunkturen besser verstehen und interpretieren, genauso wie die Periodisierung von Zeitabschnitten und Wechsellagen präziser erfolgen kann.[18]

---

9 Vgl. Denzel (2004), S. 197, ausführlich bei Dumoulin (1990) und Gerhard/Engel (2006) S. 20– 37.

10 Losgetreten von Wiebe (1895), hat die Forschung zur Preisrevolution bis zum heutigen Tag eine Fülle von Arbeiten hervorgebracht. Grundlegend dazu Fischer (1996), ausführlich zu der Vielzahl an Erklärungstheorien und über den aktuellen Forschungsstand vgl. Gerhard/Engel (2006), S. 21 und Finkelstein (2006), S. 14– 34.

11 Vgl. Temin (2002).

12 Vgl. Heltzer (1978), S. 17.

13 Vgl. Hopkins (1978), S. 158– 163.

14 Zu den einzelnen Funktionen der Preise vgl. Hartwick (1993), S. 187 und Winterstein (1982), S. 34– 35, zur Marktregulierung durch Preise Fritsch/Wein/Ewers (1999) S. 220– 231.

15 Vgl. Gerhard (1998), S. 73.

16 Vgl. Kaufhold (1991), S. 157.

17 Vgl. Witthöft (2006), S. 439.

18 So für den in der Wirtschaftsgeschichte besonders wichtigen Sektor der Landwirtschaft. Grundlegendes Werk dazu ist z.B. Abel (1978), der methodisch wie inhaltlich die Forschung nachhaltig beeinflusst hat. Für Abel waren Preise das „wichtigste Material der Konjunktur- und Krisengeschichte“, vgl. Abel (1974), S. 259.

Für die gewissenhafte und methodisch korrekte Analyse von Preissammlungen ergeben sich aber eine Vielzahl von Schwierigkeiten bezüglich der Vergleichbarkeit von historischen Preisreihen.[19] Die Vergleichbarkeit von Preisarten (z.B. Großhandels- und Einzelhandelspreise oder frei gebildete Preise und politisch diktierte Preise), die einheitliche Umrechnung von Maßen und Gewichten, die Qualität und Menge der zu vergleichenden Güter und die Frage, ob überhaupt im konkreten Fall noch dieselbe Ware verglichen wird, sind neben der Sicherstellung der Übereinstimmung von Vergleichsperioden die größten Unwägbarkeiten der Forschung in der Preisgeschichte. Nicht zuletzt ist der „valor intrinsecus" des Münzgeldes, also sein tatsächlicher Edelmetallwert, für die korrekte Analyse von Preisreihen einzubeziehen. Auf die Güte der Quellen ist die Preisgeschichte ebenfalls angewiesen. Je nachdem, wie nah die Aufzeichnungen und Quellen am Marktgeschehen angesiedelt waren und je zuverlässiger ein Marktpreis übermittelt wurde, lässt sich ein unterschiedlicher Wert und Grad der Authentizität der Quellen bemessen. Vereinzelt wird deshalb von Historikern der Sinn von preisgeschichtlichen Arbeiten angezweifelt, hauptsächlich unter dem Hinweis auf die erheblichen Schwierigkeiten ihrer Erhebung und dem eher überschaubaren Erkenntnisgewinn solcher „Materialmassen".[20] Historische Preisdaten zu erstellen nur als „Produkt archivischer Sucharbeit" zur Gewinnung von „Urmaterial für die statistischen Manipulationen" ist ohne ökonomisch vorbedachten Zusammenhang wenig zielführend.[21] Preise und Löhne verbleiben in der Erforschung der Konjunkturgeschichte aus diesen Gründen weiterhin nicht unumstrittene Indikatoren.

Für die Preisgeschichte im Allgemeinen galt selbst noch um 1970, dass eine gewisse Überalterung der Forschungsleistung festgehalten wurde. Viele bedeutende Arbeiten stammten noch aus der Zeit vor 1945 und waren damit bis weit in das 20. Jahrhundert hinein entsprechend veraltet. Wehler musste deshalb konstatieren, dass die deutsche Preisgeschichte des 19. und 20. Jahrhunderts immer noch „stockt".[22] Dieses Stocken hat sich besonders durch die Arbeiten von Wilhelm Abel und seinen Schülern zwar gelöst. Bei Metzner ist die Preisgeschichte aber „ein undankbares Feld wissenschaftlicher Beobachtung", denn die Feststellungen über Preisbewegungen und Preisgefüge „besagen, wirtschaftlich gesehen, recht wenig".[23] Allein schon aus diesem Grund ergibt sich die Notwendigkeit, das Thema des Preises aus einem anderen wirtschaftshistorischen Blickwinkel, dem der Einzelwirtschaft, zu beleuchten. Die Forschungsleistung zur Preisgeschichte darf nicht nur allein aus der makroökonomischen Ebene stammen, sondern muss auch die mikroökonomische Ebene berücksichtigen.

Diese nun vorliegende Arbeit konzentriert sich auf eine detaillierte Analyse einer frühen Form eines Großbetriebes und den Entscheidungs- und Handlungsproblemen bei der Gestaltung der Preispolitik. Sie taucht gleichermaßen ein in einen betrieblichen Mikrokosmos des

19 Nachfolgend ausführlich Gerhard/Kaufhold (2001).

20 Vgl. Kaufhold (1991), S. 154. Symptomatisch für diese Materialmassen ist das Werk von Elsas, welches auf fast 1.600 Seiten in drei Bänden aufgeteilt eine schier monumentale Fülle von Zeitreihen zu historischen Preisen bis zum 19. Jahrhundert beinhaltet, vgl. Elsas (1936), Elsas (1940) und Elsas (1949).

21 Jacobs (1964), S. 459, vgl. auch Lerner (1952), S. 251.

22 Wehler (1970), S. 94.

23 Metzner (1953), S. 83.

18. Jahrhunderts, der aufgrund des noch jungen Erscheinungswesens der Manufaktur selbst für die damaligen Beteiligten oftmals hochgradig experimentell war und in dem jede neu aufkommende betriebliche Herausforderung der Erbringung einer Pionierleistung gleichkam. Eine detaillierte und unternehmensorientierte Vorgehensweise ist entscheidend, um die mit der Preispolitik verbundenen zentralen Handlungsoptionen und Entscheidungswege für den Geschäftsverlauf der Manufaktur zu ergründen. Die Erforschung dieser strategischen und konstitutiven Entscheidungen ist besonders dafür geeignet, als Leitlinie für unternehmenshistorische Arbeiten zu dienen.[24] Es gehört deshalb unweigerlich dazu, den in Meißen eng an die Preispolitik anknüpfenden Fragen des Geschäftsalltags, den wirtschaftlichen Entscheidungen und Dispositionsspielräumen, den technischen wie auch künstlerischen Fortentwicklungen sowie dem Einfluss von Marktstrukturen und politischen Rahmenbedingungen genauso Platz einzuräumen wie dem zentralen Thema selbst – nur so wird die ökonomische Logik des Einsatzes des Preisinstruments gebührend berücksichtigt.[25] Zwar ist bisher in der Geschichtswissenschaft ein eher schwieriges Nebeneinander von Mikro- und Makro-Ansätzen zu verzeichnen gewesen.[26] Dennoch kann argumentiert werden, dass ein Makro-Ansatz nur zu einem vollständigen Bild beitragen kann, wenn er durch die Detailstudie der Mikro-Dimension flankiert und vervollständigt wird und der Multiperspektivität von historischen Untersuchungen Rechnung trägt.[27] Die Einbeziehung des preisstrategischen Instrumentariums aus der unternehmerischen Marktperspektive heraus liefert den nötigen Gegenpol zur bisherigen makroökonomisch-statistisch geprägten preisgeschichtlichen Forschung. Wittmann stellt fest, dass das Gewicht der wirtschaftshistorischen Interessen etwas einseitig verteilt ist:

> *„Es dominiert der makroökonomische Aspekt, gesamtwirtschaftliche Fragen von Wirtschaftsstruktur, Konjunktur, Wachstum, Geld, Währung und Kapitalmarkt, Verteilung, Finanzwesen, Wirtschafts-, Sozialpolitik und Finanzpolitik stehen im Vordergrund“.*[28]

Aus der Dominanz dieser makroökonomischen Perspektive muss für die historische Auseinandersetzung mit dem Themenkomplex des Preises auch das mikroökonomische Äquivalent in Gestalt der betrieblichen und individuellen Preisstrategie ausgearbeitet werden. Diese mikroökonomische Sphäre ist die Privatwirtschaft mit ihren vielfältigen Ausprägungen und Problemstellungen. Die Preispolitik als ein betriebliches und weniger als ein volkswirtschaftliches Phänomen leidet darunter, dass die ihr übergeordnete Disziplin – die Betriebswirtschaftslehre – nicht durch eine „historische Schule“ gegangen ist wie die Nationalökonomie

---

24 Vgl. Pierenkemper (2000), S. 87.

25 Vgl. Pierenkemper (2000), S. 64 und Pierenkemper (1999), S. 20, der die „innere ökonomische Logik unternehmerischen Handelns“ ins Zentrum einer jeden Unternehmensgeschichtsschreibung stellt.

26 Vgl. Schlumbohm (1998), S. 10– 11 und S. 31.

27 Vgl. hierzu Pierenkemper (2000), S. 28, vgl. auch Schlumbohm (1998), S. 13. Ähnlich auch Plumpe, der sich für die Vielfalt der Perspektiven in den theoretischen Konzepten zur Plausibilisierung von historischer Unternehmensforschung ausspricht, vgl. Plumpe (2006), S. 65–66 und S. 72 und Plumpe (2004), S. 412.

28 Wittmann (1982), S. 5.

und deshalb lange Zeit um ihre akademische Etablierung kämpfen musste.[29] Die Herausbildung einer eigenständigen betriebswirtschaftlichen Schule hat zu einem recht späten Zeitpunkt eingesetzt, genauso wie auch die historische Erforschung der Einzelwirtschaft innerhalb einer Unternehmensgeschichtsschreibung bisher kaum durchgeführt worden ist.[30] Klein-Blenkers stellt fest, dass „die Erkenntnisse der Forscher der alten Betriebswirtschaftslehre nur sehr wenig berücksichtigt und auf ihren Bezug zur neuen Betriebswirtschaftslehre untersucht werden".[31] Es wird zudem eine sich verstärkende Zahl derjenigen Autoren moniert, „die generell kein Interesse an der historischen Entwicklung des Faches zeigen und diesen Themenkomplex aus ihren Untersuchungen ausklammern".[32] Die Zahl der deutschsprachigen Veröffentlichungen zur Geschichte der Betriebswirtschaftslehre verbleibt auf relativ niedrigem Niveau von unter einem Dutzend.[33] Dass zumeist nur das von wissenschaftlicher Bedeutung ist, was dem aktuellen Stand des Faches entspricht, ist ein trügerischer Fehlschluss, auf den schon Hax mit Nachdruck hingewiesen hat.[34] In diesem Lichte äußert sich auch Walb, der die historische Methode für die innerbetriebliche Betrachtung von größter Bedeutung hält und für den die historische Betrachtungsweise in betriebswirtschaftlichen Fragen unerlässlich ist.[35]

Über die Lücke in der wirtschaftshistorischen Forschung in Bezug auf die Funktionen und Rollen des Preises als „Indikator" der Verhältnisse aus der Marktperspektive heraus, schreibt Gerhard: „Umso mehr muß es daher erstaunen, wie wenig bisher über die Natur dieses Indikators in der preishistorischen Literatur zu finden ist".[36] Dass grundsätzlich ein enormer Erkenntnisgewinn durch die historische Analyse der Preispolitik erzielt werden kann, bestätigt Dickinson: „Much is to be learned from examining the history of pricing".[37] In historischer Perspektive ist das Verständnis der regulierenden gesellschaftlichen Rahmenbedingungen der kaufmännischen Tätigkeit zwar gut gefestigt, aber „our knowledge about the daily practice of buying and selling is still superficial".[38] Die Absatzpolitik und die eng mit ihr verbundenen Teilbereiche sind in der deutschsprachigen historischen Forschung kaum gebührend repräsentiert und allerhöchstens bei einzelnen Arbeiten im Rahmen größerer wissenschaftlicher Themenkomplexe untersucht worden. Spezialstudien, die das Marketing in ihrer ganzen Bandbreite des Instrumenteneinsatzes in den Mittelpunkt stellen, sind ebenfalls

29 Vgl. Ambrosius/Plumpe/Tilly (2006), S. 11 und Berghoff (2004), S. 312, zur „Historischen Schule" ausführlich Schneider (2001), S. 293–317.

30 Vgl. Löffelholz (1935), S. 4, Pierenkemper (2000), S. 13 und Berghoff (2004), S. 7.

31 Klein-Blenkers (1997a), S. 92.

32 Klein-Blenkers (1997a), S. 54.

33 Vgl. Schneider (2001), S. 67. Zur Geschichte der Betriebswirtschaft vgl. Brockhoff (2002), Sundhoff (1991), Seyffert (1971), Leitherer (1961), Bellinger (1967), Löffelholz (1935), Weber (1914) und Klein-Blenkers (1994). Wirtschaftshistorische Untersuchungen unter betriebswirtschaftlichen Aspekten sind ebenfalls in der Forschung unterrepräsentiert, als Ausnahme sei hier Schiele (1967) genannt.

34 Vgl. ausführlich Hax (1949).

35 Vgl. Walb (1929), S. 210–211.

36 Gerhard (1998), S. 74.

37 Dickinson (1988), S. 187.

38 Blondé et al. (2006), S. 7.

noch selten.[39] Wiederholt ist die unzureichende Forschungsleistung für historische Themen der Absatzpolitik festgehalten worden.[40] So schreibt Erker, dass die Geschichte des Markenprodukts mitsamt seiner Entwicklung und seines Vertriebs „noch weitgehend unerforscht sei".[41] Fitzgerald schreibt: „It is surprising that marketing has received so little attention from both business and economic historians".[42] Davenport-Hines mahnt eindringlich: „If anything is clear (...) it is that questions of marketing deserve more detailed and systematic research by historians".[43] Dass dem absatzpolitischen Instrumentarium seine Bedeutung in der wirtschaftshistorischen Forschung zugeteilt werden muss, verdeutlichen auf direkte Art und Weise Tedlow und Jones: „Without Marketing, there is no business".[44]

Die Beschäftigung mit der Geschichte der Preispolitik und umfassender mit der Marketinghistorie, musste sich als Forschungsgebiet in der Wirtschaftsgeschichte bisher dem Primat der Produktion unterordnen.[45] Für die Führungskräfte lag in der Anfangszeit der Industrialisierung das Hauptaugenmerk auf dem technologischen Fortschritt und der Produktion der Güter, und eher weniger auf deren Vertrieb. Mit dem Einsatz von Wasser, Dampf und später der Elektrizität wurden immer komplexere Maschinen und Geräte bedient, die mit einem ausgebildeten Pool von Arbeitern einen verhältnismäßig großen Schub in der Produktion und Vielfalt von Gütern bewirken konnten.[46] Pierenkemper verdeutlicht hingegen auch die Bedeutung der absatzpolitischen Bemühungen für die deutsche Wirtschaftsgeschichte, da

> *„es nicht nur Leistungen im Bereich von Produktionsverfahren und Produktionsentwicklungen waren, die den deutschen Unternehmen den Weg zu internationalen Märkten öffneten, sondern dass auch ihre Absatzbemühungen schon früh und entscheidend dazu beitrugen".*[47]

Blaich sieht als Grund für den schlechten Forschungsstand im deutschsprachigen Raum, dass bis 1935 in der Betriebswirtschaftslehre keine „zusammenfassende Untersuchung über die Absatzseite des industriellen Wirtschaftens" vorgelegen habe, und dass deshalb die Unter-

---

39 Vgl. Berghoff (2004), S. 314.

40 Dies auch besonders aus dem angloamerikanischen Forschungsbereich, hier vor allem Savitt (1980), S. 52 und Hower (1935), S. 79.

41 Erker (1997), S. 352.

42 Fitzgerald (1995), S. 5. Von Savitt (1980), S. 54, wird vermutet, dass die wirtschaftshistorische Analyse von absatzpolitischen Themen auch deshalb kaum Auftrieb bekommt, da Absatzpolitik eine angewandte und stark praktisch orientierte Forschungsrichtung ist. Sie wendet sich vielfach an Entscheidungsträger in Unternehmen, die verständlicherweise nach optimalen Lösungen in heutigen Märkten suchen: „Looking backward to them is a luxury". Ähnlich auch Plumpe (2006), S. 63. Schneider (1984), S. 114, verurteilt eine „geschichtslose Managementwissenschaft" und sieht in der anwendungsorientierten Marketingwissenschaft „wirtschaftsgeschichtliche Übervereinfachungen", vgl. Schneider (2001), S. 265. Berghoff (2004), S. 14, betont die Gefahr eines mangelnden Geschichtsbewusstseins in der Unternehmensführung: „Wer sich nicht für die historischen Wurzeln seines aktuellen Handelns interessiert, schneidet sich von führungsrelevantem Wissen ab und erschwert sich die Bestimmung seines aktuellen Standpunktes".

43 Vgl. Davenport-Hines (1986), S. 5.

44 Tedlow/Jones (1993), S. 2.

45 Vgl. Fullerton (1988), S. 108–109 und Berghoff (2004), S. 313.

46 Vgl. Landes (1969), S. 6.

47 Pierenkemper (2000), S. 175.

nehmensgeschichte dem Absatz und seinen Instrumenten weniger Aufmerksamkeit zugewandt habe als dem Produktionssektor.[48]

Die Spanne der bisher bearbeiteten preispolitischen Untersuchungsfelder geht kaum über relativ oberflächliche Arbeiten hinaus, die einem so gewichtigen Bereich wie der Preispolitik in keiner Weise gerecht werden können. Als einer der ersten Forscher war es Werner Sombart, der die Entwicklung der einzelwirtschaftlichen Preisbildung thematisiert hat.[49] Josef Löffelholz hat in Anlehnung an Sombart mit den ersten ausführlichen Untersuchungen zur Geschichte der Betriebswirtschaftslehre auch einige Nachforschungen zur Preispolitik angestellt. Hanns Linhardt[50] geht auf die Preispolitik als historische betriebliche Funktion mit lediglich zwei Seiten ein – verbleibt zudem weitestgehend auf makroökonomischer Ebene ohne jemals die tatsächlichen betrieblichen Vorgänge bei der Preisbildung zu erwähnen. Auf spezifischer Ebene im Rahmen von historischen Fallstudien zeigt beispielsweise Hesse auf anschauliche Weise die Schwierigkeiten einer marktorientierten Preispolitik für die Reichs-Post und Telegraphenverwaltung um die Wende des 19. und 20. Jahrhunderts.[51] Die Wertschöpfungskette in der Erstellung von Landkarten und der Handel mitsamt den preispolitischen Implikationen in der Kartographie des 18. Jahrhunderts wurden von Pedley besprochen.[52] Winkler geht in seiner Arbeit über das englische Druckerhandwerk im späten 17. und frühen 18. Jahrhundert auch auf preispolitische Überlegungen der Verleger und Drucker ein und zeigt die damals üblichen Preiskalkulationen.[53] Die Untersuchungen zur Preispolitik verbleiben jedoch am Rande des eigentlichen Arbeits- und Forschungsinteresses, genauso wie Reuter in seiner umfangreichen Analyse der Manufakturen im fränkischen Raum im 18. Jahrhundert die Preispolitik nahezu unerforscht lässt.[54] Fenske beleuchtet die Mechanismen der Preisfindung und der Verhandlungsstrategien im Handel auf dem Hildesheimer Markt während der Neuzeit, kann aber aufgrund des gesteckten Themenfeldes das Werk um eine einzelwirtschaftliche Sphäre nicht erweitern.[55] Bei der betriebswirtschaftlichen Analyse der Eisenhütte Gittelde im 18. Jahrhundert geht Steinkamp zwar auf die Kostenkalkulation und die Absatzpreise ein, beide Themenbereiche sind jedoch im Vergleich zu den Ausarbeitungen in Bezug auf die Betriebsmittel, die Beschaffung und die Produktion relativ unterrepräsentiert.[56]

Was speziell den Teilaspekt der Preisgeschichte betrifft, wird es zu weit interessanteren Ergebnissen kommen, wenn man in die Einzelprobleme der Preisgeschichte einsteigt.[57] Der konkreten Geschäftstätigkeit des Kaufmanns im Mittelalter und in der Neuzeit wurde von der

48 Blaich (1982), S. 6.

49 Vgl. Sombart (1928a), S. 195–207.

50 Vgl. Linhardt (1964), S. 42–44.

51 Vgl. Hesse (2002), S. 245–265 und S. 401–420.

52 Vgl. Pedley (2005).

53 Vgl. Winkler (1993).

54 Vgl. Reuter (1961).

55 Vgl. Fenske (2006).

56 Vgl. Steinkamp (1997).

57 Vgl. Metzner (1953), S. 83.

Forschung wenig Beachtung geschenkt, während hingegen die (mitunter stark theologisch geprägte) Auseinandersetzung mit dem Gerechten Preis seit jeher eine Fülle von Werken hervorgebracht hat.[58] Schon vor nahezu 80 Jahren äußerte sich Steinhüser deshalb besorgt über die mangelnde historische Durchleuchtung von einzelwirtschaftlichen Problemen, da die historische Betrachtung so manchem Betriebswirt schlichtweg nicht liegen würde.[59] Walb betont, dass zahlreiche innerbetriebliche Funktionen und Aspekte kaum historisch hinterfragt worden sind, da ihre Entwicklung mit der Entstehung moderner Wirtschaftsorganisationen verbunden ist und kaum historische Anknüpfungspunkte zu haben scheint.[60] Für die Preispolitik und -kalkulation als einen Teilaspekt des einzelwirtschaftlichen Entscheidungsraumes, gilt heute prinzipiell noch immer das, was Steinhüser schon 1931 festgestellt hat: „Eine Geschichte der Kalkulation ist seltsamerweise noch nicht geschrieben".[61] Dies sei unverständlich, denn ein derartiger wirtschaftsgeschichtlicher Abriss könnte „eine große Lücke ausfüllen" und sei zum Verständnis der frühen Einzelwirtschaft mindestens genauso wichtig wie die Geschichte der Buchhaltung.[62]

Die mangelnde Beschäftigung der modernen Forscher mit der „alten" Betriebswirtschaft, mit den historischen Vorläufern dieser Disziplin und ihren einzelwirtschaftlichen Teilaspekten ist nicht von der Hand zu weisen. Eine Beschäftigung mit der Geschichte solcher Teilaspekte kann das Verständnis verbessern, wie Erkenntnisse und Methoden gebildet worden sind. Das Verständnis einzelner Theorien, ihre Anwendungsvoraussetzungen und ihr Zusammenhang können dazu beitragen, die Überprüfung bisheriger Forschungsmethoden zu unterstützen.[63] Will man die Vergangenheit und das Entstehen der Gegenwart transparenter und begreifbarer machen, muss Preisgeschichte ein wesentliches Objekt wirtschafts- und sozialhistorischer Untersuchungen werden.[64] Dass das betriebswirtschaftliche Wissen trotz seines Hangs zu Moden und Trends und seinem Schwerpunkt zur Problemlösungskompetenz für aktuelle Fragestellungen durchaus historische Wurzeln aufzuweisen hat, eröffnet hochgradig interessante Forschungsansätze und gibt Raum für einen besseren wissenschaftlichen Austausch zwischen der Wirtschaftsgeschichte und der Wirtschaftswissenschaft.[65]

---

58 Vgl. Spicciani (1977), S. 129.

59 Vgl. Steinhüser (1931), S. 7.

60 Vgl. Walb (1929), S. 207–208.

61 Steinhüser (1931), S. 7.

62 Steinhüser (1931), S. 157.

63 Vgl. Schneider (2001), S. 1– 9, dem die Wissenschaftsgeschichte vor allem auch zur Überprüfung für die bisherige „Fruchtbarkeit einzelner Forschungsmethoden" dient.

64 Vgl. Gerhard/Engel (2006), S. 17.

65 Vgl. Plumpe (2006), S. 63 und Staffelbach (2002), S. 14–16, der eine hohe Komplementarität in der Zusammenarbeit zwischen Historikern und Ökonomen ausmacht: Die Geschichte kann für die Betriebswirtschaft genauso nützlich sein wie es umgekehrt die ökonomische Theorie für die Geschichte sein kann. Hierzu auch Pierenkemper (2004), S. 596 und Pierenkemper (1999), S. 24, der den praktischen Nutzen für die Gegenwart aus einer Zusammenarbeit zwischen Ökonomen und Historikern auch für einzelwirtschaftliche Zusammenhänge unterstreicht. Davenport-Hines (1986), S. 2–3 betont die fruchtbare Beziehung zwischen Geschichte und Wirtschaftswissenschaft, denn „(…) it does seem worthwhile to introduce to historians some of the concerns of economists, and indeed to test the validity of the latter's concepts in the more empirical world of historians".

1.2 Begrifflichkeit und Aufbau der Untersuchung

1.2.1 Grundlagen und Zielsetzungen der Preispolitik

Der Preis ist das monetäre Gegengewicht zu angebotenen Produkten und Leistungen. Mit der Preispolitik werden alle aktiven und zielgerichteten Gestaltungen der Preisforderung gegenüber Marktpartnern bezeichnet. Die Preispolitik ist mit der Produktpolitik, der Werbung und der Distributionspolitik ein Teil der vier Hauptinstrumente, die es einem Unternehmen ermöglichen, Absatzpolitik zu betreiben. Als entscheidende Einflussgröße ist deshalb die Preispolitik ein integraler Bestandteil dieses absatzpolitischen Instrumentariums, das sich aus den Gebieten Produktpolitik, Distributionspolitik, Werbepolitik und eben Preispolitik zusammensetzt.[66]

Als Teilbereich des Marketinginstrumentariums darf die Preispolitik keiner isolierten Betrachtung unterliegen. Sie ist nicht nur in den Kontext der benachbarten Marketingaspekte einzuordnen, sondern ist stets in den Zusammenhang des gesamten unternehmerischen Handelns einzubetten. Die vielfältigen Zusammenhänge der Preispolitik mit den Feldern der Produktpolitik, der Finanzierung, der Investition und der technischen Entwicklung machen es notwendig, die Wirkungsketten innerhalb der Preispolitik zu untersuchen. Mehrdimensionale, interdependente und manchmal gegenläufige Preiswirkungen geben diesem Teilbereich des Marketing einen erheblichen Komplexitätsgrad.[67] Da der Preis der stärkste Gewinntreiber für ein Unternehmen ist, kommt ihm im täglichen Betriebsgeschäft eine besondere Rolle zu. Preisänderungen können ohne Vorabinvestitionen durchgeführt werden, Nachfrageänderungen auf Preisanpassungen erfolgen wesentlich schneller und mengenmäßig viel heftiger als mit anderen Absatzinstrumenten und Wettbewerbsreaktionen auf Preisänderungen sind zumeist intensiver als bei anderen Maßnahmen.[68] Das unter der Preispolitik verstandene Aktionsfeld ist jedoch erheblich umfangreicher als die bloße Entgeltpolitik oder die reine Kalkulation des Verkaufspreises. Es vereint sämtliche Aktionsparameter, mit denen Preis-Leistungs-Verhältnisse marktwirksam angegangen werden können. So ist auch beispielsweise die Vertriebspolitik, die Preiskommunikation gegenüber Endkunden oder die interne Verteilung der Preissetzungskompetenz in die Preispolitik einzuschließen. Der Einsatz dieser Parameter erfolgt nicht isoliert, sondern als ein Bündel von Maßnahmen, deren getrennte Betrachtung wenig sinnvoll ist. Dabei betreffen die preispolitischen Variablen Informations-, Aktions- und Zielentscheidungen. Während mit den Informationsentscheidungen die Preisfindung und -durchsetzung unterstützt werden sollen, sind die preispolitischen Aktionsentscheidungen auf der Ebene der Unternehmensführung zu fällen. Beide Elemente bilden die

---

66 Vgl. Gutenberg (1984), S. 9. In der Theorie und Praxis des Marketing hat sich das Schema der vier P's bewährt, bei welchen Product, Price, Placement und Promotion als die vier wichtigsten Instrumente angesehen werden, vgl. ausführlich McCarthy (1960) und Borden (1965). Der Sichtweise von Becker (2006), S. 487–488, welcher der Preispolitik die Eigenständigkeit abspricht und den Preis mit der Produktgestaltung zur Angebotspolitik formt, wird im Weiteren nicht gefolgt.

67 Vgl. Simon/Fassnacht (2009), S. 13 und Olbrich/Battenfeld (2007), S. 3.

68 Vgl. Simon/Fassnacht (2009), S. 2–3 und S. 7–8.

Grundlage für die konkrete Ausgestaltung der Preispolitik, wobei die verschiedenen Aktionsfelder oft interdependent und nicht völlig überschneidungsfrei sind.[69]

Abbildung 1-1: Entscheidungsbereiche der Preispolitik

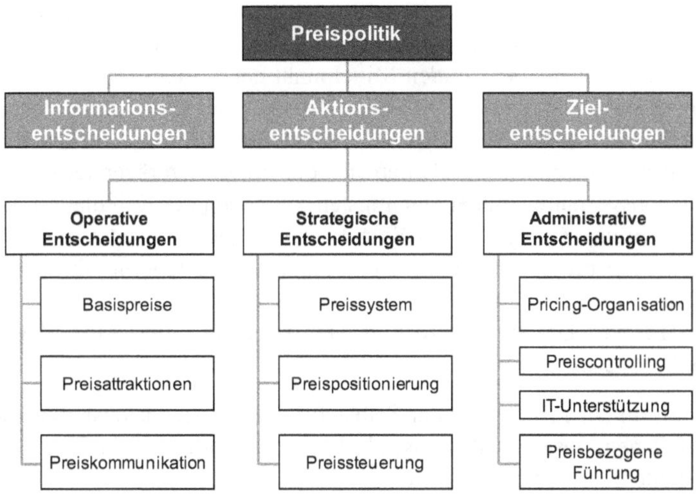

Quelle: In Anlehnung an Diller (2003), S. 11.

Im Mittelpunkt der Preispolitik steht zumeist das Erwerbsprinzip.[70] Dieser Endzweck kann durch Ziele erreicht werden, die auf absatz-, produktions- oder finanzwirtschaftlichen Aspekten beruhen. So kann das Ziel der Kundengewinnung ebenso preispolitisch gesteuert werden wie die Kapazitätsauslastungen oder die Sicherung der Liquidität in einem Unternehmen.[71] In dem hier interessierenden Bereich des Absatzmarktes für ein hergestelltes Produkt ist es entscheidend, die Bestimmung der monetären Gegenleistung für die Produkte zu berechnen.[72] Die direkt einwirkenden Elemente auf die Absatzsituation des Unternehmens sind die Mengen- und Wertkomponenten des Umsatzes und die Mengeneffekte der Kostenstruktur. Verkaufspreise können zwar auch im Wege von Verhandlungsprozessen etabliert werden. Doch in den seltensten Fällen lässt sich damit eine gezielte Preispolitik betreiben. Diese liegt dann vor, sobald ein Betrieb bei der Produktherstellung eine spezifische, vorher kalkulierte Preisforderung erhebt oder zusätzliche Maßnahmen vornimmt, mit deren Hilfe eine zielge-

---

69 Vgl. Diller (2003), S. 10 und Diller (2008), S. 35–37.

70 Vgl. Gutenberg (1984), S. 182 und Diller (2008), S. 41.

71 Vgl. Meffert/Benkenstein (1993), Sp. 1583–1584.

72 Preispolitik ist auch als ein Element der Beschaffungspolitik bei nachfragenden Unternehmen anzusehen und kann nicht nur hergestellte Güter, sondern auch angebotene Dienstleistungen umfassen, vgl. Meffert/Benkenstein (1993), Sp. 1583. Im weiteren Verlauf wird von der Möglichkeit, nicht nur den Verkaufspreis von hergestellten Gütern, sondern auch von Dienstleistungen zu kalkulieren, abstrahiert.

richtete Feinsteuerung des Absatzes erreicht werden kann.[73] Die wesentlichen Bestimmungsfaktoren der Preisbildung sind demnach kostenorientierte, nachfrageorientierte und wettbewerbsorientierte Prinzipien.[74]

Die Preispolitik wurde zu Beginn der betriebswirtschaftlichen Forschung noch weitestgehend in enger Relation zwischen dem betrieblichen Kostenwert und dem marktwirtschaftlichen Tauschwert angesehen.[75] Die frühe Literatur war stark fokussiert auf den Kostenbegriff und stellte „das Kostenproblem somit in den Mittelpunkt der betriebswirtschaftlichen Problematik".[76] Noch in den 50er Jahren des 20. Jahrhunderts war der Preis unmittelbar und allein mit den Kosten verbunden: „Der Preis setzt sich – vom Gewinn bzw. Verlust abgesehen – aus Kosten zusammen".[77] Hieraus entwickelten sich die auf Kostenträgerstückrechnungen basierenden Kalkulationsverfahren zu den wichtigsten Methoden der Kalkulation der Stückkosten und der Verkaufspreise. Grundlage der Stückkosten können entweder die gesamten Kosten (Vollkosten) oder nur proportionale und direkt zurechenbare Kosten (Teilkosten) sein.[78] Die kostenorientierte Preiskalkulation hat in ihren Grundzügen immer die Kosten-Plus-Preisbildung als Basis: Der Preis wird durch einen prozentualen Aufschlag auf die zuvor errechneten Selbstkosten bestimmt.[79]

Die eine Grundform zur Errechnung der Selbstkosten ist die Divisionskalkulation.[80] Sie geht von den angefallenen Gesamtkosten aus, ohne weitere Aufteilung in Einzel- oder Gemeinkosten. Die Problematik der verursachungsgemäßen Zurechnung von Kosten, die abhängig von der erstellten Leistung sind (die variablen Kosten), und von Kosten, die davon unabhängig sind, weil sie für eine Vielzahl von hergestellten Produkten gemeinsam anfallen (die Fix- und Gemeinkosten[81]), wird hierdurch umgangen. Die Stückkosten ergeben sich durch Division der Gesamtkosten durch eine Bezugsgröße als Divisor, vorzugsweise die Zahl der produzierten Menge. Verfeinerungen der Divisionskalkulation weisen eine Gliederung der Gesamtkosten auf und berücksichtigen die Fertigungstiefe der Produktionsprozesse.[82] Ein wei-

---

73 Nachfolgend sollen mit dem Begriff der „Preisstrategie" die spezifischen Maßnahmenbündel zur Erreichung von preispolitischen Zielen verstanden werden.

74 Vgl. Meffert/Benkenstein (1993), Sp. 1585, wobei historisch betrachtet die kostenorientierte Preisbildung schon seit der Antike eingesetzt wurde, vgl. Drahota (1984), S. 134.

75 Vgl. Löffelholz (1935), S. 6.

76 Löffelholz (1935) S. 6–7.

77 Metzner (1953), S. 9.

78 Vgl. Vormbaum (1975), Sp. 2048.

79 Zur Kosten-Plus-Preisbildung, vgl. ausführlich Simon/Fassnacht (2009), S. 190–192 und Meffert/Benkenstein (1993), Sp. 1586. Diese Kosten-Plus-Kalkulation ist die häufigste in der Praxis eingesetzte Form der Preisbildung, nicht zuletzt auch deswegen, weil durch die tradierte Preisethik kostengebundene Preise moralisch als gerechtfertigt erschienen, vgl. hierzu Wied-Nebbeling (1985) und Noble/Gruca (1999).

80 Vgl. ausführlich zur Methodik der Divisionskalkulation zur Ermittlung der Selbstkosten Coenenberg/Fischer/Günther (2007), S. 106–111 und Vormbaum (1975), Sp. 2050–2053.

81 Gemeinkosten sind nicht immer identisch mit fixen Kosten. Es können sowohl variable Gemeinkosten auftreten wie auch fixe Einzelkosten, vgl. zur Unterscheidung Mellerowicz (1977), S. 15 und zum Begriff der fixen Kosten Kürpick (1965), S. 6–19.

82 Bei der einstufigen Divisionskalkulation wird das Unternehmen für die Kalkulationszwecke als eine Leistungseinheit gesehen ohne weitere Untergliederung der Kostenstellen. Bei der mehrstufigen Divisionskalkulation

teres gängiges Verfahren zur Ermittlung der Kosten ist die Zuschlagskalkulation. Hier werden den einzelnen Produkten zuerst nur die eindeutig zurechenbaren Einzelkosten hinzugefügt, die nicht direkt zurechenbaren Gemeinkosten hingegen indirekt über die Bestimmung einer verursachungsgerechten Zuschlagsbasis zugeordnet.[83] Die Ermittlung von verursachungsgerechten Zuschlagsgrößen für die Gemeinkosten, die im Vertrieb oder in der Verwaltung anfallen können, wird dadurch zum zentralen Element der Zuschlagskalkulation.[84] Es wird unterschieden zwischen einer summarischen Zuschlagskalkulation, bei der alle Gemeinkosten gruppiert werden und mit einer einzigen Zuschlagsgröße auf die Produkte verteilt werden, und zwischen einer differenzierenden Zuschlagskalkulation mit Gemeinkostenzuschlägen für jede Kostenstelle.[85] Für diese Art der Preisbildung wird vorausgesetzt, dass in dem betrieblichen Rechnungswerk eine Trennung zwischen den Einzelkosten und Gemeinkosten durchgeführt wird.

Die systemimmanenten Mängel der Divisions- und Zuschlagskalkulation werden in der Forschung als unbefriedigende Basis für preispolitische Entscheidungen angesehen.[86] Alternative Lösungsansätze sehen vor, die Preise aufgrund von Teilkostenrechnungen zu kalkulieren und dadurch bessere preispolitische Ergebnisse zu erzielen. Da die Grundlage dieser Rechnung die proportionalen, also die direkt zurechenbaren Einzelkosten sind, kann auf eine Kostenaufschlüsselung verzichtet werden und der kalkulatorische Ausgleich für eine flexible Preispolitik erhalten bleiben. Die Problematik, den Anteil der Fixkosten weiterhin langfristig ausgleichen zu müssen, verbleibt. Je nach Kalkulationsart ist die Behandlung der Fixkosten dabei unterschiedlich. Bei der einstufigen Blockkostenrechnung („direct costing") werden die fixen Kosten als ein gesamter Kostenblock angesehen, der durch das betriebliche Wirtschaften gedeckt werden muss. Weitere Varianten der Rechnung unterteilen den Kostenblock in vielfältige Stufen und Kostenstellen, die eine feinere Ausgestaltung der Selbstkosten und der Verkaufspreise erlauben.[87]

Bei der nachfrageorientierten Preisbestimmung wird auf die Wertvorstellungen der Käufer geachtet. Die Befriedigung von Bedürfnissen aus dem Konsum von Produkten oder Dienstleistungen und damit einhergehende Nutzenerwartungen stehen im Vordergrund der Analyse

---

werden mehrere hintereinander geschaltete Produktionsprozesse berücksichtigt mitsamt ihren Kostenstellen, vgl. Vormbaum (1975), Sp. 2051–2052.

83 Vgl. Reichmann (1993), Sp. 2262 und Diller (2008), S. 311–312.

84 Es können Wertgrößen wie die Lohnsumme, Mengengrößen wie Gewicht und auch Zeitgrößen wie Produktionsstunden als Maßgrößen für die Aufschlüsselung der Gemeinkosten gewählt werden.

85 Zum Wesen der Betriebszuschlagskalkulation Vormbaum (1975), Sp. 2054–2056, Jokisch (1993), Sp. 1025–1026 und ausführlich Reichmann (1993).

86 Dazu gehören die willkürliche Verteilung von Gemein- und insbesondere Fixkosten auf die Kostenträger, der Verzicht auf einen (antizyklischen) kalkulatorischen Ausgleich bei sich wandelnden Marktbedingungen und eine Zirkularität der Rechnung auf Basis vorgegebener Absatzmengen, die wiederum entscheidend von den Verkaufspreisen abhängen, vgl. ausführlich Mellerowicz (1977), S. 16–26, Riebel (1994), S. 237 und Jokisch (1993), Sp. 1028.

87 Eine noch stärkere analytische Ausarbeitung der Preiskalkulation erfolgt bei auf Grenzkosten basierenden Deckungsbeitragsrechnungen. Je größer ein Deckungsbeitrag als Differenz zwischen Verkaufspreis und variablen Kosten ist, umso besser können die nicht zurechenbaren Kosten gedeckt und ein Gewinn erzielt werden, vgl. zur Deckungsbeitragsrechnung Mellerowicz (1977), S. 133–254.

nachfrageorientierter Vorgehensweisen. Ist der mögliche Nutzen aus einer Leistung und die damit verbundene Wertvorstellung hoch, so ist es auch der Preis, der für die Bereitstellung der Leistung verlangt werden kann.[88] Bei dieser Art der Preisbildung ist die Ermittlung von Zahlungsbereitschaften seitens der Nachfrager von zentraler Bedeutung, um möglichst viel von dieser Bereitschaft abschöpfen zu können. Preisbeurteilung, Preiskenntnis und weitere motivationale, kognitive und situative Faktoren wie Finanzsituation und Zeitdruck sind Elemente, welche in den Entscheidungsprozess der Nachfrager über den Kauf eines Produktes einfließen. Diese Entscheidungsprozesse und die damit verbundenen individuellen Verhaltensweisen der Kunden können durch eine geeignete nachfrageorientierte Preisbildung zum eigenen Vorteil genutzt werden. Dafür grundlegend ist auch die Kenntnis der Preiselastizitäten, also den Nachfragereaktionen der Kunden auf Preisänderungen.[89]

Schließlich existiert mit der wettbewerbsorientierten Preisbildung eine Möglichkeit, das relativ aufwendige Kalkulationsverfahren der beiden anderen Methoden etwas zu entschärfen und im Wege einer retrograden Preisbildung die Orientierung an den Marktbedingungen zu erzielen. Hierbei richtet man sich bei der Preisbestimmung nach den eigenen Wettbewerbern. Es gilt entweder der Preis des Marktführers im Rahmen einer Anpassungsstrategie als Leitpreis oder es wird ein durchschnittlicher Marktpreis angenommen. Man unterscheidet dabei die Preisführerschaft, bei der sich letztlich die Preise der Wettbewerber an einem dominierenden Unternehmen orientieren. Dies ist eine paritätische Preissetzung, bei der sich die Unternehmen gegenseitig in der Preissetzung folgen. Und man unterscheidet die Politik der Unterbietung, bei der ein Wettbewerber stets einen niedrigeren Preis setzt als die Konkurrenten.[90] Auch kann eine bewusste Differenzierung die Preisbildung bestimmen, indem man die Verkaufspreise in Nischen ansetzt, die bisher vom Wettbewerb nicht abgedeckt worden sind - entweder am unteren oder am oberen Rand der Preisskala.[91] Im Wege von Markt- und Wettbewerbsanalysen wird versucht, Einflussfaktoren für die Preisbildung zu erforschen, insbesondere mögliche Reaktionen der Wettbewerber und die Entität der Wettbewerbssphären, also den Grad und die Intensität der Konkurrenzbeziehungen.[92] Die Berücksichtigung von Wettbewerbspreisen liefert dem Unternehmen Preisunter- und Preisobergrenzen, an denen es sich bei der eigenen Preisbestimmung orientieren und seine betriebliche Strategie ausrichten kann. Auch können schlichtweg „realistische" Preise gefordert werden, die der Geschäftsführung am Markt durchsetzbar erscheinen und weitestgehend auf Erfahrungswerten beruhen.[93]

Ist die Preisbildung eine operative Entscheidung, die einen grundlegenden Optionenraum für die Fortführung der Preispolitik bildet, wird gerade dieser Raum von preisstrategischen Entscheidungen ausgefüllt. Diese Strategien sind ganzheitliche, an langfristigen Zielen ausge-

---

88 Vgl. Meffert/Benkenstein (1993), Sp. 1587.

89 Vgl. Diller (2008), S. 319–321 und Olbrich/Battenfeld (2007), S. 95–96.

90 Vgl. Simon/Fassnacht (2009), S. 192–194, Meffert/Benkenstein (1993), Sp. 1588 und Noble/Gruca (1999), S. 438.

91 Vgl. Simon/Fassnacht (2009), S. 193.

92 Vgl. Simon/Fassnacht (2009), S. 89–90.

93 Vgl. Diller (2008), S. 320–337.

richtete Handlungskonzepte der Preispolitik, um den wirtschaftlichen Erfolg des Unternehmens zu sichern. Sie stellen das Getriebe dar, mit welchem die Umsetzung von preispolitischen Maßnahmen konkret durchgeführt wird. Es können in Abhängigkeit der internen und externen Veränderungen im Umfeld eines Unternehmens immer wieder neue „Getriebesysteme" konzipiert werden, die eine optimale Mischung und Abstimmung verschiedener Marketing- und Preisinstrumente erfordern. Da ein derartiges System zwar langfristiger Natur ist, jedoch in kurz- bis mittelfristiger Sicht stets neu anhand der Markt- und Wettbewerbsdimensionen definiert werden muss, ist somit eine abschließende Darstellung aller preisstrategischen Konzepte unmöglich.[94] Im Folgenden soll nur eine Auswahl an Strategien angerissen werden, die für den weiteren Verlauf der Arbeit von Interesse sind.

Tabelle 1-1: Preisstrategische Entscheidungen

Ausgestaltung des Preissystems	Preispositionierung und -segmentierung	Strategische Preiskoordination
• Preisformen • Preisfindung • Preis- und Konditionenkomponenten • Preisdifferenzierung	• Generische Preispositionierung • Kundennutzenkonzepte • Preisstrategische Wettbewerbskonzepte • Zielgruppen	• Preislinienpolitik • Life-Cycle-Pricing • Internationale Preiskoordination

Quelle: In Anlehnung an Diller (2008), S. 210.

Eine dieser Strategien ist die Preispositionierung, in der eine spezifische preisliche Gestaltung im Bewusstsein der Kunden angestrebt wird. Mit der preislichen Positionierung soll die gewünschte Position des Angebots erreicht werden, welches sich im Idealfall von den Wettbewerbern absetzen kann. Die Übereinstimmung zwischen anvisiertem Verkaufspreis und der gebotenen Qualität ist für die Präferenz der Kunden besonders wichtig, da bei nicht vorhandener Konsistenz zwischen Preis und Qualität schnell Übervorteilungsgedanken aufkommen. Deshalb muss entschieden werden, in welcher Preislage man sein Geschäft betreiben will, ob in der Niedrig-, Mittel- oder Premiumpreisposition.[95] Eng daran geknüpft ist die Preislinienpolitik, falls es mehrere Produkte im Produktionsprogramm gibt. Da zwischen ihnen komplementäre und substitutionale Beziehungen bestehen können, entscheidet die Preisposition des einen Produkts auch über Erfolg oder Misserfolg des anderen Produkts.[96]

Mit Hilfe der Preisdifferenzierung wird eine weitere strategische Option verstanden, um das Preissystem noch weiter auszugestalten und zu definieren. Hierbei werden prinzipiell gleiche

94 Vgl. Diller (2008), S. 209–212 und S. 257–258.

95 Vgl. ausführlich zur Preispositionierung Simon/Fassnacht (2009), S. 30–70.

96 Vgl. ausführlich Haverkamp (2005), Oxenfeldt (1966) und Gierl (2003).

Produkte, welche in ihren produktspezifischen Dimensionen identisch sind, zu unterschiedlichen Preisen an verschiedene Kundengruppen verkauft.[97] Diese unterschiedlichen Nachfrager mittels einer völlig individualisierten Preispolitik anzusprechen ist weder praktikabel noch ökonomisch sinnvoll. Deshalb werden Nachfrager nach bestimmten Kriterien dergestalt in Segmente aufgeteilt, so dass sie in sich homogen sind und von den anderen Segmenten sich möglichst gut unterscheiden. Segmentspezifische Preisdifferenzierung spricht die verschiedenen Nachfrager mit unterschiedlichen Preisen an, um ihre Zahlungsbereitschaft optimal ausschöpfen zu können - variieren also Nutzeneinschätzungen, so können insgesamt höhere Erlöse erzielt werden, auch wenn die Preise variieren.[98]

Abbildung 1-2: Arten der Preisdifferenzierung

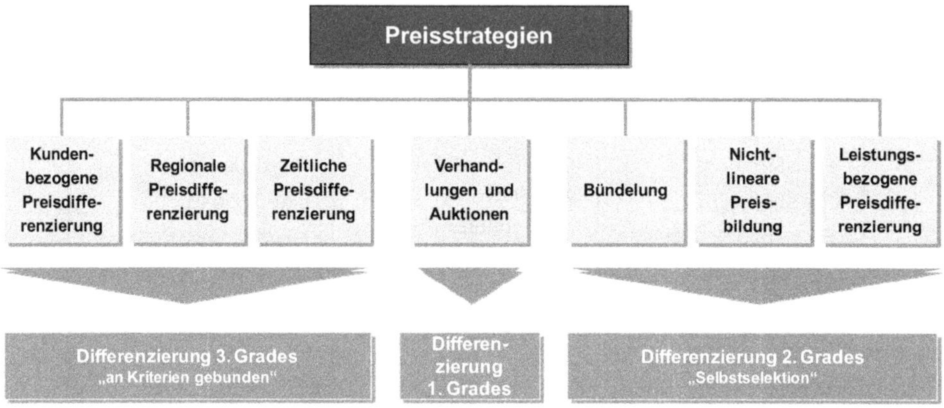

Quelle: Eigene Darstellung

In Relation des Ausmaßes der Abschöpfung der Zahlungsbereitschaft wird die Preisdifferenzierung ersten, zweiten und dritten Grades unterschieden. Bei der Differenzierung ersten Grades wird von jedem Kunden sein individueller Maximalpreis gefordert, der entweder im Wege der Preisverhandlung oder aus einer Auktion resultiert.[99] Bei der Differenzierung

[97] Vgl. Skiera (2001), S. 269.

[98] Vgl. Diller (2008), S. 227. Dies gilt nur dann, wenn das Unternehmen einen monopolistischen Spielraum innehat und die Produkte aus Kundensicht Alleinstellungsmerkmale besitzen, um überhaupt Konsumentenrente abschöpfen zu können, vgl. Simon/Fassnacht (2009), S. 253 und S. 257–258.

[99] Sogenannte Vickrey-Auktionen eignen sich besonders gut zur Ermittlung von tatsächlichen Zahlungsbereitschaften. Teilnehmer geben ihre Gebote verdeckt ab, der Sieger der Auktion ist der Bieter mit dem höchsten Gebot. Dieser muss aber nicht die Höhe seines Gebotes bezahlen, sondern stattdessen nur das zweithöchste Gebot. Bieter können so mit ihrem Gebot den Preis nicht direkt beeinflussen, so dass die dominante Strategie nur ein Gebot in Höhe der wahren Zahlungsbereitschaft sein kann, vgl. Schreier/Werfer (2007), S. 24, Wertenbroch/Skiera (2002), S. 229 und ausführlich Vickrey (1962). Ein derartiger Einsatz einer Zweitpreis-Auktion im Sinne von Vickrey ist kurioserweise bei Johann Wolfgang von Goethe nachgewiesen worden, als dieser 1797 sich mit dem Verleger Vieweg in Honorarverhandlungen befand, vgl. Mandelkow (1964), S. 254 und Moldovanu/Tietzel (1998).

zweiten Grades segmentieren sich die Kunden durch Selbstselektion in geeignete Segmente aufgrund von Preis-Leistungs-Angeboten, die verschiedene Marktsegmente optimal ansprechen. Dies kann durch leistungsbezogene Angebote erfolgen oder durch mengenbezogene Angebote.[100] Schließlich werden bei der Differenzierung dritten Grades die Segmente vom Unternehmen anhand beobachtbarer Kriterien und Eigenschaften gebildet.[101]

Ein weiteres strategisches Instrument ist die Preisbündelung. Das kombinierte Angebot von zwei oder mehreren Produkten zu einem einzigen Gesamtpreis soll die Konsumentenrente heterogener Nachfrager besser abschöpfen und die Zahlungsbereitschaft von einem Produkt auf das andere übertragen. Besonders vorteilhaft kann Preisbündelung sein, wenn die Maximalpreise für zwei Produkte extrem auseinanderliegen, dominante Präferenzen für das eine Produkt vorliegen und der Nutzen für das andere Produkt hingegen gering ist. Dadurch kann man von Käufern einen hohen Preis für ein Gut verlangen, die gleichzeitig nur wenig Interesse an dem anderen Gut haben.[102]

Mit der Rabatt- und Konditionenpolitik als Teilaspekt der Preispolitik werden die Gestaltung von Lieferungs- und Zahlungsbedingungen geregelt. Die Durchführung des Vertriebs verlangt Maßnahmen, die der Erzielung von Einnahmen in den Absatzgebieten dienen. Das Festlegen der Vertriebskanäle und der Vertriebsorganisation, die Definition des Vertriebsprogramms und die Entscheidung bezüglich der Absatzgebiete gehören zu diesen Maßnahmen.[103] Durch die Gewährung von Preis- und Verkaufserleichterungen soll die Nachfrage gesteigert, die Kundenbindung erhöht und eine Verbesserung des Preis-Leistungsverhältnisses für den Abnehmer erreicht werden. Auch die Möglichkeiten der Neukundenakquise, die Sammlung von Marktinformationen und die Abwehr von Wettbewerbern durch Kampfpreise und vorteilhafte Konditionen, können mit der Konditionenpolitik erreicht werden.[104] Die wichtigste und am häufigsten eingesetzte Maßnahme ist der Rabatt, der in vielen Formen und Ausgestaltungen vorkommen kann.[105] Die Gewährung von Erleichterungen durch Verkauf auf Kredit und der Ausweitung von Zahlungsfristen soll besonders im Umgang mit Geschäftskunden für verbesserte Geschäftsbeziehungen sorgen. Ein möglichst optimales Rabatt- und Konditionensystem soll zum beiderseitigen Nutzen für Anbieter und

---

100 Die leistungsbezogenen Differenzierungen machen sich produktmäßige Unterschiede zunutze, die sich für die Kunden in Nutzenunterschiede und somit unterschiedliche Zahlungsbereitschaften umwandeln lassen. Die mengenbezogene Differenzierung beinhaltet eine nicht-lineare Preisbildung, so dass die zu zahlenden Stückpreise mit steigenden Mengen abnehmen und in keinem linearen Verhältnis zur Abnahmemenge stehen. Nachfrager zahlen so je nach Menge unterschiedliche Durchschnittspreise, vgl. ausführlich zur nicht-linearen Preisbildung Büschken (2007) und Tacke (1989).

101 Es können dies personenbezogene Merkmale sein wie soziodemographische Kriterien aber auch zeitliche Differenzierungskriterien, vgl. Simon/Fassnacht (2009), S. 263–264 und S. 274–276.

102 Vgl. Simon/Fassnacht (2009), S. 296–307. Ausführlich zur Preisbündelung Wübker (1998) und Olderog/Skiera (2002).

103 Vgl. Alewell (1975), Sp. 43.

104 Vgl. Krämer/Bongaerts/Weber (2003), S. 554–555 und ausführlich Steffenhagen (2003).

105 Mengenrabatte, Barzahlungsrabatte, Handelsrabatte, Sonderrabatte in Form von Einführungs-, Sonderverkaufs und Saisonrabatten und Treuerabatte können als die gängigsten Formen dieses Preisnachlasses gezählt werden, vgl. Krämer/Bongaerts/Weber (2003), S. 554 und Theuer (1975).

Nachfrager ausgestaltet sein, wobei für den Anbieter zumeist die Ausweitung des Umsatzes als primäres Ziel auszumachen ist.

Soll die Preispolitik erfolgreich sein, müssen auch die Reaktionen der Wettbewerber in das unternehmerische Kalkül einbezogen werden und strategische Verhaltensgrundsätze dazu formuliert werden.[106] Schließlich stellen die Konkurrenten und der sich entwickelnde Preiswettbewerb eine wichtige externe Variable dar, die strategisch im Rahmen der Preispolitik angegangen wird. Mit der Wahl der Preisposition muss auch ein wettbewerbsstrategisches Konzept eingesetzt werden, da die Auseinandersetzung mit den Konkurrenten, die Marktbedingungen und die Charakterisierung der Marktteilnehmer die wichtigsten strukturellen Merkmale zur Klassifizierung der Konkurrenzsituation sind. Die Größe der Wettbewerber, Kapazitäten und Kostenstrukturen, Angebotsgestaltung und Überschneidungen bei Absatzgebieten und Zielgruppen sind nur einige der vielen Elemente, die für die Preispolitik von Bedeutung sind. Entscheidend ist nicht zuletzt auch das Verhalten der Wettbewerber. Je nach Ausmaß und Intensität der preislichen Aktionen oder Reaktionen kann die gegenseitige Preisabhängigkeit aller Marktteilnehmer stark schwanken.[107] Mögliche Reaktionsschemata sind kooperativer Natur oder können Vergeltungsmaßnahmen vorsehen. Bei Letzeren drängt der marktführende Anbieter mit besonders niedrigen Preisen unliebsame Konkurrenz aus dem Markt, um dann anschließend als Quasi-Monopolist wieder zu hohen Preisen zurückkehren zu können. Dieses „Predatory Pricing“ oder „entry limit pricing“ als preisliche Vergeltungsstrategie kann nur unter entsprechenden finanziellen Ressourcen und wirksamen Wiedereintrittsbarrieren im Markt durchgeführt werden.[108]

1.2.2 Gliederung und Untersuchungsobjekt

Aufgrund der bisher in der Literatur noch fehlenden umfassenden dogmengeschichtlichen Darstellung der Preispolitik ist es der Anspruch dieses Werkes, das Schließen dieser Forschungslücke voranzutreiben. Es soll durch eine ausführliche Analyse der Preispolitik anhand einer historischen Fallstudie besonders die praktische Vorgehensweise konkret analysiert werden. Daneben wird das im Untersuchungszeitraum vorherrschende Wirtschaftssystem, das Merkantilsystem, in seinen Grundzügen charakterisiert und der Kriterienkatalog der notwendigen praktischen und theoretischen Bedingungen zur Durchführung einer Preispolitik, der zum damaligen Zeitpunkt erstmals vollauf erfüllt wurde, aufgeführt. Da die Preispolitik als wichtiges Absatzinstrument die Profitabilität eines Unternehmens sichern kann, ist es besonders interessant zu ergründen, wie der Gedanke der Wirtschaftlichkeit und der Profitabilität den Arbeitsablauf des Tagesgeschäftes und die langfristige Geschäftsführung charakterisierte. Quellen wie Notariatsakten, Steuerlisten, Pfändungen, Testamente und Hinterlassenschaften können lediglich die wirtschaftliche Verwertung und die Profitabilität einer unternehmerischen Entscheidung aufzeigen, ein Hinweis auf strategisch-betriebliche Überlegungen sind sie nicht. Das vorliegende Werk setzt deshalb auf die Analyse von Primärquellen wie Berichte, Instruktionen, Resolutionen, Kalkulationen und Korrespondenz geschäftli-

---

106 Vgl. Diller (2008), S. 266–269.

107 Vgl. Diller (2008), S. 59.

108 Vgl. ausführlich Cassady (1964).

cher und privater Natur. Hier sollen wesentliche Tendenzen und Eckpfeiler bei der Preisbildung und Kalkulation gesetzt werden und mit den sie jeweils begleitenden und umgebenden Entscheidungen in der Geschäftsführung flankiert werden. Dargestellt wird, wie Verkaufspreise zustande gekommen sind, welche preisstrategischen Überlegungen zur Erreichung der Betriebsziele durchgeführt worden sind und in welchem Ausmaß die Variable „Preis“ die wirtschaftliche Führung der Manufaktur beeinflusst hat.

Das zentrale Untersuchungsobjekt in der Ausarbeitung des Fallbeispiels ist die Manufaktur mit dem zeitlichen Schwerpunkt des „langen“ 18. Jahrhunderts von 1710 bis 1830.[109] Die Verbindung des humanistischen Gedankengutes der Renaissance mit den aufklärerischen Tendenzen des Rationalismus erreichte in diesem Zeitraum ihren Höhepunkt. Diese Epoche war erstmalig durch einen stark materialistischen Zug geprägt, so dass entsprechend auch im wirtschaftlich-technischen Bereich die Entwicklung heraus aus den mittelalterlichen Strukturen vollzogen wurde.[110] Die trennscharfe Unterscheidung zwischen den Betriebsformen der Manufaktur und der Fabrik bereitete zu Beginn der Neuzeit und bis ins 19. Jahrhundert hinein erhebliche Schwierigkeiten. Beide Begriffe wurden, nicht nur innerhalb der Meißener Manufaktur, synonym verwendet.[111] Im Folgenden soll deshalb das wesentliche Unterscheidungsmerkmal einer Manufaktur, ihre weitestgehend manuelle Durchführung wesentlicher Arbeitsschritte erachtet werden.[112] Die zentralisierte Manufaktur kann als „Prototyp der kapitalistischen Warenproduktion“ angesehen werden, die als koordinierter Betrieb mit einer größeren Anzahl von Arbeitern im Wege einer organisierten Arbeitsteilung größere Mengen an Waren herstellte.[113] Deshalb ist sie im Rahmen dieser Arbeit ein geeignetes Untersuchungsobjekt, weil sie sich als einzige Betriebsform schon in vorindustrieller Zeit signifikanten Produktionsgrößen zuwandte. Schon früh musste die Manufaktur für einen überlokalen und überregionalen Markt produzieren, weshalb sie nicht nur rechtliche und wirtschaftliche Barrieren zwischen Stadt und Land überwinden, sondern dadurch auch eine besonders exponierte und marktnahe Absatzposition einnehmen musste.[114] Diese inner- und außerbetrieblichen Faktoren bargen ein besonderes Innovationspotenzial der Manufaktur, die deshalb auch technisch und kaufmännisch ausgebildeter Führungskräfte bedurfte. Gegenüber dem Handwerk und dem Verlag besaß die Manufaktur darüber hinaus eine deutlich größere und hierar-

---

[109] Zum Begriff des „langen“ 18. Jahrhunderts, vgl. D'Aprile/Siebers (2008), S. 15.

[110] Vgl. Treue (1973a), S. 1 und S. 7.

[111] Vgl. Troitzsch (1978), S. 611 und Sombart (1928b), S. 732–733. Der Kameralist Marperger verstand unter den Manufakturen die textilverarbeitenden Betriebe, während Fabriken aus Eisen, Stahl oder Messing „hart“ zu verarbeitende Produkte herstellen, vgl. Marperger (1714), S. 72–75, ähnlich auch Ludovici (1768), S. 254. Zur allgemeinen Klärung des Begriffs im 19. Jahrhundert, vgl. Krünitz (1801), S. 10–11, und Ersch/Gruber (1845), S. 1–3, zur modernen Definition der Betriebsform der Manufaktur vgl. Forberger (1981), S. 175–187. In den hier untersuchten Archivalien der Meißener Porzellanmanufaktur des 18. und frühen 19. Jahrhunderts wurden die Begriffe „Manufaktur“ und „Fabrik“ ohne erkennbare Unterscheidung benutzt. Falls nachfolgend von „Betrieb“, „Unternehmen“ oder „Fabrik“ im Zusammenhang mit den Aktivitäten in Meißen die Rede sein wird, so sind diese Begriffe vereinfachend als Synonyme aufzufassen.

[112] Zu den Unterscheidungsmerkmalen vgl. Troitzsch (1978), S. 611–624.

[113] Vgl. Kaufhold (1978), S. 231 und Freudenberger (1968), S. 416. Die Form der dezentralisierten Manufaktur, bei der Teile der Herstellung externalisiert wurden an unabhängige Dienstleister und Gewerbetreibende, wird im Folgenden nicht weiter betrachtet.

[114] Vgl. Kelley (1936), S. 66 und Schmoller (1884), S. 43.

chisch stark ausdifferenzierte Belegschaft. Die Manufaktur war deshalb auf den Einsatz von hochspezialisierten Führungskräften angewiesen, welche die mitunter komplexen Produktionsanlagen und stark ausdifferenzierten Wertschöpfungsstufen zum möglichst optimalen Einsatz bringen mussten. Besonders die Einführung der arbeitsteiligen Produktion und die Tätigkeit auf größeren, überregionalen Absatzgebieten führte dazu, dass der Produktionsprozess arbeitsteilig aufgegliedert wurde und eine Versachlichung der wirtschaftlichen Beziehungen eintrat durch Lockerung der familienartigen Gemeinschaften und Trennung von Arbeitsstätte und Wohnung.[115] Die Tatsache, dass die Kundenstruktur weitestgehend anonym blieb, erforderte schon früh den Einsatz von Instrumenten, die über die traditionell bestehende Beziehung zwischen Käufer und Verkäufer hinausgingen. Um den Kaufwiderstand zu senken und Kaufanreize zu erhöhen, bedurfte es des Einsatzes von Instrumenten, die eine erfolgreiche Tätigkeit in den Märkten garantieren konnten. Elemente des Marketing wie die Preis- und Vertriebspolitik kamen deshalb erstmals in den Manufakturen des Zeitalters der Frühindustrialisierung auf breiter Basis zum Einsatz und mussten sich in den tatsächlichen Marktgegebenheiten bewähren. Im Vergleich zu Handwerk und Verlag hatte die Manufaktur im vorindustriellen Zeitalter einen eher geringen Anteil an der gesamtwirtschaftlichen Wertschöpfung, doch ist der Beitrag zur Einführung einer industriellen Produktionsweise und somit auch einer modernen Absatzpolitik umso größer.[116]

Die Untersuchung der Porzellanmanufakturen ist darüber hinaus besonders angebracht, da einige Unterschiede zu anderen Manufakturen eine besonders ertragreiche Analyse versprechen. Zuvorderst ist die Herstellung von Porzellan nicht mit den traditionellen Strukturen von Zünften, Handwerkern oder Verlagssystemen zu bewältigen gewesen. Für die Regenten des 18. Jahrhunderts war die Porzellanproduktion oftmals ein direktes Anliegen, bei welchem man sich als Unternehmer persönlich engagieren wollte.[117] Die Porzellanmanufakturen bildeten die „Luxusindustrie par excellence" in der vorindustriellen Zeit und versorgten nicht nur die Landesfürsten, deren Höfe und Schlösser mit Produkten zur Untermauerung ihres absoluten Machtanspruchs, sondern statteten auch den Adel und das gehobene und wohlhabende Bürgertum mit Porzellanen zum demonstrativen Konsum und zur Aufwertung des sozialen Status aus.[118] Porzellanmanufakturen waren dabei oft der direkte Ausdruck der damaligen wirtschaftspolitischen Überzeugungen.

Die Wahl der Meißener Manufaktur unter allen Manufakturen des 18. Jahrhunderts in Deutschland erfolgte aus den nachfolgenden Gründen:

---

[115] Vgl. Lütge (1966), S. 311.

[116] Vgl. Freudenberger (1968), S. 433. Um 1800 waren etwa die Hälfte der 2,2 Millionen Beschäftigten im Gewerbesektor im traditionellen Handwerk beschäftigt, ungefähr eine Million war in Verlagen organisiert, während die restlichen 5% im Manufakturwesen, den Fabriken und in Bergwerken tätig waren, vgl. Pierenkemper (1994), S. 5.

[117] Vgl. van Klaveren (1964), S. 145–191.

[118] Vgl. Freudenberger (1968), S. 423, zum Konsum in höfischen und adeligen Kreisen, vgl. Elias (1969), S. 98–101, weiter Kruedener (1973) S. 18–41 und Stürmer (1979), S. 265–297. Zur Konzeptualisierung des Luxusbegriffs, ausführlich Pöll (1980), Mühlmann (1975) und Pallach (1987), S. 10–16.

- Die Meißener Manufaktur „war und ist mit weitem Abstand die berühmteste sächsische und wohl auch europäische Manufaktur, die je existiert hat".[119] Die Aussage soll verdeutlichen, dass diese Manufaktur auf regionaler und überregionaler Ebene wesentliche Impulse für die modernen Betriebsformen zu Beginn des 18. Jahrhunderts gesetzt hat. Die Meißener Manufaktur ist zudem der „älteste bis heute ununterbrochen produzierende Markenartikelhersteller".[120] Eine Analyse der Entwicklungen in Meißen liefert deshalb gerade für den Zeitpunkt des Beginns einer zentralisierten und arbeitsteiligen Produktionsweise Einsichten in die preis- und absatzpolitischen Überlegungen, die bisher in der Forschung noch nicht erörtert worden sind.
- Die Manufaktur war ein vorindustrieller Großbetrieb, in welchem schon um 1765 weit über 700 Mitarbeiter tätig waren. 55 Jahre nach der Gründung der Manufaktur hatte sich somit ein Unternehmen entwickelt, das längst die üblichen Dimensionen eines Betriebes in der Neuzeit verlassen hatte und sich noch vor der Industriellen Revolution mit den Herausforderungen eines Unternehmens der Industrialisierung beschäftigen musste. Dadurch durchbrach die Meißener Manufaktur auch die bisher in der Literatur angesetzte früheste Phase der Unternehmensgeschichte. Diese sieht nämlich ab 1800 erste wenig ausdifferenzierte, nicht professionalisierte und im Wesentlichen familiär gestützte Unternehmensformen vor.[121]
- Der Manufakturgründung ging im Jahre 1709 unmittelbar die Erfindung des europäischen Hartporzellans am Hofe von Fürst August dem Starken von Sachsen voraus. Die Manufaktur konnte sich dadurch in den ersten Jahrzehnten eine Vormachtstellung als Monopolist sichern, der als einziger Anbieter weißes Hartporzellan in Europa herstellen konnte. Man war führend in der künstlerischen und technischen Gestaltung des Porzellans und galt als Vorzeigebetrieb. Das langsame Einbüßen dieser Monopolposition und die stetige Transition in oligopolistische Marktstrukturen ab 1760 mit erhöhtem Wettbewerb im In- und Ausland erlaubt eine einzigartige Analyse der preispolitischen Maßnahmen und ihrer Tragweite für die wirtschaftliche Unternehmensführung.
- Meißen hat nahezu ununterbrochen die Produktion seit 1710 aufrechterhalten können. Alle Kriege und Wirtschaftskrisen wurden in dem betrachteten Zeitraum von ca. 120 Jahren überstanden. Dadurch ist es möglich, die betriebliche Preispolitik innerhalb dieses langen Zeitraums durch die unterschiedlichsten wirtschaftlichen Konjunkturzyklen hinweg abzubilden. Nahezu sämtliche Phasen der gesamtwirtschaftlichen Dynamik, inklusive exogener Schocks und Störungen der Wirtschaft, können bei der Betrachtung der preispolitischen Antworten in Meißen berücksichtigt werden.
- Als staatliche Manufaktur musste Meißen nicht nur innerbetriebliche Ziele in der Preispolitik berücksichtigen, sondern auch dem landesherrschaftlichen Interesse dienen. Inwieweit dabei der herrschende Regent und seine Staatsbeamten auf die Preisbildung Einfluss genommen und die Preise mitgestaltet haben, wird zu prüfen sein. Zweifelsohne können bei der Analyse der entsprechenden preispolitischen Entscheidungen in der Manufaktur auch Rückschlüsse über die jeweilige vorherrschende Wirtschaftsgesinnung im

119 Forberger (1982), S. 43.

120 Beyer (1997), S. 30.

121 Vgl. Plumpe (2006), S. 71.

Staate gezogen werden. Die bisherige Forschung hat sich zudem der Betriebsführung von Staatsunternehmen nur sehr vereinzelt gewidmet, so dass aus der Untersuchung eines Staatsbetriebes wesentliche Erkenntnisse zu erhoffen sind.[122]

- Das historische Werksarchiv der Meißener Manufaktur bietet einen unvergleichlichen Bestand an Dokumenten zur Preisbildung und sämtlichen damit verwandten Themenstellungen. Anders als bei vielen Archiven von privaten Unternehmen, konnte sich bei dem Staatsbetrieb in Meißen ein beachtenswerter Umfang an historischem Schriftgut erhalten. Die Unterstellung der Manufaktur unter die sächsischen Zentralbehörden und der behördliche Charakter der Korrespondenz mit den übergeordneten Instanzen stellte sicher, dass ein gewachsenes und mehrere Überlieferungsebenen enthaltendes Archivgut sich sowohl im Meißener Werksarchiv als auch im Dresdner Hauptstaatsarchiv entwickeln konnte.

Nachfolgend wird zunächst das wirtschaftspolitische Umfeld, in dem die Meißener Porzellanmanufaktur operierte, untersucht. Kapitel 2 geht auf das Merkantilsystem und seine wesentlichen Merkmale ein (vgl. Kapitel 2.1). Im darauf folgenden Abschnitt wird gezeigt, weshalb dieses Zeitalter besonders geeignet war zur Durchführung einer Preispolitik, und wieso vorhergehende Epochen den Einsatz des preispolitischen Instrumentariums nicht vollständig ermöglichten. Vier wesentliche Aspekte bilden einen Kriterienkatalog, der hinreichend ist für die Etablierung einer als modern zu betrachtenden Preispolitik im Zeitalter des Merkantilsystems (vgl. Kapitel 2.2.1 bis 2.2.4). Danach erfolgt die eingehende Untersuchung der Fallstudie des Meißener Betriebs, unter Analyse der strategischen Entscheidungen zur Preisgestaltung, zur Kalkulationsmethodik und zu sonstigen preisrelevanten Aspekten des Tagesgeschäfts (Kapitel 3.3), mit Berücksichtigung der preispolitischen Maßnahmen im Vertrieb (Kapitel 3.4) und gegenüber den Wettbewerbern (Kapitel 3.5). Die Arbeit wird durch das Fazit (Kapitel 4), welches die Fallstudie abschließend beurteilt, abgeschlossen.

1.2.3 Quellenlage

Oft gestaltet es sich als nahezu prohibitiv, für zurückliegende Epochen Einblicke in Primärquellen zu Kostenstrukturen und Preiskalkulationen zu bekommen. Für den hier analysierten Zeitraum ist mit der Porzellanmanufaktur Meißen jedoch ein hervorragender Fundus an historischen Quellen vorhanden. Die Quellenlage ist insgesamt als gut zu bewerten. Das Unternehmen besitzt eines der ältesten Werksarchive in Europa. Es umfasst unter allen bekannten Wirtschaftsarchiven eine Vielzahl von Dokumenten, die einen Großteil der Geschichte des Unternehmens abdecken.[123] Der Umfang des sogenannten „Alten Archivs" und der in weiten Teilen lückenlose Bestand über 300 Jahre Manufakturgeschichte machen das Werksarchiv zu einer der bedeutendsten Quellen wirtschaftshistorischer Forschung. Rapporte, Direktorialverordnungen, königliche Resolutionen, Produktionsübersichten, Korrespondenzen privater und geschäftlicher Natur, Arbeitsberichte und die sogenannten Arkanabücher – Aufzeichnungen und Rezeptbücher über die Herstellung des Porzellans – bilden den reichen Fundus des Archivs. Da die Akten und Rapporte von 1752 bis 1755, sowie Administrations-

[122] Vgl. Ambrosius (2004), S. 182–183.

[123] Vgl. Walcha (1960a), S. 3 und Schärer (2002), S. 18.

berichte von 1749 bis 1761 und die Jahresrechnungen von 1751 bis 1763 fehlen, wird dieser Analysezeitraum ausgeklammert.[124] Wie schon Rückert im Vorwort zu seiner umfassenden Biografie der Meißener Manufakturisten des 18. Jahrhunderts schreibt, übersteigt das Archivmaterial in Meißen „selbst die kühnsten Hoffnungen".[125] Diese Eigenschaften des Werksarchivs stellen sicher, dass der Wirtschaftshistoriker hier eine Unternehmensgeschichte aus dem 18. Jahrhundert einsehen kann, die kaum ihresgleichen findet, so dass eine differenzierte Analyse der wirtschaftshistorischen Entwicklung ermöglicht wird.[126]

Das Archiv in Meißen wurde dabei lediglich in der ersten Hälfte des 20. Jahrhunderts vollständig erschlossen. In den Perioden zuvor lag der archivalische Bestand in einem schlechten Zustand. So wurde zu Beginn des 19. Jahrhunderts das Archiv vom damaligen technischen Leiter, Heinrich Gottlob Kühn, in „mangelhafter Beschaffenheit" und ohne erkennbare Ordnung und Systematik angetroffen.[127] Kühn selbst verfasste 1828 ein Manuskript, welches in detaillierter Weise die Geschichte der Manufaktur darstellte, und sowohl die Kunst- als auch die Wirtschaftsgeschichte Meißens berücksichtigte. Dieses Manuskript, vom Autor wohl nicht ganz uneigennützig verfasst, um sich mit der Historie des eigenen Arbeitgebers besser vertraut zu machen, bildete die archivalische Grundlage für viele nachfolgende Monographien über die Manufaktur und die darin enthaltenden wirtschaftshistorischen Kapitel. Es fasste die wesentlichen historischen Entwicklungstendenzen zusammen und war in Ermangelung der angesprochenen Systematik und Erfassung des Werksarchivs lange Zeit das Referenzwerk für die Forscher der Manufaktur. Erich Hösel, Gestaltungsdirektor der Manufaktur, begann um ca. 1910 in kleinen Schritten, die in Meißen vorhandenen Akten zu sortieren. Doch erst die Einsetzung eines Archivars im Jahr 1951, des damaligen Meißener Stadtarchivars Dr. Hellmuth Gröger, gab dem Werksarchiv eine neue Ordnung und insbesondere Nummerierung.[128] Die vollständige Erschließung des Archivs erst im 20. Jahrhundert führte dazu, dass die bekannten und maßgeblichen Arbeiten zur Geschichte der Manufaktur um die Jahrhundertwende vom 19. zum 20. Jahrhundert, die sich noch weitestgehend auf die Dokumente aus dem Dresdner Hauptstaatsarchiv stützen mussten, wesentliches Quellenmaterial aus Meißen nicht auswerten konnten.[129] Auf den in Dresden gelagerten Akten fußt ein großer Teil der heutigen, vornehmlich kunsthistorischen Forschung zur Porzellan-Manufaktur.[130] Das Werksarchiv in Meißen ist hingegen kaum in Anspruch genommen worden – wirtschaftshistorische Quellenpublikationen in diesem Forschungsbereich fehlen vollständig. Doch gerade im Meißener Archiv sind die vielen internen Berichte und Dokumente verzeichnet, die zwar für die offizielle Korrespondenz mit den Zentralbehörden von geringer Bedeutung gewesen sind und deshalb auch nicht nach Dresden versendet wurden, jedoch

124 Vgl. Walcha (1960a), S. 4.

125 Rückert (1990), S. 9.

126 Vgl. Rückert (1990), S. 12.

127 Altes Archiv Meißen (AA) I Af 9, S. 2.

128 Vgl. Rückert (1990), S. 12–13, Walcha (1960a), S. 3–4 und Schärer (2002), S. 22.

129 Wie z.B. Berling (1900), Zimmermann (1908), Zimmermann (1926) und Seidlitz (1888). Eine Ausnahme bildet die Manufakturgeschichte von Walcha (1973), da sie vom damaligen Leiter des Meißener Archivs verfasst wurde.

130 Ein Überblick über die Quellenarbeiten im kunsthistorischen Bereich bei Rückert (1990), S. 13.

einen unschätzbaren Einblick geben in die tatsächlichen unternehmerischen Entscheidungen innerhalb des Tagesgeschäfts der Porzellanherstellung. Deshalb lässt sich durch die Nutzung des Werksarchivs in Meißen ein relevanter und neuer Beitrag zur Unternehmensgeschichte leisten.[131]

Beide Bestände in Meißen und Dresden sind bis dato fast ausschließlich von der kunsthistorischen Forschung in Anspruch genommen worden. Unzählige Arbeiten haben sich detailliert mit Formen, Farbmustern und der Gestaltung der Meißener Porzellane seit der frühesten Zeit beschäftigt. Besonders ergiebig ist die Forschung im Bereich der vielfältigen Spezialthemen, in denen der geschichtliche und künstlerische Hintergrund eines bestimmten Porzellanservices oder einer Stilepoche in Meißen mit Hilfe der archivalischen Nachweise erörtert wird, oder in der Thematik der Erfindung des europäischen Porzellans in der Frühzeit der Manufaktur.[132] Weitaus weniger erschöpfend ist die Forschung bezüglich der wirtschafts- und sozialhistorischen Fragestellungen der Manufaktur. Im Jahre 1840 erforschte Friedrich Georg Wieck für Sachsen die sich entwickelnden industriellen Zustände und kam auch knapp auf die Meißener Manufaktur zu sprechen.[133] Das Werk des sächsischen Statistikers Victor Böhmert von 1880 nutzte erstmals das Material des Werksarchivs in Meißen, um neben einer auf Kühns Manuskript basierenden geschichtlichen Darstellung insbesondere die sozialen Verhältnisse zu beleuchten.[134] Im Licht der marxistisch geprägten Forschung ab 1945 interessierten sich die Werke von Helmuth Gröger und Traute Scholz besonders für die sozialen Verhältnisse und die Produktionsbedingungen in Meißen.[135] Unter der Führung von Rudolf Forberger konnte dann ab den 1960er Jahren ein gewisser Schwerpunkt auf den wirtschaftshistorischen Aspekt in der Meißen- und Porzellanforschung gelegt werden, und hier besonders auf die äußeren Umstände der Gründung und Fortführung der Manufakturen.[136]

Dennoch muss festgehalten werden, dass die Forschung zur Meißener Manufaktur – ja die gesamte deutsche Forschung zu den Manufakturen des 18. Jahrhunderts – kaum absatzpolitische Aspekte der Wirtschaftsgeschichte bearbeitet hat. Das historische Interesse an der Betriebsform der Manufaktur kreist allgemein um die Entwicklungs- und Produktionstendenzen in verschiedenen, regional differenzierten Gewerberegionen, so dass hier die Manufakturen in den größeren Territorialstaaten als besonders gut erforscht gelten.[137] Themen wie Unternehmensführung, Verkaufsorganisation, Absatzplanung, Werbemaßnahmen und Produktpla-

[131] Vgl. Kunze (1986b), S. 58 und Rückert (1990), S. 12.

[132] Ein erschöpfender Überblick über die kunsthistorische Literatur der Meißener Manufaktur kann aufgrund der Mannigfaltigkeit der Werke zu diesem Thema an dieser Stelle nicht gegeben werden. Eine Auswahl bei Walcha (1973), S. 434–438.

[133] Vgl. Wieck (1840), S. 280–290.

[134] Vgl. Böhmert (1880).

[135] Vgl. Gröger (1953) und Scholz (1981).

[136] Vgl. Forberger (1958) und Forberger (1960b), darüber hinaus sind für die Manufakturgeschichte der übrigen deutschen Porzellanwerke im 18. Jahrhundert die Schriften von Hörner (1962), Stieda (1902), Scherf (1980), Bensch (1928), Hofmann (1923a), Hofmann (1923b) und Matusz (1996) zu erwähnen.

[137] Vgl. Reininghaus (1990), S. 95. Zu den regional fokussierten Manufakturforschungen vgl. Krüger (1958), Reuter (1961), Otruba (1965), Slawinger (1966), Kermann (1972), Tausendpfund (1975), Gysin (1989), Straubel (1995) und weiterführende Literaturhinweise bei Wehler (1970), S. 89–91.

nung haben nur vereinzelt das Interesse der Historiker geweckt. Wohltuend hebt sich das Werk von Johannes Michael[138] ab, welches die Führung der Meißener Manufaktur in ihrer Gründungsphase aus betriebswirtschaftlicher Sichtweise erforscht. Die Arbeit von Auguste Bensch[139] konzentriert sich auf die Berliner Porzellanmanufaktur KPM und ihre wirtschaftliche Entwicklung unter Friedrich dem Großen. Leider nur auf Sekundärquellen aufbauend hat Ferdinand Ehlers[140] den Absatz der deutschen Porzellanmanufakturen im 18. Jahrhundert dargestellt, weshalb Qualität und Erkenntniswert des Werks in weiten Teilen beschränkt bleiben müssen. Ebenfalls lediglich auf Sekundärquellen beruht der Versuch von Ursula Hörner[141], die Entwicklung der deutschen Porzellanmanufakturen während des Zeitalters des Merkantilismus zu untersuchen. Patricia Stahl[142] und Stefanie Ohlig[143] haben besonders den Vertrieb und den Handel der Höchster Porzellanmanufaktur anschaulich analysiert, eine Arbeit von Thomas Mayer geht hingegen nur oberflächlich auf Markt- und Produktplanung der Porzellanherstellung ein.[144] Erstaunlich bleibt, dass wirtschaftshistorische Arbeiten mit den Schwerpunkten auf der Absatzpolitik für die Meißener Manufaktur trotz der hervorragenden archivalischen Bedingungen nicht angegangen worden sind. Umso mehr, wenn man das erhaltene Meißener Schriftgut in Relation mit dem möglichen Erkenntnisgewinn nicht nur in der Forschung zur Historie der Absatzpolitik, sondern auch in sämtlichen Aspekten wirtschafts- und sozialgeschichtlichen Forschens berücksichtigt. Victor Böhmert hielt in seinem Werk von 1880 die Leitlinie für zukünftige Forschungsansätze fest: „Es wird wenige Unternehmungen geben, über welche so zuverlässige schriftliche Aufzeichnungen existieren, wie über die Meissner Porzellanmanufactur (...)“, und eine eingehende Auseinandersetzung mit der Manufaktur würde den Beweis liefern,

> *„dass die großen volkswirthschaftlichen und socialen Fragen, welche die Gegenwart bewegen, schon im vorigen Jahrhundert die Geister vielfach beschäftigt haben, und das ihre Lösung in einer den Verhältnissen und Verkehrsbedürfnissen der Zeit entsprechende Weise wiederholt praktisch in Angriff genommen wurde“.*[145]

Was für die Gegenwart von Böhmert um die Jahrhundertwende zum 20. Jahrhundert galt, kann in ebensolchem Maß auch für die aktuelle Zeit gelten. Die Untersuchung der wirtschaftlichen Herausforderungen eines Großbetriebes vor der Industriellen Revolution ist besonders reizvoll und kann sowohl Parallelen, als auch Differenzen zu den heutigen Lösungsansätzen zeigen. Die vor fast 130 Jahren von Böhmert aufgezeigte Leitlinie wird mit dieser vorliegenden Arbeit wieder aufgenommen, mit der Meißener Manufaktur als ergiebigem Untersuchungsobjekt für die Analyse der Historie von Preispolitik und -strategie. Es

---

[138] Vgl. Michael (1934).

[139] Vgl. Bensch (1928).

[140] Vgl. Ehlers (1923).

[141] Vgl. Hörner (1962).

[142] Vgl. Stahl (2002).

[143] Vgl. Ohlig (1996).

[144] Insbesondere zur Preiskalkulation und Kostenerfassung der Höchster Porzellanproduktion, vgl. Meyer (1976), S. 122 und S. 124.

[145] Böhmert (1880), S. 45.

existiert bisher keine Untersuchung, in der die Veränderungen der Preis- und Vertriebspolitik und ihr Einfluss auf die Unternehmensführung einer Manufaktur im 18. Jahrhundert so detailliert verfolgt werden konnten wie in der vorliegenden Studie.

2 Preispolitik im Zeitalter des Merkantilsystems

2.1 Das System und seine wesentlichen Merkmale

Das Zeitalter des Merkantilismus erstreckte sich zu Beginn des 17. Jahrhunderts über ganz Europa und drang mit unterschiedlicher Intensität und Ausprägung in die jeweiligen Nationen ein. Den Höhepunkt erreichte diese Epoche von der zweiten Hälfte des 17. Jahrhunderts bis zur Mitte des 18. Jahrhunderts, für die deutschsprachigen Territorien wirkte die Epoche gar noch bis in die Anfänge des 19. Jahrhunderts hinein. Der Merkantilismus, als Wirtschaftsidee der sich neu formierenden Nationalstaaten, hatte dabei so viele Ausprägungen wie es Nationalstaaten gab: Es gab eine stark französische Prägung des Merkantilsystems, maßgeblich vorangetrieben durch den damaligen Finanzminister Colbert. Es gab ein englisches Merkantilsystem, mit starker Betonung der See- und Kolonialherrschaft, und eine weitere Zahl national differenzierter Systeme. Die auf die deutschen Verhältnisse zugeschnittenen Ideen des Merkantilismus fanden sich in der Kameralwissenschaft wieder, die wiederum stark durch einzelne Territorialwirtschaften im deutschsprachigen Raum charakterisiert war. Hohe Verwaltungsbeamte der Territorialherren und führende Denker und Gelehrte entwickelten eine Wirtschaftsauffassung, die in ihrer spezifischen Form der ökonomischen Wissenschaft bereits im 17. Jahrhundert begann und in der Zeit nach dem Dreißigjährigen Krieg bis etwa 1820 in ihrer Blüte stand. Es fand sich in den zeitgenössischen Schriften ein Nebeneinander von volks- und privatwirtschaftlichen Ansätzen, welches den Kameralismus als deutsche Ausprägung der merkantilwissenschaftlichen Epoche ausmachte.

Besonders die schlimmen Folgen des Dreißigjährigen Krieges machten es notwendig, für die wirtschaftliche Wiedererrichtung und Stärkung der Länder zu sorgen. Die Handlungsfähigkeit eines Staates hing im Denken des Kameralismus von seiner Finanzkraft ab, und es galt diese Ertragskraft im Lande durch Maximierung der landesherrlichen Einkünfte aufzubauen und auszuschöpfen. Während das merkantile System englischer Prägung den Wohlstand im Warenhandel durch die Etablierung von monopolistischen Handelsgesellschaften suchte, wurde der Reichtum im deutschen kameralen System vordergründig in der Mineralogie gesucht und in einer proportionierten Struktur aller Wirtschaftszweige. Die Bodenschätze und edlen Metalle sollten zu Pretiosen und Münzen umgewandelt werden, im Lande konzentriert, die heimischen Produktivkräfte dadurch entwickelt und gestärkt werden und schließlich mittels einer Feinabstimmung der inländischen Wertschöpfung zwischen Gewerbe, Manufaktur und Handel eine möglichst optimale Staatswirtschaft garantieren. Die Etablierung absolutistischer Verwaltungsapparate bedingte auch einen neuen Typus von Beamten, den besoldeten, meist juristisch gebildeten Berufsbeamten. Das Amt wurde zum dauerhaften Beruf und aus der Vielzahl von Räten der Justiz-, Finanz- und Hofkammern stachen einige Beamte heraus. Sie befanden sich in höheren und leitenden Stellungen, hatten mitunter ein besonderes Verhältnis zum Landesfürsten und verfassten Bücher und Schriften, die allgemein zur Verbesserung der politischen und wirtschaftlichen Entwicklung gedacht waren und dem Herrscher geeignete Empfehlungen zur richtigen Verwaltung der Besitztümer und der Sicherung der Staatseinnahmen geben sollten. Durch Abhandlungen über den Ackerbau, das Forstwesen sowie durch grundsätzliche Verordnungen zum gesellschaftlichen und staatlichen Aufbau wuchsen die Kameralisten zu etablierten Beratern der Landesfürsten. Ihnen war eine gewisse theoretisch-wissenschaftliche Fundierung der Ansichten und die darauf aufbauende Einbettung in eine Universitätsgelehrsamkeit gemein, die den Merkantilisten der englischen oder französischen Schule weitestgehend fern blieb.

Im kameralistischen Politikkonzept stand die Förderung der gewerblichen Produktion und des Handels im Mittelpunkt, denn beide sollten exportfähige Güter hervorbringen und vertreiben und dem Land so einen Überschuss im Außenhandel einbringen. Es begannen sich im 18. Jahrhundert erwerbswirtschaftliche Unternehmen zu etablieren, die auf Marktorientierung, zentralisierter Produktion und arbeitsteiliger Organisation beruhten. Es bildete sich, zum ersten Mal und anders als in den Vorepochen, eine Differenzierung der betrieblichen Tätigkeit. Betriebe und Manufakturen begannen ihre Verkaufsaktivitäten auf ein einziges Produkt zu konzentrieren. Es verfestigte sich die Tendenz zur Arbeitsteilung in den Betrieben. Mit der ökonomischen Expansion des 18. Jahrhunderts wurde eine „industrielle" Aktivität in vielen Regionen Europas eingeleitet. Es ist die Zeit, die viele hoffnungsvolle Unternehmungen sah, und in der ambitionierte Pläne und Erfindungen vermarktet wurden. Kennzeichnend für die Zeit des Merkantilismus ist auch, dass es in dieser Periode vielfältige Verbesserungen der Betriebstechnik gegeben hat. Der kapitalistische Betrieb als grundlegende Neuerung und die Objektivierung der Geschäftstätigkeit hatten schon in der Renaissance allererste Schritte gemacht. Das Interesse der merkantilistischen Kaufleute konzentrierte sich nunmehr verstärkt auf die technischen Fragen der Betriebsorganisation. Der Kameralismus in Bezug auf die Betriebsprobleme im engeren Sinn war sehr fruchtbar, und er brachte eine Reihe von Werken und Gedanken hervor, deren Inhalt teilweise erst später wiederentdeckt worden ist. Tatsächlich liegt die Bedeutung der Kameralwissenschaft auch darin, dass sie wissenschaftlich-rationale Grundsätze und Handelslinien in die bis dahin nahezu ausschließlich empirisch betriebene und auf Erfahrungswerten basierende Wirtschaft eingebracht hat.

Im Gegenzug zu den vorhergehenden Epochen konnte sich erst während des Zeitraums des Merkantilsystems eine günstige Konstellation mehrerer Elemente und Kriterien heranbilden, die förderlich waren für den absatzpolitischen Aktionsparameter der Preispolitik. Vormals trug die Preisbildung einen irrationalen Charakter – der einzelne Preis wurde unter hoher Unsicherheit, im Wege eines sich Herantastens innerhalb eines regellosen und unsystematischen Vorgehens gebildet. Individuelle Preisverhandlungen, ungeeignete Marktstrukturen, innerbetriebliche Grenzen der Geschäfts- und Rechentechniken, eine nicht vorhandene theoretische Auseinandersetzung mit Preispolitik und Kalkulation in der Literatur, die Begrenzung der freien Preisbildung durch ethische, moralische und zunftgeleitete Prinzipien bestimmten die Preissetzung. Unter solchen Voraussetzungen konnte es zu keiner Anwendung der Preispolitik, geschweige denn der anderen absatzpolitischen Instrumente, kommen. Die

Konstellation von günstigen Bedingungen für den Einsatz der absatzpolitischen Instrumente im betrachteten Zeitraum war entscheidend, damit sich eine moderne, auf wirtschaftlichen Erfolg orientierte Preispolitik etablieren konnte. Das Zeitalter des Merkantilsystems konnte diese Kriterien erfüllen und grenzte sich somit zu den Vorepochen in Hinblick auf diese notwendigen und hinreichenden Vorbedingungen ab. Das endgültige Brechen mit preispolitischen Fesseln wurde mit dem Aufkommen der Renaissance eingeleitet und im Merkantilsystem endgültig vollzogen.

2.2 Preispolitik im Merkantilsystem und Abgrenzung zu den Vorepochen

2.2.1 Geeignete Markt- und Nachfragestrukturen

Für den bewussten und zielgerichteten Einsatz des Preises als Instrument der Absatzpolitik war es erforderlich, dass ein möglichst überregionaler, nicht mehr von lokalen Gegebenheiten begrenzter Absatzmarkt existierte. Dieser Markt bildete die Vorstufe zur Entstehung nationaler Märkte, somit derjenigen Absatzmöglichkeiten, die parallel neben den bisherigen lokalen Marktstrukturen weit über die Stadt und ihr Umland hinausgingen.[146] Zwar existierten ein überregionaler Fernhandel und sogar ein Weltwirtschaftsraum schon seit allerfrühester Zeit in der Antike, signifikante Gewerberäume konnten sich jedoch nicht entwickeln. Die Preispolitik in diesen Handelsräumen war gekennzeichnet durch die Ausnutzung von Arbitragegewinnen zwischen regional unterschiedlichen Einkaufs- und Verkaufspreisen. Diese Handelsgewinne waren begründet in der Preisdifferenz zwischen zwei weit voneinander liegenden Märkten, mit Anbietern und Nachfragern, die nichts voneinander wussten und zwischen denen der Kontakt nur über Kaufleute hergestellt wurde.[147] Die Ausnutzung regionaler Preisunterschiede der einzukaufenden Waren war zudem eine gute Möglichkeit, die Einkaufskosten zu optimieren.[148] Besonders im Fernhandel war für einen Kaufmann die Kunstfertigkeit entscheidend, mögliche Profite und Marktchancen über die Distanz zu erahnen und einzufädeln, da die größten Profitmöglichkeiten aus der Spekulation resultierten.[149] War der Preis, der an einem Ort für eine Ware verlangt wurde, zu gering, so genügte es, sich in Geduld zu üben und zu warten, bis die allgemeine Nachfragelage sich besserte und der Händler doch zu seinem Profit kommen konnte, insbesondere bei Luxusgütern wie Gewürzen.[150] Bei den zu verkaufenden Gütern musste man sich auf Marktinformationen verlassen, diese zum eigenen Vorteil nutzen und sicherstellen, dass man Märkte erreichte, in denen es

---

146 Vgl. Sombart (1928a), S. 188–189.

147 Vgl. Lütge (1966), S. 299.

148 Vgl. Nutz (1996), S. 166.

149 Vgl. Braudel (1982), S. 171 und S. 402, obwohl es fraglich erscheint, ob für den Händler die zur erfolgreichen Spekulation notwendige Mindestgewinnspanne auch immer genau vorher kalkulierbar war, vgl. Mickwitz (1939), S. 16–17.

150 Vgl. Braudel (1982), S. 169.

von einer bestimmten Ware einen Nachfrageüberschuss gab.[151] Falls die hohen Profite irgendwann wegschmolzen, falls sich Wettbewerb einstellte oder sich die Nachfrage- und Angebotsstrukturen veränderten, war es innerhalb kurzer Zeit möglich, diese Profite mit einem anderen Artikel zu generieren. Falls Pfeffer nicht mehr gefragt war, so standen Tee oder Kaffee parat, um die entgangenen Absatzmöglichkeiten zu kompensieren.[152] Die anderen Güter des täglichen Bedarfs wurden hingegen eher einem marktüblichen Verkauf zugeführt. Sie wurden zumeist innerhalb überschaubarer regionaler Distanzen verkauft und an Ort und Stelle konsumiert.[153] Eine auf die Erweiterung des Absatzes abzielende Preispolitik konnte sich deshalb in derartigen, auf Ausnutzung von Arbitragemöglichkeiten und Marktinformationen basierenden Geschäftsmodellen nicht entwickeln. Die extreme Sensitivität und Volatilität der Marktpreise auf externe Faktoren wie Kriege, Epidemien, Handelsembargo, Kreditkrisen, Wetterlagen oder auch bei königlichen Visiten und großen Messen, musste zwangsläufig jede mittel- bis langfristig orientierte Preiskalkulation zunichtemachen. Der Preis war schlichtweg nicht im Einflussbereich des einzelnen Gewerbetreibenden, der an den herrschenden Marktpreisen kaum etwas ausrichten konnte.

Es musste darüber hinaus eine signifikante Anzahl von Kunden geben, die einen Einsatz des Instruments überhaupt gerechtfertigt hätte. Während des Bevölkerungsaufschwungs im 18. Jahrhundert handelte es sich dabei immer öfter um anonyme Kundenbeziehungen statt persönlicher Verhältnisse zwischen Käufer und Verkäufer. In den Vorperioden zum Merkantilsystem wurde der Preis in den allermeisten Fällen durch Verhandeln bestimmt.[154] Recht willkürlich, mitunter nach eingehender Begutachtung der Person des Käufers, seines Stands und seiner möglichen Zahlungsfähigkeit, versuchte man einen Verkaufspreis zwischen Käufer und Verkäufer festzulegen. Feste Preise waren ungebräuchlich und galten sogar als verwerflich. Die führende kaufmännische Vereinigung im 18. Jahrhundert in Paris, die „Six Corps", brandmarkte 1786 entschieden das System von festen Preisen: „Le public séduit par un prix fixe qu'il n'ose contredire et qu'on lui offre comme la valeur réelle de l'objet en vente (…)".[155]

Dennoch ging man im 18. Jahrhundert mehr und mehr dazu über, von der Preisbildung im Wege der Verhandlung abzuweichen. Die Masse der Kundenbeziehungen und ein erhöhter

151 Vgl. Braudel (1982), S. 169–170. Ähnlich äußerte sich auch der arabische Gelehrte ad Dimashqi in Bezug auf die richtige Verkaufsstrategie von reisenden Kaufleuten. Man müsse, so ad Dimashqi, eine Preisliste aller Waren des Ortes führen, in den man zurückkehren wolle. Will man eine Sache an einem anderen Ort kaufen, so müsse man im Verzeichnis den Preisunterschied der Ware in den unterschiedlichen Regionen feststellen, in Rechnung ziehen was an Proviant bis zur Rückreise gebraucht würde, die noch die in Frage kommenden Zölle hinzuziehen und somit den Gesamtnutzen ausrechnen: „Dies ist das für alle Fälle gültige Verfahren", vgl. Ritter (1916), S. 70.

152 Vgl. Braudel (1982), S. 405.

153 Vgl. Braudel (1982), S. 457.

154 Vgl. Alexander (1970), S. 173. Eine Ausnahme in Bezug auf Preisverhandlungen bildeten in England diejenigen Händler, die Quäker waren. Diese ließen nicht mit sich handeln, da es Teil ihrer religiösen Überzeugung war, niemals einen überhöhten Preis für ihre Waren zu verlangen, sondern den niedrigst-möglichen Preis anzusetzen, vgl. Berry (2002), S. 390–391.

155 Zitiert nach Löffelholz (1935) S. 287, vgl. auch Braudel (1982) S. 68, zu den „Six Corps" vgl. Sargentson (1996), S. 7–17.

Konsum brachten es mit sich, dass man mehr und mehr anonyme Transaktionen eingehen musste. In der Natur der Sache besteht bei solchen Transaktionen erhöhter Kauf- und Verkaufwiderstand seitens beider Transaktionspartner. Durch eine derart ausgeprägte Nachfragestruktur kam dem Absatz der eigenen Waren eine erhöhte Bedeutung zu, und die Unternehmen mussten das absatzpolitische Instrumentarium zu ihrem eigenen Vorteil nutzen. Die Einführung von festen Verkaufspreisen ist deshalb im Lichte der Konsumrevolution zu sehen.[156] Zwar muss der Begriff der Konsumrevolution sorgfältig reflektiert werden, insbesondere zu welcher Zeit diese Revolution stattgefunden hat und wie der Entwicklungsprozess sich im Einzelnen gestaltete.[157] Aber für den Konsum besonders lohnende Markt- und Nachfragestrukturen ergaben sich insbesondere ab dem 18. Jahrhundert durch die langsame aber stetige Entstehung einer Konsumgesellschaft, die als das notwendige Gegenstück zur produktionsorientierten industriellen Revolution gesehen wurde:

> *„For the consumer revolution was the necessary analogue to the industrial revolution, the necessary convulsion on the demand side of the equation to match the convulsion on the supply side".*[158]

Zwar wird die Entstehung einer Konsumgesellschaft vereinzelt bis in das Zeitalter der Renaissance zurückdatiert.[159] Doch standen zu diesem Zeitpunkt den Konsumwünschen keine im Wege einer dezentralisierten und arbeitsteiligen Produktion hergestellten Konsumgüter gegenüber. Die Absatzbeziehungen verblieben in aller Regel auf lokalem Niveau und beschränkten sich auf Güter des täglichen Bedarfs, bei denen zudem eine obrigkeitliche Preisregelung sämtliche Bestrebungen einer individualisierten Preisbildung fast vollständig zunichtemachen konnte.[160] Sicherlich hat die Entstehung einer Konsumgesellschaft im betrachteten Zeitraum des 18. Jahrhunderts nicht alle sozialen Schichten gleichermaßen erreicht. Da die Industrielle Revolution das Produkt einer vielfältigen und mehrdimensionalen Faktorkombination war, muss von einem strikt mono-kausalen Erklärungsansatz durch die Konsumrevolution Abstand genommen werden.[161] Dennoch verschob sich, anders als in den vorhergehenden Epochen, die Aufmerksamkeit der Gewerbetreibenden immer mehr in Hinblick auf die verbesserte Befriedigung der Bedürfnisse der Nachfrager. Gleichzeitig verzeichnete man ein erhöhtes Wachstum des Konsums bei den Haushalten des frühmodernen Europas.[162] Es wurde eine erhöhte Zahl an Ladengeschäften im Einzelhandel gegründet und

---

[156] Maßgeblich geprägt wurde der Begriff von McKendrick (1982a), der im England des 18. Jahrhunderts eine Konsumrevolution konstatierte und dessen Werk für die weitere konsumgeschichtliche Forschung einen signifikanten Einfluss ausübte.

[157] Vgl. Beck (2003), S. 34 und de Vries (2003), S. 107. Nachfolgend soll innerhalb dieser Arbeit die Diskussion jedoch nicht weiter thematisiert werden, ein kritischer Überblick zum Konzept der Konsumrevolution während der Industriellen Revolution bei Fine/Leopold (1990) und Schramm (2007).

[158] McKendrick (1982a), S. 9. Ähnlich auch Gilboy (1967), S. 121–122.

[159] Vgl. Welch (2005) und Goldthwaite (1993), zur Debatte der Periodisierung vgl. Stearns (1997) und Beck (2003), S. 34–35.

[160] Vgl. Welch (2005), S. 74 und S. 85–89, die ausführlich auf die Preisbestimmung durch Zunftmitglieder und Staatsbeamte eingeht, siehe auch Haenert (1956) und Lütge (1941).

[161] Vgl. Fine/Leopold (1990), S. 162.

[162] Vgl. de Vries (1993), S. 107–121.

das Kaufverhalten der Kunden wandelte sich in Richtung moderner Bedürfnisse.[163] Das starke Aufkommen der Einzelhänder begann ab dem 18. Jahrhundert, und ihre Tätigkeit vertrieb die Handwerker und die traditionellen Berufe, die bisher die Versorgung mit Gütern und Produkten sicherstellten.[164] Es erfolgte eine stärkere Differenzierung der Einzelhändler, zumeist in den Bereichen der Pfundwaren, Ellen- oder Schnittwaren und der Stückwaren, welche den Konsum auf breiterer Ebene vorantrieben.[165] Neben dieser Differenzierung ist auch in dieser Epoche die Versachlichung des Handels zu bemerken, der immer häufiger unpersönlich vollzogen wurde und somit erst dadurch die Möglichkeit bekam, die gewaltig ansteigenden Produktionen der sich formierenden Manufakturen aufnehmen zu können. Statt des persönlichen Kaufs konnte man nunmehr den „Fernkauf" vollziehen. Die vormals so wichtige persönliche Beziehung des Käufers und des Verkäufers und die Bedeutung des Kaufzeitpunktes und der Lieferung wurden schrittweise aufgehoben. Dies war die Konsequenz der sich bessernden Transportmöglichkeiten in dieser Zeit, der Handelsverkehrsverhältnisse und der Handelstechniken. War diese Änderung noch zu Beginn der Ausdruck eines unpersönlichen Geschäftsstils und streckenweise sogar als illegal angesehen, so konnte sich der Fernkauf allerspätestens dann etablieren, als der Messehandel seine Grenzen erreichte.[166] Es kam zu einer Ausweitung des Distributionsnetzwerkes, so wie es auch grundlegende Änderungen in Bezug auf tradierte Verkaufsmethoden, Öffnungszeiten, den Einsatz von Werbung und Mundpropaganda gab.[167] Erstmals im frühen 18. Jahrhundert wurde auch die Ware hinter Schaufenstern platziert.[168] Dies waren deutliche Zeichen einer Änderung in Bezug auf die kaufmännische Aktivität. Somit erfolgte eine „Professionalisierung" der kaufmännischen Tätigkeit in Richtung der Markt- und Absatzorientierung. Das Wachstum der gesamtwirtschaftlichen Produktion, die Zunahme der Bevölkerung mit erhöhter Abhängigkeit vom Markt in Ermangelung von Möglichkeiten zur Selbstversorgung, die rasche Ausbreitung von neuem und modisch orientiertem Nachfrageverhalten wie z.B. bei Kolonialwaren und nicht zuletzt die Verbesserungen der Kommunikationsmöglichkeiten – das waren ab dem 18. Jahrhundert Entwicklungen, welche die binnenwirtschaftliche Entwicklung geprägt haben, und die sich daraus ergebenden Marktpotenziale und absatzpolitischen Konsequenzen für Gewerbetreibende stark ausgeweitet haben.[169]

In diesem Rahmen war es im 17. und dann im 18. Jahrhundert besonders der Einzelhandel, der das strategische Absatzpotenzial der Preispolitik entdeckte: „Retailers quickly realised that pricing could be a positive marketing strategy".[170] In früheren Zeiten sorgte sich der

163 Vgl. Berry (2002). Für England wird geschätzt, dass im Jahre 1759 auf 46 Einwohner ein „shopkeeper" kam, vgl. Mui/Mui (1989), S. 40.

164 Vgl. Braudel (1982), S. 68–69.

165 Vgl. Löffelholz (1935), S. 246 und Thirsk (1978), S. 169–180.

166 Vgl. Löffelholz (1935), S. 279–280.

167 Vgl. Stihler (1998), S. 62–70.

168 Vgl. Braudel (1982), S. 69–70 und Sargentson (1996), S. 130–131.

169 Vgl. Kaufhold (1986), S. 194 und Kriedte (1980), S. 145.

170 Fowler (1998), S. 48.

einfache Händler nicht viel um seine Verkaufsmethoden.[171] Zudem wurde es irgendwann im Laufe des Verkaufs einfach erwartet, dass Kunde und Verkäufer über den Preis verhandeln würden.[172] Preisverhandlungen waren ein Grundbestandteil des Kauf- und Verkaufsprozesses, und je höher der soziale Status des Käufers war, umso leichter konnte ein Kauf mit Einräumung von Kredit vereinbart werden. Da aber mit dem Einsetzen der Konsumrevolution nunmehr eine immer größere Masse an Nachfragern vorherrschte, wurde es schwieriger, die eigentliche Zahlungsbereitschaft (und auch die Kreditwürdigkeit) eines Kunden nur an seinem Stand oder seiner äußerlichen Erscheinung einzuschätzen. Die tradierte und empirisch bewährte Bestimmung des Kaufpreises nach der Person erwies sich oft als schwerer Trugschluss. Der Kauf mit Einräumung von Kredit stellte eine normale Transaktion dar und gehörte zur ökonomischen Mentalität in vorindustriellen Zeiten.[173] Man räumte erstaunlich lange Kreditzeiträume ein, oftmals über mehrere Monate, und das Vertrauen musste als Ersatz für das Geld dienen. Die Einführung von festen Preisen änderte konsequenterweise auch die Zahlungsmodalitäten. Der Kreditkauf wurde langsam aber stetig zugunsten des Barkaufs substituiert, da eine aufstrebende Mittelschicht in den städtischen Zentren sich Konsumgüter leisten konnte. Konsumgüter mit festen Preisen hatten zumeist ein niedrigeres Preisniveau als Konsumgüter, die im Wege der Preisverhandlung verkauft wurden, um Anreize für die Barzahlung zu setzen und um die Konsumenten für die neue Preisstrategie zu gewinnen.[174]

Diente die Fixierung des Preises einerseits als „Schutzmechanismus" für den Kaufmann, konnte dieses Instrument auch aktiv im Geschäftsleben eingesetzt werden. Denn schließlich erhob ein Kaufmann, der feste Preise setzte, Anspruch darauf, ein wesentliches Element des Marktgeschehens in Eigenverantwortung selbst zu bestimmen. Dies bedeutete eine Emanzipation des Kaufmanns in Richtung einer zielgerichteten und aktiven Geschäftsführung.[175] Feste Preise erlaubten eine konsistente und konsequente Preiskommunikation gegenüber den Kunden und sollten dafür sorgen, dass das Vertrauensverhältnis zwischen Anbieter und Nachfrager beim Verhandeln nicht durch Über- und Unterschätzen der Ware gestört werden konnte. Um auf den bekannten und bei Konsumenten gern gesehenen Nachlass trotzdem nicht zu verzichten, wurden die Festpreise von einer vordefinierten Rabattstruktur flankiert, die bei dem Kauf unter bestimmten Konditionen oder unter Einhaltung gewisser Voraussetzungen (wie z.B. der sofortigen Barzahlung oder der Abnahme bestimmter Mengen) eintrat. Es etablierten sich die ersten Unternehmer, die mit einer kommunizierten Preisführerschaft warben.[176] Beworben wurde auch der Verkauf der Ware unter Einstandskosten, in der Hoffnung, dass diese Ankündigung zusätzliche Kunden anlocken würde. Diese würden dann in den Handelsräumen, so das durchaus moderne Kalkül der Quersubventionierung, zu weiteren Käufen animiert werden. Der zusätzliche Vorteil für den Kaufmann: Durch die festen Preise wurde auch das Risiko minimiert, sich bei den Preisverhandlungen mit den Kunden selbst zu

---

171 Für das England des frühen 18. Jahrhunderts ist bekannt, dass der Verkauf oftmals den Lehrlingen überlassen wurde, vgl. Berry (2002), S. 385.

172 Vgl. Davis (1965), S. 183.

173 Vgl. Penndorf (1913), S. 33 und Smail (2003), S. 299.

174 Vgl. Berry (2002), S. 392–393 und Davis (1965), S. 185–188.

175 Vgl. Pallach (1987), S. 271.

176 Nachweisbar beispielsweise für den Londoner Einzelhandel um 1750, vgl. Fowler (1998), S. 49.

verkalkulieren. Ein weiterer Vorteil, wenn man bedenkt, dass die sichere Preiskalkulation im 18. Jahrhundert nicht von allen Kaufleuten beherrscht wurde.

2.2.2 Betriebliche Rechenhaftigkeit und Kostenbewusstsein

Damit Preispolitik als Absatzinstrument auch wirksam eingesetzt werden kann, bedarf es eines gewissen Grundverständnisses der elementaren betrieblichen Arithmetik. Wie eingangs gezeigt worden ist, sind die Wirkungen der Preispolitik durch eine Mehrdimensionalität ihrer Auswirkungen gekennzeichnet. Das Vorhandensein einer als „Rechenhaftigkeit" benannten Grundkenntnis zur Kalkulation wird deshalb als einer der entscheidenden Punkte für die Herausbildung einer kapitalistischen Betriebsstruktur genannt.[177] Aus diesem Grund war für den gesamten Zeitraum der Antike und des Mittelalters kein Einsatz des preispolitischen Instruments möglich, und die Preise beruhten äußerst selten auf sicheren Kalkulationsgrundlagen.[178] Der Stand des damaligen Rechnungswesens machte es nahezu unmöglich, weiterführende profit-orientierte Kalkulationen durchzuführen und eine darauf aufbauende rational fundierte unternehmerische Entscheidungsfindung zu treffen.[179]

Mussten Kaufleute anfangs aufgrund der mangelnden Kenntnisse im Schreiben und Lesen noch die Hilfe von Geistlichen in Anspruch nehmen[180], so konnte durch den Prozess der Verweltlichung die Bildung auch breiten kaufmännischen Kreisen zugänglich gemacht werden.[181] Dem vermehrten Bedürfnis nach Vermittlung rechnungstechnischer Grundlagen sowie der zunehmenden Systematisierung der Rechnungslegung wurde anfangs in Italien und später, ab dem 16. Jahrhundert, auch im deutschen Raum durch schulische Qualifizierungsprozesse in der Regel entsprochen.[182] Die kaufmännische Bildung indes war zu Beginn recht dürftig: Das Bedürfnis zur elementaren Kalkulation schien zwar mit der Arithmetik erfüllt zu sein, aber diese Arithmetik beschränkte sich oft auf die Berechnung kirchlicher Zeiten und Festtage und war nicht geeignet für das Erlernen und Beherrschen des betrieblichen Rechnens.[183] Die Mehrzahl der Gewerbetreibenden konnte schlecht schreiben und lesen, geschweige denn rechnen und relativ komplexe Preiskalkulationen durchführen. Aufgrund dieser Verhältnisse mussten Rechnungen damals nicht notwendigerweise stimmen.[184] Die Großkaufleute Froben und Ryff aus Basel rühmten sich noch am Ende des 16. Jahrhunderts, dass sie bei Divisionen den Quotienten richtig herausfinden und fehlerfrei berechnen konn-

---

177 Vgl. Sombart (1928a), S. 120 und Lütge (1966), S. 387, vgl. weiterhin Yamey (1949), S. 99–100 und zur frühen kaufmännischen Arithmetik und Kalkulation ausführlich Käfer (1941) und Franci/Toti Rigatelli (1982).

178 Vgl. Drahota (1984), S. 253.

179 Vgl. Finley (1999), S. 110–111 und S. 181. Allerdings werden für die Antike durchaus Nachweise eines fortschrittlichen Rechnungswesens geführt, die jedoch allesamt die landwirtschaftliche Produktion betreffen, vgl. Macve (2002).

180 Siehe Bruchhäuser (1989), S. 130–133.

181 Durch den Lehrplan der „Septem artes liberales": Lateinische Grammatik, Rhetorik, Dialektik; Arithmetik, Geometrie, Musik und Astronomie, vgl. Bruchhäuser (1989), S. 107.

182 Vgl. Ulivi (2002) und Bruchhäuser (1989), S. 232.

183 Vgl. Bruchhäuser (1989), S. 119.

184 Erhaltene Rechnungen aus Florenz sind in bis zu 75% der Fälle falsch, vgl. Löffelholz (1935), S. 122–123.

ten, während die Additionsfehler in den Büchern der englisch-ostindischen Kompanie im 17. Jahrhundert regelmäßig vorkamen.[185] Matthäus Schwartz, der Buchhalter der Fugger, beklagte sich 1518 über den allgemein geringen Wissensstand seiner Zeitgenossen bezüglich der Buchhaltung. Diese Kunst schien wenig beliebt zu sein unter seinen Kollegen und er wetterte gegen all diejenigen „trägen Kaufleute, die alles im Kopf tragen wollen, ihre Handlungen auf schlechte Rekordanzen und auf Zettel aufzeichnen, an die Wände kleben und Rechnungen am Fensterbrett halten".[186]

Eine Preiskalkulation war auch durch die allgemeine Verworrenheit der damaligen wirtschaftlichen Verkehrsverhältnisse hochgradig erschwert: Einerseits durch schlechte Reise- und Transportverhältnisse, andererseits durch die zahllosen Zollgrenzen mit verschiedenen Tarifen und Bestimmungen, die unzähligen Münz-, Maß- und Gewichtssysteme, große Verschiedenheit der Usancen auf den Messe- und Handelsplätzen und schließlich durch unterschiedliche Gebräuche beim Wechsel- und Zahlungsverkehr.[187] Es entwickelte sich eine spezialisierte Literatur, die Tarife, Umrechnungstabellen und Handelsgebräuche festhielt und den Kaufleuten zugänglich machte. Die meisten dieser Kaufmannsbücher enthielten in weiten Teilen Umrechnungshilfen, sie waren praktisch orientierte Leitfäden, losgelöst von mittelalterlich überlieferten Traditionen und empirisch tradierten Vorgehensweisen.[188] So gab Giovanni di Antonio da Uzzano 1442 in seinem Werk „Practica della mercatura" einen Überblick über die wichtigsten Münz-, Maß- und Gewichtseinheiten für Alexandria und Damaskus.[189] Darüber hinaus stellte er Preislisten zusammen für die wichtigsten vor Ort gehandelten Güter, von Metallen über Gewürzen und Arzneien bis hin zu Tuchen und Düften. Die Fülle an unterschiedlichen Einheiten, die ein damaliger Kaufmann beachten musste, stellte allerhöchste Anforderungen an handelstechnische und metrologische Kenntnisse. Wollte ein Kaufmann zur damaligen Zeit, wie Uzzano es beschreibt, Handel in der Levante treiben, so hatte er allein innerhalb von Alexandria 12 unterschiedliche Gewichtsrelationen zu berücksichtigen. Handelte er in bis zu sieben weiteren Handelszentren, erhöhten sich die zu berechnenden Gewichtsrelationen auf insgesamt 21.[190] Es verwundert daher vor dem Hintergrund der rechentechnischen Anforderungen nicht, dass oftmals Rechen- und Rundungsfehler auftauchten und dass allgemein der Grad der Präzision der kaufmännischen Kalkulationen erheblichen Grenzen unterlag.[191] Der Kaufmann der Renaissance, der keine Dezimalbruchzahlen kannte, bevorzugte zudem bei seinen Kalkulationen nur einfache Brüche wie 1/2 oder 3/4, aber keine darüber hinausgehenden komplizierten Bruchzahlen.[192] Die Notwendigkeit, unter Umständen noch bei Abschluss des Kaufes die relevanten Kosten- und

---

185 Vgl. Braudel (1982), S. 48, Löffelholz (1935), S. 124 und Schneider (2001), S. 80.

186 Zitiert nach Penndorf (1913), S. 167.

187 Vgl. Löffelholz (1935), S. 210 und Penndorf (1950), S. 58.

188 Vgl. Bruchhäuser (1989), S. 319–330.

189 Vgl. Denzel (1996), S. 89.

190 Mit den Handelszentren in Konstantinopel, Florenz, Venedig, Genua, Messina, Neapel und Avignon in der Provence, vgl. Denzel (1996), S. 98 und ausführlich Lopez (1969). Zur Problematik der Gewichts- und Maßeinheiten in Mittelalter und Renaissance, vgl. Dotson (1996).

191 Vgl. Denzel (1996), S. 101 und S. 110 und Dotson (1996), S. 118.

192 Vgl. Dotson (1996), S. 123.

Preiskalkulationen im Kopf durchführen zu müssen, konnte keine tiefgehenden Berechnungen erlauben. Eine Kosten- und Preiskalkulation blieb somit in diesem eng gesteckten Rahmen auf einem überschaubaren Niveau und erlaubte keinen nennenswerten Einsatz von preispolitischen Instrumenten.

Erst langsam begann die Rechenhaftigkeit sich auf breiter Basis im europäischen Raum zu etablieren. Die Rechenhaftigkeit war im ureigensten Interesse des Kaufmanns und direkt zurückzuführen auf das Grundmotiv kaufmännischer Tätigkeit: Das Erwerbsziel machte diese Kenntnis unverzichtbar.[193] Die Ratio des marktorientierten Wirtschaftslebens erforderte die Pflege des Rechnens. Und so war die Entwicklung der Mathematik in Europa ab dem 13. und 14. Jahrhundert untrennbar verbunden mit der Sphäre der kaufmännischen und gewerblichen Welt.[194] Für den Gewerbetreibenden der Neuzeit war es jetzt wichtig geworden, durch die Anwendung artgerechter Rechentechniken der Vielfalt der betrieblichen Aktivitäten eine möglichst rechnerisch-operative Basis zu geben und seinem Grundmotiv der Gewinnerzielung eine stärkere ökonomische Rationalität zu verleihen, als bisher in den vorhergehenden Epochen zum Ausdruck gekommen war.[195] Spätestens die Gründung der großen Handelsgesellschaften der Renaissance und die dadurch zunehmende Schriftlichkeit des kaufmännischen Verkehrs bewirkten eine Intensivierung des Geschäftsbetriebes, die nach einer geordneten und systematischen rechnungstechnischen Aufzeichnung der Geschäftsgänge verlangte.[196] Die Etablierung der Münzwirtschaft erforderte neben dem Wissen regional verschiedener Münz- und Maßsysteme ein zunehmendes Bedürfnis nach rechnungstechnischer Qualifizierung. So konnte die Handelstechnik und daselbst die Preiskalkulation verbessert werden, andererseits konnte auch der Geschäftserfolg besser bestimmt werden.[197]

Ein wesentliches rechentechnisches Grundelement für die Preispolitik war der Umgang mit Zahlen und Ziffern. Zwar konnte man bei den vier Grundrechenarten noch auf römische Ziffern zurückgreifen. Aber für die Durchführung von ausführlichen Kalkulationen in der Preispolitik war der rechnerische Umgang mit arabischen Zahlen unumgänglich. Grassby betont, dass „without the invention and adoption of Arabic numerals, it would have been impossible to develop sophisticated methods of calculation and analysis“.[198] Das Rechnen mit römischen Ziffern war im Vergleich zu den arabischen Ziffern ohne die Hilfe eines Abakus beschwerlich und wenig praktikabel, besonders bei längeren Zahlenfolgen und komplizierteren Rechenaufgaben, die zu geschäftlichen Dokumentationszwecken schriftlich festgehalten werden mussten.[199] Im Jahre 1202 erschien das Hauptwerk „Liber Abbaci“ von Leonardo Fibonacci Pisano, der darin die Einführung der arabischen Zahlen und das Rechnen

[193] Vgl. Bruchhäuser (1989) S. 231 und Steinhüser (1931) S. 38.

[194] Vgl. Franci/Toti Rigatelli (1982), S. 22. Es wurden viele mathematische Lehrbücher herausgegeben, die sich explizit mit Rechenproblemen des Betriebsalltags auseinandersetzten, vgl. bspw. Zemon Davis (1960).

[195] Vgl. Bruchhäuser (1989), S. 265 und Sombart (1928a), S. 120.

[196] Vgl. Bruchhäuser (1989), S. 101–103.

[197] Vgl. Bruchhäuser (1989), S. 101–103.

[198] Grassby (1999), S. 53.

[199] Vgl. Chatfield (1974), S. 24, Schneider (2001), S. 70 und Durham (1992), S. 27–34.

mit ihnen in Italien und Europa einleitete.[200] Zu diesem Zeitpunkt hatte sich in Europa das Rechnen mit römischen Ziffern fest etabliert. Und noch im 15. Jahrhundert wurden in weiten Teilen Europas immer noch die römischen Ziffern zum Rechnen eingesetzt, während hingegen in Italien das neue Rechnen viel schneller Eingang in die Geschäftswelt fand.[201] Die Menschen sträubten sich lange Zeit noch gegen die Einführung dieses neuen Zahlensystems, und Gilden und Zünfte verboten die arabischen Zahlen. Das Handelsbuch der Handelsgesellschaft der Runtinger ist zu Beginn des 15. Jahrhunderts größtenteils noch mit römischen Ziffern verfasst worden.[202] Und noch im Jahr 1520 wollte die Stadt Freiburg nur solchen Schuldbüchern Beweiskraft zuerkennen, die „nit mit zyffern, sondern langenzal oder mit ganzen worten" geführt wurden, höchstwahrscheinlich weil sich römische Zahlen nicht so leicht fälschen ließen, die arabischen Ziffern zu den nichtdezimalen Gewichts- und Münzsystem nicht passten und der Begriff „Null" sich kaum vermitteln ließ.[203] Dennoch ließ sich die Verdrängung der römischen Zahlen nicht aufhalten. Der Einsatz arabischer Ziffern konnte sich ab dem späten 15. Jahrhundert signifikant in Europa durchsetzen, ungefähr zum gleichen Zeitpunkt der Entwicklung des Buchdrucks und der verstärkten Nutzung von Papier.[204]

Neben der Einführung von arabischen Ziffern bestand die andere Grundlage darin, mit diesen Ziffern eine quantitative Kostenerfassung und Buchhaltung durchzuführen. Bis zum 15. Jahrhundert war die Technik der Buchhaltung im deutschsprachigen Raum noch so einfach wie nur möglich. Sie bestand im Wesentlichen aus formlosen Eintragungen, die aber wiederum mit großer Umständlichkeit durchgeführt wurden. Gängige Praxis war es zudem, nur die Kreditgeschäfte innerhalb der Buchführung zu verzeichnen. Die Aufzeichnung von Bargeschäften hielt man für nicht notwendig, da Leistung und Gegenleistung gleichzeitig entrichtet wurden und mit der Zahlung in bar sofort abgeschlossen wurden.[205] Erst durch die frühen systematischen Darstellungen der doppelten Buchhaltung wurde ein entscheidender Grundstein für die kaufmännische Rechentechnik gelegt. Schon 1458 erwähnte das Werk „Della mercatura et del mercante perfetto" von Benedetto Cotrugli die doppelte Buchführung, welches aber lediglich beschreibend war, ohne explizit ein Theoriegebilde aufzubauen.[206] Erst 1494 mit dem Buch „Summa de Arithmetica, Geometria, Proportioni et Proportionalità" und dort mit dem Abschnitt „Tractatus de computis et scripturis" von Luca Pacioli wurde eine

200 Vgl. Bellinger (1967), S. 98, Franci/Toti Rigatelli (1982) S. 22 und Löffelholz (1935), S. 121.

201 Vgl. Chatfield (1974), S. 16 und Käfer (1941), S. 71. Das erste bekannte Geschäftsbuch, welches vollständig mit arabischen Ziffern berechnet wurde, stammt aus dem Jahr 1439. Es handelte sich hierbei um Geschäftsbücher der Medici Bank in Florenz, vgl. Durham (1992), S. 39 und Löffelholz (1935), S. 123. Früheste Geschäftsbücher in arabischen Ziffern verfasst können bis zu Beginn des 14. Jahrhunderts im italienischen Pisa zurückverfolgt werden, vgl. Durham (1992), S. 38. Im deutschen Raum ist die Verwendung von arabischen Ziffern in Geschäftsbüchern erstmals für 1390 nachgewiesen. Sie wurden in einem süddeutschen Geschäftsbuch zu einer Geheimschrift verwendet, wahrscheinlich zum Zwecke der Steuerhinterziehung, vgl. Penndorf (1950), S. 49. In akademischen Kreisen waren die arabischen Ziffern hingegen mindestens seit dem 11. Jahrhundert bekannt und zumeist für astronomische Berechnungen eingesetzt, vgl. Durham (1992), S. 36–37. In einer Regensburger Chronik aus dem Jahre 1167 sind solche Ziffern schon nachgewiesen worden, vgl. Penndorf (1913), S. 38.

202 Vgl. Penndorf (1913), S. 13–18.

203 Vgl. Jenks (2005), S. 28.

204 Vgl. Durham (1992), S. 45, Franci/Toti Rigatelli (1982), S. 18 und ausführlich Reyer (2005).

205 Vgl. Penndorf (1913), S. 6–7, S. 33 und S. 37.

206 Vgl. Tucci (1990), S. 7.

vollständige Darstellung der doppelten Buchführung geleistet.[207] Dieses und weitere Lehrbücher der Buchhaltung ab dem 16. Jahrhundert gaben eine grundlegende Wende in der Heranbildung der Rechenhaftigkeit.[208] Die Gewerbetreibenden in dieser Zeit waren sich der Trennung von Firmen- und Privatvermögen bewusst und sahen ihr Unternehmen als abstrakte, von ihrer Person losgelöste Entität an.[209] Diese Trennung verselbstständigte somit den Kaufmann aus einer buchhalterischen Sicht und kann als entscheidender systematischer Gründungsschritt für die moderne Unternehmung gelten.[210]

Die Erweiterung des Rechnungswesens bildete ein Instrument, mit dem die Kontrolle, die Ordnung und die Abbildung der tatsächlichen betrieblichen Situation und der Aufwandsstruktur besser und effizienter als zuvor ermöglicht wurden.[211] Das bei der doppelten Buchführung eingesetzte Gewinn- und Verlustkonto wies den betrieblichen Erfolg der Tätigkeiten aus, Bilanzen und Inventuren gaben realistischere Einblicke in die Vermögenslagen als es vorher der Fall gewesen war. Kosten, die vorher Qualitätsgrößen waren, wurden jetzt zu Quantitätsgrößen und wurden zahlenmäßig besser greifbar, sowohl durch einfache wie auch durch doppelte Buchführung. Es entstanden Kausalzusammenhänge zwischen den Größen des Kapitals, der Kosten und des Lohns, so dass man die einzelnen Elemente besser als in vorhergehenden Perioden erfassen konnte.[212] Schließlich konnte durch die Einführung einer gewissenhaften und ordnungsgemäßen Buchhaltung die Schätzung der Kosten unterbleiben, denn die wenigsten Kaufleute konnten in vorindustrieller Zeit ihre Kostenstruktur genau definieren.[213] Es wurde jetzt ein erstrebenswertes Ziel, die Kosten relativ niedrig zu halten. Prinzipien wie Rentabilität, Wirtschaftlichkeit und Erwerbsstreben waren zwar für diese Epoche nicht neu und lassen sich sicherlich auch für vorhergehende Zeitspannen nachweisen. Aber es handelte sich hier um die Etablierung der Wirtschaft als Erwerbswirtschaft, welche sich dadurch von den traditionellen Wirtschaftsformen der reinen Subsistenzsicherung löste und neue Verhaltensdispositionen für das aktive Erwerbsstreben notwendig mach-

[207] Vgl. Penndorf (1913), S. 41. Pacioli gilt zwar als Erfinder der doppelten Buchführung, doch diese Art der Buchhaltung ist aller Wahrscheinlichkeit nach schon in der Mitte des 14. Jahrhunderts in den italienischen Stadtstaaten Venedig, Florenz und Genua praktiziert worden, vgl. Penndorf (1913), S. 42–43 und Mills (1994), S. 81–90.

[208] Vgl. ausführlich Penndorf (1913), S.107–156.

[209] Vgl. Nutz (1996), S. 137.

[210] Vgl. Bellinger (1967), S. 98. Es muss betont werden, dass die doppelte Buchführung jedoch keineswegs die alleinige Grundlage für Rationalität im Erwerbsstreben gewesen ist. Die diesbezügliche Argumentationskette von Sombart (1928a), S. 118–120, dass es kein kapitalistisches Gewinnstreben ohne die doppelte Buchführung gegeben hat, ist von verschiedener Seite schon entkräftet worden, vgl. Schneider (2001), S. 85–92 und ausführlich Yamey (1964) und Yamey (1949).

[211] Auch zeigte die doppelte Buchführung christlich-theologisch fundierte Beweggründe. Die christliche Überzeugung schlug sich in den Rechnungswerken nieder, da man den geächteten Praktiken der Zinsleihe und des Wuchers eine moralische Legitimierung entgegenzubringen versuchte. Indem man mit der doppelten Buchführung die Käufe, Verkäufe, Umsätze, Löhne und Kredite penibel genau eintrug, zeigte man, dass diese Transaktionen ehrlich, ausbalanciert und somit gerechtfertigt waren. Da jeder Soll-Buchung eine Haben-Buchung gegenüberstand und umgekehrt, dokumentierte der Kaufmann seine ehrlichen Absichten im Einklang mit der kirchlichen Lehre, vgl. hierzu ausführlich Aho (2005), insbesondere S. 86.

[212] Vgl. Löffelholz (1935), S. 117 und S. 126.

[213] Vgl. Grassby (1999), S. 25.

te.[214] Die Erwerbswirtschaft war in einer neuartigen Weise zukunftsgerichtet und versuchte durch zukünftige Entwicklungen die Aussichten in der Gegenwart zu verbessern. Dieser Gedanke war dem Mittelalter und seinen feudalwirtschaftlichen Strukturen noch fremd.[215] Diese Maxime des Kostenbewusstseins und der Rentabilität rückte stärker ins Zentrum der betrieblichen Tätigkeit als in den vorhergehenden Perioden. Dies führte letztlich dazu, dass die Rechnung mit den Kosten des Betriebes eine unverzichtbare und tragende Säule für den Betriebsablauf wurde und immer öfter als Grundlage wichtiger betrieblicher Entscheidungen und Maßnahmen ihren Einsatz fand.[216] Während des Merkantilsystems konnten nun die auf einem Produkt lastenden Kosten mittels Buchhaltung und Rechnungswesen erstmalig genau quantifiziert werden und wurden zur Grundlage für die Kalkulation des Verkaufspreises.

2.2.3 Ökonomisches Denken

Das intellektuelle Zeitalter der Scholastik erstreckte sich ungefähr von 800 bis 1500.[217] Ultimatives Ziel der Scholastiker war die Herausbildung eines eigenständigen Korpus des wissenschaftlichen Gedankens, welcher in allen Aspekten des Lebens eingesetzt werden konnte.[218] Die Scholastik war keine Wirtschaftswissenschaft, sondern eine Wirtschaftsethik, sie beschäftigte sich mit den Beziehungen des Menschen zu Gütern und ihren Bewegungen.[219] Die scholastische Ethik interpretierte die göttliche Weltordnung[220] und gab Verhaltensmaßregeln für das tägliche Leben, die im Einklang mit der christlichen Moral und Weltanschauung standen.[221] Die Scholastiker fragten nach der Vereinbarkeit realer Tatbestände mit der Lehre, wie sie die Bibel, die Kirchenväter und die antike (aristotelische) Philosophie vermittelten.[222] Die Scholastiker näherten sich somit in den Jahrhunderten immer stärker heran an das Verständnis und die sittliche Würdigung des Handels mit christlicher Umsicht und Moralität. Dabei wurde die kaufmännische Tätigkeit untrennbar mit dem Thema einer gerechten Preisbildung verbunden.[223] Der „gerechte Preis" war demnach der Preis, der in seinen Grundsätzen der Tauschgerechtigkeit entsprach. Diese war gegeben, wenn im Austauschverhältnis eine Tauschgleichheit vorherrschte und somit gleiche Gegenwerte ausgetauscht wurden. Der Maßstab zur Operationalisierung des Wertes war dabei der bezahlte, am Markt gültige Preis.[224] Die moraltheologische und sozialphilosophische Frage nach der Preisgerechtigkeit veranlasste die Gelehrten schon seit der Antike, umfassende Überlegungen über die

---

214 Vgl. Pierenkemper (1994), S. 7.

215 Vgl. Steinhüser (1931), S. 26.

216 Vgl. Steinhüser (1931), S. 29 und ausführlich Edwards/Newell (1990).

217 Vgl. Chafuen (2003), S. 13.

218 Vgl. Chafuen (2003), S. 13.

219 Vgl. Löffelholz (1935), S. 71.

220 Hierzu z.B. der Scholastiker Berthold von Regensburg, welcher die menschliche Gesellschaft in verschiedene Gruppen („Chöre") aufteilte. Die unterschiedliche Wertschätzung dieser Gruppen und damit der verschiedenen Berufe wurde dabei in ihrer Zuordnung deutlich, vgl. Bruchhäuser (1989) S. 18.

221 Vgl. Löffelholz (1935), S. 71.

222 Vgl. Salin (1967), S. 6.

223 Vgl. Spicciani (1977), S. 231.

224 Vgl. Schneider (2001), S. 116.

preisbestimmenden Faktoren und die Grundsätze der Preisfindung anzustellen.[225] Ein Wiederaufleben ethisch-religiöser Wertvorstellungen in der Sphäre der Preisbildung erfolgte noch während der Renaissance, insbesondere bei Martin Luther und bei Johann Geiler von Kaysersberg. Besonders die wirtschaftlichen Vorstellungen Luthers lehnten sich recht stark an vergangene Dogmen und Paradigmen aus der Scholastik an, so dass der Reformator eher „nach hinten schaut ins Mittelalter und nicht nach vorne".[226] Für die eigentliche Preiskalkulation meinte Luther:

> *„Nun ists aber billich und recht / das eyn kauffman an seyner wahr so viel gewynne / das seyne kost bezalet / seyne muhe / erbeyt und fahr belonet werde (...). Darumb mustu dyr fursetzen / nichts denn deyne zymliche narunge zusuchen ynn solchem handel / darnach kost / muhe / erbeyt und fahr rechen und uberschlahen / und also denn die wahr selbst setzen / steygern oder nyddern / das du solcher erbeyt und muhe lohn davon habest".*[227]

Ähnlich äußerte sich Geiler von Kaysersberg, der für die Preisbildung einen angemessenen Aufschlag auf die eigenen Kosten und Mühen vorsah: „Du solt deinen zimlichen gewin daruff setzen, dein müe und arbeit magst du wol darin schlahen, aber als thüer kaufen und verkaufen als du immer magst, das ist falsch".[228]

Die Menschen haben sich spätestens seit der Antike mit wirtschaftlichen Tatbeständen beschäftigt. Diese Auseinandersetzung war jedoch stark von ethisch-politischen und ethisch-religiösen Grundmotiven geprägt, bis in die Neuzeit. Wurden die Preise als zu niedrig oder zu hoch empfunden, erregte dies Anstoß, und die Konsequenz waren Verbote. Somit existierte eine besondere ethische Einstellung zum Einsatz des Preisinstrumentariums, die noch nicht den Weg für eine durchdachte und auf Absatzmehrung ausgerichtete Preispolitik freimachen konnte. Eine Absatzorientierung widersprach dem Wesen der damaligen Betriebsführung, da sie nicht vorhersehbare Risiken inkludierte. Elemente wie Ethik, Moral und Verhältnismäßigkeit als Ausprägungsmerkmale und Leitmotive der Betriebsführung erschufen Abneigungen gegen ein zu individualistisches oder egoistisches Führen des Betriebes.[229] Unentwegt wurde vom „ehrenhaften" Preis gesprochen, und selbst bei einer Monopolstellung sollte der eigene Profit „christlich" und nicht übermäßig hoch gesetzt werden.[230]

Die Scholastik stand zwar in „bewunderungswürdiger" Weise auf der Höhe ihrer Zeit.[231] Die Lösungen, welche die Scholastiker auf die ihnen vorliegenden Fragen gegeben haben, kön-

---

225 Vgl. Winterstein (1982), S. 33. Es soll an dieser Stelle der Begriff des „gerechten Preises" nicht weiter verfolgt werden und lediglich ein weiterführender Hinweis auf die – kaum zu überblickende – Literatur gegeben werden. Immer noch grundlegend Noonan (1957), Baldwin (1959) und de Roover (1958), neuere Forschungen bei Langholm (1998a), Langholm (1979) und Todeschini (1994), für die deutsche Forschung Kaulla (1904), Schachtschabel (1939), Galambos (1937), Brinkmann (1967) und Hagenauer (1931).

226 Kolb (1997), S. 15.

227 Luther (1524), o. S.

228 Zitiert nach Penndorf (1950), S. 6.

229 Vgl. Löffelholz (1935), S. 268.

230 Vgl. Steinhüser (1931), S. 77.

231 Vgl. Nell-Breuning (1935), S. 104.

nen natürlich nicht den heutigen Fragestellungen entgegengebracht werden. Das für die Scholastiker bestimmende Problem war dabei nicht der Handel an sich, sondern es interessierte nur das eng umrissene Feld der Preisspannen und Margen, die praktisch den Gewinn eines Gewerbetreibenden ausmachten, also die Differenz zwischen Einkaufspreis und Verkaufspreis, das sogenannte „lucrum".[232] Die Grenze zwischen dem, was erlaubt und möglich war, und dem, was unerlaubt und sündhaft war, blieb in dieser Zeit sehr verschwommen. Und so war der Wucher, sowohl im verzinslichen als auch im preislichen Bereich, eines der größten Probleme vom Mittelalter bis in die Neuzeit, welches ein Kaufmann zu beachten hatte.[233] Der Kaufmann war mit seinem Handeln dem Postulat des gerechten Preises unterworfen, so dass man in den meisten Fällen die Wirtschaft nicht als autonomen Bereich wahrnahm, innerhalb dessen man sich wirtschaftlich frei entfalten konnte.[234] Die Gutartigkeit oder Bösartigkeit des Gewerbes resultierte letztlich nur aus der Tätigkeit des Kaufmanns heraus, und es galt, diese Tätigkeit innerhalb eines religiös-ethischen Codes zu reglementieren.[235] In diesem Zeitalter konnte noch keine rationale Preispolitik betrieben werden, denn zu stark war die regelgebundene Verwurzelung der Geschäfts- und Absatzmethoden innerhalb eines christlichen Regelkataloges und innerhalb einer moralisch dominierten Wirtschaftsethik. Eine verwinkelte Kasuistik entstand, wenn es galt, alle möglichen Grundsätze aufzuzeigen, was denn nun eigentlich der Geschäftsmann tun und nicht tun dürfe, und wie man sich im Zweifel zu verhalten habe.[236] Die Preisbildung konnte sich dabei nicht an den tatsächlichen Kosten und den erbrachten Leistungen orientieren, da sonst verschieden hohe Preise für gleichartige Güter erhoben wurden, was für die Gedankenlehre der damaligen Zeit untragbar war.[237] Die Beziehung von zum Teil starken Gegenpositionen in Bezug auf die sich andeutenden wirtschaftlichen und betrieblichen Veränderungen zeigen, dass oftmals der Versuch, sich an die realwirtschaftlichen Phänomene „anzupassen", den kirchlichen Vordenkern nicht gelang und wohl auch nicht gelingen konnte.

Der Kaufmann hingegen schaffte es in seinen Bemühungen in Bezug auf Innovation und Rationalisierung der kaufmännischen Tätigkeiten und Instrumente nicht, seinen Bestrebungen Kohärenz zu geben und sie in ein systematisches Gebilde von Prinzipien und Regeln zu formen, die den Moralkonstrukten der Theologen und Scholastiker wirksam entgegenstehen konnten.[238] Das mentale und spirituelle Universum übte noch starken Einfluss auf die tägliche Arbeit eines Kaufmanns aus, so dass die Idee des gerechten Preises das Wirtschaftsleben mindestens bis in das 17. Jahrhundert hinein nachhaltig beherrschte.[239] Die Preisbildung konnte sich nicht an einzelwirtschaftliche Überlegungen richten, sondern stand im Diktat der standesgemäßen Ordnung. Preiskalkulation war nicht das Instrument des Kaufmanns und seines Strebens nach Erfolg in Handel und Gewerbe, sondern sie diente der Aufrechterhal-

---

232 Vgl. Weber (1959), S. 94 und Spicciani (1977), S. 211.

233 Vgl. Klein-Blenkers (1994), S. 14–15.

234 Vgl. Lütge (1966), S. 171–172.

235 Vgl. Spicciani (1977), S. 131 und S. 173, weiterhin Goez (1982), S. 28 und Langholm (1998b), S. 455.

236 Vgl. Endemann (1874), S. 36.

237 Vgl. Leitherer (1961), S. 28–29.

238 Vgl. Tucci (1990), S. 85.

239 Vgl. Sombart (1928a), S. 36–37, S. 43–44 und S. 202.

tung eines auf Risikominimierung und Gerechtigkeit beharrenden ständischen Wirtschaftslebens.[240] Die Preisbildung konnte nicht die Funktion eines Absatzinstruments einnehmen, welches Umsätze und Gewinne für den Gewerbetreibenden sichern sollte. Nicht erlaubt waren explizite Hochpreis- oder Niedrigpreisstrategien oder sonstige Maßnahmen, welche die Zahlungsbereitschaft der Kunden besser ausschöpfen konnten. Die Preisbildung sollte einzig und allein kostenorientiert erfolgen, mit angemessenem Gewinnzuschlag.[241] Wurde die Preisbildung im Voraus durch obrigkeitliche Eingriffe und Verbote gehemmt, verblieb letztlich nur die Optimierung der Produktionskosten von den Endpreisen her, da man zur Einhaltung der festgelegten Preise notgedrungen auf die Vorleistungskosten einwirken musste.[242]

Die Geschichte der obrigkeitlichen Preisfixierungen durch staatliche Institutionen geht bis weit in die Antike zurück.[243] Preisfixierungen größeren Umfangs lassen sich durchweg während der gesamten Zeit des Mittelalters, der Renaissance und der Neuzeit feststellen.[244] Bei dem Theologen Heinrich von Langenstein sind ausdrücklich Forderungen nach einer obrigkeitlichen Preisfixierung auszumachen. Die große Fülle an Waren und die steigenden Bedürfnisse erforderten eine Preisfixierung, die sich am tatsächlichen Bedarf der Menschen anhand ihrer standesgemäßen Position orientierte, und die auch die vorhandenen Gütermengen entsprechend der gesellschaftlichen ständischen Ordnung verteilte.[245] Die Leitlinie der Einteilung und Repartition der Bedürfnisse in standesgemäße Anteile wurde abermals unterstrichen, wenn betont wurde, dass wenn sich

> *„kluge und pflichteifrige Männer, wie es ja die Lenker einer Stadt oder eines Bezirks sein müssen, von diesen und ähnlichen Erwägungen leiten lassen, wird es ihnen nicht schwerfallen, in hinreichend genauer Schätzung die Höhe des gerechten Warenwertes oder -preises zu finden".*[246]

Aber diese Regelungen halfen nicht, die Preisbestimmung im kaufmännischen Bereich zu leiten.[247] Die Sorge um die objektive Gerechtigkeit des Preises trieb zu einer gar maßlosen künstlichen Gestaltung der zumeist städtischen Wirtschaftspolitik mit ihren Regelungen und

---

240 Vgl. Goez (1982), S. 24–25 und Sombart (1928a), S. 39 und S. 43.

241 Vgl. Sombart (1928a), S. 44–46.

242 Vgl. Lütge (1966), S. 173.

243 Vgl. ausführlich Drahota (1984). Die ersten bekannten größeren Preisfixierungen wichtiger Handelsgüter erfolgten im babylonischen Gesetzeskodex unter König Hammurapi ca. 1770 vor Christus und im römischen Reich unter Kaiser Diokletian im Jahre 301 nach Christus. Für Diokletians Edikt, der die bisher existierende, weitestgehend freie Preisbildung in Rom beendete, konnten die festgelegten Maximalpreise den Güterbedarf der Bevölkerung nicht gewährleisten. Aus Furcht vor der Todesstrafe, die bei Verletzung des Edikts stand, wurden keine Güter in die Märkte gebracht, so dass eine Teuerung der Waren konstatiert werden musste, vgl. Herrmann (1982), S. 16. Zum Kodex von Hammurabi Drahota (1984), S. 27–34. Ausführlich zum Edikt von Diokletian Kent (1920), Bücher (1894a) und Bücher (1894b).

244 Vgl. bspw. die umfangreichen Preisregelungen für Fleisch in England unter König Heinrich VIII. bei Heinze (1969), ferner auch Finkelstein (2006), S. 268–269.

245 Vgl. Kaulla (1906), S. 58 und Goez (1982), S. 27.

246 Zitiert nach Höffner (1955), S. 21.

247 Vgl. Endemann (1874), S. 40–41.

Rechtssätzen, Distinktionen und Limitationen.[248] Die Pflege einer Marktordnung, welche die Konsumenten schützte, aber gleichzeitig die Handelsfreiheit hemmte, hat für lange Zeit sämtlichen absatzpolitischen Elementen ein wirksames Hindernis entgegengestellt. So warnte Heinrich von Langenstein die Verwaltungen in Städten und Ländern, „die Warenpreise nach dem Gutdünken und der Gewinnsucht der Verkäufer und Käufer steigen oder fallen zu lassen".[249] Zwar waren Eingriffe in die Preisbildung keine systematische Regelmäßigkeit der damaligen Zeit. Wo Mangel sich einstellte und wo ganz bestimmte Güter einer Preisregulierung bedurften, entsprachen die damaligen Institutionen aber diesem Handlungsbedarf. War die Preisbildung für die meisten Güter rein theoretisch frei, war sie praktisch jedoch einem weiteren Hemmnis unterworfen, nämlich der Preis- und Gewerbepolitik der Zünfte, bei der die Grenzen zwischen obrigkeitlichem Eingriff und Zunftpolitik oftmals verschwammen.

In einfachen Handwerksbetrieben fehlte eine eindeutige Markt- und Absatzorientierung. Die grundlegenden rechentechnischen Voraussetzungen wie Buchführung und Kostenerfassung verblieben, wenn überhaupt, auf oberflächlichem Niveau. War der Handwerker zünftig organisiert, hatte er überhaupt keine Möglichkeit, eigenständig eine Preispolitik für seine Erzeugnisse zu betreiben. Sämtliche absatzpolitischen Parameter wurden innerhalb der Zunft zentral geregelt. Die Gestaltung der inneren Wirtschaftsordnung einer Zunft war auf eine Monopolisierung der eigenen Produktionszweige nach außen und die Reglementierung der Gewerbe und Arbeiten nach innen gerichtet, so dass durch die kartellartigen Zusammenschlüsse eine Kontrolle des Marktes im Eigeninteresse der Zunftmitglieder erfolgen sollte.[250] Es existierte ein Prinzip der Tradition und Empirie, eine empirisch gefestigte Wirtschaftsweise, die sich von Generation zu Generation weiter vererbte, während der Zunftzwang einen solidarischen Geist annahm, ohne die lästige und existenzbedrohende freie Konkurrenz.[251] Der einzelne Betrieb kannte kaum die wirtschaftliche Freiheit, da sein absatzpolitischer Wirkungskreis eng abgesteckt war und er vertikal überhaupt keine Integrations- oder Kooperationsfähigkeit hatte.[252] Die zünftigen Betriebe in dieser Zeit kannten auch keine rein ökonomischen Probleme, da die damalige gewerbliche Produktion hochgradig arbeits- und nicht kapitalintensiv war, und daher auch keine damit verbundenen Herausforderungen in der Kostenstruktur vorherrschten.[253] Der traditionell behaftete Betrieb mit einem statischen Gleichlauf brachte keine wesentlichen technischen, organisatorischen oder kostenorientierten Schwierigkeiten mit.[254] Preispolitik im Sinne eines Instrumentes zur Förderung des Absatzes und zur Optimierung der Profite konnte es nicht geben, weil für die damaligen Betriebe profitables Arbeiten nicht immer an die Spitze ihrer betrieblichen Agenda gesetzt wurde. Vielmehr wurde ein Qualitäts- und Leistungswettbewerb statt eines Preiswettbewerbs betrieben. Das Ziel der Wahrung der Ehre der Zunft und ihrer Zunftgenossen zeichnete sich dadurch aus, dass man

248 Vgl. Jenks (2005), S. 81–85.

249 Zitiert nach Metternich (1993), S. 153.

250 Vgl. Lütge (1966), S. 176 und S. 256.

251 Vgl. Löffelholz (1935), S. 67 und S. 85, und ausführlich Mummenhoff (1901).

252 Vgl. Steinhüser (1931), S. 32.

253 Vgl. Kriedte (1980), S. 18.

254 Vgl. Löffelholz (1935), S. 74.

nur gute, tadellose Ware produzieren sollte.[255] Die Wirtschaftsgesinnung der damaligen Zeit, das ökonomische Denken des gerechten Preises und die mangelnden Geschäftstechniken für eine auf Absatzausweitung orientierte Preisbildung stellten nahezu unüberwindbare Hürden für den Einsatz der Preispolitik dar.[256]

Das Kostenproblem spielte hier zudem noch eine andere Rolle als in nachfolgenden Epochen.[257] Die Kostenrechnung im Mittelalter beinhaltete im Wesentlichen die Arbeitskosten und die Materialkosten. Bei der Konstitution des ökonomischen Wertes als der Grundlage des gerechten Preises spielte die Veranschlagung des sachlichen und persönlichen Aufwandes eine entscheidende Rolle. Geschicklichkeit, der Einsatz der persönlichen Kräfte und Fähigkeiten (labor) und der sachlichen Aufwendungen (expensae) hatten die größte Würdigung bei der Preisbildung als Faktoren der Preisbestimmung.[258] Die Festlegung und Einhaltung gemeinsam definierter Produktionsverfahren, der gemeinschaftliche Einkauf, die gemeinsamen Lohntaxen, die Definition des Umsatzes mittels Vorschriften über die Höchstzahl der Angestellten, der Produktionskapazität und der Arbeitszeit und schließlich die Preisfestlegung für die Produkte, bedingten die Kosten- und Preisstruktur des zunftmäßig organisierten Betriebes.[259] Billige Einkaufsquellen mussten den anderen Meistern sofort mitgeteilt werden, damit alle Zunftmitglieder von den besseren Einkaufskonditionen profitieren konnten. Die Gleichheit des Materials sicherte bei gleichzeitiger Gleichwertigkeit der Erzeugnisse auch die gleichen Aussichten bei Absatz und Verkauf: Gleiche Produkte sollten auch den gleichen Preis haben.[260] Eine detailliertere Ausarbeitung der Preisbildung hätte wohl mehr negative Effekte mit sich geführt und den kaufmännisch unkundigen Betrieb stärker belastet, da sie ihn in seiner tradierten Arbeitsweise ablenkte. Die Wirtschaftspolitik der Zunft war auf das Auskommen der einzelnen Mitglieder ausgerichtet. Die Richtschnur für die betriebliche Tätigkeit im Wirtschaftsleben war dabei der gerechte Preis und die Ethik des „Auskommens". Dies sollte expansive Tendenzen in Absatz und Produktion limitieren.[261] Jedes Gewinnstreben nach oben und unten über den standesgemäßen Umfang hinaus, wurde von den Anschauungen der christlichen Weltordnung begrenzt. Die Hauptsorge galt der Aufrechterhaltung der gleichen Nahrung für alle Mitglieder, und das Produktionsziel war der standesgemäße Unterhalt und die Subsistenz.[262] Der typische städtische Handwerksbetrieb war so ausgerichtet, dass er den Zunftanforderungen entsprach und die notwendigen Qualitätsstandards einhielt, was wiederum das notwendige Einkommen sichern half.

---

255 Vgl. Penndorf (1950), S. 12 und Lütge (1966), S. 176–177.

256 So auch Stihler (1998), S. 80 und Sombart (1928b), S. 892.

257 Vgl. Steinhüser (1931), S. 35.

258 Dies sind diejenigen Kostenelemente, die zum ersten Mal von Thomas von Aquin aufgezeigt wurden und welche die nachfolgenden Scholastiker ausformuliert haben, vgl. Spicciani (1977) S. 162, Endemann (1874), S. 43, Penndorf (1950), S. 12 und Finkelstein (2006), S. 271.

259 Vgl. Steinhüser (1931), S. 35, Finkelstein (2006), S. 269 und Mummenhoff (1901), S. 104 und S. 109.

260 Vgl. Schubert (1962), S. 53 und Penndorf (1950), S. 12.

261 Vgl. Kießling (1989), S. 133.

262 Vgl. Schneider (2001), S. 115.

Aber auch mit dem Rückgang der Zünfte tendierte der Handwerksbetrieb zur Fortführung der tradierten Produktions- und Absatzmethoden und nicht zu deren Veränderung.[263] Solange die Subsistenz des Betriebes und des privaten Haushaltes durch die Erwerbstätigkeit gedeckt werden konnten, spielten risikofreudiges Wirtschaftsverhalten, wie Verbesserungen der eigenen Marktposition und der Einsatz von absatzpolitischen Methoden, kaum eine Rolle. Wer im traditionellen Handwerk für einen räumlich abgegrenzten, gesellschaftlich zweitrangigen Markt tätig war, konnte Modetrends und Marktwachstum kaum aktiv selbst gestalten.[264] Auch in Branchen, in denen es um den massenhaften Absatz von relativ homogenen Gütern ging und in denen die Eigenschaften der Güter weitestgehend standardisiert wurden, konnte die Preispolitik keine nennenswerte Rolle spielen. Zentrales Element des Absatzes war hier die Synchronisation und Anpassung der Herstellung auf die sich mitunter rasch ändernden Nachfragestrukturen.[265] Dies betraf vorzugsweise die Verlagsbetriebe, bei denen der Kaufmann-Verleger eine gute Markterfahrung und -kenntnis hatte, im Rahmen aber regional begrenzter Märkte kaum eine proaktive Preispolitik betreiben konnte. Man war sich über die stark schwankenden Marktzyklen bewusst, so dass Verluste in schlechten Zeiten mit Gewinnen in guten Zeiten wettgemacht werden mussten. Es zählte nicht der Preis des einzelnen Artikels, sondern letztlich nur die wirtschaftliche Situation zum Jahresende.[266] Der Gewinn im Verlagssystem basierte auf der Niedrighaltung der Vergütung der gewerblichen Produzenten und der Materialkosten. So konnte der Verleger nur Einfluss nehmen auf die Spanne zwischen Marktpreis und dem gewährten Preis für den Produzenten.[267] Kostengesichtspunkte spielten mehr denn je eine größere Rolle bei der Preispolitik im Verlagssystem, besonders weil die Produktionskosten bei gleichbleibender Nachfrage den Verkaufspreis nahezu ausschließlich bestimmten.[268] Rohmaterial war auf dem Land oftmals billiger als in der Stadt, und der Steuer- und Abgabendruck, der auf dem Handwerk lastete, war bedeutend niedriger in den ländlichen Regionen. Und da die Gewerbetreibenden zumeist ein Stück Land besaßen und die notwendige landwirtschaftliche Subsistenzbasis vorhanden war, konnte man auf einen Teil des Arbeitsentgeltes verzichten. Der Verleger konnte so das Arbeitsentgelt herunterdrücken und erzielte dadurch einen Differentialgewinn.[269] Aber sobald die Nachfrage schwächelte oder neue Moden aufkamen, musste der Verleger reagieren und konnte dies oftmals nicht mit der Geschwindigkeit tun, die der Markt erforderte. Das Instrument des Preises musste im Verlagssystem in dem Maße in den Hintergrund treten, in welchem ein vom Markt vorgegebener Preis sich einstellte: „Here most firms were no longer under any necessity of establishing their own prices, but merely accepted the market price and endeavoured to keep costs below them".[270] Selbst Flandern, das eine bedeutende Stellung auf dem Weltmarkt für Stoffe hatte, verblieb im Wesentlichen in der Rolle des Preisnehmers. Die

[263] Vgl. Kocka (1975), S. 20.

[264] Vgl. Pallach (1987), S. 67.

[265] Vgl. Kocka (1975), S. 21, Landes (1966), S. 11–12 und Stromer (1991), S. 159–160 und S. 166.

[266] Vgl. Gras (1933), S. 310.

[267] Vgl. Lütge (1966), S. 300.

[268] Vgl. Ogilvie (1994), S. 38.

[269] Vgl. Kriedte (1978), S. 60 und Medick (1978), S. 112.

[270] Pollard (1965), S. 263, ähnlich auch Fleischman/Parker (1991), S. 365.

Gewerberegion sah sich einer elastischen Nachfrage gegenüber, hatte aber keinen nachhaltigen Einfluss auf den Weltmarktpreis.[271] Die Profitabilität wurde deshalb eher in der Produktanpassung an die Nachfragestrukturen und in der Suche nach Kosteneinsparungen und verbesserten Produktionsmethoden für ein großes Angebot an standardisierten Qualitäts- und Massengüter gesucht.[272]

Mit dem Aufkommen des 18. Jahrhunderts verloren die wirtschaftlichen Ansichten der Scholastiker ihre Gültigkeit als Wertmaßstäbe bei der Preisfindung.[273] In dieser Epoche der Aufklärung bildete sich ein methodologisches Fundament heraus, welches auch noch heute das Grundgerüst in der Wirtschaftswissenschaft bildet und den Abbau der ethisch bedingten Wirtschaftslehren vorantrieb: Eigene Gesetze und Regeln prägten den Umgang mit der Disziplin, welche den auf seinen Vorteil bedachten Menschen in das Zentrum rückten.[274] Im Zeitalter der Aufklärung haben die Regeln der „alten Ökonomik", die um die Einheit des Haushaltes zentrierte Zusammenstellung von Themen der Ethik, Soziologie, Pädagogik und der Landwirtschaft, ihren Einfluss auf das Denken der Menschen entscheidend eingebüßt.[275] Die Folgen der Aufklärung für die wissenschaftlich-technische Revolution in der Wirtschaft und der Einsatz wissenschaftlicher Erkenntnisse auf die Probleme der Produktion waren eine „epochale Neuerung im Hinblick auf die folgende wirtschaftliche Expansion".[276] Neue Wissenschaften entstanden, ein tiefgreifender Wandel der wissenschaftlichen Begriffssprache setzte ein.[277] So auch in der Wirtschaft, wo kluges und rationales Handeln das begriffliche Zentrum der Ökonomik darstellte. Aus der Entwicklung eines betrieblichen Kostenbewusstseins ergab sich konsequenterweise eine Stärkung des unternehmerischen Denkens. Ab der Renaissance und besonders im Merkantilsystem erfolgte eine Intensivierung des Geschäftsbetriebes und der Gewinnaussichten. Die (Neu-)Entdeckung des Betriebes als einzelwirtschaftliche Einheit und eine Rationalisierung der Methoden zum Gewinnstreben setzten ein, mit einer konsequenten Ausdehnung der Umsatzvolumina und der Größe der Betriebe.[278] Das Prinzip der Wirtschaftlichkeit, in ersten Ansätzen schon seit dem Spätmittelalter vorhanden, bahnte sich seinen Weg mehr und mehr durch die Ökonomie der merkantilistischen Zeit. Dieses Prinzip war eng flankiert von der Notwendigkeit der Rentabilität, welche wiederum als Katalysator funktionierte für einen grundlegenden Wandel in den internen Geschäftsabläufen mittels Arbeitsteilung und mittels Ersatz von relativ teuren Kostenfaktoren hin zu relativ billigen.[279] Der konkrete wirtschaftliche Ausdruck dieses Wandels war durch den Markt repräsentiert, der zum ersten Mal einen richtigen Schwerpunkt des Wirtschaftens

---

271 Vgl. Holbach (1985), S. 51.

272 Vgl. Stromer (1991), S. 159. Die für die Textilbranche im England des 18. Jahrhunderts nachgewiesenen umfassenden Kostenkontrollen, die zur Überwachung der Ausgaben eingeführt wurden, bestätigen die Bestrebungen zu Kosteneinsparungen, vgl. Fleischman/Parker (1991), S. 363–365.

273 Vgl. Löffelholz (1935), S. 139.

274 Vgl. Ambrosius/Plumpe/Tilly (2006), S. 10.

275 Vgl. Brunner (1956), S. 36.

276 Pierenkemper (1994), S. 7–8.

277 Vgl. Brunner (1956), S. 49.

278 Vgl. Tucci (1990), S. 80, Bruchhäuser (1989), S. 258–259 und Jenks (2005), S. 106.

279 Vgl. Steinhüser (1931), S. 26–27.

bildete. Der Markt gewährte dem Kaufmann die Chance, sich in seinem betriebswirtschaftlichen Streben dieses Phänomens in nahezu vollem Umfang zu bedienen und alle dem Markt innewohnenden Hebel für eine erfolgreiche kaufmännische Tätigkeit einzusetzen. Da nunmehr dieses Phänomen prinzipiell jedem zustand, bestimmte der Wettbewerb die Bedingungen der betrieblichen Existenz und bemaß den Erfolg der Betriebe in Bezug auf ihre Rentabilität.[280] Dabei war dieses Kämpfen weit mehr als nur eine Konkurrenz innerhalb der Stadt oder des nahen Umlandes, sondern erstmalig auch wirklich überregionaler Natur. Und die zentralen „Kampfmittel“, welche von den Betrieben bedient wurden, waren relativ niedrige Kosten und eng damit verknüpft in einem zweiten Schritt rational und strategisch ausgestaltete Preise.[281] Strategisch waren sie dergestalt, dass hinter einer bestimmten Preisbildung auch eine bestimmte Zielerreichung stand. Der Preisbestimmung ging jetzt die Vorüberlegung voraus, wie die Rentabilität und letztlich der Erfolg gesichert werden konnte. Und der Maßstab der Beurteilung dieser Vorüberlegungen wurde durch den Markt gesetzt.

2.2.4 Preispolitik im Spiegel der zeitgenössischen Literatur

Bevor im Zeitalter des Merkantilsystems die ersten Bearbeitungen zu einzelwirtschaftlichen Themen erfolgten, hatte es schon zuvor unsystematische Arbeiten zur Handelskunde gegeben. Als Verfasser lassen sich fast ausnahmslos Kaufleute feststellen, die als Praktiker Ratschläge erteilten und ihre Schriften im Sinne von Nachschlagewerken aufbereiteten.[282] Deutschland war ein von der Landwirtschaft bestimmter wirtschaftlicher Raum bis teilweise tief in das 19. Jahrhundert hinein. Die deutschen Kameralisten mussten deshalb die Landwirtschaft und das Wohlergehen der in diesem Sektor arbeitenden Bevölkerungsschichten stärker ausarbeiten und betonen als das Führen und Betreiben von Manufakturen.[283] Die vielfach existierenden Anschauungen und Interpretationen des Kameralismus aus diesen Bereichen sollen an dieser Stelle nicht weiter ausgeführt werden. Entscheidend ist, dass neben dem Fragenkomplex der Landwirtschaft, des Finanz- und Verwaltungswesens zusätzlich in der Kameralwissenschaft noch die Wissenschaft des Gewerbes mit den Erkenntnisobjekten der damals bedeutenden Betriebsarten als Teildisziplin hinzukommt.[284] Die Förderung des Geldwesens, wachsender Geld- und Kreditbedarf der Staaten, Hebung des Gewerbes und des Handels mit der Entstehung einer kapitalistisch orientierten Produktions- und Kaufmannsbürgerschaft waren unverzichtbare Elemente der damaligen Wirtschaftsgesinnung geworden.[285] Es wurde von den Kameralisten erkannt, dass die Hebung der staatlichen Finanzen nur durch eine solide Gewerbelandschaft gestützt werden konnte. So entstanden

280 Vgl. Pierenkemper (1994), S. 7.

281 Vgl. Steinhüser (1931), S. 28.

282 Vgl. Weber (1914), S. 4–5.

283 Vgl. Treue (1957a), S. 309.

284 Die privatwirtschaftlichen Ausprägungen der Schriften finden sich bei fast allen Kameralisten. Der Kameralist Hornigk definierte deutlich die „Particular-Ökonomie“, genauso wie Schröder eine ähnliche Trennung der Disziplinen postulierte, vgl. Zielenziger (1914), S. 93.

285 Vgl. Treue (1973), S. 9. So kann argumentiert werden, dass die in dieser Literatur vorangebrachten Ansichten gesamtgesellschaftliche, soziale und ökonomische Handlungsempfehlungen im Sinne eines Makro-Marketing waren, vgl. Dixon (1981) und Dixon (2002).

während der Zeit des Kameralismus ökonomische Ansätze, welche die Privatökonomie, und somit auch die Preispolitik im Betrieb, behandelten.

Einige Kameralisten befassten sich eingehend mit Aspekten der betrieblichen Erfordernisse der Manufakturen und Gewerbe. Von der Vielzahl der Professoren und Gelehrten der Kameralwissenschaft des 18. Jahrhunderts gab es niemanden, der sich explizit mit Einzelproblemen der Unternehmensführung beschäftigte. Es galt vielmehr, allgemeine Gesamtdarstellungen zu erarbeiten statt spezifische Teilbereiche der Betriebsführung anzugehen.[286] Eine Theoriebildung zur einzelwirtschaftlichen Preispolitik hat es aus diesem Grund nicht gegeben, so dass Aussagen zu diesem Thema individuell aus den einzelnen Werken herausgenommen werden müssen. Dass die in diesen Abhandlungen aufgezeigten Gedanken zum Thema der betrieblichen Preispolitik und -bildung von der Forschung weitgehend unbeachtet geblieben oder zumindest nur marginal behandelt worden sind, erstaunt umso mehr, als in dieser Phase sich die ersten, wirklich auf die betriebliche Sphäre gerichteten Preiskalkulationen und Preisstrategien finden lassen. Beachtenswert ist, dass die Werke der frühen Kameralisten, was die Preispolitik betrifft, noch stark von der Idee des gerechten Preises bestimmt sind. Als Beispiel sei hier die Schrift von Jakob Bornitz „Tractatus politicus, de rerum sufficientia in republica & civitate procuranda“ von 1625 angeführt. Im dritten Buch beschäftigte sich Bornitz mit dem Handel und erläuterte, dass Preisfestsetzungen zu befürworten seien und dass „der Preis sei billig und gerecht, in Klugheit bemessen nach den verschiedenen Gründen“.[287] Diesem und auch anderen Autoren ist gemeinsam, dass sie die grundlegenden Mechanismen der Preisbildung noch aus der Perspektive der mittelalterlichen Erfahrungen einschätzten. Der Übergang der Überlegungen zur Preisbildung in Bezug auf die einzelwirtschaftliche Sphäre erfolgte erst mit späteren Werken merkantilistischer Autoren nach der entscheidenden historischen Zäsur ab 1648. Für fast das ganze 17. Jahrhundert hindurch verläuft die Entwicklung der deutschen Handlungswissenschaft sehr schleppend, nicht zuletzt aufgrund des Dreißigjährigen Krieges.[288]

Auf den Lohnanstieg, den allgemeinen Preisverfall seit dem Dreißigjährigen Krieg und der damit verbundenen Konsequenz, dass sich die Gewinnspanne von der Kosten- als auch von der Erlösseite schmälerte, reagierten die Kaufleute mit einer Änderung ihrer kaufmännischen Strategien. Man wandte sich mehr und mehr einer Produktion zu, die auf breite Käuferschichten ausgelegt war. Die Ausbringungsmenge wurde erhöht, um von sinkenden Stückkosten und, bei entsprechender Kapitalintensität, von steigenden Kostendegressionseffekten zu profitieren. Auch stand nicht mehr die Maximierung des Profits mittels der Erhöhung des Gewinns je Einheit im Vordergrund, sondern die Maximierung des Profits mittels der Erhöhung des Ausstoßes/Umsatzes. Absolut gesehen: mehr Profit durch mehr Verkauf (zu niedrigeren Preisen) statt durch Preismaximierung.[289] Dies war konsistent mit den Lehren des Merkantilismus, in dessen Gedankengebäude das Geld als Zirkulationsmittel eine entschei-

286 Vgl. Schneider (2001), S. 154.

287 Zitiert nach Zielenziger (1914), S. 122.

288 Vgl. Weber (1914), S. 34. Dieser Krieg zieht somit auch in diesem Bereich, wie für die Gesamtheit der deutschen Geschichte, eine wesentliche Trennungslinie, vgl. Zielenziger (1914), S. 199 und Lütge (1966), S. 321.

289 Vgl. Kriedte (1980), S. 120.

dende Rolle spielte und mit dessen Hilfe die Produktivkräfte als auch der Konsum des jeweiligen Landes gehoben werden sollten.[290]

Ab dem 18. Jahrhundert wurde die Spanne bei jedem getätigten Umsatz kleiner, die Verbesserungen in den Verkehrsverhältnissen und die dadurch aufkommende Konkurrenz ließen es nicht mehr zu, die Preisbestimmung allein dem Markt zu überlassen. Es wurde für den Kaufmann und den Unternehmer zunehmend wichtiger, obere und untere Preisgrenzen anhand einer soliden Preiskalkulation zu bestimmen. Dieser Preiskorridor förderte die Kalkulationstechnik außerordentlich, so dass im 18. Jahrhundert die ersten Bücher über diese Thematik erschienen.[291] Es traten rationale Überlegungen in den Vordergrund bei der Kostenbetrachtung.[292] Alle persönlichen und subjektiven Elemente wurden bei der Preisfindung zurückgestellt, es verblieben die reinen Zahlen und Werte. Ethische Gesichtspunkte wie bei den frühen Werken zur Handelslehre wurden zunehmend ausgeklammert.

Von den Schriften zu Beginn der handlungswissenschaftlichen Literatur im 17. Jahrhundert hebt sich das Werk von Savary „Le parfait negociant" von 1675 durch seine umfassende Behandlung der kaufmännischen Angelegenheiten und deren gründliche Darlegung hervor. Savary, selbst ein Kaufmann und später unter Minister Colbert als Beamter in königlichen Diensten tätig, hat die kaufmännische Praxis bis in das frühe 19. Jahrhundert hinein wesentlich beeinflusst.[293] Das enge Wirken mit Colbert zusammen ordnete das Denken von Savary in eine „anwendungsbezogene" merkantilistische Handelspolitik ein, denn seine privatwirtschaftlichen Ideen und Maßnahmen fügten sich in den makroökonomischen Kontext der Machtvermehrung und des Hegemonialstrebens Frankreichs während dieser Zeit ein.[294] Nicht nur, dass die durch ihn geprägte französische Handelsgesetzgebung von 1673 („Ordonnance de Commerce") noch zu Napoleonischen Zeiten Bestand hatte, auch sein Buch selbst ist durch die vielen Neuauflagen, Nachdrucke und Übersetzungen in seiner wirtschaftsgeschichtlichen Bedeutung als gewichtig einzuschätzen.[295] Schneider spricht von einem „Höhepunkt der Ökonomik für Kaufleute" und der „wichtigsten ‚betriebswirtschaftlichen' Schrift vor dem 18. Jahrhundert".[296]

Savary konnte mit seiner reichlichen praktischen Erfahrung als Textilkaufmann sein Werk stark auf die Elemente der Handelskunde basieren. Umso interessanter ist festzuhalten, dass in Bezug auf die kaufmännische Preispolitik und Preisbildung sich bei Savary keine logischen Folgerungen und Annahmen finden lassen, die man von einem Werk eines solchen

290 Vgl. Zielenziger (1914), S. 52–58.

291 Diese Bücher führten etliche Kalkulationsbeispiele auf, um die bestimmenden Kostenfaktoren bei der Preisbildung im Handel zu demonstrieren. Gezeigt werden sollte, wie man aus einem Preis an einem Ort den Verkaufspreis an einem anderen Ort herleiten und berechnen konnte, vgl. Kruse (1765) und Wördemann (1774), vgl. auch Löffelholz (1935), S. 286.

292 Vgl. Steinhüser (1931), S. 120.

293 Spätere bedeutende deutschsprachige Autoren wie Marperger und Ludovici waren durch das Buch „parfait negociant" beeinflusst, vgl. Seyffert (1932), S. III.

294 Vgl. Schneider (1993b), S. 86 und Fitou/Le Roy Ladurie (1993), S. 49. Bisweilen wird Savary gar als „Sprachrohr" Colberts verstanden, vgl. Schneider (1993b), S. 87.

295 Vgl. Fitou/Le Roy Ladurie (1993), S. 52 und Schefold (1993), S. 16–17.

296 Schneider (1993b), S. 88.

Umfangs erwarten würde. Seine Gedanken in Bezug auf die Preispolitik erschienen eher bieder und spiegelten nicht in vollem Umfang die Verhältnisse des aufkommenden Kapitalismus, insbesondere des erstarkenden Manufakturwesens im Frankreich des späten 17. Jahrhunderts, wider.[297] So bemerkt Schefold, dass Savary „über die Preispolitik wenig zu sagen" habe.[298] Tatsächlich finden sich zumeist allgemeingültige Aussagen über die Preisgestaltung und dem daraus zu erzielenden Profit:

> *„Was den Profit auff den Wahren betrifft / ist unmöglich / daß man darin einige Reguln geben kan (...) alles aber ligt am Verstand und guter Anleitung der Kauffleute".*[299]

Die Empfehlungen lauteten, dass bei Luxuswaren es eher möglich sei, höhere Aufschläge zu nehmen als bei Gütern des täglichen Bedarfs, und dass besonders bei teuren Modeartikeln viel zu gewinnen, aber auch viel zu verlieren sei aufgrund der starken Modeschwankungen.[300] Auch müsse eine zeitliche Preisdifferenzierung bei saisonaler Ware in Betracht gezogen werden und diese bei Ablauf der Saison mit erheblichen Preisabschlägen verkauft werden.[301] Bei Preisverhandlungen über komplementäre Güter könne auch überlegt werden, bei den Hauptgütern einen Rabatt einzuräumen, um dann bei den restlichen Verkaufsobjekten dennoch einen Gewinn für die gesamte Transaktion herauszuschlagen.[302] Die mangelnde Bearbeitung der Preiskalkulation im „parfait negociant" kann dadurch begründet sein, dass man gemäß Savary beim Aufstellen des Inventars mehr Zeit habe, um über den Preis nachzudenken als während der Verkaufstätigkeit. Die eigentliche Preiskalkulation verkümmerte zu einer nebenherlaufenden Tätigkeit im schnelllebigen Tagesgeschäft des Kaufmanns, der sich der Buchhaltung während der Inventarfeststellung widmen solle.[303]

Einer der bedeutendsten Kameralisten des 17. Jahrhunderts, Johann Joachim Becher, wollte Manufakturen im süddeutschen Raum gründen, machte Vorschläge zu Ersparnissen im Verwaltungswesen, sprach sich wiederholt für die Hebung des Bankenwesens aus und kümmerte sich um die Etablierung eines deutschen Pendants zur Ostindischen Kompanie.[304] Im ersten Teil seines Buches „Politischer Discurs" von 1668 wurden von Becher theoretische Verwaltungsvorschläge zur „Policey-Ordnung" in der Mainzer Bischofsstadt aufgeführt, die aber nie Wirklichkeit geworden sind. Im Stile eines Erlasses wurden mit hoher Genauigkeit verschiedenste Tätigkeiten reglementiert. Bezüglich einer allgemeinen Marktordnung wurde gesagt,

---

297 Vgl. Schneider (1993b), S. 92 und Fitou/Le Roy Ladurie (1993), S. 72.

298 Schefold (1993), S. 34.

299 Vgl. Savary (1676), S. I/70–71.

300 Vgl. Savary (1676), S. I/71.

301 Vgl. Savary (1676), S. I/130 und S. I/342.

302 Vgl. Savary (1676), S. I/345.

303 Vgl. Schneider (1993b), S. 95.

304 Ebenfalls von ihm initiiert wurde die Errichtung einer Manufaktur auf dem Tabor in Wien, die ab 1675 Steinwaren, Hausgeräte und Seide herstellen sollte. Die Planungen sahen ein „wirklich großindustriell zu nennendes Unternehmen" vor, doch die Manufaktur konnte nie zu einer signifikanten Betriebstätigkeit finden, vgl. Hatschek (1886). Zur Person von Becher, Zielenziger (1914), S. 203–208, Steinhüser (1931), S. 18–23 und Hassinger (1951).

dass niemand vom Kauf abgehalten werden solle und es keine künstlich herbeigeführten Verteuerungen der Ware durch Gegengebote geben solle „bey Verlust der Wahren und Unser Ungnad".[305] Weiterhin wurde der außerhalb des Marktes praktizierte Vorkauf verboten.[306] Beachtenswert ist die Stelle, die Becher der Preisbildung auf dem Markt widmete:

> *„Der Preiss der Wahren soll von den jenigen gemacht werden / so damit handeln / doch solle allemahl Deputirte dazu genommen werden / und soll ohne gemachten Preiss nichts zuvor verkauffet werden / bey Verlust des gekauften Gutes".*[307]

Dieses relativ rückständige Zurückgreifen auf mittelalterliche Marktordnungen und auf obrigkeitliche Preisfixierungen lässt sich auch im weiteren Verlauf dieser „Policey-Ordnung" finden.[308] Es wird ersichtlich, dass Becher mit dieser Marktordnung den Fürsten und Bischöfen als den Auftraggebern seiner Werke und Bücher entgegenkommen wollte und musste, und man solche Rückgriffe auf tradierte Vorgehensweisen schlichtweg von ihm verlangte.[309] Die Fortschrittlichkeit der Gedanken Bechers und der scharfe Blick in Bezug auf die wirtschaftlichen Gegebenheiten der Zeit finden sich in dem 4. Teil seines Buches. Hier sind mehrere Seiten zur Einzelwirtschaft und zum richtigen Vorgehen in derselben aufgeführt.[310] Desweiteren findet sich ein Kapitel, welches eine Selbstkostenrechnung enthält, und daneben eine Reihe von Hinweisen, was zu einem „calculum" dazugehöre.[311] In diesem Traktat, „Hn. Bertalotti Vorschlag praes. 12. Junii 1666 zu einer Prob den rechten Computum zu ziehn"[312], veranschaulichte er am Beispiel der im gleichen Jahr gegründeten Seidenmanufaktur in Walpersdorf bei St. Pölten eine Preiskalkulation. Diese Kalkulation beinhaltete wohl alles, was dem damaligen Wissensstand entsprach:

> *„(...) so muß man doch zuvor den rechten Werth / was in loco ein Pfundt desselben Gewichts und Geldts kosten thut / die Imballaggi oder Packwerk provision, Bayerische/Tridentiner/Passauerischen Mauth / (...) Item 6. Und mehr procento Wexel / aggio das Geldt alldorten zu bezahlen / dann das Interesse wegen todtliegenden Capitals / biß man solches wiederumb erhebt / neben der Gefahr und risigo alles in specie netto darzurechnen / wie nicht weniger / was das spinnen / färben / zurichten / Papier und Spaget zum einbinden / und allerley sonst kleine Ausgaben exatte zu setzen / und so dann einen rechten Calculum , was es allhier gefärbter / und zugerichtet / auff das allhiesige Gewicht reducirt das Pfundt kosten wird / ziehen / und ehe man zu einer Prob schreite / und nicht etwa sich vorhero zu weit vertieffe / ist solches zu thun notwendig."*[313]

---

305 Becher (1673), S. 71.

306 Vgl. Becher (1673), S. 71.

307 Becher (1673), S. 72.

308 Vgl. Becher (1673), S. 84.

309 Vgl. Zielenziger (1914), S. 222.

310 Vgl. Steinhüser (1931).

311 Vgl. Becher (1673), S. 530.

312 Vgl. Becher (1673), S. 530. Computum (lat.) = Berechnung, Kalkulation.

313 Becher (1673) S. 531.

Beschrieben wurde hier die allgemeine Überlegung einer Vorkalkulation der sich in Gründung befindenden Seidenmanufaktur, denn eine solche war aufzustellen, bevor man zur eigentlichen Produktionsphase überging („zu einer Prob schreite“). Das Rohmaterial sollte mit seinem Einstandspreis in die Kalkulation einfließen, zuzüglich weiterer Unkosten wie Verpackung oder Transport. Das „todtliegende Capital“, also das in der Verarbeitung investierte Kapital, sollte verzinst werden. Diese Kapitalzinsen waren als Produktionskosten ebenfalls bei der Kalkulation zu berücksichtigen, „biß man solches wiederum erhebt“. Weiterhin waren für die Kalkulation auch diejenigen Kosten relevant, die beim Kauf der Rohware entstanden. Das Fehlen von Steuern, Akzisen und sonstigen Abgaben lässt sich möglicherweise darauf zurückführen, dass bei dieser Kalkulation eine Seidenmanufaktur ausgewählt wurde, die als staatlicher Betrieb von Steuern (zumindest teilweise) befreit war.[314] Becher erwähnte jedoch auch die Umwälzung von Steuern und Abgaben auf den Verkaufspreis:

> *„als wann man die Kauff-Wahren / und Kauff-Leut mit hohen Zöllen und imposten beschwert / dann dadurch wird der Handelsmann bewogen / seine Wahren theurer zu geben / solche imposten wiederumb darauff zu schlagen: weil sie dann ein Frembder / da solche imposten nit seyn / kann wohlfeiler gebeben“*[315]

Der Hinweis auf „Gefahr und risigo“ in der Preiskalkulation kann als eine einzurechnende Risikoprämie angesehen werden. Dafür spricht auch, dass Becher die Kosten des „todtliegenden Capitals“ kannte, aber noch keine Abschreibungskosten. Abschreibungen spielten in einer Zeit, in der ein relativ rasch entwertendes fixes Kapital noch nicht im Betrieb eingesetzt wurde, nahezu keine Rolle. Fixkosten waren in dieser Zeit eher unbedeutend, und falls sie anfielen, wie in der Landwirtschaft bei Mühlen oder allgemein bei Gebäuden und einfachen Maschinen, so wurde das fixe Kapital einer sehr langen Verwendung unterzogen und hatte einen kleinen Anteil an den Produktionskosten.[316]

Paul Jacob Marperger wird in der Forschung als einer der ersten und wichtigsten Vertreter der Handlungswissenschaft des 18. Jahrhunderts gezählt.[317] Noch zu seinen Lebzeiten wurde er als der bedeutendste Vertreter der Merkantilwissenschaft für den deutschsprachigen Raum angesehen. Marperger mahnte für das Manufakturwesen an, nicht auf ein möglichst umfassendes Rechnungswerk im Sinne einer Stückkostenrechnung zu verzichten, denn

> *„will auch in Manufacturen die Rechnung wohl gemacht seyn / daß man wisse / wie viel ein Stück Waare / welches man selbst hat verfertigen lassen / zu stehen komme; da man dann gleich den Uberschlag machen kann / wie hoch es müsse verkaufft werden“.*[318]

---

[314] Vgl. Steinhüser (1931), S. 152.

[315] Becher (1673) S. 99.

[316] Vgl. Penndorf (1950), S. 13 und Steinhüser (1931), S. 121 Die Fixkostenproblematik entstand erst, als der Anteil der Fixkosten an den gesamten Produktionskosten stetig anstieg, und die sich rasch entwickelnde Technik die durchschnittliche Einsatzdauer der eingesetzten Kapitalien schneller sinken ließ.

[317] Er gilt als „Wegebereiter der Handelswissenschaft“ und als „Begründer der ‚modernen‘ betriebswirtschaftlichen Literatur in Deutschland“, vgl. Sundhoff (1991), S. 86 und Löffelholz (1935), S. 321.

[318] Marperger (1714), S. 73.

Diese Berechnungen waren gemäß Marperger auch wichtig, um zu sehen, ob man im Preiswettbewerb mit anderen Manufakturen Schritt halten konnte.[319] In einem seiner zahlreichen Werke lautete eine der preispolitischen Empfehlungen, im Falle eines möglichen Kundenverlustes nicht bei der ursprünglichen Preisforderung zu bleiben und, bei geringem Preisunterschied zur Konkurrenz, diesen Preis ebenfalls anzubieten, denn ein „Verlust zu rechter Zeit ist offt grosser Gewinn".[320] Marperger führte auch eine personenbezogene Preisdifferenzierung zwischen Privat- und Geschäftskunden an, bei der „ein Käuffer / der die Waar wieder zu verkauffen / und etwas daran zu gewinnen gedencket / schon leidlicher in Preiß tractiret seyn / als ein anderer der die Waar selbst consumiret".[321] Für den Kameralisten sollte die Preisbildung im Kosten-Plus-Verfahren erfolgen, so dass auf Grundlage einer Selbstkostenrechnung ein Gewinnzuschlag angesetzt wurde. Zu den Kostenpositionen zählte Marperger neben den direkt anrechenbaren Einzelkosten auch kalkulatorische Zinsen auf das gebundene Kapital und die Kosten für die Lagerung und Erhaltung der Produkte.[322]

Marperger hat schon im frühen 18. Jahrhundert die ersten Umrisse einer kaufmännischen Preispolitik angegeben. Seine Hinweise zu Einkaufs- und Verkaufspreisen und seine Ausführungen zur Kalkulation waren mehr als nur ein reines Pamphlet für das Kaufmannsgewerbe. Die Erwähnung von Funktionsrabatten, die Berücksichtigung der Opportunitätskosten und der Eigenkapitalzinsen bei der Preissetzung, die Einbeziehung einer Risikoprämie auf den möglichen Untergang von Waren, der eindeutige Hinweis auf eine Preisdifferenzierung („den Preiß nach Proportionen der Gattungen zu stellen wissen"[323]) in Bezug auf unterschiedliche Güte der Waren – dies alles waren für das beginnende 18. Jahrhundert klare Empfehlungen für eine betrieblich orientierte Preisstrategie.[324]

Der Leipziger Universitätsgelehrte Carl Günther Ludovici brachte ein fünfbändiges Lexikon zwischen 1752 und 1756 heraus. Diese „Eröffnete Akademie der Kaufleute: oder vollständiges Kaufmanns-Lexicon" wird als eines der besten kaufmännischen Wörterbücher des 18. Jahrhunderts eingeschätzt.[325] Die hier interessierenden Fragen zur Preispolitik sind stark geprägt durch die Einbettung in den Kontext des Warenhandels und der Warenkunde, die damals im Zentrum der kaufmännischen Tätigkeiten stand. Im Anhang des Lexikons von Ludovici wurde ein Kapitel beigefügt, das später separat mit dem Titel „Grundriß eines vollständigen Kaufmanns-Systems" und „Anfangsgründe der Handlungswissenchaft" herausgegeben wurde, in der ersten Auflage 1756 und in der zweiten Auflage 1768.[326] In diesen Werken wurde von Ludovici eine analytische Entwicklung der Handlungswissenschaft nebst

319 Vgl. Marperger (1714), S. 298.

320 Marperger (1733), S. 314.

321 Marperger (1714), S. 195.

322 Vgl. Marperger (1714), S. 196.

323 Marperger (1714), S. 196.

324 Vgl. Klein-Blenkers (1997b), S. 135.

325 Vgl. Weber (1914), S. 47–48. Die Arbeiten von Ludovici spiegeln die damaligen handlungswissenschaftlichen Erkenntnisse um die Mitte des 18. Jahrhunderts wider, vgl. Seyffert (1932), S. IV.

326 Daneben wurde noch die „Geschichte der Handlung zu Wasser und zu Lande" im Anhang veröffentlicht, die hier nicht weiter von Interesse ist, vgl. auch Seyffert (1932), S. XIV–XV.

Systematisierung der vielfältigen kaufmännischen Tätigkeiten versucht. Zum ersten Mal wurde das ganze Gebiet der damaligen Handlungswissenschaft als eine Einheit angesehen und durch Gründlichkeit und damalige wissenschaftliche Korrektheit ergänzt.[327] Die preispolitischen Aspekte der Arbeiten von Ludovici waren entsprechend der Zielsetzung, ein Kompendium für den Kaufmann zu entwickeln, gestaltet. Es fanden sich pragmatische Hinweise zur Preisgestaltung, aber auch grundsätzliche Überlegungen zu einer Preislehre. Ludovici erkannte einen ursächlichen Zusammenhang zwischen Preis auf der einen Seite und dem Nutzen und der verfügbaren Menge auf der anderen Seite.[328] Er empfahl dem Kaufmann eine Kosten-Plus-Preisbildung, die neben allen Unkosten auch die Kapitalzinsen und die Umschlagshäufigkeit des betreffenden Produktes beinhalten sollte:

> *„Indessen ist wohl zu merken, daß man auf solche, etwa aus falschen Grundsätzen anscheinende Erhöhung des Preißes nicht allezeit zu bauen hat; sondern es thut vielmehr ein Kaufmann wohl und sicherer, wenn er sich mit einem kleinen, oder mittelmäßigen Profite auf der zu verkaufenden Waare begnüget, als daß er auf verhoffte Theuerung sie lange fruchtlos liegen läßt, indem das darinne steckende Capital allezeit durch die Interessen vergrößert, die innerliche Qualität der Waaren aber durch die Zeit und den Ort verringert, oder gar verdorben wird“.*[329]

Ludovici regte an, durch einen eher günstigen Preis und häufigeren Umsatz die Profitabilität zu sichern, anstatt die Produkte mit höheren Preisen längere Zeit unverkauft zu lassen. Ziel des Kaufmanns sollte also sein, die Vervielfältigung und Beschleunigung seiner Umsätze zu erreichen. Ansonsten würden bei zu hoch angesetzten Verkaufspreisen unnötige Kapitalkosten und Qualitätsverluste drohen aufgrund von nicht verkauften Produkten, die zu Ladenhütern wurden. Ludovici beschrieb auch eine Differenzierung der Preise nach den Jahreszeiten. Bei stark saisonal geprägten Produkten sollten die Preise gering angesetzt werden, um nicht mit Lagerware und mit Überkapazitäten am Ende der Saison zu verbleiben.[330] Bei besonders gangbaren Produkten, die stark von modischen Trends bestimmt waren, sollte der Kaufmann möglichst viel Zahlungsbereitschaft abschöpfen und entsprechende Verkaufspreise setzen:

> *„Bey gangbaren, nach der Mode seyenden (...) Waaren muß der Kaufmann so viel möglich zu gewinnen trachten“.*[331]

Auch rüttelte Ludovici an dem geltenden Grundsatz des Qualitätswettbewerbs. Der Einsatz von verkaufsfördernden Maßnahmen war bis dato verpönt, da nur allein die Güte des jeweiligen Erzeugnisses der Garant für einen erfolgreichen Verkauf war. Er sah hingegen den Einsatz von absatzpolitischen Instrumenten durchaus als gerechtfertigt an:

> *„Denn ob man wohl im gemeinen Sprüchworte saget: Eine gute Waare lobt sich selber; so kann es doch nicht schaden, deren Beschaffenheit geziemend, und ohne fal-*

[327] Vgl. ausführlich Weber (1914), S. 52–67 und Seyffert (1932), S. XV–XVI.

[328] Vgl. Ludovici (1768), S. 40–42.

[329] Ludovici (1756), Sp. 416, ferner zur Kosten-Plus-Preisbildung auch Sp. 423–424.

[330] Vgl. Ludovici (1768), S. 115.

[331] Ludovici (1756), Sp. 417–418.

> *schen Hinterhalt, dem Käufer anzupreisen, weil nicht alle Käufer genaue Kenner der Waaren sind".*[332]

Das Markieren der Ware mit dem Verkaufspreis wurde zu einer geheimen Wissenschaft, der sogenannten kaufmännischen Geheimschreibkunst oder kaufmännischen Cryptographie. Dies war die Kunst, „den Preiß der Waare auf gewisse an dieselbe geheftete kleine Zettel mit einer geheimen Schrift zu bemerken".[333] Um den tatsächlichen Preis zu verschleiern, um maximale Verkaufspreise oder die angefallenen Unkosten zu markieren, aber nicht zu verraten, um eine mögliche Verkaufsspanne festzuhalten oder einen absoluten Mindestpreis anzugeben (also die äußerste Grenze im Falle eines Handelns) ohne es direkt mitteilen zu müssen, entstand diese geheime Schrift. Niemand anderes als der Kaufmann selbst, vielleicht noch seine Bediensteten und Erfüllungsgehilfen, sollten den tatsächlichen Preis oder mögliche Aufschläge auf die Kosten einsehen können:

> *„Hiernächst geschieht das Markiren oder Bezeichnen der Waare auch mit Buchstaben, die gewisse Ziffern bedeuten, um die Preise der Waaren zu bemerken, und gleichwohl zu verstecken, daß sie nicht jedermann errathen könne. (...) Diese Numero der Waare muß niemand wissen, oder verstehen, als der Herr der handlung, die Diener und die Lehrjungen, welche beyde letztern solche ebenfalls geheim halten (...)".*[334]

Die Cryptographie in der Preisbildung hatte aber noch einen weiteren Zweck. Um die Kundschaft durch unverhältnismäßige, dem Stande und sozialem Rang unangepasste Preise nicht zu verwirren, konnte man sich der Geheimschrift bedienen. So konnten die in diese Schrift eingeweihten Adressaten den Preis sofort ersehen, ohne dass dadurch irgendwelche Fehlinterpretationen oder inopportune Situationen entstehen konnten. Denn: „Ein Kaufmann muß sich wohl in Acht nehmen, daß er mit dem Preiße niemanden beleidige, welches geschieht wenn er eine Sache zu theuer verkaufet".[335] Der Kaufmann musste dafür sorgen, dass er „den bedungenen Preiß geheimhalten" konnte, denn sonst könne es „einen ausnehmenden Verdruß" bereiten, zu erfahren, dass andere Käufer die Ware billiger bekommen hätten.[336] Der feste Preis war für Ludovici eher ein Kuriosum als eine ernst zu nehmende Erscheinung.[337] Bezeichnend dabei ist die von Ludovici empfohlene Verkaufsstrategie, um bei den Preisverhandlungen gute Ergebnisse zu erzielen. Der Kaufmann musste darauf achten,

> *„(...) daß er die schlechtesten [Produkte] den Käufern am ersten zeige, um dadurch deren Meynung und Absicht, die sie bey dem Einkaufe haben möchten, und wie hoch sie etwann im Preiße zu gehen gedächten, so viel besser zu erfahren".*[338]

---

332 Vgl. Ludovici (1756), Sp. 426.

333 Ludovici (1768), S. 110.

334 Ludovici (1768), S. 110 –111.

335 Ludovici (1768), S. 117.

336 Ludovici (1768), S. 117.

337 Vgl. Löffelholz (1935), S. 287, Braudel (1982), S. 354 und S. 358.

338 Ludovici (1756), Sp. 418.

Die Cryptographie existierte nicht nur in der Preisbildung, sondern auch in verwandten Gebieten wie der Kostenrechnung.[339] Mit Fortgang des 18. Jahrhunderts wurde sie langsam aber stetig abgesetzt, so dass immer häufiger die Preiskommunikation als aktives Absatzinstrument eingesetzt wurde.[340]

Johann Carl May konnte in seinem Buch „Versuch einer allgemeinen Einleitung in die Handlungswissenschaft“ von 1763 erstmalig tiefergehender auf die Kostenkalkulation eingehen. Neben den obligatorischen Positionen der direkten Einzelkosten unterschied er zwischen Haushaltsunkosten, den Zinsen auf eigene Gebäude und den Zinsen auf das eingesetzte Fremdkapital: „Bewohnet man ein eigenes Haus, so muß gleichwohl so viel Miethe berechnet werden, als die Gelder, die es kostet, an Zinsen austragen können“.[341] Hierdurch fanden sich der kalkulatorische Unternehmerlohn, die kalkulatorische Miete und Kapitalkosten in der Preisbildung zumindest in ihren Grundelementen abgedeckt. Preispolitisch empfahl auch May eine Preisdifferenzierung bei modischen und stark nachgefragten Produkten, und bei diesen „so viel möglich, darauf zu gewinnen trachten; bey dem Gegentheil aber zu allen Preisen verkaufen“.[342] Bevorzugt von May wurde die Möglichkeit, durch den Verkauf großer Mengen eines Produktes zu niedrigeren Preisen einen höheren Umsatz zu erzielen, als mit hochpreisigen Angeboten die Nachfrager vom Kauf abzuhalten und die eigenen Umsätze dadurch zu schmälern.[343]

Georg Heinrich Zincken beschäftigte sich in seinem zweibändigen Werk „Anfangsgründe der Cameralwissenschaft“ auch mit den Faktoren der Preisbildung und argumentierte ähnlich wie May bei der Preiskalkulation. Der Kaufmann musste nicht nur

> *„sein angewendetes Capital, seinen Schaden und Abgang, seine Kosten, das Interesse von allem Aufwand, sondern auch seinen billigen Lohn und Douceur für Mühe, Arbeit, Sorge, Gefahr, Hazard und dergleichen erlangen“.*[344]

So fand der kalkulatorische Unternehmerlohn als Kostenbestandteil definitiv Eingang in die preisbildenden Kostenfaktoren. Was diese Faktoren und die damit verbundene Kostenkalkulation angeht, wurde in der bisherigen Forschung der Beginn der industriellen Selbstkostenrechnung in dem Werk „Anleitung zur Cameral Rechnungs-Wissenschaft“ von Jung-Stilling gesehen.[345] Der Kameralist Jung-Stilling ging in seinem Werk „Lehrbuch der Handlungswis-

---

339 Vgl. Chatfield (1974), S. 104.

340 Vereinzelt wurde noch bis in das 20. Jahrhundert hinein ein Geheimnis um die Preisbildung gemacht, vgl. Mui/Mui (1989), S. 232–233. Kellen erwähnt einen Beitrag in der Zeitschrift „Welt des Kaufmanns“ von 1911: „Namentlich in kleineren Läden ist es noch immer vielfach üblich, die Preise an den Waren nicht in Zahlen, die jedermann versteht, sondern in einer nur vom Verkäufer zu entziffernden Buchstabengeheimschrift anzubringen“, Kellen (1911), S. 48.

341 May (1763), S. 320.

342 May (1763), S. 388.

343 Vgl. May (1763), S. 317.

344 Zincken (1755), S. 1926.

345 Vgl. Penndorf (1950), S. 60. Treffender ist es aber, den Beginn derartiger Kostenrechnungen Johann Joachim Becher zuzuschreiben, wie weiter oben beschrieben worden ist. Zur Person von Johann Heinrich Jung, der sich später selbst den Zunamen „Stilling“ zulegte, vgl. ausführlich Pott (1995).

senschaft" in den Auflagen von 1785 und 1799 bei der Kostenrechnung differenzierter vor und gliederte die kalkulatorischen Zinsen in Zinsen für die Errichtung von Immobilien und Zinsen für das Material und die Unkosten beim Einkauf der Werkzeuge und Maschinen. Daneben mussten die Kosten für Roh- und Hilfsmaterialien, die Arbeitslöhne und alle weiteren Verwaltungskosten als Elemente der Preisbildung einfließen.[346] Jung-Stilling folgte der zuvor von Ludovici aufgestellten Regel der Vervielfältigung und Beschleunigung des Umsatzes. Der Gewinn wurde als unentbehrlich und als Ziel der wirtschaftlichen Tätigkeit angesehen, aber nicht die Maximierung des Stückgewinns bei einem Produkt war der empfohlene Weg, sondern erst die Menge der verkauften Waren multipliziert mit der Geschwindigkeit des Absatzes garantierten wirtschaftlichen Erfolg. Da aber die aufgeschlagene Gewinnmarge auf die Selbstkosten den Preis der Waren erhöhen könnte, „so ists wieder eine Hauptregel für den Kaufmann, daß er die Größe des Gewinns in der Mannichfaltigkeit der Waaren, und der Beschleunigung des Absatzes suchen müsse".[347] Jung-Stilling forderte dabei die Einbindung der Kapitalkosten in die Preisbildung, und zwar im Wege der Durchschnittsrechnung. Da er nicht nach Fremd- und Eigenkapital unterschied, war die Verrechnungsgrundlage der Kapitalkosten damit das Gesamtkapital des Betriebes.[348] Was jedoch Jung-Stilling zu unterscheiden vermochte, waren die Differenzierung der Einzel- von den Gemeinkosten. Im Werk „Anleitung zur Cameral-Rechnungswissenschaft" von 1786 erörtere er:

> *„es giebt nemlich bey einer Fabricke vielerley Ausgaben, die nicht auf einzelne Waaren, sondern auf die ganze Fabricke verwendet werden; z.B. Bau-Reparationen, Werkzeuge-Aufwand, wenn nemlich neue angeschaft, oder alte verbessert werden; Arbeitslöhne für solche Arbeiter, die nicht an einer bestimmten Waare, sondern bald hie bald da arbeiten; (...) Alle diese Ausgaben sind nichts als Aufwand".*[349]

Einen Verteilungsmechanismus zur Einbindung der Gemeinkosten in die Preisbildung blieb Jung-Stilling jedoch schuldig. Lediglich im Umgang mit den Kapitalkosten empfahl er, die Zinskosten auf das einzelne Erzeugnis herunterzubrechen und sie in die Preiskalkulation einfließen zu lassen.[350]

Einen derartigen Verteilungsmechanismus und die dazugehörigen Implikationen für die Preisbildung konnte hingegen Jürgen Elert Kruse liefern. Fast 20 Jahre vor Jung-Stilling identifizierte er in seinem Werk von 1765 den Unterschied zwischen Einzel- und Gemeinkosten bei der Berechnung von Warenpreisen. Kruse schilderte, man habe

> *„oft viele unproportionirte Spesen zu berechnen, die sich nicht füglich mit in den Aufsatz bringen lassen; man rechnet aber, nach Maßgebung der Umstände, für einige derselben ein gewisses pro Cento überhaupt; für andere aber ein Gewisses auf das Gewigt oder Maaß, das verkauft wird (...)".*[351]

346 Vgl. Jung-Stilling (1785b), S. 183.

347 Jung-Stilling (1785b), S. 182.

348 Vgl. Jung-Stilling (1785b), S. 183–184 und auch Jung-Stilling (1786), S. 93.

349 Jung-Stilling (1786), S. 92.

350 Vgl. Jung-Stilling (1786), S. 93.

351 Kruse (1765), S. 324.

Kruse erörterte hier die Grundlagen der Zuschlagskalkulation, bei der die nicht zurechenbaren Gemeinkosten mittels prozentualer oder mengenmäßiger Aufschläge auf die Summe der Einzelkosten aufgeschlagen wurden. Vor dem Hintergrund der mitunter nicht leicht durchzuführenden Zurechnung der Gemeinkosten, empfahl Kruse für die Preisbildung in dieser Weise jedoch keine genauen Kalkulationen, sondern lediglich Überschlagsrechnungen.[352]

Der Verwaltungsdirektor der Walkenriedschen Eisenhütten, Fredersdorff, erkannte nur wenige Jahre nach Kruse und Jung-Stilling ebenfalls die grundsätzliche Bedeutung der Gemeinkosten innerhalb der betrieblichen Kalkulation.[353] Anders als seine beiden Vorgänger konnte Fredersdorff als Praktiker seine Beobachtungen als Geschäftsführer eines Großbetriebs nutzen. In seinem Werk „Praktische Anleitung zu einer guten Eisenhütten-Oeconomie" von 1802 sprach er von Kosten, „welche nicht auf dieses oder jenes allein ausgegeben werden, sondern die um des ganzen Willen nötig sind", ohne aber die Implikationen daraus für die Preispolitik zu ziehen.[354] Es kann deshalb angenommen werden, dass zum Ende des 18. Jahrhunderts Gelehrte und Praktiker zugleich das betriebliche Problem der Gemeinkosten und ihrer Verteilung erstmalig für die erfolgreiche Führung des Betriebs erkannten, ohne jedoch konkrete Lösungsansätze für die Preispolitik und die Kostenrechnung zu liefern.

Wegweisend in Bezug auf die Preispolitik war die Arbeit „System des Handels" von Johann Michael Leuchs. Erstmals 1804 veröffentlicht und zuletzt 1822 in erweiterten Auflagen herausgegeben, fand sich eine „Werthbestimmungslehre", also die Lehre von der „Auffindung aller Größen, allen Aufwandes, und aller Umstände, die auf die Bestimmung des Wertes einen Einfluss haben, und der Gesetze, nach welchen der Werth und Preis beurtheilt werden".[355] Leuchs zentrale Argumentation ging auf die verschiedenen Kostenarten ein, mit der Differenzierung in nahe Kosten (direkte Kosten) und in ferne Kosten (indirekte Kosten). Mit einer Systematisierung der Kostenarten und Kostengruppen konnte Leuchs einen Fortschritt in der bisherigen Kostenrechnung einleiten, indem er die Verrechnung der Gemeinkosten anhand der Umsatzanteile kalkulierte. Der aus dem Verhältnis der über ein ganzes Jahr erfassten Gemeinkosten zum erzielten Gesamtumsatz berechnete Prozentsatz sollte dann in der Folgeperiode den Einzelkosten bei der Selbstkostenrechnung zugeschlagen werden. Die Bedeutung der Kostenrechnung für die betriebliche Preisbildung wurde allerspätestens zu diesem Zeitpunkt erkannt und mit einem handhabbaren Verteilungsmechanismus für die Gemeinkosten versehen.[356]

Was die Kalkulation der Verkaufspreise betraf, konstatierte Büsch für das 18. Jahrhundert nur vereinzelt vorhandene Fähigkeiten zur Kalkulation:

> *„Vor nicht langen Jahren gab es nur wenige Kaufleute, welche den natürlichen Werth der von ihnen verschriebenen Waaren scharf zu berechnen wußten. Diejenigen, welche es verstanden, bewahrten ihre Waaren-Kalkulationen zum Theil als einen heimli-*

352 Vgl. Kruse (1765), S. 324–325.

353 Vgl. Schneider (1984), S. 116.

354 Zitiert nach Penndorf (1950), S. 60.

355 Leuchs (1817), S. 51–74.

356 Vgl. Löffelholz (1935), S. 288.

chen Schatz, mit welchem sie selbst ihre Handlungsbediente nicht bekannt werden ließen".[357]

Die weniger fähigen Kaufleute kalkulierten ihre Preise gemäß den Vorgaben der fähigen Kaufleute, von denen sie meistens die Kenntnisse übernommen hatten.[358] Büsch sah die Kalkulation als Mittel zur Bestimmung des natürlichen Werts einer Sache an. Dies wäre der „durch alle daran gewandten Kosten bestimmte Preis", der durch die Kalkulation gewonnen wurde.[359] Der Gewinn oder Verlust an einer Sache war hingegen von der Nachfrage und den Wettbewerbsverhältnissen abhängig.[360] Wagner äußerte in seinem Buch zur Kalkulation von Warenpreisen ebenfalls seine Besorgnis über mangelnde Kompetenzen in der Preiskalkulation:

„Ist irgend eine Operation dem Kaufmann sehr nöthig und ganz unentbehrlich, so ist es die Berechnung der Waaren-Preise, und ohne gründliche Kenntnis derselben wird er immer in jedem Betrachte ein Stümper bleiben, der öfters durch seine Unwissenheit in großen Schaden verfallen kann".[361]

Abschließend kann gesagt werden, dass der Periode des Merkantilsystems eine wesentliche Entwicklung der Preispolitik zugrunde lag, die nachhaltig von der Rationalisierung der betrieblichen Tätigkeit geprägt war. Der damit verbundene Begriff kann hier durchaus im Einklang mit Max Weber verstanden werden, mit Zweckrationalität im Sinne der „methodischen Erreichung eines bestimmten gegebenen praktischen Ziels mit immer präziserer Berechnung der adäquaten Mittel".[362] Die Rationalität der Preispolitik ist hierbei zu präzisieren: Die Preisbildung in früheren Perioden war nicht weniger rational, sondern sie konnte sich schlichtweg noch nicht definitiv als eigenständiges betriebliches Instrument durchsetzen. Das heterogene Gefüge aus religiöser Wirtschaftsethik, limitierender Zunftordnung, tradierten kaufmännischen Gepflogenheiten, dem noch ungenügend ausgeprägten Phänomen des Betriebs, mangelnder Rechenhaftigkeit und überschaubarem Kostenbewusstsein war noch zu stark, um die Preispolitik als wirksames Absatzinstrument benutzen zu können. Im Merkantilsystem begann jedoch eine Verwissenschaftlichung des Handelsbereichs, und Einzelthemen aus diesem Bereich erlangten durch die Arbeit der Kameralisten eine Wissenschafts- und Theoriefähigkeit.[363] Durch die graduelle Eliminierung der Hemmnisse konnte sich die Preispolitik zum ersten Mal als wesentliche Variable in dem Entscheidungs- und Handlungsspielraum der gewerblichen und kaufmännischen Tätigkeit etablieren. Preisbildung basierte nunmehr auf einem verstärkten Kostenbewusstsein, welches sich mit einem entsprechenden Rechnungswerk zu einem rationalen Mittel der Unternehmertätigkeit entwickelte. Preiskalkulation war mehr als nur die bloße Aufstellung der Unkosten. Die überregionale Auspră-

[357] Büsch (1813), S. 187–188.

[358] Vgl. Büsch (1813), S. 188.

[359] Vgl. Büsch (1813), S. 184–185.

[360] Vgl. Büsch (1813), S. 189–191.

[361] Wagner (1803), S. 351.

[362] Weber (1986), S. 266. Ausführlich zum Prinzip der Rationalisierungsprozesse Kalberg (1981). Zur Rationalität siehe auch Braun (1982), S. 12–18.

[363] Vgl. Burkhardt (1993), S. 16 und S. 19.

gung des Handels und des Gewerbes erforderte eine koordinierte Absatztätigkeit und eine stärkere Hinwendung zur Ausnutzung von Marktpotenzialen. Die Autonomie in der wirtschaftlichen Tätigkeit und der so entstandene Spielraum für die Preissetzung mussten und wurden, wie nachfolgend zu zeigen sein wird, auch von den aufstrebenden Gewerbebetrieben und den Manufakturen als Aktionsparameter genutzt.

3 Die Porzellanmanufaktur Meißen

3.1 Merkantilismus und Porzellanmanufakturen

Als Betriebsform des vorindustriellen Gewerbes spielten Manufakturen seit Ende des 17. Jahrhunderts eine größere Rolle. Dem ersten gewerblichen Großbetrieb mit Arbeitsteilung und lohnabhängiger Arbeit fehlte letztlich nur die Substitution der Handarbeit durch Maschinenkraft, um als Fabrik angesehen zu werden.[364] Durch die relativ moderne Arbeitsteilung kann man bei den Porzellanmanufakturen mit Recht von den ersten „modernen" Betrieben sprechen. Die Betriebsform der Manufaktur war der typische Ausdruck des merkantilistischen Gedankens der damaligen Zeit, da sie sich oftmals durch starke Einflussnahme der Politik auszeichnete. Aufgrund des fehlenden privaten Kapitals und den Wiederaufbaubestrebungen nach dem Dreißigjährigen Krieg, stand es im machtpolitischen Kalkül der herrschenden Fürsten, Manufakturwesen und Außenhandel gezielt zu fördern.[365] Eine Vielzahl von Produkten wurde hergestellt, um den teuren Import zu vermeiden und die eigene Gewerbestruktur zu fördern und unabhängig von der Einfuhr aus dem Ausland zu machen. Handel über die Grenzen des eigenen Landes hinaus sollte dem eigenen Staatshaushalt Geld einbringen, während die Produkte der eigenen Manufakturen die Grundlage dieses Handels waren. Treffend lässt sich ein Zitat von Friedrich II. aus dem Jahre 1748 anfügen, um den wohl wichtigsten Zweck der Manufakturen in der damaligen Zeit zu erfassen:

> *„2 Sachen gereichen zu des landes besten. 1. Eine auß fremden landen gelt einzutzihen. Dießes ist das comertzium. 2. Zu verhindern, das nicht unnöthig geldt aus dem Lande gehe. Dießes sindt die Manifacthuren".*[366]

Dies zeigt, dass besonders die staatlichen Manufakturen der damaligen Zeit ein mehr oder weniger klar formuliertes politisches Mandat besaßen. Anders als bei privaten Unternehmen bestanden neben der Erreichung von Gewinn und betrieblicher Profitabilität noch eine Reihe weiterer Ziele für die Manufakturen. Die Spanne solcher Ziele konnte neben der Erhöhung der Einnahmen für den Staatshaushalt auch die Repräsentation des staatlichen Selbstverständnisses sein, genauso wie die Versorgung des Landes mit besonders wünschenswerten

---

364 Ausführlich zum Übergang von der Manufaktur zur Fabrik, vgl. Forberger (1962) und Forberger (1981).

365 Vgl. Kapitel 2.1.

366 Zitiert nach Engel (2004), S. 17.

oder nachgefragten Produkten oder auch die sozialpolitische Absicherung bestimmter Regionen durch Sicherung von Arbeitsplätzen.

Die staatlichen Manufakturgründungen gingen zumeist auf eine mehr oder weniger starke Involvierung der Fürsten zurück. Sie waren abhängig von der Persönlichkeit des Regenten, ihrer persönlichen Motivation zur „Einmischung" in die Gründung von Staatsbetrieben und ihrer Bereitschaft, sich als Unternehmer zu betätigen. Häufig hatte der Landesherr aber seinen unternehmerischen Geist erschöpft, so dass er sich nicht weiter um Manufakturgründungen kümmerte.[367] Eine besondere Ausnahme ist hierbei das Porzellan gewesen, das eindeutig stark repräsentative Zwecke hatte und anfangs als Luxusgut half, das Selbstverständnis eines absolutistisch geprägten Fürstenhofes zu untermauern. Die Herstellung von Porzellan war ein Gewerbe, das besonders gut unter der Schirmherrschaft der Fürsten gedeihen konnte. Das Prachtbedürfnis des Monarchen ging Hand in Hand mit dem Merkantilgedanken der Wirtschaft, und es entwickelte sich streckenweise eine regelrechte Manie in den höchsten Adelskreisen Europas nach diesem Material.[368] Porzellan war das „notwendige Attribut des Glanzes und der Würde", wie Herzog Carl Eugen es 1758 formulierte, und einer der stärksten Ausdrücke des Barock und des Rokoko im 18. Jahrhundert.[369] Keineswegs dürfen die Gründungen der Porzellanmanufakturen des 18. Jahrhunderts jedoch ausschließlich auf fürstliche Intervention zurückgeführt werden. Von Region zu Region war die Gründungsdynamik unterschiedlich.[370] Vielfach hat der Landesherr eine untergeordnete Rolle bei der Gründung von Manufakturen gespielt, und ist die Initiative in den meisten Fällen von privaten Unternehmern ausgegangen.[371] Für den fränkischen Raum sind lediglich 8% der untersuchten Manufakturen aller Branchen auf direkte Gründungen durch den Landesherrn zurückzuführen.[372] In Sachsen wurden drei Viertel aller Manufakturen von Einzelunternehmern errichtet und der Rest wurde von privaten Gesellschaften betrieben, während die staatlichen Gründungen prozentual kaum ins Gewicht fielen.[373] Speziell bei den Porzellanmanufakturen sind von den ca. 1.800 Souveränen, die im deutschsprachigen Raum im 18. Jahrhundert gezählt wurden, lediglich zehn Fürsten als Gründer eines Porzellanbetriebs festzustellen.[374] Weitere acht haben private Gründungen zu einem späteren Zeitpunkt übernommen. Von den insgesamt 28 deutschsprachigen Porzellanmanufakturen im 18. Jahrhundert gingen demnach insgesamt 18 oder 64% direkt oder indirekt auf fürstliche Intervention zurück.[375] Die restlichen zehn Fabriken waren ausnahmslos private Gründungen. Der Einfluss des Staates bei den Porzellanmanufakturen war demnach überproportional stark – er musste es auch sein, denn zersplitterte Absatzterritorien in Verbindung mit starken Reglementierungen für Ein- und Ausfuhr aus den Nachbarländern konnten zu unüberwindbaren Hindernissen für eine private

[367] Vgl. ausführlich Treue (1957b), S. 26–36.

[368] Vgl. Treue (1973a), S. 192 und Plumb (1972), S. 57–58.

[369] Zitiert nach Weiß (1994), S. 66. Zur Stilrichtung des Barock, vgl. ausführlich Valjavec/Wühr (1957).

[370] Vgl. Reuter (1961), 73.

[371] Vgl. Forberger (1982), S. 38.

[372] Vgl. Reuter (1961), S. 74.

[373] Vgl. Forberger (1958), S. 211.

[374] Vgl. Weiß (1994), S. 66.

[375] Vgl. Weiß (1994), S. 66, eigene Berechnungen.

Manufakturgründung werden. Die Fortführung einer verlustreichen Porzellanmanufaktur, um sie zumindest zu künstlerischer Blüte zu bringen, konnte zumeist nur die Landesherrschaft bewerkstelligen. Dies galt für den deutschsprachigen Raum und in gewissem Maße auch für Frankreich. Dort übernahmen die Regenten häufig ein Protektorat über eine ausgewählte Porzellanmanufaktur.[376] Die private Initiative konnte hingegen immer dann glücken, wenn der Unternehmer sich den Anforderungen des Massenmarktes stellte und weder künstlerische, noch sonstige allgemeine Interessen pflegen musste. Dies galt besonders für die vielen privaten Gründungen in Thüringen.[377]

Die Befriedigung von Luxusbedarf durch die Herstellung von entsprechenden Produkten wie dem Porzellan galt als eine der „beiden Stammwurzeln, aus denen die kapitalistische Industrie erwachsen ist", zusammen mit der Deckung des Heeresbedarfs.[378] Beide Sektoren wiesen eine hohe Nachfragewirkung auf, welche unterstützend auf die Etablierung anderer frühkapitalistischer Gewerbesektoren einwirkte. Da Porzellan zu dieser Zeit ein Luxusartikel war, gab es aus den breiten Bevölkerungsschichten jedoch keine Verwendung dafür. Die Nachfrage kam nahezu ausschließlich von den obersten Schichten und von zwischengeschalteten Porzellanhändlern und Agenten, die im Auftrage wohlhabender Kunden kauften. Aus der damaligen merkantilistisch geprägten Debatte zum Luxus war die größte Sorge eine passive Handelsbilanz durch übermäßige Einfuhr von Luxusprodukten, bis zum Ende des 18. Jahrhunderts die positive Rolle von Luxus zur gesamtwirtschaftlichen Entwicklung allgemein anerkannt wurde.[379] Die Bedeutung der Porzellanmanufakturen für die Entwicklung und Herausbildung von kapitalistischen Unternehmensstrukturen während der Industrialisierung ist nicht zu unterschätzen. Motive für die Gründung von Porzellanmanufakturen konnten sein:[380]

- Erzielung von Überschüssen zugunsten der Staatskasse.
- Verbesserung der Gesamtbilanz des Außenhandels.
- Repräsentative Darstellung des Staates nach außen. Gleichzeitige Mehrung des Ansehens des Fürsten und seines Staates.
- Deckung des Luxusbedarfs des Hofes und des Adelsstandes und Verzicht auf ausländische Porzellanimporte.
- Erhöhte Porzellanproduktion, die in herkömmlichen handwerklich orientierten Zwischenstufen des Betriebes nicht mehr zu bewältigen war.
- Verbesserte Bedienung der allgemeinen Nachfrage und bessere Ausnutzung der sich ergebenen überregionalen Absatzmöglichkeiten.
- Betriebsorganisatorische Vorteile wie Arbeitsteilung der Maler und Former.
- Ausnutzung der eigenen inländischen Rohstoffbasis.

---

376 Vgl. Weiß (1994), S. 68–69.

377 Vgl. ausführlich Stieda (1902) und Scherf (1980).

378 Vgl. Sombart (1928b), S. 862 und Lütge (1966), S. 356.

379 Vgl. Freudenberger, (1963) S. 43 und S. 46 und Meyer (2003), S. 76–78, ausführlich Landauer (1915), Wirtz (1996) und Berry (1994), S. 126–176.

380 In Anlehnung an Reuter (1961), S. 119–121 und Kriedte (1980), S. 144.

- Systematische Arbeitserziehung und Bildung der Arbeiter mit Bündelung von Know-how und fachspezifischem Wissen.

Für die Manufakturen in der Zeit des Merkantilismus bestand zumeist keine zwingende Notwendigkeit, ihre betrieblichen Prozesse in einer eingehenden Untersuchung zu analysieren. Der Souverän eines Staates leistete meist erhebliche finanzielle Unterstützung und sorgte für den notwendigen Absatz gleich selbst mit. Ein Kostenbewusstsein und damit verknüpft ein Bewusstsein für Preispolitik war zu Beginn noch nicht bedeutsam. Der Vorteil der Manufaktur in der Arbeitsproduktivität durch Teilarbeitsprozesse und durch den Weg der Arbeitsteilung wurde, wenn überhaupt, nur vereinzelt in den preispolitischen Überlegungen thematisiert. Aber die kontinuierliche und mengenmäßig bedeutende Herstellung in der Manufaktur führte zu einer Notwendigkeit der Abstimmung sämtlicher Wertschöpfungsstufen in räumlicher, zeitlicher und auch strategischer Hinsicht. Besonders letzteres erforderte in der Betriebsform der Manufaktur eine Weiterentwicklung der bisher im Handwerk eingesetzten Arbeitsmethoden.[381] Während die Bereiche des Rechnungswesens, der Unternehmensorganisation und des technologischen Fortschritts rasche Entwicklungen vorweisen konnten, blieb die Sphäre der Kalkulation und der Preispolitik noch oft im traditionellen Vorgehen verwurzelt und fiel gegenüber den übrigen Geschäftsbereichen im Entwicklungstempo zurück. Von der Technik her hat es sich um eine flüchtige, traditionell anmutende Preiskalkulation gehandelt, die auch im Handwerk Verwendung fand und bis in das 19. Jahrhundert hinein eingesetzt wurde. Es handelte sich zumeist um eine Kosten-Plus-Preisbildung, bei der die Stückkostenkalkulation ohne Verteilung der Gemeinkosten erfolgte.[382] Ein angemessener Gewinn in Höhe von üblicherweise 15 – 30% wurde auf die mehr oder weniger überschlägig errechneten und abgegrenzten Kosten aufgeschlagen. Es scheint darüber hinaus keine wesentlichen Hinweise auf eine rationale Preispolitik gegeben zu haben, welche zwar durch die Betriebsform der Manufaktur ermöglicht wurde, aber offensichtlich noch nicht praktisch umgesetzt wurde.[383]

Erst der langsam einsetzende überregionale und intraindustrielle Wettbewerb in Verbindung mit abnehmenden Unterstützungsleistungen des Staates war der Ausgangspunkt für die Kostenfrage und die Ausbildung der Kalkulation.[384] Ungeachtet dessen, ob eine Fabrik durch den Landesherrn gegründet wurde oder auf private Initiative zurückging, so war doch stets die Bestrebung vorhanden, aus dem Verkauf der Erzeugnisse auch möglichst viel Gewinn zu erzielen.[385] Probleme konnten hierbei entstehen, da sich zur damaligen Zeit noch das zweckrationale und stetig-planende Wirtschaften nicht etabliert hatte. Ein sich konstant durchziehendes Problem der damaligen Zeit war es, dass wirtschaftliche Gegebenheiten und Verhältnisse mitunter als zu einfach gesehen wurden und grundlegende ökonomische Kausalitäten

[381] Forberger (1982), S. 35.

[382] Vgl. Schneider (2001), S. 589.

[383] Vgl. Reuter (1961), S. 117–118.

[384] Vgl. Penndorf (1950), S. 13.

[385] Ausnahmen bildeten rein private Manufakturgründungen der Fürsten, die ohne weitergehende wirtschaftspolitische Funktionen vorangetrieben wurden. So wurde der Verkauf an private Abnehmer bei der Porzellanmanufaktur Capodimonte strengstens verboten, vgl. Hofmann (1980a), S. 130.

und Zusammenhänge nicht unmittelbar erkannt wurden.[386] Ohne Kenntnisse einer gewissenhaft durchgeführten Buchhaltung und ohne das Instrument der Abschreibung zu kennen, konnten Gebäude, Geräte und Werkzeuge als fixes Kapital nicht wertmäßig in Geld ausgedrückt werden.[387] Neben der sich hieraus entwickelnden Unterschätzung der richtigen Kapitalausstattung für die Manufaktur, konnten die frühen Betriebe des 18. Jahrhunderts kaum die Rentabilität der eigenen Unternehmung einschätzen und verließen sich häufig auf einfache Einnahmenüberschussrechnungen. Teilweise war man überzeugt, es sei ein Gewinn erwirtschaftet worden, wenn am Ende des Jahres noch Geld in der Kasse übrig blieb. Und ohne genaue Kontrollen war es schwer, Marktentscheidungen zu treffen, die sich an der Profitabilität der Manufaktur orientierten.[388] Letztlich operierten die Manufakturen anfangs weitestgehend „traditionalistisch“, das tradierte Wirtschaftsdenken bis weit in das 19. Jahrhundert hinein basierte auf einer jahrhundertelang gefestigten empirischen Vorgehensweise, so dass man sich anfangs an bewährten Vorstellungen orientierte, bevor man sich an neue Konzepte heranwagte.[389]

Die Ostindischen Kompanien Europas brachten seit dem Beginn des 17. Jahrhunderts etliche Mengen von Porzellan aus Fernost in ihre Heimathäfen mit. Mit den allerersten Porzellanlieferungen konnte sich schon bald ein geschäftsträchtiger Handel mit Porzellan entwickeln.[390] Allein die Ostindische Kompanie aus den Niederlanden hat zwischen 1604 und 1656 über 3 Millionen Porzellanstücke nach Europa gebracht.[391] Porzellan kam aus China und, nach dem Zusammenbruch der Ming-Dynastie im Jahre 1644, als das Zentrum der Porzellanherstellung zerstört wurde und der Export zum Erliegen kam, immer häufiger ab 1657 aus Japan.[392] Das Porzellan wurde durch den blühenden Fernhandel mit diesen Produkten zu einem charakteristischen Merkmal der damaligen Kulturwelt und zu einer regulären Handelsware, ohne dass seine Wertschätzung dadurch in irgendeiner Weise geschmälert worden wäre.[393] In den wichtigsten Häfen wie Amsterdam und London trafen sich Käufer und Verkäufer, und das Porzellan wurde zumeist im Wege der Auktion oder im freien Verkauf veräußert. Die Auktionen dauerten mitunter mehrere Wochen. Unter den Bietern waren auch etliche Agenten, die im Auftrag der europäischen Königshäuser die Porzellane aufkauften.[394] Doch diese von nichteuropäischen Arbeitskräften hergestellten Produkte konnten ein ums andere Mal den Geschmack des barocken Europas nicht treffen[395], so dass für spezifische Anforderungen die

[386] Vgl. Reuter (1961), S. 29.

[387] Vgl. Kocka (1975), S. 29.

[388] Vgl. Kocka (1975), S. 29.

[389] Vgl. Reuter (1961), S. 154.

[390] Vgl. ausführlich zum Porzellanhandel der Kompanie Treue (1952a) und Treue (1952b).

[391] Vgl. Volker (1954), S. 227.

[392] Vgl. Ströber (2001). S. 9–10.

[393] Vgl. Mields (1960), S. 116 und Schade (1987), S. 10.

[394] Vgl. Treue (1952b), S. 131 und Treue (1973b), S. 16.

[395] Ludovici (1755), Sp. 815 und Sp. 821 erwähnte, dass die Zeichnungen der chinesischen Maler sehr schlecht gewesen seien und in ganz anderem Geschmack verfertigt waren und die Chinesen „schlechte Helden ihrer Kunst“ seien. Unpräzise und naiv erscheinende Wiedergaben von biblischen Szenen und christlichen Motiven zeugten von der mangelnden Vertrautheit der asiatischen Maler, vgl. auch Krünitz (1810), S. 304–305.

Bestellungen individuell aufgegeben werden mussten unter Angabe von Musterzeichnungen oder Musterformen. Die Abarbeitung der Bestellung, insbesondere bei großen Stückzahlen und mit europäisch geprägten, für die asiatischen Maler unbekannten Mustern, konnte mitunter zwei oder mehr Jahre dauern.[396] Die Kunstvorstellungen zu Beginn des 18. Jahrhunderts erforderten in der Vielzahl von Schlössern und Residenzen nahezu immer auch eine Porzellankammer, weswegen man auch lange Lieferzeiten in Kauf nahm. Die Nachfrage aus den Hof- und Adelskreisen hielt an, und die Bestände an asiatischem Porzellan nahmen sprunghaft zu.[397] Der Porzellanpreis kam jedoch oft dem Werte von Gold nahe und war somit schlichtweg prohibitiv für den größten Teil der Bevölkerung und gar für so manches adelige Budget.[398] Eine wesentliche volkswirtschaftliche Bedeutung des Porzellangeschäfts war, dass aus verhältnismäßig geringwertigen Materialien (Erden) in reiner Veredelungsarbeit hochwertige Erzeugnisse hergestellt wurden. Die dafür vorgesehenen Rohstoffe sollten idealerweise in den eigenen Territorien gefunden werden.[399] Ziel war es auch, billigere und für jedes Bedürfnis geeignete Waren zu bekommen, als dies mit den Importen aus China und Japan möglich war.[400] Die hohen Gewinne, welche die Handelskompanien mit dem Porzellanhandel einfahren konnten, hatten jedoch für die Regenten Europas einen weiteren entscheidenden Nachteil: Die Gelder für das Porzellan flossen nach Asien, der hohe Handelsgewinn verblieb bei der ausländischen Kompanie und stand somit im Sinne des Merkantilismus nicht zur Mehrung des inländischen Wohlstands zur Verfügung.[401] Wer zudem Großes für sein Land erreichen wollte, musste Macht und Pracht auf vielfältige Art und Weise demonstrieren, nicht zuletzt durch eine eigene Porzellanmanufaktur. Die Bestrebung war es somit, Porzellanmanufakturen zu gründen, um den Bedarf an diesen Produkten aus eigener inländischer Herstellung weitestgehend decken zu können. Das Interesse an der Nachahmung und Herstellung von Porzellan war dort umso größer, wo der materielle und immaterielle Wert des Porzellans sich am deutlichsten offenbarte, nämlich in den königlichen Höfen.

3.2 Die Porzellanerfindung und -herstellung

Der Ursprung des Porzellans lag in China, welches innerhalb eines Zeitraums von mehr als 2.000 Jahren die keramische Kunst perfektionieren konnte. Das Porzellan ging aus frühen Steinzeuggefäßen in einem 1.500 Jahre dauernden Entwicklungsprozess hervor und entwickelte sich zu einer eigenständigen Ausdrucksform des Reichs der Mitte. Zu Beginn des 16. Jahrhunderts begann sich auch in Japan eine Porzellanherstellung zu entwickeln, und zu Beginn des 17. Jahrhunderts wurde dort auch Porzellan für den Export nach Europa verfertigt und über den niederländischen Handel nach Europa gebracht. Porzellanähnliche Geschir-

---

396 Vgl. Treue (1973b), S. 18 und Treue (1952b), S. 136. Zu den Porzellanaufträgen aus Europa vgl. Park (1973).

397 Vgl. Treue (1973b), S. 21.

398 Vgl. Doenges (1921) und Walcha (1973), S. 13.

399 Vgl. Bensch (1928), S. 35.

400 Vgl. Hofmann (1980b), S. 195.

401 Für eine der allerersten Porzellanlieferungen aus Asien 1605 konnte die niederländische Vereinigte Ostindische Kompanie 200% des aufgewendeten Kapitals als Reingewinn verbuchen, vgl. Treue (1952b), S. 130.

re und poröse Irdenware aus rein europäischer Produktion sind ab dem späten 15. Jahrhundert nachgewiesen. Erfindungsversuche erfolgten überall dort, wo das Vorhandensein der technischen und künstlerischen Voraussetzungen besonders ausgeprägt war. In Italien, Frankreich und Holland waren sowohl ausreichende Kunstfertigkeit als auch Töpfertradition vorhanden, um sich der Produktion von Porzellan zu widmen.[402] Man experimentierte mit frühen Formen von Porzellan, insbesondere an den Höfen der italienischen Renaissancefürsten, so in Venedig, Florenz, Urbino und Faenza.[403] Die rasche Entwicklung der Handelskontakte der holländischen Ostindischen Kompanie und ein schnell wachsender Import von asiatischen Geschirren in die Niederlande führten zur Entwicklung eines wichtigen Töpfergewerbes in der Gegend um die Stadt Delft.[404] Ab dem späten 17. Jahrhundert sind in Frankreich erfolgreiche Versuche mit dem sogenannten „Frittenporzellan" nachgewiesen. Dieses weiche Porzellan war jedoch leicht reizbar und für den Gebrauch mit Metallbesteck ungeeignet, so dass die Anstrengungen zur Herstellung von wirklichem Porzellan weitergingen, bis sie zu Beginn des 18. Jahrhunderts in Sachsen ihre Vollendung fanden.[405]

Die Herstellung des Porzellans hat sich in seinen wesentlichen Grundzügen seit der Erfindung nicht grundlegend geändert. Noch immer ist damals wie heute der Produktionsprozess in seinen Kernelementen derselbe geblieben.[406] Porzellan ist ein harter, dichter und weißer keramischer Werkstoff. Porzellan wird bei Raumtemperatur geformt und bei hohen Temperaturen verfestigt. Härte, Dichte, Transparenz und die weiße Farbe sind die Unterscheidungsmerkmale gegenüber den verwandten Stoffen wie Glas, Steinzeug und Fayence.[407] Ein wesentlicher Bestandteil ist das Mineral Mullit. Dieses bildet sich in einem Zerfallsprozess beim Erhitzen von Kaolin mit den Bestandteilen Ton, Quarz und Feldspat. Die Herstellung einer Porzellanmasse umfasst das Zerkleinern, Reinigen, Durchmischen und Entlüften der einzelnen Rohstoffe. Quarz und Feldspat werden gemahlen, das weiche Kaolin im Wasser aufgeschlämmt. Ein derart zusammengesetztes Gemenge wird dann mit Hilfe von Pressen entwässert und geknetet, um Feuchtigkeit und eingeschlossene Luft zu entfernen.[408] Die Masse enthält bis zu zwei Drittel Kaolin als unschmelzbaren Bestandteil, und als schmelzbaren Bestandteil ungefähr 25% Feldspat und 8% Quarz.[409]

---

402 Vgl. Mields (1960), S. 117.

403 Vgl. Matusz (1996), S. 17–22 und Jedding (1971), S. I/3.

404 Vgl. Jedding (1971), S. I/5 und Treue (1952b), S. 129.

405 Vgl. Matusz (1996), S. 23–25. An dieser Stelle kann nur eine grobe Skizze der Porzellangeschichte dargestellt werden. Weiterführend bspw. Weiß (1994), S. 13–47.

406 Empfehlenswerte zeitgenössische Darstellungen des Produktionsprozesses zur Herstellung von Porzellan geben Jung-Stilling (1785a), S. 306–324, Weber (1798), Beckmann (1802), S. 358–378, Krünitz (1810), S. 315–548 und Schumann (1835).

407 Die Fayence ist eine Tonware, deren poröser Scherben mit einer wasserundurchlässigen, undurchsichtigen, meist weißen Zinnglasur bedeckt ist. Die Masseanteile bestehen aus Sand, Pottasche, Blei und Zinn. Zur weiteren Unterscheidung insbesondere zwischen Steingut, Steinzeug und Porzellan ausführlich Salmang/Scholze (2007), S. 699–707 und auch die Abbildung 5-5 im Anhang. Im 18. und frühen 19. Jahrhundert wurden diese keramischen Gattungen, die dem Porzellan nahekamen, „unechtes Porzellan" genannt, vgl. Krünitz (1810), S. 564.

408 Vgl. Brandes (1983a), S. 15–17.

409 Vgl. Forberger (1985), S. 7, ausführlich zu den Bestandteilen Salmang/Scholze (2007), S. 704–707.

Bei der plastischen Gestaltung des Porzellans nahm man im 18. Jahrhundert bei einfachen Geschirren die Töpferscheiben, um Hohlkörper aus der Masse zu formen. Die Dreher drehten dabei die Porzellanmasse zur ungefähren Form des gewünschten Gegenstandes auf. Die Masse wurde zur Hälfte geformt, um sie dann mittels Gipsformen mit Schablonen fertig zu drehen. Nicht-kreisförmige Gegenstände wurden von Formern hergestellt, die über feste Gipsformen die Porzellanmasse ausformten. Bei komplizierteren Arbeiten wie Porzellanfiguren, Tafelaufsätzen und Vasen musste man einzelne Teile formen, zusammendrücken und mittels wässriger Porzellanmasse dann zum Gesamtmodell zusammenkleben. Diese Arbeit wurde von den sogenannten „Bossierern" durchgeführt, die darüber hinaus viele Verzierungselemente per Hand fertigten. Anschließend wurde die Masse zum Trocknen und Ausruhen eingelagert. Zu berücksichtigen ist dabei, dass üblicherweise beim Trocknen die Masse um ungefähr 7% schrumpft und beim anschließenden Brennen nochmals um weitere 10% zurückgeht.[410] Ein Gestalter hatte deshalb diesen Rückgang der Masse bei der Ausformung zu berücksichtigen.

Das Meißener Porzellan wurde im 18. Jahrhundert und zu Beginn des 19. Jahrhunderts zwei- bis dreimal gebrannt in einem halbtonnenförmigen liegenden Langofen.[411] Der erste Brand erfolgte im sogenannten Verglühofen, in welchem die noch rohen Porzellangeschirre ihre Festigkeit erhielten und die Feuchtigkeit aus der Masse verdunstete. Das Brennen musste hierbei nur so stark erfolgen, dass in dem anschließenden Arbeitsprozess die Glasur von der Massenoberfläche eingesaugt werden konnte. In diesem Arbeitsprozess wurde das gebrannte Geschirr in die flüssige Glasur eingetaucht, nachdem man vorher nach Bedarf eine blaue Bemalung, vorzugsweise die Bodenmarke der gekreuzten Kurschwerter, angebracht hatte. Mit dieser Unterglasurbemalung gelangte das Geschirr in den Gutbrennofen, wo alle Massebestandteile „sinterten" – sich verdichteten – durch die Einwirkung der Flussmittel auf das Kaolin. Nach dem Gutbrennen stand die letzte Stufe der Wertschöpfung an, nämlich die Verfeinerung des Produkts durch bunte Bemalung oder Vergoldung. Um die Farben dauerhaft an der Porzellanoberfläche und der Glasur zu binden, erfolgte der letzte und dritte Brand im Emaillierofen. Je besser und feuerbeständiger die Porzellanmasse ist, umso größer muss die Feuertemperatur im Ofen sein. Die Herausforderung im 18. Jahrhundert war es, beim Brand die Temperatur gleichmäßig zu halten und dabei die Geschirre nur so lange brennen zu lassen, wie die Glasur sich mit der Masse verbinden konnte und der Scherben[412] sich nicht verbog. Allgemein unterscheidet man in Abhängigkeit der Feuertemperaturen das hart (hoch) gebrannte Hartporzellan bei bis zu 1.450 °C und das weich (niedrig) gebrannte Weichporzellan bei bis zu 1.110 °C. Das neu erfundene europäische Porzellan in Meißen wurde bei hoher Temperatur von bis zu 1.460 °C gebrannt.[413]

---

410 Vgl. Brandes (1983a), S. 18–19.

411 Vgl. Mields (1960), S. 124.

412 Als Scherben wird die Masse bezeichnet, die bei der Porzellanherstellung erstmals gebrannt wird.

413 Vgl. Weiß (1994), S. 11 und S. 170 und Forberger (1985), S. 8. Zu den Temperaturen aus verfahrenstechnischer Sicht ausführlich Salmang/Scholze (2007), S. 641–671.

3.3 Preispolitik und -strategie der Porzellanmanufaktur Meißen

3.3.1 Die Gründungszeit der Manufaktur

Kurfürst Friedrich August I. von Sachsen, gleichzeitig auch August I. König von Polen, genannt August der Starke,[414] war regelrecht besessen vom Porzellan. In einer Zeit, in der Porzellan das Luxusgut schlechthin war, besaß er im Jahre 1727 mehr als 20.000 Porzellanstücke in seiner privaten Sammlung. Diese hatte er zwischen 1698 und 1724 aufgebaut, und sie wurde so umfangreich, dass das Japanische Palais 1733 insgesamt 36.000 Stücke zählte.[415] Auch war sich der Fürst nicht zu schade, im Gegenzug für die Bereitstellung von 600 Unteroffizieren, den sogenannten Dragonern, 117 Porzellane vom preußischen König Friedrich Wilhelm einzutauschen.[416] Bei seinem Amtsantritt 1694 war das Kurfürstentum Sachsen eines der am höchsten entwickelten Gebiete auf deutschem Territorium. Das Staatsgebiet war dichter besiedelt als das weitaus größere Preußen, und ein halbes Jahrhundert nach Ende des Dreißigjährigen Krieges waren die wirtschaftlichen Folgen zum großen Teil überwunden. Die gewerbliche Produktion hatte in Sachsen die traditionellen Grenzen der Zunfttätigkeit überwunden, ein gewisses Maß an Reichtum an natürlichen Ressourcen im Erzgebirge und ein ausgedehnter Handel rund um das Messezentrum Leipzig stärkten noch zusätzlich diese produktiven Kräfte.[417] Die Ära August des Starken brachte Verbesserungen in den ökonomischen Verhältnissen mit sich, die aus staatlichen Maßnahmen wie der Neuordnung des Post- und Münzwesens, der Errichtung einer Börse und eines Handelsgerichts resultierten.[418] Die von August dem Starken eingegangene Union zwischen Polen und Sachsen stellte aber eine große finanzielle Belastung dar, genauso wie der von 1700 bis 1721 dauernde Nordische Krieg die sächsischen Staatskassen erheblich belastet hatte. So war der Fürst gezwun-

---

[414] Als Kurfürst gehörte man zu einer begrenzten Zahl jener Reichsfürsten, denen mit der Kurwürde das Recht zur Wahl des römisch-deutschen Königs zugestanden wurde, durch die auch die Anwartschaft auf die Position des römisch-deutschen Kaisers gefestigt wurde, vgl. hierzu Neuhaus (2003), S. 21–27, ausführlich Gotthard (1999). August der Starke wurde zusätzlich zu seiner Regentschaft in Sachsen am 15. September 1697 in Krakau zum König von Polen gekrönt und regierte Sachsen und Polen in Personalunion, vgl. Groß (2007), S. 126–128 und S. 130–131, zu den Ereignissen der Wahl Augusts zum polnischen König und zur sächsisch-polnischen Union, vgl. ausführlich Haake (1906) und Piwarski (1962), Augusts Regierungstätigkeit zwischen den zwei Thronen ausführlich unter Czok (1997) und Staszewski (1997). Die Fülle an Werken zur Person von August dem Starken ist unüberschaubar, eine angemessene wissenschaftliche Biographie ist bis heute jedoch nicht geleistet worden, vgl. Neuhaus (2007), S. 338. Grundlegend, trotz des Fehlens von Quellenangaben immer noch das Werk von Cornelius Gurlitt in zwei Bänden, vgl. Gurlitt (1924a) und Gurlitt (1924b), ferner Haake (1926) und Czok (2004), zu zeitgenössischen Urteilen und Biographien des Kurfürsten, vgl. Haake (1922).

[415] Damals war das heutige Japanische Palais in Dresden als das Königlich-Holländische Palais bekannt. Nachfolgend wird gemäß der Gepflogenheit in der historischen Literatur das Gebäude mit seinem derzeitigen Namen bezeichnet, zur Geschichte des Japanischen Palais und den dafür hergestellten Meißener Porzellanen vgl. jeweils ausführlich May (1989) und Sponsel (1900), S. 1–108.

[416] Vgl. Weiß (1994), S. 64–65. So hat August der Starke selbst in Zusammenhang mit seiner Leidenschaft für das Porzellan von einer „maladie de porcelaine“ gesprochen, vgl. Ströber (2001), S. 9.

[417] Vgl. Sonnemann/Wächtler (1982), S. 24–26.

[418] Vgl. Forberger (1960b), S. 25.

gen, nach immer neuen Geldquellen Ausschau zu halten. Die Aussicht, mit einer Porzellanmanufaktur nicht nur die Finanzen zu stabilisieren und die wirtschaftliche Entfaltung Sachsens zu befördern, sondern auch gleichzeitig seiner Machtausübung einen weiteren repräsentativen Aspekt zu geben, spielte eine gewichtige Rolle bei der Entscheidung zur Gründung des Meißener Betriebes. Darüber hinaus erhoffte sich August der Starke durch die theoretisch effektivere Betriebsform der Manufaktur einen stetigen Überschuss an Einnahmen, die den sächsischen Fürsten unabhängiger machen sollte von den asiatischen Porzellanimporten und vom Budgetrecht der sächsischen Stände, welche die Deckung des Finanzbedarfs für die direkten Staatsaufgaben stets bewilligen mussten.[419] Nebenbei konnte so auch ein wesentlicher Beitrag an der Finanzierung der barocken Prunkentfaltung am Dresdner Hof durch Geldüberschüsse oder Porzellanlieferungen sichergestellt werden.[420]

Johann Friedrich Böttger, ein Apothekerlehrling aus Berlin, hatte sich einen Ruf als erfolgreicher Goldmacher erworben, da er im Besitz des Steins der Weisen zur Umwandlung von Metall in Gold zu sein schien. Am 1. Oktober 1701 konnte der erst neunzehnjährige Böttger in Gegenwart mehrerer vertrauenswürdiger Zeugen angeblich aus 15 Silbergroschen feinstes Gold herstellen.[421] Dieses Experiment erregte schnell auch überregionales Aufsehen, und selbst der Mathematiker und Universalgelehrte Gottfried Wilhelm Leibniz zeigte sich neugierig und hoffnungsvoll, dass mit diesem Experiment der Durchbruch zur Goldherstellung gelungen sein könnte.[422] Es baute sich ein öffentlicher Druck auf, dem Böttger durch seine Flucht aus Berlin entkommen wollte, da sogar Friedrich I. von Preußen Interesse an den Diensten des Goldmachers gezeigt hatte. Auf der Flucht durch Sachsen gelangte Böttger aber in die Gewalt von August dem Starken. Als angeblich erfolgreicher Goldmacher behielt der Fürst Böttger in Gefangenschaft, damit dieser keine weiteren Fluchtversuche unternehmen konnte und ausschließlich für den Kurfürsten arbeitete. Im Umfeld des sächsischen Hofes kam Böttger 1702 mit dem Gelehrten Ehrenfried Walther von Tschirnhaus in Kontakt.[423] Dieser hatte Böttger als „Experimentator“ erkannt, und ihn zu weiteren gemeinsamen Forschungen überzeugen können. Am 25. Mai 1704 verfügte August der Starke, dass Tschirnhaus und Böttger zusammenarbeiten sollten. Angeblich hat Böttger den Wissenschaftler von Tschirnhaus in der Frage der Möglichkeit des Goldumwandelns teilweise überzeugen können. Jedenfalls konnte Böttger in der Zeit seiner Gefangenschaft am sächsischen Hofe glaubwürdig die Rolle des erfolgreichen Goldmachers spielen, der durch geschicktes Hinhalten des Königs immer wieder neue Zugeständnisse erhalten konnte. Er versprach bei erfolg-

---

419 Vgl. Forberger (1960b), S. 45 und Neuhaus (2007), S. 182. Bekannt ist, dass August der Starke in den Jahren 1698–1699 Pläne verfolgte, mittels einer sächsisch-polnischen Handelskompanie den Ost-West Handel direkt vom Orient über das Schwarze Meer nach Polen zu leiten, um Hollands Stellung mit der Ostindien-Kompanie zu schwächen. Die Pläne fanden mit dem Ausbruch des Nordischen Krieges im Jahr 1700 ein vorzeitiges Ende, vgl. Kalisch (1962).

420 Vgl. Forberger (1982), S. 34, Groß (1982), S. 46 und Michael (1934), S. 34.

421 Vgl. Hoffmann (1982), S. 60 und S. 65. Die Darstellung der historischen Ereignisse um Böttger ausführlich bei Brandes (1983c) und Rückert (1990), S. 72–74.

422 Vgl. Hoffmann (1982), S. 65.

423 Zur Person von Ehrenfried Walther von Tschirnhaus, vgl. ausführlich Weissenborn (1866) und Wollgast (1988), S. 21–55. Zu seinem Wirken im sächsischen Manufakturwesen, vgl. Forberger (1960a).

reichem Ausgang seiner Experimente, 2 Tonnen Gold innerhalb von 8 Tagen verfertigen zu können.[424]

Hatte August der Starke sich anfangs noch alchimistische Fortschritte von Böttger in der Kunst des Goldmachens erhofft, verlagerten sich Böttgers Experimente durch die Einflussnahme von Tschirnhaus zunehmend in Richtung keramischer Versuchsreihen.[425]Ab September 1707, jetzt in Gefangenschaft in der Dresdner Jungfernbastei, konnte Böttger innerhalb weniger Monate Fayencegeschirre herstellen. Tschirnhaus selbst hatte zum Ende des 17. Jahrhunderts vielfache Verbesserung in den Herstellungsprozessen von Glas und Keramik eingeführt, so dass er wesentliche Impulse für Böttgers Arbeiten geben konnte.[426] Die Experimente zur Herstellung des Porzellans erfolgten unter strengster Geheimhaltung und Verschwiegenheit. Die Überwachung dieser Experimente fiel dem Geheimen Kabinett zu, der seit 1704 zentralen Verwaltungsbehörde von August dem Starken in militärischen und finanziellen Angelegenheiten.[427] Auf direkten Befehl hatte das Kabinett die mit diesen Experimenten nötigen Finanzmittel zu organisieren und die Fortschritte an den König zu berichten.[428] Eine frühe Form der Forschungsgemeinschaft um Böttger, Tschirnhaus, dem Metallurgen Pabst von Ohain und die Mediziner Bartelmei und Nehmitz kann als der innere Expertenkreis betrachtet werden, der die Erfindung des europäischen Porzellans in einer Kollektivleistung mit weiteren Mitarbeitern[429] vorangetrieben und schließlich auch realisiert hat.[430] Am 15. Januar 1708 wurde eine Labornotiz von Böttger bezüglich der Zusammensetzung des Hartporzellans niedergeschrieben.[431] Es handelte sich um systematische Versuchsreihen an unterschiedlichen Masseproben, und in den Jahren 1708 und 1709 sind wahrscheinlich die entscheidenden Schritte zur Entdeckung des europäischen Porzellans getätigt

---

424 Vgl. Hoffmann (1982), S. 67.

425 Vgl. Seidlitz (1888), S. 117 und Groß (1982), S. 46. Zur damaligen Zeit schenkte man am Hofe den Alchimisten und ihren Künsten relativ viel Aufmerksamkeit. Trotz Rationalismus und beginnender Aufklärung lag es damals dem Denken vieler Menschen nahe, sich alchimistischer Überzeugungen zu bedienen. Eine Besonderheit des Kameralismus war zudem seine Vorliebe für metallurgische Studien und das alchimistische Streben nach Goldmacherei. Da die Herstellung von Gold mittels einer Alltinktur noch immer als realisierbar erachtet wurde, stellte dies eine optimale Lösung für die meist leeren Staatskassen dar, vgl. Walcha (1973), S. 13 und Braeuer (1990), S. 109.

426 So mit Wasserkraft angetriebene Schleif- und Poliermaschinen, holzsparende Brennöfen und leistungsfähige Brennspiegel, mit denen er nahezu alle Metalle verflüssigen konnte und bei welchen er sich wichtige Erkenntnisse zur Schmelzbarkeit von Mineralien erwerben konnte, vgl. Goder (1983), S. 30–32, Mields (1960), S. 118 und Schönfeld (1998), S. 723–724.

427 Vgl. Groß (2007), S. 132 und Dürichen (1930).

428 Vgl. Groß (1982), S. 53.

429 Die Mitarbeiter sind die späteren Führungskräfte der Meißener Manufaktur gewesen, nämlich David Köhler, Samuel Stöltzel, Paul Wildenstein, Johann Georg Schubert, Andreas Hoppe. Einzig Balthasar Görbig ist in späteren Mitarbeiterverzeichnissen der Meißener Manufaktur nicht erwähnt. Vgl. Sonnemann/Wächtler (1982), S. 27, Groß (1982), S. 51, Forberger (1985), S. 9 und Goder/Walter (1982), S. 75.

430 Vgl. Weiß (1994), S. 55, Goder (1983), S. 34–36 und Forberger (1985), S. 8–9. Die Klärung in der Forschung über die tatsächliche Zuerkennung der Porzellanerfindung ist weitläufig und wurde zum Ende des 19. Jahrhunderts mit heftigen Kontroversen geführt, vgl. Zimmermann (1908), Zimmermann (1906), Zimmermann (1907), Reinhardt (1912), Seidlitz (1888), Seidlitz (1889), Forberger (1985), in neuester Zeit Schönfeld (1998). Weiterführende Literatur bei Michael (1934), S. 73, Fußnote 188.

431 Vgl. Goder (1983), S. 39–40.

worden, nämlich das Verständnis des Grundprinzips der Porzellanherstellung: Erst die Mischung von leicht schmelzbaren Stoffen (den Flussmitteln) mit schwer schmelzbaren Stoffen (der Tonsubstanz) konnte ein keramisches Produkt erfolgreich entstehen lassen. Das Flussmittel sorgte für die nötige Verdichtung der Tonsubstanz unter Einwirkung hoher Temperaturen, der schwer schmelzbare Anteil hingegen sorgte für den nötigen Stand im Feuer. Hatte man einmal diesen grundlegenden Durchbruch geschafft, konnte man mit einer systematischen Erarbeitung die weiteren Schritte, wie die Versorgung mit weißbrennenden Rohstoffen und die Konstruktion und den Betrieb geeigneter Brennöfen für hohe Temperaturen, angehen.[432]

Am 23. März 1709 schrieb Böttger an König August den Starken, dass er „den guten weissen Porcellain, sammt der allerfeinsten Glasur und allem zugehörigen Mahlwerck, welcher dem Ostindianischen wo nicht vor, doch wenigstens gleich kommen soll".[433] Böttger konnte aber allerhöchstens einige Versuchsstücke erzeugt haben, denn gutes weißes Porzellan konnte erst 1713 und feuerfeste Farben gar erst um 1715 relativ fehlerfrei erzeugt werden.[434] Was 1709 hergestellt werden konnte, war das sogenannte Böttgersteinzeug, ein rotbrauner keramischer Stoff, welcher durch Eisenoxid im Ton zu seiner Verfärbung kam und eine Vorstufe zum weißen Porzellan darstellte.[435] Der König ließ sich nicht davon beirren und setzte eine Kommission ein, die sich mit der Praktikabilität einer Manufakturgründung zur Porzellanherstellung auseinandersetzen musste. Diese Kommission sollte die „vorzustellenden Wissenschaften" gründlich prüfen und einschätzen, „ob nämlich dieselben dero Landen nützlich und nötig, oder aber schädlich und vor impracticable zu halten wären", somit ob sich die Erfindung in irgendeiner Weise zu einer kommerziellen Nutzung eignen würde.[436]

Eine erste angesetzte Sitzung am 11. April 1709 brachte keine Entscheidung. Das weitestgehend aus fachfremden Mitgliedern zusammengesetzte Gremium zweifelte noch an der Gebrauchsfähigkeit der ersten Werke von Böttger. Dieser konnte nämlich ein Stück Porzellan mit einem Wappen darauf nicht wie gewünscht bei der Kommission abliefern. Ein Fragenkatalog mit elf Fragen, mit deren Beantwortung die Kommission ein Urteil über die Manufakturgründung fällen wollte, wurde Böttger vorgelegt. Acht Fragen befassten sich mit dem Material und der Herstellung des Porzellans, zwei betrafen direkt die Preiskalkulation und die letzte Frage zielte auf die Profitabilität des Werks ab.[437] Die Kommission sorgte sich besonders um den Wettbewerb mit den asiatischen Porzellanimporten und um die Produktionskosten, deren Höhe den gewöhnlichen Verkaufspreis der Importe nicht übersteigen sollte. Außerdem wollte man in Erfahrung bringen, ob die Brennkosten nicht zu hoch ausfallen könnten und Fehlbrände notgedrungen die Verkaufspreise erhöhen würden. Die Kommission

---

432 Vgl. Goder/Walter (1982), S. 77–80, Mields (1960), S. 120–121 und Schönfeld (1998), S. 717–718.

433 Zitiert nach Zimmermann (1908), S. 53, zur Vorgeschichte der Porzellanerfindung, vgl. ausführlich auch Seidlitz (1888), Berling (1900) und Engelhardt (1837).

434 Vgl. Mields (1960), S. 123. Eine vollständige Farbpalette konnte die Manufaktur erst um 1724 aufweisen, vgl. Seyffarth (1970), S. 130.

435 Zum Böttgersteinzeug siehe Zimmermann (1908) S. 113–152, zur Geschichte der Technik auch Goder (1983), S. 43–45.

436 Vgl. AA I Af 6b, S. 81.

437 Die einzelnen Fragen der Kommission ausführlich unter Michael (1934), S. 26.

zeigte sich enttäuscht über die noch fehlende Warenprobe und konnte auch aufgrund der Unkenntnis über das Herstellungsverfahren die technischen und finanziellen Anforderungen einer Porzellanmanufaktur nicht überblicken.[438]

Die zweite Session dieser Untersuchungskommission trat am 10. November 1709 zusammen. Böttger konnte zu diesem Zeitpunkt erste Warenproben vorlegen, und alle technischen Schwierigkeiten der Porzellanherstellung, bis auf das Brennen im Porzellanofen, schienen gemeistert zu sein.[439] In dieser zweiten Sitzung untersuchte man aber insbesondere die wirtschaftlichen Voraussetzungen für die Gründung und den erfolgversprechenden Betrieb einer Manufaktur. Böttger, wie schon in der ersten Sitzung, konnte nicht persönlich erscheinen und ließ eine Schrift vorlegen mit dem Titel „Unvorgreifliche Gedanken über meine theils den Ausländern nachgeahmte, theils durch mich selbst neu erfundene Manufacturen".[440] In erster Linie umriss Böttger die zukünftige Produktpolitik der Manufaktur. Alle nur möglichen Arten der Veredelung, der Form- und Farbgebung des Porzellans sollten Bestandteil der Porzellanherstellung werden. Auch sollten besonders die kunstvollen und luxuriösen Gegenstände wie ganze Porzellanservices, Leuchter, Statuen und Vasen genauso wie die allgemein marktgängige und nachgefragte Ware hergestellt werden. Die vorgelegte Schrift sollte vor allem aber auch helfen, eine gewisse kaufmännische Kompetenz von Böttger zu untermauern. Neben diesem ausführlichen produktpolitischen und künstlerischen Programm der Porzellanmanufaktur sprach Böttger nämlich von „gewissen Kaufmannsregeln", von den Manufakturen selber und dem von ihnen zu erwartenden Nutzen. Würde die Manufaktur diesen Regeln genügen, so könnte man nicht an einem erfolgreichen Absatz ihrer Erzeugnisse zweifeln. Böttger spezifizierte diese Regeln jedoch nicht genauer und verblieb in einer oberflächlichen Beschreibung der kaufmännischen Ethik und ihrer dogmatischen Wirkung auf die Geschäftsführung. Er blieb bewusst vage in den Ausführungen, und mit Rückgriff auf branchenübliche Geschäftsregeln versuchte er zu suggerieren, dass die Führung der Porzellanmanufaktur im Einklang mit den allgemein als gültig und richtig erachteten Prinzipien erfolgen würde. Völlig unbeachtet blieben in diesem Kontext gründungsrelevante Fragen wie die der Kapitalbeschaffung oder die der Absatzprognose.[441]

Bezüglich der Preiskalkulation und dem damit verbundenen Thema der Profitabilität der Manufaktur, schien sich Böttger den Fragen der Kommission entziehen zu wollen. Stattdessen argumentierte er, dass der Einsatz von sächsischen Rohstoffen und Arbeitern die Produk-

---

[438] Vgl. Michael (1934), S. 15 und S. 17 und S. 20–21.

[439] Vgl. Michael (1934), S. 17.

[440] Vgl. Zimmermann (1908), S. 57 und Michael (1934), S. 17. Die Nennung von Manufakturen im Plural verdeutlicht, dass Böttger zu dem Zeitpunkt an ein größeres Projekt dachte. Mit der Herstellung von Borax, der Etablierung einer Fayencefabrik, der Produktion von Schmelztiegeln, der Fortführung einer Glashütte und einer Schleif- und Poliermühle, wollte Böttger mehrere rentable Betriebe aufbauen. Diese sollten nicht nur die kostspielige Produktion des Porzellans tragbarer machen, sondern auch weitere Einnahmen für die Staatskassen generieren, vgl. Michael (1934), S. 16. Diese Manufakturen wurden zwar von Böttger gegründet oder von ihm übernommen, doch lag sein Hauptaugenmerk und das der Landesherrschaft stets auf der Meißener Porzellanmanufaktur, weshalb diese restlichen Manufakturen im Zeitverlauf an Bedeutung verloren und untergingen. Zur Schleif- und Poliermühle vgl. Menzhausen (1982a), zur Glashütte vgl. Haase (1982), zur Fayencefabrik vgl. Menzhausen (1982b).

[441] Vgl. Michael (1934), S. 18–19 und S. 22.

tionskosten reduzieren würde und der Gewinn dadurch gesichert werden könnte.[442] Böttgers Bestreben war es, die bisher in Europa verbreiteten asiatischen Porzellanimporte preislich zu unterbieten und mit den Porzellanen aus Meißen mindestens gleichwertige Alternativen zu bieten.[443] Ein Ausufern der Kosten, insbesondere der Brennkosten, fürchtete er nicht, da die entstehenden Ausfallkosten im Porzellanofen auf mehrere hundert Porzellanstücke umgelegt werden könnten.[444] So plante er, das in Sachsen hergestellte Porzellan um ein Drittel billiger zu verkaufen als bis dato vergleichbare Ware aus Asien. Zudem zeigte sich Böttger bereit, im Handel auch entsprechende Rabatte in Höhe von 12%, 15% oder 20% auf einfache Geschirre zu gewähren, um besonders die Kaufmannkreise und Händler an die Manufaktur zu binden. Erste Ansätze eines differenzierten Rabattsystems ließ Böttger erkennen, indem er die Rabattsätze nach Entfernung des Handelsplatzes, der Abnahmemenge und der Porzellanart staffeln wollte, und hierbei bis zu 25% Rabatt einplante.[445] Ohnehin war nach Auffassung Böttgers der Kreis der potenziellen Kunden der Manufaktur sehr weit zu fassen. Dem Einwand, man würde doch nur entbehrliche Luxusgüter herstellen, entgegnete Böttger mit dem Hinweis, dass sich das damalige Kulturbedürfnis gewandelt hatte und zunehmend Tischgeschirr aus Porzellan bevorzugt wurde. Porzellan hielt demnach laut Böttger schon Einzug in die Haushalte vermögender Standes- und Privatpersonen.[446] Genügend Absatzmöglichkeiten schien es auch deshalb zu geben, da zerbrochenes Geschirr leicht ersetzt werden konnte und man auf individuelle Wünsche bei Porzellanbestellungen eingehen konnte. Hier umriss er auch in Grundzügen eine erste betriebswirtschaftliche Planung. Im ersten Jahr des Betriebes erwartete Böttger jährlich einen Umsatz von etwa 40.000 Reichstalern, der somit das Erreichen der Gewinnschwelle schon im ersten Jahr bedeutet hätte mitsamt der Rückzahlung aller für die Fabrik geleisteten Vorschüsse.[447] Böttger verpflichtete sich, besonders sorgfältig zu kalkulieren. Er beendete seine Ausführungen zur Errichtung der Porzellanmanufaktur mit einer Aufzählung von all den Vorteilen, die aus dieser Manufaktur zu ziehen waren:[448]

- Das Ansehen des Königs würde durch die Errichtung einer Porzellanmanufaktur noch weiter gemehrt, genauso wie die politische und vor allem wirtschaftliche Position des Landes entscheidend verbessert würden.
- Die Nutzung einheimischer Rohstoffe und die Beschäftigung von vielen sächsischen Untertanen sollten einen entscheidenden Impuls für die Gewerbeproduktion geben.

---

[442] Vgl. Michael (1934), S. 29.

[443] Vgl. Michael (1934), S. 15.

[444] Vgl. Michael (1934), S. 35.

[445] Vgl. Michael (1934), S. 36 und S. 40.

[446] Vgl. Michael (1934), S. 38–39. Neben seiner dekorativen Funktion, begann sich Porzellan schon zu Beginn des 18. Jahrhunderts auch zu einem Gebrauchsgut zu entwickeln. Das im Jahre 1715 erschienene Werk von Gottlieb Siegmund Corvinus „Nutzbares, galantes und curiöses Frauenzimmer-Lexicon" erwähnte explizit als wichtige Bestandteile der damaligen Tischkultur schon Kaffeeschalen, Schokoladenbecher, Gewürztöpfe und weitere Porzellangefäße, die besonders von Damen zu wöchentlichen Kaffeekränzchen genutzt wurden, vgl. Corvinus (1715), Sp. 284. Jedoch blieb dies weitestgehend beschränkt auf vornehme Kreise, denn das Porzellan hat sich erst zu einem späteren Zeitpunkt gegen Ende des 18. Jahrhunderts auch in nicht-adeligen Haushalten etabliert, vgl. Kapitel 3.3.2 und 3.3.19.

[447] Vgl. Steinbrück (1717), S. 144.

[448] Vgl. Michael (1934), S. 43.

- Die Einnahmen von ausländischen Geldern und die inländischen Steuerzahlungen würden sich erhöhen, mit gleichzeitiger Verminderung der Geldflüsse in das Ausland.
- Ein Monopol für die Porzellanherstellung könnte in Sachsen etabliert werden und gleichzeitig das bisherige Monopol für Porzellan in Asien durchbrochen werden. Die sich hieraus entwickelnden Handelskontakte würden zum Vorteil Sachsens gereichen.

Die zur Untersuchung der Manufakturgründung eingesetzte Kommission konnte sich letztlich nicht eindeutig für Böttger aussprechen und berichtete auch nicht an König August den Starken.[449] Dennoch schienen die aufgeworfenen Fragen zufriedenstellend beantwortet zu sein, da August der Starke mit königlichem Dekret vom 23. Januar 1710 zu Dresden den Erlass eines königlichen Patents, durch welches eine Porzellanmanufaktur gegründet wurde, unterschrieb.[450]

In den am 24. Januar 1710 aufgestellten Instruktionen sollte ein neu gegründetes Direktorium in Meißen sicherstellen, dass die Fabrik „nach guter Kauffmannsarth und Gewohnheit" zu führen sei.[451] Das Gremium sollte einzig und allein vom Kurfürsten abhängig sein und nur ihm Bericht erstatten. Dieses Direktorium war als organisatorische Leitungseinheit notwendig geworden, da der eigentliche Erfinder und Leiter sämtlicher keramischen Aktivitäten, nämlich Böttger, immer noch in der Jungfernbastei als Gefangener gehalten wurde und sich sehr selten außerhalb seines Quartiers bewegen durfte. Eine Manufaktur konnte Böttger somit alleine nicht leiten, das Direktorium sollte ihn dabei unterstützen. Die Direktion konnte selbstständig über personelle Fragen entscheiden genauso wie in allen anderen geschäftlichen Angelegenheiten. Die Buchhaltung sollte im „Kaufmannsgeiste" geführt werden, während das Geschäftsrisiko der Manufaktur nicht von der Direktion getragen werden musste.[452] Die Betonung der guten „Kauffmannsarth" in den königlichen Instruktionen lässt aber schon den Wunsch erkennen, dass hier die Profitabilität nicht ganz im Hintergrund stand und die Fabrik in Meißen nicht nur als reines repräsentatives Element des sächsischen Fürstenhofes anzusehen war. An die Spitze des Direktoriums traten Kammerrat Nehmitz[453] und der ehemalige Sekretär Böttgers, Kommerzienrat Matthis.[454] Zusammen mit Bartelmei[455], dem Leibarzt Böttgers, der schon 1708 von ihm einen Teil des Geheimnisses um die Porzellanherstellung erfahren hatte, waren dies neben der Person Böttgers und dem Manufakturinspektor Johann Melchior Steinbrück die wichtigsten Führungskräfte in der Frühzeit des Betriebes. Dr. Nehmitz und Bartelmei bekamen von Böttger jeweils die Herstellung der Masse

449 Vgl. AA I Af 9, S. 4b und Zimmermann (1908), S. 58.

450 Vgl. Zimmermann (1908) S. 60 und Berling (1900), S. 12. Neben dieser Gründung wurde auch angekündigt, die Errichtung weiterer Manufakturen in Sachsen in Aussicht zu stellen. Dafür wurden Künstler und Handwerker zur Beteiligung und Mitarbeit an diesen Gründungen aufgefordert. Das Gründungspatent in voller Länge wird hier nicht weiter thematisiert, vgl. hierzu Berling (1900), S. 12.

451 Vgl. AA I Af 3, S. 11–13, ferner Zimmermann (1908) S. 62 und Kenzelmann (1810), S. 26.

452 Vgl. Michael (1934), S. 45–46.

453 In der Meißener Manufakturgeschichte des 18. Jahrhunderts spielten die Brüder Nehmitz eine wichtige Rolle. Dabei handelte es sich um den Kammerrat Michael Nehmitz und seinen Bruder und Arzt Wilhelm Heinrich Nehmitz, vgl. zur Vita auch Rückert (1990), S. 45 und S. 52.

454 Zur Person von Matthis, vgl. Rückert (1990), S. 45.

455 Zur Person von Bartelmei, vgl. Walcha (1959) und Rückert (1990), S. 48.

und die Komposition der Glasuren mitsamt dem Brennprozess mitgeteilt. Böttger sollte einerseits entlastet werden durch die technische Leitung des Direktoriums, andererseits aber wollte man auf keinen Fall riskieren, die Geheimnisse der Porzellanherstellung mit dem Tode Böttgers zu verlieren. Böttger konnte den kompletten technischen und chemischen Herstellungsprozess, das Arkanum[456], weiterhin für sich behalten, aber die Aufteilung des Geheimnisses auf die zwei Personen sicherte die Geheimhaltung und Bewahrung des Herstellungsprozesses.[457] Aber besonders in der Anfangszeit ruhte nahezu die gesamte Last des Unternehmens auf Böttgers Schultern, was zu ernsten Unstimmigkeiten in der Manufakturführung führte. Alle Schwierigkeiten, die entstanden, mussten von ihm überprüft und auch gelöst werden. Der Erfinder klagte, dass die „mühsamen und betrübten Stunden nur ihm [Böttger], die vergnügten aber dem Directorio zutheil worden".[458] Nehmitz und Matthis, der Arkanist Bartelmei und selbst Böttger hatten noch nie einen industriellen oder kaufmännischen Betrieb kennengelernt, sie waren unerfahren was die technische und kaufmännische Führung einer Manufaktur anging. Meißen hatte seit der Gründungszeit fortan stets eine stark formalisierte und hierarchische Leitungsstruktur, die in den oberen Führungspositionen zumeist Staats- und Verwaltungsbeamte einsetzte und nur selten kaufmännisch geschultes Personal rekrutieren konnte.[459] Der frühe Betrieb in Meißen war deshalb erheblich durch eine Unstetigkeit in kaufmännischer Beziehung geprägt. Die Schwierigkeit, strategisch fundierte Entscheidungen zu treffen, charakterisierte die Manufakturführung. Man verblieb innerhalb eines historisch gewachsenen Erfahrungsschatzes und innerhalb von vage konzipierten kaufmännischen Grundsätzen.

3.3.2 Irrationale Preisbildung – Die Zeit unter Böttger bis 1719

Als zweckmäßige Wahl einer Fabrikationsstätte für die neue Manufaktur erwies sich die auf einem Felsen gelegene und feuerfeste Albrechtsburg, nachdem die Räume in der Dresdner Jungfernbastei viel zu eng geworden waren. Die Verlegung der Manufaktur nach Meißen wurde am 7. März 1710 beschlossen, doch konnte die Arbeit in der Porzellanmanufaktur erst im Oktober 1710 in geregelter Weise beginnen nach Erledigung der Räumungs- und Umbau-

456 arcanum (lat.) = Geheimnis.

457 Vgl. Zimmermann (1908) S. 67 und S. 82–83 und Walcha (1959), S. 23.

458 Vgl. AA I Af 6b, S. 89. Dies wog umso schwerer, da die Direktoren nur selten in Meißen vor Ort waren. Besonders Bartelmei hielt sich nie lange in Meißen vor Ort auf und bevorzugte den Aufenthalt in Dresden, vgl. Zimmermann (1908), S. 68. Bezeichnend dafür auch ein Brief von Böttger an den König, in dem er klagte, dass die Direktoren nicht nach seinen Anweisungen gehandelt hätten, „sondern alle und jede Last mich alleine tragen lassen; vermuthlich aus keiner anderen Uhrsache, als dass ich desto leichter fehlen, sie aber die Wercke in ihre eigne Hände und unter ihre Direction bekommen mögten", zitiert nach Zimmermann (1908), S. 70.

459 Der Unternehmertyp in den staatlichen Manufakturen des frühen 18. Jahrhunderts war oft der organisatorisch geschulte Verwaltungsbeamte, der als Beamtenunternehmer die wichtigsten strategischen Entscheidungen fällen musste, vgl. Liebel (1970), S. 221–224. Mit ähnlichen Problemen wie in Meißen bei der Suche nach qualifiziertem kaufmännischem Personal mussten sich viele weitere Unternehmen während der Industrialisierung auseinandersetzen, vgl. Kocka (1973).

arbeiten in der Burg.[460] Für diese Anfangszeit stammte das meiste Personal aus dem Umfeld Böttgers, welches seinen alchimistischen Experimenten zur Seite stand. Dennoch fehlte es an qualifiziertem Personal, besonders an Schleifern und Polierern, so dass eine Vielzahl von Geschirren unpoliert und ungeschliffen in die Warenlager gelangte.[461] Die Gestaltung der ersten Porzellanstücke übernahm der Dresdner Hofgoldschmied Johann Jakob Irminger, der nicht nur die Modellformen schaffen sollte, sondern zugleich die Handwerker anlernen und beaufsichtigen sollte.[462] Irminger bekam regelmäßig Aufträge zur Veredelung der Meißener Stücke, ihm wurde die Gestaltung von Geschirren und Figuren anvertraut. Er war mitunter Woche für Woche in Meißen, um sich besser mit seinen Auftraggebern aus der Manufaktur abzustimmen. Irminger kann somit als der erste künstlerische Leiter der Manufaktur betrachtet werden. Dabei wurde er von Böttger gebeten, im Interesse eines besseren Absatzes die Gestaltungen und Entwürfe der Porzellane der Zahlungsfähigkeit des „mittleren Mannes“ anzupassen. So zählte man um die Mitte des Jahres 1711 ca. 13.000 rohe und gebrannte Porzellanstücke und 270 Zentner an Rohstoffen und Materialien. Das gesamte Inventar der Manufaktur wurde von Böttger 1713 auf ca. 60.000 Taler geschätzt.[463] Das weiße Porzellan konnte in größeren Mengen erst Ende 1712 hergestellt werden, obwohl die Fertigung schon 1709 gelungen war. Ab 1713 wurde das weiße Porzellan in kleinen Mengen in den Leipziger Messen verkauft, und erst die relativ fehlerfreie Produktion ab 1715 ermöglichte auch einen regulären Verkauf.[464] Grund für die Verzögerung war laut dem Inspektor Steinbrück die Zerteilung des Betriebes und die daraus resultierenden betrieblichen Schwierigkeiten. Er berichtete, dass

> *„die Zertheilung derer arcanorum dem Wercke nichts geholffen, sondern nur geschadet, und das fabriciren des weißen porcell. über 4 Jahre verzögert hat.“*[465]

Die Anfangsschwierigkeiten bestanden zunächst in der Suche nach passenden Lagern von roter und später auch weißer Erde für die Porzellanmasse und in der Konstruktion von geeigneten Öfen, die besonders hohe Brandtemperaturen sicherstellen konnten. Der eigentliche Durchbruch war die Entdeckung eines großen Kaolinlagers im westlichen Erzgebirge bei Aue in der „Weißen Erden Zeche St. Andreas“. Diese später als „Schnorrsche Erde“ bekannt gewordene Lagerstätte sollte nahezu 150 Jahre lang den Hauptbestandteil für die Meißener Porzellanmasse liefern.[466]

---

460 Vgl. Zimmermann (1908), S. 64 und S. 66 und Brandes (1983b), S. 9–10. Die Wahl der Albrechtsburg als Standort der Manufaktur verlief nicht ohne Schwierigkeiten, da das Kreisamt Meißen weiterhin seine Verwaltungs- und Archivräume in der Burg nutzen wollte, vgl. AA I Af 6b, S. 84 und S. 150, ferner Walcha (1973), S. 18. Später zeigte sich, dass der Standort in Meißen gut gewählt war, da hier sowohl die Wasserstraße mit der Elbe zur Verfügung stand, als auch die zur Porzellanherstellung benötigten Rohstoffe nahezu allesamt in der näheren Umgebung in Sachsen zu finden waren, vgl. Goder (1983), S. 37 und S. 43.

461 Vgl. Zimmermann (1908), S. 82 und AA I Af 6b, S. 143b.

462 Zur Person von Irminger, vgl. Watzdorf (1974) und Reinheckel (1963).

463 Vgl. Zimmermann (1908), S. 82.

464 Vgl. AA I Aa 2, S. 2, siehe auch Berling (1900), S. 29.

465 AA I Aa 2, S. 2.

466 Vgl. Zimmermann (1908), S. 70.

Trotz der Fertigung eines besonders nachgefragten Gutes stellte sich in der Anfangszeit des Unternehmens ein Geldmangel ein, der eine Folge der recht unzureichenden finanziellen Ausstattung und des Unvermögens der königlichen Kammer war, zugewiesene Gelder pünktlich und in voller Höhe auszuzahlen.[467] Für den König war es im Prinzip zwar leicht, Geld für die Manufaktur aus der Rentkammer anzuweisen. Aber oftmals waren diese Summen nicht einfach herbeizuschaffen, die Überweisung der Gelder erfolgte teils mit erheblicher Verzögerung oder blieb gänzlich aus. Die finanzielle Ausstattung der Manufaktur war auf eine wenig solide Basis gestellt, die mangelhafte betriebswirtschaftliche Konzeption der Unternehmensgründung[468] stellte die zumeist fachfremden Beteiligten vor komplizierte Aufgaben. Schon im Sommer 1710 wurde von der Direktion besonders die mangelnde Kapitalbeteiligung von privaten Unternehmern angeprangert. August der Starke hatte ausdrücklich im Gründungspatent der Manufaktur formuliert, dass die neue Einrichtung auch privates Kapital aufnehmen sollte. Dem Fürsten schwebte eine Betriebsform vor, die mit dem Direktorium eine Art Aufsichtsrat bilden sollte. Die Bestrebung, fremdes Kapital in die Manufaktur einzubinden, ist jedoch nie realisiert worden. Verhandlungen mit privaten Geldgebern gestalteten sich als schwierig, und die Zurückhaltung seitens der Kapitalgeber hat schließlich zu keinerlei privaten Investitionen in die Manufaktur geführt.[469]

So schrieb Böttger dem König bereits im ersten Jahr der Tätigkeit der Manufaktur über einen „bevorstehenden Ruin" der Fabrik, falls nicht weitere Gelder fließen würden. Die finanzielle Situation der Manufaktur blieb während der ganzen Anfangszeit angespannt, besonders da die Produktion relativ kostenintensiv war. Größtes Problem war dabei, dass die zentrale Figur für die Manufaktur, Böttger, sich immer noch in Dresden aufhalten musste. Böttgers Tätigkeit bestand zumeist darin, Berichte und Anordnungen gegenzuzeichnen und wo nötig schriftliche Resolutionen zu erteilen.[470] Diese räumliche Entfernung verlangte, dass ständig Porzellan und Personal von Dresden nach Meißen und umgekehrt gebracht werden mussten.[471] Selbst der Buchhalter der Manufaktur arbeitete von Dresden aus, obwohl er aus betrieblichen Gesichtspunkten eigentlich vor Ort in Meißen hätte sein müssen. Von ihm wurde berichtet, dass er 1719 seit vier Jahren nicht mehr in Meißen gewesen sein soll und dabei die „Böttgersche Haushaltungskasse" stets mit der „Manufactur-Cassa" vermischt habe.[472] Die mangelnde Teilung zwischen den Manufakturgeldern und den Geldern für die „subsistence" von Böttger wurde zwar 1717 in einer Untersuchungskommission angeprangert, wesentliche

467 Vgl. Zimmermann (1908), S. 72.

468 Genannt sei hier das geplante Erreichen der Gewinnschwelle in der Manufaktur nach einem Jahr.

469 Vgl. Michael (1934), S. 47 und S. 58–59. Als Grund ist aufgeführt worden, dass in Kreisen der sächsischen Kaufmannschaft ein latentes Misstrauen gegen den fiskalischen Charakter der kurfürstlichen Unternehmung herrschte. Auch die Abneigung gegen Monopolunternehmen mag die Zurückhaltung bei möglichen Kapitalinvestitionen erklären, vgl. Michael (1934), S. 56, Fußnote 120 und Forberger (1960b), S. 40–41.

470 Vgl. Walcha (1960c), S. 58.

471 Vgl. Zimmermann (1908) S. 68 und 104. Mindestens einmal täglich mussten dafür vorgesehene Bedienstete persönlich die Anordnungen der Manufakturführung in Dresden einholen, vgl. AA I Af 9, S. 6b. Diese Kosten waren teilweise so hoch, dass es seitens von Böttger Überlegungen gab, die Manufaktur wieder nach Dresden zu verlegen, vgl. Zimmermann (1908), S. 111.

472 AA I Aa 1a, S. 233, ein Auszug von gewährten Geldern und Vorschüssen an Böttger findet sich bspw. unter AA I Aa 1b, S. 356b–358.

Änderungen ergaben sich in der Praxis aber nicht.[473] Diese unklare Teilung im Rechnungswesen ist mit ein Grund für den schlechten betrieblichen Zustand der Manufaktur in den Jahren der Administration unter Böttger gewesen.

Für die Preisstrategie waren ab 1710 sowohl Böttger, als auch die Direktoriumsmitglieder verantwortlich. Diese stimmten sich aber keineswegs miteinander ab oder führten sonst irgendeine Art von zielgerichteter und koordinierter Preispolitik durch. Exemplarisch hierzu die Aussage des Handelsdieners Stürtzel, der in der ersten von der Manufaktur besuchten Leipziger Messe den Verkauf des Porzellans unter Führung des Direktoriumsmitglieds Matthis unterstützte. Am 22. Oktober 1710 versicherte er unter Eid,

> *„1) daß H. Matthis die Taxa derer Waaren an der letzten Ostermesse alleine gemacht, 2) ihm [Stürtzel] und seinen Cameraden befohlen, über solche Taxa nach Beschaffenheit der Käufer noch etliche Thlr. vorzuschlagen 3) es wäre daher über den alzuhohen Preiß der Waaren geklaget worden und 4) darauf vor mehr als 1900 Thlr. Waare verthan worden, würde auch noch ein weit mehreres abgangen seyn, wenn der alzuhohe Preiß die Käufer nicht abgeschräcket 5) Hr. Matthis habe die Meße über die meisten und kostbarsten Geschirre in seinem Zimmer behalten, und nur auf Guthdünken zum öffentlichen Verkauf davon herausgegeben“.*[474]

Dies zeigt das gesamte Ausmaß der wenig rationalen Preispolitik, welche in den ersten Jahren der Manufaktur betrieben worden ist. Der Kommerzienrat Matthis setzte die Preise in Eigenregie und offensichtlich ohne Absprache mit Böttger und den anderen Kommissionsmitgliedern fest. Die Porzellanpreise hatten keinen vorher bestimmten Wert, denn es erscheint mehr als fraglich, dass der Nicht-Arkanist Matthis genügend Einblick in die Produktion und somit in die betriebliche Kostenstruktur des Betriebes gehabt hat, um eine betrieblich orientierte Preisfindung im Wege der Kostenorientierung alleine bewerkstelligen zu können. Matthis hat deshalb eine stark nachfrageorientierte Preisstrategie durchgeführt, die sich offenkundig an der Zahlungsbereitschaft der Käufer orientierte. Dafür spricht klar, dass befohlen wurde, eine Preisdifferenzierung nach Käuferschichten durchzuführen. Je nach „Beschaffenheit“ des Käufers kam es so zu einem weiteren Aufschlag auf die Verkaufspreise. Die Kriterien für diese Preisdifferenzierung waren die Einteilung in Geschäfts- und Privatkunden, möglicherweise auch die regionale Herkunft des Käufers, ja vermutlich reichte den Handelsdienern schon eine besonders teuer eingekleidete Person, um den einen oder anderen Taler auf den Verkaufspreis aufschlagen zu können. Nichts ist jedoch überliefert in Bezug auf die konkreten Anweisungen und die Systematik des Verkaufs: Wie viel also auf den Verkaufspreis aufgeschlagen werden konnte, bei welchen Käufergruppen welche Arten von Aufschlägen zu gelten hatten, welche Mindest- oder Höchstpreise verlangt werden konnten und dergleichen mehr. Wahrscheinlich hat es eine solche Systematik auch nicht gegeben. Die Strategie war schlichtweg, die Porzellane möglichst teuer zu verkaufen.[475] Von wenig Systematik zeugt auch das Festhalten an den gesetzten Preisen. Selbst die geäußerten Klagen

---

473 Vgl. AA I Aa 1b, S. 455b–456.

474 AA I Af 6b, S. 31.

475 Vgl. AA I Af 9, S. 10b.

über die hohen Preise haben keine abschreckende Wirkung gezeigt. Die geforderten Preise scheinen einiges an Profitpotenzial zunichte gemacht zu haben, da etliche interessierte Käuferschichten schlichtweg von den hohen Preisen abgeschreckt wurden. Man kannte nur eine Richtung der Preisänderung, nämlich nach oben, und eine Preiskorrektur nach unten schloss man kategorisch aus im Vertrauen auf den starken Verkaufsreiz, den das Porzellan ausübte. Überdies sind von Matthis auch noch die interessantesten und wertvollsten Porzellanstücke mehr oder weniger willkürlich vom Verkauf zurückgehalten worden, da er offenbar in seiner privaten Unterkunft während der Messe einen Nebenhandel mit Porzellanen durchführte.[476] Dass die durch Egoismus und Selbstnutz geprägte unsystematische Verkaufsstrategie letztlich keinen durchschlagenden Erfolg gehabt hat, darf an dieser Stelle nicht weiter verwundern.

Die wirtschaftliche Entfaltung der Manufaktur wurde weiter erschwert, da die wichtigste Person für die Porzellanherstellung, Böttger, aufgrund seiner besonderen Unterbringung in der Dresdner Jungfernbastei, die Meißener Fabrik nur zwei- bis dreimal im Jahr für wenige Tage besuchen konnte.[477] Dies führte immer wieder zu Reibereien zwischen Böttger und dem Direktorium, auch weil eine unklare Teilung der Verantwortungen und der Leitungsbefugnisse zwischen diesen beiden Parteien für erhebliche Differenzen sorgte in Bezug auf die wirtschaftliche Strategie der Manufaktur.[478] Mit Dekret vom 28. Dezember 1710 verfügte August der Starke, dass Böttger allein die Administration der Manufaktur übertragen werden sollte.[479] Er war nun allein zuständig für die Beschaffung der Rohstoffe und Materialien, für das Personal und für den Verkauf. Das Direktorium hingegen sollte sich nicht mehr in Sachen „melieren", die allein in Böttgers Verantwortungsbereich fielen.[480] Das Fernbleiben der wichtigsten Entscheidungsträger und der Arkanisten aus Meißen hielt jedoch weiter an, und immer seltener waren die Besuche des Direktoriums vor Ort in der Manufaktur.[481] Da auch Steinbrück sich auf Verlangen Böttgers öfters in Dresden aufhielt[482], waren die faktischen Leiter des Fabrikationsbetriebes zwei Manufakturarbeiter, David Köhler und Georg Schu-

476 Vgl. AA I Af 6b, S. 95.

477 Vgl. Zimmermann (1908) S. 93–94 und Berling (1900), S. 13. Böttger kümmerte sich zudem noch um die Organisation und Fortführung weiterer, kleinerer Manufakturbetriebe, so z.B. um eine Glashütte, eine Schleif- und Poliermühle, eine Tabakspfeifenfabrik und eine Schmelztiegelfabrik. Zu bestimmten Zeiten hatte Böttger nicht weniger als acht Betriebe zu organisieren oder zu leiten, vgl. Zimmermann (1908) S. 95–96. Diese weiteren Manufakturbetriebe wurden mehr schlecht als recht auch nach Böttgers Tod fortgeführt. Sie erhielten zudem noch Subventionszahlungen direkt aus der Meißener Manufakturkasse. Allein für den Zeitraum von 1725 bis 1728 überwies man insgesamt 18.458 Taler und 9 Groschen an diese Manufakturen, vgl. AA I Aa 12, S. 74.

478 Vgl. Berling (1900), S. 13 und Walcha (1973), S. 20.

479 Vgl. AA I Af 9, S. 5b.

480 Vgl. AA I Af 6b, S. 105.

481 Böttger selbst hat wahrscheinlich die höchste Vor-Ort Präsenz in Meißen aller Dresdner Führungskräfte gehabt. Beispielsweise sind in der Zeit von März 1709 bis März 1712 zehn Besuche in Meißen archivalisch nachweisbar, davon ein ausgedehnter Aufenthalt von 4 Wochen im November 1710, vgl. AA I Af 6b, S. 104b. Zwischen September 1711 und Ende März 1712 soll Böttger 34-mal in Meißen gewesen sein, vgl. Rückert (1990), S 74.

482 Vgl. Walcha (1973), S. 31. Böttger erkrankte nach Ostern 1713 derart schwer, dass er zeitweilig die Sehkraft verlor und weder lesen noch schreiben konnte. Für die Erledigung der Korrespondenz bediente er sich seines Vertrauten Steinbrück, vgl. Steinbrück (1717), S. 24 und Ullrich/Goder (1989), S. 5.

berth, die selbstständig den Betrieb organisierten und verwalteten.[483] Diese beiden wurden, obwohl sie nie direkt von Böttger das Arkanum erhielten, durch den engen Kontakt mit den technischen und betrieblichen Anforderungen des Tagesgeschäfts de facto zu Arkanisten. Meißen besaß somit eine Verwaltung und Organisation, die nicht ganz leicht zu leiten war aufgrund der geforderten Geheimniswahrung des Herstellungsprozesses. Die einzelnen Schritte in der Herstellung blieben völlig voneinander abgeschirmt. Die jeweiligen Abteilungen waren strikt voneinander getrennt, und Arbeiter der einzelnen Abteilungen durften die jeweils anderen Abteilungen nicht betreten. Eine derartige Organisation in einem Betrieb, in dem jeder Arbeitsgang erheblich mit dem vorhergehenden und dem nachfolgenden verknüpft war[484], musste zwangsläufig hemmend auf den wirtschaftlichen Erfolg wirken. Selbst die beiden Arkanisten Dr. Nehmitz und Bartelmei durften sich nicht miteinander austauschen in Bezug auf die Teilprozesse der Porzellanherstellung.[485] Auch die Abschottung nach außen wurde strikt eingehalten. Es gab für die Manufaktur schon seit 1710 Dienstausweise, welche ein „gewißes Zeichen“ aus Blei und später aus Messing hatten und als Passiermarke dem zur Sicherheit der Manufaktur eingesetzten Schlosskommando vorgezeigt werden sollten.[486] Diese Zerteilung der Manufaktur hat den Betriebsablauf in den nachfolgenden Jahren wesentlich charakterisiert.[487]

Eine Resolution von August dem Starken vom 5. Januar 1711 unterstrich die formal eingeführte Trennung zwischen Direktion und Administration der Manufaktur.[488] Böttger wurde mit weiteren Vollmachten ausgestattet, er konnte Instruktionen erteilen und entschied über Einstellungen, Entlassungen und Besoldungen. Die Stellung des Direktoriums wurde eingeschränkt, und die beiden Direktoren Nehmitz und Matthis wurden aus diesem Gremium heraus gedrängt. Besonders Matthis hatte sich wiederholt unkooperativ gezeigt bei anstehenden Manufakturentscheidungen, und sein eigenmächtiges und unabgestimmtes Verhalten während der Leipziger Messe trug zu diesem Entschluss bei. Eine zweite Kommission mit neuen Mitgliedern sollte fortan Böttger zur Seite stehen.[489] Diese vom König neu eingesetzte Kommission sollte sich im März 1711 mit allen Fragen auseinandersetzen, die damals für die Manufaktur und die weiteren Betriebe unter der Leitung von Böttger in Bezug auf ihr Fortbestehen entscheidend waren. Das insgesamt sehr unruhig verlaufende Jahr 1710 und wiederholte Streitigkeiten um die Führung und Kompetenz in der Manufaktur verlangten nach tiefergehenden Untersuchungen. Insbesondere Fragen der inneren betrieblichen und finanzi-

---

483 Vgl. AA I Aa 1a, S. 148b und AA I Aa 1a, S. 186.

484 Dabei konnte ein fertig gebranntes Porzellanstück während der Fertigung durch bis zu 70 Hände gegangen sein, vgl. Krünitz (1810), S. 276.

485 Vgl. AA I Aa 3, S. 1b.

486 Vgl. AA I Af 3, S. 52 und Steinbrück (1717), S. 106.

487 Vgl. Zimmermann (1908), S. 176 und Mields (1960), S. 126–127. Das Arkanum gab aus heutiger Sicht zu mitunter kuriosen Vorschlägen Anlass. Eine Eingabe des Statthalters von August dem Starken in Dresden, Fürst von Fürstenberg, forderte, alle Manufakturisten „zeitlebens in leidlichem Arrest zu halten“ oder zumindest solche Mitarbeiter einzustellen, die lebenslänglich zu Festungshaft verurteilt waren, vgl. Engelhardt (1837), S. 398.

488 Vgl. Michael (1934), S. 56.

489 Die Geheimen Räte von Seebach und von Wackerbarth waren zusammen mit Graf von Lesgewang neue Mitglieder der Kommission, vgl. Seidlitz (1888), S. 125.

ellen Organisation wurden eingehend erörtert.[490] Was den finanziellen Aspekt betraf, schätzte Böttger das gesamte notwendige Kapital zur optimalen Betriebsführung der Meißener Manufaktur und der weiteren, von Böttger geleiteten Unternehmungen, auf 18.000 Taler[491], davon für die Meißener Manufaktur allein 1.500 Taler an Kosten für neue Brennöfen, 400 Taler für Werkzeuge und Maschinen, für die Rohstoffe zur Glasur und zur Porzellanmasse weitere 2.000 Taler sowie für die Tonkapseln nochmals 1.000 Taler.[492] Da die Kommission von dieser hohen Investitionssumme offensichtlich abgeschreckt wurde und eine Reduktion der Summe sich erbat, verringerte Böttger schließlich die notwendigen Investitionen auf 6.000 Taler.[493]

Auch die preispolitischen Kompetenzen wurden neu verteilt: August der Starke legte fest, dass nur Böttger allein die Verkaufspreise bestimmen durfte.[494] Hiermit sollte der Zerteilung der Führungsverantwortung vorgebeugt werden. Auch sollte nicht zuletzt der bisherigen richtungslosen Preispolitik eine neue Leitlinie zugeteilt werden. Anfangs orientierte man sich bei der Preispolitik, falls man nicht prohibitiv hohe Preise ansetzte, stark an den Verkaufspreisen, welche die Ostindische Kompanie bei ihren Importen aus Asien verlangte. Der Hinweis auf eine derartige Marktorientierung in der Preisfindung lässt sich in der Anfangszeit in einer Zeitungsannonce finden. In der „Leipziger Zeitung" vom 14. März 1710 kündigte Böttger unter anderem an, dass er die Meißener Produkte „an unterschiedenen Sorten und nach dem Preiß / wie solche in Holland zu stehen kommen" anbieten würde.[495] Sicher ist, dass Böttger spätestens ab dem zweiten Jahr seiner Administration die alleinige Preisfindungskompetenz inne hatte und die Preise „selbst taxiret und anschlägt"[496], wie er auch den Warenvorrat „nach der von ihm gemachten sehr leidlichen Taxa" bewertet hat.[497] Bei diesen Preisfestsetzungen ist er aber, mit Ausnahme der Orientierung an den Preisniveaus der asiatischen Importe, keiner besonderen preispolitischen Strategie gefolgt. Die Bewertung der Porzellane in dieser Zeit erfolgte vorzugsweise „nach kurzer oberflächlicher Beschreibung und Anzahl der Geschirre".[498] Von einer Kalkulation kann deshalb nicht gesprochen werden. Diese war ohnehin erschwert, da in der Anfangszeit der Manufaktur alle Angestellten Monatslöhne empfingen und dies eine für damalige Verhältnisse schwierige Repartierung der Lohnkosten auf die einzelnen Porzellanstücke erforderte.[499] Die Schwierigkeiten, überhaupt eine Kostenkalkulation in Meißen durchzuführen, haben die gesamte Anfangszeit geprägt. So wurde während einer im März 1711 tagenden Untersuchungskommission Böttger gefragt,

---

490 Vgl. AA I Af 6b, S. 106–115 und Zimmermann (1908) S. 107–109.

491 Diese Unternehmungen waren im Wesentlichen eine Borax-Manufaktur, eine Schmelztiegel-Fabrik, eine Tabakspfeifen-Fabrik, ein Schleif- und Polierwerk und die Porzellanmanufaktur, vgl. auch AA I Af 6b, S. 138b.

492 Vgl. AA I Af 6b, S. 113–113b.

493 Vgl. AA I Af 6b, S. 125b.

494 Vgl. Hauptstaatsarchiv Dresden (HStAD) 10026 Loc. 1341/03, S. 17 und Seidlitz (1888), S. 125.

495 AA I Af 3, S. 145 und Walcha (1973), S. 23.

496 AA I Aa 1a, S. 171.

497 AA I Af 6b, S. 84b und S. 86. Den ersten Warenvorrat bewertete Böttger im Mai 1710 mit 3.557 Talern, im Juli stieg dieser Vorrat um mehr als das Doppelte an auf einen Wert von 7.849 Talern.

498 AA I Af 9, S. 27b.

499 Zu den Lohnverhältnissen in der Manufaktur unter Böttger, vgl. Gröger (1953), S. 169–171.

„wie viel ein Brand solcher Porcellain-Geschirre koste? Und was davon zugewinnen?“, und Böttgers Antwort lautete: „Könnte noch zur Zeit nicht gesaget werden“.[500] Diese Kommission hatte, neben dem Fokus auf administrative und organisatorische Fragen, auch Interesse an den betriebswirtschaftlichen Aspekten der Manufaktur. Die Profitabilität und die Unternehmenskalkulation wurden immer wieder angesprochen, doch konkrete Aussagen ließ sich Böttger nicht entlocken. Wohl auch deshalb, weil er selber nicht vollends imstande war, ausgedehnte preispolitische Überlegungen und Kalkulationen anzustellen, und selbst kalkulationsrelevante Aspekte wie den Ausschuss aus den Porzellanbränden kaum quantifizieren konnte.[501] Dass selbst Böttger als Miterfinder des Porzellans und einziger Kenner des gesamten Arkanums keinen fundierten Einblick in die Selbstkosten und in die Preiskalkulationen hatte, darf jedoch nicht weiter verwundern. Seine mangelnden kaufmännischen Kenntnisse, die noch junge und kaum in die Bereiche der Preispolitik hineinreichende Handelswissenschaft und die Tatsache, dass mit der Porzellanherstellung ein gänzlich neuer Gewerbezweig zu Beginn des 18. Jahrhunderts etabliert wurde, relativieren Böttgers Schwierigkeiten. Eine mangelnde Kenntnis der Selbstkosten ist selbst mehrere Jahrzehnte später noch bei verschiedenen Porzellanmanufakturen zu konstatieren.[502]

Eine nennenswerte Veränderung hin zum Positiven für den Betrieb der Meißener Manufaktur und ihre Kapitalausstattung konnte aber auch die neue Kommission nicht erreichen.[503] Böttger erhielt für die ihm unterstehenden Manufakturen zwar weisungsgemäß die komplette und alleinige Administration, aber schon im Februar 1712 beklagte sich Böttger erneut über die hohe Arbeitsbelastung und bat den König, ihn von den aufgetragenen Aufgaben wieder zu entbinden.[504] Wahrscheinlicher ist jedoch, dass die Kompetenzstreitigkeiten und die Entfremdung zwischen Böttger und dem Direktorium immer größer wurden. Offen wurde Böttger die bisher enttäuschende wirtschaftliche Entwicklung der Manufaktur angelastet. Der Miterfinder des europäischen Porzellans schien sich im Streit um die Leitung der Manufaktur aufgerieben zu haben zwischen der Direktion und August dem Starken.[505] Dennoch ließ der Kurfürst nicht von ihm ab und hegte großes Vertrauen in seine Person. Er war überzeugt, dass der Erfinder selbst das größte Interesse an einer erfolgreichen Entwicklung der Porzellanmanufaktur haben müsste, so dass Böttgers Gesuch abgelehnt wurde und seine Administration des Meißener Betriebs erneut bestätigt wurde.

Weitere Maßnahmen vom 25. Juni 1712 sahen vor, erstmals die von Irminger gefertigten Porzellanwaren in ihrer Spezifikation festzuhalten und jedes Stück zu nummerieren. Irminger bekam auch mehr Unterstützung innerhalb der Manufaktur. Er konnte mehr als vorher auf die dort angestellten Arbeiter und Künstler zurückgreifen und sie für seine Arbeiten einplanen. Die künstlerische Seite wurde besser in die innerbetrieblichen Abläufe integriert und die Kommunikation und der Austauschprozess zwischen den Beteiligten wurde verbessert, da

500 AA I Af 6b, S. 112b.

501 Vgl. Zimmermann (1926), S. 22.

502 Vgl. Fußnote 887.

503 Vgl. Zimmermann (1908), S. 110.

504 Vgl. AA I Af 6b, S. 141b–142.

505 Vgl. Michael (1934), S. 62.

Irminger sämtliche Vorschläge und Bemerkungen in Bezug auf die Masse, den Brand oder die Herstellung an die Arkanisten zu melden hatte.[506]

Die Problematik der relativ kostenintensiven Produktion wurde von Böttger angegangen. Die Hauptbestrebung in der Fabrikation lag, neben den künstlerischen Verbesserungen, in der Verringerung der Herstellungskosten, um langfristig einen profitablen Betrieb in Meißen erreichen zu können. Im Januar 1712 beschrieb Böttger, dass nunmehr die Porzellane durch die „sich täglich perfektionierenden Arbeiter“ mit weniger Kosten hergestellt werden könnten, er selbst aber zur Verbesserung der Fabrikation des roten Porzellans fast nichts mehr beizusteuern wisse.[507] Teilweise lassen sich ganz rationale Ansätze zur Kostenersparnis entdecken: Die Kapseln aus feuerfestem Ton, in welche die Porzellane eingesetzt wurden zum Schutz vor Flugasche im Ofen, wurden anfangs nach jedem Brand weggeworfen. Man ging allmählich dazu über, die gebrauchten Kapseln zu zerstampfen, um daraus neue Stücke zu machen. Die Ersparnis war beträchtlich, wie Böttger selbst betonte.[508] Teuer war hingegen der Rohstoffeinkauf. Für einen Zentner Kaolin zahlte die Manufaktur anfangs 16 Groschen, später einen Taler und 1720 insgesamt 27 Groschen, zuzüglich 13 Groschen Transportkosten.[509] Veit Schnorr, der Besitzer dieser Lagerstätte, und sein Sohn Hans Enoch waren gute Geschäftsleute und verstanden es, die Manufaktur fast vollständig von den eigenen Lieferungen abhängig zu machen und die eigenen Preise nahezu nach Belieben zu diktieren.[510]

August der Starke unterstützte das Streben nach einer Verringerung der Herstellungskosten mit erheblichen Mitteln. Allein die Tatsache, dass die Albrechtsburg als königliche Burg der Manufaktur kostenlos zur Verfügung gestellt wurde, ermöglichte es dem Betrieb, auf den Erwerb oder die Miete einer Fabrikationsstätte ganz zu verzichten. Durch allerhöchsten Befehl vom 24. Januar 1710 durften sämtliche Materialien, die für die Manufaktur gebraucht wurden, „unter den Thoren oder auf Posten und Landkutschen weder angehalten, noch an Akzise etwas davon verlanget, oder die Angebung pretendiret, am wenigsten aber eröffnet oder visitiret werden mögen“.[511] Dies stellte somit die faktische Akzise- und Zollbefreiung der benötigten Rohstoffe und Materialien dar, was die Kostenbasis für die Manufaktur weiter absenkte. Das zur Befeuerung des Brennofens benötigte Holz wurde von August dem Starken in der Anfangszeit gar kostenlos der Manufaktur überlassen.[512]

Böttgers Optimismus, der seine keramischen und alchimistischen Experimente stets begleitet hatte, war auch bei der Preisstrategie der Manufaktur in der Anfangszeit vorhanden. Dem König wurden allerlei Versprechungen gemacht, dass es am nötigen Absatz der Produkte

---

506 Vgl. AA IA 1a, S. 55–57.

507 AA I Af 9, S. 9b und Zimmermann (1908), S. 81.

508 Vgl. Zimmermann (1908) S. 165 und Mields (1960), S. 124–125.

509 Einem Reichstaler entsprachen damals in Sachsen 24 Groschen, 1 Groschen bestand aus 12 Pfennigen.

510 Vgl. Walcha (1973), S. 21.

511 AA I Af 9, S. 8b und Zimmermann (1908), S. 83.

512 Vgl. Zimmermann (1908) S. 92. Die dadurch entstehenden Opportunitätskosten, da das Holz keiner gewinnbringenden alternativen Verwendung zugeführt werden konnte, bewogen den Fürsten jedoch bald, dieses Privileg fallenzulassen. Die Manufaktur hat deshalb, außer in ihrer Anfangszeit, Brennholz und sämtliche andere Rohstoffe stets zu Marktpreisen einkaufen müssen.

nicht mangeln werde. Böttger argumentierte, dass das Porzellan gänzlich ohne Konkurrenz, abgesehen von den ausländischen Importen, verkauft werden könnte.[513] Böttger erkannte völlig zu Recht den Nimbus des Neuartigen, der dem sächsischen Porzellan anhaftete, der dadurch viele Menschen auch zum Kauf reizen würde. So liest sich in einem Bericht des Inspektors Steinbrück diese Neuartigkeit wie eine Art „Freifahrtschein" für den erfolgreichen Absatz der Produkte, bei dem weder Rabatte, noch Preisverhandlungen oder sonstige Verkaufsanreize gesetzt zu werden bräuchten:

> *„Denn es ist genug, daß er [der Kaufmann] neüe und curiöse Dinge zuverkauffen habe; (...) Ist aber die Waare auch zu etwas nütze; ist sie von einiger Beständigket; ist sie schön; und der trafiquante der eintzige, der solche nouveautaeten führet, so daß selbige nirgends, als bey ihm zuhaben sind; so darf Er gewiß andem guthen Abgange seiner Waaren nicht den geringsten Zweifel haben, noch sich bemühen, wie Er solche durch barattiren, trocqviren und verstechen gegen andere Waaren looß werde könne; sondern Er wird erfahren, daß Er nur umb baares Geld kurtz davon komme, und in die Weitläufftigkeiten, so bey andern Waaren sich ereignen, zuentriren nicht nöthig habe."*[514]

In starkem Vertrauen auf die Wirkung des Neuen, wurde bei der Manufaktur eine strategische Preisbildung in der Anfangszeit nicht betrieben. Steinbrücks Gedanken lassen erkennen, dass eine besondere Preispolitik mit etlichen Verkaufserleichterungen gar nicht erst als notwendig angesehen wurde, zumal die Monopolstellung und der Reiz des Neuartigen der bahnbrechenden Porzellanerfindung den Verkauf und somit auch den Umsatz schon sicherstellen würden.[515] Die Porzellanfabrik, die in „ihrer Arth unique ist, und den Vortheil hat, daß man iederzeit umb baares Geld verkauffen kann", hatte im frühen betrieblichen Selbstverständnis gemäß Steinbrück keine Notwendigkeit, sich zu stark in Fragen der Absatzpolitik einzulassen.[516] Ganz in diesem Sinne gab Steinbrück am 27. Februar 1712 gegenüber der Manufakturdirektion an, dass in Bezug auf den Absatz der Porzellane, diese

> *„(...) alzu theuer, sonsten aber keinem Monopolisten zuüberlaßen; auch nicht auf Commissiones oder conto di tempo zugeben, vielweniger damit zubarattieren; weil man in Erwegung, daß selbige sonst nirgends zu haben (...)".*[517]

Innerhalb der Manufaktur gab es somit die Überzeugung, dass eine konsequente Hochpreispolitik zum Erfolg führen würde. Eine Besonderheit lag sicherlich darin, dass der hohe Preis des luxuriösen Porzellans selbst zu einem Nutzenmerkmal für die Käufer wurde,

513 Vgl. Zimmermann (1908) S. 84.

514 Steinbrück (1717), S. 164.

515 So auch Böttger im November 1710, der stärker die Notwendigkeit der betrieblichen Ordnung und Einrichtung betonte und der „einen großen Überschuß" erwartete, sobald die Manufaktur nur „wohl administriert" werden würde, vgl. AA I Af 6b, S. 104.

516 AA I Aa 1a, S. 242. Dies zeigt die ständige Betonung der Möglichkeit, stets "umb baares Geld verkauffen" zu können und sich somit nicht im riskanten Wechselgeschäft zu betätigen oder risikobehaftetes Verkaufen auf Kredit zu gewähren.

517 AA I Af 6b, S. 144.

die sich mit dem Kauf solcher Produkte von der Masse der anderen Käufer abhoben.[518] Die gewählte Strategie durfte sich zudem keinem Kompromiss im Verkauf beugen: Möglichst hohe Preise im Verkauf sicherstellen, den Zwischenverkauf der Porzellane nicht mit monopolistischen Großhändlern durchführen, beim Vertrieb der Waren einzig und allein auf die eigenen Niederlassungen setzen und keinen Verkauf in Kommission zu akzeptieren, schon gar nicht den Verkauf auf Zeit und das Handeln im Preis gestatten. Dies waren die Grundelemente der Preisstrategie der Manufaktur, und der künftige Erfolg schien nur eine Frage der Zeit zu sein. Doch konnte dies nur gelingen, wenn eine über das übliche Qualitätsniveau hinausgehende, überragende technische, ästhetische und prestigemäßige Leistung das überdurchschnittliche Preisniveau rechtfertigten. Dass selbst in einer Monopolstellung eine Preisstrategie unabdingbar ist und das Ausnutzen dieser Stellung durch Prohibitivpreise einen nachteiligen Effekt erzielen kann, wurde in der Anfangszeit von der Führungsebene der Manufaktur nicht gesehen. Der wenig rationale Charakter der preispolitischen Strategie geht auch daraus hervor, dass Böttger keine wirklichen „Instructiones", also betrieblich-wirtschaftliche Anordnungen, explizit festgelegt hatte. Zwar hatte er einige grundlegende Überlegungen bezüglich der Betriebsführung gemacht, aber

> *„sintemahlen selbige insgesambt gleich beym Anfange der fabrique, da man noch eine Erfahrung gehabt, von Böttgern nur aus der idea (...) daß alles gehen würde und sollte, projectiert worden; da dem vieles mit eingefloßen, so bald hernach vor überflüßig oder impracticable angesehen werden müßen".*[519]

Böttger war überzeugt, dass der Betrieb der Porzellan-Manufaktur von Anfang an erfolgreich sein würde, und hatte nur vage Ideen bezüglich einer ordentlichen Geschäftsführung. Steinbrück wies wiederholt auf die Gefahren einer unzureichenden Geschäftsordnung hin, ohne dass es aber jemals zu einer „revision oder Correction" der grundlegenden Strategie gekommen wäre.[520]

Über mangelnde Nachfrage konnte man sich in Meißen in der Tat anfangs nicht beklagen. Es wurde berichtet, dass die Nachfrage stets das Angebot überstieg, und manche Nachfrager abgewiesen wurden, da schlichtweg die Aufträge nicht schnell genug bearbeitet werden konnten:

> *„sintemahln zu allen Zeiten mehr bestellet und gesuchet worden, als man hat verfertigen und liefern können; weswegen auch verschiedene, so etwas begehret, und nicht erhalten, sich nur darumb nicht weiter gemeldet, weil sie gesehen, daß man sie zufourniren nicht vermogt".*[521]

Die Käufer des Meißener Porzellans waren die herrschenden Oberschichten in ganz Europa. Die vielen Hofgesellschaften der damaligen Zeit hielten Porzellankabinette, die sowohl zum Gebrauch bei Tisch und als Repräsentation des höfischen Anspruchs verwendet wurden.[522]

518 Zum Geltungskonsum durch Luxusmarken, vgl. ausführlich Reich (2005).

519 AA I Aa 1a, S. 232.

520 Vgl. AA I Aa 1a, S. 232.

521 Steinbrück (1717), S. 166.

522 Vgl. Treue (1973b), S. 19 und Weiß (1994), S. 114.

Hof und Adel bildeten die wichtigste Käuferschicht, und zwischen ihr und der Manufaktur war oftmals ein Agent oder Händler tätig, der im Kundenauftrag Porzellane bestellte und die Aufträge für seine reichen Auftraggeber abwickelte. Zum Kundenkreis gehörten in der Mehrzahl der Fälle Adelige, Fürsten, Grafen, Minister, wohlhabende Kaufleute und hochrangige Verwaltungsbeamte. Diese Kundenstruktur blieb für die Meißener Porzellanmanufaktur bis in die Zeit des aufkommenden Bürgertums erhalten, als um 1800 das Vordringen des Porzellans in den bürgerlichen Haushalten durch den Genuss von Kaffee und Tee, die nicht mehr ausschließlich in Gasthäusern, sondern auch in den Privathaushalten konsumiert wurden, Einzug hielt. Spätestens zu Beginn des 19. Jahrhunderts benutzte somit auch die aufstrebende bürgerliche Schicht immer häufiger Porzellan, welches das ideale Material für die aufkommende Tee- und Kaffeekultur war.[523]

Alle damaligen Kundengruppen sorgten in der Anfangszeit der Meißener Manufaktur somit für erhebliche Nachfrage, so dass die Produktion „albereits bey weitem nicht soviel befriedigen kann, als verlanget wird".[524] Der Produktionsengpass in der Manufaktur lag vor allem in den Brennöfen. Ganze Lagerräume waren 1717 mit rohen Gefäßen bestückt, die einfach nicht gebrannt werden konnten. Diese Ausgangslage eines Nachfrageüberschusses hat aber keine unmittelbaren Auswirkungen auf die Preispolitik der Manufaktur gehabt. Böttger soll sogar erwogen haben, diesen Nachfrageüberschuss noch künstlich anzuheizen und ein Jahr lang den Verkauf einzustellen, um während der Verkaufspause in Ruhe die Produktionskapazitäten weiter ausbauen zu können. Böttger überlegte,

> *„(...) in einem oder etlichen Jahren gar nichts zuverkauffen, damit die Liebhaber desto hitziger darauf gemachet; von den Waaren aber inzwischen eine solche quantitaet gesamlet werden mögte, daß man rechte Sortimente formiren, und die Committenten dann versehen könte".*[525]

Offensichtlich wollte Böttger das Angebot bewusst verknappen und künstlich niedrig halten, um die Seltenheit und Exklusivität des Meißener Porzellans noch weiter zu steigern. Die künstliche Verknappung und die Generierung eines Angebotsengpasses bei gleichzeitig unklarer (und durchaus elastischer) Nachfragesituation war eine hochgradig riskante, wenngleich kurzfristig wirkungsvolle Preisstrategie. Wirkungsvoll, weil der Exklusivitätswert besonders bei dem neu in den Markt eingeführten Meißener Porzellan als besonders erstrebenswert galt und grundsätzlich die Menge der abgesetzten Geschirre ein wichtiger Faktor für die empfundene Seltenheit von Luxusgütern ist.[526] Riskant aber, weil während einer der-

[523] Vgl. Schivelbuch (1980), S. 187–197 und Teuteberg (1980), S. 39–41. Zum Diffusionsprozess der Genussgetränke Kaffee und Tee ausführlich Menninger (2004), S. 313–355. Die Meißener Porzellanmanufaktur hat ihren angestammten Kundenkreis erst mit Ende des 18. Jahrhunderts definitiv erweitern können. Für England sind schon ab der zweiten Hälfte des 18. Jahrhunderts vermehrt Produktionen von Geschirren für den niederen Adel und bürgerliche Kreise nachzuweisen, vgl. Treue (1973b), S. 22 und Young (1999), S. 263. Durch die Überschwemmung der Niederlande mit asiatischen Porzellanen zum Ende des 17. Jahrhunderts sind die Preise nachhaltig gedrückt worden, so dass dies dazu beitrug, dass das traditionelle Zinsgeschirr vom Porzellan verdrängt wurde und in breiteren Kreisen Einzug fand, vgl. Treue (1952b), S. 142. Zur Entwicklung von Luxusgütern zu Gebrauchsgütern im Lichte der Konsumgeschichte, vgl. Beck (2003).

[524] AA I Aa 1b, S. 577.

[525] Steinbrück (1717), S. 176, wobei mit Liebhabern die Käufer und Interessenten zu verstehen sind.

[526] Vgl. Kisabaka (2001), S. 102, Berry (1994), S. 5 und Dubois/Paternault (1995), S. 71.

art gestalteten verkaufsfreien Zeit die notwendigen Geldmittel für die Aufrechterhaltung der Manufaktur nicht aufgebracht werden konnten. Diese Gefahrenpunkte schienen für Böttger wahrscheinlich stärker zu wiegen als die Vorteile, jedenfalls ist eine solche Strategie der künstlichen Angebotsverknappung und Preiserhöhung in Meißen nachweislich nie durchgeführt worden.[527] Stattdessen hat Böttger bisweilen die Kapazitäten der Produktion arg in Bedrängnis gebracht und dadurch etliche Möglichkeiten zum profitablen Verkauf verpasst. So wurde berichtet, dass nahezu jedes Mal bei einer herannahenden Leipziger Messe die Produktion von Böttger forciert wurde und intensiver als sonst nach den Rohstoffen für die Produktion nachgefragt wurde. Böttger soll „über Halß und Kopff“ nach Gold für die Verarbeitung gesucht haben, das benötigte Brennholz, welches man zu anderen Zeitpunkten im Jahr bis zu einem Drittel billiger beziehen konnte, musste nun sehr teuer eingekauft werden. Dass zudem den Arbeitern die Tag- und auch die Nachtarbeit mit höheren Löhnen und Feierabendzuschlägen vergütet werden musste, schlug sich ebenfalls verstärkt auf die Kostensituation in Meißen nieder.

Die wirtschaftliche Lage der Manufaktur blieb deswegen sehr angespannt. Die monatliche Höhe der Ausgaben betrug ungefähr das Doppelte dessen, was an Einnahmen zur Verfügung stand. Die Versorgung mit Rohstoffen und Materialien geriet immer wieder ins Stocken. Dies äußerte sich bisweilen darin, dass trotz der starken Nachfrage „die Arbeiter verhindert und öfters in solchen Stand gesetzt wurden, daß sie (...) zu ganzen Monathen arbeitslos und müßig herumb gehen müßten“.[528] Zum ersten Mal wurden 1713 Zahlungsschwierigkeiten bei den Löhnen für die Arbeiter verzeichnet, die ab 1714 immer häufiger vorkamen und sich in den nächsten Jahren wiederholten. Die Lohnauszahlungen erfolgten immer unregelmäßiger und teilweise mit bis zu drei Monaten Verzug.[529] Als im April 1715 schon seit zwei Monaten kein Lohn gezahlt wurde, protestierten die Arbeiter der Manufaktur. Mittels eines Protestmarsches nach Dresden wurden die fälligen Lohnzahlungen eingefordert. Dieser Protest veranlasste den König, die ausstehenden Löhne zu begleichen und somit der Manufaktur einen indirekten Zuschuss zu gewähren. Der Inspektor Steinbrück reichte, weil er keine Bezahlung mehr erhielt, seine Kündigung ein, der nicht entsprochen wurde. Auch der Hofschmied Irminger bat um die Enthebung aus den königlichen Diensten. Selbst Böttger hatte schon zwei Mal den Wunsch nach seiner Entlassung ausgesprochen und damit seine fehlende Motivation zum Ausdruck gebracht.[530] Er erlangte am 19. April 1714 seine Freiheit zurück, und seine Befugnisse als Administrator der Manufaktur wurden per Dekret stark erweitert.[531]

527 Das künstliche Zurückhalten von Kapazitäten zur Angebotsverknappung und Preiserhöhung scheint im frühen 18. Jahrhundert nicht gänzlich unbekannt gewesen zu sein. Im Schatten des Nordischen Krieges und des Spanischen Erbfolgekrieges wollte das Lüneburger Salzkontor mit zuvor großen Mengen gehortetem Salz das Preisniveau anheben. Mit Beginn des Jahres 1704 kochte man in den sogenannten Sülzhäusern nur noch mit drei statt vier Pfannen, Salinenarbeiter mussten wegen Nichtbeschäftigung z.T. auf dem Feld mit dem Pfluge arbeiten, riesige Mengen Sole wurden heimlich weggegossen. Diese Preispolitik erwies sich als Misserfolg, da für das Lüneburger Salz recht schnell alternative Salinen gefunden werden konnten und sich die Marktposition des Lüneburger Kontors daraufhin verschlechterte, vgl. Bleeck (1985), S. 63.

528 AA I Aa 1a, S. 169.

529 Vgl. AA I Aa 1a, S. 246b–247.

530 Vgl. Zimmermann (1908) S. 182.

531 Vgl. Steinbrück (1717), S. 17, Rückert (1990), S. 73 und Zimmermann (1908), S. 185.

Wahrscheinlich war es königliches Kalkül, dass durch die wiedergewonnene Freiheit Böttger zu neuer Motivation für die Verwaltung der Porzellanmanufaktur animiert werden könnte. So sehr die Freiheit für Böttger erfreulich war, so wenig konnte diese Maßnahme die angespannte Lage des Porzellanbetriebes mildern. Die schwierige finanzielle Lage verbesserte sich jedenfalls kaum. Königliche Zuschüsse wurden immer seltener und stopften, wenn überhaupt, die Finanzlöcher nur ungenügend.[532] Sonderbewilligungen wurden immer seltener, bis August der Starke am 1. Januar 1715 per Dekret verordnete, dass sich die Porzellanmanufaktur fortan selbst erhalten sollte und er keine Zuschüsse mehr gewähren würde.[533]

Zu beachten ist auch, dass durch die verstärkte Herstellung des weißen Porzellans die Nachfrage nach dem roten Porzellan drastisch zurückging. Die für die Produktion des roten Porzellans getätigten erheblichen Investitionen in Produktionsverfahren, Massenzusammensetzungen und Öfen konnten nur für das rote Porzellan genutzt werden und fanden für die Herstellung des weißen Porzellans keine Verwendung. Die Manufaktur sah sich somit einem signifikanten Kostenproblem gegenübergestellt in Bezug auf diese versunkenen Kosten, die nicht wieder refinanziert werden konnten.[534] Aus preisstrategischer Sicht bedeutend war die Entscheidung, der Markteinführung des roten Porzellans in relativ geringem Abstand das weiße Porzellan folgen zu lassen. Somit schuf man sich, da es keine externe Konkurrenz durch vergleichbare Manufakturen gab, einen internen Wettbewerb.[535] Die Umsätze mit beiden Produktarten unterlagen dadurch einer gewissen Kannibalisierung, da der Preisunterschied zwischen dem weißen und dem roten Porzellan nicht groß genug war.[536] Noch 1731 wurde in einem Porzellanverzeichnis der Preis für eine rote polierte Kaminvase mit 34 Talern angegeben, während eine ähnliche Vase aus weißem Porzellan mit Bemalung 40 Taler kostete.[537] Die geringe Preisspanne von 15% zwischen einer unbemalten roten Vase und einer aufwendig bemalten weißen Vase ist gering, besonders wenn man bedenkt, dass für das Jahr 1731 die Nachfrage nach rotem Porzellan faktisch nicht mehr vorhanden war und nahezu vollständig von der Nachfrage nach dem weißen Porzellan absorbiert wurde.[538] Der durch die Preispositionierung unerwünschte Kannibalisierungseffekt hatte zur Folge, dass die den Kunden angebotene, relativ günstige Produktvariante den Deckungsbeitrag der relativ teureren Produktvariante in Gefahr brachte.[539] Denn die Entscheidung, das stark aus der Mode

[532] Berechnet wurde, dass für alle Betriebe unter der Leitung von Böttger bis November 1713 die Summe von 31.346 Talern ausgezahlt worden ist, vgl. Zimmermann (1908) S. 183.

[533] Vgl. Berling (1900), S. 14.

[534] Vgl. Zimmermann (1926), S. 37–38.

[535] Vgl. Zimmermann (1908) S. 180.

[536] Zum Begriff der Kannibalisierung vgl. Moorthy (1984), S. 289.

[537] Vgl. AA I Aa 15, S. 286–300.

[538] Hergestellt wurde das rote Porzellan ebenfalls nicht mehr, zudem lag schon 1721 eine unbenutzte Menge von roter Porzellanmasse und ungebrannten rohen Geschirren in den Kellern der Manufaktur, mit denen man nichts anzufangen wusste und mit denen man allerhöchstens einfache Terrinen verfertigen wollte, vgl. AA I Aa 5, S. 22b und S. 56b–57.

[539] Dass die Differenz der Herstellungskosten größer war als die Differenz in den Preisen von 15%, lässt sich mangels archivalischen Nachweises zwar nicht mehr ermitteln, es ist aber davon auszugehen, dass die bemalte Vase aus weißem Porzellan deutlich höhere Herstellungskosten aufwies, allein schon aufgrund der aufwendigeren weißen Porzellanmasse und des Einsatzes von Porzellanfarben.

gekommene rote Porzellan preislich nahe an das weiße Porzellan zu positionieren, versetzte die Kunden in eine aus Manufaktursicht fehlgeleitete Selbstselektion[540]: Die Kunden entschieden sich tendenziell eher für das weiße Porzellan, da sie durch einen geringen Preisaufschlag ein modisches und wertvolleres Produkt bekamen, während die Manufaktur an einer verstärkten Räumung des Lagers von unmodischen Porzellanen interessiert war. Das Festhalten an Preisen für das rote Porzellan, die sich eng an den Preispunkten für das weiße Porzellan bewegten, konnte sicherlich nicht zu nennenswerten Verkäufen führen.

Um die Absatzzahlen zu verbessern und die Preispolitik neu auszurichten, trat 1715 auch der Arkanist Bartelmei mit Vorschlägen hervor. Kern der Empfehlungen war es, neben der Rückführung der Manufaktur nach Dresden und der Ablösung Böttgers, besonders die gangbaren Porzellane billiger zu verkaufen, größere Geschirre aber umso teurer zu machen.[541] Hier drang abermals der Gedanke zum Vorschein, die Preisstrategie stärker auf eine Margendifferenzierung zu orientieren und die Zahlungsbereitschaften stärker auszuschöpfen. Abermals wurde, um die Missstände in Griff zu bekommen, 1717 eine Kommission einberufen.[542] Doch auch diesmal blieb es bei bloßen Vorschlägen und Bekundungen guten Willens, durchschlagende Änderungen oder Verbesserungen konnten nicht durchgeführt werden. Gezeichnet von der schlechten Situation „seiner" Manufaktur, verschlechterte sich der Gesundheitszustand von Böttger weiter. Seine Krankheiten hatte er sich „ohne Zweiffel durch die vielen Spirituosa, so Er gebrauchet, und das starcke Geträncke (:worunter der Rauch-Taback:) zugezogen", und lebte er seit sechs oder sieben Jahren im ständigen Wechsel zwischen Gesundheit und Krankheit.[543] An eine Verwaltung der Manufaktur war nicht mehr zu denken, Arbeits- und Betriebszustände waren in einer „honteuse Confusion".[544] Die Meißener Manufaktur blieb bis zum Tode Böttgers am 13. März 1719 ein

> *„äußerst schlecht fundiertes und völlig unzureichend organisiertes Unternehmen, das in keiner Weise wirkliche Einnahmen erzielen, in keiner Weise dem Lande jenen Nutzen bringen konnte, um dessentwillen der König anfangs diese ganzen industriellen Unternehmungen ins Leben gerufen hatte".*[545]

Dies war auch den Zeitgenossen durchaus bewusst, und die Überlegungen, wie nun mit der Manufaktur umzugehen sei, gingen in alle Richtungen. Der Arkanist und Vertraute von Böttger, David Köhler, gab zu verstehen, „daß das werck zu Grunde gehen müße, damit er [Köhler] es mit neuen Leuthen wieder errichten könne".[546] Für kurze Zeit wurde auch der Vorschlag eingereicht, die Manufaktur im Wege der Verpachtung an Privatpersonen zu überlassen, um so dauerhaft die Staatskassen zu entlasten.[547] Dieser Vorschlag ist aber nicht wei-

---

540 Vgl. Skiera (2001), S. 272.

541 Vgl. Zimmermann (1908) S. 197 und Rückert (1990), S. 49.

542 Vgl. AA I Af 9, S. 8b.

543 Steinbrück (1717), S. 22–23.

544 Vgl. Steinbrück (1717), S. 249.

545 Zimmermann (1908), S. 197.

546 AA I Aa 1b, S. 527.

547 Vgl. AA I Aa 1a, S. 171–176.

ter verfolgt worden, wohl auch aus Sorge um das Arkanum, welches unter besonderen königlichen Schutz gestellt war. Um den schlechten Zuständen abzuhelfen, wurde vom König abermals eine neue Manufakturkommission eingesetzt. Diese übernahm die Leitung der Manufaktur und entließ die bisherigen leitenden Direktoren, Kammerrat Nehmitz und von Holtzbrinck, aus ihren Ämtern.[548] Diese hatten nach Böttgers Tod die Manufaktur sechs Wochen lang kommissarisch geleitet, mussten aber dem jetzt einsetzenden Reformeifer weichen. Steinbrück wurde als Administrator eingesetzt, der gleichzeitig auch die Hauptaufsicht über das Personal hatte und Rechnungsführer war.[549]

3.3.3 Das Reformjahr 1719 – Vorarbeiten zur Preispolitik

Die nach dem Tode von Böttger eingesetzte neue Kommission sollte den schlechten Zustand in der Manufaktur mit den nötigen Änderungen und Reformen rasch ändern. Wie sehr August der Starke endlich an einer gründlichen und profitablen Betriebsführung interessiert war, zeigte seine Resolution zur Kommissionseinsetzung vom 25. April 1719. Der Kommission stellte er die Aufgabe, „das Werck in eine andere Einrichtung bringen zu laßen", er kritisierte die bisherige „mangelhaffte" Verwaltung des Werkes und forderte, „daß der Aufwand die Einnahmen nicht, wie bißhero, übersteigt, sondern eher ein considerabler Profit daran zu hoffen stehe".[550] Gleichzeitig ordnete er an, alle Vorkehrungen zu treffen, um die vorhandenen Porzellanwaren für die bevorstehende Ostermesse nach Leipzig zu bringen, damit sie dort zum „Kauff ausgesetzet und verlohset werden können".[551] Der Fürst verlangte nach nunmehr fast 10 Jahren seit der Gründung der Manufaktur mit allem Nachdruck, dass sich auch aus betrieblicher Sicht der Erfolg endlich einstellen sollte. Die so beauftragte Kommission mit dem Geheimen Rat von Seebach, dem Freiherrn von Alemann[552] und dem Kammerrat Lesgewang setzte schon für die Ostermesse 1719 durch, dass die Ausgaben und Kosten für die Messe erst gezahlt werden konnten, nachdem der Inspektor Steinbrück seine Erlaubnis und Einverständnis gegeben hatte.[553] Weiterhin wurde jetzt, um auch eine gewisse Sicherheit bei der Preiskalkulation zu haben, das Porzellan in drei unterschiedliche Qualitätsstufen eingeteilt, nämlich in Gut, Mittelgut und Brac.[554] Brac waren „unnutzer Scherben"

[548] Nehmitz wurde vom König in Ungnade entlassen, weil ihm der Verdacht der Porzellanunterschlagung anhaftete. Dennoch wurde er mit 2.000 Talern Jahrespension abgefunden, vgl. Rückert (1990), S. 45. Besonders schlecht bei den personellen Umstrukturierungen während der Untersuchungen kam auch sein Bruder und Arkanist, Dr. Wilhelm Heinrich Nehmitz, weg. Denn „gestalt durch seine Gegenwarth und Doktortitul (umb welches willen er weder Hand anlegen, noch remonstrationes annehmen kann) überhaupt mehr hinderniß als Nutzen causiert werde", weiterhin könne er nichts aufweisen „worinnen er dem Werck diese 9 Jahre [...] einigen Dienst erweisen, der nicht füglicher durch einen Arbeither, oder ohne ihn geschehen", vgl. AA I Aa 1b, S. 413b–413. Trotz des ungünstigen Urteils verblieb Dr. Nehmitz bis zu seinem Tod 1728 in der Manufaktur.

[549] Vgl. Berling (1900), S. 32 und Walcha (1973), S. 20 und S. 34. Dieser Einsetzung waren erhebliche Kompetenzstreitigkeiten zwischen Steinbrück und insbesondere Nehmitz vorangegangen, vgl. AA I Aa 1a, S. 236–243b.

[550] AA I Aa 1a, S. 1.

[551] AA I Aa 1a, S. 1, das Verb "verlohset" hier verstanden als „verkauft".

[552] Ersetzt nach seinem Tod durch den Bergdirektor von Ponigkau, vgl. AA I Aa 3, S. 179.

[553] Vgl. AA I Aa 1a, S. 8b.

[554] Es bestand noch eine vierte Kategorie, welche das absolut unbrauchbare und in viele kleine Scherben zersprungene Porzellan umfasste und Rommelhux genannt wurde, vgl. AA I Aa 2, S. 170b. Die Bedeutung dieser vier-

und „zerbrochene Gefäße, die unmöglich zu gebrauchen seien", Mittelgut waren „schadhafte Gefäße, die noch im Notfall verwendbar" waren und die „einigermaßen zum Hand Verkauf tüchtig" waren.[555] Dies war der erste Schritt in eine Preisdifferenzierung der Porzellanwaren und gleichzeitig eine pragmatische Entscheidung der Kommission, da aus den Öfen der Manufaktur die Qualität und die Zahl der Waren mitunter stark variierten.

Mit der Einführung von Produktionszielen, die von den Arbeitern zu erreichen waren, versuchte man den Missständen in der Produktion vorzubeugen. Sollten gewisse Ziele in der Produktion nicht erreicht werden, so musste der entsprechende Arbeiter einen Lohnabzug hinnehmen. Die Kommission setzte dadurch zunehmend auf ein ausdifferenziertes Leistungssystem bei der Entlohnung der Angestellten. Die wichtigsten Angestellten, besonders aus der Ebene der Verwaltung und des Arkanums, standen in fester Besoldung, dem sogenannten „Tractament".[556] Zudem sollte sich die Produktion, wann immer möglich, auf das „Kauffmanns Guth", also die Porzellanwaren, die im Geschäft mit Wiederverkäufern und Großhändlern besonders nachgefragt waren, konzentrieren.[557]

Dennoch konnte man gewisse Probleme in der Produktion nicht sofort abstellen. Die größten Schwierigkeiten wurden dabei in der Herstellung der Masse und beim Brennvorgang festgemacht. Vom Arkanisten David Köhler wurde berichtet, „daß er hernach öffters selbst nicht wiße, was er thue".[558] Mehrmals äußerte Köhler den Wunsch, „daß nur iemand seyn mögte, mit dem er reden dürffte, damit er deutl. zeigen könnte, worauf es bei der Arbeith ankomme".[559] Einmal mehr erwies sich die strikte Geheimhaltung des Arkanums als nicht zuträglich für die Entwicklung der Manufaktur. Gelang ein Porzellanbrand außerordentlich gut, und gelang der darauffolgende Brand aber wieder nicht in zufriedenstellender Weise, so durften die Ursachen nicht ausführlich untersucht werden, da die Aufklärung der Sachlage Teile des Arkanums betroffen hätte. Selbst die genauen Vorgänge im Brennhaus drangen nur spärlich nach außen in die anderen Abteilungen, so dass nie genau bekannt war, was innerhalb des Brennhauses vor sich ging.[560] Um den Schwierigkeiten beim Brennen zu begegnen, führte die Kommission dringend benötigte Investitionen durch, vor allem die Vollendung eines neuen Verglühofens[561], die Einrichtung einer Reibemaschine für die Bestandteile der Glasur und der Ausbau des Schlemmgewölbes zur Verfertigung der Porzellanmasse.

---

ten Kategorie ist jedoch für die Manufakturgeschichte zu vernachlässigen und wird selten in den archivalischen Dokumenten erwähnt, weshalb sie im Rahmen dieser Arbeit auch nicht weiter verfolgt wird.

555 AA I Aa 2, S. 72b, ferner Berling (1900), S. 33 und Walcha (1973), S. 24.

556 Vgl. Rückert (1990), S. 30.

557 AA I Aa 1a, S. 169–169b.

558 AA I Aa 1b, S. 527. Das Verhältnis mit dem anderen Arkanisten Schuberth war stets von Missgunst gekennzeichnet gewesen, so dass beide oft zum Schaden der Manufaktur nicht optimal zusammengearbeitet haben, vgl. AA I Aa 5, S. 23. Auch das Verhältnis zu Steinbrück war schwierig, letzterer beschuldigte den Arkanisten gar, dass dieser „vormittags aber selten nüchtern ist", AA I Aa 5, S. 260b.

559 AA I Aa 3, S. 3b.

560 Vgl. AA I Aa 3, S. 4.

561 Der Mangel an einem Verglühofen wurde als Hauptursache gesehen, weshalb „so viele Geschirre im brennen zersprungen, außer ihrer forme gelauffen", AA I Aa 1b, S. 512b.

Inspektor Steinbrück forderte in mehreren Vorträgen im Mai und Juni 1719 von der Kommission eine Reihe von Maßnahmen, die zur Verbesserung der Zustände in der Manufaktur beitragen sollten. Neben den notwendigen technischen Fortschritten wie der Einrichtung zusätzlicher Brennöfen, sollten erstmalig auch die verwendeten Rohstoffe und Materialien, die nach Meißen in die Manufaktur geliefert wurden, richtig und ordentlich aufgezeichnet werden.[562] Ferner sollte von nun an die Quantität der rohen Porzellanmasse, die gefertigt und zubereitet wurde, erfasst werden, genauso wie die Anzahl der daraus „individualiter" verarbeiteten Massestücke je Arbeiter und Former.[563] Der Inspektor empfahl auch, die Quantifizierung der aus den Brennöfen kommenden guten, mittelguten und Brac-Stücke nach jedem Brand einzuführen und somit eine Übersicht über den wirklichen Bestand an Porzellanwaren zu bekommen. Dies alles sei

> *„unumbgänglich nöthig, umb die Kosten des Werks, sobald möglich, zuerfahren, und hiernach eine richtige Taxe setzen zu können, welche ietzo (...) nur nach Guthdünken gemachet worden (...)"*[564]

Steinbrück bestätigte hierdurch, dass in der Manufaktur bis dahin keine Erfassung der Kosten stattgefunden hatte und die Verkaufspreise willkürlich gesetzt worden waren. Man hatte in den Anfangsjahren der Manufaktur keine vollständige Übersicht über die eingekauften Rohstoffe, wusste nicht, wie viel tatsächlich an Porzellanmasse hergestellt wurde und wie genau sie weiterverarbeitet wurde. Die ganze betriebliche Tätigkeit gründete sich eher auf eine zufällige und unsystematische Erfassung der Tätigkeiten. Zwar waren dem Inspektor und dem Buchhalter die Einkaufs- und Verbrauchskosten ungefähr bekannt: Brennholz kaufte die Manufaktur zu 8 Taler je Schrage ein, die weiße Schnorrsche Erde seit 1717 zu 1 Taler und 16 Groschen je Zentner.[565] Pro Brand wurden 2 Schragen Holz verfeuert, ein Brand konnte 2 bis 3 Porzellanbrände aufnehmen, je Brand konnte man aus dem Brennofen ungefähr 90 Teekrüge oder 72 Milchkannen erhalten.[566] Die geschlossenen Lieferverträge für Holz und Erde waren dabei nicht optimal ausgehandelt worden von der Manufaktur, da Steinbrück selbst zugeben musste, dass man „die Billigkeit dieser pretii dahin gestellet seyn laßen muß".[567] Geradezu als Misswirtschaft ist es anzusehen, wenn beispielsweise berichtet wurde, dass die eigentlich zur Herstellung der Glasur notwendige Reibemaschine schon seit mehr als sechs Jahren nicht mehr funktionstüchtig war, die eigentliche Ersatzmaschine noch immer nicht installiert wurde aus Geldmangel und „übler Wirtschafft" und man seitdem das

562 Vgl. AA I Aa 1a, S. 98–100.

563 AA I Aa 1a, S. 39–39b.

564 AA I Aa 1a, S. 39b.

565 Die Schrage war in Sachsen das historische Verkaufsmaß für Waldholz und entsprach 3 Klaftern, ein Klafter wiederum entspricht heute je nach Scheitlänge zwischen 1,8m³ (bei 9/8 sächsischen Ellen Scheitlänge) und 4,1m³ (bei 10/4 sächsischen Ellen Scheitlänge) Holz, vgl. Rückert (1990), S. 210. Die meistens in Meißen eingesetzte Scheitlänge war 11/4 oder 9/4 Ellen, vgl. z.B. AA I Aa 15, S. 91b und AA I Aa 50, S. 139b. Ein damaliger Zentner entspricht hingegen ungefähr 51 Kilogramm. Weiterführend zu den unterschiedlichen Gewichtsmaßen und Einheiten bspw. Schillinger (2006).

566 Vgl. AA I Aa 1b, S. 295–295b.

567 AA I Aa 1a, S. 98b–99.

Mahlen der Glasurbestandteile mühsam durch einen Arbeiter vollziehen musste.[568] Diese mangelhafte, ja streckenweise von einem bequemen Schlendrian durchzogene betriebliche Organisation der Manufaktur führte unweigerlich zu einer erheblichen Unkenntnis der tatsächlichen Herstellungskosten.

Erkannt wurde auch, dass man bei den Personalkosten die besonders hohen Lohnzahlungen, welche den Direktoren und leitenden Angestellten gezahlt wurden, im Rahmen einer Neuorganisation des Betriebes beachten musste. Keine weiteren Manufakturleiter in beamtenähnlichen Positionen wurden in Meißen als Führungskräfte gebraucht: Steinbrück plädierte für eine Person mit fundamentalem Verständnis des Manufakturwesens und mit Fähigkeiten zur Verwaltung und Organisation des Betriebsablaufs. Die Führung der Manufaktur durch nicht kaufmännisch ausgebildete Personen während der Zeit unter Böttger wurde von ihm als Mangel angesehen und die Gefahr bestand, dass bei Fortführung dieser Praxis der Betrieb weiter „in decatence gerathen“ würde.[569] Denn der Betrieb stand nicht nur im technischen Bereich, sondern auch im wirtschaftlichen Bereich öfters vor neuartigen Herausforderungen in der noch jungen Manufakturgeschichte.[570] Es bedurfte deshalb neben technisch versierten und verständigen Arbeitskräften auch wirtschaftlich kompetenter Köpfe. Von allen Führungskräften der Meißener Manufaktur der damaligen Zeit konnte wahrscheinlich gerade Böttger, der als Apotheker ausgebildete Alchemist und Erfinder, mit die höchste Kompetenz in Wirtschaftsfragen aufweisen. Es ist interessant bezüglich der kaufmännischen und wirtschaftlichen Kompetenz innerhalb der Manufaktur zu erwähnen, dass kein geringerer als der Kameralist Paul Jacob Marperger zumindest in der Anfangszeit ab 1710 Kommissionsrat im Meißener Direktorium war und noch 1711 innerhalb der Manufakturkommission erwähnt wurde.[571] Höchstwahrscheinlich ist der Einfluss eines der wichtigsten deutschen Kameralisten auf den Manufakturbetrieb verschwindend gering gewesen.[572] Wesentliche ökonomische Hilfestellung durch seinen Rat und seine Kompetenz scheint es nicht gegeben zu haben, so dass er wohl den Manufakturangelegenheiten nur am Rande beratend zur Seite stand.[573] Doch hat sich Böttger mit Sicherheit entsprechenden Rat von Marperger eingeholt, da archivalisch zumindest eine Unterredung zwischen Marperger und Böttger vom 13. März 1718 belegt ist.[574] Es ist stark anzunehmen, dass Böttger die Schriften Marpergers zum Manufak-

568 Vgl. AA I Aa 1a, S. 99b und AA I Aa 1b, S. 513.

569 AA I Aa 1a, S. 110b. Ähnliche Sorgen hatte auch Friedrich der Große, der stets bestrebt war, bei der Führung von Manufakturen eine kaufmännische Unternehmerpersönlichkeit zu finden: „Il est á observer que, lorsqu'on veut établier (...) une manufacture qui doit se soutenir, il faut préférablement à tout avoir soin de trouver un marchand qui s'en charge“, Friedrich II. (1920), S. 18.

570 Vgl. Forberger (1985), S. 12.

571 Vgl. Rückert (1990), S. 45. Marperger war von August dem Starken nach Dresden berufen worden, um die kameralistische Wirtschaftspolitik des Landes voranzutreiben, vgl. Groß (2007), S. 139.

572 Hingegen haben die literarischen Quellen des Kameralismus die sächsische Regierung besonders in der Zeit nach dem Siebenjährigen Krieg nachhaltig beeinflusst, vgl. Schlechte (1958), S. 76–88.

573 Vgl. Michael (1934), S. 46. Marperger könnte durch von Seebach, dem Direktor der Manufaktur von 1720 bis 1729, in den erweiterten Kreis der Manufakturführung berufen worden sein. Marperger unterstand während seiner Zeit in Sachsen dem Berg- und Kammerdirektor von Seebach, wie die Widmung des Buches „Nothwendig und nützliche Fragen über die Kauffmannschafft“ verdeutlicht, vgl. Marperger (1714), S. a1.

574 Vgl. AA I Af 6a, S. 333.

turwesen und zum Kameralismus gekannt hat und auch von weiteren Schriften der damaligen Handelswissenschaft Kenntnis hatte.[575]

Da somit die Grundlage für die Preisbildung, wie zuvor erwähnt, fast vollständig unbekannt war, konnte man nicht anders, als sich mit zufällig kalkulierten Preisen zu behelfen und darauf zu hoffen, dass die mitunter zu „irraisonablen“ Preisen angesetzten Waren die Gesamtkosten schon irgendwie decken würden.[576] Aufgrund der Charakteristik der angebotenen Erzeugnisse favorisierte man in Meißen entsprechend hohe Gewinnspannen, um durch die Umsätze mit relativ kleinen Stückzahlen und der sich ergebenden geringen Umschlagshäufigkeit der Porzellane keine finanziellen Nachteile befürchten zu müssen. Doch diese Hoffnung bestätigte sich nicht. Die Meißener Manufaktur kostete der Staatskasse im Zeitraum von 1709 bis 1719 jährlich ungefähr 8.000 Taler.[577] Sie konnte keine Überschüsse erwirtschaften und an den König auszahlen wie ursprünglich von Böttger eingeplant. Falls doch die Manufaktur wirtschaftlich nicht völlig zugrunde ging und zumindest sporadisch profitabel arbeiten konnte, war dies nicht auf eine umsichtige Betriebsführung und auf eine durchdachte Preisfindung zurückzuführen. Das Porzellan wurde schlichtweg zu derart hohen Preisen verkauft, die per se kostendeckend waren und bei einer genügend hohen Anzahl von Verkäufen auch die laufenden Ausgaben deckten. Dass man sich aber durch eine insgesamt verfehlte Preispolitik viel Umsatzpotenzial zunichtemachte, begann man in der Manufakturführung langsam zu realisieren. Als einer der weiteren Gründe für den schlechten Zustand der Manufaktur im Jahre 1719 wurde die „Theuerung der Waaren“ festgemacht.[578]

Ein weiterer Vorschlag von Steinbrück bestand darin, das Rechnungswesen der Manufaktur auf bessere Fundamente zu stellen: „Zu accurater Ordnung der fabricque, müßten richtige Haupt und Handelsbücher sambt eines Waaren Scontro gehalten werden“, die in den vorhergehenden Jahren in der Manufaktur „negligiert“ wurden, zudem müsse „von Zeit zu Zeit richtig Billanz gezogen werden“.[579] Diese Maßnahmen wären ein wichtiger Schritt hin zu

---

575 Über den damaligen Dresdner Statthalter Fürst von Fürstenberg könnte Böttger mit den Arbeiten von Johann Joachim Becher in Kontakt gekommen sein. Der Vater des Statthalters war Obersthofmeister am bayerischen Hofe und galt als Gönner von Becher. Dieser hatte ihm 1664 ein Dokument überreicht mit merkantilistischen Regeln und Vorgaben in Bezug auf Manufakturgründungen mit dem Titel: „Unvorgreiffliches Bedencken wegen auffnehmung der Commercien-Sachen und des darauff beruhenden Churfürstlichen Interesse“. Titel und Inhalt ähnelten stark dem Dokument, welches Böttger der ersten Untersuchungskommission 1709 zur Manufakturgründung vorbrachte, vgl. Michael (1934), S. 65 und Rückert (1990), S. 75.

576 AA I Aa 1a, S. 39b, wobei dies eine recht häufige Preispolitik in dieser vorindustriellen Zeit gewesen ist, vgl. Pollard (1965), S. 285.

577 Vgl. Michael (1934), S. 44.

578 AA I Aa 1a, S. 171b. Die steigenden Lebenshaltungskosten waren einer der Gründe, weshalb man die Verkaufspreise des Porzellans hoch ansetzen musste. Im damaligen Verständnis gründete sich ein günstiger Verkaufspreis bei Manufakturerzeugnissen auf drei Säulen: „Der wohlfeile Preis der Waaren befördert den Debit am allermeisten, auch nicht selten alsdann, wenn auch an der Güte, Tüchtigkeit und Schönheit vieles auszusetzen ist. Dieser wohlfeile Preis wird befördert 1) durch den wohlfeilen Preis der Lebensmittel, 2) durch den wohlfeilen Preis der Materialien, 3) durch den wohlfeilen Arbeitslohn; zu welchen dreyen Stücken eine blühende Ländwirthschaft das meiste beyträget“, Krünitz (1801), S. 45–46.

579 AA I Aa 1a, S. 112. Das Scontro ist als eine Art Kontokorrent-Buch zu verstehen, in welche die auf jeden einzelnen Geschäftspartner sich beziehenden Rechnungen eingetragen sind.

einer rationalen Preispolitik, da eine ordentliche Grundlage in der Rechnungsführung auch die Preisbildung erheblich vereinfacht hätte. Steinbrück forderte zudem Übersichten über

1. die eingegangenen Rohstoffe,
2. die daraus verfertigte Porzellanmasse,
3. wie viele Porzellanwaren wiederum daraus entstanden waren,
4. welcher Arbeiter innerhalb welchen Zeitraums was genau verfertigte und schließlich,
5. wie viele Stücke gebrannt wurden und welcher Qualität sie zuzuordnen waren.

So könnte ein Vergleich von Einnahmen und Ausgaben zeigen, welche Warensorten der Manufaktur Verlust oder Gewinn einbringen würden.[580] Dies alles sei entscheidend, „umb die rechten Kosten des Wercks" zu ermitteln und „die Waaren in billige Taxa zu setzen".[581] Steinbrück erwähnte, dass er Böttger diese Gedanken mehrmals mitgeteilt hätte, dieser sich aber um die Sache nicht weiter gekümmert hätte.[582] In der Anfangszeit der Manufaktur hatte der Inspektor die angelieferten Rohstoffe selbst schriftlich quantifiziert, aber was die Durchführung der Punkte zwei bis fünf anging, beklagte er,

> *„daß ich nicht wißen darf, wieviel Materialien zu Glasuren verwendet werden, und was solche kosten. Wegen derer übrigen Puncte aber wäre hoher Befehl und Anordnung nöthig, damit man sowohl die Unkosten des Wercks, als wieviel Waaren effective fabriciret wurden, erfahre".*[583]

Auf Befehl der Kommission erstellte Steinbrück eine Kostenübersicht für Ende Oktober 1719, die neben den gesamten ausgezahlten Löhnen auch verschiedene Ausgaben für Rohstoffe und Materialien aufwies.[584] Die jährlichen Ausgaben der Manufaktur betrugen demnach 5.524 Taler und 12 Groschen. Dieser recht unvollständigen[585] Kostenaufstellung ist zu entnehmen, dass die Löhne in der Manufaktur 65% aller Kosten ausmachten, während die restlichen Kostenpositionen, so das Brennholz, die Erde und der Kapselton, einen Anteil von 24% an den Gesamtkosten hatten. Diese Kostenarten stellten den überwiegenden Teil aller Kosten der Manufaktur dar, weitere Posten wie „Instrumenta" für die Dreher und Kerzen für die Beleuchtung fielen kaum ins Gewicht. Erwähnenswert ist, dass Steinbrück einen Posten erwähnte, der 50 Zentner „für gewiße Materialien zu derer Massa"[586] betrug und pauschal mit 3 Talern pro Zentner angesetzt war. Hier wird allzu deutlich, dass Steinbrück nicht wissen konnte, welche Materialien bei der Produktion genau eingesetzt wurden und wie viel sie im Einzelnen kosteten. Der Pauschalbetrag von 3 Talern pro Zentner mag ein Erfahrungswert von Steinbrück selbst gewesen sein oder ein ungefährer Durchschnittswert für die tatsächli-

---

580 Vgl. AA I Aa 1a, S. 242b.

581 AA I Aa 1a, S. 185b.

582 Vgl. AA I Aa 1a, S. 186.

583 AA I Aa 1b, S. 318.

584 Vgl. AA I Aa 2, S. 41–42b.

585 Es fehlten solche Kostenpositionen wie die Ausgaben für den Verkauf oder die Kosten für die besuchten Messen.

586 Gemeint sind hier höchstwahrscheinlich das Kaolin als Grundlage für die Masse des Hartporzellans und das Flussmittel Alabaster als die wichtigsten geheimen Bestandteile der Masse.

chen Preise dieser Materialien. Dies ist ein Beispiel für das oben erwähnte Dilemma des Arkanums, nämlich die strikte Geheimhaltung des Herstellungsprozesses und dadurch die teilweise völlige Unkenntnis von Mengen und Preisen bestimmter Rohstoffe, denn es war „verboten gewesen, mit dem Insp[ektor] wegen Anschaffung der Massen Materialien zureden".[587] Diese Unkenntnis der tatsächlichen Kosten berührte aber auch andere Verantwortliche in der Manufaktur, so auch den Faktor und Leiter der Dresdner Niederlassung, Samuel Chladni.[588] In einer Kostenaufstellung für das Jahr 1720 setzte Steinbrück die Baukosten für eine „Reibe- und Stampff Machine" mangels besseren Wissens auf pauschal 1.000 Taler an, genauso wie er den angeschafften Vorrat an Brennholz auf ungefähr 500 bis 600 Taler schätzte.[589] Eine genaue Preiskalkulation der Porzellanwaren konnte somit nicht erfolgen. Da in den 15 Monaten von Juli 1718 bis Ende Oktober 1719 laut Steinbrück 10.252 Taler und 13 Groschen eingenommen wurden, ergab sich für diese 15 Monate ein stattlicher Gewinn von 3.346 Talern und 22 Groschen.[590]

Steinbrücks Vorschlag, das Arkanum dahingehend zu lockern, indem es dem zukünftigen Administrator und Inspektor der Manufaktur mitgeteilt werden sollte, setzte sich ebenso wenig durch wie seine Eingabe, das Arkanum wenigstens auf mehrere Personen zu verteilen.[591] Weiterhin wurde das Geheimnis um die Porzellanherstellung eisern verteidigt, nur auf expliziten königlichen Befehl durften sich Nicht Arkanisten in den Räumen zur Herstellung von Masse und Glasur aufhalten und in das Herstellungsgeheimnis eingeweiht werden.[592] Auf der ganzen Linie angenommen wurden aber seine 5 Punkte in Bezug auf die Kostenrechnung und die Erfassung der Produktionskosten.[593] Anfangs erst schleppend und noch mit gehörigen Lücken in der Erfassung, weist die Manufaktur ab 1723 erstmals relativ umfassende Jahresrechnungen auf, die sämtliche zahlungsrelevanten Einnahmen und Ausgaben verzeichneten.[594] Bis weit in das 19. Jahrhundert hinein blieben die Jahresübersichten der Manufaktur erweiterte Einnahmenüberschussrechnungen, mit denen man den Gewinn ermittelte.[595] Steinbrück sollte laut Kommission auch in Zusammenarbeit mit den beiden Arkanisten Köhler und Schuberth „nach einiger Zeit Verlauf, oder sobald, auch soviel es sich wird thun lassen, des Wercks kosten daraus [aus den Kostenrechnungen] zu calculieren, und sodann die Taxa derer Effecten daraus zu regulieren".[596] Aus dieser Resolution wird ersicht-

587 AA I Aa 5, S. 275.

588 Dieser fing im Juli 1719 in Dresden als neuer „Kaufdiener" an, vgl. AA I Aa 1b, S. 313 und ersetzte den stark unter Betrugsverdacht stehenden Krügelstein ab Oktober 1719, vgl. AA I Aa 1b, S. 461–462. Vgl. auch Berling (1900), S. 33 und ausführlich die Kapitel 3.4.1. und 3.4.2.

589 Vgl. AA I Aa 2, S. 111b.

590 Die jährlichen Kosten von 5.524 Talern und 12 Groschen wurden auf 15 Monate hochgerechnet und ergaben 6.905 Taler und 15 Groschen.

591 Vgl. AA I Aa 1a, S. 187 und AA I Aa 1b, S. 368–369 und S. 395.

592 Vgl. Königliche Resolution vom 15.4.1711 in AA I Aa 4, S. 168 und S. 170b–171.

593 Vgl. AA I Aa 2, S. 291b.

594 Vgl. AA I Aa 1b, S. 393b–394, für die erste komplette Jahresrechnung von 1723 vgl. AA V2 1.

595 Zum Wesen der Einnahmenüberschussrechnung, vgl. Schneider (1993a), Sp. 716.

596 AA I Aa 1b, S. 394, wobei zu damaliger Zeit mit „Effecten" der Teil des Vermögens einer Person oder eines Betriebes verstanden wurde, der aus beweglichen und unbeweglichen Gütern und Waren bestehen konnte, in diesem Fall den Porzellanen, vgl. Krünitz (1777), S. 110.

lich, dass man sich nunmehr bemühte, den für die Produktion entscheidenden Herstellungskosten auch tatsächliche Preise zuzuordnen, um sich von der oben dargestellten Praxis der Angabe von Näherungs- oder Durchschnittswerten langsam lösen zu können.

Ein Vertrauter von Böttger und angeblicher Arkanist, Johann Gottfried Meerheim, machte sich Hoffnungen auf einen Posten im Direktorium der Manufaktur. Die Kommission vertraute seinen Kenntnissen jedoch nicht, musste ihn aber als potenziell „mitteilungsfreudigen" Arkanisten wohlgesonnen stimmen. So sollte er mit einem jährlichen Gehalt von 200 Talern für die Manufaktur „in allerhand chymischen Operationen experimentiren", in der Verbesserung der Farben forschen und regelmäßig über seine Ergebnisse berichten.[597] In seinen Angaben an die Kommission konstatiert er jedenfalls das Problem der hohen Kosten. Für Meerheim sei gegen „die Natur der Fabrique, die Sache zu kostbar und weitlauffig fundiert" worden, zudem seien „viele Besoldungen und Kosten" erforderlich gewesen.[598] Es habe in der Anfangszeit einen überhöhten Liquiditätsbedarf gegeben, da man trotz der hohen Zuschüsse des Königs „nicht auf die Vorrathe gedacht", sondern sämtliche Einnahmen aus dem Porzellangeschäft auch wieder ausgegeben habe.[599] Als Beleg für die überhöhten Kosten gab er aber lediglich die Lohnlisten der bisher angestellten Arbeiter und Angestellten an.

In einer Eingabe an die Kommission des Buchhalters und Verwalters des Dresdner Warenlagers, Friedrich Röber, findet sich explizit die Bestätigung, dass es unter Böttger eine Preispolitik bei der Manufaktur nicht gegeben hat. Mehr noch, Böttger und seine unmittelbaren Mitarbeiter hatten keine richtige Kenntnis über die Selbstkosten der hergestellten Porzellanwaren und waren aufgrund dieser Ungewissheit nicht in der Lage, überhaupt Verkaufspreise sinnvoll zu bilden. Röber schrieb, er habe bei der

> *„Porcelain Fabrique befunden, daß weder der verstorbene Herr Böttiger, und noch weniger kein eigener Bedienter dabey, bedacht gewesen zu wißen, oder sagen zu können, waß die fabricirten Waaren selber zu stehen kommen, dahero wegen ungewißer Taxa, auch der Verkauff biß dato nur nach guthdünken, und nicht nach ordentlicher Weiße, wie bey Manufacturen und Handlungen gebräuchlich geschehen ist".*[600]

Hervorzuheben ist hier, dass mangels einer systematischen Preispolitik und einer genauen Kenntnis der anzusetzenden Porzellanpreise konsequenterweise auch der Verkauf des Meißener Porzellans willkürlichen Entscheidungen unterworfen war. Röbers Aussage deckt sich mit den zuvor aufgezeigten Quellen, die gerade für die Anfangszeit ein eigenmächtiges und gänzlich unabgestimmtes Vorgehen in der Manufakturdirektion beschreiben. Die gemachte

[597] AA I Aa 2, S. 247b.

[598] AA I Aa 1a, S. 127.

[599] AA I Aa 1a, S. 127b–128, die Manufaktur benötigte laut Steinbrück in den Jahren um 1720 und 1721 monatlich mindestens 300 Taler um sich zu erhalten, vgl. AA I Aa 3, S. 6 und AA I Aa 4, S. 65. Dies reichte aber gerade aus, um die monatlichen Löhne auszahlen zu können. Beispielsweise benötigte die Manufaktur im Jahre 1720 monatlich im Schnitt 654 Taler, um sämtliche anfallenden Ausgaben decken zu können, vgl. AA I Aa 4, S. 93. Mit 34 Angestellten zum 1. September 1720 ergeben sich somit pro-Kopf-Ausgaben von 18,7 Talern monatlich, vgl. AA I Aa 3, S. 352–354, eigene Berechnungen. Zum Vergleich wurde für die kleinere Porzellanfabrik Höchst im Jahre 1756 ein monatlicher Kostenbedarf von 193 Talern errechnet für 14 Angestellte, also pro-Kopf-Ausgaben von 13,8 Talern monatlich, vgl. o. V. (1956), S. 9, eigene Berechnungen.

[600] AA I Aa 1a, S. 155.

Eingabe erwähnte weiter, dass man eine substantielle Erhöhung des Gewinns in „leichtestem Preis" im Wege eines Preisaufschlags von 10% bis 15% erreichen müsse.[601] Deshalb war es unumgänglich, dass innerhalb der Manufaktur die Höhe der Selbstkosten für die jeweils hergestellten Porzellane festgehalten werden musste.[602] Es war dem Buchhalter wohl bewusst, dass nur auf einer Kostenbasis in Gestalt der Stückkosten die Verkaufspreise gebildet werden konnten, um die Manufaktur wieder in die Gewinnzone führen zu können. Recht fortschrittlich für das frühe 18. Jahrhundert war der Vorschlag des Buchhalters, besonders die Gemeinkosten der Produktion gesondert zu erfassen und deren Aufkommen jeden Monat genau aufzuschreiben unter einem neu aufzunehmenden Konto in der Buchhaltung, dem „General oder Allgemeinen Unkosten Conto". Dies waren Kosten für die Rohstoffe, für das Holz und auch für die Beleuchtung in den Arbeitsräumen. Er schlug vor, die Erfassung in aller Verschwiegenheit durchzuführen, um das Arkanum nicht zu gefährden. Diese Kostenaufnahme würde dann die Basis darstellen für eine „General-Calculation", die wiederum in eine „Special-Calculation" einfließen würde. Beide Berechnungen würden in einem „Calculir-Buch" zusammengefasst werden. Aus diesem Buch würden jederzeit die Selbstkosten erkennbar sein, die im Laufe der Herstellung der Porzellane anfielen. Der Verkauf würde auf diese Weise mit größerer Sicherheit in Bezug auf die eigenen Verkaufspreise erfolgen. Weiterhin könnte die große Mehrheit der Produkte eine weitere Ausdifferenzierung erhalten: Röber sprach von einer Unterscheidung in der Buchführung nach einem „General-Waarenkonto" für die meisten Porzellane und von einer „âperte Rubrique" für die wertvolleren Gegenstände. Eine weitere Unterscheidung der Bücher könnte auch nach Art der Farbe und Verarbeitung erfolgen, um besonders die unterschiedlichen Herstellungskosten für bemalte oder für polierte oder emaillierte Porzellane besser aufnehmen zu können. In beiden Konten würden die Einnahmen aus dem Verkauf und die Selbstkosten geführt werden, um zu sehen, „ob die Waare mit nutzen oder Schaden verkaufft ist".[603]

Leider ist aus den archivalischen Angaben nicht weiter ersichtlich, wie der Buchhalter die delikate Angelegenheit der Einbindung der Gemeinkosten in die Preisbildung konkret angehen wollte. Der Vorschlag an die Kommission blieb an den entscheidenden und interessanten Stellen der praktischen Umsetzung wohl auch bewusst vage. Möglicherweise sollte durch die Erfassung sämtlicher Gemeinkosten in dem „Calculier-Buch" und die Führung der speziellen Warenkonten die Grundlage geschaffen werden, um eine Verteilung dieser Kosten auf einzelne Porzellanstücke im Wege einer anteiligen Zuordnung zu ermöglichen. Interessant ist hierbei zu erwähnen, dass dieser Vorschlag von einem recht fortgeschrittenen betrieblichen Kostenbewusstsein im frühen 18. Jahrhundert zeugt, besonders vor dem Hintergrund der

---

601 Hier zeigt sich die Vorsicht vor allzu hohen Verkaufspreisen, denen man einen negativen Einfluss auf den Gewinn zuschrieb. Das preispolitische Credo in der Handelspraxis des Merkantilismus sah vor, durch häufigere Transaktionen und Umsätze mit niedrigeren Preisen den betrieblichen Gewinn zu sichern statt durch seltene hochpreisige Verkäufe die Profitabilität zu erhalten, vgl. Kapitel 2.2.4. Röber, als ehemaliger Gewürzkrämer und Buchhalter im Handel tätig gewesen, hat sicherlich diese preispolitische Überzeugung auch in der Manufaktur geltend gemacht, zur Person Röbers vgl. Rückert (1990), S. 59.

602 Vgl. AA I Aa 1a, S. 155.

603 W A I Aa 1a, S. 155b–156.

bisherigen Forschung des historischen Rechnungswesens.[604] Dies darf gleichzeitig nicht darüber hinwegtäuschen, dass man sich in Meißen im gesamten hier untersuchten Zeitraum an den Grundsätzen der kameralistischen Buchführung orientierte. Verzeichnet wurden lediglich alle unmittelbar zahlungsrelevanten Buchungsvorgänge innerhalb eines Kalenderjahres. Als Abschluss wurde eine Einnahmenüberschussrechnung erstellt, die zur Bestimmung des Gewinns, der Liquidität in der Manufakturkasse und für die externe Berichterstattung gegenüber Direktion und König genutzt wurde.[605] Eine doppelte Buchführung, eine Gewinn- und Verlustrechnung und eine kaufmännisch erstellte Bilanz sind in Meißen im 18. Jahrhundert nicht eingerichtet worden, wohl auch weil sich diese Buchführung nicht ohne Schwierigkeiten auf das produzierende Gewerbe mit einem hohen Anteil an gebundenem Kapital in Geräten und Lagerware übertragen ließ.[606]

In ihrem Bericht an König August den Starken konstatierte die Kommission, dass mit dem „inländischen Porcellain ein gar nützliches commercium zu treiben sey", aber die sich bietenden Umsatzpotenziale konnten nur durch eine betriebliche Reorganisation erreicht werden.[607] Die Kommission nannte „zuförderst eine genauere Aufsicht" über alle verfertigten Porzellanwaren und die Schaffung der Möglichkeit, „die in quantitaet oder in grosso verlangten Waaren zu bestimmter Zeit, und in genugsamer Tüchtigkeit" zu liefern.[608] Das größte Marktpotenzial wurde im Handel mit Geschäftskunden gesehen und weniger im Verkauf an Endkunden. Hinsichtlich der Einführung einer betrieblichen Preispolitik schwieg sich die Kommission aus. Lediglich die relativ unkonkrete Forderung nach einer stärkeren Vertriebs-

604 In der Literatur wird angenommen, dass bis in das 19. Jahrhundert die Kostenrechnung aus einer Verbuchung von Kosten auf einzelne Kostenträger und –stellen bestand ohne Verteilung der Gemeinkosten, somit ein wirkliches Bewusstsein für Kosten und Kalkulation erst für das 19. Jahrhundert sich entwickelte, vgl. Dorn (1993), Sp. 722 und Schneider (2001), S. 589. Eine Verteilung der Gemeinkosten ist aber schon im 13. und 14. Jahrhundert nachgewiesen worden, vgl. Schneider (1984), S. 188 und Melis (1964), S. 279, genauso wie auch bei Eisenproduzenten im England des 18. Jahrhunderts die Verteilung der Gemeinkosten auf Kostenstellen bewirkt wurde, vgl. Fleischman/Parker (1991), S. 365–366, Fleischman/Parker (1992), S. 144. Zum ersten Mal theoretisch untersucht wurde die Problematik zwischen direkten Kosten und Gemeinkosten von den Gelehrten des Merkantilsystems, vgl. Kapitel 2.2.4.

605 Bei der kameralistischen Buchführung tritt die Berechnung von Gewinn und Verlust zumeist hinter der Darstellung der Einnahmen und Ausgaben zurück, da es sich vornehmlich im damaligen Rechnungswesen um eine Bestandswirtschaft handelte. Die Berechnung des Reinertrags und des Gewinns erfolgte deshalb seit der Renaissance bis in das 19. Jahrhundert hinein durch Einnahmenüberschussrechnungen. Schlussbilanzen enthielten sowohl Bestands- als auch Stromgrößen, da ihr Zweck die Gewinnermittlung war vor dem Hintergrund von Bestandsänderungen, vgl. Schneider (2001), S. 585–589, eine zeitgenössische Darstellung bei Jung-Stilling (1785a), ausführlich zum Vergleich der Buchführungsarten Winckelmann (1950).

606 Vgl. Kocka (1999), S. 139 und Chatfield (1974), S. 92. Es ist dabei anzunehmen, dass bei einer Mehrzahl der Unternehmen noch bis weit in das 19. Jahrhundert hinein eine kameralistische Buchführung durchgeführt wurde, vgl. Yamey (1949), S. 105. Marperger schrieb schon 1714, dass das kameralistische Buchführen „um soviel leichter und natürlicher als jenes [doppelte Buchführen] schwerer und künstlicher ist", ja sogar „dunckeler und verborgen sey" und dass man bei der Anwendung der einfachen Buchführung „keiner frembden Hülffe dabey nöthig" habe, Marperger (1714), S. 270.

607 AA I Aa 1b, S. 451 zum Bericht der Kommission vom 21. Oktober 1719 vgl. auch Zimmermann (1908), S. 246–257.

608 Vgl. AA I Aa 1b, S. 451b.

leistung und allgemein nach höheren Einnahmen als bisher lassen sich im Bericht finden.[609] Festzuhalten bleibt, dass die recht innovativen Vorschläge der Neuorganisation von Buchführung und Preispolitik ein Indiz dafür waren, dass erstmalig in einem Kontext des zentralisierten Manufakturbetriebes ein ausgeprägtes modernes Kostenbewusstsein zu erkennen war. Die Gedankengänge bezüglich Einnahmen und Ausgaben und die Einsicht, dass Profitabilität im Betrieb geplant und dessen Erreichung kontrolliert werden muss, sind für das frühe 18. Jahrhundert eine der ersten Nachweise betrieblicher Überlegungen zur Preispolitik und ihrer Einbettung in eine größere Systematik strategischer Überlegungen.

3.3.4 Preispolitik in der Übergangsphase – Die Zeit von 1720 bis 1728

Die Kommission war in ihrem Wirken recht erfolgreich. Seit ihrer Einsetzung im März 1719 wurden bis zum Jahresende 1722 insgesamt 36.914 Taler und 15 Groschen Umsatz getätigt.[610] Notwendige organisatorische und betriebliche Veränderungen wurden endgültig zu Wege gebracht. Als die Einnahmen aus den Monaten Juni bis November 1719 schon mehr als 5.000 Taler betrugen und somit die gesamten Einnahmen des Jahres 1718 überstiegen, schrieb man am 5. März 1720 an den König und bat ihn, dass „gegenwärtige Commission länger continuieren sollte", so dass faktisch die Manufakturkommission als mehrköpfiges Direktorium unter Vorsitz des 1. Kommissars das leitende Gremium in Meißen wurde für nahezu ein Jahrhundert.[611] Gleichzeitig wollte man jedoch einen Zuschuss in Höhe von 5.000 Talern aus der königlichen Generalakziskasse weiter ausgezahlt haben, um die monatlichen Ausgaben zu decken und die gerade erfolgte betriebliche Reorganisation mit der notwendigen Kapitalbasis ausstatten zu können, „bis ein hinglänglicher Fond bei der Manufactur-Casse zusammen gebracht".[612] Während die Kommission weiterarbeiten durfte, kam August der Starke dem Wunsch nach weiteren finanziellen Subsidien aus der Staatkasse aber nicht nach. An die Mitglieder der Kommission hieß es in einer Resolution vom 22. Juli 1720:

> *„Bey welchen Umbständen wir außer Zweiffel stellen, ihr werdet nach der bishero gemachten Einrichtung und geführten guten Menage das Werck weiter also zu dirigieren wissen, daß es ohne Beytrag aus anderen Cassen sich solches erbaue".*[613]

Nach Jahren der unentwegt eingezahlten Fördergelder schienen die guten Umsatzzahlen aus dem Jahre 1719 den König dazu bewogen zu haben, vorerst die finanzielle Unterstützung einzustellen.[614] Die in den Jahren 1719 und 1720 erwirtschafteten Gelder würden ausreichen,

---

609 Vgl. AA I Aa 1b, S. 456b und S. 463. Andererseits hat man bei vielen anderen, weniger wichtigen Gebieten einen übermäßigen Arbeitseifer gezeigt. So wurde allein für die Beibehaltung von 4 Laternen auf dem Manufakturgelände eine königliche Resolution angefordert, vgl. AA I Aa 3, S. 232–233.

610 Vgl. AA I Aa 2, S. 159.

611 AA I Aa 1b, S. 515b, vgl. auch Rückert (1990), S. 42.

612 AA I Aa 2, S. 48b–50.

613 AA I Aa 2, S. 69.

614 Der König übernahm die Löhne für die Manufakturisten seit der Gründung des Betriebs, ab 1715 bis 1719 sollte die Manufakturkasse die Zahlung der Löhne übernehmen. Durch die schlechte betriebliche Führung insbesondere von 1715 bis 1717 kam es zu Engpässen bei der Lohnzahlung. Nach 2 Monaten ohne Lohn kam es zu Pro-

um die Manufaktur vollständig aus der eigenen Betriebskasse zu führen.[615] Die wieder erstarkenden Geschäfte bewogen den König auch, die Akzise auf verkaufte Porzellane zu erheben. Unter Böttger wurde zwar ebenfalls die Akzise auf Waren erhoben, aber immer wieder fehlerhaft verbucht. Mit Resolution vom 27. Juli 1720 setzte man auf den „rechten Werth des Verkauffs" eine Akzise von 2 Talern und 6 Groschen an. Porzellane, die an ihre Besteller versendet wurden und nicht im Wege des freien Verkaufs veräußert wurden, blieben von der Akzise zu Beginn freigestellt, erhielten jedoch 1721 eine Akzise von 9 Groschen von jedem Taler, oder 3,125% des Preises.[616] Trotz aller Erfolge musste der Porzellanverkauf auch schleppende Absatzzahlen für die allgemein als schwach geltenden Sommermonate[617] des Jahres 1720 verzeichnen – den Einnahmen von 490 Talern und 20 Groschen im Juni, Juli und August standen 1.609 Taler und 19 Groschen an Ausgaben gegenüber, allein pro Monat verwendete die Manufaktur 339 Taler und 20 Groschen für ihre nunmehr 34 Angestellten.[618]

Aber ungeachtet der eingestellten Subventionszahlungen des Königs, der Erhebung der Akzise und einigen schwierigen Absatzmonaten, liefen die Geschäfte für die Manufaktur auch in den folgenden Jahren erfolgreich. Die größeren Investitionen, wie z.B. in eine Reibemaschine zur Glasurherstellung, wurden nunmehr aus der Manufakturkasse bestritten, genauso wie die Lohnzahlungen und die Materialbeschaffung. Daneben konnte man aus der betrieblichen Tätigkeit immer wieder ausreichend Liquidität der Kasse zuführen, die hohen Umsätze während der Leipziger Messen taten ein Übriges zur Verbesserung der Manufaktursituation. So verwundert es nicht, wenn Steinbrück für die ersten Jahre nach Böttgers Administration einen „gantz ungemeinen progressus" für den Betrieb ausmachte.[619] Als Ausdruck der neuen Organisation der betrieblichen Prozesse und des Rechnungswesens, verfasste Steinbrück am 1. September 1720 erstmals eine Prognose für den zukünftigen Bedarf an Materialien bis Ende Mai 1721. Ausgangspunkt für seine Planungen waren die bestehenden Verbrauchsmengen und -preise von Brennholz, Erde und sonstigen Rohstoffen für die Porzellanherstellung. Diese Werte rechnete er auf die kommenden acht Monate hoch und konnte einen zukünftigen Bedarf an Rohstoffen in Höhe von 771 Talern errechnen.[620]

Das größte künstlerische Problem bestand beim Tode Böttgers darin, dass man mit der Bemalung der Porzellane in Meißen noch nicht sehr weit war.[621] Außer goldenen Bemalungen sind keine weiteren nennenswerten Verzierungen entstanden, man musste konsterniert fest-

testen und Streiks der Arbeiter in Dresden. Bartelmei und Nehmitz schlossen die Lücke in den Kassen mit eigenem Geld, aber abermalige Finanzengpässe zwangen den König, wieder Zuschüsse zu zahlen, vgl. Rückert (1990), S. 30–32.

615 Vgl. AA I Aa 2, S. 68b–69b .

616 Vgl. AA I Aa 3, S. 200 und AA I Aa 5, S. 59b, weiterhin zollfrei blieb die Lieferung des Brennholzes, vgl. AA I Aa 3, S. 304b.

617 Während dieser Monate fanden keine Messen in Leipzig statt, und die im Sommer stattfindenden Naumburger Peter-Pauls Messen waren relativ unbedeutend. Allein in den drei Leipziger Messen wurde von September 1719 bis August 1720 45% des gesamten Umsatzes getätigt, vgl. AA I Aa 2, S. 87, eigene Berechnungen.

618 Vgl. AA I Aa 2, S. 83–84b und S. 86.

619 AA I Aa 2, S. 142–143b, vgl. auch AA I Aa 4, S. 48b.

620 Vgl. AA I Aa 3, S. 357–359.

621 Vgl. AA I Aa 1a, S. 187b.

stellen, „daß nicht alles gemacht werden kann", was man sich in der Malerei vorgenommen hatte.[622] Man war sich bewusst, dass erst eine künstlerisch ansprechende Bemalung der Porzellane auch den Vertrieb der Waren gehörig steigern konnte.[623] Besonders die blaue Unterglasurfarbe konnte nicht zufriedenstellend und feuerfest hergestellt werden. Hohe Temperaturen beim Porzellanbrand ließen die Farbe verschwimmen oder gar platzen. Dies änderte sich, als der 1719 nach Wien in die dort soeben gegründete Porzellanmanufaktur geflohene Arkanist Samuel Stöltzel 1720 wieder nach Meißen zurückkehrte und dabei den in Wien angestellten Maler Johann Gregor Höroldt mitbrachte.[624] Man hatte mit Stöltzel nicht nur einen fähigen Arkanisten in den eigenen Reihen, sondern konnte mit Höroldt jetzt auch in der Malerei entscheidende künstlerische Akzente setzen. Technisch wurde die blaue Unterglasurfarbe genauso wie die Vervollkommnung der Farbpalette vom Arkanisten David Köhler umgesetzt.[625] Doch ihr verständiger künstlerischer Einsatz bedurfte eines geschickten Malers, den die Meißener Manufaktur bisher nicht hatte. Die Person eines „Hexenmeisters"[626] wie Höroldt konnte technisches Verständnis und künstlerische Begabung in der Malerei wirksam vereinen und verhalf der Manufaktur durch hochwertige Malereiarbeiten zu dem erhofften wirtschaftlichem Aufschwung.[627] Denn er war nicht nur ein begabter Künstler und Maler, sondern besaß auch ein technisch-chemisches Grundverständnis, welches er immer wieder einsetzte, um Schwierigkeiten in den betrieblichen Herstellungsprozessen zu beseitigen. Seine Farbmalerei auf der Glasur war glatt und sauber, und die Malereimotive entsprachen dem damaligen Geschmack.[628] Seine ebenfalls guten Leistungen in der Verwaltung führten dazu, dass er schnell innerhalb der Manufaktur aufsteigen konnte.

In dieser Zeit ab 1719 hat der Faktor Chladni in Dresden die Festsetzung der Preise wesentlich bestimmt. Die damalige Praxis sah vor, dass ihm aus Meißen die bestellte Ware zugeschickt wurde, gemeinsam mit der Ware, die zur Auffüllung des Vorrats in den Niederlassungen gedacht war. Chladni war in erster Linie nur an den Porzellanwaren interessiert, die als Gut oder Mittelgut klassifiziert waren, da nur solche sich für den Verkauf eigneten. Und diese Lieferungen wurden von ihm dann endgültig mit dem Verkaufspreis „taxiert".[629] Da Chladni kein Arkanist war und ihm das Porzellangeschäft zu Beginn seiner Tätigkeit fremd war[630], war er über den tatsächlichen Herstellungsprozess kaum informiert. Insbesondere konnte Chladni bei der Preiskalkulation nicht die tatsächlichen Kosten für die Masseherstellung ansetzen – dies war ja schließlich der Kern des so stark gehüteten Geheimnisses um das

---

622 AA I Aa 1a, S.107, siehe auch Berling (1900), S. 35 und Menzhausen (1983), S. 67.

623 Vgl. AA I Aa 2, S. 56.

624 Vgl. AA I Aa 1b, S. 317b und AA I Aa 3, S. 126b, ferner Schuster (1993), S. 61–64. Zur Person von Stöltzel, vgl. Rückert (1990), S. 53, ausführlich zu Höroldt und dessen Bedeutung für die künstlerische Tätigkeit der Manufaktur Rückert (1990), S. 158–161.

625 Vgl. Seyffarth (1970), S. 130.

626 So der erste Archivar der Manufaktur Meißen, Gröger (1958), S. 15.

627 Vgl. Berling (1900), S. 36 und Schuster (1993), S. 66.

628 Vgl. AA I Aa 2, S. 155b.

629 Vgl. AA I Aa 2, S. 169b.

630 Chladni war vor seiner Tätigkeit in der Manufaktur als Handelsdiener und Buchhalter in der Tuchmanufaktur in Torgau und später in Leipzig angestellt, vgl. AA I Aa 1a, S. 274 und Rückert (1990), S. 64.

Porzellan. Dafür spricht eine Passage aus einem wöchentlichen Rapport von Steinbrück vom 2. Oktober 1720. An diesem Tag fanden sich sowohl Chladni, als auch Steinbrück und die Arkanisten Köhler und Schuberth alle beisammen in Meißen wieder. Steinbrück kam auf das blaubemalte Porzellan zu sprechen, welches nun durch die Mitarbeit des Malers Höroldt endlich in guter Qualität hergestellt und verarbeitet werden konnte. Steinbrück stellte den leitenden Manufakturisten

> *„die frage, ob das blaue porcellain in rechtem Preise verkauffet würde? und soûtenierten die arcanisten, daß solches viel theurer, als geschähe, verkauffet werden müßte; gestalt die dazu erforderliche Massa extraordinair theurer u- kostbarer wäre. H. Chladny widersprach, u- die Sache blieb unausgemacht."*[631]

Während die Arkanisten als Kenner des Herstellungsprozesses eindeutig im Sinne einer Preiserhöhung argumentierten, da die Porzellanmasse teurer in der Herstellung geworden war, schob Chladni diese Argumente beiseite. Und er konnte sich mit dieser Haltung auch durchsetzen, da das Problem offensichtlich nicht weiter angegangen wurde. Es sind für dieses Ereignis die weiterführenden Gründe für Chladnis Einspruch archivalisch leider nicht erhalten. Davon auszugehen ist aber, dass Chladni sozusagen notgedrungen eine marktorientierte Preiskalkulation durchführen musste, anstatt sich für eine kostenorientierte Festsetzung der Preise zu entscheiden, schlichtweg aus dem Grund, da er über die tatsächlichen Kosten nur ungenügend informiert war und davon ausgehen musste, dass eine kostenorientierte Preispolitik womöglich nicht optimal für den Absatz der Waren sein konnte. Diese unterglasurblaue Malerei war die bevorzugte Option in Meißen, um möglichst günstige Produkte herzustellen. Indem man nämlich auf einen zusätzlichen Brand, den Emaillierbrand zum Aufschmelzen weiterer Farben, verzichten konnte, reduzierten sich entsprechend die Brenn- und Produktionskosten. Wie stark sich jedoch die Reduktion im Verkaufspreis niederschlagen konnte, war auch abhängig davon, ob man sich von der Kostenseite oder von der Nachfrageseite an die Preisbildung näherte. In der Manufaktur gab es mehrere Mitarbeiter, die in Bezug auf die Herstellungskosten besser informiert waren als Chladni, allen voran die Arkanisten Schuberth und Köhler und der Manufakturinspektor Steinbrück. Da Chladni der Verantwortliche für den Verkauf der Manufakturerzeugnisse war, oblag ihm allein die Festlegung der Porzellanpreise. Da er in seiner Tätigkeit im Vertrieb regen Austausch mit Geschäftskunden hatte, die in größeren Mengen das Porzellan in andere Regionen weiterverkauften, war es ihm möglich, ein Gespür für den Porzellanmarkt und dessen Preise zu entwickeln.[632] Es ist bekannt, dass er während der großen Leipziger Messen mit Kaufleuten in Preisverhandlungen eintrat und ein ums andere Mal den Forderungen nach Rabatten und Preisabschlägen nachgekommen ist.[633] Möglicherweise wäre ein solches marktorientiertes Preisgefüge, wie es Chladni im Sinn gehabt haben könnte, durch allzu starke Berücksichtigung der tatsächlichen Herstellungskosten arg ins Wanken geraten. Chladni stand der Marktseite des Porzellans stets näher als der innerbetrieblichen Kostenseite der Manufaktur, weshalb die Preispolitik auch nach 1719 weiterhin stark marktorientiert blieb. In Bezug auf die

---

[631] AA I Aa 3, S. 374.

[632] Vgl. AA I Aa 13, S. 286b–287.

[633] Vgl. Kapitel 3.4.1.

Preisbildung kann an dieser Stelle festgehalten werden, dass der Faktor Chladni die letzte Instanz war, die über die Verkäuflichkeit einer Ware entschied und das letzte Wort bei der Preisstrategie hatte. Einer seiner Angestellten, der Handelsgehilfe Johann Gottlob Tzschornick, musste sich bei seinem Amtseid am 10. September 1722 verpflichten, die Warenpreise nicht weiterzugeben ohne die ausdrückliche Anweisung von Chladni.[634]

Ebenfalls nicht ohne ein gewisses Konfliktpotenzial war die Einteilung der Porzellanwaren in die drei bestehenden Güteklassen Gut, Mittelgut und Brac, die wesentlich auch den finalen Verkaufspreis für das entsprechende Porzellangut bestimmten. Zwischenzeitlich waren bis zu vier leitende Manufakturisten an dieser Einteilung beteiligt. Alle aus den Bränden stammenden Stücke wurden im ersten Schritt von den Mitarbeitern noch im Brennraum selbst klassifiziert. Es oblag aber den Verantwortlichen der Manufaktur, eine endgültige Spezifikation für die Waren zu finden. Die ursprünglich noch 1719 dazu vorgesehenen Angestellten, Dr. Nehmitz und Inspektor Steinbrück, stellten immer mehr Divergenzen in der Klassifizierung der Waren fest, ihre Verzeichnisse der Porzellanstücke waren „nach der Zahl als Qualitaet gantz discrepant".[635] Man konnte sich oftmals nicht einigen, welches Stück in welche Qualitätskategorie einzuordnen war, und Dr. Nehmitz vergaß öfters das Produktionsdatum in seinen Zetteln und beschrieb die Porzellane nicht einzeln, sondern gab nur die Summe der drei Qualitäten an.[636] Um die Abweichungen in der Qualitätseinschätzung abzustellen, sollte der Faktor Chladni die bestehenden Verzeichnisse untersuchen, und wo nötig Korrekturen anbringen und neue Klassifizierungen vornehmen. Chladni musste das Inventar und jede Lieferung nochmals genau durchsehen und entscheiden, ob eventuell kleinere Mängel durch Schleifen oder Emaillieren bedeckt und zum Verkauf präpariert werden konnten.[637] Chladni berichtete, er habe

> *„gefunden, daß man unter dem Mittel-Gute und brac zu Meißen etwas anderes verstehe, als ich es hier zu Dresden im Gewölbe gehalten, deswegen habe alle Stücke genau durchgesehen, und selbige in drey besondere Classen eingetheilet".*[638]

Für Chladni bedeutete Brac all das, was er nicht mehr zu Geld machen konnte, für die Manufaktur in Meißen war Brac hingegen das in Scherben zersprungene und nahezu kaputte Porzellan. So wurde in Meißen vieles als Mittelgut deklariert, was in Dresden aber als Brac angesehen wurde.[639] Die Kommission entschied sich letztlich, der Lesart von Chladni zu folgen.[640]

---

634 Vgl. AA I Aa 2, S. 171b.

635 AA I Aa 2, S. 244, vgl. auch AA I Aa 3, S. 294b–295.

636 Offenbar geschahen diese Ungereimtheiten nicht aus Versehen, denn über die Person des Dr. Nehmitz häuften sich die Beschwerden. Immer wieder hielt er Arbeiter vom Brennen der Porzellanstücke ab, ließ es an der benötigten Glasur mangeln und „hat er sich weder umb das guthe zubefördern, noch das böse zuverhindern, im geringsten bemüht, sondern alles gehen laßen, wie es gegangen und dazu stille geschwiegen", AA I Aa 5, S. 251b–252. Möglicherweise ist dieser Schlendrian als Antwort auf die Entlassung seines Bruders, dem Kammerrat Michael Nehmitz, zu interpretieren.

637 Vgl. AA I Aa 2, S. 245.

638 AA I Aa 3, S. 307.

639 Vgl. AA I Aa 3, S. 318.

640 Vgl. AA I Aa 3, S. 302.

Diese Unstimmigkeit in der Bewertung der Porzellanprodukte ist ein weiterer Ausdruck der vielen Entscheidungsinstanzen, die innerhalb der Manufaktur durchlaufen werden mussten. Dabei musste man sich bei der Spezifikation der Waren stets mit einem Arkanisten, entweder Köhler oder Schuberth, abstimmen, welche die einzigen waren, die von der technischen Seite der Manufaktur kamen. Erst wenn bei einer Klassifizierung sowohl Chladni als auch Steinbrück einverstanden waren, konnte das Porzellan endgültig in das Warenverzeichnis aufgenommen werden, wobei Chladni, wie oben dargelegt, das letzte Wort hatte und die erhaltene Ware in Dresden oftmals neu bewertete. Die so eingeteilten Porzellane der Klasse Gut und Mittelgut konnte Chladni dann in seine Verzeichnisse im Dresdner Warenlager endgültig übernehmen, Brac hingegen wurde beiseitegelassen.[641]

Überhaupt produzierte die Manufaktur in diesem Zeitraum immer noch viel Brac, was für den Betrieb einen enormen Schaden bedeutete. Allein zum Jahreswechsel 1719/1720 konstatierte Steinbrück, dass durch mangelhafte Brennvorgänge in vielen Fällen eine nicht akzeptable Ausschussquote generiert wurde.[642] Er berechnete für einen knapp einmonatigen Zeitraum einen Schaden von insgesamt 695 Talern, der durch schadhafte und nicht mehr zu gebrauchende Porzellane entstanden war.[643] Den Wert der noch verkäuflichen Stücke setzte er mit 133 Talern an, so dass die Manufaktur somit im besten Fall aus den Kosten eines Brandschadens lediglich ungefähr 20% wieder hereinholen konnte. Aus diesem Grund beinhaltete die Kalkulation der Verkaufspreise und der Selbstkosten oftmals eine Risikokomponente, welche diese hohen Quoten von fehlerhaften Porzellanen nach dem Brennen berücksichtigte. Im Zusammenhang mit der Einführung eines neuen Verglühofens im Jahre 1719 hieß es:

> *„Soll alhier ein Verglühofen, welcher höchst nöthig, angelegt werden, so würden nicht so viele Stücke entzwey gehen, so dann könnten die Wahren den bisherigen hohen Taxa, wie solche verkaufft werden, (...) herunter gesezet werden".*[644]

Die Einbeziehung der Fehlbrände in die Preiskalkulation wurde an diesem Punkt nicht weiter thematisiert, doch ist dies ein Hinweis, dass die Kosten für fehlerhaftes Porzellan aus dem Brennofen in die Verkaufspreise eingeflossen sind. Möglicherweise hat man, um den hohen Schäden durch fehlerhaftes Porzellan zu begegnen, den verbleibenden guten Stücken höhere Preise gegeben, damit diese zumindest einen Teil der von Steinbrück ausgerechneten Schadenssumme decken konnten. Für die Michaelis-Messe[645] 1720 war die Ausschussquote wieder so hoch, dass zur Messe „soviel nicht geliefert worden, daß ein profit daraus zu

641 Das von Chladni neu spezifizierte Warenlager in Meißen beinhaltete insgesamt 11.036 Porzellanstücke, davon wurden von Chladni 47% als Gut, 33% als Mittelgut und 20% als Brac eingestuft. Nicht überliefert sind für dieses Warenlager die zum Brand eingereichten rohen Geschirre, so dass sich eine Ausschussquote nicht kalkulieren lässt, vgl. AA I Aa 3, S. 310–315, eigene Berechnungen.

642 Einer der Hauptgründe mag die recht unbeständige Hitze innerhalb der Öfen gewesen sein. Man konnte noch nicht eine konstante Feuerungstemperatur garantieren und hat deswegen mehrmals sogar die aus feuerbeständigem Schamottestein (bis ca. 1.400–1.500 Grad Celsius) bestehenden Kapseln versehentlich geschmolzen, vgl. AA I Aa 3, S. 161.

643 Vgl. AA I Aa 3, S. 5b.

644 AA I Aa 1b, S. 296.

645 Die traditionell im Oktober stattfindende Michaelis-Messe zu Ehren des am 29. September in der Christenheit begangenen Feiertags des Erzengels Michael.

vermuthen gestanden".[646] Die Wertschöpfung, die für die rohen Porzellanstücke bis zum Brand geleistet wurde, „verbrannte" regelrecht im Ofen, da nur ein Bruchteil der Geschirre im Feuer gelang und diese guten Stücke die gesamten vorher angefallenen Kosten der Produktion für alle Porzellane, seien sie gut oder schlecht gelungen, decken mussten.[647] Weitere archivalische Hinweise auf diese Risikokomponente in der Preiskalkulation lassen sich nur vereinzelt finden, auch weil die Preisbildung nach wie vor die beschriebene Marktorientierung aufwies und für kalkulatorische Kostenaspekte noch wenig empfänglich war. Die Anzahl der minderwertigen Porzellane ist auch in den nachfolgenden Jahren auf hohem Niveau geblieben.

Steinbrück sah in diesem Zeitraum noch weitere zusätzliche Gefahrenquellen, die der Manufaktur erheblichen Schaden einbringen konnten. Von Seiten der Manufakturkommission sah man diese Gefahr hingegen nicht und rechnete dem Inspektor Steinbrück vor, man habe für 1.000 Taler in Baumaßnahmen investiert, zwischen 400 und 500 Taler an Schulden abgebaut, einen starken Porzellanvorrat angeschafft und trotz einer Entnahme von König August dem Starken in Höhe von 2.300 Talern einen Kassenbestand von 1.200 bis 1.400 Talern erwirtschaften können zum Jahreswechsel 1720/1721.[648] Es bestand insbesondere auf der Beschaffungsseite noch erhebliches Verbesserungspotenzial für die Manufaktur, so dass der Einkauf des so dringend benötigten Brennholzes im Fokus der Optimierung stand. Brennholz kaufte die Manufaktur bisher für 9 Taler und 10 Groschen pro Schrage ein, und „dieses wäre der beste Holtz-Handel".[649] Dennoch suchte man hier verstärkt nach Einsparmöglichkeiten und zeigte Interesse an dem aus den Gütern der Fürsten Thun-Hohenstein stammenden Holz in Böhmen in der Grafschaft Tetschen.[650] Der Manufakturkommissar Johann Friedrich Fleuter und der Manufaktur-Mechanicus Jonas Richter traten am 11. Juli 1721 in Verhandlungen mit der Gräfin von Thun-Hohenstein. Diese war geneigt, aus „nachbarschaftlicher Hilfe" der Manufaktur das benötigte Holz zukommen zu lassen, zu einem Preis von 9 Taler und 12 Groschen pro Schrage inklusive Transport bis nach Meißen, „von welchem pretio wenig oder nichts abgehen könnte".[651] Die Gesandten der Manufaktur merkten an, dass zu so einem Preis auch in Sachsen eingekauft werden könnte, und setzten 6 Taler und 12 Groschen als einen angemessenen Preis an. Ein weiteres gräfliches Gegengebot von 8 Talern pro Schrage wurde ebenfalls als noch zu hoch erachtet. Kurz bevor die Verhandlungen zu scheitern drohten, machte die Manufaktur ein Gegengebot von 7 Talern, bis man sich schließlich bei 7 Talern und 4 Groschen pro Schrage handelseinig wurde, was gegenüber dem ursprünglichen Preis des Rohstoffes eine Ersparnis von fast 24% für die Manufaktur bedeutete. Die

[646] AA I Aa 3, S. 395b.

[647] Die Einbeziehung des Risikos fehlerhafter Brände in die betriebliche Kalkulation ist in der Keramik- und Porzellanindustrie für weitere Fälle belegt. Bei der Ziegelhütte in Mühlhausen am Bodensee wurde um 1779 von dem Grafen Enzenberg nur derjenige als Pächter der Ziegelei eingestellt, der für die Fehlbrände eine Kaution oder einen Bürgen stellen konnte, vgl. Schaier (1990), S. 27.

[648] Vgl. AA I Aa 4, S. 12b. Der König und darüber hinaus seine Familie, hochrangige Minister und Beamte konnten bei entsprechender Resolution Porzellane unentgeltlich aus der Meißener Manufaktur beziehen, vgl. Cassidy-Geiger (2007), S. 19.

[649] AA I Aa 4, S. 23b.

[650] Vgl. AA I Aa 4, S. 196–198b.

[651] AA I Aa 4, S. 197.

Manufaktur verpflichtete sich, in den nächsten drei Jahren jährlich 160 Schragen abzunehmen.[652]

1721 teilte man die Meißener Angestellten in Klassen ein, in sogenannte Arbeiter der ersten Klasse, Arbeiter der zweiten Klasse und der dritten Klasse, was auch Auswirkungen auf Besoldung und Stand innerhalb der Manufaktur hatte.[653] Die Arkanisten Köhler, Schuberth und Stöltzel waren der ersten Klasse zugeordnet, die Maler waren von dieser Klassifikation ausgenommen und stellten weiterhin eine eigene Gruppe dar. Um ein erhöhtes Maß an Aufmerksamkeit während der Arbeit zu erreichen und um insbesondere die schwankende Qualität der hergestellten Porzellanmasse dauerhaft auf ein gutes Niveau zu bringen, schlug Steinbrück die Einführung von leistungs- und qualitätsgebundenen Löhnen vor. In einem ausführlichen Bericht vom 28. Februar 1722 beschrieb der Inspektor der Manufaktur die Probleme, die sich durch das überstrenge Hüten des Arkanums und das herausfordernde und gelegentlich abschätzige Verhalten der Arkanisten ergaben, besonders die Animositäten unter den Arkanisten und die Verfolgung ihrer eigenen Interessen.[654] Durchweg hatte es Schwierigkeiten mit der Porzellanmasse gegeben, die starken Qualitätsschwankungen unterlag. Die hierbei verantwortlichen Arkanisten Köhler und Schuberth flüchteten sich hinter das Herstellungsgeheimnis und erschwerten so die Fehlersuche. Da kaum zwischen den Abteilungen kommuniziert wurde und die Schuld an den unbefriedigenden Qualitäten von Abteilung zu Abteilung weitergegeben wurde, suchte man nach alternativen Methoden, um die Qualität der Masse zu erhalten. Die Sicherstellung von guter Porzellanmasse könne

> *„auch dadurch erhalten werden, wenn man die, ihnen [den Arkanisten] jetzt deputirte Zulagen bis auf 20 Thlr. monatlich also eintheilete, daß sie wirklich nicht mehr, als etwa 16 Thlr. bekämen, die übrigen 4 Thlr. aber nur von Maßen zu Maßen, und zwar mit Condition hoffen müßten“.*[655]

Interessant ist es zu sehen, dass für das Jahr 1722 ernsthaft die Einführung von leistungsgebundenen Gehältern für die Führungskräfte diskutiert wurde. Neben einem festen monatlichen Gehalt sollte die bisher regelmäßig gewährte Gehaltszulage in einen variablen Gehaltsbestandteil von 20% umgeformt werden, der sich anhand der Qualität der hergestellten Porzellanmasse bemessen sollte. Neben diesen anreizkompatiblen Wirkungen des variablen Gehaltsbestandteiles, dachte Steinbrück auch an die erzieherische Wirkung solcher Gehaltssysteme, denn „durch dergl. Anstalten könnten die Leuthe in beständiger Attention (...) und Beobachtung ihrer Devoirs erhalten werden“.[656]

Diese Art der Entlohnung für die Arkanisten wäre sicherlich schwierig zu realisieren gewesen. Allein die Festlegung von messbaren und operationalisierbaren Kriterien zur Massequalität war ein großes Hindernis für die Manufaktur. Weiterhin problematisch wäre die Einbindung solcher Gehaltsvarianten in die unternehmerische Preiskalkulation gewesen, da leis-

[652] Vgl. AA I Aa 4, S. 209.

[653] Vgl. AA I Aa 4, S. 43–44.

[654] Vgl. nachfolgend ausführlich AA I Aa 5, S. 249–283b.

[655] AA I Aa 5, S. 277.

[656] AA I Aa 5, S. 277b.

tungsorientierte Vergütungen sowohl den Charakter von Gemeinkosten (festes Gehalt des Manufakturisten) als auch von Einzelkosten (variable Vergütung direkt zurückzuführen auf die hergestellte Masse) gehabt hätten. Es verwundert daher nicht, dass dieser innovative Weg nicht weiter verfolgt wurde.[657]

Ein uneinheitliches Vorgehen lässt sich im Umgang mit dem weißen unbemalten Porzellan feststellen. Als die Malerabteilung in Meißen leistungsfähiger wurde, wurde auch die „Pfuscherei" mancher Maler zu einem Problem.[658] Damit wurde die nebenberufliche Tätigkeit der Maler bezeichnet, die abseits ihrer üblichen Malereiarbeiten für die Meißener Manufaktur noch allerhand andere Aufträge zur Porzellanbemalung annahmen. Neben den Malern der Manufaktur, die im Nebenverdienst Porzellane bemalten, gesellte sich der Zweig der gewerblichen Hausmalerei hinzu. Mehr oder weniger professionelle Maler, in der Regel frühere Angestellte der Manufaktur, bemalten in Auftragsarbeit die ihnen zur Verfügung gestellten weißen Porzellane. Diese Bemalung von Porzellan ohne Erlaubnis der Manufaktur schädigte den Ruf und auch die Einnahmen des Betriebes.[659] Immer öfter sah sich die Manufaktur auch eklatanten Fällen von Fälschungen ausgesetzt. Aufgekauftes weißes Porzellan wurde mehr schlecht als recht bemalt, indem die Farbe „nicht einfach in die Glasur eingegangen, sondern nur erhoben darüber getragen" wurde.[660] Da solche Werke dann als originale Produkte aus der Meißener Manufaktur verkauft wurden, war der Schaden für die Manufaktur beträchtlich. Deshalb griff man 1722 zu einem innovativen Mittel, um den Fälschungen und Kopien der eigenen Waren zu begegnen:

> *„So man zur Verhütung dessen [der Pfuscherei] wird künfftigen nöthig befunden, von iedem Service, so in der Königl. Fabrique gedachtermaßen gemahlet und embailliert worden, zwey Stücke (...) unterm Boden mit den Buchstaben, K.P.M. oder Königl. Porcellain-Manufactur, zu bezeichnen, und zwar mit blauer, unter der Glasur angebrachter und zu gleich mit selbiger eingebrannter Farbe, daß selbige wohl zu sehen, aber nicht zu fühlen ist".*[661]

Dachte man anfangs noch an Abkürzungen wie M.P.M. oder K.P.F.[662] als Markenbezeichnungen, wurden dann am 8. November 1722 von Steinbrück erstmals die „Churschwerter" des sächsischen Landeswappens als Zeichen für die Bodenmarke erwähnt, die fortan als

---

657 Eine variable Entlohnung ist zu einem späteren Zeitpunkt für die Angestellten eingeführt worden, vgl. Kapitel 3.3.6 und 3.3.18.

658 Hierzu ausführlich Seyffahrt (1966) und Weiß (1994), S. 95–100.

659 Zur Hausmalerei, die sich besonders im süddeutschen Raum in der zweiten Hälfte des 18. Jahrhunderts zu einem bedeutenden Gewerbe entwickelte, vgl. Hofmann (1923b), S. 660–661.

660 AA I Aa 2, S. 180b.

661 AA I Aa 2, S. 181b. Anfangs wurde dieses Markenzeichen nur bei 2 Stücken aus einem Service angebracht, einer Teetasse und einer Zuckerdose, vgl. AA I Af 20, S. 75.

662 „Meißner Porzellan-Manufaktur" und „Königliche Porzellan-Fabrik", vgl. AA I Aa 5, S. 248. Man war mit den Buchstaben K.P.F. unzufrieden, da man scherzhaft von der „Köhlerschen Porzellan Fabrik" sprach in Anlehnung an den Arkanisten Köhler.

unverwechselbares Markenzeichen jedes Produkt der Manufaktur zieren sollten. Dies ist somit der Beginn des weltweit ältesten noch heute benutzten Markenzeichens.[663]

Bekannt ist ein Fälschungsfall von einem der „Scheinarkanisten" Meerheim und seinem Sohn, die 1722 einen Profit zu erzielen suchten aus dem Aufkauf von weißem Porzellan und der anschließenden Bemalung durch fremde Maler, nur um es dann als Meißener Porzellan ausgeben zu lassen.[664] Meerheim kaufte große Mengen weißen Porzellans auf, gab sich manchmal sogar als Teilhaber der Manufaktur aus und konnte durch qualitativ schlechtere Malereiarbeit[665] den Gesamtpreis billiger ansetzen, als dies die Manufaktur tat. Ein Service, das in den Räumen der Dresdner Niederlassung für 30 Taler verkauft wurde, konnte man bei Meerheim für 12 Taler erwerben. Der Schaden für die Manufaktur wurde auf ungefähr 2.000 Taler geschätzt.[666] Um solchen Entwicklungen Einhalt zu gebieten, wurde 1725 das sogenannte „Bracbenefiz" eingeführt, mit dem man erlaubte, das Brac an die Manufakturangestellten zum eigenen Gebrauch kostenlos zu verteilen mit der Bedingung, nichts davon weiter zu verkaufen. Der Verkauf von Brac hingegen wurde verboten, um eben solche Fälschungsaktionen stärker eindämmen zu können.[667]

Mit dem Tode des Manufakturinspektors Steinbrück am 1. März 1723 wurde Johann David Reinhardt sein Nachfolger und gleichzeitig auch der Buchhalter der Manufaktur.[668] Dem innovativ denkenden und betriebswirtschaftlich orientierten Geist Steinbrücks konnte Reinhardt nur wenig entgegensetzen. In der von Reinhardt verfassten ersten Jahresrechnung von 1723 wies die Manufaktur Einnahmen von 6.765 Talern auf, denen Ausgaben von 6.524 Talern entgegenstanden.[669] Die Kostensumme wuchs weiter an, nicht zuletzt aufgrund kleinerer, außergewöhnlicher Ausgaben wie 40 Taler für das Begräbnis Steinbrücks und weiterer 28 Taler allein für die Speisung und Bewirtung von Kommissionsmitgliedern.[670] Erstmals wurde jedoch der tatsächliche Verbrauch an Materialien und sonstigen Rohstoffen schriftlich festgehalten und deren Bestand und Vorrat am Jahresende festgehalten. So wurden insgesamt 80 Schragen Brennholz im Jahr verbraucht, der Vorrat betrug noch komfortable 138 Schra-

---

663 Vgl. AA I Aa 5, S. 299–299b. Wie stark der Marketinggedanke von Steinbrück bei dem Vorschlag dieses neuen Zeichens gewesen ist, zeigt die Tatsache, dass er die Verwendung der deutschen Buchstaben in der Abkürzung für den Vertrieb im Ausland als nicht gängig erachtete und sich deshalb lieber für ein grafisches, und deshalb allgemein wiedererkennbares Symbol entschied. Es soll an dieser Stelle jedoch auf eine detaillierte historische Darstellung der verschiedenen Meißener Bodenmarken verzichtet werden, da eine solche Ausarbeitung das hier im Fokus stehende Thema bei weitem überschreiten würde.

664 Vgl. AA I Aa 2, S. 161–162 und AA I Aa 2, S. 172b–173.

665 Diese Bemalung muss offenbar sehr ungenügend gewesen sein, da sie als kaum wasserfest bezeichnet wurde und nicht richtig in die Glasur eingebrannt war, vgl. AA I Aa 2, S. 161–161b und S. 173.

666 Vgl. AA I Aa2, S. 174 und S. 187b.

667 Das „Bracbenefiz" wurde erst mit königlicher Verordnung vom 13. Mai 1764 zurückgenommen. Fortan wurde Brac nicht mehr an die Angestellten verteilt, und in Fällen von offensichtlicher Bedürftigkeit der Porzellangegenwert mit einem festen Geldbetrag zusätzlich zum Gehalt an die Manufakturisten entrichtet, vgl. AA I Aa 40, S. 6b.

668 Vgl. AA V2 1, S. 10–11.

669 Vgl. AA V2 1, S. 76b–77.

670 Vgl. AA V2 1, S. 68b und S. 77.

gen.[671] Aber auch in dieser Rechnung, wie in den Jahren davor, war die Bewahrung des Herstellungsgeheimnisses oberste Priorität und verschleierte ein weiteres Mal die tatsächliche Kostenbasis der Manufaktur. Erstmals ist durch Beifügung von Quittungen der tatsächliche Gesamtwert der beschafften Rohstoffe belegt. Wie viel davon einzeln eingekauft wurde und welcher Art die Rohstoffe waren, blieb unerwähnt. So erwarb der Arkanist Stöltzel „nicht bekannt gemachte Materialien“ und „geheime Materialien“, der andere Arkanist Schuberth gab Quittungen für „gewiße Materialien“ an.[672]

Die nachfolgenden Jahre waren für die Manufaktur von wirtschaftlichem Aufschwung geprägt. Im Jahresbericht an den König für das Jahr 1727 wurde erklärt, dass die Verkäufe beständig steigen würden und die anfallende Arbeit in der Manufaktur sich merklich erhöht hätte. Man stellte Überlegungen an, um der wachsenden Arbeit Herr zu werden und die Herstellungsprozesse weiter zu beschleunigen. Ein Gedanke betraf den Bau eines zusätzlichen Ofens, der zu den schon existierenden drei Brennöfen hinzukommen sollte. Im ganzen Jahr 1727 gelang es der Manufaktur, 119 Brände in den kleineren zwei Öfen, 16 Brände im großen Ofen und 57 Brände im Verglühofen durchzuführen.[673]

Um der verstärkten Nachfrage der Kunden „nach neuen façons“ Rechnung zu tragen, wurden zwei zusätzliche Bildhauer, Gottlieb Kirchner und Johann Christoph Lücke, engagiert.[674] Weiterhin erkannte die Manufakturleitung die hervorragenden Malereiarbeiten von Höroldt an und bemerkte, dass seine Arbeiten „jederzeit ihren Liebhaber gefunden, folglich mit sehr gutem Vortheil bey dem Waaren-Lager biß hirher verlohset werden können“.[675] Aber die ihm gewährten Preise für seine Bemalungen schienen zu hoch zu sein, so dass man diese Preise etwas absenken wollte.[676] Man wollte den starken Umsatz, den man jetzt verbuchen konnte, nicht übermäßig durch erhöhte Malereikosten der Produkte riskieren. Besonders die blau bemalten Porzellane wurden sehr stark nachgefragt, nachdem die vormals festgestellten Probleme mit der blauen Farbe nun endgültig gelöst waren und man die Farbpalette komplett beherrschen konnte.[677] Man argumentierte, dass durch die erhöhte Versorgung mit Malereiarbeiten für Höroldt und seine Angestellten die Manufaktur als Auftraggeber ein Anrecht auf einen Rabatt habe.[678] Höroldt willigte ein, und gleichzeitig wurden auch die Preise für die Vergoldungen, die von den Vergoldern in der Manufaktur zu leisten waren,

---

671 Vgl. AA V2 1, S. 83.

672 AA V2 1, S. 39b–40.

673 Vgl. AA I Aa 12, S. 70–70b und S. 79, wobei sich Inspektor Reinhardt bei der Summe der Brände im großen Ofen verrechnete und 121 Brände angab statt 119.

674 Vgl. AA I Aa 12, S. 70b–71. Kirchner wurde zu einem der bekanntesten Bildhauer der Manufaktur und sein Stil war wegweisend für die europäische Porzellangestaltung. Er hatte in Meißen nur kurze Aufenthalte und wurde wegen häufigem Fernbleiben von der Arbeit 1728 suspendiert, nach Wiederbeschäftigung 1730 dann 1733 endgültig entlassen, vgl. Rückert (1990), S. 114.

675 AA I Aa 12, S. 76b.

676 Vgl. AA I Aa 12, S. 77.

677 Vgl. AA I Aa 12, S. 157b. Es erging die Order, dass die vorrätigen Schüsseln und Teller zu ganzen Services in blau zu bemalen seinen, um einen ausreichenden Vorrat an diesen stark nachgefragten Stücken aufzubauen, vgl. AA I Aa 12, S. 158.

678 Vgl. AA I Aa 12, S. 78.

angepasst.[679] Aus der folgenden Abbildung ist ersichtlich, wie die Malereipreise nun im Verhältnis zu den tatsächlichen Verkaufspreisen in Verbindung standen.

Abbildung 3-1: Malereipreise und Verkaufspreise für ausgewählte Porzellane 1728 – Auszug

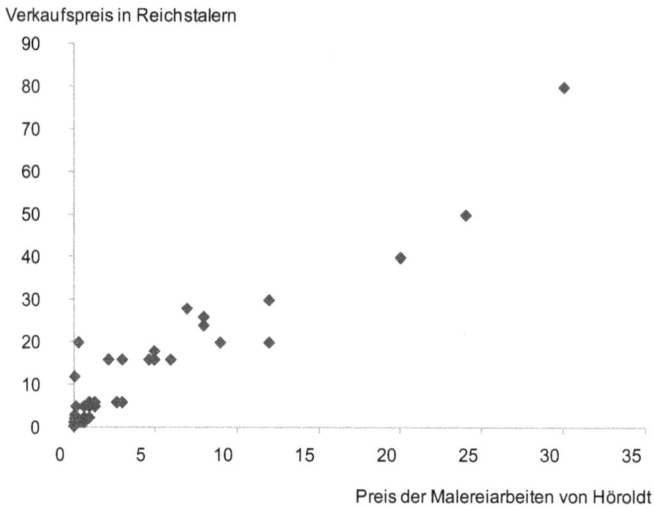

Quelle: AA I Aa 12, S. 80–81b

Zu sehen ist der Preis der Lieferung, also der Preis, der von dem Dresdner Niederlassungsleiter Chladni an Höroldt gezahlt wurde für die Übersendung der fertig gemalten Porzellane nach Dresden. Weiterhin ist zu sehen, welchen Preis Chladni für das jeweilige Porzellanstück für den Verkauf in Dresden festgesetzt hat. Nicht ersichtlich ist die andere große Komponente der Herstellungskosten, nämlich der Aufwand für das Herstellen und Drehen der Porzellanmasse. Es muss angemerkt werden, dass es sich um die erste in den Archiven gefundene Auflistung von Porzellanen handelt, bei denen sowohl die Herstellungskosten (wenn auch nur teilweise in Form der Malereikosten) und die entsprechenden Verkaufspreise aufgeführt wurden. Ist dadurch die Aussagekraft in Bezug auf die Preisbildung der Porzellane entsprechend zu relativieren, sind dennoch die durchweg hohen dreistelligen prozentualen Margen auf den Malereipreis bemerkenswert. Gleichzeitig lässt sich aber keine nähere Systematik in der Bildung der Verkaufspreise erkennen, da die Preise und Margen von Produkt zu Produkt in erheblichem Umfang differierten.

So wurden zwei „Spiritus-Fläschgen", obwohl mit unterschiedlichen Malereipreisen versehen, zu identischen Verkaufspreisen zu 2 Taler und 18 Groschen angeboten.[680] Dies spricht somit eindeutig gegen eine kostenorientierte Preispolitik und ist ein weiterer Hinweis auf eine nachfrageorientierte Preispolitik, die ja die wesentliche Leitlinie von Chladni war bei

[679] Vgl. AA I Aa 12, S. 82–83.

[680] Vgl. AA I Aa 12, S. 81b.

der Preisbildung. Solange die Nachfrage hoch genug war, der Porzellanmarkt hohe Wachstumsraten versprach und die Einnahmen in Meißen die Ausgaben überstiegen, bestand auch kein Anlass, an dieser Strategie etwas zu ändern.[681]

3.3.5 Preispolitik und Großaufträge im Jahre 1729

Der Pariser Kaufmann und Kunsthändler Rudolphe Lemaire[682] reiste 1727 in die Niederlande, um Porzellan einzukaufen. Er konnte auf eine über 20-jährige Erfahrung im Porzellanverkauf für den französischen Adel zurückblicken und galt als ausgewiesener Glas- und Porzellanexperte.[683] In den Niederlanden sah er Produkte aus der Meißener Manufaktur und war von diesen sofort überzeugt. Er kaufte eine Auswahl von Meißener Porzellan und brachte sie nach Frankreich. Dort hoffte er, die sächsischen Waren, besonders in Paris, mit hohem Gewinn weiter zu verkaufen.[684] Von den anfänglichen Erfolgen beflügelt, reiste Lemaire direkt nach Sachsen und deckte sich mit weißem Meißener Porzellan ein, welches er direkt weiter nach Holland versendete, um es dort mit Dekoren nach französischem Geschmack bemalen zu lassen. Nach französischem Geschmack hieß hierbei, dass man die Malerei aus dem Barock weiterentwickelte in Richtung der Genremalerei. In diesem Zeitraum bildete sich mit dem Rokoko eine Fokussierung auf Schäferszenen, idyllische Landschaften, Jagdmotive und Miniaturenportraits. Plastische Verzierungen und durch Gitter oder ähnliche Strukturen begrenzte Farbflächen kennzeichneten diese Weiterentwicklung, die jedoch in ihrer grundsätzlichen barocken Gestaltung und Variationenvielfalt erhalten blieben.[685] Die auf diese Weise bemalten Werke gingen wieder an Lemaire nach Sachsen zurück, der nach diesen Modellen viele weitere Porzellane in der Meißener Manufaktur herstellen lassen wollte.[686] Dem Kaufmann schwebte ein größerer Auftrag an die Manufaktur vor, die ihm Porzellane nach ostasiatischem Vorbild herstellen sollte, damit er die hohe Nachfrage in Frankreich nach diesen Werken weiter befriedigen konnte.

Vor diesem Hintergrund wandte sich Lemaire 1728 direkt an König August den Starken.[687] Er wollte in erster Linie eine Geschäftsverbindung für die Meißener Erzeugnisse mit den

---

681 Offenbar führte nicht nur die Meißener Manufaktur in ihrer von hoher Nachfrage geprägten Anfangszeit eine nachfrageorientierte Preispolitik durch. Die ab der zweiten Hälfte des 18. Jahrhunderts aufkommenden keramischen Werke von Wedgwood in England wurden zumindest bis 1772 gepreist „simply on the ground of what the market would bear", vgl. McKendrick (1970), S. 48 und S. 53–54. Die Marktkenntnis und das Urteilsvermögen des Verantwortlichen in der Preisbildung bestimmte wesentlich die Preisbildung.

682 Zur Person von Lemaire vgl. Le Duc (1997), S. 55–56.

683 Vgl. Le Duc (1997), S. 55.

684 Vgl. HStAD 10026 Loc. 955/03, S. 309. Über Bedeutung und Umfang des Pariser Luxusmarktes sowie der Konsummuster französischer Eliten vgl. ausführlich Sargentson (1996) und Nutz (2003).

685 Vgl. Weiß (1994), S. 110–111 und S. 122.

686 Vgl. HStAD 10026 Loc. 955/08, S. 100b. Im Frankreich der damaligen Zeit waren die sogenannten Kakiemon-Malereien auf Porzellanen sehr beliebt. Dabei handelte es sich um Dekore von japanischem Porzellan und seinen europäischen Nachahmungen, die geprägt sind durch dünne Linienführung, Farbauftrag in Aquarell-Art und viele unsymmetrische Kompositionen, vgl. Shono (1973).

687 Vgl. AA I Aa 12, S. 244–244b, Originalbrief auf Französisch. Dass der Bruder von Lemaire der Sekretär des französischen Diplomaten Théodore de Chavigny gewesen ist, hat die Herstellung des Kontakts zum sächsischen Hof sicherlich begünstigt, vgl. Le Duc (1997), S. 55.

Niederlanden und Frankreich etablieren, damit durch diese Verbindung nicht zuletzt auch die japanischen und chinesischen Erzeugnisse vom Markt verdrängt werden konnten und dadurch die sächsischen Porzellane dem Staat „un nouveau profit très considerable" verschaffen würden.[688] Die nach seinen Ausführungen und Modellen hergestellten Porzellane aus Meißen würden alle bisher nach Europa importierten Werke übertreffen. Er verpflichtete sich, eine große Anzahl von Porzellanen abzunehmen und diese auch sofort in bar zu bezahlen. Einen Handel innerhalb Sachsens schloss er aus, der Auftrag war allein für den französischen und holländischen Markt bestimmt.[689] Lemaire handelte auf eigene Rechnung und forderte für seine Position als Zwischenhändler, dass ihm gewisse Exklusivrechte zugestanden werden sollten. Seine Entwürfe und Modelle sollten pünktlich und nur für ihn allein angefertigt werden und durften ohne seine Einwilligung nicht weiter benutzt oder verwendet werden. Da er die bestellten Waren „au prix courant que la Manufacture fait payer aux debitans" bezahlen wollte, verlangte er somit einen angemessenen Rabatt auf die Verkaufspreise, wie man ihn auch sonst den Händlern gewähren würde.[690] Die vielleicht gewichtigste Forderung aus Sicht der Manufaktur war aber, auf das Markenzeichen des Betriebes, die unterglasurblauen Kurschwerter, verzichten zu wollen:

> *„Die Zwey Chur Schwerter womit in regula hiesige Porcellaine unter der Glassur mit blauer Farbe pflegen marquiret zu werden, will er weggelaßen, und dargegen eine chinesische lettre oder anderes Signum adhibiret wißen".*[691]

Es verging ein halbes Jahr, ohne dass Lemaire eine Antwort auf seine Anfrage bekam. Im Juni 1729 entschloss er sich, abermals an den König zu schreiben.[692] Er bat den Fürsten, alle erforderlichen Befehle zu erteilen, damit man seine Entwürfe und Modelle bevorzugt herstellen und ihm, um seine anfallenden Kosten etwas zu decken, einen vernünftigen Preis für die Porzellane machen würde. Parallel dazu setzte Lemaire weitere Hebel in Bewegung und konnte innerhalb seines Netzwerkes die Bekanntschaft des zukünftigen Direktors der Manufaktur, Carl Heinrich Graf von Hoym, machen.[693] Dieser erkannte in der Anfrage von Lemaire ein gewaltiges Umsatzpotenzial für die Manufaktur. Hoym, selbst von 1723 bis 1729 der sächsische Abgesandte am französischen Hofe in Versailles, war durch seine frankophonen Tendenzen dem Kaufmann aus Frankreich wohlgesonnen. Zudem stellte Lemaire eine hohe Abnahmemenge von Porzellanen in Aussicht und erklärte sich bereit, die Bezahlungen sofort und in bar vorzunehmen. Dies hätte in Meißen einen nicht unbeträchtlichen Fluss an Einnahmen generiert. Hoym war überzeugt, dass Lemaire dadurch ein guter Kunde wäre und dieser von den Porzellanwaren „sehr viel abnehme".[694] Hoyms Interesse an einer erfolgreichen Abwicklung dieses Auftrages ist auch vor dem Hintergrund zu bewerten, dass

---

688 AA I Aa 12, S. 244. In der Tat bestand zum damaligen Zeitpunkt keine direkte Handelsverbindung nach Frankreich, vgl. Kapitel 3.4.1. und 3.4.2.

689 Vgl. AA I Aa 11, S. 6b–7.

690 AA I Aa 12, S. 244.

691 AA I Aa 11, S. 6.

692 Vgl. HStAD 10026 Loc. 1341/10, S. 167.

693 Vgl. HStAD 10026 Loc. 955/08, S. 100b–101. Zur Person von Hoym vgl. Rückert (1990), S. 44.

694 HStAD 10026 Loc. 955/03, S. 322.

ihm die Oberdirektion der Manufaktur implizit schon seit Juli 1729 unterstand.[695] Möglicherweise wollte er sich, indem er einen großen Auftrag für die Manufaktur beschaffen konnte, gegenüber dem König stärker positionieren und seine Anwartschaft auf die Oberdirektion dadurch festigen.[696]

In der Tat regte sich durch die Einschaltung von Hoym die festgefahrene Anfrage von Lemaire. Die Manufaktur unter den neuen Leitern, den Kammerräten Pflug und von Wichmannshausen[697], befasste sich mit der Anfrage von Lemaire und kam zu einer prinzipiell positiven Bewertung. Selbst die Forderung, auf das Markenzeichen der gekreuzten Schwerter zu verzichten, schien für die Verantwortlichen kein größeres Problem zu sein:

> *„Von seiten der Fabrique findet sich daher kein Bedencken [zum Verzicht auf das Markenzeichen], weil eines Kaufmanns Genie in solchen Stücken gar wohl zu indulgieren (...), schadet doch dieses hiesiger Manufactur nichts, so wenig alß wenn man mit dem Meißnischen Weine nacher Hamburg und anderer Orthen, ein guter Debit gemachet werden kann, und dortselbst daraus ein Sect und dergleichen Praepariret, und theuer nachgehends an Mann gebracht wird".*[698]

Mit dem recht kuriosen Vergleich zerstreute die Manufaktur alle Bedenken, was den Verkauf der eigenen Produkte ohne Markenzeichen anging. Offenbar war man sich bewusst, dass die eigenen Erzeugnisse für asiatische Porzellane ausgegeben wurden. Man hatte den kurzfristigen Profit im Auge, den ein solcher Auftrag von Lemaire einbringen würde. Die langfristigen Absatzperspektiven, die man beispielsweise bei Befriedigung der französischen Nachfrage in Eigenregie und ohne Einschaltung eines Zwischenhändlers gehabt hätte, wurden als betriebliche Strategie gar nicht erst in Erwägung gezogen.[699] Sicherlich wäre für die Manufaktur im Jahre 1729 der Eintritt in den französischen oder holländischen Markt mit einer eigenen ständigen Niederlassung ein großes Unterfangen gewesen, welches hohe Investitionen erfordert hätte. Man hatte zudem die turbulenten Anfangsjahre hinter sich gelassen und das Unternehmen gerade wieder stabilisiert. Weiterhin setzte man auf die vergleichsweise erfolgreichen und probaten Geschäfte mit Zwischenhändlern während der Leipziger Messen und hatte die ausländischen Märkte als strategische Option deshalb erst einmal nicht im Sinn. Aber man verkannte dadurch das Marktpotenzial der eigenen Erzeugnisse und die Profitmöglichkeiten: wie die eigenen Produkte im Ausland angenommen wurden, entzog sich oftmals der Kenntnis der Manufakturleitung.

---

695 Vgl. Boltz (1980), S. 33.

696 Vgl. Lübke (2005), S. 6. Die Absicht von König August dem Starken, Hoym als Direktor der Fabrik einzusetzen, ist schon in der Resolution vom 14. Dezember 1729 zu erkennen, vgl. AA I Aa 11, S. 99. Die formale Ernennung zum Oberdirektor erfolgte am 8. April 1730, vgl. HStAD 10026 Loc. 1341/10, S. 401–402b.

697 Beide wurden eingesetzt durch königliches Reskript vom 15. Juni 1729, in welchem die bisherigen Direktoren Seebach und von Lesgewang wegen „langwieriger anhaltender Unpäßlichkeit" in Gnaden entlassen wurden, vgl. AA I Aa 11, S. 1.

698 AA I Aa 11, S. 4–4b. Als „Debit" bezeichnete man damals allgemein die Einnahmen eines Unternehmens, der Begriff wurde aber auch als Synonym für wirtschaftlichen Erfolg verwendet.

699 Ein direkter Verkauf von Meißener Porzellanen im ostasiatischem Stil für alle Käuferschichten wurde erst nach 1733 eingeführt, vgl. Lübke (2005), S. 10.

Um nun endgültig mit Lemaire Geschäfte machen zu können, wartete man die Entscheidung von König August dem Starken ab. Dieser befahl in seinem Reskript vom 15. Juni 1729:

> *„So begehren wir gnädigst, ihr wollet mit selbigen [Lemaire] Handlung pflegen laßen, ihm darinnen, daß die nach seinem Angeben gefertigte Waare, an keinen anderen Kauffmann als an ihn, innerhalb Jahres Frist überlassen werden solle, bewilligen, (...), ihm auch im übrigen einen billigen Preiß eingehen (...)".*[700]

Sofort begann man in Meißen, den Vertrag für Lemaire aufzusetzen. Strittige Punkte blieben die Auswahl der zu verkaufenden Porzellanstücke, die Zutrittserlaubnis für Lemaire in die Dreher-, Former- und Malerstuben in der Manufaktur, der Anteil der an Lemaire zu überlassenden unbemalten weißen Porzellane und die Bildung der Verkaufspreise.[701] Bezüglich dieses letzten Punktes wurden der Faktor Chladni, der Inspektor Reinhardt, Höroldt und Stöltzel aufgefordert, „daß sie sich unter einander wegen der Preiße sich inzwischen eines gewißen vergleichen solten".[702] Die wichtigsten Akteure und Leiter der betrieblich relevanten Abteilungen, also Herstellung, Produktion und Verkauf, bekamen zum ersten Mal den Auftrag, gemeinsam die Verkaufspreise für das Porzellan festzulegen. Diese gemeinschaftliche Preiskalkulation wiederholte sich, wie später noch zu zeigen sein wird, mehrmals. Wie gut die vier Manufakturangehörigen während dieser ersten Preissetzungsrunde miteinander agiert haben, ist nicht bekannt. Anzunehmen ist, dass der Arkanist Stöltzel eine gewisse Vorstellung gehabt haben muss in Bezug auf die Herstellungskosten der Porzellanmasse und die Brandkosten für jedes einzelne Stück, während Höroldt durch seine Malereipreise sicherlich die exakten Kosten für die Bemalung eines jeden Stücks angeben konnte. Chladni steuerte, wie schon in den Jahren zuvor, die Marktsicht in diesen Preisbildungsprozess bei, während der Inspektor Reinhardt vor allem die Kenntnis der allgemeinen Verwaltungs- und sonstigen Gemeinkosten einbringen konnte. In die Überlegungen zur Preisfindung floss, neben dem direkten königlichen Befehl der billigen Preissetzung, abermals der Ansatz einer Risikokomponente ein. So fand sich in einem der ersten Vertragsentwürfe für die Kooperation mit Lemaire der Paragraph 4, in welchem die Preisbildung für die von Lemaire zu bestellenden Waren Erwähnung fand. Es

> *„soll bey formierung derer Preiße allezeit regardiert werden, wie die Brände gerathen, und ob dabey viel Stücken verdorben, daß dem letzteren falls die Taxa zuerhöhen, doch wird sich mit ihme [Lemaire] iedes mahl verglichen werden".*[703]

Man war sich über die zu verfolgende Preisstrategie gegenüber Lemaire nicht ganz sicher. Denn die Berücksichtigung einer Risikokomponente für die immer noch recht hohen Ausschussquoten hätte die Verkaufspreise sicherlich stark erhöht. Einerseits hätte dies somit ohne Zweifel ein erhöhtes Maß an Profitabilität pro Porzellanstück aus dem Brand bedeutet, wenn auch mit einer geringeren verkauften Menge an Porzellanen. Andererseits pochte gera-

---

700 AA I Aa 11, S. 2–2b. Ein Reskript (lat. rescriptum = Antwortschreiben) war die Bezeichnung für die Willensentschließung und Verfügung des Landesherrn.

701 Vgl. AA I Aa 11, S. 60b–61b.

702 AA I Aa 11, S. 7.

703 Vgl. AA I Aa 11, S. 48b.

de Lemaire bei den Preisen darauf, besonders günstige Konditionen zu bekommen und forderte statt den normalen Verkaufspreisen die Gewährung von Händlerpreisen. Ihm Preisanpassungen nach oben vorzulegen hätte unweigerlich einen langwierigen Verhandlungsprozess zur Folge gehabt. Zudem sah man sich dadurch der Gefahr ausgesetzt, gegen den königlichen Befehl zu handeln, der ausdrücklich einen „billigen Preiß“ bei den Waren vorsah. Offensichtlich überwog bei diesen Abwägungen letztlich doch die Hoffnung auf ein hohes Absatzvolumen durch die Aufträge von Lemaire. Sie hätten überdies durch die Barzahlung der Waren viel Liquidität in die Manufakturkassen gespült, so dass man auf eine separat kalkulierte Risikokomponente verzichtete. In einem Protokoll vom 24. September des Kammerkollegiums[704] fanden sich deshalb Bedenken gegenüber der „indemnisation derer nicht gerathenen Brände durch Erhöhung des Preißes (...)“.[705]

Im zweiten Vertragsentwurf lag deshalb der Paragraph 4 in stark veränderter Form vor. Die Manufaktur setzte auf vordefinierte Preise und verzichtete auf nachträgliche Preiskorrekturen aufgrund schlecht geratener Brände. Man argumentierte, dass durch die hohe Abnahmemenge die Verluste durch die Ausschussquoten tendenziell wieder kompensiert werden konnten:

> *„(...) wegen einer zieml. anzahl von allerhand Sorten Porcellainen [sind] die Preiße bereits reguliert, so hat es also damit sein bewenden; Wenn aber Le Maire eine und andere neue Sorten von Porcellainen angeben wird, sollen hierzu nach seinen Modellen zu Anfang nur etl. wenige Stüke gefertiget, und nach solchen daraus der Preiß ausgemacht, und darüber accordiret werden (...)“.*[706]

Nur bei völlig neuen Porzellanmodellen ließ sich die Manufaktur auf Preisverhandlungen mit Lemaire ein. Bei solchen Stücken musste die Manufaktur erst selbst überprüfen, wie man mit der Herstellung zurechtkam und wie sich die Produktionskosten, vornehmlich Porzellanmasse und Malerei, entwickelten. Die Risikokomponente, obgleich nicht explizit erwähnt, hatte möglicherweise ihren Weg in die schon vordefinierten Preise gefunden. Archivalisch lässt sich dies nicht mehr nachweisen.

Die finale Vertragsausgestaltung vom 30. September 1729 wies in dem für die Preisbildung relevanten Paragraphen 4 abermals Veränderungen auf. Sie gründeten aber weitestgehend auf den schon im zweiten Vertragsentwurf angeführten Elementen, nämlich auf die von der Manufaktur selbst festgelegten Preise und auf die Preisverhandlung mit Lemaire bei neuen Porzellanmodellen:

> *„Und zwar soll es, soviel den Preiß derer in der gegenwärtigem Contracte beygefügten Specification sub bemerckten Sorten von Wahren anbelanget, bey dem daselbst regulirten praetio verbleiben; hingegen soll der Preiß derer in gedachter Specification nicht enthaltenen, von le maire angebenden neuen Sorten von Porcellainen, wann hiervon zuförderst einige wenige Stücken nach seinen Modellen*

[704] Seit dem 13. Juni 1729 war die Meißener Manufaktur dem Kammerkollegium in Dresden, der ökonomischen und finanziellen Verwaltungsbehörde in Sachsen, unterstellt, während die bisherige Führung durch die Kommission aufgehoben wurde, vgl. AA I Af 9, S. 13b.

[705] AA I Aa 11, S. 61b .

[706] AA I Aa 11, S. 50.

zur Probe gefertiget worden, so dann nach selbigen fest gesetzet und vor Fabricirung einer größeren quantitaet, mit le Maire dieserhalb accordiret (...) werden".[707]

Indem man Lemaire eine fertig kalkulierte Preisliste vorlegte für die in Meißen verfügbaren und herzustellenden Porzellane, die laut Vertragswerk absolut bindend war, unterband man alle weiteren Verkaufserleichterungen. Neue, von Lemaire geforderte Porzellanmodelle mussten jedoch notgedrungen im Preis mit ihm verhandelt werden. Hier kam es auf das Geschick während der Verhandlungen an, da nur so ein Zuschlag für die spezifischen Auftragsarbeiten eingepreist werden konnte.

Was die anderen Vertragsbestandteile anging, so wurde der Kontrakt mit dem französischen Kaufmann auf ein Jahr begrenzt bis Michaelis 1730. Königliche Auftragsarbeiten genossen Priorität vor den Arbeiten für Lemaire, der ansonsten in der Herstellung bevorzugt behandelt werden sollte. Der Weiterverkauf der Porzellane nach den Entwürfen von Lemaire an einen anderen Kaufmann oder Kommissionär im In- und Ausland wurde der Manufaktur untersagt, die Manufaktur behielt sich aber vor, andere Auftragsarbeiten parallel anzunehmen.[708] Lemaire durfte zwar den Betrieb in Meißen besuchen und sich mit dem Maler Höroldt austauschen, ihm wurde aber strikt untersagt, in die das Arkanum betreffenden Abteilungen zu gehen. Lemaire hatte „auf keinerley Arth und Weise, die Geheimnisse der Fabrique zu expisciren".[709] Strengstens verboten wurde auch die Bemalung durch fremde Porzellanmaler. Einzig die bei der Manufaktur angestellten Maler durften die bestellten Porzellane bemalen, Lemaire durfte keine weiteren Malereiarbeiten in Auftrag geben.[710] Den Anteil, den Lemaire in weißen unbemalten Porzellanen bekam, wurde im ersten Entwurf noch mit 25% angegeben, reduzierte sich in der finalen Vertragsversion aber auf 20%.[711] Was schließlich die Zahlungsmodalitäten anging, musste Lemaire bei jeder Bestellung einen Vorschuss von 25% der Gesamtsumme in bar bezahlen, den Rest bei erfolgter Lieferung.[712]

Sämtliche Vertragsgestaltungen sind wesentlich vom Grafen Hoym mitbestimmt worden. Man schaltete ihn ein, da ihm „die allergnädigste Willens Meynung Ew. Königl. Majt. am besten bekannt" war.[713] Möglicherweise ist der erste Vertragsentwurf noch von den Direktoren von Wichmannshausen und von Pflug allein verfasst worden, der zweite Entwurf trägt mit Sicherheit die Handschrift von Hoym, und diese zweite Fassung „ob wohl selbige in ein und andern Passu von der von den H. Cammer Rath von Wichmannshausen in seiner Anwesenheit zu Papier gebrachten differire (...)" wurde wesentlicher Bestandteil des endgültigen Vertrags.[714] Lemaire akzeptierte den Kontrakt noch am selben Tag der Fertigstellung des endgültigen Vertragsentwurfs, dem 30. September 1729.[715] Es fällt in der finalen Vertragsge-

707 AA I Aa 11, S. 54b–55.

708 Vgl. AA I Aa 11, S. 53b–54.

709 AA I Aa 11, S. 55–55b.

710 Vgl. AA I Aa 11, S. 56.

711 Vgl. AA I Aa 11, S. 49 und S. 56.

712 Vgl. AA I Aa 11, S. 56–56b.

713 AA I Aa 11, S. 59.

714 AA I Aa 11, S. 59b–60.

715 Vgl. AA I Aa 11, S. 66b.

staltung auf, dass keine Aussage in Bezug auf das Markenzeichen der Kurschwerter getroffen wurde. Man mag dem Problem des Markenzeichens, wie oben gezeigt, keine große Beachtung geschenkt haben. Das Weglassen der unterglasurblauen Schwertermarke jedenfalls führte nicht zu einem Vertragsbruch. Anzumerken ist weiterhin die recht kurze Vertragsdauer von nur einem Jahr und das Auslassen einer Quantifizierung der zu liefernden Waren, statt eine möglichst genaue Zahl von Porzellanstücken für Lemaire vertraglich zu fixieren.

Die Erledigung der Aufträge von Lemaire hat mehrere Kräfte bei der Manufaktur gebunden. Der „Cammer-Revisor" Andreas Köhler sollte ab dem Juli 1729 zusammen mit Inspektor Reinhardt und dem Faktor Chladni ein vollständiges Inventar der Porzellanwaren erstellen.[716] Mit Beginn der Amtszeit der Direktoren Wichmannshausen und Pflug wurde auch eine Bestandsaufnahme der Finanzen am 25. Juli 1729 gemacht. Einem Kassenbestand an baren Geldern in Höhe von 6.020 Talern und 13 Groschen standen 24.485 Taler und 12 Groschen an ausstehenden Forderungen gegenüber, die seit 1719 bis Mitte 1729 bestanden – allein davon 18.575 Taler und 8 Groschen oder knapp 76% gegenüber dem König wegen an ihn gelieferter Porzellane, und nur die restlichen 24% oder 5.910 Taler und 4 Groschen gegenüber Händlern, mit denen man einen Kreditkauf vereinbart hatte.[717] Diese hohen Forderungen wurden dadurch erklärt, dass „bey einer so starcken Handlung welche Zeit bisheriger Administration mehr als 100.000 Thlr. getragen, dergl. nicht zu evitieren" da besonders der hohe Anteil der mit den oftmals ausländischen Kaufleuten und Händlern generierten Umsätze sich nahezu ausschließlich auf Verkäufe auf Zeit mit Einräumung von Krediten gründete.[718] War es auf der einen Seite der Wunsch der Manufakturverantwortlichen seit der Anfangszeit gewesen, eine Premiumpreisstrategie mit konsequenter Ablehnung sämtlicher Verkaufserleichterungen wie Rabattgewährung und Kreditverkauf zu verfolgen, stand diesem Wunsch auf der anderen Seite die Realität der Marktbedingungen entgegen. Die Handelsmodalitäten mit Geschäftskunden sahen damals vor, dass viele Transaktionen mit Krediteinräumung während den Messen durchgeführt wurden und die Außenstände normalerweise auf der nächstfolgenden Messe beglichen wurden. Nur die wenigsten Geschäfte wurden bar abgewickelt, und nahezu immer standen Preisverhandlungen im Zentrum der Verkaufsanbahnung. Diesen Modalitäten und Verkaufserleichterungen musste sich die Manufaktur beugen, da sie sonst auf eine überaus wichtige Käuferschicht hätte verzichten müssen. Faktor Chladni gab zu Protokoll, dass „generaliter bekannt sey, daß dieses negotium [der Porzellanhandel] ohne activ-Schulden nicht getrieben und extendiert werden könne".[719] Aus diesem Hintergrund erklärt sich auch der besondere Reiz, den die Ankündigung der Barzahlung durch Lemaire auf die Manufakturverantwortlichen hatte. Dennoch begab man sich auf un-

---

716 Vgl. AA I Aa 11, S. 14. Köhler, der ab 1734 Inspektor der Manufaktur wurde, ist in dieser Zeit in den Unterlagen als „Kalkulator" verzeichnet, er „assistiert dem Faktor bei seiner Rechnung und fertigt dieselbige", AA I Aa 15, S. 28.

717 Vgl. AA I Aa 11, S. 15. Hinzu kamen noch 1.137 Taler „dubiose Schulden", die aller Voraussicht nach nicht wieder eingetrieben werden konnten, vgl. AA I Aa 11, S. 77b. Die gesamten Forderungen seit 1719 bis 1729 entsprachen in etwa den Einnahmen des Geschäftsjahres 1729. Für eine genaue Auflistung der nichtköniglichen Forderungen, vgl. AA I Aa 12, S. 375–375b.

718 AA I Aa 11, S. 15–15b.

719 AA I Aa 11, S. 32b, mit "activ-Schulden" sind hier Forderungen aus Lieferungen und Leistungen gegenüber den Kunden gemeint.

gewisses Terrain, da man die Kreditwürdigkeit von Lemaire schlecht einschätzen konnte. Es bedurfte der starken Fürsprache von Graf Hoym, der Lemaire für kreditwürdig hielt. So bat von Wichmannshausen den Grafen,

> *„Ew. Excellenz würden ihm [Lemaire] attestiren, daß er ein richtiger Mann sey, er würde auch nicht ermangeln, alle bestellten Waaren richtig abzunehmen und Zug umb Zug zu bezahlen (...)“.*[720]

August der Starke hingegen erklärte, die von ihm geforderten Zahlungen aufgrund seiner Bestellungen würden aus seiner privaten Kasse von Messe zu Messe erfolgen. Gleichzeitig verordnete er, in Zukunft zweifelhafte Forderungen aus Porzellanlieferungen soweit wie möglich zu vermeiden.[721]

Tabelle 3-1: Preisvergleiche zwischen offiziellen und angepassten Preisen 1725–1730

Offizielle „ordinaire“ Preise	Angepasste Preise	Reduktion
■ Preisniveau von 1720 - 1730	■ Verkaufspreise durch Kammerkollegium/Hoym von 1730	■ ∅ -24% max. -50%
■ Übliche Verkaufspreise 1725 - 1727	■ Preise für königliche Lieferungen und Bestellungen 1725 - 1727	■ ∅ -21% max. -67%

Quelle: AA I Aa 15, S. 62– 67 und AA I Aa 15, S. 68– 75b.

Im weiteren Verlauf änderte sich aber die grundsätzliche Preispolitik gegenüber dem König nicht. Denn mit diesem wurden separate Preise für seine Bestellungen ausgehandelt. Diese Preise, so in einem Bericht aus dem Jahre 1727 erwähnt, waren derart, dass sie der Manufaktur keinen Profit einbrachten.[722] Die Manufaktur achtete bei königlichen Bestellungen sorgsam darauf, mit nicht allzu hohen Preisforderungen an den Souverän heranzutreten, so dass dieser im Durchschnitt mit einem Abschlag von 21% gegenüber den üblichen Verkaufspreisen rechnen konnte, was faktisch den Verkauf in Höhe der Selbstkosten bedeutete.[723] Doch die Regel war, dass August der Starke das Porzellan aus seiner Manufaktur unentgeltlich geliefert bekam. Dieses Recht hatte sich der Porzellanliebhaber herausgenommen.

3.3.6 Reformen und Projekte zur Einrichtung der „Oeconomie“ 1729/1730

Die Tatsache, dass die Anfrage von Lemaire die erste große und signifikante Bestellung von Porzellan war, traf die Manufakturverantwortlichen etwas unvorbereitet. Besonders umfang-

720 HStAD 10026 Loc. 1341/10, S. 278b.

721 Vgl. AA I Aa 11, S. 97.

722 Vgl. AA I Aa 12, S. 68.

723 Vgl. AA I Aa 15, S. 68–75b, eigene Berechnungen.

reiche Erfahrungen mit Großkunden schien man seit 1710 nicht gehabt zu haben.[724] Der Handel mit Geschäftskunden wurde bis dato stets Chladni in Eigenregie überlassen, der dann mit den Geschäftspartnern individuelle Absprachen und Maßnahmen traf. Lemaires Auftrag mit spezifischen und individuellen Auftragsarbeiten erforderte eine neue Herangehensweise für diesen Bereich des Porzellanhandels. Unklar war den Verantwortlichen sicher auch die Art und Weise, wie aus einem solchen Großauftrag Profit für die Manufaktur gewonnen werden konnte. Ein Hebel schien die Preispolitik der Manufaktur zu sein. Wenige Wochen nach der Unterzeichnung des Vertrages mit Lemaire wurde in einem Protokoll des Kammerkollegiums vom 30. November 1729 die Überlegung geäußert, den Verkauf an Großkunden profitabler zu gestalten. Es wurde angemerkt, dass

> „*(...) die Verkauffung derer Porcellaine nach dem gesetzten Preiße (...), mithin profitabler seyn möchte, dem Buchhalter zu erlauben, bey Verkauffung in quantitaet etwas an der Taxe, auch inländischen Abnehmern, nach befinden zu remittieren*“.[725]

Hier stand der Wunsch nach mehr Profitabilität im Porzellanverkauf im Vordergrund, verbunden mit dem Vorschlag, für große Aufträge und Bestellungen einen niedrigeren Preis und dadurch einen Mengenrabatt zu gewähren. Dass durch die Herabsetzung der Preise eine Gewinnsteigerung ermöglicht werden würde, wäre nur für den Fall gültig gewesen, in welchem die Preissenkung eine überdurchschnittlich hohe Nachfragesteigerung ausgelöst hätte und durch höhere Verkaufszahlen die Preiswirkungen überkompensiert hätte. Das Kammerkollegium nahm somit an, dass es sich bei den eigenen Produkten um preiselastische Güter handelte: Eine Preissenkung würde, bei sonst gleichbleibenden Kostenstrukturen, eine Erhöhung des Umsatzes und somit des Gewinns nach sich ziehen.

Es stand zu diesem Zeitpunkt die gesamte bisherige Preis- und Absatzpolitik der Manufaktur auf dem Prüfstand. In einem ersten Schritt hinterfragte man die bisherige Haltung gegenüber dem unbemalten und ungemarkten Porzellan. Die spezifische Anfrage von Lemaire nach Porzellanen ohne Schwertermarke hatte die Manufaktur im November 1729 zur Überprüfung der sich daraus ergebenden betrieblichen Auswirkungen gebracht. Es wurde festgestellt, dass eine große Anzahl von Porzellanen ohne Bodenmarke in den Warenlagern in Meißen, Dresden und Leipzig vorhanden war. Die Schwertermarke bestand schon seit 1722, wurde aber unregelmäßig und nicht auf allen Stücken, besonders nicht auf weißen Porzellanen, angebracht. Der Befehl, auch die weißen Porzellane mit den Schwertern zu versehen, erging erst kurz vor der Michaelis-Messe 1729 von König August dem Starken, aber bis dahin hatte sich ein erheblicher Vorrat an ungemarktem Porzellan angesammelt.[726] Die Aufhäufung der wei-

---

[724] Größere Bestellungen hatte die Manufaktur schon vorher erhalten. Der Händler Manasses Athanas hatte um 1727 und 1728 eine hohe Zahl von Porzellanen in Auftrag gegeben. Zumeist handelte es sich bei diesem Auftrag jedoch stets um dieselben Gebrauchsgeschirre in großen Stückzahlen, vgl. AA I Aa 13, S. 286b. Solch einen „standardisierten“ Auftrag konnte die Manufaktur viel besser bewältigen als die vielen hochgradig spezifischen und individuellen Aufträge Lemaires mit vielen komplizierten Modellen. Streckenweise reichte dafür der Platz im Warenlager für Lemaire-Produkte in Meißen nicht mehr aus, vgl. AA I Aa 12, S. 361.

[725] AA I Aa 11, S. 74b–75, als Buchhalter ist hier eher Chladni gemeint, der neben seiner Position als Faktor in Dresden auch Rechnungsführer und Buchhalter gewesen ist, und weniger Johann Christian Rost, der erst nach Chladni eine kaufmännisch führende Rolle gehabt hat, vgl. Rückert (1990), S. 67.

[726] Vgl. AA I Aa 11, S. 75b.

ßen Porzellane in mittlerer Qualität hatte zudem historische Gründe, denn in der Anfangszeit konnte die Manufaktur noch nicht auf eine gute Malereiabteilung zurückgreifen. Die vielen Porzellane in der Qualität Mittel und Brac waren überdies die direkte Konsequenz der unausgereiften Kenntnisse der Brennvorgänge gewesen. Und schließlich bestand eine gewisse Schwierigkeit, die Porzellane der geringwertigen Qualität zu verkaufen, denn „obwohl von MittelGuth auch viele Sorten mit untergebracht worden, ist es doch nicht völlig an Mann zu bringen gewesen (...)“.[727]

Eine radikale Lösung zur Reduzierung des hohen Warenvorrats wurde in einer Art Sonderverkauf gesehen. Zu stark herabgesetzten Preisen sollte das Warenlager mit dem weißen Mittelgut reduziert werden. Chladni lehnte diesen Sonderverkauf ab, besonders aus Rücksicht auf die zukünftigen Geschäfte mit den Porzellanhändlern, denen man dadurch einen Teil ihrer Umsätze streitig machen würde:

> *„Den vorhandenen vielen Vorrath aber auf ein mahl zum feilen Kauff umb einen sehr geringen Preiß auszusetzen wäre unvorschreiblicher maßen denen auswärthigen Kauff Leuthen (...) sehr nachtheilig, indehm ihnen ihre Waaren erliegen bleiben und sie abgeschrecket würden, hinführo starcke Posten abzunehmen (...)“.*[728]

Bewusst wollte Chladni den bedeutenden Anteil des Umsatzes mit Geschäftskunden nicht riskieren. Der Sonderverkauf mit billigem weißem Porzellan aus Meißen hätte zu Irritationen unter den Porzellanhändlern geführt, die relativ teure Waren in guter Qualität erworben hatten und nun ihre Chancen zum Weiterverkauf geschmälert sahen. Chladni bevorzugte eher einen Verkauf des Mittelguts Stück für Stück „umb einen leidlichen Preyß“, um den Vorrat langsam aber stetig abbauen zu können.[729] Sein Standpunkt setzte sich aber nicht durch, da die Manufakturleitung die Option des Sonderverkaufs favorisierte. Am 28. August 1730 wurde Chladni befohlen, das im Warenlager vorhandene Mittelgut sowohl in der Stadt Meißen als auch auf dem Land, „so gut als es möglich“ war zu verkaufen und dafür notfalls auch mehrere Tage einzuplanen.[730] Auf die Profitabilität des Verkaufs legte man es scheinbar in Meißen nicht an, da der Verkauf von einem Luxusgut wie Porzellan auf dem Land sicherlich keine übermäßig hohen Preise einbringen konnte.

Das viele weiße unbemalte Porzellan war aber ein dringendes Problem, das nach einer raschen Lösung verlangte und mit dem Sonderverkauf nur unvollständig gelöst wurde. Zu groß war die Sorge vor der „Pfuscherei“, also dem nachträglichen Bemalen von weißen Porzellanen außerhalb der Manufaktur. Hoym setzte am 20. Januar 1730 durch, dass ein grundsätzlicher Verkaufsstopp des weißen Porzellans angeordnet wurde. Alle derartigen Porzellane durften an niemanden verkauft werden, auch nicht an Lemaire. Mehr noch, die vorhandenen Stücke mussten alle nach Meißen in die Manufaktur zurückgesendet werden.[731] Aber einmal mehr bewies Chladni ein besonderes Gespür für den Verkauf. Denn er machte geltend, dass

---

727 AA I Aa 13, S. 30b.

728 AA I Aa 13, S. 31.

729 AA I Aa 13, S. 31.

730 AA I Aa 13, S. 305b.

731 Vgl. HStAD 10036 Loc. 32561, Vol. II, Nr. 118, S. 19.

nicht alle weißen und unbemalten Waren einem Verkaufsstopp unterliegen sollten. Eine ganze Reihe von unbemalten „Kleinigkeiten", darunter „Tobacks-Köpffe, Tobacks-Stopffer, Diverse Zwerg Nationen und Figuren" würden sich weiter großer Beliebtheit erfreuen und könnten wohl weiterverkauft werden, da sie aufgrund ihrer Form wenig geeignet waren zur nachträglichen Bemalung.[732] Mit Dekret vom 27. April 1730 wurde der Verkauf solcher Porzellane erlaubt unter der Bedingung, dass man nur an „unverdächtige" Personen, deren Namen man sich notiert hatte, verkaufen sollte.[733]

Wie mit dem eigenen Markenzeichen bei Verkäufen ins Ausland zu verfahren war, stand auch im Zentrum der Diskussion. Man fürchtete, dass es für den eigenen Umsatz nachteilig sei, wenn im Ausland das sächsische Markenzeichen angebracht werden würde. Der Faktor Chladni machte am 28. November 1729 die besondere Bedeutung des Markenzeichens an den Produkten geltend. Die Anbringung der Bodenmarke wurde als bedeutendes Instrument für die Übertragung und Sicherung von Qualität und Anmutung gesehen, mithin ein wichtiger Imageträger für die Manufaktur. Das Zeichen war nicht nur ein wirksames Mittel, um Betrug im Wege des Abschleifens der Marke zu erschweren. Es würde auch „den Credit der Meißener Porcellain-Fabrique intuitu der Bonitaet derer Porcellaine auswärts conserviren".[734] Eindeutig wurde hier von Chladni schon 1729 ein Gedanke aus dem heutigen modernen Marketing antizipiert, nämlich die Bedeutung der Unternehmensmarke für die Übertragung bestimmter Produkteigenschaften, wie in diesem Fall die Qualität und das Image der Erzeugnisse aus Meißen im Ausland.[735]

Zum Jahresende 1729 hatten die Manufakturleitung und das Kammerkollegium beschlossen, den Betrieb in Meißen in eine grundlegende neue Richtung zu lenken. Man war sich einig, die bisherigen betrieblichen Prozesse, die ohnehin auf dem Prüfstand waren, komplett neu zu definieren. Diese neue Einrichtung der „Oeconomie" in Meißen wurde von den Kammerräten Wichmannshausen und Graf von Hennicke vorbereitet, unterstand jedoch abermals der Federführung Hoyms.[736] Am 1. Dezember 1729 wurde das „Ohnmaßgebl. Project, Wie vom 1.ten Januarii 1730 an, sowohl die Oeconomie, als Buchhalterey bey der Königl. Porcellain-Manufactur, einzurichten seyn dürffte" vorgestellt.[737] Wichtige Punkte des Projekts betrafen vor allem personelle Reformen. Der bisherige Inspektor Reinhardt sollte entlassen werden, an seine Stelle nach Meißen der Faktor Chladni gehen und dort die Position des Inspektors einnehmen, während der bisher als Handelsdiener in Dresden tätige Johann Christian Rost zum Buchhalter befördert wurde. Neben dem Inspektor in Meißen sollte eine Position des „Controleurs" geschaffen werden.[738]

---

732 AA I Aa 13, S. 186b.

733 AA I Aa 13, S. 195.

734 AA I Aa 11, S. 76b.

735 Vgl. Baumgarth (2008), S. 79–86 und Lasslop (2005).

736 Vgl. AA I Aa 11, S. 74b.

737 Vgl. AA I Aa 11, S. 80b.

738 Vgl. AA I Aa 11, S. 81, S. 82b und S. 84.

Im Zentrum der vorgeschlagenen Maßnahmen stand somit Chladni. Die bisher weitestgehend von ihm geführte und bestimmte Preispolitik der Manufaktur wurde auf neue Fundamente gesetzt. Grund für diesen entschlossenen Reformschritt waren etliche Bedenken, die das Kammerkollegium insbesondere in der Art der Preisfindung hatte:

> *„Weil das Königl. CammerCollegium wahrgenommen, daß bey der bisherigen Verfaßung, unterschiedene Bedencklichkeiten sich geäusert, indem der Factor Chladni (...) die Taxation derer bey der Porcellain-Manufactur zu Meißen fabricirten, nachgehends anhero zum Vertrieb eingebrachten Waaren, einseitig und ohne jemandens Concurrenz verrichtet, und also nach eigenem Gefallen den Preiß, von Zeit zu Zeit selbsten constituiret (...)“.*[739]

Mit dieser Aussage wurde erstmals offiziell festgehalten, was schon seit mehr als 10 Jahren bei der Manufaktur die meist gängige Praxis war. Die hier vorgebrachten Bedenken griffen den Leiter der Dresdner Niederlassung und sein Wirken scharf an, doch tat man damit dem Faktor Chladni Unrecht. Im Gegenteil, seine teilweise weitsichtigen Entscheidungen und Argumentationen in Bezug auf die Preispolitik waren allesamt im höchsten Interesse der Manufaktur. Wie gezeigt wurde, hatte Chladni einen besonders guten Einblick in die Marktverhältnisse und konnte stets die Nachfrageseite besser einschätzen als die innerbetrieblichen Verhältnisse. Möglicherweise war aber genau diese Positionierung dem Kammerkollegium zu weit „entfernt“ von der Manufaktur. Zudem zog Chladni nahezu den gesamten Verkauf an sich, auch auf Kosten von ineffizienten Verkaufsmaßnahmen. Belegt ist, dass der Inspektor Reinhardt Verkäufe aus dem Warenlager in Meißen erst tätigen konnte, nachdem er die Porzellanbeschreibung der zum Verkauf stehenden Stücke nach Dresden geschickt hatte und von dort eine entsprechende Spezifikation mitsamt dem Preis der Ware von Chladni zurück übermittelt bekam.[740]

In dem Projekt verlangte man nun nach „Concurrenz“, also die explizite Einbindung von weiteren Manufakturverantwortlichen in das System der Preisfindung, und man wollte sich von der Abhängigkeit eines einzelnen Mannes bei der Preisstrategie herauslösen. Die Manufakturleitung wollte die weitreichenden Befugnisse, die Chladni als Faktor in Dresden genoss, für zukünftige Niederlassungsleiter empfindlich einschränken und die Verantwortung für die Preisstrategie wieder in Meißen konzentrieren. Dort befanden sich diejenigen Manufakturisten, die mit der Herstellung und Veredelung des Porzellans beauftragt waren und am besten die strategischen Änderungen in Preispolitik durchführen konnten. Möglicherweise spielten aber persönliche Motive eine wichtige Rolle, welche die Absetzung von Reinhardt und die „Strafversetzung“ von Chladni nach Meißen veranlassten. Noch im Jahresbericht für das Jahr 1727 war man mit beiden Angestellten zufrieden gewesen, da „dieselben ihren Verrichtungen treulich und gehörig“ nachkamen.[741] Chladni ist aber im Umgang mit Lemaire

[739] AA I Aa 11, S. 80b.

[740] Vgl. AA I Aa 11, S. 144b–145.

[741] AA I Aa 12, S. 69b. Im Allgemeinen war man mit der Arbeit von Chladni zufrieden. Schon der Manufakturinspektor Steinbrück hatte die Manufakturkommission zu der guten Wahl beglückwünscht, vgl. AA I Aa 5, S. 259b.

und dessen Bestellungen häufig mit Hoym aneinandergeraten, wodurch die Absetzung von Chladni durch Hoym besonders gezielt vorbereitet gewesen sein könnte.[742]

Wie sah nun der Preisbildungsvorschlag in Hoyms Projekt konkret aus? Es sollten

> *„(...) hernach wöchentl. ein oder nach Befinden zweymahl alle zum Verkauff tüchtige Waaren, von dem Inspectore Chladni, Hoffmahler Herolden, und Obermeister Stöltzeln, coniunctim nach abhabenden Pflichten, dergestalt der bonitaet nach zu taxieren, damit die darauff verwendete samtl. Kosten wiederum herbeygebracht, und noch überdieses ein billigmäßiger proportionniert. Profit erlanget werden könnte (...)"*.[743]

Mehrere neue Elemente wurden in die Preispolitik der Manufaktur eingebracht. Zuvorderst fällt auf, dass das Intervall der Preiskalkulation viel kürzer angesetzt wurde als bisher, nämlich ein- oder sogar zweimal pro Woche. Chladni hat sicherlich nicht in so kurzen Abständen gepreist und führte eine Preisbewertung erst durch, wenn die aus Meißen ankommenden neuen Porzellane in das Dresdner Warenlager angeliefert wurden. Verkaufspreise wurden aller Wahrscheinlichkeit nach während des Verkaufsprozesses final von Chladni und dem Käufer ausgehandelt und waren vorher nirgends offiziell fixiert oder festgelegt worden. Hoym hat somit bewusst eine Verkürzung der Intervalle der Preisbildung gewählt, auch vor dem Hintergrund des stetig anwachsenden Warenlagers. Denn für die vielen noch unbewerteten Waren wollte man möglichst bald neue Preise kalkulieren.

Das zweite neue Element war die gemeinschaftliche Preisbildung zwischen den wichtigsten Akteuren des Betriebes, nämlich Chladni als Verkaufsleiter und zukünftiger Inspektor, dann dem Leiter der Malerei, Höroldt, und schließlich dem Leiter der Produktion, Stöltzel. Dass sich die drei Vertreter der wichtigsten Abteilungen, der Verkaufs-, der Malerei- und der Produktionsabteilung, auch schon vorher in preisrelevanten Angelegenheiten trafen, ist bezeugt. Jedoch waren dies unregelmäßige Treffen, in denen nur ein kurzer Austausch gepflegt wurde und bei weitem keine Entscheidungen „coniunctim", also gemeinschaftlich, getroffen wurden. Meistens setzte sich Chladni in den Diskussionen um die richtige Preissetzung durch. Die nun propagierte gemeinschaftliche Preisbildung sollte den beiden anderen Stimmen mehr Gewicht verleihen und deren Know-how und Meinung in die Preisfindung einfließen lassen.

Ein dritter Aspekt festigte die Preisdifferenzierung der Porzellane nach deren „bonitaet", also ihrer Qualität. Durch die Einführung der drei Sorten Gut, Mittelgut und Brac wurde schon vor Jahren der Weg der Preisdifferenzierung eingeschlagen. Mit mancherlei Schwierigkeiten schaffte man es in der Manufaktur, diese drei Sorten zu klassifizieren. Aber man hatte bis dahin unterschiedliche Preise für diese Sorten nicht etabliert – für Chladni stand nur die beste Sorte im Fokus, denn „bey der verconsumirung nur allezeit das Gute [Porzellan] müßen ausgesuchet, und der Fabrique zum besten verkauffet werden (...)".[744] Die Festlegung von

[742] Es finden sich Berichte, wonach „Herr Graff auf den Factor Chladni einen Haß geworfen (...) wobey er den Factor einen Filou geheißen (...)", HStAD 10026 Loc. 955/03, S. 322b.

[743] AA I Aa 11, S. 82.

[744] AA I Aa 13, S. 30b.

Verkaufspreisen für das Mittelgut geriet dadurch ins Hintertreffen. Es wurde ohnehin zumeist von Porzellanhändlern angefragt, mit denen sowieso Preise verhandelt wurden. Brac schließlich wurde aller Wahrscheinlichkeit nach gar nicht erst gepreist, weil es nicht verkauft werden durfte und sich auch kaum für den Verkauf eignete. Mit dieser neuen Verordnung wollte man endlich mit der nötigen Konsequenz alle drei Qualitäten in die Preisfindung einbeziehen.

Der letzte und wohl wichtigste Gesichtspunkt war die offizielle Einführung einer kostenorientierten Preiskalkulation. In den zurückliegenden Jahren wurde bei der Manufaktur, insbesondere nach dem Tode Böttgers 1719, immer wieder die Bedeutung einer kostendeckenden Preispolitik aufgezeigt. Die verschiedenen Eingaben an die damalige Kommission betonten die Notwendigkeit der Einführung einer kostenbasierten Unternehmensrechnung. Zu erwähnen sei der schon beschriebene innovative Vorschlag eines „Calculir-Buchs" zur Erfassung der Einzel- und Gemeinkosten. Besonders der damalige Inspektor Steinbrück befürwortete solche Maßnahmen und drängte darauf, die Kostenstruktur der Manufaktur besser zu erfassen, um entsprechend die Verkaufspreise darauf abstimmen zu können. Doch diese Änderungen sind in den nachfolgenden Jahren nur halbherzig umgesetzt worden. Zwar wurde die Kostenerfassung und Buchführung seit 1719 besser reglementiert und durchgeführt, bezüglich der Preispolitik ergab sich aber nie ein direkter Zusammenhang mit den Kosten, auch weil Chladni seine marktorientierte Preisstrategie durchsetzte. Dies änderte sich mit diesem Projekt, da nun explizit gefordert wurde, dass sämtliche für die Herstellung der Porzellanwaren verwendeten Kosten gedeckt werden mussten. Unklar in der Formulierung blieb, ob damit nur die erfassbaren Einzelkosten gemeint waren, oder ob auch die allgemein anfallenden Gemeinkosten in die Kalkulationen zu berücksichtigen waren.[745] Ungeachtet dessen wurde dadurch unweigerlich eine Strategieänderung in der Preispolitik eingeläutet und die strikte kostenorientierte Preiskalkulation festgelegt. Eine Kalkulation, bei der neben der Kostendeckung auch ein „proportionnierter" Profit erlangt werden sollte. Damit lässt sich nicht nur ein Wechsel in der Preisstrategie erkennen, sondern auch ein Wechsel in der Unternehmensstrategie: Die Ausrichtung auf die Profitabilität rückte immer mehr in den Fokus der Überlegungen. Wurde in der Vergangenheit zwar oft die Erreichung der Profitabilität eingefordert und verordnet, wurde jetzt erstmals diese Zielerreichung konkretisiert durch die Einforderung des Instrumentes des Zuschlags auf die kalkulierten Selbstkosten. Ein weiterer, wesentlicher und für die damalige Zeit sehr fortschrittlicher Aspekt ist zu bedenken: Mit dieser Strategieänderung hat Hoym die Einführung von festen, vorher kalkulierten Preisen ermöglicht und dadurch die Zeiten der frei verhandelbaren Preise offiziell beendet.[746] Die Einführung von festen Preisen für die Porzellanprodukte sollte „bey der Verkauffung derer Wahren in Zukunfft zum Fundament" der Verkaufsstrategie der Manufaktur werden, eine

---

[745] Ob es sich somit um eine Vollkostenkalkulation handelte, die fixe und variable Kosten in vollem Umfang berücksichtigte, oder um eine Teilkostenkalkulation, die nur die variablen Kosten berücksichtigte.

[746] Tatsächlich konnte die jahrelang bewährte Praxis der Preisverhandlung, wie später noch zu zeigen sein wird, nicht innerhalb kürzester Zeit aufgehoben werden, da immer noch Preisverhandlungen mit Lemaire durchgeführt wurden. Der Sekretär von Hoym empfahl seinem Bruder, dem Kontrolleur Nohr in Meißen, dass bezüglich der Preise von angefertigten Adlern aus Porzellan, er „ein bißchen praeparirt seyn möchtet, wie hoch sie etwa mit Rechte aestimirt seyn könnten; LeMaire schätzet sie 12rt: das Stück, ich glaube aber, wenn ihr etwa auf 18rt: beruht, daß ihr zum wenigsten 16rt: bekommen werdet (…)", HStAD 10026 Loc. 1341/10, S. 415.

Abweichung von den Preisen nach oben oder nach unten wurde strikt verboten.[747] Diese neue Preisbildung wurde ab 1. Mai 1730 schrittweise für alle Waren in den Lagern in Meißen, Dresden und Leipzig eingeführt und sollte entsprechend den Vorgaben aus dem eingereichten Projekt auch von dazu ausgewählten Manufakturisten durchgeführt werden.[748]

Weiterhin sah das Projekt vor, dass die drei Akteure im Preisbildungsprozess dem Buchhalter ein vollständig bewertetes Inventar der Waren auszuhändigen hatten. Chladni als zukünftiger Inspektor hatte sich mehrheitlich in Meißen aufzuhalten und in Ausführung seiner Pflicht die Ausgaben in der Manufaktur zu erfassen. Quartalsweise sollten diese Ausgaben dem Kammerkollegium zugesendet werden, die Jahresrechnungen hingegen vier Wochen nach Jahresende erstellt werden. Für die aus Meißen versendeten Waren musste ein ordentliches Journal geführt werden, welches genauestens die Sorte des Porzellans, eine genaue Beschreibung mitsamt den vorher festgesetzten Preisen und schließlich eine Nummerierung aller Porzellane aufzeigen musste. Diese Spezifikation der Waren war in doppelter Ausführung anzufertigen.[749]

Interessant war die Art der vorgesehenen Besoldung des zukünftigen Buchhalters Rost. Ihm wurden offenbar nicht nur reine buchhalterische Aufgaben übertragen, da er zumindest in Teilen die Position einnehmen sollte, die vorher Chladni bekleidet hatte.[750] Für ihn war ein jährliches festes Gehalt von 60 Talern vorgesehen, samt einem Zuschuss zu seinen privaten Mietkosten in Höhe von 40 Talern. Um Rost größere Anreize für die ordentliche Erledigung seiner Arbeit zu geben, bekam er eine variable Komponente für seine Gehaltszahlungen. Damit er den Umsatz „desto fleißiger besorgte“, durfte er 0,5% der Rechnungssumme von allen im In- und Ausland bar verkauften Porzellanen für sich verbuchen.[751] Strenge Vorgaben bekam Rost in Bezug auf den Verkauf der Waren. Der Buchhalter musste die ihm aus Meißen zugesendeten Inventar- und Preisverzeichnisse sorgfältig im Dresdner Warenlager kontrollieren. Strengstens untersagt war ihm der Verkauf unterhalb oder oberhalb des in der Liste verzeichneten Preises.[752] Und sollten „die auswärtigen Kauff Leuthe eine quantitaet (...) auf ihr risico verlangen, solchenfalls würde nach proportion des quanti, billigmäßiger remiss zuthun seyn“.[753] Dadurch versuchte man die Freiheitsgrade für Rost soviel wie möglich einzudämmen: Verkaufspreise wurden ihm für sämtliche Waren aus Meißen schriftlich mitgeteilt. Abweichungen von den fixierten Preisen im Einzelverkauf wurden nicht gestattet. Was ihm jedoch ermöglicht wurde, war ein Mengenrabatt für ausländische Kaufleute.

747 AA I Aa 13, S. 312.

748 Vgl. AA I Aa 13, S. 162–162b.

749 Vgl. AA I Aa 11, S. 81b–82.

750 Erst am 1. März 1731 nahm dann Gottlob August Otto die Stelle als Faktor ein, während Chladni zu diesem Zeitpunkt definitiv nach Meißen als Inspektor versetzt wurde, vgl. AA I Aa 14, S. 12–13 und S. 49–49b.

751 AA I Aa 11, S. 82b. Auf die königlichen Bestellungen durfte diese Zusatzvergütung nicht angewendet werden. Im Wesentlichen ist wohl dieser variable Gehaltsbestandteil des Verkaufspersonals bis zum Ende des 18. Jahrhunderts geblieben, und noch für den Verantwortlichen des Detailverkaufs, Hövelke, in Meißen im Jahre 1773 nachgewiesen, vgl. AA I Aa 47, S. 143b.

752 Vgl. AA I Aa 11, S. 83.

753 AA I Aa 11, S. 83.

König August der Starke genehmigte mit seiner Resolution vom 14. Dezember 1729 sämtliche Punkte des eingereichten Projekts. Er war sowohl mit den Personaländerungen einverstanden, wie auch mit dem mit Lemaire geschlossenen Vertrag vom September 1729. Zur Unterstützung des zukünftigen Inspektors Chladni und dessen Aufgaben in Meißen befahl der Fürst die Einsetzung eines Kontrolleurs, der Chladni zur Seite gestellt werden sollte. Dieser Kontrolleur wurde in der Person des Adam Gottfried Nohr gefunden und am 24. Dezember 1729 eingestellt.[754] Es wurde befohlen, dass die Arkanisten ihre Wissenschaft und Kenntnisse in einem Buch niederschreiben sollten und dieses höchstpersönlich zu Händen des Königs versiegelt eingesendet werden sollte.[755] Bezüglich der vorgeschlagenen Änderungen in der Preisstrategie der Manufaktur hatte der König eine klare Vorstellung:

> *„Und da wir den Debit der Porcelaine-Waaren auf alle Arth und Weise befördert wißen wollen; so habet ihr dahin zu sehen, daß ein convenabler Preiß, und zwar soviel möglich, etwas leidlicher, als zeither geschehen, jedoch so, daß nach proportion der darauf zu verwendenden Unkosten auch ein billigmäßiger Profit herbey zu bringen, determiniret werde“.*[756]

Bestätigt wurde die strategische Änderung hin zu einer kostenorientierten Preispolitik. Offensichtlich hatten die Klagen über prohibitiv hohe Verkaufspreise auch den König erreicht. Denn er forderte „convenable“ Preise, also zweckmäßige und angemessene Preise. Diese sollten geringer sein als bisher, aber immer noch so beschaffen sein, dass man nach Deckung der angefallenen Kosten noch einen verhältnismäßigen Profit daraus gewinnen konnte. Diese Forderungen in der königlichen Resolution waren allesamt von einer gewissen „weichen“ Natur: Der König verlangte keine Durchführung von extremen Preismaßnahmen, sondern benutzte vorzugsweise die Dialektik der Angemessenheit und der Verhältnismäßigkeit. Es war dies der Wunsch, mit der Kalkulation der Preise eine Punktladung zu ermöglichen bei genau angemessenen hohen Preisen, die aber gerade noch eine auskömmliche Gewinnmarge erlaubten. Die Anfangszeit der Manufaktur während der Böttgerphase, in der oft eine Maximierung des Preises über alle Grenzen hinaus im Zentrum der Verkaufsbemühungen stand, war nunmehr endgültig vorbei. Bei dieser Resolution handelte es sich zudem um einen der seltenen Fälle, in denen der Fürst sich relativ präzise und direkt über preispolitisch relevante Maßnahmen bei der Porzellanmanufaktur äußerte. Frühere Resolutionen betonten lediglich die Notwendigkeit, stets im königlichen Interesse zu handeln und dabei den Gewinn der Manufaktur zu erhöhen. Dies geschah auch hier, indem der König klarstellte, wie sehr ihm die Profitabilität des Gesamtbetriebes wichtig war und dass er diese auf jegliche Art und Weise sichern und erhöhen wollte. Aber erstmals gab es neben diesem fast obligatorischen Bekenntnis auch eine greifbare Handlungsanweisung an die Manufakturisten, die konkreter als jemals zuvor die Richtung, Höhe und Strategie der Preisfindung vorsah.

---

754 Vgl. AA I Aa 11, S. 142b. Nohr, welcher der Bruder des Sekretärs von Direktor Hoym war, sollte besonders die Arbeit der angestellten Manufakturisten „beschleunigen“ und überprüfte sämtliche Rechnungen und Belege, vgl. z.B. AA I Aa 11, S. 165–165b. Auch wurde er ab 1730 und 1731 stärker in die Kalkulation der Verkaufspreise einbezogen, vgl. AA I Aa 13, S. 313.

755 Vgl. AA I Aa 11, S. 99.

756 AA I Aa 11, S. 98–98b.

Am 17. April 1730 trafen sich der Hofmaler Höroldt, der Arkanist Stöltzel und der Faktor Chladni im Dresdner Warenlager. Gemäß dem verabschiedeten Projekt sollte dieses „Kompetenzteam" die vorgeschlagenen Maßnahmen in die Praxis umsetzen und die Preise sämtlicher Erzeugnisse der Manufaktur, erstmalig in der Manufakturgeschichte überhaupt, gemeinschaftlich und schriftlich neu bestimmen. Die Beteiligten begannen nachmittags gegen 14.30 Uhr mit der Preissetzung, zugegen waren auch Kammerrat Pflug und Direktor Hoym.[757] Letzterer wiederholte nochmals die königlichen Bestimmungen. Gleichzeitig erklärte er, dass die neuen Preise

> *„keineswegs auf eine accurate oder subtile Ausrechnung ausfallen, sondern zur Zeit nur ein convenabler Preiß auf die vorhandenen Waaren gesetzet und jede Sorte mit gewißen Nummern, auch die Stücke oder Dutzente wohl notiret werden sollten".*[758]

Hier ist schon die Vorgehensweise klar, mit welcher die Akteure die neue Preissetzung in Angriff nahmen. Keineswegs waren sie ausgestattet mit genauen Kostenbelegen, mit Verbrauchsangaben oder Ausschussquoten bestimmter Porzellansorten. Keiner von ihnen kalkulierte auf schriftlichem Wege einen detaillierten kostenorientierten Preis. Vielmehr überschlug man die Herstellungskosten der an der Herstellung beteiligten Abteilungen und den sonst angefallenen Aufwand[759] – Höroldt kannte dabei seine eigenen Malereipreise und Stöltzel konnte eine ungefähre Einschätzung der Kosten der Masseherstellung pro Stück angeben. Chladni brachte wie üblich die Sichtweise des Marktes ein und konnte aus Erfahrung am besten beurteilen, zu welchem Preis die Waren nachgefragt wurden. Offensichtlich hatte Hoym auch kein größeres Interesse an einer ausführlichen Kalkulation, denn so ein Unterfangen hätte möglicherweise mehrere Wochen in Anspruch genommen, und der Direktor wollte eher auf kürzestem Wege eine Inventarisierung der Waren nebst neuer Preissetzung sicherstellen. Aber selbst diese anbefohlene Festlegung der Preise dauerte ihre Zeit: Die drei an der Kalkulation beteiligten Männer waren volle 5 Tage im Dresdner Warenlager beschäftigt, um die Vorgaben zur Preissetzung umzusetzen. Vom 17. April bis zum 22. April 1730 arbeitete man jeden Tag bis manchmal „abends 8 Uhr" an den Preisen der Porzellane.[760] Alle drei waren nicht nur mit der Preissetzung beschäftigt, sondern sie sortierten auch die Waren. Diese wurden nach ihrer Bemalung und Größe eingeteilt, sie wurden nach Fehlern untersucht und schließlich klassifiziert.[761] Auch die Porzellane, die man für Lemaire gefertigt hatte und welche von ihm wieder zurückgegeben worden waren wegen unbefriedigender Malerei, bekamen neue Verkaufspreise zugewiesen.[762]

Dabei ging man oft pragmatisch vor, wie es im Interesse von Hoym war, und bediente sich einfacher Preisinstrumente. So hat man bevorzugt bei kleineren Porzellanen mit linearen absoluten Aufschlägen bei der Preissetzung gearbeitet: Unter den Inventarnummern 131 bis

[757] Vgl. AA I Aa 13, S. 167–167b.

[758] AA I Aa 13, S. 168.

[759] Vgl. AA I Aa 13, S. 168b–169 und AA I Af 9, S. 26b–27.

[760] AA I Aa 13, S. 168b.

[761] Vgl. die Preis- und Inventurlisten unter AA I Aa 13, S. 171–183b.

[762] Vgl. AA I Aa 13, S. 169b.

134 sind Konfektschalen in großer, mittlerer, kleiner und ganz kleiner Ausführung verzeichnet.[763] Die große Ausführung kostete 4 Taler, die mittlere 3 Taler, die kleine 2 Taler und die kleinste 1 Taler bei ansonsten gleicher Modellierung und Bemalung. Man nahm die kleinste Größe als Ausgangspunkt der Preisbildung und setzte den Preis zur jeweils nächstgrößeren Form immer um 1 Taler höher an. Aber konnten durch so einen linearen absoluten Aufschlag die Herstellungskosten nur in sehr begrenztem Umfang berücksichtigt werden. Diese Vorgehensweise wurde für eine Vielzahl von kleineren Gegenständen, die in unterschiedlichen Größen vorlagen, immer wieder angewendet, sicherlich um Zeit zu sparen und der Forderung nach „convenablen" Preisen besser nachzukommen. Auch konnte man hochgradig komplexe und spezifische Modelle nicht mit Preisen versehen, wie das Beispiel eines Uhrgehäuses aus Porzellan zeigte. Unter der Inventurnummer 113 hieß es, das Gehäuse „ist nicht wohl zu taxieren weil dergleichen Stück pure auf den Liebhaber ankomme".[764] Auch mit Porzellanen, die schon seit Jahren im Lager waren, tat man sich bei der Preisfindung schwer. So fanden sich emaillierte Services und „Chocoladenbecher", die schon seit 1725 im Warenlager verzeichnet wurden, aber seitdem nicht verkauft werden konnten, da sie offensichtlich von geringer Qualität waren und den Anschein hatten, von „Pfuschern" verfertigt worden zu sein.[765] Chladni wusste nicht, welchen Preis er für solche Stücke ansetzen sollte und wie er sie überhaupt verkaufen konnte, auch weil für die Malerei 50 oder 60 Taler bezahlt worden waren. Er äußerte den Vorschlag, den durch diese bisher unverkäuflichen Stücke entstandenen Schaden wenigstens abzufedern, indem die Preise der von Höroldt bemalten aktuellen Geschirre nicht wesentlich herabgesetzt oder gar so wie bisher gelassen werden sollten. Denn die durch Höroldt bemalten Porzellane hätten stets eine große Nachfrage gefunden und sicherten den Absatz, könnten also bei der vorherrschenden Zahlungsbereitschaft der Kunden zu den bestehenden höheren Preisen verkauft werden und somit die Verluste der Lagerware etwas kompensieren.[766] Nahezu sämtliche Porzellane im Dresdner Warenlager wurden mit neuen Verkaufspreisen versehen. Abschließend erging ein Dekret, in dem befohlen wurde, dass in keiner Weise von den so fixierten Preisen abgewichen werden durfte, weder nach oben noch nach unten, und dass in gleicher Weise die Verkaufspreise für das Warenlager in Meißen und in Leipzig anzusetzen waren.[767]

Das Thema der Preisdifferenzierung zwischen unterschiedlichen Käufern wurde ebenfalls wieder aufgenommen. Hoym erkannte, dass seine Strategieänderung hin zur kostenorientierten Preisgestaltung die unterschiedlichen Zahlungsbereitschaften der Käufergruppen stärker mitberücksichtigen musste. In der vormals durchgeführten nachfrageorientierten Preisstrategie war dieser Aspekt mehr oder weniger automatisch mitberücksichtigt worden – bis zur extremen Preisdifferenzierung nach „eigenem Ermessen" anhand der Beschaffenheit der Käufer, wie Direktor Matthis 1712 anbefohlen hatte.[768] Zu so einer extremen Ausgestaltung

---

763 Vgl. HStAD 10036 Loc 32561, S. 288.

764 HStAD 10036 Loc. 32561, S. 286b.

765 AA I Aa 13, S. 170.

766 Vgl. AA I Aa 13, S. 170b–171.

767 Vgl. AA I Aa 13, S. 185, die Preise für das Warenlager in Meißen wurden am 1. Mai 1730, diejenigen für das Lager in Leipzig am 24. Mai 1730 gesetzt, vgl. HStAD 10036 Loc. 32561, S. 412 und S. 454.

768 Vgl. Kapitel 3.3.2.

der Preisdifferenzierung sollte es aber nicht kommen. Der Faktor Chladni sah sich zwar stets Anfragen nach Verminderung der Preise ausgesetzt, sei es auf den Leipziger Messen oder bei kleinen Verkäufen in den Warenlagern. Die Händler klagten, dass der Absatz schwierig zu bewerkstelligen sei, da bei gleichen Preisen für Privat- wie Geschäftskunden die Händler noch verschiedenste zusätzliche Abgaben wie Steuern und Zölle aufbringen müssten.[769] So fragte Chladni im September 1730 beim Kammerkollegium an, ob „der einzelne Käuffer, als der Kauffmann so im ganzen abnimmt, einerley Tax haben soll (...)".[770] Die intendierte Preisdifferenzierung richtete sich danach, ob es sich um einen Privatkunden, der nur wenige Porzellane kaufte, oder um einen Geschäftskunden handelte, der üblicherweise hohe Mengen abnahm. Parallel zu einer möglichen Preisdifferenzierung existierte weiterhin die Gewährung von Rabatten auf die gesamte Rechnungssumme, vorzugsweise für Porzellangroßhändler während der Leipziger Messen, aber auch für Privatkunden bei entsprechendem Verhandlungsgeschick. Das Preisinstrument des Rabatts unterlag jedoch seit der Frühzeit der Manufaktur keiner konkreten Regelung und war stark geprägt von diskretionären Entscheidungen der Manufakturleitung.[771] Nicht zuletzt aufgrund der schon existierenden Verkaufspreisminderung im Wege der Rabattgewährung zeigte sich das Kammerkollegium skeptisch gegenüber einer Preisdifferenzierung und somit gegenüber einer zweiten Preisliste. Man entschied sich, dass zur „Vermeydung der (...) bey der Rechnung besorglichen Unordnung hierbey unter dem einzelnen Käuffer, und dem Abnehmer einer starken quantitaet Porcellain (...) kein Unterschied zu machen wäre".[772] Es herrschte somit ein Einheitspreis bei den Verkaufspreisen vor, die Preisdifferenzierung nach den unterschiedlichen Kundengruppen entfiel. Besonders Direktor Hoym legte großen Wert auf die „conformitaet" der Preise im Verkauf und fürchtete eine „confusion" zwischen normalen Verkaufspreisen und Geschäftskundenpreisen.[773]

3.3.7 Die Reformjahre 1731/1732 – Preispolitik und Betrug

Zum Jahresende 1730 lief der auf ein Jahr begrenzte Vertrag mit Lemaire und der Manufaktur aus. Dass diese Partnerschaft zwischen Lemaire und Meißen verlängert werden würde, schien nur eine Formsache zu sein. Besonders in Anbetracht der Tatsache, dass Lemaire für ungefähr 5.000 Taler Umsatz gesorgt hatte, die Rechnungen auch tatsächlich in bar bezahlte und somit für eine gehörige Auslastung der Manufakturkräfte verantwortlich war.[774] Zudem durfte Lemaire auf die Kooperation des Direktors Hoym zählen, da dieser die Bestellungen Lemaires außerordentlich förderte.[775]

---

769 Vgl. AA I Aa 13, S. 340b.

770 AA I Aa 13, S. 310b.

771 Vgl. Kapitel 3.4.1.

772 AA I Aa 13, S. 311.

773 AA I Aa 13, S. 312–312b.

774 Vgl. HStAD 10036 Loc. 32562, Vol. IV, Nr. 120a, S. 131b.

775 Möglicherweise kannten sich Hoym und Lemaire schon aus gemeinsamen Zeiten in Paris, wo Hoym eine ausgesprochen große Porzellansammlung aufgebaut hatte und wohl dadurch einen der wichtigsten Porzellanhändler der Stadt kennenlernen konnte, vgl. Le Duc (1997), S. 56.

So hatte Hoym zwischen November 1729 und April 1730 Lemaire Zugang zu Porzellanen aus dem Japanischen Palais ermöglicht, die als zusätzliche Modelle dienen sollten für seine Auftragsarbeiten an die Meißener Manufaktur.[776] Im Japanischen Palais bewahrte August der Starke seine kostbare Porzellansammlung auf, die eine Vielzahl von Exemplaren aus China und Japan beinhaltete und den Glanz seines sächsischen Hofes ausstrahlen sollte. Lemaire mag über dieses Entgegenkommen mehr als erfreut gewesen sein, denn für den späteren Verkauf der Porzellane war es sehr förderlich, Porzellane nach königlichem Vorbild zu haben. Der Maler Höroldt kopierte in Meißen 120 Originale aus dem Palais und fertigte 340 Modelle an, dabei war Lemaire, dem der Zugang zu den Malern und Drehern in Begleitung des Kontrolleurs Nohr gestattet war, ab und zu selbst in Meißen anwesend und überwachte den Fortschritt dieser Arbeiten.[777] So bat am 8. Februar 1731 Lemaire den König, ihm den bisherigen Vertrag mit der Manufaktur zu verlängern.[778] Da er den Umsatz der Manufaktur erheblich erhöht habe und dadurch auch das Ansehen des Werks gehoben hätte, forderte er die gleichen Konditionen ein, die ihm schon im ersten Vertrag zugestanden wurden. Mit viel Aufwand hätte er „die Fabricanten und Mahler zu imitirung der schönen alten Japanischen Porcelaine zu dressiren“ erreicht.[779]

Ein erster Vertragsentwurf sah vereinzelte Überarbeitungen gegenüber dem ersten Kontrakt vor. Explizit wurde vorgesehen, die bestellten Waren mit dem Markenzeichen der sächsischen Kurschwerter zu markieren und auf chinesische Zeichen oder sonstige Bodenmarken zu verzichten.[780] Dieser Entwurf wurde von Hoym teilweise überarbeitet. Er verordnete stattdessen, dass der erste Vertrag mit Lemaire „in allen und jeden Puncten und Clauseln“ verlängert werden sollte bis Ostern 1732, mit der Ausnahme der Verkaufspreise, die im Gegensatz zum ersten Vertrag nun neu aufgesetzt wurden.[781] In der Tat war der zweite Vertrag mit Lemaire vom 19. Februar 1731 nahezu identisch mit dem ersten. Abermals wollte man nachträglichen Preisverhandlungen einen Riegel vorschieben, indem die an Lemaire übermittelten Preise nicht weiter zur Disposition standen, und nur im Falle von neuartigen und noch nicht spezifizierten Modellen die Manufaktur und der französische Geschäftsmann sich „accordiren“ mussten.[782] Und wie im ersten Abschluss sicherte sich die Manufaktur auch diesmal den inländischen Vertrieb in Sachsen und erlaubte Lemaire nur den Verkauf im

[776] Insgesamt wurden 220 Porzellane aus dem Palais nach Meißen transportiert, HStAD 10026 Loc. 1341/10, S. 324–325 und S. 398–399.

[777] Vgl. Lübke (2005), S. 7. Da Lemaire anfangs nur einen Vertrag mit einjähriger Laufzeit hatte, hat er die Dreher und Maler stets mit Nachdruck angespornt, um die für ihn bestimmten Arbeiten zu erledigen, und war dabei im Umgang nicht zimperlich.

[778] Vgl. AA I Aa 14, S. 95b–96.

[779] AA I Aa 14, S. 96.

[780] Vgl. HStAD 10036 Loc. 32562, Vol. IV, Nr. 120a, S. 126–129.

[781] Vgl. AA I Aa 14, S. 14b–15. Ein unmittelbarer Vergleich zwischen den Verkaufspreisen der beiden Verträge ist aufgrund der unterschiedlichen Porzellanbeschreibungen in den Spezifikationslisten nicht möglich, aber bei einigen Porzellanen ist eine Absenkung der Verkaufspreise um 16% („große paßigte Zucker Dose“) und um 50% („starck gemuschelter Thee Pot“) zu verzeichnen, vgl. HStAD 10036 Loc. 32561, Vol. II, Nr. 117, S. 66b und HStAD 10036 Loc. 32562, Vol. IV, Nr. 120a, S. 164–164b, eigene Berechnungen.

[782] AA I Aa 14, S. 93b.

Ausland, aber keinen Absatz, ob im Wege des Einzel- oder Großhandels, in Sachsen.[783] Am 14. März 1731 erging ein Dekret, in welchem die für Lemaire hergestellten Waren mit dem Kurschwertern unter der Glasur versehen werden sollten und man darauf zu achten habe, dass die für Lemaire hergestellten Porzellane ihm nicht wie bisher monatlich, sondern zweimal in der Woche zugesendet würden.[784]

Aber keine zwei Wochen später waren alle geschlossenen Verträge und erteilten Dekrete überflüssig geworden. August der Starke, der das Königreich Polen in Personalunion regierte und sich zum damaligen Zeitpunkt in Warschau aufhielt, kehrte nach Sachsen zurück. Er wurde erstmals detailliert informiert über das, was vor Ort in Meißen während seiner Abwesenheit geschehen war. Er war sehr erzürnt, besonders über die Entnahme von Porzellanen aus seiner Sammlung ohne sein Einverständnis, und äußerte großes Missfallen über die Besorgung seiner Geschäfte durch den Grafen Hoym, sowohl was die betriebliche Führung anging als auch die durchgesetzten personellen Änderungen.[785] So sehr, dass er ihn kurzerhand absetzte und in Gewahrsam nehmen ließ. Hoym wurde befohlen, sich vom Hofe zu entfernen und unverzüglich auf seinen Landsitz zurück zu ziehen. Er wurde nicht einmal angehört, noch durfte er sich verteidigen. Die Entlassungsurkunde verfertigte August der Starke am 27. März 1731 an, noch bevor er in Dresden ankam.[786] Sofort ließ der König auch sämtliche Porzellane, die aus dem Japanischen Palais entnommen wurden, wieder dorthin zurückbringen. Auch ließ er alle Porzellane von Lemaire und Hoym, die man im Dresdner Haus von Hoym vorfand, konfiszieren und wieder zurück ins Japanische Palais bringen. Aus der in diesem Zusammenhang gefertigten Inventarliste wurde ersichtlich, dass Hoym aus den Bestellungen für Lemaire die besten Stücke an sich gebracht hatte, ungefähr 1.700 Porzellane.[787]

Der König berief Anfang April eine Untersuchungskommission unter Führung der Räte von Wichmannshausen und Pflugk, die sich mit den Vorfällen und Unregelmäßigkeiten beschäftigen sollte.[788] Neben der Aufarbeitung der tatsächlichen Ereignisse und der Klärung der Verantwortlichkeiten auf betrieblicher Ebene stand auch die Preispolitik der Manufaktur erneut unter Analyse. Hier war die Beantwortung der Frage im Zentrum der Untersuchungen, „woher die Verfügung geschehen, daß die vorhin regulirten Preiße dem vernehmen nach, so herunter gesetzet und vermindert" worden waren.[789] Es wurde bekannt, dass Hoym die Bil-

---

783 Vgl. AA I Aa 14, S. 94–94b, im Falle der Zuwiderhandlung sich Lemaire „mit Contrebandirung derer innerhalb Landes vertriebenen Porcellain-Wahren, oder, nach Befinden, anderer willkührlicher Bestraffung angesehen werden soll".

784 Vgl. AA I Aa 14, S. 101b–102.

785 So geschahen die Absetzungen des Faktors Chladni und des Inspektors Reinhardt ohne Vorwissen von August dem Starken, wie er ausdrücklich in seiner Resolution vom 19. Mai 1731 betonte, vgl. AA I Aa 15, S. 208.

786 Vgl. HStAD 10026 Loc. 955/03, S. 48. Hoym geriet 1735 unter Verdacht, seine Dienste dem preußischen Kronprinzen und zukünftigen König Friedrich dem Großen angeboten zu haben. Daraufhin wurde er am 18. Dezember 1735 verhaftet und in der Festung Königsstein gefangen gehalten. Hier beging Hoym am 21. April 1736 Selbstmord, vgl. Boroviczény (1930), S. 184–185.

787 Vgl. HStAD 10036 Loc. 32562, Vol. IV, Nr. 120a, S. 187–196.

788 Vgl. AA I Aa 15, S. 1–2.

789 HStAD 10026 Loc. 1341/11, S. 5.

dung besonders niedriger Verkaufspreise für Lemaire durchgesetzt hatte. Stöltzel gab zu Protokoll, dass

> *„[d]ie Taxe dererjenigen Geschirre, welche le Maire geliefert bekommen, hätte er, der OberMeister, nebst dem Hofmahler Herolden auch mit ins Werck setzen sollen alleine sie hätten beyde sich deßen geweigert, weil sie wahrgenommen, daß die Preiße so sehr herabgesetzet worden sollen, und er, der OberMeister befürchtet, daß Ihro Königl Majt. darüber eine Ungnade schöpffen möchte (...)“.*[790]

Sowohl Stöltzel als auch Höroldt war bewusst, dass die starke Bevorzugung gegenüber Lemaire nicht im Sinne des Königs hätte sein können. Gemeinschaftlich setzten sie die Preise für die im normalen Verkauf abzusetzenden Porzellane, aber bei Lemaire waren sie, wenn überhaupt, höchstwahrscheinlich nur marginal in die Preisfindung involviert. Wer dagegen federführend in der Setzung der Preise gewesen ist, war der Kontrolleur Nohr. Der Bruder des Sekretärs von Hoym wurde während den Verhören als derjenige ausgemacht, der sich stark in die innerbetrieblichen Prozesse eingeschaltet hatte und dabei das Interesse von Lemaire und Hoym durchsetzte. Nohr habe

> *„zu Verminderung derer Preiße, derer vor le Maire gelieferten Porcelaines vieles beygetragen, des letzteren Interesse sich darbey angelegen seyn lassen, und in die Manufactur-Angelegenheit sich noch mehr, als der Herr Graf selbst meliret“.*[791]

Auch klassifizierte Nohr manche Porzellane, die in die gute Klasse eingetragen werden sollten, für Lemaire als Mittelgut, und verschaffte ihm dadurch weitere preisliche Vorteile. Mit Nachdruck hat Nohr die Arbeiten für Lemaire allen anderen Arbeiten vorangehen lassen und die bevorzugte Behandlung für Lemaire auch gegenüber den königlichen Bestellungen beibehalten. Vor allem war es aber Hoym selbst, der maßgeblich mit Willkür und Eigennutz die Aufträge von Lemaire nach eigenem Ermessen verwaltete. Berichtet wurde sogar von Transporten von Porzellan in sein Haus, wo dann die Gebrüder Nohr und Hoym selbst die Verkaufspreise nachträglich willkürlich ansetzten.[792]

Umfangreiche Verhöre wurden protokolliert, befragt wurden dabei die Arkanisten wie auch etliche Maler und Dreher. Neben dem Vorwurf, Porzellane aus der königlichen Sammlung entwendet zu haben, lag auch der Verdacht des Verrats des Arkanums in der Luft. Lemaire wurde verdächtigt, dass er sich das Arkanum aneignen wollte während seiner vielen Besuche auf der Albrechtsburg. Mitunter konnte er sich frei in der Albrechtsburg bewegen, half teilweise selbst die Porzellane aus den Verglühöfen zu entnehmen, schaute in den Arbeitsräumen der Dreher vorbei und war auch in der Glasurstube zugegen.[793] So geriet der Kaufmann unweigerlich unter Spionageverdacht, und seine fehlenden Kenntnisse der deutschen Sprache mögen ein Übriges dazu beigetragen haben, dass sich Lemaire in eine immer schwieriger werdende Situation brachte.[794] Der Kontrolleur Nohr geriet ebenfalls unter Betrugsverdacht

---

790 HStAD 10026 Loc. 955/03, S. 399b–340.

791 Vgl. HStAD 10026 Loc. 955/03, S. 347.

792 Vgl. HStAD 10026 Loc. 955/03, S. 323b–324.

793 Vgl. HStAD 10026 Loc. 955/03, S. 360b–362 und AA I Aa 15, S. 89b.

794 Vgl. HStAD 10026 Loc. 955/03, S. 362–362b.

und wurde festgenommen. Selbst der Arkanist Stöltzel geriet in die Mühlen der Verdächtigungen. Er und Lemaire wurden ebenfalls in Haft genommen, aber da sich die Verdachtsmomente für Stöltzel nicht erhärteten, wurde dieser wieder freigelassen. Bei Lemaire wurde entdeckt, dass er entgegen den Vertragsvereinbarungen doch Porzellane in Sachsen verkauft hatte, so dass er im Mai 1731 aus der Haft entlassen wurde und Sachsen unverzüglich verlassen musste.[795]

Es wird offensichtlich, dass August der Starke mit dem Abtransport der Porzellane, die Hoym für Lemaire genehmigt hatte, überhaupt nicht einverstanden gewesen ist. Seine private Sammlung war ihm lieb und teuer und war der direkte Ausdruck seiner Liebhaberei und Sammelleidenschaft, nicht zuletzt auch seines ausgesprochenen absolutistischen Repräsentationsbedürfnisses. Nur er selbst, der königliche Hofstaat und einige wenige Auserwählte hatten das Recht, die Sammlung zu betreten. Die Entnahme von Porzellanen aus dem Japanischen Palais zum Kopieren für Lemaire hatte die Exklusivität und Einzigartig der Stücke zunichte gemacht, was August dem Starken besonders negativ auffiel.[796] Sehr zum Ärger des Fürsten war auch die Tatsache, dass seine königlichen Bestellungen zurückgestellt wurden zugunsten denen von Lemaire, so dass seine Aufträge für das Japanische Palais ins Stocken gerieten. Auch missfiel ihm die leidliche Diskussion um das Auslassen der Schwertermarke, die er womöglich als unnötig erachtete und als Affront gegen das sächsische Fürstentum bewertete.[797] Aber auch rein wirtschaftliche Gesichtspunkte waren Grundlage für die Entscheidungen des Königs. In einer Notiz August des Starken im März 1731 unmittelbar nach Bekanntwerden der Ereignisse schrieb dieser, dass er sich seit mehr als 25 Jahren bemüht hätte, die Manufaktur zu seiner Freude einzurichten und dafür mehr als 100.000 Taler ausgegeben hätte, aber nicht um sie der Willkür der Allgemeinheit oder der Privatleute zu überlassen.[798] Hier spielte auch die große Sorge mit, das Geheimnis der Porzellanherstellung zu verlieren, dessen Aufbau und Erhalt ihn bisher so viel Geld gekostet hatte. Auch war er erbost über die augenscheinlich viel zu geringen Preise, die Graf Hoym dem Franzosen Lemaire zugestanden hatte, und mit denen man vereinzelt gerade noch die Herstellungskosten decken konnte. Er schrieb weiter, dass man die Porzellane aus dem Palais kopiert hätte, um sie der Allgemeinheit zugänglich zu machen und massiv im Preis zu senken, wo sie doch so teuer in der Anschaffung gewesen wären.[799] Der König fühlte sich in seiner Ehre verletzt und fürchtete um den Wert seiner hochgeschätzten Sammlung, die durch Kopie und Verkauf in den Markt erheblich an Wert und Prestige eingebüßt hätte. Ebenfalls missfällig äußerte er sich über den entgangenen Gewinn für seinen Betrieb, denn die Porzellane hatte man so

[795] Vgl. HStAD 10026 Loc. 955/03, S. 345–345b. Für eine ausführliche Darstellung der Verhöre und Protokolle mitsamt den sich aus der Untersuchungskommission weiter ergebenden Konsequenzen sei auf die Werke von Lübke (2005) und Boltz (1980) verwiesen.

[796] Vgl. HStAD 10026 Loc. 2097/49, S. 8.

[797] Die sächsischen Kurschwerter waren auch aus politischen Gründen in Frankreich nicht verkaufsfördernd. Die erneute Übernahme der polnischen Krone 1709 durch August den Starken ging auf Kosten von Stanislaus Leszczynski, dem früheren König in Polen und Schwiegervater des französischen Königs Ludwig XV. Der französische König hatte die Bestrebung, Stanislaus wieder zum Thron zu verhelfen, nicht aufgegeben, weshalb Sachsen in Frankreich geteilte Sympathien genoss, vgl. Lübke (2005), S. 4.

[798] Vgl. HStAD 10026 Loc. 2097/49, S. 8, vgl. auch Lübke (2005), S. 34.

[799] Vgl. HStAD 10026 Loc. 2097/49, S. 8 und S. 11.

produziert, dass man sie in anderen Absatzmärkten profitabel verkaufen und den Gewinn dabei selber einstreichen konnte anstatt ihn mit ausländischen Zwischenhändlern zu teilen.[800] Er erkannte die Absatzmöglichkeiten im Ausland, und er erkannte auch den für die Manufaktur nachteiligen Weiterverkauf durch Lemaire, denn dieser verkaufte die billig in Meißen erworbenen Stücke zu höheren Preisen weiter, während die Manufaktur sich an ihre schriftlich festgelegten Preise halten musste.[801] Abermals sah sich der Souverän gezwungen, seine schon früher geäußerte Forderung zu untermauern, denn die hergestellten Porzellane sollten „aumb eynen erleitligen preis gesetzet werden daß auch die manifactur prosfitiren kann“.[802] So wird ersichtlich, welch hohe Bedeutung August der Starke einer optimalen und profitablen Preispolitik beigemessen hat, die er trotz aller Bemühungen immer noch nicht verwirklicht sah.

Höhepunkt dieser Entwicklungen im Frühjahr 1731 war schließlich die Übernahme der Direktion der Manufaktur am 5. April 1731 durch den König selbst.[803] Er entschloss sich, von der bisherigen Führung des Betriebes und der eklatanten Missachtung seiner Befehle enttäuscht, selbst an die Spitze seines Vorzeigeunternehmens zu treten.[804] Er forderte einmal mehr mit allem Nachdruck eine ordentliche Betriebsführung. Unter anderem mussten alle Porzellane in das Dresdner und Leipziger Warenlager geliefert werden und durften nur dort verkauft werden. August der Starke griff auch das Thema der Auslandsverkäufe auf und nannte Orte, wo Niederlassungen zu überprüfen seien, so in Paris, Hamburg, Lübeck oder Breslau. Hier zeigte sich erneut, dass der Fürst die Expansion der Geschäfte in das Ausland favorisierte und sich ergebende Profitpotenziale lieber selber realisieren wollte als diese den Zwischen- und Großhändlern zu überlassen. Gleichfalls verlangte der König die Einhaltung einer zuverlässigen und richtigen Buchhaltung, mit Angabe der Umsätze und Gewinne, auf welche Weise diese zustande gekommen waren, die Aufnahme aller Zu- und Abgänge an Waren und Geldern und aller weiteren Vorteile, die sich für die Manufaktur ergeben hatten.[805] Zudem forderte er auch einen Vergleich dieser Kennzahlen im Jahresvergleich „nebst den Ursachen oder Vermuthungen des steigens und fallens“.[806] Der Fürst band die Führung der Manufaktur noch enger an sich, indem sämtliche personellen Änderungen und Lohnerhöhungen nur noch mit Einverständnis des Königs erfolgen konnten, genauso wie „Haupt-Veränderungen in der Fabrique“ sofort dem König anzuzeigen und dessen Entscheidungen stets abzuwarten waren.[807]

Am 15. Februar 1732 befahl der König, die von Lemaire verbotenerweise in Sachsen verkauften Porzellane ausfindig zu machen und sie wieder in das Japanische Palais zurückzubringen. Dabei wurde den Käufern der von ihnen tatsächlich gezahlte Preis erstattet und

[800] Vgl. HStAD 10026 Loc. 2097/49, S. 11.

[801] Vgl. HStAD 10026 Loc. 2097/49, S. 11.

[802] HStAD 10026 Loc. 2097/49, S. 9.

[803] Vgl. AA I Aa 15, S. 241.

[804] Vgl. HStAD 10026 Loc. 1341/11, S. 1.

[805] Vgl. AA I Aa 15, S. 243.

[806] HStAD 10026 Loc. 1341/11, S. 4.

[807] AA I Aa 15, S. 243.

nicht der Preis, den Lemaire von der Manufaktur erhalten hatte.[808] Durch die hierüber vorhandenen Dokumente ist es möglich, zumindest die Bruttomarge von Lemaire aus seinen Porzellangeschäften zu bestimmen, da die weiteren von Lemaire aufgewendeten Kosten für seine Porzellangeschäfte nicht bekannt sind. Im Schnitt betrug diese Marge für Lemaire 89%.[809] Diese hohen Profitraten von Lemaire zeigen, dass die kalkulierten Preise der Manufaktur nicht richtig justiert waren. Wurden einerseits die hohen Preisniveaus der Porzellane allenthalben beklagt, konnten aber im Zwischenhandel, wie gerade eben dargelegt, noch höhere Preise erzielt werden. Die Zahlungsbereitschaft gerade in vermögenden Kundenkreisen schien hoch genug zu sein. Dieses erhebliche Ungleichgewicht in der Gestaltung der Preise lässt sich abermals als Ausdruck einer wenig rationalen Preisgestaltung innerhalb der Manufaktur deuten.

Abbildung 3-2: Bruttomargen des Kaufmanns Lemaire – Auszug

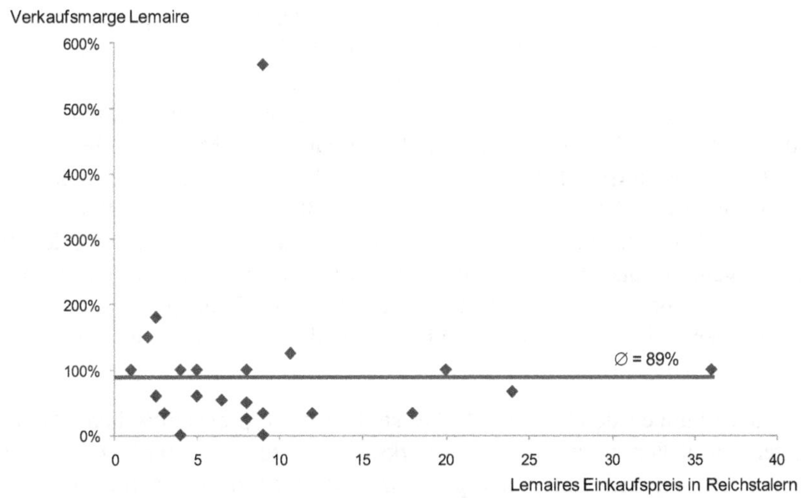

Quelle: AA I Aa 17, S. 22– 23, eigene Berechnungen

Die abschließende Beurteilung dieser „Lemaire-Affäre“, der ersten großen innerbetrieblichen Krise für die Manufaktur, und die Einschätzung der Rolle Hoyms, muss mehrere Aspekte berücksichtigen. Zwar steckte hinter den Handlungen von Hoym höchstwahrscheinlich keine kriminelle Energie, so dass von zielgerichtetem Betrug und Verrat mit Vorsicht zu sprechen ist. Auch seine Führung in der Angelegenheit um Lemaire ist mehr als unglücklich gewesen, da der Graf zwischen eigener Selbstsucht, den typischen innerbetrieblichen Intrigen der damaligen barocken Zeit und einer zu offensichtlichen direkten Förderung des französischen Kaufmanns das eigentliche Wohl des Betriebes aus den Augen verlor. Seine Wertschätzung

808 Vgl. AA I Aa 17, S. 21–21b.

809 Vgl. AA I Aa 17, S. 22–23, eigene Berechnungen.

für Porzellan war eine andere als bei August dem Starken, so dass Hoym die königliche Sammlung wahrscheinlich in ihrer Wirkung als fürstliches Repräsentationsbedürfnis für den sächsischen Landesherrn falsch wahrgenommen hatte, obwohl Hoym selbst in größerem Umfang sich mit Kopien der königlichen Originale versorgte. Hoym war nicht bewusst, dass August der Starke seine originalen Stücke vor Kopien und dem Vertrieb in den Markt um jeden Preis schützen wollte und zu jeder Maßnahme bereit war, um die Einzigartigkeit seiner Sammlung und ihren Wert zu schützen. Hoym hat die Sammlung vielleicht sogar eher im Lichte der kunstgewerblichen Vermarktungsmöglichkeiten gesehen.[810] Jedenfalls ist Graf Hoym durch Attribute wie „arrogant" und „impulsiv", mit wenig Verständnis in der Porzellanherstellung und Schwächen in der Menschenführung, in der bisherigen Forschung sehr schlecht weggekommen und als „Fehlbesetzung" in der Position des Direktors angesehen worden.[811] Verkannt wird aber die durch ihn eingeleitete grundlegende Strategieänderung in der Preispolitik. Klammert man die Affäre um Lemaire aus und betrachtet den reinen preispolitischen Aspekt, setzte Hoym durch die Einführung der kostenorientierten Preispolitik einen wichtigen Meilenstein in der Manufakturgeschichte, der fortan den zukünftigen Direktionen in Meißen als wesentliches Grundelement der Preispolitik dienen sollte. Er reglementierte die Preisfindung derart, dass sie nicht nur von einer Person durchgeführt wurde, sondern von den wichtigsten Manufakturisten gemeinschaftlich beschlossen und getragen wurde. Und durch sein Betreiben führte die Manufaktur zum ersten Mal feste Preise ein, die auch offiziell in Preis- und Inventurlisten festgehalten wurden, was ein grundlegender Wandel im Vergleich zur bisherigen Praxis der freien Preisverhandlungen war. Schließlich sorgte er sich um die „conformitaet" der Preise, war also interessiert an der Durchsetzung der Preis- und Lieferkonditionen, gestützt durch die Setzung von klaren Preispunkten und der wirksamen Unterbindung von Sonderkonditionen, was zu einer strikten Rabattgewährung führen sollte. Diese Maßnahmen sollten wesentlich dazu beitragen, der Manufaktur eine hohe Profitabilität zu sichern.

Aber die Auswirkungen der Lemaire-Affäre stellten diese preispolitischen Maßnahmen in den Schatten und ließen sie gar nicht erst wirksam werden. Ein derartiger Großauftrag wie derjenige von Lemaire hätte unter „normalen" Bedingungen für reichlich Gewinn gesorgt, so aber hatte man für Lemaire zum Nachteil der Manufaktur gearbeitet.[812] Man war überzeugt, dass die wertvollen Porzellanarbeiten von anderen Händlern für ein Vielfaches des Preises hätten verkauft werden können, da die Arbeiten besonders „pretiös" waren und man dadurch ohne größere Schwierigkeiten den Absatz insbesondere im Ausland mit einem gehörigen Profit hätte bestreiten können.[813] Das entgangene Profitpotenzial hatten schon die damaligen Akteure erkannt, wie im ersten Bericht der Untersuchungskommission am 5. April 1731 zu den Vorfällen ersichtlich ist. Dort gab der Maler Höroldt zu Protokoll

---

[810] Vgl. Lübke (2005), S. 10.

[811] Vgl. Lübke (2005), S. 11.

[812] Der Nachteil ist sogar höchstwahrscheinlich mit finanziellem Verlust gleichzusetzen, wie aus einem Bericht vom 25. April 1731 zu ersehen ist, vgl. AA I Aa 15, S. 43–43b. Auf Jahressicht weist die Manufaktur jedoch für die Jahre 1729 und 1730 durchaus profitable Kennzahlen, vgl. Tabelle 5-1 und Abbildung 5-6 im Anhang.

[813] AA I Aa 15, S. 55b.

> *„(...) daß wenn gleich mehr erwehnter le Maire diese Zeit daher nach Gelegenheit 7000 Thlr. vor Geschirre bezahlet, die Manufactur Cassa doch dargegen, wenn andere currente Waare gemachet worden wäre, 16000 bis 20000 Thlr. gewinnen können, welche solchergestalt schlechterdings verlohren gegangen (...)“.*[814]

Ganz ähnlich äußerte sich Stöltzel, der ebenfalls die zeitraubende Bearbeitung der Bestellungen von Lemaire betonte und dabei die Opportunitätskosten, welche die Manufaktur durch entgangene Herstellung und entgangene Verkäufe anderer Porzellane zu tragen hatte, ins Feld führte.[815] Der Auftrag von Lemaire band so viele Ressourcen und Kapazitäten, dass man für die restlichen Aufträge und Bestellungen keine Möglichkeit mehr hatte, diesen nachzukommen.[816] Unter normalen Umständen hätte ein derartiger Großauftrag sicherlich zu einem finanziellen Erfolg für die Manufaktur geführt, den sich ja auch die meisten Verantwortlichen in der Manufaktur damals zu Beginn versprachen. Dazu hätte es nicht einmal der alternativen kommerziellen Bestellungen bedurft, sondern lediglich einer Abkehr von der intrigenbehafteten Organisation in Meißen und der konsequenten Durchführung der Preispolitik, die Hoym für den Verkauf der Porzellane vorgesehen hatte.

3.3.8 Die Reformjahre 1731/1732 – Preispolitik und Stücklöhne

Seit Ankunft des Malers Höroldt in Meißen wurden seine Malerarbeiten mit ihm persönlich abgerechnet und abgenommen, denn er war seit Mai 1720 von der Manufakturkommission als freischaffender Künstler engagiert. In einem Kommissionsbericht vom 6. September 1720 hieß es,

> *„da der von Wien hierher gekommene Kunst-Mahler Herold aus seiner eigenen Hand genugsamen Vorrath zu liefern nicht vermag, haben wir ihm, nach seinen eigenen Vorschlägen (...) die Mahlerey nach denen Stücken umb einen ziemlichen leidlichen Preiß verdungen“.*[817]

Es wurden genaue Lohntaxen für allerlei zu bemalende Formentypen und Dekore ausgearbeitet. Zusätzlich zu diesen Taxen wurde Höroldt mit 12, später mit 20 Talern monatlich entlohnt. Die Tätigkeit des Bemalens war somit externalisiert an die von Höroldt geleitete, ab 1722 innerhalb des Manufakturgebäudes tätige Malereiabteilung.[818] Die Meißener Manufaktur umging somit das Problem der Führung einer großen Anzahl von zentralisierten Arbeitskräften, indem sie in einer Art von Zwischenmeistersystem die Kontrolle der Manufakturmaler dem Malermeister Höroldt übergab. Dieser konnte Personal ganz nach Belieben einstellen und bezahlte auch einen Wochenlohn nach seinem Ermessen. Die Bezahlung von Höroldt erfolgte durch den Faktor Chladni in Dresden. Immer wieder versuchte man aber, die Maler-

---

[814] HStAD 10026 Loc. 1341/11, S. 10.

[815] Vgl. HStAD 10026 Loc. 1341/11, S. 10.

[816] Vgl. HStAD 10026 Loc. 955/03, S. 332.

[817] AA I Aa 2, S. 73.

[818] Vgl. Seidlitz (1888), S. 36 und Walcha (1973), S. 38.

eipreise von Höroldt zu reduzieren. Noch im Jahr der Anstellung des Malers erging eine Anordnung an Chladni, „mit dem Mahler Heroldten zu tractiren, ob man die von ihm gemahlten Geschirre um etwas weniger haben könne“, da die an den Maler zu zahlenden Preise eine erhebliche Summe erreicht hatten.[819] War dies schon der erste Vorbote der sich später abzeichnenden Auseinandersetzung um die Malereipreise, bekam Höroldt indes weitere Aufträge und klagte ein ums andere Mal über die ausgemachten Taxen, denn durch diese „hätte er nicht den geringsten Profit, denn seine Arbeit kostete Mühe und Zeit“.[820]

Diese Tätigkeit von Höroldt als externer Dienstleister änderte sich jedoch grundlegend im Jahr 1731, als er und seine komplette Malereiabteilung in die Manufaktur eingegliedert werden sollten. Eine erste schriftliche Fixierung dieses Gedankens erfolgte am 7. Februar 1731. Höroldt sollte mit einem jährlichen Gehalt von 600 Talern „(...) die Inspection über die bey der Manufactur befindliche Mahler unter dem Praedicat eines Inspectoris“ übernehmen.[821] Und darüber hinaus sollten Stücklöhne auf die gesamte Manufaktur, also auch auf die Maler, ausgedehnt werden.[822] In seiner Reaktion vom 24. Februar 1731 zeigte sich Höroldt zu diesem Vorschlag kompromissbereit. Höroldt erkannte, dass er den neuen Entwicklungen in der Manufaktur, besonders vor der sich anbahnenden Krise um Lemaire im März 1731, nichts entgegensetzen konnte und diesen Prozess in keinster Weise aufhalten konnte. Er forderte aber gewisse Zugeständnisse, um in diesem neuen Szenario der Stücklohn- und Akkordarbeit wenigstens die Qualität der Malereiarbeiten gewährleisten zu können. Zuvorderst verlangte er, über die Maler und Lehrlinge weiterhin absolute Oberhoheit zu behalten. So konnte er verhindern, mit völlig berufsfremden Manufakturisten zu arbeiten und war in der Lage, die Arbeiter weiterhin unter seiner Kontrolle zu halten und Ausschweifungen von der Arbeit zu unterbinden, damit die den Manufakturisten angetragene Arbeitszeit auch vollends ausgenutzt werden konnte.[823] Weiterhin verlangte er vom Kontrolleur Nohr, dass dieser sich „in diese meine Verrichtungen gar nicht, unter was praetextes auch sey, melirte (...)“.[824]

Die größte Veränderung betraf die bisherige Lohnpolitik. Bis 1725 galt für die Maler in der Manufaktur eine Bezahlung nach dem Festlohn. Durch die schrittweise Eingliederung der Malereiabteilung von Höroldt in die Betriebsabläufe der Manufaktur und das Wachstum des Betriebes in Meißen, musste der Hofmaler ein Entlohnungssystem von Festlöhnen während der normalen Wochenarbeitszeit plus Stücklöhnen für Tätigkeiten außerhalb der Arbeitszeiten während des Feierabends entwickeln.[825] Festlöhne deshalb, weil er aufgrund der Viel-

819 Vgl. AA I Aa 3, S. 396b. Im Jahr 1721 erhielt Höroldt insgesamt 718 Taler, 12 Groschen und 6 Pfennige für seine Auftragsarbeiten von der Manufaktur. Dies war nahezu doppelt so viel wie der bestbezahlte Meißener Angestellte, Dr. Nehmitz, mit jährlich 360 Talern erhielt, vgl. AA I Aa 5, S. 1 und S. 62.

820 AA I Aa 4, S. 22.

821 AA I Aa 14, S. 11b.

822 Vgl. Gröger (1953), S. 171.

823 Vgl. AA I Aa 14, S. 22b–23. Bezeichnend ist seine Forderung nach erhöhter Autorität in der Manufaktur: „(...) hingegen muß mir genügsam autoritaet gegeben werden, weil ich weiß, was einer machen kann (...)“, AA I Aa 14, S. 41b.

824 Vgl. AA I Aa 14, S. 38. Diese Distanzierung ist ein Hinweis darauf, dass Höroldt die bevorstehenden personellen Veränderungen in der Manufaktur aufgrund der Ereignisse um Hoym und Nohr vorahnte.

825 Vgl. AA I Aa 14, S. 23b.

schichtigkeit der branchenfremden Lehrlinge und Gesellen keine wirkliche Entlohnung nach Leistung vollziehen konnte.[826] So kam es vor, dass manche Maler die in diesem System gesetzten Anreize kontraproduktiv ausnutzten. Höroldt berichtete, dass die Arbeit zum Wochenlohn „öffters sehr nachlässig und langsam tractiret" wurde, während man die meisten Tätigkeiten am Feierabend oder sogar nachts durchführte, zu den dann deutlich erhöhten Stücklöhnen.[827] Die Feierabendarbeit wurde oft bis abends um 22 Uhr durchgeführt, oder man begann schon früh morgens um 4 oder 5 Uhr. Die Nacht wurde so zum Tage gemacht, um sich die höheren Löhne der Feierabendarbeit zu sichern.[828] Eine Ausdehnung dieser bisherigen Praxis, eventuell sogar auf die Ebene der gesamten Manufaktur, hätte unweigerlich die bisherigen Produktionsprozesse auf den Kopf gestellt. Und so forderte Höroldt, die Feierabendarbeit zu verbieten und die Arbeitszeiten für alle Angestellten verbindlich zu regeln.[829] Für die Malerlehrlinge hielt es Höroldt für gerechtfertigt, diesen nur die Hälfte des Stücklohnes der Maler zu geben, um sie dadurch besser disziplinieren und unterordnen zu können.[830] Für 13 Maler verlangte Höroldt weiterhin die Bezahlung eines Festlohns, da deren Tätigkeiten „entweder gehörig nicht aufgezeichnet werden, oder deren Bezahlung der Cassa schwer fallen" konnten, sie somit derart vielfältige und wechselnde Aufgaben hatten, dass eine Entlohnung nach Stücken nicht vertretbar erschien.[831]

Gleichzeitig präsentierte Höroldt auf Basis seiner Vorschläge auch den Entwurf einer neuen Preisliste für die Malereiarbeiten. Die neuen Preise für 161 unterschiedliche Bemalungen waren streckenweise um bis zu 87% geringer als die vorhergehenden Preise, mit einer durchschnittlichen Herabsetzung um 52%.[832] Diese recht starke Verminderung der Malereipreise ist damit zu erklären, dass Höroldt nicht mehr als eigenständiger Unternehmer fungierte und somit sämtliche von ihm zuvor selbst getragenen Unkosten jetzt der Manufakturkasse auferlegt wurden. Angefangen von der Entlohnung, über den Einkauf und die Aufbereitung der Materialien bis hin zur Bereitstellung der Arbeitswerkzeuge musste die Meißener Manufaktur alles tragen.[833] Es ist jedoch schwierig, eine Aussage zu treffen bezüglich der Profitabilität dieser Maßnahmen für Höroldt. Denn seine bisherige Tätigkeit als externer Dienstleister war für ihn recht lukrativ gewesen. Anhand einer wahrscheinlich im März 1730 vom Kontrolleur Nohr erfolgten Zusammenstellung der von Höroldt an seine Maler gezahlten Löhne ist ersichtlich, dass Höroldt maximal 315 Taler pro Monat an seine Mannschaft auszahlte, inklusive der Zuschläge für die Feierabendarbeit.[834] Geht man davon aus, dass in den Jahren

---

826 Höroldt hatte nach eigenen Angaben „(…) Leuthe, so sonst ihrer profession nach Tuchmacher, Beutler, Tischler und dergl. sind, angenommen", AA I Aa 14, S. 22.

827 AA I Aa 14, S. 24–24b.

828 Vgl. AA I Aa 14, S. 24b. Ohnehin konnte eine reguläre sechstägige Arbeitswoche in Meißen, in Abhängigkeit der Jahreszeit, bis zu 72 Stunden betragen, vgl. Rückert (1990), S. 22–23.

829 Vgl. AA I Aa 14, S. 24b–25.

830 Vgl. AA I Aa 14, S. 25b.

831 Vgl. AA I Aa 14, S. 26b.

832 Vgl. AA I Aa 14, S. 40b–42 und AA I Aa 15, S. 226–231, eigene Berechnungen.

833 Die Meißener Manufaktur stellte Höroldt die Farben während seiner Zeit als externer Dienstleister, vgl. Rückert (1990), S. 158.

834 Vgl. AA I Aa 14, S. 113–113b.

1729 und 1730 im Durchschnitt pro Monat etwa 350 Taler an Kosten und Aufwand für Höroldt insgesamt anfielen[835], verdeutlicht unten stehende Tabelle, welche Gewinnmargen sich daraus für ihn ergaben.

Tabelle 3-2: Bezahlte Geldbeträge und Gewinnmargen für Höroldts Malereiunternehmen 1729/1730

in Reichstalern 1729	Emaille-arbeiten	Blaumalerei	Monatliche Summe	Marge Höroldt
Januar	535 5/6	117 1/24	652 7/8	87%
Februar	564 3/4	74 11/12	639 2/3	83%
März	560 7/12	80 7/8	641 11/24	83%
April	615 5/24	43 23/24	659 1/6	88%
Mai	778 1/4	82 5/24	860 11/24	146%
Juni	642 5/8	66 5/6	709 11/24	103%
Juli	499 7/12	71 5/8	571 5/24	63%
August	565 11/12	76 13/24	642 11/24	84%
September	590 1/4	97 13/24	687 19/24	97%
Oktober	407 2/3	104 19/24	512 11/24	46%
November	523 1/3	66	589 1/3	68%
Dezember	532	113 7/8	645 7/8	85%
Σ	**6816**	**996 5/24**	**7812 5/24**	∅ 86%

in Reichstalern 1730	Emaille-arbeiten	Blaumalerei	Monatliche Summe	Marge Höroldt
Januar	389 1/3	92 13/24	481 7/8	38%
Februar	456 1/12	81 7/24	537 3/8	54%
März	497 7/8	92 7/8	590 3/4	69%
April	223 11/12	87 7/12	311 1/2	-11%
Mai	515 13/24	113 1/4	628 19/24	80%
Juni	317 7/12	75 1/12	392 2/3*	12%
Juli	576 1/4	n/a **	576 1/4	65%
August	434 1/3	78 1/6	512 1/2	46%
September	485 1/4	62 5/8	547 7/8***	57%
Oktober	432 3/4	62 1/4	495	41%
November	472 5/8	53 3/4	526 3/8	50%
Dezember	398 17/24	42 1/8	440 5/6	26%
Σ	**5200 1/4**	**841 13/24**	**6041 19/24**	∅ 44%

* Fehler im Original: 374 Taler und 15 Groschen ** Keine Angabe im Original ** Fehler im Original: 532 Taler und 21 Groschen

Quelle: AA I Aa 14, S. 113–115 und S. 116– 116b, eigene Berechnungen

Dargestellt sind die von der Manufaktur an Höroldt ausgezahlten Geldbeträge für seine Malerarbeiten. Betrug die monatlich von Höroldt an seine Angestellten ausgezahlte Lohnsumme in den Jahren 1729 und 1730 im Schnitt 315 Taler, zeigt sich, dass er seinen eigenen Malern 1729 nur 48%, im Jahre 1730 nur 63% derjenigen Taxe auszahlte, die er schriftlich mit der Manufaktur ausgemacht hatte, der restliche Anteil verblieb bei Höroldt selbst.[836] Solche hohen Gewinnmöglichkeiten konnte er als Angestellter der Manufaktur nicht mehr erreichen, und es erscheint verständlich, dass die Manufaktur solch hohe Profitmöglichkeiten auf ihre eigenen Kosten nicht mehr tolerieren wollte. Mit der Eingliederung in den Meißener Betrieb und der ihm neu aufgetragenen Position schien sich Höroldt abgefunden zu haben, besonders da er sich durch die strategische Kontrolle seiner eigenen Abteilung weitestgehend absichern konnte.[837]

[835] Dies ist der Wert, den auch Kontrolleur Nohr selbst ansetzte, vgl. AA I Aa 14, S. 115b.

[836] Bei einer jährlich an seine Angestellten ausgezahlten Lohnsumme von 3.780 Talern im Vergleich zu den Einnahmen von 7.812 Talern (1729) und 6.042 Talern (1730). Die Annahme, dass Höroldt nur ca. die Hälfte der Taxe an die Maler auszahlte, bestätigt die bisher in der Forschung geäußerten Vermutungen, so in Rückert (1990), S. 160.

[837] Jedoch hat Höroldt, möglicherweise auch aus Trotz über die forcierte Eingliederung in die Manufaktur, fortan nicht mehr selbst gemalt und sich weitestgehend auf administrative Aufgaben und künstlerische Entwürfe konzentriert, vgl. Rückert (1990), S. 160 und Seyffarth (1970), S. 139.

Mit Dekret vom 1. April 1731 wurde Höroldt von August dem Starken zum „Hofcommissarius“ ernannt, er erhielt 600 Taler jährlich und durfte über zwei Schragen Holz für den eigenen Gebrauch verfügen.[838] Mit königlicher Resolution vom 13. Mai 1731 erhielt Höroldt gar 1.000 Taler Jahresgehalt, und seine bisherige externe Tätigkeit für die Manufaktur wurde offiziell beendet.[839] Er bekam die Gesamtaufsicht über die Manufaktur und blieb somit faktisch bis 1756 die leitende Führungspersönlichkeit in Meißen. Zwischenzeitlich war Höroldt auch Arkanist geworden und bekam jetzt Zutritt in das Brennhaus und in die anderen vom Arkanum betroffenen Abteilungen, um dort „(...) mit denen Arcanisten bey vorfallenden Dingen communiciren, und seine Gedanken überall mit beytragen (...)“ zu können.[840]

Durch die Eingliederung von Höroldt und seiner 40 Mann starken Malereiabteilung wurde ein detailliertes System von Taxen ausgearbeitet. Die meisten Maler mussten nach einer aufgestellten Preisliste im Stücklohn arbeiten, was wesentlich die von Hoym eingeführte kostenorientierte Preiskalkulation vereinfachte.[841] Der Inspektor Reinhardt hatte die Maler aus der Manufakturkasse zu bezahlen anhand von Arbeitsauszügen, die von Höroldt selbst attestiert waren und welche die geleistete Arbeit dokumentierten.[842] Man gab bei den Stücklöhnen ein monatliches Pensum an Arbeit vor, damit die Arbeitszeit in der Manufaktur ausgefüllt werden konnte. Die Taxierung der Arbeit wurde von dem Geschirrschreiber möglichst objektiv durchgeführt, doch schätzte Höroldt immer wieder nach eigenem Ermessen die Arbeitsleistung ein. Für bereits bemalte Waren, die aus Fehlbränden schadhaft herauskamen oder schlichtweg während der Herstellung unverschuldet zerbrachen, durfte von den Stücklöhnen nichts abgezogen werden.[843]

Dieses Stücklohnsystem konnte sich nun mit den weitreichenden Entscheidungen der Kommission im Jahre 1731 endgültig durchsetzen.[844] Die Feierabendarbeit wurde verboten und es war fortan nur die Arbeit während der normalen Arbeitszeiten am Tage erlaubt.[845] Dadurch wurden auch keine außerplanmäßigen Brände mehr in der Feierabendzeit durchgeführt, die im ganzen Jahr 1730 eine Zahl von 84 Bränden erreichten mit Gesamtkosten von 336 Talern.[846]

838 Vgl. AA I Aa 14, S. 51–51b.

839 Vgl. AA I Aa 15, S. 209.

840 AA I Aa 15, S. 97 und S. 139. Höroldt soll 1723 am Totenbett des Arkanisten Köhler Einblick bekommen haben in dessen geheime Aufzeichnungen und sich so das Geheimnis angeeignet haben, vgl. AA I Aa 14, S. 32–32b.

841 Vgl. AA I Aa 15, S. 110–130 und S. 218. Siehe auch Berling (1900), S. 47–50.

842 Vgl. AA I Aa 15, S. 218b.

843 Vgl. AA I Aa 15, S. 137 und S. 223b.

844 Vgl. Gröger (1953), S. 171 und Rückert (1990), S. 30.

845 Vgl. AA I Aa 15, S. 138.

846 Vgl. AA I Aa 16, S. 14.

3.3.9 Die Reformjahre 1731/1732 – Neuansetzung der Preisstrategie

Mitten in den Turbulenzen des Jahres 1731 hieß es für die Manufaktur erneut, die notwendigen Reformen und Änderungen im bisherigen Betriebsablauf einzuleiten, um die während der Direktion des Grafen Hoym aufgetretenen Mängel und Unstimmigkeiten zu beseitigen. Da der König höchstpersönlich die Direktion übernommen hatte, standen alle Beteiligten unter besonderem Druck, die Affäre um Lemaire schnell vergessen zu lassen und möglichst bald wieder zur Tagesordnung zurückzukehren. Der Anspruch war, nicht nur die bisherigen Mängel abzustellen. Es ging darum, „die Sache in solche Wege zusezen, daß die Manufactur mit mehreren Vortheil genuzet, und stärker als jemahls geschehen getrieben werden könne".[847] Ein eindeutiger Hinweis auf eine noch bessere betriebliche Profitabilität und auf einen noch höheren Umsatz. Letzteres sollte durch eine erhöhte Produktion erreicht werden, indem der Bau von zusätzlichen Brennöfen diskutiert wurde.[848] Auch Verbesserungen und mögliche Einsparungen auf der Kostenseite wurden minutiös analysiert, wie das Beispiel des Manufakturisten Feix zeigt. Dieser war zwar Angestellter im Dresdner Warenlager, aber kein Kaufmann, sondern ausgebildeter Glasschleifer. Da mitunter bei den Bränden in Meißen abfallende Sandkörner von den Kapseln die untenstehenden Porzellane verunreinigten, mussten diese winzigen Unebenheiten weggeschliffen werden. Man verpackte die betroffenen Waren und sandte sie zu Feix nach Dresden, um sie dann geschliffen wieder zurück zu bekommen. Dieses kostspielige Verfahren wurde abgestellt und Feix nach Meißen beordert.[849] Aber auch auf der Seite der betrieblichen Innovation und der Förderung des Erfindungsgeistes wurden wichtige Änderungen getroffen. Diejenigen Manufakturisten, bei denen die Experimente mit neuen Porzellanmassen und Formenmodellen nicht gelangen, wurden für die entstandenen Kosten, wie beispielsweise für die verwendete Goldquantität, nicht zur Verantwortung gezogen.[850] Weitere Überlegungen zielten darauf ab, eine weitere Person zum Arkanum zuzulassen, um die bestehenden Arkanisten noch intensiver miteinander kommunizieren zu lassen und um sich Verbesserungen in der Herstellung gegenseitig mitzuteilen.[851] Die schlechten Erfahrungen bei den Bestellungen von Lemaire mit der Anbringung der Bodenmarke veranlassten jetzt zu der Entscheidung, dass kein einziges Porzellanstück ohne das Zeichen der Kurschwerter unter der Glasur angefertigt werden durfte.[852]

Auch in Personalfragen zeigte sich ein neuer Eifer, da mehrere Angestellte in die Manufaktur aufgenommen wurden. Der wichtigste von ihnen war sicherlich Johann Joachim Kaendler, der am 21. Juni 1731 als Modellierer angenommen wurde und 1732 ein Jahresgehalt von 400 Talern bekam.[853] Dieser vom König persönlich vorgeschlagene Bildhauer sollte die zuneh-

[847] AA I Aa 15, S. 43b–44.

[848] Vgl. AA I Aa 15, S. 46b und 99b, schließlich wurde ein neuer Verglühofen zum Jahreswechsel 1731/1732 in Betrieb genommen, vgl. AA I Aa 16, S. 198b–199.

[849] AA I Aa 15, S. 99 und Rückert (1990), S. 64.

[850] Vgl. AA I Aa 15, S. 213b.

[851] Vgl. AA I Aa 15, S. 88–88b.

[852] Vgl. AA I Aa 15, S. 90b und S. 213b.

[853] Vgl. AA I Aa 17, S. 25.

mend gewünschten großen Vasen und Tiere anfertigen. Seine künstlerische Bedeutung für die Manufaktur kann dabei gar nicht hoch genug eingeschätzt werden. Er ließ einem „dem Barockstil mehr angepassten plastischen Charakter in den Vordergrund treten“, und es war Kaendler, „der diesem Princip in Meissen zu glänzendem Siege verhalf, und der damit dieser Periode seine künstlerische Eigenart aufprägte“.[854] Trotz so mancher innerbetrieblicher Kontroverse zwischen den stärksten Persönlichkeiten in der Manufaktur, Höroldt und Kaendler, nahm die Fabrik einen bisher ungekannten Aufschwung und erreichte ihre höchste künstlerische und wirtschaftliche Blüte.[855]

Die Rohstoffquellen in der „Weißen Erden Zeche St. Andreas“ wurden besichtigt und man erreichte, dass die Qualität des zu liefernden Kaolins festgelegt wurde und die Grubeneinrichtungen verbessert wurden.[856] Auch mit den vielen „Scheinarkanisten“ versuchte man besser umzugehen, ihnen wurden ihre hohen Schweigegelder gestrichen, da sie beim Nachweis ihrer Geheimnisse kläglich scheiterten.[857] Darüber hinaus wurden die Albrechtsburg erweitert und technische Verbesserungen eingeführt: Ein größeres Brennhaus kam hinzu mit neuen Verglühöfen, eine Werkstatt für die Kapseldreher wurde errichtet, die Anschaffung einer großen Feuerspritze zur Brandbekämpfung genehmigt, die Holzstapelplätze wurden vergrößert und ein Holzaufzug vom Landeplatz der Flöße am Elbufer bis in das Schlossgebäude hinein gebaut.[858] Man holte sich für diese baulichen Maßnahmen sogar die Meinung eines kompetenten Sachverständigen ein, des Baumeisters und Erbauers der Frauenkirche, George Bähr. Es wurde daraufhin der Vorschlag erörtert, die Manufaktur wegen der Bauarbeiten vorübergehend aus der Albrechtsburg in ein nahe gelegenes altes Kloster an der Elbe zu versetzen.[859] Und da Lemaire wohl allzu oft sich frei in den Räumen der Manufaktur bewegt hatte, wurde der Zutritt für manufakturfremde Personen verschärft und bedurfte der Genehmigung der Kammerräte von Wichmannshausen und Pflugk.[860]

Abermals stand auch die Preispolitik auf dem Prüfstand. Die bisher durch die Reformen von 1729 und 1730 eingeleiteten Änderungen mussten im Zuge der Affäre um Lemaire kritisch hinterfragt werden. Die zentrale Frage der Preisbildung, „wie aber solche Taxa zu reguliren?

854 Berling (1900), S. 65.

855 Vgl. Berling (1900), S. 58 und Schuster (1993), S. 66.

856 Vgl. AA I Aa 15, S. 331ff. und AA I Aa 16, S. 211ff.

857 Unter diesen „Scheinarkanisten“ taten sich besonders Mehlhorn hervor, der immer wieder Petitionen und Anfragen an den König sendete, vgl. AA I Aa 15, S. 366ff. und S. 465ff., weiterhin Elias Vater, vgl. AA I Aa 15, S. 480ff. und David Conrad Meerheim, der viel mit Böttger in dessen letzten Lebensjahren zusammengearbeitet hatte, vgl. AA I Aa 15, S. 488ff. Dass man schon früh die begrenzten Fähigkeiten dieser angeblichen Arkanisten kannte, zeigte ein ausführlicher Bericht über diese „Scheinarkanisten“, vgl. AA I Aa 1a, S. 136b–140b. Böttger selbst ist „lange Zeit mit den Geheimnissen der fabrique sehr unbehutsam umbgegangen“, was die Herausbildung dieser „Scheinarkanisten“ befördert hat, vgl. AA I Aa 1a, S. 240.

858 Vgl. AA I Aa 15, S. 414, S. 503 und S. 533, ferner siehe Walcha (1973), S. 61.

859 Vgl. AA I Aa 15, S. 5. Höchstwahrscheinlich handelt es sich um das Kloster „Zum Heiligen Kreuz“, welches ca. 1,5 km von der Albrechtsburg entfernt lag und seit der Reformation verlassen war. Überlegungen zum Umzug der Manufaktur rissen aber nicht ab, da 1735 Stöltzel den Vorschlag unterbreitete, die Manufaktur nach Dresden zu versetzen. Die hohen Umzugskosten und die Angst, das Arkanum in einer Stadt wie Dresden endgültig nicht mehr schützen zu können, waren die wichtigsten Gründe für die Ablehnung dieser Überlegung, vgl. AA I Aa 23, S. 270b–272 und Walcha (1973), S. 68–69.

860 Vgl. AA I Aa 15, S. 7–7b und S. 89b.

würde nach erfolgter communication mit denen Rechnungsführern und deren Manufacturisten sich künftig äußern".[861] Eine Antwort auf diese Frage gab ein Memorandum, welches am 25. April 1731 verfasst wurde und wichtige Punkte zur Preispolitik beinhaltete. Autor des Berichts war der Vertraute von August dem Starken, der damalige Kämmerer und zukünftige Premierminister Heinrich von Brühl, der den König bei der Oberdirektion der Manufaktur vertrat.

In diesem Dokument fand sich zuerst eine Forderung, die schon vor 12 Jahren der damalige Inspektor der Manufaktur, Steinbrück, zu Papier gebracht hatte. Es war die Forderung nach einer besseren Erfassung der Produktionskosten und nach einer genauen Aufstellung des anfallenden Aufwandes bei der Herstellung der Porzellane. Anders als 1719 war hier die Forderung jedoch konkreter, denn es wäre nötig

> *„Einen ausführlichen und richtigen Entwurff aller Unkosten zu machen, und specifice zu zeigen, wie viel die Zubereitung derer Massen, der Aufgang des Holzes, der transport und die Arbeiter, jeder benennet, betrage und zustehen komme (...) daß man eine Anzahl von denen zeithero verarbeiteten Modellen und Geschirren nehme, und derer (...) vorher specificierten Auffgang und Unkosten zu verfertigen vermögend".*[862]

Hier zeigte sich, dass die eingeschlagene Strategie der kostenorientierten Preispolitik bisher kaum eine genaue Kalkulation und Kostenerfassung als Grundlage hatte. Hoym verlangte, wie gezeigt wurde, keinesfalls eine „accurate oder subtile Ausrechnung" der Preise. Die Grundlage für die Verkaufspreise sollten zwar die Selbstkosten sein, aber das „Kompetenzteam" um Höroldt, Stöltzel und Chladni operierte weitestgehend auf Basis von Erfahrungswerten. Ihre Kalkulation der tatsächlich auf einem Porzellanstück lastenden Selbstkosten war in vielen Fällen approximativ. Dies sollte jetzt geändert werden, da auf der Ebene des einzelnen Porzellanstücks sämtliche Kostenpositionen erfasst werden sollten und diese Kostenstruktur dann die Basis für die Preiskalkulation werden sollte. Dies entsprach somit der Forderung nach einer Vollkostenkalkulation, denn es sollten explizit auch die Gemeinkosten der Produktion des einzelnen Porzellanstücks, wie der Verbrauch an Brennholz oder der Transport, erfasst werden. Von jedem Stück, dessen Unkosten bekannt waren, sollte dann der Preis gesetzt werden. Auf diesem Wege sollte man eine

> *„general Taxe gegen zusammen haltung der alten und neuen Preise, durch Erhöhung eines Viertels, oder nach der Höhe derer Zollweite und enge, und der darauf hafftenden Mahlerey (...) [entwerfen], über welche niemahls weder darüber noch darunter bei hoher Straffe zu schreiten."*[863]

Diese „General-Taxe" sollte eine Preisliste aller Porzellane darstellen, die in Meißen hergestellt wurden. Sie war jedoch eher für den internen Gebrauch innerhalb der Manufaktur bestimmt als zum externen Gebrauch für interessierte Käufer. Das Vorgehen zur Bildung dieser Preisliste betonte durch die Forderung der Vollkostenrechnung die Kostentragfähigkeit als

---

861 AA I Aa 15, S. 4.

862 AA I Aa 15, S. 44.

863 Vgl. AA I Aa 15, S. 44b.

leitendes Prinzip der betrieblichen Tätigkeit. Es ist erkennbar, dass diese Vorschläge eine Weiterentwicklung der Regelungen waren, die Hoym für die Erstellung der Verkaufspreise gesetzt hatte. Denn feste Preise hatten sich weitestgehend etabliert, und der Verkauf über oder unter dem kalkulierten Preis wurde unter Strafe gestellt. Unklar verblieb die Zusammenführung der neuen und der bereits schon kalkulierten alten Preise zur neuen General-Taxe. Die pauschale Erhöhung der Preise um 25% („Erhöhung eines Viertels") konnte sich auf die Harmonisierung der Preise zueinander beziehen, um möglicherweise zu stark abweichende Niveaus von alten und neuen Preisen zu verhindern. Wahrscheinlicher ist aber, dass mit der Erhöhung um 25% die Marge gemeint war, die auf die variablen Herstellungskosten aufgeschlagen werden sollte, um auf diesem Wege profitable Verkaufspreise zu generieren. Fast schon als kurios ist der Vorschlag einzustufen, die Zusammensetzung der Preisliste auf Basis einer neuen Preisvariablen, nämlich der Größe des Porzellanstücks, festzulegen. In dieser Phase der Untersuchungen zur Reformierung des Werks wurden alle Möglichkeiten in Betracht gezogen, um sich preisstrategisch besser positionieren zu können. Selbst vor einer grundlegenden Reformierung der Kalkulation mit Wechsel der bisherigen Preisvariablen schreckte man nicht zurück.

Die Problematik der Preisdifferenzierung, unter Hoym noch abgelehnt, wurde jetzt im Bericht erneut wieder aufgegriffen. Neben der bestehenden Einteilung der Porzellane nach deren Güte und Qualität sollte eine weitere Differenzierung der Porzellane eingeführt werden, diesmal nach der Art ihres Verkaufs bzw. nach der Person des Käufers. Eine Sorte betraf die Stücke, die speziell für den König hergestellt wurden und bei denen der Fürst bestenfalls „die Unkosten und weiter nichts" an das Werk bezahlen sollte.[864] Die zweite Einteilung betraf die Stücke, die vom König als Geschenk vorgesehen waren und die stets in einem ausreichenden Vorrat im Warenlager zu halten waren. Auch hier sollten dem Fürsten als Verkaufspreis lediglich die Herstellungskosten in Rechnung gestellt werden.[865] Für den sonstigen Verkauf dachte man an eine dreifache Preisdifferenzierung[866]:

1. Für den normalen Verkauf in den bestehenden Warenlagern sollte es einen Preis geben. Hierbei handelte es sich vor allem um den Einzelverkauf an Privatkunden.
2. Für den Verkauf nach Frankreich war eine weitere Ausgestaltung des Preises vorgesehen. Wohl noch unter dem frischen Eindruck der Ereignisse um Lemaire wollte man dadurch umständliche Vertrags- und Preisverhandlungen mit Porzellanhändlern aus Frankreich vermeiden und im Voraus einen Preis festsetzen.
3. Alle anderen Händler sollten besondere Preise erhalten, da man ihnen aufgrund ihrer großen Abnahmemengen im Wege eines nicht-linearen Preises entgegenkommen wollte und „um etwas gewißes p. Cent der Einkauf wohlfeiler" erfolgen sollte.

Diese vorgeschlagenen Maßnahmen sind nicht zuletzt auch deshalb bemerkenswert, weil sie neben der Preisdifferenzierung nach dem Produkt auch die Preisdifferenzierung nach der Person und die geographische Preisdifferenzierung in die Diskussion einbrachten. Man hatte

[864] AA I Aa 15, S. 45.

[865] Vgl. AA I Aa 15, S. 45b.

[866] Vgl. AA I Aa 15, S. 45b–46.

erkannt, dass die bessere Anpassung der eigenen Preisstrategie an die unterschiedlichen Zahlungsbereitschaften der Nachfrager eine profitablere Strategie sein konnte als die bisherige Praxis, eher undifferenzierte Preisangebote zu setzen.

Im Anschluss an diese Vorschläge vom 25. April 1731 erstellte der wieder eingesetzte Inspektor Reinhardt ein Gutachten, welches die aufgeworfenen Punkte zur zukünftigen Preispolitik kritisch hinterfragte. Sogleich setzte er sich mit der Forderung auseinander, die Kostenerfassung und Preiskalkulation im Wege einer Vollkostenkalkulation auf der Ebene eines einzelnen Porzellanstücks durchzuführen. Dies wurde als „fast gäntzlich impracticable" eingestuft und dadurch schon im Ansatz der schwierige Ursache-Wirkungs-Zusammenhang der betrieblichen Kostenverursachung angerissen.[867] Denn besonders die Erfassung der Gemeinkosten, die als nicht direkt zurechenbare Kosten unabhängig von der hergestellten Menge waren, und deren anschließende Aufschlüsselung und Verteilung auf die einzelnen Porzellanprodukte, erschien als keine leichte Aufgabe, besonders noch in der ersten Hälfte des 18. Jahrhunderts. Um aber dennoch der königlichen Intention so nahe wie möglich zu kommen und sie einigermaßen zu erfüllen, wurde eine Alternative vorgeschlagen. Eine vollständige Kostenkalkulation wäre möglich, wenn man

> *„(...) ein gewißes quantum der zum Porcelain-Geschirren erforderten Materialien und übrigen ingredientien zur hand nähme, die massa daraus praeparierte und allerhand Sorten Geschirre daraus verfertigte, sodann aber zum brennen, und nachhero zur Mahlerey und emaillieren lieferte, um praeter propter zu zeigen, wie nach denen gewonnenen Geschirren (...) und gehabten Aufwand, die Einnahme und Ausgabe sich gegen einander verhalte, auch wie hoch eigentlich iedes Stück nach proportion zustehen komme."*[868]

Die hier vorgeschlagene Vorgehensweise zur Approximation der Ermittlung der Herstellkosten[869] auf der Ebene des einzelnen Porzellanstücks entsprach weitestgehend dem Muster einer Kostenträgerstückrechnung durch Divisionskalkulation. In einem ersten Schritt wurden die für eine gewisse Anzahl von Porzellanen erforderlichen Materialien und sonstigen Rohstoffe zur Herstellung der Porzellanmasse sowie die dafür notwendigen Brenn- und Malereikosten zusammengefasst. Diese nun daraus hergestellte Porzellanmenge wurde in Relation zu den dafür aufgewendeten Kosten gesetzt, damit man „nach proportion" der eingesetzten Kostensumme den entsprechenden Kostenwert pro Stück ermitteln konnte. Durch dieses Vorgehen war es möglich, einen Ausgleich der Gemeinkosten und der variablen Einzelkosten zu gewährleisten. Reinhardt erkannte aber, dass diese Methodik nur eine ungefähre Annäherung an die tatsächlich auf ein einzelnes Porzellanstück aufgewendeten Kosten sein könnte. Da es schlicht unmöglich war, die genauen Mengen an Rohstoffen, Materialmasse

---

867 AA I Aa 15, S. 55.

868 AA I Aa 15, S. 55.

869 Denn um solche handelte es sich hier nach heutigem buchungstechnischen Verständnis, da nur Material- und Fertigungskosten berücksichtigt wurden. Hingegen beinhaltet der Begriff der Selbstkosten die Verwaltungs- und Sondereinzelkosten des Vertriebs, die hier nicht berechnet wurden. Zur Unterscheidung zwischen Selbst- und Herstellkosten, vgl. Kloock/Sieben/Schildbach (1999), S. 146.

und Brennholz für ein einziges Porzellanstück zu ermitteln[870], wählte er den weniger problematischen Weg der Divisionskalkulation, die keine Unterscheidung in Einzel- und Gemeinkosten erforderte.[871]

Bezüglich der Festlegung von profitablen Verkaufspreisen führte Reinhardt an, dass die zuvor ins Spiel gebrachten 25% Marge auf die Herstellkosten nicht ausreichend sein würden. Denn durch die Erfahrung mit „schlechten" Preisen während der Lemaire-Affäre hatte man die eigene Leistung regelrecht unter Wert verkauft. Um diesem Umstand zu begegnen und letztlich einen ergiebigen Profit zu erlangen, sollte die Preispolitik wieder höhere Preisniveaus ins Auge fassen:

> *„So wäre unmaßgeblich die taxa ieder Sorte dahin einzurichten, daß wenigstens alterum tantum (...), zumahl daß hiesige Meißnische Porcelain von denen Liebhabern (...) geschätzet wird, davon gezogen werden könnte".*[872]

Mit dem lateinischen Ausdruck[873] forderte Reinhardt, dass man mindestens die Höhe der Herstellkosten als Marge für die Preisbildung setzen sollte. Diese Marge in Höhe von 100% entsprach einer abermaligen Kehrtwendung in der Preisstrategie. Noch im Dezember 1729 forderte August der Starke in seiner Resolution „convenable" Preise, einen „billigmäßigen Profit" und forderte die Manufakturverantwortlichen auf, die Preise „leidlicher" zu setzen als es bis dahin geschehen war. Dieser Leitlinie war man seitdem auch in Kreisen der Direktion gefolgt. Das nun eingereichte Gutachten stand einer solchen Resolution entgegen. Da während der Arbeiten für Lemaire die Profitabilität der Verkaufspreise erheblich unter Druck geriet, schien es jetzt wieder an der Zeit zu sein, mit einer konsequenten Premiumpreisstrategie die Gewinnpotenziale der Manufaktur besser auszuschöpfen. Die Klagen von August dem Starken über die zu geringen Preise und die entgangenen Gewinne aus den Auslandsgeschäften während der Lemaire-Affäre wurden schon erläutert. Doch bedurfte es erst einer handfesten Krise auf höchster Führungsebene, um die entsprechenden Maßnahmen zu verordnen und um die Preisstrategie des Unternehmens in hochpreisige Regionen zurückzuführen. Zumal man beobachten konnte, dass die Nachfrage nach den eigenen Produkten nach wie vor stark war und die „Liebhaber" die Erzeugnisse aus Meißen schätzten und dementsprechend überdurchschnittlich hohe Zahlungsbereitschaften aufwiesen. Sofort verworfen wurde von Reinhardt hingegen die Preisfindung nach der Größe des Porzellans, da manche kleinen Porzellanstücke ein Vielfaches an Formung und Malerei und somit an Arbeitsintensität erforderten als vergleichbare größere Stücke.[874] Bestätigung fand hingegen der Vorschlag in Bezug auf die Preisdifferenzierung nach persönlichen und auch geografischen Kriterien.[875]

---

870 Um das Arkanum zu bewahren, waren Teile des Herstellungsprozesses immer noch unbekannt, so dass eine kostenmäßige Quantifizierung erheblich erschwert wurde und nur durch die Arkanisten selbst geschehen konnte.

871 Vgl. auch die Ausführungen in Kapitel 1.2.1.

872 AA I Aa 15, S. 55b.

873 Alterum tantum (lat.) = noch einmal so viel.

874 Vgl. AA I Aa 15, S. 55b–56.

875 Vgl. AA I Aa 15, S. 56.

Am 8. Mai 1731 beratschlagten in Meißen der Maler Höroldt, die Arkanisten Stöltzel und Schubert sowie der wieder als Faktor in Dresden tätige Chladni, wie mit den von Brühl eingereichten Punkten zur Preispolitik in der Manufaktur umzugehen war. Offensichtlich wurden sie überrascht vom nicht abgestimmten Vorgehen des Inspektors Reinhardt, der wenige Tage zuvor sein Gutachten über Brühls Punkte schriftlich eingereicht hatte. So distanzierten sie sich in einem ihrerseits verfassten Gutachten von den Überlegungen Reinhardts. Letzterer wurde diskreditiert, da er anfangs entlassen wurde und nur im Zuge der Umwälzungen der Lemaire-Affäre wieder zu seiner Position als Inspektor gekommen war. Nur ihnen wäre nämlich bekannt, wie der „innere Zustand in der Fabrique resp. beschaffen, und was darzu erfordert werde".[876]

In Bezug auf die geforderte Vollkostenkalkulation auf Basis eines einzelnen Porzellanstücks zeigten sich auch Höroldt, die Arkanisten und Chladni mehr als skeptisch. Für den ersten vorgeschlagenen Schritt der Erfassung sämtlicher Produktionskosten führten sie vor allem Schwierigkeiten in Zusammenhang mit dem Arkanum auf:

> *„So sey es doch ohnmöglich auch nur ohngefehr zusagen, wie viel die Zubereitung derer Massen betrage weil immer ein Jahr in das andere der Vorrath von denen zu benöthigten Materialien genommen würde, und was die (...) Zubereitung derer masse auch sonst anderer Aufwand erfordere, nicht gesagt werden könne".*[877]

Der insgesamt anfallende Aufwand war laut der Eingabe der vier Manufakturisten nicht quantifizierbar, weil man die zeitliche Zuordnung der Masseherstellung nicht vollziehen konnte und besonders weil immer noch Teile der Produktion durch das strikte Herstellungsgeheimnis gedeckt waren und somit sich einer betrieblichen Kostenrechnung nahezu komplett entzogen.[878] Doch lieferten sie keine alternative Kalkulations- oder Berechnungsmethode, wie sie Reinhardt im Wege der Divisionskalkulation vorgeschlagen hatte. Für sie war es schlicht nicht auszurechnen, wie viel Glasur, Masse, Holz oder Kohle aufgewendet wurden, und wie viel Zeit ein Dreher oder Former für das einzelne Werk brauchen würde.[879] Die Änderung der Preisvariable mit Einbeziehung der Größe des Porzellans wurde nicht empfohlen aus genau den gleichen Gründen, die Reinhardt schon genannt hatte. Und auch die Etablierung der festen Verkaufspreise in der Preisliste fand keine Zustimmung unter den vier Manufakturisten. Durch so eine General-Taxe könnte die bisherige gute Umsatzentwicklung in Gefahr gebracht werden. Dem zusätzlichen Gewinn, den die Manufaktur bei stärkerer Ausweitung der Produktion erzielen könnte, stünden die Handelsgeschäfte der Kaufleute entgegen. Man fürchtete, dass feste Preise eher zum Vorteil der Geschäftskunden statt der Manufaktur gereichen würden, denn wenn

> *„(...) mithin dem Factor in dem Waaren-Lager die freye disposition nicht mehr übrig, befundenen Umständen nach den Kauffmann zu regardiren, sondern wenn er an eine*

[876] AA I Aa 15, S. 58b.

[877] AA I Aa 15, S. 58b.

[878] Vgl. AA I Aa 15, S. 55b.

[879] Vgl. AA I Aa 15, S. 59b und S. 203.

taxe gebunden sey, hielte er vor nöthig, sich zu Verminderung allerhand Rechnungs-defecte (...) keine Verantworttung sich zuzuziehen".[880]

Man war der Meinung, dass durch feste Verkaufspreise das Gespür des Faktors, den Kaufmann zu „regardieren", obsolet werden würde und dadurch nicht unerhebliche Nachteile entstehen könnten. In einem Szenario der freien Preise stand es im Ermessen des Faktors, auf die besonderen Umstände des Käufers einzugehen. Besonders dessen Kreditwürdigkeit stand im Zentrum der Beobachtung, und die routinierte Einschätzung des Faktors konnte dafür sorgen, dass besonders Käufer mit schlechterer Bonität eine Risikoprämie auf die Verkaufspreise bezahlen mussten. Entscheidender Argumentationspunkt war somit die Kontrolle der „Rechnungs-defecte" und die Eindämmung der Zahlungs- und Kreditausfälle durch den diskretionären Ermessensspielraum des Faktors. Im Falle der Einführung einer Preisliste mit festen Preisen wollte der Faktor nicht die Verantwortung für die sich daraus ergebenden möglichen Rechnungsausfälle übernehmen.

An dieser Stelle verwundert dieses Argument jedoch ein wenig, da freie Preise und Chladnis Ermessensspielraum seit mindestens 1729 unter erheblicher Diskussion standen und seit den Reformen der Preispolitik von Hoym auch relativ wirksam unterbunden wurden. Es ist anzunehmen, dass diese Passage auf Betreiben des direkt betroffenen Chladni in das Dokument eingefügt worden ist, der seine Arbeitszeit nicht mit der Eintreibung von offenen Forderungen verbringen wollte.[881] Der Ermessensspielraum, den Chladni seit den 1720er Jahren als Faktor des Dresdner Warenlagers genoss, hatte den einen oder anderen Zahlungsausfall verhindern können. Aber dieser Spielraum, so unzuverlässig er „gute" und „schlechte" Kreditwürdigkeit erkennen konnte, war sicherlich auch nicht immer kostendeckend und gewinnoptimal, so dass die Manufaktur durchaus Profitpotenziale eingebüßt hat.

Bei der vorgeschlagenen Preisdifferenzierung sah man keine Einwände, sondern verlangte besonders für den Absatz nach Frankreich ein erhöhtes Niveau der Verkaufspreise. Die französischen Händler taten sich nämlich dadurch hervor, dass sie besondere Formen und Modelle ausgearbeitet wissen wollten und bei diesen die Manufaktur, bevor sie genügend Erfahrungswerte bei der Herstellung sammeln konnte, anfangs noch viele Fehlbrände zustande brachte.[882]

Die bis hierher eingebrachten Vorschläge bedurften einer endgültigen Entscheidung durch den König selbst. Kontrastierende Ansichten und interne Differenzen über die Preispolitik konnten im Wege des gemeinsamen Kompromisses nicht gelöst werden. August der Starke brachte am 19. Mai 1731 in seiner Resolution allerhand administrative Entscheidungen herbei. Der Fürst genehmigte beispielsweise Lohnerhöhungen und betonte abermals, dass kein weißes unbemaltes Porzellan verkauft werden durfte aus Sorge vor der schon oft beobachteten „Pfuscherey" mit nachträglich angebrachten fremden Malarbeiten. Er genehmigte die Arbeitsinstruktionen für die wichtigsten Positionen in der Manufaktur, ließ die Position eines Kontrolleurs wegfallen, definierte die Reisepauschalen für Manufakturisten neu und führte

[880] AA I Aa 15, S. 59b–60.

[881] Vgl. AA I Aa 15, S. 283b.

[882] Vgl. AA I Aa 15, S. 60b.

den „permissions-Schein“ ein, mit dessen Besitz fremde Besucher vom Gouverneur in Dresden autorisiert wurden, die Manufaktur zu betreten.[883] Um das Arkanum weiterhin zu schützen und zu bewahren, wurde die Anzahl der Arkanisten auf jetzt insgesamt vier Personen erweitert.[884] So wurde Christoph Heinrich Petzsch am 28. Mai 1732 zum Arkanum zugelassen, der sich ausschließlich um die Bewahrung des gesamten Herstellungsprozesses kümmern sollte, ohne selbst in die stark gesundheitsschädliche Tätigkeit an den Öfen und in der Massebereitung involviert zu sein.[885]

Aber eine Entscheidung zur Preispolitik blieb vorerst aus. Auf der einen Seite stand die Einführung einer Divisionskalkulation, wie vom Inspektor Reinhardt vorgeschlagen, und somit eine nahezu vollständige und umfassende Kalkulation mit Gemein- und Einzelkosten. Auf der anderen Seite wurde die Rückkehr zu einer eher diskretionären Preiskalkulation, stark auf Erfahrungswerte in Bezug auf die Kosten aufbauend und mit erweiterten Preisspielräumen für den Faktor Chladni versehen, propagiert. Höroldt, Stöltzel und Chladni selbst favorisierten diese Option, da sie ihnen wie bisher eine zentrale Rolle bei der Preispolitik gesichert hätte, während die Divisionskalkulation in ihrer Eigenschaft als komplizierteres Rechenwerk eher Sache der Buchhalter geworden wäre. Der Fürst betonte in dieser zwiespältigen Situation seine Entschlossenheit zur Bildung der General-Taxe, behielt sich aber vor, nach eingehenden Überlegungen eine endgültige Resolution in Bezug auf die Preispolitik zu erteilen.[886] Zwar lässt sich in den Archiven eine entsprechende Entscheidung des Königs in Bezug auf diese preispolitische Frage nicht mehr nachweisen. Doch aus den nachfolgenden Dokumenten und getroffenen preisstrategischen Maßnahmen lässt sich erkennen, dass der Fürst sich in den Monaten Mai und Juni 1731 in Hinblick auf die Methodik der Kalkulation der Herstellkosten für eine Zwischenlösung entschied.

Den Einwand, man könne die Kosten nicht genau quantifizieren, ließ man in der Meißener Direktion unter dem sächsischen Landesfürsten nicht gelten. Von der kostenorientierten Preispolitik wollte man keinesfalls abweichen, aber man sah sich offenbar noch nicht imstande, eine Vollkostenkalkulation mit Einbeziehung von Einzel- und Gemeinkosten durchzuführen. Es herrschte noch zu großer rechentechnischer und kaufmännischer Respekt vor der Herausforderung, die Zurechenbarkeit der Gemeinkosten wie dem Brennholzverbrauch oder auch den Verwaltungskosten anzugehen.[887] Vollständig innerhalb der Meißener Möglichkeiten lag jedoch die Kalkulation der variablen Herstellkosten, der direkt zurechenbaren Einzelkosten wie Stücklohn und Malereikosten. Man wählte in Bezug auf die Art und Weise der Preiskalkulation also eine Kompromisslösung, denn es wurden statt den Vollkosten nur

---

883 Vgl. AA I Aa 15, S. 207–216 und S. 247. Auf diesen Besucherscheinen wurden die Räume, die betreten werden durften, genau angegeben, vgl. Walcha (1973), S. 88.

884 Durch den Tod des Arkanisten Schuberth im April 1732 sah man sich gezwungen, einen Ersatz zu suchen, vgl. Vgl. AA I Aa 16, S. 116 –117 und S. 151, AA I Aa 17, S. 116–117 und Rückert (1990), S. 52.

885 So hieß es z.B. bei den Massebereitern Hoppe und Schuberth, dass durch ihre langjährige Tätigkeit ihre Gesundheit „so beschaffen, daß praesumptive ihnen ein langes Leben nicht zuzuschreiben“ sei, AA I Aa 15, S. 88.

886 Vgl. AA I Aa 15, S. 212.

887 Ähnliches ist auch von dem späteren englischen Konkurrenzbetrieb von Wedgwood überliefert, der lange Zeit erfolglos auf eine Vollkostenrechnung und Gemeinkostenverteilung abzielte. McKendrick (1970), S. 48, spricht in diesem Zusammenhang von einem „failure of total costing“ bei Wedgwood.

die direkt zurechenbaren variablen Kosten kalkuliert.[888] Auf der Basis dieser variablen Herstellkosten wurde dann der endgültige Verkaufspreis kalkuliert, und zwar sowohl für Geschäfts- als auch für Privatkunden. Vor diesem Hintergrund finden sich ab Juni 1731 in den Archiven erstmalig Angaben für 435 Porzellanstücke über den Preis der Masse mitsamt dem Arbeitslohn der Former, Dreher und Maler für die Manufaktur, die in einer General-Taxe zusammengefasst wurden.[889]

Zwei Prämissen waren entscheidend, dass die Manufaktur zu diesem Zeitpunkt eine Kalkulation der variablen Kosten pro Stück relativ genau angehen konnte: Die nun manufakturweit geltenden Stücklöhne für Former, Dreher und Maler, sowie die verbesserte Überwachung der Verbrauchsmengen an Porzellanmasse.[890] Die Abkehr von den festen monatlichen Gehältern hin zu Stücklöhnen erleichterte die Zurechnung der Arbeitskosten auf das einzelne Porzellanstück enorm. Die kunstfertigen Tätigkeiten des Formens und des Malens waren somit direkt anrechenbare Einzelkosten. Besonders bei der Masse konnte man mit dem Notieren der genauen Verbrauchsmengen und -werte während konstanter Zeitabschnitte erfahren, wie hoch die tatsächlichen Massekosten waren für die im konkreten Zeitraum gefertigten Geschirre. Beide Elemente stellten also sicher, dass zumindest die variablen Kosten der Masseherstellung und der Malerei hinreichend genau kalkuliert werden konnten. Die Einführung des Stücklohns in Meißen 1731 erleichterte zwar die Quantifizierung der Arbeitskosten auf jedes einzelne Porzellanstück. Jedoch standen zum Zeitpunkt der Erstellung der General-Taxe durch die Integration der Malereiabteilung von Höroldt insgesamt 42 Maler und Farbenreiber im Stücklohn[891], der Rest der Manufakturisten bezog aber weiterhin einen festen Monatslohn. Dazu gehörten beispielsweise die Brenner und Arbeiter im Schlemmgewölbe, die Angestellten im Warenlager und die Arkanisten selbst. Ihre Arbeitsleistung auf ein einzelnes Porzellanstück zu verteilen war für die Zeitgenossen in Meißen genauso wenig durchführbar wie den Wert der geleisteten Arbeit der Angestellten in der Verwaltung zu repartieren. Auch die Verbrauchsmengen gewisser Materialien und Rohstoffe, vordergründig dem Brennholz, konnten pro Porzellanstück nicht angegeben werden. Das preispolitische und rechnungstechnische Wissen der Meißener Führungskräfte konnte zum damaligen Zeitpunkt um 1730 für diese Aufgaben nicht ausreichen. Das Fehlen einer kaufmännisch gebildeten Führungskraft trug ein Übriges dazu bei, weshalb man sich für eine Teilkostenrechnung entschied.

Mit Hilfe der Angabe der Kosten der Masseherstellung und der Malereikosten in der General-Taxe vom Juni 1731 gelingt es nun, für nahezu sämtliche Porzellane die Verkaufsmarge

[888] Leider ist eine genaue Dokumentation der Kalkulationsschritte archivalisch nicht überliefert.

[889] Vgl. AA I Aa 15, S. 286–300. Obwohl nicht explizit erwähnt, sind in dieser General-Taxe die Verkaufspreise für die beste Porzellanqualität, das Gut, angegeben.

[890] Erstmalig nachweisbar sind Quantifizierungen der Verbrauchsmengen an Porzellanmasse zum Jahresende 1731, vgl. AA I Aa 16, S. 314 und AA I Aa 18, S. 156–157. Ohnehin nahmen durch die verschiedensten betrieblichen Veränderungen und Reformen in den Jahren 1730 und 1731 die Rechnungswerke der Manufaktur gehörig zu, vordergründig Verbrauchsrechnungen, Inventarlisten und Warenlagerverwaltung. Der Inspektor Reinhardt beschwerte sich am 23. September 1732, dass er die anfallende Arbeit nicht mehr allein bewältigen könne und stellte ausführlich dar, dass zur Besorgung der betrieblichen Rechnungen weitere Personen angestellt werden müssten, vgl. AA I Aa 18, S. 222–234b.

[891] Vgl. AA I Aa 15, S. 218b–219.

zu errechnen und zu kontrollieren, inwiefern die eingeschlagene Preisstrategie des Jahres 1731 die königlichen Vorgaben in der Preispolitik umsetzen konnte. Dadurch ist es möglich, nicht nur die Verkaufsmargen im Geschäft mit Händlern und Privatkunden zu errechnen, sondern auch einen Vergleich der Preise für diese beiden Kundengruppen durchzuführen.

Tabelle 3-3: Übersicht General-Taxe von 1731

Übersicht Generaltaxe von 1731 - Geschäftskunden							
Inventarstücke insgesamt	∅ Verkaufs-preis in Reichstalern	Median Verkaufs-preis in Reichstalern	0,05 Perzentil Verkaufspreis in Reichstalern	0,95 Perzentil Verkaufspreis in Reichstalern	Min. Marge auf variable Selbstkosten	Max. Marge auf variable Herstellkosten	∅ Marge auf variable Herstellkosten
410	8,23	3,00	0,38	32,75	-36%	260%	44%

Übersicht Generaltaxe von 1731 - Privatkunden							
Inventarstücke insgesamt	∅ Verkaufs-preis in Reichstalern	Median Verkaufs-preis in Reichstalern	0,05 Perzentil Verkaufspreis in Reichstalern	0,95 Perzentil Verkaufspreis in Reichstalern	Min. Marge auf variable Selbstkosten	Max. Marge auf variable Herstellkosten	∅ Marge auf variable Herstellkosten
410	9,04	3,33	0,42	36,65	-23%	313%	59%

Quelle: AA I Aa 15, S. 286–300 und HStAD 10026 Loc. 1341/11, S. 362–442, eigene Berechnungen

Die im Rahmen der General-Taxe zur Anwendung gebrachte Methodik der Preiskalkulation war eine Kosten-Plus-Preisbildung mit einem individuell gesetzten prozentualen Aufschlag auf die kalkulierten variablen Stückkosten.[892] Ausgangsbasis für eine derartige Preiskalkulation auf Teilkostenbasis waren der Aufwand für die Herstellung der Porzellanmasse, die darauf aufgewendete Arbeit und die Kosten für die Bemalung der Porzellane. Bei der Kalkulation der General-Taxe war die grundlegende Annahme diejenige, dass nur direkt zurechenbare Materialien und Arbeitslöhne in die Kostenkalkulation einflossen. Dies waren allgemeine Porzellanmaterialien, Ton, Gips, Kaolin und Sand, deren unmittelbarer Verbrauch für die Formung eines Porzellanstücks quantifiziert werden konnte. Die Aufwendungen für den Zeitraum von April bis Dezember 1731 für diese Materialien betrugen 3.039 Taler.[893] Die ausgezahlten Stücklöhne für das Jahr 1731 ab April betrugen insgesamt 2.010 Taler und 14 Groschen, weitere direkt anrechenbare Lohnzahlungen wie Feierabendarbeiten, Zulagen und Polierarbeiten an Porzellanen machten nochmals rund 680 Taler aus.[894] Diese nun als Ausgangsbasis genommenen direkt zurechenbaren Kosten hatten einen Anteil von 38% aller tatsächlich angefallenen Gesamtkosten in Meißen, während die restlichen, in der Kalkulation der General-Taxe nicht berücksichtigten Gemeinkosten einen Anteil von 62% ausmachten.[895]

[892] Vgl. zu dieser spezifischen Teilkostenrechnung bspw. Diller (2008), S. 318.

[893] Vgl. AA V 2 11, S. 28b, S. 31b, S. 34b, S. 35 und S. 36.

[894] Vgl. AA V 2 11, S. 25b und S. 27.

[895] Vgl. ausführlich AA V 2 10 und AA V 2 11, eigene Berechnungen.

Für die General-Taxe ergab sich hingegen im Durchschnitt eine Aufteilung von Masse- zu Malereikosten von 70:30.[896]

Auf diese Basis der variablen Herstellkosten wurde je nach Zielgruppe eine Marge von durchschnittlich 44% bzw. 59% auf ein Porzellanstück aufgeschlagen. Diese Margensätze mussten all die restlichen angefallenen Kostenpositionen decken und für einen angemessenen Gewinn bei der Manufaktur sorgen. Deshalb erscheint es vertretbar, die angesetzten Verkaufsmargen auch als implizite Zuschlagssätze zur Gemeinkostendeckung zu verstehen. Diese Deckungsbeiträge von 44% bzw. 59%, als Differenz zwischen Verkaufspreis und variablen Kosten, enthielten somit einen Anteil zur Gemeinkostendeckung und einen Anteil zur Gewinnerzielung.[897] Wenn man vereinfachend annimmt, dass durchschnittlich in jedem Porzellanstück ein Anteil der variablen Herstellkosten in Höhe von 38% vorhanden war und man somit die Kostenstruktur des Meißener Gesamtbetriebs auf die kleinste Ebene des Leistungsträgers abbildet, reichte ein Deckungsbeitrag von 44% bzw. 59% pro Stück nicht aus, um all die restlichen Kosten für die Produktion des Porzellanstücks hereinzuholen und darüber hinaus noch einen Gewinn zu erwirtschaften. Für den Bereich der Privatkunden ließ sich mit einer Marge von 59% ungefähr eine Deckung der gesamten Selbstkosten erwirken, der Aufschlag im Bereich der Geschäftskunden jedoch war aus dieser Sichtweise heraus zu gering. Von diesem theoretischen Gesichtspunkt des einzelnen Porzellanstücks heraus, musste die Preisbildung im Wege dieser General-Taxe im Durchschnitt zu unprofitablen Preisen führen. Man muss jedoch bedenken, dass nicht alle variablen Herstellkosten ausschließlich bei der Herstellung der guten Porzellansorte entstanden. Im Rahmen des Herstellungsprozesses fiel die zweitbeste Sorte, das Mittelgut, an, sowie die Ausschussware, das Brac. Eine genauere Analyse der Preisbildung für das Gut müsste den genauen Kostenanteil berücksichtigen, der ausschließlich für diese Porzellansorte verwendet wurde und diesen Anteil von demjenigen trennen, der bei Mittelgut und Brac anfiel. Dies ist jedoch aus den Archiven nicht mehr rekonstruierbar, da zudem keine absoluten Produktions- oder Verkaufszahlen der einzelnen hergestellten Einheiten existieren. Aus der damals üblichen Praxis und mangels weiterführender archivalischer Nachweise muss davon ausgegangen werden, dass das Gut prinzipiell auch die Herstellungskosten des Mittelguts und des Brac mittragen musste, so wie es auch die Kosten für die Fehlbrände tragen musste. Da Hinweise auf eine gesonderte Kalkulation des Mittelguts fehlen, muss ebenfalls davon ausgegangen werden, dass es weiterhin im Wege der freien Preisbildung nach einer Abschätzung der tatsächlichen Qualitätsminderung zwischen der Manufaktur und den Interessenten verkauft wurde.[898] Da Mittelgut deutlich günstiger war als Gut, haben die hohen Verkaufszahlen dieser schlechteren Porzellanqualität sicherlich zum Profit der Manufaktur beigetragen. Die Chance, bei den angesetzten Margen und bei der bestehenden Kostenstruktur in die Gewinnzone zu kommen, konnte somit nur über die Umschlagshäufigkeit bestehen. Je häufiger das Porzellan umgesetzt wur-

896 Vgl. AA I Aa 15, S. 286–300, eigene Berechnungen.

897 Das genaue Verhältnis zwischen dem Deckungsbeitrag für die Gemeinkosten und der Gewinnmarge ist mangels weiterer archivalischer Nachweise nicht ermittelbar. Auch ist nicht bekannt, wie zielgerichtet und systematisch der Ausgleich der Fixkosten gewesen sein könnte.

898 Erst am 22. Januar 1740 erging eine Resolution, die Mittelgut pauschal mit 5% Preisabschlag gegenüber dem Gut ansetzte, vgl. Kapitel 3.3.10.

de, umso besser konnte man die Gemeinkosten mit den Verkaufsmargen decken und die Gewinnzone erreichen.[899] Die nachfolgende schematische Darstellung verdeutlicht den damaligen Preisbildungsprozess für die Preise der Privatkunden (B2C) und der Geschäftskunden (B2B).

Abbildung 3-3: Schematische Darstellung der Preisbildung der General-Taxe von 1731

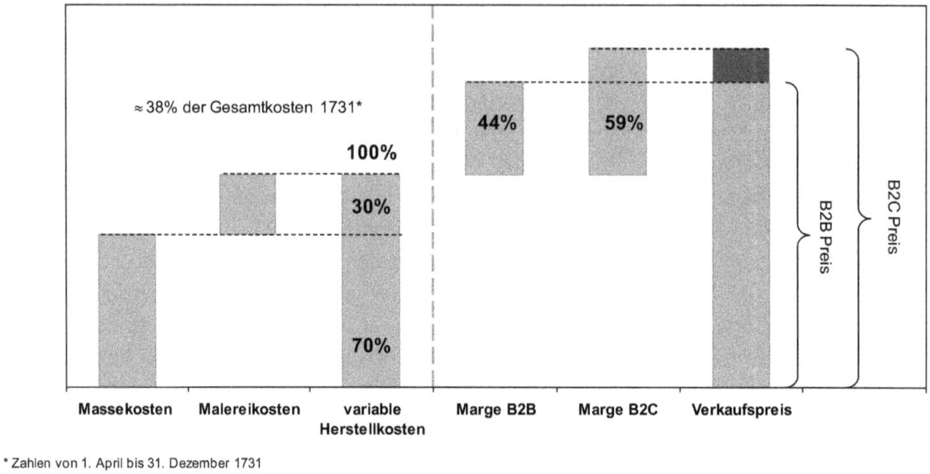

Quelle: AA I Aa 15, S. 286–300, HStAD 10026 Loc. 1341/11, S. 362–442, eigene Berechnungen.

Bei näherer Betrachtung der General-Taxe und der einzelnen Porzellane ist zu erkennen, dass die damalige Preisfindung lediglich zwei Stücke mit einem Verkaufspreis versehen hatte, der unterhalb der variablen Kosten lag und somit faktisch für beide Exemplare bei jedem verkauften Porzellanstück einen Verlust für die Manufaktur bedeutete.[900] Wahrscheinlich handelte es sich bei diesen zwei Stücken um Rechenfehler in der Kalkulation. Die Feinjustierung im königlichen Sinne mit „convenablen" Aufschlägen und Preisen gelang ebenfalls nicht, da erhebliche Aufschläge gesetzt wurden. In der Spitze wurde im Geschäftskundenbereich eine Marge von 260% auf die variablen Kosten angesetzt, während im Detailverkauf eine maximale Marge von 313% kalkuliert wurde. Insgesamt sind die durchschnittlichen aufgeschlagenen Verkaufsmargen von 44% auf die variablen Kosten im Geschäftsbereich und von 59% im Privatkundenbereich Werte, die sich in den üblichen Rahmen der damaligen Preispolitik einreihten. Der durchschnittliche Verkaufspreis aller Porzellane bewegte sich im Detailverkauf bei 9 Reichstalern, bei Porzellanhändlern etwas über 8 Reichstaler. 90% der Porzellane für die Geschäftskunden befanden sich im Preis zwischen 0,38 Talern und 32,75 Talern, bei den Privatkunden zwischen 0,42 Taler und 36,65 Taler, was verdeutlicht, dass die Bandbreite

[899] Andererseits waren die Margen womöglich auch deswegen besonders hoch angesetzt, da die Umschlagshäufigkeit der kostbarsten Geschirre aufgrund ihres hohen Wertes auf niedrigem Niveau verbleiben musste. Je seltener ein Kauf erfolgte, umso höher musste die Verkaufsmarge angesetzt werden, vgl. auch Fußnote 1642.

[900] Vgl. Abbildung 5-13 und Abbildung 5-14 im Anhang.

der angesetzten Verkaufspreise signifikant gewesen ist und sich sowohl hochwertige Kabinettstücke als auch günstige Gebrauchsgeschirre im Produktportfolio befanden.

Weiterhin zeigt sich bei der Analyse der General-Taxe, dass die Marge in keiner Relation zu der Summe der variablen Herstellkosten stand.[901] Für eine Vielzahl von Porzellanen mit gleichen Herstellkosten wurden unterschiedliche Margen gesetzt. Stücke mit Kosten von 20 oder mehr Talern bekamen tendenziell die durchschnittliche Marge aufgeschlagen, während bei Porzellanwaren mit niedrigen Kosten die Ansetzung der Marge auf den ersten Blick nahezu willkürlich erschien. Besonders die Produkte mit Kosten von 10 oder weniger Talern wiesen keine systematischen und gleichmäßigen Verkaufsmargen auf. Der Vergleich der gesetzten Margen pro Stück zeigt, dass durchweg bei Porzellanen mit variablen Herstellkosten ab 20 Talern nur selten eine Marge von 100% oder mehr gesetzt wurde. Hingegen waren für die zumeist kleineren Stücke mit geringeren Herstellkosten die höchsten dreistelligen prozentualen Aufschläge zu verzeichnen. Zu vermuten ist, dass man die ohnehin schon teuren Stücke nicht übermäßig weiter im Verkauf verteuern wollte, während bei den vielen kleineren und in der Herstellung billigeren Porzellanen, da optisch mit einem „geringen" Preis versehen, durchaus noch Preisspielraum nach oben gesehen wurde. Auch waren die kleineren Porzellanstücke wie Becher, Tassen und Schüsseln als Gebrauchsgeschirre besser verkäuflich als die komplexen und hochwertigen Porzellane wie Uhrengehäuse oder Figuren. Somit waren die gangbaren Artikel die eigentlichen Umsatz- und Profitträger für die Manufaktur und bekamen als solche zumeist hohe Verkaufsmargen aufgeschlagen. Eine Margendifferenzierung in produktpolitischer Hinsicht, also mit klarer Ausrichtung der Gebrauchsgeschirre auf die Umsatzerzielung mittels niedriger Preise und der hochwertigen Porzellane auf Profitabilität mittels hoher Preise, lässt sich demnach nicht nachweisen. Beide Produktkategorien wurden mit jeweils sehr hohen oder auch sehr niedrigen Gewinnmargen angesetzt ohne erkennbare strategische Leitlinie. Ein Erklärungsansatz dieser Beobachtung wäre, dass diese Margensetzung strategischer Natur war und für praktisch jedes Porzellanstück eine individuelle Abschätzung über das Umsatz- und Gewinnpotenzial erfolgte. Produkte mit gleichen oder ähnlichen Herstellungskosten wurden mit unterschiedlichen Verkaufspreisen versehen, weil man sich der unterschiedlichen Absatzmöglichkeiten und Zahlungsbereitschaften bewusst war. Man wollte dadurch versuchen, im Wege einer Margensteuerung die vorhandenen Gewinnpotenziale noch besser zu nutzen. Ist so eine Margensteuerung für einzelne Porzellanstücke durchaus denkbar, konnte ihre breite Einführung auf das gesamte Produktportfolio in systematischer und strategischer Hinsicht im Jahre 1731 jedoch kaum stattgefunden haben. Die dafür notwendigen Kenntnisse in der preisstrategischen Steuerung und der damit verbundene kalkulatorische und organisatorische Aufwand waren zu diesem Zeitpunkt nicht vorhanden.[902] Vielmehr ist die unsystematische Margensetzung darauf zurückzuführen, dass die tatsächliche Kostenbasis nicht immer bekannt war und man deshalb mit individuell unterschiedlichen Margen die Gemeinkosten

[901] Vgl. Abbildung 5-13 und Abbildung 5-14 im Anhang.

[902] Eine aktive Margensteuerung in der Preispolitik ist auch für nachfolgende Perioden als eher unwahrscheinlich anzusehen. Belegt ist bspw. für die Dampfmaschinenwerke von Boulton und Watt in England ab 1789, dass Deckungsbeiträge für verkaufte Dampfmaschinen eher unsystematisch und kaum regelgebunden gesetzt wurden. Gewinnmargen von bis zu 139% pro Maschine resultierten zumeist aus individuellen Preisverhandlungen mit den Kunden statt aus einer systematischen Margensetzung, vgl. Tann (1978), S. 383–386.

möglichst optimal abdecken wollte. Auch die gemeinschaftliche Preisbildung durch das Kompetenzteam um Stöltzel, Höroldt und Chladni hat sicherlich viele individuelle Elemente und Freiheitsgrade bei der Preisbildung zugelassen.

Gemäß der Neuordnung der preispolitischen Leitlinien, nach welcher die personengebundene Preisdifferenzierung wieder eingeführt wurde, unterschied man nicht nur zwischen Geschäftskunden- und Privatkundenpreisen.[903] Die Erfahrungen mit Anfragen von Porzellanhändlern aus mehreren europäischen Ländern wollte man ebenfalls zum Vorteil der Manufaktur nutzen. Der Teilhaber von Lemaires Porzellanhandel in Paris, Jean-Charles Huet, bemühte sich 1732, nachdem sich die Lage um seinen Partner wieder etwas beruhigt hatte, um einen großen Porzellanauftrag. Offenbar war Huet nicht in die Affäre um seinen Geschäftspartner verwickelt, so dass man ihm in Sachsen Vertrauen schenkte.[904] Die Porzellane sollten nach seinen Modellen verfertigt werden und er versprach, der Manufaktur monatlich 1.000 Taler Umsatz zu bescheren.[905] Die Manufaktur ließ sich aber auf eine separate Vertragsschließung mit Huet nicht ein, denn zu groß war noch die Vorsicht nach den Geschehnissen mit seinem Landsmann. Man hatte die Lehren aus der Affäre um Lemaire gezogen und wollte keinesfalls wieder mit zu niedrigen Verkaufspreisen für hochspezifische und handwerklich aufwendige und herausfordernde Arbeiten die Profitpotenziale verschenken. Stattdessen setzte man eine alternative Kalkulation der Verkaufspreise auf und passte die Preise und die Margen für den französischen Händler stark nach oben an. Huet musste für Modelle aus dem bestehenden Inventar der Manufaktur im Durchschnitt 61% mehr bezahlen als nach der offiziellen Preissetzung. In der Spitze verlangte man von ihm einen Preis, der um 157% erhöht war gegenüber dem üblichen Niveau.[906] Es war dies der Beginn der regionenbezogenen Preisdifferenzierung, flankiert durch eine preisliche Differenzierung nach den zwei unterschiedlichen Kundengruppen der Geschäfts- und Privatkunden. Die Preisdifferenzierung wurde schließlich „abgerundet" durch separate Preise für die Bestellungen für den König und seinen Hofstaat samt Küche und Konditorei. Solche Preise waren so angesetzt, dass die Manufaktur keinen Gewinn daraus schlagen konnte und der Fürst (wenn überhaupt) lediglich die Herstellkosten der Porzellanherstellung zahlen musste.[907]

Im Vergleich der beiden Preisniveaus in der General-Taxe, waren die Preise für die Endkunden durchschnittlich um 10% teurer angesetzt als die Preise für die Händler. Es ergaben sich jedoch erhebliche Differenzen durch Preise, die um bis zu 80% höher waren als diejenigen für die Geschäftskunden.[908] Die Preisdifferenz der Privatkundenpreise in Relation zu den Händlerpreisen entstand dabei ohne erkennbare Systematik. Weder lässt sich ein linearer Trend ausmachen mit höherer Preisdifferenz bei höherwertigem Porzellan, noch lässt sich

---

903 Vgl. HStAD 10026 Loc. 1341/11, S. 362–372.

904 Vgl. Le Duc (1997), S. 58.

905 Vgl. AA I Aa 18, S. 78b–79.

906 Vgl. AA I Aa 15, S. 284–285, eigene Berechnungen.

907 Diese Praxis des Verkaufs zum Selbstkostenpreis an den König ist für die nachfolgenden Jahre ebenfalls dokumentiert, so z.B. für die Jahre 1746 und 1747, vgl. AA I Af 11, S. 81. Dennoch war es üblich, dass der König Porzellane aus Meißen unentgeltlich entnehmen durfte.

908 Die hier aus den archivalischen Quellen kalkulierte Aufschlagshöhe für die Preise der Privatkunden von durchschnittlich 10% bestätigt die bisher in der Forschung vermutete Spanne von 10–15%, vgl. Wieck (1840), S. 287.

eine weitergehende Korrelation des Preisdeltas mit anderen Variablen feststellen. 63% der Porzellane hatten dabei eine geringere Preisdifferenz als die durchschnittlichen 10%.[909]

Abbildung 3-4: Preisdelta Geschäftskunden vs. Endkunden in der General-Taxe 1731

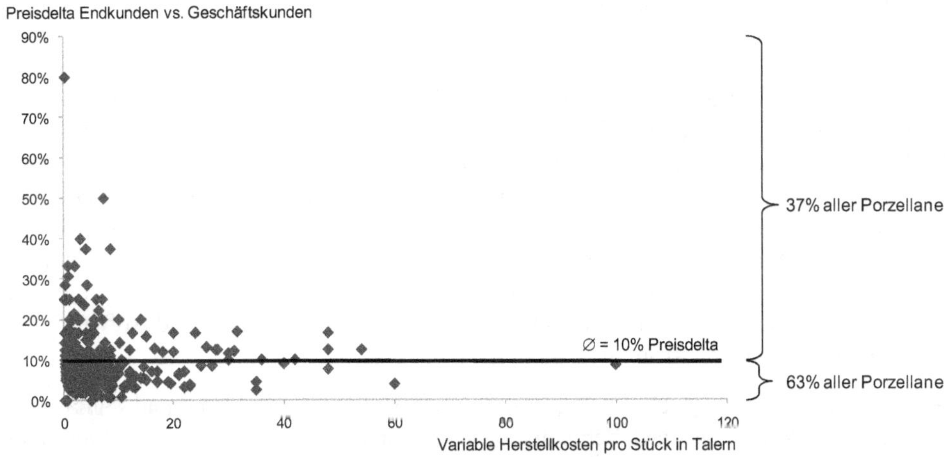

Quelle: AA I Aa 15, S. 286– 300 und HStAD 10026 Loc. 1341/11, S. 362– 442, eigene Berechnungen

Die Erkenntnis, dass die verschiedenen Kundengruppen der Porzellanmanufaktur wegen ihrer unterschiedlichen Zahlungsbereitschaften und Nachfragewünsche im Wege einer differenzierten Preispolitik besser angegangen werden konnten, ist Ausdruck eines grundlegenden Wandels in der profitorientierten Betriebsführung. Man hoffte einerseits, die immer wiederkehrenden Anfragen seitens der Händler nach Mengenrabatten und Reduktionen einzudämmen und die oftmals unsystematischen und auf keiner rechnerischen Grundlage basierenden Rabattentscheidungen zu eliminieren. Da man nun den Preis für die Händler im Voraus kalkulierte, antizipierte man die Rabattforderung und konnte dennoch den Überblick über Gewinn oder Verlust pro verkauftem Porzellanstück beibehalten.

Die dargestellten grundsätzlichen Entscheidungen, die Preisbildung im Wege eines auf den variablen Herstellkosten basierenden Verfahrens zu etablieren, entsprachen im Kern nicht den von Höroldt, Stöltzel und Chladni empfohlenen Maßnahmen. Diese hatten bekanntermaßen die Unmöglichkeit eines kostenorientierten Verfahrens betont und setzten eher auf diskretionäre Ermessungsspielräume bei der Preisbildung im Wege einer nachfrageorientierten Preispolitik. Über diese Dissonanz der preispolitischen Vorstellungen war man sich im Direktorium offenbar bewusst, insbesondere über das dadurch inhärent vorhandene Konfliktpotenzial durch eine Entscheidung, die entgegen der Empfehlung der ranghöchsten Führungskräfte getroffen wurde. Vor diesem Hintergrund muss deshalb die am 1. Juni 1731 für

[909] Vgl. AA I Aa 15, S. 286–300, eigene Berechnungen.

Chladni und seinen Adjutanten, den Buchhalter Rost, verfasste Instruktion gesehen werden, nach der sich die beiden für den Vertrieb verantwortlichen Angestellten zu richten hatten.[910]

Es fanden sich anfangs die obligatorischen allgemeinen Verhaltensregeln zum Erhalt der guten Ordnung des Warenlagers, zum Abwenden von Schaden für die Manufaktur, zur gehörigen Achtsamkeit und Richtigkeit in der Korrespondenz und der gewissenhaften Erledigung der aufgetragenen Aufgaben und Pflichten. Weiterhin wurde gefordert, stets die Aufträge und Bestellungen der Abnehmer so zeitig wie möglich zu bearbeiten. Es sollten dazu sogenannte „Bestellzettel" aus dem Dresdner Warenlager nach Meißen gesendet werden, „auf daß die verlangten Stücken daselbst durch den Inspectorem besorget" werden könnten.[911] Der Inspektor wurde somit zur zentralen Verbindung zwischen der Dresdner Niederlassung und dem Meißener Betrieb, da nur an den Inspektor in Meißen die Bestellungen weitergeleitet werden sollten und dieser stets die Ordnung und Übersicht über die eingegangenen Bestellungen zu wahren hatte. Überdies musste Chladni einen monatlichen Bericht über die Einnahmen und Ausgaben aus dem Vertrieb unmittelbar an den König übersenden, er hatte die Handelsbücher zu führen und musste bei außergewöhnlichen Kosten und Aufwendungen auf die direkte königliche Resolution warten.[912]

Zentrale Instruktion bezüglich der Preispolitik war die Order, dass Chladni und sein Stellvertreter Rost die Porzellane „nach den ihnen beyden nunmehro von neuem bekannt gemachten Preißen ins Geldt setzen" sollten.[913] Klar geht hier die gewählte preisstrategische Richtung hervor, nach welcher die vorher kalkulierten Verkaufspreise vom Faktor in Dresden übernommen werden mussten. Aber um der zuvor von Höroldt, Stöltzel und Chladni vorgeschlagenen stärkeren Richtung der nachfrageorientierten Preispolitik nicht vollends einen Riegel vorzuschieben, fand sich auch folgende Passage in der Instruktion:

> *„Inzwischen wenn gleich auf diese Maaße dem Factor und ihme zugegebenen Buchhalter frey verbleibet, die auf die Waaren-Lager kommende porcelaine, so hoch als solches zum besten der Casse gereichen mag, zuversilbern, und käufflich an Mann zu bringen. So werden doch beyde hierdurch darin angewiesen, in determinirung dergleichen Preiße die Billigkeit zu observieren".*[914]

Man öffnete dadurch der nachfrageorientierten Preisbildung einen kleinen Spalt, da prinzipiell zu einem höheren Preis verkauft werden durfte als zuvor kalkuliert worden war. Der Ermessensspielraum für die beiden Vertriebsmitarbeiter limitierte sich auf Preiserhöhungen, wann immer diese durchführbar erschienen und zusätzliche Einnahmen für die Manufakturkasse ermöglichten. Gleichzeitig mahnte man zur Verhältnismäßigkeit in der Preissetzung, um diesen Ermessensspielraum in der Preisbildung nicht für prohibitiv hohe Preise zu missbrauchen. Dass diese Passage in der Instruktion für Chladni als eine Art Zugeständnis gewer-

910 Vgl. AA I Aa 15, S. 145–152b.

911 AA I Aa 15, S. 146.

912 Vgl. AA I Aa 15, S. 147.

913 AA I Aa 15, S. 147.

914 AA I Aa 15, S. 148.

tet werden kann, verdeutlicht eine ähnliche Forderung im gleichen Dokument. Chladni und Rost wurden angewiesen,

> *„nach derjenigen taxa, welche Ihro Königl. Majt. sowohl wegen derer an sich zu nehmenden, als auch an andere und zwar Kauff-Leute, entweder in grosso oder einzeln zuverlosenden Geschirren, zum Königl. Waaren-Lager als ein reglement des Verkauffes (...), iedoch so, daß niemandem fremden davon einige notiz zukomme, sich zu richten".*[915]

Es blieb somit bei der zentralen Bedeutung der nach königlichem Befehl angefertigten kostenorientierten Preise. Die neu erstellte General-Taxe war die Basis des Verkaufs, und Chladni hatte sich nach dieser Preisliste zu richten, sei es im Einzel- oder Großhandel. Sie wurde zur Regel im Verkauf erhoben, aber war lediglich für den internen Gebrauch bestimmt und nicht an fremde Personen zu kommunizieren. Chladni wurde zwar der Ermessensspielraum nach oben zugestanden, aber dies schien ein Ausdruck eines notwendigen Kompromisses zu sein, um Höroldt, Stöltzel und Chladni aufgrund der Ablehnung ihrer Vorschläge nicht übermäßig zu verstimmen und um Chladni noch einen gewissen Freiheitsgrad im Verkauf einzuräumen, damit seine Marktkenntnisse weiterhin zum Vorteil der Manufaktur eingesetzt werden konnten.

Mit diesen preispolitischen Maßnahmen verfügte die Manufaktur ab 1731 über ein elementares und grundlegendes Fundament für eine erfolgreiche betriebliche Tätigkeit. All die zaghaften und vorsichtigen Schritte seit 1719 im Bereich der Kostenrechnung und seit 1730 im Bereich der Preisbildung, wurden nun konkretisiert und etabliert im Absatzinstrumentarium des Meißener Betriebes. Dieses Vorgehen in der Preisbildung war eine fortschrittliche Weiterentwicklung gegenüber der Praxis vergangener Jahrzehnte. Bisher erfolgte die Angabe der Herstellkosten, falls überhaupt, erst nach erfolgter Lieferung der Waren in die Dresdner Niederlassung und oft erst nach erfolgtem Verkauf der Porzellane.[916] Mit dem Projekt des Grafen Hoym zur Neueinrichtung der „Oeconomie" vom 14. Dezember 1729[917] und spätestens mit der Übernahme der Manufakturdirektion durch August den Starken im April 1731, wurde von diesem Vorgehen abgerückt und die Herstellkosten wurden zentral in Meißen vor dem Versenden nach Dresden kalkuliert.[918] Geradezu entscheidend war die erstmalige Kalkulation der variablen Herstellkosten pro Porzellanstück, um dadurch die Profitabilität in Relation zu den direkt anrechenbaren Kosten zu ermöglichen. Begünstigt wurde dies durch die manufakturweite Einführung der Stücklöhne für Massenarbeiter und Maler, den wichtigsten Kostenkomponenten bei der Porzellanherstellung. Man zögerte noch mit der Einbindung der Gemeinkosten in die Kalkulation, auch weil man schlichtweg zur damaligen Zeit die Art der Zurechnung von Gemeinkosten auf die Kostenträger noch nicht beherrschte. Doch die kostenorientierte Preisbildung hatte sich nunmehr etabliert, genauso wie die Forderung nach festen, nicht mehr frei verhandelbaren Verkaufspreisen. Der Mangel an verlässlichen Kos-

[915] AA I Aa 15, S. 148b.

[916] Vgl. AA I Af 9, S. 26b–27.

[917] Vgl. Kapitel 3.3.6.

[918] Vgl. AA I Af 9, S. 27b.

teninformationen war einfach zu drückend geworden, so dass ein günstiges Zeitfenster und eine entsprechend reformfreudige Atmosphäre nach den Ereignissen um Lemaire die Einführung einer kostenorientierten Kalkulation erleichterten.[919] Eine regelrechte Innovation für die Preispolitik war der Schritt in die Preisdifferenzierung. Man unterschied die Preise nicht nur nach den zwei wichtigsten Kundengruppen, den Händlern und den Privatkäufern, sondern passte die Preise auch nach geographischen Aspekten an, wie dem Ziel-Absatzmarkt bzw. der Herkunft des Porzellanhändlers. Das Instrument der Preisdifferenzierung, geeignet um unterschiedliche Zahlungsbereitschaften besser abschöpfen zu können, sollte noch höhere Gewinne für die Manufaktur garantieren.

Aufgrund dieser eingeleiteten Veränderungen ist es mehr als gerechtfertigt, wenn man den Begriff „Reformjahr"[920] für das Jahr 1731 auch auf die preisstrategischen Entwicklungen der Manufaktur ausdehnt. Der Meißener Betrieb hatte nicht nur seinen ersten künstlerischen Höhepunkt erreicht, sondern hatte auch wirtschaftlich gesehen außerordentliche Ergebnisse erzielen können.[921] Zu bedenken sei an dieser Stelle, dass die Manufaktur zum damaligen Zeitpunkt höchst innovative preispolitische Entscheidungen in die Wege leitete. Im betrachteten Jahr 1731 gab es keine praktischen oder theoretischen Ausarbeitungen zum Thema der Preispolitik in Manufakturen seitens der kameralistischen Literatur. Wie zuvor erläutert wurde[922], war die Beschäftigung mit dem Preis in der Literatur eng mit der kaufmännischen Warenlehre verbunden – keineswegs jedoch auf Ebene einer Betriebsform wie der Manufaktur. Die Meißener Führungskräfte konnten deshalb auf keine wie auch immer geartete wissenschaftlich-theoretische Empfehlung zurückgreifen.[923] Vielmehr bewegte man sich innerhalb eines Systems von tradierten Handlungsanweisungen, kaufmännischem Gespür und landesherrschaftlicher Anordnung, aus welchem dann die notwendigen preispolitischen Schlüsse für die Manufaktur gezogen wurden. Die Entscheidungen zum Thema des Preises sind weitestgehend als experimentell zu erachten und können ohne Weiteres als Pionierleistung für das frühe 18. Jahrhundert gelten.

3.3.10 Preispolitik in unsicheren Zeiten – Von 1733 bis 1763

Am 1. Februar 1733 starb August der Starke in Warschau im Alter von 62 Jahren. Nachfolger wurde sein Sohn August III., der mit der Königskrone auch formal die Oberdirektion bei der Porzellanmanufaktur übernahm. Es ist notwendig, an dieser Stelle die bisherige Sichtweise der Forschung in Bezug auf den betriebswirtschaftlichen Einfluss von August dem Starken auf seine Manufaktur einer Überprüfung zu unterziehen. In der Literatur sind kritische Töne geäußert worden, die jedoch dem Lichte der tatsächlichen Ereignisse nicht stand halten können und letztlich von ihrer einseitigen Sichtweise des Regenten präjudiziert

919 Ähnlich auch Pollard (1965), S. 264, bei welchem der Mangel an Kosteninformationen zu einer latenten Unzufriedenheit selbst bei den fortschrittlichsten Unternehmen des 18. Jahrhunderts führen musste.

920 Dieser Begriff wurde von Walcha (1973), S. 56 geprägt.

921 Vgl. Walcha (1973), S. 64 und Tabelle 5-1 im Anhang.

922 Vgl. Kapitel 2.2.4.

923 Die heutige theoretische Absatzlehre hatte im 18. Jahrhundert keine Vorläufer, vgl. Leitherer (1961), S. 63.

sind.[924] Die Forschung zur Manufakturgeschichte Meißens hat wiederholt darüber geklagt, dass unter dem sächsischen Kurfürsten kaum erfolgreiche Rechnungsabschlüsse erzielt wurden und der Fürst eigenwillig in den Betrieb eingriff, um ausschließlich für seine Porzellanleidenschaft arbeiten zu lassen.[925] Gurlitt behauptete, August der Starke habe erhebliche Schuld an den Missgeschicken der Meißener Manufaktur während seiner Regierungszeit gehabt:

> *„Er hielt aber an der Schöpfung in seiner Art fest, dachte weniger daran, leicht verkäufliche Gebrauchswaren in Massen herstellen zu lassen, als Prachtstücke für sich und zu Geschenken an Fürstlichkeiten und Freunde. Nicht die kaufmännische Seite schien ihm das wichtige an der Sache, sondern die hohe künstlerische Leistung".*[926]

Sicherlich ist unbestreitbar, dass der Fürst in seiner Passion für das Porzellan eine Vielzahl von prachtvollen und repräsentativen Stücken in Auftrag gegeben hat, die ein ums andere Mal auch die Produktion der Porzellane für den freien Verkauf gehemmt haben.[927] Man irrt jedoch, wenn man für die Manufaktur in der ersten Hälfte des 18. Jahrhunderts eine Massenherstellung von Gebrauchswaren einfordert. Dies konnte einerseits aufgrund der Charakteristik der Porzellanherstellung zur damaligen Zeit, die eine weitestgehend manuelle Produktion der Stücke in allen Wertschöpfungsstufen vorsah, nicht geschehen. Weiterhin wäre die Manufaktur mit einer Erhöhung ihrer Personal- und Finanzressourcen, um die Massenherstellung von Porzellanen zu garantieren, sicherlich mehr als nur an ihre Grenze gestoßen.[928] Die Sorge um die „leicht verkäuflichen" Gegenstände und die nahezu nicht vorhandenen Anstalten, auf marktgängige Gestaltung und Dekorierung zu setzen[929], kann nach der archivalischen Untersuchung ebenfalls nicht aufrechterhalten werden. So wurde beispielsweise schon am 25. Juni 1712 vom Hofschmied Irminger gefordert, dass dieser „mehrere brauchbare, und nützliche Sorten, welche sich sowohl durch ihre Facon, und Schönheit (...) distinguieren", herstellen solle.[930] Irminger hatte darauf zu achten, zwar die „schönsten Sortementen zu inventieren" die der Fürst „zu Unserem eigenen Gebrauch auch bestellen laßen", aber dem Künstler wurde auch verordnet, all das zu verfertigen, „was zum Verkauff destiniret, umb

---

924 So behauptet ein Kenner der sächsischen Landesgeschichte wie Blaschke (1995), S. 8, Böttger wäre in einer „sklavenartigen Gefangenschaft" zum Goldmachen verurteilt gewesen. Entsprach die erste Zeit von Böttger in Sachsen nach seiner Flucht aus Berlin sicherlich keinem bequemen Aufenthalt, hat August der Starke jedoch recht früh dafür gesorgt, dass es Böttger an nichts fehlte für seine Experimente. Die Dresdner „Gefangenschaft" von Böttger in privaten Räumen mitsamt Privatsekretär und monatlichen Geldzahlungen rührte einzig und allein aus der Sorge, dessen Kenntnisse zu verlieren. Zudem ist eine gewisse Hochschätzung von Böttger seitens Augusts des Starken wiederholt von Zeitgenossen bezeugt, vgl. Steinbrück (1717), S. 109–112. Die Forderung der Goldherstellung ist auch sinnigerweise fallen gelassen worden zugunsten der gemeinsamen Porzellanforschungen mit von Tschirnhaus, als sich hierzu konkrete Ergebnisse anbahnten.

925 Vgl. Haake (1922), S. 111.

926 Gurlitt (1924b), S. 162.

927 Vgl. AA I Aa 18, S. 186b–187.

928 Als man in Meißen einige Jahre später die hohe Zahl von 734 Mitarbeitern im Jahre 1765 beschäftigte, führte diese massive Ausweitung der Produktionskapazitäten zu ernsten wirtschaftlichen Schwierigkeiten, vgl. auch die nachfolgenden Abschnitte ab Kapitel 3.3.14. Die Kapazität aus dem Jahr 1765 hat man erst wieder im ersten Jahrzehnt des 20. Jahrhunderts erreichen können.

929 Vgl. Walcha (1960d), S. 170.

930 AA I Aa 1a, S. 54.

hierdurch auch guten Debit zuerlangen, nach courranten Facons, und deren Käuffern chois, und inclination".[931] Irminger solle weiterhin solche Waren verfertigen,

> *„dass nicht nur eintzelne Stücke, sondern auch complette Services, und Garnituren, nach großen Mittleren, und kleineren Sorten verfertigt werden, damit sowohl die auswärtigen Höffe, und Vornehme Standes-Personen, als auch der Mittel-Mann damit versehen werden können".*[932]

Irminger wurde gebeten, im Interesse eines besseren Absatzes die Gestaltungen der Porzellane der Zahlungsfähigkeit des „mittleren Mannes" anzupassen. Und nicht nur einmal betonte August der Starke die Notwendigkeit, einen „considerablen Profit" für seine Manufaktur zu erwirtschaften. Oft wurden die Führungskräfte in Meißen ermahnt, auf eine profitable Manufakturführung zu achten. In den häufig angeordneten Untersuchungen ließ er sich eine Vielzahl von Vorschlägen zur Erhöhung der Einnahmen unterbreiten und zeigte sich für deren Umsetzung sehr empfänglich. Dass die Manufaktur sich bemühte, betriebswirtschaftlich zu arbeiten und sowohl Kosten als auch Gewinn im Auge zu behalten, davon zeugen die vielen technischen und betrieblichen Fortschritte, die immerfort eingeführt wurden. Nicht zuletzt ist aus preispolitischer Sicht sein vehementes Eingreifen in der Lemaire-Affäre zu würdigen. Dadurch konnten die von Hoym erarbeiteten Grundlagen zur Etablierung von Stücklöhnen, der regelgebundenen Preisbildung und der kostenorientierten Preiskalkulation letztlich bestätigt und die internen, auf die Rückführung zu den alten Preismechanismen pochenden rückwärtsgerichteten Manufakturkräfte zurückgewiesen werden. Die General-Taxe von 1731, auf Betreiben von August eingeführt, entsprach nicht nur einer internen Preisliste mitsamt den direkt anrechenbaren Einzelkosten der Herstellung. Mit der General-Taxe wurde das Tor zur kostenorientierten Kalkulation in der Manufaktur weit aufgestoßen und fortan die Preisbildung durch Regeln und Normen bestimmt. Seitens der Zeitgenossen bestand jedenfalls keinerlei Zweifel, dass die Meißener Manufaktur eine Erfolgsgeschichte durch und durch war.[933]

Natürlich konnte die Manufaktur ihre Identität als staatlicher Vorzeigebetrieb nicht ablegen. Die Entscheidungen August des Starken in Bezug auf die Meißener Porzellanmanufaktur schwankten stets zwischen der Kontinuität im Sinne einer merkantilistischen Wirtschaftspolitik und der Bekämpfung von mehr oder weniger großen Budget- und Wirtschaftsengpässen. Jedoch hat August der Starke erhebliche Mittel aus der Manufaktur gezogen, die der Staatskasse und seiner Porzellansammlung zugutekamen. Fürstliche Privilegien hatten weiterhin eine Inzidenz auf das finanzielle Bild der Manufaktur. Während der Zeit von 1719 bis 1733 entnahm August der Starke Porzellan im Wert von 88.025 Talern und ließ sich von der Manufaktur 27.014 Taler in bar auszahlen, was pro Jahr einer durchschnittlichen Entnahme von

---

931 AA I Aa 1a, S. 54b.

932 AA I Aa 1a, S. 55.

933 In einer anonym verfassten, posthum erschienenen Biografie über August den Starken wird die rhetorische Frage gestellt: „Hat nicht Sachsen unter der weisen Regierung Augusti dem Chinesischen Reiche den Rang abgelauffen, und es mit Verfertigung des Porcellains so hoch gebracht, daß andere Nationen darüber erstaunen müssen?", vgl. o. V. (1733), S. 26.

Porzellanen und Geldern in Höhe von 8.849 Talern gleichkam.[934] Damit war August der Starke der größte Kunde der Manufaktur, der immer wieder Ware aus der Manufaktur bestellte und sie nicht nur für sich selbst benutzte, sondern oft an andere Fürsten, Adelige und Diplomaten verschenkte, um ihnen die Errungenschaften Sachsens zu präsentieren.[935]

Mit der Regierung von August III.[936] seit 1733 wurden die Manufakturangelegenheiten verstärkt vom sächsischen Kabinettsminister Graf Heinrich von Brühl vermittelt. Dieser hatte sich als Page das Vertrauen von August dem Starken erworben und leitete, kaum 31-jährig, die innen- und steuerpolitischen Angelegenheiten in Sachsen. Auch unter dem Sohn von August dem Starken konnte Brühl leitende Ämter bekleiden und wurde Finanzminister, später dann ab 1738 faktisch und ab 1746 auch offiziell Premierminister in Sachsen.[937] Am 5. März 1733 wurden die Führungskräfte der Manufaktur angewiesen, ihre Berichte nunmehr an Brühl weiterzuleiten anstatt sie unmittelbar an den König zu senden.[938] Brühl erhielt dadurch die Direktion der Manufaktur übertragen und wurde dann am 17. August 1739 offiziell zum Oberdirektor der Manufaktur ernannt.[939] Durch seine Leitung wurde die Manufaktur künstlerisch und finanziell leistungsfähiger.[940] Die Zahl der Angestellten stieg von 400 im Jahre 1742 auf 504 im Jahre 1745, sechs Jahre später auf 571 und erreichte die Zahl von 578 Personen im Jahre 1754.[941] August III. teilte die Porzellanleidenschaft seines Vaters zwar nicht in gleichem Maße, doch hatte der kunstinteressierte Fürst durchaus an den Erzeugnissen aus Meißen sein Gefallen. Anders als August der Starke war jedoch seine persönliche Involvierung in die wirtschaftlichen Betriebsabläufe der Manufaktur sehr begrenzt, seine politische und wirtschaftliche Profilierung blieb zu gering, um die Errungenschaften des Vaters zu festigen und auszubauen.[942] Wesentliche Impulse für den Manufakturbetrieb konnten von August III. nur auf künstlerischer Ebene ausgehen durch die Bestellung besonderer Porzellanaufträge und Porzellangeschenke. Für das Jahr 1734 wurden königliche Bestellungen für das Japanische Palais im Gesamtwert von 21.543 Talern und 19 Groschen verzeichnet, was nahezu einem Drittel der gesamten Jahreseinnahmen der Manufaktur entsprach.[943] Im Jahr 1746 belief sich der Umsatz mit königlichen Porzellanen auf 53.696 Taler und 12 Groschen, was einem Anteil von nahezu 40% der gesamten Umsätze entsprach.[944] Insgesamt

[934] Vgl. AA I Bo 6, S. 22b–23, eigene Berechnungen.

[935] Wie groß sein Stolz in Bezug auf die eigene Manufaktur war, beweist die Tatsache, dass er in der Anfangszeit der Manufaktur mehrere Stücke nach „Ostindien" bringen ließ, um die eigene Errungenschaft zu demonstrieren, vgl. AA I Aa 4, S. 99b und Zimmermann (1908) S. 90.

[936] Zur Person von Friedrich August II., Kurfürst von Sachsen und gleichzeitig August III., König von Polen, vgl. Staszewski (1996) und Nicklas (2007).

[937] Zur Person Heinrich von Brühl ausführlich Boroviczény (1930) und Fellmann (2000).

[938] Vgl. AA I Af 9, S. 14b.

[939] Vgl. AA I Af 9, S. 14b.

[940] Vgl. Berling (1900), S. 58.

[941] Vgl. HStAD 10026 Loc. 1343/01, S. 414, HStAD 10026 Loc. 1343/04, S. 721 und HStAD 10026 Loc. 1343/05, S. 130. Vgl. hierzu auch Böhmert (1880) und Berling (1900), S. 62.

[942] Vgl. Czok (1997), S. 204.

[943] Vgl. AA I Aa 23, S. 43b.

[944] Vgl. AA I Af 11, S. 81.

bestellte er in seiner 31-jährigen Regentschaft von 1733 bis 1764 Porzellan für 753.867 Taler und entnahm den Manufakturkassen gleichzeitig die Summe von 204.731 Talern in bar.[945] Problematisch für die Manufaktur waren diese königlichen Bestellungen, da der Fürst seine Porzellane „ohne einzige Bezahlung erhalten“ hatte, die Manufaktur somit abermals einen hohen Betrag an Forderungen, aber keinen an Geldeinnahmen, verzeichnen musste.[946]

Auf der Einkaufsseite bemühte sich die Manufaktur, insbesondere den Preis des Brennholzes unter Kontrolle zu halten. Die Manufaktur konnte bis 1732 das Brennholz für 8 Taler und 12 Groschen Brennholz aus Böhmen beziehen[947], musste aber eine Preiserhöhung ab 1734 auf 9 Taler und 21 Groschen akzeptieren.[948] Der Verbrauch 1732 an Brennholz belief sich auf 265 Schragen.[949] Die „weiße Erde“ aus der Zeche St. Andreas wurde pro Zentner für 1 Taler und 16 Groschen geliefert, und im gesamten Jahr 1732 kaufte die Manufaktur 929 Zentner[950] Kaolin ein für über 1.500 Taler.[951] Der Gesamtverbrauch an Brennholz betrug im Jahre 1750 insgesamt 1.404 Schragen, was gegenüber dem Jahre 1730 eine Steigerung von 556% betrug.[952] Erstmals ließ sich auch der Goldverbrauch bei der Herstellung der vergoldeten Porzellane ermitteln. Für das Jahr 1741 war erstmalig ein Verbrauch im Wert von 3.520 Talern zu verzeichnen, der im Jahre 1746 auf 5.500 Taler und im Jahre 1747 schon auf 6.600 Taler anwuchs.[953] Eine detaillierte Rechnung über den Goldverbrauch und dessen genaue Verarbeitung wurde nicht durchgeführt, es wurde lediglich der Gesamtverbrauch an Gold gegen Quittung ausbezahlt, „ohne daß jemand fragen dürffe, wofür das viele Geld ausgegeben wurde“.[954] Man wusste nicht, wie viel eine Unze Gold in der Porzellanherstellung kostete und wie hoch die Ausgaben dafür pro hergestelltem Porzellanstück anzusetzen waren.[955] In den Kalkulationen der Porzellane konnte der Kostenanteil des Goldes, wie für alle anderen Gemeinkosten, deshalb nicht einfließen.

Die Nachfrage nach Erzeugnissen der Meißener Manufaktur war weiterhin sehr hoch. Mehr als einmal herrschte ein Nachfrageüberschuss auf dem Markt, den der Betrieb in Meißen nur schwer decken konnte. Zusammen mit der stets hohen Nachfrage seitens französischer Händ-

---

945 Diese Gesamtsumme von 958.598 Talern entsprach 44% der Gesamteinnahmen der Meißener Manufaktur für diesen Zeitraum, vgl. AA I Bo 6, S. 22b–23, eigene Berechnungen.

946 Vgl. AA I Aa 23, S. 93. Durchschnittlich handelte es sich von 1733 bis 1764 um jährliche Entnahmen in Porzellan oder Bargeld in Höhe von 31.953 Talern, vgl. AA I Bo 6, S. 22b–23, eigene Berechnungen.

947 Vgl. AA I Aa 16, S. 205.

948 Nicht ohne vorher den Verhandlungsführer der Gegenseite mit einem "douceur" aus Porzellan beschenkt zu haben, um die Verhandlungen positiv im Manufaktursinne zu beeinflussen, vgl. AA I Aa 17, S. 299b und AA I Aa 18, S. 6b–7. Diese Praxis ist auch bei späteren Verhandlungen um Rohstofflieferungen angewendet worden, vgl. AA I Aa 23, S. 247b.

949 Dies entspricht ungefähr einem Volumen von 1086 m^3 Brennholz bei einer Scheitlänge von 10/4 sächsischen Ellen.

950 Entspricht einem heutigen Gewicht von ungefähr 47 Tonnen.

951 Vgl. AA I Aa 18, S. 430.

952 Vgl. AA I Af 9, S. 21, eigene Berechnungen.

953 Vgl. AA I Af 9, S. 24 und AA I Af 11, S. 81.

954 AA I Aa 41, S. 5b.

955 Vgl. AA I Aa 41, S. 6.

ler, dem weiterhin hohen Interesse weiterer ausländischer Geschäftskunden sowie auch durch die regelmäßigen königlichen Bestellungen in hohen Mengen, konnte die Meißener Manufaktur auf volle Auftragsbücher blicken.[956] Zu Beginn der Regentschaft von August III. stand die Porzellanmanufaktur deshalb vor einer preis- und produktstrategischen Grundentscheidung. Zwar liefen die Geschäfte durch die vollen Auftragsbücher weiterhin gut, doch Chladni merkte an, dass „(…) allein durch Mahlung einiger Servise wie bisanhero geschehen, möchte der Verkauff nicht höher werden".[957] Bemalte Porzellanservices waren Stücke, welche die höchste Sorgfalt erforderten und mithin die teuersten Produkte in der Herstellung waren und einen hochgradig repräsentativen Charakter einnahmen. Porzellanbestellungen von Adelspersonen konzentrierten sich oft auf Services, die bei festlichen Anlässen die Tafeln schmücken sollten und mit dem eigenen Wappen versehen waren zur Identifikation und Repräsentation des Adelsgeschlechts.[958] Mit der Konzentration auf die teuerste Produktkategorie der Manufaktur erwartete der Verkaufsleiter in Dresden keine nennenswerten Steigerungen der Verkaufszahlen. Völlig richtig erkannte Chladni, dass die Generierung von höheren Umsatzzahlen nicht mit hochpreisigen, relativ selten zu verkaufenden Artikeln geschehen konnte. Schon hier zeichnete sich der Gedanke ab, die Produktpalette noch stärker um preiswertere Artikel abzurunden, um damit öfters und mehr als bisher zu verkaufen. Dieser Gedanke wurde weiter ausgearbeitet, da man bemüht war, die guten Umsatzzahlen noch stärker zu erhöhen und Maßnahmen zu überlegen, wie man „(…) daß Commercium in Verlohsung derer porcelaine stärcker getrieben werden könne?".[959] Zu erkennen ist, dass nunmehr die Umsatzsteigerung erheblich in den Fokus der Manufakturkommission rückte, und man von der Profitabilität des Betriebes nicht mehr so oft sprach wie noch in den Jahren zuvor. Die Kommission überlegte am 30. April 1735 deshalb zusammen mit Chladni, wie solche Maßnahmen zur Stärkung der Umsätze aussehen könnten.

Aus produktionstechnischer Sicht hatte die Manufaktur in diesen Jahren die Porzellanherstellung weitestgehend so optimiert, dass keine signifikanten Einsparungen zu erwarten waren. Die Arbeits- und Wertschöpfungsprozesse waren im Vergleich zu den Anfangsjahren der Manufakturgründung erheblich verbessert worden. Die Maler in Meißen arbeiteten mit einem Fundus an Standardmustern, die nach Bedarf individuell zusammengeführt werden konnten und so den Großteil der Bestellungen und Produktionen abdecken konnten. Produktivitätssteigerungen traten deshalb mit dem Einsatz der vielfach vorhandenen Formenmuster ein. Man musste nicht für jeden Auftrag die Grundformen neu modellieren, sondern konnte sich auf bestehende Muster stützen und zumeist nur noch die finalen Veredelungsprozesse und Dekorationen spezifisch anbringen.[960] Ausnahmen bildeten diejenigen Bestellungen, die auf grundlegend neuen Mustern und Formen beruhten und dabei das ganze Können der Modellmeister in Anspruch nahmen. Aber besonders die Standardporzellane wie Tee- und Kaf-

956 Vgl. AA I Aa 16, S. 195.

957 AA I Aa 23, S. 47.

958 Beispielhaft seien das Schwanenservice für Brühl mit 2.220 Einzelteilen und das Sulkowsky-Service genannt, zwei Porzellanservices von höchstem künstlerischem Schaffen, vgl. den beiden Services ausführlich Berling (1900), S. 78–87, Walcha (1973), S. 73–75 und Zimmermann (1926), S. 128–133.

959 AA I Aa 23, S. 130.

960 Vgl. Braun (2007), S. 302.

feegeschirre behielten ihre Grundform bei und wurden aus vorhandenen Formenmustern hergestellt, lediglich ergänzt um notwendige und individuelle Verzierungen. Von Grund auf neue Modellierarbeit wurde dadurch erheblich reduziert. Mehrteilige Bestellungen wie Porzellanservices und Tischornamente, selbst bei königlichen oder diplomatischen Aufträgen, konnten so mit erheblich verringerten Arbeitseinsätzen und dadurch auch Kosten hergestellt werden.[961]

Die Hauptstoßrichtung der Umsatzsteigerung schien deshalb, da aus produktionstechnischer Sicht keine großen Einsparungen und weitere Skaleneffekte gezogen werden konnten, eine allgemeine Reduktion der Verkaufspreise zu sein. Um die Umsatzsteigerung zu erreichen, wurde die Frage aufgeworfen, „ob die moderation derer currente Preiße, weil das Waaren-Lager allhier mit einem großen Vorrathe versehen, etwas darzu contribuieren dürffte?".[962] Offensichtlich herrschte ein latenter Druck auf den Verkaufspreisen durch die hohen Lagerbestände in der Dresdner Niederlassung. Die hohe Anzahl von 271 Bränden im Jahre 1737 und von 268 Bränden im Jahre 1739 machte es möglich, dass der Vorrat in dem Warenlager besonders groß war und die Käufer „mit ihren Bestellungen gar wohl bedacht werden".[963] Zwar wurde der Markt noch nicht mit Produkten „überflutet", aber die noch in der Anfangszeit existierende Angebotsknappheit an Porzellanen hatte sich stark relativiert. Deshalb wollte die Manufakturkommission eine allgemeine Reduktion des Preisniveaus anstreben und nicht selektiv vorgehen bei den gangbaren Porzellanstücken, wie noch von Chladni angedeutet. Dieser zeigte sich wenig überzeugt von der Vorgehensweise und wollte eine allgemeine Reduktion der Verkaufspreise nicht anraten. Da man sich uneins war, wurde die grundsätzliche preisstrategische Richtung, wie so oft, der Entscheidung des Königs überlassen. Geradezu lapidar lautete die königliche Verordnung vom 27. Mai 1735:

> *„Hat es, da der Hof-factor Chladni die Vermehrung des Debits derer Porcellaine durch heruntersetzung der Preiße nicht vor practicable achtet, bey der bisherigen Verlohsungs-Art sein Bewenden".*[964]

Mangels besserer alternativer Strategievorschläge ordnete der König die Beibehaltung der bisherigen, seit 1731 bestehenden Preispolitik an. Chladni bekam zwar einen weiteren Handlungsdiener anvertraut, der den Verkaufsleiter bei dem anwachsenden Lagervorrat und den zunehmenden Tätigkeiten im Verkauf unterstützten sollte. Am 14. Juni 1735 wurde Georg Michael Helbig im Dresdner Warenlager eingestellt[965], aber die prinzipielle Frage des richtigen Instruments zur Umsatzsteigerung blieb weiterhin im Raum stehen. Die noch bei August dem Starken auszumachenden Forderungen nach Profitsteigerungen und seine preispolitische

961 Vgl. Braun (2007), S. 303–304.

962 AA I Aa 23, S. 130.

963 AA I Aa 26, S. 30b, vgl. auch AA I Af 11, S. 36. Im Jahre 1751 betrug die Anzahl der unter der Oberaufsicht der drei Arkanisten Petzsch, Schatter und Schertel durchgeführten Brände 415, vgl. AA I Af 11, S. 108.

964 AA I Aa 23, S. 142.

965 Vgl. AA I Aa 23, S. 150. Helbig fing als Handlungsdiener in Dresden an, wurde dann 1744 Faktor und Buchhalter der Dresdner Niederlassung, wurde 1748 Kommerzienrat und 1756 in das Arkanum eingeweiht, vgl. AA I Af 11, S. 99 und 99b. Diese recht steile Karriere innerhalb der Manufaktur gipfelte in der Position des Direktors ab 1756, vgl. Rückert (1990), S. 43.

Vorstellung mitsamt den dazugehörigen Angaben und Resolutionen ließen sich bei seinem Nachfolger nicht mehr finden. Die knappe Auseinandersetzung mit dem Thema der Preise zeugte von einem verminderten Interesse an den preisstrategischen Zielsetzungen und stand im Gegensatz mit den von August dem Starken zuvor angestrebten Bemühungen. Der Fürst konnte oder wollte keinen Lösungsvorschlag anordnen, da allein die negative Meinung von Chladni ausreichte, das Vorhaben abzulehnen.

Da durch diese königliche Entscheidung die Handlungsinitiative implizit wieder der Manufakturkommission zufiel, entschloss sich diese, am 1. November 1735 einen weiteren Vorstoß zu wagen. Man erkannte, dass die pauschale Forderung nach einer allgemeinen Herabsetzung der Verkaufspreise zur Steigerung des Umsatzes nicht zielgerichtet genug angesetzt war. Tatsächlich wollte man die hochwertigsten Produkte der Manufaktur, die „(...) sonderlich fein emaillierten und mit besonderer facon bestellten Geschirre", bei den bisher angesetzten Preisen belassen.[966] Aber die vielen vorhandenen Schüsseln, Teller, Becher, Tassen, Büchsen, Dosen und sonstigen Geschirre, zumeist in der Kategorie des Mittelgutes klassifiziert und prinzipiell leichter verkäuflich, wollte man einer Preisreduktion unterziehen.[967] Das Mittelgut war eher geeignet zur eigentlichen Zielerreichung der Umsatzsteigerung, da es eine bevorzugte Porzellankategorie war, dadurch öfters verkauft und umgesetzt werden konnte und durch seine geringen Produktionskosten auch noch akzeptable Gewinnmargen liefern konnte: In den Augen der Kommission war dieses Mittelgut mit „sämtlicher auf solcher Waaren-Lagern befindlichen Vorräthe vor nichts anders als Gewinst zu considerиren".[968] Wie schon für die Preisniveaus von 1731 gezeigt wurde, hatten die niedrigpreisigen kleineren Porzellanstücke oftmals sehr hohe Verkaufsmargen. Besonders der Preisbereich unterhalb von 5 Talern wurde überdurchschnittlich oft mit hohen dreistelligen prozentualen Margen versehen. Zusammen mit der Tatsache, dass die Herstellkosten hier nicht besonders hoch waren, konnte man tatsächlich argumentieren, dass der Verkauf von derlei Mittelgut besonders profitträchtig war. Weiterhin machte die Kommission klar, dass auch die von „ietziger facon gar merklich abfallende Gefäße" einer Senkung der Verkaufspreise bedurften, da sie aus der Mode gekommen waren und unnötigerweise im Lager behalten wurden.[969]

Eine derart präzisierte preispolitische Empfehlung fand beim König mehr Gehör als der erste Vorschlag. Mit der Resolution vom 13. Dezember 1735 wurde anbefohlen,

> *„das auf dem Meißnischen Wahren-Lager in großer Anzahl an Schüsseln, Tellern, auch kleineren Sorten vorhandene, eigentlich so genannte Mittel-Guth, es bestehe solches in blauen oder weiß glassurten Geschirren, weil solcher Vorrath dem Werthe nach sich auf viele 1000 thlr. Erstrecke (...) mithin derselben längerer Beybehaltung der Fabrique nicht fürträglich, (...) um einen noch geringeren Preiß zu verlassen".*[970]

966 AA I Aa 23, S. 268.

967 Vgl. AA I Aa 23, S. 268b.

968 AA I Aa 23, S. 268b.

969 AA I Aa 23, S. 268b.

970 AA I Aa 23, S. 289b.

Die Anordnung sah vor, besonders die günstigen unterglasurblauen Geschirre im Preis zu senken, die sich im Lager angesammelt hatten und die keine modischen Formen und Dekore mehr aufwiesen. Hatten die preispolitischen Reformen 1731 zu einer personen- und regionenbezogenen Preisdifferenzierung geführt, wurde nunmehr bei der Manufaktur auch eine produktbezogene Differenzierung eingeleitet mit der Preissenkung für das Mittelgut. Noch ungelöst blieben aber die genauen Mechanismen dieser Preisdifferenzierung für das Mittelgut. Weder die Kommission, noch die königliche Resolution bestimmten die Höhe des Preisunterschieds, die Kriterien der Auswahl der für die Reduktion in Frage kommenden Stücke oder die genauen Verkaufsanweisungen. Für den Verkauf des Mittelguts war immer noch ein gewisser Ermessensspielraum für Chladni im Verkauf gegeben, und da keine Regeln zur Preisbildung bei Mittelgut formuliert wurden, konnte sich hier die nachfrageorientierte Preisbildung erhalten.

Es darf mangels weiterer archivalischer Nachweise angenommen werden, dass für die ersten Jahre nach dieser Anordnung der Verkauf des Mittelgutes in diesem unklaren Szenario verblieb. Erst am 22. Januar 1740 erfolgte eine Präzisierung der produktbezogenen Differenzierung für das Mittelgut. Es wurde beschlossen, die bisher nicht eindeutige Positionierung des Mittelguts besser zu konkretisieren. In einer Resolution setzte der König fest, dass das Mittelgut um 5% oder mehr unterhalb des Preises für Gut anzusetzen war.[971] Das Mittelgut sollte in Abhängigkeit seiner Beschaffenheit und eventueller Mängel und Schäden um einen geringeren Preis verkauft werden als die gute Porzellanqualität. In besonders schweren Fällen war eine Reduktion um bis zur Hälfte des bisher verlangten Preises vorgesehen.[972] Offensichtlich waren die Preispunkte für Gut und Mittelgut zu nahe beieinander gewesen, so dass im Verkauf das Mittelgut im Vergleich zur besseren Qualität relativ überteuert war. Die Setzung dieser neuen Preispunkte sollte auch das Warenangebot besser reflektieren können und die produktbezogene Differenzierung grundsätzlich stärken. Ferner wurde bestimmt, dass das Mittelgut nur noch mit einfacher Bemalung versehen werden sollte, um den preisgünstigen Charakter dieser Porzellansorte zu bewahren.[973] Überdies durfte das Mittelgut fortan nur an sächsische Einzelpersonen verkauft werden, welche das Porzellan für ihren eigenen Gebrauch benutzten und damit keinen Handel trieben.[974] Damit wollte man die Geschäftskunden, die sich bisher gerne mit Mittelgut eindeckten, auf die hochpreisigen Porzellanstücke migrieren. Der neue Faktor der Meißener Manufaktur, Johann Christian Rost[975], sollte diese neuen preispolitischen Elemente für ein halbes Jahr austesten.

Das weiße und unbemalte Porzellan, welches in der Vergangenheit für manche Schwierigkeiten bei der Manufaktur gesorgt hatte, erhielt ebenfalls die Freigabe zum Verkauf. Um die nachträglichen illegalen Malereien wirksam einzudämmen entschied man sich, diese Stücke mit einer kleinen unscheinbaren Bemalung zu versehen, um die „Pfuscherey“ uninteressanter

971 Vgl. AA I Af 9, S. 28 und Berling (1900), S. 33.

972 Vgl. AA I Aa 26, S. 24–24b.

973 Vgl. Berling (1900), S. 61, ferner HStAD 10026 Loc. 1342/05, S. 9 und HStAD 10026 Loc. 1342/06, S. 171.

974 Vgl. AA I Aa 26, S. 24b.

975 Er folgte Samuel Chladni im Januar 1738 als Faktor und wichtigster Angestellter im Verkauf, vgl. Rückert (1990), S. 67.

zu machen und dadurch möglichst wirksam unterbinden zu können.[976] In den Blickpunkt rückte somit das weiße Porzellan, welches zuvor einem Verkaufsverbot unterlag, aber meistens dennoch ohne große Schwierigkeiten auf illegalem Wege verkauft werden konnte. Weiße Ausschussware wurde an die Mitarbeiter verteilt, diese veräußerten die an sie verteilte Ware und konnten dadurch teilweise gute Geschäfte machen.

Das Brac, die schlechteste Porzellanqualität, durfte zwar anfangs ebenfalls nicht verkauft werden, aber erste Lockerungen des Verbots wurden 1725 mit dem „Bracbenefiz" eingeführt. Immer wieder gelangten dadurch eigentlich nicht für den Verkauf bestimmte Porzellane in den Markt. Modellmeister Kaendler machte gar den Vorschlag, das Brac aufgrund des Missbrauchs gar nicht erst zu verwenden und es an Ort und Stelle zu zerstören, doch diese Idee wurde nicht umgesetzt.[977] Mit der königlichen Resolution vom 22. Januar 1740 erneuerte man das Verbot des Verkaufs im Warenlager, aber der Umgang mit Brac wurde gelockert, da nun auch an die Verwandten der Manufakturangestellten solches Porzellan verteilt werden konnte, damit auch diese die Geschirre zu ihrem persönlichen Gebrauch benutzen konnten.[978] Für das Jahr 1740 ging der Anteil an Brac an den Porzellanvorräten stetig zurück[979], und am 1. Mai 1745 wurde, erneut auf Betreiben von Kaendler, angeordnet, dass ein zusätzliches Warenlager im Erdgeschoss des Kornhauses in Meißen eingerichtet werden sollte, in welchem gerade noch verwendbares Brac verkauft werden konnte.[980]

In einem Rapport vom 9. September 1736 wurde über die bisweilen recht unbeständige preisliche Bewertung der Malereien von Höroldt folgendes angemerkt: „So variable ist nun der Hoff-Commissarius Höroldt in taxierung der Mahler Preiße!".[981] In den Taxen wurden manche Arbeiten mit unterschiedlichen Schwierigkeitsgraden der Bearbeitung zu gemeinsamen Taxen zusammengefasst. Derjenige Malereiaufseher, der die Arbeit zu verteilen hatte, konnte somit den ihm wohlgesonnenen Malern die vermeintlich leichten Arbeiten auftragen und seinen „Feinden" die weitaus schwierigeren Tätigkeiten zuweisen. Die Malerei nach besonderen Stichvorlagen, die erheblichen künstlerischen Aufwand bedeutete, erhielt keine besondere Zulage. Arbeiten der Lehrlinge erhielten 50% der normalen Taxbewertung.[982] Entsprechend musste sich dies auf die Verkaufspreise auswirken, da die Entlohnung der Dreher, Former und Maler weiterhin eine der wichtigsten Kategorien bildete bei der Kalkulation der Preise. Ungereimtheiten in den Lohntaxen und divergierende Qualitätsabstufungen der Porzellane stellten für die Konsistenz der gesamten Preisbildung der Meißener Manufaktur eine erhebliche Gefahr dar. Erst ein königlicher Befehl vom 23. Juni 1752 verlangte, dass alle Maler in Meißen jeweils einen Teller als Nachweis ihrer Fertigkeiten anfertigen sollten, „mit Namen signieren und dem dato unten auf dem Boden", wobei die Blaumaler in mehre-

---

[976] Vgl. AA I Aa 26, S. 25 und AA I Af 9, S. 24.

[977] Vgl. HStAD 10026 Loc. 1342/06, S. 309 und HStAD 10026 Loc. 1343/03, S. 243.

[978] Vgl. AA I Aa 26, S. 24b.

[979] Vgl. AA I Aa 26, S. 31.

[980] Vgl. Berling (1900), S. 33 und Walcha (1973), S. 87, ausführlich siehe hierzu HStAD 10026 Loc. 1342/05, S. 9 und HStAD 10026 Loc. 1342/06, S. 171 und AA I Af 9, S. 30.

[981] AA I Aa 24a, S. 213, ferner Walcha (1973), S. 47.

[982] Vgl. Walcha (1973), S. 50.

ren Farben ihr Geschick beweisen mussten.[983] Dieser Qualitätsnachweis sollte Grundlage für eine gerechtere Entlohnung sein. Dadurch wurde auch die Kalkulation der Verkaufspreise aus der Gefahr der willkürlichen Schwankungen befreit und den sichereren Grundlagen der Systematik wieder näher geführt.

Graf von Brühl als Oberdirektor der Manufaktur hatte das Recht, soviel Porzellan für den Eigengebrauch anfertigen zu lassen, wie er wollte. Bezahlen musste er dafür freilich nicht. Eine Genehmigung des Königs vom 10. Juli 1737 besagte, dass alles Porzellan, welches er „zeither empfangen oder annoch erhalten wird, demselben aus besonderen Gnaden ohne einiges Entgeld völlig überlassen und geschenkt" werden sollte.[984] Dieses Privileg wurde 1740 nochmals erneuert.[985] Der Betrieb in Meißen hatte dadurch unweigerlich finanzielle Einbußen zu erleiden, während hingegen der Einfluss auf die Produktion relativiert werden muss. Zwar wurden Kapazitäten für normale Aufträge von den Aufträgen des Königs und von Brühl gebunden, aber ein hoher Grad an Produktionseffizienz, der Einsatz bestehender Formenmuster, der Rückgriff auf standardisierte Malereimuster und die relativ gut funktionierende Abstimmung der Arbeitsprozesse untereinander begrenzten den Schaden eines solchen Privilegs.[986] Der auftretende Einnahmenverlust durch das an Brühl verliehene Privileg lässt sich hingegen nicht genau quantifizieren, aber Brühls Bedarf an Porzellan „muß sehr bedeutend gewesen sein" und wurde zu einem späteren Zeitpunkt auf insgesamt 60.823 Taler geschätzt.[987] Der Verlust an Einnahmen aufgrund von königlichen Bestellungen, für die keine Zahlungen empfangen wurden, summierte sich allein im Zeitraum von 1736 bis 1747 auf 395.726 Taler, was 38% aller Einnahmen aus diesem Zeitraum entsprach.[988] Dennoch muss besonders für Brühl festgehalten werden, dass er eine gewisse Ordnung in die Fabrikverhältnisse bringen konnte. Es war Brühl, der die Oberleitung über die Arbeiten der Bildhauer, Former und Dreher an Kaendler übergab und von Höroldt, der als Maler nicht genügend Einsicht in diese Arbeitsprozesse besaß, abzog.[989] Daneben förderte er die Begabung des Modellmeisters Kaendler, der schließlich durch die Arbeiten an dem sogenannten Sulkowski-Service und am Brühlschen Schwanenservice die vollkommene Beherrschung des Porzellans erreichen konnte.[990] Auch war Brühl um die Wahrung des Arkanums sehr besorgt, so dass sogar seine Brüder behilflich waren, verschiedene Nachbildungsversuche des Porzellans nach Meißen zu bringen, damit sie dort begutachtet werden konnten.[991]

Neben der bisherigen Unternehmensorganisation mit der Direktion in Dresden an der Spitze, entschied man sich 1740 für die Einführung einer untergeordneten „Zwischenbehörde" auf

983 HStAD 10026 Loc. 1343/04, S. 433, vgl. auch Rückert (1990), S. 31.

984 AA I Aa 24c, S. 177 und S. 233, vgl. auch HStAD 10026 Loc. 1342/03, S. 200.

985 Vgl. AA I Aa 26, S. 25.

986 Vgl. Braun (2007), S. 304.

987 AA I Bo 6, S. 22b–23.

988 Vgl. AA I Af 11, S. 90b und Braun (2007), S. 305, eigene Berechnungen. Vgl. auch die Abbildung 5-16 im Anhang.

989 Vgl. Boroviczény (1930), S. 378.

990 Vgl. Boroviczény (1930), S. 373–374.

991 Vgl. Boroviczény (1930), S. 376.

lokaler Ebene in Meißen. Mit Befehl vom 22. Juni 1740 wurde der Bergrat von Heynitz als erster Kommissar dieser Lokaladministration eingesetzt.[992] Er durfte selbstständig und völlig autark der Direktion in Dresden Bericht erstatten und musste sich nicht notwendigerweise mit den anderen Manufakturkommissaren, allen voran Höroldt, abstimmen. Man versuchte mit dieser Änderung die Entscheidungswege zu verkürzen, da die Direktion in Dresden von dem betrieblichen Alltag in Meißen oftmals viel zu weit entfernt war. Heynitz selbst wurde am 4. März 1741 in das Arkanum eingeweiht und bekam dadurch die gesamte Inspektion über die Manufaktur aufgetragen.[993] Dies musste aber unweigerlich mit den Interessen von Höroldt kollidieren, der zwischenzeitlich zum faktischen Manufakturleiter aufgestiegen war und selbstverständlich sich dieser administrativen Entscheidung nicht beugte. Am 18. Juli 1742 wurde die Lokaladministration und Oberaufsicht endgültig Höroldt zugesprochen, nachdem Heynitz durch eigenmächtige und voreilige Entscheidungen gehörige Unordnung im Manufakturbetrieb angerichtet hatte.[994] Nach dem Tode des bisherigen Kommissars Pflug wurde ab dem 13. April 1741 der Kammer- und Bergrat von Nimptsch an dessen Stelle eingesetzt.[995] Von Nimptsch sollte die Führung der Manufaktur von da an maßgeblich beeinflussen.

Wesentliche Störungen des Manufakturbetriebes entstanden durch den Zweiten Schlesischen Krieg. Von 7. Dezember 1745 bis 7. Januar 1746 wurden sämtliche Arbeiten eingestellt, die Arkanisten und die Maler- und Modellmeister wurden nach Dresden in Sicherheit gebracht, um sie vor den nach Meißen anrückenden preußischen Truppen zu schützen.[996] Zu einem radikalen Mittel entschloss man sich, als man die Brennöfen zerstörte, weil man das Interesse des preußischen Königs am Meißener Porzellan kannte und fürchtete.[997] Man wollte das Arkanum bewahren und den preußischen Besatzern möglichst wenig Anhaltspunkte für die Porzellanfabrikation geben. Mit der Besetzung Meißens durch die Preußen konnte man aber nicht verhindern, dass für Friedrich den Großen 52 Kisten Porzellan nach Berlin gebracht wurden im Werte von 42.666 Talern.[998] Auch die Offiziere durften sich in einem rangmäßig abgestuften Umfang Porzellan aushändigen lassen, für sie blieb Porzellan im Wert von 1.013 Talern übrig.[999] Ebenfalls wurden Brennholz im Wert von 9.042 Talern und Arbeitsmaterialien und Geräte in Höhe von 544 Talern entwendet. Die Betriebsstätten der Manufaktur dienten nach der Schlacht bei Kesselsdorf vom 15. Dezember 1745 insgesamt 453 Verwundeten als Lazarett.[1000] Aber trotz der Unterbrechung und der empfindlichen Einbuße durch die hohe Entnahme von Porzellan aus dem Warenlager, konnte das Werk schon am 17. Januar 1746

992 Vgl. AA I Af 9, S. 15.

993 Vgl. AA I Af 9, S. 15b.

994 Vgl. AA I Af 9, S. 16.

995 Vgl. AA I Af 9, S. 15 und AA I Aa 35, S. 82.

996 Vgl. HStAD 10026 Loc. 1342/07, S. 7b–13b, AA I Af 9, S. 31b und Walcha (1973), S. 89.

997 Die Zerstörung der Öfen wurde als bauliche Erweiterung der Brennhäuser dargestellt, um den wirklichen Grund der Demontage zu verschleiern, vgl. HStAD 10026 Loc. 1342/07, S. 7–7b und AA I Af 9, S. 31b.

998 Vgl. AA I Af 11, S. 82–83b und HStAD 10026 Loc. 1343/02, S. 63b– 89b.

999 Vgl. AA I Af 11, S. 82 und HStAD 10026 Loc. 1343/02, S.89–93.

1000 Vgl. Berling (1900), S. 64 und Walcha (1973), S. 90, ausführlich Walcha (1960b).

wieder den ersten Porzellanbrand vermelden und im weiteren Verlauf gute Ergebnisse erzielen.[1001]

Die Problemstellung rund um die kostenorientierte Preisfindung bei der Manufaktur in Zusammenhang mit dem Arkanum lässt sich gut an folgender Frage festmachen, die 1751 von Kaendler in einem Bericht an Brühl gerichtet wurde:

> *„Ob es wohl nicht gethan sein möchte, einen von denen Commercien-Räthen Rost oder Helbig soviel vom Arcano anzuvertrauen, daß sie den Preiß oder den Werth derer zum Porcellain erforderlichen Materialien und Ingredientien in Erfahrung bringen und den Verkauff des Porcellains desto besser darnach reguliren könnten?“*[1002]

Das seit der Gründung der Manufaktur mehr oder weniger eisern geheim gehaltene Arkanum und die Mitteilung desselben an nur wenige eingeweihte Arkanisten hatten unweigerlich zur Folge, dass die eigentlichen Verantwortlichen der kaufmännischen Betriebsführung meist nicht wussten, wie genau die Herstellung des Produktes, welches sie zu verkaufen hatten, erfolgte. Die strikte Aufteilung des Herstellungsgeheimnisses in die Bereiche der Glasur- und Masseherstellung und die penible Separierung dieser Bereiche wurden schon sehr früh als unvorteilhaft für den Manufakturbetrieb erkannt, da insbesondere durch die strikte Wahrung der Verschwiegenheit über den Herstellungsprozess die Arbeiter in ihrem täglichen Umgang mit Masse und Glasur keine Möglichkeit hatten zur Einreichung von Vorschlägen zur Verbesserung des Betriebsablaufs.[1003] Diejenigen Arbeiter, die zur Massezubereitung abgestellt waren, durften nicht in die Brennräume für die Porzellanbrände gehen und umgekehrt, damit die „arcana nicht allzuvielen bekannt werden mögte“.[1004] Die Wahrung des Geheimnisses trieb die Kommunikationsprobleme der einzelnen Abteilungen auf die Spitze, Probleme bei der Abstimmung im Herstellungsprozess waren vorprogrammiert, immer wieder beschwerten sich Former und Dreher, dass man im Brennraum mit ihren besten und kostbarsten Porzellanstücken nicht recht umzugehen wusste.[1005] Inspektor Steinbrück erkannte schon 1719, dass die penible Aufteilung in Arkanisten und Nicht-Arkanisten und die Abschottung zwischen einzelnen Abteilungen nicht zum Nutzen der Manufaktur sein konnte:

> *„Es ist auch nichts ungewöhnliches, daß der Neid bey solchen Leuthen mit unterläufft, da einer, der auf was nützliches gefallen, es für sich alleine wißen will, und es lieber verbirget, ehe er es den anderen sehen läßet, und solchergestalt mit der Zeit wohl gar wieder vergeßet“.*[1006]

Besonders zwischen den Arkanisten selbst gab es heftige Streitigkeiten um Kompetenzen und Pflichten in Zusammenhang mit der Herstellung des Porzellans. So gerieten Höroldt und Stöltzel immer wieder aneinander, was am 25. April 1735 die Manufakturkommission dazu

---

1001 Vgl. Walcha (1973), S. 90.

1002 AA I Af 11, S. 97.

1003 Vgl. AA I Aa 1a, S. 107–107b.

1004 AA I Aa 1b, S. 490–490b.

1005 AA I Aa 1b, S. 490.

1006 AA I Aa 1a, S. 186b.

bewog, die Streithähne vorläufig zur Vernunft zu bringen. Zwist in den Zuständigkeiten zur Masse- und Farbenherstellung, Anschuldigungen wegen zurückgehaltenen Dokumenten und Rapporten, gegenseitige Schuldzuweisungen bei Fehlbränden oder schlechter Produktqualität und wenig bis gar keine Kommunikation in Manufakturangelegenheiten waren nur einige der vielen Streitpunkte.[1007] Die internen Streitigkeiten und Querelen wurden auch durch organisatorische Veränderungen und Neuansetzung von Instruktionen und Verantwortlichkeiten nicht ausgemerzt. Höroldt und Kaendler wurden im Laufe der Zeit zu wahren Todfeinden.[1008] Kaendler revoltierte regelrecht gegen Höroldt, er reichte sowohl 1734 als auch 1738 schwerwiegende Beschwerden gegen seinen Antagonisten ein: Unfähig zur Inspektion der Manufaktur sei Höroldt und dessen Unerfahrenheit und Arroganz in der Führung des Betriebes untragbar.[1009] Die vor die Manufakturkommission herbeizitierten Arkanisten besiegelten zwar offiziell ihre Streitigkeiten mit einem Handschlag, aber es blieb eine symbolische Geste. Die Querelen auf oberster Ebene der Arkanisten gingen weiter, die gegenseitigen Anschuldigungen blieben von harter Natur.[1010] Doch die Gegnerschaft zwischen Kaendler und Höroldt hat dem Betrieb weniger geschadet, als man annehmen könnte, da das gegenseitige Misstrauen aus dem Lager der Malerei und dem der Gestaltung immer wieder zu Höchstleistungen anspornte. Die Spaltung der Manufakturarbeiter in unterschiedliche Lager und Gruppierungen konnte aber nicht aufgehalten werden.

Vor diesem Hintergrund war eine genaue Regulierung der Verkaufspreise den kaufmännischen Führungskräften nahezu unmöglich. Kenntnisse bezüglich der Rohstoffmengen, Einblicke in die Massezubereitung, Einsicht in die Farbmischung und in weitere Herstellungsprozesse besaßen die für die Preisbildung verantwortlichen Direktoren nicht. Für die Nicht-Arkanisten war es zudem nicht ohne Weiteres möglich, zum Arkanum zugelassen zu werden, da die Bewahrung des Geheimnisses der Porzellanherstellung allen anderen betrieblichen Erfordernissen vorangehen musste. So waren die Direktoren Helbig und Rost 1751 nicht in der Lage, eine umfassende Preisbildung durchzuführen, da sie schlichtweg nicht wussten, wie viele Rohstoffe und in welcher Zusammensetzung und Quantität diese in der Wertschöpfungskette der Manufaktur eingesetzt wurden. Sie waren darauf angewiesen, von den Leitern der jeweiligen Produktionsabteilungen mit ausreichenden Kosteninformationen versorgt zu werden. Innerhalb der Manufakturleitung erkannte man dieses Problem, und der König entschloss sich, am 23. August 1756 Helbig das Geheimnis der Porzellanherstellung mitteilen zu lassen, so dass er als Arkanist nun den kompletten Einblick in die Herstellung gewinnen konnte.[1011] Man setzte viel auf den kaufmännisch ausgebildeten Helbig, denn dieser sollte „durch die Beobachtung wirthschafftlicher Vortheile dem Wercke mancherley Ersparnis [einbringen]“, so dass er dadurch nahezu eigenständig in den Bereichen Handel und Vertrieb

1007 Vgl. AA I Aa 23, S. 101–106.

1008 Vgl. Rückert (1990), S. 160 und Walcha (1973), S. 69–71. Bezeichnend ist das Denunziantentum zwischen den beiden Führungskräften: Höroldt meldete nach Hörensagen keinem geringeren als dem König selbst, dass Kaendler seine Frau geohrfeigt haben soll, vgl. Rückert (1990), S. 27.

1009 Vgl. HStAD 10026 Loc. 1342/04, S. 191–228.

1010 So urteilte der Arkanist Schatter am 24. Dezember 1750 über Höroldt, dass „kein redlicher Mensch ein gutes Herz gegen ihn haben kann“, vgl. AA I Af 11, S. 94.

1011 Vgl. AA I Af 11, S. 99–99b. Diese Resolution erging nur sechs Tage vor dem Einmarsch preußischer Truppen nach Sachsen am 29. August 1756 zu Beginn des Siebenjährigen Krieges.

agieren konnte.[1012] Diese gravierende Last des Arkanums in Bezug auf eine rationale und korrekte Preisfindung blieb aber bis ins 19. Jahrhundert hinein bestehen.[1013] Noch in den Jahren 1775 und 1776 wurde den Arkanisten verboten, irgendeinen Rohstoff oder Herstellungsprozess in ihren Briefen zu benennen.[1014]

Während des Siebenjährigen Krieges befand sich die preußische Armee ab dem 6. September 1756 in Meißen, und die Stadt wurde von November 1760 bis Ende Februar 1763 von den Truppen Friedrichs des Großen besetzt.[1015] Die Fabrikräume der Manufaktur wurden am 29. November 1756 versiegelt und die Tätigkeit musste vorerst bis April 1757 ruhen.[1016] Durch Intervention des damaligen Inspektors Auenmüller und dem Geheimrat von Nimptsch konnte die Arbeit jedoch wiederaufgenommen werden. Berichtet wurde von häufigen Besuchen in den Manufakturräumen durch Friedrich dem Großen, der sich besonders für die Brennräume interessierte und sich öfters mit den dortigen Angestellten über deren Tätigkeiten unterhielt.[1017] Unsicher schien sich der König über den Umgang mit der Meißener Manufaktur zu sein. Eine Auflösung der Betriebstätigkeit zugunsten einer im heimischen Berlin tätigen Porzellanmanufaktur wurde genauso angedacht wie die Verpachtung des Werks über einen längeren Zeitraum. Schließlich entschloss er sich für die Verpachtung, um einen langfristigen Zahlungsstrom zu sichern und die Vermögenswerte in Meißen nicht untergehen zu lassen.[1018]

Dem Armeelieferanten Schimmelmann[1019] wurden die auf 300.000 Taler geschätzten drei Warenlager der Manufaktur „nebst sämtlichen sonst darin befindlichen Vorräthen, worunter auch die auf den Böden und überall stehenden Porzellane zu verstehen“, für 120.000 Taler in bar von den Preußen überlassen.[1020] Um die drohende Gefahr eines Weiterverkaufs der Manufakturbestände an den Berliner Porzellanunternehmer Wegely[1021] abzuwenden, wurden durch Helbig alle Vorräte wieder für 160.000 Taler am 11. Dezember 1756 von Schimmelmann abgekauft.[1022] Dies gelang auch deshalb, weil Helbig selbst besonders gut einschätzen konnte, dass die zurückgekaufte Ware allein mehr als das Doppelte der Kaufsumme wert war. Um den Betrieb der Manufaktur zu sichern, erreichte Helbig zudem, dass er die Manufaktur vom preußischen König pachten konnte für eine monatlich vorauszuzahlende Summe von 2.000 Talern.[1023] Diese Pachtsumme erschien König Friedrich II. aber noch nicht ausrei-

1012 Vgl. AA I Af 11, S. 100.

1013 Vgl. Kapitel 3.3.18.

1014 Vgl. AA I Af 9, S. 68b.

1015 Vgl. Rückert (1990), S. 277 und Walcha (1973), S. 102.

1016 Vgl. AA I Af 11, S. 101b.

1017 Vgl. AA I Af 9, S. 38.

1018 Den über ihre Zukunft besorgten Meißener Angestellten erwiderte Friedrich der Große auf deren Petitionen hin: „Ich thue euch ja nichts, ihr kennt mich schon“, AA I Af 11, S. 114.

1019 Zu Schimmelmann, vgl. Rachel/Wallich (1967), S. 432–433.

1020 AA I Af 11, S. 116b, vgl. Berling (1900), S. 123 und Walcha (1973), S. 100.

1021 Zur Person des aus der Schweiz stammenden Wegely, vgl. Wilckens (2008).

1022 Unterhändler des sächsischen Kurfürsten schlossen den Untervertrag ab, vgl. HStAD 10026 Loc. 1344/01, S. 251b - 253 und HStAD 10026 Loc. 1346/11, S. 88.

1023 In der Frage des Pachtverhältnisses scheint es Unstimmigkeiten gegeben zu haben, da man bisweilen die Manufaktur trotz preußischer Besetzung immer noch als sächsischen Besitz verstand und somit Helbig als Pächter

chend zu sein, er besuchte mehrmals die Manufakturräume und überzeugte sich selbst von der Arbeitsweise und den noch vorhandenen Produktionskapazitäten. Da diese Einschätzung positiv ausfiel, wurde die Pachtsumme ab 1760 auf monatlich 5.000 Taler und am 31. Januar 1762 nochmals auf 7.000 Taler erhöht.[1024]

Die Zeit der kriegerischen Wirren brachte auch die Fortführung der Tätigkeiten in der Meißener Manufaktur gehörig durcheinander.[1025] Zwischen September 1756 und April 1757 erfolgten keine Porzellanbrände bei der Manufaktur. Die Maler, falls sie nicht völlig ohne Tätigkeit blieben, arbeiteten an vorhandenen Porzellanen aus dem Lager oder an Mittelgut.[1026] Etliche Maler verließen die Manufaktur und versuchten, ihre Dienste anderen Porzellanbetrieben anzubieten.[1027] Hinzu kamen Streiks und Arbeitsniederlegungen, um gegen unregelmäßige oder ganz ausbleibende Lohnzahlungen zu protestieren. Zu Ostern 1758 kam es zu einem größeren Streik der Former, während im Januar 1761 die Maler sich der Arbeit enthielten und gegen den Verfall des Geldwertes und ihrer Reallöhne protestierten – sie konnten durch die Drohung des preußischen Stadtkommandanten, alle Streikenden als Rekruten zur preußischen Armee einzuziehen, zur Wiederaufnahme der Arbeit bewogen werden.[1028] Wie schwierig die Verhältnisse für die Angestellten der Manufaktur während der Kriegszeit waren, verdeutlicht eine Passage aus einer Petition der im Stücklohn arbeitenden Maler vom 10. November 1763:

> *„Das elende Leben welches wir so lange Jahre hindurch, bißhero, wegen des Krieges, Theuerung, und Bedrückungen verführen müssen, hat uns dergestallt niedergebeuget, daß eine große Anzahl von uns, von allen Habseligkeiten entblößet, in denen kümmerlichen Umständen sich befinden, viele durch Krankheiten und Todt vor Mangel und Kummer gar aufgerieben“.*[1029]

An eine geregelte Produktion von Porzellan war deshalb gar nicht zu denken, zumal alle Arkanisten bis auf Helbig aus Meißen nach Frankfurt am Main geflohen waren und die Brennöfen der Manufaktur zerstört waren. Während dieser Zeit berichtete Helbig, dass „beym Wercke hat sonsten ein jeder gethan, was er gewollt“, was auf eine erhebliche organisatorische Unordnung hindeutete.[1030] Insbesondere schien der Inspektor Auenmüller eigen-

gegenüber dem sächsischen König angesehen werden konnte, vgl. AA I Af 11, S. 102b. Die Aktenlücke während des Siebenjährigen Krieges in den Archiven kann diese Frage nicht abschließend beantworten.

1024 Ab 1. Januar 1763 sollte der Betrag gar auf 10.000 Taler im Monat angesetzt werden, was aber aufgrund des Kriegsendes nicht mehr umgesetzt wurde. Ausführlich zu den Pachtverhandlungen, den schwierigen internen Verhältnissen und den vielen Intrigen in Meißen ab Ende 1760 bis 1763 unter HStAD 10026 Loc. 1344/01, S. 169b - 171b, S. 219ff., S. 256ff, S. 285b - 287b. Auch AA I Af 11, S. 115b–116 und S. 119. Ferner vgl. Berling (1900), S. 125, Walcha (1973), S. 100 und Zimmermann (1926), S. 235.

1025 Bezeichnend dafür ist die Tatsache, dass für die Zeit von 1756 bis 1763 eine ausgeprägte Lücke in den Akten des Meißener Werksarchivs zu verzeichnen ist, vgl. auch AA I Af 9, S. 35b.

1026 Vgl. HStAD 10026 Loc. 1344/03, S. 20.

1027 Vgl. AA I Aa 36, S. 21, beispielsweise der Maler Gottlieb Friedrich Riedel, der in den Manufakturen Frankenthal und Ludwigsburg arbeitete, vgl. AA I Aa 36, S. 108b und Rückert (1990), S. 186.

1028 Vgl. Weinhold (1982), S. 207–208.

1029 AA I Aa 36, S. 19b–20.

1030 AA I Af 11, S. 103.

mächtig vorzugehen, indem er die Angestellten wiederholt mit widersprüchlichen Anweisungen versah. In einem Brief an Minister Brühl beschwerte sich Helbig über Auenmüller, „macht er mir die Leute irre, dass keiner nicht weis wen er fragen soll" und würden die Angestellten durchweg niedergeschlagen ihre Arbeit verrichten.[1031] Und selbst die geflohenen Arkanisten lebten in „Disharmonie" miteinander und vermieden jeglichen Kontakt untereinander, was für Verärgerung bei Helbig in Meißen sorgte.[1032]

Helbig berichtete am 28. Dezember 1759, dass mehr als einmal sich die preußischen Truppen am Brennholz der Manufaktur bedient hatten für die Versorgung der eigenen Soldaten in der „Feld-Beckerey" und der Lazarette. Man entschloss sich deshalb zum Jahresende 1759, möglichst alle vorhandenen Holzvorräte zu Porzellanbränden zu verbrauchen, um sie nicht den Preußen in die Hände fallen zu lassen.[1033] Nicht zuletzt nahmen der Porzellandiebstahl und der Handel mit gestohlenen Stücken stetig zu, als Ausdruck der aufkommenden Not und der erheblich gestörten Betriebsordnung.[1034] Aufgrund der Flucht fast sämtlicher Arkanisten aus Sachsen konnte keine neue Porzellanmasse hergestellt werden, so dass sich der Vorrat an Masse dem Ende neigte. Dies verursachte mehrere tausend Taler Schaden durch entgangene Produktion.[1035] Da es an den Rohstoffen mangelte, hatten etliche angestellte Manufakturisten über Wochen nichts zu tun.[1036] Die „Pfuscherey" mit nachträglich angebrachter Malerei nahm stark zu, zum Teil wurden Porzellane in eiligst zusammengebauten Öfen in Privathäusern von den Manufakturisten selbst hergestellt. Solche Porzellane wurden sogar ins Ausland verkauft und verbotenerweise als echtes Porzellan aus der Meißener Manufaktur angepriesen.[1037] Um den dadurch erlittenen Umsatzverlusten zu begegnen und die Nachteile für den guten Ruf der Manufaktur zu begrenzen, sah sich der sächsische König deshalb gezwungen, am 27. August 1761 abermals das Verbot der illegalen Malerei und des illegalen Verkaufs zu erneuern, bei dessen Missachtung Gefängnis- oder gar Festungshaft angedroht wurde.[1038]

Somit konnte während dieser Kriegszeiten unter Helbig der Betrieb mehr schlecht als recht fortgeführt werden. Der Fabrikationsbetrieb litt entsprechend den kriegerischen Wirren, jährlich gingen die Umsatzzahlen zurück, Zahlungsfristen wurden immer häufiger nicht eingehalten und etliche Geschäftsverbindungen wurden aufgelöst. Die direkten Belastungen durch insgesamt 260.000 Taler Pachtgeld und ca. 80.000 bis 100.000 Taler an unentgeltlichen Porzellanlieferungen verschlimmerten den Zustand des Betriebes.[1039] Streckenweise betrieb man, um die Geschäftsverbindungen mit Kunden auch während der Kriegszeit nicht abreißen zu lassen, eine kurzfristige Strategie der Niedrigpreispolitik, denn man war in der

[1031] AA I Af 11, S. 103.

[1032] Vgl. AA I Af 11, S. 122b.

[1033] Vgl. AA I Af 11, S. 103b.

[1034] Vgl. AA I Aa 38, S. 180–180b.

[1035] Vgl. AA I Aa 36, S. 111, wobei die Manufaktur im Durchschnitt 1.500 bis 1.600 Zentner Porzellanmasse pro Jahr verbrauchte, während die Reserve sich auf ungefähr 400 Zentner belief, vgl. AA I Aa 38, S. 9.

[1036] Vgl. AA I Af 11, S. 108b und S. 114.

[1037] Vgl. AA I Aa 39, S. 114b.

[1038] Vgl. AA I Aa 35, S. 48–49.

[1039] Vgl. AA I Aa 35, S. 90.

Not bereit, Porzellan notfalls auch unter Preis zu verkaufen, um den Geschäftskontakt aufrecht zu erhalten und um Liquidität in die Manufakturkasse zu bekommen.[1040] Besonders in den Jahren von 1760 bis 1762 wurden die besten Porzellanservices „gegen geringfügige Preiße ins Publikum gegeben".[1041] Man verschleuderte auf diese Weise die wertvollsten Produkte und entwertete dadurch die Porzellanwaren umso mehr. Berichtet wurde auch über vereinzelten Naturaltausch während der Kriegszeit, um die Porzellane gegen andere benötigte Materialien zu tauschen.[1042] In dieser Zeit der wirtschaftlichen Schwäche saßen zumeist die zahlenden Kunden am längeren Hebel, was den Kauf und die Bezahlung der Porzellane anging. Meißen musste durch die Wirren des Siebenjährigen Krieges besonders bei Adeligen und Offizieren erhebliche Zahlungsrückstände verzeichnen.[1043] Überliefert ist, dass der preußische Markgraf Carl von Schwedt für eine große Anzahl von Porzellanfiguren selbst einen Preis von 250 Talern festsetzte. Und einer der berühmten preußischen Generäle und Vertrauten von Friedrich dem Großen, Hans Joachim von Zieten, bestellte Porzellane im Wert von 1.800 Talern, aber bei der Anlieferung der Ware und der Bitte um Begleichung der Rechnung hat „er gemeinet, dass dasselbe wohl ein Präsent vor gehaltenes gutes Commando seyn würde".[1044] Aber dies alles führte nicht zum Untergang der Manufaktur. Sie konnte sich künstlerisch wie auch betriebswirtschaftlich halten, auch weil König Friedrich der Große neben all den unentgeltlichen Lieferungen auch hohe Summen für eigene Bestellungen ausgab. Streckenweise wurde nur für ihn gearbeitet und alle anderen Bestellungen mussten zurückgestellt werden.[1045]

Da sich Helbig selbst verschuldet hatte, um die Manufaktur während dieser Kriegswirren zu erhalten, beantragte er bei König August III. bis zur vollständigen Tilgung der Schulden, dass ihm jährlich 12.000 Taler mit 5% Zinsen aus der Fabrikkasse bezahlt werden sollten, was ihm durch allerhöchsten Befehl vom 13. Mai 1764 auch bewilligt wurde.[1046]

3.3.11 Die Reformjahre 1763/1764 – Reorganisation nach dem Krieg

Das Ende des Siebenjährigen Krieges bedeutete für die Manufaktur auch das Ende von hochgradig turbulenten innen- wie außerbetrieblichen Umständen. Es war nun an der Zeit, nach Ende des Krieges und der „gefährlichen Epoque der Preuß. Bemächtigung"[1047] Sachsens nicht nur die innere Verfassung des Landes wiederherzustellen und zu festigen, sondern auch die Meißener Porzellanmanufaktur in betrieblicher und künstlerischer Hinsicht wieder

[1040] Vgl. AA I Aa 35, S. 90–90b und Walcha (1973), S. 102.

[1041] AA I Aa 39, S. 114.

[1042] Vgl. AA I Af 9, S. 36b–37.

[1043] Probleme mit der mangelnden Zahlungsmoral der Abnehmer gab es bei allen Manufakturen. Von der Manufaktur in Höchst ist belegt, dass beim Kreditkauf manche Kunden ihre Zahlungsziele weit überschritten und ihnen Fristen von 3 bis 4 Jahren gewährt wurden, vgl. Stahl (2002), S. 199.

[1044] HStAD 10026 Loc. 1344/01, S. 284 und S. 334, vgl. auch Berling (1900), S. 131.

[1045] Vgl. Berling (1900), S. 129–130.

[1046] Vgl. AA I Af 9, S. 37b und AA I Af 11, S. 122b, ferner HStAD 10026 Loc. 1344/02, S. 14.

[1047] AA I Aa 35, S. 19.

aufzubauen. Wenige Wochen nach Schließung des Friedens von Hubertusburg am 15. Februar 1763 wandte sich König August III. mit einer umfangreichen, mehrere Punkte umfassenden Resolution am 20. März 1763 den Problemen der Manufaktur zu.[1048] Geheimrat Carl von Nimptsch, Kammerrat Georg Michael Helbig und Legationsrat Johann August Ernst wurden als Manufakturkommissare bestätigt.[1049] Heynitz wurde ab dem 1. Juli 1763 pensioniert. Der König ermahnte alle Angestellten, ihre Pflichten und Obliegenheiten wieder „treulich, fleißig und ohne Neben-Absicht“ wahrzunehmen.[1050]

Hinsichtlich der zu verfolgenden zukünftigen preispolitischen Linie setzte der König nach den Jahren der Kriegswirren nicht weiter auf die Ausweitung der Umsätze oder die Erhöhung der Profitabilität durch den Einsatz des preisstrategischen Instrumentariums. Diese Strategien waren in den zurückliegenden Jahrzehnten die bevorzugte Stoßrichtung gewesen, auch weil die Tätigkeit damals weitestgehend von äußeren Einflüssen wie Kriegen verschont wurde. Im Zentrum der Bemühungen stand jetzt mehr denn je eine betriebliche Tätigkeit unter dem Aspekt des Kostenbewusstseins, um durch die Optimierung der eigenen Kostenstruktur wieder Umsätze und Wachstum generieren zu können. Die Porzellane sollten zwar nach „dem Geschmack des Publici“ verfertigt werden, was einer Aufforderung zu größerer Beachtung von Trends und Wünschen der Nachfrager entsprach.[1051] Jedoch sollten die Produkte „so wohlfeil, als nur immer möglich“, hergestellt werden.[1052] In einer Zeit, in der die Manufaktur den betrieblichen Wiederaufbau stemmen musste, konzentrierte man sich darauf, den Betrieb wieder in eine gute Ordnung zu bringen. Helbig bekam den Auftrag, zusammen mit den anderen Arkanisten den bisherigen Herstellungsprozess noch weiter zu verbessern und hierbei etwaige Mängel zu beseitigen. Der König forderte von allen Angestellten einen freundschaftlichen und guten Umgang miteinander, da man die Querelen und Streitigkeiten der letzten Jahrzehnte nicht länger hinnehmen wollte. Der Fürst zeigte sich in ungewöhnlich direkter Weise enttäuscht, und dem bisherigen „so sehr über hand genommenem, theils unüberlegtem, theils geflißentlich gehäßigem raissonieren“ sollte aufs schärfste Einhalt geboten werden, notfalls auch mit Gefängnisstrafen.[1053] Er forderte, die internen Streitigkeiten zuerst auf lokaler Stufe innerhalb der Manufaktur zu klären, sie sodann notfalls auf Ebene der Manufakturkommission eskalieren zu lassen und nur im äußersten Notfall die Beschwerde direkt an den König selbst zu richten.[1054] Die Fortführung oder das Verbot der Feierabendarbeit, die immer wieder für Diskussionen sorgte und von den Verantwortlichen gefürchtet wurde wegen den erhöhten Lohnkosten, stand im Ermessen der Manufakturkommission.[1055] Neben der starken Betonung von Zwangs- und Strafmitteln für „unfleißige und widerspenstige Fabricanten“ zur Aufrechterhaltung der betrieblichen Ordnung, wurde auch eine weitaus angenehmere erzieherische Maßnahme eingeführt. Besonders gute Erfindungen oder Arbei-

[1048] Vgl. AA I Aa 35, S. 18–30.

[1049] Vgl. AA I Aa 50, S. 1.

[1050] AA I Aa 35, S. 18b–19.

[1051] AA I Aa 35, S. 19.

[1052] AA I Aa 35, S. 19.

[1053] AA I Aa 35, S. 24b.

[1054] Vgl. AA I Aa 35, S. 23b–25.

[1055] Vgl. AA I Aa 35, S. 23.

ten wurden mit kleinen „Ergötzlichkeiten" belohnt. Dafür war ein Budget von 200 bis 300 Talern jährlich vorgesehen.[1056] Eingeführt wurde auch das Instrument der „fristlosen" Kündigung, da nunmehr Angestellte, deren Weiterverbleib mit keinem Nutzen für die Manufaktur verbunden war, „ihrer Dienste, ohne vorgängige Anfrage, so fort zu entlaßen" waren.[1057]

Aus dieser Resolution des Königs ging hervor, dass der Schwerpunkt der zukünftigen Strategie der Manufaktur in hohem Maße von Entscheidungen geprägt war, die nahezu allesamt auf die Wiederherstellung einer geregelten betrieblichen Arbeitsweise abzielten. Es handelte sich zwar nicht um eine betriebliche Restrukturierung im modernen Sprachgebrauch. Denn die Sicherung der finanziellen Grundlage musste nicht erbracht werden, dazu erzielte die Manufaktur immer noch ansehnliche Umsatzergebnisse und präsentierte entsprechende Gewinne. Aber es bedurfte einer grundlegenden betrieblichen Neuorganisation gestützt auf Werte wie Fleiß, Ordnung und Kollegialität.

Aus preispolitischer Sicht interessant sind die Ausführungen über den Porzellanhandel, die im Rahmen einer kurzen historischen Beschreibung der Manufaktur für den Zeitraum von 1709 bis 1763 angefertigt wurden.[1058] Diese im Oktober 1763 verfasste geschichtliche Darstellung der Manufakturentwicklung wurde zwar im Auftrag aller Kommissionsmitglieder erstellt und unterschrieben, die starke Überbetonung der Ereignisse im Siebenjährigen Krieg und die mitunter allzu positive Darstellung von Helbig[1059] lassen vermuten, dass eben dieser Manufakturdirektor bei der Erstellung des Dokuments federführend gewesen ist.

Als ein grundsätzlicher preispolitischer Eckpfeiler fand sich in diesem Dokument die Ablehnung einer Niedrigpreispolitik und einer allgemeinen Herabsetzung der Preise:

> *„Obwohl von Mißkennern des porcelainwercks und deßen Waare, auch solchen Personen, welche das porcelaine lieber als ein Geschenk angenommen, zuweilen dafür gehalten werden wollen, daß eben diese Waare wohlfeiler als geschehen, verlohset werden könne, ist doch dagegen zuermessen, daß die porcelaine Manufaktur beträchtliche Unterhaltungskosten erfordert, und durch deteriorierung der Preiße die Waare unwerth und verächtlich gemachet werde".*[1060]

Hiermit richtete man sich an die Kritiker der Manufaktur, die offensichtlich mit den tatsächlichen betrieblichen Realitäten wenig zu tun hatten. Vielerorts wurde eine Absenkung der Preise angeraten, die aber aufgrund der zu deckenden laufenden Betriebskosten nicht empfehlenswert war. Der Hinweis, dass vereinzelt auch von solchen „Mißkennern", die das Porzellan lieber als Geschenk annehmen würden, Kritik an der Preisstrategie geäußert wurde,

[1056] Vgl. AA I Aa 35, S. 25b–26.

[1057] AA I Aa 35, S. 26.

[1058] Unter AA I Aa 35, S. 78–94 mit dem Titel „Kurtze Historische Beschreibung der Churfürstlich Sächsischen Porcelaine Manufactur zu Meißen ao. 1709 bis zum Jahr 1763 samt Nachricht von dem Umtrieb derselben und deren commercii" verzeichnet.

[1059] Besonders die kaufmännischen Fähigkeiten von Helbig, seine mehr als 29-jährige Erfahrung im Verkauf von Porzellanen und die tadellose Führung der Geschäfte im Dresdner Warenlager wurden betont, vgl. AA I Aa 35, S. 91b–92.

[1060] AA I Aa 35, S. 92.

wandte sich höchstwahrscheinlich an Brühl. Dieser hatte bekanntlich das königliche Privileg, sich unentgeltlich Porzellane bestellen zu können. Brühl, als wichtigstes Bindeglied zwischen dem König und der Manufaktur[1061], hat sicherlich Einfluss genommen auf die zu verfolgende preispolitische Linie. Wie aus obigem Zitat sichtbar ist, war Brühl kein Fürsprecher der Hochpreispolitik und hat wahrscheinlich immer wieder auf eine Verminderung der allgemeinen Verkaufspreise gepocht. Doch besonders bei seiner Abwesenheit aus Sachsen während des Siebenjährigen Krieges hat Brühl die nötige Nähe zum Meißener Betrieb nicht sicherstellen können, um wirksam an den strategischen und betrieblichen Entscheidungen mitzuwirken.

Die Zurückweisung der Kritik an der Hochpreispolitik wurde auch dadurch untermauert, indem die schadhafte Wirkung von verhältnismäßig geringen Preisen verdeutlicht wurde. Die „Deteriorierung" der Preise würde unweigerlich auf den wahrgenommenen Wert der Meißener Erzeugnisse abfärben. Was als zu billig empfunden wurde, konnte kein gutes Erzeugnis sein, schon gar nicht ein absolutes Luxusprodukt wie es der Anspruch der Manufaktur war. Durch Herabsetzungen ruinierte man sich nicht nur die Preise, sondern brachte die Profitabilität des Betriebes in Gefahr und schmälerte erheblich das Ansehen und den Wert der Produkte. Auch wurde angemerkt, dass besonders diejenigen Geschäftskunden womöglich zu Schaden kommen würden, die ihre Porzellane noch zu höheren Preisen gekauft hätten. Durch die sich verschlechternden Absatzmöglichkeiten konnten eintretende Zahlungsschwierigkeiten dieser Händler nicht mehr ausgeschlossen werden.[1062] Und schließlich spielte auch die hohe Lohnquote der Manufaktur eine Rolle, weshalb eine allgemeine Preisreduktion nicht durchführbar war. Im Dokument wurde zudem explizit auf die schlechte „Policey" der Stadt Meißen verwiesen. Man klagte, dass die Angestellten der Manufaktur ihre Lebensmitteleinkäufe „übertheuer bezahlen müßten, und davon hauptsächlich dasige üble Policey Schuld hat".[1063] Dadurch sah sich die Manufaktur immer wieder mit zusätzlichen Lohnforderungen der eigenen Angestellten konfrontiert, die mit ihren Löhnen die Teuerung der Lebenshaltungskosten nicht verkraften konnten.[1064] Es wäre die Aufgabe der entsprechenden Verwaltungsinstanzen dafür zu sorgen, dass die Manufakturisten mit ihren Löhnen und Gehältern auskommen könnten. Dazu empfahl man, eine Person aus dem Werk in das Verwaltungswesen der Stadt Meißen einzubinden, „welche dem Wucher der Bürger" entgegenstehen könnte und für gemäßigte Lebenshaltungskosten in der Stadt sorgen sollte.[1065] Belegt ist, dass die Angestellten der Manufaktur sich gegenüber den anderen Bürgern Meißens mit erhöhten Preisforderungen bei den Lebensmitteln und den Dingen des täglichen Bedarfs konfrontiert sahen. Die kriegerischen Zustände während der letzten Jahre trugen zur Verschärfung dieser

---

[1061] Wie eng diese Bindung war, zeigt ein Befehl vom 14. Februar 1738. In diesem ordnete König August III. der Manufaktur an, fortan alle königlichen Bestellungen ausschließlich nach Brühls Angaben zu verfertigen, vgl. AA I Aa 24d, S. 106.

[1062] Vgl. AA I Aa 35, S. 92b.

[1063] AA I Aa 35, S. 93.

[1064] Vgl. AA I Aa 36, S. 23.

[1065] AA I Aa 35, S. 93.

Lage bei, so dass man ab dem Jahre 1766 diesen Verhältnissen mit Erleichterungen für die Manufakturisten entgegentrat.[1066]

Kurfürst Friedrich Christian von Sachsen bestieg am 5. Oktober 1763 nach dem Tod seines Vaters August III. den Thron, verstarb jedoch schon nach 74 Tagen am 17. Dezember 1763. Der Kurfürst konnte in der kurzen Amtszeit wesentliche neue Reformen in Sachsen einleiten, wie die Abschaffung des Amtes des Premierministers, die Neugliederung des Geheimen Kabinetts, die Streichung der Anwartschaften auf Ämterposten und die Entlassung von unfähigen Beamten. In dieser Zeit des Rétablissement versuchte man, alle wichtigen Zweige der Staatsverwaltung stärker als bisher nach Gesichtspunkten des Rationalismus und nach bürgerlichen Vorstellungen zu ordnen.[1067] Wesentliche Impulse oder Veränderungen konnte der Regent während dieser kurzen Regierungszeit für die Porzellanmanufaktur aber nicht setzen. Seine wohl wichtigste organisatorische Entscheidung betraf die Oberdirektion der Manufaktur. Mit königlicher Resolution vom 28. November 1763 übertrug er seiner Frau, Maria Antonia, die Hauptaufsicht über den Meißener Betrieb.[1068] Die Direktion der Manufaktur wurde Carl von Nimptsch übertragen, der ab 1764 ein jährliches Gehalt von 2.000 Talern erhielt.[1069]

In der Thronfolge des gerade verstorbenen Kurfürsten an erster Stelle stand sein ältester Sohn, Friedrich August III. Bis zu seiner Volljährigkeit übernahm sein Onkel, Prinz Xaver, als Administrator die vormundschaftliche Regentschaft Sachsens. Diese Regentschaft des Administrators ist unter ökonomischen Gesichtspunkten als vorbildlich angesehen worden. In der Regierungszeit von Xaver ist die Landesökonomie-, Kommerzien- und Manufakturdeputation im April 1764 eingesetzt worden.[1070] Diese Behörde hatte zwar keine unmittelbare Verfügungsgewalt, überwachte und förderte aber alle wesentlichen Gewerbe und Branchen, den Handel und die Land- und Forstwirtschaft in Sachsen. Es hat seit dem 16. Jahrhundert „keine Regierung in Sachsen gegeben, die, gestützt auf eine kameralistisch gut ausgebildete höhere Beamtenschaft, in derart erfolgreicher Weise zu einer Wieder- und Weiterentwicklung der sächsischen Produktivkräfte beigetragen hat", wie es Prinz Xaver nach dem Ende des Siebenjährigen Krieges getan hat.[1071] Die Regierungszeit von Xaver war in einem Zeitraum von drei Jahrhunderten „die einzige Periode, in welcher ein Verständniß der höheren volkswirtschaftlichen Interessen an den Tag gelegt ward (...)".[1072] In der hierdurch als volkswirtschaftlich vorteilhaft eingestuften Zeit der Regentschaft von Prinz Xaver konnte auch die

[1066] Vgl. AA I Af 9, S. 44b. Eine Eingabe an die Landesherrschaft von 1765 zeigt, dass den Manufakturisten in der Stadt Meißen wegen ihres „Sonderstatus" als Angestellte einer königlichen Manufaktur oftmals überteuertes Fleisch und Brot verkauft wurde und von ihnen höhere Mieten verlangt wurden als üblich, vgl. AA I Aa 50, S. 55–56b. So wurden die Angestellten der Manufaktur in den Jahren 1771, 1772 und 1779 bis 1784 aufgrund der starken Verteuerung der Grundnahrungsmittel mit günstigem Korn versorgt, welches man aus Hamburg importieren musste und den Manufakturisten zum Einkaufspreis überließ, vgl. AA I Af 9, S. 68.

[1067] Vgl. Rückert (1990), S. 277, zu den Reformen in Sachsen nach dem Siebenjährigen Krieg ausführlich Schlechte (1958).

[1068] Vgl. AA I Aa 35, S. 146–147.

[1069] Vgl. AA I Aa 35, S. 152b. Währenddessen war am 28. Oktober 1763 der langjährige Oberdirektor der Manufaktur und sächsische Premierminister Brühl an einer Pockeninfektion verstorben, vgl. Rückert (1990), S. 268.

[1070] Vgl. Groß (2007), S. 161.

[1071] Forberger (1958), S. 28.

[1072] Bodemer (1856), S. 21.

Manufaktur etliche positive wirtschaftliche Impulse erfahren. In der Tat lässt sich bei Auswertung der Meißener Archivmaterialien feststellen, dass sich der Regent überaus intensiv in die Belange der Manufaktur hineinversetzte und dabei auch immer wieder verstärkt wirtschaftliche Aspekte berücksichtigte. Eine große Zahl von Anordnungen betraf die wirtschaftliche Führung der Manufaktur, die eine fundierte ökonomische Leitlinie offenbarten und von einer betrieblich orientierten Denkweise des Fürsten zeugten. Es ergingen oft sehr detaillierte Resolutionen, die bis in die tagtägliche operative Ebene der Manufakturbelange hineinreichten und stets auf Optimierung der Betriebsabläufe abzielten. Gerade in den kritischen Nachkriegsjahren sind eine Vielzahl von Reskripten und Resolutionen zu verzeichnen, die geprägt waren durch einen wohlwollenden und grundlegenden reformistischen Wirtschaftsgeist, den die Manufaktur dringend benötigte.

Prinz Xaver stellte die gerade erst neu besetzten Führungspositionen der Manufaktur erneut um. Mit Reskript vom 2. Februar 1764 wurden die Positionen mit dem Direktor von Nimptsch, dem ihm zur Seite gestellten Co-Direktor von Fletcher und dem wiedereingesetzten und den beiden anderen nachgeordneten Heynitz besetzt, ferner vervollständigten die Manufakturkommission der Kammerrat Helbig und der Legationsrat Ernst.[1073] Alle Führungskräfte sollten „conjunctim" mit Mehrheitsentscheid über die Manufaktur verfügen, von Fletcher erhielt jedoch die „führnehmste Autorität".[1074] Für den somit faktisch entmachteten Helbig blieb in der Verordnung nur noch die Aufsicht über die Dresdner Niederlassung übrig. Helbig genoss innerhalb der Manufakturleitung durchaus hohes Ansehen und war die entscheidende kaufmännische Führungskraft in der Manufaktur.[1075] Wahrscheinlich ist aber die Absetzung von Helbig maßgeblich durch den Co-Direktor von Fletcher vorangetrieben worden.[1076] Das antagonistische Verhältnis der beiden wurde nicht zuletzt auch in der zu verfolgenden Preispolitik deutlich. Helbig propagierte die Hochpreispolitik, von Fletcher war ein Verfechter von Preissenkungen. Um die Führung in der Manufakturdirektion zu beanspruchen, verdrängte er den geschwächten Helbig, dessen Handlungen zur Übernahme der Manufaktur von den Preußen während des Siebenjährigen Krieges zu gewissen Polarisierungen bis in die Landesherrschaft geführt hatten.[1077]

[1073] Vgl. AA I Aa 35, S. 150–153b und AA I Aa 50, S. 1b.

[1074] AA I Aa 35, S. 151b, vgl. auch AA I Af 11, S. 124.

[1075] Das hohe Ansehen innerhalb der Führungskräfte wurde von Kaendler untermauert, der sich sehr positiv über Helbig äußerte: Er habe „allezeit viel Achtung vor selbigem gehabt, indem er ihn als einen Mann, der dem Wercke viel Nuzen geschafft (...) auch mit dem er allezeit mit viel Vergnügen und Eyffer gearbeitet, consideriret", AA I Aa 38, S. 228. Auch Prinz Xaver attestierte Helbig eine „vom Commercio besizenden vorzüglichen Kenntniß", AA I Aa 40, S. 4b.

[1076] Vgl. AA I Af 9, S. 62–62b.

[1077] Helbig war ein Gewinner des Siebenjährigen Krieges, da er sich wohl auch an Spekulationen aller Art in dieser Zeit beteiligt haben muss, wie an einer angeblichen Lieferung von Lebensmitteln für feindliche Truppen. Durch diesen Ruf des Kriegsprofiteurs und zusammen mit der Übernahme der königlichen Manufaktur, generierte er Missstimmungen unter den Manufakturisten. Die Kurprinzessin Maria Antonia soll eine große Abneigung gegen Helbig empfunden haben und ihn in einem Brief an Kaiserin Maria Theresia von Österreich als „den grössten Schurken der Welt" bezeichnet haben, zitiert nach Berling (1900), S. 126 und Walcha (1973), S. 101. Anzunehmen ist, dass sie nicht unbeteiligt gewesen sein muss an der Absetzung von Helbig.

Xaver ordnete gleichzeitig eine umfassende Untersuchung an, damit vergangene und bestehende Mängel der Manufaktur behoben, auswärtige und inländische Umsätze gesteigert und die inneren betrieblichen Vorgänge der Manufaktur analysiert und verbessert werden konnten. Sowohl fertigungstechnische Aspekte der Porzellane wie auch sämtliche organisatorischen und personellen Gesichtspunkte standen im Vordergrund.[1078] Abermals wurde deutlich, dass fast ein Jahr nach Beendigung der kriegerischen Auseinandersetzungen die Manufaktur bei weitem noch nicht einen geregelten und weitestgehend effizienten Geschäftsbetrieb führen konnte. Xaver lenkte in erster Linie die Bemühungen auf die Wiedererlangung der Qualität und Effektivität der Produktion und auf die Etablierung einer dauerhaften innerbetrieblichen Ordnung. Jedoch besaß er genügend ökonomische Weitsicht, um in dieser schwierigen Zeit für die Manufaktur nicht nur nach der innerbetrieblichen Optimierung zu suchen, sondern auch an die Marktperspektive und Absatzseite des Betriebes zu denken. In den Untersuchungen hatten die Kommissionsmitglieder nämlich

> *„den inneren Verkauf und auswärtigen Vertrieb derer Porcelaine-Waaren, wie solcher sich dermahlen befindet, in genaue Überlegung ziehen, billigmäßige Preiße für selbige zu bestimmen suchen, das Vertriebs Steigen und Fallen eruiren, die Mittel zu deßen etwaigen Erweiterung ausfindig machen und möglichst ins Werck sezen".*[1079]

Sowohl für den innersächsischen wie auch den ausländischen Absatz waren neue Überlegungen anzustellen, wie man steigende und fallende Verkaufszahlen erklären sollte. Neue Instrumente zur Erweiterung der Umsätze sollten die Manufakturkommissare ausfindig machen und diese auch zeitnah einsetzen. Und was den Kern der preispolitischen Elemente anging, die Kalkulation und Festlegung der Verkaufspreise, so überwog abermals die Linie der „billigmäßigen" Preise. Prinz Xaver entschied sich somit gegen die Hochpreispolitik und gab die Richtung der angemessenen, relativ niedrigen Preisniveaus für die Meißener Produkte vor. Weniger als vier Monate zuvor hatte es in der von Helbig verfassten historischen Übersicht noch eine klare preispolitische Positionierung der Manufakturkommissare gegeben, die eine Herabsetzung der Preise ablehnten und tendenziell die Meißener Produkte auf konsequent hohen Preisniveaus sehen wollten. Aber offenbar war der Bruch mit Helbig so groß, dass der Urheber mitsamt seiner Preisstrategie nicht mehr tragbar war und somit auch diese Leitlinie im Grundsatz verworfen wurde.

Die zur umfassenden Untersuchung beauftragte Manufakturkommission nahm ihre Arbeit auf, und einer der ersten Schritte war die Überprüfung der betrieblichen Zustände bei den Malern, Drehern und Formern. Die Angestellten hatten eine Fülle von Petitionen, Beschwerden und Anmerkungen eingereicht, die sehr häufig die Höhe der Stücklöhne und der Gehälter zum Argument hatten.[1080] Man klagte über „die durchgängig sehr schlechte Taxe in denen Geschirren", welche zudem eine „Wilkürliche und nach Affecten eingerichtete Taxe" sei und nichts mehr mit den Preisen früherer Zeiten zu tun habe.[1081] Darüber hinaus kamen eine

---

[1078] Vgl. AA I Aa 35, S. 150b–151.

[1079] AA I Aa 35, S. 151.

[1080] Vgl. AA I Aa 36, S. 111–117.

[1081] AA I Aa 36, S. 14.

Vielzahl von Missständen in der Manufaktur ans Tageslicht. Es häuften sich besonders die Beschwerden über den Geschirrschreiber Petzold, dem Angestellten, der die rohen Geschirre den Malern zum Bearbeiten zuteilen, die Ergebnisse bewerten und taxieren sollte und somit direkt verantwortlich war für die Auszahlung der Stücklöhne. Wie schon in den Jahrzehnten zuvor war die Person des Geschirrschreibers eine zentrale Komponente für die Verteilung der Arbeiten. Wer sich mit dem Geschirrschreiber gut stellte, bekam einfache oder besonders lukrative Arbeiten zugesprochen, ansonsten wurde man mit schwierigen und langwierigen Tätigkeiten oder gar überhaupt nicht mit Arbeit bedacht. Um die Gunst von Petzold zu gewinnen, musste man ihm ein „Geschenk" zu Neujahr machen in einer Größenordnung von drei oder vier Talern. Mitunter musste man Petzold monatlich „beschenken", um mit Arbeit versorgt zu werden, und manche Maler blieben 12 oder mehr Tage ohne Arbeit.[1082] Desweiteren konnte Petzold sich in der Gunst von Höroldt etablieren und streckenweise eigenständig die Malereiabteilung mit seinen dubiosen Praktiken führen. Nach seinem Belieben wurden Arbeitstaxen erhöht oder verringert, die von ihm erreichte Machtposition innerhalb der Malerei wurde zum großen Nachteil der Manufaktur ausgenutzt.[1083] Diese Praxis hatte zur Konsequenz, dass die Ermittlung der Herstellkosten für die Preiskalkulation erheblich verfälscht wurde. Mit einem untreuen Mitarbeiter wie Petzold an einer zentralen Stelle des Herstellungsprozesses konnte man sich der Richtigkeit der Rechnungen und Stücklohnangaben nicht sicher sein. Dass die bisherige Kalkulation in den Lohntaxen nicht optimal war, zeigte das Beispiel der einfachen Bemalung einer „Türken-Cöppgen", deren Taxe von 2 Groschen pro Stück sich fast 30 Jahre lang nicht verändert hatte.[1084] Man musste feststellen, „daß bey dem bißherigen Preiße für gedachte Türcken Cöpgen das Werck nicht bestehen kann".[1085] Die Systematik der Arbeitstaxen berücksichtigte nicht in vollem Umfange die Schwierigkeit oder die Qualität der Arbeit, sondern beruhte auf einer stark subjektiven Einschätzung der Arbeitsleistung.[1086] In solch einem System des Stücklohns häuften sich deshalb die Beschwerden der Arbeiter, die beklagten, nicht nach dem wahren Wert ihrer künstlerischen Arbeit bezahlt worden zu sein.[1087]

In einer ersten Reaktion zeigte sich die Kommission davon überzeugt, dass die Löhne der Angestellten hoch genug waren, um „sehr wohl" die Teuerungszeiten überstehen zu können.[1088] Man führte aus, dass kurz vor Beginn des Siebenjährigen Krieges im Jahre 1755 den damals im Stücklohn angestellten 172 Malern eine Verdienstsumme von 35.574 Talern und 3

1082 Vgl. AA I Aa 36, S. 14 und S. 17.

1083 Vgl. AA I Aa 36, S. 107b–108. Petzold selbst verteidigte sich, dass er besonders während der Kriegszeit die Taxen heruntergesetzt hatte, um in Zeiten geringer Arbeitsauslastung „aus Compassion" die Maler wenigstens mit Arbeit an Lagerware und Mittelgut zu versorgen, vgl. AA I Aa 38, S. 30b und S. 97–97b.

1084 Vgl. AA I Aa 36, S. 31. Türkencöppgen waren speziell für den türkischen Markt hergestellte henkellose Tassen. Türkische Händler orderten viele solcher Tassen in Meißen, 1732 insgesamt 2.000 Dutzend und 1734 insgesamt 3.000 Dutzend, vgl. Hofmann (1980a), S. 135 und S.138–139. Da im Islam die Nutzung von goldenen oder silbernen Gefäßen verboten war, erfreuten sich irdene Trinkgefäße traditionell großer Beliebtheit in diesem Kulturkreis, vgl. Weiß (1994), S. 10.

1085 AA I Aa 38, S. 294b.

1086 Vgl. AA I Aa 36, S. 116.

1087 Vgl. AA I Aa 38, S. 15.

1088 AA I Aa 38, S. 14b.

Groschen ausgezahlt wurde, was einem jährlichen Gehalt von ungefähr 206 Talern pro Kopf entsprach.[1089] Gegen Kriegsende erhielten 148 Maler im Stücklohn eine Lohnsumme von 39.961 Talern und 9 Groschen, was pro Kopf jährlich 270 Talern und einer Steigerung von ungefähr 31% gegenüber dem Jahr 1755 entsprach.[1090] Die Kommission errechnete, dass im Jahre 1755 insgesamt für die Unterhaltung der Malereiabteilung 45.920 Taler ausgezahlt wurden, acht Jahre später hingegen eine Summe von 59.976 Talern aufgewendet wurde.[1091] Und allein für den Vergleich zwischen den monatlichen Gehältern aller Angestellten von 1761 und 1764 lässt sich eine Steigerung von durchschnittlich 14% errechnen.[1092] Es hatte offensichtlich Lohnsteigerungen gegeben, doch hatte die Teuerung der Lebenshaltungskosten besonders während des Krieges möglicherweise die Lohnerhöhungen von 31% mehr als kompensiert. Zudem scheute man Lohnerhöhungen, sei es für einzelne Angestellte oder für bestimmte Gruppen, da man dann eine negative Beispielwirkung auf die übrigen Lohnforderungen befürchtete.[1093] Mit königlicher Resolution wurde im Juni 1764 das Lohnsystem in Meißen schließlich dahingehend umgewandelt, dass die meisten festen Tractamente nunmehr in Stücklohn umgewandelt wurden, während das Verbot der Feierabendarbeit abermals erneuert wurde. Der Geschirrschreiber Petzold war indessen in der Manufaktur nicht mehr tragbar und wurde entlassen.[1094]

In einem zweiten Schritt untersuchte die Kommission die weitergehenden Ursachen in Bezug auf den allgemein unbefriedigenden Zustand des Betriebs und auf die vielfach angezeigten Missstände. Man kam rasch zu dem Schluss, „daß der größte Theil derer dermahlen eingebrachten Beschwehrden eine Folge des letzten Krieges“ war.[1095] Viele Probleme schienen noch aus der Zeit des Krieges zu resultieren. Insbesondere die dringend benötigten Vorräte und Rohstoffe erreichten die Manufaktur gar nicht oder mit erheblicher Verspätung. Da auch während des Anrückens der preußischen Truppen die Brennöfen zerstört wurden, mussten diese anschließend erst wieder aufgebaut werden. Problematisch war auch in Kriegszeiten die „gehemmte Communication“ mit der Niederlassung in Dresden, da aufgegebene Porzellanbestellungen mit erheblicher Verzögerung die Manufaktur erreichten, genauso wie Anweisungen aus Meißen mit großem Zeitverlust in Dresden ankamen.[1096] Dadurch litten unweigerlich die Produktion und der Umsatz der Manufaktur in Meißen. Bei den verzögerten Rohstofflieferungen konnte die Kommission Abhilfe schaffen, indem neue Lieferantenverträge geschlossen wurden, um den Vorrat an Rohstoffen und Materialien zu sichern und auf der Einkaufsseite grundsätzlich bessere Konditionen herauszuholen als bisher. Ein langfristiger Liefervertrag für das Kaolin über 6 Jahre wurde am 18. Februar 1764 abgeschlossen,

1089 Vgl. AA I Aa 38, S. 15b, eigene Berechnungen.

1090 Vgl. AA I Aa 38, S. 16b, eigene Berechnungen.

1091 Vgl. AA I Aa 38, S. 18.

1092 Vgl. AA I Aa 39, S. 79–95, eigene Berechnungen.

1093 Vgl. AA I Aa 38, S. 305b.

1094 Vgl. AA I Aa 41, S. 32 und AA I Aa 50, S. 2.

1095 AA I Aa 38, S. 308b.

1096 Vgl. AA I Aa 38, S. 308b.

welcher der Manufaktur jährlich bis zu 1.200 Zentner des benötigten Rohstoffs sicherte.[1097] Um die Profitabilität zu stärken, wurde der Verkauf von unbemalten guten Geschirren eingestellt, um diese Porzellane durch die Meißener Maler nachträglich bemalen zu lassen und im Wege dieser zusätzlichen Wertschöpfung die Verkaufsmarge anheben zu können.[1098] Um dem Porzellandiebstahl stärker Einhalt gebieten zu können, schlug die Kommission vor, sämtliches Brac Porzellan unter den Angestellten der Manufaktur zu verteilen, wobei der Weiterverkauf ohne Einverständnis der Manufakturkommission unter Strafe gestellt wurde. Alljährlich sollte in einer großen Verteilungsaktion unter Anwesenheit der Kommission das Brac an die Manufakturisten verteilt werden.[1099] Die Kommission verpflichtete sich schließlich, öfters als bisher zu tagen und die notwendigen Entscheidungen zu treffen, die allesamt „in pleno nach reifflicher Überlegung der Sache" erfolgen sollten.[1100] In Bezug auf die bestehende Rechnungslegung der Manufaktur zeigte sich, dass auch 45 Jahre nach den ersten konkreten Forderungen einer besseren Buchführung im Jahre 1719 durch Steinbrück die Verhältnisse immer noch nicht zufriedenstellend waren. Die Forderung lautete, das Rechnungswerk des Meißener Betriebes in einen besseren Zustand zu bringen, sowohl für die Buchhaltung als auch für die Stückrechnung der Porzellane. Denn aufgrund der lückenhaften rechnungstechnischen Vorgänge konnte selbst der Landesfürst „bishero niemahls eine Gewißheit von denen Porcelain-Schätzen haben können, sondern alles nur jedes mahl nach Vermuthung angesaget worden".[1101]

Im dritten und letzten Schritt erfolgte die Beantwortung der vom König aufgeworfenen Fragen in Bezug auf die Absatzseite der Manufaktur. Verantwortlich bei dieser Aufgabe zeigte sich erneut Helbig, der zwar als Direktor der Manufaktur entmachtet war, aber nach wie vor die höchste kaufmännische Kompetenz aller Kommissionsmitglieder hatte und immer noch mit der Oberaufsicht für den Handel ausgestattet war.[1102] So wurde Helbig von seinen übrigen Kollegen in der Manufakturkommission damit beauftragt, auf die in der königlichen Resolution angesprochenen Punkte zu reagieren. Da nur ihm „allein die beste Kenntniß" in kaufmännischen Aspekten zugesprochen wurde, konnte die Detaillierung der preispolitisch relevanten Punkte nur durch ihn erfolgen.[1103]

Neben allgemeinen Gedanken zum Vertrieb der Porzellane und zum Wettbewerb im Markt[1104], konzentrierte sich das Dokument von Helbig vom 15. März 1764 auf die zu ver-

---

[1097] Vgl. AA I Aa 39, S. 1–4. Man sicherte sich ab, indem man Vertragsstrafen bei einem geringeren Bedarf als 1.200 Zentner ausschloss und eine Mindestabnahmemenge von 500 Zentnern pro Jahr vereinbarte. Wurden noch die Transportkosten und sonstige Aufwandspositionen zumeist von der Manufaktur bezahlt, wälzte man nun diese Kostenposition auf den Lieferanten ab. Zudem verpflichtete man den Lieferanten, Investitionen in die Bergwerke zu tätigen und neue Stollen zu erschließen, um den Vorrat an Kaolin langfristig zu erhalten. Der Zentner „weiße Erde" kostete nun 2 Taler und 8 Groschen, eine Steigerung von ca. 16% gegenüber dem letzten Liefervertrag.

[1098] Vgl. AA I Aa 38, S. 309–309b.

[1099] Vgl. AA I Aa 38, S. 304–304b.

[1100] AA I Aa 38, S. 309b.

[1101] Vgl. AA I Aa 41, S. 8b.

[1102] Vgl. AA I Af 9, S. 40b.

[1103] AA I Aa 38, S. 307b.

[1104] Vgl. die weiteren Ausführungen in den Kapiteln 3.4.2., 3.4.3. und 3.5.2.

folgende Preisstrategie. Helbig blieb seiner schon zuvor geäußerten Linie der Hochpreispolitik auch in dieser Analyse treu. Besonderes Augenmerk legte er auf die eigentlichen Umsatzträger im Meißener Produktportfolio, den verschiedenen bunt bemalten Kaffee- und Tee-Geschirren und den einfachen Porzellanstücken wie Tassen, Tellern und Schalen. Diese sogenannten „ordinairen“ Porzellane waren es, die von den Geschäftskunden im In- und Ausland in starkem Maße nachgefragt wurden. Helbig war der Meinung, in diesem Zusammenhang sei es

> *„frey zu bekennen, daß solches ordinaire Guth in Gegenhaltung der darauf zu wendenden schweren Kosten vor der hand wohlfeiler füglich nicht verkauffet werden könne“.*[1105]

Bei dem herrschenden Preisniveau schien die Manufaktur ihre Kostenstruktur noch decken zu können, aber Helbig offenbarte, dass der Spielraum für eine Preissenkung besonders bei den stark nachgefragten Umsatzträgern nicht mehr vorhanden war. Die Verkaufsmarge zum damaligen Zeitpunkt garantierte im Wesentlichen die Kostendeckung und ein Minimum an Profit, jedoch keine weitergehenden Preisanpassungen. Einen gewissen Preisdruck bekam die Manufaktur dadurch, dass man sich den Forderungen nach Lohnerhöhungen der Angestellten ausgesetzt sah, was eine Absenkung der Verkaufspreise nicht ermöglichte. Am Beispiel der Türkencöppgen war bereits gezeigt worden, dass bei einer Verringerung der Preise die Manufaktur nur schwer bestehen konnte. Hier spielte sicherlich auch der stark geführte Wettbewerb mit den konkurrierenden Manufakturen im Bereich der niedrigpreisigen Gebrauchsporzellane eine Rolle, der spätestens nach Ende des Siebenjährigen Krieges auch in einen Preiswettbewerb mündete.[1106] Etwas verschont von diesem Preiswettbewerb war man zwar mit den hochpreisigen Repräsentationsporzellanen, den Tischaufsätzen und schmuckhaften Vasen und Figuren. Die Nachfrage hier konzentrierte sich aber auf vermögende Abnehmer, die in der unmittelbaren Nachkriegszeit tendenziell mit derartigen Käufen zurückhaltend waren.[1107] Schwache Umsätze, sinkende Nachfrage im hochpreisigen Marktsegment der repräsentativen Porzellane, verstärkter Preiswettbewerb und abnehmende Verkaufsmargen im umsatzträchtigen Segment der Gebrauchsporzellane begrenzten somit den preisstrategischen Optionenraum der Meißener Manufaktur.

Eine laut Helbig verfehlte Absatzpolitik hatte dazu geführt, dass der Betrieb in Meißen über wenig Vorräte an den ordinairen Porzellanen verfügte und diese erst wieder langwierig Stück für Stück herstellen musste.[1108] Zudem hatte man während der preußischen Besatzung erhebliche Entnahmen aus den Warenlagern dulden müssen, was die Menge der verfügbaren Porzellane erheblich reduziert hatte. Um die Produktion wieder stetig hochfahren zu können und die benötigten Kapazitäten für die Herstellung derjenigen Porzellane zu sichern, welche die Umsätze stützen und heben konnten, sah Helbig keine Möglichkeit für eine Verringerung der Preise. Erst sollte im Wege von profitablen Preisen die Tätigkeit in Meißen auf eine solide

---

1105 AA I Aa 39, S. 110b.

1106 Vgl. Kapitel 3.5.2.

1107 Vgl. AA I Aa 39, S. 112.

1108 Vgl. AA I Aa 39, S. 111b.

finanzielle Basis gestellt werden, bevor weitere preispolitische Schritte unternommen werden konnten. Denn wenn

> *„der Ertrag des Profits sich vermehret, als dann erst dürffte über diminuirung derer Preiße, und ob dergl. nach Beschaffenheit der zu solcher Zeit mit einschlagenden Umständen, und des Befindens anderer fabriquen statt finden könne, oder nicht, zu deliberieren seyn".*[1109]

In seiner preispolitischen Überzeugung versuchte Helbig konsequent an einer Strategie der hohen Preise festzuhalten, die den Ertrag in Meißen sichern und die Finanzkraft wiederherstellen sollten. Erst nach Wiedererstarken des Betriebes und unter Berücksichtigung der dann vorherrschenden externen Umstände, besonders der Wettbewerbssituation, konnte man über eine Preissenkung nachdenken. Zuvorderst war ihm daran gelegen, die betriebliche Tätigkeit wieder in sichere und profitable Bahnen zu lenken. Eine Verschleuderung der Manufakturpotenziale durch Ansetzung von niedrigen Preisen kam für ihn nicht in Frage, da der Betrieb dann keine Aussicht auf Profitabilität gehabt hätte. Weiterhin sprach gegen eine Absenkung der Preise, dass die für den Manufakturbetrieb erforderlichen Rohstoffe und Materialien sich während der Kriegszeit verteuert hatten und ein Rückgang dieser Kosten in absehbarer Zeit nur sehr langsam und sukzessive vonstatten gehen würde.[1110] Auch war für Helbig die Preiskommunikation sehr wichtig, denn man konnte nicht ernsthaft in Erwägung ziehen, die Preise zu senken, während gleichzeitig „die Materialien und Perfectionnirung der Waaren mehr Geld kosten", was unweigerlich falsche preispolitische Signale und Erwartungen bei Wettbewerbern und Käufern ausgelöst hätte im Falle von tatsächlich fallenden Löhnen und Materialkosten.[1111] Da auch die Meißener Manufaktur erhebliche Kosteneinsparungen, wo es möglich war, getätigt hatte oder im Begriff war durchzuführen, schien in der kurzen Frist das Festhalten an hohen und profitablen Preisniveaus die einzige nennenswerte strategische Option zu sein.

Die sich schlecht verkaufenden repräsentativen Porzellane sammelten sich hingegen mehr und mehr in den Warenlagern an. Helbig bemerkte, dass für diese lagernden Porzellane ein besonderer kalkulatorischer Umgang vonnöten sei. In solchen Produkten würden

> *„doch schwerer Aufwand und Kosten, welche ein ansehnliches Capital ausmachen, darinne stecken, wovon nach kaufmännischer Methode, wenn das Werck bestehen soll, das Interusurium mit in Anschlag kommen muß".*[1112]

Hier wurde die Notwendigkeit der Einbeziehung der Kapitalzinsen in die Kalkulation aufgeführt. Mit dem sogenannten Interusurium, den Zwischenzinsen, musste die Zeit zwischen der anfänglichen Investition für das aufgewendete Kapital zur Herstellung der Porzellane bis hin zum Zeitpunkt der tatsächlichen Geldeinnahme durch den Verkauf der Stücke kalkulatorisch berücksichtigt werden. Die Einbeziehung der Kapitalkosten bei der Preiskalkulation war

1109 AA I Aa 39, S. 111b.

1110 Vgl. AA I Aa 39, S. 112.

1111 Vgl. AA I Aa 39, S. 112.

1112 AA I Aa 39, S. 112.

zwar keine gängige Praxis zur damaligen Zeit, war aber dennoch in gewissen Bereichen bekannt und wurde auch angewendet.[1113]

Besonders prominent wurde der absatzorientierte Gedanke einer auf Erfolg ausgerichteten Manufakturführung herausgestellt. Helbig war überzeugt, dass kein Werk bestehen könnte, wenn es nicht den Marktaspekt hinreichend berücksichtige und den Wünschen der Kunden nachgehe:

> *„Die Natur des Negotii bringt es so mit sich, daß keine fabrique, und also auch die Porcellain Manufactur, ohne Abzug ihrer Waare, sie sey so trefflich als möglich, nicht subsistiren könne. Soll sie Abzug haben, so muß man sich nach der im Schwung gehenden Mode, dem Geschmack des Publici (...) richten".*[1114]

Helbig brachte eine einfache kausale Beziehung auf den Punkt: Ohne Umsätze konnte kein Werk bestehen. Und Umsätze konnten nur erzielt werden, wenn man Ware verkaufte, die den Geschmack der Nachfrager traf. Dies galt besonders für die Porzellanmanufaktur, die in hohem Maße von Modewellen in Form, Farbe und Dekor abhängig war. Helbig war sich zudem bewusst, dass man mit qualitativ hochwertigen Produkten allein nicht bestehen konnte. Die Porzellane konnten auch noch so perfekt, hochwertig und reich bemalt und verziert sein – trafen sie nicht die Kundenbedürfnisse in Mode und Stil, war der Umsatz der Manufaktur gefährdet. Die vielen Angestellten innerhalb der Manufaktur konnten ihr künstlerisches Handwerk bis zur Vollkommenheit beherrschen, aber ihre Werke dennoch keinen Anklang bei den Käufern finden.[1115] Hier wurde zum ersten Mal auch ein gewisser Bruch mit dem traditionellen kaufmännischen Credo vollzogen, welches seit der Renaissance bestand. Es herrschte die Überzeugung, dass ein Produkt technisch und qualitativ hochwertig genug sein musste, damit es sich gut verkaufen ließ.[1116] Eine Einbeziehung von Absatzinstrumenten wie Preis- oder Produktstrategien schien vor diesem Hintergrund nicht nötig. Die im wahrsten Sinne des Wortes „meisterhafte" Produktion allein war Garant für Verkäufe und Profitabilität. Helbig machte nun darauf aufmerksam, dass eine Produktion ohne Einbeziehung der Marktseite wenig erfolgreich sein würde. Trends, Modewellen, Geschmack und künstlerische Stilrichtungen konnten besonders bei einem künstlerisch hochwertigen Produkt wie Porzellan nicht mehr ausgeblendet werden. Helbig machte die Notwendigkeit der marktorientierten Betriebsführung unmissverständlich klar: „Verstößt man darinnen, so ists ein Hauptfehler der fabrique".[1117] Die Befriedigung der Kundenwünsche stand vor fast 250 Jahren also genauso im Fokus wie heute. Es wird jedoch noch zu zeigen sein, dass die Meißener Manufaktur aber genau diesen Hauptfehler der mangelnden Markt- und Kundenorientierung beging.

[1113] Vgl. die Ausführungen unter Kapitel 2.2.4. Helbig sprach von „kaufmännischer Methode", was auf einen gewissen gewohnheitsmäßigen Aspekt innerhalb der kaufmännischen Tätigkeit hindeutet.

[1114] AA I Aa 39, S. 115.

[1115] Vgl. AA I Aa 39, S. 115b.

[1116] Vgl. Kapitel 2.2.3.

[1117] AA I Aa 39, S. 115.

Die ausführliche preispolitische Argumentation von Helbig wurde abgerundet mit einem Vorschlag zur Reformierung der damals bestehenden Preise. Für eine Liste von 102 unterschiedlichen Porzellanen in verschiedenen Malereiausführungen und in der Qualität Gut und teilweise auch in Mittelgut, wurden bestehende und intendierte neue Preise angegeben. Bei der Liste der Porzellane handelte es sich fast ausnahmslos um „kurrente" Gebrauchswaren, also Schüsseln, Terrinen, Tassen und den vielen weiteren Umsatzträgern der Manufaktur.[1118] Es lassen sich aus diesen archivalischen Beständen einige interessante Schlussfolgerungen ziehen, da die Preisliste für die Porzellane sowohl zwischen alten und neuen Preisen, zwischen den Preisen für die Geschäfts- und Privatkunden und zwischen den beiden Qualitäten Gut und Mittelgut differenzierte.

Helbig blieb seiner zuvor postulierten Sichtweise, auf Preissenkungen nicht zurückgreifen zu wollen, treu. Im Gegenteil, in den Dokumenten der Preisliste lässt sich eine allgemeine, wenngleich auch moderate Preiserhöhung nachweisen. Dabei erkennt man, dass Helbig stärker die Zahlungsbereitschaft der Geschäftskunden ausschöpfen wollte als diejenige der Privatkunden, da die Preiserhöhung für diese Kundengruppe etwas höher ausfiel. Helbig hatte argumentiert, dass die wichtigste Kundengruppe nicht mit allgemeinen und pauschalen Preissenkungen belangt werden konnte.[1119] Die Porzellanhändler hatten ein Interesse, ein genügend hohes Preisdelta zu halten zwischen ihren eigenen Einkaufspreisen und den tatsächlichen Verkaufspreisen an die Endkunden. Denn war dieses Delta sichergestellt, konnten die Porzellanhändler zu geringeren Preisen einkaufen und ihren eigenen Weiterverkauf so gestalten, dass am Ende eine auskömmliche Marge verblieb. Solange also die Manufaktur eine gewisse Preisdifferenz erhalten konnte, blieb der Zwischenhandel mit Porzellan attraktiv. An solch einem Zwischenhandel hatte die Manufaktur selbst ein Interesse, da gerade die Händler einen überdurchschnittlich hohen Anteil der Manufakturumsätze ausmachten.[1120]

[1118] Diese Preisliste unter AA I Aa 39, S. 159–169.

[1119] Vgl. Kapitel 3.4.3.

[1120] Vgl. Kapitel 3.4.3.

Tabelle 3-4: Vorgeschlagene Preisanpassungen für ausgewählte Porzellane 1764

	Blau gerippt	Blau glatt	Blaue „Teutsche" Blumen	Braun gerippt	Braun glatt
Geschäfts-kunden	+15%	+14%	+15%	+22%	+22%
Privat-kunden	+9%	+9%	+8%	+10%	+12%

	Gelbbraun gerippt	Gelbbraun glatt	Weiß belegt mit Indianischen Blumen	Weiß belegt mit Weinlaub	Glatt mit weißem Rand und bunten Blumen*
Geschäfts-kunden	+21%	+20%	+11%	+11%	+18%
Privat-kunden	+13%	+14%	+9%	+4%	-

- ∅ Preiserhöhung alle Sorten Gut Privatkunden: +10%
- ∅ Preiserhöhung alle Sorten Gut Geschäftskunden: +17%

* Mittelgut

Quelle: AA I Aa 39, S. 159– 169, eigene Berechnungen

So ist zu erkennen, dass für zehn verschiedene Malereiausführungen die Änderungen gegenüber den bestehenden Preisen für die Privatkunden im Durchschnitt um 10% höher ausfielen, während die Preisanpassungen für die Geschäftskunden in der Spitze mit bis zu +22% angesetzt wurden. Helbig bestätigte sein Vorhaben, in der Phase des Wiederaufbaus und der Neuorganisation des Betriebes nach dem Krieg die Deckung der Herstellungskosten zu sichern durch Verteidigung und sogar Erhöhung des bisherigen Preisniveaus. Wie weiter oben ausgeführt worden ist, war in der kurzen Frist die Verteidigung der bestehenden Preisniveaus und die selektive Preiserhöhung für Helbig das beste Instrument, um den Meißener Betrieb möglichst schnell auf eine profitable und finanziell sichere Basis stellen zu können. Dass dabei von den Geschäftskunden noch am ehesten eine stärkere Ausschöpfung der Zahlungsbereitschaft angenommen wurde, lag in der Argumentationslinie von Helbig. Dieser hatte erkannt, dass die traditionelle Kundengruppe der Adeligen und wohlhabenden Standespersonen aufgrund der Kriegswirren ihre Ausgaben für Luxusgüter merklich zurückgefahren hatte.[1121] Eine „Refinanzierung" der Meißener Manufaktur durch profitable Verkäufe an Einzelkunden schien Helbig deshalb nicht die richtige Strategie zu sein, so dass er den Schwerpunkt der Preiserhöhungen auf die Porzellanhändler legte. Diese konnten eine höhere Abnahmemenge garantieren als die Privatkunden und scheuten einen höheren Bruttopreis kaum, da die ausgehandelten Rabatte in diesem Geschäft stets Vorteile bei den Nettopreisen boten. Die allgemeine Preisanpassung nach oben für Privat- und Geschäftskunden wurde flankiert durch die Bestrebung, die Spreizung zwischen diesen beiden Preisen zu verringern, ohne die Differenz aber komplett abzubauen. Eine Verminderung der Differenz zwischen diesen beiden Preisen zugunsten der Privatkunden war möglicherweise darauf gerichtet, die Umsätze im Einzelkundengeschäft tendenziell wieder etwas attraktiver zu gestalten. Eine Verringe-

[1121] Vgl. Kapitel 3.4.3.

rung der Spreizung bedeutete, dass der Spielraum der Verkaufsmarge, welche die Porzellanhändler für ihre Weiterverkäufe ansetzen konnten, sich verkleinerte. Der Raum zur Arbitrage wurde von Helbig lediglich etwas eingeschränkt, der Kauf im Einzelhandel wurde hingegen relativ vorteilhafter.[1122]

Aus der Feder von Helbig sind weitere Aspekte feststellbar, welche die Produkt- und Preisgestaltung der Meißener Manufaktur betrafen. Erstmals wurde durch die Liste die ungemein hohe und variantenreiche Produktvielfalt des Meißener Porzellanangebots auch in all ihrer Komplexität ersichtlich. Schon in vorhergehenden Produkt- und Inventurlisten war erkennbar, dass die Manufaktur eine Vielzahl von Porzellanen herstellte und dabei an Variantenreichtum kaum zu überbieten war. Die Preisliste vom 8. Mai 1731, unter der Anleitung von Hoym und dem Kammerkollegium erstellt, sah noch eine Einteilung in fünf unterschiedliche Malereiarten vor.[1123] Mit der Preisliste von Helbig wurden die Porzellanprodukte nunmehr nach insgesamt 17 unterschiedlichen Malereiarten unterteilt. Gleiche Porzellanstücke wurden in unterschiedlichen Bemalungen hergestellt und diversifiziert, sei es, dass sie in einer einzigen Farbe bemalt wurden, das aufgemalte Blumenmuster mit heimischen oder fernöstlichen Blumen bestückt war oder es sich um Ozier oder Neu-Ozier Muster handelte.[1124]

Diese Tatsache sollte auf der einen Seite das künstlerische und technische Vermögen der Meißener Manufakturisten verdeutlichen. Eine derart diversifizierte Produktpalette sollte die Vormachtstellung des sächsischen Betriebs im Vergleich zu seinen Konkurrenten untermauern. Das Selbstverständnis der Meißener Manufaktur verlangte es geradezu, eine möglichst hohe und ausgefeilte Produktpalette anbieten zu können. Die künstlerische Leitung der Malerei und Bildhauerei unter zwei Künstlern eines Formats wie Höroldt und Kaendler konnte sich auch nicht mit weniger zufrieden geben. Auf der anderen Seite brachte diese hohe Produktdiversifizierung auch erhebliche preisstrategische Implikationen mit sich. Die Diversifizierung ermöglichte es nämlich, eine ganze Reihe von strategischen Preispunkten und -lagen abzudecken.[1125] Eine Tasse konnte mit bis zu 14 unterschiedlichen Malereiausführungen ein breites Spektrum an Zahlungsbereitschaften ausschöpfen. Ein potenzieller Käufer mit einem limitierten Budget konnte somit besser als zuvor seine optimale Produktkombination finden. Diese strategische Abdeckung von Preispunkten wird verdeutlicht durch den Vergleich der teuersten Porzellane in Helbigs Preisliste:

[1122] Vgl. auch Tabelle 5-8 im Anhang.

[1123] Vgl. AA I Aa 15, S. 62–67.

[1124] Dabei (französisch: osier = Korb-Weide) handelte es sich um bestimmte Muster, die als Relief angebracht wurden und ein Korbflechtmuster nachahmten, vgl. ausführlich Campbell (2006), S. 178–179.

[1125] Siehe zu den Implikationen der Preisstrukturpolitik auch Diller (2008), S. 277.

Abbildung 3-5: Strategische Abdeckung von Preispunkten für Privatkunden bei ausgewählten Porzellanen 1764: Terrinen

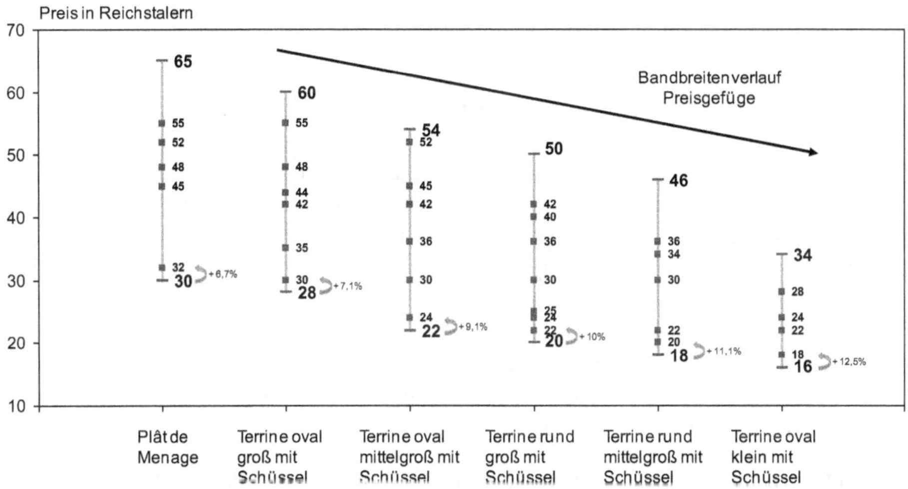

Quelle: AA I Aa 39, S. 159– 169, eigene Berechnungen

Abgebildet sind für den Verkauf an Privatkunden sechs Produktgruppen der Kategorie Gut und ihre jeweiligen Produktausprägungen. Die hochpreisigen Terrinen wurden nicht nur in unterschiedlichen Größen und Formen angeboten. Sie erhielten auch unterschiedliche Malereien, die für ein möglichst breites Preisspektrum sorgten. Ein jeder Preispunkt entsprach einer Malereiausführung, angefangen von der günstigen glatten Blaubemalung (so z.B. für 22 Taler für die mittelgroße ovale Terrine mit Schüssel) bis zur teuersten Bemalung im Neu-Ozier Muster mit goldenem Rand und bunt bemalten Blumen (für 54 Taler für die gleiche Terrine). Mit dieser Preisstrategie konnte man nahezu die gesamte Bandbreite der Zahlungsbereitschaften ausschöpfen. Potenziellen Kunden wurde so die Entscheidung zum Kauf in gewisser Weise erleichtert, da die Preissetzung, obwohl sie sich in sehr hohen Regionen bewegte, dennoch eine flexible Bandbreite vorsah und prinzipiell jedem Kundenbudget angepasst wurde. Ein Käufer konnte mit einem Budget von beispielsweise 30 Talern nicht nur eine Porzellanvariante kaufen, sondern im gewählten Beispiel der Terrinen unter insgesamt 20 Stücken entscheiden. Zudem bestanden sogenannte „Upselling" Pfade, die in die Preisstruktur der Porzellane eingearbeitet waren.[1126] Diese Mechanismen sollten einen Kunden, der sich für bestimmte Formen und Muster entschieden hatte, dazu verleiten, eventuell doch die nächste und damit höherwertige Preis- und Produktkategorie zu wählen. Da sich die Präferenzen eines Kunden im persönlichen Verkaufsgespräch in den Porzellanniederlagen bis zu einem gewissen Umfang beeinflussen ließen, ergab sich diese Möglichkeit des Verkaufs von höherwertigen Produkten in höheren Preislagen. So ist zu erkennen, dass zwischen dem Einstandspreis mit der einfachsten Malerei und dem Preis für die nächsthöhere Malerei

[1126] Zum Thema des Upselling, vgl. Diller (2008), S. 278 und Müller (2004), S. 254–255.

immer 2 Taler Preisunterschied angesetzt wurden. Die beiden einfachsten Malereiarbeiten für das Porzellan wurden somit preislich eng beieinander gesetzt, mit dem optisch relativ geringen Unterschied von 2 Talern. Wer also die kleine ovale Terrine mit Schüssel für 16 Taler kaufen wollte, der wurde mit einem relativ geringen Preissprung von 11% auf 18 Taler mit der nächstbesseren Malereikategorie „angelockt". Für die runde mittelgroße Terrine gab es einen Sprung um 10%, bis schließlich die beiden teuersten Porzellane einen Sprung von lediglich 7% aufwiesen zwischen den beiden einfachsten Malereiarbeiten. Diese Strategie lässt sich für alle im Beispiel angegebenen Porzellane nachweisen. Im konkreten Fall der „plât de menage"[1127] und der Terrinen ist in wirkungsvoller Weise der gesamte Preisraum zwischen 65 und 16 Taler abgedeckt worden. Darüber hinaus ist der Bandbreitenverlauf des gesamten Preisgefüges in sich stimmig konzipiert worden: Jeder Preispunkt bildete die tatsächlichen Wert- und Größenabstufungen der einzelnen Produktausprägungen richtig ab. So war es unmöglich, dass beispielsweise die große ovale Terrine in der teuersten Bemalung weniger kostete als die nächstkleinere Kategorie der ovalen mittelgroßen Terrine in der gleichen Bemalung. Produktgröße und Malereiwert spiegelten sich somit in ihren unterschiedlichen Abstufungen in den Preispunkten korrekt wider. Negative Kannibalisierungseffekte durch derart ausbalancierte Preisgefüge wurden damit wirksam unterbunden.

Doch nicht nur mit den gerade betrachteten hochpreisigen Porzellanprodukten in der Größenordnung von bis zu 65 Talern wurde derart verfahren. Auch im niedrigpreisigen Bereich lassen sich analoge Schlüsse ziehen aus der Preisliste von Helbig.

Für das Preisspektrum von 16 Groschen bis hin zu 3 Talern und 12 Groschen hatte die Manufaktur Gebrauchsporzellane wie Kaffee-, Milch- und Teekannen im Angebot. In diesen niedrigen Preisregionen waren die Umsatzträger der Manufaktur zu finden, die vielen kleinen und größeren Gebrauchsgeschirre, welche nicht nur für höfische Tafeln hergestellt wurden, sondern durchaus einen erweiterten Käuferkreis hatten. Dieses Segment war besonders stark umkämpft, da die Manufaktur mehr und mehr mit verstärktem Wettbewerb zu tun hatte.[1128] Zuvor wurde schon betont, wie wichtig das niedrigpreisige Segment der Gebrauchsgeschirre von den Manufakturverantwortlichen erachtetet worden war. Die Waren sorgten für Umsatz und Auslastung der Produktionskapazitäten, stellten die am stärksten nachgefragte Warengruppe im wichtigen Vertriebskanal der Geschäftskunden dar und sorgten weiterhin für vergleichsweise stabile Verkäufe, besonders während den Messen in Leipzig. Sich dieser Bedeutung bewusst, schlug Helbig in seiner Preisliste eine noch stärkere und feinere Abdeckung der Preispunkte im unteren Bereich an. Für das Anbieten von Kaffee, Milch oder Tee verfügte die Manufaktur über insgesamt 48 unterschiedliche Arten von Kannen. Allein für den Bereich der Teekannen konnte die Manufaktur insgesamt 19 Produktvariationen anbieten, mit einem Einstiegspreis von 16 Groschen (2/3 Taler) für die günstigste ganz kleine Teekanne bis hin zur großen Teekanne in der teuersten Bemalung zu 2 Talern. Erkennbar war die Bestrebung von Helbig, mit einer relativ feinen Unterteilung der Teekannen in fünf unterschiedliche Größen die Produktvariation noch weitreichender zu gestalten und somit die Zahlungsbereitschaften besser ausschöpfen zu können. Wie für die Terrinen im hochpreisi-

---

[1127] Eine zumeist in der Mitte der Tafel stehende, oftmals prunkvoll gestaltete Zierplatte.

[1128] Vgl. Kapitel 3.5.2 und Kapitel 3.5.3

gen Fall wurden auch im Niedrigpreissektor für jedes Porzellanstück besonders weite Preisspannen angeboten. Die kleinste Teekanne mit der wertvollsten Malerei konnte für das Doppelte der gleichen Teekanne mit der einfachsten Malerei erworben werden. Ähnliches ergibt sich auch für nahezu alle anderen Produkte, mit Ausnahme der Kaffeekannen, welche offensichtlich mit Preisen um 3 Taler schon eine wichtige psychologische Grenzmarke überschritten und eine etwas geringere Preisspanne hatten. Letztlich ist auch in diesem betrachteten Beispiel für den Niedrigpreissektor der Preisraum von 16 Groschen bis hin zu 3 Talern und 12 Groschen durch die gewählte Preisstrategie wirksam abgedeckt worden. Und auch hier spiegelte der Verlauf der Preispunkte die Bandbreite in Produktgröße und Malereiwert richtig wider.

Abbildung 3-6: Strategische Abdeckung von Preispunkten für Privatkunden bei ausgewählten Porzellanen 1764: Kaffee-, Tee- und Milchkannen

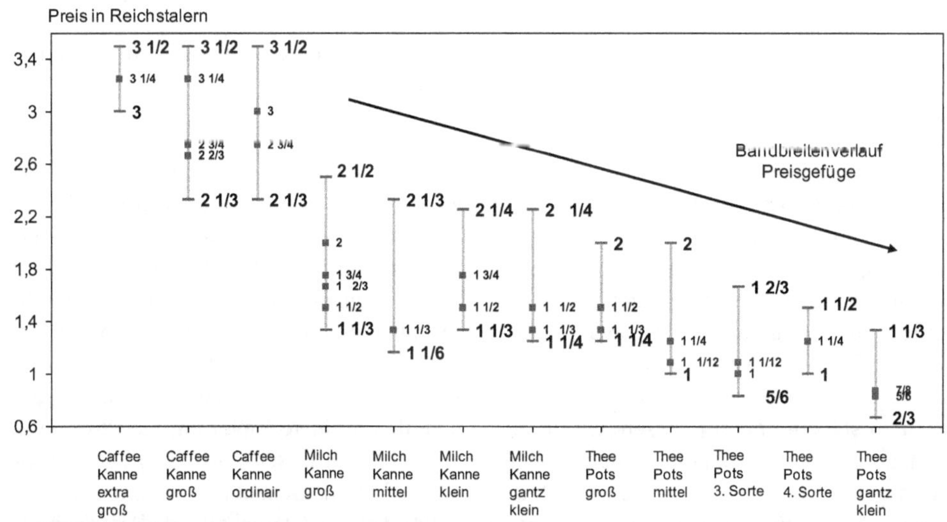

Quelle: AA I Aa 39, S. 159–169, eigene Berechnungen.
Anmerkung: Die Angabe von Bruchzahlen erfolgt, um eine einheitliche Darstellung der Groschen in Taler-Beträgen zu ermöglichen.

3.3.12 Die Reformjahre 1763/1764 – Preispolitische Umwälzungen

Am 22. Mai 1764 erging ein Reskript des Regenten Xaver, welches sich eingehend mit den bis dato erbrachten Untersuchungsergebnissen auseinandersetzte und weitreichende betriebliche Entscheidungen und Anordnungen beinhaltete.[1129] In erster Linie hielt Xaver an den

[1129] Vgl. AA I Aa 40, S. 1–14. Die Anordnungen dieses Reskripts zusammen mit demjenigen vom 13. Mai 1764 bildeten eine derart nachhaltige Zäsur für die wirtschaftliche und preispolitische Entwicklung der Manufaktur, dass man für das Jahr 1764, wie zuvor das Jahr 1731, von einem wirklichen Reformjahr sprechen kann.

bisherigen Führungskräften fest, mit Direktor von Nimptsch, dem Co-Direktor von Fletcher, dem Legationsrat Ernst und dem Kammerrat von Heynitz. Der Regent autorisierte die Direktion zudem, alle notwendigen Maßnahmen, die keiner separaten königlichen Entscheidung bedurften und welche die Vermehrung der Ausgaben nicht nach sich zogen, sofort eigenständig zu treffen.[1130] Für Helbig, dessen Position innerhalb der Manufaktur seit November 1763 sehr schwach geworden war, blieb nun definitiv kein Platz mehr, so dass sein Ausscheiden aus der Manufaktur mit diesem Reskript als endgültig angesehen werden konnte.[1131] Aufgrund seiner Verdienste während des Siebenjährigen Krieges entließ man ihn auf ehrenvolle Art und Weise und gestand ihm einige kaufmännische Privilegien zu. Ihm wurde erlaubt, auf eigene Rechnung in Leipzig und Dresden Meißener Porzellane in Kommission zu verkaufen mit einem Rabatt von 3%, wobei die Manufaktur darauf achten sollte, dass Helbig „in seinem Verkauf gleiche Preise mit der Manufactur ohne Einbuße" halten konnte.[1132] Helbig schied auch dadurch als Pächter der Manufaktur aus, die er während des Siebenjährigen Krieges gepachtet hatte. Fürst Xaver ordnete deshalb an, die zuvor von Helbig aufgrund seiner Verschuldung geforderten jährlichen 12.000 Taler zu gewähren.[1133] Weitere Personalien betrafen den bisherigen Inspektor Auenmüller, der von Haustein ersetzt wurde, und den bisherigen Justitiar der Manufaktur, Lorenz, der von dem Kreisamtsmann Ferber ersetzt wurde.[1134]

Was das Berichtswesen des Betriebes anbetraf, musste dem Regenten und der Kurfürstin Maria Antonia in allen Bereichen, „was den mechanischen Umtrieb des Wercks, den Geschmack, die Art und die Menge derer zu fertigenden Waaren" anbetraf, Bericht erstattet werden, genauso wie monatlich Auszüge über Gewinn und Verlust an beide und das Kammerkollegium übersendet werden mussten.[1135] Dies kann als eine Maßnahme angesehen werden, um die Manufaktur, die sich in den letzten Jahrzehnten aus der unmittelbaren fürstlichen Verfügungsgewalt etwas entzogen hatte und gewisses Maß an Selbstständigkeit gewonnen hatte, wieder enger in die Hand des Hofes zu führen. Um die kaufmännischen Tätigkeiten zu stärken und auf bessere Grundlagen zu stellen, ordnete Xaver an, die Position des Buchhalters für den Manufakturbetrieb neu ausschreiben zu lassen und einen „geschickten und in guten Ruf bey auswärtigen Kaufleuten, da möglich, in Bekanntschaft und Credit stehenden" Kaufmann zu engagieren, der bis zu 1.000 Taler Jahresgehalt erhalten durfte.[1136] Erstmals in der Geschichte der Manufaktur wurden auch Frauen in der Manufaktur eingestellt, vornehmlich Ehefrauen und Töchter der schon angestellten Manufakturisten. Hinter dieser Maßnahme standen beileibe keine Aspekte der Geschlechter- und Chancengerechtigkeit, sondern einzig und allein profitorientierte Gedanken,

[1130] Vgl. AA I Aa 40, S. 10b.

[1131] Vgl. AA I Aa 40, S. 1b. Helbig verblieb aber noch im Wirkungskreis der Manufaktur bis Ende des Jahres 1764.

[1132] AA I Aa 40, S. 4b und S. 5b.

[1133] Vgl. AA I Aa 40, S. 5.

[1134] Vgl. AA I Aa 50, S. 2.

[1135] AA I Aa 40, S. 3–3b. Nahezu alle Angelegenheiten der Manufaktur wurden durch Xaver geführt. Von Kurfürstin Maria Antonia, die zumeist Erlaubnisscheine für Besuchsanfragen der Manufaktur unterzeichnete, haben sich keine bedeutenden Dokumente oder Entscheidungen erhalten, vgl. AA I Af 9, S. 43b.

[1136] AA I Aa 40, S. 10.

„(...) da die Arbeit, so durch Weibspersonen verrichtet wird, allemahl wohlfeiler als diejenige, so Mannspersonen verfertigen, ausfället (...)“.[1137]

In Bezug auf das Arkanum verlangte Xaver eine „klügliche Behandlung“.[1138] Das Geheimnis um die Herstellung des Porzellans durfte fortan nur einheimischen sächsischen Personen mitgeteilt werden, welche sich durch ihre besonderen chemischen und mechanischen Kenntnisse auszeichneten. Auf keinen Fall durfte das ganze Arkanum einer Person eröffnet werden, sondern es sollte stets nur einer Person jeweils ein Teil anvertraut werden. Die Anstellung von Arkanisten konnte nur mit königlicher Genehmigung durchgeführt werden.[1139] Ausdrücklich erlaubt wurde, wenn auch in geringem Umfang, der Austausch von Arbeitern unterschiedlicher Abteilungen. In den Brennräumen durften sich fortan ausgewählte und besonders geschickte Maler und Dreher aufhalten. Man hatte erkannt, dass zumindest die Konstruktion und Technik der Brennöfen kein Geheimnis mehr waren, da die Konkurrenzbetriebe in Wien und Berlin ähnlich gebaute Öfen verwendeten. Somit konnten Maler und Dreher ihre Verbesserungsvorschläge für den Brennvorgang einbringen und wurden nicht unter dem Verweis auf die Geheimniswahrung zurückgewiesen. Durch diese Verbesserung in der betrieblichen Kommunikation wurde es möglich, Fehler beim Einsetzen und Herausnehmen der Geschirre aus den Öfen zu vermindern, was wesentlich zur Produktqualität und Verminderung von Fehlbränden beitragen sollte.[1140]

Was die preispolitischen Maßnahmen betraf, entschied sich Xaver für eine radikale Neuorientierung. Die zuvor von Helbig aufgeworfenen Punkte der kaufmännischen Kalkulation und der Absatzorientierung der Produktion griff der Regent in seinem Reskript vom 22. Mai 1764 wieder auf. Der Verkauf hatte fortan stärker den kaufmännischen Regeln und Gepflogenheiten Folge zu leisten, als dies bisher der Fall gewesen war: „Es ist nehmlich die Debitirung ganz und gar kaufmännisch zu behandeln“.[1141] Auch zum Thema der Preiskalkulation gab der Fürst den Manufakturverantwortlichen seine Anordnungen:

„Die Preiße derer Waaren bestimmet ihr also, daß, nach Errechnung derer Verfertigungskosten, das Risico bey der Verfertigung sowohl, als der Versendung und Wiedereinziehung derer Gelder, annoch ein hinreichender, nach dem Geschmack und der Neuigkeit der Waaren abzumeßender, Gewinn, welcher jedoch mehr in dem häufigem Debit, als in der Vertheuerung des Fabricati zu suchen, übrig bleibe“.[1142]

Es zeigt sich, dass Xaver als preispolitische Leitlinie in der Kalkulation die Kostenorientierung anordnete. Es waren die Herstellungskosten zu kalkulieren, wobei sich das Reskript ausschwieg, in welcher Art und Weise dies zu bewerkstelligen war: Kein Hinweis auf eine Voll- oder Teilkostenrechnung, kein Hinweis auf die weiter ungelöste Problematik der Einbeziehung der Gemeinkosten in die Kalkulation, keine Anordnung, ob eine Form der Divisi-

1137 AA I Aa 41, S. 32b. Man zahlte den Frauen oft nur ein Drittel der Männerlöhne, vgl. Rückert (1990), S. 25.

1138 AA I Aa 40, S. 10b.

1139 Vgl. AA I Aa 40, S. 10b.

1140 Vgl. AA I Aa 41, S. 33b und S. 36 und AA I Aa 41, S. 86b.

1141 AA I Aa 40, S. 3b.

1142 AA I Aa 40, S. 4.

onskalkulation für Produktgruppen vorgenommen werden sollte oder ob eine Einzelkalkulation für jedes Porzellanprodukt durchgeführt werden sollte. Grundsätzlich ist aber in diesem Reskript die Abkehr von einer markt- oder nachfrageorientierten Preiskalkulation festzustellen, die auch in den nachfolgenden Jahren bei der Manufaktur nicht mehr durchgeführt wurde und letztlich ihre „Hochphase" in den 1730er Jahren erlebte unter der Regie des Faktors Chladni. Was jedoch in die Preiskalkulation mit einfließen musste, war das allgemeine Herstellungsrisiko. Helbig hatte noch das Interusurium, die Zeit zwischen der Zahlung für das aufgewendete Kapital zur Herstellung der Porzellane bis hin zum Verkauf der produzierten Stücke, als notwendiges Element in der Preiskalkulation ins Spiel gebracht. Xaver hingegen erwähnte in seinem Reskript das Risiko „bey der Verfertigung", was eher auf die Einbeziehung der Fehlbrände während der Herstellung schließen lässt. Xaver ordnete auch die Einbeziehung einer Risikokomponente für mögliche Ausfälle während des Versands der Ware und für etwaige Zahlungsausfälle seitens der Kunden an. Diese Bestandteile der Preiskalkulation waren teilweise schon bekannte Elemente, wie die Berücksichtigung der Fehlbrände, teilweise aber neue Aspekte, wie die Risikoberücksichtigung bei verlustreichem Versand oder die Ausfälle der Manufaktur bei entgangenen Zahlungen.

Neu war auch in Bezug auf die Setzung der Verkaufsmarge die explizite Berücksichtigung der Neuartigkeit von Porzellanen. Nach der Berechnung der Herstellungskosten sollte eine hinreichende Marge gesetzt werden, die nun aber eine gewisse Flexibilität haben durfte, je nachdem, ob das Porzellanstück neu in den Produktkatalog aufgenommen worden war und ob es den allgemeinen Trend in Stil und Kunstrichtung der Nachfrager besonders gut traf. Das Reskript machte zu dieser neuen Flexibilität in der Margensetzung keine weiteren Angaben, weder was als hinreichend angesehen wurde, noch welche Höhe für die Verkaufsmarge der aktuellen und modischen Porzellane angesetzt werden sollte. Dies konnten die schon mehrfach erwähnten Gebrauchsgeschirre sein, die der Manufaktur den Umsatz garantierten. Aber es konnten auch neuartige Malerei- oder Reliefmuster in der Herstellung sein, die als neuartige und hochaktuelle Dekore mehr Marge einbringen konnten als Porzellane aus vergangenen Produktionsjahren. Dadurch war es möglich, die tendenziell höhere Zahlungsbereitschaft bei Kunden, die solche „Pionierprodukte" bevorzugten und gewillt waren, als erste solche Porzellane zu kaufen, besser ausschöpfen zu können. Die Chance, Neues besitzen zu können, unterlag durch diese preispolitische Maßnahme einem Preispremium und musste vom Kunden in Form einer höheren Verkaufsmarge „bezahlt" werden. Xaver mahnte jedoch gleichzeitig an, das Instrument der höheren Verkaufsmarge mit Bedacht zu benutzen und damit keine allgemeine Preiserhöhung der Produkte durchzuführen. Wie schon mehrfach an anderer Stelle angemerkt, war es eine preisstrategische Überzeugung der damaligen Zeit, die Profitabilität nicht in möglichst gewinnoptimalen Preisen für einzelne Produkte zu suchen, sondern in der höheren Umschlagshäufigkeit von verhältnismäßig günstigen Waren.[1143] So ordnete der Regent an, die Profitabilität der Manufaktur durch verstärkte Verkäufe und dadurch höhere Umsätze zu suchen als in der Erhöhung der Preise. Konsistent mit dieser preisstrategischen Leitlinie war auch der angeordnete produktionstechnische Schwerpunkt auf die Herstellung von „currenten" Porzellanen. Von diesen Produkten sprach Xaver, „als

[1143] Vgl. auch die Ausführungen in Kapitel 2.2.4.

auf welche zum Aufnehmen der Manufactur das Absehen ohnehin hauptsächlich zu richten" sei.[1144]

Bestrebt zeigte sich der Fürst, ein allgemeines Gleichgewicht zwischen den Geschäfts- und Endkundenpreisen zu bewahren. Die von Xaver intendierte neue Preispolitik sah nämlich eine erhebliche Stärkung der Geschäftstätigkeit mit den Porzellanhändlern vor, die ohne Zweifel auch erhebliche Implikationen im Endkundengeschäft mit sich brachte:

> *„Es ist nehmlich Unsere gnädigste Absicht hierunter allenthalben dahin gerichtet, daß jeder Negociant zum Vertrieb der Porcelaine-Waaren durch den dabey findenden Vortheil ermuntert, zugleich aber, durch feststellung der Concurrenz zwischen den Verkäufern, die Preiße derselben in der behörigen Maße herabgehalten werden".*[1145]

Die Unterstützung der Geschäftskunden sollte im Wege einer vorteilhaften Preisgestaltung erfolgen, die den Händlern den notwendigen Spielraum bot für Arbitrage- und Weiterverkaufsgeschäfte. Hier wurde Helbigs Vorschlag, die Preise für Geschäftskunden zumindest nicht in übermäßigem Maße abzusenken um ihnen dadurch nicht die Geschäftsgrundlage zu entziehen, wiederaufgenommen. Zugleich erhoffte sich Xaver durch den Wettbewerb der Porzellanhändler untereinander, dass sich die Endverkaufspreise für die Meißener Produkte auf einem niedrigeren Niveau einpendeln würden. Dadurch sollte die Manufaktur nicht mehr dazu gedrängt wurde, ihrerseits Preissenkungen durchführen zu müssen, da sie auf die Preiswirkungen des Wettbewerbs der Händler untereinander spekulierte.

Ebenfalls als Maßnahme zur Verbesserung der Umsätze wurde eine mögliche weitere königliche Resolution angedacht, welche die „überhand genommene häufige Verschenkung derer Porcelaine-Waaren" einschränken sollte.[1146] Für die königlichen Nutzungen sollte ein Warenlager in Dresden angelegt werden, das einzig den höfischen Bedarf decken sollte. Dazu sollte dem Hof ein Verzeichnis der neusten und besten Porzellane übersendet werden, aus denen dann nach Auswahl durch die Hofmitglieder die Bestellungen getätigt wurden. Diese königlichen Bestellungen sollten ohne Nachteil für den eigentlichen Porzellanhandel, der stets Vorrang hatte, und ohne Nachteil für die Porzellanvorräte in den Warenlagern erfolgen. Xaver wollte in diesem Verzeichnis nicht die Herstellungskosten der Manufaktur angegeben wissen, sondern die Porzellane mit denjenigen Preisen, wie sie auch im regulären Vertrieb verlangt wurden.[1147] Damit wurde ein wichtiger Schritt zur Eindämmung des königlichen Privilegs eingeläutet, die Porzellane entweder zum Vorzugspreis oder ganz unentgeltlich bestellen zu können. Diese Anordnung sollte auch die sogenannte „Porzellan-Diplomatie"[1148] begrenzen, welche der Meißener Manufaktur zwar einen hohen Imagegewinn einbrachte, jedoch gleichzeitig auch beachtliche Einnahmeverluste bescherte und zudem erhebliche Verwerfungen im Porzellanmarkt für die Händler bedeutete, da oftmals solche Geschenke

---

[1144] AA I Aa 40, S. 11.

[1145] AA I Aa 40, S. 5b.

[1146] Vgl. AA I Aa 40, S. 6b.

[1147] Vgl. AA I Aa 40, S. 7.

[1148] Vgl. ausführlich zum Thema der „Porzellandiplomatie" Cassidy-Geiger (2007), Wittwer (2007), Schwartz/Junger (2007) und Braun (2007), allgemein zum diplomatischen Geschenkwesen Falcke (2006).

weiterverkauft wurden und dadurch den Porzellanmarkt belasteten. Doch trotz aller vorbildlichen Verordnungen konnte man nicht vollends auf die jahrzehntelange Praxis verzichten. Denn für den Zeitraum vom 1. Juli 1764 bis Jahresende 1765 wurden Porzellanlieferungen an den Hof im Wert von 10.578 Talern und 12 Groschen unentgeltlich versendet.[1149] Für das Jahr 1766 wurden gar 24.214 Taler und 12 Groschen für königliche Bestellungen und Geschenke verzeichnet.[1150] Der buchhalterische Umgang mit den königlichen Lieferungen war dabei seit jeher recht uneinheitlich geregelt worden. Innerhalb der kameralistischen Buchführung der Manufaktur erfolgte der Ausweis der königlichen Bestellungen weder in den zahlungswirksamen Einnahmen noch in den Ausgaben. Die Porzellanlieferungen an die Landesherrschaft und die abzuführenden Abgaben an die Rentkammer wurden erst vom sich ergebenden Überschuss aus zahlungsrelevanten Einnahmen und Ausgaben abgezogen. Dadurch wurden diese Positionen als eine Art Sonderposten außerhalb der eigentlichen Betriebstätigkeit behandelt. Damit wurde die tatsächliche wirtschaftliche Tätigkeit jedoch verfälscht, da den Porzellanlieferungen für ihre Herstellung Ausgaben aus der Manufakturkasse gegenüberstanden, jedoch keine entsprechende Zahlungseinnahmen.[1151] So sind allein für den Zeitraum von 1764 bis 1773 Zahlungen und Lieferungen von insgesamt über 316.000 Talern an die Landesherrschaft zu verzeichnen, wovon 56% oder 176.368 Taler auf unentgeltliche Porzellanlieferungen an die Fürsten Xaver, Friedrich August III. und ihren Hofstaat entfielen, während die direkten Barzahlungen 44% ausmachten und insgesamt 139.734 Taler betrugen.[1152]

Erstmalig findet sich auch ein Hinweis für Preisbündelung bei der Manufaktur. In der Resolution vom 3. August 1764 ging Xaver kurz auf eine offensichtlich nicht gängige, dennoch offenbar durchgeführte Verkaufspraxis der Manufakturdirektion ein:

> *„[Wir] mißbilligen (...) zwar nicht, daß ihr [die Manufakturdirektion], wie Uns hinterbracht worden, bißhero die Abnehmer des ordinairen Guts zu Übernehmung einer Parthie bunten Geschirres zugleich zu bewegen gesucht, und kan solches, wenn dergleichen Personen sich darzu freywillig verstehen wollen, auch in Zukunft gehalten werden. Dahergegen würde zu der Manufactur äußersten Nachtheil gereichen, wenn solche Bedingung irgend jemand aufgedrungen, oder auch nur jedermann ohne Unterschied angesonnen würden (...)“.*[1153]

Aus dem fürstlichen Reskript ist nicht klar erkennbar, ob es sich um eine typische Preisbündelung im heutigen Sinne handelte. Dafür fehlen weiterführende Informationen wie Preisniveau, Angebotskonzeption und Verkaufsmodalitäten. Dass es dennoch strategisch motivierte Bündelangebote bei der Manufaktur gegeben hat, ist unstrittig. Denn die Direktion versuchte

---

1149 Vgl. AA I Aa 50, S. 1b.

1150 Vgl. AA I Aa 50, S. 147b.

1151 Diese buchhalterische Praxis kann mangels weiterführender archivalischer Nachweise nicht für sämtliche königlichen Bestellungen angeführt werden. Doch ist dies wohl die übliche Vorgehensweise gewesen, so auch geschehen mit den Bestellungen bspw. in den Jahren 1765 und 1766, vgl. AA I Aa 50, S. 6 und AA I Aa 50, S. 134 und S. 147b.

1152 Vgl. Abbildung 5-15 im Anhang.

1153 AA I Aa 40, S. 146.

offenbar, die stark nachgefragten ordinairen Produkte mit den weniger nachgefragten farbigen Porzellangeschirren zu kombinieren und Kunden ein derartig geschnürtes Bündelangebot anzubieten. Dadurch sollte die geringere Nachfrage für bunte Geschirre mit der vorhandenen hohen Zahlungsbereitschaft für die ordinairen Porzellane kompensiert werden, um durch eine derartige Bündelung den Verkauf des wenig nachgefragten Porzellans sicherzustellen. Besonders nach dem Siebenjährigen Krieg hat es auf den Leipziger Messen derartige Angebotsbündel gegeben.[1154] Unklar ist, in welchem Ausmaß die Entscheidung der Käufer über das Bündelangebot konditioniert wurde, da die Angebotsauswahl durch die Kunden anscheinend nicht immer freiwillig geschah und man auch auf Zwangsbündelung setzte. Weiterführende Hinweise auf eine Bündelung der Angebote haben sich in den historischen Archiven nicht nachweisen lassen. Die Vermutung liegt nahe, dass der Meißener Betrieb im betrachteten Zeitraum des 18. Jahrhunderts und frühen 19. Jahrhunderts eine derartige Preisstrategie nicht regelmäßig verfolgt hat. Dafür spricht auch der ablehnende Grundton von Xaver, der in der Bündelung der Produkte einen Nachteil für die Manufaktur sah.

Was die grundsätzliche Leitlinie zur Preisstrategie betraf, hatte sich Xaver in seinen bisherigen Resolutionen nicht eindeutig festgelegt. Weder unterstützte er den konsequenten Kurs der Hochpreispolitik von Helbig, noch genehmigte er Herabsetzungen der Verkaufspreise für die Produktpalette in Meißen. Bisherige Maßnahmen des Landesherrn zielten auf eine ausgewogene Kalkulationsmethodik ab, die zwar genügend Raum für Profitabilität lassen sollte, aber im Kern als Basis für die Gewinnsteigerung eher die Umschlagshäufigkeit vorsah statt die Preisoptimierung. Da Helbigs Einfluss in der Manufaktur durch seine Absetzung stark vermindert wurde, verlor die Hochpreisstrategie zudem ihren stärksten Befürworter auf Direktionsebene, so dass sich innerhalb der Manufaktur und der Landesregierung mehr und mehr die Position der Preisherabsetzung und Niedrigpreispolitik diffundieren konnte.

Die angeordnete preispolitische Entscheidung für die Warenpreise im Warschauer Warenlager bestätigte, dass sich Preissenkungen wachsender Beliebtheit unter der Manufakturführung erfreuten. Die polnische Niederlassung, unter König August dem Starken 1731 gegründet, hatte für die Meißener Manufaktur nach Ende des Siebenjährigen Krieges keine nennenswerte Bedeutung mehr.[1155] Es wurde der Buchhalter Johann Jacob Frantz beauftragt, ein Gutachten anzufertigen über die zu verfolgende Preispolitik in Polen. Dieser empfahl eine Preisreduktion in einer Größenordnung von bis zu 33% auf die Meißener Porzellane in Polen.[1156] Nach Durchsicht dieses Gutachtens durch Co-Direktor von Fletcher kam man zu der Empfehlung, dass eine Herabsetzung der polnischen Preise um 25% bis 33% der beste Weg

---

[1154] Vgl. AA IV9 19, S. 15–15b.

[1155] Diese Verkaufsfiliale sollte die politischen Ambitionen von August dem Starken in Polen unterstützen und den polnischen Adel noch stärker an ihn binden. Meißener Porzellan wurde häufig als diplomatisches Geschenk verteilt, und der polnische Adel deckte sich oft mit den Erzeugnissen der Manufaktur ein. Mit Verlust der polnischen Krone entfiel die Notwendigkeit, Meißener Porzellan innerhalb einer ständigen Niederlassung zu vertreiben, vgl. zur Etablierung der Niederlassung Kapitel 3.4.2 und Kisluk (2007), S. 37.

[1156] Vgl. AA I Aa 41, S. 103b. Als ein Grund für die Preissenkung wurde genannt, dass dadurch „der zu befürchtende Vertrieb des Wiener Porzellans gehemmt würde". Offensichtlich bestand auch im polnischen Markt ein Wettbewerb mit der Wiener Manufaktur, den man offensiv angehen wollte durch Unterbietung der Verkaufspreise der österreichischen Produkte.

sei, um den dortigen Vertrieb zu befördern und die Verkäufe zu erhöhen.[1157] Von Fletcher ging einen Schritt weiter und empfahl,

> *„daß überhaupt auch hier [in Meißen] die Minderung derer von dem Cammerrath Helbig gegebenen Preißen in Figuren und Grouppen, zu welchen sich wenig Liebhaber sowohl, als zu Galanterie-Stücken finden, ebenfalls vortheilhaft seyn dürfe. Alle auswärtige Fabriquen richten vorzüglich ihr Augenmerk mehr hierauf, als auf das currente Guth, bey welchem wenig Gewinn ausfällt".*[1158]

Von Fletcher zeigte sich als Befürworter von relativ signifikanten Preissenkungen. Die noch unter der Regie von Helbig festgelegten Verkaufspreise waren Ausdruck der Überzeugung, mit einer Strategie der konsequenten Vermeidung von Preissenkungen die Deckungsbeiträge der Meißener Manufaktur zu schützen. Wie dargestellt wurde, sollte erst die Profitabilität der Verkäufe sichergestellt werden, danach konnte über eine Verminderung der Preise nachgedacht werden. Für die gangbaren Porzellanwaren sah Helbig ohnehin keinen Spielraum für Preisanpassungen nach unten, da die Kostenstruktur der Meißener Manufaktur dies nicht erlaubte. Nur durch diese preispolitische Disziplin ließ sich laut Helbig ein finanzielles Wiedererstarken nach den Kriegswirren erreichen. Nun ergab sich jedoch für die Gegner einer solchen Strategie die Chance, gerade diese von Helbig festgelegten Preise abzusenken. Die Notwendigkeit, die Warschauer Niederlassung aufzugeben und die dort lagernden Waren schnellstmöglich zu verkaufen, verstärkte den Druck auf die Preise. Schleppende Verkäufe und zurückhaltende Nachfrager sorgten dafür, dass nicht nur für die polnische Dependance, sondern auch für die Manufaktur in Meißen eine Preissenkung anvisiert wurde. Von Fletcher sah besonders bei den hochpreisigen „nicht-kurrenten" Waren weiteren Spielraum zur Preissenkung, da diese Produkte im Gegensatz zu den Umsatzträgern eine höhere Verkaufsmarge aufwiesen, die man bereit war aufzuopfern. Dadurch, dass man mit einer Preissenkung dieser besonderen Porzellangruppe die Nachfrage ankurbeln wollte und die hohen Verkaufsmargen solche Abstriche offensichtlich zuließen, erhoffte man sich eine Erhöhung der Verkäufe bei gleichzeitiger Beibehaltung der Profitabilität, wenngleich auf niedrigerem Niveau. Zudem schien sich auch in diesem hochpreisigen Porzellansegment ein verstärkter Wettbewerb anzubahnen, was zusätzlichen preispolitischen Handlungsdruck implizierte. Im Zentrum der preispolitischen Bemühungen war jetzt das Augenmerk auf die Mengenkomponente der Umsatzseite gerichtet und nicht mehr auf die Preiskomponente. Es galt, Verkaufszahlen zu sichern, sich altmodischer Porzellane zu entledigen und die Warenlager graduell zu leeren. Es herrschte fast eine Abverkaufsstimmung, in welcher die Sicherung von Margen und Profitabilität keine Priorität mehr genoss.

Bezeichnenderweise erlaubte Fürst Xaver zwar die Preisabsenkungen für die polnischen Porzellane in einer Resolution vom 23. September 1764, überließ jedoch die allgemeine Preissenkung für die Porzellane in Meißen „der bewährten Einsicht und Beurtheilung" von Fletcher.[1159] Wahrscheinlich wollte Xaver von sich aus keine Preissenkung anordnen und die

---

[1157] Vgl. AA I Aa 41, S. 101–101b.

[1158] AA I Aa 41, S. 101b.

[1159] AA I Aa 41, S. 101.

Verantwortung hierzu an seine Manufakturdirektion weitergeben. Von Fletcher räumte ein, dass eine genaue Bestimmung des Umfangs der vorzunehmenden Preissenkung ohne Nachteile für die Manufaktur erhebliche Zeit und einiges Kalkulationsgeschick erfordere, „um nur einigermaßen denselben in Ansehung der Masse und übrigen zum Porcelain erforderlichen Materialien zu berechnen und zu überschlagen".[1160] Es wird an dieser Stelle deutlich, dass eine Preissenkung durchaus keine schnelle und einfache Maßnahme in der Durchführung war. Besonders musste der Umfang der Preissenkung, so genau wie es damals möglich war, berechnet werden, um ein Unterschreiten der Herstellungskosten für die einzelnen Porzellane zu verhindern.

Es lässt sich zeigen, dass innerhalb der Manufakturführung und letztlich auch beim Regenten selbst, die Abkehr von der bisherigen Hochpreispolitik eingesetzt hatte und fortan die grundsätzliche Preisstrategie auf eine Niedrigpreispolitik ausgerichtet war. Man konnte und wollte die Profitabilität fortan nicht mehr in der Preiskomponente suchen, wie es noch die Überzeugung des ehemaligen Direktors Helbig war. Man wollte verstärkt den Hebel der Mengenkomponente des Umsatzes bedienen und im Wege moderater Verkaufsmargen für die Porzellane die Anzahl und Häufigkeit der Verkäufe steigern. Dies sollte auch den Abverkauf von altmodischen Porzellanen in den Warenlagern erleichtern, genauso wie die Verminderung der Preise die Vertriebstätigkeit im In- und Ausland erhöhen sollte.[1161] Damit entschied sich die Manufaktur, in dem mittlerweile von starken Strukturen des Massenabsatzes und der Massenfertigung geprägten niedrigpreisigen Porzellansegment eine prominentere Rolle einzunehmen. Nicht zuletzt dachte man, mit einer aggressiven Preisstrategie der Vielzahl neuer und alter Konkurrenten beizukommen, um die Vormachtstellung des sächsischen Porzellans auf den Märkten zu untermauern. Die treibende Kraft hinter diesen aggressiven preispolitischen Plänen, Co-Direktor von Fletcher, legte eine große Energie zutage und drängte den eigentlichen Direktor von Nimptsch mehr und mehr zurück. Das Leitmotiv für von Fletcher war, in der Führung der Manufaktur „lieber viel zu riskieren als Stockungen eintreten zu lassen".[1162]

3.3.13 Harmonisierung, Transparenz und Kommunikation der Preise 1765

Die Umsätze schienen sich nach den umwälzenden Maßnahmen der Jahre 1763 und 1764 wieder zu stabilisieren.[1163] Die Manufakturkommission setzte alles daran, die Produktion und

---

1160 AA I Aa 41, S. 101b–102. Korrekterweise musste bei den Kalkulationen der Manufaktur auch die abzuführende Generalakzise mitberücksichtigt werden, die Xaver mit Resolution vom 10. August 1764 auf 6 Groschen pro umgesetztem Taler (ca. 2,1%) herabsetzte, vgl. AA I Aa 41, S. 137.

1161 Vgl. auch Kapitel 3.4.4.

1162 Vgl. AA I Af 9, S. 62b.

1163 Ein Grund für die guten Umsatzzahlen im Porzellangeschäft in dieser Zeit könnte der hohe Silberpreis und die Zwangseinlieferung von Silber an die Münze gewesen sein in den Perioden während und nach des Siebenjährigen Krieges. Große Bestände an solchen silbernen Geschirren wurden nicht nur durch den aufkommenden allgemeinen Modewechsel ersetzt, sondern mussten auch zur Stützung der Silberreserven und des Münzsystems an den Staat (zwangsweise) abgeliefert werden. Derartige Einlieferungsaktionen fanden 1759 in Frankreich statt, wo der König das Beispiel gab und seine Silberservices einlieferte. 1757 hatte schon Friedrich der Große

die Umsätze schnell zu erhöhen und den Betrieb unmittelbar nach den Kriegszeiten wieder auf Wachstumskurs zu bringen. Um die Verstärkung in der Produktion zu erreichen, wurden 1765 insgesamt 117 neue Manufakturisten eingestellt, hauptsächlich Maler und Formendreher.[1164] So erreichte die Meißener Manufaktur im Jahre 1765 ihre größte Mitarbeiterzahl seit ihrer Gründung, indem 734 Personen im sächsischen Betrieb arbeiteten.[1165] Mittlerweile beschäftigte die Manufaktur 1765 neben dem Hauptbuchhalter Franz dauerhaft zwei feste Buchhalter, Hummitzsch und Feller, die das Warenlager, den dortigen Verkauf, die Bestellungen, die Geschäfte während der Leipziger Messen und alle weiteren Handelsgeschäfte übernahmen.[1166] Aus dem neu eingerichteten „kleinen Warenlager" auf der Albrechtsburg, welches für den Detailverkauf bestimmt war, wurden zufriedenstellende Verkäufe insbesondere von Porzellan der Sorte Mittelgut vermeldet.[1167] Die Meißener Preispolitik sah offiziell noch immer ein Nebeneinander zwischen der Preisdifferenzierung und der Rabattgewährung vor. Die Unterscheidung zwischen dem Einzelhandels- und dem Großhandelspreis bestand genauso weiter fort wie die Gewährung entsprechender Rabattkonditionen für Händler. Zwar hatte Xaver das Rabatt- und Konditionensystem so weit reformieren lassen, dass die Notwendigkeit zur Differenzierung nicht mehr angebracht war.[1168] Im Einzelhandel bestand jedoch die Preisdifferenzierung weiter. So musste man feststellen, dass das für den Detailverkauf bestimmte Warenlager in Meißen öfters von Händlern aufgesucht wurde und dort erhebliche Missverständnisse aufkamen, welche Preisart denn nun im einzelnen Fall angebracht war, da die Geschäftskunden weiterhin auf die Gewährung ihrer bisherigen Preiskonditionen pochten.[1169] Die Manufakturdirektion erkannte die Erfordernis, eine Harmonisierung der Preisarten auch für den Detailverkauf einzuführen und schlug vor, fortan auf die Preisdifferenzierung zwischen Geschäfts- und Privatkunden zu verzichten. Diese Vereinheitlichung der Preisgestaltung sollte letztlich den Verkaufsprozess in sämtlichen Distributionswegen erleichtern und ein höheres Maß an Preistransparenz herstellen. Mit der Resolution vom 12. Juni 1765 kam Xaver dieser Forderung nach, welche faktisch die personengebundene Preisdifferenzierung abschaffte und im Geschäftskundensegment einzig und allein die Gewährung von Rabatten auf die nun verbleibende einzige Preisart vorsah, dem Preis für Privatkunden.[1170] Nach dieser Harmonisierung der Preisarten hielt es die Manufakturführung um von Fletcher und Heynitz für angebracht, einen weiteren Schritt in Richtung Preistransparenz durchzuführen. Nach der durchgeführten Harmonisierung

in Preußen anbefohlen, die Vermünzung der Silberservices voranzutreiben. An den Höfen und den hohen adeligen Kreisen in Paris und Berlin ist man sicherlich diesen Befehlen gefolgt, und die Silbergeschirre wurden mit Porzellan ersetzt, wodurch auch die Meißener Manufaktur profitierte, vgl. van Klaveren (1964), S. 173–174.

1164 Vgl. AA I Af 9, S. 47b.

1165 Vgl. AA I Aa 50, S. 10. Diese hohe Zahl an Angestellten ist erst wieder zu Beginn des 20. Jahrhunderts erreicht worden, vgl. Rückert (1990), S. 17.

1166 Vgl. AA I Aa 51, S. 78.

1167 Vgl. AA I Aa 51, S. 84 und vgl. Kapitel 3.4.3.

1168 Vgl. Kapitel 3.4.3 und 3.4.4.

1169 Vgl. AA I Aa 51, S. 85b.

1170 Vgl. AA I Aa 51, S. 84b.

„könnte sodann eine ordentliche Preiß-Nota hiesiger Porcellain-Sorten gedruckt, und an alle diejenigen, welche die Preiße zu wißen verlangen, geschickt werden“.[1171]

Es sollte somit die erste offizielle und für alle einsehbare Preisliste sämtlicher Meißener Porzellanprodukte erstellt werden. Dies bedeutete eine regelrechte Revolution im Vergleich zu den vorhergehenden Jahrzehnten. Zwar gab es ausführliche Preislisten schon seit den Jahren ab 1730 aus der Direktionszeit des Grafen Hoym, doch waren dies stets Listen gewesen, die nicht für die Allgemeinheit bestimmt und nicht als Absatzinstrument gedacht waren. Zu oft fürchtete man, die Veröffentlichung der eigenen Verkaufspreise würde der Vielzahl von Konkurrenzbetrieben ungewollte Einsichten und Informationen bieten bezüglich Kostenstrukturen und Produktpalette.[1172] Jetzt hingegen entschied man sich, die Preiskommunikation gegenüber den Nachfragern offen zu gestalten und die Preisliste allen Interessenten zukommen zu lassen. Diese Entscheidung zur verbesserten Preiskommunikation bedeutete aber auch, dass sich die Manufaktur nun endgültig für feste Preise entschied. Diese bestanden zwar auch seit den 1730er Jahren in Meißen[1173], doch es wurde gezeigt, dass der Verkaufspreis der Meißener Porzellane, wenn er nicht gerade frei verhandelbar war, so doch häufig gewissen Nebenabsprachen zwischen Käufern und Verkäufern unterlag. Die Entscheidung zum Druck einer offiziellen Preisliste sollte deshalb auch endgültig die festen Verkaufspreise in die Preispolitik der Manufaktur zementieren, so dass Preissenkungen lediglich durch ein konsequentes Rabatt- und Konditionensystem ermöglicht werden sollten.

Mit der Veröffentlichung der Verkaufspreise und deren aktiver Bekanntmachung bei den Kunden nahm man bewusst das Risiko in Kauf, weite Teile der bisherigen Kundschaft aus dem Geschäftskundenbereich zu düpieren. Nebenabsprachen und Sonderkonditionen, die öfters für Missmut bei benachteiligten Käufern und Händlern sorgten, kamen durch die Veröffentlichung der offiziellen Verkaufspreise ans Tageslicht und sorgten bei vielen Geschäftskunden für Irritationen.[1174] Deren Geschäftstätigkeit wurde durch Offenlegung der Meißener Verkaufspreise stark beeinträchtigt, da Endkunden fortan die Vorteilhaftigkeit ihres Einkaufs bei den Porzellanhändlern besser beurteilen konnten. Die Privatkunden verlangten mitunter von den Händlern, unter Verweis auf die Meißener Preisliste, die Einräumung der gleichen Konditionen. Da die Händler durchaus große Partien von Porzellan zu höheren Preisen in Meißen gekauft hatten, konnten sie mit den nun teilweise reduzierten Porzellanen aus der offiziellen Preisliste nicht mithalten. Mit dem Kommunizieren von Preisen in einer Liste setzte man in Meißen faktisch Höchstpreise für die Porzellane fest. Selbst wenn Kunden höhere Zahlungsbereitschaften aufwiesen für die Meißener Produkte, konnte kein höherer Preis gefordert werden. Man verzichtete somit auf den preispolitischen Spielraum und auf die Differenzierungsmöglichkeit, den eine nur intern genutzte Preisliste bot. Auch war die

[1171] AA I Aa 51, S. 86.

[1172] Die Berliner Porzellanmanufaktur KPM entschied sich deshalb bewusst lange Zeit gegen die Veröffentlichung einer Preisliste. Im gleichen Zeitraum sollten bei KPM in Berlin „die Preise der Waaren einem jeden, der sie wissen wollte, schriftlich und mündlich bekanntgemacht, aber aus erheblichen Ursachen dieselben noch nicht drucken lassen“, um der Konkurrenz keine Ansatzpunkte für die eigene Preiskalkulation zu geben und die bestehenden Preis- und Konditionensysteme nicht zu offenbaren, zitiert nach Hofmann (1980a), S. 135.

[1173] Vgl. AA I Aa 12, S. 80–81b.

[1174] Vgl. AA I Aa 51, S. 94b.

Veröffentlichung der Preisliste zu einem gewissen Teil ein Signal, das man an die Wettbewerber gab, indem man die eigene aktive und dominante Preisführerschaft untermauern wollte. Die Einführung der Preisliste kann ebenfalls als ein weiteres Signal angesehen werden, um besonders das Segment der Privatkunden durch die demonstrierte Preistransparenz wieder stärker und direkter an Meißen binden zu wollen. Die Veröffentlichung der Verkaufspreise hat sicherlich zu einem nicht unerheblichen Teil dazu beigetragen, dass die Meißener Manufaktur in den folgenden Jahrzehnten signifikante Rückgänge an regulären Verkäufen an die Geschäftskunden zu verzeichnen hatte.[1175] Für die Zeit des 18. Jahrhunderts war die Einsicht in die eigenen Verkaufspreise über weite Strecken noch immer eine verpönte Geschäftshandlung.[1176] Doch nach der Veröffentlichung der Meißener Liste zogen etliche Wettbewerber mit dieser Maßnahme gleich und gaben ihrerseits eigene Preislisten heraus.[1177]

Regent Xaver nahm mit Reskript vom 12. Juni 1765 den Vorschlag zur Veröffentlichung einer Preisliste an, nicht ohne vorher die Direktion der Manufaktur abermals auf die anzuwendende grundsätzliche preispolitische Leitlinie hinzuweisen:

> *„Hiernächst auch noch vor Publication obgedachter Preiß-Nota, die auf Verfertigung derer verschiedenen Geschirre zu verwendenden Kosten, so genau, als immer thunlich seyn will, zu eruiren, und sodann, mit Beybehaltung eines billigen Profits für die Churfürstl. Manufactur-Cassa die Preiße, besonders solcher Geschirre, welche bis hierher wenig Abzug haben, so viel möglich moderirt werden mögen, um deren Vertrieb desto beßer zu befördern“.*[1178]

Hatte sich der Fürst noch wenige Monate zuvor nicht eindeutig zu der Niedrigpreispolitik bekannt und lediglich eine Verminderung der polnischen Preise angeordnet, erging von ihm nun eine explizite Order, auch für die Meißener Produkte die Preise zu senken. Die Aufstellung der offiziellen Preisliste stellte die Gelegenheit dar, bei den Preisen eine grundsätzliche Änderung durchzuführen und sämtliche Porzellane billiger zu machen. Ziel war es, insbesondere auch den Umsatz der bisher nur schwach verkauften Porzellane zu erhöhen. Dabei sollte, wie schon in ähnlichen Resolutionen zuvor, auf die Profitmarge für die Manufaktur

---

[1175] Im Jahre 1775 wurde die öffentliche Preisliste als ein Grund für Umsatzrückgänge der Manufaktur angeführt, vgl. AA I Bo 2, S. 6, S. 26 und S. 82. Und noch 30 Jahre nach Einführung der Preisliste wurde diese Maßnahme als einer der entscheidenden Fehler der Direktion von Fletcher angesehen. In einem Artikel über die Geschichte der Meißener Manufaktur, erschienen im „Kaiserlich-privilegierten Reichsanzeiger“ vom 23. September 1805, wurden dem Direktor Fehlentscheidungen in bester Absicht unterstellt, die „aber auf gewöhnlichen, folglich irrigen kameralistischen Grundsätzen beruhten. Dahin dürfte die Bekanntmachung einer gedruckten Preiscourante (...) zu rechnen seyn“, vgl. Abdruck im Original unter AA I Bb 132, S. 15.

[1176] Als Beispiel sei der Kameralist Ludovici genannt, der in seinem umfassenden kaufmännischen Lexikon über die Herausgabe von Preisen und Konditionen an Geschäftskunden urteilte: „Man muß sich wohl in Acht nehmen, den Preiß, wofür man die Waare anderen Kaufleuten verkauft hat, zu sagen, und aus den Büchern sehen zu lassen“, Ludovici (1756), Sp. 422–423.

[1177] Vgl. Hofmann (1980a), S. 135–139. Allen europäischen Porzellanmanufakturen vorangegangen war die englische Fabrik in Chelsea, die 1755 eine Preisliste herausgab. Danach folgte die Manufaktur in Frankenthal, die unter dem Direktor Joseph Adam Hannong 1760 eine gedruckte Preisliste für Porzellane im Pariser „Journal de Commerce“ veröffentlichte, vgl. Heuser (1909). Für die Manufaktur Nymphenburg ist für 1767 eine Preisliste für Kaffee- und Teegeschirr nachgewiesen, die sich in ihrer Anordnung und vielfach sogar im Wortlaut nahezu vollständig an der Meißener Liste orientierte, vgl. Krafft (1997), S. 87 und Hofmann (1923b), S. 654.

[1178] AA I Aa 51, S. 84b.

zwar nicht verzichtet, dieser Profit aber „billig“ einkalkuliert werden. Zudem verlangte der Fürst abermals die Durchführung einer möglichst genauen kostenorientierten Preiskalkulation, wo immer diese durchführbar war. Auf weitere Angaben zum Verfahren, insbesondere was die bekannte Problematik der Voll- oder Teilkostenkalkulation anging, die Höhe der anzusetzenden Marge oder mögliche Abstufungen in den Preisniveaus der einzelnen Porzellane, ging Xaver nicht ein, und überließ diesen strategischen Aspekt Führungskräften in Meißen.

Die Kalkulationen und Überlegungen zur Bildung der ersten offiziellen Preisliste der Meißener Manufaktur sind archivalisch nicht mehr verfügbar. Insbesondere die Vorgehensweise der Preisbildung und die Erfassung der Herstellungskosten der Porzellane sind nicht mehr überliefert. Dennoch lassen sich wichtige Erkenntnisse aus der Analyse der Preisliste von 1765 ziehen, die in einigen Exemplaren bis heute erhalten geblieben ist. Eine neue Lohntaxe wurde im Sommer 1765 festgelegt, die auch gleichzeitig die Grundlage war für die neue Preisliste, die im September 1765 in den Druck ging.[1179] Am 18. September 1765 übersandte Direktor von Fletcher an den Regenten Xaver die ausgearbeitete Preisliste für die Gebrauchsgeschirre wie Teller, Schüsseln und Tassen.[1180] Die Erstellung hatte viel Mühe und Arbeit gekostet, und von Fletcher berichtete, dass alle Porzellane in der Preisliste

> *„auf das sorgfältigste überschlagen und mit Rücksicht aller Ausgabe nicht minder was vor jedes durch alle Classen an Arbeits-Lohn gezahlt wird, desgleichen ob im Feuer viel oder wenig ausfällt, soviel wie möglich im Preise herunter gesetzt worden“.*[1181]

Es wurde während der Kalkulation der Verkaufspreise also darauf geachtet, möglichst alle anfallenden Herstellungskosten zu berücksichtigen. Die Arbeitslöhne aller an der Wertschöpfung beteiligten Angestellten wurden ebenso beachtet werden wie eine Risikokomponente für das Ausmaß der jeweiligen Fehlbrände während der Herstellung. Trotz des Fehlens genauer Angaben zur Vorgehensweise in der Kalkulation kann davon ausgegangen werden, dass sich an der grundsätzlichen Systematik der Preisbildung und der Erfassung der Kosten seit dem bekannten Vorgehen der General-Taxe von 1731 nichts Grundlegendes geändert hatte. Gemäß der neuen preisstrategischen Linie der Niedrigpreispolitik und der Preisabsenkung wurden die Preise der Porzellane pauschal vermindert, soweit es im Rahmen der Erzielung eines verhältnismäßigen Profits möglich war. Insgesamt wies die Preisliste 3.087 einzelne Verkaufspreise auf, aufgeteilt in 36 Malereikategorien, die wiederum in weitere Unterkategorien aufgeteilt waren.

[1179] Vgl. HStAD 10026 Loc. 1346/06, S. 180.

[1180] Ein Exemplar der Preisliste von 1765 ist unter AA I Aa 51, S. 123–137 zu finden.

[1181] AA I Aa 51, S. 122.

Tabelle 3-5: Kennzahlen der Preisliste von 1765

Einzelpreise insgesamt Gut: 2480 Mittelgut: 607	Ø Verkaufspreis in Reichstaler	Median Verkaufspreis in Reichstaler	0,05 Perzentil Verkaufspreis in Reichstaler	0,95 Perzentil Verkaufspreis in Reichstaler	Ø Preisabschlag Mittelgut vs. Gut	Max Preis in Reichstaler	Min Preis in Reichstaler
3.087	**11,87**	**4,33**	**0,67**	**45,95**	**30%**	**248,75**	**0,167**

Quelle: AA I Aa 51, S. 123– 137, eigene Berechnungen

Wie die neue Preisstrategie es vorsah, gab es keine Preisdifferenzierung mehr in Privat- und Geschäftskundenpreise. Differenzierungen im Preis erfolgten nur noch auf Produktebene, indem die Qualität Gut und Mittelgut differenziert wurde, genauso wie einige weitere Produktmerkmale (z.B. weißer Rand oder bunter Rand, mit Mosaiken oder ohne) ebenfalls für eine preisliche Differenzierung herangezogen wurden. Der durchschnittliche Verkaufspreis aller Porzellane in der Liste betrug fast 12 Taler, wobei es eine erhebliche Schwankungsbreite zwischen den einzelnen Preispositionen gab. Dass dabei 90% aller Porzellane im Preis zwischen 0,67 und 45,95 Reichstaler angesetzt waren, zeugt von einer großen abgedeckten Bandbreite an Preispunkten. Der niedrigste Verkaufspreis betrug 4 Groschen für einen kleinen Teelöffel in der Qualität Mittelgut und in blauer Bemalung, den höchsten Preis hatte man mit 248 Talern und 18 Groschen für ein 25-teiliges Porzellanservice „Glatt mit Watteuischen Figuren zwey Parthien mit Mosaique" zu zahlen.[1182] Der Preisabschlag für das Mittelgut gegenüber dem Gut betrug im Durchschnitt 30%. Es lässt sich hier die Absicht erkennen, das Mittelgut mit einem recht konstanten Preisabschlag von nahezu einem Drittel gegenüber der guten Qualität zu versehen und das Mittelgut dauerhaft auf diesem niedrigen Niveau zu halten. Charakteristisch für die Verkaufspreise war die hohe Produktvielfalt, welche die Meißener Manufaktur anbot. 3.087 einzelne Preise für Gebrauchsgeschirre[1183] zeugten von einem sehr breiten Produktportfolio der Manufaktur, welche dadurch auch ihre technische, künstlerische und qualitative Vormachtstellung untermauern wollte. Es fanden sich die gleichen strategischen Ansätze wieder, die schon 1764 mit der damaligen Preisstruktur von Helbig eingeführt wurden.[1184] Vordergründig war dies eine weitestgehend breite und optimale Abdeckung von Preispunkten, um die vorhandene Zahlungsbereitschaft eines Kunden möglichst gut ausschöpfen zu können. Bei einer näheren Betrachtung zeigt sich, dass ein hochwertiges Porzellanprodukt wie die Terrine mit insgesamt 118 einzelnen Verkaufspreisen und Produktvariationen und einer Bandbreite von 14 bis 75 Reichstalern in den Verkaufspreisen abgedeckt wurde, was eine Preisspanne von nahezu 435% zwischen dem niedrigsten und dem höchsten Verkaufspreis bedeutete.

[1182] Vgl. AA I Aa 51, S. 123b und S. 133b.

[1183] Preise für Porzellane wie Figuren, Tiere, Vasen, Aufsätze und dergleichen mehr wurden separat ermittelt. Die Preisliste für diese Produktgruppe ist archivalisch nicht verfügbar gewesen.

[1184] Vgl. Kapitel 3.3.11.

Und analog zu dem Aufbau der Verkaufspreise von 1764 unter der Leitung von Helbig lassen sich Ansätze von Upselling-Pfaden in dem Preisgefüge erkennen. Die Terrine in der kleinsten ovalen Ausführung und der günstigsten Malerei hatte einen Preis von 14 Talern, der nächste Preispunkt für die Terrine mit der höherwertigen Malerei lag bei 15 Talern, was einem Preissprung von ungefähr 7% entsprach. Das gleiche Bild ergibt sich für die nächstgrößere Ausführung der Terrine in runder Form, deren Einstiegspreis bei 16 Talern lag und bei welcher die nächste höherwertige Malerei für 17 Taler zu haben war, einem Aufschlag von etwas mehr als 6%. Auch die Preisschritte für die anderen nächstbesten Malereiausführungen lagen mitunter im einstelligen prozentualen Bereich, wie der Schritt von 15 auf 16 Taler (6,7%) für die ovale kleine Terrine und der Preisschritt von 20 auf 20,5 Taler (2,5%) für die runde mittlere Terrine zeigen. Ähnliche Preisabstufungen der Eingangspreise lassen sich auch für fast alle anderen Terrinen erkennen mit Ausnahme der großen ovalen Terrine, bei der ein Preissprung von 20% angesetzt war. Kunden, die sich für die günstigsten Terrinen entschieden, sollte ein Anreiz gegeben werden, die nächstbeste Malereiausführung zu kaufen, da der zu zahlende Preisaufschlag relativ gering ausfiel und bei den doch recht teuren Verkaufspreisen nicht übermäßig ins Gewicht fiel. Mit verhältnismäßig niedrigen prozentualen Preisaufschlägen sollte der Käufer auf ein höherwertiges Porzellanprodukt geführt werden und so der eigene Umsatz verbessert werden. Auch war der Verlauf des Preisgefüges intakt und konsistent.

Abbildung 3-7: Strategische Abdeckung von Preispunkte — Hohes Preissegment 1765

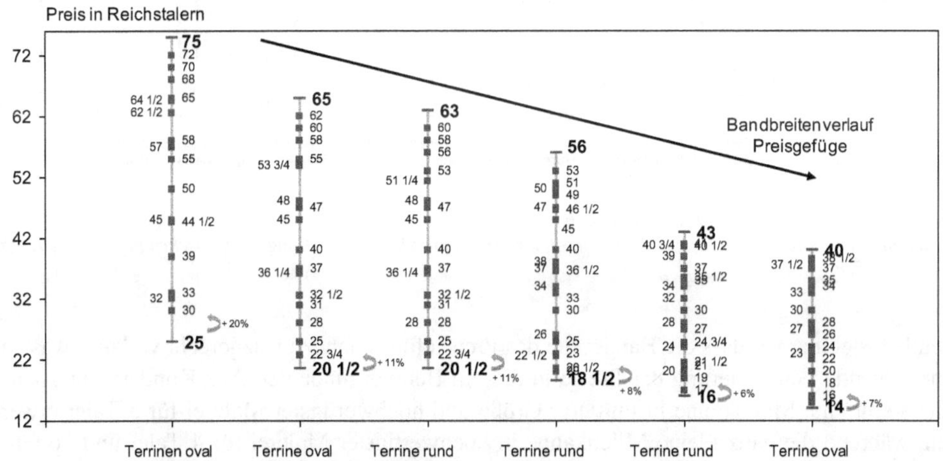

Quelle: AA I Aa 51, S. 123– 137, eigene Berechnungen
Anmerkung: Die Angabe von Bruchzahlen erfolgt, um eine einheitliche Darstellung der Groschen in Taler-Beträgen zu ermöglichen.

Für die niedrigpreisigen Produkte eröffnete sich bezüglich der Produktvielfalt ein ähnliches Bild wie für die hochpreisigen Porzellane. Besonders in diesem Preisbereich wartete die Manufaktur mit einer sehr hohen Bandbreite der Abdeckung von Preispunkten auf. Beispielsweise lassen sich für Kaffee-, Milch- und Teekannen bei neun unterschiedlichen Größen und Formen insgesamt 191 unterschiedliche Verkaufspreise und somit auch Produktvariationen analysieren. Die Bandbreite reichte vom Einstandspreis zu 12 Groschen bis hin zum Höchstpreis von 6 Talern und 16 Groschen, was eine Preisspanne von über 1.230% vom niedrigsten bis zum höchsten Verkaufspreis darstellte. Während im hochpreisigen Bereich noch eine klarere und übersichtliche Abdeckung der Preispunkte erfolgte, konnte die übermäßige Anzahl von Produktvariationen im Segment der Kannen für Unordnung im Preisgefüge sorgen. Die behutsame Abstufung der unterschiedlichen Terrinen fehlte bei den Kannen nahezu vollständig, und sämtliche Porzellane der mittleren und kleinen Größe deckten beinahe die gleichen Preispunkte ab.

Abbildung 3-8: Strategische Abdeckung von Preispunkten — Niedriges Preissegment 1765

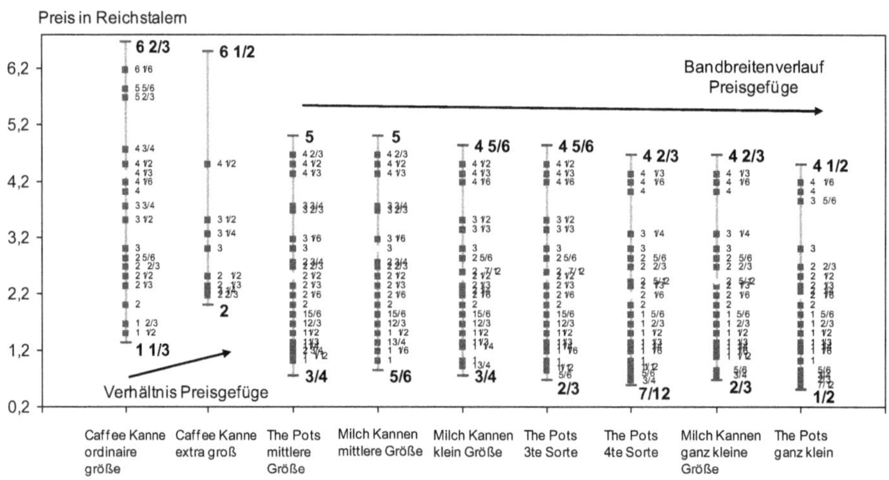

Quelle: AA I Aa 51, S. 123– 137, eigene Berechnungen
Anmerkung: Die Angabe von Bruchzahlen erfolgt, um eine einheitliche Darstellung der Groschen in Taler-Beträgen zu ermöglichen.

Deutlich sichtbar ist, dass die Bandbreite des Preisgefüges nahezu waagerecht verläuft, was auf eine fehlende Feinsteuerung der Preise in diesem Bereich hindeutet. Aus Kundensicht konnte man somit eine Milchkanne in mittlerer Größe und hochwertigster Malerei für 5 Taler erwerben, während die ganz kleine Milchkanne in hochwertigster Malerei für 4 Taler und 16 Groschen gekauft werden konnte, also nur mit einer Preisdifferenz von etwas über 7%. Die Zahlungsbereitschaft der Kunden wurde dadurch tendenziell nicht innerhalb einer Produktgruppe ausgeschöpft im Wege eines Upselling-Pfades, sondern zwischen unterschiedlichen Porzellanen verschoben, und konnte deswegen die Kannibalisierungsgefahr zwischen den einzelnen Porzellangruppen erhöhen. Da die Preispositionierung nicht deutlicher getrennt wurde, ergab sich für die Manufaktur keine wesentliche Umsatzerhöhung. Eine fehlerhafte Feinjustierung der Verkaufspreise ist auch im Verhältnis des Preisgefüges erkennbar. So kostete die extra große Kaffeekanne mit der hochwertigsten Malerei weniger als eine Kaffeekanne in normaler („ordinairer") Größe und gleicher Bemalung. Konsequenterweise mussten jedoch die höheren

Herstellungskosten für die Porzellanmasse der größeren Kanne auch zu einem etwas höheren Verkaufspreis gegenüber dem kleineren Pendant in der normalen Größe führen.

Diese Preisliste von 1765 war das erste größere preispolitische Projekt unter dem neuen Regime der Niedrigpreispolitik. Wie bereits dargestellt, beherrschte die Leitlinie einer Verminderung der Preise zur stärkeren Ankurbelung der Umsätze spätestens seit Ende des Jahres 1764 nahezu alle Leitungspositionen der Meißener Manufaktur. Da eine Preisliste von 1764 noch unter dem damaligen Direktor Helbig und unter dem Aspekt der Beibehaltung hoher Preise bearbeitet wurde, erlaubt ein Vergleich der Preise dieser beiden Dokumente weitere Rückschlüsse auf die Preispolitik der Manufaktur. Die Setzung von niedrigeren, besonders konkurrenzfähigen Verkaufspreisen mit einer verhältnismäßig geringeren Verkaufsmarge schien das Mittel der Wahl zu sein. Man würde deshalb erwarten, dass die Preise in der Preisliste von 1765 signifikant niedriger angesetzt wurden als diejenigen, welche noch 1764 Gültigkeit hatten.

Ein direkter Preisvergleich zwischen den Preisen von 1764 und 1765 erscheint zwar relativ schwierig, weil die Vergleichbarkeit der einzelnen Porzellane ex post nicht immer einwandfrei gewährleistet ist.[1185] Dennoch zeigt eine Gegenüberstellung der Verkaufspreise von 1764 und 1765 bei 269 eindeutig vergleichbaren Porzellanstücken keine nennenswerten Preisunterschiede. Im Durchschnitt sind die Preise von 1765 um lediglich 4% niedriger als die Preise im Jahre 1764. Die höchste Preisänderung betrug 33%, die niedrigste Preisänderung entsprach sogar einer Herabsenkung um 25%. Von den untersuchten Porzellanen wurden 1765 insgesamt 62% einer Preisänderung unterzogen, die restlichen Geschirre wurden mit den gleichen Preisen versehen wie im Jahr zuvor.

Tabelle 3-6: Preisvergleich 1764 vs. 1765

Porzellane im Vergleich	Ohne Preisänderung vs. 1764	Mit Preisänderung vs. 1764
N = 269	103	166
100%	38%	62%

Ø Preisänderung 1765 vs. 1764	Max. Preisänderung	Min. Preisänderung
-4%	33%	-25%

Quelle: AA I Aa 51, S. 123–127 und AA I Aa 39, S. 159–169, eigene Berechnungen

Die relativ niedrige Preissenkung von durchschnittlich 4% ist beachtenswert, da sie in Relation betrachtet, keinen nennenswerten Einfluss haben konnte auf die Umsätze der Manufaktur. Doch genau diese wollte man dauerhaft wieder erhöhen und für eine Steigerung der Verkaufszahlen sorgen, da man durch die Fokussierung auf die Mengenkomponente die Profitabilität der Manufaktur sichern wollte. Eine niedrige einstellige prozentuale Verminderung der Verkaufspreise konnte jedoch nicht das Mittel der Wahl sein, zumal besonders im Wettbewerbsvergleich das Preisniveau der Konkurrenz oft um nahezu die Hälfte niedriger

[1185] So sind es oft Unklarheiten bezüglich der Beschaffenheit und der Größe des Produktes, Unterschiede in der Art der Malerei und schlichtweg abweichende Bezeichnungen für vermutlich dieselben Produkte, welche eine direkte Vergleichbarkeit auch mangels weiterer archivalischer Dokumentation nicht möglich machen.

angesiedelt war.[1186] Man könnte vermuten, dass es die Bereitschaft zu deutlichen Preissenkungen nicht gegeben haben mag und der konsequente Schritt zu aggressiven Preisänderungen nicht gelingen konnte. Dies ist aber eher zu verneinen, da die Manufakturdirektion um von Fletcher eindeutig hinter der Niedrigpreispolitik stand und sogar mitunter die Herstellung bestimmter Porzellane einstellen ließ, falls ihre Preise schlicht zu hoch waren und nicht weiter vermindert werden konnten. Eine Eingabe an den König vom 22. Oktober 1765 verdeutlichte dies:

> *„Zu gehorsamster Vollstreckung Ew. Königl. Hoheit gnädigsten Befehls soll der Bedacht auf Verringerung derer Preiße hiesigen Porcellains vorzüglich genommen werden, und es hat aus solchem Grunde die Fertigung feiner Tabatieren aufhören müßen, weil wegen des hohen Anschlags sich darzu selten Liebhaber haben finden wollen".*[1187]

Für diese hochpreisigen Tabaksdosen, den Tabatièren, konnte die Manufaktur kaum Verkäufe verzeichnen und nahm sie daher kurzerhand aus der Produktion heraus, da eine weitere Preissenkung aufgrund der Kostenstruktur nicht angezeigt war.[1188] Es liegt deshalb die Vermutung nahe, dass die Manufaktur mit den schon bestehenden Preisen von 1764 sehr knapp kalkuliert hatte und die Preispositionierung schon sehr nah an den Herstellungskosten lag. Direktor Helbig hatte in seinem Dokument zur Analyse des Absatzes vom 15. März 1764 schon angeführt, dass sich die Preise für die ordinairen Porzellane nicht mehr weiter senken ließen, ohne damit unter den Herstellkosten anbieten zu müssen. Die Tatsache, dass die neue Manufakturführung die Preise von Helbig nicht signifikant heruntersetzte und sie gar in weiten Teilen unverändert ließ, bestätigte diese Sichtweise und untermauerte das erfolgreiche kaufmännische Gespür von Helbig, der sich aus gutem Grund gegen Preissenkungen gewandt hatte. Ein Spielraum für weitreichende Preissenkungen in der Größenordnung von 25% oder 33%, wie man ihn für die Porzellane in Polen angedacht hatte, war kaum mehr verfügbar. Bei der gegebenen Kostenstruktur des Meißener Betriebes unmittelbar nach dem Siebenjährigen Krieg ließen sich signifikante Preissenkungen nur auf Kosten der Profitabilität durchführen. Und die fürstlichen Resolutionen erforderten aber gerade diese Profitabilität, die man zu wahren hatte unter Berücksichtigung der Herstellungskosten. Wäre man weiter mit den Verkaufspreisen heruntergegangen, hätte man mit großer Wahrscheinlichkeit unter Kosten verkauft. So gesehen war die Aufgabe der Preisdifferenzierung zwischen Privat- und Geschäftskunden eine Maßnahme der Sicherung der Profitabilität, da man sich als neuen Einheitspreis für den höheren Detailverkaufspreis entschied, um so noch den ein oder anderen Prozentpunkt an Gewinnmarge zu sichern. Konnte man dadurch im Detailverkauf noch ein Mindestmaß an Gewinn sichern, machte man sich im Geschäftskundenbereich mit hohen zweistelligen Rabattsätzen das Geschäft zu einem großen Teil wieder zunichte.[1189]

Die Frage, wie genau die Kalkulation für die Preisliste 1765 erfolgte, kann aufgrund der fehlenden archivalischen Nachweise nicht abschließend geklärt werden. Es könnte sich auch

---

[1186] Vgl. Kapitel 3.5.2 und 3.5.3.

[1187] AA I Aa 51, S. 175b.

[1188] Vgl. AA I Aa 51, S. 112b.

[1189] Vgl. Kapitel 3.4.3 und 3.4.4.

in diesem Fall um eine Teilkostenrechnung gehandelt haben. Dafür sprechen Preiskalkulationen, die in späteren Jahren nach 1765 durchgeführt worden sind und auf Basis einer Teilkostenrechnung aufgesetzt wurden.[1190] Es gibt keinen Hinweis, dass die Frage nach der Aufschlüsselung der Gemeinkosten in diesem Zeitraum abschließend gelöst worden wäre, und zwar so zufriedenstellend, dass damit eine Vollkostenrechnung durchgeführt werden konnte. Auch ist lediglich von den variablen Kosten die Rede in der Eingabe an den Landesherrn vom 18. September 1765, eine Berechnung auf Vollkostenbasis hätte sicherlich eine ausführlichere Berücksichtigung dieser Tatsache im Dokument an Xaver nach sich gezogen. Eine Kalkulation auf Vollkostenbasis hätte darüber hinaus kaum in der kurzen Zeit von der Manufaktur gestemmt werden können. Denn zwischen der Resolution von Xaver am 12. Juni 1765 und der Übersendung der Preisliste an den Fürsten zur Genehmigung am 18. September 1765 lag ein Zeitraum von ziemlich genau drei Monaten, was für die 3.087 Porzellane rein rechnerisch einer Kalkulation von fast 257 Verkaufspreisen pro Woche entsprach. Dies war schon ohnehin ein sehr herausfordernder Zeitplan, der kaum hätte eingehalten werden können, falls man bei einer Vollkostenkalkulation die Erfassung sämtlicher Kostenpositionen der Herstellung durchgeführt hätte.

Sicherlich bedeutete die erste offizielle Preisliste der Manufaktur von 1765 einen enormen Schritt in der Meißener Preispolitik. Dieses Projekt kostete viele Ressourcen auf allen Ebenen des Betriebes und verlangte einen hohen rechnerischen Aufwand. Dennoch weist diese Liste aus preisstrategischer Sicht einige Schwächen auf, die auf einen gewissen Mangel an weiterführender kaufmännischer Kompetenz hindeuten. Die erhebliche Ausweitung des Produktportfolios gegenüber der Preisliste von 1764 konnte aus wirtschaftlicher Sicht der Manufaktur mehr Schaden zufügen als eine etwas übersichtlichere Produktvielfalt. Diese Entscheidung war mehr aus künstlerisch-technischen Gründen getroffen worden und nicht zuletzt auch aus Prestigegründen. Das Preisgefüge und die Setzung der Preispunkte scheinen in Helbigs Liste von 1764 insgesamt feiner und detaillierter ausgearbeitet zu sein und ergeben ein konsistenteres Bild. Richtige preispolitische Innovationen wie eine mögliche Preisbündelung fanden sich hingegen auch 1765 nicht, obwohl die Möglichkeit dazu von den vielen mehrteiligen Porzellanservices geboten wurde. Die vielen Einzelteile kosteten in der Summe genauso viel wie das Service als Ganzes. Das Instrument der Bündelung schien deshalb zu keinem Zeitpunkt eine valide Alternative gewesen zu sein, vorausgesetzt, die Bündelung wurde von der Manufakturführung überhaupt als ein Absatzinstrument angesehen.[1191] Es bleibt die Erkenntnis, dass das Preisniveau der Meißener Produkte nicht die Verminderung erreichen konnte, wie sie von der Manufakturführung angestrebt wurde. Das konnte die damals vorherrschende Kostenstruktur des Betriebs nicht erlauben. Die Preisliste von 1765 offenbarte dadurch keine neuartigen oder aggressiven Preisangebote, und die knapp kalkulierten Verkaufspreise standen eher im Lichte der Kontinuität vergangener Preisschemata.

[1190] Vgl. Kapitel 3.3.18.

[1191] Eine Preisbündelung bei Porzellanservices war darüber hinaus wenig zielführend. Die Herausnahme eines einzelnen Teiles aus dem Verbund der restlichen Porzellane war unüblich und von der Manufaktur auch nicht erwünscht, da sonst das Service nach der Entnahme eines Einzelteils unvollständig wurde und drastisch an Wert verlor. Die konkurrierende Wiener Manufaktur sah deshalb vor, ihre Porzellanservice nicht „zerreißen" zu lassen für einzelne Elemente des Service, so dass die gewünschten Stücke nur separat zu bestellen waren, AA I Aa 23, S. 66.

3.3.14 Preispolitik und Kostenoptimierung von 1765 bis 1774

Die Manufakturleitung setzte in den folgenden Jahren die nach Ende des Siebenjährigen Krieges begonnenen umfangreichen Reformen und Restrukturierungen fort, um wieder zu alter wirtschaftlicher Stärke zu finden. Ein zentrales Element der Handlungen der Direktion war die Kostenersparnis in allen Bereichen. Die unbefriedigende Kostenstruktur, welche einer stärkeren Herabsetzung der Verkaufspreise in der Preisliste von 1765 entgegenstand, blieb deshalb von den Verantwortlichen der Manufaktur nicht unangetastet. Durchweg lassen sich quer durch alle Wertschöpfungsstufen eine ganze Reihe von Anweisungen finden, die auf Kostenersparnis abzielten. Eine große Hebelwirkung versprach man sich durch die Optimierung im Bereich der Entlohnung. In den Blickpunkt rückten die Malerlehrlinge, die oftmals wenige Monate nach ihrer beendeten Ausbildung im Wege des Stücklohnes und der Feierabendarbeit auf respektable Jahresgehälter von 500 bis 600 Taler kommen konnten.[1192] Die festgelegten Taxen für Malereiarbeiten konnten rasch hohe zweistellige Beträge von bis zu 60 Talern erreichen, besonders bei komplizierten Bemalungen.[1193] Aus diesem Grunde sah man sich im Oktober 1765 gezwungen, die Löhne für die jungen Maler auf zwei Drittel des Wertes der Löhne für die erfahrenen Maler zu reduzieren. Waren die Lehrlinge damit nicht einverstanden, stand es ihnen frei, anderweitig Beschäftigung zu suchen, womit die bisher bestehende Übernahmegarantie für Lehrlinge nach Ausbildungsende zurückgenommen wurde. Eine Reduktion der Löhne für die gestandenen Maler kam für die Meißener Direktion nicht in Frage, da für die

> *„alten und berühmten Maler, die der Manufactur mehr Reputation als Profit bringen, sowohl bey denen, welchen festgesetzte Preise einmahl versprochen sind, möchte das Heruntersetzen bedenklich seyn, da Leute von hiesigem Wercke auf anderen fabriquen itziger Zeit sehr willkommen seyn würden“.*[1194]

[1192] Vgl. AA I Aa 51, S. 175.

[1193] Vgl. AA I Aa 51, S. 175b. Besonders die Werke des Modellmeisters Kaendler waren sehr kostspielig, vgl. die Auflistung der in Feierabendarbeit hergestellten Porzellane unter AA PRET 49. Neuere Forschungen identifizieren diese Liste primär als eine personalpolitisch motivierte Zusammenstellung der Arbeiten Kaendlers, um dessen innerbetrieblichen Aufstieg zur Position des Hofkomissars zu unterstützen, einen wirksamen Beweis für sein umfangreiches Schaffen zu liefern und die an ihn ausgezahlten Honorare zu dokumentieren, vgl. Rafael (2009). Hingegen muss aufgrund der in dieser Arbeit durchgeführten Argumentation auch die Möglichkeit stärker in Betracht gezogen werden, dass diese Honorare für Kaendlers Arbeiten im Rahmen der damals üblichen Teilkostenrechnung in Meißen zur Anwendung kamen. Zwar wurden die Arbeiten Kaendlers eher selten im regulären Verkauf abgesetzt, da die königlichen Bestellungen und die Aufträge von Brühl aufgrund des ihm gewährten Privilegs unentgeltlich abgegeben wurden. Aber für die restlichen Porzellane kann angenommen werden, dass sie zu regulären Verkaufspreisen ihren Bestellern, die kein Porzellanprivileg besaßen, übergeben wurden. Um diese Verkaufspreise kalkulieren zu können, bedurfte es aller direkt anrechenbaren Einzelkosten der Produktion, somit auch der Honorare Kaendlers. Gerade die Preisbildung der von ihm verfertigten hochwertigen plastischen Arbeiten erforderte eine besonders detaillierte Erfassung der Herstellkosten, da den in Feierabendarbeit produzierten Stücken die erhöhte Feierabendentlohnung zugrunde lag. Diese Liste konnte auch noch Jahre später nachträglich dazu dienen, manchen unverkauft gebliebenen Porzellanstücken einen kostenbasierten Verkaufspreis geben zu können. Die preispolitischen Probleme, die der Manufaktur mit Lagerware aus der Zeit des Barock entstanden, machten dies notwendig, vgl. Kapitel 3.3.18 und Kapitel 3.4.7.

[1194] AA I Aa 51, S. 176.

Man konnte sich den Verlust der erfolgreichen und bekannten Künstler nicht erlauben. Sie waren es, die mit ihren Werken das Ansehen der Manufaktur begründeten und aufrecht erhielten. Aus einer kalkulatorischen Sichtweise war ihre Tätigkeit oft nicht profitabel, aber auf ihre Dienste zu verzichten, hätte bedeutet, wertvolles künstlerisches Know-how an die Konkurrenz zu verlieren. Meißener Manufakturisten, besonders diejenigen, die sich einen Ruf erarbeitet hatten, waren bei den Wettbewerbern schon immer begehrte Arbeitskräfte gewesen, so dass eine Kürzung der Löhne und Taxen hier nicht angebracht war. Hingegen erschien es als vertretbar, die jungen angelernten Maler nur mit zwei Dritteln des üblichen Lohnes zu versehen, zumal offenbar auswärtige Maler bei ihrer Anstellung in Meißen sich bisweilen mit der Hälfte der üblichen Taxe einverstanden zeigten und eine Tätigkeit in Meißen als großen Prestigegewinn ansahen.[1195] Mit den vereinzelt noch gegen diese Maßnahme protestierenden Lehrlingen wurde hart durchgegriffen.[1196] Aber auch in anderen Bereichen war die Personalpolitik auf Kosteneinsparung und Effizienzerhöhung ausgerichtet. Die Arkanisten sollten beispielsweise bei anstehenden Feierabendarbeiten auch während der Nacht in die Manufakturräume gehen und dort Aufsicht führen, genauso wie sie alle drei Monate der Manufakturdirektion anzeigen mussten, welche Erfindungen und Verbesserungen in der Herstellung von ihnen gemacht worden waren. Vorschläge und Eingaben von anderen Manufakturisten sollten angehört und wo immer möglich auch umgesetzt werden.[1197]

Man konnte die Lohnkosten weiter deutlich reduzieren, indem man die Anzahl der angestellten Manufakturisten schrittweise reduzierte und dadurch die ausgezahlten Lohnsummen verminderte. Auch führte man mehr und mehr eine erfolgsabhängige Komponente in die Vergütung ein. Maler wurden „nach Proportion der Güte ihrer Arbeit" entlohnt, ebenso mussten die Dreher und Former stärker erfolgsabhängig arbeiten.[1198] Durch die Reduzierung der Stücktaxen und der Einführung von erfolgsabhängigen Entlohnungskomponenten konnte für nahezu das gleiche Geld mehr Porzellan gefertigt werden. Zudem reduzierte man noch die Sonderzahlungen für Feierabendarbeit um 10%, von 8.999 Taler und 13 Groschen auf 8.112 Taler und 1 Groschen. Der gesamte Kostenblock der Malereilöhne ging dadurch im Jahr 1767 insgesamt um 9% gegenüber dem Vorjahr zurück, derjenige der Dreher und Former um 2%.[1199] Auch durch Verbesserungen in der Farbenzusammensetzung und der Brennvorgänge konnte das in den Jahren zuvor beobachtete Gelbanlaufen der Porzellane und das Absplittern der Farben reduziert werden. Damit sparte man weitere Lohnkosten ein für das notwendig gewordene Abschleifen der gelblichen Oberfläche der Porzellane und für die mühsame Nachkorrektur von abgeblätterten Farben.[1200]

[1195] Vgl. AA I Aa 51, S. 177.

[1196] Der Malerlehrling Klingsohr wurde für 24 Stunden ins Gefängnis gebracht und anschließend entlassen, „den anderen zum Beyspiel und Verwarnung", AA I Aa 51, S. 175b und S. 178.

[1197] Vgl. AA I Aa 51, S. 168–169.

[1198] Vgl. AA I Aa 49, S. 111b.

[1199] Vgl. AA I Aa 49, S. 119, eigene Berechnungen.

[1200] Vgl. AA I Af 9, S. 52.

Eng mit dem Bereich der Entlohnung verbunden, standen in den Bemühungen zur Kosteneinsparung und -optimierung in dieser Zeit auch etliche Personalveränderungen im Zentrum. Durch das Wiedererstarken der Manufakturtätigkeit waren zum Jahresende 1766 insgesamt 734 Manufakturisten in Meißen angestellt, 1767 waren es 718.[1201] Der Manufakturinspektor Haustein wurde in das Warenlager in Meißen beordert, an seine Stelle trat mit königlichem Befehl vom 29. August 1766 Johann Ernst Gottfried Herrich in den Dienst.[1202] Mit Michel Acier wurde überdies ein Bildhauer aus Paris engagiert, der gleichberechtigt neben Kaendler, dessen Zenit schon überschritten war, als Modellmeister eingesetzt wurde.[1203] Mit Befehl vom 28. März 1765 wurde Acier mit 800 Talern Jahresgehalt als führender Bildhauer in Meißen angestellt, um mit seinen künstlerischen Fähigkeiten Porzellane nach dem Geschmack der Kundschaft herzustellen. Eine der zentralen Figuren der Manufakturführung über mehr als 30 Jahre und der Urheber der malerischen Vormachtstellung seit den 1720er Jahren, der Arkanist Höroldt, wurde am 18. September 1765 „in Betracht seines Alters und kräncklichen Umständen" in Gnaden mit einer Pension von 600 Talern entlassen.[1204] Um das Arkanum zu bewahren und die technische Vormachtstellung in der Porzellanproduktion zu erhalten, wurden zwei neue Arkanisten, Christian Gottfried Walther und Christian Daniel Busch, angestellt.[1205] Zum Schutze der Manufaktur bildete ab 1765 ein Invalidenkommando bestehend aus einem Major, einem Sergeant, drei Unteroffizieren und 30 Soldaten die Schlosswache, welche jährlich mit insgesamt 1.623 Talern entlohnt wurde.[1206]

Ebenfalls Verbesserungen wurden im Rechnungswesen und im Materialeinkauf der Meißener Manufaktur angebracht. Mit der Resolution vom 29. August 1766 wurde das bisherige System der Buchführung umgestellt. Fortan führte man in der Manufaktur ein Brennregister für die hergestellten Porzellane, ein Fakturen-Buch für die Aufnahme der Porzellanbestellungen und ein Scontro-Buch, welches die Einnahmen und Ausgaben für buchhalterische Vorgänge kontenmäßig erfasste.[1207] Zum ersten Mal ab 1765 sind auch die vielen verschiedenen Kostenpositionen der Manufaktur in spezielle zusammenhängende Kapitel und Unterkapitel aufgeteilt worden und tauchten nicht mehr ungeordnet in den Rechnungsbüchern auf.[1208]

1201 Vgl. AA I Aa 50, S. 10 und AA I Aa 49, S. 116b.

1202 Vgl. AA I Aa 50, S. 138.

1203 Vgl. AA I Aa 50, S. 4b und Berling (1900), S. 136–137.

1204 AA I Aa 50, S. 3.

1205 Vgl. AA I Af 9, S. 46b.

1206 Vgl. AA I Aa 51, S. 204 und AA I Aa 50, S. 5. Die zuvor bestehende Schlosswache bestand aus Manufakturisten, die jedoch „zum Müßiggang und zur Faulheit verleitet worden waren", vgl. AA I Af 9, S. 44.

1207 Vgl. AA I Aa 50, S. 107b. Jedoch nahm man es mit dem Führen von Handelsbüchern in der Manufaktur nicht so genau. Für die folgenden Jahre sind keine derartigen Aufzeichnungen erhalten. Im Dezember 1813 wurde festgestellt, dass die Niederlassung in Leipzig kein Kontokorrent-Buch mit Aufzeichnungen über Porzellanlieferungen geführt hatte, vgl. AA IV9 28, S. 5b.

1208 Vgl. AA V 2 33, S. 242–244b. Leider haben sich insbesondere die Handelsbücher wie Scontro-Buch und Strazzen nicht erhalten, genauso wie die Akten aus dem Geschäftsbetrieb der Dresdner Niederlassung ebenfalls nicht erhalten sind, vgl. Reinheckel (1965), S. 38.

Auf den Erfahrungen vergangener Jahrzehnte aufbauend, unterhielt die Manufaktur zudem ausreichend Vorräte an Materialien und Rohstoffen. Besonders das Kaolin konnte jetzt günstiger eingekauft werden und Schritt für Schritt die historische Bindung zum Schneeberger Vorkommen gelöst werden. Im sechs Kilometer von Meißen entfernten Ort Seilitz wurde 1764 ein reichhaltiges Vorkommen dieser Erde gefunden, welches aufgrund der Nähe zur Manufaktur „dem Wercke wegen der Wohlfeile der Erde, insonderheit wegen der Anfuhre, sehr avantageux ist".[1209] Anfangs als noch nicht verwendungsfähig von den Arkanisten bezeichnet, konnte man die Erde schließlich doch einsetzen und damit erhebliche Einsparungspotenziale realisieren.[1210] Während ein Zentner Kaolin aus Schneeberg inklusive Transport 3 Taler und 8 Groschen kostete, war der Rohstoff aus Seilitz für lediglich 10 Groschen pro Zentner und somit fast 88% günstiger zu haben.[1211] Vor Ort in Seilitz wurde ein Abbau mitsamt Schlemmerei und Trockenhaus angelegt, um dauerhaft das Vorkommen nutzen zu können und die Herstellung der günstigen Gebrauchsgeschirre vorantreiben zu können.[1212] Auch Brennholz wurde in ausreichendem Vorrat auf mehrere Jahre von unterschiedlichen Händlern angekauft, um sich einerseits vor schwankenden Preisen zu schützen, andererseits um sich von der Abhängigkeit eines Lieferanten zu lösen und Produktionsausfälle durch Holzmangel zu minimieren. Allein für das Jahr 1765 bezog man 2.275 Schragen Brennholz von acht unterschiedlichen Rohstofflieferanten bei einem Gesamtaufwand in Höhe von 33.196 Talern und 19 Groschen.[1213] Ein Jahr später kaufte man weitere 2.097 Schragen Holz im Wert von 27.325 Talern und 7 Groschen ein, zum Preis von fast 13 Talern pro Schrage.[1214] Durch dieses frühzeitige Aufstocken der Vorräte und durch den Einkauf bei mehreren Holzlieferanten, wurde der durchschnittliche Einkaufspreis gesenkt. Zudem mussten 1767 nur noch 1.235 Schragen Holz eingekauft werden zum Gesamtpreis von 13.421 Talern, annähernd 11 Talern pro Schrage.[1215] So konnten große Kosteneinsparungen in Meißen bei den Porzellanmaterialien durchgesetzt werden. Eine Reduktion um 47% gegenüber den Ausgaben des Vorjahres wurde 1767 vermeldet, maßgeblich aufgrund der vollen Ausschöpfung der Ersparnispotenziale des nahegelegenen Kaolinlagers in Seilitz, durch geringere Ausgaben für Ton bei gleichzeitig vollen Materiallagern und wegen der günstigen Einkaufskonditionen des Brennholzes.[1216]

So arbeitete man mit Erfolg an der Kostenstruktur der Meißener Manufaktur, um sich mehr Freiräume bei der Preisgestaltung zu erarbeiten und dadurch die Umsatzseite im Zuge attraktiver Preise zu stärken. Bei einer erweiterten Betrachtung führten diese Sparmaßnahmen jedoch nicht zu den erhofften Effekten. Für das Jahr 1765 gab die Manufaktur eine Ausgabensumme von 204.800 Talern an, im Jahre 1766 betrugen sämtliche Kosten 199.644 Taler,

---

1209 AA I Aa 50, S. 9b, vgl. auch Schuster (1993), S. 273.

1210 Vgl. AA I Af 11, S. 147–147b.

1211 Vgl. AA I Aa 50, S. 139. Die hohen Transportkosten resultierten daraus, dass das Vorkommen in Schneeberg fast 100 km von Meißen entfernt lag.

1212 Vgl. AA I Aa 51, S. 68.

1213 Vgl. AA I Aa 50, S. 10 und S. 19b–20.

1214 Vgl. AA I Aa 50, S. 152.

1215 Vgl. AA I Aa 49, S. 122.

1216 Vgl. AA I Aa 49, S. 114b, eigene Berechnungen.

für das Jahr 1767 wurden 176.905 Taler und 17 Groschen angegeben.[1217] Die baren Umsätze für das Jahr 1765 konnten auf 259.945 Taler gesteigert werden, gingen aber auf 245.712 für das Jahr 1766 und 1767 nochmals auf 215.607 Taler zurück.[1218] Von 1765 auf 1767 fielen die baren Umsätze somit um 17%, die Kosten um 14%.[1219]

Diese Analyse der Umsätze und Kosten für die Jahre 1765 bis 1767 zeigt, dass der Kostenrückgang und der sich daraus ergebende höhere finanzielle Spielraum nicht zur Steigerung der Umsatzzahlen genutzt werden konnte. In einem Szenario von überproportional zu den Kosten abnehmenden Umsätzen konnte dies entweder auf einen Rückgang der verkauften Porzellanmengen zurückzuführen sein oder auf stark fallende Preisniveaus hindeuten. Bezüglich der Mengen konnte die Manufaktur 1765 die Zahl von 685 Bränden durchführen, ein Jahr später insgesamt 690 Porzellanbrände und 1767 sogar 716 Brände.[1220] Mit angepassten Verbesserungen an den Brennöfen ließen sich ab 1766 theoretisch 20 Dutzend Tassen mehr pro Gutbrand einsetzen als vorher.[1221] Da sich auch die Porzellanbestände in den Lagern auf konstantem Niveau halten konnten und mit der Vielzahl von Porzellanbränden immer wieder aufgefüllt wurden, ist eine signifikante Abnahme der Verkaufsmengen für die Jahre bis 1767 nicht zu belegen, so dass auf konstante Verkaufszahlen geschlossen werden könnte.[1222] Der Grund für die Umsatzrückgänge ab 1765 war demnach in den Preisniveaus zu suchen:

- Die Preisdifferenzierung zwischen Privat- und Geschäftskunden existierte nicht mehr. Durch diese Differenzierung hatte man implizit den Porzellanhändlern eine Art Rabatt gewährt, indem der Preis im Schnitt um 10% niedriger angesetzt wurde als im Detailverkauf. Ab 1765 setzte nunmehr die Manufaktur auf einen einheitlichen Preis, den Händlern wurde dennoch Rabatt gewährt im Rahmen eines detailliert ausgearbeiteten Preis- und Konditionensystems. Die neuen Rabattsätze begannen bei 12,2% und konnten ab einer gewissen Bestellsumme und bei Vorliegen weiterer Konditionen bis zu 30% betragen. Durch diese neuen Rabattstrukturen gab es zusätzlichen Druck auf die Listenpreise.[1223]
- Der verstärkte Verkauf mittels Auktionen brachte weiteren Druck auf die Meißener Verkaufspreise. Ab der zweiten Jahreshälfte 1764 avancierte dieses Instrument zu einem bevorzugten Mittel, um innerhalb kurzer Zeit an liquide Mittel zu gelangen, Verkaufsvereinbarungen mit Händlern nicht zu verletzen und um Warenvorräte abzubauen. Man führte Auktionen überall dort durch, wo man sich einen erfolgreichen Verkauf erhoffte, mitunter auch in kleinen Städten in der sächsischen Provinz. Der durchschnittlich erzielte Preis betrug dabei etwas mehr als 2 Taler pro Porzellanstück, was gegenüber dem durch-

---

[1217] Vgl. AA I Aa 50, S. 148, AA I Aa 49, S. 119 und AA I Aa 49, S. 119.

[1218] Vgl. AA I Aa 50, S. 13b, AA I Aa 49, S. 118b und AA V2 33, S. 243b.

[1219] Vgl. auch Abbildung 5-18 im Anhang.

[1220] Vgl. AA I Aa 50, S. 19 und S. 149b und AA I Aa 49, S. 121.

[1221] Vgl. AA I Aa 50, S. 137 und AA I Af 9, S. 49.

[1222] Abermals muss leider konstatiert werden, dass die fehlenden archivalischen Quellen zu den verkauften Stückzahlen hierbei keine weiterführende Analyse zulassen.

[1223] Vgl. ausführlich Kapitel 3.4.3 und Kapitel 3.4.4.

schnittlich angesetzten Verkaufspreis der Preisliste von fast 12 Talern eine Reduktion um mehr als 80% bedeutete.[1224]

- Zudem war die erste offizielle Preisliste von 1765 relativ knapp kalkuliert worden und beinhaltete höchstwahrscheinlich nur einen geringen Puffer zwischen den Herstellkosten und den Verkaufspreisen. Die ab 1764 einsetzende Leitlinie der Niedrigpreispolitik verlangte eine stetige und streckenweise erhebliche Reduktion der Preise um 25% oder noch mehr auf Kosten der eigenen Verkaufsmarge. Ein Vergleich zwischen den Preisen von 1764 und 1765 hat gezeigt, dass weniger als zwei Drittel der Porzellane überhaupt im Preis geändert wurden, und dann auch lediglich mit einer Senkung von durchschnittlich 4%. Dies deutet darauf hin, dass man schon knapp an der Grenze zu den Herstellkosten der verschiedenen Porzellane operierte und weitergehende Reduktionen in die Verlustzone führten. Wenn man nun bedenkt, dass Rabatte und Auktionen diese Grenze empfindlich nach unten durchbrachen, zeigt sich, welch erhebliche Abwärtsspirale bei den Preisen eingesetzt hatte.
- Im Jahre 1768 wurden die ordinairen Porzellane und das Mittelgut pauschal um weitere 16 2/3 % vermindert, was weiteren Druck auf die Deckungsbeiträge bedeutete.[1225]

Die Manufakturkommission um von Nimptsch und von Fletcher sah in ihrem Bericht für das Jahr 1767 an den König keine Veranlassung, auf die sinkenden Einnahmen gesondert hinzuweisen. Die Manufaktur war nach ihrer Auffassung weiterhin in „fortdauerndem Flor und durchgängig guter Verfaßung".[1226] Die Klagen über die künstlerische Leistung der Manufaktur indes häuften sich und trafen die Manufaktur schwer. Man klagte über „große Steifheit und Gezwungenheit der Kaufprodukte", was auf eine nicht gebührende Berücksichtigung der sich verändernden künstlerischen Richtungen und Geschmäcker hindeutete.[1227] Die Epochen des Barock und des Rokoko neigten sich dem Ende zu, und der aufkommende Klassizismus schien in den Meißener Werken noch nicht vollends berücksichtigt worden zu sein. Im Klassizismus galt die Reduzierung von Form und Farbe als wünschenswerte Stilausprägung. Das Hervorheben der Wissenschaftlichkeit, der originaltreuen Darstellung von Natur- und Städtelandschaften und die allgemeine Rückführung der künstlerischen Energie in bekannte Formen und Muster aus der Antike waren fortan die Leitmotive in der künstlerischen Gestaltung.[1228] Gegenmaßnahmen wie die Gründung einer Zeichenschule in Meißen oder die Anstellung des französischen Bildhauers Acier konnten künstlerisch der Manufaktur nicht mehr den Erfolg der vergangenen Jahre bescheren. Man konnte nicht erklären, wieso die früher so beliebten Muster und Formen nunmehr nicht die Nachfrage fanden, die man in all den Jahren zuvor gewohnt war zu befriedigen. Die Zeit, „in der Meissen tonangebend für die meisten

[1224] Vgl. ausführlich Kapitel 3.4.7.

[1225] Vgl. AA IV9 19, S. 25–25b.

[1226] AA I Aa 50, S. 110.

[1227] AA I Af 9, S. 49b.

[1228] Vgl. Weiß (1994), S. 112–113 und S. 124. Maßgeblich zu Beginn der klassizistischen Stilepoche trug das Werk des Archäologen und Kunstschriftstellers Johann Joachim Winckelmann (1755) bei, welches die damalige europäische Kunstvorstellung nachhaltig prägte. Winckelmann riet hierbei den Künstlern, nach den antiken Vorbildern zu arbeiten. Er selbst galt als größter Kenner von antiker Kunst im damaligen Europa, zur Person Winckelmanns ausführlich Vogel (1898).

Porzellanfabriken gewesen ist, die eigentliche Blüte der Manufaktur" schien endgültig vorbei zu sein.[1229] Nicht zuletzt aufgrund der Ansicht der Direktion, die betriebliche Tätigkeit der Manufaktur würde sich in bestem Zustand befinden, bestand keine Notwendigkeit, gegen die drohenden Gefahrenquellen vorzugehen.

Abbildung 3-9: Umsatz- und Kostenentwicklung 1765–1775

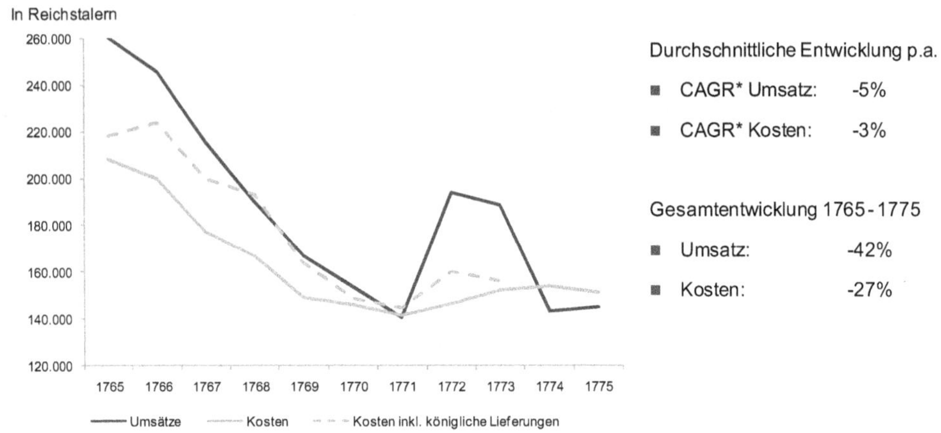

Quelle: AA I Aa 50, S. 147b–148., AA I Aa 47, o. S., AA I Af 9, S. 123b, AA I Ah 1, S. 8, eigene Berechnungen
** CAGR = Compound Annual Growth Rate (durchschnittliche jährliche Wachstumsrate)*

Herrschte in den Jahren nach dem Siebenjährigen Krieg bis 1767 ein vorwiegend durch die sinkenden Preisniveaus getriebener Umsatzrückgang vor, verstärkte sich ab diesem Zeitpunkt der negative Trend bei den Umsätzen noch weiter. Konnte man kurz nach dem Siebenjährigen Krieg noch fast 250.000 Taler im Jahr umsetzen, schaffte es man keine zehn Jahre später 1774 lediglich etwas mehr als 140.000 Taler an Einnahmen zu generieren. Erstmals seit 1736 musste man in Friedenszeiten im Jahre 1771wieder einen Verlust hinnehmen, wenn auch nur mit 833 Talern. Der leichte Umsatzanstieg für die Jahre 1774 und 1775 wurde von dem steten Wiederanstieg der Kosten seit 1770 überschattet, so dass hier die Manufaktur definitiv unprofitabel arbeitete und 1774 das nächste Verlustjahr hinnehmen musste, diesmal mit mehr als 10.000 Talern. Lediglich das Jahr 1772 schien ein Ausnahmejahr zu sein, in dem man gegenüber dem Vorjahr die Einnahmen um 38% steigern konnte.[1230] Aber dieses Jahr konnte den negativen Absatztrend nicht durchbrechen, bei welchem acht von zehn Geschäftsjahren im betrachteten

---

[1229] Berling (1900), S. 138. Bezeichnenderweise widmete der damals in Dresden tätige Winckelmann sein Werk dem sächsischen Kurfürsten Friedrich August II., der sein Gönner war, vgl. Winckelmann (1755), S. III. Dadurch hätte theoretisch ein direkter Ideentransfer der von Winckelmann neu eingebrachten Kunstvorstellungen in die Meißener Produktpolitik stattfinden können, was der Manufaktur einen unschätzbaren Wettbewerbsvorteil eingebracht und es ihr ermöglicht hätte, den im Entstehen begriffenen Kunsttrend des Klassizismus in den eigenen Porzellanen abbilden zu können. Ein derartiger Transfer fand aber nicht statt, so dass die Manufaktur – Ironie des Schicksals – einige Jahre später diesem Trend in der Kunst hinterherlaufen musste.

[1230] Vgl. zur Übersicht über die wirtschaftlichen Kennzahlen Tabelle 5-1 im Anhang.

Zeitraum Rückgänge zu verzeichnen hatten. Die Kostenreduktion betrug in dieser Periode insgesamt 27% bei einer jährlichen Reduktion um 3%. Die Umsätze nahmen um insgesamt 42% ab, was einem jährlichen durchschnittlichen Umsatzrückgang von 5% entsprach.

Solch ein erheblicher Verlust in den Einnahmen war sowohl in der Preiskomponente als auch in der Mengenkomponente verankert. Zu dem schon oben erwähnten Druck auf die Verkaufspreise und deren Hinführung in die Verlustzone waren sowohl außerbetriebliche Gründe, wie die verstärkte Konkurrenz oder der Wegfall von Vertriebsregionen, als auch innerbetriebliche Aspekte wie Ineffizienz und Überkapazität auschlaggebend. Es rächte sich nun, dass man 1765 eine Vielzahl von neuen, teilweise jedoch unbegabten künstlerischen Kräften angestellt hatte. Diese „zum Theil ganz unfähigen Menschen ohne Sinn und Talent" mussten in Zeiten des Umsatzrückgangs der Manufaktur unweigerlich zur Last fallen.[1231] Die Manufaktur in Meißen war nach Aussage der Führungskräfte selbst „mit viel geringer Waare und viel schlechten Leuten überhäuft".[1232] Die Nachfrage nach bestimmten Malereiarten, so der „Indianischen" Malerei, sank in diesen Jahren rapide ab. Diese einfachen Bemalungen, auf die man in Meißen zur Produktion der günstigeren Geschirre etliche Kapazitäten gelenkt hatte, konnten mittlerweile von den Meißener Konkurrenten aus Thüringen viel günstiger durchgeführt werden, weshalb auch deren Porzellane billiger im Verkauf waren als die vergleichbaren Meißener Stücke.[1233] Da Meißen dadurch im niedrigen Preissegment weiter unter Druck kam, sah man sich 1769 gezwungen, zum ersten Male überhaupt in der Manufakturgeschichte eine größere Anzahl von Malern auf einmal zu entlassen. In der königlichen Resolution vom 11. Oktober 1769 wurden 20 der jüngsten unverheirateten Blau- und Mittelgutmaler unter 30 Jahren entlassen.[1234] Offensichtlich strebte man an, in dem umkämpften Sektor der niedrigpreisigen Porzellane und der günstigen Bemalungen mittels dieser Maßnahme wieder konkurrenzfähig zu werden. Auch schienen Entlassungen von Manufakturisten in den weniger anspruchsvollen Malereikategorien nicht so gravierend zu sein für die Manufaktur, da die Tätigkeit noch am ehesten ersetzt werden konnte als bei den höherwertigen Bemalungen, besonders durch nachrückende Lehrlinge. Die Anordnung zu den Entlassungen wurde gegen das Minderheitsvotum des Direktors von Nimptsch durchgesetzt, der sich aber weniger um das Wohlergehen der Entlassenen sorgte, als um die Konsequenzen der Reputation für die Manufaktur, da eine Entlassung „eine üble praesumtion wegen schlechten Debits und Wegfalls der Arbeit und Bestellungen machen" würde und dadurch das Ansehen der Manufaktur noch weiter schädigen könnte.[1235] Den Vorschlag, die betroffenen Maler vorerst bei halbem Gehalt weiterarbeiten zu lassen und ihnen bei Verbesserung der wirtschaftlichen Situation wieder die vollen Bezüge zu gewähren, wurde vom mittlerweile volljährig gewordenen neuen Regenten Sachsens, Friedrich August III., nicht angenommen.[1236]

[1231] AA I Af 9, S. 59b.

[1232] AA I Aa 47, S. 181.

[1233] Vgl. Kapitel 3.5.3.

[1234] Vgl. AA I Aa 47, S. 180 und AA I Af 9, S. 59b.

[1235] AA I Aa 47, S. 180b.

[1236] Prinz Xaver überließ seinem Neffen Friedrich August III. die Führung Sachsens, so dass dieser am 15. September 1768 die erste Regierungshandlung vornahm, vgl. Ô-Býrn (1877), S. 36. Zur Person von Friedrich August III., vgl. Halder (2007).

Der Fürst favorisierte die Minderung der Kosten, wo immer dies möglich war, denn eine Verbesserung der Malerei mitsamt einer Verminderung der Kosten und der Verkaufspreise würde den potenziellen Käufern jegliche Bedenken über den wahren Zustand der Manufaktur schon nehmen.[1237] Den tatsächlichen Grund der Entlassung, nämlich die schwachen Umsätze und die Notwendigkeit weiterer Kosteneinsparungen, wollte man aber dennoch nicht öffentlich preisgeben, sondern entließ die Angestellten offiziell „wegen Mangel an Geschicklichkeit und Application".[1238] Von der höchsten Personalzahl von 734 Manufakturisten im Jahre 1765 gelangte man durch diese Personalpolitik fast zehn Jahre später im Jahr 1774 auf 636 Personen.[1239]

Eine uneinheitliche Reaktion auf die Rückgänge in den Verkaufszahlen lässt sich in der Porzellanherstellung festmachen. Es war beileibe nicht so, dass die nach den Entlassungen noch vorhandenen Manufakturisten mehr oder weniger konstante Produktionsniveaus herstellen konnten, also wieder das gleiche Herstellungsvolumen nunmehr auf weniger Köpfe verteilt wurde. Denn eine Betrachtung der durchgeführten Porzellanbrände für diese Zeit ergibt, dass man gegenüber der höchsten Anzahl von 716 Porzellanbränden lediglich 435 Brände im Jahre 1767 durchführte. Dies entsprach, mit dem Einsatz von stets denselben Brennöfen, somit einer Reduktion der hergestellten Porzellane um 39%. Mit diesen Bränden bewegte man sich auf dem Niveau, das man vor mehr als 20 Jahren produziert hatte, nämlich als man 1752 insgesamt 446 Porzellanbrände verzeichnen konnte. Aber schon in den nachfolgenden Jahren ist eine erneute Veränderung in der Produktionsstruktur zu verzeichnen. Die Manufaktur versuchte nicht nur die Menge der hergestellten Porzellane anzupassen, sie konzentrierte sich in der Herstellung auch zunehmend auf die Erfordernisse eines Marktes, der immer häufiger nach Gebrauchsgeschirren in hoher Quantität zu geringen Preisen verlangte. Die Manufaktur begann sich von den angestammten Marktsegmenten der hochpreisigen Porzellanprodukte abzuwenden und richtete ihr Augenmerk auf die Bereiche, die ihr ein höheres Umsatzwachstum und eine Ausweitung der Marktanteile versprachen.

So lässt sich das Produktionsvolumen für 1773 anhand einer in den Archiven vorhandenen Aufstellung der hergestellten Porzellanstücke detaillierter quantifizieren.[1240] Im gesamten Jahr wurden in der Meißener Porzellanmanufaktur 347.093 einzelne Porzellane hergestellt. Diese teilten sich auf in 42% Gut, 44% Mittelgut und 13% Brac. Nimmt man die Gesamtkosten, die für das Jahr 1773 angegeben wurden in Höhe von 151.578 Talern, ergibt sich ein durchschnittlicher rechnerischer Aufwand pro Porzellanstück von 0,44 Talern. Bei insgesamt 635 Angestellten betrug die Produktionsmenge pro Kopf 547 Porzellanstücke, und in einer Woche konnte man 6.675 einzelne Stücke herstellen. Diese Zahlen stellen unter Beweis, wie die Manufaktur das Porzellan in nahezu industriellen Quantitäten verfertigte und von seinen Angestellten für die damaligen Verhältnisse hochgradig spezifische und komplexe arbeitsteilige Prozesse verlangte, die letztlich eine Jahresproduktion von weit über 300.000 Einzelstücken ermöglichten. Auch belegen die Zahlen, dass die Produktion gegenüber den Anfangs-

---

1237 Vgl. AA I Aa 47, S. 179b.

1238 AA I Aa 47, S. 180.

1239 Vgl. AA I Af 9, S. 60.

1240 Vgl. AA I Ah 1, S. 11–15b und die Tabelle 5-3 im Anhang.

jahren seit der Gründung erhebliche Verbesserungen erfahren hatte und nunmehr nur noch eine Ausschussquote in Gestalt des Brac-Porzellans von 13% in der gesamten Herstellung verzeichnet werden konnte. Besonders deutlich wird die verfolgte Produktpolitik der Manufaktur, indem erstmalig für die Gebrauchsgeschirre und die Umsatzträger im Meißener Produktportfolio eine quantitative Analyse durchgeführt werden kann. Wurde in den Jahrzehnten zuvor stets angemahnt, die Herstellung und den Verkauf auf Gebrauchsgeschirre und gangbare Ware zu legen, ist aus der Produktionsstruktur für das Jahr 1773 eindeutig zu erkennen, dass man dieser Strategie voll und ganz folgte. Denn 70% der Jahresproduktion entfielen gerade einmal auf zwei Porzellanprodukte – auf die Tasse und das Schälchen in jeweils unterschiedlichen Farbausführungen. Beides waren nicht nur Stücke, die innerhalb großer Porzellanservices in mehrfacher Ausführung notwendig waren, sondern sie waren auch stark nachgefragte Porzellane, die mit verhältnismäßig niedrigen Preisen und hohem Gebrauchswert zu den wichtigsten Umsatzträgern der Manufaktur wurden. Sonstige Porzellane, besonders die hochwertigen Stücke, spielten bei der Produktion nur eine untergeordnete Rolle. An Porzellanfiguren, -tieren und -gruppen wurden lediglich 2.926 Stück hergestellt, etwas mehr als 1% der gesamten Jahresproduktion Meißens.[1241] Durch eine derartig ausgestaltete Produktionsstruktur setzte man in Meißen nahezu alle preispolitischen Handlungsoptionen auf die Mengenkomponente. Mit den hohen Stückzahlen der Tassen und Schälchen sicherte man die betriebliche Auslastung der Manufaktur, so dass diese Kategorien das produktionspolitische Gerüst in Meißen bildeten und insbesondere die Beschäftigung der Manufakturisten garantieren sollten. Die Konzentration auf die Herstellung der stark im Wettbewerb stehenden und somit tendenziell margenschwachen Umsatzträger sollte in erster Linie Verkäufe generieren, nicht jedoch die Profitabilität sicherstellen. Die Fokussierung auf die gangbaren Artikel begrenzte den preispolitischen Handlungsspielraum der Manufaktur, denn strategische Ansätze zu Preiserhöhungen und zur Beibehaltung einer Hochpreispolitik, wie sie noch 1764 unter Helbig angedacht wurden, standen unter solchen Rahmenbedingungen nicht mehr zur Disposition. Potenziell margenstarke und weniger intensiv vom Wettbewerb betroffene Porzellane wie Figuren und weitere Stücke im Hochpreissegment, bei denen noch preispolitischer Spielraum geherrscht hätte, spielten aufgrund ihrer geringen Stückzahlen keine entscheidende preisstrategische Rolle mehr.

Die von den Direktionsmitgliedern um von Fletcher eingeschlagene wirtschaftliche Führung der Meißener Manufaktur sollte Stockungen im Betrieb gar nicht erst entstehen lassen, hatte nun aber gerade solche Schwierigkeiten aufkommen lassen. Rückgänge in den Umsätzen, herbe Gewinneinbußen und gar Verluste standen immer häufiger auf der Tagesordnung. Neben den wirtschaftlichen Herausforderungen in dieser Zeit, setzte auch das erste große Feuer in der Manufaktur dem Betrieb sehr zu. Der 23 Stunden dauernde Brand vom 30. Januar 1773 brach im Erdgeschoß aus und zerstörte durch die große Hitzeentwicklung auch das darüber liegende Stockwerk mit etlichen Porzellanen, Rohstoffen, Materialien und Vorräten mit ca. 30.000 Kapseln für die Porzellanbrände.[1242] Die Wiederherstellung des Gebäudes

[1241] Vgl. die Tabelle 5-3 im Anhang.

[1242] Vgl. AA I Bo 2, S. 7.

kostete die Manufaktur 4.923 Taler und 23 Groschen, inoffizielle Schätzungen bewerteten den gesamten Schaden aber auf fast 100.000 Taler.[1243]

Inmitten dieser schwierigen wirtschaftlichen Phase erreichte die Manufakturdirektion ein anonymer, auf Französisch verfasster Brief.[1244] Das ohne Datumsangabe verfasste Schriftstück gab der damaligen Manufakturdirektion die Schuld an der schlechten wirtschaftlichen Entwicklung.[1245] Zuvorderst wurde kritisiert, dass sich die Manufaktur nach nunmehr acht Jahren seit Kriegsende in einem schlechteren Zustand befinden würde als direkt nach Ende des Siebenjährigen Krieges. Die Manufakturisten wären damals talentierter, fähiger und insgesamt besser bezahlt gewesen als 1773. Nun würde man kaum auf die Fähigkeiten der einzelnen Angestellten achtgeben und sei mit etlichen von ihnen zu hart umgegangen.[1246] Auch sei es gelungen, nach Kriegsende mehr Porzellan zu verkaufen und der Porzellankasse höhere Einnahmen zu bescheren. Gelobt wurde die Führung der Manufaktur unter Helbig, der es nicht nur verstand, die Manufaktur in sächsischer Hand zu behalten und weitestgehend den Betrieb ordentlich zu führen, sondern auch die Angestellten zum großen Teil in der Manufaktur zu halten. Die umsichtige und erfolgreiche Direktion unter Helbig gründete auf Führungsprinzipien, welche der Direktion unter von Fletcher vollständig abhanden gekommen waren:

> *„Mais au lieu de suivre le plan et les précautions de Helbig, il [von Fletcher] prit une route toute à fait opposée“.*[1247]

Etliche Kritikpunkte wurden vom anonymen Verfasser der Manufakturführung vorgeworfen:

1. Die Personalkosten wurden in die Höhe getrieben, ohne dass es dafür eine Notwendigkeit gegeben hätte. Die wichtigsten Arkanisten vergangener Jahre, allen voran Höroldt, Schertel und Schatter, wurden entlassen und mit hohen Pensionen versehen. Gleichzeitig stellte man zwei neue Arkanisten mit hohen Gehältern ein, Busch und Walther. So hatte man auf den Gehaltslisten zwei komplette Arkanisten-Teams.[1248] Auch hätte sich die Direktion mehrmals gegen den Rat der Arkanisten durchgesetzt, besonders was die Brennöfen anging. Die Brennöfen hingegen verursachten weiterhin viele Fehlbrände, die auch noch vor den restlichen Angestellten geheim gehalten worden waren.[1249]

[1243] Vgl. AA I Ah 1, S. 1–2 und S. 8 und AA I Bo 2, S. 15. Berichtet wurde auch von Manufakturisten, welche im Zuge der allgemeinen Unordnung während des Feuers etliche Kisten Porzellan aus der Manufaktur entwendeten, um sie anschließend illegal in Heimarbeit zu bemalen, vgl. AA I Bo 2, S. 167.

[1244] Vgl. AA I Aa 47, S. 145–150.

[1245] Der spätere Direktor der Manufaktur, Graf Marcolini, leitete diesen Brief an die Direktion weiter und sprach statt eines einzigen Verfassers im Plural von „les auters“. Die Nennung mehrerer Verfasser lässt vermuten, dass Marcolini ein gewisses Maß an Information besaß bezüglich der Autorenschaft, so dass seine Involvierung als wahrscheinlich angesehen werden kann, vgl. AA I Aa 47, S. 151. Aus dem inhaltlichen Zusammenhang lässt sich ungefähr ermitteln, dass der Brief im Herbst 1773 niedergeschrieben worden sein muss.

[1246] Vgl. AA I Aa 47, S. 149.

[1247] AA I Aa 47, S. 145b.

[1248] Vgl. AA I Aa 47, S. 145b.

[1249] Vgl. AA I Aa 47, S. 148b.

2. In vergangenen Zeiten gab es nur einen einzigen Angestellten, der sich um die Buchhaltung und um den Porzellanverkauf kümmern konnte. Nun waren in Meißen vier neue Manufakturisten tätig, die sich um Buchhaltung, den Verkauf und den Vertrieb kümmerten. Diese alle waren ausgebildete Maler, die nun den Vertrieb der Porzellane gestalten sollten und davon aber nur wenig Ahnung hätten. Die Unerfahrenheit der ehemaligen Maler der Manufaktur hätte schon ihren Schaden angerichtet, da der Manufakturkasse erhebliche Gelder fehlen würden aufgrund der sorglosen Gewährung von Porzellankäufen auf Kredit. Die Angestellten würden besonders manche Tricks und Gepflogenheiten der ausländischen Händler nicht kennen und durchschauen. Zudem würden sie mit ihren monatlichen festen Gehältern kein Risiko befürchten aufgrund schlecht laufender Geschäfte.[1250]
3. Die verstärkte Einstellung von Frauen und Mädchen in den Meißener Malereiabteilungen konnte dem Manufakturinteresse nicht dienlich sein.[1251] Tausende Gründe kämen in Frage, weswegen eine Frau ihren Dienst bei der Manufaktur früher oder später quittieren müsse, während ein männlicher Angestellter, zumal noch als Familienvater, nur im äußersten Notfall seinen Broterwerb kündigen würde. Er würde in so einem Fall auch gezwungen sein, bei konkurrierenden Manufakturen anzuheuern, weil er außer seinem Malerberuf keine weitere Tätigkeit gelernt hätte. Es würde deshalb keine einzige Fabrik in Europa geben, die auf weibliche Kräfte setzte, weil „les filles ne sont pas proprement faites pour soutenier un pareil etablissement“.[1252] Auch würde sich das Engagement der weiblichen Angestellten nicht lohnen, da diese mit ihrem ersten Pinselstrich die ihnen zugestandene volle Malertaxe bekommen würden, während bei den männlichen Malern erst sechs Jahre Ausbildung anstanden, währenddessen diese Lehrlinge nur einen Bruchteil der vollen Malertaxe zugestanden bekamen.[1253] Selbst im Detailverkauf des Meißener Warenlagers setzte man vereinzelt Frauen ein.[1254]
4. Die Etablierung der Auktionen zum bevorzugten Vertriebsweg brachte die Meißener Manufaktur vollständig in Misskredit. Die durchweg erzielten sehr geringen Auktionspreise wären auch den Porzellanhändlern ein Dorn im Auge, da ihnen dadurch nahezu alle Möglichkeiten genommen würden, ihre eigenen Porzellanvorräte zu einem höheren Preis weiter zu verkaufen. Deshalb musste man sich mit zunehmend verärgerten Händlern auseinandersetzen, die ihre gekauften Porzellanwaren an die Manufaktur zurückgeben wollten.[1255] Mit den Auktionen würde die Manufakturdirektion völlig irrational handeln – und die Preisbestimmung den Händlern überlassen. Auch verkaufte man in Meißen bei den Auktionen beileibe nicht die fehlerhaften Waren und die weniger wertvollen

---

[1250] Vgl. AA I Aa 47, S. 145b–146.

[1251] Ähnliche Kritik zur Einstellung von Frauen in die Manufaktur wurde auch 1774 geäußert, wobei insbesondere der „vielfältige sündliche Unfug“ während der täglichen Arbeit als größte Gefahr für den Betrieb erachtet wurde, vgl. AA I Bo 2, S. 13.

[1252] AA I Aa 47, S. 146–146b.

[1253] Vgl. AA I Aa 47, S. 146b–147 und S. 149.

[1254] Vgl. AA I Aa 47, S. 147. Nach dem Tod des Leiters des Detailverkaufs, Hövelke, trat an dessen Stelle für neun Monate seine Tochter, die danach den Nachfolger Hövelkes, den Maler Hauswald, heiratete.

[1255] Vgl. AA I Aa 47, S. 147.

Stücke, sondern man bot das gesamte Sortiment an: „Y-a-t-il quelque chose de plus contradictoire!“, wurde polemisch aufgeworfen.[1256]

5. Die Manufakturkasse wurde mit allerlei unnötigen Kosten belastet. Besonders die Direktion verursache viel Aufwand, der überflüssig sei und zugleich sämtliche wirtschaftlichen Prinzipien missachte.[1257]

Der letzte geäußerte Kritikpunkt einer verstärkten Kostenbelastung kann aus einer rein quantitativen Analyse der Archivalien nur teilweise bestätigt werden.[1258] Die kontinuierlichen Kostenreduktionen seit 1765 bis einschließlich 1773 zeugten von dem Bestreben, den Meißener Betrieb insgesamt von seiner unvorteilhaften Kostenstruktur zu befreien und ihm mehr wirtschaftlichen Spielraum zu geben. Die restlichen Kritikpunkte, wie die verfehlte Personal- und Lohnpolitik, die fehlende kaufmännische Ausbildung der Verwaltungs- und Vertriebsmitarbeiter und die hochgradig schädigenden Auktionen, entsprachen den tatsächlichen Fehlentwicklungen der Manufaktur in dem Dezennium nach dem Siebenjährigen Krieg und fußten auf einer profunden Kenntnis der inneren Angelegenheiten und Entwicklungen der Manufaktur.

Die Lösungen, um den Fehlentwicklungen in Meißen zu begegnen, wurden im anonymen Schreiben gleich mitgeliefert. Die meisten Ansätze waren eher allgemeiner Natur und beschworen regelrecht die Direktion, an alte Tugenden anzuknüpfen. Der eingeschlagene Weg müsse verlassen werden, weil er direkt in den sicheren Ruin der Manufaktur führen würde. Die Wiedereinführung von soliden Prinzipien der Betriebsführung mit Hilfe von effizienten Maßnahmen musste wieder die oberste Priorität haben, damit die Manufaktur wieder erstarken konnte und um „faire tomber toutes ses rivales qui osent lui disputer déja le rang“.[1259] Um den Handel mit Porzellan wieder zu erhöhen und die Einnahmensituation zu verbessern, forderte der Verfasser, Porzellane nach dem Geschmack der Nachfrager, akzeptable Verkaufspreise und einen ehrlichen Dialog in den Verhandlungen mit den Geschäftskunden. Auch sollten die Auktionen vollständig eingestellt werden. Um in Zukunft die Manufaktur auf eine solidere Grundlage zu stellen, empfahl der Autor die Durchführung von Tauschhandel. Das Porzellan sollte dabei mit anderen Waren getauscht werden, auf die man in Sachsen angewiesen wäre.[1260] Welche Waren dies sein sollten, wurde nicht weiter präzisiert. Was aber festgestellt wurde, war die Bereitschaft, durch den Tauschhandel eine neue Geschäftsgrundlage für die Meißener Manufaktur aufzubauen, neben dem Verkauf der Porzellane in bar und auf Kredit:

„Tâchons donc d'en établir une troisième espece, savoir, le troc des marchandises et qu'on paie celles de l'Etranger avec de la porcelaine“.[1261]

[1256] AA I Aa 47, S. 147b.

[1257] Vgl. AA I Aa 47, S. 149.

[1258] Vgl. Tabelle 5-1 im Anhang.

[1259] AA I Aa 47, S. 149b.

[1260] Vgl. AA I Aa 47, S. 149b.

[1261] AA I Aa 47, S. 150.

Ungeachtet der Tatsache, dass man mit dem Handel mit allgemeinen Waren in der Meißener Manufaktur gar keine Erfahrung besaß, sollte der Tauschhandel eine neue und wichtige Alternative zu den bisherigen Umsatzquellen werden. Fraglich ist es jedoch, ob eine solche Maßnahme der Meißener Porzellanmanufaktur entscheidende neue Umsatzimpulse hätte geben können.[1262]

Auf diese anonym geäußerte Kritik musste die wichtigste Führungskraft, von Fletcher, umgehend antworten. Nicht nur, dass der Brief Friedrich August III. erreicht hatte und somit ein dringender Handlungs- und Erklärungsbedarf gegenüber dem Landesherrn bestand. Auch wegen der direkten Verantwortung, die von Fletcher für die schlechte Entwicklung der Manufaktur zu übernehmen hatte, musste er in einem ebenfalls auf Französisch verfassten Vortrag reagieren.

Von Fletcher wies in seinem Schreiben vom 3. Dezember 1773 alle Anschuldigungen zurück und betonte, der anonyme Verfasser verbreite nur Unwahrheiten.[1263] Er verwies auf die starken Zunahmen in den Umsätzen bis zu den Jahren 1767, die durch seine umsichtige und gute Direktion erzielt worden waren. Die Rückgänge in den Jahren danach führte er auf die Schutzzollpolitik der Preußen zurück, die ihre eigene Berliner Manufaktur durch Import- und Durchreiseverbote für Meißener Waren schützen wollten. Hingegen konnte er eindeutige und substantielle Ersparnisse auf der Kostenseite verbuchen, denn eine kostengünstige Produktion würde auch über kurz oder lang die Einnahmen verbessern, da „le bon marché procure le bon debit".[1264] Auch die Qualität und Güte der hergestellten Porzellane stellte von Fletcher auf eine Stufe mit den Produkten, wie sie vor dem Siebenjährigen Krieg hergestellt wurden.[1265] Im Umgang mit dem Personal argumentierte der Direktor, dass er die weniger fähigen Maler entlassen und den fähigsten Künstlern sogar erhebliche Lohnerhöhungen zugestanden hatte. Im Durchschnitt mussten die 173 Maler, die schon 1764 tätig waren und bis 1773 in der Manufaktur arbeiteten, 7% Lohnreduktion hinnehmen.[1266] Die Arkanisten seien teilweise auf eigenen Wunsch in Pension gesetzt worden oder wären durch eindeutig fähigere und kompetentere Angestellte ersetzt worden.[1267] Der Einsatz von Frauen in der Manufaktur hätte einen nicht zu unterschätzenden Kostenaspekt, da die Löhne meistens zwischen 25% bis 50% geringer waren als bei männlichen Angestellten.[1268] Auch die Einstellungen von Verwaltungspersonal zur Buchführung und für den Verkauf wurden notwendig, da die

1262 Der Tauschhandel war im 18. Jahrhundert durchaus noch eine praktizierte Form des Handels. Ludovici widmete diesem Thema immerhin nahezu 6 Seiten in seinem „Grundriß eines vollständigen Kaufmanns-Systems", vgl. Ludovici (1768) S. 93–98. Bekannt geworden sind Fälle des Tauschhandels bei anderen Porzellanmanufakturen. Die Porzellanmanufaktur Bruckberg wurde von türkischen Händlern immer wieder zur Abnahme dortiger Produkte gedrängt. Bei einem Tausch von 32.750 Türkenbechern gegen Öl entstand ein Verlust von 30%, vgl. Reuter (1961), S. 117. Besonders bei engen Märkten, bei Geldknappheit oder bei staatlichen Interventionen in Marktsysteme griff man auf Tauschhandel zurück, vgl. Yamey (2000), S. 9 und Sombart (1928a), S. 517–518.

1263 Vgl. AA I Aa 47, S. 152.

1264 Vgl. AA I Aa 47, S. 150, S. 155 und S. 160.

1265 Vgl. AA I Aa 47, S. 153.

1266 Vgl. AA I Aa 47, S. 174–178, eigene Berechnungen. Vgl. auch Abbildung 5-24 im Anhang.

1267 Vgl. AA I Aa 47, S. 153b und S. 155b–156.

1268 Vgl. AA I Aa 47, S. 159b.

Reformen des Vertriebs sämtliche Verkaufsaktivitäten in Meißen statt in Dresden konzentriert hatten.[1269] Dass die Angestellten im Vertrieb ausgebildete Maler waren, würde dem Geschäft keinesfalls schaden, da sie die entscheidenden Produktkenntnisse bei den Porzellanen vorweisen konnten und dadurch besser für den Verkauf gerüstet waren.[1270] Die Verkaufspreise würden zudem jeden Tag für jedes neue Stück kalkuliert unter Berücksichtigung der Fehlbrände und Ausschussquoten. Man hatte laut von Fletcher die Preise im Allgemeinen entscheidend gesenkt, teilweise bis auf das Niveau der erzielten Auktionspreise, und selbst die Rabatte hätten ungeachtet der ohnehin schon niedrigen Preisniveaus nicht viel zur Erweiterung der Verkäufe beigetragen: „On a diminué les prix tres considerablement, le rabbais n'a cependant pas beaucoup contribué à entendre la vente".[1271] In dieser Aussage fand sich ein indirekter Hinweis auf ein eher unelastisches Nachfrageverhalten, da aufgrund signifikanter Preissenkungen die Verkäufe nicht wesentlich gesteigert werden konnten. Insgesamt wären seit Beginn der Administration mehr Einnahmen generiert worden als in den ganzen Jahren unter der Führung von Helbig. Von Fletcher verteidigte sich schließlich damit, dass die Manufaktur unter seiner Führung in einer „situation bien plus florissante" sei gegenüber dem Zustand vor seiner Direktion.[1272]

Dennoch war die Position des Direktors durch die direkt an ihn gerichtete Kritik stark geschwächt worden, und weiterer interner Widerstand regte sich gegen seine autoritäre Persönlichkeit.[1273] In einer Eingabe vom 12. April 1774 wandte sich eine Gruppe führender Manufakturisten unter Kaendler gegen von Fletcher und seine Leitung.[1274] Er wurde für nahezu alle Missstände in der Manufaktur persönlich verantwortlich gemacht, angefangen von den Versäumnissen bei den internen Abläufen der Arbeit bis hin zur völlig übereilten Abschaffung der bisherigen Betriebsorganisation. Kaendler und seine Kollegen warben dafür, die Situation vor der Direktion von Fletcher wiederherzustellen. Dabei dürfte es die „Gebrechen abzustellen und die Manufactur in ihrem vorigen flor zu setzen keine aber so schwere Sache seyn".[1275] Währenddessen starb am 19. Dezember 1773 Carl von Nimptsch, dessen Position als eigentlicher Direktor der Manufaktur faktisch durch von Fletcher wahrgenommen wurde. Durch diese Personalie und zusammen mit der hochgradig enttäuschenden Umsatzentwicklung der Manufaktur in den Jahren seiner Führung schien es nur eine Frage der Zeit zu sein, bis Fürst Friedrich August III. entsprechende personalpolitische Veränderungen und Konsequenzen gegenüber von Fletcher einleiten würde.

[1269] Vgl. Kapitel 3.4.3.

[1270] Vgl. AA I Aa 47, S. 156–157.

[1271] AA I Aa 47, S. 170b–171.

[1272] AA I Aa 47, S. 153b und S. 169.

[1273] Vgl. AA I Bo 2, S. 18–19.

[1274] Vgl. AA I Bo 2, S. 1–22.

[1275] AA I Bo 2, S. 20.

3.3.15 Selektive Preispolitik und indirekte Preissteuerung von 1774 bis 1814

Diese Konsequenzen zog der Fürst im Sommer des Jahres 1774. Am 20. August wurde dem Grafen Camillo Marcolini von Friedrich August III. die Direktion und Oberaufsicht über die Manufaktur übertragen.[1276] Neben ihm wirkten noch der Kammerrat von Heynitz und der Arkanist Carl Wilhelm Pörner als Manufakturkommissare.[1277] Gleichzeitig gab Friedrich August III. dem neuen Direktor den Auftrag, „eine Entwerfung eines Plans wegen derer zu einer verbeßerten Einrichthung sothaner Manufactur ohngesäumt zu treffenden Vorkehrungen" zu erstellen.[1278] Marcolini war anfänglich als Silberpage des Kurfürsten Friedrich Christian an den sächsischen Hof gekommen und wurde ab 1763 ebenfalls Silberpage und Vertrauter von Friedrich August III.[1279] Marcolini trat mit großem Eifer an seine Aufgabe heran, um die sich langsam zementierenden Missstände in der Manufaktur auszumerzen. Aufgrund der Situation, erstmalig für eine Manufaktur verantwortlich zu sein in einer neuen und unbekannten Branche, bat sich Marcolini beim Kurfürsten noch weitere Zeit zur Analyse und Ausarbeitung der Gegenmaßnahmen aus.[1280]

Kurzfristig musste sich Marcolini mit dem unerlaubten Schwarzmarkthandel mit Meißener Porzellanen auseinandersetzen. Die Praxis, Porzellane aus der Produktion zu entnehmen und sie dann heimlich weiterzuverkaufen, stellte eine Unsitte mit langer Tradition in der Manufakturgeschichte dar und wurde zum damaligen Zeitpunkt noch begünstigt durch frei herumstehende Geschirre in den überfüllten Lagerplätzen. Da man in der Stadt Meißen diese Porzellane um bis zu 50% billiger erwerben konnte im Vergleich zum offiziellen Verkaufspreis, wurde gefordert, den Handel mit Meißener Produkten nicht nur den Manufakturisten zu untersagen, sondern auch sämtlichen Einwohnern der Stadt zu verbieten.[1281] Man regte sogar an, dass die Versendung von Porzellanen zu privaten Zwecken zu Wasser und zu Land nur mit ausdrücklicher Erlaubnis der Manufaktur zu erfolgen hätte. Man fürchtete, dass dieser zu weit geringeren Preisen unerlaubte Handel mit Meißener Porzellan bei den auswärtigen Kunden und den Durchreisenden zu einem negativen Preisimage der Manufaktur führen könnte. Der Kurfürst folgte in seiner Resolution vom 13. Oktober 1774 diesen Vorschlägen, so dass es für den Eigenhandel mit Porzellan, aus welchen Gründen auch immer er durchgeführt wurde, entweder 100 Taler Strafe oder eine Gefängnishaft angesetzt wurden.[1282]

1276 Vgl. AA I Aa 48, S. 87–87b und HStAD 10026 Loc. 1344/05, S. 223.

1277 Vgl. Rückert (1990), S. 43–44 und S. 46. Die Manufakturkommission wurde in dieser Zeit endgültig zu einer Lokalbehörde, da sie nur noch in Meißen tätig war. Einzige Ausnahme blieb Marcolini, der in Dresden verblieb. Ab 1779 wurde der Arkanist Pörner der inoffizielle Stellvertreter von Marcolini in der Manufaktur, vgl. AA I Af 9, S. 64b.

1278 AA I Aa 49, S. 87.

1279 Vgl. Ô-Byrn (1877), S. 17–18 und S. 30–33. Kurfürst und Page verband ein freundschaftliches Verhältnis, das zeitlebens halten sollte, vgl. Ô-Byrn (1877), S. 44.

1280 Vgl. AA I Ak 12a, S. 10.

1281 Dies wurde mit einer königlichen Resolution vom 7. Mai 1774 angeordnet, vgl. AA I Ak 12a, S. 12.

1282 Vgl. AA I Ak 12a, S. 12–13 und S. 28b.

Der erste Teil der langfristen Maßnahmen wurde hingegen ab 1775 eingereicht und sah vor, das bisherige monatliche Berichtswesen der Manufaktur abermals grundlegend zu verändern. Die bisherige Vorgehensweise war gekennzeichnet durch erheblich ineffiziente Vorgänge und einer unsystematischen „Zettelwirtschaft“ statt einer übersichtlichen Dokumentation.[1283] Dazu gehörten mehrere Punkte, welche die quantitative und qualitative wirtschaftliche Bewertung und Einschätzung der Manufaktur erleichtern sollten und sämtliche Wertschöpfungsstufen der Porzellanherstellung tangierten:[1284]

- Die Arkanisten sollten ausführlich berichten, wie viel Porzellanmasse hergestellt wurde und wie viel davon an die Dreher- und Former unter dem Abteilungsvorsteher Elsasser abgeliefert wurde.
- Elsasser sollte darlegen, wie viel von der Porzellanmasse benutzt wurde, was daraus verfertigt wurde und was zum ersten Porzellanbrand gegeben wurde.
- Die Brenner mussten in ihren Brennregistern aufzeigen, wie viel in die Öfen eingesetzt und anschließend wieder heraus genommen wurde. Durch Lieferscheine sollte dokumentiert werden, wie viele Geschirre zur zentralen Aufbewahrungsstelle geliefert wurden, dem großen Warenlager.
- Der Aufseher über diese Sammelstelle, Manufakturinspektor Haustein, musste angeben, wie viele der gebrannten Geschirre an die Maler oder direkt an das Hauptwarenlager zum Verkauf geliefert wurden.
- Die Maler sollten unter ihrem Vorsteher Beck darlegen, wie viele gemalte Geschirre in welchen Bemalungen zum Brennen gegeben wurden oder eventuell direkt in das Hauptwarenlager zum Verkauf gebracht wurden.
- Die Buchhaltung unter Hauswald sollte berichten, welche Zahl von Porzellanen sie in das Hauptwarenlager geliefert bekam, wie viele Geschirre für die Bestellungen abgeliefert und Gelder dafür eingenommen wurden und welche Einnahmen zusätzlich aus dem Detailverkauf in Meißen resultierten.

Diese Maßnahmen von Marcolini sollten dazu dienen, den gesamten Produktionsablauf in Meißen noch besser zu erfassen und zu kontrollieren, nicht zuletzt auch einen besseren Überblick über Verbrauchsmengen, Produktionsaufwand und Verkäufe zu bekommen. Insgesamt sollten bis zu 13 verschiedene Rechnungswerke geführt und jährlich abgelegt werden.[1285] Dennoch überrascht es, dass diese Anweisungen bezüglich des Berichts- und Rechnungswesens der Manufaktur hier zum Jahresende 1774 nochmals angeordnet werden mussten. Die Notwendigkeit nach einer detaillierteren Erfassung und Quantifizierung der Produktionsschritte und den ihnen zugrundeliegenden Kosten- und Einnahmepositionen war seit mindestens 1719 eine ständige und immer wiederkehrende Forderung in Meißener Füh-

---

1283 AA I Bo 1, o. S.

1284 Vgl. AA I Ac 1, S. 24–25 und S. 115–116.

1285 Diese Rechnungswerke waren die Hauptrechnung über das große weiße Warenlager, die Hauptrechnung über das bunte Warenlager, eine Rechnung über die Niederlassung in Meißen, eine über den Detailhandel, eine Rechnung über das Brac Porzellan, eine über die Buchhaltung in Meißen, eine über das Ausschusslager in Dresden, die Rechnungen über die zusätzlichen Warenlager außer Landes, eine Geldrechnung der Buchhaltung und des Detaillagers in Meißen und schließlich eine Kassenrechnung, vgl. AA I Af 11, S. 203.

rungskreisen.[1286] Dass der neue Manufakturdirektor diese Bestimmungen nochmals zur Tagesordnung brachte, musste ein Hinweis darauf sein, dass das Rechnungswerk und die innerbetrieblichen Prozesse der Manufaktur zu diesem Zeitpunkt immer noch nicht zufriedenstellend gelöst waren. Offenbar hatte man seit Beginn des Siebenjährigen Krieges sämtliche sogenannte „Natural-Rechnungen“ der eingehenden und ausgehenden Porzellane nicht mehr durchgeführt, so dass dadurch das interne Berichtswesen erheblich leiden musste. Marcolini sah in der Wiederaufnahme dieser vormals vernachlässigten Rechnungen den Schlüssel zur Etablierung einer betrieblichen Ordnung und die Chance, für erhebliche Verbesserungspotenziale in der gesamten Betriebsleistung zu sorgen.[1287] Diese bestanden darin, dass an der Schnittstelle zu jeder benachbarten Wertschöpfungsstufe die Einnahmen und Ausgaben an Porzellanstücken der jeweils berichtenden Abteilung festgehalten und protokolliert werden mussten und somit eine verbesserte Kontrolle und Steuerung der Produktionskapazitäten ermöglicht wurde. Die Einnahme der Dreher und Former beispielsweise war in dieser Systematik die Porzellanmasse, die Ausgabe bestand in der Anzahl der gelieferten Porzellane an die Brenner für den Porzellanbrand. Für das Lager des Detailverkaufs bestand die Einnahme aus den gelieferten Porzellanen aus dem Hauptwarenlager, während die Ausgaben die verkauften Porzellane waren.[1288]

Marcolini setzte somit in seiner Anfangszeit an der Spitze der Meißener Manufaktur stark auf innerbetriebliche Reformen als Antwort auf die Umsatzrückgänge. Nach seinem Dafürhalten „wäre dieses wiederum ein Schritt näher zu der so nöthigen Ordnung“ innerhalb der Manufaktur.[1289] Betriebliche Ordnung, Straffung von Prozessen, Optimierung von Wertschöpfungsstufen, bessere Quantifizierung der Leistungserstellung und sorgfältigere Dokumentationen waren die ausgewählten Mittel, um die wirtschaftliche Entwicklung der Manufaktur wieder zu stärken. Zudem sollten dadurch die sich häufenden Fälle von achtloser und nachlässiger Arbeit abgestellt werden.[1290] Damit eng verbunden war auch eine stärkere Hinwendung zur Steuerung der Produktionsvolumina in Hinblick auf die spezifischen Gegebenheiten der Absatzsituation. Der Hinwendung zu den Erfordernissen und Wünschen des Marktes musste laut Marcolini wieder die höchste Priorität eingeräumt werden, denn der „Manufaktur ist nichts daran gelegen, alle französische Modekupferstiche in Maße arbeiten zu lassen, sondern Geld zu verdienen“.[1291] Damit wurde der Weg weiter gegangen, der schon

[1286] Die ersten Forderungen nach einem besseren Rechnungswerk wurden durch den damaligen Manufakturinspektor Steinbrück 1719 eingebracht, vgl. Kapitel 3.3.3.

[1287] Vgl. AA I Ac 1, S. 279.

[1288] Vgl. AA I Ac 1, S. 111 und S. 125–126.

[1289] AA I Ac 1, S. 53.

[1290] Berichtet wurde beispielsweise, dass der Umgang mit den Rohstoffen besonders fahrlässig war, da man kleinere Reste von nicht verwerteter Porzellanmasse und ungenutzter Rohstoffe achtlos auf die öffentlich zugänglichen Straßen um das Manufakturgebäude warf, anstatt wie sonst üblich die Reste in Holzfässern zu sammeln und nachts in der Elbe zu versenken, vgl. AA I Bo 2, S. 3–4. Das Schlämmen der Porzellanmasse erfolgte in den 1770er Jahren ebenfalls öffentlich, vgl. AA I Bo 2, S. 10.

[1291] AA I Ac 1, S. 265. Selbst so kleine Feinheiten wie die Perspektive der Figuren mussten in das unternehmerische Kalkül einfließen. Man hatte beobachtet, dass der Absatz der Figuren, die nur eine Ansicht von vorne hatten, merklich zurückging. Diese Figuren konnten demnach nur in eine Richtung aufgestellt werden, etwa als Kaminaufsätze. Sie konnten aber nicht auf Tafeln gestellt werden, weil man dadurch zwangsläufig auch auf die Rückseite der Figur schauen musste und dies seitens der Kundschaft nicht erwünscht zu sein schien.

unter von Fletcher in der Manufaktur eingeschlagen wurde: Die Konzentration auf marktgängige, im Preis konkurrenzfähige Gebrauchsgeschirre.

Marcolini ordnete an, dass bei der Produktion der Porzellane fortan darauf geachtet werden sollte, was bestellt wurde und was in den Warenlagern notwendig war. Die Vorsteher in der Malerei- und Formerabteilung hatten sich untereinander auszutauschen über das notwendige und richtige Verhältnis der herzustellenden Geschirre, die Bildhauer und Modellmeister mussten mit der Buchhaltung vorher abklären, ob die zu verfertigenden Modelle den Geschmack und das Interesse der Nachfrager finden würden.[1292] Notfalls musste sich ein Meißener Manufakturist auf die sich ändernden Produktionsgegebenheiten umstellen und diejenigen Arbeiten durchführen, welche den höchsten Absatz versprachen:

> *„Artickel, von denen viel vorräthig ist, müßen so wenig gearbeitet werden, als solche, die nicht mehr gangbar sind. Aus Vernachläßigung dieser beyden Rücksichten, entstehen Ladenhüter und unbrauchbares Gut. Es ist nicht genug, daß der Fabricant sagt: ich bin auf diese oder jene Arbeit eingerichtet, ist sie nicht nöthig, muß er sich auf eine andere einrichten, oder es ist keine Arbeit für ihn da".*[1293]

Der zweite Teil der Maßnahmen zur besseren Einrichtung der Manufaktur gemäß dem königlichen Auftrag betraf vorwiegend die Kosten- und Finanzstruktur des Betriebs in Meißen. Den in den Jahren zuvor beschrittenen Weg der Kosteneinsparungen wollte Marcolini ebenfalls weiter gehen, denn es sei nötig, „bey dem bisher gar merklich gefallenen Debit der Porcelaine, die Ausgaben eher einzuschränken, als zu vermehren".[1294] Zwar gewährte er dennoch periodisch und selektiv auch Lohnerhöhungen im Bereich von 8% bis 10%.[1295] Aber die zunehmend schlechteren wirtschaftlichen Bedingungen führten dazu, dass man noch größere Kosteneinsparungen durchführen wollte und auch musste, als dies in den Jahren ab 1765 geschehen war. Schon 1772 wurde das Schlosskommando aufgehoben, und die dafür aufgewendeten Gehälter nicht mehr aus der Manufakturkasse bestritten. Stattdessen wurden 2 Tag- und Nachtwächter zur Bewachung des Geländes eingesetzt, die Sicherheit der Manufaktur hingegen einem gewöhnlichen Militärkommando anvertraut.[1296] Marcolini zeigte beispielhaft an ausgewählten Abteilungen der Manufaktur, wie sich die Kosten für ausgezahlte Löhne 1776 im Vergleich zu 1763 entwickelt hatten und machte daran die dringende Notwendigkeit fest, Kosteneinsparungen durchzuführen.

[1292] Vgl. AA I Ac 1, S. 178 und S. 265.

[1293] AA I Ac 1, S. 79.

[1294] AA I Ac 1, S. 51.

[1295] Besonders bei Beförderungen, wie z.B. bei der Ernennung des Vorstehers der Dreherabteilung, Elsasser, zum Arkanisten am 28. Oktober 1775, vgl. AA I Ac 1, S. 51 und S. 299, eigene Berechnungen.

[1296] Vgl. AA I Af 9, S. 44.

Tabelle 3-7: Lohnkosten und Personalentwicklung 1763 vs. 1776 für ausgewählte Abteilungen

Abteilung	1763			1776			Wachstum 1763 vs. 1776		
	Angestellte	Lohnkosten in Rt.	Pro-Kopf Lohnkosten in Rt.	Angestellte	Lohnkosten in Rt.	Pro-Kopf Lohnkosten in Rt.	% Angestellte	% Lohnkosten	% Pro-Kopf Lohnkosten
Farbenreiber	11	792	72,00	17	1278	75,18	55%	61%	4%
Thonbeschicker	15	1236	82,40	26	1793	68,96	73%	45%	-16%
Verglüher	10	832	83,20	21	1756	83,62	110%	111%	1%
Gutbrenner	16	1968	123,00	29	3018	104,07	81%	53%	-15%
Emaillebrenner	3	303	101,00	4	618	154,50	33%	104%	53%
Laboranten	2	468	234,00	3	795	265,00	50%	70%	13%
	Σ 57	**Σ 5599**	**Σ 695,60**	**Σ 100**	**Σ 9258**	**Σ 751,33**	**Ø 75%**	**Ø 65%**	**Ø 8%**

Quelle: AA I Ac 2, S. 5, eigene Berechnungen

Während der absolute Wert der Lohnkosten für die sechs ausgewählten Abteilungen insgesamt um durchschnittlich 65% anstieg und damit die Notwendigkeit der Kostenreduktionen dargestellt wurde, muss das Gesamtbild bei einer Pro-Kopf Betrachtung relativiert werden. Durch die höhere Angestelltenanzahl in allen Bereichen, stieg die Pro-Kopf Lohnsumme um insgesamt 8%. Die Tonarbeiter und Gutbrenner verzeichneten sogar einen signifikanten Rückgang der Pro-Kopf Lohnsumme, während die Brenner an den Emaillieröfen die Pro-Kopf Werte mehr als verdoppeln konnten. Die pauschale Ansicht, dass die Ausgaben der Manufaktur in allen Bereichen gestiegen waren, konnte nur bei einer absoluten Betrachtung Gültigkeit haben, ohne gleichzeitige Berücksichtigung der Entwicklung der Zahl der Angestellten. Diese beispielhafte Analyse anhand von sechs Abteilungen verdeutlicht, dass es sich in Meißen in erster Linie um kein reines Kostenproblem durch die bloße Ausweitung der Ausgaben handelte, sondern die Manufaktur diese Kostenstruktur auch aufgrund der stark aufgebauten Kapazitäten an Personal- und Ressourcen aufwies. Die retrospektiv betrachtet überproportional starke Erweiterung der Manufaktur nach dem Siebenjährigen Krieg hätte bei etwas moderatem Aufbau der Ressourcen sicherlich die Kostenstruktur in den nachfolgenden Jahren nicht so stark gekennzeichnet. So hingegen musste Marcolini gleichzeitig mit einem Kosten- und Kapazitätsproblem kämpfen.

Den kaufmännischen Arm der Manufaktur, die Buchhaltung, ließ Marcolini die Ursachen für den starken Rückgang der Umsätze in den Jahren 1773 und 1774 erforschen, die letztlich seinem Vorgänger in der Direktion den Posten gekostet hatten.[1297] In der Buchhaltung liefen alle Fäden zusammen was die Bestellungen und die Korrespondenz anging, genauso wie

[1297] Vgl. zur Umsatzentwicklung Tabelle 5-1 im Anhang.

diese Abteilung die Trends und Entwicklungen am Porzellanmarkt aufzuspüren versuchte. Man stellte fest, dass etliche Gründe für die Umsatzrückgänge verantwortlich waren:[1298]

- Die Vielzahl der konkurrierenden Manufakturen im Markt hatte den Verkauf von Meißener Porzellanen erheblich zurückgehen lassen. Zudem waren mitunter erhebliche Einschränkungen des Handels in Gestalt von Verboten, Zöllen und Abgaben zu verzeichnen.
- Die Auktionen wurden als entscheidender Faktor für die unprofitable Tätigkeit der Manufaktur angesehen. Viel zu viele Porzellane wurden dadurch in den Markt gebracht, und Händler begannen sich vermehrt bei Auktionen mit Porzellanen einzudecken, anstatt direkt die Bestellungen in Meißen zu tätigen.
- Die hohe Lohnsumme der Maler und Dreher stellte einen gehörigen Kostenblock dar, welcher überdurchschnittlich stark die finanzielle Situation der Manufaktur belastete.
- Hinsichtlich der Porzellanqualität musste man viele Abstriche hinnehmen, besonders bei der grünen Farbe und bei Farben nach den Emaillierbränden. Es kam aufgrund von Fehlbränden vor, dass einige Stücke bis zu sechsmal gefertigt werden mussten, bis sie in zufriedenstellender Qualität vorlagen – entsprechend wurden die Dreher auch ebenso häufig bezahlt. Figuren und Gruppen zersprangen besonders häufig in den Bränden.

Die Einschätzung der Buchhaltung war, dass es unmöglich sei „denen bisherigen Ausgaben, durch zureichende Einnahmen fernerhin beykommen zu können".[1299] Falls die Manufaktur in der gleichen Weise weiterarbeiten würde wie bisher, sah Marcolini eine jährliche Unterdeckung von fast 50.000 Talern voraus. Es wurde geschätzt, dass bis zur nächsten Ostermesse 1776 monatlich nicht mehr als 7.000 bis 8.000 Taler eingenommen werden konnten, während die monatlichen Ausgaben 12.000 Taler betrugen.[1300] Um diese beinah fast schon chronische Unterfinanzierung der betrieblichen Tätigkeit abzustellen und da die Situation unmöglich weiter Bestand haben konnte, zeigte Marcolini mögliche Lösungswege auf:[1301]

1. Die Verminderung des Personals um 150 Angestellte.
2. Die Gewährung eines monatlichen Zuschusses aus der Staatskasse von 4.000 bis 5.000 Talern zur Kostendeckung.
3. Reduktionen in den Taxen, Löhnen und Gehältern, insbesondere bei Malern und Drehern.

Keine unmittelbare Berücksichtigung fand hingegen der Vorschlag, in dieser Zeit der Krise antizyklisch mittels einer expansiven Strategie den sinkenden Umsätzen beizukommen. Diese sah vor,

---

[1298] Vgl. AA I Ac 1, S. 230–233 und S. 264–265.

[1299] AA I Ac 1, S. 231.

[1300] Vgl. AA I Ac 2, S. 181.

[1301] Vgl. AA I Ac 1, S. 231 und HStAD 10026 Loc. 1344/06, S. 59, ferner auch Berling (1900), S. 142.

„daß wenn man die Fabricanten mehr arbeiten ließe, die Bestellungen dadurch gefördert, der Verkauff auf den Meßen weit mehr verstärkt und ein ansehnliches mehr in die Casse kommen würde“.[1302]

Marcolini war von dieser Vorgehensweise nicht überzeugt, zumal der Markt durch die vielen Auktionen schon mit Porzellan gesättigt schien und eine weitere Ausweitung der Produktion mit der bestehenden Kosten- und Einnahmenstruktur nicht finanziert werden konnte. Auch wurde die Anregung, den Manufakturisten mehr zu zahlen anstatt ihnen den Lohn zu kürzen, um sie dadurch stärker zu motivieren und mehr Umsätze zu generieren, nicht weiter in Erwägung gezogen.[1303] Die Ausweitung der Produktion schien deshalb die riskanteste Strategie zu sein, weshalb sie auch nicht in den engeren Kreis der möglichen Lösungsvorschläge aufgenommen wurde.

Mit dem Reskript vom 13. Januar 1776 hatte Fürst Friedrich August III. über die Vorschläge zu entscheiden.[1304] Er scheute die Gewährung der Zuschüsse aus den staatlichen Kassen, insbesondere weil er die Dauer dieser Zahlungen nicht einschätzen konnte. Die Entlassung der Angestellten, zumal in so einer großen Zahl, würde nach seinem Dafürhalten nur die Konkurrenten stärken, die gerne Meißener Manufakturisten einstellen würden. Es blieb somit nur der dritte Lösungsweg der Kürzung der Löhne und Arbeitstaxen, mit dem letztlich nicht nur die Versorgung der Manufakturisten gewährleistet werden sollte, sondern auch „die Waaren immer mehr auf einen mäßigen Preiß herabgebracht werden können“.[1305]

Die Gehälter der Angestellten und die Stücklöhne erfuhren daraufhin erhebliche Kürzungen.[1306] Marcolini suchte die größten Kosteneinsparungen besonders in den Malerlöhnen zu erzielen. Schon in einer Resolution vom 19. September 1775 kündigte er an, die bis dahin bestehenden Malertaxen gründlich revidieren zu wollen, da die monatlichen Unkosten für die Löhne in der Malerei immer höher anstiegen.[1307] Die Malereivorsteher sollten zusammen mit dem Manufakturinspektor und der Buchhaltung gemeinschaftlich überlegen, welche Reduktion die neuen Taxen aufweisen könnten, die zugleich den Arbeitern dennoch weiterhin ein würdiges Auskommen gewährleisten würden.[1308] Zudem verhielt man sich in der Personalpolitik recht konservativ, und stellte nur bei auftretenden Vakanzen neue Leute ein. Talentierte junge Künstler, die eine Übernahme in die Dienste der Manufaktur suchten, mussten oftmals abgelehnt werden, weil für sie keine entsprechenden Stellen frei wurden. Die Frage, ob die Einstellung erfolgen konnte, lag nicht am Vorhandensein von Talent und Eignung zur künstlerischen Arbeit, sondern ob diejenige Person benötigt wurde und ob eine freigeworde-

---

1302 AA I Bo 2, S. 7.

1303 Man argumentierte bisweilen, dass eine Ersparnis bei den Löhnen von 1.000 Talern eine Reduktion der Umsätze aufgrund von Demotivation der Arbeiter von 10.000 bis 15.000 nach sich ziehen würde, vgl. AA I Bo 2, S. 131.

1304 Vgl. AA I Ak 12a, S. 57–61b.

1305 AA I Ak 12a, S. 58.

1306 Vgl. HStAD 10026 Loc. 1344/06, S. 99, S. 181 und S. 201.

1307 Vgl. AA I Ac 1, S. 203.

1308 Vgl. AA I Ac 1, S. 203 und S. 233.

ne Position besetzt werden konnte. Die Maxime war somit, spätestens seit den einsetzenden Umsatzrückgängen ab 1767, „das Personale ohne Noth nicht zu vermehren".[1309]

Marcolini überließ die Entscheidungen zur Reduktion der Löhne den Vorstehern in den verschiedenen Arbeitsabteilungen, da er „weder von dem fixieren, noch von dem Vermindern der Löhnen einen deutlichen Begriff" hatte.[1310] Marcolini machte seine preispolitischen Vorstellungen von den Relationen zwischen Tätigkeit und Lohn dabei aber an einem Beispiel unmissverständlich klar:

> *„Leute, die vormals mit dem Schubkarren auf dem Holzhofe herum gefahren sind, können unmöglich auf einen Verdienst von 18 bis 19 Rt. Anspruch machen. Und da ich sie nicht anders, als eine Art von Handlangern ansehe, so sind sie auch als solche ihre Zeit von früh bis auf den Abend zu arbeiten schuldig".*[1311]

Voller Einsatz für die Manufaktur bei erheblich reduzierten Bezügen war also der neue Grundsatz. Deswegen wurden sämtliche Maler und Dreher in Leistungsklassen eingeteilt gemäß ihrer bis dahin gezeigten Geschicklichkeit und ihren Fähigkeiten.[1312] Das seit spätestens 1768 vorbereitete Lohnklassensystem fand nun seinen Einzug in die Manufaktur, indem eine neue Besoldung eingeführt wurde für die Maler „nach der Verschiedenheit der beßeren oder schlechteren Arbeiten".[1313] Tractament und Stücklohn wurden nicht mehr individuell festgelegt, sondern eine Unterteilung in drei Lohnklassen in Abhängigkeit der Fähigkeiten sollte Faktoren wie Leistung, Qualität und Dauer der Anstellung besser berücksichtigen.[1314] Die Manufakturisten, welche die besten Arbeiten gezeigt hatten und als fähige Arbeitskräfte galten, wurden in die erste Leistungsklasse eingeteilt, während die zweite und dritte Leistungsklasse jeweils diejenigen Angestellten beinhaltete, deren Arbeiten als mäßig bzw. als geringwertig angesehen wurden. Die Vorsteher der Dreher und Maler durften Manufakturisten in niedrigere Klassen einstufen, eine Einstufung in höhere Klassen konnte jedoch nur nach Genehmigung durch den Manufakturdirektor erfolgen.[1315] Aufgrund dieser Einteilung der Entlohnung, erhielten eindeutig messbare Kriterien wie die Dauer der Betriebszugehörigkeit, aber auch „weiche" Faktoren wie Kunstfertigkeit, endgültig Einzug in die Preiskalkulation. Die individuelle Taxierung und anschließende Entlohnung der geleisteten Arbeit ist in Meißen praktisch seit Einführung des Stücklohns in den 1730er Jahren durchgeführt worden, freilich noch ohne eine explizite Klassifizierung der Manufakturisten selbst vorzunehmen. Nunmehr erfolgte bei der Preisbildung eine indirekte Anpassung des Verkaufspreises in Abhängigkeit des Manufakturisten. Stammte die Arbeit von einem Mitglied der geringsten Leistungsklasse, konnte man aufgrund des entsprechend weniger ausbezahlten Lohns den Verkaufspreis noch etwas weiter absenken. So wurden diese Manufakturisten vorzugsweise

---

[1309] AA I Ac 1, S. 100.

[1310] AA I Ac 1, S. 280.

[1311] AA I Ac 1, S. 266.

[1312] Vgl. AA I Ac 1, S. 413–427.

[1313] HStAD 10026 Loc. 1344/05, S. 180.

[1314] Vgl. Rückert (1990), S. 31.

[1315] Vgl. AA I Ac 1, S. 342.

für einfache Arbeiten in Malerei und Gestaltung eingesetzt, mit denen man dann auch die gangbarsten Porzellanartikel herstellte. Fähigere Angestellte bekamen entsprechend höherwertige Arbeiten aufgetragen, so dass sich auch der Endverkaufspreis für das bearbeitete Porzellan entsprechend erhöhte. Auf der anderen Seite haben die unumstrittenen Aushängeschilder Meißens im künstlerischen Bereich – allen voran Kaendler – oft an der Realisation von Stücken mitgewirkt, die nicht für den freien Verkauf bestimmt waren. Ihnen blieb es überlassen, die vielfältig in Auftrag gegebenen Kabinettstücke zu bearbeiten und sich um die Herstellung der königlichen Bestellungen zu kümmern.[1316] Die Differenzierung des kommerziellen Produktportfolios in untere und mittlere Preisregionen durch das Lohnklassensystem ermöglichte eine entsprechende Differenzierung des Verkaufspreises nach oben und unten. Ein analoger Mechanismus zur preispolitischen Steuerung für die hochwertigen Arbeiten der Modell- und Malermeister ist in Meißen nicht durchgeführt worden, da oftmals diese Spitzenkräfte nach individuell ausgehandelten Lohntaxen arbeiteten.

Mit den Resolutionen vom 22. November 1775 und vom 4. Mai 1776 betrugen die angeordneten Kürzungen bei den Löhnen in der ersten Klasse ein Sechstel, in der zweiten Klasse ein Viertel und in der dritten Klasse ein Drittel.[1317] Die gewährten Pensionen wurden um ein Viertel gekürzt, die monatlichen Festgehälter um ein Sechstel gekürzt, auch die Führungskräfte mussten Gehaltseinbußen hinnehmen, so dass man sich insgesamt eine Ersparnis in der Lohnsumme von 20.751 Talern erhoffte.[1318] Die betroffenen Manufakturisten mussten sich dabei eindeutig äußern, ob sie zu den neuen Lohnkonditionen arbeiten wollten oder nicht. Diejenigen, die nicht einverstanden waren, erhielten sofort ihre Dimission, die anderen hatten sich „still, ruhig, folgsam und fleißig zu verhalten", da ihnen ansonsten ebenfalls sofortige Dimission drohte.[1319] Trotz geradezu beschwörender Worte für das Wohl der Manufaktur diese Einschnitte hinzunehmen, wurde eine derartige Kürzung von den Angestellten in Meißen nicht willenlos aufgenommen.[1320] Die Lohnkürzungen sorgten für großen Unmut und Unruhe unter den Manufakturisten, so dass einige die Manufaktur verließen und bei konkurrierenden Betrieben Arbeit fanden. Erst ab dem 1. Oktober 1777 wurden auf Vorschlag Marcolinis die Kürzungen teilweise oder gar völlig aufgehoben, da man mittlerweile die Verlustjahre 1774 und 1775 hinter sich gelassen hatte und mit dem Jahr 1776 wieder Einnahmenüberschüsse vorweisen konnte.[1321]

1316 Vgl. Rafael (2009), S. 28.

1317 Vgl. AA I Ac 1, S. 281–282, eigene Berechnungen.

1318 Vgl. AA I Ak 12a, S. 58b.

1319 AA I Ac 1, S. 394.

1320 Vgl. AA I Ac 1, S. 471–473. Marcolini versuchte, eine möglichst sozialverträgliche Lohnpolitik durchzuführen, in dem er bei begründeten Fällen von Bedürftigkeit individuelle Gehaltszuschläge gestattete oder die Abzüge der Stücklöhne von 4 Groschen im ersten Monat auf eigene Rechnung weiter auszahlen ließ, vgl. bspw. AA I Ac 1, S. 383–385 und S. 471 und AA I Ac 2, S. 16–17. Wie auch sonst Marcolini besondere soziale Verantwortung zeigte, indem er ab 1786 einen taubstummen Jungen in der Meißener Zeichenschule und der Leipziger Kunstakademie unterrichten und fördern ließ und diesen dann als Blumen- und Früchtemaler einstellte, vgl. AA I Ak 14, S. 19–19b und AA I Ac 3, S. 451–451b.

1321 Vgl. AA I Af 9, S. 67 und Tabelle 5-1 im Anhang.

Preispolitisch agierte Marcolini anfänglich abwartend, und schien weder ein Verfechter der Hochpreispolitik, noch ein Befürworter von allgemein niedrigen Preisen zu sein. So konnte und wollte er sich nicht eindeutig positionieren, und er war oft angewiesen auf die Vorschläge, die er seitens der Buchhaltung und anderer Führungskräfte in der Manufaktur eingereicht bekam und die ihm als Grundlage für seine Entscheidungen dienten.

Eine solche Eingabe an Marcolini lautete, die Preise der meisten Porzellane allgemein etwas herunter zu setzen, bei bestimmten Produktgruppen jedoch selektiv auch die Möglichkeit der Preiserhöhung zu überprüfen. Man erhoffte sich durch eine solche pauschale Absenkung der Verkaufspreise erneut einen positiven Effekt auf die Umsätze, besonders mit den ausländischen Geschäftskunden. Das Kalkül sah vor, die Nachfrager mit gutem Porzellan zu billigeren Preisen zu versorgen, um dadurch noch mehr Nachfrage an Meißen zu binden:

> *„Macht man die Preiße billig, ist unser Geschirr feiner und beßer, so wird natürlicherweise jeder Negotiant lieber das unserige als anderes nehmen, beßere Waare in wohlfeileren Preißen, ist wohlanreizend genug. Der kleine Verlust, welcher durch eine mäßige Heruntersezung der Preiße geschehe, würde durch die Vermehrung des Vertriebs und Absazes vielfältig ersezet werden“.*[1322]

Die so umrissene Preispolitik der Manufaktur schien der Quadratur des Kreises gleichzukommen und war stärker von der Hoffnung statt von betrieblichen Überlegungen geleitet. Eine Preissenkung verbunden mit einer gleichzeitigen Erhöhung der Produktqualität war natürlich die Idealvorstellung, um zu einer wirtschaftlich blühenden Manufaktur zu gelangen. Unbeachtet blieb dabei besonders die Mehrdimensionalität der Preiswirkungen. Der einfache Zusammenhang, dass eine Preissenkung für eine überproportionale Mengen- und damit Gewinnsteigerung sorgen würde, ignorierte den Wirkungsmechanismus zwischen Preis und Menge. Denn keineswegs war gesichert, dass durch Preissenkungen die Manufaktur solche Mengensteigerungen erreichen konnte, welche den Verlust an Profitabilität wieder wettmachen konnten. Die Manufakturverantwortlichen hatten, wenn überhaupt, nur unzureichende Vorstellungen von den tatsächlichen Mengeneffekten, die aus einer Preisänderungen ihrer Porzellane resultierten, und tendierten eher dazu, diese Effekte zu unterschätzen. Die Wirkung einer Preissenkung wurde als kleiner Verlust angesehen, der durch eine Mengenzunahme mehr als überkompensiert werden konnte. Das den Wirkungen einer Preisänderung zugrundeliegende theoretische Konstrukt der Preiselastizität war zudem in der Forschung und Praxis im Jahre 1775 noch völlig unbekannt.[1323] Eine Isolierung des Effekts einer Preis-

---

1322 AA I Bo 2, S. 141, vgl. auch AA I Bo 2, S. 28.

1323 Wedgwood, als einer der englischen Konkurrenten Meißens, stellte 1772 Überlegungen an zur Relation von Preisänderungen und den daraus resultierenden Änderungen der Verkaufszahlen für seine Steinguterzeugnisse. In einem Brief an einen Geschäftspartner schrieb er: „the fact (...) that we seldom find reducing prices of Vases to have any effect upon their sale has often struck me as a very extraordinary one, & I wish you c[oul]d investigate the reason of it, it might perhaps lead to some usefull discoveries & rules for the valueing, or pricing of several articles of our Manufacture here after“, zitiert nach McKendrick (1970), S. 62. Dass auf die durchgeführten Preisreduktionen kaum Erhöhungen in den Absatzzahlen verzeichnet wurden spricht dafür, die Nachfrage nach Porzellan als preisunelastisch anzusehen. Mangels weiterer Nachweise zu den Preis- und Mengenwirkungen kann die Preiselastizität von Porzellan für das 18. Jahrhundert nicht weiter analysiert werden. Beachtenswert bleibt, dass man bei Wedgwood aus der Analyse der relativen Veränderungen von Preisen und Mengen versucht hat, wesentliche Schlüsse auf die eigene Preispolitik zu ziehen, und sich so dem Thema der Elastizität

änderung auf die verkaufte Porzellanmenge zur Überprüfung der Wirkung von Preissenkungen kann jedoch auf Basis des vorhandenen archivalischen Materials nicht durchgeführt werden. Der Versuch, die Preiselastizität für Meißener Porzellan zu berechnen, ist nicht zu bewerkstelligen, da absolute Verkaufszahlen der Porzellane fehlen und die tatsächlichen Preisniveaus kontinuierlichen Änderungen unterworfen waren aufgrund der Auktionsverkäufe und der Bewilligung von Rabatten. Dennoch kann gezeigt werden, dass die Wirkungen einer Preissenkung für die Manufaktur mitunter große Implikationen für die Produktionsmengen hatten. Für die archivalisch vorhandenen Umsatz-, Kosten- und Produktionsdaten des Jahres 1773 wurde analysiert, wie hoch eine Mengenänderung ausfallen musste, um eine Preissenkung zu kompensieren und gleichzeitig den realisierten Gewinn des Jahres 1773 mindestens weiter zu erhalten:

Abbildung 3-10: Mengen- und Preisanpassungen bei konstantem Gewinn 1773

Preisreduktion ∅ Stückpreis	Notwendige Mengenerhöhung in %, um Gewinn von 1773 zu halten
1 %	5,35%
2 %	11,31%
3 %	17,97%
4 %	25,49%
5 %	34,03%
6 %	43,82%
7 %	55,16%
8 %	68,43%
9 %	84,18%
10 %	103,19%

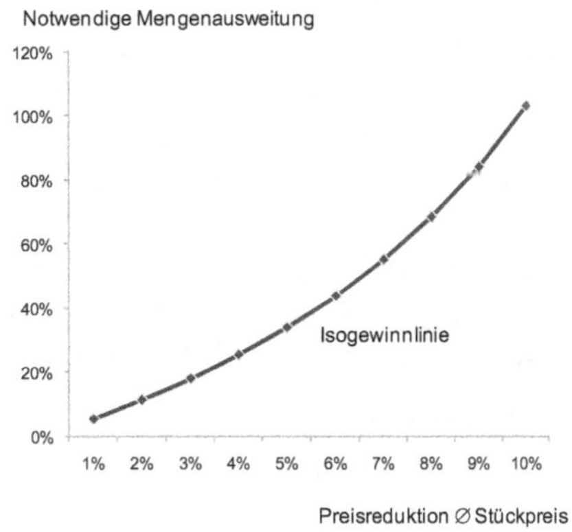

Anmerkungen: Kalkulierte operative Gewinnmarge 1773 von 24,5%, ∅ Stückpreis 0,54 Rt. errechnet sich aus: ∅ Kostenpreis 0,44 Rt. zuzüglich Marge von 24,5%. Annahme konstanter Kosten und sonstiger Parameter.

Quelle: AA I Ah 1, S. 11– 15b und AA I Ah 1, S. 7b– 8, eigene Berechnungen

Um den Einnahmenüberschuss im Jahre 1773 von 37.165 Reichstalern trotz etwaiger Preissenkungen halten zu können, mussten erhebliche Mengenzuwächse aus den Porzellanverkäufen resultieren. Ausgangspunkt ist die Produktionsmenge von 347.093 Porzellanstücken, bei einer Gesamtkostensumme von 151.578 Talern ergibt sich ein durchschnittlicher Kostenpreis von 0,44 Talern. Mit der 1773 tatsächlich erzielten Gewinnmarge von 24,5% (der Relation zwischen dem Gewinn und den gesamten Einnahmen in diesem Jahr) betrug somit der durchschnittliche Verkaufspreis pro Porzellanstück 0,54 Taler. Um nun bei einer „mäßigen" Preissenkung ceteris paribus trotzdem noch den Überschuss von 1773 zu erwirtschaften, musste die Manufaktur überproportional mehr Porzellane absetzen mit steigender Höhe der Preissenkung. Eine Senkung der durchschnittlichen Stückpreise um 1% bedurfte einer Erhöhung von etwas mehr als 5% der Verkaufsmenge, um wenigstens den Gewinn konstant zu

– vollkommen unbewusst – genähert hat. Analoge Überlegungen zur eingehenden Untersuchungen der Effekte von Nachfrage und Preis sind in Meißen im vergleichbaren Zeitraum nicht durchgeführt worden.

halten. Eine Preisreduktion um 5% bedurfte schon einer Mengenerhöhung von 34%, während eine Absenkung des durchschnittlichen Stückpreises um 10% eine Verdopplung der abgesetzten Porzellanmenge erforderlich machte. Denn in einem solchen Falle der 10%-igen Preisverminderung halbierte sich nahezu der durchschnittliche Deckungsbeitrag pro Porzellanstück, so dass eine Verdopplung der Verkaufsmenge erzielt werden musste, um diesen Margenrückgang mindestens kompensieren zu können. Hier spielte zudem der hohe Anteil der variablen Kosten in der Meißener Kostenstruktur eine entscheidende Rolle, da bei hohen variablen Kosten generell eine größere Steigerung der Verkaufsmenge notwendig ist, um negative Wirkungen einer Preissenkung auf den Deckungsbeitrag auszugleichen. Diese beispielhafte Analyse der Mehrdimensionalität der Preiswirkung beruht zwar auf einer ceteris paribus Betrachtung, die mit Durchschnitten arbeitet und mögliche Kostenänderungen und Nachfragereaktionen nicht in das Kalkül einbezieht, sie verdeutlicht jedoch die große Gefahr, die man damals in Meißen in Bezug auf Preissenkungen einging. Die starke Hebelwirkung der Preisänderung war der Direktion in Meißen zum damaligen Zeitpunkt aller Wahrscheinlichkeit nach unbekannt, zumindest in diesen Dimensionen nicht vorstellbar. In Bezug auf die Profitabilität des Werks musste schon eine Senkung des durchschnittlichen Preisniveaus um den optisch moderaten Betrag von 5% erhebliche Folgen haben, da zu dessen Kompensierung eine Erhöhung der Verkäufe um mehr als ein Drittel notwendig war. In einem allgemein nicht von starken Wachstumsraten gekennzeichneten und hochgradig wettbewerbsintensiven Porzellanmarkt, war dieses Vorhaben praktisch zum Scheitern verurteilt. Die deshalb aus Manufakturkreisen vorgeschlagene mäßige Absenkung der Preise und die dadurch erhoffte Steigerung des Absatzes zur Stärkung des Gewinns konnte sehr schnell gegenteilige Effekte auslösen und sich als trügerisch für die Manufaktur erweisen.

Ein weiterer Vorschlag vom 8. Juni 1775 sah vor, hauptsächlich das Porzellan mit blauer Bemalung in den Verkaufspreisen nach unten anzupassen. Blaubemalung mit Blumen, gerippt oder glatt, war die einfachste Bemalung bei der Manufaktur in Meißen und stellte das günstigste Einstiegsprodukt in die Meißener Produktpalette dar. Man wollte nun diesen Einstieg noch günstiger gestalten, um im Wettbewerb mit den konkurrierenden Manufakturen im Niedrigpreissegment besser bestehen zu können. In regelmäßigen Abständen hat man besonders diese billigen Porzellane einer Preisrevision unterzogen, jeweils in Abhängigkeit der Änderungen der Lohntaxen.[1324]

Bezüglich des weißen unbemalten Porzellans schien es laut den eingereichten Vorschlägen hingegen ratsam zu sein, dieses Porzellan auf das Preisniveau der bemalten Produkte zu heben. Dadurch wäre es möglich, das bisherige Verkaufsverbot für das weiße Porzellan aufzuheben[1325], hierbei zusätzliche und vorher nicht vorhandene Umsätze zu generieren und trotzdem keine Angst vor nachträglichen illegalen Malereien befürchten zu müssen. Die Heraufsetzung des Preisniveaus an die bemalten Produkte würde die regulären Käufer und „Liebhaber“ dieser Geschirre nicht wesentlich abschrecken, die Maler würden hingegen jeglichen Anreiz zur Nachahmung der Meißener Bemalungen verlieren, da ihre Gewinn-

---

1324 So bspw. nachgewiesen für das Jahr 1795, vgl. AA I Ac 5, S. 231.

1325 Vereinzelt wurde das nicht zum Verkauf bestimmte Geschirr mit einem Einschnitt in der Bodenmarke angezeigt, um den Verkauf dadurch weiter zu erschweren, vgl. AA I Bo 2, S. 143.

spannen durch die Preisanhebungen des weißen Porzellans nahezu komplett zurückgehen würden.[1326] In diesem Zusammenhang wurde abermals zur Diskussion gebracht, auf die 1765 eingeschlagene Strategie des Einheitspreises zu verzichten. Es war zu überlegen, ob den Privatkunden, welche lediglich zum eigenen Gebrauch und Vergnügen das Meißener Porzellan erwarben, die Preise nicht wieder etwas angehoben werden sollten. Besonders den zahlungskräftigen Kundengruppen der Standespersonen könnte man für das Porzellan „allemahl ein mehreres geben, und es würde oftmahls nicht so gefallen, wenn es weniger kostete".[1327] Von diesen Kunden schien somit nicht nur ein Preispremium gegenüber den anderen Kundensegmenten erzielbar zu sein, sondern die Preiserhöhungen waren in diesen Kreisen sogar teilweise erwünscht. Hier fanden erstmalig die Phänomene des Snob-Effektes und des Geltungskonsum um das Porzellan ihre explizite Erwähnung in den Quellen der Meißener Manufaktur.[1328] Das Meißener Porzellan war für bestimmte Käuferschichten wahrscheinlich erst ab einem gewissen Preis interessant, der hoch genug war und dadurch besonders exklusiv wirkte. Die Entwicklung einer Affinität zu hochpreisigen und limitierten Porzellanstücken diente in adeligen und höfischen Kreisen zur Selbstdarstellung und Profilierung im sozialen Umfeld. Erst ein hoher Preis, der von der Masse der Nachfrager nicht gezahlt werden konnte, weckte die Begehrlichkeit. Aus diesem Grund traten Überlegungen auf, wieder eine Preisdifferenzierung in Privat- und Geschäftskundenpreise einzuführen, doch muss bezweifelt werden, ob diese sehr begrenzte Zahl von Kaufern der Manufaktur signifikante Umsatz- und Preisimpulse bescheren konnte.

Andererseits wurde, im Gegensatz zu der eingeschlagenen Richtung der stärkeren Produktion von Gebrauchsgeschirren, empfohlen, sich erneut auf die Verfertigung exklusiver Porzellanfiguren und -gruppen in hochwertigen Bemalungen zu konzentrieren. Diese Wendung in der produktpolitischen Leitlinie war vor allem diktiert von den immer noch recht hohen Deckungsbeiträgen, die mit der Herstellung solcher Porzellane erzielt werden konnten,

> *„denn in selbigen steckt vor Sr. Churfürstl. Durchl. der ansehnliche Vortheil; weil zum Exempel eine Grouppe welche mit 50 Rhtlr. bezahlet wird, Sr. Churfürstl. Durchl. kaum 4 bis 5 Rhtlr. zu stehen kommt".*[1329]

All diese Vorschläge bestanden zum größten Teil aus selektiven und punktuellen Preisanpassungen, die nach oben oder auch nach unten erfolgen konnten. Sie waren deshalb oftmals gegensätzlicher Natur, da es Strömungen in der Manufaktur gab, welche niedrige Preise und Umsatzwachstum im niedrigpreisigen Segment forderten, während andere Ansichten sich vornehmlich auf die Erhebung von profitablen Preisen zum Schutz der Deckungsbeiträge der Porzellane richteten. Ein klarer strategischer Weg in der Bildung der Verkaufspreise konnte

---

[1326] Vgl. AA I Bo 2, S. 28–29 und S. 115.

[1327] AA I Bo 2, S. 142.

[1328] Güter mit einer anormalen Nachfragefunktion, bei welcher die Nachfrage nach einem Gut bei steigendem Preis zunimmt, unterliegen dem sogenannten „Veblen-Effekt". Ausführlich in Bezug auf die Theorie des Geltungskonsums sei auf Veblen (1950) verwiesen.

[1329] AA I Bo 2, S. 31, wobei eine derartige Marge von bis zu 1.150 % selbst für die Kategorie der Porzellanfiguren und -gruppen als zu hoch angesehen werden muss und selbst in der „General-Taxe" von 1731 bei völlig anderen Wettbewerbsverhältnissen nicht erreicht wurde, vgl. Kapitel 3.3.9.

sich zwischen den kontrastierenden Meinungen nicht herausbilden, auch weil Marcolini die notwendige strategische Grundsatzentscheidung hinauszögerte. Zumindest schien er in Bezug auf allgemeine und pauschale Preissenkungen aller Porzellane in einer Resolution vom 8. Januar 1775 eher negativ eingestellt zu sein:

> *„Da meine Gedanken ohnedem niemals eine allgemeine Preisverminderung zur Absicht gehabt haben, sondern lediglich gewißer Artikel, die mit anderen in gehörigem Verhältniß nicht zu stehen scheinen“.*[1330]

Die Leitlinie der Preispolitik unter Marcolini bestand deshalb darin, einen Weg der selektiven und individuellen Preisanpassungen zu gehen, insbesondere, wenn einzelne angesetzte Verkaufspreise nicht in einem (optisch) vorteilhaften Verhältnis zu anderen Preisen standen. Dies war die Strategie der „proportionnierten Verminderung des Preises“, in welcher alle Produktkategorien auf dem Prüfstand standen und Erhöhungen oder Verminderungen der Verkaufspreise in Relation ihrer Nachfrage und Beliebtheit, ihrer variabler Herstellkosten und ihrer vorhandenen Quantität in Lager und Produktion angedacht wurden.[1331] Wo sich Möglichkeiten zur Preisanpassung ergaben, sollten diese individuell genutzt werden. Es war die Bestrebung erkennbar, bis auf die Ebene des einzelnen Porzellanstücks eine individuelle Steuerung der Preisstrategie durchzuführen. Je nach Nachfragesituation des Produkts oder der Produktkategorie sollte die entsprechende Lohntaxe in der Herstellung eine gewisse Flexibilität erlauben, um so einerseits Porzellane nicht zu Ladenhütern zu machen durch hohe Verkaufspreise bei ohnehin schwacher Nachfrage, aber auch andererseits, um die Nachfrage eventuell doch noch steigern zu können mittels zielgerichteter Anpassungen.[1332] Bei diesen Preisanpassungen kam es gemäß Marcolini zentral auf die zugrundeliegende Lohnkomponente der variablen Herstellkosten an:

> *„Die Hauptsache kommt auf die Taxe an, wenn uns gewiße Artickel nicht ganz unverkäuflich werden, andere aber mehr Liebhaber als bisher finden sollen“.*[1333]

Bei gefertigten Porzellanen, die teilweise auf Marcolinis eigenen Zeichnungen basierten, behielt sich der Direktor vor, die Preise selbst zu bestimmen.[1334] Indes musste die gedruckte Preisliste aus dem Verkehr gezogen werden, da sie angeblich viele Beschwerden verursacht hatte.[1335] Auch überlegte man, die bestehende Nomenklatur für die Porzellanqualitäten zu überdenken und insbesondere den Begriff für das Mittelgut neu zu definieren. Man erhoffte sich, durch Begriffsänderung und anschließende Neusortierung der Geschirre die Geschäftskunden häufiger als bisher in die bessere und teurere Porzellankategorie hinführen zu kön-

---

[1330] AA I Ac 1, S. 185.

[1331] AA I Bo 2, S. 109–110.

[1332] Vgl. AA I Ag 92, S. 3.

[1333] AA I Ac 1, S. 280.

[1334] Vgl. AA I Ac 1, S. 185.

[1335] Vgl. AA I Ac 1, S. 205. Um welche Beschwerden es sich konkret gehandelt haben mag, ist archivalisch nicht überliefert.

nen. Denn besonders die Händler kauften fast ausnahmslos Mittelgut, und man musste „diesem Übel, so gut es sich will thun laßen, beyzukommen suchen“.[1336]

Bei der Preisbildung häuften sich zu diesem Zeitpunkt die Schwierigkeiten in der optimalen Allokation der Manufakturressourcen und ihrer bestmöglichen Berücksichtigung in der Kalkulation. Schwierigkeiten bereitete der Manufakturführung der Umgang mit monatlichen festen Gehältern, die aufgrund der mangelnden Zurechenbarkeit auf das einzelne Porzellanprodukt nur ungenügend in die Preiskalkulation einfließen konnten:

> *„Wo bleibt die Manufactur, wenn ein Tractamentist krank ist? [Der Maler] Wagner hat monathlich 33 Rt. 4 Grs. [an Gehalt]; im Januar hat er 1 Vase gemahlt, weil er krank war, wer giebt wohl für diese Vase 33 Rt. 4 Grs.?“*[1337]

Der Fall des erkrankten Malers, der bei einem monatlichen Gehalt von 33 Talern nur eine Vase hatte malen können, führte dazu, dass rein rechnerisch auf diesem Porzellanstück überhöhte Malereikosten von 33 Talern lasteten. Der Fall verdeutlichte abermals das seit Jahrzehnten bestehende Problem der mangelnden Berücksichtigung der Gemeinkosten in der Preisbildung. Das genaue Verfahren in solch spezifischen Fällen ist archivalisch nicht überliefert, doch kann davon ausgegangen werden, dass bei dem betroffenen Porzellanstück ein üblicher Wert für die Malereikosten zugeschrieben wurde anhand der bestehenden Malertaxen. Mit einem relativ hohen Deckungsbeitrag suchte man anschließend diese und andere Gemeinkosten möglichst gut abdecken zu können. So hatte sich prinzipiell nichts an der grundlegenden Vorgehensweise in der Preisbildung seit der General-Taxe von 1731 geändert. Denn weiterhin wurden die Einzelkosten für das jeweilige Porzellanstück in der Malerei und der Massebereitung aufsummiert und auf diese so berechneten Herstellkosten ein Gewinnaufschlag gesetzt. Diese Gewinnmarge sollte standardmäßig das Doppelte der Herstellkosten betragen, doch wich man öfters von diesem Deckungsbeitrag ab. Besonders der existierende Handlungsspielraum der Angestellten im Vertrieb wurde von diesen öfters genutzt. Bei vorhandenen Porzellanen aus dem Produktportfolio orientierte man sich an den schon bestehenden Preisen, bei neuen Produkten suchte man hingegen nach ähnlichen und vergleichbaren Geschirren und deren Preisen.[1338]

Die mangelhafte Ressourcenallokation verschlimmerte sich, da des Öfteren berichtet wurde von Fällen, in denen unscheinbare und zumeist einfache Geschirre oder gar zum Auktionsverkauf bestimmte Porzellane den besten Malern zum Bemalen gegeben wurden.[1339] Dadurch waren die Herstellkosten und zwangsläufig auch der Verkaufspreis überdurchschnittlich hoch für das entsprechende Stück, welches im niedrigpreisigen Bereich eher eine durchschnittliche und billigere Bemalung erfordert hätte. Hier verschenkte man in der Zuweisung und Sortierung der Arbeiten an die Manufakturisten wertvollen preisstrategischen Spielraum,

[1336] AA I Ac 1, S. 228.

[1337] AA I Ac 1, S. 98.

[1338] Vgl. AA I Bo 8, S. 44–45.

[1339] Vgl. AA I Ac 1, S. 264 und AA I Bo 2, S. 179.

in dem man Porzellane unnötigerweise teurer machte.[1340] Marcolini war sehr besorgt über diesen Umstand, da hierbei das Vorurteil unter den Käufern bestärkt werden könnte, in Meißen würden die schlechten Geschirre absichtlich mit der besten Bemalung versehen, um die unbefriedigende Qualität der Porzellanmasse zu decken.[1341]

Besonders charakteristisch war die mangelnde Einheitlichkeit in der Taxierung der Löhne bei den herausragenden Bildhauern der Meißener Manufaktur. Der antagonistische Dualismus in der künstlerischen Leistung zwischen den zwei Modellmeistern Kaendler und Acier wirkte sich auch auf die Preisbildung aus. Anstatt die Taxen für die jeweiligen Modellarbeiten miteinander abzustimmen und so wenigstens eine Harmonisierung in den Stücklöhnen und somit in den Verkaufspreisen zu erreichen, taxierten beide Meister ihre Werke strikt getrennt voneinander:

> *„Kommt die Zeit der Taxation, so wird solche auf dem in dem Schloße befindlichen Zimmer des Hr. Hof-Commissar Kändler, in dessen Beyseyn nebst Hr. Elsasser und denen bisher dazu gebrauchten Personen, übernommen und gehörig bestimmt. Diejenigen Stücke ausgenommen, wovon Hr. Acier die Modelle verfertigt hat, als welche auf Hr. Acier Zimmer, in dessen Beyseyn nebst Hr. Elsassen und den dazu verpflichteten Personen, taxirt werden“.*[1342]

Faktisch arbeiteten dadurch ganze Abteilungen in Meißen nicht zusammen, sondern gegeneinander, angetrieben durch den künstlerischen und auch persönlichen Wettstreit der wichtigsten Künstler und Abteilungsvorsteher.[1343] Eine konsistente Preisbildung der Porzellane wurde erschwert, und die anvisierte Steuerung der Preisniveaus durch die Flexibilität und Anpassung der Lohntaxen konnte keine hinreichenden Erfolgsgarantien geben. Hauptkritikpunkt von Marcolini war die Funktion der Vorsteher, die zentral die auszuführenden Arbeiten unter den Manufakturisten vergaben und für die Taxierung der Arbeiten verantwortlich waren. Aufgefallen war, dass offensichtlich qualitativ schlechte Malereien dennoch mit hohen Stücklöhnen honoriert wurden und die Arbeiten an die Dreher und Maler immer seltener nach Kompetenz und Leistung vergeben wurden. Ein regelrechtes Handeln um die lukrativsten Arbeiten und ein Feilschen um die Lohntaxen ließ sich beobachten. Diese Vergabe von Arbeiten und die Gewährung von höheren Arbeitstaxen aus Gefälligkeit hatte schon in der Vergangenheit für Probleme gesorgt, und war jetzt immer noch dafür verantwortlich, dass Porzellane bisweilen erhebliche Schwankungen in ihren variablen Herstellungskosten aufwiesen und die Ressourcen der Arbeiter nicht in ihre optimale Verwendung zugeführt wurden. Der Direktor ermahnte die Vorsteher, ausschließlich die Güte der Arbeit zu bewerten und falls dies nicht geschehe, würden die Vorsteher die Differenz zwischen bezahlter Taxe und tatsächlicher Taxe selbst begleichen müssen. Die Vorsteher sollten dabei von den kaufmännischen Angestellten in der Buchhaltung „nach Maasgabe des Verkaufs und der Bestel-

[1340] Traditionell war die Malereiabteilung in Meißen sehr streng in ihre jeweiligen Fachgebiete aufgeteilt. Unüblich war es, dass ein Blumenmaler auch andere Motive malte wie bspw. Landschaften. Für jedes Fachgebiet musste der entsprechende Maler eingesetzt werden.

[1341] Vgl. AA I Ac 1, S. 264.

[1342] HStAD 10026 Loc. 1344/05, S. 320b.

[1343] Vgl. AA I Bo 2, S. 153.

lung Anweisung erhalten" und die Arbeit stärker als üblich nach absatzorientierten Gesichtspunkten unter die Manufakturisten verteilen.[1344] Im Streitfall mit Angestellten und Vorstehern über die korrekte Höhe der auszuzahlenden Taxe sollte die Buchhaltung über den Wert befinden, oder als ultima ratio Marcolini selbst die Höhe der Arbeitsleistung einschätzen.[1345] Dadurch stand aber die Kalkulation des Verkaufspreises auf einer unsicheren Basis, da die genaue Höhe der Arbeitskosten in manchen Fällen verzerrt war und nicht mit Gewissheit angegeben werden konnte.

Die Auseinandersetzung mit den Arbeitstaxen und den damit verbundenen Schwierigkeiten eines korrekten und für alle zufriedenstellenden Entlohnungssystems hat Marcolinis Direktion für viele Jahre geprägt. Preisstrategische Impulse resultierten zumeist aus dieser Konfrontation in der Lohnpolitik, da durch die Steuerung der Löhne indirekt auch die Verkaufspreise geändert wurden. Aus einer Eingabe an die Manufakturkommission durch Marcolini vom 2. Juni 1783 ist diese preispolitische Steuerung ersichtlich. Dort wurde gefordert,

> *„daß die Fabrications-Kosten aller, besonders aber neuer noch nicht allgemeiner Artikel, von forn herein, mit Hinsicht auf die neuen Taxen beim weißen und Mahler Corps, wohl geprüft, die VerkaufsPreiße darnach mit Zuverläßigkeit, und damit Kauflustige nicht abgeschreckt werden, nach Maasgebung einer nach Pflicht und Gewißen wohl erwogenen Billigkeit festgesezt (...) werden".*[1346]

Neue Lohnstrukturen bei den Malern und Formern machten somit eine Neuanpassung der Verkaufspreise nötig. Alle Kosten der Herstellung[1347] des Produktportfolios mussten geprüft werden und in Ansehung der gültigen Lohntaxen dann die Grundlage für die Verkaufspreise bilden. Die Anordnung der Preiskalkulation blieb jedoch relativ ungenau, da der Appell an das pflichtbewusste Gewissen keine systematische Vorschrift in der Preisbildung bedeuten konnte. Dadurch scheint es einen gewissen Freiraum in der Setzung der Gewinnmarge gegeben zu haben, um zwischen niedrigen und attraktiven Preisen für die Nachfrager und möglichst profitträchtigen Margen für die Manufaktur eine Balance zu finden. Deshalb kann von einer ausgewogenen Niedrigpreispolitik gesprochen werden, in der die Verkaufspreise zwar günstig angesetzt, aber keineswegs übermäßig niedrig oder gar aggressiv nach unten kalkuliert werden sollten. Die nach Pflicht und Gewissen ausgewogene Kalkulation sollte den möglichen Korridor der Verkaufspreise nach oben und unten begrenzen. Der gemeinschaftlichen Preisbildung unter Hinzuziehung der wichtigsten Führungskräfte konnte diese wenig konkrete Anordnung nicht förderlich sein. Es scheint deshalb auch innerhalb der Führungskräfte in Meißen schon sehr früh unterschiedliche Auffassungen und interne Streitigkeiten

---

[1344] AA I Ac 2, S. 461, vgl. auch AA I Be 15F, S. 45b.

[1345] Vgl. AA I Ac 1, S. 302–303.

[1346] AA I Ac 3, S. 183–183b. Die Dreher und Former wurden auch als das „weiße Corps" bezeichnet, weil sie in der Bildhauerei ohne Farbe arbeiteten im Gegensatz zu dem Malercorps.

[1347] Wobei es sich hier mit höchster Wahrscheinlichkeit, wie schon 1731, um die variablen Herstellkosten gehandelt haben muss. Die Einbeziehung der Gemeinkosten der Fabrikation konnte auch zu diesem Zeitpunkt noch nicht bewerkstelligt werden, wie ein Bericht vom 9. Oktober 1790 zeigt. Hier berechnete man zwar die Kosten der Porzellanmasse pro Pfund (2 Groschen und 8 Pfennig), doch wie viel aus einem Pfund Masse hergestellt werden konnte und welche Kosten nach dem Porzellanbrand zu berücksichtigen waren, konnte man nicht sagen, vgl. AA I Ag 93, S. 2–3.

über die richtige Preisbildung gegeben zu haben. So sind mehrmals der Buchhalter Otto und Oberkontrolleur Steinauer[1348] aneinandergeraten, wie ein Auszug aus einem Promemoria Steinauers von 15. Mai 1781 verdeutlicht:

> *„Es hat aber mit diesem Mann [Otto] so fatale Bewandniße, daß es fast unmöglich scheint ihn zur Vernunft zu verweisen: (...) Die Käufer sollen sichs für ein Glück schätzen, etwas Schönes von unserem Porcellän zu bekommen, und sollen es recht theuer bezahlen. Mit einem guten Porcellän verwöhnen wir die Käufer, das muß ich wissen sagt er".*[1349]

Der Buchhalter Otto, der in vorigen Jahren ausgedehnte Vertriebsreisen in ganz Europa durchgeführt hatte und sicherlich ein gewisses Marktverständnis für das Porzellangeschäft mitbrachte[1350], erwies sich als Verfechter einer Hochpreispolitik. Das Porzellan war mehr als nur ein Gebrauchsgegenstand und musste dementsprechend auch teurer bezahlt werden. Zur Umsatzsteigerung und zur Erreichung der Profitabilität der Meißener Porzellane konnte die Herabsetzung der Preise nicht als das Mittel der Wahl dienen. Die Preissenkungen der Jahre 1765 und 1768 hatten keine zusätzlichen Umsätze generieren können, sondern im Gegenteil nur den Rückgang der Einnahmen weiter verstärkt.[1351] Otto war überzeugt, dass eine abermalige und deutliche Preissenkung aller Porzellane keine zusätzlichen Bestellungen generieren würde und die Manufaktur solche Senkungen ohnehin nicht tragen könnte. Die Niedrigpreispolitik zur Erhöhung der Verkäufe und somit zur Erreichung der Profitabilität durch Erhöhung der Verkaufsmengen erschien dem Buchhalter Otto nicht ratsam:

> *„Unsere Manufactur ist Gott Lob! noch nicht dahin gebracht, nach diesem Principio [der Niedrigpreispolitik] zu agiren, es mögen sich andere Fabriquen einander durch ihre wohlfeilen Preiße suchen Weh zu thun, oder glauben ihren Profit durch die Menge des Debits dadurch zu erlangen, die unsrige wird ihn allemahl durch die Vorzüglichkeit und gute Direction erhalten".*[1352]

Otto bevorzugte damit die Beibehaltung von hohen Preisen. Vor allem deshalb, weil das Meißener Porzellan immer als ein exklusives und hochwertiges Luxusgut angesehen werden musste. Egal ob in der günstigen Ausführung einer einfachen Tasse oder in Gestalt einer besonders hochwertigen Porzellanfigur – das Porzellan aus Meißen vermittelte in der Sichtweise Ottos dem Kunden mehr als nur den reinen Gegenstand, nämlich fast schon ein besonders Produkterlebnis. Und dieses Erlebnis konnte man nicht mit niedrigen Preisen zerstören. Otto war überzeugt, dass die Meißener Manufaktur sich der schmerzhaften Preisspirale nach unten entziehen musste. Das Geschäftsmodell, mit niedrigen Preisen die Umschlagshäufigkeit der Geschirre zu erhöhen, um durch massenhaften Absatz eine profitable Tätigkeit zu

---

1348 Steinauer wurde am 1. Juni 1780 als Oberkontrolleur zur „Mitaufsicht über das Ökonomiewesen" eingestellt, wurde ab 1795 eigentlicher Leiter der Manufaktur als Stellvertreter Marcolinis und 1796 in das Arkanum eingeweiht, vgl. Rückert (1990), S. 46.

1349 AA I Bo 3, o. S.

1350 Vgl. Kapitel 3.4.4.

1351 Vgl. zu der Umsatzentwicklung auch Tabelle 5-1 im Anhang.

1352 AA IV9 19, S. 25b.

erlangen, konnte nicht die bevorzugte Option in Meißen sein. Hier waren es die Vorzüglichkeit und die „gute Direction", die das Fundament der Produkt- und Preispolitik bilden sollten: Vorzüglichkeit in den hergestellten Porzellanen und eine gute und umsichtige Manufakturführung, die auf eine profitable Führung der Manufaktur Wert legte. Aber man war sich bewusst, dass der wirtschaftliche Aufschwung nicht allein durch die Güte der Meißener Erzeugnisse erreicht werden konnte. Gerade die Qualität der Porzellane gab in diesem Zeitraum Grund zur Klage und stellte keine Garantie dar, dass seitens der Kunden weiterhin ein Preispremium für die Porzellane aus Meißen gezahlt werden konnte.[1353] Die Unmöglichkeit Steinauers, Otto „zur Vernunft zu verweisen" verdeutlicht, wie intensiv die Auseinandersetzung um die richtige Preispolitik geführt wurde und wie die strategische Führung der Manufaktur zwischen entgegengesetzten Positionen hin- und herwechselte. Aufgrund der vorherrschenden Präferenz zur Preissenkung und zur Hinwendung in den volumengeprägten Absatz von Gebrauchsgeschirren, konnten alternative Vorstellungen in der Preisbildung kaum aufkeimen. Der Freiheitsgrad des Oberkontrolleurs Steinauer, der maßgeblichen Führungskraft in der Manufaktur, war bei der Preisbildung mitunter recht ausgedehnt. Sein Wort hatte Gewicht bei Marcolini, und seine Eingaben und Beobachtungen bildeten häufig die Grundlage für Marcolinis Anordnungen und Resolutionen. Für die Michaelis-Messe 1787 in Leipzig erhielt Steinauer die Anordnung, für ausgewählte Porzellane die Verkaufspreise herunterzusetzen und vorzugsweise an ausländische Porzellanhändler zu verkaufen.[1354] Auch bei neu in das Produktportfolio aufgenommenen Porzellanen mussten die für die Herstellkosten notwendigen Lohntaxen nicht nur von den Vorstehern der jeweiligen Former- und Malereiabteilungen angesetzt werden, sondern auch zusätzlich von den zwei Meißener Buchhaltern Haußwald und Haustein und vom Kontrolleur Steinauer gemeinschaftlich festgelegt werden, bis sie schließlich zur endgültigen Autorisation an Marcolini geschickt werden mussten.[1355] Die endgültige Zusammenstellung der Verkaufspreise oblag dabei den Faktoren im Vertrieb, welche die Vorgaben aus Meißen umsetzten und noch letzte Anpassungen tätigten, bevor die Preise endgültig in den Verkauf gingen.[1356] Dies entsprach der schon 1731 festgelegten Vorgehensweise in der Preisbildung, die einer alleinigen Kompetenz eines Manufakturverantwortlichen in der Preisfindung einen Riegel vorschob. Bei neuen und großen Porzellanstücken, die man erstmalig herstellen wollte, sollte dem Direktor zudem eine ungefähre Höhe der Herstellungskosten vorgelegt werden anhand historischer Rechnungsbücher und Lohntaxen, um die Preisbildung zu erleichtern und einen Verkauf unter Kosten zu vermeiden.[1357]

Eine selektive Anpassung der Preise erfolgte somit durch mehr oder weniger starke Reduktionen in den Arbeitstaxen, die umso stärker waren, je niedriger die Leistungsklasse des Manufakturisten war. Das Taxwesen bestimmte demnach nicht nur die Arbeits- und Lohnverhältnisse in Meißen, sondern wesentlich auch die Preispolitik der Manufaktur.[1358] Porzellane

[1353] Vgl. auch Kapitel 3.3.16.

[1354] Vgl. AA I Ac 4, S. 54.

[1355] Vgl. AA I Ac 3, S. 319.

[1356] Vgl. AA I Bo 8, S. 44.

[1357] Vgl. AA I Ac 5, S. 167.

[1358] Die Vielzahl solcher erhaltener Lohnkataloge verdeutlicht, dass in diesem Bereich durch die indirekte Preissteuerung eine häufige Anpassung durchgeführt werden musste, vgl. Gröger (1953), S. 175.

mit einfacher Bemalung standen besonders unter Preisdruck im Markt, und ein Bestehen in diesem Markt schien eine konstante Preisreduktion der Porzellane zu erfordern. Den notwendigen Spielraum für die Herabsetzung der Verkaufspreise fand man deshalb in den Lohntaxen der schlechtesten Leistungsklasse in der Malerei. So wurde die 1768 durchgeführte Preissenkung auch zu einem wesentlichen Teil durch eine neue Lohntaxe für die Maler refinanziert: Ein neuer Lohntarif „nach der Verschiedenheit der beßeren oder schlechteren Arbeiten" sollte qualitativ unbefriedigende Arbeiten, zumeist von den Malern verfertigt, die ohnehin schon für die günstigste Bemalung eingeteilt waren, noch weniger entlohnen als es vorher der Fall gewesen war.[1359] Die anderen Komponenten der Herstellkosten, die Kosten der Porzellanmasse, konnten hingegen bei weitem nicht so selektiv und individuell auf das einzelne Porzellanstück angepasst werden wie die Malereikosten, und lieferten entsprechend weniger Spielraum für Preissenkungen.[1360] Weitergehende preispolitische Entscheidungen oder gar Reformen hat Marcolini während seiner gesamten Amtszeit als Direktor der Meißener Manufaktur jedoch nicht eingeleitet. Entscheidungen zu zielgerichteten Preisschritten nach oben oder unten, Versuche zur Lösung des Problems der Vollkostenkalkulation und der Zuweisung der Gemeinkosten, Festlegung der langfristigen preisstrategischen Optionen, Überlegungen zur Preisdifferenzierung und zu alternativen Preismodellen – diese und weitere Aspekte einer sich wandelnden und entwickelnden Preispolitik können in der Manufaktur seit 1774 kaum nachgewiesen werden. Die preispolitischen Eckpfeiler von 1764 und 1765, mitsamt dem dazugehörigen Preis- und Konditionensystem von 1766, blieben deshalb zu weiten Teilen während Marcolinis Direktion in Kraft und sind nicht weiter angetastet worden.[1361] Statt einer grundlegenden und durchgreifenden Reform der Preispolitik bevorzugte man die punktuelle Steuerung von Verkaufspreisen in Relation ihrer Arbeitstaxen. So waren Preisanpassungen nicht das Resultat einer strategisch überdachten und dementsprechend gelenkten Betriebsführung, sondern ergaben sich aus der Reduktion der Arbeitskosten und bildeten sich letztlich aus der übergreifenden Notwendigkeit zur Kosteneinsparung.

3.3.16 Preispolitik im Rahmen von Qualitäts- und Mengensteuerung von 1774 bis 1814

In den nachfolgenden Jahren stellte sich trotz der Maßnahmen zur Kostensenkung keine Verbesserung der Umsatzsituation ein. Keineswegs kann, wie in der bisherigen Forschung geschehen, für die Zeiträume von 1763 bis 1774 und von 1774 bis 1783 von günstigen Handelsperioden Meißens und von der größten Blüte der Manufaktur gesprochen werden.[1362] Die

---

[1359] Zitiert nach Rückert (1990), S. 37.

[1360] Dies ergab sich auch aufgrund der Notwendigkeit, mittels eines Risikoaufschlags die Massekosten der fehlerhaften Brac-Porzellane in den Preisen der guten Porzellane zu berücksichtigen.

[1361] Vgl. AA I Af 9, S. 76b–77 und S. 105b und AA I Bo 8, S. 44b.

[1362] Vgl. Böhmert (1880), S. 48 und Kunze (1986a), S. 4. Böhmert, dem nur fragmentarische Zahlen für die Jahre 1766 bis 1774 vorliegen, lässt sich dabei von den Geldeinnahmen für die Jahre 1765 und 1766 leiten, die bis zu dem Zeitpunkt die stärksten Geschäftsjahre der Manufaktur gewesen waren, vgl. Böhmert (1880), S. 63. Dabei gingen die Einnahmen der Manufaktur von 1765 bis 1774 tatsächlich um insgesamt 45% zurück, vgl. Tabelle 5-1 im Anhang. Auch für die Periode von 1774 bis 1783 wiesen die wirtschaftlichen Kennzahlen der Manufaktur für die Jahre 1774, 1775 und 1781 Verluste auf bei gleichzeitig moderat abnehmenden Umsätzen, vgl. Tabelle

Luxusbranchen der vorindustriellen Zeit waren relativ krisenanfällig. Sie waren in einem permanenten Prozess der Veränderung und unterlagen vielfältigen externen Einflüssen. So erschwerte die große Agrarkrise in Europa ab 1770 ein nachhaltiges Wachstum, besonders in den Luxusbranchen, da Kriege und Krisen den Lebensstandard und die Kaufkraft in den Volkswirtschaften umschichteten.[1363] Die Meißener Manufaktur konnte sich dieser gesamtwirtschaftlichen Entwicklung nicht entziehen. Die Einnahmen wurden von Monat zu Monat geringer, so dass sich am 25. September 1778 Marcolini an die restlichen Mitglieder der Manufakturkommission wandte mit der Forderung, der schwierigen wirtschaftlichen Situation in Meißen abermals mit weiteren Einschränkungen der Ausgaben nachzukommen.[1364] Neben dem fast obligatorischen Appell zu Kosteneinsparungen[1365] in der Manufaktur und der Eindämmung von Missbräuchen und Unachtsamkeit hielt Marcolini im Wesentlichen zwei strategische Stoßrichtungen für entscheidend, um die Umsätze der Manufaktur wirksam verbessern zu können:

> *„Es kann und wird nicht fehlen, daß unser Debit wieder aufleben und erhalten werde, wenn wir 1.) schöne gangbare Waaren machen 2.) solche wohlfeiler als zeither verkaufen können“.*[1366]

Wie zu zeigen sein wird, handelte es sich hier um diejenigen betrieblichen Strategien, die im heutigen Sprachgebrauch als Qualitäts- und Mengensteuerung bekannt sind. Qualitätssteuerung einerseits, weil durch qualitativ gute Porzellane die Verkäufe und Umsätze erhöht werden konnten. Mengensteuerung andererseits, weil durch Anpassung einer zunehmend auf Massenabsatz orientierten Porzellanproduktion an die Nachfrageverhältnisse der Verkauf der Erzeugnisse überhaupt erst sichergestellt werden konnte.

Der Betrieb in Meißen hatte immer noch mit massiven innerbetrieblichen Überkapazitäten zu kämpfen, so dass mehr Maler tätig waren als zur Herstellung der tatsächlich absetzbaren Porzellanquantität notwendig waren.[1367] Dabei waren die Arbeitsergebnisse stark schwankend in ihrer Qualität, so dass für Marcolini die hierfür verwendeten Herstellkosten fast vollständig verloren gingen und nicht durch den regulären Verkauf wieder hereingeholt werden konnten.[1368] Meißen hatte offensichtlich unter etlichen Qualitätsproblemen zu leiden, angefangen von der erhöhten Zahl an Fehlbränden, über die verlorene Feinheit der Porzel-

---

5-1 im Anhang. Selbst Marcolini schätzte die Jahre 1776 bis 1790 als besonders kritische Jahre für die Manufaktur ein, vgl. AA I Af 11, S. 211.

1363 Vgl. Pallach (1987), S. 63–65. Besonders drastisch wurde Sachsen von der Krise in den Jahren 1771 und 1772 erfasst, wo nach Schätzungen von Johann Gottfried Hunger bis zu 150.000 Menschen starben: „Handel und Wandel war in dieser traurigen Periode vernichtet, Gewerbe und Nahrungsstand in einer völligen Lethargie!“, Hunger (1783), S. 98. Zur Darstellung der Agrarkrise in diesem Zeitraum, vgl. ausführlich Abel (1974), S. 200–251.

1364 Vgl. AA I Ac 2, S. 439 und S. 459.

1365 Diese betriebliche Handlungsmaxime schien jedoch nicht ausnahmslos von allen Führungskräften der Manufaktur akzeptiert zu sein. Steinauer mahnte 1780 vor einer zu starken Fokussierung auf die Kostenreduktionen: „Dergleichen Ersparnisse können eine Fabrik leicht den Untergang zuziehen“, AA I Bo 3, o. S.

1366 Vgl. AA I Ac 4, S. 65b.

1367 Vgl. AA I Be 15F, S. 45.

1368 Vgl. AA I Ac 2, S. 440.

lanmasse bis hin zur unbefriedigenden Malerei und Vergoldung.[1369] Für eine Manufaktur, die wie kaum eine andere auf die hervorragende Güte ihrer Erzeugnisse Wert legte und die mit Hilfe der Qualität der Porzellane einen Ruf im Markt etabliert hatte, konnten diese Schwierigkeiten verheerend sein.[1370] Wie problematisch die Qualitätsprobleme waren, wurde in einer Resolution vom 12. Februar 1781 festgehalten. Im Zusammenhang mit der Produktion eines umfangreichen Porzellanservices für den russischen Fürsten Repnin konstatierte Marcolini eine insgesamt unbefriedigende Qualitätssituation:

> *„Da abermals drey durchbrochene große Körbe von dem Fürst Repninschen Service im Email-Feuer mißrathen und gesprungen sind, durch dergleichen so öfteren Schäden, Zeit, Kosten und Profit verlohren gehen, so ist es kein Wunder, daß auch bey steter Beschäftigung einer so beträchtlichen Anzahl Menschen dennoch die Casse in dürftigen Umständen bleibet".*[1371]

Die Porzellanmasse zeigte ungewöhnlich oft Risse im Feuer auf, und bevor man ein gutes Porzellanstück aus dem Brand herausholen konnte, musste man mehrere Brac-Exemplare hinnehmen. Der Manufakturdirektor hielt diese Tatsache für den wichtigsten Grund, weshalb die Meißener Produkte, auch in Relation zu anderen Wettbewerbern, ein hohes Preisniveau aufwiesen.[1372] Die Bewältigung der Qualitätsprobleme wurde für Marcolini zum Ansatzpunkt, um die Manufaktur dauerhaft in stabile wirtschaftliche Verhältnisse zu führen. Denn eine hohe Ausschussquote bewirkte indirekt die Notwendigkeit der Preiserhöhung für die restlichen gelungenen Porzellane. Das in einem Fehlbrand zersprungene Porzellan konnte als Ausschussporzellan nicht verkauft werden und die bei der Produktion entstandenen Kosten nicht wieder einspielen. Was schon der Manufakturinspektor Steinbrück im Jahre 1719 in Bezug auf den Porzellanausschuss vorrechnete, galt mehr als 60 Jahre später immer noch – ein Fehlbrand verursachte versunkene Kosten, die vom betroffenen Porzellanprodukt nicht wieder hereingeholt werden konnten. Diese Kosten konnte man nur mittelbar wieder decken, indem die restlichen zum Verkauf geeigneten Porzellane in ihren Preisen einen Risikoaufschlag bekommen mussten für den entstandenen Aufwand der fehlerhaften Stücke. Mehrmals ordnete Marcolini in seinen Resolutionen an, für die Produktion von Porzellanen nur die besten Manufakturisten einzusetzen, damit

> *„durch Unachtsamkeit, Nachläßigkeit und Faseley nicht Stöße von Brac und Ausschuß entstehen, wodurch der ausfallende kleinere Theil guter Waaren außerordent-*

[1369] Vgl. AA I Bo 2, S. 28 und AA I Ac 3, S. 135–135b. Berichtet wurde, dass die Vergoldung öfters weiblichen Angestellten in Meißen überlassen wurde aufgrund ihrer geringeren Entlohnung, dass jedoch die Unerfahrenheit der Manufakturistinnen in der Vergoldung den Goldverbrauch in Einzelfällen um fast das Doppelte ansteigen ließ, vgl. AA I Bo 2, S. 18 und AA I Ac 4, S. 39b. Bezüglich der ungenügenden Qualität bemerkte Marcolini am Beispiel der Landschaftsmalerei: „Die ordinäre Landschaftmahlerey ohne Perspective, ist überhaupt so schlecht, daß ich mich, in Vergleichung mit dem, was andere Manufacturen liefern, derselben schäme", AA I Ac 1, S. 302. Angeprangert wurde mehrmals der fehlende einheitliche und harmonische Malereistil bei einzelnen Stücken zusammenhängender Porzellanpartien und Services, vgl. AA I Bo 3, o. S.

[1370] Die Vorstellung, dass eine gute Qualität der Produkte automatisch auch eine entsprechende Nachfrage im Markt nach sich ziehen würde, bestand auch bis ins frühe 20. Jahrhundert hinein, vgl. Pierenkemper (2000), S. 168.

[1371] AA I Ac 3, S. 8.

[1372] Vgl. AA I Ac 3, S. 120b.

lich theuer wird, und die fremden Besteller und auch andere Käufer und Liebhaber durch Verzögerung und hohe Preise abgeschreckt, sich an andere Fabriken wenden".[1373]

Als Ursache der Qualitätsprobleme der Fehlbrände vermutete man, dass die Porzellanmasse zu frisch verarbeitet wurde und die Nachlässigkeit der Massebereiter zu Fehlern führte.[1374] Falsch verstandene Sparsamkeit und sehr häufig auch „unedle Passionen" der Manufakturisten führten ebenfalls zu Problemen in der Produktion.[1375] Im Winter 1780 und Frühjahr 1781 wurden zudem häufig Probleme bei den Porzellanen mit der blauen Farbe festgestellt, die im Emaillierfeuer häufig zersprang.[1376] Dies war umso bedeutender, da die blauen Porzellane als eine der günstigsten Produkte der Manufaktur das untere Preissegment im Produktportfolio abbildeten und entsprechend häufig nachgefragt wurden. Gerade die Schwierigkeiten mit den blaubemalten Porzellanen stellte die Meißener Manufaktur vor ein ernst zu nehmendes Problem, denn man hatte in den zurückliegenden Jahren die Produktion stark auf diese günstigen Geschirre ausgerichtet und musste sich jetzt um den Absatz sorgen.[1377] Diskutiert wurden mögliche Lösungen für diese schwierige Situation, die wesentlich auf zwei Optionen basierten. Einerseits wurde argumentiert, das blaue Porzellan aufgrund der Qualitätsprobleme noch stärker in den Preisen herunterzusetzen, um dadurch die Verkäufe wieder ankurbeln zu können. Andererseits mehrten sich Stimmen, die den Verfall der Verkaufspreise für diese Umsatzträger als zu schädlich erachteten:

„Es scheint mir sehr gefährlich, wenn man die Preiße unseres blauen Porcelläns noch weiter herunter setzen wollte um deßen Debit wieder zu vermehren, denn dadurch könnte sich der eingebildete Werth von unserem Porcellän überhaupt verringern, und dann würde auch binnen weniger Jahren diese Verringerung des Preißes nicht sonderlich viel mehr helfen".[1378]

Diese vom Kontrolleur Steinauer geäußerte Meinung vom 30. Juli 1782 betraf besonders die Preiswahrnehmung der Meißener Produkte durch die Käufer. In all den Jahrzehnten zuvor hatte die Manufaktur ein recht eindeutiges Preisimage bei den Nachfragern erworben und hatte dieses auch verteidigen können, zumindest bis zur Hälfte des 18. Jahrhunderts. Meißen wurde als Hersteller von hochwertigen Luxusgütern und als Marktführer im Porzellanmarkt wahrgenommen mit entsprechend hohen Verkaufspreisen. Seit Beginn der Auktionen und der Einführung systematischer Rabatt- und Konditionensysteme unterlag die bisherige

---

[1373] AA I Ac 4, S. 63b.

[1374] Vgl. AA I Bo 3, o. S.

[1375] Um den Forderungen an Einsparungen nachzukommen, nahmen die Arkanisten gelegentlich auch Materialien und Rohstoffe von minderer Qualität an, die dann wiederum zu unbefriedigenden Porzellanerzeugnissen führten, vgl. AA I A Bo 3, o. S. Zudem soll an dieser Stelle nur der Hinweis auf die vielen betriebsinternen Probleme der Mitarbeiter untereinander in Gestalt von Vetternwirtschaft, Intrigen und Erhalt von Privilegien gegeben werden. Eine Übersicht zu diesem Thema des „gegenseitigen Verrats, der Bestechung und Denunziation (...) der Ränke, Schikanen, Mißgunst, offenen oder boshaft versteckten Rüpeleien" innerhalb der Manufaktur findet sich bei Rückert (1990), S. 27 und S. 39.

[1376] Vgl. AA I Bo 3, o. S.

[1377] Vgl. Kapitel 3.3.15.

[1378] AA I Bo 4, o. S.

Preiswahrnehmung stärkeren Schwankungen. Weitere Preissenkungen, besonders im günstigsten Segment der blaubemalten Porzellane, konnten die Gefahr bergen, dass die Preispositionierung der Manufaktur seitens der Kunden neu wahrgenommen wurde. Steinauer sorgte sich um den Gesamtwert des Meißener Produktportfolios, der unweigerlich durch zu starke Preissenkungen in einer Produktkategorie automatisch auch andere Porzellankategorien in Mitleidenschaft ziehen musste. Kontinuierliche und anhaltende Herabsetzungen der Verkaufspreise würden den Meißener Produkten im schlimmsten Fall keinen zusätzlichen Umsatzschub geben – schlicht aus dem Grund, da die Manufaktur dann nicht mehr als Hochpreisanbieter und Hersteller von Luxusgütern angesehen worden wäre und Preissenkungen keine Besonderheit mehr darstellen würden.

Aber die mahnenden Worte von Steinauer fanden keinen Anklang in der Manufakturdirektion. An der Entscheidung, mit niedrigpreisigen Gebrauchsgeschirren verloren gegangene Umsätze neu zu erkämpfen, änderte sich nichts. Ziel musste es sein, diese Porzellane in möglichst guter Qualität zu produzieren. Eine allgemein hohe Quote an unverkäuflichen, da mangelhaften Porzellanen musste sich zwangsläufig stark auf die Umsätze auswirken. Um dies zu verhindern, sollte laut den Resolutionen vom 21. und 28. November 1782 der Arkanist Pörner bei der Zubereitung des Goldes persönlich anwesend sein, während Steinauer ein besonderes Augenmerk auf den Umgang mit der Porzellanmasse und der Qualität der Erzeugnisse zu richten hatte.[1379] Denn nur durch die Eindämmung der Fehlbrände konnte man die unumgänglichen Preissteigerungen vermeiden, weil

> *„die Herabsetzung der Preiße als das einzige Mittel, unsern verlohrenen Vertrieb besonders in den ordinairen Artikeln wieder herzustellen, und unsere Feinde zu tödten, lediglich davon abhängt".*[1380]

Offensichtlich konnte die Manufaktur, so sehr sie sich zu diesem Zeitpunkt von ihrer bisherigen selektiven Preisanpassung entfernt und einer konsequenteren Niedrigpreispolitik verschrieben hatte, die Preise nur immer dann nach unten anpassen, wenn die Anzahl der Fehlbrände und die Ausschussquoten dies auch erlaubten. Man sah die Herabsetzung der Preise nunmehr als das einzige Mittel an, die Umsätze der Manufaktur auf Kosten der Wettbewerber erhöhen zu können.[1381] Doch der wirtschaftliche Umschwung konnte nicht erfolgen, solange man aufgrund der signifikant hohen Fehlbrände einen Risikoaufschlag in der Preisbildung mitberücksichtigen musste. Mehrmals erklärte Marcolini, dass er sich nicht scheuen würde, bei weiter anhaltenden Schwierigkeiten in der Qualität komplette Fertigungsstopps für ganze Porzellankategorien anzuordnen und die unfähigsten Arbeiter für eine gewisse Zeit ins Wartegeld zu setzen.[1382] Seiner Auffassung nach würden die hierdurch erreichten Erspar-

---

[1379] Vgl. AA I Ac 3, S. 135–135b.

[1380] AA I Ac 3, S. 121.

[1381] Zu preisbasierten Retorsionsmaßnahmen gegen den Wettbewerb, vgl. auch Kapitel 3.5.2.

[1382] Vgl. AA I Ac 4, S. 151–151b und S. 157–157b. Mit der Zahlung dieses Wartegelds war der Manufakturist zwar formal aus dem Betrieb entlassen, seine erneute Wiedereinstellung jedoch vorgesehen. Dies konnte der Meißener Manufaktur kurzfristig finanziellen Spielraum geben und Liquidität sichern, vgl. Rückert (1990), S. 34, aus zeitgenössischer Sicht zum Wartegeld Marperger (1714), S. 298–299.

nisse in den Herstellungskosten größeren Nutzen bieten als die Produktion von mangelhafter Ware:

> *„Es würde vortheilhafter seyn, die Materialien, das Holz und dergleichen zu ersparen, als mit schlechter Waare die Lager anzufüllen, die noch überdies (...) niemand kauft und endlich weit unter Erlangung der Fabricationskosten durch den mit vielen Transport und anderen Unkosten verknüpften Weg der Auctionen versilbert werden müßen“.*[1383]

Nachgewiesen ist, dass fehlerhafte Porzellane in den Handel kamen und an die Kunden verkauft wurden. So wurde von Fällen berichtet, bei denen Meißener Tassen beim Eingießen von zu heißen Getränken zersprangen.[1384] Die sich häufenden Klagen der Kunden über mangelhafte Porzellane und Bemalungen in den Lieferungen führten zu immer mehr Rücksendungen.[1385] Jan Klemens Branicki, ein polnischer Adliger und Feldherr, hatte um 1750 redlich von dem Rückgaberecht Gebrauch gemacht und das von ihm bestellte Porzellan nach nur einmaliger Benutzung wieder zurückgeschickt.[1386] Inwiefern für Kunden der Meißener Manufaktur ein explizites Rückgaberecht bei Porzellanen existierte, ist nicht eindeutig zu klären aufgrund der sehr seltenen archivalischen Hinweise.[1387] Anzunehmen ist, dass mangelhafte Lieferungen nach individueller Prüfung der einzelnen Fälle zurückgenommen und ersetzt wurden. Damit derartige Lieferungen möglichst ausgeschlossen werden konnten, wurde ab 1781 vor jedem Versand die Porzellanlieferung vom Oberkontrolleur Steinauer auf ihre Qualität überprüft. Dennoch musste Marcolini in den folgenden Jahren immer wieder die Vorsteher des weißen Corps und der Malerei dazu anhalten, die Manufakturisten zu besserer Bearbeitung und Aufmerksamkeit zu ermahnen.[1388]

Das Wohl der Manufaktur sah der Direktor nicht nur in der Lösung der Qualitätsprobleme, sondern auch in einer ausgewogenen Produktpolitik. Nicht der bloße Überschuss an Porzellanen in den Warenlagern, der aus Überproduktionen resultierte, war entscheidend. Durch dieses in den vergangenen Jahrzehnten praktizierte Vorgehen hatte man sich erhofft, den Privat- und Geschäftskunden eine stets ausreichend große Auswahl und Produktvielfalt bieten zu können und regelmäßig die Leipziger Messen beliefern zu können. Man versprach sich durch eine derartige Produktpolitik, dass durch ein möglichst umfassendes Produktan-

---

[1383] Vgl. AA I Ac 4, S. 65.

[1384] Vgl. AA I Bo 5, o. S.

[1385] Vgl. AA I Ac 3, S. 7.

[1386] Vgl. Kisluk (2007), S. 37.

[1387] Rücksendungen wurden von der Manufaktur als peinlich erachtet, da sie für den Ruf des Betriebes nicht förderlich waren. Wohl auch deshalb scheinen keine Aufzeichnungen darüber zu existieren. Dennoch könnte die Meißener Manufaktur ein derartiges Rückgaberecht vor allen anderen Manufakturen eingeführt haben. Wurde bisher Wedgwood als Innovator mit seinem 1771 eingeführten Rückgaberecht erachtet, so bei Young (1995), S. 19, muss diese Aussage vor dem Hintergrund des schon 1750 existierenden Rechts in Meißen zumindest neu überprüft werden.

[1388] So bspw. im Dezember 1793, vgl. AA I Ac 5, S. 168–169 und im Juni 1795, als manche Porzellanfarben teilweise von so schlechter Qualität waren, dass sie von den fertigen Geschirren wieder abgeschliffen werden mussten, vgl. AA I Ac 5, S. 383. Weiter im November 1798, als die gelben Verfärbungen der Porzellane immer noch anhielten, vgl. AA I Ac 7, S. 271.

gebot die Käufer sich schon von selbst finden würden.[1389] Das Wohl des Betriebes war nach Marcolini aber vielmehr darin zu suchen, den Käufern zielgerichtet schönere und bessere Stücke anzubieten, diese dann häufiger umzusetzen und die Produktionskapazitäten dementsprechend anzupassen.[1390] Die Herstellung von Porzellanen nur aus dem Grund, um das Personal in beständigen Verdienst zu halten und einen auskömmlichen Stücklohn zu garantieren, sollte strengstens vermieden werden.[1391] Der Direktor schien nicht weiter gewillt zu sein, die schon gefüllten Warenlager noch weiter mit schwer verkäuflicher Ware anzuhäufen und hier noch mehr Geld und Material zu investieren.[1392]

Wie schon zum Ende der Direktion unter von Fletcher versuchte die Manufakturführung auch jetzt, die Herstellung stärker an die Erfordernisse des Marktes anzupassen und die Warenlager und Messen mit nachgefragten Gebrauchsgeschirren zu beliefern. Man war stärker denn je bereit, auf die Anforderungen und Vorlieben der Nachfrager einzugehen, denn „ein vernünftiger Verkäuffer, muß sich allemal, er gut fahren will nach der Caprice seines Käuffers richten".[1393] Es sollte sichergestellt werden, dass beim weißen Corps nur solche Geschirre verfertigt wurden, die entweder explizit bestellt wurden, oder zum täglichen Gebrauch geeignet waren. Zudem sollten die nach individuellen Bestellungen angefragten Porzellane nur von den besten Malern bemalt werden. Bei Bedarf war die Verfertigung der mittlerweile kaum nachgefragten Blumenmalerei einzustellen.[1394] Marcolini ordnete mit Resolution vom 19. Januar 1788 an, dass benötigte Porzellane von den Buchhaltern in einer Liste spezifiziert werden sollten und diese Liste dann zur Gegenzeichnung an ihn zu schicken war.[1395] Dadurch wollte er persönlich überwachen, welche Porzellane tatsächlich zu produzieren waren und ob sie in die Produktpolitik der marktfähigen Porzellane passten. Die Porzellanherstellung stand nunmehr fast ganz im Zeichen der stark nachgefragten Produktkategorien, den Gebrauchsgeschirren, und die Warenlager und Vorräte sollten ebenfalls gezielt mit diesen Porzellanen ausgestattet werden.[1396] Auch hoffte man, die langen Lieferzeiten für die bestellten Porzellane deutlich reduzieren zu können, um mittels der schnelleren Bearbeitung der Bestellungen, insbesondere unter ausländischen Geschäftskunden, wieder an Reputation zu gewinnen und sich Folgeaufträge zu sichern.[1397]

1389 Vgl. AA I Ac 4, S. 157.

1390 Vgl. AA I Ac 2, S. 440 und S. 443 und AA I Bo 2, S. 117.

1391 Vgl. AA I Ac 4, S. 63.

1392 Vgl. AA I Ac 4, S. 151.

1393 AA I Bo 2, S. 29 und S. 111. Erhebliche Teile des Handels mit der Türkei büßte man auch deswegen ein, da man den dortigen Käufern wertvolle Porzellane mit hochwertiger Malerei aufzwingen wollte, die türkischen Käufer hingegen, auch aufgrund des islamischen Bilderverbots, nicht die Malerei als herausragendes Produktmerkmal ansahen, sondern eher die Alltagstauglichkeit der Porzellane bevorzugten.

1394 Vgl. AA I Bo 2, S. 113 und AA I Ac 4, S. 63–63b. Man ging bei Bedarf dazu über, bei notwendigen Kapazitätsanpassungen das Porzellan nur noch in einem Ofen zu brennen und den verfügbaren Platz noch besser zu nutzen. Abermals wurde auch die missbräuchliche Feierabendarbeit verboten, vgl. AA I Ac 2, S. 441, S. 444 und S. 461 und AA I Ac 4, S. 439.

1395 Vgl. AA I Ac 4, S. 305–305b.

1396 Vgl. AA I Bo 2, S. 28 und S. 31.

1397 Vgl. AA I Bo 2, S. 130 und AA I Ac 7, S. 453. Zu den langen Lieferzeiten von bis zu 3 Jahren, vgl. Kapitel 3.4.5.

Diese stärkere Orientierung der allgemeinen Betriebstätigkeit und der Porzellanproduktion an die Anforderungen des Marktes lässt sich anhand eines Vergleichs der produzierten Mengen für ausgewählte Porzellane in den Jahren 1773 und 1793 bis 1795 beispielhaft verdeutlichen.[1398]

Abbildung 3-11: Veränderungen der Produktionsmengen 1773 vs. 1793 für ausgewählte Porzellane

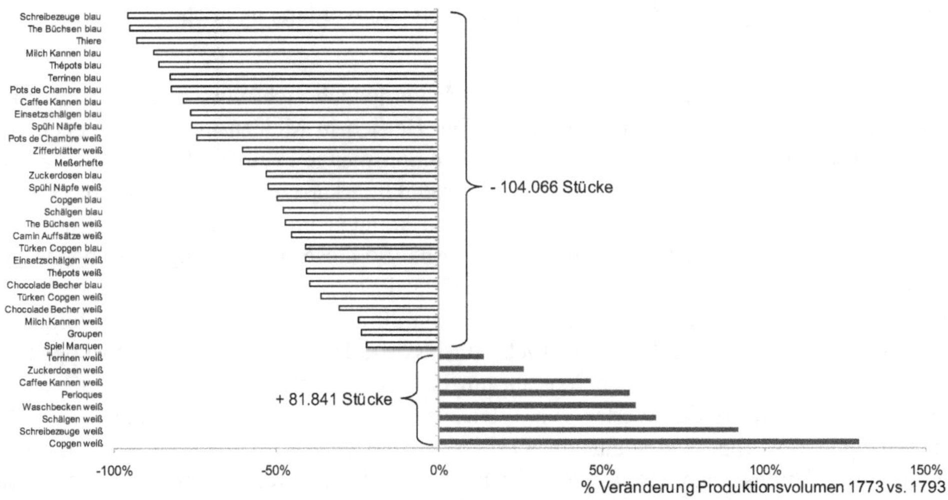

Quelle: AA I Ah 1, S. 11– 15b und AA I Ah 2, S. 188– 189b, eigene Berechnungen

Ein Vergleich der Porzellanherstellung 1773 und 20 Jahre später zeugt davon, wie stark sich die Manufaktur den Marktbedingungen angepasst hatte. Rückgänge in der Herstellungsmenge von nahezu 100% verdeutlichen, dass die Manufaktur gemäß dem Auftrag von Marcolini ihre Kapazitäten besser steuerte und stärker und zeitiger auf sich ändernde Kundenwünsche und Marktgegebenheiten reagierte. Der Vergleich von 1773 und 1793 erlaubt den Schluss, dass es innerhalb dieses Zeitraums eine erhebliche Verschiebung der Nachfrage gegeben hatte, weg von den blaubemalten Porzellanprodukten und hin zu den weißen Stücken.[1399] Nicht zuletzt hatte der Meißener Betrieb ab 1775 unverhältnismäßig viele Probleme mit den blauen Farben während des Emaillierfeuers gehabt, so dass die Qualitätsprobleme mit dieser Farbe automatisch auch langfristig zu Anpassungen in der Nachfrage seitens der Käufer führen mussten, die nun zu anderen Farben tendierten.[1400] Von insgesamt 36 Porzellankategorien, die sowohl 1773 als auch 1793 hergestellt wurden, unterlagen lediglich neun Produk-

[1398] Erhalten haben sich im Werksarchiv Meißen eine Reihe von summarischen Extrakten über die Lieferungen von fertig hergestellten Porzellanen an das große Warenlager in Meißen für die Jahre ab 1773, vgl. AA I Ah 1, S. 11–15b und AA I Ah 2, S. 188–189b, S. 226–227b und S. 274–275b.

[1399] Dabei handelte es sich jedoch nicht um das weiße, unbemalte Porzellan. Die hier verwendete Bezeichnung sollte vielmehr verdeutlichen, dass die Stücke, anders als die Porzellane mit blauer Unterglasurbemalung, den zusätzlichen dritten Emaillierbrand erforderten, da sie bunt bemalt wurden.

[1400] Vgl. AA I Af 9, S. 72 und AA I Bo 4, o. S.

te der Produktionsausweitung, während die restlichen 27 Produkte Rückgänge in der hergestellten Menge zu verzeichnen hatten. Die neun Porzellankategorien erfuhren eine Erhöhung der Herstellungsmenge um 81.841 Stück, allein 99% dieser zusätzlichen Erweiterung entfielen auf die weiße Tasse und das weiße Schälchen. Die restlichen Porzellane wurden um 104.066 Einheiten in der Produktion reduziert, davon entfielen 66% auf die blaue Tasse und das blaue Schälchen.[1401] Die aktive Mengensteuerung aufgrund der Absatzsituation hatte die Produktionskapazitäten der Manufaktur in andere Porzellankategorien gelenkt. Die am stärksten nachgefragten Produktkategorien mussten und wurden nun auch mit höherer Intensität geliefert.

Die Porzellane der Meißener Manufaktur unterlagen jedoch nicht nur langfristen Produktionsschwankungen und Mengenanpassungen. Der Betrieb in Meißen musste sich auch sehr hohen Schwankungen in der mittelfristigen Produktionsmenge in einem Zeitraum von 2 bis 3 Jahren auseinandersetzen. Einmal aufgebaute Produktionskapazitäten für bestimmte Porzellankategorien waren von nicht langer Dauer, und konnten im schlimmsten Falle sogar zu unterjährigen Mengenanpassungen führen. Die Analyse dieser mittelfristigen Mengensteuerung soll beispielhaft für die Produktionsjahre 1793, 1794 und 1795 erfolgen. Es werden die Produktionsänderungen von 1793 bis 1795 für die 20 am meisten produzierten Porzellane des Jahres 1793 dargestellt.[1402] Ersichtlich ist, dass die Herstellung der Türkencöppgen in blau im Jahre 1794 gegenüber dem Vorjahr um 175% erweitert wurde, nur um sie 1795 wieder um fast die Hälfte des Wertes von 1794 zurückzufahren. Die Herstellung der weißen Türkencöppgen wurde 1794 sogar um 493% gesteigert gegenüber dem Vorjahr, und diese enorme Produktionssteigerung wurde 1795 um lediglich 11% vermindert, so dass man das Produktionsvolumen bei diesem Porzellanprodukt relativ konstant hielt. Diese Schwankungen zeigen, dass man innerhalb der Manufaktur eine recht starke marktgetriebene Steuerung der Produktionsmengen betrieb und auch innerhalb relativ kurzer Fristen gehörige Produktionsausweitungen und -kürzungen durchführen musste. Besonders die Gebrauchsgeschirre und Umsatzträger unterlagen diesen Schwankungen in der Herstellung, die größtenteils auf veränderte Absatzbedingungen, sich schnell wandelnde Modetrends und auch auf betriebstechnische Gründe zurückzuführen waren.[1403] Meißen sah sich deshalb gezwungen, die eigene Produktion diesen Parametern anzupassen. Im Falle der Türkencöppgen waren diese marktlichen Schwankungen sicherlich die besonderen Bedingungen des türkischen Marktes, der seit jeher diese speziellen Tassen für den Tee und Kaffeekonsum in großen Mengen verlangte und der Meißener Manufaktur immer wieder große Bestellungen bescherte. Da auch andere Wettbewerber Meißens den türkischen Markt umwarben und sich exogene Bedingungen wie Zoll, Transport und politisches Klima schnell wandeln konnten, musste die Meißener Manufaktur unter besonderen Absatzparametern operieren. Weiterhin sah sich die Manufaktur auch genötigt, Produktionsvolumina bei bestimmten Porzellankategorien nahezu komplett zurückzufahren. Besonders auffällig ist dies am Beispiel der Kategorie der Porzellanblumen. Wurden 1793 noch 1.714 Stück produziert, reduzierte man diese Zahl im folgen-

[1401] Vgl. auch Tabelle 5-9 im Anhang.

[1402] Vgl. Abbildung 5-22 im Anhang.

[1403] Solche technischen Gründe konnten Probleme mit gewissen Porzellanfarben sein oder auch überdurchschnittlich viele Fehlbrände bei bestimmten Formen.

den Jahr um 70% und 1795 dann nochmals um 92%, so dass nur noch 40 Stück hergestellt wurden. Dies kam für diese Kategorie einem Produktionsstopp gleich.

Im zweiten Fall werden die Produktionsänderungen für den Fall der 20 am wenigsten hergestellten Porzellane des Jahres 1793 analysiert.[1404] Hier sind die Schwankungen in den jährlichen Produktionsmengen noch höher, da man bei den weniger nachgefragten Porzellanen aufgrund von niedrigen Herstellmengen und einzelnen individuellen Bestellungen plötzlich die Produktion unverhältnismäßig stark ausweiten musste. So wurde bei blauem Schreibzeug und Tabatièren die Herstellung im Jahre 1794 gegenüber dem Vorjahr um 5.300% bzw. 2.650% ausgeweitet. Auch komplette Produktionsstopps wurden durchgeführt, so bei Galeriestücken und Etuis, die 1793 noch hergestellt, jedoch in den beiden folgenden Jahren nicht mehr produziert wurden.

Während die Manufaktur also erhebliche Anstrengungen unter Marcolini unternahm, um eine marktorientierte Produktion von Porzellanen durchzuführen und entsprechend den Absatz- und Marktgegebenheiten eine möglichst zielgerichtete Steuerung der gefertigten Mengen zu erreichen, hatte diese Steuerung der Mengen auch Einfluss auf das Preisniveau der Porzellane, ähnlich wie die Anpassung der Arbeitskosten indirekt die Preisbildung tangierte. Aus den vorhandenen Daten zu den Herstellungsmengen von 1776 bis 1813 lassen sich mit Hilfe der jährlichen Umsätze und Kosten die indexierten durchschnittlichen Stückkosten und Stückpreise errechnen.[1405]

Abbildung 3-12: Kosten- und Preisniveau 1776– 1813

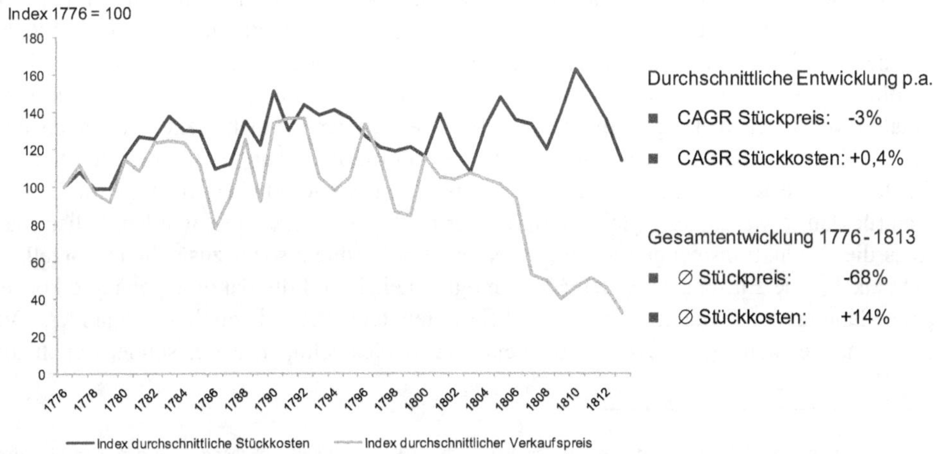

Quelle: vgl. Tabelle 5-1 im Anhang

[1404] Vgl. Abbildung 5-23 im Anhang.

[1405] Die Datengrundlage bilden hier die Tabelle 5-1 und die Tabelle 5-2 im Anhang.

Angenommen wird, dass sämtliche hergestellten Porzellane auch bemalt und zum Verkauf gestellt wurden.[1406] Die durchschnittlichen Gesamtkosten pro Porzellanstück lassen sich aus den Zahlen zum Produktionsvolumen und den Angaben der jährlichen Kostensumme herleiten, die Berechnung eines durchschnittlichen Stückpreises unterliegt mangels vorhandener Daten zu den tatsächlich verkauften Stückzahlen hingegen gewissen Annahmen. Um den durchschnittlichen Stückpreis zu berechnen, wird auf den durchschnittlichen Kostenpreis die von der Manufaktur in einem Geschäftsjahr tatsächlich erzielte Gewinnmarge aufgeschlagen.[1407] Diese Gewinnmarge repräsentiert den bei der Preiskalkulation angesetzten Deckungsbeitrag und trägt dadurch der kostenorientierten Preisbildungsmechanik der Manufaktur Rechnung.

Aus dem fast 40-jährigen Betrachtungszeitraum ist sofort ersichtlich, dass die Manufaktur beim durchschnittlichen Niveau der Stückkosten und demjenigen der Stückpreise zwei divergierende Trends zu verzeichnen hatte. Im gesamten Zeitraum hatte der Meißener Betrieb eine Erhöhung des durchschnittlichen Kostenpreises pro Porzellanstück von 14% zu verkraften, musste aber im gleichen Berichtszeitraum eine Verringerung des durchschnittlichen Preisniveaus um 68% hinnehmen. Jährlich nahmen dabei die Stückkosten durchschnittlich um 0,4% zu, während die durchschnittlichen Stückpreise um 3% abnahmen. Die Entwicklung der Kosten- und Preisniveaus gestaltete sich dabei nicht stetig, sondern war gekennzeichnet durch zyklische Schwankungen und Volatilitäten. Hier zeigte sich, dass die jährliche Mengensteuerung der Porzellanproduktion erhebliche Schwankungen im durchschnittlichen Stückpreis verursachte. Die oftmals relativ starken Produktionsausweitungen und Produktionsrückgänge für Porzellane konnten dafür sorgen, dass der Markt entweder mit einem Angebots- oder einem Nachfrageüberschuss versehen wurde. Den Reaktionen der Kunden entsprechend, wirkten sich solche Überschüsse auf das durchschnittliche Niveau der Stückpreise der Meißener Manufaktur aus. Eine derartige, auf Mengensteuerung basierende Produktpolitik im letzten Viertel des 18. Jahrhunderts, hat wohl in den wenigsten Fällen für eine optimale Produktionsmenge gesorgt. Marcolini hat sich in der Tat mehrmals von den tatsächlichen Nachfrageverhältnissen im Markt entfernt und die Porzellanproduktion auch bei zurückgehenden Bestellungen auf hohen Kapazitätsniveaus weitererhalten. Solange die Bestellungen rückläufig waren, aber gleichzeitig immer noch neue verzeichnet wurden, beließ man oftmals die Produktionsmengen auf ihrem Niveau und ordnete sogar zusätzliche Porzellanbrände an.[1408] Die Einschätzung der Absatzmöglichkeiten und die daran angehängte konsequente Planung der Produktionsmengen differierten teilweise erheblich voneinander. Die Produktion, die nicht nur Marktgegebenheiten zu berücksichtigen hatte, sondern auch die

[1406] Genau genommen ist jedoch in den seltensten Fällen die gesamte Produktionsmenge aus den Porzellanöfen auch zur Bemalung geliefert worden. Die Zahlen der tatsächlich bemalten Porzellane und der hergestellten Porzellane unterschieden sich von Jahr zu Jahr. Dies weil man häufig auch die Vorräte aus den vorhergehenden Produktionsjahren an weißem Porzellan bemalte oder mehr unbemalte weiße Porzellane in die Warenlager gab. Im Durchschnitt kann jedoch angenommen werden, dass sämtliche hergestellten Porzellane auch bemalt wurden, so dass diese Annahme für die hier durchgeführten Analysen hinreichend ist.

[1407] Diese Gewinnmarge ist die Relation des Einnahmenüberschusses zu den Gesamtausgaben während eines gesamten Geschäftsjahres, die entsprechenden Zahlen lassen sich aus den Jahresabschlüssen der Manufaktur entnehmen.

[1408] Vgl. AA I Ac 7, S. 216.

Auslastung der Manufakturisten, stand mehrmals in keinem Verhältnis zum Absatz. Die Antizipation und Berücksichtigung der Marktnachfrage sowie die Umsetzung der Markterfordernisse in der eigenen Produktionsstruktur stellten eine hochkomplexe Strategie dar, die selbst in heutigen Zeiten noch immer eine große betriebliche Herausforderung ist. Schwerlich hat die Meißener Manufaktur dabei eine genaue Punktlandung bezüglich der gewünschten Produktionsmengen hinlegen können, so dass ein sich ergebender Überschuss oder Mangel an Porzellanen unweigerlich auf das Meißener Preisniveau einwirken musste und die Manufakturführung vor nicht unerhebliche Probleme stellte.[1409]

Durch die analysierten Produktionszahlen und die jährlichen Kosten werden die Meißener Bestrebungen, Ersparnisse in der Herstellung und in der Betriebsführung zu generieren, zumindest teilweise bestätigt. Die Suche nach Einsparungsmöglichkeiten in den Kosten zog sich konstant durch den gesamten betrachteten Zeitraum hindurch. Die durchschnittlichen Stückkosten unterlagen dabei dem Diktat der durch die Mengensteuerung ausgelösten zyklischen Produktionsschwankungen in nicht unerheblicher Weise. Die Meißener Manufaktur konnte dabei trotz ihrer verhältnismäßig bedeutenden Kostenblöcke – überwiegend in der Zahl der Angestellten – dennoch eine gewisse notwendige Flexibilität in der Produktionssteuerung aufweisen. Sie war jedoch auf eine Verteilung der Kosten auf möglichst große Produktionszahlen angewiesen, denn die Beschäftigung der hohen Mitarbeiterzahlen konnte nur sichergestellt werden, wenn genügend Porzellan produziert wurde. Das Thema der betrieblichen Auslastung und der Fixkostendegression wurde in Meißen wahrscheinlich im Juni 1798 erstmalig angegangen. In einem Dokument wurde davon gesprochen, die Ausbringungsmenge in der Manufaktur zu erhöhen, um damit die einzelnen Porzellane günstiger produzieren zu können.[1410] Würde man nämlich eine geringere Fabrikationsmenge zulassen, so würden die Porzellane tendenziell teurer werden, denn der

> *„(...) weniger erhaltene Nuzen, bringt nothwendig den abgedachten Abgang und erweiset, daß (...) die Waaren um so viel theurer zu stehen kommen, besonders um deswillen, weil alles, was in einer Tractaments-Bezahlung bey der Manufactur angestellt ist, fortgehet“.*[1411]

Deshalb schien es angebracht zu sein, die Produktion sowohl kapazitativ durch mehr Porzellane als auch zeitlich durch längeres Arbeiten zu erhöhen, um die Kosten auf eine größere Produktionszahl zu verteilen und die Stückkosten dadurch senken zu können. Die Manufaktur, so die weiteren Ausführungen, wäre dadurch imstande gewesen, Porzellane zu günstigeren Preisen anbieten zu können.[1412] Dennoch scheint eine zielgerichtete Produktionsausweitung mit der Absicht, die Degression der Fixkosten auf die Produktionsmenge zu ermöglichen, in Meißen nicht durchgeführt worden zu sein. Die relativ unsichere Absatzsituation, besonders um die Wende zum 19. Jahrhundert, erlaubte solche kostengetriebenen Produktionsausweitungen nur in begrenztem Umfang. Die Überlegungen zur Kostendegression in

[1409] Dieses Phänomen der fehlerhaften Mengenplanung ist übrigens bei nahezu allen Porzellanmanufakturen des 18. Jahrhunderts zu erkennen, vgl. Ehlers (1923), S. 39–42.

[1410] Vgl. AA IV9 28, S. 23–27.

[1411] IV9 28, S. 26.

[1412] Vgl. AA IV9 28, S. 26b.

Meißen gingen deshalb über die reine zeitliche Ausweitung der Beschäftigung der in festem Gehalt stehenden Angestellten nicht hinaus.[1413]

Aufgrund der durchgeführten Analysen kann der bisherigen Lehrmeinung in der kunsthistorischen Literatur nicht gefolgt werden. Laut dieser beließ die Meißener Manufaktur für die Porzellane in der Zeit unter Direktor Marcolini viel zu hohe Preise, die kaum nach unten angepasst werden konnten, weil die Herstellkosten alljährlich stiegen.[1414] Der Anstieg der Ausgaben mag bei Betrachtung der absoluten Kostensummen zutreffend sein, doch im Verhältnis zu den tatsächlich hergestellten Produktionsmengen muss eine derartige Aussage zurückgewiesen werden. Es wurde im Rahmen der hier durchgeführten Untersuchungen gezeigt, dass die damaligen Bestrebungen zur Kostenreduktion durchaus nicht als gescheitert anzusehen waren. Die jährliche Steigerung der durchschnittlichen Stückkosten von lediglich 0,4% macht deutlich, dass zumindest keine Kostenexplosion stattfand und die Bewältigung der vielen Qualitäts- und Produktionsprobleme aus einer Kostenperspektive heraus sogar relativ gut gemeistert werden konnte. Zum Jahr 1813 waren die durchschnittlichen Stückkosten gegenüber 1776 um insgesamt 14% gestiegen, so dass behauptet werden kann, dass Marcolini die Kosten, so er sie zwar nicht absolut gesehen senken konnte, doch alles in allem unter Kontrolle hatte. Aber besonders der pauschalen Aussage in der Forschung von zu hohen Preisen in Meißen kann hier in keinster Weise gefolgt werden. Diese Ansicht berücksichtigt die tatsächliche Dynamik der Preisentwicklung nicht. Denn die Meißener Manufaktur hat dem vorhandenen Preisdruck auf dem Porzellanmarkt immer wieder nachgegeben. Generelle und punktuelle Preisanpassungen, Verkaufserleichterungen durch Rabatt- und Konditionensysteme und die völlige Abgabe der Kontrolle der Preisbildung durch den Verkauf mittels Auktionen waren keine preispolitischen Instrumente, um die Verkaufspreise auf hohem Niveau zu belassen.[1415] Der starke Rückgang der durchschnittlichen Stückpreise reflektierte auch die Umschichtungen in der Produktionsstruktur hin zu mehr gangbaren Porzellanen, die aufgrund der Steuerung der Produktionsmengen durchgeführt wurden. Mehr und mehr Gebrauchsgeschirre und Umsatzträger wurden hergestellt und die Fertigung von repräsentativen und hochpreisigen Stücken wie Figuren oder Gruppen ging weiter zurück. Da die Umsatzträger zu immer niedrigeren Preisen in den Markt kamen und den weitaus größten Anteil an der Gesamtproduktion hatten, sorgten sie für die kontinuierliche Absenkung des durchschnittlichen Stückpreises. Dieser sank aufgrund der erwähnten Maßnahmen jährlich um 3%, während hingegen die Kosten jährlich leicht anstiegen. Diese Differenz ist als die wichtigste Ursache anzusehen für die teilweise massiven Profitabilitätsprobleme der Meißener Manufaktur während der Direktion von Marcolini. Radikale Preissenkungen, um das Niveau der konkurrierenden Manufakturen zu unterbieten, wurden in Meißen zwar regelmäßig diskutiert[1416], aber aufgrund der Kostenstruktur konnte man mit den kleinen Anbietern oft nicht konkurrieren. Der Betrieb in Meißen erforderte schlichtweg gewisse Bereitschaftskosten, um die Produktion mit einer hohen dreistelligen Arbeiterzahl überhaupt einzu-

[1413] Vgl. AA IV9 28, S. 23b.

[1414] Vgl. Kunze (1986a), S. 4.

[1415] Vgl. ausführlich die Kapitel 3.4.3, 3.4.4 und 3.4.5 zum Vertrieb, zum Wettbewerb ausführlich 3.5.3.

[1416] Vgl. die Ausführungen im Kapitel 3.5.2.

richten und aufrechterhalten zu können.[1417] Hohe Material- und Verwaltungskosten wurden 1814 überdies als entscheidender Grund genannt für die unvorteilhafte Meißener Kostenstruktur.[1418] Es ist davon auszugehen, dass diese Kostenstruktur einem auf den Massenabsatz von preisgünstigen Gebrauchsgeschirren abzielenden Geschäftsmodell nicht gewachsen war. Zu groß waren die Kostennachteile gegenüber den Wettbewerbern.[1419] Zu groß waren die Divergenzen in der Preispolitik, die weder eine eindeutige Kostenführerschaft als absolut günstigster Porzellanhersteller, noch eine eindeutige Premiumpreisstrategie als Luxusmanufaktur vorsah. Und nicht zuletzt konnte man die Preissenkungen auch aufgrund der dargestellten Qualitätsprobleme nur bis zu einem gewissen Punkt mitmachen, da man die Kosten für Fehlbrände und Ausschuss nicht ignorieren konnte. Dass man dennoch dem Preisdruck im Markt nachgab und sich zu einer Niedrigpreispolitik entschlossen hatte, um Verkaufs- und Umsatzzahlen zu stützen, musste zwangsläufig auf Kosten der Deckungsbeiträge der Manufaktur gehen. Es rächte sich besonders in der Krisenzeit, dass die Kapazitäten der Manufaktur unmittelbar nach dem Siebenjährigen Krieg überproportional stark ausgebaut worden waren und nur schleppend und unzureichend den wirtschaftlichen Verhältnissen angepasst werden konnten.

Das Phänomen der starken Schwankungen der durchschnittlichen Preis- und Kostenniveaus war der Direktion um Marcolini nicht gänzlich unbekannt, denn der Direktor musste selbst zugeben, wie man mitunter viel zu viel Porzellan in den Markt gebracht hatte und dabei die Kontrolle über die eigenen Preise aus der Hand gegeben hatte:

> *„Eine natürliche Folge so vieler aufgekommener Porcelaine- und anderer Fabriken, war, daß nunmehr Deutschland und vorzüglich Sachsen, wegen der Leipziger Messe, mit dgl. Waare überführet wurde, und wir selbst haben zu diesem Überfluß durch die von Meissen aus veranstalteten Auctionen, in und außer Landes, das Unsrige beygetragen, die Preiße des Porcelaines gemeiner Willkür überlahsen".*[1420]

Starker Wettbewerb, hoher Angebotsüberschuss im Markt und der Verlust der Preishoheit und -kontrolle über die eigenen Produkte durch die Auktionen wurden demnach schon von den Zeitgenossen als wesentliche Treiber der Preisrückgänge identifiziert. Weitere direkte Auswirkungen ergaben sich auf der Umsatzseite, da man mit der erhöhten Produktion von bestimmten Porzellanen zwar die Verkaufszahlen möglicherweise erhöhen, nicht jedoch die Umsätze in signifikanter Weise ausweiten konnte, da die relativ stark sinkenden Preise eine Überkompensation durch die Verkaufsvolumina nicht zuließen.

[1417] Zu den Bereitschaftskosten, vgl. Riebel (1994), S. 81–87.

[1418] Vgl. AA I Bo 6, S. 186b.

[1419] Vgl. Kapitel 3.5.3 und 3.5.4.

[1420] AA I Af 11, S. 168b.

3.3.17 Am Rande der Existenz – Die Manufaktur zu Beginn des 19. Jahrhunderts

Das Porzellan war in den vorhergehenden Epochen des Barock und Rokoko immer ein besonderer Kunstgegenstand gewesen, der eine Vorreiterrolle für die jeweilige Stilrichtung einnahm. Stilepochen wurden häufig zuerst in der Porzellankunst festgehalten, und ein erfolgreiches Wirtschaften in der Porzellanproduktion bedeutete auch die erfolgreiche Antizipation und Abbildung von Stilwenden.[1421] Die Wende zur klassizistischen Epoche des Empire ab 1800 während der Napoleonischen Zeit hat Meißen stark unterschätzt. Die Bedeutung von Repräsentation und Dekoration im Empire zum Ziele der Veranschaulichung von Geradlinigkeit und Strenge konnte in den Meißener Porzellanen selten zum Ausdruck gebracht werden. Neben all den wirtschaftlichen Schwierigkeiten setzte auch die Beharrung auf traditionelle technische Prozeduren und Vorgehensweisen der inneren Reformierung und Verbesserung der Manufaktur erhebliche Grenzen. Als beispielhaft dafür mag man die Tatsache ansehen, dass die von Marcolini maßgeblich propagierte und auch anbefohlene Reformierung der internen Rechnungswerke von 1775 mit insgesamt 13 neuen und unterschiedlichen Rechnungsberichten letztlich überhaupt nicht umgesetzt worden ist. So musste die Oberrechnungsdeputation am 13. Juli 1790 feststellen, dass die verschiedenen Geld- und Naturalrechnungen entweder mangelhaft oder überhaupt nicht erstellt wurden und „keiner von den Rechnungsführern auf die an sie ergangenen Excitatoria zu achten scheine".[1422] Im technischen Bereich konnte man zwar 1777 und 1782 Verbesserungen in der Zusammenstellung der Farben verzeichnen, doch die Errungenschaften der Konkurrenz ließen diese Verbesserungen zweitrangig erscheinen. Technisch verbesserte sich die Manufaktur KPM in Berlin 1793 mit einer 10-PS Dampfmaschine und die Manufaktur in Ludwigsburg 1779 mit einem viel effizienteren Porzellanofen, dem Rundofen. Wiederum KPM führte 1797 als erste große Porzellanmanufaktur den innovativen Etagenofen für die Porzellanbrände ein.[1423] Innerhalb der Manufaktur war man jedoch zu Beginn von Marcolinis Amtszeit überzeugt, dass die technische Leistungsfähigkeit der Manufaktur und insbesondere das Arkanum so weit ausgereift waren, dass sie nicht weiter verbesserungswürdig erschienen, da ohnehin keine andere Manufaktur bisher so weit gekommen wäre wie Meißen.[1424] Man hegte eine gewisse Distanz gegenüber technischen Weiterentwicklungen, und diese Passivität in der betrieblichen und technischen Innovation und in der konsequenten Verbesserung des Arkanums griff in Teilen auch auf den künstlerischen Bereich über. Obschon der Manufakturdirektor Kühn 1828 rückwirkend konstatierte, dass dieses „angenommene Beharrungssystem nach und nach sogar auf den artistischen Betrieb" ausgedehnt wurde, unterliegt neuerdings das künstlerische

[1421] Vgl. Weiß (1994), S. 90.

[1422] AA I Ac 4, S. 489–490. Zu den Reformen vgl. Kapitel 3.3.15. Am 9. Februar 1802 wurde erneut moniert, dass von allen abzuliefernden Berichten nur die jährlichen zusammenfassenden Hauptvorträge über die allgemeine Entwicklung des Geschäftsjahrs der Manufaktur regelmäßig ab 1774 an die Landesherrschaft übergeben worden waren. Alle anderen angedachten Rechnungswerke blieben aus und sind höchstwahrscheinlich aufgrund des mangelnden archivalischen Nachweises auch nie erstellt worden, vgl. AA I Af 11, S. 203 und Rückert (1990), S. 55.

[1423] Vgl. Walcha (1968), S. 22 und Kunze (1986b), S. 31.

[1424] Vgl. Walcha (1968), S. 22.

Schaffen während der Ära Marcolini einer positiven Einschätzung.[1425] Vereinzelte Verbesserungen in der Herstellung konnten dennoch nicht darüber hinwegtäuschen, dass die Manufaktur eher auf die erfolgreichen Zeiten des Barock zurückblickte als ihre Aufmerksamkeit nach vorne zu lenken. Der Niedergang der blühenden Zeit des Barock setzte in künstlerischer Hinsicht spätestens seit 1775 ein, als am 17. Mai des gleichen Jahres der Modellmeister Kaendler verstarb.[1426] Mit seinem Wirken hatte Meißen über Jahrzehnte eine unerreichte Vormachtstellung in der künstlerischen Fertigkeit eingenommen, die nun mit seinem Tod endgültig zu bröckeln begann. Der Bildhauer Acier übernahm die Position von Kaendler und zeigte sich bis Dezember 1780 für die Gestaltung der Porzellane verantwortlich. Er schuf die Voraussetzungen dafür, dass sich die Meißener Manufaktur von den Einflüssen des Barock- und Spätbarock lösen konnte und sich mit der Epoche des Frühklassizismus auseinandersetzte. Die Schaffenskraft von Kaendler konnte er jedoch nicht erreichen.

Diese unbefriedigende Situation in der Produktion war aber derart evident, dass sogar Kurfürst Friedrich August III. am 1. März 1797 offen sein Befremden über den technischen Betrieb und über die fehlenden Verbesserungen des Arkanums zum Ausdruck brachte.[1427] Dieser von höchster Stelle geschlagene Alarm führte zu erheblichen Anstrengungen, nennenswerte Fortschritte und Verbesserungen in der Produktion zu erreichen, und man war bereit, wesentliche Eckpunkte des Arkanums zu lockern, um auch die Kooperation und Kommunikation der Arkanisten und der übrigen Manufakturisten weiter zu stärken. Gemeinschaftliche Überlegungen, Prüfungen und Handlungen sollten gefördert werden. Eine Verordnung vom 14. März 1804 sollte schließlich wesentliche Fertigungsschritte der Porzellanproduktion für die Arkanisten im Detail regeln. Von der Überprüfung der Kaolinlieferungen über Anordnungen zum Schlemmen bis hin zur Begrenzung der eingesetzten Porzellanmassen je nach herzustellendem Geschirr, betraf diese Anordnung die innersten produktionstechnischen Abläufe.[1428] Wöchentlich wurden zwei bis drei Versammlungen eingeführt, bei denen die Arkanisten mit den Farbenlaboranten zusammenkamen und über die Art und Weise der technischen Verbesserungen diskutierten.[1429] Marcolini setzte auch eine Belohnung aus, die demjenigen ausgezahlt wurde, der technische Mängel in der Porzellanherstellung beseitigen konnte.[1430] Doch der in den zurückliegenden Jahren erlittene Verlust an Innovation und Exzellenz konnte durch all diese Maßnahmen nicht vollständig wettgemacht werden.[1431]

Die wirtschaftliche Entwicklung der Meißener Manufaktur konnte nicht unbeeinflusst bleiben von der politischen Instabilität Europas und der Vielzahl der kriegerischen Auseinandersetzungen ab 1792. Bei der sich anbahnenden Neuordnung Europas und dem Machtspiel der Großmächte Frankreich, Preußen, England, Österreich und Russland fiel Sachsen kaum eine

[1425] AA I Af 9, S. 69b und S. 78b und dagegen Walcha (1968), S. 25 und S. 35.

[1426] Vgl. Rückert (1990), S. 112.

[1427] Vgl. AA I Ac 7, S. 21.

[1428] Vgl. AA I Ac 8, S. 361–366.

[1429] Vgl. AA I Ac 7, S. 22–24.

[1430] Vgl. AA I Ac 7, S. 272.

[1431] Vgl. AA I Af 9, S. 70b.

aktive Rolle zu. Die ersten drei Koalitionskriege von 1792 bis 1805 hatten fernab von sächsischen Schauplätzen stattgefunden und das Kurfürstentum konnte seine Neutralität weitestgehend bewahren, da es anfänglich nicht dem Rheinbund beitrat. Doch das Bündnis mit Preußen im vierten Koalitionskrieg von 1806 bis 1807 verlagerte die Kriegshandlungen nun unmittelbar in sächsische Gebiete. Die am 14. Oktober 1806 in Jena und Auerstedt erlittene Niederlage der preußisch-sächsischen Truppen führte zur Besetzung Sachsens durch die französischen Armeen. Kontributionszahlungen in Höhe von 25 Millionen Francs und der Beitritt zum Rheinbund waren die Folgen, nachdem Sachsen sein Bündnis mit Preußen am 11. Dezember 1806 aufgelöst und mit Frankreich den Frieden von Posen geschlossen hatte. Mit diesem Frieden wurde Sachsen gleichzeitig zum Königreich erhoben und Kurfürst Friedrich August III. zu König Friedrich August I. ernannt. Mit dem Frieden von Tilsit im Jahre 1807 übertrug man dem König zudem auch das Herzogtum Warschau, das er fortan in Personalunion regieren sollte.[1432]

Auf die enttäuschenden Umsätze des französischen Revolutionsjahres 1789 und der aus diesem Jahr resultierenden Implikationen für den Porzellanmarkt reagierte man im Meißen auf bewährte Weise. In dieser „verrückten und debitlosen Lage“ wurden mit dem Monat Februar 1790 die Feierabendarbeit und sämtliche damit verbundene nächtliche Porzellanbrände in der Manufaktur verboten, wovon man sich einige Einsparungen in den Lohnkosten erhoffte.[1433] Überzählige Maler des Mittelguts wurden in Wartegeld gesetzt, um die Produktion von überschüssigen Geschirren zu vermindern. Neue Stellen sollten mit internen Kandidaten aus der Manufaktur heraus besetzt werden, die Fortzahlung des Gehalts im Krankheitsfall erfolgte ab sofort nur zu 50%.[1434] Die Verkaufspreise der Porzellane sollten dort, wo dies ohne Nachteil für die Manufaktur geschehen konnte, weiter herabgesetzt werden.[1435] Man wollte bei der Herabsetzung der Preise nicht unter die Herstellkosten gehen und war bedacht, wo immer dies möglich war, eine minimale Verkaufsmarge zu behalten. Entsprechend wandte sich in einer königlichen Resolution vom 6. Februar 1790 Fürst Friedrich August III. an die Manufaktur mit der Anordnung, die Verkaufspreise der Porzellane herabzusetzen, soweit dies geschehen konnte.[1436] Die Preissenkungen kamen als mögliches Instrument in Betracht, um die Umsatzsituation verbessern zu können. Doch weitergehende preispolitische Maßnahmen, abgesehen von sporadischen Preissenkungen, kamen in dieser Zeit praktisch zum Erliegen und waren sämtlichen Maßnahmen der Kostenoptimierung bei weitem nachgeordnet. Die Manufaktur war zu diesem Zeitpunkt letztlich auch gar nicht imstande, eine Preispolitik zu betreiben, wie Marcolini im Februar 1790 beteuerte:

> *„(...) die Verminderung der Verkaufs-Preiße aber bey zeither so wenig verlangten Geschirren und folglich schweren Fabrikation-kosten, und bey Bezalung eines so starcken Personalis, [wird] für schwer, und gar unmöglich geachtet (...)“.*[1437]

[1432] Vgl. Groß (2007), S. 182–183.

[1433] AA I Ac 4, S. 451 und S. 455.

[1434] Vgl. AA I Ag 90, S. 25–25b.

[1435] Vgl. AA I Ag 90, S. 25.

[1436] Vgl. AA I Ac 4, S. 459.

[1437] AA I Ac 4, S. 455b.

Die häufigen Anfragen seitens der Manufakturisten um Zuschüsse, Lohnerhöhungen und sonstige Gratifikationen musste Marcolini aufgrund der schwierigen wirtschaftlichen Situation des Werks ablehnen. Die ganze Manufaktur konnte ansonsten nicht weiter fortbestehen, denn bei Lohnerhöhungen mussten auch zwangsläufig die Verkaufspreise erhöht werden. Bei den schon häufiger geäußerten Klagen über zu hohe Preise seitens der Geschäftskunden hätte man dadurch noch weniger Absatz erzielen können.[1438]

Inmitten des ersten Koalitionskrieges musste im November 1794 der Manufakturdirektor abermals die schlechte wirtschaftliche Situation festhalten. Marcolini sorgte sich, dass

> *„die Lage der Manufaktur immer mißlicher und mißlicher wird, daher Ersparnisse und Einschränkung auf alle Art und Weise gemacht werden müßten, die so lange daß Ganze unterstützen, bis die Zukunft die Manufaktur wieder empor bringet".*[1439]

Marcolini selbst verzichtete auf das ihm zustehende Jahresgehalt in Höhe von 1.966 Talern, um so auch ein Zeichen zu setzen und zu verdeutlichen, dass die Manufaktur in wirklich allen Bereichen auf Kosteneinsparungen zu achten hatte.[1440] Zum Heizen der Zimmer in der Albrechtsburg wurde erstmalig am 28. September 1798 Steinkohle eingesetzt, genauso wie auch andere Porzellanmanufakturen wie KPM in Berlin mit der Steinkohle erste Heizungsversuche durchführten. Die Bestrebungen der Meißener Manufaktur gingen dahin, ganz nach dem Berliner Vorbild auch in den Verglüh- und Emaillieröfen die Steinkohlen einzusetzen, um besser und sparsamer mit dem Brennholz umzugehen.[1441] Indes begann man im Februar 1796 mit der Herstellung eines Brennofens nach „Berliner Façon", der ein viel effizienteres Brennen der Porzellane erlaubte.[1442]

Ende 1796 ließ Marcolini sämtliche Geschirre einer Überprüfung ihrer Verkaufspreise unterziehen. Die Geschirrschreiber, Arkanisten und Buchhalter hatten zu hohe Preise angesetzt, denn die ermittelten Werte erschienen Marcolini übertrieben hoch zu sein.[1443] Er verlangte eine Reduktion nach bestem Wissen und schuldigster Pflicht, insbesondere was die Lohnanpassung anbetraf. Wie schon zuvor dargelegt, sollte eine Preisanpassung mittels indirekter Steuerung durch die Lohntaxen erfolgen. Diese Strategie konnte nur durchgeführt werden, falls der Taxator die Porzellanarbeiten auch entsprechend bewertete. Da es offenbar mehrmals Probleme bei der Taxierung der Arbeiten gegeben hatte, ordnete Marcolini am 18. Februar 1796 an, dass fortan alle sechs Wochen die Verantwortung zur Taxierung zwischen den

[1438] Vgl. AA I Ac 5, S. 160. Die schwierigen finanziellen Verhältnisse lockten angeblich den englischen Unternehmer Josiah Wedgwood, der mit seinen englischen Steinzeugprodukten für gehörigen Wettbewerb auf dem europäischen Porzellanmarkt sorgte. 1790 strebte er die Übernahme des Betriebes an und bot dafür 3.000 Pfund jährlich als Pachtsumme. Dieses Angebot empfand man als Zumutung und nahm Abstand davon, vgl. Matusz (1996), S. 66. Zu diesem angeblichen Übernahmeangebot ließen sich jedoch keine archivalischen Nachweise finden. Grundsätzlich zu Wedgwood und seiner kommerziellen Tätigkeit vgl. ausführlich McKendrick (1982b).

[1439] AA I Ac 5. S. 221.

[1440] Vgl. AA I Ac 5, S. 222.

[1441] Vgl. AA I Af 9, S. 71b und AA I Af 11, S. 199b.

[1442] Vgl. AA I Ac 5, S. 449, wobei es sich um die Etagen-Öfen der Berliner Manufaktur KPM handelte.

[1443] Vgl. AA I Ac 5, S. 445.

Verantwortlichen rotieren sollte.[1444] Eine weitere Reduktion der Verkaufspreise als Ausdruck der ausgewogenen Niedrigpreispolitik erfolgte 1797. Die in diesem Jahr neu kalkulierte Preisliste[1445] musste die bestehenden Qualitätsprobleme in Betracht ziehen, genauso wie sie die Steuerung der Produktionsmengen abbilden sollte. Zudem durften die Verkaufspreise nicht derart aggressiv gesenkt werden, dass sie unter die variablen Herstellkosten fielen. Die Preise wurden gemäß der königlichen Resolution vom 6. Februar 1790 nur dort nach unten angepasst, wo dies auch vertretbar erschien.

Tabelle 3-8: Vergleich Preisniveau 1797 und vorheriges Preisniveau

Porzellane im Vergleich	Preis-senkung	Preis-erhöhung	Gleicher Preis
N = 993	714	137	142
100%	72%	14%	14%

Ø Preissenkung	Max Preis-änderung	Min Preis-änderung
-9%	150%	-41%

Quelle: AA PRET 27 und AA PRET 28, eigene Berechnungen

Ein Vergleich von insgesamt 993 Porzallenstücken zeigt, dass die Manufaktur bei 28% der Geschirre die Preise entweder unverändert ließ gegenüber dem vor 1797 angesetzten Preisniveau oder sie sogar erhöhte. Im Durchschnitt aller Preisveränderungen setzte man eine Senkung der Preise um 9% an, die maximale Preisänderung für ein Porzellanstück betrug dabei 150%, während die minimalste Änderung sogar einer Senkung um 41% entsprach. Dies bestätigt die Leitlinie der ausgewogenen Niedrigpreispolitik, da man Preissenkungen nicht pauschal für das ganze Produktportfolio ansetzte und die Absenkung im Preis mit durchschnittlich 9% nicht ganz so extrem ausfallen ließ. Anzunehmen ist, dass die Manufaktur Preissenkungen im zweistelligen prozentualen Bereich in diesem Zeitraum unter Marcolini kaum durchgeführt hat. Die Preisdifferenzierung in Gut und Mittelgut wurde mit der Preisliste von 1797 noch stärker akzentuiert. Während das Gut durchschnittlich nur um 5% gesenkt wurde, setzte man die Preise für das Mittelgut mit 10% doppelt so stark herunter. Hingegen hielt man konsequent an der Preisposition der Porzellane in Mittelgut fest, die preisstrategisch signifikant unterhalb der Kategorie Gut platziert wurden. Man harmonisierte die Preisdistanz zwischen Gut und Mittelgut, da vor 1797 das Mittelgut durchschnittlich 29% billiger war und nunmehr fast einheitlich ein Drittel günstiger im Preis war.[1446] Diese recht defensive preispolitische Maßnahme für das Gut sollte die Deckungsbeiträge für diese Produktkategorie nicht unnötig unter Druck bringen, während das Mittelgut hingegen stärker im Preiskampf gegenüber den billigen Wettbewerbern positioniert wurde. Auch sollten Tendenzen zur Kannibalisierung der beiden Porzellankategorien durch zu nah beieinander liegende Preispunkte noch besser ausgemerzt werden. Im Rahmen dieser ausgewogenen Preispolitik versuchte man in Meißen erneut den schwierigen Spagat zwischen Profitabilität und Erhö-

[1444] Vgl. AA I Ac 5, S. 450.

[1445] Die gesamte Preisliste wurde in zwei Verzeichnissen herausgebracht: das eine nur für die Gebrauchsgeschirre, das andere für die restlichen Porzellane, vgl. AA PRET 27 und AA PRET 28.

[1446] Vgl. AA PRET 27 und AA PRET 28, eigene Berechnungen.

hung der Verkaufszahlen zu meistern, um die Manufaktur wieder auf wirtschaftlich stabile Grundlagen zu stellen.

Doch die Kriegszeiten der folgenden Jahre, insbesondere 1806 und 1807, stellten für die Meißener Manufaktur erneut eine ernste betriebswirtschaftliche Krise dar. Geradezu tragisch musste es anmuten, dass in dieser Phase die wichtigsten Absatzmärkte in der Türkei und in Russland für die Manufaktur komplett wegbrachen.[1447] Marcolini schilderte in einem Brief am 28. Mai 1807 direkt an den König, wie es um die Manufaktur stand:

> *„Ew Königl. Majestät darf ich nicht unterlahsen in Unterthänigkeit vorzutragen, daß, während der bisherigen kriegerischen Zeitumstände, der ausländische Debit der in Allerhöchst Dero Porcelain-Manufactur zu Meissen gefertigten Waaren beinahe gänzlich aufgehöret hat, neue Bestellungen nicht gemacht werden, die schon bestellten und zum Absenden bereite, auch zum Theil versendeten Waaren, wegen Unsicherheit des Transports ihren Bestimmungsort nicht erreichen können, und die Zahlungen für vorhin abgelieferte Waaren nicht eingegangen sind“.*[1448]

Die Kriegszeiten ließen den Verkauf komplett zum Stillstand kommen, neue Bestellungen liefen nicht ein und ausstehende Zahlungen konnten nicht geleistet werden. Es fehlte an den notwendigen Einnahmen, um den Meißener Betrieb fortführen zu können. Aufgrund der schwierigen Situation durch die Besetzung Sachsens durch französische Streitkräfte wagte man kaum Porzellan zu verschicken.[1449] Die Manufakturkasse war erschöpft und der laufende Betrieb konnte nur erhalten werden, indem die Manufaktur zurückgelegte Geldreserven in Höhe von 35.000 Talern anzapfte. Um die sich abzeichnenden zukünftigen Unterfinanzierungen zu decken, beantragte Marcolini einen monatlichen Zuschuss aus der Staatskasse von 5.000 bis 6.000 Talern, um die negativen Folgen einer Untätigkeit für die Manufakturisten und die Stadt Meißen selbst zu lindern. In der Folgezeit wurden bis Ende 1813 jeweils auf Antrag der Meißener Manufaktur die Zuschüsse gewährt.[1450] Marcolini sah die gesamtwirtschaftliche Situation dabei keineswegs als ein grundlegend strukturelles Problem an, welches nach konsequenten betrieblichen Entscheidungen und Reformen verlangte. Die Möglichkeit, die schwierige wirtschaftliche Situation einer fundamentalen Untersuchung und Reform zu unterziehen, wurde von ihm nicht in Betracht gezogen. Die Situation wurde eher als ein vorübergehendes Problem eingeschätzt, zu dessen kurzfristiger Überbrückung lediglich ausreichende staatliche Zuschüsse nötig waren, da nach Wiederherstellung des Friedens gemäß Marcolini kein Zweifel an dem sicherem Absatze der Porzellane bestand und fehlende Bestellungen und Zahlungen spätestens dann wieder eingehen sollten. Dazu entschloss man sich nur „solche Waaren zu fertigen, von deren künfftigen sicheren Absatze man völlig ge-

[1447] Vgl. Kapitel 3.4.5.

[1448] AA I Af 11, S. 207–207b.

[1449] Vgl. Berling (1900), S. 145.

[1450] Die in Kammerkreditscheinen zurückgelegte Summe von 40.000 Talern wurde gegen 35.000 Taler in bar getauscht und von der Manufaktur eingesetzt, vgl. AA I Af 11, S. 207 und S. 208. Von 1807 bis 1813 wurde so eine Summe von insgesamt ca. 375.000 Talern an Unterstützungszahlungen geleistet, vgl. AA I Af 11, S. 209 und 219b.

wiss überzeugt seyn kann".[1451] Dazu gehörten nach Überzeugung der Manufakturführung weiterhin große Mengen an Porzellanen, die für das Ausland, besonders für den russischen Markt, bestimmt und dem dortigen Geschmack angepasst waren. Man produzierte diese in der Hoffnung, bei Wiederaufnahme des dort eingebrochenen Vertriebs rasch die gewohnten Porzellanlieferungen wieder aufnehmen zu können.[1452]

Mit dem Beginn des Fünften Koalitionskrieges 1809 stand Sachsen abermals unter Bedrohung, als im Juni desselben Jahres österreichische Streitkräfte in Sachsen einfielen und Dresden nach mehrmaligen Angriffen erobern konnten. Die sächsische Königsfamilie flüchtete nach Frankfurt am Main, während österreichische Truppen die Kontrolle über das Land durch den Sieg in der Schlacht bei Gefrees am 8. Juli 1809 übernahmen. Dennoch musste das österreichische Militär sich aus Sachsen zurückziehen, da gleichzeitig die entscheidende österreichische Niederlage in der Schlacht bei Wagram am 5. und 6. Juli 1809 das Ende des Fünften Koalitionskrieges bedeutete und zum Frieden von Schönbrunn am 14. Oktober 1809 führte.[1453]

Auch diese erneuten kriegerischen Auseinandersetzungen mitsamt der Landesokkupation hatten erheblichen Einfluss auf die Tätigkeit der Meißener Manufaktur. Marcolini sah sich in diesen schweren Zeiten abermals genötigt, den Betrieb durch Kosteneinsparungen und kurzfristige Maßnahmen so zu erhalten, dass zumindest das Bestehen der Manufaktur gesichert werden konnte.[1454] Im Jahr des hundertjährigen Bestehens der Manufaktur erwägte er,

> *„die Arbeiten auf einige Zeit ganz einzustellen, sämtliche Arbeiter auf ein Interims-Gehalt zu setzen und dadurch die sehr bedeutende Ausgabe für masse und Brennholz zu ersparen. Allein es sind mir dagegen so dringende Vorstellungen von mancherlei Nachteilen, die daraus entstehen dürften, gemacht worden (...) so daß ich jenen Entschluß aufzugeben mich bewogen gefunden".*[1455]

Seit 1806 hatte sich die wirtschaftliche Lage der Manufaktur nicht gebessert und blieb auch 1810 höchst problematisch. Der Absatz ins Ausland erreichte kritische Tiefststände, besonders aufgrund unsicherer Transportbedingungen und nachlassenden Bestellungen und Zahlungen. Im Inland hatte man mehr denn je mit den französischen Porzellanen zu kämpfen, da für diese Produkte unter napoleonischer Neuordnung und französischer Vormachtstellung in den mitteldeutschen Territorien der Handel erleichtert wurde, diese zudem vorzugsweise als Gebrauchsgeschirre in die Leipziger Messen kamen und mit günstigen Verkaufspreisen erhebliche Umsätze auf sich ziehen konnten.

[1451] AA I Af 11, S. 207b.

[1452] Vgl. AA I Af 9, S. 81 und AA IV 1, S. 412. Man zählte im Jahre 1825 nach einer Inventur immer noch erhebliche Mengen solcher Geschirre, die zwischen 1806 und 1813 nahezu ausschließlich für den russischen und polnischen Markt hergestellt wurden. Die Porzellane im Gesamtwert von 56.271 Talern waren aber zum damaligen Zeitpunkt nicht zu verkaufen, da sie hoffnungslos in Form und Farbe veraltet waren, vgl. AA IV9 23, S. 106.

[1453] Vgl. Groß (2007), S. 183–184.

[1454] Vgl. Schuster (1993), S. 106.

[1455] AA I Ah 5, S. 3b–4, vgl. hierzu auch Kunze (1986a), S. 8.

Die erste Reaktion Marcolinis zielte erneut auf Einsparungen durch die Zahlung von Wartegeld zur Reduktion der variablen Kosten und auf einen besseren Umgang mit dem Brennholz, einem nicht zuletzt in Kriegszeiten besonders nachgefragten Brennstoff. Er entschied sich jedoch gegen diese Einsparungen aufgrund der Sorge, die Arbeiter würden sich bei Wartegeld oder einem kompletten Produktionsstopp ihrer erforderlichen Kunstfertigkeiten entwöhnen, in Trägheit verfallen und zum Auswandern in konkurrierende Betriebe verleitet werden.[1456] Die Gefahr der Schließung der Manufaktur, ausgerechnet im Jubiläumsjahr des 100-jährigen Bestehens, konnte gerade noch verhindert werden.[1457] Aber Überlegungen zu einer aktiven Mengensteuerung der Produktion fanden offensichtlich nicht mehr statt, ebenfalls sind Bestrebungen zur Erhöhung der Effektivität des bestehenden Ressourceneinsatzes mittels Produktionsverbesserungen nicht weiter verfolgt worden. Statt solche innerbetrieblichen Maßnahmen für die sich drängenden Probleme zu finden, wandte sich Marcolini mit der Bitte um weitere Zuschüsse an den König, verbunden mit dem Wunsch, wenn nicht schon ein gänzliches Verbot der ausländischen Produkte durchführbar erschien, so doch wenigstens die Erhöhung der Eingangszölle für diese Waren zu prüfen.[1458] Das probate Mittel aus der Krise schien das Ausharren auf bessere Zeiten zu sein, verbunden mit der kontinuierlichen Gewährung von Zuschüssen und der Forderung nach protektionistischer Handelspolitik.

Ein Jahr später am 15. Juni und am 7. September 1811 berichtete Marcolini erneut über die wirtschaftliche Situation der Manufaktur an den König.[1459] Unmissverständlich machte der Direktor deutlich, dass sich der Meißener Betrieb in keinster Weise aus eigenen Kräften weiter erhalten konnte. Marcolini hatte sich mit seinen Führungskräften aus der Buchhaltung, dem Vertrieb und der verschiedenen Abteilungen beraten und eine Liste von möglichen Ansätzen zu Kosteneinsparungen ausgearbeitet. Gutachten wurden eingeholt, und alle Angestellten in leitenden Positionen sollten zur Erarbeitung von Einsparungsmöglichkeiten beitragen. Wie schon 1776 wurde derselbe Dreischritt von Lösungsansätzen, die für größere Kosteneinsparungen sorgen konnten, vorgetragen: Die Reduktion der Stücklöhne und Tractamente, die Zahlung von Wartegeld für einen Teil der Belegschaft bis zum Aufkommen von besseren Zeiten und die Entlassung einer großen Zahl von Angestellten.[1460] Besonders die Reduktion der Löhne und Gehälter, die ohnehin schon auf einem niedrigen Niveau angesetzt waren, schien aufgrund der gemachten Erfahrungen aus den massiven Reduktionen des Jahres 1776 keine Option darzustellen. Mit den restlichen Handlungsoptionen schien Marcolini ebenfalls nicht vollends zufrieden zu sein, da sie zumeist als nicht mehr zweckmäßig und durchführbar erschienen:

1456 Vgl. Kunze (1986a), S. 8.

1457 Es fand sogar eine Jubiläumsfeier am 6. Juni 1810 statt, bei der die Einwohner Meißens und Angestellte der Manufaktur in der geschmückten Stadt und auf einer eigens hergerichteten Festwiese im Meißener Triebischtal feierten, vgl. Kunze (1986a), S. 7–8.

1458 Vgl. auch Kapitel 3.5.3.

1459 Vgl. AA I Ah 5, S. 2b–4.

1460 Vgl. AA I Ah 5, S. 3b–4.

„Aber mit Bedauern muß ich es bemerken, daß nur denselben allen [Handlungsoptionen] auch nicht ein beruhigendes Gefühl hervorgeht. Alle, ohne Ausnahmen, sind in der Hauptsache dahin gerichtet, daß die Tractamente und Arbeitslöhne bereits soweit herabgesetzt worden, daß eine nochmahlige Verminderung desselben nicht wohl möglich sey".[1461]

Die Einführung von Wartegeld in der Manufaktur wurde ebenfalls abgelehnt, da man die Untätigkeit der Manufakturisten und den Verlust ihrer Kunstfertigkeiten fürchtete.[1462] Das Potenzial zu weiteren Kostensenkungen innerhalb der Wertschöpfungskette war in der Manufaktur verbraucht. Weder konnte man Angestellte entlassen, da dies dem landesherrschaftlichen Interesse entgegenstand und eine Abwanderung der Fachkräfte zu den Konkurrenzbetrieben zu befürchten war, noch konnte man Rohstoffe und Materialien einsparen, ohne die Fortführung der Tätigkeit zu gefährden.[1463] Nicht reduzieren ließen sich die Kosten für das Brennholz und die Frachtkosten für die Rohstoffe, die aufgrund der unsicheren Zeiten erhöht worden waren. Dennoch kam Marcolini in Abstimmung mit seinen Führungskräften letztlich überein, dass einzelne Personalreduktionen vordergründig in der Malereiabteilung durchzuführen waren. Man versuchte aufgrund der nahezu vollständigen Abschöpfung der Einsparpotenziale beim Personal und dem Material, bei der Suche nach Möglichkeiten zur Erhöhung der Einnahmen und Absenkung der Kosten zusätzlich auf alternative Vorschläge zurückzugreifen.[1464]

Preispolitisch sehr interessant war ein derartiger alternativer Vorschlag, die gestiegenen Transportkosten des Kaolins aus Schneeberg einzusparen und verstärkt auf das in der Nähe von Meißen bei Seilitz vorhandene Kaolin zu setzen, um dadurch kostengünstigere Porzellanmassen herstellen zu können. Diese von den Arkanisten und dem Manufakturkommissar Steinauer vorgebrachte Anregung sollte die Herstellung einer „besonders currenten Geschirr-Art" ermöglichen, als auch die „Beförderung eines wohlfeilen Verkaufs" sicherstellen.[1465] Schon im Frühjahr 1790 entstand die Überlegung, den unbefriedigenden Verkaufszahlen und dem intensiven Wettbewerb mittels einer günstigeren Porzellanmasse und dem Ausbau des billigen Marktsegments der Gebrauchsgeschirre beizukommen.[1466] Diese Produktdifferenzierung sollte das Portfolio der Meißener Manufaktur zusätzlich weiter nach unten abrunden und mit einfachsten Tischgeschirren zielgerichtet gegen die vielen Konkurrenzprodukte aus dem In- und Ausland positioniert werden. Mehrmals wurde berichtet, dass die Wettbewerber ihre vielen Gebrauchsgeschirre in geringerer Qualität produzierten, um preislich attraktiv zu

1461 HStAD 10026 Loc. 2439/07, o. S.

1462 Vgl. AA I Ah 5, S. 4.

1463 Vgl. AA I Ah 5, S. 4.

1464 Eine gewisse Hilflosigkeit bei der Suche nach betrieblichen Lösungen für die wirtschaftlichen Probleme ist in den historischen Dokumenten durchweg zu beobachten. Marcolini hatte zwar schon im Dezember 1782 und wiederholt im November 1787 die Manufakturverantwortlichen um ihre Gedanken gebeten, wie am besten mit den unbeschäftigten Manufakturisten bei einer zukünftigen Verminderung oder gar einem kompletten Stopp der Bestellungen zu verfahren sei, vgl. AA I Ac 3, S. 143 und AA I Ac 4, S. 65–65b. Offensichtlich hatte man sich damals aber nicht ausreichend auf dieses worst-case Szenario vorbereitet.

1465 AA I Af 11, S. 213–213b.

1466 Vgl. AA I Ag 91, S. 1–1b.

erscheinen und dadurch Umsätze auf sich zu ziehen.[1467] Marcolini lehnte den Vorschlag jedoch ab und verwies auf die ebenfalls von ihm geleitete Steingutmanufaktur in Hubertusburg. Diese sei besser geeignet, mit günstigen Preisen dem Wettbewerb, besonders durch die verwandte Keramikgattung des Steinguts, zu trotzen.[1468] Der nun im Jahre 1811 abermals eingebrachte Vorschlag der Produktdifferenzierung hätte auch für die Meißener Manufaktur eine Anpassung der Qualität ihrer Produkte bedeutet. Die Einführung einer billigeren Porzellanmasse für die Umsatzträger der Manufaktur konnte dafür sorgen, dass man die Gebrauchsgeschirre zu geringeren variablen Herstellkosten produzieren konnte. Mit dieser Produktdifferenzierung hätte sich die Manufaktur strategisch an die Wettbewerber im niedrigen Preissegment annähern können und mit deren Preissetzung erfolgreicher konkurrieren können, um sich im Sinne der Niedrigpreispolitik in diesem Segment wieder signifikante Umsätze zurückzuholen. Die höherwertigen Porzellane wie Figuren und Gruppen sollten dabei weiterhin in der gewohnt hohen Qualität und mit dem als besser eingeschätzten Kaolin aus Schneeberg gefertigt werden. Die Meißener Manufaktur kannte zwar spätestens seit 1804 eine qualitative Abstufung der Porzellanmassen, doch diese Unterschiede hatten ausnahmslos produktionstechnische Gründe und wurden keineswegs als preis- und produktionspolitische Differenzierungsmerkmale behandelt.[1469] Marcolini erkannte deshalb auch das preispolitische Potenzial dieses Vorschlags nicht. Die Möglichkeiten dieser Lösung zur Kosteneinsparung wurden von ihm als nicht bedeutend genug eingestuft, da die Seilitzer Erde stärker gereinigt werden musste als die Schneeberger. Schließlich gaben Bedenken und Sorgen hinsichtlich der Qualität und der Echtheit der Meißener Produkte den Ausschlag, die Differenzierung nicht weiter zu verfolgen. Diese Furcht, eine qualitativ schlechtere und billigere zweite Porzellanmasse würde der Manufaktur eher schaden, überwog bei Marcolini mehr als die etlichen wirtschaftlichen Chancen dieser Maßnahme:

> *„Ich besorge auch jetzt noch nicht ohne Grund, daß die Verfertigung einer geringeren Sorte Geschirr die Echtheit des Meissner Porcelaine zweyfelhaft machen, was der Manufactur nachtheilig werden möchte“.*[1470]

Wurde die Preisanpassung durch Produktdifferenzierung damit abgelehnt, stand in der Diskussion aber weiterhin die Anpassung im Wege der direkten Preissenkung. Obwohl man in den zurückliegenden Jahren mehr oder weniger regelmäßig die Verkaufspreise nach unten angepasst hatte, erging erneut der Vorschlag aus der Manufakturführung, abermals die Verkaufspreise zu vermindern für „gewisse Artikel in bunt gemalten Geschirren, um den Debit derselben vielleicht zu befördern“.[1471] Dies war nur der letzte Schritt einer ganzen Reihe von Maßnahmen, die sich in die Leitlinie der Niedrigpreispolitik während der gesamten Zeit unter Marcolini einreihten. Beachtenswert ist hierbei, dass man auf die Wirkung einer Preis-

---

[1467] So zuletzt auch die französische Manufaktur Sèvres, die mit qualitativ etwas geringeren Gebrauchsgeschirren auf den Leipziger Messen aufgrund der niedrigeren Preise gute Ergebnisse einfahren konnte, vgl. Kunze (1986a), S. 8.

[1468] Vgl. AA I Ag 91, S. 1.

[1469] Es gab Porzellanmassen für weiße, für blaubemalte, für braun glasurierte Geschirre, eine Masse für Biscuit-Porzellan und eine Masse für Unterlagen und Stützkomponenten, vgl. AA I Ac 8, S. 369.

[1470] HStAD 10026 Loc. 2439/07, o. S.

[1471] HStAD 10026 Loc. 2439/07, o. S.

senkung auf den Umsatz nicht mehr ganz so vertraute – man sprach davon, den Debit „vielleicht“ befördern zu können, sicher war man sich offenbar nicht. Denn allerspätestens die Preissenkungen von 1790 und dann 1797 hatten der Manufakturführung gezeigt, dass sich eventuell daraus resultierende Verbesserungen der Umsatzsituation nur kurzfristig einstellen konnten, falls überhaupt die positive Wirkung auf die Umsätze eindeutig einer Preissenkung zugeschrieben werden konnte. Von einer dauerhaften und nachhaltigen Steigerung der Umsätze durch die Preissenkungen konnte aber keine Rede sein. So zeigte sich auch der Kommissar Steinauer skeptisch bezüglich der Wirkung einer Preissenkung:

> *„Daß uns nun die Seydlitzer Erde um ein merklicher wohlfeiler zu stehen kommt als die Schneeberger ist wohl wahr, daß hingegen unsere schon mehrmals im Preise herabgesetzten Porzelläne aus Seydlitzer Erde so wohlfeil im Preise anzubieten wären, daß sie die fremden Potterien verdrängten, ist meines Erachtens eine vague Idée“.*[1472]

Implizit bedeutete dies, dass die Manufaktur auch bei Verfertigung einer günstigeren Porzellanmasse immer noch eine derartige Kostenstruktur aufwies, dass die Preise der Wettbewerber nicht unterboten werden konnten. Deutlich wird auch, dass man in Meißen die vorhergehenden Preissenkungen ohne durchschlagende Ergebnisse durchgeführt hatte. Das Mittel der preislichen Positionierung nach unten, sei es durch Produktdifferenzierung oder direkte Preissenkung, konnte nicht vollends überzeugen. Während Marcolini primär negative Effekte auf die Qualität und Echtheit des Meißener Porzellans befürchtete, schien die Produktdifferenzierung nach Steinauers Auffassung auch preisstrategisch nicht zu überzeugen. Wesentliche Anteile im Porzellanmarkt konnte man dadurch von den Wettbewerbern nicht zurückgewinnen.

Doch alternative Ideen, wie der Umsatz der Manufaktur zu stabilisieren und zu steigern war, schienen sich nicht herauszubilden. Zwangsmaßnahmen, wie in Berlin unter Friedrich dem Großen, kamen in Meißen nicht zur Sprache.[1473] Steinauer brachte eine „zweckmäßigere und concentriertere Organisation unseres vielfachen Werkes“ ins Spiel.[1474] Die vielen Missbräuche, Egoismen und Intrigen mussten ausgemerzt werden, um einen wahren und leidenschaftlichen Fabrikgeist in Meißen etablieren zu können. Dann könnte auch die wirtschaftliche Situation der Manufaktur sich alsbald wieder bessern.[1475] Verdeutlichte dies abermals die internen Probleme der Manufaktur im täglichen Betriebsablauf, so war doch der Appell an den Manufakturgeist zu vage, um als handfeste Lösung in der Krise zu dienen. Und mangels weiterer alternativer Lösungen wurden erneut Preissenkungen mit königlicher Resolution vom 14. November 1811 genehmigt. Zu einem weiteren Versuch der Umsatzsteigerung

---

1472 AA I Af 11, S. 214.

1473 In Berlin legte der König im März 1769 fest, dass jeder Jude, der ein „General-Privilegium“ in Preußen erhielt, für 500 Taler Porzellan erwerben und im Ausland verkaufen musste. Für ein Bleiberecht in Preußen musste Porzellan für 300 Taler aus Preußen exportiert werden. Für die Erlaubnis zur Eheschließung, zum Kauf eines Hauses und zur Gründung eines Unternehmens musste ebenfalls Porzellan der Manufaktur KPM gekauft und außer Landes vertrieben werden. 1779 hatten derlei Verkäufe 25% Anteil an den Gesamtumsätzen, 1783 machten sie mehr als 33% des Umsatzes aus, bis diese Maßnahmen 1788 aufgehoben wurden, vgl. ausführlich Cohn (1878).

1474 AA I Af 11, S. 214.

1475 Vgl. AA I Af 11, S. 214.

entschloss man sich, als in der gleichen königlichen Resolution auch der verstärkte Verkauf von unbemaltem Porzellan angeregt wurde.[1476] Weitere Vorschläge betrafen die Vermehrung der Auktionsverkäufe und die abermalige Einrichtung einer Niederlassung in Warschau.[1477]

Für die Jahre 1811 und 1812 versuchte man weiter im Wege von Entlassungen und durch Einsparungen in den Verbrauchsmaterialien auf die Kostenstruktur der Manufaktur einzuwirken. Gegenüber 1809 hatte man zwei Jahre später die Zahl der Angestellten in Meißen um 99 Personen reduziert auf 464 Manufakturisten. Interne Berechnungen ergaben, dass man durch diese Maßnahmen maximal eine monatliche Ersparnis von 2.050 Talern generieren konnte.[1478] Doch dies war nicht ausreichend. Denn im Jahr 1813 erreichte die wirtschaftliche Krise der Manufaktur ihren vorläufigen Höhepunkt. Der gerade begonnene Befreiungskrieg zwischen den napoleonischen Truppen und den Gegnern aus Preußen, Österreich, Russland und Schweden sollte sich in weiten Teilen auf sächsischem Territorium vollziehen. Schon im März formierten sich französische Truppen von Meißen aus in Richtung Dresden, um dort erste Gefechte mit russischen Truppen zu führen. Nach der preußischen Kriegserklärung an Frankreich vom 27. März 1813 gab es mit der Schlacht bei Bautzen und der Schlacht bei Dresden im Mai und August desselben Jahres zwei größere Gefechte in der Nähe der Meißener Manufaktur. Noch am 15. September 1813 bereitete man sich auf die Stilllegung der Manufaktur vor, indem man die Personallisten für die Zahlungen von Wartegeld anfertigte.[1479] Die dritte große und entscheidende Schlacht bei Leipzig vom 16. bis 19. Oktober 1813 hatte schließlich unmittelbare Konsequenzen auch für die Manufaktur. Die rückströmenden französischen Truppen nutzten die Albrechtsburg als Quartier, und es mussten Vorkehrungen getroffen werden, um die Burg in Verteidigungszustand zu setzen.[1480] Nach Rückzug der Franzosen aus Meißen folgten preußische und russische Truppen, welche ebenfalls die Albrechtsburg als Quartier und Lazarett benutzten. Preußische und russische Offiziere übernahmen Porzellan im Werte von 824 Talern aus der Manufaktur[1481], zudem wurden Materialien, Brennholz und sonstige Vorräte entnommen.[1482] Unter diesen Bedingungen kamen sämtliche Arbeiten in Meißen zum Erliegen, und mit dem Monat September des Jahres 1813 trat ein zweimonatiger Stillstand sämtlicher Tätigkeiten in der Manufaktur ein.[1483] Marcolini selbst wurde am 21. November 1813 aus Dresden gebracht, und er konnte sich schließlich in Prag dauerhaft niederlassen. Dort reichte er am 1. Januar 1814 seine Entlassung als Manufakturdirektor ein und verstarb am 10. Juli desselben Jahres.[1484] Als schließlich auch noch König Friedrich August in Gefangenschaft geriet und nach Berlin gebracht wurde, stand die Manufaktur ohne Direktion und königliche Führung da. Am 12. Oktober 1813 kam Sachsen unter

---

1476 Vgl. HStAD 10026 Loc. 2439/07, o. S. und Berling (1900), S. 145.

1477 Vgl. Kapitel 3.4.7 und Kapitel 3.4.5.

1478 Vgl. AA I Ah 5, S. 60b–61.

1479 Vgl. AA I Ac 9, S. 575.

1480 Vgl. AA I Af 11, S. 221b.

1481 Vgl. AA I Bb 1, S. 36–36b.

1482 Vgl. AA I Bb 1, S. 41.

1483 Vgl. AA I Af 9, S. 80.

1484 Vgl. Ô-Býrn (1877), S. 193.

das russische Generalgouvernement, und der Generalgouverneur Fürst Repnin-Wolkonsky trat seinen Dienst an, um im Land wieder ordentliche Verhältnisse herzustellen.[1485]

Allgemein war die Zeit unter Führung von Marcolini eine schwierige Zeit.[1486] Die wesentlichen wirtschaftlich relevanten Entscheidungsparameter wie der Einbruch der französischen Revolutionsideale, der Stilwandel vom Rokoko zum Klassizismus, der Rückgang der Nachfrage adliger Käuferschichten und das Vordringen des bürgerlichen Geschmacks hätten von der Manufaktur antizipiert werden können. Die Meißener Führung unterschätzte sie aber komplett und erkannte die Tragweite dieser Herausforderungen viel zu spät. Marcolini wartete zu lange auf eine schicksalshafte Wendung dieser Entscheidungsparameter, da der Glaube an eine Besserung der Umsätze unerschütterlich schien. Noch inmitten der schwersten Absatzkrise 1813 schien der Optimismus auf eine baldige Wende im Vertrieb unerschütterlich zu sein.[1487] Die Wahrnehmung der eigentlichen Ursachen der gesamtwirtschaftlichen Störungen und deren Einwirkung und Konsequenzen auf die Meißener Manufaktur blieben bei Marcolini eher unbestimmt. Er ist zwar schon seit den 1780er Jahren wiederholt auf die drohenden Gefahren für die Manufaktur von Kontrolleur Steinauer und dem Vertriebsleiter Gandtner aufmerksam gemacht worden, ohne jedoch den Warnungen eines möglichen Verfalls des Werkes zu große Beachtung zu schenken.[1488] Zu lange vertraute man in Meißen auf die Wende im Absatz und auf die Wiederherstellung alter Verhältnisse auf den Porzellanmärkten. Zu lange dachte man noch in großen Kategorien bei Verkauf und Umsatz, ohne zu erkennen, dass die neuen Verhältnisse im Markt eine Neuanpassung der eigenen Ziele und Vorstellungen erforderten. Kontrolleur Steinauer hingegen schien sich schon 1780 um die Bedeutung der sich ändernden Zeiten und der falschen Wertvorstellungen der Meißener Manufaktur zu sorgen:

> *„Viele sprechen hier zwar von großem Debit: aber wenige wollen einsehen wie er mit der jetzt so aufgeklärten delikaten Welt betrieben werden muß“.*[1489]

Statt auf einen internen Lösungsansatz zu setzen mit Gegenmaßnahmen aus der Sphäre der Preispolitik, der Mengensteuerung oder der Produktionsverbesserung in der Manufaktur, entschied sich Marcolini, die Überhand nehmenden Probleme in der größten Krise von außen lösen zu lassen. Durch die Gewährung der staatlichen Zuschüsse und der Setzung von Handelsrestriktionen und Einfuhrzöllen für die konkurrierenden Porzellane sollte die Manufaktur in einen besseren Zustand versetzt werden. Auch sollte sie so vor dem Wettbewerb geschützt werden, der vor allem mit niedrigen Preisen und bisweilen unlauteren Mitteln gegen die

1485 Vgl. Walcha (1973), S. 125, Kunze (1986a), S. 10 und Ô-Býrn (1877), S. 182.

1486 Von den Historikern der Manufaktur wird die Zeit der Krise der Manufaktur eng mit dem Namen von Marcolini verbunden, obschon neuere Forschungen diese Ansicht etwas relativieren, vgl. Schuster (1993), S. 113 und Walcha (1973), S. 122.

1487 Eine Warenbestellung aus Konstantinopel in Höhe von 5.000 Talern war für Marcolini am 15. Januar 1813 ein positives Signal, dass die ehemaligen Handelsbeziehungen bald wieder hergestellt werden könnten, vgl. AA I Af 11, S. 221.

1488 Der mahnende Ton zieht sich wie ein roter Faden in Steinauers Korrespondenz mit Marcolini, vgl. hierzu AA I Bo 3 und AA I Bo 4. Auch Gandtner hat in einer Eingabe an Marcolini vom 24. September 1800 allzu deutlich die Gefahr für den guten Ruf und das Ansehen der Manufaktur unterstrichen, vgl. I Bo 5, o. S.

1489 AA I Bo 3, o. S.

Meißener Manufaktur agierte. Ein erfolgreiches Angehen gegen die in- und ausländische Konkurrenz im Wege innerbetrieblicher Lösungen hat Marcolini nicht versucht. Den Substitutionswettbewerb zwischen den einzelnen Keramikgattungen Steingut, Fayence und Porzellan hat man in Meißen ebenfalls zu spät realisiert. Die Sicherheit, dass mit dem qualitativ hochwertigen Porzellan ausreichende Wettbewerbsbarrieren aufgebaut wären, erwies sich als Trugschluss. Die Nachfrager sahen in erster Linie den reinen Nutzwert der Gebrauchsgeschirre und konnten oftmals keine Unterschiede zwischen Porzellan und Steingut feststellen. Auf diese Porzellansurrogate der preisaggressiven kleinen Konkurrenten aus Thüringen oder auf die vielfachen englischen Importe hatte man keine adäquaten Antworten parat.[1490] Ein ums andere Mal hatte man im künstlerischen und technischen Bereich gegenüber den Wettbewerbern das Nachsehen.

Auch die mit gewissem Erfolg betriebene marktnahe Mengensteuerung der Produktion wurde in den letzten Jahren der Direktion von Marcolini kaum mehr angestrebt. Sicherlich war es schwierig, in einem Marktumfeld zu operieren, das von mehreren Kriegen hintereinander erschüttert wurde und kaum Raum für geordnete Handelsbedingungen schaffen konnte. Die Schwierigkeiten innerhalb der Manufaktur, ein möglichst marktgängiges Produktportfolio an Porzellanen aufzustellen, verstärkten sich dadurch umso mehr. Unter Führung des Manufakturkommissars von Wedel[1491] besuchte Johann Wolfgang von Goethe am 20. April 1813 die Manufaktur in Meißen und notierte in Bezug auf die Meißener Produkte:

> *„Es ist eygen und beinahe unglaublich, daß man wenig darin findet was man in der Haushaltung besitzen möchte. Das Übel liegt nämlich darin: Weil man zu viel Arbeither hatte (es waren vor 20 Jahren noch über 700), so wollte man sie beschäftigen und ließ sie immer von allem, was gerade Mode war, sehr viel in Vorrat arbeithen. Die Mode änderte sich, der Vorrat blieb stehen. Man wagte nicht, die Dinge zu verauktionieren oder in ferne Weltengegenden um ein Geringes zu versenden. Und so blieb alles beysammen. Es ist die tollste Ausstellung von allem, was nicht mehr gefällt und nicht mehr gefallen kann, und das nicht etwa eines, sondern in ganzen Massen zu Hunderten, ja zu Tausenden“.*[1492]

In der Literatur sind einige Erklärungsansätze zur schlechten wirtschaftlichen Entwicklung Meißens während der Direktion von Marcolini geliefert worden. Die häufigste Argumentation betrifft die Preise und lässt sich folgendermaßen zusammenfassen: Die Porzellane aus Meißen waren zu teuer und somit schwer zu verkaufen.[1493] Aber diese Argumentation beschreibt nur einen Teilaspekt des Problemkreises. Kaum ausreichend ist hingegen der Ansatz, dass die Umsatzrückgänge und die Verluste einzig und allein auf eine gelockerte Fi-

---

[1490] Vgl. Weinhold (1982), S. 178–179.

[1491] Adam Ludwig Christian von Wedel, ehemals Hauptmann der Infanterie, seit dem 6. März 1793 der 2. Kommissar der Porzellanmanufaktur, erhielt die Oberaufsicht über das Personal und das Polizeiwesen, vgl. Kunze (1983a), S. 37 und Rückert (1990), S. 47.

[1492] Zitiert nach Walcha (1973), S. 125. Mit der Kritik an dem mangelnden Mut zur Durchführung von Auktionen ist sich Goethe offensichtlich nicht der Vielzahl von durchgeführten Auktionen bewusst gewesen, die Meißen seit 1765 durchführte. Sein Geschmack war vermutlich stark klassizistisch orientiert, während er im Vorratslager vermutlich weitestgehend Werke aus dem Barock und dem Rokoko vorgefunden haben müsste.

[1493] Vgl. Kunze (1986a), S. 4.

nanzdisziplin in der Manufaktur zum Ende des Ancien Régime zurückzuführen waren.[1494] Bei Analyse einzelner Porzellane in einem direkten Preisvergleich mit der Konkurrenz ist Meißen sicherlich teurer gewesen, bei einer Gesamtbetrachtung über die Produktpalette lässt sich dies jedoch nicht mehr mit Bestimmtheit nachweisen. Wie gezeigt worden ist, sank der durchschnittliche Stückpreis kontinuierlich, was sich erheblich auf die Profitabilität der Manufaktur auswirkte und zu verlustreichen Geschäftsjahren führte. Während auf der Kostenseite die Meißener Manufaktur ihre „Hausaufgaben" mehr oder weniger erledigt hatte und Einsparungen zum probaten Instrumentarium der Direktion gehörten, schien man sich in der Preispolitik unter Marcolini, besonders in den letzten Jahren seiner Direktion, sehr unsicher zu bewegen. Die konstante Notwendigkeit, die zurückgehenden Einnahmen zu stabilisieren und zu erhöhen, wollte man nahezu ausschließlich durch Steuerung der Menge und der Verkaufszahlen erreichen. Der Preis war lediglich ein Mittel, um durch Absenkung seines Niveaus die verkauften Mengen noch weiter steigern zu können. Zudem gab man die Kontrolle über die eigene Preisgestaltung ab, und setzte die eigenen Verkaufspreise durch Rabatte, Auktionen und Wettbewerbseinfluss starken Verminderungen aus. Die Meißener Manufaktur war mit ihrer Kostenstruktur nicht ausgerichtet auf dauerhafte und niedrige Verkaufspreise, und konnte nicht den Wettbewerb mit den Konkurrenten über den Preis gewinnen. So jedoch steckte die Manufaktur strategisch in einer gefährlichen Position der Mitte[1495]: Man hatte weder eine dauerhafte Möglichkeit über den Preis zu konkurrieren, noch eine ausreichende Betriebsstruktur, um durch Abbau von Mengen und Kapazitäten die Exklusivität der eigenen Marktposition zu erhalten. Man konnte weder am günstigsten produzieren und die Kostenführerschaft anstreben, noch durch die künstlerische und qualitative Führungsposition ein Preispremium auf die eigenen Produkte wirksam durchsetzen.[1496] Dass eine zielgerichtete und flexible Anpassung der Deckungsbeiträge nach oben, und nicht nur nach unten, eine Erhöhung der Einnahmen bringen konnte und zudem für die Profitabilität weitaus förderlicher war als die Steuerung durch die Verkäufe, hatte man möglicherweise in Meißen gar nicht in Betracht gezogen. Es muss auch davon ausgegangen werden, dass das für eine solche Margensteuerung notwendige kaufmännische Geschick in der Meißener Direktion unter

---

[1494] Vgl. van Klaveren (1964), S. 184. Diese Argumentationskette geht davon aus, dass das Manufakturwesen im 18. Jahrhundert im Rahmen des prekären Finanzsystems des Ancien Régime häufig von korrupten Beamten ausgenutzt wurde, um Gelder in die eigenen Taschen zu wirtschaften. Die stark anwachsende Korruption in der Meißener Manufaktur, der Missbrauch der empfangenen Zuschusszahlungen und der für damalige Manufakturen häufige Kassendiebstahl führte zu dem wirtschaftlichen Niedergang, vgl. van Klaveren (1964), S. 183–184. In der Meißener Manufaktur hat es zwar immer wieder Missbrauch von Ämtern und Positionen gegeben, genauso wie Unterschlagung von Geldern und ungenaue Abrechnungen, bspw. in der Anfangszeit unter Böttger. Aber den Grund für die schlechten Ergebnisse allein in der Korruption und in der Unterschlagung von Manufakturgeldern zu sehen, scheint ein notdürftig konstruierter Ansatz zu sein. Hinweise auf massive Korruption und Unterschlagung konnten in den Archivquellen für den fraglichen Zeitraum jedenfalls nicht nachgewiesen werden.

[1495] Dieser Strategie der Marktpositionierung in der Mitte zwischen Luxus- und Billigstrategie (oder Kostenführerschaft) wird gemeinhin jeglicher Wettbewerbsvorteil abgesprochen, vgl. Porter (1985), S. 16. Zur Mittelfeldstrategie und der daraus resultierenden Gefahr des „Verlust-der-Mitte-Phänomens", vgl. Becker (1988) und Kotler/Bliemel (1999), S. 759–761.

[1496] Vgl. AA I Bo 6, S. 186b und S. 187b.

Marcolini nicht vorhanden gewesen ist und man diese betriebliche Herausforderung bei der ohnehin schon großen Zahl an Schwierigkeiten nicht noch zusätzlich angehen wollte.[1497]

Marcolini schien spätestens seit den starken Umsatzeinbußen von 1806 an seinen eigenen Fähigkeiten zu zweifeln, die Manufaktur leiten zu können. In den Berichten und Dokumenten lassen sich immer wieder Passagen finden, die seine Ratlosigkeit in Bezug auf die richtige Betriebsführung darlegen. Seine Verlegenheit in den letzten Jahren seiner Direktion war größer als in all den zurückliegenden 40 Jahren zuvor.[1498] Marcolini bat deshalb schon im Jahre 1799 um seine Entlassung, die vom König jedoch abgelehnt wurde.[1499] Auch darf nicht unerwähnt bleiben, dass Marcolini nicht in Meißen gewohnt hat und aus seiner Residenz in Dresden die Manufaktur geführt hat. Oftmals blieb er mehrere Wochen oder gar Monate der Manufaktur fern.[1500] Bedeutete dies nicht unerhebliche Schwierigkeiten in der Kommunikation und Geschwindigkeit von Entscheidungen, nahmen auch die anderen Tätigkeiten Marcolinis viel Zeit in Anspruch. Neben seiner Funktion als Direktor der Fayencemanufaktur zu Hubertusburg, erhielt Marcolini am 18. März 1780 die Generaldirektion über die Dresdner Kunstakademie und die fürstlichen Sammlungen. Schließlich wurde er am 1. November 1799 zum Oberstallmeister erhoben und hatte sich so auch in erheblicher Weise um die sächsischen Hofangelegenheiten zu kümmern.[1501] Die Manufaktur hat also in einem gewissen Umfang nicht die höchste Priorität bei Marcolini genossen, schlichtweg aufgrund der Tätigkeiten am Hof und dem Lebensmittelpunkt in der Residenzstadt.[1502] Marcolini war gerade in den schwierigsten Momenten der Manufaktur zu weit von ihr entfernt, als dass er die Probleme ergründen und wirksame Gegenmaßnahmen hätte treffen können.[1503] Dass die oberste Autorität der Manufaktur fernab des Meißener Tagesgeschäftes war, animierte des Öfteren auch die Manufakturisten in Meißen zu ungehorsamen Verhalten.[1504] Die Leitung der Meißener Manufaktur fiel deshalb ab 1777 mehr und mehr dem Arkanisten und Manufakturkommissar Carl Wilhelm Pörner vor Ort in Meißen zu, und nach dessen Ableben im Jahre 1796 wurde der Oberkontrolleur und Manufakturkommissar Christian Wilhelm Steinauer eigentlicher Leiter bis 1814.[1505] Als wichtigster Grund der tiefen Krise der Manufaktur

---

1497 Ähnlich auch Walcha (1960c), S. 76.

1498 Vgl. AA I Af 11, S. 211.

1499 Vgl. Berling (1900), S. 144.

1500 Im Jahre 1791 blieb Marcolini mehr als 9 Monate der Manufaktur fern und kehrte erst Ende Oktober 1791 wieder zu seinen Direktionsgeschäften zurück, vgl. AA I Ac 5, S. 3.

1501 Marcolini, der kurzzeitig 1809 als Außenminister Sachsens im Gespräch war, wurde zu einer wichtigen Vertrauensperson des Königs und war bei sämtlichen Regierungs- und Hofangelegenheiten an vorderster Front aktiv beteiligt, wie bspw. während des Empfangs von Napoleon im Juli 1807 in Dresden, vgl. Ô-Býrn (1877), S. 60, S. 67 und S. 115–128.

1502 Bezeichnenderweise enthält die von Ô-Býrn (1877) verfasste biographische Arbeit über Marcolini nahezu keine Passage über seine Tätigkeit in der Manufaktur. Während eine Fülle von Briefen und Dokumenten zu seiner politischen Tätigkeit in Sachsen herausgearbeitet werden, bekommt die 40-jährige Tätigkeit Marcolinis in Meißen keine Würdigung.

1503 Vgl. AA I Af 9, S. 81b.

1504 Den besonderen Umgang zwischen Manufakturisten und Führungskräften verdeutlichte Kontrolleur Steinauer: „Es ist unbeschreiblich wie sehr die Leute von sich alle hier eingenommen sind: Und wer sie nicht durch größte Autorität zwingen darf, kann wenig Nutzen stiften“, vgl. AA I Bo 3, o. S.

1505 Vgl. Rückert (1990), S. 46 und Walcha (1968), S. 18.

muss jedoch das Beharren an alten Strukturen, Regeln und Elementen der Herstellung, des Verkaufs und der Betriebsführung angesehen werden. Anstatt die Kooperation mit allen Manufakturkräften zu suchen und Altes zu erneuern und zu verbessern, versuchte jeder einzelne Manufakturist seine Position im Manufaktursystem zu halten und wenn notwendig auch auf Kosten anderer auszubauen. Ein derartiges „Beharrungssystem" hat in der Manufaktur die Durchsetzung von internen betrieblichen Veränderungen stark kompromittiert.[1506] Unter solchen Voraussetzungen konnte die Preis- und Produktpolitik der Manufaktur am Markt nicht bestehen. Bezeichnend die hierbei von Steinauer geäußerten Worte, in denen Bitterkeit und Unvermögen über die Situation zum Ausdruck kamen:

> *„Mit vereinter Macht sollte man reines, geschmackvolles und dabey wohlfeiles Porcellän zu liefern suchen: aber heimliche Verfolgung ist hier [in Meißen] das Loos derer so nach Verbeßerung trachten".*[1507]

3.3.18 Wirtschaftlicher Neuanfang im Jahr 1814

Unter dem kaiserlich-russischen Generalgouvernement, welches die Verwaltung Sachsens übernommen hatte, wurde noch am 18. Dezember 1813 eine Kommission eingesetzt zur Untersuchung der Fabrikverhältnisse.[1508] Man wollte keine Zeit verlieren und setzte alle Kräfte in Bewegung, um den Verfall der Meißener Manufaktur zu untersuchen und zu stoppen. Diese Kommission übernahm auch die Interims-Direktion der Manufaktur.[1509] Am 8. April 1814 wurde die Direktion der Meißener Manufaktur dem bisherigen Mitglied der Untersuchungskommission, dem Bergrat von Oppel, übertragen.[1510] Als König Friedrich August 1815 nach Sachsen zurückkehrte, wurde abermals eine Untersuchungskommission eingerichtet, welche die Fabrikumstände erneut untersuchen sollte. Die Manufaktur lag unter technischen, künstlerischen und betrieblichen Aspekten in desolaten Verhältnissen, deren Ausmerzung nur sehr schleppend voranging in einer Zeit, die nach den kriegerischen Verhältnissen dem Porzellanabsatz nicht unbedingt zuträglich war.[1511]

Mehrere Veränderungen wurden im Laufe dieser Untersuchungen in Meißen durchgeführt. Sie betrafen sämtliche Bereiche des Betriebs, von der Herstellung der Porzellanmasse und dem Brennen bis hin zur Gestaltung und Malerei.[1512] Der Zustand der Manufaktur wurde untersucht und eine gewissenhafte Fehleranalyse sämtlicher Wertschöpfungsstufen durchgeführt. Es wurden beispielsweise die Qualitätsprobleme der Porzellane angegangen, genauso wie man neue Brennvorgänge einführen wollte, die viel weniger Brennholz verbrauchten.

[1506] Wie schwer Veränderungen durchzusetzen waren, musste Steinauer feststellen. Als eine von außerhalb der Manufaktur angeworbene Führungskraft, ist er häufig mit Abteilungsvorstehern und Arkanisten aneinandergeraten. Er befand sich nach eigener Aussage in der Manufaktur aufgrund der Intrigen und Spaltungen gegen die von ihm vorgebrachten Veränderungsvorschläge „noch übler als im Zuchthaus", AA I Bo 4, o. S.

[1507] AA I Bo 3, o. S.

[1508] Vgl. AA I Bo 6, S. 1–2. Zum Generalgouvernement in Sachsen ausführlich Schubert (1994).

[1509] Vgl. AA I Af 9, S. 84.

[1510] Zur Person von Oppel vgl. Kunze (1983a), S. 30.

[1511] Vgl. AA I Af 9, S. 84.

[1512] Vgl. AA I Af 11, S. 217–217b.

Tabellarische Übersichten sämtlicher Farbenzusammensetzungen wurden erstellt[1513] und man führte ein neues und besseres Goldpräparat ein. Die Vorsteher aller Abteilungen sollten schriftlich die ihnen bekannten Mängel anzeigen und gleichzeitig auch entsprechende Lösungen zur Behebung einreichen.[1514] Im Zentrum der Bemühungen standen die Einführung von Rechnungs- und Kontrollmechanismen, die Anpassung der Herstellung an den Marktbedürfnissen und die Verbesserung des gesamten technischen und wirtschaftlichen Bereichs.

Während dieser Zeit der Untersuchungskommissionen 1814 und 1815 beschäftigte man sich in Meißen auch mit technischen Neuerungen, die zumeist auf eine kostengünstigere Produktion des Porzellans und einer billigeren Farbherstellung abzielten. So sollte der kostspielige Betrieb der Materialmühle durch die manufaktureigenen Pferde alsbald mit einer durch Steinkohlen zu betreibenden „Feuermaschine" ersetzt werden.[1515] Erstmals Erwähnung fand zum Jahresende 1813 die Möglichkeit, mittels Porzellandruck erhebliche Einsparungen in den Malereikosten zu schaffen.[1516] Beim Porzellandruck wurde eine gravierte Kupferplatte mit Farbe eingerieben, die Zeichnung auf Papier gedruckt, dieser Druck auf Porzellan abgezogen und im Emaillierofen eingebrannt. Mit diesem Verfahren konnte ein Motiv innerhalb einer Viertelstunde aufgebracht werden. Man wagte sich an alle möglichen Verbesserungen heran in sämtlichen Bereichen der Porzellanherstellung, und scheute sich nicht, begangene Missbräuche auf Kosten der Manufaktur anzuzeigen und abzustellen, genauso wie bestehende, aber längst veraltete Strukturen, aufgebrochen werden sollten.

In Meißen versprach man sich viel von der technischen Neuerung der Etagenöfen. Die Notwendigkeit zur Verbesserung der Brennvorgänge war unausweichlich geworden, da die bisherigen halbzylindrischen Öfen viel Brennholz verbrauchten und die Forstämter, die das Brennholz lieferten, nach dem Wiener Kongress preußisches Territorium geworden waren. Zudem waren die Ausschussquoten aus den Bränden immer noch relativ hoch, so dass man in Meißen zuvorderst an den Brennvorgängen arbeiten musste. Ein holzsparendes Brennen konnte der Manufaktur ein dauerhaftes und nachhaltiges Fortbestehen sichern, da die Brennkosten in den letzten Jahren der Direktion von Marcolini mit sehr hohen jährlichen Ausgaben von 25.000 bis 30.000 Taler zu Buche schlugen.[1517] Ein Etagenofen versprach die nötigen Ersparnisse zu bringen, da mehrere Brennvorgänge in einem Arbeitsprozess erledigt werden konnten und das Brennfeuer aufgrund der Ofenkonstruktion hintereinander drei Räume erreichte: Eine erste Etage beinhaltete das bereits verglühte und glasierte Porzellan, welches fertig gebrannt wurde, die Etage darüber wurde für die noch rohen Porzellane genutzt für deren ersten Brand, im letzten Stockwerk brannte man schließlich die Kapseln, die später für

---

1513 Erstmalig wurde die Farbpalette in Meißen verbindlich festgelegt, so dass die Maler die zu benutzenden Farben auswählen konnten und diese in einer gleichbleibenden Qualität bekamen, vgl. AA I Af 11, S. 234.

1514 Vgl. AA I Bo 6, S. 102.

1515 Seit den 1720er Jahren hatte die Manufaktur Pferdegöpel zum Holzaufziehen vom Elbufer im Einsatz. Die Dampfmaschine, dessen Unterhaltskosten und Kohlebedarf abschreckten, wurde in Meißen jedoch erst im Jahre 1853 eingeführt, vgl. Kunze (1986b), S. 50 und S. 54 und Mields (1960), S. 143.

1516 Vgl. AA I Bo 6, S. 15b–16 und S. 158–158b. Die Technik des Porzellandrucks war zu diesem Zeitpunkt schon mehr als 60 Jahre alt, da sie zum ersten Mal 1752 von der englischen Firma Sadler & Green in Liverpool patentiert wurde, vgl. Weiß (1994), S. 141.

1517 Vgl. Kunze (1986b), S. 33.

den Porzellanbrand benötigt wurden. In den Jahren 1814 und 1815 wurden so umfangreiche Erprobungen mit der neuen Ofenkonstruktion durchgeführt, doch die Resultate der Porzellanbrände waren anfangs noch unbefriedigend.[1518] Die 1815 begonnenen Versuche mit dem Etagenofen führten schließlich im Jahr darauf zur Durchführung von 77 Bränden in kleinen und großen Etagenöfen mit insgesamt 67.136 gebrannten Porzellanen, so dass schon 38% der Gesamtproduktion aus Bränden mit Etagenöfen stammte.[1519] Um die Verbesserungen in den Brennvorgängen voranzutreiben war man sich nicht zu schade, bei dem größten Konkurrenten, der Berliner Manufaktur KPM, die dortigen Brennöfen zu besichtigen und die gemachten Beobachtungen für Verbesserungen in Meißen zu nutzen. Die guten persönlichen Verbindungen von Oppels zum Manufakturleiter in Berlin halfen bei diesem Vorhaben, so dass von Oppel laut königlicher Resolution vom 2. April 1816 nach Berlin reiste, um durch die Beobachtung des Wettbewerbers die Perfektionierung des Meißener Etagenofens zu erreichen.[1520] Die angepasste Bauweise der Etagenöfen nach dieser Reise sorgte dann ab Ende 1816 und Anfang 1817 für gute Ergebnisse in den Porzellanbränden, so dass die Manufaktur die hier erzielten Einsparungen in ihrer Kostenstruktur für sich verbuchen konnte.

Die wohl wichtigste Veränderung aber betraf das Arkanum: Das Geheimnis der Porzellanherstellung wurde offiziell aufgehoben und die auf das Arkanum verpflichteten Manufakturisten wurden von ihrem Eid entbunden.[1521] Eng mit dieser Entscheidung verbunden, betraf eine weitere Maßnahme die interne Organisation des Betriebs. In Meißen wurde fortan die Leitungsebene mit zwei Positionen besetzt, dem Vorsteher des technischen Betriebs und dem Vorsteher des sogenannten merkantilen Betriebs.[1522] Während der erste Vorsteher sich um alle Bereiche der Produktion und Herstellung des Porzellans kümmerte und als eigentlicher Manufakturinspektor tätig war, war der zweite Vorsteher für sämtliche wirtschaftlichen Aspekte der Manufaktur verantwortlich und gleichzeitig als Oberfaktor für den Vertrieb tätig. An die Stelle des bisherigen Kommissars Steinauer wurde als technischer Inspektor der Bergamtsauditor Heinrich Gottlieb Kühn ernannt, Oberfaktor wurde der Kaufmann und Kunsthändler Christian Gotthilf Martini. Über dieser zweiköpfigen Verwaltungsstruktur stand weiterhin die Position des Manufakturdirektors an der Spitze, flankiert von der Position eines Kassierers, der den Aufwand, die Produktion und den Verkauf rechnungstechnisch festhalten sollte.[1523]

Für die Preispolitik hieß es in dieser Phase, die notwendigen Entscheidungen zu treffen, um die Porzellanverkäufe zu erhöhen und Liquidität in die Manufakturkassen zu bringen. Da es nun unmittelbar nach Ende der Direktion von Marcolini nicht mehr um die Profitabilität der Manufaktur ging, sondern um Sofortmaßnahmen zur Rettung und Restrukturierung des Be-

---

[1518] Vgl. Kunze (1986b), S. 35–36.

[1519] Vgl. AA I Ak 1, S. 42b–43, eigene Berechnungen.

[1520] Vgl. AA I Af 11, S. 237b.

[1521] Vgl. AA I Af 11, S. 217–218b und S. 222–222b und AA IV9 15, S. 3.

[1522] Vgl. AA I Bo 8, S. 5–6.

[1523] Vgl. AA I Af 9, S. 85b–86 und AA I Af 11, S. 216b–217. Martini und Kühn bekamen neben ihren festen Einkommen von jährlich 800 Talern noch leistungsbezogene Gehälter ausgezahlt. Kühn sollte 1% vom betrieblichen Überschuss bekommen nach Abzug der Fabrikationskosten, Martini bekam 0,5% des Handelsüberschusses, vgl. AA I Bb 2, S. 33b und S. 34 und AA I Ak 1, S. 95b.

triebs, schienen Preissenkungen das richtige Mittel zu sein. Erste Überlegungen zu einer Preissenkung der Porzellane wurden in Meißen schon im Dezember 1813 angedacht.[1524] Im Zuge dessen wurden mit Resolution vom 11. Januar 1814 eine Herabsetzung der Verkaufspreise der Porzellane und eine Harmonisierung der Rabattsätze durch die Untersuchungskommission beschlossen, welche sofort im Verkauf umgesetzt werden sollten.[1525] Zudem ordnete man eine sofortige Freigabe des Verkaufs von weißem Mittelgut ohne Ausnahme an, das in den Jahren zuvor nur mit Einschränkungen in den Handel gelangen durfte.[1526] Diese Maßnahmen zielten darauf ab, in möglichst kurzer Zeit die notwendigen liquiden Gelder einnehmen zu können und die veralteten Porzellanbestände in den Warenlagern zu räumen.[1527] Direktor von Oppel betonte, dass nur in diesen preispolitischen Schritten die Stärkung der Einnahmen möglich war, denn

> *„(...) die einzige Ressource, die nothwendigen (...) Betriebsgelder bey dem sehr gesunkenen Handel herbeyzuschaffen, in der sofortigen Versilberung der Porzellan-Vorräthe zu niedrigen Preisen zu finden gewesen sey“.*[1528]

Mit niedrigen Preisen sollten endlich die überfüllten Warenlager von alten und nicht mehr aktuellen Geschirren geleert und Platz für neue Formen und Modelle gemacht werden. Es wurde in Kauf genommen, dass die neu angesetzten Verkaufspreise nicht die Herstellungskosten decken würden. Auch war man sich bewusst, dass die Manufaktur das seit vielen Jahren in diesen Porzellanen gebundene Kapital nicht wieder freisetzen konnte, und die entgangenen Zinsen auf dieses Kapital einen erheblichen wirtschaftlichen Schaden für die Manufaktur darstellten. Mit einer Senkung der Verkaufspreise und Stimulierung der Verkäufe sollte wenigstens ein Teil dieses Kapitals gerettet und monetisiert werden, auch auf Kosten kurzfristig nicht profitabler Preise.[1529] Das Ziel der Profitabilität wurde jedoch nicht völlig aus den Augen verloren. Man war bereit, in der kurzen Frist erhebliche Einbußen in den Deckungsbeiträgen hinzunehmen, aber die Preissenkungen sollten nur so lange andauern, bis verbesserte Bedingungen in Meißen und auf den Absatzmärkten eintreten würden.[1530] Nach der Stabilisierung der Manufaktur und nach Reduzierung der Lagerbestände

> *„so kann, sobald diese Absicht erreicht seyn wird, von der Fortdauer der jezigen niedrigen Verkaufspreise nicht weiter die Rede seyn, sondern es sind alsdann auch angemeßene Preiße fest zu sezen“.*[1531]

Die von Kommissar Steinauer geführten Kalkulationen und die daraus resultierende Preisliste bildeten die Grundlage für die angedachten Preissenkungen.[1532] Vor dem Hintergrund der

---

[1524] Vgl. AA IV9 28, S. 1.

[1525] Vgl. AA I Bo 6, S. 34–36b und AA IV9 15, S. 1–3.

[1526] Vgl. AA I Bo 8, S. 46b.

[1527] Vgl. AA I Bo 8, S. 45.

[1528] AA I Af 11, S. 222.

[1529] Vgl. AA I Bo 6, S. 174.

[1530] Vgl. AA IV9 28, S. 31b.

[1531] AA IV9 15, S. 19.

[1532] Vgl. AA I Bo 6, S. 99b, ausführlich zu den Kalkulationen AA IV9 20.

Manufakturkrise waren die Reduktionen teilweise erheblich. Eine erste Preissenkung betraf Kaffee- und Tafelgeschirre zusammen mit bunten und blaugemalten Porzellanen. Bei denjenigen Artikeln, bei denen man noch keine vollständige Preiskalkulation hatte durchführen können, setzte man pauschal eine Senkung um 67% gegenüber dem bisherigen Preisniveau an, einzelne Stücke wurden hingegen mit 33% Abschlag verkauft.[1533] Eine zweite Preissenkung betraf Pfeifenköpfe und alte Porzellanfiguren und -gruppen. Die ohnehin schon günstigen Pfeifenköpfe wurden noch weiter um 12,5% bis 16% gesenkt, die Figuren und Gruppen um ganze 67%.[1534] Die Reduzierung der Verkaufspreise sollte durch öffentliche Bekanntmachung in Zeitungen und Anzeigenblättern ihren Zweck besser erreichen und möglichst viele Interessenten aus allen Käuferschichten anlocken.[1535]

Individuelle Bestellungen einzelner Stücke, die im Porzellanlager vorhanden waren, wurden zu den neuen herabgesetzten Preisen ausgeliefert. Doch bei Bestellungen von Porzellanen, die nicht mit anderen im Lager vorhanden Geschirren ersetzt werden konnten, und bei Geschirren in neuen Farben und Formen, garantierte die Meißener Manufaktur die niedrigen Preise nicht mehr.[1536] Bei diesen Bestellungen sollte fortan der Verkaufspreis die Produktionskosten decken, so dass hier weiterhin das bewährte Vorgehen im Wege der Teilkostenrechnung wie in den Jahrzehnten zuvor zur Anwendung kam.[1537] Die ungefähren Herstellungskosten jedes einzelnen Porzellanstücks sollten so gut es ging ermittelt werden. Auf die Summe dieser direkt anrechenbaren Einzelkosten in der Masseverarbeitung, dem Brennen und der Malerei, wurde ein Deckungsbeitrag aufgeschlagen, der sowohl die Deckung der übrigen Gemeinkosten als auch einen angemessenen Gewinn sicherstellen sollte. Diese im Jahr 1814 durchgeführte Vorgehensweise in der Preisbildung, die eine Weiterentwicklung der jahrzehntelang bewährten Teilkostenkalkulation darstellte, soll beispielhaft in Abbildung 3-13 für blaubemalte Kaffeetassen dargestellt werden.

Als Standardprodukt wurde dabei die Kategorie Gut kalkuliert, der Verkaufspreis für das Mittelgut war standardmäßig um ein Drittel billiger.[1538] Eine Anweisung zur Kalkulation sah im Grundsatz vor, dass der Deckungsbeitrag bei weißem Porzellan das Doppelte des Betrags der Herstellkosten ausmachen sollte, bei bemalten Porzellanen sogar mehr als das Doppelte betragen konnte. Das machte jedoch Porzellane mit besonders hohen Malereikosten überproportional teuer.[1539] Trotz des jahrelang bewährten Vorgehens ging man bei dieser Preisbildung selektiv dazu über, die Deckungsbeiträge individuell und flexibel nach Produktgruppen anzupassen in Bezug auf die Erfordernisse der Fabrikation und des Marktes.[1540] Sollte beispielsweise Ausschussporzellan mit Feld- und Vogelmalerei verlangt werden, so waren die

1533 Vgl. AA I Bo 6, S. 34 und S. 100b und AA IV9 15, S. 1.

1534 Vgl. AA I Bo 8, S. 46b.

1535 Vgl. AA I Bo 6, S. 25 und S. 32b und Original-Anzeige in der Leipziger Zeitung vom 19. April 1814, vgl. AA IV9 12, S. 27b und Original-Anzeige im Leipziger Intelligenz-Blatt vom 23. April 1814, vgl. AA IV9 12, S. 31.

1536 Vgl. AA I Bo 6, S. 174–174b.

1537 Vgl. AA IV14 15, o. S., AA I Bo 8, S. 47b und AA IV9 28, S. 32.

1538 Vgl. AA IV9 28, S. 33.

1539 Vgl. AA I Bo 8, S. 44b und AA IV9 28, S. 34b.

1540 Vgl. AA IV9 28, S. 34b.

dazu erforderlichen Malereikosten dreifach aufzuschlagen.[1541] Als wenig attraktiv erachtete Bemalungen sollten strategisch im unteren Segment des Produktportfolios platziert werden, um mit niedrigen Verkaufspreisen Käufer aus den „niederen Volksklassen“ anzulocken.[1542]

Abbildung 3-13: Preisbildung ein Dutzend blaubemalter Kaffeetassen 1814

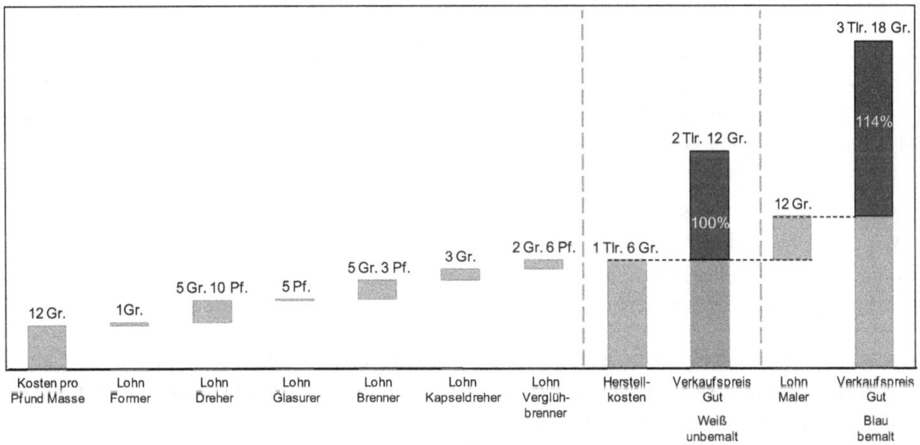

Quelle: AA IV9 28, S. 32, eigene Berechnungen

Bei Porzellanfiguren wurde als Ausgangspunkt der Kalkulation das Gewicht der verarbeiteten Porzellanmasse genommen. Diese Gewichtskomponente wurde zusätzlich zu den Kosten der Massebearbeitung und der Malerei als Basis in die Kalkulation aufsummiert und dann, entsprechend der Größe der Figur in Zoll, bis zu zehnfach erhöht für die Berechnung des Deckungsbeitrags.[1543] Während dadurch für die Porzellanfiguren gestaffelte Deckungsbeiträge nach ihrer Höhe berechnet wurden, setzte man die Margen für die Porzellangruppen individuell an. Diese betrugen in der Spitze bis zu 736% der Herstellkosten.[1544] Differenziert wurde dabei, ob die Darstellungen modern oder mythologisch waren, und ob die Stücke einer hohen Fehlerquote aus den Porzellanbränden unterlagen.[1545] Denn besonders bei der Herstellung von hochkomplexen Porzellangruppen konnte sehr leicht ein Brandschaden entstehen. Die Produktkategorie der Figuren und Gruppen untermauerte durch diese hohen Margen einmal mehr ihre Position als sehr profitables, zugleich aber hoch komplexes und schwer verkäufliches Porzellan, besonders aufgrund der erheblichen Abhängigkeit von Moden und vorherrschenden Stilepochen.

1541 Vgl. AA IV14 15, o. S.

1542 AA IV9 28, S. 33.

1543 Vgl. AA IV14 15, o. S. und AA I Bo 8, S. 49. Vgl. auch Abbildung 5-25 im Anhang.

1544 Vgl. AA IV9 20, S. 35, eigene Berechnungen.

1545 Vgl. AA IV9 20, S. 17b.

Um besser und schneller auf Bestellungen reagieren zu können, ordnete man an, dass zukünftig unbemalte weiße Geschirre auf Vorrat gelagert werden sollten und bei Auftragserteilung eines Kunden die Bemalung unmittelbar nach Eingang der Bestellung angebracht werden sollte. Die Herstellung von schon fertig bemalten Geschirren und Services sollte nur noch für die beliebtesten Muster gelten. Durch diese Vorgehensweise sollte die Anhäufung von bemalten Porzellanen vermieden werden, die wenig nachgefragt wurden und deren Abverkauf nur unter erheblichen Preisnachlässen gelingen konnte.[1546] Die Porzellane, die an der Oberfläche Flecken aufwiesen, sonst jedoch in ihrer Form einwandfrei waren, sollten mittels Blumen- und Strauchmalerei optisch aufgewertet werden und als Mittelgut dadurch einen höheren Verkaufspreis erzielen. Und selbst Ausschussware sollte nicht gänzlich unbrauchbar sein, sondern durch gezielte Bemalung zur Abdeckung von Fehlern noch in den Verkauf gelangen.[1547] Es dauerte bis zum Juli 1814, bis die zu Jahresbeginn angeordneten Preisanpassungen allesamt bewerkstelligt wurden und die neuen Preise im Wege einer Anzeige in der Leipziger Zeitung der Kundschaft mitgeteilt werden konnten. Man ging intern in Meißen davon aus, dass durchschnittlich Senkungen von bis zu 75% gegenüber den Preisniveaus vor 1814 durchgeführt worden waren.[1548]

Nach diesen erheblichen Preissenkungen zur Förderung des Abverkaufs offenbarte sich die Notwendigkeit, die bisher in Meißen jahrzehntelang durchgeführte Preisbildung im Wege der Teilkostenrechnung auf neue Grundlagen zu stellen.[1549] Die tagende Untersuchungskommission musste feststellen, dass in den zurückliegenden Jahren fast keine Mühe aufgewendet worden war, die tatsächlichen Produktionskosten jedes einzelnen Artikels zu erfassen, geschweige denn, einen richtigen Überblick über den Warenbestand in den Lagern zu halten.[1550] Eine Kosten-Plus-Preisbildung allein auf Basis der variablen Herstellkosten durchzuführen, schien nicht mehr zeitgemäß zu sein, da man besonders die hohen Generalkosten als einen Grund für hohe Verkaufspreise identifiziert hatte und diese in den Preisen besser und spezifischer abbilden wollte.[1551] Insbesondere die sich durch spezifische Bemalung und Form auszeichnenden Porzellane bedurften einer verbesserten Preiskalkulation und waren deshalb in der ersten angefertigten Preisliste nicht berücksichtigt worden.[1552] Doch die Kalkulation und Repartierung der Gemeinkosten blieb weiterhin das große Hindernis zur Hinführung in eine Vollkostenrechnung – ein Problem, welches schon seit Einführung der kostenorientierten Preiskalkulation im Jahre 1731 nicht gemeistert werden konnte und bis zum damaligen Zeitpunkt in Meißen anhielt. Von Oppel beauftragte zwar mit der Resolution vom 11. Januar 1814 die Arkanisten und Malereivorsteher mit der detaillierten Berechnung der gesamten

[1546] Vgl. AA IV14 15, o. S.

[1547] Vgl. AA IV14 15, o. S.

[1548] Vgl. AA I Bo 8, S. 49b und S. 51.

[1549] Vgl. AA I Bo 6, S. 52b.

[1550] Vgl. AA I Bo 6, S. 189. Schon am 11. Januar 1814 wurde eine vollständige Inventur aller Vorräte in den Warenlagern zu Meißen, Dresden und Leipzig angeordnet. Bis dahin wusste man nur, dass erhebliche Bestände in Kisten in den Kellern in der Albrechtsburg lagerten und ungefähr einen Wert von 300.000 Talern hatten, vgl. AA IV9 28, S. 1b. Die Inventur konnte im Mai 1815 beendet werden, vgl. AA I Bo 8, S. 43.

[1551] Vgl. AA I Bo 6, S. 43 und S. 187.

[1552] Vgl. AA I Bo 6, S. 32b.

Fabrikations- und Malereikosten innerhalb von nur acht Tagen.[1553] Doch die Führungskräfte waren nicht imstande, die Aufgabe auszuführen:

> *„Wegen einer (...) Übersicht der Fabrikations-Preise erklärten die Herren Arkanisten, daß es ihnen unmöglich wäre, mit Sicherheit diese Preiße angeben zu können, welches auch (...) von Oppel selbst so befunden und sich überzeugt hatten".*[1554]

Die Analyse der tatsächlichen Fabrikationskosten war schwierig, da entweder Aufzeichnungen komplett fehlten oder unvollständig waren.[1555] Die vorhandenen Regeln zur einheitlichen Erfassung dieser Kosten wurden offensichtlich während den letzten Jahren nicht gewissenhaft befolgt. Um dieses Hindernis der Zurechnung der Gemeinkosten bei der Preisbildung endgültig zu bewältigen, entschied man sich am 28. Mai 1814, vor einer Reform der Preiskalkulation erst die bisherige Buchführung in Meißen zu ändern. Eine wesentliche Änderung betraf die Art und Weise des Rechnungs- und Berichtswesens in Bezug auf die Erfassung der Einnahmen und die Kosten der Herstellung. Die Geldausgaben wurden jetzt weit detaillierter aufgeschlüsselt, als dies bisher der Fall gewesen war, und unterteilten sich in drei Hauptabschnitte:[1556]

1. Die Direktions- und allgemeinen Verwaltungskosten. Hier wurden Gehälter und Besoldungen der Führungskräfte verzeichnet genauso wie Pensionen, Krankengelder und sonstige Ausgaben.
2. Die eigentlichen Kosten der Porzellanproduktion mit vier sogenannten Hauptabteilungen, die ihrerseits jeweils in den Kosten für die Löhne und für die Materialien unterschieden wurden:
    a. Massebereitung (Löhne und Material)
    b. Gestaltung, Formen und Drehen (Löhne und Material)
    c. Brennen (Löhne und Material)
    d. Verfeinerung durch Malerei und Vergoldung (Löhne und Material)
3. Die Handels- und Vertriebskosten, mit den Mieten für die Niederlassungen und den Gehältern und Löhnen des Vertriebspersonals und weiteren allgemeinen Aufwendungen im Vertrieb, wie den Kosten zur Durchführung von Auktionen.

Die Leiter der Hauptabteilungen mussten die unter ihrer Aufsicht gefertigten Arbeiten und die dafür aufgewendeten Kosten genau aufnehmen und in tabellarische Übersichten verzeichnen. Diese vier wichtigsten Kostenkategorien sollten die Übersicht über den tatsächlichen Aufwand für die Porzellanherstellung grundlegend verbessern und die so dringend benötigte bessere Grundlage für die Preiskalkulation darstellen.[1557] Mit dieser Reform der Buchführung wurde ein erster Schritt zu einer frühen Form einer Kostenstellenrechnung

[1553] Vgl. AA IV9 15, S. 1b.

[1554] AA I Bo 6, S. 101.

[1555] Vgl. AA I Bo 6, S. 51b.

[1556] Vgl. AA I Bo 7, o. S. und AA Va 1, S. 8b–10.

[1557] Vgl. AA Va 1, S. 11b.

gemacht.[1558] Die vormalige Struktur der Buchführung listete lediglich die zahlungswirksamen Vorgänge in der Manufaktur auf, ohne sie in zusammenhängende betriebliche Bereiche der Kostenverursachung zu untergliedern. Einzelne Kostenpositionen wurden isoliert betrachtet und nicht innerhalb ihres betrieblichen Umfelds der Wertschöpfungsstufen verglichen, so dass man den tatsächlichen Aufwand einer einzelnen Produktionsstufe nur schwer ermitteln konnte.[1559] So wurden in der Buchführung die Löhne und Gehälter für alle Tätigkeiten in einem Kapitel zusammengefasst, so dass die Übersicht über ausgezahlte Lohnsummen in den einzelnen Produktionsabteilungen nur mit Mühe zu bewerkstelligen war, genauso wie die Aufnahme der ehemals geheimen Materialien des Arkanums in den Büchern nur unzureichend erfolgte. Die rechnerische Festlegung von geeigneten Abrechnungseinheiten und die Untergliederung des Rechnungswesens nach betrieblichen Funktionen sollte mehr Wirtschaftlichkeit in den einzelnen Manufakturbereichen schaffen. Das Verständnis über Produktionsaufwand und -abläufe konnte verbessert werden, da die einzelnen Wertschöpfungsstufen der Manufaktur in ihrer Art sich wesentlich unterschieden und entsprechend den Kostenstellen nunmehr nach verschiedenen Gesichtspunkten beurteilt werden konnten. Die Erfassung und Kontrolle der Kosten in den jeweiligen Abteilungen oblag direkt den Vorstehern, die für die Kostenverursachung verantwortlich waren. Durch die Bildung von solchen Kostenstellen wurde in Meißen die Grundlage zur Verteilung der Gemeinkosten auf die Kostenträger geschaffen und dadurch die grundlegende Vorarbeit für eine Reformierung der Preisbildung geleistet.

Die Manufaktur war aufgrund dieser Änderungen nun imstande, ab dem zweiten Halbjahr 1814 detaillierte Berechnungen über den Aufwand zur Herstellung der Porzellane zu kalkulieren. Die erste Übersicht beinhaltete insgesamt drei große Kapitel[1560]:

1. Die Generalkosten mit den Kosten für die Leitung der Manufaktur, den Verwaltungskosten und den sonstigen Kosten. Der Aufwand betrug hier 3.951 Taler und 14 Groschen.
2. Die Betriebskosten, mit dem Aufwand für die Massebereitung, die Gestaltung, dem Brennen, der Verfeinerung und den sonstigen Kosten. Diese Kostenstellen machten den Großteil der Ausgaben in Meißen aus und betrugen 46.012 Taler und 7 Groschen.
3. Schließlich fielen die Kosten für den Handel und den Vertrieb in Höhe von 5.460 Talern und 13 Groschen an.

Die Summe der gesamten Aufwendungen im zweiten Halbjahr 1814 betrug demnach 55.484 Taler und 12 Groschen. Bei einem produzierten Warenwert von 50.802 Talern und 12 Groschen ergab sich für die Manufaktur in diesem Zeitraum ein Verlust von 4.681 Talern und 23 Groschen.[1561] Doch nicht nur rückwirkend konnte die Manufaktur ihre betriebliche Tätigkeit besser quantifizieren. Im September 1815 wurden erstmals auch detaillierte Zukunftsprognosen für die Produktion und den Materialverbrauch berechnet. Für die Porzellanmasse konn-

[1558] Vgl. zur Kostenstellenrechnung ausführlich Coenenberg/Fischer/Günther (2007), S. 83–88.

[1559] Vgl. AA I Bo 8, S. 8b.

[1560] Vgl. AA III M 6, S. 2–3.

[1561] Vgl. AA III M 6, S. 3. Um Porzellan im Wert von 1 Taler zu produzieren, musste die Manufaktur somit 1 Taler und 2 Groschen aufwenden.

ten nicht nur die Vorräte exakt ermittelt, sondern auch die voraussichtliche Haltbarkeit dieser Vorräte prognostiziert werden bei Annahme einer unveränderten und einer um ein Drittel erhöhten Produktion.[1562] Berechnet wurde, dass die Vorräte bei Erhöhung der Produktion um ein Drittel und dem ausschließlichen Einsatz von Auer Erde noch für 51 Wochen und 3 Tage reichen würden. Bei Verwendung einer Mischung von Auer und Seilitzer Erde konnten die Vorräte noch 1 Jahr und 33 Wochen genutzt werden. Die Reform des Rechnungswerks und die verbesserte Erfassung der Produktionskosten verschafften der Manufaktur entscheidende betriebliche Vorteile und gaben der Führungsebene neue Instrumente an die Hand.

Die laufenden Kostenkontrollen wurden mittels monatlicher und jährlicher Übersichten durchgeführt. Diese Aufstellungen wurden zwar früher auch gebildet, fanden aber keine weitergehende Nutzung für die Manufaktur.[1563] Nun sollten vierteljährlich Verkaufsbücher angelegt, sowie das Kontobuch und Kassenbuch eingeführt werden.[1564] Nebenbei konnten durch die neue Buchführung in Meißen auch der Überschuss an Einnahmen besser kalkuliert werden, da er auf einer verbesserten Kostenkalkulation beruhte.[1565] Diese wurde auch dazu benutzt, um bei profitabler Tätigkeit innerhalb einer Abteilung die Vorsteher und Mitarbeiter mit Gewährung von erfolgsabhängigen Tantiemen direkt an der wirtschaftlichen Entwicklung der Manufaktur teilhaben zu lassen, so dass beispielsweise die Brenner an den Porzellanöfen bei Reduzierung der Fehlbrände und Ausschussquoten zusätzliche Prämien bekommen konnten.[1566]

Nach der kurzfristig orientierten Preissenkung zu Anfang des Jahres 1814 konnte man vor dem Hintergrund der verbesserten Buchführung und der grundlegend neuen Kostenerfassung auch die wichtige Reform der Preisbildung der Meißener Porzellane angehen. Dass man sich in die Richtung einer Vollkostenrechnung für die Preiskalkulation bewegen würde, stand schon seit dem 24. Februar 1814 fest. Es wurde damals beschlossen, dass alle zukünftigen Preise nach dem Verhältnis der gesamten angefallenen Fabrikationskosten zu regulieren waren.[1567] Nun ging es darum, die detaillierte Herausarbeitung dieser Vorgaben umzusetzen. Von Oppel ging schon zu Beginn seiner Amtszeit in Vorleistung und stellte Überlegungen zur Art und Weise der Kalkulation an.[1568] Er führte im Januar 1814 erstmals detaillierte Kalkulationen bezüglich der im Jahre 1812 angefallenen Produktionskosten durch. Im Fokus seiner Analysen stand die Relation der gesamten Produktionskosten zum hergestellten und verarbeiteten Gewicht der Porzellanmasse. Als Basiseinheit der Kalkulation wurde ein Pfund Porzellanmasse genommen. Man wusste, wie viel Porzellanmasse jährlich hergestellt und zur Geschirrproduktion verbraucht wurde und auch die gesamten Herstellungskosten eines Jah-

---

1562 Vgl. AA I Bo 8, o. S.

1563 Vgl. Walcha (1973), S. 127.

1564 Vgl. AA I Bo 7, o. S. und AA IV9 21, S. 8b.

1565 So wurde am 29. Oktober 1817 beschlossen, den gewährten Rabatt bei den Verkäufen erstmals als Geldausgabe zu erfassen. Wurde in den Jahrzehnten zuvor der Rabatt nicht separat ermittelt, war der Ausweis der tatsächlichen Umsatzzahlen dadurch stets um diese Position verzerrt. Hingegen konnte jetzt der Rabatt als Abgang von Zahlungsmitteln die Umsatztätigkeit besser aufzeigen, vgl. AA IV 1, S. 121.

1566 Vgl. AA I Ak 19, S. 2b und AA I Bo 7, o. S.

1567 Vgl. AA IV9 15, S. 19.

1568 Vgl. AA I Bo 6, S. 101–101b.

res waren bekannt. Auf die Basiseinheit wurden nun sämtliche Kostenpositionen in ihrem Verhältnis zu den Gesamtkosten umgeschlagen. Hieraus wurde berechnet, dass pro Pfund verarbeiteter Porzellanmasse ein Groschen für allgemeine Generalkosten, 6 Groschen für Fabrikationskosten und 11 Pfennige für die Vertriebskosten anzusetzen waren, so dass in Summe ein Pfund verarbeiteter Masse etwas mehr als 8 Groschen kostete.[1569]

Dieses Vorgehen entsprach der Ermittlung der Selbstkosten im Wege der Divisionskalkulation, wie sie schon 1731 vom damaligen Manufakturinspektor Reinhardt vorgeschlagen, aber dann doch verworfen wurde.[1570] In dieser differenzierten Divisionskalkulation ging man von den angefallenen Gesamtkosten aus, ohne diese in Einzel- oder Gemeinkosten weiter aufzuteilen. Die Gesamtkosten wurden nach den 4 Kostenstellen aufgegliedert, und diese Kostensummen jeweils getrennt durch die Summe der Porzellanmasse dividiert.[1571] Die Berechnungen des Direktors wurden zwar in die verschiedenen Produktionsstufen der Porzellanherstellung unterteilt, wie der Massezubereitung, der Malerei und des Vertriebs. Die Untergliederung dieser Kosten auf die einzelnen Produktionsstufen entsprach dem verhältnismäßigen Anteil der einzelnen Stufen an den Gesamtkosten. Man war aber weit davon entfernt, auf dieser Basis eine mehrstufige Divisionskalkulation[1572] durchführen zu können. Hierzu konnte es in Meißen zu diesem Zeitpunkt noch nicht das notwendige Rechnungswerk geben, da man bei mehrstufigen Verfahren über die einzelnen Produktionsstufen hinweg Wertansätze sowie Produktions- und Verbrauchsmengen der vorgelagerten Herstellungsstufen berechnen musste. Nach wie vor wurde die Manufaktur für Kalkulationszwecke aber als eine Leistungseinheit angesehen. Die Schlüsselgröße wurde jetzt die Summe der produzierten Porzellanmasse, die als Divisor in der Kalkulation sämtliche hergestellten Porzellane in Relation setzte mit den für die Herstellung angefallenen Kosten. Von Oppel argumentierte mit den Ergebnissen der Kalkulation, dass pro Pfund verarbeiteter Porzellanmasse, mit Ausnahme des Brac, der Verkaufspreis für Porzellane nicht unter 8 Groschen angesetzt werden durfte. Um zusätzlich noch den Verlust durch Fehlbrände und die entgangenen Einnahmen durch nicht verkaufte Lagerware zu kompensieren, schätzte von Oppel, dass zu den ermittelten Selbstkosten noch einmal derselbe Betrag von 8 Groschen, oder zumindest die Höhe der Fabrikationskosten, als Risikoprämie angesetzt werden müssten, um kostendeckend arbeiten zu können und eine akzeptable Gewinnmarge zu erreichen.[1573] 16 Groschen pro Pfund hergestelltem Porzellan sollten als Grundlage der Preisbildung deshalb nicht unterschritten werden. Über den Nachteil der Durchschnittskostenbildung im Zuge einer Divisionskalkulation war man sich bewusst. Es bestand nämlich die Schwierigkeit, dass die Lagerbestände an Porzellanen und die tatsächlich verkauften Geschirre nicht mit den hergestellten Stücken übereinstimmten. Die Manufaktur hatte mitunter erhebliche Schwankungen in ihren Porzellanbeständen aufzuwei-

[1569] Vgl. AA I Bo 6, S. 52. Vgl. auch die Abbildung 5-26 im Anhang.

[1570] Vgl. Kapitel 3.3.9.

[1571] Vgl. zur differenzierten oder verfeinerten Divisionskalkulation Vormbaum (1975), Sp. 2051.

[1572] Bei dieser Divisionskalkulation wird der Betrieb nicht als eine Leistungseinheit angesehen, sondern in einzelne Produktionsstufen unterteilt. Die Kostenermittlung erfolgt durch schrittweise Fortrechnung über diese einzelnen Produktionsstufen hinweg, vgl. hierzu Kloock/Sieben/Schildbach (1999), S. 133–137 und Vormbaum (1975), Sp. 2051–2052.

[1573] Vgl. AA I Bo 6, S. 52b und AA IV14 15, o. S.

sen, so dass die produzierte Porzellanmasse nicht immer mit den daraus hergestellten Geschirren übereinstimmte. Oft wurden vorrätige weiße Porzellane aus den Lagern noch nachträglich bemalt, so dass auf Jahressicht mehr Porzellane bemalt, als tatsächlich hergestellt wurden. Man erkannte, dass die der Divisionskalkulation zugrundeliegende Porzellanmasse den Stückkostenpreis erheblich verzerren konnte. Die produzierten bzw. abgesetzten Porzellane konnten mit zu hohen oder zu niedrigen Kosten belastet werden, je nachdem, ob man mehr oder weniger produzierte als man verkaufte. Um diesem Problem Abhilfe zu schaffen argumentierte von Oppel, dass als Divisor in der Divisionsrechnung auch die Summe der zum Absatz bestimmten Porzellane genommen werden konnte. Dividierte man alle Gesamtkosten durch die zum Verkauf bestimmten produzierten und bemalten Porzellane, sank der Stückkostenpreis auf 5 Groschen.[1574] Weiter bestand die Möglichkeit, als Bezugsgröße und Divisor den Wert aller hergestellten Porzellane in Reichstaler anzusetzen.[1575] Aber besonders hier war die Preisbildung nicht leicht zu bewerkstelligen. Bei der Berechnung ergab sich nämlich ein Zirkelschluss, da man den Produktionswert der Geschirre mit einer Größe bewerten musste, die wiederum vom Ergebnis der Kalkulation des Verkaufspreises abhing. Von Oppel hatte bei allen aufkommenden Schwierigkeiten dennoch neue Wege bei der Preisberechnung aufgezeigt und mögliche Schwachstellen der einzelnen Methoden erläutert. In weitergehenden gemeinschaftlichen Beratungen durch die Untersuchungskommission sollte die Herausforderung der Preisbildung für die Meißener Porzellane schließlich neu angegangen werden.

Tabelle 3-9: Vorschläge zur Divisionskalkulation 1814

1.) Kosten pro Pfund	2.) Kosten pro Stück	3.) Kosten pro Taler an Wert
Σ Produktionskosten / Σ Gewicht Porzellanmasse = **Kosten pro Pfund**	Σ Produktionskosten / Σ Bemalte Porzellane = **Kosten pro Stück**	Σ Produktionskosten / Σ Produktionswert = **Kosten pro Taler**

Quelle: AA I Bo 6, S. 52b– 65

3.3.19 Moderne Preiskalkulation und Erweiterung der Produktlinie von 1815 bis 1818

Innerhalb der Manufakturführung setzte sich in den nachfolgenden Monaten eine interne Diskussion fort über die richtige Vorgehensweise für die Preisbildung. Die Dringlichkeit der Reform der Preisbildung wurde im Herbst 1814 deutlich, als festgestellt werden musste, dass bei dem damals vorherrschenden Preisniveau der Meißener Porzellane die Selbstkosten nicht gedeckt werden konnten.[1576] Die aggressiven, kurzfristig orientierten Preissenkungen zu

[1574] Vgl. AA I Bo 6, S. 53b.

[1575] Vgl. AA I Bo 6, S. 65.

[1576] Vgl. IV9 15, S. 61 und S. 63.

Jahresbeginn wirkten in Kombination mit den Rabatten zum Nachteil der Manufaktur. Auch die vormals kalkulierten Kosten pro Pfund verwendeter Porzellanmasse waren im Jahr 1814 um 50% auf 12 Groschen pro Pfund angestiegen.[1577] Spätestens jetzt war den Verantwortlichen in Meißen klar, dass man die bisherige Preispolitik verändern und im Wege profitabler Preise die wirtschaftliche Situation verbessern musste:

> *„Will man daher außerordentliche Kosten und manchen Verlust beim Handel noch decken, so wird es nach dem zeitherigen Gange der Fabrikation nöthig werden, daß der Verkaufspreis an 1 Rt. Künftig auf 1 Rt. 8 Gr. gesezt wird".*[1578]

Erstmals seit den Zeiten der Direktion von Helbig nach dem Siebenjährigen Krieg gab es in Meißen ernsthafte Bestrebungen, die Profitabilität nicht ausschließlich mittels Kosteneinsparungen zu erreichen, sondern auch durch Preiserhöhungen. Eine mögliche Anpassung der Preise um durchgängig 33% nach oben sollte sicherstellen, dass nicht weiter unter Kosten verkauft und die Unterdeckung der Betriebstätigkeit riskiert wurde.

Ein erstes Mittel zur Anhebung der Preise bestand in der Verbesserung des bestehenden Preisgefüges zwischen den verschiedenen Porzellankategorien. Die bisherigen Preisniveaus und die Wertbestimmung der Abstufungen von Gut, Mittelgut und Brac entsprachen nicht dem tatsächlichen Verhältnis der Produktionszahlen und der Fehlbrände. Direktor von Oppel reglementierte im Februar 1815 deshalb die Preispositionierung der verschiedenen Porzellanqualitäten.[1579] In der Vergangenheit hatte es immer wieder Probleme mit den Preisen für Gut und Mittelgut gegeben, die zu nahe beieinander lagen und Kannibalisierungseffekte nach sich zogen. Der Direktor setzte nun Preiskorridore fest, um bessere Abgrenzungen zwischen den einzelnen Verkaufspreisen der Porzellankategorien zu erlangen. Direkt nach den Porzellanbränden sollten die Geschirre nach ihrer Güte eingeteilt werden, und die so festgelegten Porzellankategorien bekamen für die spätere Kalkulation unterschiedliche Verkaufspreise zugeordnet. Zu diesem Zweck wurden die bestehenden Porzellankategorien auf nun insgesamt 5 Abstufungen erweitert, wovon 4 in den Verkauf gebracht werden konnten.[1580] Die höchste Kategorie blieb das Gut, während kleinste Flecken und kaum wahrnehmbare Unregelmäßigkeiten eine Einstufung in das Mittelgut erforderlich machten. Bei kleinen, nicht durchgehenden Rissen im Porzellan und direkt wahrnehmbaren Veränderungen in Form und Farbe mussten die Produkte als Ausschuss qualifiziert werden. Konnte man einen oder mehrere Fabrikationsfehler auf den ersten Blick ohne Anstrengung erkennen und waren Veränderungen in Form und Farbe stark auffallend, musste das entsprechende Geschirr als Brac angesehen werden. In die letzte Kategorie, dem Bruch, wurden alle Stücke subsumiert, die durch offensichtlichen Brandschaden und Zerstörung nicht mehr verkauft werden konnten. Für eine Bemalung der Porzellane kamen nur die ersten drei Kategorien in Frage.[1581] Der Preis für das Mittelgut sollte die Basis darstellen und war auch derjenige Preis, der fortan

[1577] Vgl. AA IV9 15, S. 67b.

[1578] AA IV9 15, S. 67.

[1579] Vgl. AA IV9 15, S. 67b–68.

[1580] Vgl. AA I Bo 8, o. S.

[1581] Vgl. AA I Bo 8, o. S. und AA I Bb 2, S. 64–64b.

standardmäßig in den Preislisten angegeben wurde. Der Preis für Gut sollte dagegen um 25% höher, der gerade noch zu verkaufende Ausschuss 25% billiger und das Brac um 50% niedriger als das Mittelgut anzusetzen sein, da besonders Brac fast ausnahmslos in die Auktionen gelangte und die dort erzielten Preise als Referenzwert dienen mussten.[1582]

Doch mit der Anpassung des Preisgefüges der Kategorien war es nicht getan. Die enttäuschenden Zahlen des letzten Halbjahres 1814 verlangten nach einer weitergehenden Reform in der Preispolitik. Am 27. Februar 1815 wurde gemeinschaftlich von den Meißener Führungskräften bestimmt, dass man die bisherige Preisbildung der Manufaktur gründlich auf den Prüfstand stellen musste und die Verkaufspreise besser als bisher die tatsächlichen Produktionskosten decken sollten:

> *„Da überhaupt diese (...) [Produktionskosten] die Überzeugung liefern, daß die Verkaufspreise nicht heruntergesezt werden können; so ist (...) der Auftrag geschehen, die verschiedenen Regulierungen der Preise zusammen zu tragen, um sie einer nochmaligen Revision zu unterziehen, und sie nach den neuen, hinsichtlich der Fabrikationskosten erhaltenen Resultate richtiger zu reguliren".*[1583]

Der Führungsebene in Meißen kam zugute, dass die im Vorjahr neu eingeführte Buchführung mit Unterteilung in Kostenstellen eine bessere rechnerische Grundlage „zu der so schwierigen Regulirung der Verkaufspreise" abgab.[1584] Am 20. März 1815 traf sich die Leitung der Manufaktur mit den Vorstehern der Malereiabteilung und des weißen Corps. Wie zuvor schon erwähnt, erreichte der kumulierte Verlust im zweiten Halbjahr 1814 die Summe von 4.681 Talern und 23 Groschen. Pro Taler Produktionswert entsprach dies einem Verlust von 2 Groschen und 2½ Pfennig – noch ohne die Berücksichtigung von außerordentlichen Kosten und von Verlusten im Handelsgeschäft.[1585] Die zuvor schon angedeutete Erhöhung um pauschal 33% schien nicht durchführbar zu sein, da sie in erster Linie als schädlich für das Ansehen der Manufaktur erachtet wurde. Zudem mussten die Wettbewerber Meißens primär durch niedrige konkurrenzfähige Preise angegangen werden, und man konnte ohnehin durch die schwierige Absatzsituation im Markt für Luxuswaren durch Preiserhöhungen keine zusätzlichen Verkäufe generieren. Man entschied sich deshalb, die Preise nicht rückwirkend neu zu kalkulieren und beließ insbesondere die höherwertigen Porzellane bei den bisherigen Preisen. Vielmehr sollten die technischen Neuerungen so viel Einsparung erbringen, dass eine Preisanpassung unnötig werden würde.[1586] Auch nahm man Abstand von der Divisionskalkulation. Die Rechnungen des Direktors von Oppel hatten aufgezeigt, dass damit keine geeignete Basis zur Berechnung der Selbstkosten und der Preise geschaffen werden konnte.

[1582] Vgl. AA I Bo 8, S. 61b. Die Detaillierung der Qualitätsabstufungen wurde immer mehr zu einem Absatzinstrument, da spätere Anordnungen aus dem Jahre 1817 zeigen, dass man neben den technisch-künstlerischen Aspekten die Sortierung auch nach Profitabilität und Absatzchancen vornahm. Tassen, Teller und weitere Umsatzträger sollten stärker unter Mittelgut sortiert werden und dadurch im Verkaufspreis niedrig gehalten werden, vgl. AA I Bb 2, S. 67.

[1583] IV9 15, S. 68.

[1584] AA IV9 15, S. 77.

[1585] Vgl. AA IV9 15, S. 77–77b.

[1586] Vgl. AA IV9 15, S. 77b.

Man einigte sich im Kreise der Manufakturführung aber auf neue Prinzipien der Preisbildung, die fortan die Preispolitik der Meißener Manufaktur nachhaltig bestimmen sollten.[1587] Schritt für Schritt wurde von den Verantwortlichen jede einzelne Fertigungsstufe bei der Herstellung des Porzellans analysiert. Die Einzel- und Gemeinkosten wurden voneinander getrennt, so dass die Einzelkosten unmittelbar den Porzellanen zugerechnet werden konnten, während die Gemeinkosten in mehrere Teilbeträge aufgeteilt wurden und den Porzellanen nach Maßgabe unterschiedlicher Zuschlagsgrundlagen angelastet wurden. Ausgangspunkt der Kalkulation sollte der Preis für weißes unbemaltes Mittelgut sein:

- Die Kosten pro Pfund Porzellan inklusive des Brennens wurden mit 8 Groschen und 3 Pfennig angesetzt.
- Die direkt zurechenbaren Arbeitskosten der Gestaltung und Formung des Geschirrs wurden dieser Summe hinzuaddiert.
- Falls das Porzellan fehlerhaft aus dem Brandofen kam und zum Brac zu rechnen war, sollten die Kosten der Gestaltung nur zur Hälfte angerechnet werden.
- Bei großen Stücken sollte hingegen die erhöhte Gefahr des Fehlbrands mit doppelt so hohen Kosten der Gestaltung berücksichtigt werden.
- Für die Gemeinkosten und für die Kosten des Vertriebs wurde dann auf jeden Taler ein Zuschlag von 3 Groschen und 2 Pfennig angesetzt, für die allgemeinen Verwaltungskosten noch zusätzlich 2 Groschen und 8 Pfennig – insgesamt also ein Zuschlag von 6 Groschen 2 Pfennig pro Taler oder ziemlich genau 25%.
- Kam zu den so kalkulierten Selbstkosten des weißen Mittelguts noch eine farbige Bemalung hinzu, wurden die direkt zurechenbaren Arbeitskosten der Malerei verwendet. Um die Gemeinkosten der Malerei wie Farbe und Material zu decken, wurden die Malereikosten doppelt zum Verkaufspreis des unbemalten Mittelgutes aufgeschlagen.
- Kam es zu einer Vergoldung des Porzellanstücks, wurde das präparierte Gold zu 3 Talern je Karat nach dem Gewichte angesetzt. Die direkt zurechenbaren Kosten der Vergoldung wurden danach doppelt angesetzt.

Diese neuen Prinzipien waren der Beginn eines neuen Zeitalters der Preisbildung in Meißen, dem Zeitalter der differenzierenden Zuschlagskalkulation.[1588] Man erkannte jetzt, dass die direkte Zurechnung der Einzelkosten notwendigerweise von einer Verteilung der Gemeinkosten flankiert werden musste. Die Porzellanstücke wurden neben den direkt zurechenbaren Einzelkosten, wie den Stücklöhnen oder den Kosten für die Porzellanmasse, mit den anteiligen Gemeinkosten derjenigen Fertigungsstufe belastet, die sie während der Herstellung durchliefen. Den Kalkulationen kam nun zugute, dass man auf die in der Buchführung geschaffenen Kostenstellen zurückgreifen und die Gemeinkosten entsprechend der jeweiligen Kostenstellen aufteilen konnte. Den wichtigsten Kostenstellen wurden anschließend entsprechende Gemeinkostenzuschlagssätze zugeordnet. Es handelte sich hierbei um die Realisation einer Vollkostenrechnung, welche durch direkt zurechenbare Einzelkosten und durch prozentuale Zuschläge für die Gemeinkosten den gesamten Aufwand der Produktion abdecken

[1587] Vgl. AA IV9 15, S. 78–78b.

[1588] Vgl. AA I Bo 8, S. 53 und AA IV9 15, S. 78–79, zum Wesen der Betriebszuschlagskalkulation vgl. Kapitel 1.2.1.

konnte.[1589] Es war dies diejenige Kalkulationsart, die den Manufakturisten in Meißen seit Gründung der Manufaktur immer wieder vorschwebte. Ziel der Preisbildung war es seit jeher, die gesamten anfallenden Produktionskosten zu decken und einen angemessenen Gewinn zu erwirtschaften. Dies schien nun endlich realisiert worden zu sein. Bezeichnend ist, dass sich Meißen erst einer vollständigen kostenorientierten Preispolitik gewidmet hat, als die Zeit der Krise die Maßnahme unausweichlich machte. In Phasen, in denen steigende Nachfrage und allgemeines Marktwachstum das wirtschaftliche Umfeld der Manufaktur bestimmten, bestand lediglich die Notwendigkeit, diese Nachfrage anhand entsprechender Anpassungen im Produktportfolio und in der Herstellmenge zu befriedigen und weiter zu stimulieren. Hingegen war es in der damaligen Zeit, in der sich die Manufaktur nach 1814 befand, von entscheidender Bedeutung, auch die komplette Kostenseite der Produktion in das preispolitische Kalkül einzubinden.[1590]

Die Zuschlagskalkulation bedurfte einer gewissen Anpassungszeit aufgrund ihrer für die damaligen Verhältnisse radikal neuen Herangehensweise in der Preisbildung. Vor dem Hintergrund der erfolgten Reform im Rechnungswesen im Jahre 1814 und der Umstellung der Preisbildung auf eine Zuschlagskalkulation erzielte man erst zum Ende des Jahres 1816 in Meißen eine gewisse Sicherheit im Umgang mit den neuen Rechnungs- und Kalkulationsmethoden. Besonders für die genaue Berechnung der Zuschlagssätze für die Gemeinkosten war es wichtig, den tatsächlichen Aufwand in diesen Kostenstellen genau zu ermitteln. Der Aufwand für eine Reihe von Porzellanen war auch deshalb nicht genau quantifizierbar, da man über die kostenseitigen Auswirkungen der Reformen im produktionstechnischen Bereich noch nichts Genaues wusste. Besonders das Maschinenwesen und die Etablierung der neuen Etagenöfen versprachen erhebliche Kosteneinsparungen, konnten aber erst nach einer hinreichend langen Zeit des Einsatzes im Produktionsbetrieb genau quantifiziert werden.[1591] Dennoch konnte Inspektor Kühn im September 1816 berichten, dass durch die Einführung der Zuschlagskalkulation eine viel bessere Relation zwischen Produktionsaufwand und Produktionswert ab dem Sommer 1816 eingetreten war.[1592] Doch trotz aller Bemühungen in der Preispolitik, schloss die Manufaktur das Gesamtjahr 1816 mit Verlust ab. Einnahmen von insgesamt 123.441 Talern standen Ausgaben in Höhe von 154.143 Talern gegenüber.[1593] Das Jahr 1816 war insbesondere aufgrund der vielen Investitionen und der noch laufenden Reformprozesse im technischen, künstlerischen und wirtschaftlichen Bereich besonders kosten-

---

[1589] Vgl. AA I Ak 1, S. 186b.

[1590] Analog dazu die preispolitische Entwicklung bei Josiah Wedgwood. Dieser musste sich erstmals einem schwierigen Wirtschaftsumfeld im Jahr 1772 stellen, was zu einer kompletten Neueinschätzung der Kosten- und Preiskalkulation führte. Der englische Unternehmer verbesserte hiernach Schritt für Schritt seine Kalkulationsmethoden bis in das kleinste Detail. Er berechnete Kostenkennzahlen wie Transportkosten pro Tonne Rohstoff oder prozentuale Handelskosten in Relation zum Gesamtumsatz, und nahm die Informationen für seine Geschäftsentscheidungen zu Hilfe, vgl. McKendrick (1970), S. 57–59 und S. 65. Die so durchgeführte profunde Analyse der Kostensituation führte die tatsächliche Situation des Betriebes ans Tageslicht. Wedgwood war überrascht von den bisher eingefahrenen hohen Profiten, vgl. McKendrick (1970), S. 61.

[1591] Im Vergleich zum Jahr 1813 konnte man 1827 beispielsweise etwas mehr als 50% der beim Brennen Angestellten Personen einsparen, vgl. AA I Af 9, S. 97, eigene Berechnungen.

[1592] Vgl. AA IV9 13, S. 5.

[1593] Vgl. Tabelle 5-1 im Anhang.

intensiv gewesen. Erneut standen die preisstrategischen Entscheidungen im Fokus der Manufakturleitung.

Die unbefriedigende Situation auf der Einnahmeseite hatte schon die Führungskräfte der Manufaktur am 30. November 1816 dazu veranlasst, die bisher gültige Vorgehensweise bei der Preisbildung weiter zu verfeinern.[1594] Von Oppel machte sich daran, endgültig die Preisbildung in Meißen zu reglementieren. Aufbauend auf den geleisteten Vorarbeiten zur Preiskalkulation vom 30. November 1816, wurde für das Gesamtjahr 1816 eine Aufstellung der Kosten in die sogenannten „werthgebenden" und „zu übertragenden" Kosten, also in Einzel- und Gemeinkosten durchgeführt. Der Direktor ordnete mit Resolution vom 15. Februar 1817 folgende Vorgehensweise bei der Preisbildung für Mittelgut an[1595]:

- Das Pfund rohe Porzellanmasse sollte ursprünglich bei sämtlichen Kalkulationen mit 2 Groschen berechnet werden.
- Jedoch musste der Verlust an Volumen, den jedes Porzellanstück nach dem Brennen durch Feuchtigkeitsverlust erlitt, kompensiert werden. Mit dem Aufwand zur Bereitung von einem Pfund Porzellanmasse konnten nach dem Brand lediglich 25 Lot Masse oder 80% des ursprünglichen Gewichts gewonnen werden.
- Um deshalb ganz sicher zu gehen, wurde angeordnet, ein Pfund Porzellanmasse mit 8 Groschen in Ansatz zu bringen und hierzu die Einzelkosten der Massefertigung aufzusummieren.
- Bei der einfachen Gestaltung der Form sollten die direkt zurechenbaren Arbeitskosten des Drehens hinzuaddiert werden. Bei Geschirren, die eine stärkere Modellierung erforderten, sollten hingegen die Arbeitskosten aufgrund der erhöhten Gefahr von Fehlbränden doppelt angerechnet werden.
- Die Brennkosten und die Kosten der Kapselbereitung wurden, in Anbetracht der Ersparnisse pro Brand durch die Etagenöfen, mit 3 Groschen und 4 Pfennigen pro Pfund Porzellanmasse berechnet.
- Die Gemeinkosten der Massebereitung wurden mit einem Zuschlagssatz von 8,33% aufgeschlüsselt, so dass sich nach Berücksichtigung dieser Kostenstelle der Fabrikationspreis für weißes und unbemaltes Porzellan ergab.
- Die hiernach auf das Porzellan angebrachte Bemalung sollte die in dieser Kostenstelle entstehenden Gemeinkosten dadurch berücksichtigen, dass die Lohneinzelkosten doppelt gerechnet wurden.
- Bei Vergoldungen galt zusätzlich je nach Materialverbrauch ein Goldpreis von 4 Talern pro Quäntchen (ca. 2 Gramm) einfachem Gold und von 5 Talern pro Quäntchen gutem Gold.
- Die allgemeinen Vertriebskosten wurden mit einem Zuschlagssatz von 16,67% berücksichtigt.
- Schließlich sollte noch eine angemessene Gewinnmarge auf die Preise berechnet werden. 50% Marge erschien von Oppel zu viel, so dass 25% Gewinnzuschlag als akzeptabel angesehen wurde.

1594 Vgl. IV9 15, S. 129–129b.

1595 Vgl. AA I Ak 1, S. 91–95b und S. 105.

- Die weiteren Qualitätskategorien Gut und Ausschuss wurden im Preis jeweils entweder um 25% erhöht oder gesenkt.
- Geschirre, die sich nicht zur Malerei eigneten und dadurch unbemalt blieben, wurden direkt mit der Summe aus Zuschlag auf die Vertriebskosten und Gewinnmarge versehen, zusammen also 41,67 %.
- Bei Porzellanfiguren und -gruppen sollte der Verkaufspreis so oft vervielfacht werden, wie es zur Kompensation des häufigen Misslingens im Porzellanbrand notwendig erschien.

Abbildung 3-14: Beispielhafte Darstellung der Zuschlagskalkulation ab 1817 – Einfach gemalter Teller in Porzellansorte I

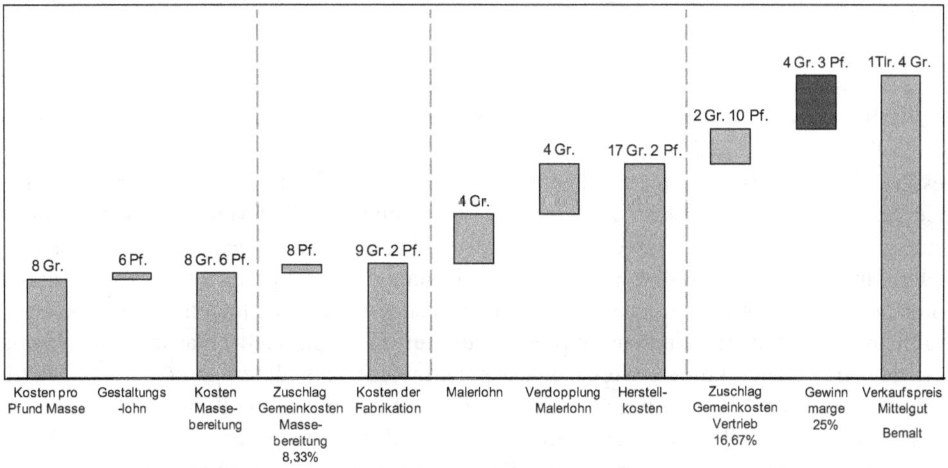

Quelle: AA I Ak 1, S. 91– 95b, eigene Berechnungen, eigene Darstellung

Die so aufgestellte Preispolitik schien der richtige Weg zu sein, um die Meißener Manufaktur profitabel zu betreiben. Man war überzeugt, durch diese Kalkulation im Wege einer Vollkostenrechnung die jährlichen Ausgaben decken zu können. Hätte man diese Regeln der Preisbildung auf die hergestellten Porzellane schon im Jahr zuvor angewendet, wäre, laut einer ex-post durchgeführten Berechnung, ein Überschuss von 3.288 Talern aus der Differenz von Produktionswert und Produktionskosten entstanden.[1596] Wie sahen nun die derart kalkulierten Preise im Vergleich zu den Vorjahren aus?

Durch die Einführung der Zuschlagskalkulation in Meißen wurden erstmals seit dem Siebenjährigen Krieg wieder systematisch und zielgerichtet Preiserhöhungen statt Preisherabsetzungen durchgesetzt. Bei einer Auswahl vergleichbarer Porzellanstücke betrug die durchschnittliche Preiserhöhung 1817 im Vergleich zu 1814 aufgrund der neuen Kalkulation insgesamt 4%. Jedoch bedeutete dies keine gleichmäßige Erhöhung über das gesamte Produkt-

---

[1596] Vgl. AA I Ak 1, S. 108.

portfolio hinweg. 41% der Geschirre bekamen durch die neuen Regeln zur Preisbildung sogar geringere Verkaufspreise, 4% blieben unverändert. Die Mehrheit der Waren jedoch kostete fortan mehr, und in der Spitze wurde der Preis um bis zu 67% erhöht.

Tabelle 3-10: Preisvergleich 1814 vs. 1817, Porzellansorte I

Porzellane im Vergleich	Preis-senkung	Preis-erhöhung	Gleicher Preis
N = 209	85	115	9
100%	41%	55%	4%

Ø Preiserhöhung	Max. Preis-änderung	Min. Preis-änderung
4%	67%	-56%

Quelle: AA I Ak 1, S. 113b– 116, eigene Berechnungen

Um die Absatzsituation zu verbessern, wurden ab dem Sommer 1816 verstärkt Überlegungen angestellt, wie sich Meißen weiter im Markt positionieren sollte. Oberfaktor Martini stellte in einem Promemoria vom 8. August 1816 fest, dass die Manufaktur vornehmlich durch die bessere Befriedigung der Kundenbedürfnisse und durch Produktion von Porzellanen im „Geiste der Zeit“ ihre Verkaufszahlen verbessern könnte.[1597] Der Meißener Betrieb musste seine ganze Qualität unter Beweis stellen und regelmäßig herausragende Meisterstücke herstellen. Indem die Manufaktur zeigte, was sie imstande war zu produzieren, konnte dies zu einer besseren Differenzierung gegenüber den Wettbewerbern beitragen. Man musste sich durch Innovationen den Kunden empfehlen, um an die traditionell herausragende Position der Meißener Manufaktur aus vergangenen Zeiten wieder anknüpfen zu können.[1598] Martini befürwortete auch die Einführung von Porzellanausstellungen im Rahmen der Leipziger Messen. In diesen sollten Kaufleute, Künstler und Gelehrte die besten und schönsten Stücke prämieren und die ausgezeichneten Porzellane in den regionalen Zeitungen Erwähnung finden.[1599] In Bezug auf die Preispolitik favorisierte Martini eine Ausweitung der Preisdifferenzierung. Für die gangbaren Artikel wie Tassen und Teller schlug er vor, die Gewinnmarge abzusenken, um diese Stücke preislich attraktiver zu machen und um ihre Funktion als Umsatzträger nicht zu gefährden.[1600] Weiterhin angeregt wurde eine Preisdifferenzierung der Porzellane nach der Qualität der Bemalung, so

> *„daß bei Stüken von gleichen Gemählden, auf diejenigen von besserer Hand, ein höherer Preis gesetzt werden könne. Der Nichtkenner nimmt das Schlechtere eben so gern als das bessere indem er blos den Preis berücksichtigt; der Kenner aber giebt für das bessere gern etwas mehr“.*[1601]

[1597] AA IV 1, S. 25–25b.

[1598] Vgl. AA IV 1, S. 27.

[1599] Vgl. AA IV 1, S. 28b.

[1600] Vgl. AA I Ak 1, S. 187–187b und S. 192.

[1601] AA IV 1, S. 30b.

Neben diesem Wunsch nach Preisdifferenzierung führte der Oberfaktor weitere preispolitische Ideen an, die geeignet waren, die Verkäufe und die Profitabilität der Manufaktur zu steigern. Es handelte sich dabei um eine Version der Produktbündelung mit relativer Preisersparnis bei Geschirren, die mit besonders günstigen Eckpreisen in den Preislisten zu finden sein sollten:

> *„In Beziehung auf den Detailverkauf, könnte auf dem Preistariff bemerkt werden: daß die mit * bezeichneten Artikel, nur zu dem beigesezten Preißen abgelaßen würden, wenn für jeden Thaler Betrags, für 2 Rt. an anderen Waaren zugleich mitgenommen würden".*[1602]

Die Idee war somit, nur in den Genuss der in der Preisliste besonders gekennzeichneten günstigen Preise zu kommen, falls gleichzeitig der doppelte Warenwert bei anderen, nicht mit einem Sternchen versehenen Porzellanen gekauft wurde. Dies stellte einen innovativen Ansatz dar, um Zahlungsbereitschaften besser ausschöpfen zu können und Kunden zu zusätzlichen spontanen Käufen zu motivieren. Zudem forderte er, sich bei der Preisbildung auf einen Hauptaspekt zu konzentrieren, anstatt mehrere Ziele auf einmal bei der Preiskalkulation zu verfolgen. Dies konnte die Gefahr bergen, die Preise unverhältnismäßig niedrig zu setzen:

> *„Dennoch ist der Preis vielleicht sehr mäßig, wenn ich ihn, theils nach den Fabrikazionskosten, theils nach den wesentlichen Vorzügen des Fabrikats, und zugleich nach dem geringen Absatze den es findet, berechne".*[1603]

Der Einfluss von zu vielen Variablen auf die Preisbildung konnte der Manufaktur nicht nützlich sein. Die Preisbildung auf Basis der Kosten, anhand der Berücksichtigung des Nutzenwertes oder unter Beachtung der Nachfrageverhältnisse konnte zu geringe Preise ergeben. Denn mit diesen Variablen wurden zumeist auch unterschiedliche preisstrategische Ziele verfolgt, und sie alle auf einmal zu berücksichtigen konnte kontraproduktiv wirken. Man musste im Grunde also entweder kosten- oder nachfrageorientiert bei der Kalkulation vorgehen. Ein zu starker Einfluss von beiden Aspekten in der Preisbildung konnte im Vergleich zu ihren tatsächlichen künstlerischen Vorzügen und Herstellungskosten für zu niedrige Verkaufspreise sorgen. Die Manufaktur lief Gefahr, sich durch eine derartige, auf die Einbeziehung mehrerer Variablen aufbauende Preisbildung, in einem Netz von Kompromisslösungen zu verstricken, die letztlich zu nicht kostendeckenden Preisen führen konnten.

Die Berücksichtigung der tatsächlichen Nachfrageverhältnisse in der Preisbildung war zum damaligen Zeitpunkt ohnehin besonders schwer zu bewerkstelligen. Die Bedingungen auf den Absatzmärkten hatten sich grundlegend geändert – die feudale ökonomische und politische Ordnung Europas hatte nach den Napoleonischen Kriegen aufgehört zu existieren. Dies bedeutete, dass mittelfristig eine wachsende und sich deutlich ausprägende bürgerliche Gesellschaft zum Kundenkreis der Meißener Manufaktur gezählt werden musste, auch weil die allgemein fallenden Preise der Porzellane im Markt, bei damals weitestgehend gleichblei-

---

[1602] AA I Ak 1, S. 187b.

[1603] AA IV 1, S. 32b.

benden Reallöhnen, breitere Teile der Bevölkerung erreichten.[1604] Hatte diese Entwicklung schon während der Jahre der Direktion von Marcolini eingesetzt, so musste die Manufaktur nach 1815 definitiv eine Revision der bestehenden Kundensegmente durchführen. Die neuen bürgerlichen Nachfragegruppen sahen das Porzellan in seiner praktischen Verwendungsmöglichkeit und nicht in seiner künstlerischen und repräsentativen Funktion. Die wachsende Popularisierung des Porzellans hing auch mit der Veränderung der Essensgewohnheiten, der Tischsitten und der Erweiterung des Nahrungsmittelangebotes zusammen. Diese bürgerlichen Gesellschaftsschichten versuchten eine kulturelle Angleichung an den herrschaftlichen Lebensstil zu erwirken. Die Standesgrenzen verwischten zunehmend durch die gleichmacherische Kraft des Luxuskonsums, so dass eine Verbürgerlichung bisher ausschließlich adeliger Gewohnheiten eintrat.[1605] Pompöse Bestellungen für Königshöfe, Auftragsarbeiten für den Adel und üppige diplomatische Geschenke aus Porzellan ließen sich längst nicht mehr so häufig in den Bestellbüchern in Meißen finden wie noch Jahrzehnte zuvor.[1606] Stattdessen konzentrierte sich eine immer stärker wachsende Nachfrage auf funktionale und billige Geschirre, die, mit hygienischen Vorteilen bei der Nahrungsaufnahme versehen, den Bedarf an Tischkultur der mittelständischen bürgerlichen Schichten decken sollten.[1607] Diese Veränderung bewirkte auch entsprechende produktpolitische Reaktionen seitens der Manufakturen durch die verstärkte Herstellung von gangbaren und günstigen Porzellanen.[1608] Das Porzellan hatte allerspätestens zu diesem Zeitpunkt seine Stellung als Luxusgut erheblich eingebüßt. In dem Maße, wie die traditionellen Kundengruppen der fürstlichen Höfe und des Adels gesellschaftlich und wirtschaftlich zurückgedrängt wurden, änderte sich auch das Produktverständnis des Porzellans. Es begann als tägliches Gebrauchsgut verstanden zu werden, auch wenn dieser Prozess wohl erst zu einem späteren Zeitpunkt unter dem Eindruck industrieller Massenproduktion vollständig realisiert werden konnte. Dennoch hatte das Porzellan den Nimbus des Luxusgutes zu diesem Zeitpunkt verloren und wurde dadurch für neue Kundengruppen interessant. Eine mangelnde Berücksichtigung dieser Kundengruppen und eine unklare Positionierung zwischen der billigen, auf Massenproduktion ausgerichteten Konkurrenz und dem hochpreisigen und exklusiven Marktsegmenten der Porzellanherstellung konnte der Meißener Manufaktur empfindliche wirtschaftliche Einbußen bescheren.

[1604] Vgl. Siebeneicker (1993), S. 230.

[1605] Vgl. Pallach (1980), S. 649 und Siebeneicker (1993), S. 231. Die Übernahme der Konsumgewohnheiten der höheren Stände durch bürgerliche Schichten wurde zum augenfälligen Phänomen. Die Veränderungen traditioneller Konsumgewohnheiten besonders im Luxusbereich sind indes schon Mitte des 18. Jahrhunderts zu verzeichnen. Die Deputierten der Leipziger Messe klagten 1747: „Nächstdem nimmt der Luxus unter dem gemeinen Volke allenthalben zu und was sonst Wolle getragen, trägt jetzt Seide (…)“, zitiert nach Hasse (1885), S. 311. Endgültig schienen sich die Konsummuster der bürgerlichen Schichten in Sachsen mit Ende des 18. Jahrhunderts geändert zu haben: „Statt sich zu erniedrigen, sucht man nach höhern Ständen empor zu streben, und ist man auch nicht von hohem Stande, so müssen doch Haushaltung, Meubles, Kleidung und Anstand einen hohen Stand affektieren. (…) Dinge, die ehedem in den Häusern des Adels Ueberflus schienen, betrachtet jetzt schon der Handwerksmann als ein Bedürfnis, das er ohne Nachtheil seines Standes nicht entbehren können glaubt“, Römer (1791), S. 27–28.

[1606] Zu den wichtigsten königlichen und adeligen Bestellungen, vgl. Schuster (1993), S. 234–244.

[1607] Vgl. Schade (1987), S. 12.

[1608] Vgl. Just (1983), S. 71, Stahl (2002), S. 192 und Schuster (1993), S. 100.

Aus diesem Zielkonflikt wollte man in Meißen herausbrechen, indem man sich dem niedrigpreisigen Sektor verstärkt zuwandte, ohne die bestehende Hochpreissegmente ganz aufzugeben. Die noch unter Marcolini abgelehnte Einführung einer alternativen und billigeren Porzellanmasse wurde deshalb von der Manufakturführung jetzt wieder mit Nachdruck verfolgt. Man stand auch unter Zugzwang, weil in der Berliner Manufaktur KPM etwa zur gleichen Zeit die Erweiterung der Produktlinie um eine billigere Porzellansorte erfolgreich durchgeführt worden war.[1609] Man erhoffte sich, diesem Berliner Beispiel folgend, durch eine Produktdifferenzierung den preislichen Spielraum nach unten besser ausfüllen zu können, ohne jedoch den angestammten Bereich im hochpreisigen Porzellansegment zu gefährden. Es sollte eine zweite, einträgliche Einnahmequelle mit der günstigen Porzellansorte etabliert werden, die der bisherigen Herstellung der hochwertigen Porzellane eine Stütze sein sollte. Die Produktion von künstlerisch hochwertigen Geschirren und Vorzeigeprodukten sollte indes weiterhin eine der Kernkompetenzen in Meißen bleiben.[1610] Zudem schien die Einführung einer zweiten, billigeren Porzellansorte zum damaligen Zeitpunkt ein probates Mittel vieler Manufakturen in der gesamten Porzellan- und Keramikbranche zu sein, so dass Meißen mit dem branchenweiten Trend konform gehen wollte.[1611] Oberfaktor Martini sah gar den wirtschaftlichen Bestand der Manufaktur von der Einführung dieser zweiten, billigeren Porzellansorte abhängig:

> *„Es hängt daher ganz bestimmt das günstige Fortbestehen der Manufactur davon ab, wenn wir thun was die Nothwendigkeit gebietet, und was jede andere Manufactur auch thut, nehmlich der feinsten und besten Waare auch die geringere und wohlfeilste zu liefern".*[1612]

Für Martini war es geradezu ein betriebswirtschaftliches Erfordernis, die Ausweitung des Produktportfolios um eine weitere Porzellansorte voranzutreiben. Günstige Verkaufspreise waren nach seiner Einschätzung ein allgemeines Erfordernis der damaligen Zeit, und nur dadurch konnte die Manufaktur zu einem nennenswerten Verkaufsvolumen zurückkehren.[1613] Mit der zweiten alternativen Porzellanmasse konnte man den vielseitigen Kundenanforderungen besser nachkommen und der billigen Konkurrenz aus Berlin und Frankreich entgegentreten. Diese positive Einstellung gegenüber einer zweiten Porzellansorte in der Manufakturführung bedeutete auch einen Paradigmenwechsel gegenüber der vorherigen Direktion unter Marcolini. Man sah das Fortbestehen der Manufaktur nicht mehr einzig und allein in der Güte und Qualität der Porzellanmasse, die dem Meißener Betrieb seit 1710 zwar zu grenzüberschreitender Geltung verholfen hatte, jedoch in den letzten Jahrzehnten erheblichen Schwankungen unterlegen war. Was andere Manufakturen mit der billigeren Porzellan-

---

[1609] Vgl. AA I Ak 2, S. 26b.

[1610] Vgl. AA I Ak 2, S. 26b.

[1611] So erweiterte neben der Berliner Manufaktur auch die Manufaktur Nymphenburg ihr Produktportfolio um eine billige Porzellansorte für Geschirre des täglichen Gebrauchs, vgl. AA I Ak 1, S. 180 und AA I Bb 132, S. 230b. Aber auch die Produkterweiterung zu höherwertigen Geschirren wurde durchgeführt. So entschloss sich die Manufaktur Villeroy & Boch, ihre bisher eingesetzte günstige Porzellanmasse durch eine etwas teurere Masse nach oben preislich abzurunden, vgl. Desens (1998), S. 28.

[1612] AA IV9 25, o. S.

[1613] Vgl. AA IV9 25, S. 5.

sorte zustande gebracht hatten, das konnte nach Auffassung von Martini die Manufaktur mit ihrer über hundertjährigen Erfahrung im Geschäft mindestens genauso gut erbringen.[1614] Einer Ausweitung des Produktportfolios wurde durch die königliche Resolution vom 2. April 1816 stattgegeben, in welcher Versuche zur Fertigung des sogenannten Gesundheits- oder Sanitätsgeschirrs genehmigt wurden.[1615]

Der Vorschlag, allgemeine Gebrauchsgeschirre weniger kunstvoll zu gestalten und sie auf eine kostengünstigere Art herzustellen als bisher, erging schon Ende 1813.[1616] Die Fertigung sollte vornehmlich diejenigen Artikel betreffen, die zunehmend auch im täglichen Leben der bürgerlichen Haushalte anzutreffen waren, wie Tee-, Kaffee-, Zucker- und Milchgefäße. Zwar wurde am 17. September 1816 beschlossen, zukünftig auch den Vertrieb von Steingut aus der Hubertusburger Manufaktur in den Verkaufsräumen in Meißen durchzuführen, um den Kunden neben den Porzellanen aus Meißen auch eine günstige Produktalternative zu bieten, doch bestand die langfristige Bestrebung darin, mit Porzellanen aus eigener Herstellung die Produkterweiterung in niedrigere Preisbereiche zu vollziehen.[1617] Vor allem deshalb, weil sich offenbar das Gesundheitsgeschirr einer wachsenden Beliebtheit unter den Nachfragern erfreute und als einziges Segment noch nennenswerte Wachstumsraten im Markt versprach.[1618] Das Promemoria von Oberfaktor Martini vom 8. August 1816 enthielt schließlich ein klares Bekenntnis zur Erweiterung des Produktportfolios auf mehrere, preislich klar voneinander abgegrenzte Produktkategorien.[1619] Zudem war es notwendig, nach den Preiserhöhungen um durchschnittlich 4% durch die neue Zuschlagskalkulation eine preisgünstigere Alternative zu bieten. Mit günstigen Preisen und einfachen Formen wollte man den Produkten der billigeren Konkurrenz Umsätze abnehmen. Doch nicht nur die Differenzierung in Richtung günstigerer Produkte sollte angestrebt werden, sondern auch die Einführung gänzlich neuer Produktlinien. So sollte man sich der Herstellung der Porzellane aus schwarzer

---

1614 Vgl. AA IV9 25, S. 8.

1615 Vgl. AA I Af 11, S. 238. Die Namensgebung des Gesundheitsgeschirrs entstammt der um 1790 einsetzenden und hitzig geführten Debatte über die gesundheitlichen Nachteile von bleiglasierter Keramik. Diese Bleiglasur wurde seit der frühen Neuzeit zumeist aus ästhetischen und auch aus praktischen Gründen, da sich die Haltbarkeit von Speisen erhöhte, an den Innen- und Außenseiten der Gefäße angebracht. Gefäße aus emailliertem Eisenblech, aber auch Steinzeug und Fayence mit bleifreier Glasur, sollten die Gesundheitsrisiken beim Gebrauch von Küchengeschirr, Essgeschirr und auch Kinderspielzeug minimieren. Im Zuge dieser Debatte kam eine Erfindung eines keramischen Gefäßes ohne Bleiglasur anfänglich von Frankreich nach Deutschland, welche vom Chemiker Fourmy „Hygiocerames" genannt wurde und wörtlich ins Deutsche übersetzt wurde. Da das Hartporzellan ohne Bleiglasur hergestellt wurde, unterschied es sich in diesem Punkt nicht vom Gesundheitsgeschirr. Jedoch erlaubten unterschiedliche Zusammensetzungen der Porzellanmasse und die schlichte Gestaltung und Dekoration der Geschirre insgesamt niedrigere Produktionskosten. Zum Gesundheitsgeschirr und der zeitgenössischen Debatte vgl. Pfaff (1803) und Halle (1996).

1616 Vgl. AA I Bo 6, S. 15.

1617 Vgl. AA IV 1, S. 49–51 und AA IV9 25, S. 12–13, ferner auch Berling (1891), S. 17.

1618 Der Markt für niedrigpreisige und einfache Gebrauchsgeschirre schien noch viel Entwicklungspotenzial zu besitzen. Da in den zurückliegenden Jahren das Geschirr aus Silber und Zinn auf den Tischen der Haushalte und Gaststätten mehr und mehr durch Steingut und Porzellan verdrängt wurde, schien eine Ausweitung des Angebots auf günstige und einfach hergestellte Gebrauchsgeschirre naheliegend zu sein, vgl. AA I Ak 1, S. 179b–180. Besonders in den einkommensschwachen Schichten scheint es eine größere Nachfrage gegeben zu haben: „Wer sonst Steingut im Gebrauch hatte, verlangt jetzt Gesundheitsgeschirr und Porzellan. (...) Selbst in den unteren Volksklassen kauft man Gesundheitsgeschirr", Ferber (1832), S. 89.

1619 Vgl. AA IV 1, S. 33–33b.

Basaltmasse, dem Jaspisporzellan, hinzuwenden, die vornehmlich von der englischen Konkurrenz mit großem Erfolg hergestellt wurden. Aufgrund der fehlenden Glasur auf diesen Stücken konnten durch einmaliges Brennen der Porzellanmasse die Fehlbrandquoten niedrig gehalten und die Porzellane günstiger angeboten werden. In Meißen überlegte man, dass die Verbindung des gefragten Jaspisporzellans mit den Kunstfertigkeiten der Meißener Manufaktur Geschirre liefern würde, die sonst kein anderer Wettbewerber imstande wäre zu fertigen.[1620]

Die wichtigste preisstrategische Stoßrichtung war jedoch, eine zweite und billigere Porzellanmasse einzuführen, um dadurch parallel zu der bestehenden ersten Porzellansorte günstigere Produkte vertreiben zu können. Hauptbestandteil der zweiten Masse war neben Ton und Kalk das Seilitzer Kaolin[1621], welches allein schon wegen der Nähe der Lagerstätte zu Meißen erheblich billiger war als das bisher benutzte Kaolin aus Schneeberg bei Aue. Man fürchtete, dass die bestehenden Vorkommen an Kaolin bei Aue nicht mehr lange ausreichen würden für eine Porzellanproduktion in hohen Stückzahlen.[1622] Allein schon deshalb erschien es notwendig, sich schrittweise auf andere Kaolinvorkommen zu stützen und die Geschirrherstellung mit alternativen Rohstoffen so früh wie möglich beginnen zu lassen. Inspektor Kühn errechnete, dass mit der Seilitzer Erde mehr als 90% Ersparnis in der Massebereitung erreicht werden konnte.[1623] Zusammen mit den Einsparungen in der Gestaltung, in der Malerei und durch effizientere Brände in den Etagenöfen erhoffte man sich, ein kompetitives Produkt in den Markt bringen zu können. Kühn schätzte, dass durch die produktionstechnischen Einsparungen die Produkte aus der zweiten Porzellanmasse um ein Drittel billiger angeboten werden konnten als die erste Sorte, da pro Taler an Produktionswert für Masse, Gestaltung und Brennen 12 Groschen anfielen statt bisher 18 Groschen.[1624] Sollte zudem die Produktion in Meißen durch die technischen Verbesserungen wesentlich erweitert werden können, stand in Meißen potenziell eine sehr wettbewerbsfähige günstige Porzellankategorie zur Verfügung.[1625] Denn man hegte die Hoffnung, dass mit den zwei eingebauten Etagenöfen zum Porzellanbrand eine Produktion von 3.000 Einzelstücken pro Brand möglich gemacht werden konnte.[1626] Intern ging man davon aus, dass im Wege einer Fixkostendegression die Stückkosten durch eine Ausweitung der Produktionsmengen weiter gesenkt werden konn-

---

1620 Vgl. AA IV 1, S. 33b.

1621 Pro Zentner Porzellanmasse waren 44% Kaolin, 44% Ton und 12% Kalk zu mischen, vgl. AA IV9 13, S. 11.

1622 Vgl. AA I Af 9, S. 90. Seit 1814 kümmerte man sich verstärkt um das Auffinden alternativer Rohstoffvorkommen und um die bessere Ausbeute der bestehenden Kaolinlager in Seilitz, vgl. AA I Af 11, S. 233b–234.

1623 Vgl. AA IV9 13, S. 3 und S. 10–11.

1624 Vgl. AA IV9 13, S. 7 und S. 10–11.

1625 Vgl. AA IV9 13, S. 6.

1626 Vgl. AA IV9 13, S. 16. Die neuen Etagenöfen konnten durch eine viel bessere Raumausnutzung beim Brennen der Porzellane durchschnittlich genau so viele Geschirre aufnehmen wie vormals drei Gutbrände mit den alten Brennöfen, vgl. AA IV9 13, S. 11. Die Ersparnisse an Brennholz durch das Brennen in Etagenöfen waren mitunter sehr signifikant, da man weniger Holz pro Brand einsetzen musste als in den bisherigen Rundöfen. Im Jahr 1814 wurden 1.072 Schragen Brennholz verbraucht, im Jahre 1827 hingegen nur noch 225. Dieser Differenz entsprach allein in den Holzkosten ein Gegenwert von 17.707 Talern. Auch in den allgemeinen Brennkosten verzeichnete man in Meißen signifikante Ersparnisse von 6.213 Talern, vgl. AA I Ak 1, S. 43b und AA I Af 9, S. 127b–128.

ten.[1627] Die Erweiterung der Produktion allein aus dem Grund, um eine Fixkostendegression zu erwirken, traf bei von Oppel allerdings auf verhaltene Reaktion, da

> *„(...) die Meißner Manufaktur, theils durch den Raum, theils durch den Mangel an Brennmaterial, und dadurch beschränkt, daß bey einem königlichen Werke, eine gefährliche unsichere [Produktions]Höhe nicht bezwekt, vielmehr auf ein gleiches Bestehen und sichere Erhaltung des Personals hingearbeitet werden müsse".*[1628]

Die Manufaktur konnte nicht innerhalb kurzer Zeiten ihre Produktion erweitern und anschließend ebenso schnell zurückfahren. Die für eine Stückkostendegression erforderliche Ausweitung der Produktion war sowohl aus Mangel an Raum und Brennstoff, als auch wegen des kontrastierenden Ziels einer königlichen Manufaktur, die eher auf gleichmäßige Auslastung abzielen sollte, nicht möglich. Ohnehin berücksichtigte der Plan des Direktor von Oppel mit der Einführung der Etagenöfen schon eine erhebliche Ausweitung der jährlichen Produktion.[1629]

Die Benennung der neuen zweiten Porzellansorte sollte mit der römischen Ziffer II erfolgen, während die bisherige Porzellanqualität mit der römischen Ziffer I angegeben wurde. Beide Bezeichnungen sollten unterhalb der Schwertermarke in blau angebracht werden.[1630] Für die Sorte I sollte keine Blaumalerei mehr durchgeführt werden. Diese einfache Bemalung sollte fortan nur noch im billigen Preissegment der Sorte II durchgeführt werden, genauso wie der Verkauf von unbemaltem Geschirr auch nur mit der Sorte II erfolgen sollte.[1631] Hierdurch sollte eine möglichst genaue Trennung der preisstrategischen Ziele erfolgen und die beiden Sorten so gut es ging voneinander abgegrenzt werden. Kannibalisierungseffekte sollten vermieden werden, indem die Sorte I mit der besten und aufwendigsten Bemalung eindeutig als qualitativ hochwertig positioniert wurde. Sorte II sollte einfache Alltagsgeschirre beinhalten, die als Umsatzträger für die Manufaktur besonders im Preis-Leistungsverhältnis punkten und preislich attraktiv erscheinen mussten. Für beide Sorten galten weiterhin die Qualitätsabstufungen für den Verkauf in Gut, Mittelgut und Ausschuss. Mit königlicher Resolution vom 6. Februar 1817 genehmigte König Friedrich August I. alle Maßnahmen, die im Zusammenhang mit der Erweiterung der Produktlinie auf bis zu drei unterschiedliche Porzellanmassen standen und zeigte sich besonders erfreut über den unternehmerischen Tatendrang der Meißener Manufaktur.[1632] Gleichzeitig mahnte der König jedoch an, die Produktionserweiterung mit drei weiteren neuen Etagenöfen im Umfang von 30.000 Talern erst in Abhängigkeit der Absatzsituation zu vollziehen und die Investitionen erst nach und nach durchzuführen.[1633]

[1627] Bei einer Verdopplung der Produktion würde man die Kosten für die Porzellanmasse pro Pfund um 25% senken können, vgl. AA I Ak 1, S. 182b.

[1628] AA IV 1, S. 96.

[1629] Vgl. AA I Ak 2, S. 27b–28.

[1630] Vgl. IV9 13, S. 20 und AA I Ak 2, S. 41–41b.

[1631] Vgl. AA IV9 13, S. 21.

[1632] Vgl. AA I Ak 1, S. 66–68b.

[1633] Vgl. AA I Ak 1, S. 67b.

Die Produktion der Sorte II konnte erst im Sommer 1817 in Gang kommen, so dass man erste Geschirre dieser Sorte auf der Michaelis-Messe im Herbst in Leipzig verkaufen wollte.[1634] Denn um den Verkauf der Sorte II in großen Stückzahlen anzugehen, musste erst ein ausreichend großer Vorrat an Porzellanmasse geschaffen werden und die Beherrschung der neuen Etagenöfen perfektioniert werden. Es musste besonders die Schwindung der neuen Porzellanmassen während des Gutbrands und Emaillierbrands untersucht werden, und es bedurfte einer eingehenden Überprüfung der Kompatibilität verschiedener Arten von Ton mit den restlichen Massekomponenten.[1635] Etliche Probeversuche wurden durchgeführt und kleine Serien von Porzellanen der Sorte II wurden versuchsweise produziert.[1636]

Vor der endgültigen Markteinführung der Sorte II stand die Manufaktur vor der Herausforderung, für diese neue Produktlinie eine geeignete Preispolitik festzulegen. Dass dies eine besonders wichtige strategische Unternehmensentscheidung war, zeigte sich auch dadurch, dass König Friedrich August I. über die Bildung der Verkaufspreise ständig unterrichtet werden wollte und sich die finale Genehmigung der kalkulierten Preise vorbehielt.[1637] Mit der Resolution vom 15. Februar 1817, in der von Oppel die neuen Grundsätze der Preisbildung reglementiert hatte, wurden auch die Regeln zur Kalkulation der Porzellansorte II im Einklang mit der Sorte I aufgestellt, jedoch mit einigen notwendigen Anpassungen versehen aufgrund der kostengünstigeren Herstellung[1638]:

- Das Pfund Porzellanmasse kostete bei der Sorte II nur noch 5 Groschen und 4 Pfennig statt 8 Groschen bei Sorte I.
- Der Zuschlagssatz für die Gemeinkosten der Massebereitung betrug 4,17% statt 8,33%.
- Die Gemeinkosten des Handels und Vertriebs wurden mit einem Zuschlag von 8,33% berücksichtigt statt 16,67% bei Sorte I.

Durch die so gesetzten Grundregeln der Preisbildung für die Porzellansorte II war diese gegenüber der Sorte I, allein schon wegen der geringeren Zuschlagssätze und der günstigeren Porzellanmasse, billiger im Verkauf. Der große Preisunterschied, der von den unterschiedlichen Herstellkosten für die Masse pro Pfund herrührte, konnte noch weiter variieren je nach spezifischer Ausarbeitung und Bemalung des Porzellanstücks und der dabei zur Anwendung kommenden Lohntaxe, so dass die Zuschlagssätze für die Gemeinkosten entsprechend auf noch niedrigeren Kostensummen Anwendung fanden. Vor dem Hintergrund der aggressiven Niedrigpreise der französischen Konkurrenz und der erfolgreichen billigen Porzellansorte aus Berlin musste ein Kompromiss zwischen einem günstigen Angebot für die Käufer und der Wahrung der Profitabilität gefunden werden.[1639] Man experimentierte mit unterschiedlichen Risikozuschlägen für die Fehlbrände und entschied sich, nach Etablierung der Etagenöfen und verbesserten Produktion der Kapseln, weiterhin im Wege einer Verdopplung der

1634 Vgl. AA IV9 13, S. 23 und AA IV 1, S. 117.

1635 Vgl. AA I Ak 1, S. 60–63 und S. 124–129b.

1636 Vgl. AA I Bb 2, S. 54–54b und AA I Ak 1, S. 6–7.

1637 Vgl. AA I Ak 1, S. 68.

1638 Vgl. AA I Ak 1, S. 93b–94b.

1639 Vgl. Kapitel 3.5.4.

Formerlöhne dieses Risiko preislich abzubilden.[1640] Man wollte sich dadurch in Meißen gegenüber unerwarteten und plötzlichen Preissteigerungen durch eine ausreichend große Marge absichern.

Abbildung 3-15: Beispielhafte Darstellung der Zuschlagskalkulation ab 1817 – Unbemalter Speiseteller in Porzellansorte II

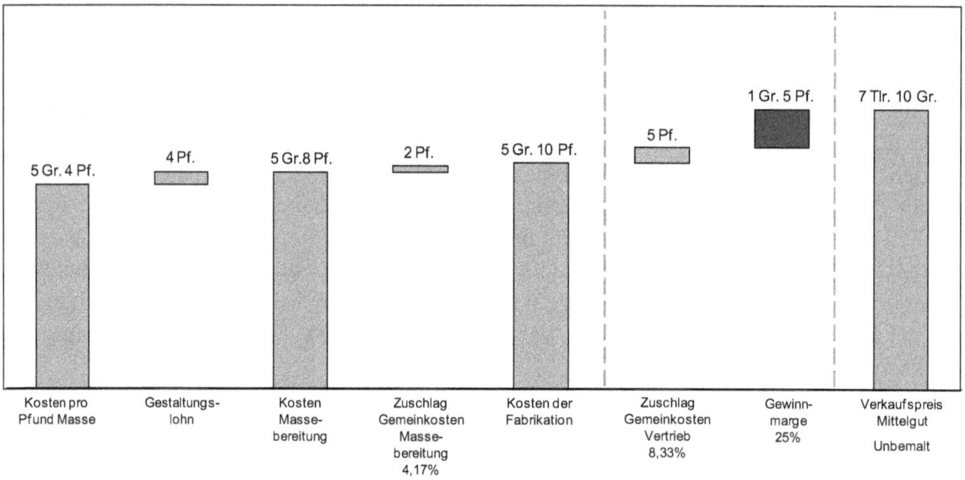

Quelle: AA I Ak 1, S. 91– 95b, eigene Berechnungen

Auf der anderen Seite fürchtete man aber, dass auch die Preispolitik bei Sorte II zu tendenziell höheren Verkaufspreisen führen würde als bei der Konkurrenz. Der eigentliche Zweck der neuen Produktlinie, Verkäufe an sich zu ziehen durch konkurrenzfähige Preise, schien durch konservativ angesetzte Risikoprämien konterkariert zu werden. Das Vorurteil, dass Meißen eine hochpreisige Manufaktur war, konnte dadurch weiter Bestand haben.[1641] Zudem herrschte in weiten Teilen der Manufakturführung, besonders auf der Vertriebsseite, noch die Überzeugung, dass der kleine, aber häufige Profit mit dem Porzellangeschirr besser sei als die hohe Gewinnmarge pro Stück, die wegen der hohen Verkaufspreise und der damit verbundenen geringeren Umschlagshäufigkeit jedoch seltener erreicht werden konnte.[1642]

1640 Vgl. AA IV 1, S. 97. Die Kapselmasse wurde im Gegensatz zu den Vorjahren fester und aus einer anderen Tonart hergestellt, so dass Verunreinigungen aus dem Einsetzen der Kapseln in die Öfen minimiert wurden. Weitere Verbesserungen in der Konstruktion der Kapseln für flache Geschirre lieferten der Manufaktur zusätzliche Kosteneinsparungen, vgl. Kunze (1986b), S. 41–42.

1641 Vgl. AA IV9 25, o. S.

1642 Vgl. AA IV9 25, o. S. Grundsätzlich muss die Umschlagshäufigkeit der Meißener Porzellane ein bedeutendes Problem gewesen sein. Wie lange im Durchschnitt ein Porzellanstück in den Niederlassungen verblieb, bis es verkauft werden konnte, kann aus dem archivalischen Material nicht berechnet werden. Für einen Pariser Luxuswarenhändler des Jahres 1775 wurde jedoch nachgewiesen, dass im Durchschnitt ein Artikel 2,28 Jahre in der Handlung verblieb, ehe er verkauft wurde, vgl. Sargentson (1996), S. 34. Mit der notwendigen Vorsicht in der Übertragbarkeit dieser Zahl auf Meißen kann jedoch davon ausgegangen werden, dass die Meißener Ver-

Aber es war erneut von Oppel, der anmahnte, nicht zu viele Zugeständnisse beim Preis zu machen und die Fehler aus der Vergangenheit nicht nochmals zu begehen. Durch zu scharfe Kalkulationen hatte man früher die Preise nicht kostendeckend gebildet und musste bei der Profitabilität des Werks erhebliche Einbußen erleiden. Preissenkungen waren nicht durchführbar, da die neuen Regeln zur Preisbildung das Risiko von Verlusten durch ausbleibende Zahlungen, durch den Verkauf unterhalb der Listenpreise in den Auktionen und durch unverkauft gebliebene Ware noch gar nicht berücksichtigten. Die Direktion konnte es nicht verantworten, die Deckung der Herstellungskosten bei beiden Porzellansorten durch übermäßige Abschläge auf die Gewinnmargen in Gefahr zu bringen.[1643] Ohnehin versprach die Produktion der Sorte II derart vorteilhafte Verkaufspreise zu liefern, dass weitere Preisanpassungen nicht nötig erschienen. Allerhöchstens behalf man sich mit kleinen Maßnahmen, um die Preise zu senken. So ordnete man an, künftig wo dies möglich sei, die Geschirre dünner zu drehen, um somit etwas weniger Kosten pro Pfund gebrannter Porzellanmasse zu erhalten.[1644] Aber an den grundsätzlichen Bestimmungen und Eckpfeilern der Zuschlagskalkulation sah von Oppel keine dringende Veranlassung, diese bei den Porzellansorten I und II neu zu bestimmen und von der bisherigen Vorgehensweise abzuweichen.[1645]

Entsprechend der zuvor beschriebenen Vorgehensweise wurde im Sommer 1817 das Produktportfolio der Porzellansorte II kalkuliert, um bei der bevorstehenden Michaelis-Messe in Leipzig die Geschirre in den Verkauf geben zu können. Hierbei orientierte man sich nicht nur an den aufgestellten Regeln der Preisbildung, sondern auch an den Preisen des größten Konkurrenten von Porzellanen der zweiten Sorte, der Berliner Manufaktur mit ihrem Gesundheitsgeschirr. Diese hatte sich schon seit 1795 neben der eigentlichen Produktion von Hartporzellan mit dem Gesundheitsgeschirr eine führende Position im niedrigpreisigen Marktsegment für Porzellan erarbeitet und wurde so zur Preisreferenz für die Meißener Kalkulationen. Die Preise für die Sorte II wurden zur Genehmigung an König Friedrich August I. übergeben. In einer Resolution vom 22. September 1817 musste jedoch der König feststellen, dass für eine Vielzahl von Porzellanen der Sorte II die Verkaufspreise im Vergleich zu den Geschirren aus Berlin zu hoch waren. Daraus war nach königlichem Dafürhalten kein nennenswerter Absatz zu erzielen.[1646] Tatsächlich war für vergleichbare Geschirre der Preis der Meißener Manufaktur im Durchschnitt um 14% höher als der Preis der Berliner Erzeugnisse. Bei 84% der vergleichbaren Porzellane war Meißen teurer oder gleich im Preis, lediglich bei 16% der Geschirre konnte man den preußischen Konkurrenten unterbieten.[1647] So erging der Befehl, die Preisbestimmung für die Porzellansorte II zu überdenken und die Preise so zu bestimmen, dass sie entweder niedriger oder zumindest genauso hoch waren wie die

triebsniederlassungen mit ähnlichen Zeiträumen, wenn nicht sogar mit noch höheren bei weniger zeitgemäßen Porzellanen, rechnen mussten.

1643 Vgl. AA IV 1, S. 98–99.

1644 Vgl. AA IV 1, S. 102.

1645 Vgl. AA IV 1, S. 104.

1646 Vgl. AA I Ak 2, S. 16b.

1647 Vgl. AA I Ak 2, S. 20–21, eigene Berechnungen.

Verkaufspreise aus Berlin. Dies alles sollte innerhalb kürzester Zeit geschehen, um noch zur Michaelis-Messe die Sorte II verkaufen zu können.[1648]

Entschieden trat Direktor von Oppel am 2. Oktober 1817 gegen die Anordnung, die Preise weiter herab zu senken und sie auf das Niveau des Wettbewerbers aus Berlin zu bringen. Der Direktor verteidigte seine Grundsätze der Preisbildung auch für die Sorte II. Er forderte,

> *„daß für diese Maße angemeßene u. nicht zu niedrige Preiße bestimmt werden müßten, theils um den von mir beabsichtigten Ertrag zu erlangen, theils um den Debit von [der Porzellansorte] No. I nicht zu sehr zurück zu werfen u. theils um die eingehenden Bestellungen auch befriedigen zu können".*[1649]

Die von der Manufaktur bestimmten Preise für die Sorte II waren demnach die niedrigsten Preise, um sowohl die Herstellung der Gesundheitsgeschirre profitabel zu ermöglichen, als auch um den Vertrieb der ersten Sorte nicht übermäßig zu gefährden. Von Oppel war von dieser Tatsache absolut überzeugt. Er betonte die Notwendigkeit der Profitabilität bei der Einführung der Sorte II und warnte eindringlich, durch diese Sorte innerhalb der Manufaktur eine zu starke betriebsinterne Konkurrenz zu schaffen. Nach seiner Ansicht war die Porzellansorte II in ihrer Eigenschaft dem Berliner Gesundheitsgeschirr qualitativ überlegen, und durfte allein schon deshalb nicht zum gleichen Preis verkauft werden. Die Käufer würden den Wert der Sorte II, die der Sorte I qualitativ nicht wesentlich zurückstand, schon erkennen. Produktionstechnische Gründe waren ebenfalls ausschlaggebend dafür, dass man eine Preissenkung nicht ohne Nachteile für die Manufaktur durchführen konnte. Da man bei der Sorte II viele Untertassen und Teller als wichtige Bestandteile des Gebrauchsgeschirrs verfertigen musste, konnten die Brenn- und Kapselkosten für diese Stücke, die im Ofen relativ viel Raum einnahmen, überproportional ansteigen. Preissenkungen bedeuteten dabei ein höheres Risiko, nicht kostendeckend verkaufen zu können.[1650] Weiterhin musste man auch daran denken, die Nachfrage nach diesen Porzellanen nicht übermäßig ansteigen zu lassen, um eingehende Bestellungen weiterhin zügig und ohne Lieferschwierigkeiten abarbeiten zu können.[1651] Vielmehr sei der Erfolg der Sorte II nicht ausschließlich an ihrem Verkaufspreis, sondern auch anhand der Tüchtigkeit, dem Fleiß, der Umsicht und der Innovationskraft der Manufakturisten zu messen. Preissenkungen waren laut von Oppel eine bequeme Art, um kurzfristig Absätze zu generieren, aber sie bürdeten der Manufaktur langfristig weitere Probleme auf. Nicht zuletzt sorgte das Rabatt- und Konditionensystem dafür, dass die Netto-Listenpreise der Sorte II erheblich geringer ausfallen konnten.[1652]

Von Oppel blieb seiner Ankündigung treu, den vorübergehenden Preissenkungen von 1814 eine Periode von angemessen hohen Preisen folgen zu lassen. Angemessen dergestalt, dass sie sämtliche Kosten der Manufaktur deckten und darüber hinaus noch für den Betrieb und die Staatskasse Ertrag abwarfen. Eine Preissenkung bis auf Höhe der Selbstkosten kam für

[1648] Vgl. AA I Ak 2, S. 18b.

[1649] AA I Ak 2, S. 28b.

[1650] Vgl. AA I Ak 2, S. 42.

[1651] Vgl. AA I Ak 2, S.29b–30.

[1652] Vgl. AA I Ak 2, S. 32–32b.

ihn nicht in Frage, da er eine Manufaktur ohne Erwirtschaftung von Überschüssen aus einem gesamtwirtschaftlichen Standpunkt heraus als verfehlt erachtete.[1653] Selbst gegen die königliche Resolution verteidigte er die zuvor kalkulierten Preise, was von einer grundlegenden Überzeugung der Richtigkeit seiner Maßnahmen zeugte. Der Direktor dachte, ähnlich wie sein Vorgänger Helbig mehr als 50 Jahre zuvor, an eine Preispolitik, die nicht nach immer niedrigeren Preisen strebte. Vielmehr war es eine Preispolitik, die den Ertrag im Blickpunkt hatte und die nicht jedem Preiskampf im Markt mehr oder weniger blind folgen musste. So wandte sich von Oppel direkt an den König und bat ihn, die ergangene Resolution zur Preissenkung nochmals zu überdenken.[1654] Mit königlicher Resolution vom 7. Oktober 1817 folgte König Friedrich August I. der Argumentation seines Manufakturdirektors, und ließ es bei den bisherigen Verkaufspreisen für die Porzellansorte II bewenden.[1655] Obwohl Friedrich August die Regeln zur Preisbildung nicht ausdrücklich bewilligte, sondern nur die dadurch kalkulierten Preise absegnete, konnten jedoch diese Regeln fortan im Grundsatz als genehmigt erachtet werden.[1656] Im Verlauf der nächsten Jahre bildeten diese aufgestellten Regeln das Fundament für die Bildung der Verkaufspreise. Bezüglich dieser Preispolitik blieb von Oppel aber nicht ohne internen Widerstand. Der Leiter des Vertriebs, Martini, war der Überzeugung, dass günstige Verkaufspreise die einzige und ausschließliche Bedingung waren, um einen für die Manufaktur angemessenen wirtschaftlichen Erfolg zu garantieren, und betonte dies immer wieder in mehreren von ihm eingereichten Gutachten.[1657] Aber von Oppel hatte eindrucksvoll seine Position als Manufakturdirektor gegenüber dem König bestätigen können und war imstande, seine bis dato aufgezeigte Linie der Unternehmensführung weiter beizubehalten gegen alle internen Gegenkräfte.

Von Oppels Bemühungen in der Preispolitik, flankiert durch die tatkräftige Unterstützung durch Kühn, markieren eine wichtige Zäsur in der wirtschaftlichen Manufakturgeschichte Meißens. Das Herangehen an preispolitische Herausforderungen, die in Meißen viele Jahrzehnte lang vernachlässigt wurden, und ihre Bewältigung auch gegen internen Widerstand, kam einer profunden wirtschaftlichen Umwälzung gleich. Man konnte nunmehr die seit mehr als 80 Jahren bestehende, aber nie vollständig realisierte Handlungsmaxime einer langfristig orientierten Kostendeckung und die Erzielung angemessener Gewinne endlich in der betrieblichen Alltagspraxis etablieren. Das Denken in Kosten- und Preisdimensionen verbesserte sich in Meißen nach 1814 wesentlich. Man traute sich mit fortschrittlichen Überlegungen zur Kostenrechnung und Buchführung an das grundsätzliche Dilemma einer kostenorientierten Preisbildung heran, nämlich der Zurechnung der Gemeinkosten an die einzelnen Leistungseinheiten, den Porzellanen.[1658]

Retrospektiv betrachtet ist es jedoch kurios festzuhalten, dass die Bestrebungen der Manufaktur, eine Vollkostenrechnung einzuführen, aus heutiger Sicht nicht mehr wünschenswert

---

[1653] Vgl. AA I Ak 2, S. 29b.

[1654] Vgl. AA I Ak 2, S. 34b.

[1655] Vgl. AA I Ak 2, S. 38.

[1656] Vgl. AA I Ak 2, S. 40.

[1657] Vgl. Kapitel 3.4.6.

[1658] Vgl. zu dieser Problemstellung der Kostenzurechnung auch die Ausführungen in Kapitel 1.2.1.

wären. In der heutigen Forschung zur Preispolitik und Kostenrechnung wird die Kosten-Plus-Kalkulation der Verkaufspreise auf Vollkostenbasis als keine geeignete Grundlage für preispolitische Entscheidungen angesehen.[1659] Der systemimmanente Fehler, dass die Gemeinkosten nach nicht nachvollziehbaren Überlegungen verteilt werden, vermindert die Aussagekraft in Bezug auf optimale Preisgestaltung und kostenorientierte Erfolgsermittlung. Deshalb werden Teilkostenrechnungssysteme in der neueren Forschung im Bereich der kostenorientierten Preispolitik als flexibler in der Berücksichtigung der Marktbedingungen angesehen, so dass sie sich für preispolitische Entscheidungen besser eignen.[1660] Dass aber gerade die in Meißen hartnäckig verfolgte Vollkostenrechnung der schon jahrzehntelang praktizierten und etablierten Teilkostenrechnung methodisch unterlegen war, konnten die zeitgenössischen Führungskräfte in Meißen nicht erahnen. Aber für den Beginn des 19. Jahrhunderts ist die Einführung einer Vollkostenrechnung in der Meißener Manufaktur als bedeutender Schritt nicht nur für die Geschichte der Manufaktur, sondern für die gesamte Geschichte der Preis- und Absatzpolitik sowie der Kostenkalkulation anzusehen. Noch vor der Etablierung der Handelswissenschaft und der Betriebswirtschaftslehre als eigenständige Forschungsbereiche wurden in Meißen grundlegende Weichen gestellt, um bei der Preisbildung neue Wege gehen zu können.

3.3.20 Am Vorabend der Industrialisierung – Preispolitik bis 1830

Mit Heinrich Gottlieb Kühn als Betriebsinspektor und dem Bergrat Carl Wilhelm von Oppel als Direktor der Manufaktur leitete Meißen eine Vielzahl von Verbesserungen und Investitionen ein, die der Manufaktur wieder eine führende Position im Markt verschaffen sollten.[1661] Die seit 1817 geltenden Grundsätze zur Bildung der Verkaufspreise und die Vorgehensweise im Wege der Zuschlagskalkulation blieben in den Folgejahren unangetastet. Individuell angepasst mit einer gewissen Regelmäßigkeit wurden hingegen die Zuschlagssätze und die Gewinnmargen auf einzelne Porzellane und Bemalungen.[1662] Anpassungen in den gezahlten Malereilöhnen wirkten sich unmittelbar aus auf die anzusetzenden Zuschlagssätze, genauso wie die technischen Fortentwicklungen in der Vergoldung ebenfalls eine entsprechende Berücksichtigung in der Preiskalkulation erforderten. Im Mai 1819 erfolgten erstmalig bedeutsame Anpassungen bei den Grundsätzen der Preisbildung für die Sorten I und II. Diese wurden notwendig, um den erhöhten Produktionsausfall in den Brennöfen, der besonders bei flachen, hohlen und ovalen Geschirrformen aufgrund der Umstellung der Produktion auf die Sorten I und II eingetreten war, preislich abbilden zu können.[1663]

[1659] Vgl. Meffert/Benkenstein (1993), Sp. 1586, Diller (2008), S. 315–317, Riebel (1994), S. 35 und S. 209–211 und Kilger/Pampel/Vikas (2007), S. 679–682.

[1660] Vgl. Meffert/Benkenstein (1993), Sp. 1586–1587, Diller (2008), S. 318–319 und S. 320, Riebel (1994), S. 237–240 und zu den einzelnen Teilkostenrechnungssystemen Kilger/Pampel/Vikas (2007), S. 70–94.

[1661] Hierzu auch Just (1983), S. 71 und Schuster (1993), S. 126.

[1662] Vgl. AA I Bb 2, S. 84–85b.

[1663] Vgl. AA IV9 25, o. S. Große ovale Schalen hatten beim Gutbrand noch 40% bis 60% Ausfallquoten, vgl. Kunze (1986b), S. 54.

- Bei weißem Geschirr wurde der allgemeine Gewinnzuschlag auf 75% (Sorte I) bzw. auf 66,66% (Sorte II) erhöht.
- Bei denjenigen weißen Geschirren, deren Größe und Umfang die üblichen Dimensionen der Kapseln in den Öfen überstieg, oder bei großen und hohlen Stücken aus mehreren zusammengesetzten Formen, setzte man fortan 100% Gewinnzuschlag an (Sorte I) oder 83,33% (Sorte II).
- Bei bemalten Porzellanen von beiden Sorten sollten die Malerlöhne nicht wie bisher verdoppelt werden, sondern 2,5-fach zugeschlagen werden.

Direktor von Oppel konnte seine in der Preispolitik untermauerte Autorität bei strittigen Fragen der Preissetzung stets durchsetzen, auch gegenüber ranghohen Führungskräften. Abweichungen von den Grundsätzen der Preisbildung wurden nicht toleriert, so wie am 5. Juni 1819, als von Oppel Abweichungen zwischen den geforderten und den tatsächlich kalkulierten Verkaufspreisen bemerkte. Werte in den Lohnbüchern und den Büchern über den Goldverbrauch stimmten nicht mit den Werten in der Preiskalkulation überein. Eine Nachlässigkeit in der Buchführung seitens des Malereivorstehers Lück wurde als Ursache ausgemacht, und dieser vom Direktor unter Androhung von Gehaltskürzungen zur besseren Umsicht in der Preisbildung angemahnt.[1664]

Doch die alleinige Entscheidungskompetenz des Direktors in der Preispolitik stand auf einer unsicheren Basis. Trotz Einführung einer Vollkostenrechnung, der Etablierung der Zuschlagskalkulation und der Produktlinienerweiterung im Preissegment nach unten schrieb die Manufaktur mit Ausnahme des Jahres 1815 durchgehend Verluste. Die enttäuschenden Geschäftszahlen verfolgte man auch auf höchster Regierungsebene, mit dem sächsischen Finanzkollegium als der zuständigen Zentralbehörde für die Manufaktur.[1665] Im August 1820 beratschlagte das Kollegium zusammen mit von Oppel über die weiter unbefriedigenden wirtschaftlichen Ergebnisse und die schwachen Umsatz- und Verkaufszahlen. Am 20. August 1820 stellte von Oppel in einem Bericht an das Finanzkollegium die drei wichtigsten Ursachen für die immer noch nicht befriedigende wirtschaftliche Situation dar:[1666]

- Die Konkurrenz ausländischer und insbesondere französischer Manufakturen, die laut vieler Kundenaussagen in einigen Bereichen die Meißener Produkte in der Qualität übertraf, setzte Meißen zu.
- Die festgesetzten Preise für verschiedene Meißener Porzellane erschienen im Vergleich mit den konkurrierenden Produkten als zu hoch.
- Der ausländische Vertrieb der Manufaktur war immer noch durch hohe Zölle und Handelsbeschränkungen gehemmt.

Diese drei Hauptelemente, die das wirtschaftliche Umfeld der Manufaktur jedoch nicht erst seit dem Jahre 1820 prägten, mussten nach Überzeugung des Finanzkollegiums durch ent-

---

1664 Vgl. AA I Bb 2, S. 102–103b.

1665 Das Finanzkollegium war die zentrale Behörde für die Kammer-, Berg-, Akzise- und Gewerbeangelegenheiten in Sachsen seit 1782, vgl. Groß (2007), S. 164. Zum Finanzkollegium ausführlich Ulbricht (2001), S. 20–38.

1666 Vgl. HStAD 10026 Loc. 2439/09, o. S.

sprechende Änderungen in der Vertriebs- und Preispolitik in Meißen angegangen werden. Von Oppel schien bereit zu sein, erhebliche Anteile der Verantwortung in der Preispolitik an die Zentralbehörde abzugeben. Die Finanzbehörde beauftragte den Direktor zu prüfen, ob die bestehende Preisregulierung zugunsten etwas geringerer Preise modifiziert werden konnte und ob man höhere Rabattsätze für den Vertrieb ins Ausland ansetzen konnte.[1667] Direkt beschlossen wurde die Fertigung von Geschirren in blauer und grüner[1668] Bemalung nun auch für die Sorte I, nachdem diese günstigen Unterglasurbemalungen weitestgehend nur für Sorte II bestimmt gewesen waren. Ziel war es, die Attraktivität von Sorte I zu erhöhen, indem man die Preisspanne für diese Sorte nach unten erweiterte. Die seit 1817 bestehende klare Preispositionierung für das hochwertige Segment der Sorte I wurde hierdurch aufgeweicht, und die Preisgrenzen der beiden Sorten näher zusammen gebracht. Für die Geschirre in Blaumalerei der Sorte I sollten die Herstellkosten des Porzellans die Grundlage der Preiskalkulation sein, und neben den direkt anrechenbaren Malerlöhnen sollten die Löhne zu 100% bei Blaubemalung und zu 150% bei Grünbemalung aufgeschlagen werden.[1669]

Veränderungen betrafen jedoch nicht nur die Preispolitik der Sorten I und II. Die Überlegungen gingen sogar so weit, dass neben einer zweiten Porzellansorte noch eine dritte Sorte hergestellt werden sollte. Die bessere Auslastung des Betriebes in Meißen schien eine stärkere Priorität zu haben, so dass man um eine Erweiterung des Produktportfolios nicht umhin kam. Aus der dritten Sorte sollten chemische und pharmazeutische Geschirre gemacht werden, bei denen es weniger um Schönheit des Porzellans ging, als vielmehr um die Härte des Materials und die Dauerhaftigkeit des Produkts.[1670] Die Entscheidung zur Ausweitung der Fabrikation auf eine dritte Produktionslinie wurde schon am 12. Oktober 1816 getroffen, als weitere Versuche mit unterschiedlichen Masseanteilen genehmigt wurden.[1671] Die dritte Porzellansorte hatte Anteile von Kaolin aus Seilitz und von Ton aus Schlettau, westlich von Meißen. Die dabei hergestellte Masse war eine leichtflüssige Porzellanmasse, die nicht völlig weiß war, sondern bläulich und gelbweiße Farbnuancen hatte.[1672] Diese Masse schien sich gut zur Herstellung von chemischen und pharmazeutischen Geschirren zu eignen, und Inspektor Kühn zeigte sich bei den Experimenten zur Herstellung der Masse federführend. Aufgrund der Nähe der Kaolinvorkommen zu Meißen kostete ein Pfund dieser dritten Porzellanmasse nicht mehr als 4 Groschen. Da zum Brennen ein schwächeres Feuer im Ofen benutzt werden konnte, fiel 50% weniger Ausfall an Brennkapseln an, während gleichzeitig fast ein Drittel weniger Brennholz für den Brand verwendet wurde.[1673] Erste vereinzelte Verkäufe dieser dritten Sorte sind beispielsweise für den 9. Mai 1818 verzeichnet, als man Apothekergeschirr nach Leipzig im Werte von 300 Talern lieferte. Auch wurde am 20. August 1820 für die Herstellung künstlicher Zähne einem Zahntechniker aus Dresden nicht nur

[1667] Vgl. AA IV 1, S. 336.

[1668] 1817 hatte Kühn eine grüne Unterglasurfarbe aus Chromoxid erfunden, die ab diesem Zeitpunkt vornehmlich für Weinlaubmuster verwendet wurde, zur Einführung dieser Farbe vgl. ausführlich Kunze (1984).

[1669] Vgl. AA IV 1, S. 336–337.

[1670] Vgl. AA IV9 13, S. 19.

[1671] Vgl. AA IV9 13, S. 19.

[1672] Vgl. AA I Af 11, S. 250b.

[1673] Vgl. AA IV9 13, S. 127–128 und S. 193.

die Porzellanmasse für 8 Groschen pro Pfund überlassen, sondern man übernahm auch die Glasur und das Einbrennen der daraus gefertigten Zahnmodelle für 2 Groschen pro Zahn.[1674]

Wurde diese dritte Sorte bisher nach individuellen Kundenbestellungen nur in geringer Anzahl hergestellt, beschloss man zum Winter 1821/1822 die regelmäßige Produktion von großen Stückzahlen dieser Sorte.[1675] Fortan berücksichtigte man neben den übrigen Geschirren aus Meißener Porzellan auch die pharmazeutischen und chemischen Produkte in den Preislisten, die zur besseren Unterscheidung der zwei übrigen Porzellansorten als Sorte III bezeichnet wurden.[1676] Die Verkaufspreise für die Porzellansorte III kalkulierte man erstmals im Dezember 1821.[1677] Die Grundstruktur der Vollkostenrechnung im Wege einer Zuschlagskalkulation blieb weiterhin derjenigen der Sorte I und II gleich. Zur Deckung der Gemeinkosten der Verwaltung, der Gestaltung und des Handels wurde ein einheitlicher Zuschlag von 25% gesetzt. Nach dieser Kalkulation der Selbstkosten stand schließlich noch die Setzung einer Gewinnmarge an: „Der Betrag der hiermit gedeckten Selbstkosten ist aber wieder mit 50 Proc. an allgemeinen Zuschlage für Rabatt und zur Deckung eines Überschusses erhöht worden“.[1678] Mit diesem Zuschlag auf die Selbstkosten konnte man immer noch um bis zu 33% billigere Verkaufspreise ansetzen als andere Konkurrenten von Apothekergeschirren.[1679]

Dieses Vorgehen sicherte der Manufaktur profitable Preise, da besonders die Gemeinkosten der Gestaltung weitaus geringer ausfielen als bei den beiden übrigen Sorten. Dadurch, dass man bei Sorte III weitestgehend auf eine künstlerische Ausformung der Geschirre verzichtete und die Formgebung lediglich durch den Dreher geschah, konnte erhebliche Einsparungen erreicht werden. Indem diese Einsparungen im Verkaufspreis nicht an die Endkunden weitergegeben wurden, konnte man somit einen Gewinn verbuchen. Diese an die Sorten I und II angelehnte Kalkulation sollte auch möglichen Erhöhungen der Fabrikationskosten entgegentreten und der neu eingeführten Porzellansorte bei etwaigen Anpassungen der Kostenstruktur ein ausreichendes Polster gewährleisten. Mit königlicher Resolution vom 22. März 1822 bewilligte Friedrich August I. all diese Maßnahmen zur Erweiterung des Meißener Produktportfolios, so dass ab diesem Zeitpunkt der reguläre Verkauf endgültig starten konnte.[1680] Das Absatzziel der Sorte III bezifferte man im ersten Produktionsjahr mit 1.500 bis 2.000 Talern.[1681]

Die Ausweitung der Produktion in Meißen betraf überdies die Herstellung von emaillierten Kacheln, mit denen man insbesondere die bisher nicht nutzbaren Zwischenräume in den

---

1674 Vgl. AA IV 1, S. 333. Künstliche Zähne aus Meißener Porzellan sind mindestens schon seit Mai 1747 nachgewiesen, als "zwey Reyhen Zähne im Mund zu sezen, nebst zugehörigen Zahn Fleisch von Thon" modelliert wurden, AA I Ab 28, S. 134.

1675 Vgl. AA IV9 13, S. 59.

1676 Vgl. HStAD 10036 Loc. 41911, Nr. 205h und Zimmermann (1907), S. 68, ferner AA IV 1, S. 535.

1677 Vgl. AA IV9 13, S. 127–130.

1678 Vgl. AA IV9 13, S. 130.

1679 Vgl. AA IV9 13, S. 61–62.

1680 Vgl. AA IV9 13, S. 145–147.

1681 Vgl. AA IV9 13, S. 190.

Brennöfen ausfüllen wollte, um so weitere Brennkosten einzusparen. Legte man flache und wenig ausgeformte Geschirre in die freien Räume zwischen den übrigen Geschirren, konnte der Brennraun besser genutzt und die ohnehin schon effizienten Etagenöfen einer noch besseren Verwendung zugeführt werden.[1682] Ebenfalls als Erweiterung der Produktionslinien stand die Herstellung von feuerfesten Tonziegeln zur Disposition. Diese vierte Sorte der Porzellanmasse wurde nahezu ausschließlich aus Ton gefertigt mit geringen Beimengungen von Kalkstein.[1683] Durch den vollständigen Verzicht auf Kaolin konnte diese Sorte aber kaum mehr als Porzellan bezeichnet werden, und ist bis auf die versuchsweise durchgeführten Proben nicht weiter in Meißen produziert worden.[1684]

Doch die Umsatzzahlen blieben weiterhin enttäuschend für die Manufaktur. Sie waren so enttäuschend, dass Direktor von Oppel ein Abdankungsgesuch ernsthaft in Erwägung zog.[1685] Ebenso gab es seitens der Landesherrschaft schon seit 1820 die Bereitschaft, sämtliche Maßnahmen zu treffen, um die weiter anhaltenden Zuschusszahlungen aus der Staatskasse beenden zu können. Am 20. September 1820 ließ König Friedrich August I. wissen, dass, falls sich keine alternativen Lösungen zur Hebung der wirtschaftlichen Leistung der Manufaktur finden würden, auch ein Verkauf der Manufaktur in Erwägung zu ziehen sei. Die weiter anhaltenden Zuschusszahlungen an die Manufaktur hatten offenbar beim Landesfürsten zu solchen Verkaufsüberlegungen geführt. Es sollte geprüft werden, „ob es nicht rathsam seyn dürffte, die Manufaktur einen oder mehreren sicheren Personen, die sich zu diesem Zwecke vereinigen könnten, in Entreprise zu geben“.[1686] Das Finanzkollegium nahm sich der Prüfung dieser Verkaufsoption am 21. April 1821 an. Die Behörde kam überein, dass es entscheidend war, einen oder mehrere Geschäftsleute zu finden, die ein bedeutendes Vermögen und entsprechende Garantien aufweisen konnten. Jedoch bestand die Gefahr bei einem oder mehreren Privatunternehmern, dass diese sich den Marktgegebenheiten völlig anpassen und die Porzellanproduktion ausschließlich auf günstige und gangbare Artikel beschränken würden, so dass die Manufaktur dann „leicht in einiger Zeit bis zu einer gemeinen Steingutfabrik herabsinken“ könnte.[1687] Der gute Ruf der sächsischen Manufaktur würde in so einem Fall mit all den entsprechenden Konsequenzen aufs Spiel gesetzt werden. Die Herstellung von künstlerisch hochwertigen Luxusgütern aus Porzellan konnte nach Überzeugung des Finanzkollegiums nur in staatlicher Hand optimal durchgeführt werden, und der dabei eintretende Geldverlust war auch als eine Unterstützungsleistung zur Förderung der Kunst anzusehen. Zudem wurde die Sicherung der vielen Arbeitsplätze in Meißen immer noch als eine

[1682] Vgl. AA IV9 13, S. 28 und S. 61. Allgemein erwies sich das Zusammenführen der unterschiedlichen Porzellansorten zu einem einzigen Brand als vorteilhaft. Man kalkulierte, dass bei geschickter Verteilung kleinerer Apothekergeschirre der Sorte III die Durchschnittskosten eines Brands um bis zu 30% geringer ausfallen würden, da bei einem Zugewinn von 30% Rauminhalt die Brennkosten nahezu unverändert blieben, vgl. AA IV9 13, S. 128 und S. 161, eigene Berechnungen.

[1683] Vgl. AA I Bb 2, S. 54b–55.

[1684] Im weiteren Verlauf der ersten Hälfte des 19. Jahrhunderts wurden in Meißen ähnliche Nebenproduktionen aus Porzellan durchgeführt, so Porzellanröhrchen in den Schnellschützen für Webstühle, Zylinderträger bei Gasbeleuchtungsanlagen und Isolierköpfe für Telegraphenleitungen, vgl. Kunze (1982a), S. 67.

[1685] Vgl. Kunze (1983a), S. 30.

[1686] AA I Af 11, S. 248b.

[1687] AA I Af 11, S. 250.

vorrangige Aufgabe der Landesherrschaft angesehen, entgegen den aufstrebenden liberalen Auffassungen zur Wirtschafts- und Handelspolitik in dieser Zeit.[1688] Selbst eine Herauslösung eines Teils der Fabrikation mit anschließendem Verkauf an einen Privatunternehmer wurde vom Finanzkollegium negativ beurteilt, da die hierbei entstehenden Schwierigkeiten dem Betriebsablauf nur noch weitere Störungen zuführen würden. Überhaupt sah das Kollegium keine Dringlichkeit, das Werk zu verkaufen, denn die vielfältigen technischen und vor allem wirtschaftlichen Verbesserungen ließen auf eine Besserung der Situation in mittel- bis langfristiger Sicht hoffen.[1689]

In der gleichen Session vom 21. April 1821 setzte sich das Finanzkollegium auch mit den bestehenden Grundsätzen zur Bildung der Verkaufspreise auseinander. Seitens des Ministeriums wurde bemängelt, dass die angesetzten Verkaufspreise den Fabrikationsaufwand nicht in einem angemessenen Verhältnis berücksichtigen würden.[1690] Bei den künstlerisch hochwertigen Geschirren sah man zu hohe Preise, bei den gangbarsten und am stärksten nachgefragten Produkten hingegen zu geringe Preise. Hauptkritikpunkt war die Basis der Zuschlagskalkulation, nämlich der Preis der Porzellanmasse pro Pfund. Nicht alle künstlerisch aufwendigen Porzellane waren schwer im Gewicht, und nicht alle einfachen Geschirre waren in ihrer Porzellanmasse leicht. Eine solche Kalkulation nach dem Gewicht sorgte nach Ansicht des Kollegiums für eine ungleichmäßige Zuteilung der Kosten, die das Preisniveau verfälschen konnte. Eine Verfälschung, die gemäß der Behörde bei Berücksichtigung der Preispositionierungen der drei unterschiedlichen Porzellansorten noch stärkere negative Effekte nach sich zog und eine neue Ausarbeitung der Grundsätze zur Preisbildung erforderte.[1691]

In der Tat schienen die beiden Porzellansorten II und III sämtliche in sie gesteckten Erwartungen zu enttäuschen, so dass das Finanzkollegium die Beibehaltung der drei Porzellansorten nicht mehr als preisstrategisch notwendig ansah. Im Gegenteil, die Positionierung der Sorten II und III innerhalb des Meißener Portfolios hatte für erhebliche Kannibalisierungseffekte in den Umsätzen gesorgt und die Produktwahrnehmung der Kunden geändert:

> *„Der wichtigste, der Beibehaltung der Masse II entgegenstehende Grund, scheint in Beziehung auf Meissen darin zu liegen, dass die Meissner Fabrik der ächten Porcellänmasse hauptsächlich ihren grossen Ruf verdankt, dieser aber nach allgemeinem Urtheil schon sehr gelitten habe, seitdem eine geringere Sorte daselbst gefertigt worden ist".*[1692]

[1688] Vgl. AA I Af 11, S. 254b.

[1689] Vgl. AA I Af 11, S. 250. Diese angedachten Verkaufsbestrebungen der Manufaktur sind vom König nach erfolgter Einschätzung des Finanzkollegiums offensichtlich nicht weiter verfolgt worden, da sich weitere archivalische Nachweise über etwaige Verkaufsverhandlungen nicht auffinden lassen.

[1690] Vgl. AA I Af 11, S. 249.

[1691] Vgl. AA I Af 11, S. 249–249b.

[1692] AA I Af 11, S. 252.

Offensichtlich hatte das Nebeneinander der drei unterschiedlichen Porzellansorten insbesondere vor dem Hintergrund ihrer Preispositionierung erhebliche unerwünschte Effekte generiert. Die möglichst trennscharfe Abschottung der drei Preissegmente wurde nicht eingehalten, so dass das billige Image der beiden günstigen Porzellansorten II und III auf die hochwertige Sorte I abstrahlte. Für eine Manufaktur, die sich primär durch die Herstellung feinster Luxuswaren ihren Ruf erworben hatte, war dieser Umstand von erheblichem Nachteil. Um dem Preiswettbewerb mit der billigen ausländischen Konkurrenz zu trotzen, hatte man in Meißen die eigene Marke und damit verbunden auch die Kundenansprüche an das Unternehmen durch eine zu ungenaue Produkt- und Preispositionierung erheblich verwässert. Die angestrebte Ausdehnung des Produktportfolios, mit einer Produktlinienerweiterung in niedrigere Preisklassen, hatte nicht die erhoffte Umsatzausweitung eingebracht. Als Gegenbeispiel sah man die Berliner Manufaktur KPM an, welche die Produktion der günstigen Geschirre in geringwertiger Porzellansorte in eine neugegründete Manufaktur ausgegliedert und unter anderem Namen – Königliche Gesundheitsgeschirrmanufaktur KGM – erfolgreich in den Markt gebracht hatte.[1693] Das Finanzkollegium bemängelte zudem am 7. Januar 1824, dass seitens der Privat- und Geschäftskunden zum Nachteil der Sorte I fast nur noch die Sorte II gekauft wurde. Die kalkulierten Verkaufspreise für Sorte II schienen nicht den notwendigen Preisabstand zu Sorte I aufzuweisen, um wirksam die beiden Preissegmente voneinander trennen zu können. Man argumentierte, dass es möglich sei, durch entsprechende Kosteneinsparungen und technische Verbesserungen die Sorte I auf das Preisniveau von Sorte II zu bringen, ohne faktisch Sorte II überhaupt herstellen und die damit verbundenen Risiken eines breiten Produktportfolios eingehen zu müssen.[1694] Höchstwahrscheinlich war diese Preislinienpolitik zwischen Sorte I und II für die Manufaktur zum damaligen Zeitpunkt nicht einfach zu bewerkstelligen. Die bestehenden Verbundeffekte bei den Kosten und der Nachfrage für Sorte I und II konnten kaum quantifiziert werden. Kennzahlen wie Kreuzpreiselastizitäten, die eine Einschätzung über die Substitutionalität und Komplementarität der beiden Sorten hätten geben können, waren zu diesem Zeitpunkt unbekannt.[1695]

Als weitere Vorkommen von Kaolin entdeckt wurden in Sornzig (1817) und Schletta (1821), fiel auch der letzte Grund, weshalb man zur Ausdehnung der Porzellanproduktion zuvor auf zusätzliche Sorten zurückgegriffen hatte. Mit königlicher Resolution vom 29. April 1824 folgte König Friedrich August I. weitestgehend den Empfehlungen des Finanzkollegiums und ordnete die Einstellung der Produktion der Porzellansorten II und III an.[1696] In den acht Jahren der Produktion von Sorte II hatte man einen Warenwert von ungefähr 304.518 Talern herstellen können. In den drei Produktionsjahren 1822–1824 der Sorte III konnten lediglich ungefähr 6.481 Taler an Warenwert verfertigt werden. Zum 31. Mai 1825 bestand in den

[1693] Vgl. Siebeneicker (1993), S. 226–227.

[1694] Vgl. AA I Af 11, S. 253b.

[1695] Das Instrument der Kreuzpreiselastizität ist erst 1933 von Oskar Lange eingeführt worden, vgl. Lange (1933), S. 64–67 und von Triffin (1940), S. 98–108 weiterentwickelt worden. Zur Komplexität der Modellierung optimaler Preislinienentscheidungen vgl. Diller (2008), S. 282–289 und bezüglich der Verbundeffekte bei der Preislinienpolitik vgl. Haverkamp (2005), S. 28–33.

[1696] Vgl. AAI Af 9, S. 90b.

Warenlagern insgesamt Porzellan im Wert von 243.801 Talern: 216.647 Taler, oder über 88%, an Sorte I, hingegen lediglich 24.047 Taler an Sorte II und 3.107 Taler an Sorte III.[1697]

Die vom Finanzkollegium angemahnte Reformierung der Preiskalkulation hingegen blieb aus. Die Meißener Manufaktur sollte noch bis weit in die 1850er Jahre die Grundlage der Kalkulation auf Basis des Gewichts der Porzellanmasse in Pfund beibehalten, ja sie sollte bis dahin nahezu sämtliche Regeln der Preisbildung seit 1817 weiter beibehalten.[1698] Was jedoch in Angriff genommen wurde war eine abermalige Anpassung der Preisniveaus der Porzellane, besonders der noch lagernden Stücke der nicht mehr produzierten Sorten II und III. Direktor von Oppel sprach sich dafür aus, dem Umstand der schwachen Umsätze durch eine zielgerichtete Preisanpassung aller drei Porzellansorten beizukommen. Im März 1825 führte man eine Preisanpassung der Geschirre durch, auch weil Veränderungen in der Form- und Farbgebung das Produktportfolio in Meißen wesentlich verändert hatten und Porzellane aus neuer und alter Produktion mit unterschiedlichen Preisniveaus versehen waren. Um eine derartige Preisanpassung durchzuführen, wurden die Geschirre der ersten Porzellansorte in Abhängigkeit ihrer Verkaufschancen in unterschiedliche Kategorien eingeteilt:[1699]

- Lagernde Artikel, die ihrer Form und Bemalung nach nicht mehr viel Nachfrage hatten, aber durch deutliche Preissenkungen wieder verstärktes Interesse hervorrufen konnten, sollten zwischen 25% und 33,33% abgesenkt werden.
- Geschirre, die in den Warenlagern vorrätig und in vergangenen Jahren produziert worden waren, denen man noch gute Absatzmöglichkeiten zumaß, wurden mit 16,66% Abschlag angesetzt.
- Porzellane aus aktuellen Produktionsperioden, insbesondere mit neuen Farben und reichhaltigen Goldbemalungen und zeitgemäßen Dekorationen, erhielten eine neue Preisliste.

Die noch vorhandenen Porzellane der Sorte II wurden hingegen durchweg um 12,5% billiger verkauft als bisher, bei einer Mindestabnahmemenge von 100 Talern wurden Geschäfts- und Privatkunden zusätzlich noch weitere 5% Nachlass gewährt.[1700] König Friedrich August III. genehmigte in seiner Resolution vom 26. März 1825 diesen Plan und ordnete der Manufakturführung sogar an, bei stockendem Absatz der Porzellane die Preise noch weiter abzusenken.[1701] Der Verkauf mit den neuen Preisstrukturen begann am 18. April 1825 in den Filialen in Dresden, Leipzig und Meißen.[1702] Die weiteren Jahre standen im Zeichen der preispolitischen Kontinuität, nachdem man im Zeitraum von 1804 bis 1830 das durchschnittliche Preisniveau der eigenen Produkte aufgrund der dargestellten Maßnahmen streckenweise um

[1697] Vgl. AA IV9 23, S. 107, eigene Berechnungen. Vgl. auch die Abbildung 5-27 im Anhang.

[1698] So lassen sich noch für das Jahr 1855 ausführliche Kalkulationen nachweisen, in welchen die Preisbildungen anhand des Gewichts der Porzellanmasse im Wege einer Zuschlagskalkulation durchgeführt wurden, selbst im Jahr 1886 ist die Grundlage der Preisberechnung immer noch das Gewicht der Porzellanmasse mit der anschließenden Festlegung von Zuschlagssätzen gewesen, vgl. AA IV9 16, S. 90–91 und S. 189–193.

[1699] Vgl. AA IV9 23, S. 11–11b und S. 19–19b.

[1700] Vgl. AA IV9 23, S. 20.

[1701] Vgl. AA IV9 23, S. 36.

[1702] Vgl. AA IV9 23, S. 50.

insgesamt fast 40% gesenkt hatte.[1703] Nach dem Tod von Direktor von Oppel im Jahre 1833 wurde dessen Stelle eine gewisse Zeit lang nicht besetzt, doch durch Inspektor Kühn konnte die Leitung der Manufaktur mit einem ebenso fähigen Manufakturisten fortgeführt werden.[1704] Unter dem Eindruck der Julirevolution von 1830 erhielt Sachsen im Jahre 1831 eine Verfassung. Dadurch wurde eine konstitutionelle Monarchie geschaffen, die den Übergang zum repräsentativen Parlament vollzog. Das bisher königliche Vermögen wurde vom Staatshaushalt getrennt, so dass im September 1831 die Manufaktur als Staatsunternehmen unter die Kontrolle des sächsischen Finanzministeriums gestellt wurde und für Meißen ein neuer wirtschaftshistorischer Zeitabschnitt begann.[1705]

3.4 Preispolitik und Vertrieb

3.4.1 Vertriebstätigkeit in der Anfangszeit

Der Vertrieb der Meißener Porzellane gilt in der kunsthistorischen Forschung als vorbildhaft. Organisation und Durchführung des Vertriebs schienen unter allen Porzellanmanufakturen die besten Voraussetzungen für eine erfolgreiche wirtschaftliche Tätigkeit zu bieten: „Das vernünftigste System und das richtige Gefühl für den Erfolg herrschte bei der Organisation des Vertriebs in Meißen".[1706] Nachfolgend wird zu zeigen sein, dass in Meißen die Organisation des Vertriebssystems und das richtige Gefühl für einen gewinnbringenden Absatz der Produkte beileibe nicht immer von Erfolgsmeldungen charakterisiert war. Eine Vielzahl von vertriebspolitischen Maßnahmen fungierten als erweiterter Hebel der Preispolitik auf der Manufakturebene, so dass die grundsätzlichen Entscheidungen zur allgemeinen Preispolitik sich dann in der Vertriebsebene konkretisierten. Als Schnittstelle zwischen den Produktionsabteilungen in Meißen und den unterschiedlichen Nachfragern in den Absatzmärkten hatte der Vertrieb nicht nur reine Verkaufsaufgaben zu bewältigen, sondern sollte auch aktiv zur Beschaffung von Marktinformationen und zur Pflege der Kundenbeziehungen eingesetzt werden.

Ein Hauptaugenmerk beim Vertrieb des Porzellans legte man in der Anfangszeit der Manufaktur auf die Messen, von denen eine der wichtigsten in unmittelbarer Nähe von Meißen abgehalten wurde.[1707] Die Leipziger Messen waren zu diesem Zeitpunkt nicht nur der zentrale Ort für Kaufleute und deren Geschäfte, es fand sich in diesen Messen alles, „was Geld und Rang hatte, um sich hier zu vergnügen".[1708] Böttger erkannte dieses Potenzial, nämlich die

1703 Vgl. AA I Af 10, S. 39b–42, eigene Berechnungen. Vgl. auch Abbildung 5-33 im Anhang.

1704 Vgl. Rückert (1990), S. 44 und S. 46.

1705 Vgl. Walcha (1973), S. 128–129 und Matzerath (2003), S. 164.

1706 Vgl. Hofmann (1980a), S. 131.

1707 Vgl. AA I Af 9, S. 10b. Für Luxusgüter stellten die Messen einen geeigneten Absatzkanal dar, da man neben kaufkräftigen Kunden die Möglichkeit des Transithandels hatte und während der Messen Kontakte mit Händlern knüpfen konnte. Darüber hinaus garantierte die handelsrechtliche Stellung der Messen den Ausgleich der Geschäftskonten der Händler untereinander, vgl. Pallach (1987), S. 57.

1708 Zimmermann (1908), S. 85.

hohe Konzentration der wichtigsten Zielgruppe des Meißener Porzellans an einem Ort, recht schnell. Zudem war es in Ermangelung einer eigenen Verkaufsniederlassung die einzige Möglichkeit, die Porzellane auf direktem Wege den interessierten Kunden zu verkaufen. Überdies bekam man in den Messen eine direkte Rückmeldung in Bezug auf Nachfrage und Interesse an den angebotenen Porzellanen. So wurden auf der Leipziger Ostermesse 1710 Porzellane verkauft im Gesamtwert von 3.357 Talern und 7 Groschen.[1709] Diese Einzelstücke von rotem Porzellan, beileibe noch keine kompletten Services oder Garnituren, wurden zum Verkauf angeboten in der Leipziger Petersstraße. Weißes Porzellan wurde nicht verkauft, davon hatte man nur einige Ausstellungsstücke mitgebracht.[1710] Mit dabei waren auch das Direktorium der Manufaktur selbst, zwei Kaufdiener, ein Wärter und ein Glasschleifer. Letzterer konnte gegen ein Zusatzentgelt der zahlenden Kundschaft alles in das Porzellan einschneiden, was diese verlangten, wie z.B. Initialen oder Wappen.[1711] Die zuvor von Böttger festgelegten Preise der Stücke wurden dabei eigenhändig vom Direktorium kurz vor Messebeginn willkürlich nochmals nach oben korrigiert, so dass sich daraufhin ein allgemeines Klagen über die allzu hohen Preise einstellte und die Streitigkeiten um die Führungskompetenzen in Meißen zwischen Böttger und den Direktoriumsmitgliedern ausbrach.[1712]

In der im Juni 1710 stattfindenden Peter- und Paulsmesse in Nürnberg konnte Böttger mit Hilfe des dorthin gereisten Buchhalters Ebischen Porzellane für etwa 300 Taler präsentieren. Die Erfolge bei den drei Leipziger Messen an Neujahr, Ostern und Michaelis waren mitunter erheblich. Die Umsätze während der Messezeit überstiegen das Dreifache eines Monatsumsatzes aus allen anderen Distributionskanälen.[1713] Der Vertrieb über die Messe blieb aber ein saisonaler Vertrieb, und der geregelte Verkauf über das restliche Jahr hinweg führte zu weit geringeren Umsätzen.[1714] Da aber der Vertrieb von Glas und Keramik zu Beginn des 18. Jahrhunderts üblicherweise durch Kramer und kaum durch sesshafte Kaufleute erfolgte, entschied sich Böttger, die Dienste eines fahrenden Kaufdieners in Anspruch zu nehmen. Im Sommer 1710 wurden Waren im Wert von ungefähr 1.000 Talern durch Johann Wilhelm Stürzel, den man als einen der ersten Außendienstmitarbeiter der Manufaktur ansehen kann, nach Hamburg gebracht. Mit Geschick suchte man sich Orte aus, in denen man die kaufkräftige Zielgruppe des Porzellans vermutete, so auch im Modebad Karlsbad. Stürzel wurde am 11. Juni 1710 dorthin geschickt mit Waren im Wert von 1.328 Talern. Am 5. Juli war er in der preußischen Residenzstadt Berlin unterwegs mit Porzellan im Wert von 956 Talern und 12 Groschen.[1715]

1709 Vgl. AA I Af 9, S. 4.

1710 Vgl. AA I Af9, S. 4.

1711 Vgl. Zimmermann (1908), S. 85.

1712 Vgl. Zimmermann (1908) S. 98, vgl. auch Kapitel 3.3.2.

1713 Vgl. Walcha (1973), S. 87.

1714 Vgl. AA I Af 9, S. 26 und Zimmermann (1908) S. 177.

1715 Vgl. AA I Af 6b, S. 85 und S. 86 und Rückert (1990), S. 62, ferner auch Walcha (1973), S. 23. Der Erfolg des Verkaufs in Karlsbad ist wohl nicht geglückt, da er an diesem Ort nicht wiederholt wurde, vgl. Zimmermann (1908) S. 86.

Diese Vertriebsbemühungen in Meißen erfolgten jedoch keinem größeren Plan, so dass sich Verkaufserfolge eher zufällig einstellten. Oftmals wurde der Vertrieb sehr schwankend in seiner Intensität und Durchführung betrieben.[1716] Böttger versuchte daraufhin einen Strategiewechsel zu vollziehen und entschied sich beim Vertrieb der Ware auf den Kommissionshandel zu setzen. Porzellane wurden in Kommission nach Lausitz gegeben, und auch auf den Leipziger Messen wurde das Porzellan von fremden Kaufleuten in Kommission vertrieben, die für erfolgreiche Verkäufe eine Provision erhielten. Jede sich nur ergebende Verkaufsmöglichkeit, die dazu noch mit wenigen Unkosten behaftet war, wurde aufgegriffen, um das Porzellan zu vertreiben. Selbst persönliche und familiäre Beziehungen mussten für den Verkauf herhalten, und Freunden und Verwandten wurden ebenfalls einige Waren in Kommission mitgegeben.[1717] Dies alles konnte freilich keinen signifikanten wirtschaftlichen Erfolg für die Manufaktur herbeiführen. Die noch immer präsente Skepsis gegenüber der Porzellanerfindung sorgte für Misstrauen, welches der neugegründeten Manufaktur entgegengebracht wurde. Man sprach sogar von Intrigen seitens der Kaufleute, um den Verkauf des neuen Porzellans zu erschweren und den bisher bestehenden und einträglichen Vertrieb des asiatischen Porzellans zu sichern.[1718] Die Intrigen wurden sogar innerhalb der Manufaktur gesponnen, nicht zuletzt auch durch das Direktorium selbst.[1719]

Der schleppende Vertrieb der Waren in der Anfangszeit war oft Grund genug für Kompetenzstreitigkeiten zwischen dem Direktorium und Böttger über die richtige Vertriebsstrategie. Diese Unklarheit über die zu wählende Strategie und der relativ enttäuschende erste Messeverkauf[1720] erforderten kreative Maßnahmen zur Verbesserung des Vertriebs. Problematisch in der Anfangszeit war, dass weder das Direktorium und schon gar nicht der König während der Messen als Kaufleute auftreten konnten, Böttger hingegen immer noch rein formell ein Gefangener war.[1721] Dieses „Vakuum" in Bezug auf die Führung des Vertriebs musste geschlossen werden. Von Böttger wurde für diese Zeit angestrebt, den gesamten Verkauf der erzeugten Waren einer einzigen Gesellschaft oder einem einzigen Kaufmann zu übertragen, um dadurch auch dringend benötigtes Kapital in die Manufaktur zu bringen.[1722] Die Durchführung des Vertriebs durch einen Kaufmann oder ein Handelshaus sollte besonders auch das Vertrauen der vielen Porzellanhändler in die Meißener Produkte stärken und

[1716] Vgl. Zimmermann (1908), S. 86.

[1717] Vgl. Zimmermann (1908), S. 87. Einem Goldschmied in Augsburg, dessen Sohn bei Böttger gearbeitet hatte, wurde Porzellan mitgegeben, wie auch einem Sekretär Schmidt, dessen Bruder ebenfalls bei Böttger gearbeitet hatte.

[1718] Vgl. Zimmermann (1908) S. 88.

[1719] Vgl. Kapitel 3.3.2. Allgemein kann gesagt werden, dass der Hof August des Starken, wie auch sonst jeder andere absolutistisch geprägte Hofstaat, einen fruchtbaren Nährboden bot für Intrigen und selbstsüchtige Machenschaften, die erleichtert wurden durch die häufige Abwesenheit des Fürsten von seinen Stammlanden, vgl. Zimmermann (1908) S. 102

[1720] Über die Höhe der Verkaufskosten von 700 Taler entbrannte ein weiterer Streit zwischen Böttger und dem Direktorium, vgl. Zimmermann (1908), S. 98.

[1721] Für den König und die Fürsten war eine Tätigkeit im Handel undenkbar. Der Adel konnte nach Ludovici schon beim Detailhandel seiner privilegierten Position verlustig werden, so dass allgemein für Standespersonen im 18. Jahrhundert die Tätigkeit im Handel als nachteilig empfunden wurde, vgl. Ludovici (1768), S. 242, ähnlich auch Marperger (1714), S. 98–101. Vgl. auch Treue (1957b), S. 27.

[1722] Vgl. Michael (1934), S. 52.

sie zu Käufen animieren. In so einem Verkaufsmonopol sah man lange Zeit die beste Möglichkeit, den Absatz des Porzellans voranzutreiben mangels eigener Vertriebsniederlassungen.

So wurde mit dem Kaufmann Johann Gottlieb Schwartz am 23. September 1710 eine Gesellschaft gegründet, an der sich Dr. Nehmitz mit zwei Dritteln und Dr. Bussius, ein Generalakzisesekretär aus Dresden, zu einem Drittel beteiligte. Schon Anfang September 1710 hatte Direktor Matthis die Gründung einer Gesellschaft vorgeschlagen, mit dessen Hilfe der Vertrieb organisiert werden sollte.[1723] Mit dieser Gesellschaft „H. Schwartz und Compagnie in Leipzig" wurde ein Vertrag abgeschlossen, der ihr hinsichtlich des Verkaufs für das Porzellan ein völliges Monopol zusicherte und eine Provision in Höhe von 6% garantierte für zukünftig in Kommission abgegebene Porzellane. Der Warenwert, der vom Kaufmann abgenommen werden musste, betrug 4.000 Taler, die hingegen in den Warenlagern schon vorhandenen Porzellane wurden ebenfalls dieser Gesellschaft übertragen und sollten allerspätestens 14 Tage vor Beginn der Neujahrsmesse 1711 in Leipzig geliefert werden, ohne Zoll- oder Akziseabgaben zu bezahlen. Diese in den Lagern „befindlichen Waaren würden auf den genauesten Preis gesetzet, und sollten nach einem überhaupt veraccordirten rabatto Hr. Schwartz u. Comp. umb vor 2600 Taler zugeschlagen werden".[1724] Für die noch herzustellenden Porzellane im Wert von 4.000 Talern waren 1.500 Taler sofort in bar zu zahlen, die restliche Summe jeweils mit 1.250 Talern bei der Neujahrs- und Ostermesse 1711 zu begleichen.[1725] Das Porzellan aus Meißen wäre somit nur bei dieser Firma in Leipzig zu haben gewesen, alle Warenbestellungen gingen über die Gesellschaft oder wurden an diese weitergeleitet. Die Gesellschaft des Kaufmanns Schwartz hatte sogar das Recht, mit eigenen Künstlern und Malern die Meißener Produkte fertig ausarbeiten zu lassen.[1726] Mit diesem Konstrukt bestritt die Meißener Manufaktur dann auch die nachfolgenden Leipziger Messen bis zum Dezember 1711, dem Ende des Vertrages.[1727]

Jedoch war der Kaufmann Schwartz eine erfundene Person, die gegründete Gesellschaft eine reine Scheingesellschaft und die geschlossenen Verträge allesamt unwirksam.[1728] Hinter diesem gegründeten Unternehmensvehikel konnte nämlich die Direktion unter Dr. Nehmitz, Matthis und Bussius den Vertrieb der Porzellane weiterführen, ohne jedoch selbst formal als Verkäufer in Erscheinung treten zu müssen. Die Direktion sah sich nämlich vor dem Hintergrund der herannahenden wichtigen Michaelis-Messe von 1710 genötigt,

> *„ein geschwindes Expediens zu ergreiffen, und zuversuchen, ob unter dem Nahmen einer Compagnie der Debit besser erfolgen mögte, dahero es sich eines Kaufmanns,*

[1723] Vgl. HStAD 10026 Loc. 1340/01, S. 78–79.

[1724] AA I Af 6b, S. 92b–93b. Ausführlich zu den Verkaufsverhandlungen Michael (1934), S. 52–56.

[1725] Vgl. Michael (1934), S. 55.

[1726] Vgl. AA I Af 6b, S. 94.

[1727] Vgl. Zimmermann (1908) S. 102 und Walcha (1973), S. 31.

[1728] Vgl. HStAD 10026 Loc. 1340/01, S. 87–91.

Schwartze genannt, Nahmen und deßen guthen Willen bediente, und die Waaren also debitiret".[1729]

Die erste Einrichtung einer ständigen eigenen Verkaufsniederlassung geschah 1711, und zwar mit sechs Zimmern direkt in der Albrechtsburg.[1730] Die Tragweite dieser Entscheidung und die damit verbundenen hohen Kosten wurden aber nicht vollständig durchdacht, da so ein Verkaufsraum sich fernab der Zentren befand, in denen die Zielkundschaft des Porzellans normalerweise verkehrte, und zudem ein striktes Besuchsverbot auf der Albrechtsburg für Fremde herrschte. Besucher dieses Verkaufsraumes konnten demnach nur hochgestellte Persönlichkeiten sein, deren Besuche aber in den Anfangsjahren sehr selten waren. Genehmigungen zum Besuch der Burg wurden nicht oft erteilt, in der Regel nicht mehr als zehn Mal im Monat.[1731]

Im Jahre 1714 wurde schließlich in Dresden auf dem Neumarkt in der Pirnaischen Gasse eine Niederlassung eingerichtet, in welcher der regelmäßige Verkauf der Ware unter dem Verkaufsleiter Krügelstein und später dann unter dem Faktor Chladni erfolgte.[1732] Nunmehr gab es einen zweiten Vertriebskanal, der die Verkäufe der Manufaktur von der Zyklizität der Leipziger Messen entkoppelte und der auch den Kreis der vermögenden Einzelkunden besser bedienen konnte. In der Regel gingen Bestellungen aus dem In- und Ausland bei Chladni in Dresden ein, „alwo alle Einnahmen geschehen"[1733], der diese an die Manufaktur weiterleiten musste. Bestellungen und Korrespondenzen mit Käufern, die größere Mengen an Porzellan abnehmen wollten und in Meißen vorstellig wurden, mussten vom Manufakturinspektor Steinbrück ebenfalls an Chladni weitergeleitet werden, genauso wie Steinbrück die Niederlassung stets mit Porzellanen beliefern sollte. Steinbrück und Chladni sollten „fleißig communicieren" und darauf achten, dass die eingegangenen Bestellungen, besonders von „frembden", zeitig versendet werden sollten.[1734] Chladni musste wöchentliche Berichte abgeben über sämtliche Verkaufsaktivitäten, Einnahmen und Ausgaben und er wurde ermahnt, das Gewölbe mit dem Warenvorrat[1735] unter besonderer Obhut und Beobachtung zu stellen und es stets sicher zu verschließen. Handelsbücher und Rechnungen hatte Chladni in jedem Quartal abzugeben, genauso wie er Steinbrück in „manufactur Affairen treulich beystehen" sollte.[1736] In der Anfangszeit wurde im Dresdner Gewölbe wahrscheinlich nicht nur ausschließlich Porzellan von Chladni verkauft. So heißt es in den Instruktionen, es

---

[1729] AA I Af 6b, S. 98.

[1730] Vgl. Zimmermann (1926), S. 35–36.

[1731] Vgl. Walcha (1973), S. 88. Dies sollte sich zu einem späteren Zeitpunkt ändern, da für den Zeitraum von 1730 bis 1740 in den Logbüchern der Schlosswache über 1.000 Besucher auf der Albrechtsburg gezählt wurden, von Geschäftspartnern über Lieferanten bis zu Künstlern und Beamten, die jedoch zumeist nur zum Warenlager der Manufaktur vorgelassen wurden, vgl. Cassidy-Geiger (2007), S. 12.

[1732] Vgl. AA I Af 9, S. 10b, ferner Rückert (1990), S. 62 und Zimmermann (1926), S. 35.

[1733] AA I Aa 1b, S. 410.

[1734] AA I Aa 1b, S. 393b, S. 395 und S. 556, wobei mit „frembden" die Besteller außerhalb Sachsens gemeint sind.

[1735] Anfangs wurde dieser in den Lagern in Dresden und Leipzig mit ungefähr 10.000 Taler an Wert von Chladni geschätzt, 1722 betrug der Wert 11.000 Taler, vgl. AA I Aa 2, S. 141 und S. 157.

[1736] AA I Aa 1b, S. 556b–558.

„soll ihm unverwehrt seyn, daß er kleine Parthien von Waaren anderer Art, als Thee, Stoffe und dergleichen, so ihm in Commission gegeben werden möchten (...) übernehme, und im königl. Gewölbe neben denen Porcellainen mit verdebitieren und führen möge“.[1737]

Für die Ostermesse im Jahre 1719 berichtete Steinbrück, dass „mit dem sächsischen Porcellainen wohl ein gangbares Commercium zutreiben stehe“, wenn man besonders die von den im Großhandel tätigen Kaufleuten verlangten Waren innerhalb akzeptabler Zeit liefern könnte.[1738] Jedoch gab es Probleme mit dem damaligen Faktor Krügelstein, welcher „Maître alleine seyn“ wollte und den Anweisungen von Steinbrück nicht folgen wollte.[1739] In Geheimverhandlungen versprach er eigenhändig überhöhte Rabatte und verrechnete die Verkäufe, ohne Steinbrück darüber zu informieren. Rechnungsbücher oder eine genaue Auflistung der Kosten konnte Krügelstein nicht nachweisen. Dennoch konnte man im Wege von Preisverhandlungen mit den Kaufleuten insgesamt 1.367 Taler und 13 Groschen während dieser Messe einnehmen, ohne vorher die Preise der angebotenen Waren festgesetzt zu haben und ungeachtet dessen, dass das angebotene Sortiment keine „guten und currenten Waaren“, wie sie wohl in großen Mengen von ausländischen Händlern gesucht wurden, vorweisen konnte.[1740] Man ging auch in diese erste Messe nach der Ära von Böttger weitestgehend unvorbereitet hinein, besonders was die allgemeine Verkaufs- und Preisstrategie anging.

Wie die Preispolitik während der Leipziger Messen aussah, liest sich besonders anschaulich in einem Rapport von Steinbrück vom 23. Dezember 1719. Es hätten bei der zurückliegenden Michaelis-Messe

„einige Abnehmer, als LeComte aus Wien, gewiße Waaren alzu wohlfeil, andere aber, als Rembold von Berlin u. Leuking von Magdeburg, wenn sie zuvor aufs genaueste gehandelt, hernach bey der Bezahlung noch einen rabat à 3, 4 u mehr p. Cto. pretendirt und bekommen; und sich dieserhalb auf die ehemahlige Gewohnheit bezogen.“[1741]

Die Preisverhandlungen sind maßgeblich von dem Faktor Chladni geführt worden. In seinen Freiheiten stand es auch, Rabatt in unterschiedlicher Höhe zu gewähren, ohne dass es dafür eine Verordnung oder Instruktion der Manufakturleitung gab und ohne dass es eine erkennbare Systematik in der Gewährung gegeben hätte. Dass die Kaufleute sich bei der Forderung nach Rabatten auf die „Gewohnheit“ bezogen, ist ein weiterer Hinweis darauf, dass die

[1737] AA I Aa 1b, S. 559b. Möglich wäre es gewesen, aus diesem zusätzlichen Kommissionshandel auch Vorteile für die Manufaktur zu erhalten, da praktischerweise nach dem Kauf von Kaffee oder Tee die entsprechenden Geschirre ebenfalls direkt an Ort und Stelle bestellt werden konnten. Diese Nebentätigkeit ist von Chladni aber wohl nicht entscheidend weitergetrieben worden, da sich hierüber keine weiteren archivalischen Quellen finden lassen.

[1738] AA I Aa 1a, S. 68–68b. Lieferschwierigkeiten für Porzellangeschirr ergaben sich öfters, da in der Anfangszeit aufgrund von Brennholzengpässen die Geschirre oftmals nicht zur richtigen Zeit gebrannt werden konnten, vgl. AA I Aa 1a, S. 98–98b.

[1739] AA I Aa 1a, S. 70, vgl. auch AA I Aa 1a, S. 142b–143b.

[1740] AA I Aa 1a, S. 74–80, vgl. auch AA I Aa 1b, S. 451 und S. 464.

[1741] AA I Aa 1b, S. 573.

Preisabschläge durch Rabatte ein fester Bestandteil der Preispolitik der Manufaktur während der Messen waren. Dass dabei innerhalb der Manufaktur die erzielten Verkaufspreise mitunter als zu billig angesehen wurden, verstärkt den Eindruck einer eher konfusen und wenig rational geführten Preispolitik für die ersten Manufakturjahre. Steinbrück war sich der Konsequenzen dieser „höchstschädlichen" Preispolitik offenbar bewusst, da er die Manufakturkommission bat, für Faktor Chladni eine entsprechende Verordnung zu erlassen, „wie ihm nicht frey stünde, solches weiter geschehen zu lassen".[1742]

Dessen ungeachtet markierte die Michaelis-Messe 1719 einen vorläufigen Umsatzrekord mit 2.777 Talern und 12 Groschen, inklusive der noch ausstehenden Forderungen.[1743] Selbst der Kameralist Marperger, der zu diesem Zeitpunkt Manufakturkommissar gewesen sein könnte, bestätigte die positiven Umsatzentwicklungen der Meißener Manufaktur auf der Leipziger Messe und die Vielzahl der eingehenden Bestellungen aus Wien, Prag, Warschau, Breslau, Frankreich und „denen vornehmsten Reichs Städten".[1744] In einem weiteren Bericht von Steinbrück ist ersichtlich, dass man in Bezug auf die zukünftigen Absatzmöglichkeiten des Porzellans sehr zuversichtlich, ja geradezu euphorisch gestimmt war. Durch die erfolgte betriebliche Neuorganisation und die Reformen nach dem Tode Böttgers, schien der Weg nun endgültig frei zu sein für ein profitables Wachstum der Manufaktur. In der erwähnten Michaelis-Messe hätte man sogar noch mehr Einnahmen erzielen können, wenn man die vielen Bestellungen auch hätte liefern können.[1745] Es bestand noch immer ein hoher Nachfrageüberschuss für die Produkte der Manufaktur, der sich sowohl auf den Großhandel als auch auf den Detailverkauf erstreckte. Einige Bestellungen mussten sogar seitens der Manufaktur storniert werden, da man schlichtweg nicht alles liefern konnte, was bestellt wurde. Das Auftragsbuch enthielt Bestellungen im Wert von ungefähr 1.400 Talern, so viel wie in den letzten zwei Messen zusammen. Man musste sich über den Absatz offensichtlich keine Sorgen machen, denn während „andere Manufacturen vor nichts als den Abgang beschäftigt seyn müßen, so findet sich solcher hier von selbsten".[1746] Dieses starke Vertrauen in die eigenen Absatzmöglichkeiten führte zur Formulierung von überaus positiven und glänzenden Zukunftsaussichten. Denn sobald die Manufaktur endlich die letzten betrieblichen Schwierigkeiten überwinden würde „und in rechtem Gang wird gebracht seyn", so würde es „mit der Zeit ein brillantes Kleinod des Landes, welches andere nicht haben", werden.[1747] Das schon eingangs erwähnte starke Vertrauen der Manufaktur in ihre eigene Monopolsituation und der daraus abgeleiteten fehlenden Notwendigkeit, absatzpolitische Maßnahmen der Verkaufsförderung einzusetzen, fand sich hier abermals wieder.

Um das Jahr 1728 unterhielt die Manufaktur regelmäßige Handelsbeziehungen mit insgesamt 44 Kaufleuten. Von diesen kamen 12 aus dem Ausland: zwei Verbindungen bestanden nach

[1742] AA I Aa 1b, S. 573.

[1743] Vgl. AA I Aa 1b, S. 577.

[1744] Marperger (1718), S. 21–22. Zur Rolle Marpergers in Meißen, vgl. Kapitel 3.3.2.

[1745] Vgl. AA I Aa 1b, S. 574.

[1746] AA I Aa 1b, S. 574b, unklar bleibt jedoch, ob Steinbrück andere Porzellanmanufakturen wie die neugegründete Wiener Manufaktur als Konkurrenten meinte, oder von Manufakturen in allgemeiner Hinsicht sprach.

[1747] AA I Aa 1b, S. 575.

Amsterdam, drei nach Wien, eine nach Lüttich, zwei nach Prag und vier nach Breslau. Die restlichen Handelsbeziehungen unterhielt die Manufaktur mit deutschen Kaufleuten, zumeist aus Berlin, Hamburg, Augsburg und den Städten aus der näheren Umgebung wie Magdeburg und Leipzig.[1748] Das Umsatzwachstum hielt weiter an, so dass auf der Michaelis-Messe des Jahres 1729 die Manufaktur so viele Einnahmen generieren konnte wie 10 Jahre zuvor im ganzen Kalenderjahr. Es wurden Einnahmen von 7.469 Talern erzielt, davon 2.064 Taler und 6 Groschen in bar, 3.866 Taler und 1 Groschen auf Kredit und 1.539 Taler und 4 Groschen mit Fälligkeitstermin bei der nächsten Messe 1730. Der Faktor Chladni berichtete, dass abermals viele Händler aus England und aus Hamburg zu den Käufern gezählt wurden und stark das bunt- und blaubemalte Porzellan gesucht hätten.[1749]

3.4.2 Reform der Vertriebstätigkeit von 1730 bis 1763

Im Rahmen der 1729 und 1730 durchgeführten Reformen der Preispolitik unter Direktor Hoym stand auch die Rabatt- und Konditionenpolitik auf dem Prüfstand. Am 24. Juli 1730 berichtete Chladni, dass eine Reihe von Kaufleuten, darunter der türkische Geschäftsmann Manasses Athanas, für ihre größeren Bestellungen einen besonderen Verkaufspreis verlangten, der unterhalb den gerade erst neu kalkulierten Preisen liegen sollte.[1750] Die Händler machten ihre Transportkosten, ihre Spesen, Gebühren und Zölle als Argument geltend, die allesamt die Profitabilität ihrer Geschäfte vermindern würden. Überhaupt unterlag die Gewährung von Rabatten bei der Manufaktur, wie gezeigt wurde, keinen vordefinierten Regeln. In bilateralen Verhandlungen mit Kaufleuten und Weiterverkäufern war ein direkter Rabatt in der Größenordnung von 6% üblich, ohne Erfüllung besonderer Einkaufsmengen oder sonstiger Vorgaben.[1751] Es lag stets im persönlichen Ermessen von Steinbrück und von Chladni, ob und in welcher Höhe Rabatt gegeben wurde. Uneinheitliche Rabattsätze, unspezifische Rabattstaffeln und eine allgemein recht intransparente Rabatt- und Konditionenpolitik kennzeichneten die Vertriebspolitik.

Nach Chladnis Bericht überlegte das damalige Kammerkollegium, diese bestehende Politik zumindest in Grundzügen einer gewissen Reglementierung zu unterwerfen. So sollte „Kauff Leuten, so eine quantitat Porcellain an Werth von 2. biß 300 Thlr. und mehr zusammen nähmen (...) ein gewißes von 100 als rabat zu gute gehen (...)".[1752] Manufakturdirektor Hoym konnte sich jedoch zu keiner finalen Regulierung der Rabattsätze und -staffeln entschließen. Im Rahmen seiner neuen kostenorientierten Preisstrategie fürchtete er, dass durch Rabatte die Konformität der Preise in Gefahr geraten würde. Die Preisstruktur wollte er grundsätzlich beibehalten und diese auch gegenüber den Geschäftskunden unter allen Umständen verteidigen. Bemerkenswert war diese Einstellung, da zum ersten Mal ein gewisser Schwerpunkt auf die Sicherung und Durchsetzung der eigenen Preise gelegt wurde statt den mitunter verschwenderischen Umgang mit Rabatten und Preisnachlässen weiter zu zementieren. Man

[1748] Vgl. AA I Aa 12, S. 72–72b.

[1749] Vgl. AA I Aa 11, S. 153b–154b.

[1750] Vgl. AA I Aa 13, S. 285b.

[1751] Steinbrück erwähnt, dass er einem Kaufmann aus Berlin 6% Rabatt gewährte, vgl. AA I Aa 1a, S. 241b.

[1752] AA I Aa 13, S. 159.

vertraute, insbesondere in einer Zeit mit vollen Auftragsbüchern und hoher Nachfrage nach den eigenen Produkten, auf die Anziehungskraft des Meißener Porzellans. Zudem hätte Hoym, der Architekt der Einführung der festen Preise in Meißen, sein begonnenes Werk durch eine unsystematische Rabattgewährung erheblich konterkariert. Per Dekret entschloss man sich, in besonderen Fällen den Kaufleuten einen Rabatt zu gewähren, der aber keinesfalls von Chladni im freien Ermessen zu gewähren war, sondern von Fall zu Fall bei dem Kammerkollegium schriftlich angefragt werden musste.[1753]

Entsprach diese Maßnahme einer Schwächung der Kompetenzen des Vertriebsleiters Chladni, wurde seine Position aber gleichzeitig gestärkt in Bezug auf die Vertriebsverantwortung für den wichtigen Distributionskanal der Leipziger Messen. Mit Dekret vom 28. August 1730 sollte Chladni sich mindestens ein bis zwei Monate vor jeder Leipziger Messe in Meißen einfinden und dort den Messeverkauf vorbereiten. Er sollte einerseits die schon in Meißen vorrätigen Waren nach Leipzig versenden lassen, die er für den Verkauf auf der Messe erforderlich hielt. Andererseits hatte er aber die seiner Meinung nach im Markt aussichtsreichsten Porzellane in Auftrag zu geben, deren Verfertigung zu überwachen und sie dann anschließend zu den Messen bringen zu lassen.[1754] Trotz aller Einschränkungen und Limitierungen seiner Verantwortlichkeiten bei der Preispolitik, welche durch Hoym eingeleitet wurden und in einer grundlegenden Strategieänderung mündeten, verließ man sich bei der Vertriebsstrategie immer noch auf Chladnis Erfahrung und seine Kenntnisse des Marktes.[1755]

Neben den Niederlassungen in Dresden und Leipzig wurde eine weitere Niederlassung durch direktes Betreiben von August dem Starken 1731 in Warschau eröffnet.[1756] Da er in Personalunion nicht nur Sachsen, sondern auch Polen regierte, hatte er ein besonderes Interesse, die Produkte seines Vorzeigebetriebes aus dem heimischen Sachsen auch in Polen populär zu machen. Der Buchhalter Rost, bisher in Dresden als Helfer von Chladni angestellt, wurde nach Warschau entsendet, um dort die Geschäfte zu führen.[1757] Im Jahr 1733 unterhielt man mittlerweile an 32 Ortschaften Geschäftsverbindungen mit Kaufleuten, welche in den jeweiligen Städten die Waren aus Meißen vertrieben. Dabei reichten diese internationalen Verbindungen von Berlin über Zürich nach Konstantinopel, Belgrad und Moskau.[1758] Einer der Großabnehmer dieser Zeit war der bereits erwähnte türkische Kaufmann Manasses Athanas, der 1732 die Anzahl von 2.000 Dutzend kleiner henkelloser Türkencöppgen und in den nachfolgenden Jahren für weitere umfangreiche Warenbestellungen verantwortlich war. Die Warenlager in Dresden, Leipzig und Warschau hatten 1734 einen Warenwert von insgesamt 110.000 Talern, 1743 betrug der Wert zwischen 114.000 und 118.000 Talern.[1759] Der Ausbau der Handelsverbindungen im Ausland wurde in diesen Jahren außerordentlich vorangetrie-

---

[1753] Vgl. AA I Aa 13, S. 163b–164 und AA I Aa 13, S. 195.

[1754] Vgl. AA I Aa 13, S. 305b.

[1755] Vgl. zur Rolle Chladnis auch Kapitel 3.3.4.

[1756] Vgl. AA I Aa 15, S. 439, AA I Aa 16, S. 111 und Berling (1900), S. 33.

[1757] Vgl. AA I Aa 17, S. 11b.

[1758] Vgl. Berling (1900), S. 39. Vgl. auch die Abbildung 5-9 im Anhang.

[1759] Vgl. AA I Aa 23, S. 45 und AA I Af 9, S. 27b.

ben, so dass für das Jahr 1735 insgesamt 52 Geschäftskunden verzeichnet waren.[1760] Beachtenswert ist auch der Ausbau der Geschäftsverbindungen mit Hamburg und mit Altona, wo man vier Händler zum Kundenstamm zählte, genauso viele wie in Berlin und Augsburg. Erstmals wurde auch eine dauerhafte Geschäftsverbindung nach Paris aufgebaut. Besonders in der französischen Hauptstadt gehörte Porzellan zur Zierde jeder adeligen Tafel, und man war in diesen Kreisen sehr angetan von sächsischem Porzellan.[1761] Als die Manufaktur aufgrund der anhaltenden guten wirtschaftlichen Ergebnisse über einen verstärkten Vertrieb nach Paris mit der Etablierung eines ständigen Kommissionshandels nachdachte, bewarben sich die Kaufleute Henry LeBrun und Jean-Charles Huet um dieses Recht. Während Huet eher im Großhandel tätig war und möglicherweise eine stärkere Rolle im Endkundenmarkt anstrebte, war LeBrun als „marchand bijoutier" ein Einzelhändler, der in den Großhandel expandieren wollte.[1762] Moritz von Sachsen beschrieb die Situation um das Meißener Porzellan in Paris folgendermaßen:

> *„Tout ce que j'ai pu entrevoir, est que la porcelain de Saxe est belle et bonne, et qu'elle est en grande réputation; et qu'elle se vend très-bien, et que ces Messieurs [LeBrun und Huet] voudraient bien être chacun le maître, à l'exclusion l'un de l'autre".*[1763]

Diese Vertriebskooperation beschäftigte in Dresden die höchsten Regierungsstellen. Brühl schaltete sich in die Verhandlungen ein und wies den sächsischen Vertreter am französischen Hofe an, sich persönlich um die Vergabe der Exklusivrechte zu kümmern.[1764] Nachdem man zwar mit Lemaire nur schlechte Erfahrungen gemacht hatte, erhielt jedoch sein ehemaliger Geschäftspartner im Porzellangeschäft, Huet, schließlich den Vertrieb der Waren in Paris zugesprochen. Festzuhalten ist auch, dass man an allen wichtigen kontinentaleuropäischen Fürstenhöfen der damaligen Zeit eine Geschäftsverbindung hat aufbauen können, so in Paris, Berlin, St. Petersburg und Wien.

Für das Geschäft mit Privatkunden wurden in einigen Fällen Hausierer und Krämer eingesetzt, sie konnten jedoch allerhöchstens das Mittelgut verkaufen. Genehmigungen für solche „kleinen" Händler erfolgten zudem äußerst selten. Innerhalb der Manufaktur wurde schon 1722 vom damaligen Manufakturkommissar Johann Friedrich Fleuter die ablehnende Haltung gegenüber dem Detailverkauf an Einzelpersonen deutlich:

[1760] Vgl. AA I Aa 23, S. 41–42.

[1761] Das Meißener Porzellan konnte mangels entsprechender französischer Alternativen einen regelrechten „Triumphzug" im Pariser Luxusmarkt feiern, vgl. Pallach (1987), S. 71. Moritz von Sachsen, deutscher Feldherr in französischen Diensten und ein Sohn von August dem Starken, bestätigte in einem Brief vom 24. Dezember 1747 an Maria-Josepha von Sachsen, Kronprinzessin von Frankreich, die überaus hohe Nachfrage nach Meißener Produkten: „Au reste l'on est plus fou de la porcelaine de Saxe dans ce pays-ci qu'on ne l'a jamais été, et j'en vois partout; l'on ne fait plus de cas de celle des Indes", zitiert nach Vitzthum von Eckstaedt (1867), S.199, speziell zum Porzellanhandel in Paris im 18. Jahrhundert Sargentson (1996), S. 64–79.

[1762] Vgl. auch Le Duc (1997), S. 57 und o. V. (1731), S. 330.

[1763] Brief von Moritz von Sachsen an Premierminister Brühl vom 10. Juni 1738, zitiert nach Vitzthum von Eckstaedt (1867), S. 366–367.

[1764] Vgl. Boroviczény (1930), S. 377.

„Vor frembde Leuthe aber allhier auf dem Schloße eine boutique zu eröffnen, und Waaren, sie seyn guth oder verdorben, zu verlohsen, wird vor gantz unthunlich befunden (...) da fremdbe Personen, so von der Beschaffenheit der Porcellaine keine hinlängliche Kenntniß haben, sich iedes mahl mit dem Aussuchen lange auf zuhalten pflegen, und doch wohl zuletz mit dem kauffen anstehen, weil das Guth ihnen zu theuer vorkombt, und sie sich einbilden, daß hier bey der Fabrique, und gleichsam aus der ersten Hand, die Effecten nothwendig wohlfeiler seyn sollten".[1765]

Zumindest Teile der Manufakturführung standen einer eigenen Strategie des Direktverkaufs kritisch gegenüber. Man wollte, mit Ausnahme der eigenen Niederlassungen in den wichtigen Städten wie Dresden und Leipzig, keine kleinen Ladengeschäfte, schon gar nicht direkt in der Albrechtsburg, unterhalten. Man wusste schon zur damaligen Zeit, dass der typische Entscheidungsprozess eines Endkunden sehr langwierig und das Aussuchen geeigneter Porzellanstücke keine leichte Aufgabe war. Zudem ließ die Zwischenschaltung von Intermediären im Vertrieb den Kaufpreis teurer erscheinen, weshalb die Kundschaft sich durch den Kauf direkt bei der Manufaktur einen billigeren Preis erhoffte, aber dann doch aufgrund der sehr hohen Preise enttäuscht wurde. Im Jahre 1725 wurde diese Vertriebspolitik bestätigt, da nichts im Meißener Warenlager verkauft werden durfte, sondern sämtliche Porzellane nach Dresden und Leipzig in die dortigen Warenlager geliefert werden mussten.[1766] Diese rigorose Politik der Ablehnung des direkten Verkaufs machte auch nicht vor Verwandten von hochrangigen Manufakturisten halt. Der Schwiegervater Höroldts, der Meißener Ratsherr Keil, wollte für sein Ladengeschäft Porzellan in Kommission erhalten. Sein Anliegen und das des Rates der Stadt Meißen, wegen des aufkommenden Durchgangsverkehrs eine Verkaufsfiliale in der Stadt Meißen zu eröffnen, wurden abgelehnt.[1767]

Nur langsam ging man in den nachfolgenden Jahren dazu über, zumindest das Porzellan in der Qualität des Mittelgutes im Meißener Warenlager zu verkaufen. In einem Bericht an den Oberdirektor Brühl schlug Kaendler 1751 vor, den Vertrieb in Meißen stärker auszubauen. Bis dahin war es üblich, dass die Porzellane in der Qualität des Mittelguts im Meißener Warenlager verkauft wurden. Kaendler merkte an, es sei der

„Verkauff des Porcelains im Meißnischen Waarenlager dergestalt einzuführen, dass nicht nur Mittel-, sondern auch gutes curantes Guth allda verkauffet werde, als wodurch der Cassa jährlich viele 1.000 Thr. Einkünfte würden zugewachsen seyn, inmahsen viele nach Meissen kommende Passagiers sehr ungern und mit Verdruß das für den Porcelain Kauff destinirte Geld wiederum mit zurücknehmen".[1768]

Man hatte erkannt, dass im zunehmenden Durchgangsverkehr durch Meißen die vielen Nachfrager den direkten Weg zur Albrechtsburg suchten, in der Hoffnung dort einen vorteilhaften Kauf tätigen zu können. Kaendler, von Haus aus kein Kaufmann, erkannte das Potenzial, die Kunden im Meißener Warenlager auf höherpreisige Porzellane zu migrieren und den

[1765] AA I Aa 2, S. 170.

[1766] Vgl. AA I Aa 18, S. 240b.

[1767] Vgl. Walcha (1973), S. 87.

[1768] AA I Af 11, S. 96b.

ohnehin recht hohen Umsatz mit Meißener Porzellan weiter zu erhöhen. Verkauft wurde das Mittelgut bis zum 1. September 1750 ausschließlich in der Manufaktur, danach aber nur noch in Dresden.[1769]

Die Führung der Manufaktur war besorgt, dass es aufgrund der preislichen und produktpolitischen Positionierung des Mittelgutes zu gewissen Kannibalisierungstendenzen in den Umsätzen kommen könnte. Eine räumliche Trennung dieser Produktgruppen im Warenlager konnte das Problem der Kannibalisierung etwas entschärfen. Genauso wichtig erschien den Verantwortlichen aber auch die Wirkung auf die Nachfrager, die von einem Verbot des Vertriebs von Mittelgut in Meißen ausging. Man erhoffte sich nämlich, dass fortan nur die „gewünschten" Käuferschichten den Weg ins Warenlager finden würden und „viele einheimische und auswärtige geringe u. verdächtige Personen von der Fabrik fern gehalten werden" sollten.[1770] Um die zahlungskräftigeren Käuferschichten noch stärker anzusprechen, entschloss man sich, den bisherigen Standort der Dresdner Verkaufsniederlassung zu wechseln.[1771] Bis dato hatte man im sogenannten Knöfelschen Haus hinter der Frauenkirche für 540 Taler Miete im Jahr ein Ladenlokal angemietet, welches aber den Nachteil hatte, nicht besonders hell und durch viele kleinere Zimmer ungünstig aufgeteilt zu sein. Zudem wurde das Haus durch heftigen Beschuss 1761 während des Siebenjährigen Krieges erheblich beschädigt. Man beschloss, nunmehr in Dresden-Neustadt in der Nähe des Japanischen Palais einen neuen Standort zu beziehen, bei welchem

> *„nach wiederhergestellter Landesruhe noch einen Flügel bey angeregtem Hause in Form einer Galerie angelegt würde, auf welchem man die feinsten Geschirre besonders aber Tafel-Services geschicklich ausstellen und also selbige denen Liebhabern angenehm und reitzend machen könnte".*[1772]

Dieser neue Standort kostete 600 Taler Miete jährlich und sollte nach Beendigung des Siebenjährigen Krieges weiter ausgebaut werden. Zu erkennen ist, dass erstmals im Vertrieb auch die Art und Weise der Warenpräsentation in die Überlegungen Eingang fand. Den zahlungskräftigen Kunden wollte man nun in einer Galerie die Porzellanstücke, allen voran die hochpreisigen Tafelservices, geschmackvoll präsentieren. Man zielte mit dieser Maßnahme auf die Privatkunden, die traditionell bei der Porzellanauswahl viel Zeit mit ihrer Entscheidung verbrachten und nun durch bessere und angenehmere Warenpräsentation zum Kauf angeregt werden sollten. Der neue Standort erfüllte auch Repräsentationszwecke, und mit der größeren und besseren Niederlassung wurde die eigene Unternehmensreputation gefestigt. Gutes Porzellan erster Wahl wurde weiterhin in den Filialen in Dresden, Leipzig und Warschau von den dortigen Faktoren verkauft. Diese Niederlagen hatten streckenweise einen Bestand im Wert von 300.000 Talern vorrätig.[1773] Ende 1763 waren im Meißener Warenlager

---

1769 Vgl. HStAD 10026 Loc. 1343/04, S. 274. Im Jahr 1750 wurde z.B. Mittelgut im Wert von 12.140 Talern verkauft, vgl. HStAD 10026 Loc. 1343/04, S. 249.

1770 AA I Af 11, S. 108b.

1771 Nachdem das erste Verkaufslager auf dem Neumarkt eingerichtet wurde, bezog man ab 1742 ein neues Gewölbe im Fürstenbergischen Haus, vgl. Berling (1900), Anm. 160.

1772 AA I Af 11, S. 113.

1773 Vgl. Berling (1900), S. 61–62 und Walcha (1973), S. 87.

insgesamt 475.803 einzelne Porzellanstücke vorhanden, im Dresdner Warenlager 72.696 Stücke und in Leipzig 51.153 Stücke, was eine Gesamtsumme von 599.652 Porzellanen ausmachte.[1774]

3.4.3 Grundlegende Neugestaltung und „Outsourcing" 1763/1764

Hatten die Jahrzehnte vor dem Siebenjährigen Krieg kaum nennenswerte Entwicklungen in der Vertriebspolitik zu verzeichnen, änderte sich dies im Rahmen der grundlegenden betrieblichen Neuorientierung nach dem Krieg schlagartig. Die damals eingeleiteten Reformen führten zu teilweise sehr einschneidenden Veränderungen in der Vertriebsstruktur der Meißener Manufaktur.

Die ab 1764 eingesetzte Untersuchungskommission äußerte sich mit einigen Punkten zur Neuansetzung der bisherigen Verkaufspolitik. Wichtigste Empfehlung war die Einrichtung einer neuen Verkaufsmöglichkeit in Meißen selbst. Das Meißener Warenlager war nicht als Verkaufsraum ausgelegt. In der Mehrzahl der Fälle wurden die Nachfrager in Meißen an die Dresdner Niederlassung weitergeleitet, in der die Bestellungen zentral bearbeitet wurden. Die Manufakturkommission legte dar, dass mitunter Interessenten nach Meißen kommen würden, um die Manufaktur zu sehen und um „hierselbst sich aus der ersten Hand zu versorgen".[1775] Eine Weiterreise nach Dresden würde vielen zu umständlich erscheinen, so dass letztlich der Manufaktur potenzielle Umsatzchancen entgingen. Abhilfe schaffen konnte somit die teilweise Verlagerung von Verkäufen nach Meißen, und dort sollte der Verkauf außerhalb der Albrechtsburg stattfinden, „damit die Reisenden nicht allezeit den Berg herauf steigen dürffen".[1776]

Neben dem Vertrieb in Meißen wurde die Einrichtung von Warenlagern in Leipzig, in der Lausitz und in Thüringen angestrebt. Die Argumentation zielte darauf ab, die Nachfrager möglichst nahe in ihren Heimatorten bedienen zu können:

> *„Wie sollen sich Liebhaber versorgen, deren Sache es nicht ist, öffters in Dresden, oder zur Meßzeit in Leipzig zu seyn? Erhöhte Preise, ingleichen der Mangel an Bekanntschaft und beqwemer Addresse, behindern viele Liebhaber, das Geld an ihr Bedürfnis zu verwenden (...)".*[1777]

Deshalb war es das Bestreben der Kommission, die vielen Privatkunden durch eine Erweiterung des Filialnetzes der Vertriebsniederlassungen besser zu erreichen. Ausgestattet sein sollten diese Niederlassungen vornehmlich mit den am stärksten nachgefragten Porzellanen. Hauptkalkül war dabei, dass die Investition in die neuen Warenniederlassungen durch erhöhte Verkaufspreise vor Ort refinanziert werden konnte. Denn wenn

---

[1774] Vgl. AA I Aa 39, S. 118–130b, eigene Berechnungen.

[1775] AA I Aa 41, S. 10.

[1776] AA I Aa 41, S. 11b.

[1777] AA I Aa 41, S. 10b.

„ein paar Thee Dassen in Meißen und Dresden aus Mittelguthe vor 4 bis 5 Grs. gekaufft werden, der Käuffer zu entfernten Orten sich gerne bescheiden wird, auf ein paar Dassen 3 bis 6 Grs. mehr zu bezahlen, wenn er sie haben kann, wann er will“.[1778]

Man nahm an, dass die Zahlungsbereitschaft der Nachfrager höher ausfallen würde, wenn diese für ihre Porzellankäufe nicht weit reisen mussten und ihre gewünschten Porzellane zuhause bekommen konnten, wann sie wollten. Diese Vertriebsstrategie bedachte jedoch nicht die tatsächlichen Nachfrageverhältnisse in den jeweiligen Städten und konnte nicht antizipieren, wie ein Preisaufschlag von bis zu 150% (von 4 Groschen auf bis zu 10 Groschen) gegenüber den Preisen in der Hauptniederlassung von den Kunden angenommen werden würde.

Während die oben dargelegten Überlegungen der Manufakturkommission den Vertrieb für die Privatkunden im Blickpunkt hatten, äußerte sich Direktor Helbig stärker unter dem Aspekt des Geschäftes mit den Porzellanhändlern. In dem schon erwähnten historischen Bericht über die Porzellanmanufaktur[1779], bei dem er sich federführend zeigte, wurde von ihm die Neugestaltung der Vertriebsstrategie konkretisiert. In dem Abschnitt über den Porzellanhandel ging deutlich hervor, wie sehr die Meißener Manufaktur auf ihre Geschäftskunden angewiesen war, um inner- und außerhalb der sächsischen Landesgrenzen nennenswerte Umsätze zu erzielen. Man war auf diese Porzellanhändler angewiesen,

„Weil die porcellaine Waare, als ein fabricatum hiesiger Lande, ohne Geschicklichkeit und Mitwürkung erfahrener Kauffleute und Negotianten nicht debitirt werden kann“.[1780]

Und auch aus der Antwort von Helbig auf die königliche Resolution vom 2. Februar 1764 lässt sich die hohe Bedeutung des Vertriebs an die Geschäftskunden herauslesen. Helbig gab an, dass der inländische Vertrieb im Jahre 1764 ungefähr 24.000 bis 30.000 Taler betrug. Aus der Rechnungslegung der Manufaktur war aber eine genaue regionale Aufteilung der Einnahmen nicht möglich, denn aus dem Verkauf war nicht ersichtlich, ob das erstandene Porzellan in Sachsen verblieb oder ob „inländische Particuliers mit den erhandelten Waaren gar offt auswärtige Fremde bedienen“.[1781] Als einzige Grundlage für eine geografische Unterscheidung der Verkaufszahlen diente lediglich das Verkaufsbuch.[1782] Im Gegensatz zu den Umsätzen im Inland, hatte das überregionale und europäische Geschäft, wozu fast ausschließlich die Porzellanhändler beitrugen, den weitaus größeren Anteil. Aber auch hier konnte die eingesetzte Rechnungslegung bei der Manufaktur keine genaueren Angaben machen. Helbig schätzte für den Zeitraum ab März 1763 bis März 1764 den Umsatz in diesem Bereich auf ungefähr 171.000 Taler.[1783] Somit kann angenommen werden, dass der Umsatz-

1778 AA I Aa 41, S. 11–11b.

1779 Vgl. Fußnote 1058 und Kapitel 3.3.11.

1780 AA I Aa 35, S. 91b.

1781 AA I Aa 39, S. 107b.

1782 Vgl. AA I Aa 39, S. 107b–108. Verkaufsbücher haben sich in den Archiven nicht erhalten, so dass eine Angabe von inländischen und ausländischen Umsatzzahlen für die Manufaktur nicht möglich ist.

anteil der Meißener Manufaktur mit Geschäftskunden in diesen Jahren sich ungefähr bei 80% bewegte, was eine erhebliche Abhängigkeit darstellte.[1784]

Ausführlich berichtete Helbig auch über die bevorzugten Porzellanprodukte der ausländischen Kunden. Nicht die teuren und komplizierten Stücke wie Aufsätze, Figuren oder komplette Services wurden nachgefragt, sondern das Interesse bestand „größtenteils in ordinairen blau und weißen, auch blau und braunen, gelb und weißen Coffee und Thee Zeug".[1785] Erschwerend kam hinzu, dass die Manufaktur diese Nachfrage nicht befriedigen konnte, da spätestens nach Ende des Siebenjährigen Krieges in den Warenlagern solche Porzellane sich nur selten finden ließen. Der Mangel an solchen Porzellanen konnte den Vertrieb und den wirtschaftlichen Erfolg der Manufaktur laut Helbig auch in Zukunft in bedeutendem Maße erheblich lähmen. Man war auf die Geschäfte mit den Händlern angewiesen, denn schon bei einer Bestellung von 600 Talern waren meist 100 oder mehr Dutzend Tassen und ähnliche Porzellane zu verfertigen, die „bey Bearbeitung derselben viele Hände der Fabricanten passieren" und dadurch die nötige Auslastung des Betriebes garantierten.[1786]

Helbig machte zudem deutlich, wie konjunktursensibel das Porzellangeschäft war. Die angestammte Kundengruppe der Manufaktur waren die königlichen Höfe in Europa, diplomatische Gesandte, Adelige und sonstige „bemittelte Personen", da das Porzellan „auch überhaupt zum Luxu gehöret".[1787] Der Siebenjährige Krieg brachte nicht nur erhebliche Umsatzverluste für die Manufaktur ein, sondern Helbig machte in Europa und besonders in den deutschen Ländern eine „Zerrüttung und Einschränkung der Depenses" aus, die unweigerlich für die unmittelbare Zukunft des Meißener Betriebes eine Bedrohung waren.[1788] Eine Einschränkung in den allgemeinen Ausgaben würde in erster Linie die weniger notwendigen Ausgaben betreffen, so auch für Luxuswaren. In diesen Überlegungen finden sich erstmalig Ansätze zur Elastizität der Nachfrage wieder, und so war Porzellan demnach ein Gut, dessen Einkommenselastizität größer als Null war und dessen Nachfragemenge mit sinkendem Einkommen proportional oder gar überproportional abnahm.

Das Wohl der wichtigsten Käufergruppe, der Porzellanhändler, war Helbigs Sorge im Falle einer möglichen Preissenkung. Das Argument, durch eine Preissenkung würde man das Geschäft der Porzellanhändler unterlaufen und deren Absatzkonditionen verschlechtern, fand sich auch hier. Preissenkungen waren auch deshalb nicht ratsam, weil man das Wohlwollen

---

[1783] Vgl. AA I Aa 39, S. 108.

[1784] Nimmt man näherungsweise an, dass für einen einjährigen Zeitraum bei einem Umsatz von 171.000 Talern entsprechend im Monat durchschnittlich 14.250 Taler umgesetzt wurden, so wäre dies bei Umsätzen von etwas mehr als 105.000 Talern im zweiten Halbjahr 1764 - dem Zeitpunkt, ab welchem wieder Umsatzzahlen in Meißen ausgewiesen wurden - ein Anteil von 82%. Rechnungsbücher und entsprechendes Zahlenwerk sind für die Zeit von 1756 bis 1763 in den Archiven nahezu kaum vorhanden. Aufgrund der prozentualen Aufteilung zwischen Privat- und Geschäftskunden im Jahr 1765 erscheint diese Aufteilung für das Jahr 1763 vertretbar, vgl. zu den Umsatzzahlen Tabelle 5-1 und Abbildung 5-17 im Anhang.

[1785] AA I Aa 39, S. 108b.

[1786] AA I Aa 39, S. 108b–109.

[1787] AA I Aa 39, S. 109.

[1788] AA I Aa 39, S. 109b.

dieser wichtigen Vertriebsakteure aufs Spiel setzte. Zum Nachteil der Manufaktur und von ganz Sachsen sei es, wenn

> *„auf solchem Fuß sie [die Geschäftskunden] ihr Porcellain wohlfeiler, als ihr erster Einkauf gewesen, weggeben, mithin vieles einbüßen, wo nicht gar banquerot werden müßen. Und wo bliebe dann bey einem so unfürsichtigen Betragen der Credit und das Vertrauen der Manufactur sowohl, als derer jenigen Personen, welche mit dem Negotio sich beschäfftiget".*[1789]

Helbig propagierte eine besonnene Preispolitik gegenüber der wichtigsten Abnehmergruppe. Die Manufaktur sollte bei ihren höheren Preisniveaus bleiben, damit man den Porzellanhändlern eine Absatzmöglichkeit verschaffen konnte. Die Differenz zwischen dem Einkaufspreis bei der Manufaktur und dem Verkaufspreis der Händler durfte sich nicht wesentlich verringern, schon gar nicht negativ werden. Bekannt war den Manufakturverantwortlichen, dass die Händler eine Vielzahl von Transaktionskosten berücksichtigen mussten, um die Meißener Porzellane einzukaufen. Zölle, Abgaben, Gebühren und nicht zuletzt die hohen Transportkosten machten einen nicht unbedeutenden Anteil an den Gesamtkosten aus. Helbig argumentierte, dass für einen Verkauf von Meißener Porzellanfiguren nach Frankreich im Werte von 100 Livres neben den eigentlichen Kosten für Transport und Verpackung noch zusätzlich 20% an Zollabgaben entrichtet werden mussten.[1790] Kern des Geschäftsmodells der Porzellanhändler war nach wie vor die Ausnutzung von Arbitragemöglichkeiten zum eigenen Vorteil bei Porzellanprodukten im in- und ausländischen Weiterverkauf. Mit einer Verringerung der Preise lief die Manufaktur Gefahr, den Porzellanhandel tendenziell unattraktiver, ja ihn womöglich ganz und gar unrentabel zu machen. Besonders eindringlich betonte Helbig deshalb die Notwendigkeit, mit den Porzellanhändlern fair umzugehen. Es galt, die Geschäftskunden langfristig an die Manufaktur zu binden, es musste das Vertrauen der Handelspartner in Bezug auf die Preispolitik gestützt werden:

> *„Vielmehr ist zur conservirung der bey Handlungen so nöthiger Treue und Glaubens, ohne welche selbige (...) ohnmöglich bestehen kan, erforderlich, hierbey auf die Negotianten (...) vorzügliche Rücksicht zu nehmen, ihnen die Abänderung derer Preiße, falls solche je bewerckstelliget werden könte, und müßte, eine gute Zeitlang zu vorhero zu avertiren".*[1791]

Sollten Preisanpassungen nach unten unumgänglich sein, so waren die Händler davon vorzeitig in Kenntnis zu setzen. Dadurch ermöglichte man ihnen, ihren Bestand an teuren und wertvollen Porzellanen möglichst noch ohne Verlust abzusetzen. Helbig war von dieser preispolitischen Vorgehensweise derart überzeugt, dass er im Falle der Missachtung dieser Vorwarnung durch andere Meißener Führungskräfte keine Verantwortung für mögliche Konsequenzen übernehmen wollte.[1792] Man war also wohl oder übel auf den Zwischenhandel angewiesen, zumal gerade dieser Zwischenhandel es der Manufaktur ersparte, ein weitläufi-

---

1789 AA I Aa 39, S. 112b–113.

1790 Vgl. AA I Aa 39, S. 113b.

1791 AA I Aa 39, S. 113–113b.

1792 Vgl. AA I Aa 39, S. 113b.

ges eigenes Vertriebsnetz in Europa aufzubauen, welches mit sehr hohen Kosten verbunden war. Eine Zahl von eigenen Niederlassungen in den wichtigsten europäischen Zentren wie Paris oder Wien konnte man, kurze Zeit nach dem Siebenjährigen Krieg, nicht unterhalten. An eigene Vertriebsstrukturen, bis auf die vollständig in die Meißener Manufaktur konsolidierten Niederlassungen in Dresden, Leipzig und Warschau, war nicht zu denken.

Bezüglich der Gründe für das Steigen und Fallen des Vertriebs, dessen Ursachenforschung der König in seiner Resolution gefordert hatte[1793], knüpfte Helbig an seine vorherigen Argumente an. Es gäbe viele Gründe, welche die Manufaktur nicht verantworten könne, weil es sich um „Glücks- und Unglücks-Cas" handelte.[1794] Weiterhin setzte dem Betrieb immer noch die illegale Bemalung von Diebesgut zu. Zusammen mit dem auf den Produkten lastenden Preisdruck durch Kostensteigerungen und Wettbewerb schmälerte das die Vertriebserfolge des Meißener Werks. Helbig schwebte zudem vor, die Position des Faktors als zentrales Bindeglied zwischen Markt und Produktion in Meißen zu stärken, um dadurch den Vertrieb besser in den Griff zu bekommen.[1795] Die Marktnähe und die Kenntnis der gewünschten und geforderten Produkte waren an dieser Stelle am ehesten gegeben, und nach diesen Angaben hatte sich die gesamte Produktion in Meißen zu richten. Wie noch zu Zeiten des Faktors Chladni von 1719 bis in die 1740er Jahre, sollte wieder die Verkaufsniederlassung die tonangebende Institution im Vertrieb der Manufaktur werden. Der Schwerpunkt der Entscheidungsfindung im Verkauf hatte sich nach Chladni mehr und mehr in den Direktionsbereich der Manufaktur verlagert, während die Niederlassungen stärker in eine lediglich operativ-ausführende Rolle hineinwuchsen. Nun forderte Helbig, der in der Dresdner Niederlassung unter Chladni seine Karriere begonnen hatte, eine stärkere Stellung dieser Abteilung innerhalb der Manufakturhierarchie. Die Position des Faktors sollte mit einem geschickten, und in der Branche erfahrenen Mann besetzt werden, „welcher eine gründliche Kenntniß von benachbarten und entfernten Negotiis besizet".[1796] So setzte sich Helbig für eine Stärkung der Vertriebsabteilung der Meißener Manufaktur ein, welcher für den Wiederaufbau nach dem Siebenjährigen Krieg eine führende Rolle zugestanden wurde. Eine stärkere Absatzorientierung der betrieblichen Tätigkeit sollte sich innerhalb der Manufaktur diffundieren, in welcher verstärkt Porzellane nach den Anforderungen und dem Geschmack der Kunden hergestellt werden mussten. Schließlich sollte das Vertrauen der Geschäftskunden gestärkt werden, indem diese vor Preiserhöhungen, zumal unangekündigten, möglichst verschont werden sollten. All dies konnte dann dazu beitragen, den Vertrieb in Meißen zu stärken und auszuweiten.

In seinem Reskript vom 13. Mai 1764 ging Fürst Xaver auf Helbigs Vorschläge zur neuen Vertriebsgestaltung ein.[1797] Was der Fürst aber beschloss, ging sicherlich weit über Helbigs

---

[1793] Vgl. Kapitel 3.3.11.

[1794] AA I Aa 39, S. 114.

[1795] Vgl. AA I Aa 39, S. 115b.

[1796] AA I Aa 39, S. 116.

[1797] Vgl. AA I Aa 40, S. 1–14.

Anregungen hinaus und konnte von ihm in dieser Form auch kaum antizipiert werden.[1798] Was den spezifischen Aspekt des Vertriebs der Manufaktur anging, so entschied sich Xaver nach Durchsicht der Kommissionsunterlagen für eine radikale Lösung:

> *„Wir haben dabey bewogen, (...) den Vertrieb derer Waaren von deren Fertigung zu separiren, und ersteren bloß denen der Sache am besten kundigen Negocianten, welche in deßen Verbreitung ihren eigenen Vortheil finden mögen, zu überlaßen, die Fertigung derer Waaren aber, wie zeither, als eine Churfürstliche Fabric fortzustellen, am rathsamsten sey".*[1799]

Dieser fürstliche Entschluss bedeutete die faktische Trennung sämtlicher Vertriebstätigkeiten aus der Manufaktur. Kernkompetenz des Meißener Betriebs blieb einzig und allein die Herstellung von Porzellan, nicht aber mehr der Vertrieb und Verkauf dieser Produkte. Dies war sicherlich viel mehr, als Helbig und die Kommission gefordert hatten. Helbig hatte, wie oben beschrieben, sich für eine Stärkung des Vertriebs ausgesprochen, eben weil diese Abteilung aus einer relativen Position der Schwäche heraus operierte und die als notwendig erachtete Marktorientierung der Manufakturprodukte nicht in die restlichen betrieblichen Abteilungen implementieren konnte. Offenbar erachtete Xaver, dem eine rasche Rückkehr der Manufaktur in sichere und stabile Produktions- und Finanzverhältnisse am Herzen lag, die Stärkung des Vertriebs als eine viel zu kostspielige und langwierige Option. Die radikale Lösung des „Outsourcing" der Vertriebstätigkeit an „kundige Negocianten", also an Geschäftskunden und Händler, versprach eine schnelle Problemlösung für den schleppenden Verkauf.

Xaver ordnete an, dass das Hauptwarenlager und die Hauptbuchhaltung fortan in Meißen anzusiedeln waren. In diesem Zusammenhang entschied sich Xaver zu einem weiteren radikalen Schritt, der auf die faktische Einstellung des Einzelkundengeschäfts abzielte. Es war nämlich „aller Verkauf en detail gänzlich zu untersagen"[1800], und es wurde ein besonderes Regelwerk aufgestellt im Umgang mit den Porzellanbestellungen:

> *„[Die Hauptbuchhaltung in Meißen] nimmt alle Bestellungen von auswärtigen und inländischen sowohl Kaufleuten als Particuliers, so bald solche die Summe von Zweyhundert und fünfzig Thalern an Werth übersteigen, an, übermacht die bestellten Waaren, bey welchen sich durchgehends nach den Verlangen und Geschmack derer Besteller zu richten, entweder gegen baare Bezahlung, an alle und jede Käufer, oder auch nach Rechnung an auswärtige und inländische Kaufleute".*[1801]

Die Trennung der Vertriebsleistung von der Porzellanproduktion wurde flankiert durch die Einstellung sämtlicher Tätigkeiten im Detailverkauf. Auch die manufaktureigene Vertriebstätigkeit in Dresden wurde somit ebenfalls komplett eingestellt. Verantwortlich für den Verkauf in Meißen war der Oberbuchhalter Franz, dem unterstützend die Buchhalter

---

[1798] Die nachhaltigen betrieblichen Reformen als Konsequenz dieses Reskripts bildeten zusammen mit den Anordnungen vom 22. Mai 1764 die beiden tragenden Säulen der umfassenden Neueinrichtung und Reformierung der Meißener Manufaktur.

[1799] AA I Aa 40, S. 1.

[1800] AA I Aa 40, S. 3b.

[1801] AA I Aa 40, S. 3b–4.

Hummitzsch und Feller zur Seite standen.[1802] Privatkunden konnten fortan Meißener Porzellan nur noch direkt aus Meißen in der dortigen Niederlassung kaufen falls ihre Kaufsumme die Grenze von 250 Talern überschritt. Helbig hatte in seinen Vorschlägen zwar auf die Schwäche des Absatzes an Einzelkunden hingewiesen, beileibe aber nicht die völlige Einstellung des Verkaufs an diese Kundengruppe im Sinn gehabt. Besticht diese Entscheidung auf den ersten Blick durch ihre Radikalität, ist sie bei näherer Betrachtung nachzuvollziehen. Helbig hatte den Umsatzanteil mit den Geschäftskunden auf ungefähr 80% geschätzt, was für Geschäfte mit Privatkunden einen Anteil von 20% ausmachte. Zudem war nach den Kriegswirren der Vertriebskanal für Privatkunden von erheblichen Rückgängen im Geschäft gekennzeichnet, weil, wie Helbig betonte, der Kern des Einzelkundensegments seine Ausgaben für Luxusgüter stärker denn je zurückgefahren hatte. Dieser Kern zeigte sich überdurchschnittlich stark konjunktursensibel, was wohl auch zum ersten Mal von der Manufaktur deutlich gespürt wurde.[1803] Die Aussicht, die Kosten für die Unterhaltung eines Vertriebskanals einzusparen, der mittlerweile nur noch einen niedrigen Anteil an den Umsätzen hatte, trug sicherlich zur Entscheidungsfindung des Regenten bei. All dies führte dazu, dass sich Xaver für die Aufgabe des Verkaufs an Privatkunden entschied und die Meißener Manufaktur in der Rolle eines reinen Produzenten sah, der seine Produkte ausschließlich an Händler weiterverkaufte.

Für den Umgang mit den Geschäftskunden befahl Xaver, vor jeder neuen Aufnahme einer Geschäftsverbindung die „Vermögens-Umstände, Credit und Handlungs-Wissenschaft derer anzunehmenden Commissionaires" gründlich zu prüfen und Erkundigungen über die Geschäftspartner einzuziehen.[1804] Soviel Sicherheit wie nur möglich sollte gewährleistet werden, und das Risiko vor Kreditausfällen und Zahlungsschwierigkeiten der Händler war, möglichst ex ante, zu minimieren. Doch dies war nicht die einzige Anordnung in Bezug auf die Gestaltung des allgemeinen Konditionensystems im Vertrieb. Der wichtige Punkt der Rabatt- und Provisionsgewährung wurde vom Fürsten ebenfalls festgelegt:

> *„Da jedoch die Nothdurft erfordert, daß denen, welche den Vertrieb derer Waaren übernehmen, daran ein billigmäßiges Beneficium angedeyhe, so haben Wir darzu drey pro Cent von dem, so sie würklich debitiren, hinlänglich zu seyn ermeßen".*[1805]

Die Händler, die jetzt den Vertrieb der Meißener Waren übernahmen, bekamen auf die verkauften Porzellane somit einen Rabatt von 3%. Unklar blieb jedoch die Begrifflichkeit des „Händlers", und welche Art von Handel genau gemeint war. In einem späteren Reskript vom 3. August 1764 sah sich Xaver deshalb genötigt, seine Anordnung zum Vertrieb zu präzisieren, indem er die Händler scharf zwischen den sogenannten „Commissionaires" und „Committenten" unterschied.[1806] Kommissionäre übernahmen die Porzellane auf Rechnung

---

[1802] Vgl. AA I Aa 50, S. 2–2b.

[1803] Der Siebenjährige Krieg ist die erste größere kriegerische Auseinandersetzung gewesen, welche die Porzellanmanufaktur seit ihrer Gründung 1710 erleben musste. Vorhergehende Kriege, so z.B. die Schlesischen Kriege, sind weitestgehend ohne nachhaltige negative Wirkungen für den Vertrieb gewesen.

[1804] AA I Aa 40, S. 4.

[1805] Vgl. AA I Aa 40, S. 4.

[1806] Vgl. AA I Aa 40, S. 141b.

und Risiko der Manufaktur und leiteten die Gelder aus den Verkäufen nach und nach weiter an die Manufaktur. Die Porzellane verblieben bis zum Verkauf im Eigentum des Meißener Betriebes. Kommittenten hingegen bestellten auf eigene Rechnung und eigenes Risiko die Porzellane, kamen für alle sonstigen Aufwendungen selbst auf und hatten zumeist feste Zahlungstermine zu beobachten, ungeachtet dessen, ob Verkäufe stattgefunden hatten oder nicht. Xaver ordnete an, dass wo es nur möglich war, der Vertrieb mit Hilfe der Kommittenten einzurichten sei. Denn diese waren auf ihr eigenes Risiko hin tätig, so dass die Geschäfte mit ihnen allgemein als sicherer angesehen wurden, während Kommissionäre, besonders bei Tätigkeiten im Ausland, schlecht zu kontrollieren und zu überwachen waren.[1807]

Den Kommissionären wurde nun ein Rabatt, der letztlich der Zahlung einer Provision entsprach, in Höhe von 3% zugestanden. Welche Erleichterungen aber für die Kommittenten vorgesehen waren, ließ der Regent vorerst offen. Der mögliche Rabatt

> *„läßet sich zwar auf einen durchgehends gleichen fuß nicht bestimmen. Es bleibt euch [der Direktion der Manufaktur] aber frey, denen Committenten, theils nach Unterschied der Waaren, theils nach Unterschied der Zahlungsfristen, 15 bis 20 pro Cent Rabatt an dem detail-Preiße zubewilligen".*[1808]

Dies ist der erste dokumentierte Schritt, die Rabatthöhe im Vertrieb nach besonderen Bedingungen und Konditionen strategisch zu staffeln. In den vorhergehenden Jahrzehnten gestaltete sich die Einräumung von verbesserten Konditionen im Vertrieb wenig zielgerichtet und wenig strategisch. Das Einkaufsvolumen war lange Zeit, wenn überhaupt, die einzige Variable, welche die Rabattgewährung bestimmte. Aber auch hier zeigte sich immer wieder, dass eine zielgerichtete Vorgehensweise in den Preis- und Konditionensystemen stets von individuellen Entscheidungen der Manufakturdirektion und der Dresdner Niederlassung kontrastiert wurde.[1809] Oftmals gewährte die Manufaktur Rabatte ohne besondere Konditionen oder Gegenleistungen. Diese Anordnung von Xaver stellte nun diese bisherige Praxis komplett um. Je nach Art des Porzellans, ob es sich also um leicht verkäufliches gangbares Gut handelte oder um Lagerware, und je nach Art der Zahlungsmodalitäten, konnte der Rabatt zugestanden werden. Verlangte ein Händler die Einräumung eines längeren Zahlungsziels, so sollte ihm entsprechend weniger Rabatt zugestanden werden, da die Manufaktur für diesen längeren Zeitraum auf die Verkaufserlöse verzichten musste.[1810] Der Regent gewährte der Manufakturkommission die Befugnis, in bestimmten Fällen, wo es zum Wohle der Manufaktur angeraten war, besondere Vorteile und Rabatte im Vertrieb zu bewilligen. Weiterhin gestattete der Fürst den Kommittenten, die vollständige Kontrolle zu behalten über die Ver-

---

[1807] Vgl. AA I Aa 40, S. 142–142b. Bezeichnend für die zumeist negative Einstellung zum Vertrieb in Kommission in der damaligen Zeit das Urteil von Ludovici: „Da aber gleichwohl ein Commißionär insgemein nicht sowohl des Committentens, wie er wohl sollte, als vielmehr sein Interesse in Acht nimmt, in der er außer der Provision, die ihm bezahlet wird, auch seinen Nutzen durch krumme Wege zu machen suchet: so findet der Committent von Commißionen selten seinen Vortheil, daß daher unter den Kaufleuten das Spruchwort entstanden: Wer am Bettelstabe gehen will, soll seine Sachen durch Commißion verwalten lassen", Ludovici (1768), S. 229.

[1808] AA I Aa 40, S. 142b–143.

[1809] Erinnert sei an die Direktive von 1730, in welcher das damalige Kammerkollegium anordnete, Rabatte individuell von Fall zu Fall zu vergeben, vgl. Kapitel 3.4.2.

[1810] Vgl. AA I Aa 40, S. 143.

kaufspreise der Porzellane „zu desto mehrerer freyheit des Commercii".[1811] Die Manufaktur gab in diesem Sinne keine Preisempfehlungen ab für den Verkauf, oder diktierte gar die Einhaltung bestimmter Preise. Man gab zugunsten der Händler die Kontrolle über die Endverkaufspreise vollständig ab, was konsistent war mit der übergeordneten Maßnahme der Aufgabe einer eigenen Vertriebstätigkeit innerhalb der Meißener Manufaktur.

Ganz und gar auf den Detailverkauf verzichten wollte Xaver letztlich aber nicht, da er die Errichtung eines Warenlagers in Meißen abseits der Manufaktur anordnete. In diesem Direktvertrieb aus der Manufaktur heraus sollten „Porcelaine-Waaren nicht Commissionsweise (...) sondern nach denen vorzuschreibenden Preisen en detail" verkauft werden.[1812] Dazu sollte ein fähiger Faktor oder Kaufmann gegen „proportionirte Gratification" eingesetzt werden, der den Verkauf in diesem Meißener Warenlager führen sollte.[1813] Die zu kalkulierenden Preise sollten dabei so bemessen sein, „daß die Commissionaires und Negocianten anderer Orten mit diesem Waarenlager zu Meißen gleich verkaufen können", abermals eine Maßnahme, um die Umsätze mit den Händlern nicht zu gefährden und ihre Geschäftsgrundlage auf keinen Fall zu torpedieren.[1814] Dieses so genannte „kleine Warenlager" für den Detailverkauf in Meißen wurde gemäß der fürstlichen Resolution angelegt und die dortigen Waren mit 3% Rabatt angeboten. Dennoch konnte in den ersten drei Monaten kaum die Summe von 800 Talern umgesetzt werden, so dass man sich entschloss, den Detailverkauf aus dem Meißener Stadtkern wieder auf die Albrechtsburg zurückzuholen, und statt eines manufakturfremden Kaufmanns den Manufakturangehörigen Hövelke mit dem Verkauf zu beauftragen.[1815] Man hoffte so dem Eindruck der Käufer entgegenzuwirken, der Verkauf durch einen manufakturfremden Händler in der Stadt wäre ein Verkauf „aus der zweiten Hand" und somit tendenziell teurer.[1816] Diese Maßnahme schien sich als erfolgreich zu erweisen, da mit diesem Detailverkauf in Meißen für das gesamte Jahr 1765 ein Umsatz von 36.827 Talern und 15 Groschen erzielt wurde, was wiederum 14% der Gesamtumsätze ausmachte.[1817] Das eigentlich nur für Privatkunden eingerichtete kleine Warenlager auf der Albrechtsburg wurde schon kurz nach seiner Einrichtung mehr und mehr auch von Geschäftskunden aufgesucht, und weil im Detailverkauf immer noch zwischen Privatkunden- und Geschäftskundenpreisen unterschieden wurde, beanspruchte nahezu jeder Kunde im Warenlager den geringeren Händlerpreis für sich.[1818] Dies war der Anlass, die Preisdifferenzierung in Privat- und Geschäftskunden aufzugeben und manufakturweit feste Preise mit entsprechend gestaffelten Händlerrabatten einzuführen.[1819] Wie schon für den Großhandel und die Bestellungen aus der

[1811] AA I Aa 40, S. 4b.

[1812] AA I Aa 40, S. 5b.

[1813] AA I Aa 40, S. 6.

[1814] AA I Aa 40, S. 6.

[1815] Vgl. AA I Aa 50, S. 2b.

[1816] AA I Aa 41, S. 97b–99.

[1817] Vgl. AA I Aa 50, S. 13b und vgl. Abbildung 5-17 im Anhang.

[1818] Vgl. AA I Aa 51, S. 85b.

[1819] Vgl. Kapitel 3.3.13.

Hauptbuchhaltung in Meißen sollte auch im Meißener Verkauf den Händlern je nach Kaufvolumen und Zahlungsfrist ein Rabatt von 10%, 15% oder 20% eingeräumt werden.[1820]

Abbildung 3-16: Vertriebsorganisation der Porzellanmanufaktur Meißen ab 1764

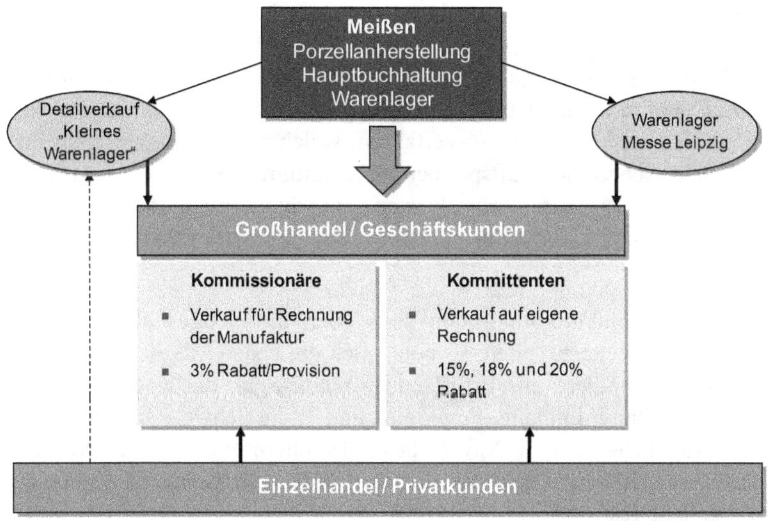

Quelle: AA I Aa 40, S. 1– 1b

Ein Warenlager in Dresden durfte von der Manufaktur nicht mehr unterhalten werden. Der dortige Vertrieb sollte nur von Kommittenten mit den ihnen zustehenden Rabattsätzen durchgeführt werden.[1821] Für den Verkauf während der Leipziger Messen ordnete Xaver an, dass in erster Linie auf einen kostenbewussten Verkauf geachtet werden sollte. Ausschließlich während der Messezeiten sollte ein Warenlager unterhalten und das dazu benötigte Personal mitsamt den zu verkaufenden Porzellanen aus Meißen dorthin gebracht werden.[1822] Die Manufakturleitung wurde zur „Ersparung alles entbehrlichen Aufwands" angehalten, was beispielsweise bedeutete, dass kein Mitglied der Manufakturdirektion zu den Messen reisen sollte, falls dies nicht unbedingt nötig war.[1823] Dadurch erhoffte man sich, Einsparungen bei den Reisekosten für Verpflegung und Unterkunft der Direktionsmitglieder zu erreichen. Bei der Leipziger Ostermesse 1764 konnte die Manufaktur Einnahmen von 45.361 Talern und 13

[1820] Vgl. AA I Aa 51, S. 84.

[1821] Vgl. AA I Aa 41, S. 138b.

[1822] Vgl. AA I Aa 41, S. 138–138b.

[1823] AA I Aa 40, S. 106b.

Groschen verzeichnen, wovon 13.196 Taler und 5 Groschen aus Geldeinnahmen in bar resultierten und die restlichen 32.165 Taler und 8 Groschen in neuen Forderungen bestanden.[1824]

Mit dem Verlust der polnischen Krone nach Ende des Siebenjährigen Krieges entfiel für die Manufaktur die wirtschaftliche und politische Grundlage, auch die eigene Niederlassung in Warschau zu unterhalten. Fürst Xaver ordnete in seinem Reskript an, diese Niederlassung zu schließen und den Vertrieb in Warschau fortan durch Kaufleute besorgen zu lassen, vornehmlich durch den dortigen Kaufmann Claudel. Die Warschauer Vorräte sollten im Wege des freien Verkaufs an Porzellanhändler übereignet werden, und was sich nicht mehr verkaufen ließ, sollte „per modum auctionis ins Geld gesezet" werden.[1825] Genauso hatte man auch mit dem Porzellandepot in Paris zu verfahren, welches vom langjährigen, inzwischen verstorbenen französischen Geschäftspartner Huet geführt worden war und in welchem noch etliche Porzellane in Manufakturbesitz standen. Die dortigen Porzellane sollten nun der Witwe Huet günstig zur Übernahme angeboten und alternativ im Wege der Auktion verkauft werden.[1826]

Indes ging die Manufakturkommission dazu über, die Neugestaltung des Meißener Vertriebswesens in die Wege zu leiten. Es boten sich die ersten Möglichkeiten neuer Geschäftsverbindungen mit Händlern aus Erfurt und Straßburg an, die einen Ausbau ihrer eigenen Geschäfte nach Holland, England, Frankreich und in die Schweiz anstrebten.[1827] Mit Resolution vom 11. Juli 1764 erlaubte Xaver, diesen Händlern eine Auswahl von Porzellanen zukommen zu lassen. Er setzte erstmals auch persönlich die Rahmenkonditionen für den Vertrieb der Porzellane fest:

> *„Letztere können allenfalls auf 6 monatigen Credit gesetzet, die Preyße aber, nach proportion der Entfernung, aus derer daraus entstehenden kleineren oder größeren transport-Kosten, auf 15. 18 bis 20 pro Cent Rabat derer bißhero im Lande üblich gewesenen Preysen, bestimmet werden".*[1828]

Beachtenswert ist, dass der Landesfürst persönlich die konkreten Preis- und Konditionensysteme für individuelle Geschäfte festsetzte und sich dadurch intensiv in die operative Betriebsführung einbrachte. Das Rabattspektrum, welches sich bei der Manufaktur nunmehr etablierte, konnte in Abhängigkeit der Entfernung des Händlers und der entstehenden Transportkosten bis zu 20% auf den normalen Verkaufspreis betragen. Dennoch erschien Xaver eine Rabatthöhe von bis zu 20% als zu viel, da er in der gleichen Resolution eine Herabsetzung der Verkaufspreise, wo dies möglich war, anordnete, damit der für die Händler anzusetzende effektive Rabatt sich letztlich zwischen 12% und 15% einpendeln konnte.[1829]

[1824] Vgl. AA I Aa 40, S. 103b.

[1825] AA I Aa 40, S. 6 und S. 149b.

[1826] Vgl. AA I Aa 40, S. 150b.

[1827] Vgl. auch die Abbildung 5-10 im Anhang.

[1828] AA I Aa 41, S. 38.

[1829] Vgl. AA I Aa 41, S. 38b.

In einem Brief vom 9. Juli 1764 an den Regenten zeigte sich Helbig enttäuscht über die Art und Weise, wie er aus der Direktion der Manufaktur entfernt wurde.[1830] Er betonte seine treuen Dienste für Meißen und besonders seine Rettungsaktion während des Krieges, die faktisch den Betrieb in sächsische Hand zurückbrachte.[1831] Es sei ihm und seiner „Attention und Speculation" zuzuschreiben, dass die Manufaktur vor dem Siebenjährigen Krieg in gutem Zustand gewesen sei und auch die Kriegsjahre überstanden habe.[1832] Für ihn war es ein Schlag ins Gesicht, dass nach mehr als 30-jähriger Tätigkeit für die Manufaktur, davon etliche Jahre an der Führung des Betriebes, er am Ende nur mit exklusiven Rechten zum Detailverkauf von Porzellan „abgespeist" wurde. Er gab unumwunden seine Überlegung zu, „ob [es] für mich wenig schicklich seyn würde, nunmehro bloß einen Porcelain Cram en detail zuübernehmen".[1833] Helbig äußerte, dass er seinen eigenen Vorteil hinter das Wohl der Manufaktur stets zurückgestellt habe und damit das Fortbestehen der Manufaktur, bei der „mehr als 2.000 Personen ihr Brod finden", gesichert habe.[1834] Die vom Regenten gewährte Erlaubnis, den Vertrieb an Einzelkunden in Dresden und Leipzig mit 3% Rabatt zu bestreiten, würde ihm nur Verlust bereiten, da er die Porzellane auf sein Risiko zu übernehmen hätte und die eingeräumte Provision in keinem Verhältnis dazu stehen würde:[1835]

> *„Man stelle sich vor, daß ich von diesen 3 pro Cent mehr als einen Schreiber, Gehülffen, und Einpacker zu Dreßden und Leipzig unterhalten, und an beyden diesen Orten ansehnliche Mieth-Zinßen vor die Niederlagen und Comptoirs bezahlen, auch Kisten und noch viele andere Erfordernißе an Briefporto und dergleichen anschaffen müßte. (...) Nun nehme man das risico der Waaren selbst darzu, und bringe es in Abzug, so wird sich äußern, daß ich mit 3 pro Cent ganz ohnmöglich bestehen könne".*[1836]

Sachlich rational legte er dem Regenten Xaver dar, dass der ihm gewährte Rabatt von 3% für die Porzellane im späteren Weiterverkauf keine Aussicht auf Gewinne versprach. Da unter Umständen bei Verlust oder Beschädigung der Porzellane durchaus ein Preisabschlag von 50% anzusetzen war und den Kunden die Geschirre oft mit Einräumung eines Kredits verkauft wurden, war an ein profitables Betreiben eines derartigen Geschäfts nicht zu denken.[1837] Trotzdem war Helbig bereit, die Anordnung von Xaver zu akzeptieren und die Tä-

---

1830 Vgl. hierzu Kapitel 3.3.12.

1831 Vgl. AA I Aa 40, S. 110–127b.

1832 AA I Aa 40, S. 111.

1833 AA I Aa 40, S. 117.

1834 AA I Aa 40, S. 111b. Die Zahl von 2.000 Personen bezieht sich nicht nur auf die Angestellten bei der Manufaktur, sondern auch auf Familienangehörige, Pensionäre und Witwen. Am 28. Februar 1767 wurde die Zahl der Manufakturisten mitsamt ihren Familien mit 2.270 Personen angegeben, vgl. AA I Aa 50, S. 10b. Schon 1751 wurde festgehalten, dass die Manufakturangehörigen inklusive ihrer Familienangehörigen 1.808 Personen ausmachten und in dieser Höhe einen Bevölkerungszuwachs für die Stadt Meißen darstellten, vgl. Walcha (1973), S. 98.

1835 Vgl. AA I Aa 40, S. 114–114b.

1836 AA I Aa 40, S. 114b–115.

1837 Vgl. AA I Aa 40, S. 115.

tigkeit in Dresden und Leipzig anzunehmen, falls seine wichtigsten Konditionen angenommen werden würden:[1838]

1. Einräumung eines Rabatts von 6% bis 8%, statt 3%.
2. Einräumung eines Zahlungsziels von 4 bis 6 Monaten.
3. Zahlung von 18.000 Talern statt 12.000 Talern für die aufgenommen Kredite zum Erhalt und zur Pacht der Manufaktur während des Krieges, die zudem mit seinen Porzellanbestellungen verrechnet werden sollten.
4. Territoriale Exklusivität des Handels mit Meißener Porzellanen in Dresden und Leipzig.
5. Anhebung der Grenze von 250 Taler auf 600 Taler für den Verkauf von Porzellanen aus dem Warenlager in Meißen.
6. Benachrichtigung von Preisanpassungen 8 Monate vorher.
7. Pünktliche Lieferung der Bestellungen und bei Bedarf Auftragsfertigung von Porzellanen nach seinen Spezifikationen.
8. Übernahme der Warenvorräte in Dresden und Leipzig von alten, aus der Mode gekommenen Porzellanen für höchstens 18.000 Taler.
9. Übernahme der entstehenden Mietkosten für die Verkaufsräume in Dresden und Leipzig für ein Jahr.

Aus Devotion gegenüber der Landesherrschaft und aufgrund „seiner redlichen Gesinnung", wolle er dann gerne dem königlichen Befehl der Etablierung eines Porzellanvertriebs nachkommen. Gleichzeitig ließ er es sich nicht nehmen, die Entscheidung bezüglich der Herauslösung der Vertriebsaktivitäten aus dem Manufakturbetrieb zu kritisieren:

> *„Das Wohl einer Manufactur, sie fabricire (...) was sie wolle, bestehet in ihrem Vertrieb. Fället dieser, so fällt jene mit, und niemals wird ein Negociant der Fabriquen betreibt, nach den chimeriquen Gedanken und Äußerungen eines Fabriquen-Arbeiters, welcher gemeiniglich wo nicht allezeit sein personelles interesse, ohne auf die Haupt-Sache und deren Conservation zugedenken, zur Absicht hat, sich zu reguliren".*[1839]

Dadurch sollte zum Ausdruck gebracht werden, dass die Führung einer Manufaktur im Idealfall einer kaufmännisch versierten Persönlichkeit anvertraut werden musste, da nur sie das Interesse hatte, den Erhalt und Fortbestand der Tätigkeit zu gewährleisten. Der Kaufmann würde sich auch nie nach den Gedanken eines Manufakturarbeiters richten, da dessen Gedanken kaum auf den Erhalt und die Weiterführung der Manufaktur gerichtet waren, sondern nur auf die Wahrung des eigenen Interesses abzielten. Damit wollte Helbig die sich neu etablierende Führung der nicht kaufmännisch ausgebildeten Manufakturdirektoren von Nimptsch und Fletcher anprangern, die nun in der Hierarchie des Meißener Betriebes die Leitung innehatten.

[1838] Vgl. AA I Aa 40, S. 116–126.

[1839] AA I Aa 40, S. 127–127b, mit dem französischen Wort "chimerique" für „trügerisch".

Xaver ging in einer ersten Reaktion auf nahezu alle Forderungspunkte von Helbig ein, und ihm wurde „ein nach abbemeldeten Umständen abgemeßener Rabatt“ zugestanden.[1840] Eine Erhöhung der Geldzahlungen an Helbig auf 18.000 Taler wurde abgelehnt, hingegen die territoriale Exklusivität für Dresden und Leipzig gewährt.[1841] Es wurden auch neue Vorlaufzeiten für die Preisinformationen an Porzellanhändler definiert. Preisanpassungen sollten fortan ausländischen, aus Meißen weit entfernten Geschäftskunden möglichst 8 Monate vorher, inländischen und in der Nähe von Meißen operierenden Händlern hingegen 6 Monate vorher eröffnet werden.[1842] Die Übernahme der Porzellane in Dresden und Leipzig für maximal 18.000 Taler gestattete Xaver hingegen nicht, da der genaue Wert der Lager zum damaligen Zeitpunkt noch nicht quantifiziert worden war.[1843] Es sollte sich dadurch im Folgenden eine Übernahmepartie für die Porzellanvorräte in Dresden und Leipzig entwickeln zwischen Helbig und der Meißener Manufaktur, da man sich unter den Meißener Führungskräften über die grundsätzlich zu befolgende Strategie in Bezug auf die aufzulösenden Warenlager nicht einig war.

Eine vom 7. August bis 3. September 1764 durchgeführte Inventur des Dresdner Warenlagers durch den Kommerzienrat Rost ergab einen Warenwert von 59.245 Talern, eine Inventur des Leipziger Lagers ergab Waren im Wert von 24.637 Talern.[1844] Erstaunlich war das enorme Missverhältnis zwischen dem Angebot von Helbig und den jetzt festgestellten Warenwerten, was auch den damaligen Manufakturverantwortlichen sofort auffiel.[1845] Wie dieses Missverhältnis entstanden sein mag, lässt sich nicht mehr mit Sicherheit rekonstruieren. Helbig war als ehemaliger Manufakturdirektor bestens über die Warenvorräte informiert und versuchte sicherlich ein besonders attraktives Angebot für sich selbst herauszuschlagen. Andererseits wurde diese Warenbewertung streckenweise ohne präzise Leitlinie in der Preiskalkulation durchgeführt, und insbesondere die Porzellanbemalung mit ihrem hohem Anteil an den Herstellungskosten wurden ein ums andere Mal falsch eingeschätzt und bewertet. Nach Zugang der Schätzung, welche die Warenvorräte mit fast 83.000 Talern bewertete, bot Helbig am 21. September 1764 an, insgesamt 50.000 Taler für die Vorräte zu zahlen. Die Begründung für seine niedrigen Bewertungen waren, dass die meisten Stücke solche Porzellane waren, „die schwerlich am Mann zu bringen, und lange Zeit erfordere, ehe nur etwas davon vertrieben wird“.[1846] Dadurch, dass zudem eine große Zahl von altmodischen Porzellanen vorhanden sei, könne die Manufaktur ohnehin niemals die Summe von über 83.000 Talern einnehmen, im Gegenteil würde sie durch den schnellen Verkauf ihrer Porzellanlager einen Großteil der anfallenden Lagerkosten und Zinsen für das in den Vorräten gebundene Kapital einsparen. Die ungenaue Taxierung der Waren und die Aussicht, dass die Preise für Porzellane zukünftig allgemein fallen könnten, ließen den Preis von 50.000 Talern in den

---

1840 AA I Aa 40, S. 144.

1841 Vgl. AA I Aa 40, S. 145.

1842 Vgl. AA I Aa 40, S. 146b.

1843 Vgl. AA I Aa 40, S. 147b.

1844 Vgl. AA I Aa 40, S. 190b und 199b.

1845 Vgl. AA I Aa 41, S. 138b.

1846 AA I Aa 40, S. 202.

Augen von Helbig als gerechtfertigt erscheinen.[1847] Die Direktoren von Nimptsch und Ernst befanden dieses Angebot im Grundsatz als nicht akzeptabel, sie rieten dem Regenten Xaver aber dennoch, auf das Angebot von Helbig einzugehen, falls dieser noch etwa 4.000 bis 5.000 Taler zu seiner bestehenden Offerte hinzufügen würde.[1848] Denn tatsächlich bestand das Lager aus schwer verkäuflichen, recht altmodischen Stücken und Services, die oftmals nicht vollständig waren. Die Manufaktur konnte sich auf einen Schlag ihrer hohen Kosten für das Lager entledigen, samt der dafür anfallenden Kapitalkosten, so dass der Neueinrichtung der Manufaktur gemäß den Anordnungen des Regenten keine veraltete und schwer verkäufliche Ware im Wege stand, die eine Reorganisation des Vertriebs behindert hätte.

In einem weiteren angeordneten Gutachten durch die Buchhalter Haustein und Feller kam man hingegen zu dem Schluss, dass die ursprüngliche Taxierung der Warenlager zu gering gewesen war, und man bei einem Verkauf auf Grundlage dieser Bewertung einiges an Verlust einfahren würde.[1849] Manche Porzellanware sollte gar „wenigstens das triplum, und viel mehr, ganz ohnfehlbar ausmachen".[1850] Es wäre deshalb ratsam, den Verkauf der Porzellane selbst durchzuführen. Man hätte so die Möglichkeit, mit relativ geringem Aufwand die noch unvollständigen Services selbst zu vervollständigen und dadurch das Meißener Warenlager in eine „Ordnung zu setzen, so noch nie dagewesen".[1851] Der am Kauf interessierte Helbig könnte hingegen mit relativ geringem Aufwand zu einer ansehnlichen Zahl von Porzellanen kommen und sein ohnehin schon gut ausgebautes Kundennetzwerk weiter stärken und erweitern zum Schaden der Meißener Manufaktur.[1852] Direktor von Fletcher ließ daraufhin eine abermalige Bewertung der Warenvorräte anordnen, diesmal jedoch mit Unterstützung zweier Maler der Manufaktur, da man in dem Wert der Bemalung den eigentlichen Grund für die hohen Unterschiede in den Bewertungen ausgemacht hatte.[1853]

Von Fletcher mahnte gleichzeitig seinen Landesherrn, zu leichtfertig die von Helbig geforderte territoriale Exklusivität des Detailverkaufs in Leipzig und Dresden zu gewähren. Das dadurch verbundene Verbot für die Porzellanhändler, während der Leipziger Messezeit die Meißener Produkte an Privatkunden zu verkaufen, würde die Etablierung eines „Monopoliums" für den Handel mit Meißener Porzellan bedeuten und den Eintritt von Wettbewerbern in den heimischen Markt erleichtern.[1854] Die Händler würden nämlich quasi dazu genötigt werden, konkurrierende Produkte zu vertreiben, um ihre eigene Kundenbasis nicht zu verlieren. Xaver ließ sich von dieser Argumentation überzeugen und revidierte in einer Resolution vom 6. November 1764 seine zuvor getätigte Entscheidung vom 13. Mai dessel-

[1847] Vgl. AA I Aa 40, S. 202b–203.

[1848] Vgl. AA I Aa 40, S. 206b.

[1849] Vgl. AA I Aa 41, S. 138b. Anhand der zum damaligen Zeitpunkt bekannten Auktionsresultate wurden für ähnliche Porzellane höhere Preise erzielt, so dass man davon ausging, der Käufer der bewerteten Lagerwaren könnte nahezu das Doppelte daran verdienen, vgl. AA I Aa 41, S. 151.

[1850] AA I Aa 41, S. 151b.

[1851] AA I Aa 41, S. 151b.

[1852] Vgl. AA I Aa 41, S. 152.

[1853] Vgl. AA I Aa 41, S. 140.

[1854] Vgl. AA I Aa 41, S. 139b und S. 141b.

ben Jahres.[1855] Die Porzellane in den Warenlagern wollte von Fletcher in drei Kategorien einteilen, in Kaufmannsgut, unvollständige Services und alte sowie defekte Geschirre. Aus der ersten Kategorie sollte Helbig die ihn interessierenden Porzellane nach einer neuen Bewertung entnehmen, die restlichen von Helbig nicht genommenen Stücke sollten zusammen mit den unvollständigen Services nach Meißen in das dortige Warenlager gebracht werden um „dadurch in Kürze eines von denen größten Warenlager in Europa ohne Kosten“ einrichten zu können.[1856] Die dritte Kategorie der Porzellane aus dem Warenlager, die alten und defekten Stücke, sollte zu erheblich reduzierten Verkaufspreisen einzeln oder gruppenweise im Japanischen Palais verkauft werden. Was davon dann noch übrig blieb, sollte im Wege der Auktion endgültig verkauft werden.[1857]

Xaver war aber offenbar auch am Ende seiner Geduld angelangt, denn die Problematik um die Neuordnung des Vertriebs und den Verkauf der Warenlager dauerte mittlerweile schon mehr als acht Monate. Die neu angesetzte Bewertung der Vorräte mit Hilfe von zwei Malern bewog den Landesherrn wohl endgültig dazu, das Warenlager nicht zu verkaufen. Die Bewertung schien sich bis weit in das nächste Jahr 1765 hinein zu ziehen und brachte keine Garantie, dass ein Verkauf an Helbig dann auch stattfinden konnte. Eine weitere Verzögerung war nicht im Sinne des Regenten, dem eigentlich eine zügige Neuordnung der Vertriebsorganisation vorschwebte und der das mühevolle Taktieren von Helbig um verbesserte Konditionen nicht mehr mitmachen wollte. Mit Reskript vom 4. Dezember 1764 ordnete Xaver an, dass dem ehemaligen Direktor der Manufaktur

> *„in Rücksicht auf seine besonders im letzten Kriegszeiten bey der Porcellaine Manufactur geleisteten ersprieslichen Dienste, eine jährliche Pension von Sechs hundert Thalern auszusetzen“*[1858]

sei aus der Manufakturkasse. Damit wurde Helbig mit einer Pension liquidiert, und sämtliche zuvor angeordneten Befehle zur Übernahme der Vertriebstätigkeit in Dresden und Leipzig annulliert.[1859] Xaver hatte sich entschieden, den Einzelhandel für Dresden und Leipzig sämtlichen interessierten Kommittenten zu erlauben, um dadurch eine Konzentration der Detailverkäufe in einer Hand zu verhindern.

3.4.4 Stärkung und Erweiterung des Vertriebs – 1765 bis 1774

Die Neueinrichtung der Vertriebstätigkeit der Meißener Manufaktur brauchte erfahrungsgemäß eine gewisse Zeit der Einarbeitung der verschiedenen neuen Geschäftsabläufe. Die erste offizielle Preisliste von 1765 musste unter den interessierten Porzellanhändler verteilt wer-

---

[1855] Vgl. AA I Aa 41, S. 138.

[1856] AA I Aa 41, S. 140b.

[1857] Vgl. AA I Aa 41, S. 141.

[1858] AA I Aa 41, S. 163b.

[1859] Die Auseinandersetzung um Helbig dauerte jedoch bis weit nach dessen Tode an, da Helbigs Erben Forderungen von 199.308 Talern im Zusammenhang mit der Übernahme der Manufaktur während des Siebenjährigen Krieges noch im Juli des Jahres 1790 geltend machten, vgl. AA I Ak 14, S. 18–21 und AA I Ac 3, S. 157–157b.

den, damit diese sich auf die neuen Preisstrukturen einstellen konnten. Mit der Resolution vom 19. September 1765, welche die Genehmigung der Preisliste beinhaltete, ordnete man zugleich auch das Rabatt- und Konditionensystem um. Fürst Xaver hatte persönlich einen Rahmen abgesteckt, in welchem er die Rabattsätze angesiedelt wissen wollte. Nun legte man den Rabatt auf 12% für die ordinairen und gangbaren Porzellane und auf 20% für die hochwertigen Figuren und Gruppen fest. Für Bestellungen aus dem Ausland oder für die Abnahme größerer Porzellanmengen erhöhte sich der Rabatt um zusätzliche 3% bis 4%, und bei entsprechender Sicherheit gewährte die Manufaktur eine Zahlungsfrist von 6 bis 7 Monaten.[1860]

In dieser Zeit erreichte die Manufaktur im Sommer 1765 aus den Niederlanden eine schlechte Nachricht. Der dortige geheime Assistenzrat von Hoffmann hatte beobachtet, dass der Verkauf der Porzellane der mit Meißen konkurrierenden Ludwigsburger und Frankenthaler Manufakturen enorm zugenommen hatte und entsprechend die Umsätze des Meißener Porzellans nahezu komplett zurückgegangen waren.[1861] Auf explizite Nachfrage bei den Händlern wurde ihm geantwortet, dass die Kaufleute von der Manufaktur mit übermäßiger Strenge in Bezug auf die Zahlungsmodalitäten behandelt wurden und häufiger zerstörte Porzellanlieferungen bekommen hätten, die dennoch bezahlt werden mussten. Die Verkaufspreise waren sehr hoch und wurden zusätzlich noch um das Doppelte erhöht durch Zwischenhändler in Amsterdam. Die Porzellane konnten nicht den entsprechenden Absatz finden, da die Ludwigsburger und Frankenthaler Manufakturen die Meißener Produkte nahezu komplett imitierten und dabei ihre Verkaufspreise um fast die Hälfte geringer ansetzten.[1862] Gleichzeitig erwähnte der Gesandte in Holland, ihm sei ein fähiger Kaufmann bekannt, der in Den Haag den Verkauf der Meißener Porzellane gehörig vorantreiben könnte und empfahl, ein zusätzliches Warenlager in dieser Stadt einzurichten.[1863]

Von dieser Nachricht aufgeschreckt, wies der damalige Direktor von Fletcher die Buchhalter Franz und Hummitzsch an, entsprechende Gutachten über die Situation in den Niederlanden zu erstellen. In der Tat ergaben Recherchen, dass seit Anfang 1764 nichts mehr in die Niederlande geliefert wurde. Seitdem hatten manche Geschäftspartner der Manufaktur nicht einmal auf Briefe aus Meißen reagiert.[1864] Man sah in dem wegbrechenden Umsatz in den Niederlanden eine direkte Konsequenz aus der zielgerichteten Arbeit der Konkurrenten, die alle möglichen Hebel in Bewegung brachten, um dem Meißener Betrieb Umsätze abzunehmen. Auch die Neuartigkeit der Konkurrenzprodukte und das daraus resultierende Interesse der Händler wurden als ein Grund für die schwachen Verkäufe angegeben. Den Aufbau eines neuen Warenlagers in Den Haag sah man skeptisch, da hierfür die Kosten zur Unterhaltung als relativ hoch eingeschätzt wurden und die neue Vertriebsstrategie zudem keine eigenen Warenlager mehr vorsah, außer demjenigen in der Meißener Manufaktur.[1865] Hingegen

[1860] Vgl. AA I Aa 51, S. 122b.

[1861] Vgl. AA I Aa 51, S. 95.

[1862] Vgl. AA I Aa 51, S. 95b.

[1863] Vgl. AA I Aa 51, S. 96.

[1864] Vgl. AA I Aa 51, S. 87b.

[1865] Vgl. AA I Aa 51, S. 91b und S. 93b.

schien das Erfolgsrezept zu sein, die Preise für die Porzellane zu senken, den Händlern in den Niederlanden bessere Zahlungsmodalitäten einzuräumen und eine bessere Bearbeitung von eingegangen Bestellungen durchzuführen.[1866] Dennoch war man über diese ersten Maßnahmen nicht zufrieden. Zu unklar schienen noch die Gründe für den Umsatzeinbruch in Holland zu sein. Vorgeschlagen wurde deshalb, einen Gesandten der Meißener Manufaktur in die Niederlande zu schicken, der dort genaueste Erkundigungen einzuziehen hatte. Die wahren Ursachen des Rückgangs sollten analysiert werden, gleichzeitig sollte der Meißener Reisende den guten Ruf der Manufaktur unter den Geschäftskunden verteidigen und wiederherstellen. Neben dem Auftrag, weitere neue Handelspartner zu akquirieren, sollte der Reisende ausführlich über Vorlieben und Entwicklungen des Kunstgeschmacks der Käuferschichten nachforschen.[1867] Schon 1764 hatten sich die ersten Auslandsreisen von Meißener Angestellten für die Manufaktur bewährt[1868], so dass Xaver am 26. Juni 1765 die Durchführung der Reise genehmigte, die zusätzlich zu den Niederlanden auch weitere Länder zum Ziel hatte. Man erhoffte sich ähnliche Resultate auch durch diese neue Vertriebsreise, zu welcher der Maler Johann Friedrich Otto abgeordnet wurde.[1869] Dieser sollte sowohl in Vertriebsangelegenheiten unterwegs sein und neue Geschäftspartner und Verkaufsmöglichkeiten ausfindig machen, als auch Erkundigungen über die Konkurrenz und die örtlichen Marktverhältnisse einholen. Dies stellte die Anwendung neuer kaufmännischer Methoden im Vertrieb des Porzellans dar, die über die sonst bei den Manufakturen üblichen Ansätze – zumeist nur Messebesuche – weit hinausgingen.[1870]

In den nachfolgenden zwei Jahren bereiste Otto vor allem die Niederlande, Spanien und Italien, bei einer zurückgelegten Gesamtreisestrecke von fast 11.000 Kilometern.[1871] Zu Beginn seiner Reise mit Zwischenstation in Mainz und Frankenthal konnte Otto bestätigen, dass besonders die Frankenthaler Fabrik und die Berliner KPM ihre Vertriebsaktivitäten in den Niederlanden verstärkt hatten.[1872] So bekam er in Lüttich von einem Porzellanhändler einen der Gründe mitgeteilt, die diesen Händler bewogen hatten, kein Porzellan mehr aus Sachsen zu bestellen. Einen Schrank, in dem Porzellan aus Meißen aufbewahrt wurde, hatte der Händler versehentlich umgeworfen. Den entstandenen Schaden wollte er teilweise aus Meißen ersetzt haben, wo sich aber der damalige Direktor Helbig diesem ungewöhnlichen Anliegen entschieden widersetzte. Seitdem würde der niederländische Geschäftsmann nur noch Frankenthaler Porzellan verkaufen.[1873] Als problematisch erwies sich auch die Bereitschaft von Händlern, als Kommittenten aufzutreten und somit Porzellane auf eigene Rechnung zu handeln statt in Kommission, wo man lediglich auf Rechnung der Manufaktur ver-

---

1866 Vgl. AA I Aa 51, S. 92b.

1867 Vgl. AA I Aa 51, S. 94.

1868 Vgl. Kapitel 3.5.2.

1869 Vgl. AA I Aa 51, S. 87. Mangels kaufmännisch ausgebildeter Manufakturkräfte erfolgten sämtliche Auslandsreisen durch Maler oder ehemalige Maler, die notgedrungen die künstlerischen Tätigkeiten mit der Arbeit im Handelsbereich tauschen mussten.

1870 Vgl. Forberger (1960b), S. 49.

1871 Vgl. Abbildung 5-29 im Anhang.

1872 Vgl. AA I Aa 51, S. 102.

1873 Vgl. AA I Aa 51, S. 106.

kaufte. Otto beklagte eine allgemeine Zurückhaltung was die Risikoübernahme eines solchen Geschäftes anging, und falls sich diese Risikobereitschaft fand, so war die bestellte Porzellanmenge zumeist sehr gering.[1874] Die Vertriebspolitik der Meißener Manufaktur sah hingegen vor, den Vertrieb vorzugsweise mit Kommittenten anzugehen und Kommissionäre, zumal auch noch im Ausland ansässig, nur unter besonderen Voraussetzungen anzunehmen. Der Vertrieb im Wege der Kommission musste besonders beim Porzellan auf seine Grenzen stoßen, da je nachdem, wer für die Transaktionskosten aufkam, die entstehenden Ausgaben für Fracht und Zölle sowie die auszuzahlende Provision der Manufaktur nahezu den gesamten Deckungsbeitrag bei den Porzellanen kosten konnte, während sie dem Händler die Verkaufsmarge minderten. Diese Vertriebspolitik mit dem Schwerpunkt auf Kommittenten musste jedoch überall dort auf Widerstand stoßen, wo Geschäftskunden den Handel auf eigene Rechnung nicht eingehen konnten oder wollten. So berichtete Otto, dass in Den Haag zwei Händler in Kommission das Ludwigsburger und Frankenthaler Porzellan massiv vertrieben und große Warenlager errichtet hatten. Dadurch, dass diese beiden Manufakturen das unternehmerische Risiko nicht an die Händler abgaben, schien dies das Interesse der Geschäftskunden und die Bereitschaft zum Vertrieb dieser Produkte zu steigern. Die Meißener Manufaktur hingegen fand keine geeigneten und risikobereiten Geschäftspartner. Zudem gab es kaum Händler, die exklusiv nur die sächsische Porzellanmarke führen wollten. Vielmehr wurden Marken parallel geführt und verkauft, was die Identifikation und die Verkaufsanstrengungen für die eine oder andere Marke verminderten.[1875] Viele Händler waren auch keine reinen Porzellanhändler, sondern verkauften als Kramhändler Galanteriewaren aller Art. Porzellan war eine Ware unter vielen und diente oftmals als profitable Beimischung zum eigenen Warenangebot.

Die wohl größte Schwierigkeit für den Meißener Vertrieb in Holland erkannte Otto recht schnell. Den niederländischen Markt beherrschte traditionell das asiatische Porzellan, welches von der Ostindischen Kompanie in die Niederlande eingeführt worden war.[1876] Otto erwähnte in seinem Reisebericht, dass er oft in den niederländischen Straßen Porzellanläden mit asiatischem Geschirr gesehen hatte. Das Interesse der Ostindischen Kompanie und der Niederländer war es, so wenig europäische Konkurrenz wie möglich in den heimischen Markt zu lassen und stattdessen die Importe aus Asien zu verkaufen. So erklärte sich auch die Tatsache, dass kaum ein niederländischer Kaufmann mit europäischem Porzellan einen nennenswerten Handel betrieb. Vereinzelt wurden die Porzellane aus Meißen nur zu Schauzwecken in das eigene Warenangebot aufgenommen, um Käufern die erhebliche Preisdifferenz zwischen Meißener Ware und asiatischer Ware zu verdeutlichen und somit ein Kaufargument aufzubauen.[1877] Zudem wurden in Deutschland unmittelbar nach Ende des Siebenjährigen Krieges erhebliche Mengen Porzellan verkauft, wahrscheinlich um nach Ende der Kriegszeit die noch vorhandenen Vermögenswerte zu monetisieren und so eine Phase der wirtschaftlichen Schieflage zu kompensieren. So gelangten erhebliche Mengen von Porzellan über Hamburg in die Niederlande, nur um dort im Wege von Auktionen abermals billig wei-

[1874] Vgl. AA I Aa 51, S. 107b.

[1875] Vgl. AA I Aa 51, S. 111b.

[1876] Vgl. hierzu ausführlich Volker (1954) und Volker (1959).

[1877] Vgl. AA I Aa 51, S. 113b.

terverkauft zu werden.[1878] Dadurch wurde der Porzellanmarkt bei dem herrschenden Überangebot preislich in die Knie gezwungen und die Manufaktur in Meißen hatte Schwierigkeiten, einen derartigen Markt mit neuen Porzellanprodukten zu bedienen. Auch erwähnte Otto, dass Direktor Helbig mit der von ihm verfochtenen Hochpreispolitik etliche Porzellanlieferungen in die Niederlande mit überteuerten Geschirren versah, welche die Händler nur mit erheblicher Mühe verkaufen konnten. Und da der wichtigste Großhändler für Meißener Porzellan, Dulong in Amsterdam, seine Bestellungen aus Meißen zurückgefahren hatte und einen kompletten Ausstieg aus dem Porzellanhandel anvisierte, konnten kleinere Porzellanhändler immer seltener beliefert werden.[1879]

Dies alles war sicherlich keine gute Ausgangsposition für die Meißener Manufaktur und zusammen mit den erwähnten Schwierigkeiten in Kommunikation, Rechnungs- und Lieferungsmodalitäten mit der Manufaktur, nahmen viele Geschäftspartner Abstand von sächsischem Porzellan.[1880] Dennoch argumentierte Otto, dass, falls der Einstieg in den holländischen Markt wieder gelingen würde, der Erfolg sicherlich nicht ausbleiben würde:

> *„Sollten unsere Producte wiederum hier in Gang kommen, und besonders die neuen Sachen bekannt werden, ist wohl kein Zweifel, es soll uns nur an Debit nicht fehlen".*[1881]

Die andauernden Schwierigkeiten der europaweiten Vertriebstätigkeit erlebte Otto als Reisender im Auftrag der Manufaktur aus erster Hand. Dabei entging ihm keine noch so unbedeutende Möglichkeit, die Verkäufe der sächsischen Erzeugnisse zu mehren. Er hatte beobachtet, dass niederländische Porzellanhändler auch nach Spanien und Portugal lieferten, und dass dortige Kaufleute sich wiederum in den Niederlanden mit Porzellanen eindeckten. Otto wollte deshalb die Möglichkeit näher untersuchen, ob für die Meißener Manufaktur ein interkontinentaler Vertrieb in Frage kommen würde:

> *„Da ich nun keine Gefahr noch Ungemächlichkeit scheue, wenn ich einige Hoffnung vor mir sehe, etwas zum höchsten Landesherrlichen und der Manufactur Interesse, durch meine geringen Fähigkeiten auszurichten, so wäre bereit auch dahin [nach Spanien und Portugal] zugehen, weil ich urtheile, daß von daraus, nach West-Indien, auf die reichen Colonien, mit unseren Producten ein Vertrieb am ersten bewürcket werden könnte".*[1882]

Otto interessierte sich somit für eine Erweiterung des Vertriebs nach Nord- und Südamerika in die dortigen europäischen Kolonien.[1883] Er wollte sich vor Ort in Lissabon und Cadiz über die Möglichkeiten des Transports in die Länder der neuen Welt informieren. Im niederländischen Utrecht konnte er Kontakt zu einem Kaufmann herstellen, der sich interessiert zeigte,

---

1878 Vgl. AA I Aa 51, S. 113b und S. 118.

1879 Vgl. AA I Aa 51, S. 109 und S. 116.

1880 Vgl. AA I Aa 51, S. 118b.

1881 AA I Aa 51, S. 108.

1882 AA I Aa 51, S. 114.

1883 Vgl. AA I Aa 49, S. 17–29b.

Porzellane in die karibischen Überseegebiete zu versenden.[1884] Und am 30. November 1765 schiffte er sich von Amsterdam nach Lissabon ein, um in Portugal die Geschäftsmöglichkeiten für die Meißener Manufaktur auszuloten.[1885] Im Cadiz bestätigte Otto, dass es in ganz Spanien und wohl auch in Portugal zum damaligen Zeitpunkt keine Warenlager der Meißener Wettbewerber gab. Die Einrichtung eines solchen Warenlagers für Porzellane aus Meißen wurde grob mit 3.000 Talern jährlich angeschlagen. Er überlegte, ob man als erste Manufaktur den Markteintritt in diese Länder vorbereiten sollte, um sich dadurch einen Vorteil zu verschaffen.[1886] Was den Handel mit Westindien und Südamerika betraf, berichtete Otto von den Geschäftskonditionen und von dem grundsätzlichen Modus Operandi der Übersee-Unternehmungen. Der Handel mit Brasilien aus Lissabon wurde nicht mit Schiffsflotten durchgeführt, sondern durch einzelne Schiffe bestritten, die nahezu jederzeit eingesetzt werden konnten und bei denen die Hin- und Rückfahrt insgesamt weniger dauerte. Nach Westindien brauchte man zum damaligen Zeitpunkt im Jahre 1766 ungefähr 80 bis 100 Tage, womit allein die gesamte Hin- und Rückfahrt weit mehr als ein halbes Jahr betragen konnte und der Aufenthalt im Zielgebiet noch bis zu weitere 10 Monate dauern konnte.[1887] Übliche Zahlungsmodalitäten waren der Verkauf auf Zeit mit Einräumung eines Zahlungsziels von bis zu zwei Jahren oder die Beteiligung an den Umsätzen, die im entsprechenden Land gemacht wurden: 12% bis 15% für Verkäufe nach Neu-Spanien, 28% bis 30% für Geschäfte mit Peru, in Buenos Aires 25% bis 28% und Honduras 24%.[1888] Auch über Versicherungssätze und Zollbestimmungen und Kommissionstarife konnte Otto Auskunft geben. Auch gab er grundlegende Einschätzungen über die Attraktivität der Zielländer für einen möglichen Verkauf von Porzellanen. In Lima würden die prächtigsten und kostbarsten Waren verlangt, während andere Ziele wie Buenos Aires, Carthagena (Kolumbien), Honduras, Cumana (Venezuela) und Campeche (Mexiko) als arme Städte und Provinzen eingeschätzt wurden, in denen Meißener Porzellan kaum einen Markt finden konnte.[1889]

In der Tat wurden einige Proben von Meißener Porzellan mit Hilfe der in Spanien geknüpften Handelskontakte „auf die fürnehmsten Handels Plätze von America versendet".[1890] Dies wurde vornehmlich durch den in Cadiz ansässigen Kaufmann Victor Sequin besorgt, der als Kommissionär der Meißener Manufaktur tätig werden wollte. Er verlangte die Zusendung von Porzellanen im Wert von 6.000 Talern, die er selber auswählen wollte, und die Gewährung einer Provision von 25%. Für zwei Jahre verpflichtete er sich, auf Rechnung der Manufaktur die Porzellane zu verkaufen und die aus dem Verkauf eingenommenen Gelder sofort nach Meißen zu transferieren. Die nach Ablauf der zwei Jahre noch unverkauften Porzellane

[1884] Vgl. AA I Aa 51, S. 115b.

[1885] Vgl. AA I Aa 51, S. 119.

[1886] Vgl. AA I Aa 49, S. 17b. Otto hatte sogar die Möglichkeit, seine mitgebrachten Warenproben dem spanischen König vorzuzeigen, vgl. AA IV9 19, S. 18b.

[1887] Vgl. AA I Aa 49, S. 19–19b und S. 21.

[1888] Vgl. AA I Aa 49, S. 20.

[1889] Vgl. AA I Aa 49, S. 21–21b.

[1890] AA I Aa 49, S. 85b, wobei die meisten Warenproben wieder unverkauft zurückgesendet worden sind, vgl. AA IV9 19, S. 18b. Die Manufaktur versendete ihr Porzellan aber nicht nur nach Südamerika. Bezeugt sind in den Archiven zumindest auch Geschäftskontakte und Porzellanversendungen nach Asien und Afrika um das Jahr 1773, ohne jedoch detailliertere Angaben dazu zu liefern, vgl. AA I Aa 47, S. 154.

wollte er mit einem Zahlungsziel von 12 Monaten auf eigene Rechnung von der Manufaktur übernehmen.[1891] Abermals sah sich die Manufaktur vor dem Problem gestellt, dass der Vertrieb im Ausland nur im Wege der Kommission, und nicht durch die Kooperation mit Kommittenten, zustande kam. Die Manufaktur wünschte sich solide und solvente Kaufleute, die auf eigene Rechnung die Porzellane und somit alle Risiken übernahmen. Jedoch musste man auch in Cadiz davon ausgehen, solch einen Geschäftspartner nicht zu finden:

> *„Weil nun ohnehin auf diesem für die Manufactur so wichtigen Handelsplaze, als Cadiz ist, einen sichren kaufmann zu vermögen, diesen Handel für eigene Rechnung zu entrepreniren, nicht zu hoffen stehet".*[1892]

Am 15. September 1767 fragten die Meißener Buchhalter Hummitzsch und Feller bei der Manufakturdirektion an, ob man sich mit den Konditionen des Kaufmanns Sequin einverstanden erklärte. Man warnte eindringlich davor, den aufgebauten Geschäftskontakt wieder fallen zu lassen und auf die Konditionen nicht einzugehen, da andere konkurrierende Porzellanmanufakturen sicherlich keine Bedenken haben würden in der Annahme der Handelskonditionen.[1893] Die Manufakturführung folgte dieser Empfehlung und die Handelskonditionen wurden angenommen. Im Zuge des weiteren Reiseverlaufs konnte Otto in Neapel, Rom und Venedig umfangreiche Bestellungen nach Meißen vermelden.[1894] Hatte die Meißener Manufaktur vorher keine direkten Verkäufe nach Italien getätigt, war Otto imstande, in Rom und Neapel neue Geschäftskontakte aufzubauen, welche der Manufaktur noch mehrere Jahrzehnte erhalten bleiben sollten, wie mit dem größten Händler für Galanteriewaren in Rom.[1895] Diese erste Auslandsreise verlief recht erfolgreich. Im Ergebnis konnte die Manufaktur wesentliche neue Einsichten und Geschäftsverbindungen etablieren. Erforschung der Vertriebssituation in Holland, die Ausweitung der Vertriebsmärkte, die Wiedergewinnung von abgesprungenen Kunden und die Erkenntnisse über konkurrierende Manufakturen waren für Meißen sehr hilfreich, um die eigene wirtschaftliche Position weiter zu stärken. Es verwundert daher nicht, dass Otto noch zwei weitere ausgedehnte Handelsreisen unternahm.

Vom 14. April bis 23. Dezember 1768 führte seine Reise vornehmlich durch Nordeuropa.[1896] In der ersten Etappe in Berlin versuchte er Erkundigungen über die dortige Manufaktur einzuholen. Über Berlin erreichte er das polnische Thorn und musste feststellen, dass in diesen polnischen Gebieten kein Absatz mit Porzellan zu machen war. Die Konkurrenz an billigen Steinguterzeugnissen schien einen nennenswerten Verkauf von hochwertigen Geschirren zu hemmen. In Danzig konnte Otto alte Geschäftspartner dazu überreden, eine kleine Bestellung an Porzellanen zu tätigen. Weiter brachte ihn seine Route nach St. Petersburg, wo er mit dem kaiserlichen Hofjuwelier Friedrich Wilhelm Poggenpohl zusammentraf. Dieser war zwar seit etlichen Jahren Kunde in Meißen gewesen, hatte aber zuletzt keine Bestellungen mehr getä-

[1891] Vgl. AA I Aa 49, S. 85b.

[1892] AA I Aa 49, S. 86.

[1893] Vgl. AA I Aa 49, S. 86.

[1894] Vgl. AA I Aa 49, S. 113.

[1895] Vgl. AA IV9 19, S. 19b.

[1896] Vgl. AA IV9 19, S. 20b.

tigt. Otto gelang es nicht nur, neue Bestellungen von Poggenpohl zu erhalten, sondern er erhielt durch den Hoflieferanten die Gelegenheit, am Zarenhof seine mitgebrachten Meißener Warenproben vorführen zu dürfen. Weniger Glück schien Otto bei seiner Rückreise über Dänemark zu haben, da alle Versuche, Bestellungen in Kopenhagen zu erwirken, scheiterten. In Hamburg konnte Otto an bestehende Handelskontakte knüpfen, vornehmlich an das Handelshaus der Kaufmannsfamilie von Axen. Zwar konnte er ein Dessertservice im Wert von 4.000 Talern verkaufen, aber der hanseatische Handelsplatz erlaubte wenige Vertriebsmöglichkeiten. Die häufig durchgeführten Porzellanauktionen und die Präsenz wichtiger Wettbewerber hatten einen Angebotsüberschuss zur Folge gehabt und das Preisniveau für Porzellan erheblich nach unten gedrückt.[1897]

Nach Ottos Rückkehr aus der zweiten Auslandsreise, wollte die Manufaktur die Ergebnisse seiner Vertriebstätigkeit im Ausland kritisch hinterfragen. Es wurde errechnet, dass Otto während seiner zwei Auslandsreisen und bei den von ihm aufgesuchten Geschäftspartnern insgesamt neue direkte oder indirekte Bestellungen im Wert von 159.868 Talern und 13 Groschen eingebracht hatte.[1898] Dies war ein hervorragendes Ergebnis, zumal dieser Umsatz oftmals von Neukunden stammte. Es verwundert deshalb nicht, dass die Manufaktur den Handelsreisenden auf eine dritte, noch längere Reise schickte. Diese Reise trat er am 17. Juni 1770 an und kam am 14. Dezember 1774 wieder nach Meißen zurück. Er bereiste Holland, Spanien, Portugal, Irland und England.[1899] Auf dieser Reise residierte er in den vornehmsten Unterkünften, um dort auf zahlungskräftige Kunden zu treffen und ihnen die Meißener Produkte vorstellen zu können. Er passte sogar teilweise seine Kleidung an die Usancen in den unterschiedlichen Städten an. Dreimal wurde Otto während seiner Reise ernsthaft krank, und musste in Lissabon die Hilfe eines Chirurgen in Anspruch nehmen.[1900] In den Niederlanden musste Otto erneut feststellen, dass die große Verbreitung günstiger asiatischer Porzellanimporte der Ostindischen Kompanie, günstiger Steinguterzeugnisse und heimischer Fayence-Produkte, dem Vertrieb des Meißener Porzellans enge Grenzen setzte.[1901] Er zeigte sich jedoch überzeugt, dass die privat geführten holländischen Manufakturen über kurz oder lang untergehen müssten. Diese Betriebe versuchten, nach relativ einfachen und unüberlegten kaufmännischen Prinzipien vorzugehen, denn

> *„man glaubt den Debit blos durch Wohlfeilheit zu zwingen, stopffet oder überhäuffet auf einmahl alle Gegenden, so man nur erreichen kann, und bedenket nicht, daß nachdem dieses geschehen, die wohlfeilen Preiße gar nicht mehr auffallen, sondern zuletzt alle Estimation dieses Products hinweg fällt".*[1902]

Für Otto sollte demnach die Preispolitik einer Porzellan- oder Fayencemanufaktur weit über eine sture Preissenkung und eine aggressive Ausweitung der Umsätze hinausgehen. Denn

---

1897 Vgl. ausführlich die Reisebeschreibung unter AA IV9 19, S. 20b–24.

1898 Vgl. AA IV9, S. 23b.

1899 Vgl. AA I Af 9, S. 56b, vgl. zur Reiseroute auch die Abbildung 5-30 im Anhang.

1900 Vgl. AA IV9 19, S. 3–3b.

1901 Vgl. AA IV9 19, S. 24b.

1902 AA IV9 19, S. 25.

damit würde man nicht nur die Preiswahrnehmung der Kunden nachhaltig beeinflussen, sondern auch zukünftigen Preissenkungen ihre Effektivität nehmen. Die Preisführerschaft um jeden Preis musste unweigerlich dazu führen, dass die Exklusivität des Porzellans und seine Eigenschaft als Luxusgut verlorengingen und die Erzeugnisse nicht mehr das bisherige Preispremium halten konnten. Der Preisverfall machte die Luxusgüter zu alltäglichen Gebrauchsgütern, die im schlimmsten Fall den Vergleich mit einfachsten Töpfergeschirren erfahren mussten. Genau dies war in den Niederlanden passiert, da die Ostindische Kompanie erhebliche Mengen an Porzellan aus Asien zu immer geringeren Preisen in den Heimatmarkt brachte. Otto berichtete, dass oft das Porzellan nur als Schiffsballast aus den Überseegebieten mitgebracht wurde und damit kein nennenswerter Profit mehr zu erzielen war.[1903] Dennoch konnte er hier in den Niederlanden seine Warenproben dem königlichen Herrscherhaus vorzeigen und etliche neue Bestellungen verbuchen.[1904] Überhaupt schien Otto jetzt wieder mehr Bestellungen aus den Niederlanden zu akquirieren, so dass die Probleme im Vertrieb mit dieser Region vorerst in den Hintergrund traten und zudem eine ausreichende Zahl von Geschäftskontakten bestand. Otto fand auch den Weg in das Heimatland eines der größten Konkurrenten, nämlich England. Er konnte in der Hauptstadt London einige Bestellungen von Kaufleuten verzeichnen und erhielt auch hier die Möglichkeit, seine Meißener Warenproben am königlichen Hof vorführen zu können.[1905] Aber Informationen bezüglich des größten Wettbewerbers Wedgwood lassen sich nicht in den Reiseberichten finden, obwohl das englische Steingut der Meißener Manufaktur erhebliche Schwierigkeiten bereitete und man von diesen Erzeugnissen immer wieder preislich unter Druck gesetzt wurde.[1906] Den irischen Markt hatte die Manufaktur hingegen bisher noch nicht beliefert. Otto sah gute Möglichkeiten für einen Markteintritt in diese Region, denn das Meißener Porzellan konnte gegen relativ niedrige Zollgebühren von 15% ungehindert nach Irland eingeführt werden. Er setzte Anzeigen in einem Dubliner Wochenblatt, um die Meißener Porzellane bekannt zu machen, und konnte tatsächlich erheblichen Zuspruch seitens der irischen Nachfrager verzeichnen.[1907] Für den französischen Markt musste Otto bemerken, dass der Vertrieb dort aufgrund der hohen Zölle von 150 Livres pro Zentner Porzellan entscheidend gehemmt wurde.[1908] In Portugal konnte durch die Vermittlung des Hof-Juweliers in Lissabon der Meißener Reisende einige Porzellanbestellungen vom portugiesischen Königshaus im Empfang nehmen.[1909] Auch dem möglichen Vertrieb in die amerikanischen Überseegebiete widmete sich Otto, und während seines abermaligen Aufenthalts in der spanischen Hafenstadt Cadiz betrachtete er die Erfolgschancen für Meißener Porzellan in diesen Märkten etwas nüchterner als noch auf der ersten Auslandsreise. Anfänglich hatte Otto noch die Vorstellung, für den Vertrieb nach Übersee ein Hauptwarenlager in Cadiz anzulegen. Doch nach weiteren Erkundigungen und Informationen schrieb Otto nach Meißen, dass die potenzielle Zielgruppe in

---

1903 Vgl. AA IV9 19, S. 25.

1904 Vgl. AA IV9 19, S. 26.

1905 Vgl. AA IV9 19, S. 27.

1906 Vgl. Kapitel 3.5.3.

1907 Vgl. AA IV19 9, S. 27b.

1908 Vgl. AA IV9 19, S. 28.

1909 Vgl. AA IV0 19, S. 28b.

den amerikanischen Ländern sehr klein sei und nicht den Geschmack und die Lebensart besitze, die das Meißener Porzellan erfordere.[1910] Es war unklar, wie unter solchen Bedingungen der Export in die dortigen Regionen erfolgreich verlaufen könnte. Diese dritte und letzte Auslandsreise sorgte auch diesmal für erhebliche neue Umsätze, teilweise von Neukunden und teilweise von Bestandskunden, aber fast immer bei Geschäftskunden und Porzellanhändlern. Man errechnete, dass Otto innerhalb der sieben Jahre, die er insgesamt für die Manufaktur während seiner drei Vertriebsreisen unterwegs war, dem Betrieb mittelbar oder unmittelbar über 400.000 Taler an Porzellanbestellungen eingebracht hatte.[1911] Diese Bestellungen sollten jedoch in den nächsten Jahren einen nicht unerheblichen Beitrag leisten zur schwierigen finanziellen Situation der Manufaktur, da die hohen ausstehenden Geldforderungen der Manufaktur sich auch auf die vielen Bestellungen in entfernten Ländern gründeten, die Otto während seinen Reisen besucht hatte und die mit Einräumung von Kredit getätigt wurden. Von August 1771 bis November 1773 war auch Christian August Schneider für den Vertrieb der Manufaktur in Europa unterwegs, seine Reiseroute führte ihn mit insgesamt über 15.000 zurückgelegten Kilometern in den Osten Europas über Lübeck nach Riga, St. Petersburg, Moskau bis hin nach Kasan und wieder zurück nach Sachsen.[1912]

Der Absatz der Manufaktur wurde mit der durchgeführten Reformierung des Vertriebssystems stark auf das Geschäft mit den Händlern ausgerichtet. Dies zeigt sich auch bei einer Analyse der Anteile der Vertriebskanäle für den Detailverkauf und den Verkauf an Händler in Abbildung 3-17. Die Strategie der kompletten Reorganisation des Vertriebs und der Fokussierung auf einen Vertriebskanal schien sich in den Jahren unmittelbar nach Durchführung der Reform auszuzahlen. Die besonders heikle Nachkriegszeit ab 1763 wurde zufriedenstellend gemeistert, und erste Erfolge zeichneten sich wieder ab, und dies trotz des durch die Vertriebsreform vorgesehenen Wegfalls der Umsätze der Warschauer und Dresdner Niederlassungen, die kompensiert werden mussten. Der Wert der verbliebenen Meißener und Leipziger Warenlager wurde 1765 mit annähernd 200.000 Talern und ein Jahr später mit fast 230.000 Talern geschätzt, im Jahr 1767 mit 235.000 Talern angesetzt.[1913] Die baren Umsätze für das Jahr 1765 konnten auf 259.945 Taler gesteigert werden, gingen aber auf 245.712 Taler für das Jahr 1766 zurück.[1914] Neben allgemeinen Zollerhöhungen für Porzellanwaren, wie der Erhebung eines „Transito-Geldes" durch preußische Gebiete in Höhe von 30%[1915], musste die Manufaktur auch den kompletten Wegfall ganzer Märkte verkraften. Friedrich der Große erließ ein Einfuhr- und Verkaufsverbot für sächsisches Porzellan in Preußen, was faktisch einer Abschottung des preußischen Marktes gleichkam.[1916] Die Direktion konnte bei diesen externen Einflussgrößen keine Gegenmaßnahmen ergreifen und war diesem Ausfall von ganzen Absatzgebieten hilflos ausgeliefert.

1910 Vgl. AA IV9 19, S. 29b.

1911 Vgl. AA IV9 19, S. 33.

1912 Vgl. AA V2 41, 153–154 und zur Reiseroute Abbildung 5-31 im Anhang.

1913 Vgl. AA I Aa 50, S. 14b und S. 149 und AA I Aa 49, S. 113.

1914 Vgl. AA I Aa 50, S. 13b und AA V2 33, S. 243b, vgl. auch Tabelle 5-1 im Anhang.

1915 Vgl. AA I Aa 50, S. 135b.

1916 Vgl. AA I Aa 50, S. 6b–7.

Abbildung 3-17: Aufteilung Einnahmenstruktur 1765

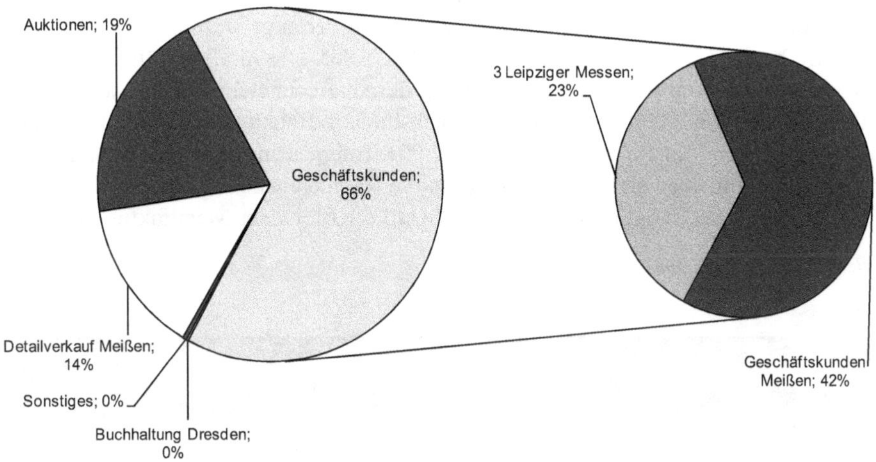

Quelle: AA I Aa 50, S. 13b, eigene Berechnungen

Die seit der Reformierung des Vertriebs bestehenden Rabatt- und Konditionensysteme waren jedoch immer noch nicht konsequent und systematisch festgesetzt worden. Stets wurde eine Bandbreite gesetzt, in der sich der Rabatt für Geschäftskunden bewegen sollte. Oft waren diese Vorgaben nicht bindend und wurden mehrmals erweitert. Xaver selbst hatte einen Rabattkorridor von 10% bis 20% angegeben, der sich an bestimmten Variablen wie Zahlungsart und Entfernung von Meißen anpasste. Von Fletcher wollte nunmehr zur „Fundation eines sicheren und dauerhafften Commercii“ diese Rahmenbedingungen stärker konkretisieren und den vom Fürsten vorgesehen Rabattkorridor noch erweitern, indem er ein neues Rabatt- und Konditionensystem erarbeiten ließ.[1917]

Es wurden vier Variablen eingeführt, die für den zu gewährenden Rabatt verantwortlich waren: Entfernung des Geschäftsmanns aus Meißen in sächsischen Meilen[1918], die Art der Bezahlung, die Abnahmemenge und die Porzellanqualität. Eine derartige Rabattsystematik musste zwangsläufig den Zeitgenossen als kompliziert und durchaus ungewohnt erscheinen.[1919] In Zeiten, in denen feste Preise immer noch nicht die Regel waren und Preisrabatte immer noch in bilateralen Verhandlungen zwischen Käufer und Verkäufer ausgemacht wurden, musste ein derart aufgestelltes Rabattsystem in vielen Teilen der Kaufmannschaft und der Kundschaft als ein Novum aufgefasst werden.

1917 AA I Aa 49, S. 42.

1918 Eine damalige kursächsische Meile entspricht 9.062 Meter, vgl. Schillinger (2006), S. 314.

1919 Noch 1828 bezeichnet der damalige Manufakturdirektor Kühn dieses Rabattsystem als „umständliches Rabattregulatio“, AA I Af 9, S. 57b.

Die Rabattspreizung bewegte sich dabei von 12,2% im ungünstigsten Fall bis hin zu 30% für die günstigste Kombination aller Rabattkriterien. Die zentrale Umsatzschwelle zur Rabattbestimmung entsprach 2.000 Talern. Auffallend ist auch, dass für den Fall des Barkaufs in einem Radius von 10 Meilen keine Umsatzschwelle verlangt wurde, die Rabattgewährung von 14,2% bzw. 25% erfolgte ab dem allerersten Taler. Die in allen Fällen gewährten prozentualen Vergünstigungen entsprachen einem durchgerechnetem Rabatt: Bei Überschreiten der Umsatzstufe von 2.000 Talern galt die nächsthöhere Rabattstufe für alle zuvor getätigten Umsätze, und nicht nur für die Umsätze ab 2.001 Talern. Eine derartige Rabattkonstruktion war sicherlich einfacher und transparenter als die Rabattgewährung für einzelne Umsatzstufen und war geeignet, möglichst viele Umsätze auf die Meißener Manufaktur zu ziehen.

Tabelle 3-11: Rabatt- und Konditionensystem 1766

<table>
<tr><td>Entfernung des Käufers von Meißen</td><td colspan="6">bis 10 Meilen</td><td colspan="8">von 10 bis 60 Meilen</td><td colspan="8">Ausland</td></tr>
<tr><td>Art der Bezahlung</td><td colspan="2">Sofort in bar</td><td colspan="4">5-6 Monate Kredit</td><td colspan="4">Sofort in bar</td><td colspan="4">5-6 Monate Kredit</td><td colspan="4">Sofort in bar</td><td colspan="4">5-6 Monate Kredit</td></tr>
<tr><td>Abnahme in Reichstalern</td><td colspan="2"><> 2000</td><td colspan="2">< 2000</td><td colspan="2">> 2000</td><td colspan="2">< 2000</td><td colspan="2">> 2000</td><td colspan="2">< 2000</td><td colspan="2">> 2000</td><td colspan="2">< 2000</td><td colspan="2">> 2000</td><td colspan="2">< 2000</td><td colspan="2">> 2000</td></tr>
<tr><td>Porzellanqualität</td><td>mittel</td><td>fein</td><td>mittel</td><td>fein</td><td>mittel</td><td>fein</td><td>mittel</td><td>fein</td><td>mittel</td><td>fein</td><td>mittel</td><td>fein</td><td>mittel</td><td>fein</td><td>mittel</td><td>fein</td><td>mittel</td><td>fein</td><td>mittel</td><td>fein</td><td>mittel</td><td>fein</td></tr>
<tr><td>Rabatt in %</td><td>14,2</td><td>25</td><td>12,2</td><td>20</td><td>13</td><td>22</td><td>14,8</td><td>25</td><td>16</td><td>28</td><td>12,8</td><td>21</td><td>14</td><td>24</td><td>16,8</td><td>27</td><td>18</td><td>30</td><td>13,8</td><td>23</td><td>15</td><td>26</td></tr>
</table>

Quelle: AA I Aa 49, S. 42–43b, eigene Darstellung

Die Schwierigkeit bestand indessen darin, die Porzellanhändler derart in ihrem Kaufverhalten zu beeinflussen, dass sie Bestellungen nicht gerade in Höhe der Umsatzschwelle tätigten, um von den höheren Rabatten zu profitieren. Minimale Überschreitungen der nächsthöheren Rabattstufe führten zur Preisreduktion für das gesamte Einkaufsvolumen. Um dem entgegenzutreten versuchte man, die Rabattunterschiede bei der Überschreitung der Umsatzschwelle relativ moderat anzusetzen. So stieg der gewährte Rabatt bei Kauf von feiner (guter) Porzellanqualität im Radius von 10 bis 60 Meilen auf Kredit um 14,3% (von 21% Rabatt auf 24% Rabatt), was auch den höchsten prozentualen Rabattanstieg innerhalb dieses Rabattsystems ausmachte. Für den gleichen Fall des Kaufs von feiner Porzellanqualität im Radius von 10 bis 60 Meilen mit Barzahlung gewährte die Überschreitung der Umsatzschwelle ebenfalls einen verhältnismäßig überschaubaren Rabattzuwachs von 12% (von 25% Rabatt auf 28%). Ähnlich war auch der Rabattzuwachs für Käufe aus dem Ausland, mit Respektive 13% Rabattzuwachs (von 23% auf 26%) bei Zahlung auf Kredit und 11% (von 27% auf 30%) bei Barzahlung im Falle der Überschreitung der Umsatzschwelle. Während also der Anreiz für die Erreichung der Umsatzschwellen nicht zu stark angesetzt wurde, war die Incentivierung zwischen den Porzellanqualitäten umso höher. Einen Rabattzuwachs von 76% konnte man erzielen, wenn man im Radius von 10 Meilen und bei Barzahlung das Porzellan in guter Qualität auswählte statt in Mittelgut (25% statt 14,2% Rabatt). Ähnlich hohe Rabattunterschiede sind bei allen anderen möglichen Verkaufsfällen zu verzeichnen. Die Manufakturdirektion bevorzugte somit nicht die Umsatzhöhe bei einem Porzellankauf, sondern das Produkt. Die gute Porzellansorte war teurer und versprach eher eine höhere Gewinnmarge als das niedrigpreisige Mittelgut. Und bei eben diesen Produkten setzte man den stärksten Anreiz, um die Verkäufe zu erhöhen und höhere Einnahmen zu generieren. Dem gegenüber bestand die Gefahr, durch die Setzung dieser hohen Rabattsätze unweigerlich den Verkaufspreis der Porzellane in die Verlustzone drücken zu müssen. Denn wie schon gezeigt wurde, hatte man die Preisliste von 1765 schon nahe an den tatsächlichen Herstellkosten kalkuliert.[1920] Dies erlaubte eigentlich keine weiteren signifikanten Preissenkungen. Ein Rabatt von bis zu 30% machte mit Sicherheit bei etlichen Porzellanprodukten nahezu alle Hoffnungen zur Kostendeckung zunichte und musste deshalb als kaum profitabel für die Meißener Manufaktur angesehen werden. Diese erheblichen Preiskonzessionen der Manufaktur sollten nicht zuletzt auch dafür sorgen, dass die signifikanten Produktionsausweitungen im Markt untergebracht werden konnten. Das Hochfahren der Betriebskapazitäten nach dem Siebenjährigen Krieg musste auf der Vertriebsseite eine entsprechende Incentivierung erfahren. Dies geschah durch diese verbesserten Bedingungen im Preis- und Konditionensystem.[1921]

Erstmals in der Geschichte der Manufaktur nahmen die Preisforderungen zudem die Form eines Brutto-Listenpreissystems an. Zusammen mit der ersten offiziellen Preisliste von 1765 und den 1766 systematisierten Rabattsätzen wurde der Preis unter Überspringung der Ebene der Händler- und Wiederverkäufer direkt für die Endkunden konzipiert. Der Verkaufspreis für die Geschäftskunden konnte hingegen indirekt ermittelt werden durch die Anwendung der Rabatte auf diese Bruttopreise. Ein derartiges Brutto-Preissystem kann als ein Hinweis für das Vorliegen eines mehrstufigen Massenmarktes gewertet werden.[1922] Die Preise waren endgültig nicht mehr das Ergebnis von Verhandlungsprozessen zwischen der Manufaktur und den Nachfragern, sondern waren Ausdruck der Vereinheitlichung der Preisstruktur und besserer Feinsteuerung der Preise bei zunehmend steigenden und anonymen Abnehmerstrukturen. Zwar lag der Manufaktur eine explizite vertikale Preisbindung zur Durchsetzung der eigenen Preispolitik auf Händlerebene fern – man hätte eine derartige Preispolitik nur auf Ebene der Kommissionäre durchsetzen können – doch ist die Kombination einer offiziellen Preisliste mit einem Rabatt- und Konditionensystem der Ausdruck einer modernen Ver-

---

[1920] Vgl. Kapitel 3.3.13 und Tabelle 3-6.

[1921] Im Vergleich mit der französischen Porzellanmanufaktur in Sèvres erscheinen die Meißener Rabattsätze überdurchschnittlich hoch. Eine Rabattliste aus Sèvres von 1772 für Verkäufe an Großhändler verzeichnete im Durchschnitt einen Rabatt von 9% auf die Kaufsumme, in Ausnahmefällen von bis zu 12% ohne weiterführende Rabattbedingungen, vgl. Sargentson (1996), S. 34. Auch die Berliner Porzellanmanufaktur KPM hat in der Anfangszeit geringere Rabatte vergeben. Für Großabnehmer im Bereich von 6.000 bis 8.000 Talern wurde ein Rabatt von 2% gegeben – ein recht restriktiver Abschlag bei diesen hohen Summen. Privatleuten wurde ab einer Summe von 150 Talern Rabatt gewährt. Die Rabatt- und Provisionsstruktur für Kaufleute und Privatleute war recht weitläufig ausgestaltet und gewährte Provisionen, Zusatzrabatte, Barzahlungsprämien und die Übernahme von Transportkosten (von bis zu 20% des Warenwertes) und Zollgebühren, vgl. Bensch (1928), S. 75 und S. 80–86.

[1922] Vgl. Meffert/Benkenstein (1993), Sp. 1585.

triebsstrategie, die den Handel besser und erfolgreicher an die eigenen Produkte zu binden versuchte, als es bisher der Fall gewesen war.

Die stetig zurückgehenden Einnahmen der Jahre ab 1767 brachten die Manufakturdirektion allerdings dazu, mit einer erneuten Anpassung der Rabatt- und Konditionensysteme dagegenzuhalten. In dieser Zeit der Umsatzkrise versuchte man verstärkt auch die Verkäufe im Detailhandel zu erhöhen. Sah die Rabattsystematik der Manufaktur seit der Gründung keine Gewährung von Rabatten für Privatkunden vor, so wurde mit Resolution vom 16. Mai 1770 auch dieser Kundengruppe ab einer gewissen Bestellmenge ein Rabatt von 5% gewährt.[1923] Auch mit den Porzellanhändlern wurden die Geschäftskonditionen deutlich verbessert, da man mit der bisherigen Ausgestaltung der Vertriebsorganisation nur bedingt zufrieden war. Die ursprünglichen königlichen Resolutionen vom 13. Mai 1764 und vom 3. August 1764 sahen vor, dass man für die Vertriebstätigkeit bevorzugt Kommittenten auswählen sollte, die auf eigenes Risiko die Meißener Porzellane verkauften. Der Vertrieb durch Kommissionäre wurde, da für die Manufaktur mit einem gewissen Risiko behaftet, nur als zweite Wahl angesehen. Jedoch hatte man, wie gezeigt, unerwartete Schwierigkeiten, geeignete Kaufleute zu finden, die als Kommittenten für die Manufaktur auftraten. Zudem erwiesen sich die eingeräumten Konditionen für die Kommissionäre als wenig attraktiv. Da man schon 1767 mit dem spanischen Händler Sequin die bis dato bestehende Provision von 3% für Kommissionäre auf 25% erweitert hatte, wurde jetzt mit Resolution vom 30. Mai 1770 diese Anpassung nun auch offiziell gemacht. Der sich auf seiner dritten Auslandsreise befindende Otto bekam die Erlaubnis, falls er keine Kommittenten auf seiner Reise durch Spanien, Portugal, Irland und England finden würde, auch Kommissionäre fortan mit 15% bis 25% Provision anzunehmen.[1924]

Die Schwierigkeiten im Vertrieb nahmen weiter zu, als man in mehreren Märkten erhebliche Verkaufsrückgänge hinnehmen musste. Besonders in der Türkei, wo man seit Jahrzehnten viel Umsatz hatte generieren können, waren die Meißener Porzellane unter erheblichen Druck gekommen. Im Jahre 1770 wurde berichtet, dass „der Vertrieb nach der Türckey merklich abgenommen hat", in erster Linie weil die Wiener Manufaktur ihren geografischen Standortvorteil voll ausspielte und mit erheblich geringeren Transportkosten die Porzellane in die Türkei bringen konnte.[1925] Zahlreiche Unruhen im Türkischen Reich und der Russisch-Österreichische Krieg von 1787 bis 1792 unterbrachen in diesem Zeitraum dann schließlich sämtliche Geschäftsverbindungen.[1926] Während dieses Absatzgebiet wegbrach, konnte man hingegen ein neues Gebiet dazugewinnen. Der Handel mit Russland begann zu diesem Zeitpunkt für neue Einnahmen zu sorgen und wurde für Meißen zu einem wichtigen europäischen Absatzgebiet. Porzellanhändler aus Moskau, St. Petersburg, Smolensk und aus dem nördlichen Archangelsk wurden als regelmäßige Käufer von Meißener Porzellan, vorzugsweise während der Leipziger Messen, verzeichnet.[1927] Für Zarin Elizabeth I., die eine ausge-

[1923] Vgl. AA I Af 9, S. 58.

[1924] Vgl. AA I Ac 1, S. 191–192.

[1925] AA I Af 11, S. 147 und Matusz (1996), S. 90–93.

[1926] Vgl. AA I Ag 89, S. 111b.

[1927] Vgl. AA I Aa 47, S. 64–65 und AA I Aa 48, S. 97.

sprochene Porzellanleidenschaft hegte, hatte die Manufaktur seit den 1740er Jahren etliche hochwertige Stücke und Services nach St. Petersburg geschickt.[1928] Neben diesen diplomatischen Geschenken und königlichen Bestellungen hielten die Meißener Erzeugnisse bald auch in den übrigen russischen Palästen Einzug, und die russischen Standespersonen entwickelten eine Bevorzugung für Meißener Porzellan.[1929] Diese Diffundierung von Meißener Porzellan hat zur Etablierung einer bevorzugten Position für die Manufaktur im russischen Porzellanmarkt beigetragen, die erst zu einem späteren Zeitpunkt im Jahre 1806 abrupt endete.[1930]

Erschwerend für die Liquiditätssituation des Meißener Betriebes war hingegen die Art und Weise, wie die Verkäufe der Porzellane, besonders während den Leipziger Messen, durchgeführt wurden. Die Einnahmen, die man generieren konnte, standen dem Meißener Betrieb in vielen Fällen nicht sofort in bar zur Verfügung. Die übliche Handelspraxis des Verkaufs mit Krediteinräumung zwischen Geschäftskunden führte dazu, dass die Manufaktur einen Großteil ihrer Einnahmen als ausstehende Forderungen verzeichnen musste.[1931] 72% der Gesamteinnahmen im Zeitraum von 1773 bis 1774 auf den Leipziger Messen wurden mit Krediteinräumung erzielt, lediglich 28% wurden von den Händlern bar bezahlt.[1932] Und auch aus dem Geschäft mit Privatkunden fehlten der Manufaktur wichtige Einnahmen, da sich hier im Jahre 1773 die Außenstände für getätigte Käufe seit 1765 auf insgesamt 39.227 Taler bei 234 einzelnen Schuldnern aufsummiert hatten. Die Einräumung von Kredit geschah dabei beileibe nicht nur bei großen Summen. Manchen Kunden gewährte man im Detailverkauf sogar Kredit für kleinere Posten von ein oder zwei Reichstalern oder ließ sich bei der Kreditgewährung sogar Sicherheiten in Form von Hypotheken auf Grundstücke geben.[1933] Diese hohe Belastung durch ausstehende Forderungen und entgangene Gelder sollte sich zu einem späteren Zeitpunkt zu einer ernsten Problematik ausweiten.[1934]

In dieser Zeit im Herbst 1773 erreichte die Manufakturdirektion der schon weiter oben erwähnte kritische anonyme Brief.[1935] Neben der Kritik an der Führung der Direktion wurde auch angeprangert, dass die Manufaktur sich nicht mehr auf den sonst üblichen Verkauf in bar und durch Krediteinräumung verlassen konnte. Der Verkauf in bar war die schwächste Umsatzquelle und würde deswegen am wenigsten geeignet sein, einen derart kostenintensiven Betrieb wie die Meißener Manufaktur zu erhalten.[1936] Der Verkauf mit Krediteinräu-

---

1928 Die Sommerresidenz der Zarin soll über 1.000 Porzellanstücke enthalten haben, vgl. Liackhova (2007), S. 80.

1929 Vgl. Liackhova (2007), S. 73–80.

1930 Vgl. Kapitel 3.4.5.

1931 Diese ausstehenden Zahlungen flossen jedoch nicht in die Buchhaltung der Manufaktur ein. Diese nichtzahlungswirksamen Vorgänge konnten von der kameralistischen Buchführung der Manufaktur nicht erfasst werden. Eine tatsächliche Einnahme entstand im Meißener Rechungswerk somit erst zu dem Zeitpunkt, zu dem die Schuld auch faktisch in bar beglichen wurde.

1932 Vgl. Abbildung 5-28 im Anhang.

1933 Vgl. AA I Ah 1, S. 20–23b, AA I Ac 1, S. 21b und S. 268, eigene Berechnungen.

1934 Allein für den dargestellten Zeitraum 1773–1774 verzeichnete die Manufaktur aus den Verkäufen an Privat- und Geschäftskunden insgesamt 86.769 Taler an ausstehenden Forderungen, vgl. AA I Aa 48 S. 97b, AA I Aa 47, S. 13 und AA I Ah 10, S. 20–23b, eigene Berechnungen.

1935 Vgl. Kapitel 3.3.14.

1936 Tatsächlich machten die Verkäufe in bar für den Zeitraum 1773 bis 1774 etwas weniger als 30% aus. Der Rest der Verkäufe erfolgte durch Einräumung von Kredit auf die Porzellane, vgl. Abbildung 5-28 im Anhang.

mung an die Porzellanhändler sei letztlich ebenfalls nichts wert, da die Manufaktur mit der Kreditvergabe und der Einräumung von weitläufigen Zahlungszielen nur unnötige Risiken aufnehmen würde. Ziel sollte es sein, neben diesen zwei Vertriebsarten eine dritte zu etablieren, um den unter Druck gekommenen Vertrieb der Manufaktur zu stärken und auszubauen und die seit 1767 eingetretenen Rückgänge in den Einnahmen zu bewältigen. Dieser alternative Weg musste im Tauschhandel gesucht werden, denn so wäre man in der Lage, eine Vielzahl von Waren und Produkten zu bekommen, auf die man nicht verzichten könnte. Die Händler würde man mit den Meißener Porzellanen bezahlen im Tausch mit den fremden Waren und Produkten.[1937]

Dass der Tauschhandel seit Etablierung der Geldwirtschaft allerhöchstens in Notzeiten funktionierte und nicht als eigenständiger Vertriebsweg für Luxusprodukte wie Porzellane anzusehen war, wurde von dem anonymen Absender nicht in Betracht gezogen. Eine Vielzahl von organisatorischen und praktischen Hürden stellte dem Tauschhandel mit Porzellan erhebliche Grenzen. Unklar blieb, um welche Waren und Produkte es sich beim Tausch handeln würde und was bei erfolgtem Tausch mit ihnen geschehen sollte. Ob die Manufaktur einen Eigenhandel mit diesen Produkten führen sollte, sie direkt an die Landesherrschaft abzuführen hatte oder wie diese Waren letztlich monetisiert werden sollten, blieb unausgesprochen. Es war ohnehin wenig wahrscheinlich, dass ein Kaufmann gerade Porzellan in entsprechender Qualität und Form als äquivalenten Tausch für seine eigenen Produkte akzeptieren würde. Die Porzellane sollten als Zahlungsmittel herhalten, um von Händlern und Kaufleuten nicht verfügbare oder ausländische Produkte zu erwerben. Aber Porzellan war wenig geeignet, um als wirksames Geldmittel zu fungieren, besonders im Geschäftskundenbereich. Dazu erfüllte es die wichtigsten Geldfunktionen[1938] nicht zufriedenstellend genug und konnte in den seltensten Fällen das geeignete Tauschobjekt für einen Kaufmann des 18. Jahrhunderts sein. Die Einführung des Tauschhandels konnte also nicht zum Zweck des eigentlichen Tausches eingeführt werden. Möglicherweise hatte der Verfasser des Briefes eine für ihn attraktive und innovative Chance vor Augen, durch Tauschhandel die erheblichen Porzellanvorräte Meißens abzustoßen und sie mit den erhaltenen Waren und Produkten einer besseren und ergiebigeren Verwendung zu unterziehen, als sie in Auktionen zu verschleudern oder im Rahmen von Kreditverkäufen einzusetzen.

In weiteren Berichten in den Jahren 1774 und 1775[1939] über die Handlungsoptionen der Manufaktur im Vertrieb wurde der Tauschhandel erneut erwähnt:

[1937] Vgl. AA I Aa 47, S. 149b–150.

[1938] Die Funktion des Tausch- oder Zahlungsmittels konnte vom Porzellan noch erfüllt werden, hatte aber einen schweren praktischen und logistischen Nachteil in Gestalt des Transports und der entsprechenden Zerbrechlichkeit der Ware. Die Funktion der Wertaufbewahrung konnte auch bis zu einem gewissen Grad erfüllt werden, solange nicht hohe Vermögenspositionen in Porzellan gehalten wurden und der künstlerische Wert des Stücks der Mode entsprach. Die Funktion der Recheneinheit jedoch konnte nicht erfüllt werden, da allein die Wertbestimmung des Porzellans starken subjektiven Einflüssen unterlag, eine Wirtschaftsrechnung nicht mehr möglich war und eine Rückführung in ein Preissystem mit relativen Preisen, und nicht in ein System mit absoluten Preisen, bedeutet hätte, vgl. zu den Geldfunktionen ausführlich Issing (2001).

[1939] Vgl. AA I Bo 2, S. 29–30 und S. 121.

„Dieser Modus [der Tauschhandel] würde den auswärtigen Vertrieb um das alterum tantum vermehren, denn wenn der auswärttige Kauffmann bey seinem Handel mit Porcellain zugleich seine inländische Waaren absezen kann, folglich seinen Handel doppelt Nuzen kann, so wird er weit eyfriger darauf, und er wird seine Bestellung weit stärcker einrichten können, weil ihn die baare Bezahlung nicht pressirt".[1940]

Der Tauschhandel sollte besonders den ausländischen Kaufleuten zugutekommen. Denn diese konnten nicht nur mit Porzellan handeln, sondern auch gleichzeitig ihre sonstigen heimischen Waren absetzen, und dies umso besser, da eine Barzahlung der Porzellane nicht mehr notwendig war. Die Manufaktur sollte den Tauschhandel dazu nutzen, Geschäfte auch mit denjenigen Kunden zu tätigen, die zwar zur Abnahme von Porzellan bereit waren, jedoch oft nicht die dafür notwendigen Barsummen besaßen und denen eine Krediteinräumung nicht zugestanden werden konnte. Dadurch erhoffte man sich regen Austausch mit Ländern, wie beispielsweise mit England und der Türkei, welche ihrerseits Waren zur Verfügung hatten, die in Sachsen gebraucht wurden.[1941] Aus der Türkei wollte man Wolle und Garn beziehen, aus Russland Leder bekommen und aus England oder Spanien im Tausch gegen Porzellane Gewürze aller Art erhalten.[1942] Dies schien allemal besser zu sein, als in entfernte Länder Porzellan auf Kredit zu senden und sich dabei hohe Ausfallrisiken einzuhandeln. Aber so sehr diese Idee auch ihren Reiz für manche Führungskräfte der Meißener Manufaktur gehabt haben mag, realisierbar und geeignet für den Porzellanbetrieb war sie hingegen nicht, so dass sie in der Geschichte der Meißener Porzellanmanufaktur nie umgesetzt worden ist.

Direktor von Fletcher sah sich gezwungen, auf die anonym erhobenen Kritikpunkte zu reagieren und seinerseits eine Gegendarstellung zu verfassen.[1943] In seinem Dokument ging von Fletcher auch auf die Punkte ein, die unmittelbar die Vertriebstätigkeit und den Verkauf der Porzellane betrafen. So wurde die Schwierigkeit des Porzellangeschäfts unter Einräumung von Kreditkäufen an die Geschäftskunden und den daraus resultierenden vereinzelten Verluste offen eingestanden. Diese Geschäftspraxis sei aber unumgänglich gewesen, um in der Anfangszeit nach Ende des Siebenjährigen Krieges eine genügend hohe Zahl von Käufern zu finden. Die Angestellten der Buchhaltung und des Verkaufs würden sich zudem sehr gewissenhaft im Vorfeld über die Kreditwürdigkeit jedes einzelnen Kaufmanns informieren, besonders falls es sich um einen ausländischen Händler handeln würde.[1944] Die Einschränkung, ganz auf Kreditkäufe zu verzichten, würde ohnehin schädlich für die fundamentale Verfassung der Manufaktur sein:

„C'est par le credit seul, qu'elle est mise en mouvement à des distances infinies, et chaque credit nouveau porte une nouvelle vie dans la vente. (...) le commerce sans credit, est un corps sans ame, et que sans cette marque de confiance et l'aisance qui en resulte, il ne peut subsister".[1945]

[1940] AA I Bo 2, S. 135.

[1941] Vgl. AA I Bo 2, S. 30.

[1942] Vgl. AA I Bo 2, S. 135.

[1943] Vgl. Kapitel 3.3.14.

[1944] Vgl. AA I Aa 47, S. 158 und S. 159.

[1945] AA I Aa 47, S. 158.

Man suchte weiterhin den Schlüssel zur Stärkung und Erweiterung der Vertriebskraft in der Kreditvergabe bei den Porzellanverkäufen. Von Fletchers Überzeugung der Funktionsweise der Handelstätigkeit gründete sich stark auf die Einsicht, dass die Kreditvergabe und die daraus resultierende Vertrauensbasis der Katalysator für bessere Umsätze waren. Der Direktor war überzeugt, dass ein moderner und fortschrittlicher Handel ohne Krediteinräumung nicht lange bestehen könnte, und so auch die Manufaktur sich diesem Diktat beugen müsse. Denn, so die Argumentation, ohne das Instrument des Kredits hätte man den Vertrieb in Ländern wie Spanien, Portugal und Irland nicht bestreiten können.[1946] Dass dabei Zahlungsstockungen oder -ausfälle entstehen könnten, liege in der Natur der Sache, und niemand wäre von dieser Gefahr befreit. Die vielen Geschäftskunden würden von der Möglichkeit des Kreditkaufs profitieren, und da auch alle anderen Wettbewerber im Markt auf diese Art des Verkaufs nicht verzichteten, könne die Manufaktur diesen eingeräumten Vorteil nicht ohne Weiteres wieder aufheben. Ohnehin sei der Kreditkauf auch gängige Praxis unter dem Vorgänger in der Direktion, Helbig, gewesen, so dass die Kreditvergabe im Vertrieb kein kritikwürdiger Aspekt mehr sei und schon gar nicht er, von Fletcher, dafür verantwortlich gemacht werden könnte.[1947] In der Vertriebstätigkeit würde man alle Anstrengungen darauf verwenden, die Porzellane nach dem Geschmack der Kunden herzustellen. Die Geschäftskunden würden ausschließlich Porzellane in aktuellen Farben und Formen verlangen. Alle Anstrengungen in der Manufaktur wären dahingehend ausgerichtet, um diesen Wünsch nachzukommen. In entfernten Gebieten wie Frankreich würde man das Porzellan besonders leicht im Gewicht verlangen, um damit die Kosten für Transport und Zoll einzusparen, der sich wiederum nach dem Gewicht der Fracht bemaß, während in den Nachbarregionen Sachsens das Porzellan dichter und schwerer nachgefragt wurde.[1948] Für die Idee des Tauschhandels mit Meißener Porzellan hatte von Fletcher nur Unverständnis und Verwunderung übrig: „Seroit ce bien son serieux?“.[1949] Die Bezahlung der ausländischen Importe mit Meißener Porzellan war schlichtweg nicht praktikabel, da die Summe aller Warenströme aus dem Ausland nach Sachsen laut von Fletcher mehr als 3 Millionen Reichstaler betrug. Selbst die Bezahlung nur eines Teils dieser Warenströme mit Porzellan musste man als utopisch bezeichnen.[1950]

3.4.5 Der Vertrieb in den Krisenzeiten von 1774 bis 1814

Unter Direktor Marcolini sollte die Vertriebstätigkeit den stetig zurückgehenden Umsatztrend umkehren. Die Folge der durch seinen Vorgänger eingeleiteten Verbesserungen der Konditionen im Kommissionsgeschäft war, dass man bis 1774 die hohe Warensumme von insgesamt 87.888 Talern und 19 Groschen an 28 verschiedene Handelshäuser europaweit in Kommission gegeben hatte.[1951] Mit den im Jahre 1774 bestehenden 105 Verbindungen zu auswärtigen Handelshäusern und zu 25 Kommissionären existierte eine gute Grundlage, um

[1946] Vgl. AA I Aa 47, S. 158.

[1947] Vgl. AA I Aa 47, S. 158b–159.

[1948] Vgl. AA I Aa 47, S. 170b.

[1949] AA I Aa 47, S. 171b.

[1950] Vgl. AA I Aa 47, S. 171b.

[1951] Vgl. AA I Af 9, S. 58b.

durch dieses Vertriebsnetzwerk die Verkäufe auf ein höheres Niveau zu bringen.[1952] Weiterhin entstanden in diesen Jahren Niederlassungen in Naumburg, Berlin, Cottbus, Kassel und dem Badeort Spa, hier nicht zuletzt auch wegen der Bevorzugung des Reiseziels bei betuchten Reisenden und Adeligen.[1953]

Marcolini selbst zeigte sich in der Anfangszeit seiner Direktion bereit, den streckenweise inkonsistenten Umgang mit dem Rabatt- und Konditionensystem der Manufaktur abzustellen. Rabatt wurde nämlich nicht nur den Geschäftskunden laut den herrschenden Rabattstaffeln gewährt, sondern auch im Detailverkauf bekamen Privatabnehmer manchmal bis zu 6% Rabatt zugesprochen.[1954] Marcolini ordnete an, den Rabatt fortan nur noch Geschäftskunden zu gewähren, die ihrerseits mit Porzellan handelten. Keiner Privatperson durfte Rabatt gewährt werden ohne vorherige Genehmigung durch Marcolini, und dann auch nur in Fällen, in denen der Porzellanverkauf neue und zusätzliche Gewinne schaffen würde, den Wettbewerbern Umsätze genommen werden könnten oder die Privatperson eine Bestellsumme von über 1.000 Talern in bar bezahlen würde. Der Direktor betonte, dass diese Verkaufserleichterung kein Rabatt sein dürfe, sondern eher als eine Art „Entgegenkommen" gegenüber dem Privatkunden anzusehen sei, um das Rabatt- und Konditionensystem für die Geschäftskunden weiterhin deutlich vom Detailhandel trennen zu können. Mit diesem Preisabschlag würde man laut Marcolini nichts einbüßen und im Gegenteil würden durch die gewonnenen Interessen und Vorteile der Manufaktur die Preisminderungen mehr als kompensiert werden, da der Privatabnehmer in bar zahlen würde anstatt lange Zahlungsfristen einzugehen.[1955] Dies bedeutete aber die Etablierung von Preisabschlägen und Rabatten auch für den Detailhandel, für den vormals offiziell keine Preisabschläge vorgesehen waren und nun bei bestimmten Konditionen gewährt werden konnten. Unzufrieden war Marcolini über die Art und Weise, wie das Instrument der Verkaufserleichterung in den Jahren zuvor eingesetzt worden war. Besonders der strategische Vorteil der Wahrung des Geheimnisses über die Verkaufspreise und Rabattsätze sei leichtfertig weggegeben worden, denn was vorher ein Geheimnis der Handlung war und zum eigenen Vorteil gereichen konnte, war jetzt allgemein bekannt:

> *„Durch die Bekanntmachung der Porcelaine-Taxe ist dieses Geheimnis verrathen worden; an statt daß sonst die Manufactur die Kaufleute übersehen konnte, so übersehen diese nunmehr die Manufactur. Wieviel unangenehme Anforderungen sind nicht bereits dießfalls gemacht worden, und wie viele sind bey denen noch ausstehenden Schuldposten zu befürchten?"*[1956]

Es wurde abermals die Problematik der öffentlichen Preisliste für die Preispolitik der Manufaktur thematisiert, denn man sah sich möglichen Nachforderungen der Kunden ausgesetzt, die auf die Gewährung von nachträglichen Rabatten und Preisminderungen pochen konnten.[1957] Marcolini schien über die bestehende Rabattstruktur, die man noch vor seiner Amts-

[1952] Vgl. Hofmann (1980a), S. 131.

[1953] Vgl. Hofmann (1980a), S. 132.

[1954] Vgl. Wieck (1840), S. 288.

[1955] Vgl. AA I Ac 1, S. 66 und S. 230.

[1956] AA I Ac 1, S. 65–66.

[1957] Zur Problematik der Veröffentlichung der ersten Preisliste von 1765, vgl. die Fußnote 1175.

zeit etabliert hatte, nicht zufrieden zu sein. So waren die hohen Rabatte, die man auch Kommissionären gewährte, falls man keine Kommittenten gewinnen konnte, für ihn der Grund, dass die Unterschiede zwischen Kommissionär und Kommittent langsam verwischten. Kommittenten würden mehr und mehr ihre Zahlungen nicht mehr pünktlich leisten, und erst dann, wenn sie auch Ware verkaufen würden und nicht bei Empfang der Porzellane. Unter diesen Umständen wäre es nur recht, wenn der Privatkunde, welcher gar aus dem Ausland direkt in Meißen seine Bestellungen aufgab und in bar bezahlte, eine „Ergötzlichkeit in Ansehung der Preiße erhält. Keinen Rabat, der gehört nur für Kaufleute".[1958]

Der Vertrieb der Erzeugnisse aus Meißen ging in den nachfolgenden Jahren kontinuierlich zurück. In vielen Staaten wurde der Verkauf der Waren aus Meißen verboten oder erheblich erschwert. Österreich, Preußen, Dänemark, Portugal und Schweden verboten die Einfuhr, Russland erhob 40% Zoll, Frankreich, England und Spanien erhoben 55% bis 60% Zoll.[1959] Die Geschäftsverbindungen mit der Türkei waren vollkommen abgebrochen, da man bisweilen an den Bedürfnissen der dortigen Kunden vorbei handelte und statt der nachgefragten gewöhnlichen Geschirre vielmehr auf die Abnahme von hochwertigen und kostbaren Porzellanen drängte.[1960] Holland und Italien besaßen auch eigene Porzellanfabriken und Fayencemanufakturen, so dass auch hier der Vertrieb erschwert war.[1961]

In dieser Absatzsituation entschloss man sich in Meißen, abermals die Vertriebsstruktur zu ändern. Die Struktur seit der grundlegenden Reformierung 1763 und 1764 schien sich während der anhaltenden Umsatzkrise nicht zu bewähren. Berichtet wurde von individuellen Auftragsbestellungen, auf welche die ausländischen Käufer 2 bis 3 Jahre warten mussten.[1962] Berichtet wurde auch, dass besonders wichtige Porzellanbestellungen für die europäischen Adelshöfe eher schlecht gefertigt wurden und manchmal bei Auslieferungen der Bestellungen, wie für die russische Zarin Katharina II., die Lieferungen nicht komplett waren.[1963] Mehrfach mussten interessierte Käufer enttäuscht werden, weil in den Niederlassungen nicht die gewünschten Porzellane zu finden waren, obwohl das Meißener Warenlager die fraglichen Porzellane fertig zur Versendung bereithielt.[1964] Die Vertriebssituation um 1774 und die elementare Bedeutung des Handels wurden besonders treffend in einer Eingabe des Meißener Porzellanhändlers Gottlob Benjamin Funke an die Manufakturkommission geschildert:

> *„(...) ohne lebhaften Vertrieb ist die Porcellain Manufactur weiter nichts als ein gänzlich toder und unbrauchbarer Körper, denn was kann es nüzen, wenn auch die herrlichste Arbeit gefertiget würde, solche aber nicht in das Geld gesezet werden kann. Soll also die Churfürstl. Porcellain Manufactur nuzbahr werden, und ihren vorigen Flor erlangen (...) so ist kein sicherer Mittel als die Wiederherstellung des*

[1958] AA I Ac 1, S. 193.

[1959] Vgl. AA I Ag 89, S. 111–111b.

[1960] Vgl. AA I Bo 2, S. 30 und S. 112.

[1961] Vgl. AA I Ag 89, S. 111b.

[1962] Vgl. AA I Bo 2, S. 5–6 und S. 113.

[1963] Vgl. AA I Bo 2, S. 179.

[1964] Vgl. AA I Ac 3, S. 347–347b.

Commerces und Vertriebs vorhanden, durch dieses allein kann die verfallene und darniederliegende Fabrique wieder belebt, und hergstellet werden, die Mittel darzu sind vorhanden, und von keiner Schwierigkeit, es kommt blos darauf an, daß solche angewendet werden".[1965]

Man war sich der Bedeutung der Vertriebsleistung für die Entwicklung der Manufaktur bewusst. Entscheidend für den Erfolg wurden mehr und mehr die wirtschaftliche Leistungsfähigkeit und die Verkaufsanstrengungen angesehen, mit künstlerischer Vormachtstellung allein konnte dem Werk nicht geholfen werden. Die Manufaktur sorgte ganz im Sinne der kameralistischen Lehre seit Jahrzehnten für den Zustrom von Geldern nach Sachsen im Gegenzug für Produkte, die im Kern aus nichts anderem als aus einheimischer Erde hergestellt waren.[1966] Um diese Funktion weiterhin erfolgreich auszuüben und der Verantwortung für hunderte von Angestellten und einer ganzen Region gerecht zu werden, mussten die Anstrengungen stärker auf den kaufmännischen Aspekt und hier auf den Vertrieb der Porzellane fokussiert werden. In den Augen der Zeitgenossen musste die Manufaktur „als eine der größten Handlungen in der Welt betrachtet und behandelt werden".[1967] Um dies sicherzustellen, dachte man über die Einstellung einer zentralen Führungspersönlichkeit an die Spitze des Vertriebs der Meißener Manufaktur. Diese Person sollte sämtliche in- und ausländische Verkäufe in Eigenregie leiten und die gesamten Vertriebsaktivitäten auf eigene Rechnung übernehmen, somit auch für Personal und Ressourcen selbst aufkommen. In dieser Position des eigenständigen Unternehmers, der für Meißen den Vertrieb durchführen und sämtliche Geschäftsrisiken übernehmen sollte, dachte man an die Gewährung einer Provision von 4% auf alle getätigten Verkäufe.[1968] Dadurch erhoffte man sich, die hohen Verwaltungskosten der eigenen Buchhaltungs- und Vertriebsabteilung einzusparen und bessere Vertriebsergebnisse zu erzielen.[1969] Die Preisbildung sollte bei der Manufaktur verbleiben und die Geschirre dann dem Vertrieb gegen Barzahlung in jedem Quartal übergeben werden. Bei besonderen und speziellen Auftragsbestellungen sollte die Preisbildung individuell durchgeführt werden, bei ordinairen Gebrauchsgeschirren und Standardbestellungen hingegen sollte es einen festen Preis geben.[1970]

All diese Überlegungen zur Verbesserung der Vertriebssituation schienen Direktor Marcolini jedoch nicht zu überzeugen. Um den Vertrieb wieder zu stärken, entschloss er sich zu der Struktur zurückkehren, „bei welcher sich die Manufactur vormals am beßten befunden hat",

---

[1965] AA I Bo 2, S. 27.

[1966] Vgl. AA I Bo 2, S. 31. Die Bedeutung der Meißener Manufaktur aus merkantilistischer Sicht für das ganze Land Sachsen konnte nicht hoch genug eingeschätzt werden, da selbst die Zeitgenossen die Wichtigkeit eines derartigen Vorzeigebetriebs betonten: „Eine dergleichen vortheilhafte Manufactur haben wir in Sachsen gar nicht mehr", AA I Bo 2, S. 32.

[1967] AA I Bo 2, S. 109.

[1968] Vgl. AA I Bo 2, S. 145. Die Provisionshöhe von 4% erscheint jedoch relativ gering, da ihn einem ähnlichen Fall der ehemalige Manufakturdirektor Helbig die Höhe einer solchen Provision als viel zu gering erachtete, vgl. Kapitel 3.4.3. Auch sah das Rabattsystem der Manufaktur durchweg höhere Rabatte für Porzellanhändler vor, vgl. Abbildung Tabelle 3-11.

[1969] In der Manufakturführung nahm man an, dass gewisse Positionen in der Buchhaltung und in den Warenlagern doppelt besetzt waren und dadurch die Verwaltungskosten relativ hoch waren, vgl. AA I Bo 2, S. 171.

[1970] Vgl. AA I Bo 2, S. 146.

also zu einer manufaktureigenen Vertriebsorganisation mit einer zentralen Hauptniederlassung in Dresden, bei welcher der größte Teile der Geschäfts- und Privatkundenumsätze generiert wurde und in welcher sich auch das Hauptwarenlager befand, während in Meißen lediglich die Produktion verbleiben sollte.[1971] Marcolini schlug am 18. Februar 1775 vor, die Hälfte des Erdgeschosses des ehemaligen Brühlschen Hauses in Dresden in der damaligen Stallgasse mit Eingang in der Großen Fischergasse, zwischen der Augustusbrücke und dem Neumarkt, als Verkaufs- und Lagerräume zu benutzen.[1972] Dieses Gebäude hatte eine besonders vorteilhafte Lage, da es nicht weit vom Dresdner Schloss und nah genug an der Elbe lag. Zudem mussten Reisende, die aus dem rechtselbischen Teil Dresdens (der heutigen Neustadt) in den Stadtkern der Residenzstadt gelangen wollten, notwendigerweise an diesem Gebäude vorbei gehen, weshalb diese Straße stets belebt war und entsprechend auch viel Laufkundschaft versprach. Dieses Gebäude bot ausreichend Platz für den Verkauf und die Lagerung von Porzellanen. Außerdem schienen viele gewölbte Räume und sichere Türen mit Schlössern ideal zu sein, um hier den Verkauf bestreiten zu können.[1973] Marcolini hatte dabei moderne Vorschläge zur Verkaufspräsentation und zur Gestaltung der Niederlassung im Sinn. Direkt im Gewölbe am Haupteingang sollten die neuesten und schönsten Porzellane, die Paradestücke der Manufaktur, aufgestellt werden, um die Kunden mit der Qualität und Güte der Geschirre zu beeindrucken. Dies waren besonders aufwendige Arbeiten, die für Fürstenhäuser hergestellt wurden und vor ihrer Versendung in den Verkaufsräumen ausgestellt werden sollten. Die wertvolleren gangbaren Porzellane sollten in „Schubläden unter Glas“ präsentiert werden, was einer frühen Form von Ausstellungsvitrinen entsprach.[1974] Die weitere Präsentation sah vor, dass in allen Verkaufsräumen eine thematische und produktspezifische Anordnung der Porzellane durchgeführt wurde: Ein Raum beinhaltete alle Geschirre zum Gebrauch bei Tisch, wie Tafelgeschirr und komplette Porzellanservices. Der nächste Raum sollte die Gruppen, Figuren, Tiere und Vögel aus Porzellan enthalten, der letzte Raum hingegen bestand aus dem einfachen, teilweise unbemalten Porzellan und den vielen Gebrauchsgeschirren.[1975] Marcolini versuchte die Gestaltung der Verkaufsräume noch weiter zu verbessern, um den Kunden ein regelrechtes Verkaufs- und Erlebnisgefühl zu vermitteln:

> *„Alle diese Gewölbe könnten sowohl durch kleine Verzierungen an den Repositorien und Pfeilern, als durch ein geschicktes Arrangement der Porcelaine selbst, dem Publico beliebt, und gleich einer Kunst-Galerie, angenehm gemacht werden“.*[1976]

Marcolini benutzte innovative Marketingmaßnahmen, um den Vertrieb in der Dresdner Niederlassung von Beginn auf erfolgreich zu gestalten. Der durchdachte Aufbau der Verkaufsräume sollte die teuersten und hochwertigsten Stücke den Kunden direkt am Eingang präsen-

---

1971 Vgl. AA I Ak 12a, S. 27 und S. 31. Dies entsprach der jahrzehntelangen Vertriebsstruktur der Manufaktur Meißen bis zu den Reformen unter Prinz Xaver.

1972 Vgl. AA I Ak 12a, S. 27b.

1973 Vgl. AA I Ak 12a, S. 28–28b.

1974 AA I Ak 12a, S. 29–29b.

1975 Vgl. AA I Ak 12a, S. 29b.

1976 AA I Ak 12a, S. 29b.

tieren und die Qualität und Hochwertigkeit der Meißener Erzeugnisse untermauern. Die günstigsten Porzellane waren im hintersten Verkaufsraum ausgestellt, so dass man dorthin nicht ohne Durchschreiten aller anderen Ausstellungsräume gelangen konnte. Die thematische und produktspezifische Anordnung der Porzellane in den unterschiedlichen Verkaufsräumen sollte für eine bessere Orientierung der Kunden sorgen, die ihrerseits stärker anhand ihrer Bedürfnisse und Produktwünsche durch die Räume geführt wurden als es zuvor der Fall gewesen war. Und schließlich war der Manufakturdirektor darauf bedacht, die Gestaltung der Verkaufsräume optisch so angenehm wie möglich zu gestalten und das Porzellan als hochwertiges Kunstobjekt statt als gewöhnliches Gebrauchsgeschirr zu präsentieren.

Mit Beginn des Jahres 1776 wurde die manufaktureigene Niederlassung in Dresden eingerichtet.[1977] Die bisher in Meißen als Buchhalter tätigen Hummitzsch und Feller wurden Leiter der Dresdner Niederlassung, neben ihren monatlichen Fixgehältern bekamen sie einen variablen Anteil von 1% aller Einnahmen, die über 100.000 Taler hinausgingen.[1978] Marcolini war sich auch bewusst, dass er vorerst die Niederlassung in Dresden mit Personal ausstatten musste, welches kein fundiertes kaufmännisches Wissen mitbrachte und von der Ausbildung her den bildenden Künsten zugeordnet war. Zwar eigneten sich die Buchhalter in Meißen mit der Zeit etliche Erkenntnisse berufsbegleitend an, die Notwendigkeit jedoch, eine fähige und kaufmännisch ausgebildete Führungspersönlichkeit für den Vertrieb zu engagieren, bestand weiterhin. Gesucht wurde ein Mann von „Erfahrung, Speculation und Unternehmung" für die Stärkung und den Ausbau des Vertriebes, denn als eine der stärksten Handlungen der damaligen Welt sollte man auch mit den stärksten und wichtigsten Handlungen in Kontakt treten, und dazu war außerordentliches kaufmännisches Wissen gefragt.[1979] Keineswegs sollte man jedoch über eine Zeitungsannonce die Vakanz ausschreiben, um die eigene missliche Situation gegenüber der Konkurrenz nicht zu verraten.[1980]

Desweiteren versuchte man weiterhin den Verkauf auf Kredit stärker an der Bonität der Kaufleute zu orientieren, besonders bei Geschäftspartnern aus dem Ausland.[1981] Überlegungen wurden auch in Bezug auf eine Erweiterung der Warenlager gemacht, um besonders in den wichtigsten Handelsplätzen Europas präsent zu sein und um den Wettbewerbern mit der Präsenz vor Ort mit der Erschließung von weiteren Marktanteilen zuvorzukommen. Auch die Etablierung von kleinen Vertriebsrepräsentanzen, vorzugsweise in Orten nahe der Grenze, sollte für eine Stärkung des Vertriebs genutzt werden, zumal man sich erhoffte, stärker ausländische Kaufleute in solche Grenzregionen zu ziehen.[1982] Neben der Wiedererrichtung der Dresdner Vertriebsniederlassung diskutierte man auch die Errichtung eines reinen Warenlagers für Ausschussware und Gebrauchsgeschirr, welches streckenweise immer noch nicht in ausreichender Quantität vorhanden war, um die Nachfrage in diesem niedrigpreisigen Segment besser bedienen zu können. Dieses Warenlager bestand jedoch nur für kurze Zeit und

[1977] Vgl. AA I Ac 1, S. 305.

[1978] Vgl. AA I Ak 12a, S. 61.

[1979] AA I Bo 2, S. 27, vgl. auch AA I Ac 2, S. 477.

[1980] Vgl. AA I Ac 2, S. 477.

[1981] Vgl. AA I Bo 2, S. 111.

[1982] Vgl. AA I Bo 2, S. 114.

wurde zugunsten der Konzentration sämtlicher Verkaufsaktivitäten in der Dresdner Niederlassung geschlossen.[1983]

Die Rückkehr zu einer Niederlassung in Dresden wurde einerseits deshalb durchgeführt, weil man sich schon wie in vergangenen Jahren von der Kundschaft in der Residenzstadt eine höhere Zahlungsbereitschaft für die Produkte versprach als in Meißen. Die ansonsten in Meißen durchfahrenden Interessenten stellten häufig keine besonders zahlungskräftige Käuferschicht dar, während hingegen Dresden, neben den in der Stadt ansässigen zahlungskräftigen Kunden, häufiger und länger von der erwünschten Zielgruppe besucht wurde.[1984] Für den Detailhandel bedeutete dies tendenziell höhere Einnahmen und ein insgesamt profitableres Geschäft. Ein ebenso bedeutender Grund für Marcolinis Rückabwicklung der Vertriebsreformen von 1764 war jedoch die insgesamt problematische Marktpräsenz im Dresdner Detailhandel, weswegen man letztlich von den durch Prinz Xaver durchgeführten Neuerungen im Vertrieb wieder abrückte.[1985] Nach den Reformen 1764 wurde nämlich der Detailhandel an Kaufleute delegiert: In Dresden konnte der Kaufmann Gottlob Börner zusammen mit seinem Schwiegervater Gehmlich ab 1764 den Verkauf für Privatkunden etablieren.[1986] Er verpflichtete sich, Ware im Wert von 20.000 bis 30.000 Talern aus Meißen abzunehmen, die gängigen Porzellane sofort, die feineren Stücke hingegen innerhalb von 6 Monaten zu bezahlen. Die Manufaktur garantierte ihm im Gegenzug die Gewährung der Geschäftskundenpreise und die Einräumung eines Monopols durch die Übermittlung sämtlicher Privatkunden, die in Meißen vorstellig wurden.[1987] Börner konnte zwar für die Manufaktur insgesamt mehr als 100.000 Taler an Einnahmen erzielen, seine wirtschaftliche Position verschlechterte sich jedoch zunehmend.[1988] Dem Händler machten die verstärkt durchgeführten Auktionen zu schaffen, die Porzellan für Privatkunden in großer Menge ab 1764 auf den Markt brachten und das Preisniveau erheblich nach unten drückten.[1989] Daneben setzten Abrechnungsstreitigkeiten in Bezug auf Porzellanbestellungen ein. Die Manufaktur hielt daraufhin zwischen 1766 und 1772 die für Börner bestimmten Rabatte zurück. Nicht zuletzt auch die Etablierung des kleinen Warenlagers zum Detailverkauf auf der Albrechtsburg und das anfangs dort noch unklare Vorgehen mit Geschäfts- und Privatkundenpreisen, sorgten für ein verstimmtes Verhältnis zwischen Börner und der Manufakturführung. Dieses Verhältnis führte ab dem Jahr 1781 zu einer Reihe von juristischen Auseinandersetzungen und bis zum Jahre 1806 zu insgesamt 11 Klagen und Gegenklagen zwischen Börner, dessen Erben und der Manufaktur über ausstehende Zahlungen und Schadenersatz. Diese Auseinandersetzung über den Detail-

---

1983 Vgl. AA I Bo 2, S. 118 und AA I Af 9, S. 73b.

1984 Besonders für den sächsischen Adel behielt Dresden eine hohe Bedeutung. Zwei der wichtigsten Ebenen, in denen der Adel (Mit-)Herrschaft besaß, nämlich die Ständeversammlung und die Ämter im Fürstenstaat, konzentrierten sich in Dresden. Aufträge der Landesherrschaft am Hof, in der Zentralverwaltung und im Offizierskorps zogen den Adel stets nach Dresden. Innerhalb der Dresdner Stadtmauern und in unmittelbarer Umgebung zum Residenzschloss konzentrierten sich deshalb die meisten adeligen Haushalte, vgl. Matzerath (2006), S. 131–134.

1985 Vgl. HStAD 10084 Loc. 9605, S. 5.

1986 Vgl. HStAD 10084 Loc. 9605, S. 45.

1987 Vgl. HStAD 10084 Loc. 9605, S. 50.

1988 Vgl. HStAD 10084 Loc. 9605, S. 51.

1989 Vgl. zu den Auktionen Kapitel 3.4.7.

handel erreichte auch die Aufmerksamkeit der Landesherrschaft, weshalb diese ab 1781 zur Beobachtung einen Kurator der Manufaktur zu Seite stellte und fortwährend über die Entwicklungen informiert wurde.[1990] Um die eigene Vertriebsposition in Dresden letztlich nicht zu gefährden, musste Marcolini die Rückkehr zur Vertriebsniederlassung in der Residenzstadt durchführen.

Der Verkauf in Warschau, der aus politischen Erwägungen für das Kurfürstentum Sachsen nicht mehr relevant erschien, wurde ab 1775 durch den Kassierer Heckel in geringem Handelsvolumen fortgeführt. Mit zunehmender Vertriebstätigkeit in Osteuropa entschied man sich mit Resolution vom 30. Oktober 1779, in der polnischen Hauptstadt erneut eine offizielle Niederlassung zu eröffnen.[1991] Gottlieb Wilhelm Nahke sollte fortan die Leitung des Vertriebs in Warschau übernehmen für 300 Taler Jahresgehalt und 5% Provision auf alle erzielten Umsätze.[1992] Eine Vielzahl von Porzellanbestellungen aus Russland und sonstigen osteuropäischen Ländern wurden aufgrund der Entfernung vorzugsweise in Warschau getätigt, weshalb auch hier statt in Meißen aller Voraussicht nach sämtliche Einnahmen aus dem Osteuropageschäft verzeichnet wurden. Die kriegerischen Unruhen im Zusammenhang mit der zweiten und dritten Teilung Polens in den Jahren 1793 bis 1795 und der anschließende Bedeutungsverlust der polnischen Lande sorgten dafür, dass die Filiale in Warschau 1797 wieder geschlossen werden musste.[1993]

Durch den Tod am 4. Mai 1782 des bisherigen Leiters der Dresdner Niederlassung, Hummitzsch, wurde die Suche nach einer kaufmännisch ausgebildeten Führungskraft für die Dresdner Niederlassung immer dringlicher. Am 1. Juni 1782 trat Ferdinand Wilhelm Gandtner die Nachfolge von Hummitzsch an. Vormals als Kontorist des Dresdner Bankiers von Gregory tätig, übernahm Gandtner nun die Funktion des Faktors der Porzellanmanufaktur und trat an die Spitze des Vertriebsgeschäftes.[1994] Anfänglich noch in einem untergeordneten Verhältnis zur Manufakturkommission trat Gandtner bald in ein koordiniertes Verhältnis zu dieser ein und empfing die Anordnungen direkt von Marcolini.[1995] Weiterhin wurde nach Schließung der Warschauer Niederlassung 1794 eine Verkaufsniederlassung in Leipzig eröffnet, die besonders außerhalb der Messezeiten für den Vertrieb sorgen sollte, anfangs noch provisorisch für drei Jahre und seit einer Resolution vom 17. November 1801 dann auch dauerhaft. Der bisherige Warschauer Faktor Gottlieb Wilhelm Nahke wurde mit Resolution vom 1. Mai 1798 in Leipzig angestellt und leitete die dortige Niederlassung.[1996] Die unbefriedigende Situation des Vertriebs suchte man somit dadurch zu verbessern, indem man sich kaufmännische Kompetenz holte und das Warenlager in Leipzig, sonst nur während der

[1990] Vgl. HStAD 10084 Loc. 9606, S. 6b–7.

[1991] Vgl. AA I Ak 13, S. 16.

[1992] Vgl. AA I Ak 13, S. 16b.

[1993] Vgl. AA I Af 9, S. 74b.

[1994] Vgl. AA I Ak 13, S. 33.

[1995] Vgl. AA I Af 9, S. 74 und Rückert (1990), S. 56.

[1996] Vgl. AA I Af 9, S. 74b und AA I Af 11, S. 202b. Damit wurde das während der Messen geöffnete Warenlager in Leipzig zu einer dauerhaften Verkaufsniederlassung ausgebaut.

Messezeiten geöffnet, fortan beständig geöffnet hielt.[1997] Den beiden Leitern der Niederlassungen in Dresden und Leipzig, Gandtner und Nahke, wurden die ihnen zustehenden Provisionen zugunsten einer Förderung des Verkaufs an Privatkunden harmonisiert. Für Umsätze aus dem Detailverkauf gewährte man 2% Provision, für Umsätze aus dem Geschäft mit Händlern hingegen 1%.[1998] Diese gewählte Anreizstruktur sollte dafür sorgen, dass die tendenziell lukrativeren Verkäufe an Privatkunden von den Vertriebsleitern bevorzugt gesucht werden sollten, da Privatkunden in den meisten Fällen in bar bezahlten und nicht in den Genuss der hohen prozentualen Rabatte der Geschäftskunden kamen.

Die finanzielle Lage der Manufaktur konnte sich auch unter Leitung einer kaufmännischen Führungskraft im Vertrieb nicht wesentlich weiter entwickeln, und der Meißener Betrieb beendete ab 1785 wieder mehrere Geschäftsjahre hintereinander mit Verlusten. Der hohe Verlust von 17.701 Talern im Jahre 1789 und die erstmalige Unterschreitung von 100.000 Talern Jahresumsatz nach 45 Jahren, zu einem großen Teil verursacht durch die wegbrechenden Verkäufe in Reaktion auf die Ereignisse des 14. Juli in Frankreich, bewogen Marcolini zum Handeln.[1999] Er erbat beim sächsischen Kurfürsten einen Zuschuss, und bekam die Summe von 30.000 Talern am 6. Februar 1790 bewilligt. Und als der bis dahin in der Manufakturgeschichte größte Fehlbetrag in Höhe von 28.828 Talern im Jahre 1794 registriert werden musste, wurde ein zusätzlicher Zuschuss aus den sächsischen Staatskassen in Höhe von 9.000 Talern bewilligt.[2000]

Für den Vertrieb besonders problematisch waren die ausstehenden Forderungen für gelieferte Porzellane. Schon seit Gründung der Manufaktur hatten der Kreditverkauf der Porzellane und die oftmals niedrige Zahlungsmoral der Kunden dem Betrieb erhebliche Schwierigkeiten bereitet. Dennoch konnte man im 18. Jahrhundert allgemein um den Verkauf von Waren mit Krediteinräumung nicht umhin kommen, da Barzahlung oft eine Ausnahme blieb. Im Umgang mit Geschäftskunden war die Einschätzung der Solvenz und Liquidität des Geschäftspartners mitunter die wichtigste Entscheidungsvariable bei der Festsetzung der Vertriebsstrategien und der Rabatt- und Konditionensysteme. Mangels archivalischer Nachweise konnte jedoch in den seltensten Fällen eine genaue und periodenübergreifende Quantifizierung der Forderungen erfolgen.[2001] In der Forschung wurde bisher dieses Problem für die Manufaktur im 19. Jahrhundert erörtert[2002], doch begann die relativ systematische Erfassung der ausste-

[1997] Vgl. AA I Ac 5, S. 231.

[1998] Vgl. HStAD 10026 Loc. 2439/07, o. S.

[1999] Vgl. AA I Ah 2, S. 127 und S. 129 und AA I Af 11, S. 90b. Das Jahr 1743 stellte das letzte Jahr dar, in welchem man weniger als 100.000 Reichstaler an Einnahmen im Jahr generieren konnte. Ab 1744 hat Meißen durchweg mehr als 100.000 Taler Umsatz erzielen können bis zu diesem Zeitpunkt.

[2000] Vgl. AA I Af 9, S. 67b und AA I Ak 14, S. 113–114. Der sächsische Haushalt konnte nach den Finanzreformen im Anschluss an den Siebenjährigen Krieg ab dem Jahr 1774 erstmals wieder Überschüsse verzeichnen, was die Gewährung von Unterstützungszahlungen an die Manufaktur erleichterte, vgl. Schlechte (1958), S. 119.

[2001] In den Archiven finden sich vereinzelte unsystematische Aufstellungen von ausstehenden Zahlungen zu besonderen Stichtagen oder Zeiträumen, wie bspw. für den Zeitraum 1719 bis 1729, vgl. AA I Aa 11, S. 15–15b. Eine erste große Abschreibung von ausstehenden Forderungen wurde 1747 getätigt, als man 43.679 Taler für die zwei Jahre zuvor von preußischen Truppen während des zweiten Schlesischen Krieges mitgenommenen Porzellane abschrieb, vgl. HStAD 10026 Loc. 1343/02, S. 53–53b.

[2002] Vgl. Kunze (1983c).

henden Zahlungen wahrscheinlich schon gegen Ende der Direktion unter von Nimptsch im Jahre 1773. Für den Zeitraum von 1765 bis Ende 1773 verzeichnete man bei den Privatkunden im Detailverkauf ausstehende Zahlungen in Höhe von 39.227 Talern.[2003] Ab 1774 verzeichnete man dann die gesamten ausstehenden Forderungen bei Privat- und Geschäftskunden. Es lässt sich nun zeigen, dass die Forderungen seit dieser Zeit erheblich die schwache wirtschaftliche Situation der Manufaktur beeinflussten.

Abbildung 3-18: Ausstehende Forderungen 1774–1814

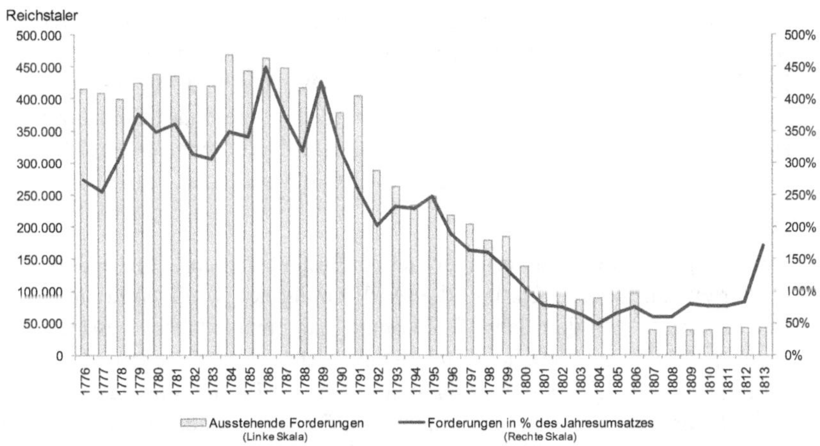

Quelle: AA I Ah 2, S. 14, 24b, 40– 40b, 50– 50b, 87b, 94, 104, 59, 65, 71, 81, 111b, 119, 129b, 135b, 149, 158, 168b, 211b, 246– 246b. eigene Berechnungen

Bis 1791 verzeichnete die Manufaktur Forderungen im Bereich um 400.000 Taler. Höhepunkt war im Jahre 1784 eine Summe von 467.546 Talern, was 348% des Jahresumsatzes in diesem Geschäftsjahr entsprach.[2004] In diesen Forderungen verzeichnete die Manufaktur jedoch nicht nur die säumigen Zahlungen der Privatkunden und Händler, sondern auch diejenigen Geldtransfers der Geschäftskunden, die im Rahmen der Kommissionsgeschäfte mit der Übertragung von Porzellanen auf Risiko der Manufaktur mit den Händlern vereinbart wurden.[2005] Dass die Manufaktur so stark exponiert war bei den ausstehenden Geldforderungen lag auch damit zusammen, dass zum Ende der Direktion unter von Fletcher die vielen Auslandsreisen auch eine signifikante Summe von Bestellungen nach sich zogen. Die Verstärkung der Umsatzanteile aus dem Handel mit Geschäftskunden musste automatisch auch eine Erhöhung der in Kommission gegebenen und im Wege des Kreditverkaufs veräußerten Por-

---

[2003] Vgl. AA I Ah 10, S. 20–23b, eigene Berechnungen. Für insgesamt 234 Einzelpersonen ergab sich eine durchschnittliche Zahlungsschuld von ca. 165 Talern. Unter den säumigen Zahlern fanden sich die Mitglieder der Königsfamilie, Fürsten aus ganz Europa, aber auch die Meißener Führungskräfte, Arkanisten und Abteilungsvorsteher.

[2004] Vgl. AA I Ah 2, S. 64b und S. 65, eigene Berechnungen.

[2005] Vgl. bspw. AA I Ah 2, S. 24b.

zellane bedeuten.[2006] Otto hat zwar bei der Auswahl der Geschäftskunden größte Sorgfalt in Bezug auf Zahlungsfähigkeit und Solvenz walten lassen, daneben sind viele Gelder aus den Bestellungen auch direkt bar eingegangen. Doch musste die Manufaktur nicht zuletzt durch ungeschicktes und kaufmännisch unkluges Verhalten der Porzellanhändler auf einen großen Teil ihrer Gelder warten und im schlimmsten Fall komplett verzichten. So vertrauten viele Händler zu sehr auf anfängliche Verkaufserfolge des Porzellans, so dass Bestellungen selten eine sinnvolle Mischung der Produkte enthielten. Manche Händler waren nicht „assortiert" genug und vertrauten oft auf die teuren und margenträchtigen Porzellane, ohne die gangbaren und häufiger umsetzbaren Gebrauchsgeschirre in ihren Handel beizumischen. Der Porzellanhändler veräußerte, genau wie die Manufaktur, die Waren oft im Wege des Kreditverkaufs, so dass er wiederum selbst abhängig war von der Bonität der Endkunden. Und besonders die vielen Geschäftspartner im Ausland mussten mehrere Wochen und Monate auf ihre Bestellungen warten, so dass sich durch die verzögerte Porzellanlieferung die Finanzsituation des Händlers zusätzlich verschlimmerte.[2007] So manche Insolvenz eines Handelshauses hat in Meißen für erhebliche finanzielle Unkosten gesorgt, die selten in voller Höhe wiederbeschafft werden konnten.

Unklar ist, wie lange einzelne Forderungen schon Bestand hatten. Etliche Schuldenposten wurden von Jahr zu Jahr übertragen, und die Begleichung der Schulden konnte nicht selten mehrere Jahre dauern.[2008] Mit dem Jahr 1792 konnte man einerseits eine bessere Eintreibung der ausstehenden Zahlungen erreichen, andererseits schrieb man mehr und mehr größere Positionen ab, die seit etlichen Jahren bestanden und deren Eintreibung aussichtslos war. In diesem Jahr 1792 nahm die Forderungssumme um 29% gegenüber dem Vorjahr ab. Die stärkere Forderung nach Eintreibung der Zahlungen und nach Wertberichtigungen wurde dann ab 1795 auch in einer königlichen Resolution angemahnt und reglementiert.[2009] Dennoch verharrten die Forderungen durchweg auf sehr hohem Niveau und betrugen ein Vielfaches der jährlich erwirtschafteten Gelder. Die Zahlung nur eines Bruchteils der ausstehenden Forderungen hätte sicherlich dem wirtschaftlichen Betrieb der Manufaktur mehr als gut getan. Auch wären damit die gewährten staatlichen Zuschussgelder zur Deckung der laufenden Betriebskosten zu einem großen Teil nicht notwendig oder zumindest in viel geringerem Umfang nötig gewesen. Die kontinuierliche Abnahme der Forderungssummen ab 1792 ist dabei hauptsächlich den Wertberichtigungen in den Rechnungsbüchern zuzuschreiben und weniger einer verbesserten Eintreibung der Zahlungen. Wenig wahrscheinlich ist es, dass sich die Zahlungsmoral der Meißener Kunden ausgerechnet während der schwierigen wirtschaftlichen Jahre der Koalitionskriege verbesserte. Ein Großteil der als nicht eintreibbar

---

[2006] In den Archiven wird für die drei Auslandsreisen des Buchhalters Otto eine eingegangene Bestellsumme von mehr als 400.000 Talern genannt, vgl. auch Fußnote 1894.

[2007] Vgl. AA IV9 19, S. 30–30b und AA I Bo 5, o. S.

[2008] Im Jahr 1810 hatte man gegenüber der Firma Axen aus Hamburg seit mindestens 1773 ausstehende Forderungen. Berichtet wurde auch, dass der französische Außenminister Talleyrand auch neun Jahre nach Erhalt von zwei Kisten Meißener Porzellans keine Zahlung geleistet hatte, vgl. AA I Ah 2, S. 20. Besonders bei Diplomaten und Fürsten war die Eintreibung von Forderungen schwierig, da oftmals die Grenze zwischen Geschenk und Verkauf der Porzellane sehr unklar war.

[2009] Vgl. AA I Ak 14, S. 121–122 und AA I Ac 5, S. 527.

klassifizierten Positionen wurden deshalb im Jahre 1814 und im Jahre 1816 auf königliche Anordnung hin endgültig abgeschrieben.[2010]

Die insgesamt enttäuschenden Vertriebsergebnisse in dieser Zeit führten dazu, dass die Manufaktur vermehrt zu drastischeren Mitteln griff. Im Rahmen der starken Bemühungen um Kosteneinsparungen und der Neuanpassungen in den Ressourcen- und Produktionskapazitäten unter Marcolini, musste sich auch der Vertrieb dem Sparzwang unterordnen.[2011] So wurden für die anvisierten Kostenreduktionen des Jahres 1811 Einsparungen bei den Provisionen der Vertriebsleiter in Dresden und Leipzig getroffen, die nun beide 1% Provision bekamen ab 100.000 Talern Umsatz.[2012] Aber man ging auch ungewöhnliche Wege und scheute auch nicht Vertriebsmittel einzusetzen, die wenig zuträglich für solche Güter wie Porzellan waren. Man entschloss sich zwar nicht dazu, wie manche Konkurrenten dies taten, das Porzellan auf Jahrmärkten zu verspielen.[2013] Aber das Meißener Porzellan, besonders die aufgebauten Lagerbestände an alten und schwer verkäuflichen Stücken, wurde jetzt auch als Gewinn bei Lotterien eingesetzt.

Im Porzellanhandel wurden schon in den Niederlanden Lotterien bei der Ostindischen Kompanie durchgeführt, als diese zu viel Porzellan aus China eingeführt hatte und mit Überkapazitäten im Markt zu kämpfen hatte. Die Kompanie hatte großes Interesse daran, die Schiffsladungen teilweise noch im Hafen an Ort und Stelle zu verkaufen und die Schiffe für neues Frachtgut wieder frei zu machen. Durch diesen radikalen und dem Wesen des Porzellans kaum angemessenen Vertriebsweg trug man erheblich dazu bei, sich die Preise „kaputt" zu machen. Die Durchführung von Porzellanlotterien hat in vielen Fällen, trotz ihrer Beliebtheit bei den Kunden, bei einer ganzen Reihe von Porzellanmanufakturen nur wenig eingebracht. Oftmals musste man auf der Ware sitzen bleiben und, um den teuren und gefährlichen Rücktransport zu den Warenlagern nicht durchführen zu müssen, diese auch noch bei weiteren Lotterien anbieten. Die Porzellanlotterien unterlagen jedenfalls unter den Zeitgenossen einem skeptischen Urteil: „Lotterien sind sonst die letzten Mittel, einem Werke aufzuhelfen, und fast eben dasjenige, was das Blasenziehen bei einem kranken und dem Tode nahen Körper".[2014] Die Wiener Manufaktur hatte schon seit ihrer Gründung mit Lotterien ihren Absatz bestritten, und andere Manufakturen folgten diesem Beispiel. In Meißen ist zum ersten Mal 1721 eine Lotterieverlosung erwähnt.[2015] Eine Lotterie mit Meißener Porzellan ist von der

[2010] Vgl. HStAD 10036 Loc. 36342, Vol. I, S. 39 und AA IV 1, S. 59.

[2011] Vgl. AA I Bo 2, S. 116 und S. 122.

[2012] Vgl. HStAD 10026 Loc. 2439/07, o. S.

[2013] Die Manufaktur in Ilmenau ließ auf Jahrmärkten und Kirchweihfesten um Porzellan spielen. Man stellte eine Zahl von Personen vor einem aufgestellten Spieltisch und ließ einen jeden nach Zahlung eines festgelegten Einsatzes würfeln. Wer den höchsten Wurf erzielte, konnte sich ein Stück Porzellan aus dem Spieltisch aussuchen. Der Preis des zu verspielenden Porzellans wurde dabei im Voraus zwischen Spielern und dem Veranstalter ausgehandelt, vgl. Stieda (1902), S. 276.

[2014] Zitiert nach Hofmann (1980a), S. 134. Auch in Meißen war man sich dessen bewusst, wie ein Brief an die Meißener Manufaktur von einem sächsischen Gesandten aus Wien beweist. Über die bei der Wiener Manufaktur abgehaltene Lotterie und deren Erfolg hieß es: „Da auch das Wort Lotterie in den Ohren derer hiesigen Menschen sehr fatal klinget, glaubet man gänztlich, es dürffte die vorseyende Porcelaine Lotterie ins Stocken geraten", AA I Aa 23, S. 60.

[2015] Vgl. HStAD 10026 Loc. 1341/09, S. 205.

Porzellanhändlerin Elizabeth de Bastouche am 25. Juni 1721 durchgeführt worden, die wahrscheinlich für August den Starken im Auftrag zahlreiche asiatische Porzellane erworben hat.[2016] In den Meißener Archiven findet sich eine Ankündigung des sächsischen Oberhofmarschallamtes[2017], in welcher der Wert der zu gewinnenden Porzellane mit 5.000 Talern angegeben wurde, bei 1.875 Losen zu je einem Dukaten.[2018] Im Jahre 1730 gab es Überlegungen seitens des Kammerkollegiums, den großen Vorrat an Mittelgut und Brac im Wege „einer Lotterie oder auction zu debitieren".[2019] Denn man ging davon aus, dass die im Meißener Warenlager vorhandenen Stücke bald nicht mehr zu den „currenten" Waren gezählt werden könnten und sich somit für den regulären Verkauf nicht mehr eignen würden. Aber die Entscheidung wurde vom Kollegium vertagt und an die zukünftigen Manufakturverantwortlichen weitergegeben, „ (…) bis ratione futuri, bey künfftiger Einrichtung das nöthige reguliert werden könne".[2020]

Zum Jahresende 1789 bemühte sich der Meißener Arkanist Carl Wilhelm Pörner um die Durchführung von Lotterien mit Meißener Porzellan. Die Erlaubnis zur Realisierung solcher Lotterien wurde ihm am 20. Mai 1790 von der Manufakturdirektion gegeben, da ein Verkauf durch Lotterien der Manufaktur „bey ihrer gegenwärtiggen mißlichen Lage sehr zu statten kommen würde".[2021] Pörner bekam die Konzession, als eigenständiger Unternehmer zwei große Lotterien 1790 und 1791 mit Meißener Porzellan zu veranstalten, die zur Hälfte aus Gewinnen in Porzellan und zur Hälfte aus Geldgewinnen bestanden. Da Pörner als Privatmann nicht die nötigen Garantien zur Auszahlung der Gewinne leisten konnte, bürgte die Manufaktur für die Auszahlungen gegenüber den Lotteriespielern.[2022] Pörner erwarb Lagerbestände von der Manufaktur auf eigene Rechnung im Wert von 50.000 bis 60.000 Talern mit einem Rabatt von 12,5% und 25%.[2023] Für Pörner brachten die ersten beiden Lotterien Einnahmen von insgesamt 89.405 Talern und 3 Groschen, denen Ausgaben von 85.926 Talern gegenüberstanden, so dass er für sich einen Überschuss von 3.479 Taler und 2 Groschen verbuchen konnte.[2024] Da jedoch Porzellan aus den ersten beiden Verlosungen noch übrig geblieben war, entschloss man sich zu einer dritten Lotterie. Diese fiel nicht mehr so vorteilhaft für Pörner aus, da dem Porzellanwert von 9.332 Talern eine auszuzahlende Gewinnsumme von 10.760 Talern an die Lotterieteilnehmer zu erfolgen hatte.[2025]

Trotz des allgemein enttäuschenden Vertriebs konnten die bedeutenden russischen Bestellungen und ein sehr lebhafter, wenngleich stark schwankender Handel mit der Türkei die

[2016] Vgl. Ströber (2001), S. 10.

[2017] Dem Oberhofmarschallamt unterlag die Organisation und Verwaltung der Hofhaltung, besonders die Durchführung von Festlichkeiten und Zeremonien.

[2018] Vgl. AA I Aa 5, S. 77–78b, der Dukat entsprach 64 Groschen oder 2 2/3 Reichstaler.

[2019] AA I Aa 13, S. 159.

[2020] AA I Aa 13, S. 163b.

[2021] AA IV 10 6, S. 34.

[2022] Vgl. AA IV 10 6, S. 7–8 und S. 36–36b.

[2023] Vgl. AA IV 10 6, S. 49.

[2024] Vgl. AA IV 10 6, S. 86, eigene Berechnungen.

[2025] Vgl. AA I V10 6, S. 59b.

Umsätze etwas stützen.[2026] Doch das russische Verbot im Jahre 1806 von Einfuhr fremden Porzellanen[2027] und das Ausbleiben der türkischen Bestellungen ließen den Absatz der Manufaktur kontinuierlich einbrechen.[2028] Die Kontinentalsperre ab 1806 begünstigte zwar etliche inländische Manufakturen, da durch den Wegfall der englischen Konkurrenz besonders die Textilmanufakturen und Kattundruckereien des Landes profitieren konnten.[2029] Aber Meißen konnte daraus keinen Nutzen ziehen, da durch die Kontinentalsperre erhebliche Störungen bei den meisten Handelshäusern zu verzeichnen waren und die Manufaktur auf einen beträchtlichen Anteil ihrer Geschäfte mit dem Großhandel verzichten musste.[2030] Die Zeit des vierten Koalitionskrieges mit der anschließenden Besetzung Sachsens durch die Franzosen sorgte für weitere Probleme, besonders im Verkauf und Versand der Porzellane. Der Betrieb wurde dadurch nahezu zum Stillstand gebracht.[2031] Innerhalb der Jahre 1806 und 1807 sank der Umsatz um insgesamt 66% gegenüber dem Jahr 1805. Die angespannte Situation im Vertrieb konnte sich während der nächsten Jahre kaum lösen, da die Kriegszustände von 1809 und die kurzzeitige Besetzung Sachsens durch österreichische Truppen abermals erhebliche Unsicherheit und Gefahr für den Verkauf von Luxusgegenständen wie Porzellan bedeuteten. Der Verantwortliche für den Vertrieb, Gandtner, konnte der negativen Entwicklung nichts entgegensetzen. Ein gefährliches Verharren in traditionellen Strukturen und Geschäftspraktiken konnte die Manufaktur in der Krisenzeit nicht weiterbringen. Dies wog nun umso schwerer, da man die Kontakte mit vielen ausländischen Handelshäusern und Geschäftskunden zugunsten der russischen und türkischen Bestellungen vernachlässigte und in der plötzlich aufkommenden Zeit der Krise nicht auf einen weiten und diversifizierten Kreis von Abnehmern zurückgreifen konnte.[2032] In Zeiten des Krieges war zudem ohnehin an keine ausländische Bestellung zu denken, so dass die Manufaktur nahezu zwangsläufig empfindliche Einbußen in den Einnahmen zu verzeichnen hatte. Erhebliche Zollbelastungen machten den ausländischen Vertrieb besonders ab 1789 immer zu einem schwierigen Unterfangen.

Die Einnahmen der Manufaktur erreichten im Jahr 1813 unter der Einwirkung des Krieges und der Stilllegung der Manufaktur ihren absoluten Tiefpunkt. Mit gerade einmal 24.378 Talern konnte man genauso viel Umsatz machen wie mehrere Jahrzehnte zuvor allein mit den Geschäftskunden im Großhandel. Wie kritisch die wirtschaftliche Situation war, lässt sich anhand von erhaltenen Aufzeichnungen über die nach Vertriebsregionen geordneten Umsätze der Leipziger Niederlassung von 1806 bis 1813 nachvollziehen.

2026 Vgl. AA I Af 9, S. 75 und AA I Bo 5, o. S.

2027 Zur russischen Handels- und Zollpolitik der damaligen Zeit, vgl. ausführlich Wittschewsky (1905).

2028 Vgl. AA I Bo 6, S. 187b.

2029 Vgl. Forberger (1960b), S. 28, zur Kontinentalsperre allgemein vgl. Saalfeld (1987), zur Kontinentalsperre speziell in Sachsen vgl. Stieda (1913).

2030 Vgl. AA IV 1, S. 411.

2031 Vgl. AA I Af 9, S. 77.

2032 Vgl. AA I Bo 6, S. 187b–188.

Tabelle 3-12: Umsätze nach Regionen der Niederlassung in Leipzig 1806–1813

In Reichstalern	Sachsen	%	Deutschland	%	Polen	%	Russland	%	Türkei	%	Summe
1806	11808 5/8	19%	1027 19/24	2%	4773 1/6	8%	44073 7/24	70%	1036 23/24	2%	62719 5/6
1807	7420 1/4	30%	447 1/12	2%	674 1/2	3%	15331 11/12	62%	866 1/8	4%	24739 7/8
1808	6379 5/8	16%	529 1/2	1%	2284 5/8	6%	26965 1/8	68%	3621 1/2	9%	39780 3/8
1809	5496 1/6	38%	401 1/3	3%	1086 3/8	7%	6238 2/3	43%	1408 7/8	10%	14631 5/12
1810	6655 1/12	48%	306 7/12	2%	2188 5/8	16%	3685 11/24	27%	965 5/8	7%	13801 3/8
1811	6953 5/12	73%	262 5/24	3%	1412 5/6	15%	48 1/4	1%	870 1/3	9%	9547 1/24
1812	3911 5/8	58%	314 7/24	5%	1364 1/8	20%	105 3/4	2%	1083 5/12	16%	6779 5/24
1813	3047 1/2	55%	14 1/24	0%	1280 5/12	23%	0	0%	1194 7/12	22%	5536 13/24
Σ	51672 7/24	-	3302 5/6	-	15064 2/3	-	96448 11/24	-	11047 5/12	-	177535 2/3
1806 vs. 1813	-	-74%	-	-99%	-	-73%	-	-100%	-	15%	-91%

Quelle: AA IV9 28, S. 21b– 22, eigene Berechnungen
Anmerkung: Die Angabe von Bruchzahlen erfolgt, um eine einheitliche Darstellung der Groschen in Taler-Beträgen zu ermöglichen.

Für das Jahr 1806 gab man in Leipzig den Umsatz noch mit insgesamt 62.719 Talern im Detail- und Großhandel an. Für das darauffolgende Jahr brachen die Einnahmen um 61% auf 24.739 Taler ein, um schließlich 1813 um insgesamt 91% gegenüber dem Jahr 1806 auf 5.536 Taler abzusinken. Die Verluste aus dem Einfuhrstopp für ausländisches Porzellan in Russland sind besonders deutlich zu erkennen. Noch 1806 machte der Vertrieb nach Russland 70% der Umsätze der Leipziger Niederlassung aus. Aus den Aufzeichnungen ist ersichtlich, dass der Absatz nach Russland nicht über Nacht komplett wegfiel, sondern stetig mit den Jahren abnahm. Mit dem Jahr 1811 sind die Lieferungen nach Russland aus Leipzig als praktisch eingestellt zu betrachten.[2033] Hier hat sicherlich die Wiedereröffnung der Niederlassung in Warschau im selben Jahr etliche Umsatzanteile von der Leipziger Niederlassung abgezogen, da man sich aus Warschau eine bessere Belieferung des Zarenreiches unter Umgehung der dortigen Einfuhrverbote erhoffte. Auch für den Vertrieb in das innerdeutsche Gebiet musste die Manufaktur ab 1806 erhebliche Einbußen verkraften. Ein Rückgang von 99% des Vertriebs in die deutschen Länder bedeutete ebenfalls einen faktischen Lieferstopp aus Leipzig. Hingegen wurde der Vertrieb innerhalb Sachsens zum wichtigsten regionalen Vertriebskanal, da ab 1810 die Verkäufe im Inland den Großteil der Umsätze auf sich zogen. Zu sehen ist auch die, wenngleich geringe, Unterstützung der Geschäfte durch den Vertrieb in die Türkei. Dieser Vertriebskanal verzeichnete als einziger nicht nur keinen Umsatzrückgang im betrachteten Zeitraum, sondern ein Plus von insgesamt 15%. Viel zu wenig, um die Einbußen in den restlichen Vertriebsregionen kompensieren zu können.

[2033] Ähnliche Zahlen sind auch aus der Dresdner Niederlassung überliefert. Für das Jahr 1807 betrugen die Umsätze mit dem Russischen Reich 5.957 Taler, fielen dann um 44% im Folgejahr auf 3.330 Taler und betrugen 1810 nur noch 810 Taler, vgl. AA IV9 28, S. 54, eigene Berechnungen.

Es rächte sich nun, dass man sich nur auf den Vertrieb in ein Land konzentriert hatte und nahezu die gesamte Produktion auf die Erfordernisse dieses Marktes ausrichtete. Man hatte sich übermäßig stark in die Abhängigkeit der russischen Bestellungen begeben, hatte ganze Produktionsschritte auf diese Aufträge ausgerichtet und konnte bei dem einsetzenden kompletten Wegfall dieses Marktes keine alternativen Vertriebslösungen aufweisen.[2034] Man beschränkte sich zunehmend darauf, die sich selbst meldenden Kunden mit Porzellan zu versorgen, anstatt aktiv neue Verbindungen mit Handelshäusern einzugehen oder alte Partnerschaften aufleben zu lassen.[2035] Zeitgenossen sprachen in Meißen davon, dass der Vertriebsleiter Gandtner eine „Unfehlbarkeit des russischen Absatzes" angenommen hatte, die ihn und alle weiteren Manufakturverantwortlichen in trügerische Sicherheit wog und sämtliche notwendigen Vorsichtsmaßnahmen im Vertrieb der Porzellane vergessen ließ.[2036] Seitens etlicher Geschäftspartner hatte es Zusagen gegeben, dass sobald die Handelswege nach Beendigung der Kriegsverhältnisse wiederhergestellt wären, auch wieder Bestellungen bei der Manufaktur getätigt werden würden.[2037] Und auf diese Zusagen stützte man sich, ohne alternative Vertriebslösungen parat zu halten.

Eine eventuelle Ausdehnung des Vertriebs in schon bestehende Regionen wurde kaum in Erwägung gezogen. Lediglich die Hauptstadt des polnischen Reiches, vom sächsischen König seit 1806 wieder in Personalunion regiert, versprach einige Vertriebsimpulse zu setzen, vor allem deswegen, weil das englische Steingut aufgrund der Kontinentalsperre das polnische Gebiet nicht erreichen konnte und der Markt somit „frei" war für einen großen Marktteilnehmer wie Meißen.[2038] Man hoffte auch, die russischen Geschäftskunden zu vermehrten Porzellanbestellungen bewegen zu können, um so wenigstens das Einfuhrverbot von Porzellan von 1806 etwas umgehen zu können. Mit Resolution vom 14. November 1811 wurde auf persönliche Anregung von König Friedrich August erneut eine Vertriebsniederlassung in Warschau eröffnet, die man zuvor 1797 geschlossen hatte. Die Niederlassung wurde anfangs mit Porzellanen im Wert von 4.000 Talern ausgestattet. Unter der Leitung des dortigen Kaufmanns Carl Schrey, sollte dieser ein jährliches Gehalt von 100 Taler bekommen und eine Provision von 3% auf die eingebrachten Umsätze.[2039] Diese Niederlassung in Warschau wurde dabei teilweise als eigene Verkaufsstelle auf Kosten der Meißener Manufaktur betrieben, teilweise aber auch als Kommissionslager durch den Kaufmann Schrey geführt.[2040] Die Verkaufspreise wurden aus Meißen vorgegeben, und dem Kaufmann war es verboten, höhere Preise anzusetzen. Die Meißener Manufaktur bestimmte die Preisbegrenzung nach oben und gewährte ihm lediglich einen Spielraum zur Anpassung nach unten.[2041] Aber dieser Spielraum war kaum vorhanden, da Schrey mehrmals auf Verkäufe verzichten musste, da er mit seinen relativ unvorteilhaften Konditionen nicht konkurrieren konnte. Die polnischen Ge-

2034 Vgl. AA I Af 9, S. 78b–79.

2035 Vgl. AA IV9 28, S. 6.

2036 AA I Af 9, S. 79.

2037 Vgl. AA I Ah 5, S. 4b.

2038 Vgl. IV10 22, o. S.

2039 Vgl. HStAD 10026 Loc. 2439/07, o. S.

2040 Vgl. AA I Bo 8, S. 59b.

2041 Vgl. AA IV10 22, o. S.

schäftskunden verlangten im Schnitt 4% bis 6% Rabatt für Kaufsummen ab 200 Taler mit dem Hinweis, dass man bei der Meißener Niederlassung in Leipzig während der Messen mit einem Rabatt von 6% bis 8% rechnen könnte und bei direkter Bestellung in Dresden noch höhere Rabattstufen zu erreichen waren.[2042]

Die Eroberung neuer Märkte und die Erschließung neuer Marktanteile wurden in diesen für die Manufaktur schwierigen wirtschaftlichen Zeiten kaum vorangetrieben. So hat die Meißener Manufaktur die Übersee-Gebiete nur in wenigen Fällen direkt bedient und dort Handelskontakte aufgebaut. Verzeichnet ist beispielsweise die ausstehende Forderung an John Ross, einem Kaufmann und Lieferanten für die kontinentalen Streitkräfte der amerikanischen Kolonien aus Philadelphia, der 1793, 1794 und 1795 mit Schulden in Höhe von 40 Talern und 5 Groschen in den Büchern verzeichnet war.[2043] Ausgedehnte mehrjährige Reisen in ganz Europa zu den Handelspartnern und in die wichtigsten Handelsstädte sind während der gesamten Direktion von Marcolini kaum unternommen worden.[2044] Sein Vorgänger von Fletcher hatte noch darauf gebaut, mittels solcher langen Auslandsreisen den Vertrieb zu verbessern, bestehende Kunden zu halten und neue Kunden zu akquirieren. Ab 1774 verzichtete man fast vollständig darauf, nicht zuletzt weil auch die Finanzsituation der Manufaktur keine weitläufigen und mehrjährigen Vertriebsreisen erlaubte. Aber dennoch sind auch unter der Direktion von Marcolini vereinzelt Auslandsaufenthalte durchgeführt worden, wenngleich in viel geringerem Umfang.[2045] Kontrolleur Steinauer begab sich auf Vertriebsreisen, die ihn vornehmlich nach Deutschland, nach Polen und Russland brachten.[2046] In Lübeck versuchte er im Juli 1781 beispielsweise neue und alte Geschäftskontakte zu knüpfen, säumige Zahler nochmals an ihre Schuld zu erinnern und im Wege von „kleinen Spekulationen mit unserem Porcellän“ den Vertrieb der Meißener Porzellane in die benachbarten Gegenden, vor allem Dänemark und Mecklenburg, voranzubringen.[2047] Steinauer brachte auch Zeichnungen aktueller Meißener Porzellane mit, um Bestellungen anzuregen und die Händler zu überzeugen, auf eigene Rechnung Porzellan anzunehmen statt in Kommission.

3.4.6 Wiederaufnahme und Stärkung des Vertriebs ab 1814

Der Vertrieb im In- und Ausland musste nach dem Beinahe-Untergang der Manufaktur zum Jahresende 1813 in den darauf folgenden Monaten auf komplett neue Grundlagen gestellt werden. Die territorialen Verluste Sachsens nach dem Wiener Kongress hatten das inländische Absatzgebiet erheblich verringert. Als Spielball und „Manövriermase“ der Großmächte

---

2042 Vgl. AA IV10 22, o. S. Prinzipiell galt bei Bestellungen direkt in der Dresdner Hauptniederlassung immer noch die Rabattstruktur von 1766, vgl. Tabelle 3-11.

2043 Vgl. AA I Ah 2, S. 209, S. 232 und S. 259.

2044 Vgl. AA I Af 9, S. 76b.

2045 Es wurden ausführliche Instruktionen für solche Vertriebsreisen erstellt. So sollte der Angestellte Carl Rudolph Lingke für eine Reise nach Russland im April 1779 besonders Geschäftskontakte außerhalb von St. Petersburg und Moskau knüpfen, den dort vorherrschenden Geschmack für Porzellane in Erfahrung bringen und im Gegenzug entsprechende Kupferstiche und Abbildungen nach Meißen bringen, um Figuren der unterschiedlichen Nationalitäten des Reiches realitätsgetreu fertigen zu können, vgl. AA IV11 8, o. S. und AA IV 01, o. S.

2046 Vgl. AA I Ak 13, S. 33 und AA I Bo 4, o. S.

2047 AA I Bo 3, o. S.

gingen zwei Drittel des kursächsischen Territoriums an Preußen, und mit den Ländereien verlor man auch knapp die Hälfte der bisherigen Gesamtbevölkerung in Sachsen.[2048] Ausländische Märkte waren seit 1806 entweder ganz verloren, mit Einfuhrverboten belegt oder hatten empfindliche Einbußen erlitten. Mit den Reformen der Jahre 1814 und 1815 setzte man die notwendig gewordenen Veränderungen im Vertrieb der Manufaktur durch. Die Vertriebsstruktur mit dem Faktor Gandtner in Dresden an der Spitze des Detail- und Großhandels fiel weg, stattdessen wurden das Hauptwarenlager und die Buchhaltung nach Meißen zurückgebracht. Fortan mussten alle Handelsbriefe aus dem In- und Ausland und die gesamte Handelskorrespondenz wieder nach Meißen geschickt werden.[2049] Die Hauptniederlassung in Dresden und die Niederlassung in Leipzig wurden zu einfachen Verkaufsniederlassungen umfunktioniert und der bisherige Faktor Gandtner entlassen. Seine Position fiel im Vertriebssystem fortan weg und wurde mit der Stelle des Oberfaktors ersetzt, die mit Christian Gotthilf Martini besetzt wurde und der aus Meißen alle Vertriebsaktivitäten leitete, jeweils unterstützt von den Faktoren vor Ort in den Niederlassungen. In Meißen war dies Neumann, in Dresden Franke, und in Leipzig der Faktor Kunze.[2050]

Doch Reformen in der Organisationsstruktur des Meißener Vertriebs reichten nicht aus. Der neue Leiter des Vertriebs Martini sah im Dezember 1817 die Überwindung der Schwierigkeiten im Vertrieb als nahezu unmögliche Aufgabe an:

> *„Es ist, und bleibt eine große Schwierigkeit, die selbst an Unmöglichkeit grenzt, jetzt der Manufaktur Handel ins Ausland zu verschaffen, und dies umso mehr, da unsere Vorgänger [im Vertrieb] seit 1806 ruhig zusahen, wie der auswärtige Handel, durch den Andrang der Pariser Porzellane auf unseren Märkten, verlorenging".*[2051]

Es bestanden im Jahre 1816 im heimischen Markt eine Reihe von Limitierungen für den Absatz. So war er für die Manufaktur im Wesentlichen beschränkt auf das, was Einheimische, Durchreisende und Kaufleute in Meißen, Dresden und Leipzig bestellten.[2052] Der Detailhandel trug ca. 20% zu den Gesamtumsätzen bei und konnte mit den Jahren 1814 und 1815 von der Anwesenheit und dem Durchmarsch einer Vielzahl von Truppenverbänden profitieren.[2053] Von den Angestellten im Vertrieb wurde diese Tatsache neben der Vielzahl von durchgeführten Auktionen als wichtigster Grund für das positive Geschäftsjahr 1815 angesehen.[2054] Mit Hilfe dieser außerordentlichen Verkäufe steigerte man damals die Umsätze auf nahezu 140.000 Taler, ein Wert, den man zuletzt vor 10 Jahren erreicht hatte. Doch konnte man sich auf Einzelereignisse im Verkauf nicht verlassen, so dass man sich weiterhin auf Sachsen als Hauptabsatzgebiet beschränken musste. Zaghafte Versuche, im Ausland

2048 Vgl. Groß (2007), S. 190 und Matzerath (2003), S. 136.

2049 Vgl. AA I Bb 1, S. 58b–59 und AA I Bo 8, S. 43b.

2050 Vgl. AA I Bb 1, S. 60b und S. 88–89. In Leipzig wurde der bisherige Leiter der dortigen Niederlassung und ehemaliger Leiter der Warschauer Dependance, Nahke, am 8. Januar 1814 ersetzt, vgl. AA IV9 29, S. 10–12.

2051 Vgl. AA IV9 25, o. S.

2052 Vgl. AA I Af 11, S. 224 und AA IV 1, S. 35b.

2053 Vgl. Kunze (1988), S. 42.

2054 Vgl. AA IV9 25, S. 1.

Verkäufe zu generieren, wollte man durch die Etablierung von Kommissionslagern und die Durchführung von Auktionen in grenznahen Städten erreichen.

Auch Direktor von Oppel sah in der Landesteilung im Zuge der Restauration und der damit verbundenen Beschränkung des inländischen Vertriebs eine der Hauptursachen für die Umsatzschwäche. Unter diesen Bedingungen schien der Handel mit Geschäftskunden vorteilhafter zu sein als mit den privaten Endkunden. Man musste eine grundsätzliche strategische Entscheidung treffen, in welchem Bereich man den Schwerpunkt der zukünftigen Anstrengungen im Vertrieb legen wollte. Man hatte in Meißen seit dem Wegfall ganzer ausländischer Absatzmärkte im Jahre 1806 das Segment der Geschäftskunden nur langsam wiederaufbauen können. Zudem brachte das Geschäft traditionell bedeutende Risiken mit sich bezüglich Kredit- und Zahlungsausfällen, bei gleichzeitig erheblichen Rabatt- und Provisionszahlungen. Dennoch sah man in diesem Vertriebsbereich bessere Chancen zur Wiedererstarkung als im Einzelhandel. Ebenfalls sah man sich in diesem Bereich am ehesten imstande, die vielen Ladenhüter im Porzellanlager verkaufen zu können und die dadurch freiwerdenden Ressourcen in der Manufaktur auf produktive Art und Weise einsetzen zu können.[2055] Deshalb entschied man sich in Meißen zur Stärkung und Konzentration der Ressourcen auf den Handel mit Geschäftskunden. Dieser Vertriebszweig war laut dem technischen Inspektor Kühn schon immer eine Stärke des Meißener Betriebs gewesen und gegenüber dem Einzelhandel eindeutig zu präferieren.[2056] Der spätere sächsische Innenminister von Carlowitz hielt in einem Bericht an das Finanzkollegium die Konzentration auf den Großhandel ebenfalls für entscheidend. Gerade in den wirtschaftlich guten Zeiten der Manufaktur hatte man sich stets auf den Großhandel stützen können, der, begünstigt auch durch hohe Rabatte, der Manufaktur den Vertrieb im In- und Ausland sicherte. Von Carlowitz sah nun in den hohen Rabattsätzen einen entscheidenden Grund für die schwierige wirtschaftliche Lage, denn bei den stetig sinkenden Preisniveaus sorgten die Preisabschläge für noch mehr Druck auf die Verkaufsmargen der Meißener Porzellane.[2057]

Als eine der ersten Maßnahmen der Interimsdirektion 1814 galt es, die vielen unterschiedlichen Rabattsätze für den Großhandel zu harmonisieren. Das seit 1766 festgelegte Rabatt- und Konditionensystem bestand nämlich bis 1814 mit einigen wenigen Veränderungen grundsätzlich weiter, und konnte mit den damals festgelegten Rabattstufen der Manufaktur während der nun herrschenden Manufaktur- und Vertriebskrise nicht mehr dienlich sein.[2058] In den letzten Jahren von Marcolinis Amtszeit erhielten Händler 8,33% Rabatt für geringwertige Porzellane von weißem und blauem Mittelgut, 16,67% für Geschirre in halber Bemalung und 25% Rabatt für hochwertige Figuren und für Stücke in voller Bemalung.[2059] Rabattstaffeln ab vierstelligen Kaufsummen, wie die Umsatzschwelle von 2.000 Talern im Rabattsystem von 1766, waren in Zeiten schwachen Absatzes aber nicht mehr zeitgemäß, da Auf-

---

[2055] Vgl. HStAD 10036 Loc. 36342, Vol. II, S. 69.

[2056] Vgl. HStAD 10036 Loc. 41911, Vol. 205t, o. S.

[2057] Vgl. HStAD 10036 Loc. 36342, Vol. III, S. 37–59.

[2058] Vgl. AA I Bo 8, S. 46.

[2059] Vgl. AA IV9 28, S. 6b. Weit entfernten ausländischen Handelshäusern, bspw. aus Spanien, wurde bis zu 33% Rabatt gewährt, vgl. AA I Ak 2, S. 74.

träge in solchen Größenordnungen selten getätigt wurden. Nun beschloss die neue Direktion, die verschiedenen Rabattsätze für alle Artikel ohne Unterschied auf einheitlich 12,5% zu harmonisieren.[2060] Vor dem Hintergrund der durchgeführten Preissenkung mit der Resolution vom 11. Januar 1814 erschien es ratsam, auch den Rabatt an die neuen Preisniveaus anzupassen, um die Preise nicht noch weiter übermäßig absinken zu lassen. Die Mindestabnahmemenge für die Gewährung von Rabatt wurde im November 1814 auf einen Wert von 50 Reichstaler gesetzt. Für den Detailverkauf wurde hingegen beschlossen, dass Rabatt an Privatkunden weiterhin nicht zu vergeben war, und nur im „äußersten Nothfalle“ ab einer Abnahmemenge von 100 Talern bewilligt werden durfte.[2061] Man wollte dadurch weiterhin das Segment der Geschäftskunden vorteilhafter bedienen und setzte im Detailverkauf auf die Durchsetzung der Listenpreise. Im Umgang mit den Kunden sollte die Manufaktur noch schneller und besser auf die Anforderungen reagieren. Besonders die stark nachgefragten Gebrauchsgeschirre für die mittleren Bevölkerungsschichten sollten stärker vertrieben werden.[2062] Man verpflichtete sich zudem, Porzellanbestellungen zeitig zu erfüllen und auch bei besonderen Kundenwünschen keine Verzögerungen eintreten zu lassen. Bei Ausschussporzellanen und aus der Mode geratenen Stücken bestand ebenfalls eine gewisse Nachfrage, die man zu erheblich reduzierten Preisen befriedigen wollte. Dies erschien notwendig, um möglichst keine Ladenhüter in den Warenlagern anhäufen zu müssen, da sie ansonsten durch ihren Wertverfall möglicherweise noch mehr Verlust eingebracht hätten.[2063]

Langsam belebte man auch im Geschäftskundenbereich wieder alte und neue Kontakte.[2064] Hatte man mit Ende des Jahres 1813 nahezu alle Handels- und Kommissionsverbindungen zu Händlern verloren[2065], mussten diese wieder aufgebaut werden, um die Umsätze in diesem Vertriebskanal wieder zu stabilisieren. Dies war eine absolute Notwendigkeit für die Manufaktur, da man sich seit Ende der Napoleonischen Zeit mühsam mit dem Detailhandel und den Auktionen als den wichtigsten Vertriebskanälen behelfen musste.[2066] Man musste notgedrungen im Vertrieb auf Kommissionslager setzen, da an Kommittenten, die Porzellan auf eigene Rechnung und Risiko vertrieben, in dem damaligen Marktumfeld nicht zu denken war. Im Jahr 1814 und 1815 kamen deshalb vier neue Kommissionslager hinzu, die Kommissionäre mussten dabei ausreichende Sicherheiten bei gleichzeitiger Überprüfungen ihrer Besitzverhältnisse durch die Manufaktur vorweisen.[2067] In Meißen wurde bei einem Kauf-

[2060] Vgl. AA I Bo 6, S. 32 und S. 101b.

[2061] AA IV9 15, S. 60.

[2062] Vgl. AA I Af 9, S. 84 und S. 66b und AA I Bo 6, S. 24b.

[2063] Vgl. AA I Bo 6, S. 27b–28, vgl. auch Kapitel 3.3.18.

[2064] Am 18. Januar 1814 erging eine Petition an das russische Generalgouvernement in Sachsen, auf die Rücknahme des Einfuhrverbots von ausländischem Porzellan nach Russland bei der Moskauer Regierung einzuwirken, vgl. AA IV9 28, S. 55–55b.

[2065] So schickte eines der letzten Handelshäuser, der langjährige Geschäftspartner von Axen aus Hamburg, 30 Kisten unverkauftes Porzellan im Sommer 1814 zurück nach Meißen, und leitete damit seinen Rückzug aus dem Porzellangeschäft ein, vgl. AA I Bo 8, o. S.

[2066] Vgl. AA I Ak 1, S. 193b.

[2067] Um über die Kreditwürdigkeit der Kommissionäre möglichst viele Informationen einzuholen, hat man in Meißen sogar bei den Bürgermeistern der Städte, in denen die potenziellen Geschäftspartner lebten, um eine Einschätzung der Vermögensverhältnisse der Kaufleute gebeten, vgl. IV9 15, S. 90–91 und S. 116–116b.

mann ein Lager im Wert von anfangs 300 Talern errichtet, in Freiberg ein Lager im Wert von 1.000 Talern, in Bautzen eine Kommission für 500 Taler und in Leipzig für 300 Taler.[2068] Einigermaßen attraktiv schienen die Konditionen für die Händler zu sein, denn neben den schon stark herabgesetzten Preisen durch die Preisänderungen zu Anfang des Jahres 1814 gewährte man noch 12,5% Provision für die verkauften Geschirre. Zudem erlaubte man die Möglichkeit, nicht verkaufte Geschirre gegen neue Porzellane umzutauschen.[2069] Dennoch barg der Vertrieb im Wege der Kommission die Gefahr, dass die Absatzziele der Manufaktur durch nachlässige Bemühungen der Kommissionäre in Gefahr gerieten. Für einen Kommissionär bestand der einzige Anreiz, die Meißener Porzellane zu verkaufen, in der Provision. Die zur Verfügung gestellten Porzellane blieben Eigentum der Manufaktur bis zum Zeitpunkt des Verkaufs, so dass der Kommissionär kein eigenes Kapital investiert hatte und dadurch die Bereitschaft zu erweiterten Verkaufsanstrengungen naturgemäß begrenzt war.[2070] Im schlimmsten Falle blieben die in Kommission gegebenen Porzellane unverkauft, und die Manufaktur musste entscheiden, ob die Geschirre weiter im Preis heruntergesetzt werden sollten oder man die Waren auf eigene Kosten wieder zurück nach Meißen bringen sollte. In den allermeisten Fällen entschied man sich für die Herabsetzung der Verkaufspreise oder gar zur Durchführung einer Auktion vor Ort beim Kommissionär, da der kostspielige Transport nach Meißen zurück nicht vorteilhaft war.[2071]

Mehr als in den Jahrzehnten zuvor machte man sich in Meißen Gedanken, ob das Produktportfolio der Manufaktur im Vertrieb erfolgreich war. Um dieses Portfolio besser an die Marktanforderungen anzupassen, ordnete Direktor von Oppel persönlich die Formengestaltung in Meißen an. Auf seine sogar selbst vorgezeichneten Entwürfe hin setzte man in Meißen auf neue Formen und Modelle, um den Zeitgeschmack stärker Rechnung zu tragen. Man schaffte neue Vorlagen heran, man orientierte die neuen modischen Formen nach Mustern der Konkurrenzfabriken, man kaufte Kupferstiche als Modellvorlagen und bediente sich einer reichen Sammlung von Abdrücken, die man ebenfalls für die neuen Modelle angekauft hatte. Diese neuen Geschirrformen in Verbindung mit der Entscheidung, bei entsprechender Nachfrage alle ausführbaren Formen ohne Ausnahme und ohne vorherige Direktorialgenehmigung freizugeben, sollte das Produktportfolio in Meißen kompetitiver gestalten.[2072] Es wurde stärker auf aktuelle Entwicklungen und modische Trends im Markt geachtet als in den Jahren zuvor. Als Beispiel kann hier aufgeführt werden, dass nur wenige Wochen nach der Völkerschlacht bei Leipzig der Vorschlag einging, auf bestimmte Stücke die an der Schlacht beteiligten Generäle und Monarchen zu malen, um somit das besondere

[2068] Vgl. AA I Bo 8, S. 57b und AA IV9 15, S. 93.

[2069] Vgl. AA I Bo 8, S. 58 und AA IV14 15, o. S.

[2070] Die Kooperation mit dem Kaufmann Koch aus Freiberg wurde im März 1816 aufgelöst, weil dieser unter anderem die Meißener Porzellane in einer schwer erreichbaren Stube in seinem Ladengeschäft regelrecht versteckt hielt und Kunden kaum vom Meißener Porzellan in Kenntnis setzte, vgl. AA IV9 15, S. 125.

[2071] So bat man das Kommissionshaus von Axen in Hamburg am 28. Juni 1814, einige wenige vorhandene Meißener Stücke um bis zu 45% niedriger zu verkaufen gegenüber dem Fakturapreis und sie keinesfalls mittels einer Auktion zu verkaufen. Von Axen hielt einen Abschlag von 45% immer noch für zu niedrig, um die Geschirre erfolgreich verkaufen zu können, vgl. AA IV9 21, S. 18 und S. 86.

[2072] Vgl. AA I Af 9, S. 85 und S. 97, zu den Formenmustern ab 1814 ausführlich Kunze (1983d).

Ereignis zum eigenen Vorteil zu nutzen.[2073] Die Untersuchungskommissionen von 1814 und 1815 stellten daraufhin mehrmals Nachfragen in Bezug auf die Einschätzung der Porzellane im Markt, um den Markterfolg der neuen Formen in Erfahrung zu bringen.[2074] Seitens des Vertriebs kam man überein, dass die Porzellane durchaus einen Anklang bei den Nachfragern gefunden hatten. Es wurde vereinzelt von „unzweydeutigem Beyfall“ und von „lautem Enthusiasmus“ der Kunden berichtet[2075], aber besonders bei den Geschäftskunden blieben die Bestellungen doch merklich hinter den Erwartungen zurück:

> *„In der That sind aber auch die Vortheile, die wir bieten zu gering, und unsere Preise der Güte der Waaren zwar angemessen, aber nach den bedürfnissen der Zeit dennoch zu hoch, als daß ausländische Speculanten gereitzt werden könnten, sich mit dem Vertriebe zu befassen“.*[2076]

Geklagt wurde seitens der Händler über die Senkung des Rabattsatzes auf einheitliche 12,5% und die trotz massiver Preissenkungen immer noch gegenüber den französischen Porzellanen relativ teuren Meißener Produkte.[2077] Hingegen sah man, dass immer häufiger der „Bürger und Landmann“ zumeist Porzellanstücke nach alten Formen und Mustern wünschte, um kaputte Stücke zu ersetzen und Services zu vervollständigen. Überlegungen zur Steigerung des Vertriebs gingen sogar dahingehend, dass bei besonderen Feierlichkeiten wie Hochzeiten, bei denen Porzellan verschenkt wurde, per Dekret nur noch Meißener Produkte statt ausländischer Ware als Geschenk erlaubt werden sollten. Die dafür anzufertigenden Geschirre sollten mit auf die Feierlichkeiten abgestimmten Dekorationen versehen werden.[2078] Dennoch konnte dies nicht darüber hinwegtäuschen, dass in den Jahren nach 1814 kaum kostbare Luxusausführungen der Porzellane in den Märkten nachgefragt wurden. Ein Großteil der noch vorhandenen Nachfrage konzentrierte sich immer noch auf die alten Formen und Modelle, weil diese schlichtweg günstiger zu kaufen waren.

Die Preisbildung wurde aus Meißen zentral durchgeführt. Hatte es noch in vorhergehenden Jahrzehnten unter Marcolini gewisse Einflussmöglichkeiten zur Preisbildung gegeben, waren die Leiter der Vertriebsniederlassungen nunmehr nur noch dazu berechtigt, ihre Vorschläge zur Preispolitik bei der Kommission in Meißen einzureichen und die dortigen Entscheidungen abzuwarten.[2079] An die aus Meißen kalkulierten Verkaufspreise hatten sie sich grundsätzlich zu halten. Abweichungen nach unten durften nur bei veralteten und unbrauchbaren Porzellanen realisiert werden.[2080]

Der Messestandort in Leipzig blieb auch in der Zeit des Umbruchs ab 1814 der wichtigste Vertriebsort für die Meißener Manufaktur. In diesem Vertriebskanal wieder signifikante

[2073] Vgl. AA I Bo 6, S. 15 und AA IV9 28, S. 107.

[2074] Vgl. AA I Bo 8, o. S.

[2075] AA I Bo 8, o. S.

[2076] AA IV9 25, o. S.

[2077] Vgl. AA I Bo 8, o. S.

[2078] Vgl. AA IV 1, S. 38b.

[2079] Vgl. AA IV9 28, S. 11.

[2080] Vgl. AA IV9 28, S. 11–11b.

Umsätze zu erzielen hieß auch, den Großhandel insgesamt zu stärken. Der neue Leiter der Leipziger Niederlassung, Kaufmann Kunze, führte die Geschäfte auf dem wichtigen Handelsplatz, war fortan für die Kommunikation mit Händlern und Handelshäusern genauso verantwortlich wie für die Eintreibung ausstehender Zahlungen.[2081] Oberfaktor Martini sprach sich in einem Gutachten 1817 für eine Erhöhung des bestehenden Einheitsrabatts von 12,5% aus. Der zu gewährende Rabatt musste weiter erhöht werden, um die sächsischen Kaufleute wieder an die eigene Landesmanufaktur zu binden. Ganz im Sinne merkantilistischer Wirtschaftsauffassung konnte man sowohl dem landesherrlichen, als auch dem individuellen kaufmännischen Interesse gerecht werden, da der Staat ausländisches Geld ins Inland ziehen konnte und sich die inländischen Händler wieder verstärkt der sächsischen statt der französischen Ware widmen konnten.[2082] Als Beispiel für großzügige Rabattkonditionen sah man Wedgwood in England. Dort wurden auf die meisten Artikel mittlerweile 25% Rabatt gegeben, vereinzelt wurde bis zu 30% Rabatt zugestanden. Martini sah vor diesem Hintergrund einen Einstiegssatz von 16,67% für die Meißener Produkte vor, und der Rabatt konnte dann in Abhängigkeit der abgenommenen Verkaufsmenge für den Kaufmann auf einen maximalen Satz von 25% ansteigen.[2083] Um die Wirkung dieser relativ starken Preisherabsetzung machte sich Martini keine Sorgen:

> *„Was übrigens durch diesen Rabatt verloren zu gehen scheint, würde sehr wahrscheinlich durch einen erweiterten Debit wieder ersetzt“.*[2084]

Ihm war bewusst, dass bei einer stärkeren Herabsetzung der Preise die Deckung der Selbstkosten nicht mehr gesichert war. Dennoch konnten seiner Auffassung nach die höheren Verkaufszahlen den Verlust an Profitabilität mehr als wettmachen und den Konkurrenten weitere Marktanteile nehmen, denn bei Aussicht auf hohe Rabatte würde so mancher Kaufmann entsprechend hohe Brutto-Listenpreise nicht mehr ganz so argwöhnisch betrachten.[2085] Erneut wurde die mehrdimensionale Wirkung der Preise unterschätzt, da man die Ausdehnung der Verkaufszahlen infolge von Preissenkungen als ausreichend erachtete, um Gewinne und Umsätze auszuweiten.[2086] Direktor von Oppel konnte sich diesen Überlegungen nicht anschließen, insbesondere war er nicht überzeugt, dass eine höhere Rabattvergabe der Manufaktur Nutzen bringen könnte.[2087] Grundsätzlich misstraute er der Vergabe von extremen Rabattkonditionen, denn ein Rabatt war für den Direktor ein „todes Mittel“, um den Absatz zu steigen.[2088] Überhöhte Konditionen konnten die Ware in den Augen der Käufer in Misskredit führen, da der Eindruck entstehen konnte, dass der Verkäufer aufgrund einer schwierigen wirtschaftlichen Lage durch hohe Rabatte unter seinen Selbstkosten verkaufen musste,

2081 Vgl. AA I Bo 8, S. 42–42b.

2082 Vgl. AA IV9 25, o. S.

2083 Vgl. AA IV 1, S. 31.

2084 AA IV 1, S. 31.

2085 Vgl. AA IV9 25, o. S.

2086 Zu den Schwierigkeiten in Meißen bei der Erfassung von mehrdimensionalen Preiswirkungen, vgl. Kapitel 3.3.15.

2087 Vgl. AA I Ak 1, S. 207b–208 und AA I Ak 2, S. 62.

2088 AA I Ak 2, S. 62b.

ohne dies aber durch niedrige Listenpreise offenbaren zu wollen.[2089] Solche Konditionen konnte die Manufaktur nicht bieten, da der nahezu völlige Verzicht auf die Gewinnmarge erhebliche Gefahren für den Betriebsablauf bedeutet hätte. Dennoch wurde es im Zuge der Erweiterung der Produktlinien um die Porzellansorte II notwendig, die bestehende Rabattstruktur nach den neuen Sorten zu differenzieren. Für die Porzellansorte I wurden mit Resolution vom 22. September 1817 künftig Rabattsätze von 8,33% bei Ausschussware, 16,67% bei der sogenannten halben Malerei und maximal 25% bei voller Malerei vom König genehmigt, die ab einer Mindestabnahmemenge von 100 Talern zur Anwendung kamen.[2090] So war die Manufaktur im äußersten Fall bereit, mit diesen Rabatten die gesamte Gewinnmarge in Höhe von 25% aufzuopfern.[2091] Die Sorte II, als günstiges Produkt ohnehin schon preislich unterhalb der Sorte I positioniert, sollte bei weißen Porzellanen und der einfachen Blaumalerei keinen Rabatt bekommen, hingegen gewährte man bei höherwertigen Bemalungen bei dieser Sorte einen Rabatt von 8,33%.[2092]

Das Rabatt- und Konditionensystem von 1817 unterlag darüber hinaus gewissen individuellen Anpassungen. Sie wurden in Einzelfällen immer wieder auf den jeweiligen Geschäftspartner angepasst, besonders die Mindestabnahmemenge, ab welcher die Rabattsätze zu gelten hatten.[2093] Auch gewährte man in Einzelfällen zusätzlich noch 5% Rabatt bei sofortiger Zahlung in bar, so dass insgesamt besonders bei bedeutenden Bestellungen mehr als die maximalen 25% Rabatt zugestanden wurden.[2094] Zum Ende des Jahres 1820 wurden die Rabattsätze nochmals stärker angehoben, und um den Vertrieb in ausländische Regionen zu erhöhen, führte man eine Ausfuhrprämie ein. Je nachdem, in welche Länder die Geschirre verkauft wurden, kamen zu den normalen Rabattsätzen noch 5% bis 8,33% Prämie hinzu.[2095] Bei der Sorte III wurde bei einer Kaufsumme zwischen 30 und 50 Talern insgesamt 12,5% Rabatt gewährt, bei größeren Bestellungen konnte ein Rabatt von maximal 25% gewährt werden.[2096] Für einige Geschirre, die offensichtlich nicht mehr den Geschmack der Zeit trafen, wurden noch stärkere und differenziertere Verkaufserleichterungen eingeführt, wie beispielsweise für Tabaksköpfe.[2097]

Direktor von Oppel entschied sich, die Anstellung eines erfahrenen Kaufmanns für den Leipziger Vertrieb voranzutreiben und die Durchführung des Verkaufs, wie schon in der Vergangenheit, aus dem Manufakturbetrieb herauszulösen und zu externalisieren. Von Oppel glaubte, „das Wichtigste dafür getan zu haben, wenn ich gute und schöne Waaren um verhältnis-

---

2089 Vgl. AA I Ak 2, S. 63.

2090 Vgl. AA I Ak 2, S. 17 und AA IV 1, S. 123.

2091 Denn die 1817 durch Direktor von Oppel festgelegten Regeln zur Preisbildung sahen eine Gewinnmarge von 25% vor, mit Ausnahme der aufwendigen Porzellanfiguren und -gruppen, vgl. Kapitel 3.3.19.

2092 Vgl. AA IV 1, S. 105 und S. 118.

2093 Vgl. AA IV9 25, o. S. und AA IV 1, S. 219 und S. 365.

2094 Vgl. AA IV 1, S. 220. Teilweise kam man den Händlern auch noch bei den Transportkosten entgegen, indem diese zur Hälfte von der Meißener Manufaktur getragen wurden, vgl. AA IV1, S. 225.

2095 Vgl. AA IV 1, S. 366.

2096 Vgl. AA IV 1, S. 535 und AA IV9 13, S. 65.

2097 Vgl. Tabelle 5-10 im Anhang.

mäßige Preise zu liefern bemüht war", wenn also die künstlerische und produktionstechnische Verantwortung von der Manufaktur zufriedenstellend erledigt wurde, die Verkaufsverantwortung und damit verbundene Handelskosten jedoch komplett an ein Handelshaus abgegeben werden konnten.[2098] Mit königlicher Resolution vom 9. Dezember 1817 wurde die Manufaktur beauftragt, den bisherigen Vertrieb in Leipzig aufzugeben und einen fähigen Geschäftspartner zu suchen, mit dem fortan der Verkauf in der Messestadt durchgeführt werden konnte.[2099] Ein solches Handelshaus wurde im Mai 1817 mit Sellier & Co. gefunden, welches bisher auf der Leipziger Messe Modewaren und besonders französisches Porzellan verkaufte. Sellier tätigte seit Januar 1817 Geschäfte mit der Meißener Manufaktur in Kommission, traf dann im Juli 1817 in Meißen ein, um persönlich die Verhandlungen zur Übernahme des Vertriebs in Leipzig zu führen.[2100] Am 12. Juni 1818 wurde die bisherige Niederlassung in Leipzig geschlossen, und der gesamte Handel für die Leipziger Messen am 1. September 1818 an Sellier & Co. übertragen. Die Manufaktur sicherte Provisionszahlungen in Höhe von 16,5% für die Porzellansorte I und von 5% für die Porzellansorte II gegen Kautionszahlung in Höhe von 10.000 Reichstalern und die Übernahme sämtlicher Handelskosten zu.[2101] Sellier verpflichtete sich im Gegenzug, für die Jahre 1819 und 1820 insgesamt 30.000 Taler Umsatz zu erwirtschaften.[2102] Die Interessen der Manufaktur in Leipzig wurden fortan von dieser Firma vertreten, die durch ihre französische Herkunft für die Manufaktur in Meißen dahingehend vorteilhaft war, als dass man sich durch die Kooperation mit diesem Kommissionshaus wesentliche Erfahrungen aus dem französischen Porzellanmarkt einzuholen erhoffte.[2103]

Aber die Externalisierung des Vertriebs an Sellier & Co. erfolgte nicht zur Zufriedenheit der Meißener Verantwortlichen. Das Geschäftsvolumen konnte in den folgenden Jahren kein nennenswertes Wachstum erreichen, und der so wichtige Informationsaustausch über den Markt, die Transaktionen und den Porzellanhandel wurde von Sellier & Co. vernachlässigt. Konnte der ehemalige Leiter des Leipziger Handels, Nahke, im Jahre 1817 noch 15.442 Taler Umsatz verzeichnen, wurde mit Sellier & Co. zwischen der Ostermesse 1819 und der Ostermesse 1821 insgesamt 26.279 Taler Umsatz gemacht, so dass der vereinbarte Mindestumsatz nicht erreicht werden konnte.[2104] Niedrige Provisionen und Lieferschwierigkeiten der bestellten Porzellane wurden als Grund für die enttäuschenden Verkäufe in Leipzig genannt. Vor allem aber schien das Preisniveau der Meißener Porzellane immer noch nicht konkurrenzfähig zu sein mit demjenigen der Wettbewerber. Der Verkauf an russische und polnische Kunden, die vormals noch komplette Porzellanserien erwarben, ging empfindlich zurück. Die Manufaktur hatte gar für ausgewählte Einzelstücke Preiserhöhungen von 26% und 33% durchgesetzt und sich damit aus dem Markt gepreist, da manche Porzellane nun doppelt so

2098 HStAD 10036 Loc. 36342, Vol. II, S. 207.

2099 Vgl. AA IV 1, S. 123–123b.

2100 Vgl. AA IV9 25, o. S.

2101 Vgl. Kunze (1988), S. 46.

2102 Vgl. AA IV9 23, S. 190b.

2103 Vgl. HStAD 10036 Loc. 36342, Vol. II, S. 207 und Kunze (1983b), S. 43.

2104 Vgl. AA IV 1, S. 485–486 und AA IV9 24, S. 129b.

teuer waren wie vergleichbare französische Produkte.[2105] Der Bruch mit Sellier war unausweichlich, als das Handelshaus eigenmächtig die Verkaufspreise änderte und somit zentrale Vorgaben aus Meißen ignorierte, und als man sich daraufhin über die richtige Vertriebsstrategie am Messestandort Leipzig nicht einigen konnte.[2106] Mit Resolution vom 30. April 1821 führte man den Vertrieb in Leipzig wieder auf eigene Rechnung durch.[2107] Man übernahm teilweise das Personal von Sellier & Co. für die eigene Tätigkeit und reaktivierte ehemalige Angestellte aus dem Leipziger Vertrieb, wie den Faktor Nahke. Die Manufakturführung erkannte, dass der Verkauf in Eigenregie vorteilhafter war aufgrund der Möglichkeit, die direkten Kontakte mit den verschiedenen Geschäftskunden und Handelshäusern selbst nutzen zu können. Die Umsätze in Leipzig konnte man in den ersten Messen unter der neuen Struktur signifikant erhöhen auf 4.129 Reichstaler und in der Ostermesse 1822 auf 3.495 Reichstaler, während unter Führung von Sellier & Co. die Einnahmen pro Messe zwischen 1.200 bis 1.800 Talern schwankten.[2108]

Zur besseren Orientierung für die Käufer wurden ab 1825 in den Niederlassungen alle Geschirre mit ähnlichen Preisen nah beieinander zusammengestellt, so dass Produktgruppen mit gleichen Preisstrukturen schneller aufzufinden waren.[2109] Auch richtete man seitens des Vertriebs den Wunsch an die Direktion, individueller als bisher auf mögliche Kaufinteressenten eingehen zu können. In Fällen, „wo der Verkauf von einem Augenblick abhängt", sollte es erlaubt sein, außerordentliche Preisnachlässe bei veralteten und weitestgehend schwer verkäuflichen Geschirren zu gewähren.[2110] Dieser Preisnachlass sollte eine Höhe von maximal 50% betragen und ohne vorherige Abstimmung mit der Manufakturdirektion gewährt werden. Von Oppel erteilte jedoch dieser Ausweitung der Vollmachten des Vertriebs in der Preisgestaltung eine Absage. Der Kontrollverlust über die Preisbildung und die Gefahr, dass Kunden diesen außerordentlichen Nachlass auch auf andere Produktgruppen ausgedehnt wissen wollten, hätten zur Erosion der Struktur der festen Verkaufspreise führen können.[2111] Jedoch sah sich von Oppel in der königlichen Resolution vom 26. März 1825 überstimmt, als Friedrich August I. diesen Vorschlag des Meißener Vertriebs zustimmte und den außerordentlichen Nachlass von bis zu 50% genehmigte.[2112] Auf diesem Wege wurde die nicht mehr gangbare Lagerware, die ohnehin schon durch die Preissenkung zwischen 25% und 33,33% billiger gemacht wurde, definitiv unter Selbstkosten verkauft. Profitabilitätsaspekte spielten keine wesentliche Rolle mehr, so dass alle Anstrengungen, auch gegen die Meinung des Manufakturdirektors, auf die Steigerung der Umsätze gerichtet waren. Und um diese Bemühungen noch weiter voranzutreiben, sah man die Notwendigkeit, die bestehenden Rabatt- und Konditionensysteme in Meißen erneut auf den Prüfstand zu stellen. Für alle Porzellansorten und für alte Lagerbestände wie auch für neue Geschirre, wurden am 12. März 1825

2105 Vgl. HStAD 10036 Loc. 36342, Vol. II, S. 194.

2106 Vgl. AA IV9 23, S. 191b.

2107 Vgl. HStAD 10036 Loc. 36342, Vol. II, S. 34.

2108 Vgl. HStAD 10036 Loc. 36342, Vol. III, S. 83, S. 104 und S. 186.

2109 Vgl. AA IV9 23, S. 8.

2110 AA IV9 23, S. 12b.

2111 Vgl. AA IV9 23, S. 21.

2112 Vgl. AA IV9 23, S. 37b.

abermals neue Rabattsätze aufgestellt. Es erfolgte fortan eine stärkere Differenzierung der Rabatte in Abhängigkeit der Produktkategorie. Darüber hinaus sollte der Vertrieb in die Gebiete außerhalb Sachsens durch eine zusätzliche Exportationsprämie befördert werden.[2113]

Die Bemühungen des Direktors von Oppel, seit 1817 die Verkaufspreise nicht weiter absenken zu lassen und dem Preissenkungsdruck in der Branche nicht nachzugeben, fanden allerspätestens zu diesem Zeitpunkt ihr Ende. Man erwartete von dieser Preissenkung, dass sich der Vertrieb dadurch spürbar verbessern würde, so dass man dann auf weitere Ermäßigungen verzichten konnte.[2114] Man kam auch mehr und mehr den Handelshäusern entgegen und ging auch auf flexible Anpassungen des Konditionensystems ein, indem man bei den so dringend benötigten großen Bestellungen die eigenen Preis- und Konditionensysteme soweit wie möglich den Kundenwünschen anpasste. Dem englischen Handelshaus Rittner & Saxby räumte man so eine allgemeine Rückzahlungsfrist von einem Jahr ein und verzichtete stattdessen auf die zusätzliche Gewährung einer Exportationsprämie von 5% bis 8%.[2115]

Die Jahre 1820 bis 1824 waren durch erheblich unbefriedigende Ergebnisse in der Vertriebstätigkeit gekennzeichnet. Mehrmals musste die Manufaktur wegen ausbleibender Geldeinnahmen die laufenden Lohnzahlungen zurückstellen oder unregelmäßig auszahlen.[2116] Wie sah zu diesem Zeitpunkt die Vertriebsstruktur in Meißen aus? Zum Jahresende 1825 wies die Vertriebsstruktur in Meißen drei tragende Säulen auf: Den Verkauf über eigene Verkaufsniederlassungen im Detail- und Großhandel, den Vertrieb über Kommissionslager und den Auktionsbetrieb.

Was die eigenen Niederlassungen anging, unterschied man in Meißen den großen Detailhandel, mit dem kleinere Händler und Kaufleute beliefert wurden, und den kleinen Detailhandel, bei welchem die Porzellane in den eigenen Niederlassungen der Stamm- und Laufkundschaft angeboten wurden und bei welchem nur geringe Verkaufssummen erzielt wurden. In diesen beiden Zweigen des Detailhandels erzielte die Manufaktur zum Jahresende 1825 einen Umsatz von 46.508 Talern.[2117] Damit erwies sich der Detailhandel als die sicherste und verlässlichste der drei Säulen im Vertrieb. Der Detailverkauf konnte sich zwar nicht weiter ausdehnen solange die ausländische Konkurrenz mit günstigeren Preisen und die eingetretene Landesteilung mit den Gebietsverlusten seit 1815 immer noch zu große Hindernisse darstellten. Doch der Grad an Sicherheit, der aus den regelmäßigen und stetigen Einnahmen aus dem Detailverkauf resultierte, kam der Finanzsituation der Manufaktur zugute. Auch bedeutete der Verzicht auf die Auszahlung von Provisionen, die durch die Kooperationen mit kleinen und großen Kommissionslagern verbunden waren, eine weitere Ersparnis. Eine Ersparnis, die jedoch nahezu vollständig wieder aufgezehrt wurde durch die erhöhten laufenden Miet- und Personalkosten zur Erhaltung dreier Niederlassungen. Je mehr Anteil der kleine Detailhandel zudem an dem gesamten Vertrieb hatte, umso nachteiliger musste sich das auf die Manufak-

[2113] Vgl. Tabelle 5-11 im Anhang.

[2114] Vgl. AA IV9 23, S. 50.

[2115] Vgl. AA IV 01, S. 8.

[2116] Vgl. AA I Af 9, S. 89b.

[2117] Vgl. AA IV 01, S. 2.

tur auswirken. Denn die Berücksichtigung der oft sehr individuellen Kundenanforderungen in Bezug auf Verfügbarkeit und Lieferung hochwertiger Porzellane bedeutete auch eine erhöhte Gefahr der Bildung von Ladenhütern, die nur unter erheblichen Preiszugeständnissen wieder zu verkaufen waren. Auch die mit dem kleinen Detailhandel verbundenen Transaktionskosten standen für die Manufaktur in keinem Verhältnis zu den Einnahmen aus der jeweiligen Transaktion. Eine kleine Bestellung von 200 Talern verursachte relativ gesehen viel mehr Aufwand bei der Manufaktur als eine große Bestellung von 2.000 Talern. Aus diesen Gründen erachtete man in Meißen eine Ausdehnung des großen Detailhandels als wünschenswert, da hier den Vorteilen des stetigen und sicheren Einnahmeflusses die genannten Nachteile aus dem kleinen Handel nicht gegenüberstanden.

Der eigentliche Großhandel hatte in den Jahren nach 1814 immer noch nicht die Verhältnisse erreicht, die noch vor 1806 geherrscht hatten. Geringfügige, zumeist einzeln isolierte Bestellungen aus dem In- und Ausland stellten keine regelmäßige und zuverlässige Umsatzquelle dar. Wenig Aussicht auf Absatzchancen wurden für Russland und Österreich gesehen. Das Russische Reich hatte nach wie vor hohe Einfuhrzölle, die durch die hohen Transportkosten noch schwerer in der Kalkulation wogen. Die Erwartungen, dass Russland die strikten Einfuhrbeschränkungen für sächsisches Porzellan aufheben könnte, wurden durch weitere Verschärfungen der Importzölle in den Jahren 1820 und 1822 enttäuscht.[2118] Auch konnte der Vertrieb in die deutschsprachigen Länder der Manufaktur keine Garantien geben. Der Vertrieb nach Preußen konnte nicht wieder aufgebaut werden, da die preußischen Zolltarife für sächsisches Porzellan wirksam die Einfuhr der Meißener Ware unterbinden konnten. Verkäufe nach Süddeutschland waren ebenfalls erschwert, da die dortigen Länder teilweise ihre eigenen Porzellanmanufakturen unterhielten und diese Region noch weitaus billiger mit französischen Porzellanen erreicht werden konnte als Sachsen. Gleiches galt auch für die westlichen Regionen, die noch näher an die französischen Gebiete grenzten. Im Norden versprach lediglich die Handelsstadt Hamburg ein interessanter Brückenkopf zu sein, um den schwierigen Vertriebsbedingungen im restlichen deutschen Raum zu entkommen und neue Geschäftsmöglichkeiten in England und in Übersee aufzubauen.[2119]

Schon seit 1816 suchte man deshalb verstärkt den Vertriebsweg in die amerikanischen Regionen aufzunehmen. Dazu aufgenommene Geschäftskontakte aus Hamburg und Amsterdam verliefen aber im Sande.[2120] Auch ein mögliches Kommissionslager in Lissabon für den Versand nach Übersee kam im Jahre 1825 nicht zustande, weil man statt des erwünschten Kommissionslagerwerts von 15.000 Talern dem interessierten Handelshaus nur 5.000 Taler Porzellanwert zu geben bereit war.[2121] Probesendungen von Porzellan wurden 1827 nach Nordamerika ohne Erfolg durchgeführt.[2122] Seit den 1820er Jahren bestand jedoch in Meißen Grund zu der Annahme, aus dem Handel mit England wieder beträchtliche Verkäufe generieren zu können. Die Vielzahl von Bestellungen zumeist veralteter Formen und Geschirre aus

---

2118 Vgl. AA I Af 9, S. 103b.

2119 Vgl. Kunze (1988), S. 55–56.

2120 Vgl. AA IV9 25, S. 3.

2121 Vgl. AA IV 01, S. 6.

2122 Vgl. Kunze (1988), S. 64.

England hatten in Meißen zu einer unerwarteten Steigerung der Großhandelstätigkeit geführt. Eine allererste Bestellung von Meißener Porzellanen in alten Formen und Dessins im Jahre 1815 durch das englische Handelshaus Rittner & Saxby initiierte eine rege Handelstätigkeit Meißens mit den angelsächsischen Kaufleuten. Berichtet wurde von persönlich in Meißen erscheinenden englischen Geschäftsleuten, die selbst in den Warenlagern nach längst vergessenen Werken des Modellmeisters Kaendler suchten.[2123] In England schien zu diesem Zeitpunkt das Porzellan, wie es die Manufaktur vor mehr als 70 Jahren herstellte, besonders gefragt zu sein. 1825 verzeichnete man so einen Umsatz von 46.261 Talern allein aus diesen englischen Bestellungen.[2124] Besonders vorteilhaft war der Handel mit England, weil man hier noch am ehesten eine Abnahmegarantie für die eigenen Porzellane bekam und durch den Verkauf alter Lagerware schon längst vergessene Stücke wieder zu Geld machen konnte. So konnte man langsam die Geschäftsverbindungen mit Porzellangroßhändlern erweitern, so dass Ende 1827 insgesamt 13 auswärtige Kontakte mit Handelshäusern bestanden.[2125]

Hoffnungen auf erhöhte Umsätze im Großhandel machte man sich auch durch die Kooperation mit der Rheinisch-Westindischen Kompanie, die 1821 gegründet wurde, um besonders Unternehmern aus dem Bergischen Land neue Absatzwege zu ermöglichen.[2126] Seit 1822 hatte man mit der Kompanie Geschäftskontakte aufgebaut, um Porzellan nach Mexiko, Haiti und Buenos Aires zu versenden. Die Porzellanlieferungen nach Buenos Aires führten selbst nach Abzug der hohen Kostenpositionen für den Transport noch zu Überschüssen für die Manufaktur, während die beiden anderen Sendungen enttäuschend verliefen.[2127] Dennoch wurde zum Jahresende 1825 eine größere Sendung von Porzellan im Werte von insgesamt 7.000 Talern für die Kompanie genehmigt. Man plante, im Jahre 1826 insgesamt 20.000 Taler Umsatz aus diesem Vertriebskanal zu erzielen, und wandte diesem Vertriebsweg größte Aufmerksamkeit zu. Denn die Ausdehnung des Geschäfts in neue Märkte sollte die Handelshemmnisse für die Manufaktur in den angestammten heimischen Absatzgebieten und die dort vorhandenen schwachen Wachstumschancen kompensieren. Jedoch dauerte es mitunter bis zu anderthalb Jahre, bis man die Zahlungen der versendeten Porzellane verbuchen konnte. Dies stellte auch die Manufaktur vor eine größere Herausforderung, da man das finanzielle Risiko eines Zahlungsausfalls während eines so langen Zeitraums ohne entsprechende Geldeinnahmen oder finanzielle Sicherheiten nicht schultern konnte.[2128] Doch war man gewillt, auch diese Risiken einzugehen, um dauerhaft erfolgreiche Geschäfte in den überseeischen Märkten etablieren zu können, vor allem da man dort auf einen Verkauf der Ladenhüter spekulierte. Diese Risiken erwiesen sich aber doch als zu groß, denn die Rheinisch-Westindische Kompanie wurde im Dezember 1826 in der Schuldnerliste aufgeführt mit aus-

2123 Vgl. Kunze (1982b), S. 37.

2124 Vgl. AA I Af 9, S. 104b.

2125 Vgl. AA I Af 9, S. 105. Zum Handel mit England in der Zeit nach 1830 vgl. Kunze (1982b).

2126 Zur Rheinisch-Westindischen Kompanie, ausführlich Oehm (1968) und Beckmann (1915).

2127 Vgl. AA IV 01, S. 7 und Kunze (1988), S. 65. Auch die Nymphenburger Porzellanmanufaktur bemühte sich um den Export ihrer Porzellane mit Hilfe der Rheinisch-Westindischen Kompanie, vgl. Hofmann (1923b), S. 651.

2128 Vgl. AA IV 01, S. 10.

stehenden Zahlungen in Höhe von 20.175 Talern für den Handel nach Mexiko, worauf keine weiteren Geschäfte mit der Kompanie getätigt wurden.[2129]

Die Kommissionslager, einst beim Vertrieb der Manufaktur nicht wegzudenken, waren im Jahre 1825 nahezu bedeutungslos geworden, und ab dem Jahre 1827 nicht mehr existent. Die Nachteile der Kommissionierung der Porzellanwaren bestanden in der Zahlung von hohen Provisionssummen und dem Verbleib der Geschirre in Manufaktureigentum. Das Halten von Lagerbeständen in den Kommissionslagern verursachte dabei ein ums andere Mal auch das Anwachsen von nicht mehr verkaufbaren Lagerbeständen, die für die Manufaktur unrentables totes Kapital bedeuteten. Die vielfach geschlossenen Kommissionen im In- und Ausland hatten unter anderem auch zu völlig überhöhten Schuldenposten und ausstehenden Geldforderungen geführt, unter denen Meißen in der Zeit des Direktors Marcolini besonders zu leiden hatte. Man konnte durch ausgedehnte Vertriebsreisen unter der Direktion von Fletcher in den Jahren 1764 bis 1774 eine erhebliche Zahl von Geschäftskontakten aufbauen, sowohl bei Großhändlern als auch bei Kommissionären. 1774 hatte es noch insgesamt 105 ständige Geschäftsbeziehungen für die Manufaktur gegeben, 1827 nur noch 13, was einem Rückgang um 88% entsprach.[2130] Dieser Rückgang zeigte nicht nur das erheblich veränderte Marktumfeld für den Porzellanvertrieb auf, sondern war auch Ausdruck der geänderten Vertriebsstrategien. Die Solvenz eines Kaufmanns und seine Fähigkeit, ein Kommissionslager im Einklang mit den Manufakturinteressen zu führen, waren entscheidend für den erfolgreichen Vertrieb in diesem Absatzkanal. Oftmals scheiterten Kommissionsverträge an fehlenden Garantien oder überzogenen Vorstellungen über Größe und Umfang der kommissionierten Waren. Nach Auflösung des Kommissionslagers unter Führung von Sellier am Messestandort Leipzig befanden sich nur noch in Bautzen und Meißen entsprechende Verkaufslager in Kommission, die beide etwas mehr als 3.700 Taler an Umsatz generierten.[2131] Mit dem Kommissionslager in Bautzen unter Führung des Kaufmanns Bauer konnte die Meißener Manufaktur den Vertrieb in die grenznahen Gebiete in Schlesien sicherstellen. Man gewährte Bauer 20% Provision, während das Meißener Kommissionslager unter dem Kaufmann Burkhardt lediglich 12,5% Provision zugestanden bekam und fast nur diejenigen Durchreisenden als Kunden hatte, welche die Albrechtsburg aus Zeitgründen nicht selbst besuchen konnten. Beide Kommissionäre hatte die Manufaktur in gewissem Maße unter ihrer Kontrolle. Bauer in Bautzen hatte eine Kaution hinterlegt, Burkhardt in Meißen war sprichwörtlich unter den Augen der Manufaktur tätig. So bestand bei beiden trotz der geringen Umsätze kein Anlass, die Kommissionen zu kündigen. Von allen möglichen Vertriebsformen sah man das Kommissionsgeschäft als den am wenigsten vorteilhaften Distributionskanal an. Kommissionen waren lediglich das bevorzugte Mittel, um nach und nach neue Handelsverbindungen insbesondere im Ausland wieder aufzubauen.

[2129] Vgl. Kunze (1988), S. 65.

[2130] Vgl. AA I Af 9, S. 119–121, eigene Berechnungen. Vgl. auch Abbildung 5-32 im Anhang.

[2131] Vgl. AA IV 01, S. 12. Die ehemalige manufaktureigene Niederlassung in Warschau wurde im Jahre 1814nach ihrer Schließung in ein Kommissionslager umgewandelt. Nach weitgehend unbefriedigenden Umsätzen wurde die endgültige Auflösung auch dieses Kommissionslagers im September 1824 beschlossen, vgl. AA I Af 9, S. 102b.

Der Verkauf im Wege der Auktionen[2132] hatte im Jahr 1825 an Intensität verloren. Die ab den Jahren 1814/1815 ununterbrochen durchgeführten flächendeckenden Auktionen über mehrere Tage wurden nicht mehr gehalten. Für das Jahr 1825 konnte man einen Auktionserlös von 20.578 Talern erzielen.[2133] Ein Teil des Verkaufs der Geschirre nach alten Formen erfolgte über den englischen Handel, weswegen die Versorgung der Auktionen mit geeigneten Artikeln schwieriger wurde. Zwar gelangten immer noch die fehlerhaften Porzellane und die Ausschussware in den Auktionsverkauf, aber die Menge der Auktionsartikel musste um bis zu 40% durch Lagerware der Porzellansorte II ergänzt werden, um stete Einnahmen hieraus sichern zu können.[2134] Bewusst war man sich der Tatsache, dass der Auktionsplan für den Erfolg des Verkaufs entscheidend war. Man nahm kleinere Orte aus dem Plan heraus, besuchte vorzugsweise nur größere Städte und führte zudem den Verkauf vorwiegend in den Zeiträumen, in denen typischerweise keine Feldarbeiten auf dem Lande zu erwarten waren, so dass man auf mehr Interessenten während der Auktionen hoffte. Inspektor Kühn klagte diesbezüglich, dass die Manufaktur trotz jahrzehntelanger Erfahrung in der Durchführung von Auktionen zum Nachteil des Manufakturbetriebes immer noch unbefriedigende Auktionspläne entwarf.[2135]

Diese auf den drei Säulen basierende Vertriebsstruktur barg etliche Schwierigkeiten. Zuvorderst war die Abhängigkeit von dem neu eingesetzten englischen Handel eklatant. Von den beiden Handelshäusern Rittner & Saxby und Enthoven war man besonders abhängig, und kurzzeitig ausbleibende Zahlungen konnten schon zu erheblichen finanziellen Störungen in Meißen führen. Das Abhängigkeitsverhältnis konnte zum Schaden der Manufaktur so groß werden, dass man bei den Verkaufskonditionen mehr und mehr zu Zugeständnissen bereit war, um die Geschäftsverbindung weiter aufrecht erhalten zu können. Die erheblich verspätete Realisierung der Einnahmen aus den Verkäufen nach Übersee konnte auch zu kurzfristigen finanziellen Schwierigkeiten führen. Betrachtete man noch die typischerweise auftretenden Schwankungen in Geschmack und Mode im Porzellanmarkt, so erforderte allein die Sicherung des finanziellen Status Quo erhebliche Vertriebsreformen.[2136] Und da der Status Quo bei weitem nicht als erstrebenswertes Ziel galt, standen der Manufaktur erhebliche Reformen und Verbesserungen in der Vertriebsleistung bevor. Inspektor Kühn favorisierte an dieser Stelle, verstärkt nach neuen Handelswegen weltweit zu suchen, um die Grenzen der inländischen Absatzmöglichkeiten zu durchbrechen. Er schlug als ersten Brückenkopf für den Eintritt in ausländische Märkte den hanseatischen Handelsplatz in Hamburg vor.[2137] Schon einmal hatte man Geschäftsverbindungen in Hamburg gehabt, doch diese bestanden lediglich auf Kommissionsbasis und führten zu keinem Erfolg.

So stellte die Zeit nach 1814 für den Vertrieb in Meißen eine besondere Herausforderung dar. Man musste dafür sorgen, dass die Porzellane erfolgreich in Märkte abgesetzt werden

2132 Zu den Auktionen, vgl. ausführlich Kapitel 3.4.7.

2133 Vgl. AA IV 01, S. 20.

2134 Vgl. AA IV 01, S. 21.

2135 Vgl. AA IV 01, S. 18.

2136 Vgl. AA IV 01, S. 23.

2137 Vgl. AA I Af 9, S. 110 und AA IV 01, S. 24.

konnten, die stark von Handelsbarrieren geprägt waren. Zölle und Einfuhrverbote, Handelseinschränkungen und Transportprobleme charakterisierten in zunehmendem Maße die Bemühungen um einen erfolgreichen Absatz. Zudem geriet man aufgrund von Überkapazitäten und starkem Wettbewerb immer wieder unter Preisdruck, so dass die Rabattkonditionen in dieser Periode stets erweitert und für die Kunden immer wieder verbessert wurden. Da die angestammten europäischen Porzellanmärkte kaum Wachstumsaussichten boten und von starkem Wettbewerb geprägt waren, erschien die stärkere Hinwendung zu neuen Vertriebsregionen innerhalb und außerhalb Europas als unternehmerische Notwendigkeit. Unter diesen Bedingungen konnte die Manufaktur im Zeitraum von 1814 bis 1830 insgesamt Einnahmen von 1.756.971 Talern generieren, davon entfielen 516.900 Taler auf Umsätze aus dem Ausland und 1.240.071 Taler auf Einnahmen aus dem Inland, so dass innerhalb der Landesgrenzen etwas mehr als 70% der Umsätze getätigt wurden.[2138]

3.4.7 Vertrieb durch Porzellanauktionen

Nach dem Tode Böttgers 1719 versuchte die damals eingesetzte Manufakturkommission, das noch vorhandene rote Porzellan in Auktionen zu verkaufen. Damit wurde zum ersten Mal auch in Meißen eine Verkaufsstrategie eingeführt, welche schon für die Niederländische Ostindische Kompanie zum probaten Mittel des Porzellanverkaufs geworden war.[2139] Auktionen verbreiteten sich insbesondere in den Seestädten, wo die Porzellane aus Asien zuerst ankamen. Die Auktion wurde bevorzugt eingesetzt, weil die damaligen Absatzmärkte noch nicht groß genug waren, um die vielen Waren aus Übersee in einen regulären Verkauf aufnehmen zu können.[2140] Auktionen wurden auch deshalb durchgeführt, da die Anbieter sich über ihre eigene Kostenstruktur nicht im Klaren waren und diese nicht exakt bestimmen konnten. Bei den großen Überseegesellschaften war das häufig der Fall, da sie mit so vielen Variablen in der Kostenkalkulation ihrer Übersee-Aktivitäten rechnen mussten, dass eine Kalkulation der Stückkosten auf das einzelne Porzellanstück kaum möglich war.[2141] Auktionen hatten auch den unschätzbaren Vorteil, dass Liquidität schnell in die Kassen kam und das Kapital ebenso schnell weiter eingesetzt werden konnte für die weiteren Handelsaktivitäten mit Asien – man musste nicht erst den langwierigen Prozess des Verkaufs über den Groß- und Einzelhandel durchmachen, bei dem auch noch erhebliche Gelder aufgrund der damals üblichen Kreditkäufe nicht sofort zur Verfügung standen.[2142] Das Europa des 18. Jahrhunderts war deshalb schon frühzeitig mit Auktionen für Porzellan vertraut, und besonders Paris entwickelte sich im 18. Jahrhundert zum Zentrum für Auktionen für Luxusgüter.[2143]

2138 Vgl. Kunze (1982b), S. 42 und HStAD 10036 Loc. 41911, Vol. 205h, o. S., eigene Berechnungen. Die Umsätze mit England machten dabei annähernd 43% der Auslandsumsätze aus.

2139 Vgl. Zimmermann (1908), S. 259 und auch HStAD 10026 Loc. 1341/09, S. 356. Zum Instrument der Auktion aus ökonomischer Sicht ausführlich Klemperer (2004) und Menezes/Monteiro (2005), aus sozialtheoretischer Sicht vgl. Smith (1988), besonders ausführlich zu zeitgenössischen Versteigerungen des 19. Jahrhunderts Mannheims/Oberem (2003).

2140 Vgl. Löffelholz (1935) S. 277.

2141 Vgl. Löffelholz (1935), S. 278.

2142 Vgl. Braudel (1982), S. 384–385.

2143 Vgl. ausführlich Pallach (1980).

In späteren Phasen der Manufaktur, insbesondere in Zeiten der wirtschaftlichen Schieflage, griff man ebenfalls bevorzugt zum Instrument der Auktion. Die Manufaktur erholte sich von den Wirren des Siebenjährigen Krieges nur schleppend und schlitterte in eine Krise, die nicht nur den künstlerischen Aspekt der Manufaktur erfasste, sondern unweigerlich auch die betriebswirtschaftliche Seite belastete. Man war um jede schnelle Einnahmequelle froh, auch weil der Markt in den 1760er Jahren mit keramischen Erzeugnissen überschwemmt wurde. In seinem Reskript vom 13. Mai 1764 befahl der Regent Xaver, das Brac „auctionsweise, für Rechnung der Manufaktur, zu versilbern".[2144] Dies war nicht nur eine Maßnahme, um die Porzellanlager von altmodischer und schlecht verkäuflicher Ware zu befreien. In den Sommermonaten 1764 benötigte die Manufaktur liquide Mittel, um die Fabrikanten pünktlich bezahlen zu können.[2145] So wurde am 1. August 1764 in Dresden die erste von einer ganzen Reihe von Auktionen gehalten, und bald ging man dazu über, praktisch jeden Tag eine Auktion durchzuführen.[2146] Die ersten erfolgreichen Auktionen bestärkten den Direktor von Fletcher, den Weg der Auktion für mehr und mehr Produktgruppen zu wählen. Die vereinzelt viel zu geringen Auktionserlöse für einzelne Porzellane waren kein Grund zur Sorge, denn „in hohen Preißen dürften wohl große und oft unbrauchbare Stücke nicht weggehen" im normalen Verkauf.[2147] Für eine anzusetzende Auktion in Leipzig hegte er Hoffnung, dass

> *„per modum auctionis ein guter Theil sehr alter Schüßeln, Terrinen, Aufsätzen, Vasen, großen Gruppen, Figuren, Thiere und anderer solcher Stücke, von dem hier [in Meißen] vorräthigen weißen Mittelguthe, vor zu sich keine Käufer finden, ebenfalls am leichtesten könnten zu Gelde gemacht werden".*[2148]

Jetzt erweiterte man die Auktionen Schritt für Schritt auf das gesamte Produktspektrum der Meißener Porzellane. Vor dem Hintergrund der sich rasch wechselnden künstlerischen Mode, wählte man den relativ bequemen Weg der Auktion statt alternativer Verkaufs- und Preisinstrumente. Weiße und bunte Porzellane, Mittelgut und Brac, altmodische und neuere Porzellane – alles konnte und wurde auch auf dem Auktionswege verkauft nach Genehmigung durch Fürst Xaver mit Resolution vom 23. September 1764.[2149] Es fanden sich Porzellane, die seit mehr als 20 Jahren in den Lagerräumen aufbewahrt wurden und nicht verkauft werden konnten. Solche Stücke waren ideal, um in die Auktionen gebracht zu werden.

Es waren jedoch noch zwei andere Gründe ausschlaggebend für die Bevorzugung des Instruments der Auktion, die in der bisherigen Forschung kaum beachtet worden sind. Ein erster Grund war der Wegfall einer unangenehmen Preiskommunikation. Durch eine Auktion konnte nämlich die Manufaktur für die sich ergebenden Preise nicht „haftbar" gemacht werden, denn durch das Bieterverfahren „hätte das Publicum über die Preiße, so sie durch das Überbieten einander selbst machen, nicht Ursach zu klagen", wie Direktor von Fletcher an-

---

2144 AA I Aa 40, S. 6b.

2145 Vgl. AA I Aa 41, S. 48b. Für den Monat Juli 1764 allein überstiegen die Ausgaben die Einnahmen um 3.157 Taler und 9 Groschen, so dass dringender Handlungsbedarf gegeben war, vgl. AA I Aa 41, S. 87.

2146 Vgl. AA I Aa 41, S. 36, vgl. auch Berling (1900), S. 138.

2147 AA I Aa 47, S. 198b.

2148 AA I Aa 41, S. 89.

2149 Vgl. AA I Aa 47, S. 199.

merkte.[2150] Man löste sich gewissermaßen aus der Preisverantwortlichkeit heraus und entledigte sich bei den Auktionspreisen der notwendigen Kommunikation und Rechtfertigung der Preise, da diese ja schließlich von den Nachfragern selbst gemacht wurden und nicht auf einer unternehmerischen Entscheidung des Meißener Betriebs beruhten.[2151] Während dieser Aspekt das Vertrauen in die Meißener Preispolitik festigen sollte, hatte der zweite Grund einen mehr operationalen Hintergrund. Es war nämlich weit verbreitete Geschäftspraxis, die Porzellanhändler bei bevorstehenden Änderungen der offiziellen Preise mit einem gewissen zeitlichen Vorlauf von dieser Maßnahme zu informieren. Beabsichtigte die Manufaktur Preisanpassungen, mussten Geschäftskunden bis zu 9 Monate im Voraus in nahezu sämtlichen Details davon unterrichtet werden.[2152] Diese Maßnahme, so unpraktisch sie in der Durchführung war und so sehr sie die Preispolitik des Betriebes hemmte, sollte die Händler vor einem Wertverlust ihrer eigenen Porzellanbestände bewahren und ihnen die Chance einräumen, sich noch rechtzeitig ihrer Ware zu entledigen. Mit der Durchführung einer Auktion umging man diese Klausel, und es entfiel die Vorabbenachrichtigung an die Händler. Wollte man eine kurzfristige Preissenkung durchführen, ob allgemein oder zielgerichtet für ausgewählte Stücke, so brachte man die jeweiligen Porzellane in den Auktionsverkauf. Da die Manufaktur ihre Preisliste offiziell nicht änderte, sondern die Preisfestsetzung dem Markt selbst überließ, entfiel die Notwendigkeit der Benachrichtigung der Händler.[2153] Das Instrument der Auktion, vordergründig als Mittel des schnellen Verkaufs und der Lagerräumung gedacht, konnte somit die Manufaktur auch vor nicht unproblematischen betrieblichen Hemmnissen und Schwierigkeiten schützen. Besonders bei der Preispolitik konnte ein Verzicht auf Vorankündigungen von Preisänderungen und die Bewahrung der Integrität in der Preiskommunikation der Manufaktur entscheidenden Handlungsspielraum verschaffen.

Die Durchführung von Auktionen wurde in den nachfolgenden Jahren so bedeutend, dass im Jahr 1766 die Auktionserlöse schon 25% des Gesamtumsatzes ausmachten.[2154]

Dies ist umso erstaunlicher, da Auktionen als regelmäßige Instrumente des Verkaufs erstmals am 1. August 1764 eingeführt wurden und so binnen kurzer Zeit einen signifikanten Anteil an den Einnahmen generieren konnten. Allein die ersten sieben gehaltenen Auktionen in der zweiten Jahreshälfte 1764 sorgten für 15% Anteil an den Gesamtumsätzen für dieses Jahr und verdeutlichten die große Bedeutung, die sie für die wirtschaftliche Tätigkeit der Manufaktur erreicht hatten. Die Manufaktur war sich dabei offenbar nicht zu schade, die Porzellanauktionen auch in den kleinsten Städten Sachsens durchzuführen. Zwar wählte man nicht unbedingt die kleinsten Ortschaften als Auktionsorte, da die durchschnittliche Einwohnerzahl der Verkaufsstädte 8.284 Einwohner betrug, aber Orte wie Neustadt an der Orla,

---

2150 AA I Aa 41, S. 102b.

2151 Diese Legitimität der Preisfindung, auch wenn bei einem anderen Verkaufsverfahren ein höherer Preis erzielt werden konnte, sicherte den Eigentumsübergang und bewahrte vor Verdächtigungen und Anschuldigungen. Der erzielte Preis bei einer Versteigerung wird im Allgemeinen durch ein „kollektives Urteil" der Auktionsteilnehmer getragen und wird dadurch unanfechtbar, so auch Smith (1988), S. 81–85.

2152 So verlangte z.B. der Direktor Helbig, der den Detailverkauf in Leipzig und Dresden aufbauen wollte, eine Vorausbenachrichtigung bei Preisanpassungen von acht Monaten, vgl. auch das Kapitel 3.4.3.

2153 Vgl. AA I Aa 41, S. 102b.

2154 Vgl. AA I Aa 50, S. 147b, eigene Berechnungen.

Schleusingen oder Pegau dürften zum damaligen Zeitpunkt jeweils kaum mehr als jeweils 2.500 Einwohner gehabt haben.[2155] In diesen stark ländlich geprägten Ortschaften wurden wiederholt mehrere Porzellanauktionen durchgeführt, obwohl man davon ausgehen musste, in diesen Gebieten auf eine sehr kaufkraftschwache Klientel zu stoßen, die nicht die Zahlungsbereitschaft der üblichen Käuferschichten und der Geschäftskunden haben konnte. Auch der in diesen Regionen möglicherweise anzutreffende Landadel konnte nicht die alleinige Zielgruppe der Manufaktur sein.

Abbildung 3-19: Anteil der Auktionserlöse am Gesamtumsatz 1764–1766

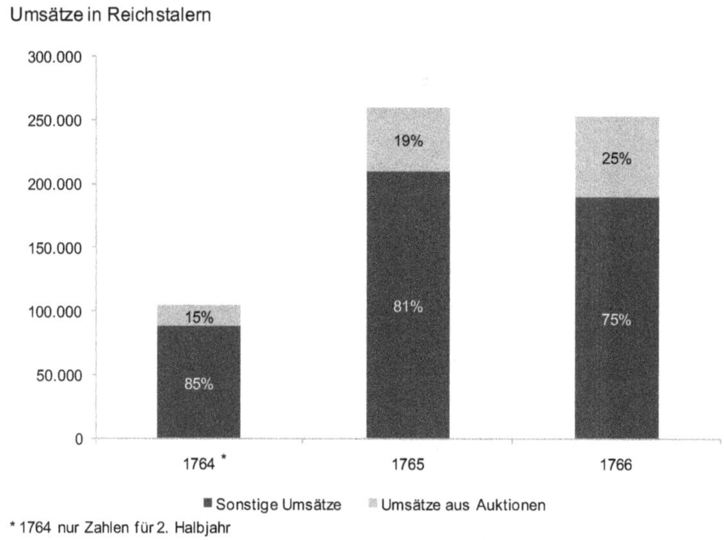

Quelle: AA I Aa 50, S. 13b, S. 147b und AA I V2 33, S. 237, eigene Berechnungen

Diese Vermutungen einer eher schwach vorhandenen Kaufkraft auf dem Land werden bestätigt durch die Analyse der durchgeführten Porzellanauktionen im Zeitraum vom 1. August 1764 bis zum 20. Dezember 1765. In diesem Zeitraum von fast 16 Monaten wurden 43 Auktionen in 29 verschiedenen Orten durchgeführt. In bestimmten Städten wie Dresden oder Leipzig wurden mehrmals Auktionen gehalten, in denen meistens Mittelgut und Brac-Porzellan verkauft wurde. Insgesamt konnte hierbei ein Gesamterlös von 66.643 Talern und 17 Groschen eingenommen werden.[2156]

2155 Um das Jahr 1805 verzeichnete man für Neustadt 2.492 Einwohner, für Pegau 2.292 Einwohner und für Schleusingen 2.100 Einwohner, vgl. Hassel (1805), S. 28–31, eigene Berechnungen.

2156 Vgl. AA I Aa 50, S. 15b–18. Bei Brac-Auktionen ging anfangs 8% des Profits an die Witwenkasse der Manufaktur, vgl. AA I Aa 51, S. 226 und AA I Aa 50, S. 80–80b, später 10% des Überschusses an die Kasse, bis dies am 11. Februar 1776 eingestellt wurde, vgl. AA I Aa 49, S. 52b und AA I Af 9, S. 67b.

Tabelle 3-13: Kennzahlen Porzellanauktionen 1764–1765

N = 43 Auktionen	Verkaufte Stückzahl	Gesamtumsatz in Reichstalern	Aufwand in Reichstalern	Überschuss in Reichstalern	Umsatzrendite pro Auktion	Umsatz Stück/Auktion in Reichstalern
Σ	30.578	66.643 17/24	6.718 3/8	59.130 54/97	∅86% Max 98% (Dresden)	∅2,18 Max 5,53 (Dresden)
Pro Auktion	711	1.549 35/41	156 7/29	1.375 4/31	Min 64% (Greiz)	Min 1,02 (Schleusingen)

Quelle: AA I Aa 50, S. 15b– 17, eigene Berechnungen

Die Auktionen schienen auch deshalb bevorzugt zu werden, da sie besonders kostenminimal durchzuführen waren und die Manufaktur fast den gesamten Auktionserlös auch als Profit für sich verbuchen konnte. So betrug im Durchschnitt die Erlösrendite einer Auktion 86%. Besonders auffallend ist hingegen der geringe Umsatz pro Porzellanstück in einer Auktion. Für jedes verauktionierte Porzellan konnte die Meißener Manufaktur im Durchschnitt lediglich etwas mehr als 2 Taler einnehmen. Dies war ein weitaus geringerer Ertrag, den man theoretisch im Wege des regulären Verkaufs einnehmen konnte, denn der durchschnittliche Verkaufspreis aller Porzellane der Preisliste von 1765 lag bei annähernd 12 Reichstalern.[2157] Zwar wurden im Auktionswege anfangs nur Mittelgut und Brac Porzellan verkauft, während hingegen die Preisliste vornehmlich die beste Porzellanqualität führte, aber wenn man annimmt, dass die Auktionsware das Produktportfolio der Preisliste relativ gut abbilden konnte, so verkaufte die Manufaktur ihr Porzellan in den Auktionen in einem derartigen „worst case" Vergleichsszenario mit einem durchschnittlichen Preisabschlag von 82%.[2158] Nimmt man ein „best case" Szenario an und vergleicht den maximal erzielten Stückumsatz einer Auktion von 5,5 Talern mit dem durchschnittlichen Verkaufspreis der Preisliste von 1765, ergibt sich ein Abschlag von 53%. Deutlich zu sehen ist der Effekt auf den Deckungsbeitrag, den man in ländlich geprägten Auktionsorten im Vergleich zu den Listenpreisen hinnehmen musste. Der geringste durchschnittliche Ertrag pro Porzellanstück wurde in dem Ort Schleusingen erwirtschaftet, während der höchste Ertrag in der Residenzstadt Dresden erzielt werden konnte. Es kann hier jedoch nur eine mögliche Spannbreite des Ausmaßes der Abschläge und negativen Wirkungen angegeben werden, da die Archivdaten keine genaue Quantifizierung der Effekte erlauben und die erzielten Auktionspreise in der Regel nicht für einzelne Auktionsstücke angegeben wurden. Dass letztlich das Porzellan im Wege der Auktion im wörtlichen Sinne regelrecht „verscherbelt" wurde, steht aber nach der analytischen Betrachtung außer Zweifel.

Die schon weiter oben beschriebenen operativen Vorteile des Instruments der Auktion sorgten zusammen mit der schnellen Geldeinnahme und der weitgehend kostengünstigen Durchführbarkeit dafür, dass sich diese Verkaufsmethode innerhalb der Manufakturdirektion schnell einer gewissen Beliebtheit erfreute. Als Mittel geboren, um sich von Ausschuss- und

2157 Vgl. Kapitel 3.3.13 und Tabelle 3-5.

2158 Leider lassen sich keine spezifischen Vergleiche zwischen den Preisen für Mittelgut herleiten, da die während der Auktionen verkaufte Stückzahl nicht weiter unterteilt wurde in Brac oder Mittelgut.

Lagerware schnell und effektiv zu entledigen und diese zu monetisieren, wuchs das Instrument der Auktion unter Direktor von Fletcher langsam aber stetig zu einer tragenden Säule der regulären Verkaufstätigkeit. Um zielgerichtet auch in der kurzen Frist Verkaufszahlen zu heben und somit den Absatz zu beschleunigen, wurde somit ab 1764 bevorzugt zur Auktion gegriffen. Konnten solche Auktionen in gemäßigtem Maße noch für erhöhtes Interesse im In- und Ausland an den Meißener Erzeugnissen sorgen, konnte ein Umsatzanteil der Auktionen von mehr als 20% aufgrund der hohen Preisverluste nicht der Manufaktursache dienlich sein. Da die Schwierigkeiten der normalen Verkaufsaktivitäten aber anhielten, setzte man weiter auf die aus Sicht des Deckungsbeitrages pro Stück jedoch unprofitablen Auktionen. So begab sich in den nachfolgenden Jahren die Manufaktur fast in eine Abhängigkeit von den Auktionen. Wie sehr man von dem Instrument der Auktion abhängig wurde in Anbetracht der Schwierigkeiten in den übrigen Vertriebskanälen, zeigte treffend der Maler und Auslandsgesandte Johann Friedrich Otto, der oft selbst als Auktionator fungierte und für die Vertriebstätigkeit mitverantwortlich war: „Inzwischen ist es noch ein Glück (…) daß die Auctionen uns nicht gar verschmachten lassen und noch zur Resourse dienen“.[2159] Führte man zu Beginn die Auktionen nur innerhalb der sächsischen Grenzen, erweiterte man die geografische Reichweite ab 1768 auch außerhalb der Landesgrenzen.

Dieser bequeme Weg des Verkaufs durch Auktionen ließ jedoch mehr und mehr Zweifel aufkommen. Der durchweg konstante Anteil im zweistelligen prozentualen Bereich an den Gesamtumsätzen konnte für die Manufaktur auf Dauer nicht profitabel sein. Das Quantifizieren der tatsächlichen Verluste in den Auktionen kann mangels archivalischer Dokumente nur punktuell erfolgen, nämlich dann, wenn für besondere Einzelfälle sowohl die regulären Verkaufspreise bekannt sind, als auch die erzielten Auktionserlöse mitsamt den dazugehörigen Kosten der Auktionsdurchführung.[2160] Eine solche Quantifizierung lässt sich beispielsweise durchführen mittels der Angaben, die im schon zuvor erwähnten anonymen Schreiben an die Manufakturdirektion angegeben wurden.[2161] Zum ersten Mal in den Akten wurde hier herbe Kritik an der Durchführung der Auktionen geübt. Von einer vollständigen Diskreditierung der Manufaktur war die Rede, genauso wie die sehr geringen erzielten Verkaufspreise mehr als einen Grund zur Sorge geben mussten. Auch der schon bekannte Einwand gegen die Auktionen, dass den Porzellanhändlern dadurch das Geschäft kaputt gemacht wurde und diese bei Wegfall ihrer Geschäftsgrundlage ihre Käufe in Meißen zurückstellen würden, wurde angesprochen.[2162] In dem anonymen Brief wurde deutlich gemacht, dass man an einer ehrlichen und langfristigen Beziehung zu den Porzellanhändlern mehr Interesse haben musste als an den Auktionen, bei denen schließlich die Interessenten selbst die Verkaufspreise bestimmen konnten. Aus der Analyse des erzielten Auktionserlöses für eine Partie von 24 Porzellanen, bei einem Listenverkaufspreis von 3.954 Talern, lässt sich bei dem erzielten

[2159] AA I Aa 49, S. 17.

[2160] Es wurden offensichtlich die während der Auktionen erzielten Preise für die einzelnen Porzellanstücke nicht festgehalten, so dass sie sich auch archivalisch nicht erhalten haben. Vereinzelt lassen sich lediglich die Gesamtumsätze der jeweiligen durchgeführten Auktionen finden.

[2161] Vgl. Kapitel 3.3.14.

[2162] Vgl. AA I Aa 47, S. 147.

Auktionserlös während einer Hamburger Auktion 1773 ein Verlust gegenüber dem geregelten Verkauf von 65% ausmachen.

Tabelle 3-14: Erlöse aus geregeltem Verkauf und aus Auktionen 1773

Partie von 24 Porzellanen, jeweils in verschiedenen Ausführungen in Gut und Mittelgut:

Geregelter Verkauf		Auktion Hamburg 1773	
Verkaufspreis lt. Preisliste	**3954**	Erzielter Auktionspreis	**1467**
Zugestandener Rabatt (ca. 20,2%)	**798**	Sonstiger Aufwand (Transport, Zoll, Auktionator etc.)	**367**
Netto-Verkaufspreis	**3156**	Netto-Auktionserlös	**1100**
		Verlust gegenüber geregeltem Verkauf	**-65%**

Quelle: AA I Aa 47, S. 147b– 148, eigene Berechnungen

Dieser Abschlag reiht sich ein in den zuvor ermittelten Korridor von 53% bis 82% Verlust für die Auktionen in den Jahren 1764 und 1765.[2163] Für das Jahr 1773 ist der Verlust insgemein als noch gravierender für die Manufaktur einzuschätzen, da mehr und mehr auch gute und wertvolle Porzellane in die Auktionen gegeben wurden, und es sich beileibe nicht mehr um altmodische und fehlerhafte Stücke handelte. Ein Verlust von 65% auf ein komplettes Porzellanservice wie im dargestellten Beispiel konnte aus einer preispolitischen Sichtweise keine langfristige Marschrichtung für die Manufaktur sein, da mit einem derart niedrigen Verkaufspreis aller Wahrscheinlichkeit nach nicht nur die Selbstkosten, sondern nicht einmal die variablen Herstellkosten gedeckt werden konnten.[2164] Dass im Jahr 1773 die Manufaktur besonders viele Auktionen in ländlichen Gebieten durchführte, verstärkte diesen Effekt noch mehr. 38 Auktionen im ganzen Jahr führten zu einer Gesamteinnahme von 30.766 Talern, oder durchschnittlich 809 Talern Erlös pro Auktion. Der Überschuss von 26.845 Talern bedeutete für die Manufaktur eine Umsatzrendite von 87% aus den Auktionsverkäufen[2165] – kein anderer Vertriebsweg schien so profitabel zu sein und führte dem Betrieb so schnell liquide Mittel zu. Und kein anderes Verkaufsinstrument übte einen stärkeren Druck auf das Preisniveau der Porzellane aus.

Direktor von Fletcher sah sich bei der Durchführung der von ihm maßgeblich eingeführten Auktionen starker Kritik ausgesetzt. Besonders da jetzt die Erkenntnis bestand, dass die Auktionen potenziell unprofitabel sein mussten und somit die Einnahmen der Manufaktur gefährdeten. In seinem Antwortschreiben auf den anonymen Kritikbrief wehrte sich von Fletcher gegen die Anschuldigungen. Man müsse, so schrieb er, bedenken, dass die Verei-

---

2163 An anderer Stelle wird 1774 ein durchschnittlicher Verlust von 75% angegeben, vgl. AA I Bo 2, S. 26.

2164 Noch 1830 aufgestellte Statistiken zu den Auktionen zeigen, dass man auch zu diesem Zeitpunkt nur 65% des Verkaufspreises der Porzellane bei den Auktionen realisieren konnte, vgl. AA IV 10 2, S. 200.

2165 Vgl. AA V 2 41, S. 4–5 und AA V 2 42, S. 90–99, eigene Berechnungen.

nigte Ostindische Kompanie schon seit frühester Zeit ihre aus Asien importierten Porzellane ausschließlich im Wege der Auktion verkauft hätte.[2166] Der Direktor machte geltend, dass seit Einführung der Auktionen diese der Manufaktur eine bare Einnahme von mehr als 350.000 Taler gesichert hätten.[2167] Aus den Auktionen würde man deshalb nennenswerte Summen erzielen können, ohne dass man auf die Schikanen so mancher Händler eingehen müsste, die sehr unregelmäßig die gekauften Porzellane zurückzahlen würden. Es stimme zwar, dass vereinzelt Porzellane unter ihren Herstellungskosten verauktioniert würden, aber dies sei nicht weiter schlimm, da man sich ohnehin von schlecht verkäuflichen Waren trennen würde, die seit 20 oder 30 Jahren in den Warenlagern wie in einem Gefängnis eingeschlossen wären und ihren tatsächlichen Wert schon längst verloren hätten. Man müsste nur diese Porzellane aus diesem Gefängnis herauslassen und ihnen den wahren Wert durch eine Auktion zuordnen:

> *„L'encan (...) leur donne un prix réel, tandis que renfermées au Magazin elles n'en avoit aucun".*[2168]

Bemerkenswert an dieser Stelle ist, dass von Fletcher die Funktion einer Auktion auch darin sah, dass den jahrelang aufbewahrten Porzellanen ein Wert zugeordnet wurde, den man aus einer Kostenkalkulation nicht mehr ermitteln konnte und der letztlich der tatsächlichen Zahlungsbereitschaft der Kunden entsprach. Tatsächlich wird das Instrument der Auktion in der heutigen wirtschaftswissenschaftlichen Literatur auch als Möglichkeit gesehen, unbekannte Zahlungsbereitschaften der Kunden in Erfahrung zu bringen.[2169] Diese Zahlungsbereitschaft noch für 20 oder 30 Jahre alte Porzellane abschöpfen zu können, konnte durch die Durchführung einer Auktion erreicht werden. Und besonders aus diesem Grund wurden laut von Fletcher die Auktionen eingerichtet, um derartige altmodische und schlecht verkäufliche Porzellane dennoch an den Mann zu bringen. Unter den vielen altmodischen und weniger hochwertigen Porzellanen hätte man auch neue und hochwertige Porzellane beigemischt, um die Auktionen attraktiver zu gestalten und um mehr Publikum anzulocken. Aber der Direktor beteuerte, zum größten Teil nur zweitklassige Ware in die Auktionen gebracht zu haben, welche in vergangenen Zeiten teilweise kostenlos an die Manufakturisten in Meißen verteilt worden war. So argumentierte von Fletcher, dass nicht ein Verlust entstehen würde bei den Auktionen, sondern im Gegenteil insgesamt durchaus ein Gewinn daran zu hoffen sei.[2170] Besonders im Geschäftskundenbereich würde ein großer Unterschied gemacht werden zwischen aktuellen Porzellanen und altmodischen Stücken, und nur aktuelle Ware könnte sich im regulären Verkauf durchsetzen. Und konnte man auch durch die Auktionen an ganz neue Kundengruppen und Einnahmen herankommen, mit denen man sonst nicht in Kontakt gekommen wäre. So kamen zu den Auktionen auch Kunden, die ihre bestehenden Porzellansammlungen vervollständigen wollten oder einfach nach Ersatz für kaputte Stücke suchten.

[2166] Vgl. AA I Aa 47, S. 163b.

[2167] An anderer Stelle beläuft sich in einer Übersicht die Summe der Auktionseinnahmen von 1764 bis Ende 1774 hingegen auf 321.007 Taler, vgl. AA I Aa 47, o. S, eigene Berechnungen.

[2168] AA I Aa 47, S. 166.

[2169] Vgl. Kapitel 1.2.1.

[2170] Vgl. AA I Aa 47, S. 166–166b.

Für viele kleine Händler waren die Auktionen der erste Kontakt mit dem Porzellanhandel, und etliche Händler konnten erst durch die Auktionen eine Kenntnis von der breiten Meißener Produktpalette bekommen. Und schließlich kam es immer wieder vor, dass Interessenten für bestimmte stark nachgefragte und begehrte Porzellane mehr als den tatsächlichen Wert bezahlten.[2171]

Die Durchführung von Auktionen wiederholte sich, und dies umso häufiger, je knapper die Kassen der Manufaktur wurden. Ab 1768 waren wegen Unruhen in Polen und dem Russisch-Türkischen Krieg viele Zahlungen für schon getätigte Porzellantransaktionen aus dem regulären Verkauf ausgeblieben. Um die Liquidität der Manufaktur zu sichern und schnell die Monetisierung der hergestellten Porzellanware zu ermöglichen, wurde auf Auktionen zurückgegriffen. Erste Auktionen außerhalb Sachsen fanden in Hamburg, St. Petersburg, Danzig und Konstantinopel statt.[2172] Noch vor Ende des Jahres 1773 wurden 385 Kisten Porzellan ins Ausland gebracht zum Zwecke der Versteigerung, und um schnellstens an Barmittel zu kommen.[2173] Von den herbeigeschafften 385 Kisten Porzellan für die Auktionen mit einem taxierten Wert von 128.770 Talern, wurden zum Jahresende 1775 nur 63.355 Taler verkauft, so dass der ab 1774 tätige neue Direktor Marcolini noch am 29. November 1775 über den genauen Verbleib des restlichen Porzellans nachfragen musste.[2174] Tatsächlich schien es in der Anfangszeit der Direktion unter Marcolini eine gewisse Abkühlung gegenüber dem Vertrieb durch Auktionen gegeben zu haben. Der neue Direktor konnte im Februar 1775 sich allgemein für die Auktionen nicht erwärmen:

> *„Von der Hand ist weiter an keine Auction zu gedenken, und ist mir leid, daß ich hören muß, es würde noch immer damit fortgefahren, und wäre nur kürzlich eine in Löbau gewesen, wo man ganz hübscher Porcelaine für wenig Geld hätte erstehen können. Das Publicum [die Porzellanhändler] ist gar zu sehr darwider aufgebracht und behauptet, die Manufaktur werde den Schaden noch viele Jahre fühlen, den ihr diese Einrichtung zugezogen habe".*[2175]

Marcolini ließ ab 1775 die Auktionen beenden, zumindest was die hochgradig unprofitablen Auktionen auf dem Land betraf.[2176] Er hatte prinzipiell einen der Gründe für die schwachen Umsatzergebnisse der Manufaktur treffend in der fehlgeleiteten preispolitischen Entscheidung ausgemacht, die Porzellane zum Vorteil der schnellen Liquiditätszuführung und des unkomplizierten Verkaufs mittels Auktionen abzusetzen. Probleme ergaben sich für Meißen, da die Auktionen traditionell mit einer negativen Bewertung durch die Nachfrager versehen waren. Schon die zeitgenössischen Urteile der Manufakturführung über die Auktionen zeugten davon, dass diese Art des Verkaufs für einen wirtschaftlich gesunden Betrieb nicht in Frage kommen konnte:

2171 Vgl. AA I Aa 47, S. 164b–165.

2172 Vgl. AA I Aa 47, S. 200.

2173 Vgl. Walcha (1973), S. 123.

2174 Vgl. AA I Af 11, S. 168b.

2175 AA I Ac 1, S. 64–65.

2176 Vgl. AA I Af 9, S. 76. Auktionen im Ausland sind, wenngleich auch in geringerem Maße als bisher, vereinzelt immer noch durchgeführt worden.

„Man schwächt dadurch [durch die Auktionen] den Credit der Manufactur, weil es ganz unschicklich ist, daß eine Handlung ihre Waaren verauctionirt, da wie bekannt dieses Mittel nur als dann erwehlet wird, wenn eine handlung zu Grunde gehen will“.[2177]

Dadurch, dass man den Auktionsweg forciert hatte, musste nicht nur der Eindruck entstehen, dass die Produkte der Manufaktur qualitativ derart unbefriedigend waren, dass man sie kaum in den regulären Verkauf geben konnte. Es lag auch der Gedanke nahe, dass der Manufaktur die Insolvenz drohte und sie sich in der Geschäftsauflösung befand. Dieser Effekt auf den Ruf der Manufaktur konnte die negative Entwicklung der Einnahmensituation weiter verstärken, da misstrauische Kunden nicht mehr bestellten oder auf noch weiter absinkende Preise warteten. Dass die erzielten Preisniveaus nicht nur sämtliche Gewinnmargen aufzehrten, sondern unterhalb den in der Preiskalkulation angesetzten Herstellkosten lagen, ging aus einer Resolution vom 20. März 1775 hervor, in welcher festgehalten wurde, dass man in einer Auktion in der Stadt Pirna „unter der Taxe verkauft, und statt zu gewinnen, verloren hat“.[2178] Man führte regelrecht ganzen Regionen immer mehr Porzellane zu, so dass von einem Angebotsüberschuss ausgegangen werden kann.[2179] Die Manufakturverantwortlichen wussten auch, dass sie durch die Auktionen einen gehörigen Anteil an ihrer Preisverantwortung und somit auch die Kontrolle und Überwachung ihrer eigenen Preisstruktur nahezu komplett abgaben.[2180] Man konnte sich über die zu erzielenden Verkaufspreise nicht mehr sicher sein, da diese mehr als zuvor von der Einschätzung der Nachfrager und dem jeweiligen Auktionsverlauf abhingen. Eine genaue Bestimmung des Werts vieler Porzellane wurde erschwert, und die oftmals zweifelhaften Bewertungen vieler Geschirre belasteten auch die Porzellanhändler, die sich aus den Geschäften mit Meißener Porzellan zurückzogen.[2181] Dadurch erleichterte man die Spekulation mit dem Meißener Porzellan, da man in Auktionen die Waren überdurchschnittlich günstig erwerben konnte und durch nachträglich illegale Bemalung einen erheblichen Profit im Weiterverkauf einstreichen konnte.

Die Sorge Marcolinis ging in Richtung des Geschäftskundensegments, welches durch die Vielzahl der Auktionen in seinem Kerngeschäft, des Auf- und Weiterverkaufs von Porzellan, bedroht wurde. Endkunden konnten zu weit geringeren Preisen in den Auktionen Porzellan direkt von der Manufaktur erwerben, während die Händler immer häufiger auf ihren durch regulären Kauf in Meißen erworbenen Waren sitzenblieben. Viele Porzellanhändler mieden den Direktkauf zu Listenpreisen, und vereinzelt wurde sogar Schadenersatz verlangt für die durch die Auktionen erlittenen Wertverluste.[2182] Nach etwas mehr als zehn Jahren seit der großflächigen Einführung der Auktionen hatten sich in der Manufakturführung erhebliche Widerstände gegen diese Art des Verkaufs gebildet. In einer Direktorialverordnung vom 13.

[2177] AA I Bo 2, S. 137–138.

[2178] AA I Ac 1, S. 98.

[2179] Vgl. AA I Bo 2, S. 25.

[2180] Vgl. AA I Bo 2, S. 138–139.

[2181] Vgl. AA I Bo 2, S. 141.

[2182] Vgl. AA I Bo 2, S. 26 und AA IV 0, o. S. Manche Insolvenzen von Porzellanhändlern wurden mehr oder weniger direkt der Praxis der Auktionen zugeschrieben, vgl. AA I Bo 2, S. 57.

Oktober 1775, als man sich abermals erheblichen Klagen der Porzellanhändler gegenüber sah und die Gründe für die Umsatzkrisen zu analysieren versuchte, bemerkte man bezüglich der Auktionen, dass

> *„dadurch die Waaren verschleudert, die Liebhaber bis zum Ekel gesättiget, und die Gewölbe der Kaufleute angefüllt werden, ohne daß sie sich ihres Bedürfnisses bey der Manufaktur erholen dürfen".*[2183]

Doch die schwache Umsatzentwicklung und die zurückgehenden Gewinne, auch aufgrund des 1778 bis 1779 teilweise auf sächsischem Territorium ausgetragenen Bayerischen Erbfolgekriegs[2184], bewogen Marcolini im Jahre 1779 dazu, das 1775 ausgesprochene Verbot der Auktionen wieder aufzuheben. Jegliche Möglichkeit zum Vertrieb der Waren schien zu diesem Zeitpunkt willkommen zu sein. Abermals musste man die Einnahmen innerhalb kürzester Zeit stabilisieren und sich von den schwer verkäuflichen Porzellanen aus den Warenlagern ebenfalls möglichst schnell trennen.[2185] Mehr als früher wurden Gebrauchsgeschirre, auch defekte Stücke, von den Nachfragern bevorzugt. Und diesen Umstand wollte man sich in Meißen zunutze machen – entweder durch den Vertrieb dieser Waren in Kommission an Porzellanhändler oder durch den Verkauf im Wege der Auktion.[2186] Die Auktionen lockten mehr Nachfrager aus der Umgebung und aus unterschiedlichen Schichten an, ermöglichten es, dass manche Kunden mehr Porzellan ersteigerten als sie ursprünglich wollten und sorgten für Folgekäufe von Kunden, die fehlende Porzellane zur Vervollständigung im regulären Verkauf suchten. Neben der Tatsache, dass Auktionen sich seit ihrer erstmaligen Durchführung 1764 einer gewissen Popularität unter den Porzellanliebhabern erfreuten[2187], musste man nicht auf schleppende Zahlungen der Händler warten und deren mögliche Insolvenz fürchten. Man erkannte, dass der reguläre Verkauf nunmehr unter anderen Bedingungen als früher erfolgte und betriebliche wie gesamtwirtschaftliche Variablen auf die Vertriebstätigkeit einwirkten: Große Tafelgeschirre und ornamentale Figuren wurden kaum noch mehr nachgefragt, Schleichhandel und ausländische Konkurrenz ließen den eigenen Absatz zurückgehen, der größte Teil der oberen und mittleren Gesellschaftsschichten schränkte die eigenen Ausgaben ein.[2188]

Eine Reihe von Mechanismen sollten nun dafür sorgen, dass die von Marcolini wiederaufgenommenen Auktionen unter diesen neuen Rahmenbedingungen des Vertriebs mehr Nutzen als Schaden für die Manufaktur einbrachten. Um die Auktionen in ihrer Wirkung etwas zu entschärfen und insbesondere die inländischen Porzellanhändler nicht weiter gegen sich aufzubringen, ordnete Marcolini am 11. Januar 1779 an, die Auktionen nicht mehr im Innern

---

[2183] AA I Ac 1, S. 230–231.

[2184] Vgl. Groß (2007), S. 168–171.

[2185] Vgl. AA I Ac 3, S. 139b.

[2186] Der Verkauf von Ausschussware in den eigenen Niederlassungen wurde als „höchst unanständig" erachtet und hätte nur den Verkauf der guten Porzellane gehemmt, vgl. AA I Bo 4, o. S.

[2187] Berichtet wurde von Kunden, die den verschiedenen Auktionen von einem Ort zum anderen nachzogen in der Hoffnung, an Schnäppchen zu gelangen und möglichst günstig Porzellanservices zu vervollständigen, vgl. AA IV10 2, S. 10.

[2188] Vgl. AA I Bo 4, o. S.

des Landes durchführen zu lassen, sondern die Auktionen an die Grenzorte Sachsens zu verlegen.[2189] Diese geographische Verlagerung der Auktionen sollte die Verkaufsaktivitäten wegführen von den großen und bedeutenden Städten und dafür sorgen, dass Privat- und Geschäftskunden aus den größeren Ballungsräumen wieder direkt bei der Manufaktur bestellen mussten statt sich günstig in Auktionen mit Porzellanen zu versorgen. Von der Verlagerung der Auktionen an grenznahe Orte erhoffte man sich eine aktivere Teilnahme ausländischer Händler, damit das Meißener Porzellan auch in den angrenzenden Regionen Sachsens wieder stärker Fuß fassen konnte. Die Verlagerung an die Landesgrenzen sollte auch den Druck auf die Verkaufspreise und somit auf die Geschäftsgrundlage der Porzellanhändler mindern, da durch die Distanz zu den größeren Städten eine gewisse geographische Barriere errichtet wurde für den von den Händlern betriebenen Wiederverkauf, der sich dadurch weniger stark dem Wettbewerb durch die Auktionen ausgesetzt sah. Marcolini bestimmte ferner, dass keine guten Porzellane, sondern nur noch die im regulären Handel zumeist unverkäufliche Brac-Qualität in die Auktionen eingebracht werden sollte:

> *„Wider die Auctionen habe ich in so ferner nichts, wenn es blos beym Brac und anderen durch den Verkauf aus freyer Hand nicht wegzubringenden Stücken bleibt. Profit kann dabey nicht heraus kommen (...)“.*[2190]

Dabei musste es sich um einzelne Geschirre und Stücke handeln, „mit welchen nichts Garnitur-ähnliches zusammen zu bringen ist“.[2191] Diese Begrenzung der Auktionsstücke auf unzusammenhängende einzelne Stücke sollte den Effekt haben, dass komplette Services und Garnituren nur über den regulären Verkauf in Meißen getätigt werden konnten. Da solche Garnituren die teuersten Produktangebote in Meißen waren, wollte man diese Stücke nicht zu günstig in der Auktion weggeben und arbeitete darauf hin, die eigenen Verkaufspreise zu schützen und die Profitabilität zu wahren. Wo es möglich war, achtete man aber auf eine besonders attraktive Zusammenstellung der Auktionsware. Gangbare Porzellane sollten mit wenig nachgefragten Stücken kombiniert werden, große Porzellane mit kleinen, brauchbare mit weniger brauchbaren Partien. Eine kluge Verteilung der Auktionsporzellane sollte auch regionale Besonderheiten berücksichtigen, um damit möglichst viele Interessenten anzulocken.[2192] Schließlich wurde der jeweilige Auktionator instruiert, bei zu geringen oder gar unanständigen Geboten die betreffenden Porzellane wieder zurückzustellen und sie nicht weiter dem Verkauf zuzuführen. Dazu sollten die Lohntaxen der Porzellane dem Auktionator als grober Indikator dienen und intern für alle Stücke im Auktionsverzeichnis angegeben werden.[2193] All diese Maßnahmen schufen eine verbesserte Anreizstruktur für die Durchführung der Auktionen und sollten sie mehr als bisher in Einklang mit den Manufakturinteressen

---

[2189] So geschehen bspw. am Jahresende 1779 mit der Auktion in Merseburg an der nördlichen Landesgrenze, vgl. AA I Ac 2, S. 478 und S. 497.

[2190] AA I Ac 3, S. 139–139b.

[2191] AA I Ac 2, S. 478.

[2192] Vgl. AA I Bo 4, o. S.

[2193] In diesem Zusammenhang wurde angedacht, die Auktionen nicht mehr unter dem Namen der Porzellanmanufaktur durchzuführen, sondern dazu eine Privatperson oder den Auktionator einzusetzen, um mögliche negative Effekte auf Marken- und Preisimage des Meißener Betriebes zu verhindern, vgl. AA I Ac 2, S. 478–479 und S. 499.

bringen. Für eine der ersten wiederaufgenommenen Auktionen am 22. Juni 1779 in Eisleben mit 18 Kisten voller Porzellan und 800 im Auktionskatalog eingetragenen Stücken betrug der Wert der Porzellane 1.525 Taler und 2 Groschen[2194], für die am 12. Juli 1779 gehaltene Auktion in Sangershausen wurde ein Wert der Auktionsware von 297 Talern und 12 Groschen angesetzt.[2195]

Trotz aller gegenteiligen Beteuerungen ging man verstärkt dazu über, nicht nur die Ausschussware, sondern alle Porzellanqualitäten in den Auktionen zu verkaufen.[2196] Die Zusammenstellung der für die Auktionen bestimmten Porzellane vollzog sich häufig wenig systematisch, so dass man eine ungünstige Mischung der Porzellanqualitäten nicht vermeiden konnte. Spätestens seit 1796 hat Marcolini die für die Auktionen bestimmten Porzellane auch selbst ausgewählt.[2197] Bei der Auflösung der Warschauer Niederlassung im Jahre 1797 wurde der dortige Warenvorrat in Höhe von 13.714 Reichstalern auf den Märkten im litauischen Wilna und dem ukrainischen Dubno verauktioniert, ungeachtet dessen, ob es sich um Gut oder Mittelgut handelte.[2198] Zunehmend wurden ab 1783 Auktionen auch während den Leipziger Messen durchgeführt, wo die schlechtesten Porzellane aus dem Messelager verkauft wurden.[2199] Diese Maßnahme musste jedoch unweigerlich die Umsätze auch aus dem regulären Messeverkauf kannibalisieren. Deshalb durfte ab 1798 kein Porzellan in Auktionen eingebracht werden, bevor es nicht entweder von einem der Vertriebsleiter in Dresden und Leipzig oder von dem Meißener Buchhalter eindeutig als geeignet für den Auktionsverkauf klassifiziert wurde.[2200]

Die Häufigkeit der Auktionen verstärkte sich besonders in der Krisenzeit des Jahres 1811. Vorgeschlagen wurde, die Porzellanauktionen

> *„nach dem Verhältnisse der Städte, wo sie gehalten werden, etwas zu vermehren, und dazu die auf dem Lager vorräthigen alten, incurrenten, in Facon und Mahlerey aus der Mode gekommenen bunten und blauen Geschirre mancherley Art zu verwenden“.*[2201]

Mehr als in den Jahren zuvor sollten die Auktionen zielgerichteter durchgeführt werden und die spezifischen Einwohnerverhältnisse der Auktionsorte mitberücksichtigt werden. Dabei sollten die Auktionen in den größeren Städten etwas vermehrt werden, da hier erfahrungsgemäß auch ein höherer Umsatz pro Stück erzielt werden konnte als bei Auktionen in kleineren und ländlicheren Gegenden.[2202] Die Entscheidung zur Ausweitung der Auktionen traf dabei die Zustimmung aller Führungskräfte der Manufaktur, von den Malereivorstehern bis

---

2194 Vgl. AA IV10 1, S. 29.

2195 Vgl. AA IV10 1, S. 34.

2196 Vgl. AA I Ac 5, S. 437, ferner HStAD 10026 Loc. 1345/02, S. 79 und AA IV10 1, S. 3.

2197 Vgl. AA I Ac 5, S. 438.

2198 Vgl. AA IV10 22, o. S. und AA I Ac 7, S. 67.

2199 Vgl. AA I Ac 4, S. 55–55b.

2200 Vgl. AA I Ac 7, S. 215.

2201 AA I Af 11, S. 211.

2202 Vgl. Tabelle 3-13.

zu den Buchhaltern und Vertriebskräften.[2203] War bei Einführung der Auktionen unmittelbar nach dem Siebenjährigen Krieg keine uneingeschränkte Unterstützung dieser Entscheidung innerhalb der Manufakturführung vorhanden, bestand zu diesem Zeitpunkt vor dem Hintergrund der sich zuspitzenden wirtschaftlichen Verhältnisse in Meißen eine Einigkeit in der Entscheidung zur Erweiterung der Auktionsverkäufe.[2204]

Ab Januar 1814 entschied man sich erneut, eine Vielzahl von Vorräten an Porzellan in Auktionen zu verkaufen. Beginnend mit der Leipziger Ostermesse von 1814, standen diesmal nicht nur die Räumung der Warenlager und die Erhöhung der Umsätze im Vordergrund. Die Auktionen waren vielmehr der letzte Ausweg, um die am Rande des Ruins stehende Manufaktur zu erhalten und ihr liquide Mittel zuführen zu können. Alle passenden Geschirre, wie blaugemalte Porzellane und bunt bemalte Ausschussware, defekte Geschirre mit veralteten Bemalungen sowie gangbare, hochwertige und feine Porzellane wie Figuren und Kronleuchter, kamen unter den Hammer.[2205] Angesichts der konstanten finanziellen Unterdeckung und des mangelhaften Zustands der anderen Vertriebskanäle waren die Auktionen für den neuen Direktor von Oppel der sprichwörtlich letzte Strohhalm. Ohne schnelle Einnahmen für die Manufakturkasse stand sogar die Schließung der Manufaktur im Jahre 1814 im Raum.[2206] Für die Auktionen der Meißener Manufaktur ergab sich zudem ein günstiges Zeitfenster. Man wollte die Tatsache nutzen, dass sich in Sachsen zu Beginn des Jahres 1814 kriegsbedingt wenig Porzellane aus Frankreich und wenig Steingut aus England befanden. Die Durchführung von Auktionen der Meißener Erzeugnisse konnte deshalb unter weitestgehend wettbewerbsfreien Bedingungen in inländischen Städten und Gebieten stattfinden, bevor der eigene Absatzmarkt wieder mit Konkurrenzprodukten beliefert werden konnte.[2207] Waren anfangs noch rechnerisch ungefähr 80 Auktionsnummern vorgesehen pro Auktionstag, so erhöhte man im Juli 1814 diese Nummern auf 180, so dass weniger Zeit als gewöhnlich für die Durchführung der Auktionen verblieb.[2208] Es sollten deshalb die zur Verfügung stehenden Auktionstage optimal genutzt und zwischen den einzelnen Auktionen keine unnötige Zeit verloren werden. Dabei wurden etliche sächsische Städte als Auktionsorte ausgemacht, die aus damaliger Sicht aber nicht unbedingt große oder bekannte Handelszentren mit entsprechender Kaufkraft waren.[2209] Bei Auswahl der Auktionsorte sollte die Größe des Ortes, der Wohlstand der Einwohner und die vorherrschenden Erwerbszweige Berücksichtigung finden.[2210] Auch sollte bei der Suche nach Auktionsorten darauf geachtet werden, die Elbe als günstigen Transportweg zu berücksichtigen. Man versuchte, in Abhängigkeit der jeweiligen Region die Auktionen interessanter und angenehmer zu gestalten. Durch Beimischung

---

2203 Vgl. AA I Af 11, S. 213b.

2204 Vgl. AA I Af 11, S. 214b. Mit Marcolini, dem Manufakturkommissar von Wedel, dem Manufakturinspektor Steinauer und den Vorstehern des weißen Corps und des Malercorps sprachen sich alle leitenden Angestellten für die Ausweitung der Auktionen aus.

2205 Vgl. AA I Bb 1, S. 55b, AA I Bo 6, S. 103 und AA I Bo 8, S. 56b.

2206 Vgl. AA I Bo 8, S. 57.

2207 Vgl. AA I Bb 1, S. 54b–55.

2208 Vgl. AA I Bo 8, S. 55–55b und AA IV10 2, S. 4.

2209 Vgl. AA IV10 2, S. 3 und S. 6–8.

2210 Vgl. AA IV10 2, S. 9.

von Kruzifixen und besonderen religiösen Porzellanfiguren erhoffte man sich im katholischen Grenzgebiet Böhmens verbesserte Auktionsergebnisse.[2211] Zusammenhängende Geschirre sollten, wo dies möglich war, auseinander gebracht und an verschiedenen Auktionstagen verteilt werden, um die Gebote nach oben zu treiben.[2212] Der Dresdner Faktor Neumann war für die Auswahl der Geschirre, deren Wertermittlung und die Erstellung der Auktionsverzeichnisse verantwortlich.[2213] In den Katalogen handelte es sich meist um viele Gegenstände im „altfranzösischen" Stil, die in der aufkommenden Epoche des Klassizismus „längst als völlig ungangbar angesehen worden waren" und die noch ein Relikt aus den erfolgreichen Jahrzehnten des 18. Jahrhunderts waren.[2214]

Nicht immer waren die Auktionen so gut besucht, wie sich die Manufaktur das gewünscht hatte. Besonders in den Herbst- und Wintermonaten wurden ab dem späten Nachmittag die Auktionen immer leerer, so dass man Schwierigkeiten hatte, die hohe Zahl von Auktionsnummern optimal unterbringen zu können.[2215] Die oftmals sehr knappen Zeitabstände zwischen den einzelnen Auktionsveranstaltungen bei immer größeren regionalen Entfernungen, Probleme beim Transport der Porzellane und die weiterhin hohe Zahl an täglich 120 Auktionsnummern führten bei den Auktionatoren zu Unmut. Zudem sorgten lokale Gepflogenheiten und Jahrmärkte dafür, dass die Auktionen der Meißener Manufaktur weniger Besucher verzeichneten als erhofft.[2216] Die Führung in Meißen beharrte jedoch auf den straffen Zeitplänen und hatte ein Interesse, möglichst schnell die Porzellane ins Geld zu setzen. Die Forderungen nach größeren Zeitabständen zwischen einzelnen Auktionsorten, um die Reisen zwischen den Städten besser bewältigen zu können, wurden damit abgetan, dass man das Mitführen von unnötigem Gepäck vermeiden solle, um schneller fortkommen zu können.[2217] Um dennoch die Motivation unter den Auktionatoren hoch zu halten, bewilligte man ab dem 1. Februar 1815 eine Erfolgsbeteiligung von 1% auf die erlösten Gelder.[2218]

Für die Auktionen im Zeitraum von 1815 bis 1816 wurden insgesamt 64.120 Auktionsnummern zum Verkauf gebracht. Bei 68.668 Talern an Gesamteinnahmen verblieb der Manufaktur nach Abzug aller Kosten ein Erlös aus den Auktionen von 53.948 Talern.[2219] Die Gesamteinnahmen aus den Auktionen für das Jahr 1815 in Höhe von 54.111 Talern entsprachen dabei 39% aller Einnahmen im Geschäftsjahr. Innerhalb dieser zwei Jahre wurden 85 Auktionen durchgeführt bei einer Dauer von insgesamt 610 Auktionstagen – rein rechnerisch wurde von der Manufaktur somit alle 1,2 Tage in Sachsen eine Auktion von Meißener Porzellan

[2211] Vgl. AA IV10 2, S. 4.

[2212] Vgl. AA IV10 2, S. 11.

[2213] Vgl. AA I Bo 7, o. S.

[2214] Vgl. HStAD 10036, Loc. 36342, Vol. VII, S. 56.

[2215] Vgl. AA IV10 2, S. 31. Kalkuliert man eine Auktionsdauer von 5 Stunden, so ergibt sich bei 120 Auktionsnummern pro Tag rechnerisch für jede Auktion eine Dauer von nur 2,5 Minuten. Die Gefahr bestand, dass man in dieser kurzen Zeitspanne bisweilen nicht genügend hohe Gebote erreichen konnte. In den Wintermonaten wurden deshalb täglich nur 100 Auktionsnummern zum Verkauf gebracht, vgl. AA IV10 2, S. 43b.

[2216] Vgl. AA IV10 2, S. 35.

[2217] Vgl. AA IV10 2, S. 44.

[2218] Vgl. AA IV10 2, S. 45.

[2219] Vgl. AA I Bo 9, S. 115–118, eigene Berechnungen.

durchgeführt. In Meißen machte man sich deshalb Gedanken, wie genau diese vielen Landauktionen den regulären Verkauf der Porzellane in den eigenen Niederlassungen beeinträchtigten und welche Einbußen die stark herabgesetzten Preisniveaus dem sonstigen Absatz einbrachten. Um einen möglichen Verlust pro Porzellanstück aus den Auktionen zu quantifizieren, bedurfte es einer wertmäßigen Erfassung des Warenlagers. Argumentiert wurde wie schon Jahre zuvor, dass die Auktionen notwendig waren, um die Lager von den Ladenhütern zu befreien. Die Stücke wurden „a tout prix" – um jeden Preis – in die Auktionen gegeben, da viele von ihnen so alt oder fehlerhaft waren, dass sie für die damalige Manufakturleitung einen unbekannten Verkaufs- und Produktionswert hatten und in den Aufzeichnungen auch keine weiterführenden Informationen zu ihrem tatsächlichen Wert oder Preis zu finden waren:

> *„Denn bei Artickeln die vielleicht nach längerer Zeit als todt laagern würden, ist kein anderer Werth anzunehmen, als der, den sie durch jede mögliche Realisierung erhalten".*[2220]

Ein Verlust aus den Auktionserlösen gegenüber den regulären Verkaufspreisen ließ sich deshalb nicht zufriedenstellend ermitteln[2221] – für manche Manufakturisten war der Auktionserlös gar als reiner Gewinn zu interpretieren. Für die Manufakturführung stellten die vielen Lagerwaren totes und gänzlich unbewertetes Kapital dar. So hatten die lagernden Porzellane aufgrund der vielen Jahre ihrer Lagerung praktisch keinen entsprechenden Wert oder Verkaufspreis. Der Wert war somit derjenige, der bei einer Auktion erzielt werden konnte. Die Lösung zu dieser Schwierigkeit der langfristigen Bewertung von Porzellanen wäre eine Wertberichtigung der lagernden Porzellane im Wege von Abschreibungen gewesen. Doch war dieses Instrument für die Manufakturführung zu Beginn des 19. Jahrhunderts noch nicht praktikabel.[2222] Es wurde deshalb am 30. August 1816 beschlossen, so lange mit den Auktionen fortzufahren, wie es in den Warenlagern noch fehlerhafte und veraltete Geschirre nach „altfranzösischem" Geschmack gab.[2223] Mit der Fortführung der Auktionen im Jahre 1817 begann jedoch erstmals der Vorrat an veralteten Ausschussporzellanen zur Neige zu gehen. Die Manufaktur begann deswegen, Ausschussware speziell für die Auktionen herzustellen, um die weiterhin fließenden Einnahmen aus diesem Vertriebsweg nicht versiegen zu lassen.[2224]

2220 AA I Bo 9, S. 113b.

2221 Im Juli 1817 musste man bis zu 50% Verlust hinnehmen. Später durchgeführte Auktionen in den Jahren 1830 wiesen einen Verlust gegenüber dem Verkaufspreis von 50% (Meißen 1830), 60% (Dresden 1830) und 52% (Leipzig 1830) aus, für die Auktionen im Jahr 1825 betrug der Verlust im Durchschnitt 30%, 1831 im Durchschnitt 40%, vgl. AA IV9 25, S. o. S., AA IV9 28, S. 193b und S. 210, AA IV 01, S. 17, eigene Berechnungen.

2222 Erstmals wurde eine regelmäßige, nach prozentualen Abschlägen durchgeführte Anlagenabschreibung von Magelsen (1772), S. 16, erwähnt, jedoch nur zur Einsparung der jährlichen Neubewertung von Anlagen und nicht zur Ausgabenverteilung über die Nutzungsdauer. Vor dem 18. Jahrhundert gibt es bisher keinen Beleg für regelmäßige prozentuale Anlagenabschreibungen, so dass in diesem Zeitraum Abschreibungen noch eine absolute Ausnahme dargestellt haben dürften, ähnlich auch Pollard (1963), S. 87–90. Belegt ist für die Eisenhütte Gittelde im Jahre 1773 die Berücksichtigung der Kosten für die Abnutzung und Erhaltung der Maschinen und Gebäude, ohne weitere Angaben zur Abschreibungsmethode, vgl. Steinkamp (1997), S. 77.

2223 Vgl. AA I Bo 9, S. 121.

2224 Vgl. AA I Ak 1, S. 170b–171.

Abbildung 3-20: Einnahmen aus Auktionen 1814–1827

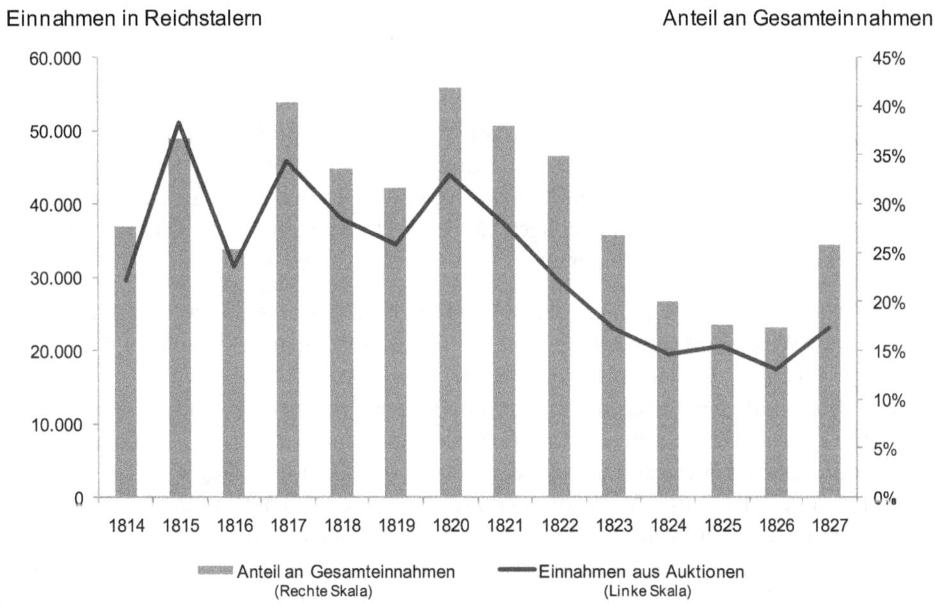

Quelle: AA I Af 9, S. 117b– 118, eigene Berechnungen

Immer noch waren die Auktionen eine der wichtigsten Vertriebswege für die Manufaktur. Sie machten 1814 nahezu 30% und im Jahre 1815 schon mehr als 30% aller Einnahmen aus.[2225] Im Jahr 1816 hatten die Auktionen einen Anteil von unter 30% an den Gesamtumsätzen, doch dieser positive Trend der Rückführung der Umsatzbedeutung der Auktionen wurde 1817 wieder unterbrochen. Für die ersten neun Monate des Jahres 1817 erwirtschaftete man in Meißen nahezu 44% aller Einnahmen durch Verkäufe auf Auktionen.[2226] Am 9. Dezember 1817 ermahnte König Friedrich August I. deshalb sein Führungspersonal in Meißen, die Auktionen so weit wie möglich nur auf veraltete Geschirre zu beschränken und die Einnahmestruktur durch höhere Umsätze im regulären Verkauf stärker zu diversifizieren.[2227] Doch die Durchführung der Auktionen blieb weiterhin ein wesentlicher Eckpfeiler der Einnahmenstruktur in Meißen.

In einem Bericht an Direktor von Oppel äußerten sich am 17. Dezember 1821 Oberfaktor Martini und Inspektor Kühn skeptisch, in absehbarer Zeit auf die Auktionen verzichten zu können. Wirksame und alternative Vertriebsstrategien konnte man solange nicht durchführen, wie die Manufaktur immer noch auf die Deckung der laufenden Kosten und auf die staatlichen Zuschusszahlungen angewiesen war, da erfolgversprechende Alternativen im

[2225] Vgl. AA I Ak 2, S. 77b–78, eigene Berechnungen.

[2226] Vgl. AA I Ak 2, S. 80, eigene Berechnungen.

[2227] Vgl. AA I Ak 2, S. 102.

Vertrieb ihrerseits erhöhte Finanzmittel erforderten.[2228] Man war sich bewusst, dass die Auktionen zum Nachteil des Detailverkaufs durchgeführt wurden; auf die Auktionen komplett verzichten konnte man dennoch nicht, so dass man sich erneut in einer gewissen Abhängigkeit von diesem Instrument befand. Man versuchte, durch die Verlagerung der Auktionen in große Städte außerhalb Sachsens wie Hamburg und Bremen, höhere Einnahmen zu generieren und Geschirre, die in Sachsen unverkäuflich waren, dort unterzubringen.[2229] Ein schrittweises Zurückfahren der Auktionen sollte parallel durch eine höhere jährliche Produktion kompensiert werden. Zur Kompensation der entgangenen Auktionserlöse sollte die Produktion von gangbaren Geschirren um zusätzliche 12.000 bis 15.000 Taler gesteigert werden, so dass man die eigenen Verkaufsniederlagen für den Detailverkauf besser ausstatten und mehr Porzellane ins Ausland absetzen konnte.[2230]

Was die Manufakturführung nicht ahnen konnte, war, dass dieser „altfranzösische" Geschmack eine Wiederbelebung erfahren würde und diese Gegenstände aus der Barock- und Rokokozeit erneut zu gesuchten Porzellanen werden könnten, insbesondere in England. Im Sommer 1818 wurde berichtet, dass man in London verstärkt nach den alten Meißener Mustern suchte.[2231] Das Handelshaus Rittner & Saxby war einer der ersten Geschäftspartner der Meißener Manufaktur, der explizit nach den alten Porzellanen nachfragte.[2232] Da die Manufaktur aber durch die starke Verauktionierung „schon von allen Vorräthen dieser Gattung ganz entblößt" war, mussten nun diese Modelle extra angefertigt werden.[2233] War diese Wendung für die Manufaktur mehr als ärgerlich vor dem Hintergrund der jahrzehntelangen Anstrengungen, eben solche alten Geschirre um jeden Preis zu verkaufen, war der Betrieb zu allem Überfluss nunmehr auch der Konkurrenz von Händlern ausgesetzt. Diese hatten sich in den vielen durchgeführten Auktionen relativ günstig mit den alten Porzellanen eindecken können, ließen die weißen Porzellane nachträglich bemalen und brachten diese Stücke nun zu Preisen in den Markt, mit denen die Manufaktur kaum mithalten konnte.

Doch die Durchführung von Auktionen hatte auch einen weiteren, wenn auch gänzlich in den Hintergrund tretenden Grund. Gemäß der Preistheorie sind Auktionen ein Instrument, um die Zahlungsbereitschaft von Kunden in Erfahrung zu bringen.[2234] Diese Tatsache, wenngleich sie von den Verantwortlichen der Manufaktur gar nicht oder zumindest nicht in vollem Umfang erkannt worden ist, wurde zu einem Bestandteil der preisstrategischen Überlegungen der Manufaktur. Die schwierige Absatzsituation in den klassischen Auslandsmärkten der Manufaktur, wie Russland und der Türkei, hatte dazu geführt, dass man sich im internationalen Handel neuen Märkten zuwenden musste. Als man versuchte, in der Zeit ab 1816 in Hamburg den Handel mit Meißener Produkten neu zu etablieren und die Hansestadt als Sprungbrett für den Vertrieb nach England und vor allem Nordamerika zu nutzen, fürchtete

[2228] Vgl. AA IV 1, S. 505.

[2229] Vgl. AA IV 1, S. 507.

[2230] Vgl. AA IV 1, S. 508.

[2231] Vgl. AA IV 1, S. 141.

[2232] Vgl. AA IV 1, S. 143.

[2233] HStAD 10036 Loc. 36342, Vol. VII, S. 56.

[2234] Vgl. Kapitel 1.2.1.

man insbesondere die billigere Konkurrenz aus England und Frankreich. Hamburg hatte sich stets als schwieriger Handelsplatz erwiesen, da die hanseatischen Kaufleute traditionell den englischen Handelsraum für den Einkauf von Steingut und Porzellan bevorzugten. 1821 wurde ein Auktionsverkauf in Hamburg vorgeschlagen, denn eine Auktion schien der Manufaktur ein schnelles und kostenminimales Instrument zu sein, um das Meißener Porzellan in die anglo-amerikanischen Märkte zu bringen und den interessierten Geschäftsleuten das eigene Produktportfolio bekannt zu machen:

> *„Um nun diese Waaren (...) den Ausländern schnell, und ehe die Franzosen uns darinnen zuvorkommen, bekannt zu machen, scheinen die in Hamburg zu veranstaltenden Porcellan-Auktionen wohl sehr geeignet zu sein, auch werden solche zugleich ein Mittel abgeben zu erfahren, um welche Preise die meißner Waaren in das entferntere Ausland abgesetzt werden können".*[2235]

Konnte man durch eine Auktion Ware schnell in den Markt bringen und insbesondere die französische Konkurrenz im Kampf um den internationalen Absatz auf Distanz halten, sah man dieses Mittel mittlerweile auch als Instrument zur Erforschung des preislichen Gestaltungsspielraums bei Eintritt in neue Märkte an. Hier war der Gedanke offensichtlich, dass man die noch völlig unbekannte Preisstruktur und Zahlungsbereitschaft für Porzellan in Amerika durch eine Auktion „ertesten" wollte, um dann in einem zweiten Schritt eine besser an die ausländische Zahlungsbereitschaft angepasste Preisstruktur anbieten wollte. Diesem Vorschlag wurde nicht zugestimmt unter dem Hinweis, dass man vielmehr die Resultate eines freien Verkaufs in Hamburg abwarten wollte.[2236]

3.5 Der preispolitische Umgang mit dem Wettbewerb

3.5.1 Die Monopolsituation der Anfangszeit

Neben den betriebsinternen Schwierigkeiten der Anfangszeit musste die Manufaktur ab 1713 erstmalig mit einem Wettbewerber Vorlieb nehmen. In diesem Jahr wurde in Plaue an der Havel eine Konkurrenzfabrik gegründet. Der preußische Minister von Görne hatte dort eine Fabrik angelegt und war imstande, zumindest das rote Porzellan, das Böttgersteinzeug, herzustellen.[2237] Die Aufregung in Sachsen war groß, denn angeblich konnten die Rohstoffe günstiger bezogen und die Arbeiter billiger entlohnt werden, was den Betrieb auf eine bessere Kostenbasis stellte als in Meißen. Um sich über das Gefahrenpotenzial des Werks in Preußen zu informieren, schickte Böttger im April 1715 einen seiner Vertrauten, Johann Georg Mehlhorn, nach Plaue. Vier Tage lang konnte sich dieser über die dortigen Zustände infor-

2235 Vgl. HStAD 10036 Loc. 36342, Vol. III, S. 207.

2236 Vgl. Kunze (1988), S. 60.

2237 Zur Geschichte der Manufaktur in Plaue, vgl. ausführlich Mauter (2003), ferner Berling (1900), S. 21–23 und Seidlitz (1889), S. 59–61.

mieren.[2238] Auf ein Angebot des Ministers von Görne, die eigene Manufaktur an Meißen zu verkaufen für einen Betrag von 13.000 Talern oder gar beide Betriebe zu fusionieren, ging man nicht ein.[2239] Denn man schätze die Gefahr, die von diesem Konkurrenzbetrieb ausging, als gering ein und stellte fest, dass die ausgestellten Waren aus Plaue während der Michaelis-Messe 1715 von geringerer Qualität waren und teurer im Preise angesetzt wurden als die Meißener Erzeugnisse.[2240] Unter diesen Umständen war die Manufaktur in Plaue keine ernste Gefahr für die Monopolsituation der Meißener Manufaktur.

Die anfangs noch bedeutende Konkurrenz der Porzellane aus Asien, dem sogenannten Ostindischen Porzellan, hatte die Manufaktur um 1719 offenbar schon aus dem wichtigen Handelsplatz der Leipziger Messe vertreiben können. So berichtete Steinbrück von einem Kaufmann aus Amsterdam,

> *„daß sein Handel mit Indien. und Japan. Porcellain zu Leipzig durch den Sächß. solchen Stoß bekomen, daß er selbiges künftig in Leipzig nicht mehr treiben könte, gestalt er ihn auch bereits eingestellet“.*[2241]

Bestärkt durch diese Erfolge stellte man Überlegungen an, einen profitablen Vertrieb dauerhaft über die Drehscheibe der Hansestadt Hamburg in England, Niederlande, Italien und weiteren Ländern zu etablieren.[2242] Man ging in der Anfangszeit über diese grundsätzlichen Überlegungen jedoch nicht hinaus, und Hinweise auf eine explizite Strategie der Internationalisierung der Vertriebsleistung sind archivalisch nicht nachzuweisen.

Den Wettbewerb mit der neugegründeten Wiener Porzellanmanufaktur nahm man jedoch ernster als denjenigen mit der Manufaktur aus Plaue in Brandenburg. Der Wiener Betrieb wurde 1718 als Privatanstalt gegründet, und der dortige Direktor du Paquier schaffte es, zwei tüchtige Arbeiter aus Meißen für seine Manufaktur zu engagieren, nämlich den Maler Christoph Konrad Hunger und den Arkanisten Samuel Stöltzel. Dass man die Wiener Manufaktur ernst nahm ergab sich schon daraus, dass man in Meißen sehr an Berichten über den österreichischen Betrieb interessiert war. Die Informationsübermittlung aus Wien erfolgte in der ersten Zeit mit Hilfe des dortigen sächsischen Gesandten, dem Legationsrat Christan Adam Anacker.[2243] 1719 wurde überlegt, wie man „der nunmehr in Wien privilegierten Porcelain fabrique zu begegnen“ habe, wobei „einige Mittel sich finden dürfften derer man die Be-

---

[2238] Vgl. auch AA I Aa 1a, S. 139b. In diesem Fall kann man von einem der ersten Industriespionagefälle der Neuzeit ausgehen, in welchem erstmals eine Manufaktur systematisch ausspioniert wurde.

[2239] Vgl. Seidlitz (1889), S. 60.

[2240] Vgl. Zimmermann (1926), S. 194.

[2241] AA I Aa 1b, S. 576b. Ähnlich äußerte sich auch Marperger, der 1718 die Überlegenheit der Meißener Erzeugnisse gegenüber den asiatischen Porzellanen in Bezug auf Härte und Zierlichkeit betonte, vgl. Marperger (1718), S. 21. Weiterhin wurden aber von Kundenseite Imitationen von Ostindischen Porzellanen nachgefragt, vgl. AA I Aa 3, S. 415b.

[2242] Vgl. AA I Aa 2, S. 77 und AA I Aa 2, S. 102 und S. 107.

[2243] Vgl. Rückert (1994), S. 13. Die Informationsübermittlung war so detailliert, dass sogar das Gründungsdekret als Abschrift angefertigt wurde und noch heute im Meißener Werksarchiv einzusehen ist, vgl. AA I Aa 1a, S. 120–126.

schaffenheit der Arcanorum und die Natur der fabricque durchsehen mag".[2244] Für die Manufaktur in Meißen konnte das Werk in Wien sehr gefährlich werden, und die unmittelbare Gefahr wurde immer wieder erwähnt, da die Nachahmung der Werke aus Sachsen zu offensichtlich war.[2245] Eine realistische Neueinschätzung erfuhr der Wettbewerb, als man die Umsätze der Konkurrenzbetriebe, besonders während den Messen, genauer analysierte, denn

> *„so wenig sind sie [die Konkurrenten] capables, furcht zuerwecken, wenn man bedenket, daß solche Entreprises dem hiesigen Wercke bishero noch nichts geschadet, wie der Abzug derer zwey letzteren Meßen deutlich zeiget".*[2246]

Trotz des Verlustes von Stöltzel, dem zuvor aus Meißen entflohenen Manufakturisten, der aber nach einer enttäuschenden wirtschaftlichen Entwicklung in Wien die zugesagten Versprechungen und Lohnzahlungen nicht erhalten hatte und daraufhin mit dem Maler Höroldt nach Meißen zurückkehrte[2247], konnte sich die Manufaktur in Wien wieder fassen. Um die besonders seit 1730 aufstrebende Wiener Porzellanmanufaktur zu kontrastieren, wurde im November 1731 in Meißen überlegt, ob nicht gezielt österreichische Händler angegangen werden sollten.[2248] Das seit 1730 bestehende Verbot des Verkaufs von weißem unbemalten Porzellan sollte gelockert und die Stücke mit einer Preisreduktion versehen werden, um sie zielgerichtet den Händlern aus Österreich zur Verfügung zu stellen. Die Händler klagten nämlich über hohe Zölle und Abgaben, die neben den teuren Warenpreisen die Gesamtkosten ihrer Geschäfte deutlich nach oben trieben. Gerade diese Händler hatten im Jahrzehnt von 1720 bis 1730 bedeutende Bestellungen in Meißen getätigt und sorgten somit für eine gewisse Begrenzung der Umsätze der Wiener Manufaktur. Man dachte in Meißen an Gegenmaßnahmen, welche vordergründig darauf gerichtet waren, Geschäftskundenumsätze nach Sachsen zu lenken und dadurch das wieder erstarkte Wachstum der Wiener Manufaktur zu behindern, damit „die in Wien angelegte dergleiche Fabrique nicht empor kähme".[2249] In seiner Resolution vom 20. Februar 1731 zeigte sich August der Starke unnachgiebig, denn das Verbot des Verkaufs von unbemalten Porzellanen zur Eindämmung der „Pfuscherei" wog schwerer als diese Stücke als Druckinstrument gegenüber Wettbewerbern einzusetzen, so dass der Fürst die Lockerung des Verkaufsverbots von weißem unbemalten Porzellan für Wiener Händler nicht erlaubte.[2250] Noch am 24. Februar 1735 wiederholte Chladni seinen Vorschlag, den Wiener Geschäftskunden das weiße Porzellan verkaufen zu dürfen, auch weil

2244 AA I Aa 1a, S. 110.

2245 Vereinzelt ist auch heute noch die Unterscheidung schwierig, ob es sich um Porzellane aus Wien oder Meißen handelt, da die Wiener Manufaktur für eine lange Zeit ihre Werke nicht mit einer Marke kennzeichnete, vgl. Rückert (1994), S. 11–12. Von den Zeitgenossen wurden die Porzellane aus Wien nicht unbedingt als qualitativ schlechter angesehen gegenüber den Geschirren aus Sachsen. So heißt es, dass die Wiener Erzeugnisse „sont aussi belles que celles de la Manufacture de Dresde", o. V. (1731), S. 329.

2246 AA I Aa 1b, S. 576.

2247 Vgl. hierzu Seidlitz (1889), S. 64.

2248 Vgl. AA I Aa 17, S. 10b.

2249 AA I Aa 15, S. 443–443b.

2250 Vgl. AA I Aa 17, S. 26.

sich mittlerweile ein erheblicher Vorrat an solchen Porzellanen in der Mittelgut Qualität angesammelt hatte, ohne jedoch ein positives Resultat zu erhalten.[2251]

Überdies wurde eine Liste von wichtigen Punkten erstellt, über die bei der Wiener Manufaktur „(...) ohnmaßgebliche Erkundigung einzuziehen wäre".[2252] Man wollte in Erfahrung bringen, wer zum damaligen Zeitpunkt Direktor der Manufaktur war und welche genauen Privilegien das Werk genoss, wie Angestellte dort arbeiteten, wer die Massen herstellte und die Brände beaufsichtigte, woher man die Rohstoffe bezog, wie die Qualität der Malerei anzusehen war, wie die Produktpalette beschaffen war und „ob die Preyße auch hoch reguliret" waren.[2253] Diese im November 1731 eingereichten Fragen erfuhren jedoch keine schnelle Beantwortung, da sie am 6. November 1732 abermals zur Entscheidungsvorlage innerhalb der Manufakturkommission gebracht wurden.[2254]

Eine im März 1735 in Wien bei der dortigen Porzellanmanufaktur abgehaltene Porzellanlotterie erweckte abermals die Neugier der Meißener Verantwortlichen und führte zu weiteren Bemühungen, mittels Industriespionage die Verhältnisse des Wiener Betriebes in Erfahrung zu bringen. Der Meißener Manufaktur war „daran gelegen, zu wißen, wie es ietzo um die dasige [Wiener] Fabrique eigentl. stehet, und ob selbige in mehrers Auffnehmen kommen dürffe?".[2255] Der Meißener Kreisamtsmann und Kommissar der Manufaktur, Fleuter, kontaktierte in Wien den Hauptmann Johann Martin Kühn, um sich näher über diese Lotterie zu informieren.[2256] Dieser sollte Exemplare des Lotteriekataloges übersenden und Erkundigungen einholen über das Produktangebot, die Anzahl der Lose und Treffer in der Lotterie und somit über die ungefähre Höhe der erzielten Einnahmen und schließlich, „ob viele Liebhaber vorhanden sind".[2257] Kühn berichtete, dass der Wiener Betrieb nicht sonderlich viel Umsatz erzielte und dass sogar erhebliche Schwächen in Absatz und Vertreib der Waren festzustellen waren.[2258] Die Produkte aus Wien wären sehr hoch in ihren Verkaufspreisen angesetzt, und das Porzellan „(...) könnt auch itzo nicht mehr so schön und tüchtig, als anfängl. vor 14 bis 15 Jahren (...) verfertiget werden".[2259] Weiter berichtete Kühn, dass die Wiener Manufaktur für 2.000 Taler Waren in die Türkei verschickt hätte, und er ging in seiner Tätigkeit als Kundschafter sogar so weit, dass er eine Probe der Wiener Porzellanmasse und der ihr zugesetzten Kieselsteine nach Meißen senden ließ, ohne aber die genaue Zusammensetzung der Rohstoffe in Erfahrung bringen zu können.[2260] Abschließend konnte Kühn im Oktober 1736

[2251] Vgl. AA I Aa 23, S. 46–47.

[2252] AA I Aa 15, S. 526b.

[2253] AA I Aa 15, S. 526b–527.

[2254] Vgl. AA I Aa 17, S. 273 und S. 297.

[2255] AA I Aa 23, S. 8.

[2256] Vgl. AA I Aa 23, S. 8–8b. Die Person des Johann Martin Kühn ist in der bisherigen Forschung nur schwer zu fassen gewesen, vgl. Rückert (1994), S. 21. Sicher ist, dass dieser Offizier neben seinen üblichen militärischen Aufgaben auch als eine Art Spion für die Meißener Manufaktur tätig gewesen ist.

[2257] AA I Aa 23, S. 8b.

[2258] Vgl. AA I Aa 23, S. 59.

[2259] AA I Aa 23, S. 59b.

[2260] Vgl. AA I Aa 23, S. 63 und S. 65b.

weitere Informationen aus Wien übermitteln. Das Warenlager wurde auf 50.000 Taler geschätzt, und in der Produktpalette konnte man lediglich vier Porzellanservices anbieten. Die hohe Schuldenlast des Porzellandirektors wurde genauso angemerkt wie die nahezu 30 Mitarbeiter verzeichnende Personalliste. Man wusste zudem, dass die meisten Angestellten in Wien einen Stücklohn bekamen und dass es einen Reparaturservice gab, der eingeschicktes zerbrochenes Porzellan mit Hilfe eines Porzellankitts wieder zusammensetzen konnte.[2261]

3.5.2 Verlust des Monopols und preispolitische Retorsion

Meißen war in der Anfangszeit bevorzugtes Kopierobjekt der konkurrierenden Manufakturen, sei es im Bereich des Hartporzellans oder auch der Fayence. Eine außerordentliche Qualitätsbezeugung war die Aussage, wenn man „nach sächsischen" Modellen arbeitete.[2262] „Peking de Saxe" nannte es Friedrich der Große in Anspielung an die asiatische Vorgeschichte des Porzellans, und bei den preußischen Bemühungen zur Etablierung einer Porzellanmanufaktur hatte er stets die Meißener Manufaktur als Vorbild, die er während der zweifachen Besetzung Meißens außerordentlich gut kennenlernen konnte. So mussten bei der Beurteilung des ersten Porzellans des Fabrikanten Wegely aus der Berliner Manufaktur dessen Produkte dem Vergleich mit Meißen standhalten.[2263] Der Berliner Kaufmann Gotzkowsky berichtete über Friedrich den Großen, wie dieser von seiner Porzellanleidenschaft angetrieben wurde, eine Manufaktur nach Meißener Vorbild in Preußen einzurichten:

> *„Es hatte seine Majestät einige Proben von sächsischem Porcellain in Dero Zimmer stehen. Sie zeigten mir solches und geruheten sich zu erklären, daß, wenn sie irgend etwas wünschten, so wäre es eine derartige Fabrik in ihren Landen zu haben, wozu sie alles mögliche anwenden wollte (...)".*[2264]

Schon von Zeitgenossen wurde attestiert, dass das Porzellan aus Sachsen am besten mit dem ausländischen Porzellan aus Asien konkurrieren konnte, ja dieses sogar verdrängen konnte. Unter all den europäischen Bemühungen zur Produktion von Hartporzellan wurde die Vormachtstellung des Meißener Betriebs besonders betont: „Sachsen hat hier mit bessrem Erfolg daran gearbeitet als die andern Ländern".[2265] Die Techniken der Produktion und der künstlerische Anspruch der Arbeiten bildeten in Meißen ein harmonisches Nebeneinander für viele Jahrzehnte. Meißen leistete in der ersten Hälfte des 18. Jahrhunderts vollendete Porzellankunst, die zum Vorbild wurde für die vielen anderen Manufakturen, die nach Meißen entstanden und diesem Betrieb nacheiferten.[2266]

2261 Vgl. AA I Aa 24a, S. 360–361.

2262 Vgl. Hofmann (1980c), S. 125.

2263 Vgl. Bensch (1928), S. 22–25 und S. 34.

2264 Zitiert nach Bensch (1928), S. 28.

2265 Karsten (1780), S. 190.

2266 Vgl. Weiß (1994), S. 90–91.

Die Porzellanmanufakturen in Plaue und Wien stellten für die Meißener Manufaktur die einzigen Wettbewerber dar in der Anfangszeit.[2267] Da Plaue in Qualität und Quantität nicht ernsthaft mit Meißen konkurrieren konnte und bald darauf auch geschlossen werden musste, blieb Wien vorerst als einziger Wettbewerber im Porzellanmarkt übrig. In Frankreich wurde im Jahr 1738 bei Vincennes, in der Nähe von Paris, eine Porzellanmanufaktur gegründet auf Initiative des damaligen Finanzministers Orry de Fulvy.[2268] Aber auch diese Manufaktur stellte von Anfang an, trotz offensichtlicher Kopien der Meißener Erzeugnisse, keine ernsthafte Konkurrenz dar, da man nur langsam die Produktion und die Produktpalette erweiterte, noch kein Hartporzellan herstellte und nahezu ausschließlich für den französischen Hof arbeitete ohne nennenswerte kommerzielle Bestrebungen – ganz im Gegenteil musste König Ludwig XV. zum Erhalt des Betriebsablaufs von 1759 bis 1778 Zuschüsse von mehr als 1,6 Millionen Livres zahlen.[2269] Durch den Einfluss einer der wichtigsten Auftraggeberinnen, Madame de Pompadour, bezog diese französische Manufaktur 1756 ein Gebäude im näher an Versailles gelegenen Sèvres.[2270] Als man ab 1770 auch Hartporzellan in nennenswerter Stückzahl herstellen konnte, wurde ab diesem Zeitpunkt der Betrieb zu einem immer größeren Konkurrenten, in wirtschaftlicher wie auch in künstlerischer Sicht, für die Meißener Manufaktur.[2271]

Ebenfalls ernstzunehmende Konkurrenzbetriebe wurden 1746 in Höchst und 1747 in Nymphenburg gegründet, bevor ab dem 1750er Jahren eine Gründungswelle besonders im süddeutschen Raum einsetzte. Diese Gründungswelle von Porzellanmanufakturen im In- und Ausland wurde damals schon von Zeitgenossen als eine „große Ueberschwemmung von Porzellanfabriken“ bezeichnet.[2272] Die Meißener Monopolstellung und die strategische Entscheidung, in den ersten Jahrzehnten der Manufakturtätigkeit eine Hochpreisstrategie anzuwenden, hatten für lukrative Margen gesorgt. Die Aussicht auf ein profitables Investment motivierte deshalb etliche Wettbewerber dazu, ebenfalls mit Manufakturen in den Markt einzutreten, besonders da es kein konkurrierendes Handwerk für die Porzellanherstellung gab. Da eine der wichtigsten Markteintrittsbarrieren, das Arkanum zur Herstellung von Porzellan, von der Meißener Manufaktur nicht völlig geschützt werden konnte und über etliche Umwege und dunkle Kanäle an weitere Mitwisser verraten worden war, animierte das zu weiteren Eintritten in den Porzellanmarkt. Während dieses Zeitraums entstanden viele Manu-

2267 Stieda (1902), S. 10–11 erwähnt die Möglichkeit, dass 1718 in Saalfeld eine Porzellanmanufaktur gegründet wurde, über die sich aber sehr fragmentarische Belege erhalten haben. Nicht ausgeschlossen ist es, dass es sich um eine der vielen damals üblichen Fayence-Manufakturen gehandelt haben könnte. Auch wurde 1720 in Venedig eine Porzellanfabrikation aufgenommen und im Jahre 1737 die Porzellanmanufaktur Doccia in der Toskana gegründet, doch verblieben diese Betriebe in ihren eng begrenzten regionalen Absatzgebieten, so dass sie dem großen Marktspieler in Meißen nicht gefährlich werden konnten, vgl. zu Venedig und Doccia Seidlitz (1889), S. 65–66 und Matusz (1996), S. 101–124.

2268 Vgl. Lechevallier-Chevignard (1908), S. 5–6. Das Gründungsprivileg der Manufaktur sprach unumwunden von Porzellan „façon de saxe“, vgl. Hofmann (1980a), S. 138.

2269 Vgl. Pallach (1987), S. 199–200.

2270 Vgl. Lechevallier-Chevignard (1908), S. 12, S. 34–36. Zum Einfluss von Madame de Pompadour auf die Errichtung der Porzellanmanufaktur in Sèvres, vgl. ausführlich Posner (1990), S. 85–92.

2271 1773 erreichte die Manufaktur ihre größte Betriebsstärke im 18. Jahrhundert mit 400 Angestellten, vgl. Lechevallier-Chevignard (1908), S. 79 und S. 86.

2272 Weber (1798), S. 6. Weber war ehemaliger Direktor der Höchster und der Ilmenauer Manufaktur.

fakturen, die durch die Aufnahme von entflohenen oder entlassenen Meißener Angestellten von deren Know-how und Fertigkeiten profitierten.[2273] Zudem war ohnehin bei den meisten Luxusgütern der damaligen Zeit aufgrund der Transport- und Substitutionsmöglichkeiten der Marktradius sehr weit gefasst, so dass der Wettbewerb sich auf die übrigen europäischen Absatzmärkte erweiterte und auch hier hohe Gewinnmargen versprach.[2274] Meißen konnte ab 1710 ungefähr 40– 45 Jahre lang eine faktische Monopolstellung für Hartporzellan in Europa genießen, ehe die Gründungswelle, und besonders die vielen internen und externen Schwierigkeiten aufgrund des Siebenjährigen Krieges, diese Position für Meißen beendeten.

Kurz nach Ausbruch des Siebenjährigen Krieges und während der Besetzung Meißens durch die preußische Armee erhielt der Direktor der konkurrierenden Berliner Porzellanmanufaktur, Wegely, die Möglichkeit, sich in den Räumlichkeiten der Meißener Manufaktur umzusehen, um so Einblick in die Produktion seines größten Wettbewerbers zu erhalten. Da jedoch die wichtigsten Produktionsmittel, die Porzellanöfen, zerstört worden waren und sich kaum einer der führenden Angestellten in Meißen aufhielt, konnte Wegely nur wenige Erkenntnisse nach Berlin wieder mitnehmen.[2275] Nach Beendigung des Siebenjährigen Krieges verschärfte die Manufaktur die Bestimmungen im Umgang mit den Konkurrenzbetrieben. So durften alle Angestellten der Manufaktur keine Korrespondenz ohne ausdrückliche Genehmigung der Manufakturkommission mit dem Ausland, besonders nach Preußen, unterhalten.[2276] Man fürchtete den Verlust von Herstellungsgeheimnissen oder gar von Mitarbeitern an die dortige Berliner Manufaktur KPM. Diese Manufaktur nahm eine besondere Wettbewerbsposition für den Meißener Betrieb ein. Anfangs noch ab 1751 unter Führung des Fabrikanten Wegely, ab 1761 unter Führung des Kaufmanns Gotzkowsky und ab 1763 in Staatsbesitz übernommen von Friedrich dem Großen, entwickelte sie sich zum wichtigsten Konkurrenten für den Meißener Betrieb auf deutschsprachigem Territorium. Sie hatte mit dem preußischen König einen Regenten, der den Ausbau des Manufakturwesens in seinem Königreich im Allgemeinen und den Ausbau der Porzellanproduktion im Speziellen besonders energisch voranbrachte.[2277]

Nicht zuletzt auch wegen dieses starken Konkurrenten aus Berlin war der Umgang mit den vielen Wettbewerbern zu diesem Zeitpunkt in Meißen viel umsichtiger und aufmerksamer geworden. Obwohl sich die Meißener Manufaktur bis in die frühen 1750er Jahre noch einen gewissen Anteil an monopolistischem Spielraum erarbeiten konnte aufgrund der nach wie vor überragenden Qualität und Güte der eigenen Produkte, war der Wettbewerb jetzt zu einer Entscheidungsvariable geworden, die bei der Definition der Preispolitik zu berücksichtigen war. In der schon erwähnten historischen Übersicht der Manufaktur vom Oktober 1763[2278],

---

[2273] Vgl. Hörner (1962), S. 32 und Walcha (1973), S. 111–116.

[2274] Vgl. Pallach (1987), S. 53.

[2275] Vgl. AA I Af 11, S. 102 und Zick (1978), S. 31–33. In dieser Zeit der preußischen Besetzung stand die Option im Raum, die Meißener Manufaktur ganz aufzulösen. Dadurch sollte die Berliner Porzellanmanufaktur gestärkt werden und von ihrem größten Konkurrenten befreit werden, vgl. AA I Af 9, S. 36.

[2276] Vgl. AA I Aa 35, S. 44.

[2277] So unterstützte der preußische König private Unternehmensgründungen auf jede erdenkliche Art und Weise. vgl. Kellner (1968), S. 13–15. Zur Wirtschaftspolitik von Friedrich dem Großen, vgl. Zottmann (1937).

[2278] Vgl. Kapitel 3.3.14.

fand sich ein Abschnitt zur Preisstrategie, der den Umgang mit den Wettbewerbern im Markt zum Thema hatte und sich wie eine Kampfankündigung an die Konkurrenzbetriebe aus dem ganzen deutschsprachigem Raum las:

> *„Da denen übrigen in Teutschland nach und nach etablierten porcelaine Fabriquen ihre Waare, welche iedoch die Güte des Sächsischen porcellains bey weitem nicht erreichet, aus notorischen Ursachen weit höher zustehen kommet, muß nach denen Handlungsbegriffen dieses allererst künfftig, und beym rechten Zeitpunct das richtige Mittel seyn, auswärtige Fabriquen zum Vortheil der Sächsischen Manufactur zu ruiniren, wenn man, so weit sichs tun laßen will, mit dem Preiße herunter gehet, indem solchen falls jene neben dieser füglich nicht bestehen können".*[2279]

Im modernen Verständnis war diese Strategie nichts anderes als eine Strategie der preispolitischen Vergeltung.[2280] Zu diesem Zeitpunkt im Oktober 1763 bestanden eine ganze Reihe von Porzellanmanufakturen neben dem Meißener Betrieb. Zu den größten Konkurrenten in den deutschsprachigen Ländern dürften die Wiener Manufaktur, die Betriebe in Höchst, Fürstenberg, Nymphenburg, Berlin, Straßburg und Frankenthal gezählt haben.[2281] Die Konkurrenzbetriebe, die nach Ansicht der Manufaktur offenbar teurer produzierten als der Meißener Betrieb und zudem nicht über die entsprechende Finanzkraft verfügen konnten, mussten im Wege einer möglichst starken Preissenkung aus dem Markt verdrängt werden. Kurzfristig sah diese Art der Strategie vor, die Verkaufspreise der Porzellane unter die variablen oder gar gesamten Stückkosten zu drücken. Bei den dann herrschenden Preisniveaus des Marktführers konnten die Wettbewerber nicht weiter bestehen und wurden zum Vorteil der sächsischen Manufaktur ruiniert. Solch ein Vorgehen schien aber den Verantwortlichen der Manufaktur nur als „ultima ratio" zu dienen, welches zudem nur zum gegebenen Zeitpunkt das Mittel der Wahl sein sollte. Um so eine Preisstrategie zu verfolgen, musste man auch volles Vertrauen in die Stärke und Qualität der eigenen Produkte haben. Weiterhin gingen die Verantwortlichen davon aus, dass die Anziehungskraft der Meißener Erzeugnisse ungebrochen war, und dass ein Preiskrieg keine nennenswerten Veränderungen diesbezüglich mit sich bringen würde. Über die kurz- und langfristigen Konsequenzen eines solchen Preiskrieges war man sich aber offenbar nicht bewusst. Die Profitabilität der gesamten Betriebstätigkeit wurde bei solch einer strategischen Überlegung ausgeklammert, da einzig und allein das Ziel der Verdrängung der Konkurrenz aus dem Markt bestand. Solche Ansichten über den Umgang mit der Konkurrenz sind auch von Seiten der Geschäftskunden immer wieder geäußert worden: Wenn andere Manufakturen am Wachstum gehindert werden sollten, so musste der Meißener Betrieb, wenn nicht den Preis unterbieten, so ihn doch wenigstens gleich setzen mit der Konkurrenz, so die Argumentation.[2282] Diese Forderungen entbehrten jedoch nicht eines gewissen Eigeninteresses. Denn an einem Absinken des Preisniveaus war man seitens

---

2279 AA I Aa 35, S. 92b.

2280 Diese Strategie war schon in der damaligen kameralistischen Literatur bekannt. So waren für Sonnenfels aggressive Preissenkungen gegenüber der Konkurrenz das einzige Mittel, um die Kunden langfristig an sich binden zu können, vgl. Sonnenfels (1769), S. 146.

2281 Vgl. auch Tabelle 5-5 im Anhang.

2282 Vgl. AA I Aa 49, S. 24.

der Händler sehr interessiert, um den profitablen Weiterverkauf der Porzellane zu gewährleisten.

Aus den Archiven findet sich kein Hinweis, dass die Meißener Manufaktur nach dem Siebenjährigen Krieg eine Strategie der preislichen Verdrängung und Vergeltung durchgeführt hat. Der Betrieb war noch zu schwach, als dass er einen Preiskrieg unbeschadet überstanden hätte. Überdies stand die Nachkriegszeit im Zeichen der betrieblichen Neuorganisation und der Optimierung der Herstellungsabläufe, keineswegs in einer massiven Forcierung der Absatzmöglichkeiten auf Kosten der Konkurrenz. Dennoch war man über die innerdeutschen Wettbewerber durchaus sehr besorgt, wie die Überlegungen und Gedanken von Helbig in seiner Schrift vom 15. März 1764 als Antwort auf die königliche Resolution vom 2. Februar 1764 beweisen. Über den Vertrieb in das bisher wichtigste Abnehmerland der Meißener Manufaktur, Frankreich, sorgte sich Helbig vor dem Hintergrund,

> *„daß im Reiche zu Höchst und Franckenthal zwey ebenmäßige Porcellain-Manufacturen sich etabliert, welche den bisherigen Vertrieb der hiesigen [sächsischen] bunden Waaren nach Frankreich (...) an sich ziehen könten“.*[2283]

Die Manufakturen in Höchst und Frankenthal wurden allerspätestens zu diesem Zeitpunkt von der Manufaktur zumindest auf gleichem Niveau angesiedelt wie der eigene Betrieb. Besonders im margenstarken Verkauf der hochpreisigen Porzellanfiguren nach Frankreich musste sich Meißen vor den beiden Wettbewerbern stark in Acht nehmen. Für das Geschäft in den Niederlanden sah Helbig einen sehr starken Wettbewerb durch die Berliner Manufaktur gegeben, „welche eine vorzügliche Avantage wegen des Holz-Preißes vor sich zu haben scheinet“.[2284] Dem Handel der Manufaktur stand also von mehr als einer Seite ein möglicher Verlust und Nachteil bevor, „falls nicht tempestive ad aequate Mercantillische Gegenvorkehrungen getroffen“ werden würden.[2285] Damit wurde erstmals die staatliche Intervention angesprochen in Gestalt von protektionistischen Instrumenten, wie dem Einfuhrverbot von ausländischem Porzellan nach Sachsen oder die Erhebung von hohen Schutzzöllen zur Sicherung bestimmter Absatzgebiete. Auch mögliche Privilegien wie Exklusivverträge oder steuerliche Befreiungen für Rohstoffe konnten der Intervention im merkantilistischen Sinne dienlich sein.

Was die Wettbewerber anbetraf, so entschied man sich, über die wichtigsten Konkurrenzbetriebe stärkere Erkundigungen einzuholen. Es war erneut Helbig, der in seinem Dokument über den Porzellanhandel vom 15. März 1764 diese Maßnahme mit Nachdruck forderte.[2286] In den sieben Kriegsjahren hatten entscheidende Veränderungen und Entwicklungen den Porzellanmarkt bestimmt. Es fehlte an einer geregelten und effektiven Wettbewerbsbeobachtung, so dass Nachrichten zum Markt und zu den Wettbewerbern sehr unregelmäßig bis in

[2283] AA I Aa 39, S. 109b.

[2284] AA I Aa 39, S. 110.

[2285] AA I Aa 39, S. 110.

[2286] Vgl. AA I Aa 39, S. 116–116b. Direktor von Fletcher griff diesen Vorschlag am 29. April 1764 auf und machte sich somit die Vorüberlegungen von Helbig, der nicht mehr in der Manufakturführung tätig war, zunutze, vgl. AA I Af 11, S. 124–124b.

die Entscheidungsebenen der Manufaktur durchdringen konnten.[2287] Ein fähiger Mitarbeiter aus Meißen sollte in all diejenigen Länder reisen, in denen man Handelsbeziehungen unterhielt. Dort war es seine Aufgabe, nach neuen Geschäftsbeziehungen Ausschau zu halten, um die Entwicklung des Neugeschäfts der Manufaktur zu unterstützen.[2288] Neben dem Entdecken „des Geschmacks der Nationen" in Hinblick auf die Porzellanproduktion in Meißen sollte der Reisende sich auch über die in- und ausländischen Konkurrenzbetriebe und deren Geschäftstätigkeit informieren.[2289] Dadurch erhoffte sich Helbig eine Erweiterung der Umsätze in Meißen, die aus einer besseren preis- und produktpolitischen Reaktion auf die Strategien der in- und ausländischen Wettbewerber herrühren sollte.

Im Reskript vom 13. Mai 1764 nahm der Regent Xaver diesen Vorschlag zur Durchführung einer Auslandsreise an. Sobald es die Manufakturkasse gestatten würden, sollten

> *„ein Poussierer nach Wien, München und Augspurg, ein anderer aber in Gesellschaft eines Mahlers über Erfurth, Höchst, Ludwigsburg und Straßburg nach Paris versendet werden, welche an solchen Orten alle vorfindende schöne und zierliche Porcelaine – auch nach Gelegenheit, Gold- und Silber- oder andere Geschirre und Bildhauer Arbeit, da möglich abcopiren, oder sich sonst bekannt machen, sowohl alle andere zur Verbesserung des Wercks dienliche Kenntniße zu erwerben bedacht seyn werden".*[2290]

Unverblümt wurde angeordnet, während der Auslandsreisen bei den wichtigsten Wettbewerbern die dortigen Porzellane zu kopieren und sich sämtliches Wissen, was in irgendeiner Weise dem Meißener Betrieb vorteilhaft sein könnte, anzueignen. Dazu gehörte es auch, dass den Reisenden gestattet wurde, kleinere Porzellane auf Kosten der Manufaktur zu kaufen und nach Meißen zu bringen, um sie dort eingehender zu studieren und nachzuahmen.[2291] Der Fürst ordnete an, besonders Paris und den dortigen Kommissionär der Manufaktur in die Beobachtungen über Wettbewerb und neue Stilrichtungen einzubeziehen. Dort sollten „alle daselbst zum Vorschein kommende neue Erfindungen von Formen und Modellen, so gut er [der Kommissionär] derer habhaft werden kann" nach Meißen eingesendet werden.[2292] Es sollte dabei mit der Nachahmung nicht unnötig Zeit verloren werden, um den Nimbus des Neuartigen der französischen Produkte nicht zu verlieren und ihn dadurch zum finanziellen Vorteil der Meißener Manufaktur einsetzen zu können.

Die schon von Helbig zuvor angedeutete Verdrängungsstrategie mittels preislicher Vergeltungsaktionen wurde von Xaver aufgegriffen. Aus seinem Reskript vom 3. August 1764 kann man erkennen, dass auch für den Landesherrn die Möglichkeit einer aggressiven Preis- und Konditionenpolitik durchaus im Rahmen des Möglichen war. In dem Dokument definierte Xaver konkrete Rahmenbedingungen für die Rabattgewährung und ein strategisches

[2287] Vgl. AA I Aa 39, S. 117.

[2288] Vgl. AA I Aa 39, S. 116b.

[2289] AA I Aa 39, S. 116b.

[2290] AA I Aa 40, S. 11b.

[2291] Vgl. AA I Aa 40, S. 11b.

[2292] AA I Aa 40, S. 11b.

Preis- und Konditionensystem im Vertrieb der Manufaktur gegenüber ihren Geschäftskunden. Zugleich führte er an, dass besondere Umstände es erlauben würden, überdurchschnittliche Vorteile bei Rabatten und Verkaufskonditionen zu gewähren. Dazu gehöre der Fall,

> *„wenn zu Niederdrückung einer anderen Manufactur der Verkauf an einem auswärtigen Ort, oft ohne Profit für die diseitige, ja ehendem einige Zeit lang mit Schaden zu bewerckstelligen ist, dafern dadurch nur das Aufkommen jener verhindert wird“.*[2293]

Durch die Einräumung besonders vorteilhafter Vertriebskonditionen konnte die „Niederdrückung“ eines Wettbewerbers erreicht werden, auch auf Kosten, dass der Verkauf der Meißener Manufaktur unprofitabel wurde. Mit besonders hohen Rabattsätzen sollten Geschäftskunden angelockt, deren Einkaufsvolumen von den Wettbewerbern abgezogen und nach Meißen umgelenkt werden. Die Wettbewerber sollten unterboten werden, damit diese langfristig den Meißener Verkaufskonditionen nicht standhalten konnten und empfindlich im Geschäftskundensegment geschwächt wurden.

3.5.3 Intensivierung des Wettbewerbs und preisstrategische Lösungsansätze

Mehr als jeder sächsische Regent vor ihm war sich Xaver der Notwendigkeit bewusst, die verschiedenen Wettbewerber im Porzellanmarkt zu beobachten, sie zu studieren und nötigenfalls auch zu verdrängen. Eingeleitet durch die kaufmännisch weitsichtigen Entscheidungsvorlagen von Helbig, bestimmte Xaver eine umfassende Wettbewerbsbeobachtung, die selbst vor Mitteln der Industriespionage nicht Halt machte. Diese Beobachtung sollte auch die Preispolitik der Meißener Konkurrenten eingehender unter die Lupe nehmen. Im Zentrum stand die Überzeugung, dass die Meißener Produkte wieder eine „Marktorientierung“ haben mussten statt einer „Technikorientierung“. So wurde angeordnet, dass man bei den Porzellanen „sich durchgehends nach dem Verlangen und Geschmack derer Besteller zu richten“ hatte.[2294] Wie schon Helbig in seinen Vorüberlegungen festgehalten hatte, konnte sich die Manufaktur keine Porzellane mehr leisten, die an dem aktuellen Geschmack der Käufer und den sich abzeichnenden Trends in Kunst und Kultur vorbeigingen. Langsam aber sicher waren etliche konkurrierende Betriebe zu ernsten Gefahren für Meißen geworden, das wiederum in einigen Bereichen sogar den Wettbewerbern den Vorzug lassen und seinen Status als Klassenprimus aufgeben musste.

Am 30. Mai 1764 waren die ersten Angestellten der Manufaktur bereit, ihre Auslandsreisen anzutreten. Sie erhielten ausreichende Barmittel, um in Notfall „zur Erkauffung solcher auswärtiger Fabricatorum oder Zeichnungen“ fähig zu sein und somit die Werksspionage zu finanzieren.[2295] Zwei Maler, der Buchhalter Hummitzsch und der Gestaltungsvorsteher Elsasser, sollten über Frankfurt am Main, Höchst, Frankenthal und Saarlouis nach Paris die

[2293] AA I Aa 40, S. 143.

[2294] AA I Aa 40, S. 4.

[2295] AA I Aa 41, S. 29. Der Angestellte Elsasser erhielt für seine Reise nach Paris 320 Taler ausgehändigt, die er bereits in Höchst bei der dortigen Manufaktur in Anspruch nehmen musste, wo er „für Geld und gute Worte beinahe alle Heimlichkeiten zu sehen bekam“, Walcha (1973), S. 104.

Geschäftsreise antreten. Eine weitere Person sollte über Meißen und Prag nach Wien reisen, von dort über München und Augsburg dann nach Meißen zurückkehren.[2296] Die Aufgabe von Elsasser und Hummitzsch war es, während ihrer ausländischen Stationen möglichst genaue Informationen zu den Konkurrenzbetrieben und ihrer wirtschaftlichen Situation einzuholen sowie die Möglichkeit zu überprüfen, ob vor Ort die Einrichtung von Meißener Verkaufsstellen durchgeführt werden konnte oder ob aussichtsreise Handelskontakte bestanden. So erwähnten sie in ihrem Reisejournal, dass in der Stadt Naumburg aufgrund der Nähe zu Leipzig der Handel nicht stark sei und man deshalb von einer Etablierung einer Niederlassung absehen könnte.[2297]

In Erfurt konnten sie hingegen den Kontakt zu einem Porzellangroßhändler, Johann Nicolaus Boutin, knüpfen, mit dem eine weitere Kooperation vereinbart wurde. Die in Erfurt ansässige Fayencefabrik wurde als unbedeutender Wettbewerber für Meißen eingestuft, und die dortigen Produkte als verhältnismäßig teuer angesehen.[2298] In Frankfurt am Main fand man einen einzigen Händler mit Meißener Porzellan im Sortiment, der die Geschirre jedoch „nicht öffentlich ausstellet, sondern in einem zugemachten Behältnisse hat“, weswegen die Käufer von den Meißener Produkten kaum Notiz nahmen. Hingegen beurteilten die Meißener Angestellten die Qualität der Produkte der Manufaktur in Höchst als durchweg sehr gut. Über die Preispolitik in der Manufaktur Höchst wurde berichtet, dass man sich dem Niveau in Meißen annäherte: „Die Preise des Verkaufs sind beynahe den Meißnischen gleich“.[2299] Ähnliche Preisniveaus wie bei den Produkten aus Höchst ermittelte man bei den Porzellanen aus der Manufaktur Frankenthal, während die Qualität der Waren aus der Ludwigsburger Manufaktur als recht gering eingestuft wurde. Es wurden „einige Stücke zum Ersehen eingekaufft“, und man kam überein, dass das „Meisner Porcellain an Schönheit alle anderen weit übertrifft“.[2300] Von der Manufaktur in Höchst wurde berichtet, dass womöglich wegen eines allzu hohen Preisniveaus der Umsatz anscheinend ins Stocken geraten war. Hingegen erschien den beiden Meißener Kundschaftern die Manufaktur in Frankenthal in einem viel besseren Zustand. Diese wies nicht nur mit ungefähr 80 Mitarbeitern doppelt so viel Personal auf wie der Betrieb in Höchst, sondern konnte durch die Gebrüder Lücke insbesondere unter künstlerischen Aspekten glänzen. Auf diesen ehemals in Meißen tätigen Formern beruhten nach Einschätzung von Elsasser und Hummitzsch die Vorzüge der Manufaktur.[2301] In Straßburg konnten keine weiteren Erkundigungen über die dortige Manufaktur eingeholt werden, den-

[2296] Die Kostenschätzung für die durchzuführenden Reisen für die 3 Personen wurde mit 673 Taler und 8 Groschen angegeben, zuzüglich „an gnädigst bewilligten Douceurs zur Beobachtung derer Merckwürdigkeiten“, AA I Aa 41, S. 30.

[2297] Vgl. AA I Aa 41, S. 40.

[2298] Vgl. AA I Aa 41, S. 40b.

[2299] AA I Aa 41, S. 41, vgl. auch Walcha (1973), S. 112.

[2300] AA I Aa 41, S. 41.

[2301] Vgl. AA I Aa 41, S. 41b. Die Gebrüder Lücke kehrten kurz darauf an alter Wirkungsstätte zurück, da man überzeugt war, die beiden in Meißen gut gebrauchen und gleichzeitig die Frankenthaler Manufaktur dadurch erheblich schwächen zu können.

noch knüpfte man Kontakt mit den Porzellanhändlern Eberts, die den Vertrieb nach Frankreich, Holland und in die Schweiz mit Meißener Produkten durchführen wollten.[2302]

Am 3. Juli 1764 kamen die Reisenden in Paris an und blieben fast sechs Wochen dort vor Ort.[2303] Hier fanden sie gewisse Schwierigkeiten im Fortgang ihrer Untersuchungen, da man aufgrund des Mangels an Kontakten und Sprachkenntnissen nur mühsam vorankam. Trotz allem konnte man etliche Zeichnungen der schönsten Muster der Bildhauerei erwerben, die in der Manufaktur von Sèvres eingesetzt wurden. Auch beobachtete man, dass der „goût grec" stark von den Kunden nachgefragt wurde, also die künstlerische Richtung im Stile des antiken griechischen Geschmacks, der griechischen Mythologie und der antiken Architektur. In der Malerei gab es einige Farben, die vorzüglich beherrscht wurden, aber in der Gesamtbetrachtung stach auch dieser Bereich nicht übermäßig hervor im Vergleich zur Meißener Manufaktur. Vereinzelt entdeckte man auch Nachahmungen und Imitationen von Meißener Werken. Zu den Preisniveaus konnte man berichten, dass die französischen Verkaufspreise ungemein hoch seien, als Folge der überaus hohen Verdienste der Bildhauer und Maler. Man habe die Pariser Manufaktur „in allen Betrachtungen bei weitem nicht so furchtbar gefunden, als man in Sachsen glaubet", aber es konnte nichts entdeckt werden, was nicht schon in Meißen bekannt war.[2304]

Elsasser und Hummitzsch gingen auch der Frage nach, wie die Umsätze im Ausland und speziell in Frankreich erhöht werden konnten. Dazu suchte man das Gespräch mit zwei Porzellanhändlern für Meißener Produkte, der Witwe des Händlers Huet und dem Kaufmann Obled.[2305] Es ergab sich, dass beide Geschäftspartner öfters Zeichnungen, Bildmuster, Beobachtungen und Hinweise nach Meißen übersendet hatten, um dort entsprechende Porzellane herstellen zu lassen oder um allgemein die Manufaktur auf besondere künstlerische oder wirtschaftliche Entwicklungen hinzuweisen. Huet selbst bekam bei nahezu 800 angefragten neuen Figuren und sonstigen Porzellanstücken in zwei Jahren nur etwas mehr als 150 Stück aus Meißen geliefert, weil entweder die Herstellung nicht schnell genug vorangetrieben wurde oder die eingereichten Vorschläge anderen Käufern verkauft wurden.[2306] Geklagt wurde über fehlerhafte Qualität in den übersendeten Porzellanen, über die unbefriedigende Malerei in manchen Stücken und etliche gelieferte Produkte, die gar nicht dem Geschmack der französischen Kunden entsprechen würden. Die größte Sorge der Händler waren aber die

> *„allzuhohen Preiße, welche sich seit 8 Jahren fast durchgängig verdoppelt haben, und Ursache sind, daß sich kein Mensch mehr getrauet, ein Stück Sächß. Porcellain zu erkaufen".*[2307]

Hier zeigte sich, dass sich die Meißener Manufaktur jahrelang um die Wettbewerbsverhältnisse im Ausland nur sehr unzureichend gekümmert hatte. In der Manufaktur hatte man

---

2302 Vgl. AA I Aa 41, S. 42.

2303 Vgl. AA I Aa 49, S. 7 und S. 15.

2304 AA I Aa 49, S. 8b und S. 9.

2305 Vgl. AA I Aa 49, S. 9b–11.

2306 Vgl. AA I Aa 49, S. 10.

2307 AA I Aa 49, S. 10.

kaum Maßnahmen getroffen, um den Klagen der Händler Abhilfe leisten zu können. Solche strategischen und wettbewerblichen Aufgaben oblagen der Manufakturdirektion, die aber schon mit dem heimischen Tagesgeschäft mehr als ausgelastet zu sein schien. Auch die Buchhaltung, über dessen Tisch letztlich die Bestellungen und Anforderungen gingen, konnte diese Funktion nicht erfüllen. Sicherlich kam hinzu, dass der Wettbewerb im In- und Ausland in vorhergehenden Perioden als keine große Gefahr für die Meißener Geschäfte angesehen worden war, was die Etablierung sinnvoller und effektiver Maßnahmen verzögerte, wenn nicht gar völlig unterband. Zudem muss angemerkt werden, dass im französischen Luxusmarkt, wie wohl auch in vielen anderen europäischen Luxusmärkten, der Preisaspekt unter den besonders zahlungskräftigen Kunden oftmals kaum eine Rolle spielte. So konnte man es sich erlauben, in diesen Branchen nahezu ausschließlich einen Qualitätswettbewerb zu führen, ohne sich wesentlich um die Preissetzung zu kümmern. Bezüglich der Meißener Preispolitik merkte der französische Kunstkritiker und -händler Edme-François Gersaint im Jahre 1747 an, die Preise seien

> *„la plûpart du tems, imaginaires, & dictés par La seule fantaisie, sans y observer la moindre proportion qu'il doit toujours y avoir entre une Pièce & une autre Pièce, plus ou moins difficile à executer".*[2308]

Meißen hatte nach Gersaint in der Mehrzahl der Fälle „imaginäre" Preise für seine Produkte angesetzt, die kaum realistischen Erwägungen entsprachen und auch in keinster Weise die Verhältnisse zwischen einzelnen Porzellanstücken trefflich wiedergeben konnten. Auf der einen Seite mag eine derartige Aussage hier als Ausdruck von national geprägtem Konkurrenzneid interpretiert werden, da Meißener Erzeugnisse immer noch qualitativ denen aus Frankreich überlegen waren. Doch zeigt diese Kritik auch, dass eine durchdachte Preispolitik, die alle Preispunkte im Produktportfolio abbilden und ins rechte Verhältnis rücken konnte, von Meißen noch nicht gemeistert werden konnte. Eine derartige Abstimmung der Preise, unter Umständen noch preislich differenziert nach den regionalen Gegebenheiten des französischen Marktes, konnte von Meißen schwerlich durchgeführt werden mangels entsprechendem preisstrategischen Know-how. Sicherlich hatte die Manufaktur in ihrer Phase der nahezu monopolistischen Beherrschung des Marktes für Hartporzellan keinen grundlegenden Handlungsbedarf, diesem Mangel beizukommen.

Beide Händler in Paris, Huet und Obled, versprachen nun, die Geschäfte mit Meißen wieder stärker anheben zu können, falls man die vielen kleinen und großen Fehler einigermaßen abstellen könnte. Tatsächlich schlossen sich Elsasser und Hummitzsch diesen Forderungen an, indem sie einige Punkte vorschlugen, mit deren Erfüllung an ein Wiedererstarken der Umsätze zu hoffen war. Die stärkere Beachtung der künstlerischen Entwicklungen und der Geschmacksrichtungen seitens der Käuferschichten sollte besser durchgesetzt werden. Daneben war es erforderlich, besonders die ausländischen Händler mit fehlerfreier Ware zu beliefern, da deren Kostenstruktur auch noch die Fracht und die Zölle beinhaltete und qualitativ unbefriedigende Stücke nicht kostendeckend verkauft werden konnten.[2309] Und schließlich

---

[2308] Zitiert nach Pallach (1980), S. 659. Zu Edme-François Gersaint vgl. McClellan (1996).

[2309] Vgl. AA I Aa 49, S. 14b.

wurde ein schon aus vorhergehenden Analysen bekanntes preisstrategisches Muster, nämlich die Fokussierung auf die Mengen- statt auf die Preiskomponente, wieder aufgegriffen. Es sollten „die Einkünffte der Manufactur mehr in der Mengen des Debits als in zu hohen Preisen zu suchen“ sein.[2310] Und so schien es für die beiden Angestellten der Manufaktur nur eine logische Konsequenz zu sein, dass der französische Wettbewerber über den Preis bezwungen werden konnte:

> *„So sind die Preise der Porcellaine zu Seve [Sèvres] dermaßen hoch, daß gar wenig Personen im Stande sind, solche zu bezahlen. Folglich: Wenn unsere Preise in etwas vermindert oder gar wieder auf den alten Fuß gesezet werden können, so werden unsere Porcellaine durchgängig vorzüglichen Abgang finden“.*[2311]

Als wichtiges Instrument zum Bestehen mit dem französischen Wettbewerber wurde eine Preisstrategie angesehen, die auf niedrigere Verkaufspreise setzte. Man wollte die Porzellane wieder auf ein bezahlbares Niveau bringen, um dadurch mehr Nachfrage zu generieren als es bisher der Fall war. Denn dass prinzipiell Nachfrage vorhanden war, davon war man überzeugt, genauso wie man von der grundsätzlichen Güte und dem künstlerischen Wert der Meißener Erzeugnisse überzeugt war.[2312] Zudem hatte das Meißener Porzellan immer noch eine besondere Wertschätzung und Exklusivität an sich, die sie von den übrigen Wettbewerbern unterschied, und die ihr gleichzeitig auch enge preispolitische Handlungsoptionen gab. Die besondere Stellung des Porzellans aus Meißen gegenüber den Wettbewerbern wurde von dem sächsischen Legationsrat von Kauderbach, herausgestellt:

> *„Que la Porcellaine de Saxe n'etoit que pour des Gens extrémement riches, et de gout, qui en ornoient leurs Cabinets comme d'une rarêté précieuse, qui se transmettoit de père en fils, tandis que les autres Porcellaines servant à l'usage journalier dans le ménage, gagnoient á leur fragilité, pour augmenter leur debit á cause de la modicité des Prix, et de la facilité de réparer sans beaucoup de régrêt les Piéces brisées“.*[2313]

Dies war ein nicht unerhebliches Imageproblem, welchem sich die Manufaktur ausgesetzt sah. Das Porzellan aus Meißen hatte eine klar abgegrenzte Kundschaft von besonders zahlungskräftigen und kunstinteressierten Nachfragern. Große Teile des Produktportfolios waren kaum für den täglichen Gebrauch geeignet, und die Käufer setzten die hochwertigen Porzellanstücke als luxuriöse Dekorationsgegenstände ein, die in ihrem Wert so einzigartig waren, dass sie gar als exklusive Erbstücke von Vater zum Sohn weitervererbt werden konnten. Der Wettbewerb hingegen profitierte stärker von der Herstellung von Gebrauchsgegenständen, die aufgrund der verhältnismäßig geringen Preise für hohe Umsätze sorgten. Auch war es nicht schlimm, solche Porzellane bei Bruch ohne großes Bedauern zu ersetzen oder zu reparieren, gerade wegen ihres geringen Wertes. Durch diese Marktpositionierung konnte die Meißener Manufaktur nur schwerlich an die interessanten und umsatzträchtigen Marktseg-

---

2310 AA I Aa 49, S. 11b.

2311 AA I Aa 49, S. 11b–12.

2312 Vgl. AA I Aa 49, S. 14.

2313 AA I Aa 51, S. 95b.

mente der Gebrauchs- und Tischgeschirre herankommen. Die Positionierung als exklusiver und luxuriöser Porzellanhersteller war im preispolitischen Umgang mit den Konkurrenten problematisch, da der Wettbewerb immer häufiger über die Variable des Preises und immer seltener über Qualität und Exklusivität geführt wurde. Die Preise auf frühere Niveaus herabzusetzen hätte eine Verminderung um bis zu 50% bedeutet, wie aus den Klagen der französischen Händler über die Preisverdopplungen zu lesen war. Eine Reduktion in solchen Größenordnungen war zwar nicht angedacht, doch die Bereitschaft, im Wege einer aggressiven Preispolitik von dem französischen Wettbewerber Umsätze abzuziehen, hat innerhalb der Manufakturführung definitiv bestanden.[2314] Inwiefern man sich über die daraus ergebenden Wettbewerbsreaktionen im Klaren war, darf bezweifelt werden. Die Hoffnung, durch deutliche Preisreduktionen den Absatz zu erhöhen, konnte unter diesen Rahmenbedingungen nur von kurzer Dauer sein, da die Pariser Manufaktur und viele andere Wettbewerber sicherlich entsprechende Gegenmaßnahmen aufgenommen hätten.

Elsasser und Hummitzsch erreichten auf ihrer Weiterreise Straßburg, und empfahlen die Stadt nachdrücklich als möglichen neuen Ort für eine Kooperation mit Porzellanhändlern.[2315] Der Vertrieb der Porzellane konnte in die Schweiz, nach Frankreich, Italien, Spanien und in die Niederlande aufgrund der vorteilhaften geographischen Lage relativ gut bewältigt werden. Zudem waren die Zolltarife nicht so hoch wie in Frankreich, und die Fracht nach Straßburg betrug einen Bruchteil der Transportkosten, die für Lieferungen in die übrigen französischen Regionen zu bezahlen waren. Durch diese Vorteile war der Handel mit Porzellanen besonders attraktiv, und die Reisenden aus Meißen vermuteten einige Umsatzpotenziale für die eigene Manufaktur, insbesondere wenn eine solide Partnerschaft mit einem Händler möglich werden konnte. Die Manufaktur in Straßburg hingegen war kaum ein nennenswerter Wettbewerber.[2316] Kurz vor der Rückkehr nach Meißen wurde am 6. Oktober in Nürnberg eine neue Geschäftsverbindung mit dem dortigen Händler Leonhard Grundler eingegangen, der fortan auf eigene Rechnung als Kommittent für die Manufaktur tätig wurde.[2317]

Doch die Anstrengungen, von den wichtigsten Konkurrenten der Manufaktur zu lernen und sie zu studieren, hörten nicht auf. Die bisher getätigten Reisen hatten zwar einige neue Erkenntnisse in Bezug auf die Wettbewerber gebracht. Aber für den Direktor von Fletcher waren besonders die Einsichten in die künstlerischen Entwicklungen und Trends noch nicht erschöpfend genug untersucht worden. Ein von ihm eingebrachter Vorschlag vom 6. Mai 1766 sah vor, zwei Maler aus Meißen nach Frankreich zu bringen, und sie für insgesamt drei Jahre bei der französischen Manufaktur in Sèvres einzuschleusen. Dort sollten sie als Angestellte des Betriebes insbesondere in die künstlerischen und produktionstechnischen Verfahren der dortigen Malerei Einblick gewinnen. Er stellte fest:

[2314] Die Niedrigpreispolitik war in Meißen mit der Direktion von Fletcher die bevorzugte strategische Option, vgl. Kapitel 3.3.14.

[2315] Vgl. AA I Aa 49, S. 15b.

[2316] Vgl. AA I Aa 49, S. 15–16.

[2317] Vgl. AA I Aa 49, S. 16b.

> *„Daß Verlangen aller Käufer gehet auf neue und nach frantzösischen Desseins gefertigten Waaren: folglich wäre man ihnen zu willfahren im Stande, wenn (...) neue Sachen zum Vorschein kommen müßten. Vielleicht es auch hiesigem Wercke am Ende glücken, die hochgrünen Sevischen [Sèvres] Farben, durch diese Connexion mit Franckreich, endlich noch zu erlangen“.*[2318]

Dies zeigte, dass die Manufaktur im Wettbewerbsvergleich sich insbesondere auf künstlerischem Terrain noch unsicher fühlte. Man fürchtete eine Ausweitung des Rückstands gegenüber den französischen Porzellanen, die unzweifelhaft in Geschmack und Mode den Ton angaben und neue künstlerische Standards setzten. Besonders bei der Farbengestaltung und im Speziellen bei der Mischung einer besonders kräftigen grünen Farbe schien man in Sèvres einen enormen Vorsprung ausgearbeitet zu haben, und die Meißener Manufaktur hatte ihre Schwierigkeiten, ähnliche Farbnuancen zu entwickeln. Der französische Einfluss in der künstlerischen Gestaltung der Porzellane wurde zu diesem Zeitpunkt immer größer.[2319] Der herrschende Stil in Sèvres galt als vorbildlich für alle anderen Manufakturbetriebe, so dass man dem Zeitgeist nicht hinterherrennen durfte. Mit Resolution vom 7. Mai 1766 genehmigte Fürst Xaver dieses neue Vorhaben der Wettbewerbsbeobachtung.[2320]

Weitere Auslandsreisen fanden statt, um so viele Informationen und Erkundigungen einzuholen wie nur möglich. Der Angestellte Johann Gottlob Ruhe konnte die Manufaktur Fürstenberg im April 1766 besuchen und sich eingehender informieren über den Zustand dieses Wettbewerbers. Er berichtete über technische Schwierigkeiten in Fürstenberg, welche fast die gesamten Porzellanbrände innerhalb von drei Monaten unbrauchbar gemacht hätten.[2321] Von besonderem Interesse war auch das Produktportfolio der Manufaktur Fürstenberg. Es wurden Porzellane mit Mustern und Bemalungen vorgefunden, die man auch in Meißen herstellte. Das Warenlager fand er in Unordnung und bewertete es mit lediglich 2.000 Talern, während die Preise in Fürstenberg vereinzelt „die Meißn. Preiße um 20. pCent übersteigen“.[2322] Die Auslandsreise wurde genutzt, um weiter nach Braunschweig zu fahren, um die dortigen Geschäftskontakte der Meißener Manufaktur aufzusuchen und um neue Kontakte zu etablieren. Hier konnten weitere Preisvergleiche angestellt werden, die Qualität der Warenlager und ihre Ausstattung mit Konkurrenzprodukten untersucht werden. Einige Händler, die Fürstenberger Porzellan verkauften, führten billigere Preise als im Fabrikverkauf in Fürstenberg selbst. Dies bestätigte die Praxis, dass man Geschäftskunden mitunter so vorteilhafte Konditionen gewährte, dass diese die Preise des Fabrikverkaufs noch unterbieten konnten.[2323]

Der Maler Otto, der im Rahmen der Ursachenforschung der schwachen Verkäufe in den Niederlanden 1765 zu einer Auslandsreise geschickt wurde, erreichte auf seinem Weg am

[2318] AA I Aa 50, S. 74b–75.

[2319] Vgl. Weiß (1994), S. 91.

[2320] Vgl. AA I Aa 50, S. 75.

[2321] Vgl. AA I Aa 49, S. 26.

[2322] AA I Aa 49, S. 24b–25.

[2323] Vgl. AA I Aa 49, S. 27–29b.

25. Juli 1765 Frankfurt am Main, wo er sich bei den dortigen Porzellanhändlern umsah.[2324] Der bisherige Meißener Geschäftspartner, Stöcklein, führte ein ansehnliches Ladengeschäft mit einer großen Auswahl an feinen Porzellanen und Figurengruppen. Alle Versuche, weitere Frankfurter Händler zur Aufnahme von Meißener Porzellan in ihr Angebot aufzunehmen, schlugen fehl. Die schwachen Vertriebsergebnisse lagen laut Otto nicht an den Händlern selbst, sondern waren eher in der sich verschärfenden Wettbewerbssituation, sowohl bei Porzellan, als auch bei verwandten keramischen Gattungen wie der Fayence, zu suchen:

> *„Demnach ist es wohl gantz sicher zuschließen, daß die vielen in hiesiger Gegend etablierten, ächten und unächten Fabriquen uns großen Abbruch thun".*[2325]

Die Preisniveaus der Konkurrenz schienen stark zu schwanken in Abhängigkeit des Produkts. Für kunstvolle Figurengruppen wurden zwischen 50 bis 100 Taler verlangt, und auch einzelne Porzellanfiguren wurden mit hohen Verkaufspreisen versehen. Etliche Wettbewerber orientierten sich mit ihren Preisen an denen der Meißener Porzellane, manche Stücke hingegen wurden teurer oder auch um bis zu einem Drittel billiger verkauft. So meldete Otto nach Meißen, dass es „mit unserer Preiß-Courrant recht wohl fortzukommen seyn wird".[2326] Die erste offizielle Preisliste der Meißener Porzellane von 1765 schien also nach Aussage von Otto auch bei einem Vergleich mit der Konkurrenz zufriedenstellende Garantien für gute Geschäfte geben zu können. Bei seiner Weiterfahrt nach Aachen erfuhr Otto, dass einigen Kaufleuten dort Porzellan von der Berliner KPM angeboten wurde, die Konditionen für die Geschäftskunden aber anscheinend nicht so vorteilhaft waren wie bei der Meißener Manufaktur, da man bei KPM einen Rabatt in der Größenordnung von 4% bis 5% gewährte.[2327] Über die an einen Kaufmann gewährten Konditionen berichtete Otto, „daß die Preiße meistens denen unsrigen gleich, auf einige höher waren, überdieses (…) auch der Rabat nicht so considerable sey, als der unserige".[2328] Nach Ottos Bericht zu urteilen, konnte die Manufaktur mit den Preisen der offiziellen Preisliste von 1765 in Kombination mit den gewährten Rabatten durchaus noch konkurrenzfähig agieren.

Die Wiener Manufaktur, der erste wirkliche Wettbewerber Meißens, konnte in der Zeit nach dem Siebenjährigen Krieg seine Wettbewerbsvorteile gezielt gegen Meißen ausspielen. Aus Wien konnte man den türkischen Markt nicht nur besser mit Porzellanen beliefern aufgrund der geographischen Nähe, sondern man konnte offenbar auch günstiger produzieren durch die vergleichsweise geringeren Lebenshaltungskosten, wie in einem Bericht über die Wiener Manufaktur 1770 festgehalten wurde:

> *„(...) die Wiener Fabrique [hat] endlich angefangen, ihre natürlichen Vortheile einzusetzen und zu benutzen, massen sie wegen Wohlfeilheit der Lebensmittel und anderer Bedürfnisse wenigstens um ein Drittel wohlfeiler arbeitet und ihr Porcellaine, ohne durch ein fremdes Land zu passieren, mit sehr geringen Kosten zu Wasser bis in*

[2324] Vgl. AA I Aa 51, S. 97 und vgl. Kapitel 3.4.4.

[2325] AA I Aa 51, S. 97b.

[2326] AA I Aa 51, S. 97b.

[2327] Vgl. AA I Aa 51, S. 115b.

[2328] AA I Aa 51, S. 109.

die Türckey transportiren kann. Von anderen Fabriquen, als von dieser, gehet gewis sehr wenig, oder gar nichts, dahin".[2329]

Interessant ist es hervorzuheben, dass man in Meißen die Wiener Lebenshaltungskosten als Grundlage für die günstige Kostenstruktur der dortigen Manufaktur ansah. Dadurch, dass offenbar Nahrungsmittel und sonstige Grundbedürfnisse billiger waren als in Sachsen, konnte man in Österreich mindestens ein Drittel günstiger produzieren, primär aufgrund der geringeren Lohnzahlungen an die Arbeiter. Zwar muss die pauschale Aussage, dass wegen geringerer Lebenshaltungskosten für die Angestellten ein Betrieb um mehr als ein Drittel günstiger produzieren konnte, mit einer gewissen Vorsicht genossen werden, da nicht nur Arbeitslöhne die Preiskalkulation ausmachten, sondern viele weitere Variablen in die Kostenstruktur und in die Preisbildung einflossen. Aber die Aussage spiegelt auch die kontinuierliche Auseinandersetzung der Manufakturführung mit den Preisen für Lebensmittel und für weitere Grundbedürfnisse in Meißen wider.[2330] Da die Teuerungen für diese Güter mittelbis langfristig auch eine Erhöhung der Löhne mit sich ziehen konnten, empfand man diesen Umstand als einen signifikanten Wettbewerbsnachteil gegenüber den anderen großen Manufakturen. Die Nähe zum türkischen Absatzgebiet verbilligte die österreichischen Porzellane um ein Vielfaches, da Zölle und Transportkosten vergleichsweise niedrig waren und nicht zuletzt der günstige Transportweg über Wasser genutzt werden konnte. Man ließ die Wiener Manufaktur weiter beobachten und sich von Zeit zu Zeit Berichte zukommen lassen. So erfuhr man im Mai 1778, dass die dortige Personalstärke insgesamt 280 Angestellte betrug, und bekam auch gleich die dortige Lohnstruktur mitgeteilt.[2331]

Auch aus Preußen musste sich Meißen auf einen harten Wettbewerb einstellen. König Friedrich der Große behinderte den direkten sächsischen Konkurrenten seiner Berliner Manufaktur, indem er hohe Transitzölle für Meißener Produkte durch das preußische Territorium in Richtung Hamburg erhob und ab 1765 den wichtigen sächsischen Transithandel durch Schlesien, durch das man die Absatzgebiete in Osteuropa erreichen konnte, weitestgehend zum Erliegen brachte.[2332] Die Meißener Verantwortlichen standen dieser Zollpolitik hilflos gegenüber und mussten tatenlos zusehen, wie der direkte Vertriebsweg der Meißener Porzellane über die Elbe durch Magdeburg ebenfalls versperrt wurde. In einem Bericht vom 27. Juli 1764 zeigte man sich sicher, dass falls „der uns fast allenthalben im Weg stehende König von Preußen" diese Schutzmaßnahmen nicht ergriffen hätte, man die Umsätze mit Hamburger Kaufleuten deutlich hätte steigern können.[2333] Von den eigenen Erzeugnissen war man überzeugt, die Qualität des Porzellans und der Malerei wurde als tadellos angesehen und im Vergleich zu den Produkten aus Berlin als weit überlegen eingeschätzt. Zudem war man sicher, dass die Meißener Ware „in viel größerer Achtung stehet, als das Berlinische, mithin

---

2329 AA I Af 11, S. 147.

2330 Anträge zur Verbesserung der „Policey" wurden schon unmittelbar nach dem Siebenjährigen Krieg gestellt, vgl. Kapitel 3.3.11 und Fußnote 1066.

2331 Vgl. AA I Bb 140, S. 2–3b.

2332 Vgl. die entsprechenden Kabinettsordern bei Rachel (1928), S. 252–254 und S. 278.

2333 AA I Aa 51, S. 26.

diesem in allen Stücken weit übertrifft".[2334] Die Möglichkeiten der Umsatzsteigerung mit der wichtigen Handelsstadt Hamburg waren alle gegeben, wenn denn nur die Porzellane „zur facilitierung sothanen debits auf einen civilen Preiß" angesetzt werden könnten.[2335] So sah sich die Meißener Manufaktur auch in diesem Fall, ganz analog zum französischen Markt, mit hohen Zollabgaben konfrontiert, die den finalen Verkaufspreis erheblich nach oben trieben. Ein Ausweg schien nur die Absenkung der Preisniveaus zu sein, um wenigstens den Verkaufspreis inklusive sämtlicher Abgaben nicht signifikant über das Wettbewerbsniveau steigen zu lassen. Auf diese Weise musste die Meißener Manufaktur aber einen Großteil ihrer Verkaufsmargen aufopfern, um im Wettbewerb mit KPM bestehen zu können. Aber auch innerhalb der deutschen Territorien erwies sich KPM für die Meißener Manufaktur als gefährlicher Konkurrent. Berichtet wurde 1765 von der Maßnahme, in Frankfurt am Main eine Niederlassung von KPM zu etablieren mit einem Warenwert von fast 30.000 Talern.[2336] Ein solches Warenlager war einerseits gegen die Meißener Vertriebstätigkeiten gerichtet, andererseits sollte es aber die nahe gelegenen Manufakturen Höchst und Frankenthal empfindlich in ihren Verkäufen schwächen. Meißen behielt den Berliner Betrieb weiter im Auge, so dass noch zu späteren Zeitpunkten Nachforschungen über die Personalstärke, Organisationsstruktur und die Verkaufspreise angestellt wurden.[2337] Man brachte in Erfahrung, dass KPM durch Einsatz der Schneeberger Erde, die ebenfalls von Meißen eingesetzt wurde, signifikante Verbesserungen in der Güte und Qualität der Geschirre erreichen konnte.[2338]

Vor dem Hintergrund dieser Entwicklungen unterlag die Einstellung der Meißener Manufaktur gegenüber den Wettbewerbern besonders in den Jahren nach dem Siebenjährigen Krieg einer grundlegenden Überprüfung. Noch bis 1773 war die wettbewerbspolitische Leitlinie, dass sämtliche Wettbewerber im Porzellanmarkt wieder zurückgedrängt werden sollten. Im Zeitraum von 1746 bis 1780 erfolgten viele Manufakturgründungen im deutschsprachigen Raum, doch so schnell sie gegründet wurden, so rasch stellten viele von ihnen die Tätigkeit wieder ein. Im Jahre 1768 hörte Kelsterbach auf, 1775 Pfalz-Zweibrücken, 1788 Kassel, 1789 Fulda, 1796 Höchst und 1799 Frankenthal. Einige Manufakturen wurden in Privathand verpachtet wie Nymphenburg und Fürstenberg. Weitere Betriebe rückten vom Porzellan ab und widmeten sich dem Steingut, welches besser kompatibel war mit einem auf Massenabsatz und großen Stückzahlen orientierten Geschäftsmodell.[2339] Im Ausland, vornehmlich in Frankreich und in England, fanden im letzten Drittel des 18. Jahrhunderts ebenfalls verstärkt Gründungen von Manufakturen statt. Die weitere Verbesserung der technologischen Fertigkeiten und die konsequente Erschließung von Kaolin- und weiteren Rohstofflagern sorgten für verbesserte Gründungsbedingungen. Die Aufhebung von Monopolrechten an der Buntmalerei in Frankreich für die Manufaktur von Sèvres führte zu verstärkten Neugründungen von Manufakturen.[2340] Nicht nur in Paris, wo 1805 allein 27 Porzellanmanufakturen ver-

---

[2334] AA I Aa 51, S. 26.

[2335] AA I Aa 51, S. 26b.

[2336] Vgl. AA I Aa 51, S. 98.

[2337] Vgl. AA I Bb 140, S. 7–9.

[2338] Vgl. AA I Bo 2, S. 11.

[2339] Vgl. Weiß (1994), S.87.

[2340] Vgl. Pallach (1987), S. 204–205 und S. 216–217.

zeichnet wurden, sondern überall im Land wie in Marseille, Lille, Orléans und bei Limoges, etablierten sich zumeist kleinere Produktionsbetriebe. Eine ähnliche Gründungsdynamik entwickelte sich auch in England. Die Erfolge des Steinguts aus den Werken des Unternehmers Josiah Wedgwood führten ab 1770 zur Intensivierung der keramischen Produktion im Gebiet der Grafschaft Staffordshire und um Liverpool, Leeds und Bristol. In diesen Regionen zählte man 1786 insgesamt 80 keramische Betriebe, die Steingut und auch Porzellan produzierten.[2341] Die Meißener Manufaktur war unter diesen Bedingungen zum Handeln gezwungen.[2342]

Das bereits erwähnte anonyme Schreiben an die Manufakturführung aus dem Herbst 1773 fasste die bis dato vorherrschende rigorose Zielsetzung gegenüber dem Wettbewerb treffend zusammen:

> „*Qu'il faut adopter des principes solides, emploier des moiens efficaces, et n'avoir pour bût que de retablier la Manufacture, et de faire tomber toutes ses rivales, qui osent lui disputer déja le rang*".[2343]

Die Wettbewerber waren demnach nicht zu tolerieren und mussten zu Fall gebracht werden. Es durfte nicht weiter hingenommen werden, dass man der Manufaktur und ihren Produkten den Ruf und das Ansehen streitig machte. Die unter dem Direktor Helbig erdachten Maßnahmen der preislichen Vergeltung waren Ausdruck eines solchen radikalen Umgangs mit den Wettbewerbern. Jedoch kam es nie zu solchen konzentrierten Aktionen gegen die Konkurrenten, da spätestens gegen Ende der Direktion unter von Fletcher die kampfeslustigen Ankündigungen der Ernüchterung über die realen Zustände wichen. In seiner Antwort an das anonyme Dokument bekannte er sich, zu Beginn seiner Direktion noch an den Gedanken geglaubt zu haben, die Wettbewerber zu Fall bringen zu können. Doch fast zehn Jahre später müsste er sich eines Besseren belehren lassen.[2344] Zwar habe er die Wettbewerber sorgsam studiert, deren Entwicklungen sorgfältig beobachtet, er sei auch nicht davor zurückgeschreckt, die Produkte der Konkurrenz nachahmen zu lassen und hätte versucht, in deren Heimatmärkten verstärkt Porzellane zu verkaufen ohne auf die Profitabilität zu achten. Doch dies alles hätte den Wettbewerbern allerhöchstens Umsatzrückgänge beschert, sie jedoch keineswegs zu Fall gebracht. Unmissverständlich äußerte sich von Fletcher, dass die Bekämpfung des Wettbewerbs nunmehr fast aussichtlos geworden war und er selbst keine geeigneten Maßnahmen finden konnte, die konkurrierenden Manufakturen untergehen zu lassen:

[2341] Vgl. Treue (1964b), S. 16 und S. 18.

[2342] Interessant ist die Sichtweise von Jonas Hanway, einem englischen Philanthropen und Reisenden, der schon 1753 antizipierte, dass Meißen durch die aufkommenden Wettbewerber früher oder später seine Preispolitik ändern musste: „They [Meißen] pretend they cannot execute fast enough, the commissions which they receive even from Asia, as well as from all parts of Europe, and are consequently under no necessity of lowering the enormous prices; however this must be the consequence e're long, if the English and French continue to make such great improvements in this art", Hanway (1753), S. 228.

[2343] AA I Aa 47, S. 149b.

[2344] Vgl. AA I Aa 47, S. 169b.

„Mais pour les faire tomber entierement, j'avoue que je ne compris pas le moyen d'y parvenir. L'experience ne m'a que trop appris, qu'il n'en est plus tems. Ce qui auroit été possible il y a 20 et 30 ans, ne l'est plus aujourd'hui".[2345]

63 Jahre nach der Gründung der Manufaktur und fast 53 Jahre nach der Etablierung des ersten Wettbewerbers reifte die Überzeugung auch innerhalb der höchsten Führungsgremien heran, dass die Meißener Manufaktur ihre einstige Vormachtstellung im Porzellanmarkt nicht mehr wieder erreichen konnte. Die Zeilen von Fletcher lesen sich wie ein Eingeständnis einer Niederlage, da der Direktor selbst keine geeignete Strategie wusste, um die Wettbewerber auszuschalten. Und er schien auch nicht den Glauben daran zu haben, dass dies zum damaligen Zeitpunkt 1773 durchführbar war, da ein mögliches Zeitfenster für eine gezielte Aktion gegen den Wettbewerb eher vor 20 oder 30 Jahre vorhanden war, nunmehr sich aber definitiv nicht mehr bieten würde. Die Konkurrenten hatten teilweise schon nennenswerte Betriebsgrößen erreicht und konnten entweder auf erhebliche landesfürstliche Mittel zur Unterstützung zählen, oder sich geografischer Vorteile bedienen durch die Nähe zu wichtigen Absatzgebieten. Allein die französische Manufaktur in Sèvres wurde jährlich mit erheblichen Unterstützungszahlungen finanziert, die Berliner KPM wurde von Friedrich dem Großen mit 40.000 Talern jährlich unterstützt.[2346] Für von Fletcher war damit die Auseinandersetzung mit den Wettbewerbern nicht mehr zu gewinnen.

Doch nicht alle Stimmen innerhalb der Meißener Manufaktur teilten diese Einschätzung. Kurz vor Ende der Amtszeit des Direktors von Fletcher wurde im April 1774 ein Dokument aufgesetzt, in welchem der Kampf mit dem Wettbewerb bei weitem noch nicht als verloren angesehen wurde. Der Schlüssel zum Niederringen der Konkurrenz ließ sich in der Preisstrategie der Meißener Manufaktur finden, welche als das einzige Mittel erachtet wurde, um im Wettbewerb bestehen zu können:

„Keine auswärthige Manufactur ist im Stande das Porcellain so wohlfeil zu verferttigen, als die unserige. Die sämtlichen darzu erforderlichen ingredientien, und insonderheit die weiße Erde kommt ihr theurer zu stehen als die unserige, (...) folglich kommt ihr ihr Porcellain allemahl weit höher zu stehen, als unseres, es kann dahero allemahl unsere Manufactur weit mäßigere Preise als die ausländische machen, und dadurch zu Grunde richten".[2347]

Gute Produkte, aber allen voran niedrigere Preise als bei der Konkurrenz, waren demnach die zu verfolgende Strategie. Die Güte der Meißener Erzeugnisse wurde weiterhin als sehr hoch eingeschätzt, höher als bei den Wettbewerbern. Und bei einem Preis, der im Wettbewerbsvergleich entweder niedriger war oder doch zumindest auf gleichem Niveau blieb, war man in Meißen überzeugt, die Nachfrager für sich zu gewinnen.[2348] Bei annähernd gleicher Quali-

---

2345 AA I Aa 47, S. 169b–170.

2346 Vgl. AA I Aa 47, S. 170. Sèvres hatte noch in der Anfangszeit zwischen 1756 und 1759 nahezu eine halbe Million Livres Schulden angehäuft, die nur durch konsequente Zuschüsse des Königs abgebaut werden konnten, vgl. Lechevallier-Chevignard (1908), S. 42 und S. 50.

2347 AA I Bo 2, S. 141.

2348 AA I Bo 2, S. 28.

tät und Güte der Produkte, war allein der Preis die wichtigste Variable in der Kaufentscheidung zwischen Porzellanen konkurrierender Manufakturen. Die Idee der Preisverminderung reihte sich ein in die schon zuvor angedachte Strategie der preislichen Vergeltung, mittels derer die Konkurrenten bekämpft werden sollten. Die Idee der Schwächung der Wettbewerber durch eigene Preissenkungen schien sich als eine mögliche alternative Preisstrategie in Meißen etabliert zu haben, da sie sich auch nach 1774 während der Direktion von Marcolini durchweg nachweisen lässt.[2349] Denn man hielt eine derartige Preispolitik für prinzipiell durchführbar, weil man überzeugt war, die Porzellane billiger als alle anderen Manufakturen herstellen zu können und so einen strategischen Wettbewerbsvorteil nutzen zu können. Die Kosten für die Rohstoffe, insbesondere das Kaolin, hielt man für besonders niedrig, genauso wie man davon ausging, entscheidende Kostenvorteile innerhalb der gesamten Wertschöpfungskette zu besitzen. Das niedrige Preisniveau sollte auch dazu führen, dass Kaufleute mögliche Einfuhrbeschränkungen in ausländische Märkte umgehen würden, solange sie einen Vorteil aus der Transaktion für sich verbuchen konnten. Ohnehin war das Selbstverständnis der Manufaktur ungebrochen stark und derart ausgeprägt, dass Marcolini noch im Jahr 1782 den Meißener Betrieb als die führende und prestigeträchtigste Porzellanmanufaktur überhaupt ansah: „Die Ehre und den Vorzug vor allen fremden Fabriken in der Welt hat wohl niemand das Herz uns streitig zu machen“.[2350] Man zeigte sich kämpferisch gegenüber den vielen Wettbewerbern, überzeugt von den eigenen Mitteln und Kräften.

Es muss an dieser Stelle festgehalten werden, dass ein derartiger Umgang mit dem Wettbewerb kaum eine sinnvolle Handlungsoption für die Meißener Manufaktur sein konnte. Bei einer nüchternen Betrachtung schien die Kostenstruktur in Meißen nicht sonderlich konkurrenzfähig zu sein, trotz der unzähligen Bemühungen um Kostenoptimierung seit dem Siebenjährigen Krieg.[2351] Über die Konsequenzen einer gezielt auf die Wettbewerber gerichteten Preispolitik machte man sich in der Manufakturführung keine Gedanken. Es schien, als ob man etwaige Reaktionen gar nicht erst in Betracht zog und auf die Wirkung der Vergeltungsmaßnahmen vertraute, von denen sich die Konkurrenten nicht erholen würden. Es muss bedacht werden, dass Meißen oft für die Wettbewerber der Referenzbetrieb schlechthin war und es eine Preisfolgerschaft unter dem aufgestellten Preisschirm des Meißener Betriebes gab. Diese adaptive Preissetzung durch die Wettbewerber sorgte dafür, dass die Konkurrenzbetriebe die eigenen Preisniveaus denen der sächsischen Manufaktur anpassten und zu unterbieten versuchten. Hätte nun die Meißener Manufaktur eine derartige aggressive Preisstrategie der Verdrängung gegenüber dem Wettbewerb eingeleitet, hätte dies unweigerlich zu einem ruinösen Preiswettbewerb im Markt führen müssen. Zu einer aggressiven Preisstrate-

---

[2349] Vgl. AA I Bo 2, S.110 und AA I Ac 3, S. 121.

[2350] AA I Ac 3, S. 121.

[2351] Eine weitergehende Analyse der komparativen Kostenvorteile der einzelnen Porzellanmanufakturen kann an dieser Stelle aufgrund des Umfangs dieser Arbeit nicht durchgeführt werden und muss als Themenfeld für zukünftige Forschungsarbeiten verbleiben. Dennoch kann gesagt werden, dass Meißen nicht unbedingt a priori eine kostengünstigere Produktion vorweisen konnte. Möglicherweise hatte man bei dem Rohstoffeinkauf erhebliche Vorteile aufgrund der Nähe des Seilitzer Kaolinlagers zu Meißen. Doch hat man allerspätestens bei der Lohnsumme diesen Vorteil wieder eingebüßt, da die Manufakturen in Thüringen nur einen Bruchteil der Löhne an ihre Angestellten auszahlten als es Meißen tat, vgl. Walcha (1973), S. 114. Selbst die Malerei des direkten Konkurrenten KPM aus Berlin ist in den 1770er Jahren qualitativ mindestens ebenbürtig gewesen, jedoch von den Zeitgenossen als billiger in der Herstellung eingeschätzt worden, vgl. AA I Bo 2, S. 170.

gie gegenüber den vielen Wettbewerbern ist es unter Marcolini nicht gekommen, da zu Beginn seiner Direktion statt aggressiver Preisanpassungen eher selektive Preisinterventionen je nach Produkt bevorzugt wurden und später die Steuerung der Produktionsstruktur an die Markterfordernisse einen prominenteren Raum einnahm als eine aktive Preispolitik. In späteren Zeiträumen sind zudem Preisanpassungen nach unten durch die anhaltenden Qualitätsprobleme weiter erschwert worden.[2352] An einer aggressiven Verschärfung des ohnehin schon bestehenden Preiswettbewerbs hatte die Meißener Manufaktur kein Interesse, aber man entschied sich, dem allgemein sinkenden Preisniveau im Markt zu folgen. Die Durchsetzbarkeit der Meißener Preisführerschaft war zu diesem Zeitpunkt kaum möglich, und die vormals vorhandene preispolitische Machtbasis war weitestgehend aufgezehrt.

Wie sehr Meißen die Referenz in der Preissetzung für die übrigen Wettbewerber war, belegen Beispiele zur Preispolitik der Konkurrenten. So richtete die thüringische Manufaktur Veilsdorf 1779 ihre Verkaufspreise für die Türkencöppgen nach denen des Meißener Betriebes aus. Für Prinz Eugen von Hildburghausen, Gründer und Förderer dieser Manufaktur, bestand eine der größten betrieblichen Herausforderungen in der Preispolitik besonders gegenüber Meißen:

> *„Die Preisse machen freylich die gröste Schwierigkeit, ich glaube dass man nach der Meissner Taxe, wie solche getruckt ist, wohl 1/4 oder 1/5 nachlassen muss, wenn es möglich ist, doch wehre es auch so zu machen, mann liesse nach der Taxe 1/8 nach, und schriebe darbey, dass mann es allezeit um einen geringeren Preiss, alss in der Meissner Fabrique geben würde (...)".*[2353]

In dieser Instruktion des Prinzen an den Manufakturdirektor ist evident, wie man die Produkte aus Meißen in jedem Fall unterbieten musste. Das Ziel war es, für gleichwertige Produkte stets die Preisunterbietung zu suchen.[2354] Eine solche Preisunterbietung suchte auch die Manufaktur in Frankenthal. Hier veröffentlichte man schon 1760 eine Preisliste für den französischen Markt im Brüsseler „Journal de Commerce" mit dem Hinweis, dass das Frankenthaler Porzellan demjenigen aus Sèvres und Meißen ebenbürtig sei und trotzdem um ein Drittel niedriger im Preis lag.[2355]

Für die Berliner Manufaktur KPM empfahl Friedrich der Große, bei der Ermittlung der Preise sehr überlegt vorzugehen.[2356] Bei der Berliner Preispolitik hatten die Meißener Preise die größte Bedeutung, und so sah die Manufakturführung bei der Preisbildung vor, dass die Preise von KPM diejenigen der Meißener Manufaktur nie übersteigen sollten.[2357] Nach Übersendung der Meißener Preisliste musste überprüft werden, inwiefern die Preise mit denen aus Berlin übereinstimmten oder ob es Korrekturbedarf gab. In Zuge dessen musste auch der Rabatt kontrolliert werden, den KPM an die Preise in Meißen zu koppeln versuchte. Sobald

[2352] Vgl. Kapitel 3.3.16.

[2353] Zitiert nach Stieda (1902), S. 234.

[2354] Vgl. Stieda (1902), S. 219.

[2355] Vgl. Jarosch (2005), S. 35.

[2356] Vgl. Bensch (1928), S. 72–73.

[2357] Vgl. Bensch (1928), S. 73 und Siebeneicker (1993), S. 225.

die Meißener Manufaktur nämlich ihre Preise herabsetzte, verringerte man bei KPM den Rabatt, da weniger Nachlass erforderlich war, um Meißen unterbieten zu können.[2358] Bei zu hohen Preisen der KPM-Porzellane wurde anbefohlen, dass das Porzellan „bey der Fabrique 4 pro Cent wohlfeiler als wie das sächsische verkaufft werden soll".[2359] Als im Jahr 1777 billigere Konkurrenten den eigenen Absatz gefährdeten und die Umsatzzahlen daraufhin spürbar zurückgingen, wurde eine neue Preisliste kalkuliert, in der die Preise um etwas mehr als 8% billiger sein sollten als in Meißen.[2360] Diese preispolitische Leitlinie galt also selbst für den Fall, dass man durch andere Wettbewerber preislich unterboten wurde – man orientierte sich stets am sächsischen Klassenprimus und es galt, besonders ihn mit allen Mitteln zu unterbieten. Mit der Etablierung der Preislisten bei den Porzellanmanufakturen konnte man den Wettbewerb besonders genau studieren und entsprechend reagieren. Besonders kleinere Manufakturen, die auf eine Kostenführerschaft bei bestimmten Porzellanen zielten und wenige Personalressourcen im Handelsbereich aufwiesen, haben ihre Preisbildung mittels dieser Preislisten rationalisiert: Zeitintensive Kalkulationen wurden zunehmend ersetzt durch gezielte Preisunterbietungen der Konkurrenz anhand der verfügbaren Preislisten.[2361]

Die Manufaktur Nymphenburg führte hingegen, genauso wie die Manufaktur in Frankenthal, eine Kosten-Plus-Preisbildung durch. Man betrieb weniger eine gezielte Preisunterbietung der Meißener Porzellane, sondern versuchte eher besonders knapp zu kalkulieren. Die Gewinnmarge unterschied sich dabei je nachdem, ob es sich um eine normale Porzellanarbeit oder ob es sich um einen Spezialauftrag nach Kundenwunsch handelte. Bei Frankenthal sah die Kalkulation der Preise vor, von einem Referenzprodukt als Ausgangsbasis für die Berechnungen zu beginnen und bei variierenden Produktausgestaltungen des Porzellans den Preis proportional zu erhöhen. So kostete ein Teeservice für 12 Personen in einfacher, unterglasurblauer Malerei 10 Gulden und 38 Kreuzer. Dies war für die Produktpalette der Mehrpersonen-Services das Ausgangsprodukt für die Preiskalkulation. Bei einem Service mit Vogeldekor statt Blumenmalerei betrug die Steigerung gegenüber dem Referenzprodukt das Sechsfache, ein Service mit Jagdszenen kostete das Achtfache, farbige Szenen aus der griechischen Mythologie das Zwölffache und ein Service mit Darstellungen in „extra feiner voller Malerei" und breitem Mosaik-Rand kostete das 24-fache.[2362]

Bei der Porzellanmanufaktur in Höchst wurden die Verkaufspreise in den meisten Fällen ebenso linear gestaffelt wie bei der Manufaktur in Frankenthal. Man arbeitete dabei mit standardisierten Aufschlägen. Für eine kleine unbemalte Figur in Standardgröße „Nr. 1" wurden 30 Kreuzer verlangt, für die nächste Größe „Nr. 2" schon 60 Kreuzer (1 Gulden) und für die Größe „Nr. 3" wurden 90 Kreuzer (1 Gulden 30 Kreuzer) verlangt. Diese lineare Staffelung verlangte keine umfassenden Kalkulationen, da lediglich eine Kalkulation des „Referenzpro-

2358 Vgl. Bensch (1928), S. 74.

2359 Zitiert nach Bensch (1928), S. 73, vgl. auch Schade (1987), S. 121.

2360 Vgl. Engel (2004), S. 78 und Bensch (1928), S. 74.

2361 Hierzu auch Ehlers (1923), S. 83. Belegt ist, dass in der ersten Hälfte des 19. Jahrhunderts die von der Berliner KPM geforderten Verkaufspreise die Eckwerte der Preisgestaltung bei der viel kleineren, privaten Konkurrenzfabrik in Moabit bildeten, vgl. Siebeneicker (1993), S. 226.

2362 Vgl. Jarosch (2005), S. 37.

duktes“, von dem aus dann die Aufschläge abgeleitet wurden, erforderlich war. Für die Preisbildung war auch wichtig, ob es sich um unbemalte, unterglasurbemalte oder um bemalte Werke handelte. Denn die Bemalung mit einer umfangreichen Farbpalette erforderte einen zusätzlichen dritten Brand, um die Farben nach dem Glasurbrand auftragen zu können. Hier bestanden erfahrungsgemäß auch die größten Herstellungsrisiken, da viele Erzeugnisse Risse und Verformungen während des Brennens bekamen.[2363] So unterschied man bei der Höchster Manufaktur die Arten „extrafein“, „fein“, „ordinaire“ und „defect“. Diese letzte Kategorie wurde viel preiswerter abgegeben als die restlichen Arten.[2364] Es kann auch hier vermutet werden, dass die Preise, neben der betriebliche Kalkulation, auch im Wege des Vergleichs zu den größten Konkurrenzunternehmen gesetzt wurden. Ähnlich wie für KPM in Berlin, war die Maxime in Höchst, die als Referenz dienende Manufaktur in Meißen zu unterbieten.[2365]

All diesen preispolitischen Tendenzen zur Verminderung der Preisniveaus stand der englische Unternehmer Wedgwood entgegen. Obgleich seine Ware sich streckenweise nicht qualitativ von derjenigen der Konkurrenz unterschied, verfolgte er konsequent eine Strategie der Premiumpreise. Die Signalisierung von Qualität und Werthaltigkeit erfolgte über konsequent hohe Preise. Oftmals war die eigene britische Konkurrenz um ein Drittel billiger als Wedgwood. Aber Preissenkungen erfolgten bei ihm nur dann, wenn eine Gewinnabschöpfung durch höhere Verkaufszahlen erwünscht war bei vormals neuen und hochpreisigen Produkten, die aber schon seit längerer Zeit im Markt angeboten wurden und sich am Ende ihres Produktlebenszyklus befanden. Wedgwood erkannte die Bedeutung der preislichen Positionierung seiner Produkte und versuchte, strategische Preispunkte zu belegen. Er führte etwas billigere Geschirre ein, um den hohen Preisabstand gegenüber der Konkurrenz zu verringern und die Preisspanne nach unten abzurunden. Weiterhin fanden sich Bestrebungen bei Wedgwood, eine regionale Preisdifferenzierung einzuführen, um den Wettbewerbsbedingungen und Nachfrageverhältnissen besonders in der Hauptstadt London Rechnung zu tragen. Die von ihm betriebene Rabattpolitik sah ein dreistufiges Rabattmodell vor mit erheblichen Rabatten für Erstkunden.[2366]

Josiah Wedgwood konnte aus der englischen Grafschaft Staffordshire heraus einen Umschwung in der europäischen keramischen Industrie erwirken durch seine verschiedenartigen Steinguterzeugnisse. Er konnte mit seinem Gebrauchsgeschirr die bis dahin übliche Fayenceware verdrängen und bewirkte mit seinen Produkten eine Markt- und Geschmacksveränderung in Europa, welche die etablierten Porzellanmanufakturen erheblich unter Druck setzte.[2367] Das Dekor der Wedgwood Erzeugnisse stellte eine wichtige Zäsur im Markt dar, in dem vielerorts immer noch alte chinesische und japanische Dekore nachgeahmt wurden.[2368] Das schnell wachsende Interesse an griechischen und römischen Kunstwerken in der neu aufkommenden Kunstepoche des Klassizismus seit der zweiten Hälfte des 18. Jahrhun-

---

[2363] Vgl. Stahl (2002), S. 194.

[2364] Vgl. Zais (1887), S. 65.

[2365] Vgl. Stahl (2002), S. 192.

[2366] Vgl. McKendrick (1982b), S. 105–106.

[2367] Vgl. Berling (1900), S. 141 und Walcha (1973), S. 119.

[2368] Vgl. Treue (1973b), S. 22 und Treue (1964a), S. 25.

derts wurde zuerst von Wedgwood aufgegriffen.[2369] Den verspielten und oft überladenen Elementen des Barock konnte Wedgwood eine einfache und an die antike Welt angelehnte Formensprache in seinen Produkten entgegenstellen. Wedgwood wurde so zum Pionier der klassizistischen Stilrichtung auf dem Gebiet der Porzellane und prägte diesen Stilwandel genauso mit, wie er von ihm profitierte.[2370] Neben diesen produktpolitischen Innovationen der Erzeugnisse konnte Wedgwood auch technische Innovationen wie Ofenreihen statt einzelner Öfen, den Einsatz der Dampfmaschine 1782 und genaue Temperaturmessungen einführen, die es ihm erlaubten, unschätzbare Kostenvorteile gegenüber der Konkurrenz in Kontinentaleuropa zu gewinnen.[2371] Wedgwoods Produkte konnten auf den Tischen der Oberschicht passen und waren durch die Herstellungsweise noch billig genug, um auch von der Mittelschicht gekauft zu werden.

Wenngleich Porzellan, Fayence und Steingut bei strenger chemisch-keramischer Analyse unterschiedliche Produkte sind, entstand dennoch zwischen diesen Produkten ein intensiver Wettbewerb aufgrund ihrer Substitutionsmöglichkeiten.[2372] Direktor Marcolini erkannte, dass das Meißener Porzellan sich nicht nur mit anderen Porzellanherstellern messen musste, sondern auch mit den Herstellern von Fayence und von Steingut, „deren Geschirre dem Porcelaine substituiert werden können", vorliebnehmen musste.[2373] Besonders das Steingut war billiger in der Herstellung, und zeigte dem wenig fachkundigen Betrachter äußerlich fast keinen Unterschied zum wertvolleren Porzellan. Und gerade das Steingut entwickelte sich zu einer größeren Gefahr für das Meißener Porzellan, mehr als alle anderen Porzellanmanufakturen.[2374] Englisches Steingut, besonders dasjenige, das aus den Betrieben von Josiah Wedgwood kam, wurde in großen Mengen aus England eingeführt und machte der Meißener Manufaktur den heimischen Absatzmarkt streitig.[2375] Oft kam es mit englischem Steingut verstärkt zu Schleichhandel, die Erzeugnisse wurden in grenznahe Orte gebracht und fanden von dort den Weg nach Sachsen.[2376] Aber auch auf offiziellem Wege wurde der Vertrieb mit englischen Erzeugnissen in ganz Europa forciert. Im Jahre 1766 wurde die Hälfte der Wedgwood-Produktion nach Kontinentaleuropa exportiert, in den 80er und 90er Jahren des 18. Jahrhunderts wurden alle größeren deutschen Häfen an der Nord- und Ostsee mit englischen Erzeugnissen beliefert, von wo aus die Geschirre im ganzen deutschen Raum versendet wurden.[2377] Josiah Wedgwood kam die Tatsache zugute, dass ab 1774 der Zoll für nach

---

2369 Vgl. auch Weiß (1994), S. 126.

2370 Vgl. Treue (1964a), S. 31.

2371 Vgl. Treue (1964a), S. 25.

2372 Vgl. Treue (1973b), S. 24 und S. 26 und Zimmermann (1926), S. 288. Von den Zeitgenossen wurde zwischen Fayence und Porzellan nicht streng unterschieden, so dass beide Keramikgattungen oftmals als austauschbar angesehen wurden, vgl. Pallach (1987), S. 52.

2373 AA I Af 11, S. 168b.

2374 AA I Af 11, S. 163b.

2375 Vgl. AA III L 6, o. S. Allein die Entwicklung der Gegend in Staffordshire, aus der die meisten Steingutfabriken kamen, ist beachtenswert. 1802 zählte dieses Gebiet 600 Manufakturen aus dem keramischen Bereich, und die Bevölkerung hatte sich in den letzten 30 Jahren vervierfacht. Die hierdurch erbrachten Produktionsmengen bedurften notwendigerweise eines verstärkten Exports in das europäische Festland, vgl. Treue (1964b), S. 24–25.

2376 Vgl. AA I Ag 89, S. 112b.

2377 Vgl. Treue (1973b), S. 23–24.

England eingeführtes europäisches Porzellan 65% betrug.[2378] Da der Handel mit Meißener Porzellan bei derart hohen Zollabgaben stark eingeschränkt wurde, entschied sich Friedrich August III. mit seiner Resolution vom 10. Januar 1775 zu gleichwertigen „Retorsions-Mitteln“, indem in Sachsen pro Zentner englisches Steingut 30 Taler entrichtet werden mussten.[2379] Da man jedoch damals englisches Steingut schon für 15 Taler pro Zentner kaufen konnte, betrug dieser auf das Gewicht angesetzte Zoll das Doppelte der üblichen Preise.[2380] Im Laufe der nächsten Jahre versuchte das Kurfürstentum Sachsen mit England immer wieder gegenseitige Zoll- und Handelsabkommen zu schließen, die den Handel mit sächsischem Porzellan in England und mit englischem Steinzeug in Sachsen reglementieren und gegenseitige Retorsionsmaßnahmen eindämmen sollten. Einfuhrzölle in Höhe von 12% und Durchgangsabgaben von 33% sollten, wo möglich und angebracht, beiderseitig festgelegt werden.[2381] So versuchte man, obgleich man der englischen Konkurrenz nicht mit betrieblichen und wirtschaftlichen Antworten beikam, sie wenigstens im eigenen Land einigermaßen kontrollieren zu können.[2382]

Konkurrenz erwuchs der Meißener Manufaktur nicht nur außerhalb Sachsens, sondern auch innerhalb des Landes mit der Gewährung einer Konzession vom 31. Mai 1770 an die Fayencemanufaktur in Hubertusburg, welche ab 1774 vom Grafen Heinrich Lindenau geleitet wurde.[2383] Der Betrieb dieser Manufaktur ging nicht ohne Schwierigkeiten vonstatten, da man die Produktion nicht nennenswert ausweiten konnte und kaum marktfähige Erzeugnisse produzierte. Die Herstellung war zudem limitiert in Bezug auf Größe und Verkaufspreis der Fayencewaren.[2384] Zu groß schien die Gefahr, mit den Porzellanen aus dem kaum 40 Kilometer entfernten Meißen in Wettbewerb zu treten, so dass strikte Begrenzungen der Produktpalette angeordnet wurden. Am 28. Januar 1774 richtete Lindenau eine Petition an Friedrich August III., um ihm die Herstellung von großen und kleinen Geschirren endlich zu erlauben,

> *„und darunter keine Ausnahme zu machen, inmassen solche dem Porcellaine niemahls gleichkommen können, und derjenige, der Porcellaine bezahlen kann, nicht Fayence kauffen wird, mithin der Meißener Porcellaine-Manufactur dadurch kein Eintrag geschiehet“.*[2385]

In einer vom König geforderten Stellungnahme der Meißener Manufakturisten zeigte sich, dass die dortigen Führungskräfte über die mögliche Konkurrenz, praktisch vor der eigenen Haustür, sehr besorgt waren.[2386] Um ohne Nachteil für die Porzellanmanufaktur zu sein,

---

[2378] Vgl. AA I Af 11, S. 163.

[2379] Vgl. AA I Ak 12a, S. 60 und S. 67.

[2380] Vgl. AA I Ak 12a, S. 68–69. Ab dem 11. April 1778 betrug der Zoll 22 Taler je Zentner Steingut, noch im August 1778 wurde der Zoll auf 36,5% der Summe des Einkaufspreises festgelegt, vgl. AA I Ak 12a, S. 123 und S. 126.

[2381] Vgl. AA III L 6, o. S.

[2382] Vgl. AA IV10 9, S. 1–6b.

[2383] Zur Manufaktur in Hubertusburg ausführlich Berling (1891).

[2384] Vgl. AA I Ak 12a, S. 34.

[2385] AA I Ac 1, S. 125.

[2386] Vgl. AA I Ak 12a, S. 37–37b.

musste Hubertusburg weiter die Produkte herstellen wie bisher von der Landesherrschaft erlaubt. Die Erlaubnis zur Produktionserweiterung um künstlerisch anspruchsvolle Geschirre konnte den Umsätzen in Meißen viel Schaden zufügen. Die Fayence sollte nach Ansicht der Meißener Manufakturisten deshalb eine Mittelstellung zwischen Porzellan und Töpferware einnehmen und mit einfachen Malereien und Formen gestaltet sein.[2387] Würde man die Manufaktur in Hubertusburg ohne alle Einschränkungen arbeiten lassen, so könnten, allein schon aus der geographischen Nähe zu Meißen, erhebliche Gefahrenpotenziale für die Meißener Umsätze resultieren.[2388] Der König zeigte sich ebenfalls skeptisch über diese Art von hausgemachter Konkurrenz für die Meißener Manufaktur, erlaubte die Produktionsausweitung jedoch zum Teil. Produziert werden durften Stücke aus Fayence, die in keinem Wettbewerb zu Meißen standen, wie Kübel, Blumentöpfe und Kacheln. Auch Statuen, Figuren, Tiere und Vögel wurden erlaubt, sofern sie größer als eine sächsische Elle waren.[2389] Für bestimmte Warengruppen wurde ein maximaler Verkaufspreis festgesetzt, so dass beispielsweise Nachttöpfe maximal 6 Groschen kosten durften, Teller hingegen 5 Groschen pro Stück. Die Nachahmung des Produktportfolios und der Modelle aus Meißen wurde strengstens untersagt, ebenso wie die Feinheit und Güte der Malerei nicht kopiert werden durfte. Die Fayencemanufaktur sollte sogar auf Verlangen der Direktion in Meißen die Einnahmen- und Ausgabenstruktur offenlegen, und der König behielt sich vor, jederzeit die Fayencemanufaktur selbst zu übernehmen und in staatlichen Besitz zu bringen.[2390] Durch die Vielzahl der Produktionseinschränkungen ist die deutliche Bevorzugung der Meißener Manufaktur zu erkennen. Die Sicherung des Meißener Produktportfolios ebenso wie die klare Beschränkung in den Verkaufspreisen sollten eine deutliche Trennung der betrieblichen Tätigkeiten mit Meißen bewirken, da etwaige Umsatzkannibalisierungen zwischen zwei sächsischen Manufakturen nicht erwünscht waren. Selbst das Recht zur Einsicht in die Buchhaltung sollte verhindern, dass die Fayencemanufaktur auf Kosten des Meißener Betriebes Einnahmen an sich ziehen konnte. Graf Lindenau gab unter solch restriktiven Rahmenbedingungen seine Konzession zurück, da weitere Gutachten aus Meißen keine Ausweitung der Hubertusburger Tätigkeiten empfahlen und selbst die anvisierte Produktion von Steingut im englischen Stil untersagt wurde.[2391] Lindenau verzichtete deshalb am 9. März 1776 auf die Fortführung der Manufaktur, die sofort in kurfürstlichen Besitz überging. Die Übernahme der Fabrik erfolgte im Namen des Meißener Direktors Marcolini, der fortan unter eigener Rechnung die Hubertusburger Manufaktur leitete. Marcolini versuchte, auch unter dem Eindruck der stark anwachsenden Konkurrenz aus England, die Fabrikation der Hubertusburger Geschirre im niedrigen Preissegment anzusetzen und den Betrieb als wirksame sächsische Antwort auf das englische Steingut zu positionieren.[2392]

[2387] Galt doch die Fayence als Porzellan des „kleinen Mannes“, vgl. Pallach (1987), S. 52–53.

[2388] AA I Ak 12a, S. 37b–38.

[2389] Vgl. AA I Ak 12a, S. 40b. Diese Einschränkung in der Höhe von umgerechnet ca. 57 Zentimeter kam faktisch einem Produktionsverbot gleich, da die Fayencemanufaktur technisch nicht in der Lage war, komplizierte Porzellanfiguren in dieser Größe herzustellen.

[2390] Vgl. AA I Ak 12a, S. 40b–41b.

[2391] Vgl. Berling (1891), S. 8.

[2392] Vgl. Rückert (1990), S. 269 und Berling (1891), S. 13. Die Manufaktur in Hubertusburg verblieb bis 1815 in guten wirtschaftlichen Verhältnissen, konnte jedoch zu keinem Zeitpunkt die Umsätze in Meißen auch nur an-

Gerade in dem niedrigpreisigen Marktsegment der Geschirre, die als reine Gebrauchsgüter zu Tisch das Zinngeschirr langsam verdrängen konnten, sah sich die Manufaktur der Konkurrenz der vielen kleinen, besonders thüringischen Fabriken, ausgesetzt. Zu Beginn des 19. Jahrhunderts waren im Thüringer Raum nicht weniger als 27 Porzellanfabriken tätig.[2393] Diese kleineren Manufakturen konnten mit billigen Erzeugnissen erhebliche Umsatzanteile für sich gewinnen. In Thüringen gab es billige Arbeitskräfte und Rohstoffe, und insbesondere Holz als Brennmaterial war in genügenden Mengen vorhanden. Diese Manufakturen waren private Gründungen und somit nicht von den bürokratischen Strukturen eines staatlichen Apparates oder gar vom dem Willen eines Fürsten abhängig.[2394] Unter Gotthelf Greiner, der selbstständig das Hartporzellan hergestellt hatte und an mehreren Manufakturgründungen beteiligt war, entwickelte sich in der thüringischen Region eine nennenswerte Porzellanfabrikation.[2395] Die von der Familie Greiner gegründeten Manufakturen in Limbach und Wallendorf und die weiteren Betriebe wie in Volkstedt, Veilsdorf und Ilmenau, konzentrierten sich auf die Massenproduktion von Tee- und Kaffeegeschirre und verzichteten zumeist auf künstlerisch anspruchsvolle Porzellanprodukte.[2396]

Direktor Marcolini erkannte in einem Schreiben vom 19. Oktober 1775 in den vielen kleinen Betrieben eine große Gefahr für die Meißener Manufaktur, denn

> *„(...) bey den vielen neuerlich entstandenen Fabriken, derer allein auf dem Thüringer Wald viere sind, als zu: Eichestädt, Gräfenthal, Limbach und Wallendorf, die das ganze Reich durch ihre Hausierer, mit Porcelaine überschwemmen, [hatte] der Debit des Meissnischen Porcelaine gar merklich gelitten“.*[2397]

Die vielen Wettbewerber waren nach Einschätzung der Manufakturdirektion auch bereit, alles dafür zu tun, um besonders im Segment der Gebrauchsgeschirre die Meißener Manufaktur preislich zu unterbieten.[2398] Diese Manufakturen waren sich auch nicht zu schade, die beiden gekreuzten Kurschwerter Meißens als eigene Markenzeichen nachzuahmen. Im Jahre 1765 hatte Volkstedt als erste Manufaktur in Thüringen das Meißener Markenzeichen kopiert, und auch von nahezu allen anderen Betrieben aus dem thüringischen Raum wurde versucht, den sächsischen Kurschwertern bei der Gestaltung der Bodenmarke nahezukom-

nähernd erreichen. Für den fast einjährigen Zeitraum von August 1814 bis Juli 1815 verzeichnete man 7.834 Taler an Einnahmen bei 71 Angestellten, vgl. AA I Af 11, S. 215. Nach 1815 setzte jedoch ein von Qualitätsproblemen und Misswirtschaft geprägter wirtschaftlicher Rückgang ein, an dem auch der Verkauf des Werks an Privatinvestoren nichts änderte und den Untergang des Werks um 1850 bedeutete, vgl. Berling (1891), S. 14–27.

2393 Vgl. Stieda (1902), S. 4 und Weinhold (1982), S. 181 und S. 240–250.

2394 Vgl. Walcha (1973), S. 114.

2395 Zur Person von Greiner vgl. Redlich (1968), S. 346–350 und Weinhold (1982), S. 202–206.

2396 Vgl. Stieda (1902), S. 53, S. 123–125, S. 191 und S. 305. Die Manufaktur Wallendorf hat streckenweise ausschließlich nur Türkencöppgen hergestellt, allein im Jahr 1799 insgesamt 53.000 derartige henkellose Tassen, vgl. Scherf (1980), S. 201.

2397 AA I Af 11, S. 163b.

2398 Vgl. AA I Ac 4, S. 121b.

men.[2399] Dies stellte einen der frühesten Fälle zielgerichteter Nachahmung eines über mehrere Jahrzehnte etablierten Markenzeichens dar, und konnte von der Meißener Manufaktur natürlich nicht toleriert werden.[2400] Man suchte den Verkauf der thüringischen Produkte dadurch zu unterbinden, indem man mit königlicher Resolution vom 28. August 1775 und vom 12. September 1775 den Verkauf „desjenigen auswärtigen Porcelaine, so mit einem, dem übers Creuz gelegten Churschwerdtern ähnlich kommenden Zeichen bemerket" in ganz Sachsen verbot.[2401] Dieses Verbot wurde am 7. April 1779 auch auf die nicht gezeichneten ausländischen Porzellane ausgeweitet und der Transport solcher Porzellane durch Sachsen verhindert.[2402] Aber vier Jahre später schien es von Seiten der Landesherrschaft Bedenken an einem solchen Einfuhrverbot zu geben. In der Resolution vom 15. März 1783 befand man

> *„daß jedes Verbot des Durchgangs einiger Waaren-Artickul der Handlungsfreyheit Unserer Lande und dem Interesse des davon abhengenden dießeitigen Activ-Handels nachtheilig seyn dürfte".*[2403]

Man argumentierte, dass ein Transitverbot von Porzellanen sich als grundsätzlich nicht praktikabel erweisen würde: Denn auch nicht verbotene österreichische oder preußische Porzellane mussten bei Zollkontrollen erst mühsam aus- und dann wieder eingepackt werden. Diese protektionistische Handelspolitik konnte deshalb nicht im Interesse Sachsens sein, da man durch das Transitverbot auch Zoll- und Abgabegebühren verlor. Um sich dem Wettbewerb im Porzellanmarkt zu stellen und die Umsätze gegenüber der Konkurrenz halten zu können, kamen laut königlicher Resolution keine staatlichen Eingriffe von außen in Frage, sondern innerbetriebliche Lösungen:

> *„Wenn nun solchergestalt dem Vertriebe des auswärtigen Porcelains Einhalt zu thun kein anderes (...) Mittel vorhanden ist, als daß bey Unserer Manufactur, besonders die gangbarste Waare, um möglichst wohlfeile Preiße gefertiget werde".*[2404]

2399 Vgl. ausführlich Stieda (1902), S. 309 und S. 386–395 und Scherf (1980), S. 144. Die Nachahmung der Meißener Marke wurde auch von Manufakturen in Frankreich, England und Holland durchgeführt, was den internationalen Charakter des damaligen Porzellanmarkts nochmals unterstreicht, vgl. Ducret (1955), S. 19–21.

2400 Porzellan aus Meißen wurde aber auch von den größeren etablierten Konkurrenten nachgeahmt und für eigene Verkaufszwecke genutzt. Von der Höchster Porzellanmanufaktur ist bekannt, dass man mit dem Anbringen der Meißener Schwertermarke den Verkauf der eigenen Erzeugnisse verbessern wollte. Bei einer Verlosung 1765 von Höchster Porzellan wurden die Waren zuvor schriftlich als sächsisches Porzellan angekündigt, vgl. Stahl (2002), S. 192 und Ohlig (1996), S. 286. Auch die thüringische Manufaktur Kloster Veilsdorf überlegte, eine Lotterie durchzuführen und die Porzellangewinne ausdrücklich als sächsisches Porzellan anzukündigen, vgl. Stieda (1902), S. 214. Imitationen und Kopien von Handelszeichen lassen sich darüber hinaus bis in die früheste Zeit des 12. Jahrhunderts zurückverfolgen, als Herkunfts- und Musterzeichen im Textil- und Metallgewerbe gefälscht wurden und somit zu einem wirtschaftspolitischen Problem für Regierungen und Verwaltungen wurden, vgl. ausführlich Kaiser (1987).

2401 AA I Ac 1, S. 219. Doch wurden Verstöße dagegen immer wieder registriert, so bspw. während der Leipziger Neujahrsmesse 1782, als Geschirre der Manufaktur Kloster Veilsdorf aus dem thüringischen Hildburghausen als Meißener Porzellane ausgegeben wurden, vgl. AA I Af 11, S. 176b und auch Scherf (1980), S. 144.

2402 Vgl. AA I Ak 13, S. 35b und AA I Be 15F, S. 53–54.

2403 AA I Ak 13, S. 35b.

2404 AA I Ak 13, S. 36b.

Die Direktion um Marcolini sollte entsprechende Maßnahmen in der Manufaktur treffen, um ein konkurrenzfähiges Preisniveau im Wege der Ausnutzung aller möglichen Ersparnisse in der Herstellung zu erreichen.[2405] Während die Landesregierung eine sich noch später weitaus stärker konkretisierende Tendenz zu Ablehnung protektionistischer Maßnahmen einschlug[2406], musste Marcolini dem Wettbewerb zunehmend aus eigenen Kräften trotzen. So wurden die thüringischen Manufakturen von Meißen aus intensiv beobachtet, und man versuchte, so viele Informationen wie möglich einzuholen. Im September 1775 ließ Marcolini die genauen Besitzverhältnisse der damals bekannten größeren Manufakturen recherchieren.[2407] Man kam zu dem Schluss, dass die Betriebe in Thüringen auch Rohstoffe aus den sächsischen Gebieten verarbeiten würden, genauso wie man ehemalige Maler aus Meißen beschäftigte und von deren Erfahrungsschatz profitierte. Die Konkurrenz aus Thüringen stellte in den folgenden Jahren für den Meißener Betrieb eine erhebliche Gefahr für die eigene Umsatzsituation im In- und Ausland dar. 1789 wurde abermals die billige Konkurrenz der thüringischen Manufakturen als wichtiger Grund für die wenig befriedigende wirtschaftliche Entwicklung in Meißen ausgemacht.[2408] Schaden entstand durch den Vertrieb der günstigen thüringischen Porzellane besonders auf den Leipziger Messen. Dort kauften nicht nur Großhändler die Produkte, sondern auch direkt die Einzelhändler und Krämer, welche von Leipzig aus in die kleineren Städte und umliegenden Jahrmärkte zogen und die thüringischen Geschirre verkauften.[2409] Die Forderungen nach Einfuhrverboten und Konfiskation der Erzeugnisse wurde jedoch erneut zurückgewiesen, so dass die sächsische Handelspolitik bei ihrer ablehnenden Haltung gegenüber protektionistischen Maßnahmen blieb und den grundlegenden Richtungswandel zu liberaleren Handels- und Wirtschaftsgrundsätzen erneut bestätigte.[2410]

In den Jahren 1789 und 1790 stellte man in Meißen Überlegungen an, wie man aus den politischen Umwälzungen der französischen Revolution profitieren konnte. Am 27. Juli 1790 erging ein Bericht, in welchem die Situation der französischen Porzellanmanufaktur zu Sèvres thematisiert wurde. Aufgrund der Entwicklung der Ereignisse eröffnete sich für Meißen ein Zeitfenster, in welchem die zurückgegangenen Vertriebsaktivitäten in Frankreich wiedergewonnen werden konnten:

> *„Es stehe nehmlich besagter Fabrick zu Sèves der gänzlich Umsturz bevor und dies sey vielleicht der Zeitpunkt, wo die Meissner [Manufaktur] ihren Vertrieb nach Franckreich, der sonst auf 300m [300.000 Livres] geschätzt worden sey, wieder erhalten könne“.*[2411]

2405 Vgl. AA I Ak 13, S. 37.

2406 Eine frühliberale Wirtschaftsauffassung findet sich in Sachsen schon in der Zeit des Rétablissement nach dem Siebenjährigen Krieg. Hier wurde eine aktive Unternehmerschicht gefördert durch die Landesökonomie-, Manufaktur- und Kommerziendeputation, vgl. Schlechte (1958), S. 41–43 und S. 105–106.

2407 Vgl. AA I Bb 140, S. 4–6.

2408 Vgl. AA I Ag 89, S. 11b–112.

2409 Vgl. AA I Ag 89, S. 112.

2410 Vgl. Groß (2007), S. 171.

2411 AA I Af 11, S. 191b.

Man versuchte, einen strategischen Vorteil zu erzielen aus der offensichtlichen Schwierigkeit, in der sich der Konkurrenzbetrieb in Sèvres befand. Dieser hatte jahrzehntelang fast ausschließlich für den Hof in Versailles produziert, und nun stoppte der Absatz an das Königshaus mitsamt den staatlichen Unterstützungszahlungen regelrecht über Nacht.[2412] Der als günstig erachtete Zeitpunkt für eine konzentrierte strategische Vertriebsaktion in Frankreich war bei näherer Betrachtung jedoch gar nicht so günstig. Die traditionelle Zielgruppe der adeligen Standespersonen zog sich unmittelbar nach Ausbruch der Revolution in Frankreich gesellschaftlich zurück, und die persönliche Zurschaustellung von Luxus und Vermögen konnte sehr gefährlich werden.[2413] So konnte ein verstärkter Vertrieb von Meißener Porzellan nach Frankreich kaum von Erfolg gekrönt sein, und verdeutlichte dies nur die Fehleinschätzung der Marktverhältnisse durch die Meißener Führungskräfte. Erst die zunehmende Schwächung der Revolutionskräfte und die Erstarkung der monarchisch-kaiserlichen Kräfte durch Napoleon sorgten dafür, dass Sèvres und der Porzellanmarkt sich wieder erholen konnten. Die französische Manufaktur wurde 1804 zur kaiserlichen Porzellanmanufaktur erhoben und konnte sich auf monumentale Gefäße im Geiste der französischen Kunstepoche des Empire spezialisieren, ohne jedoch die Produktion von günstigen Gebrauchsgeschirren zu vernachlässigen.[2414] Seit 1799 und 1800 wurden erhebliche Mengen von französischen Porzellanen auf den Leipziger Messen verzeichnet, die mit oft wechselnden modischen Bemalungen und günstigen Verkaufspreisen erhebliche Nachfrage auf sich ziehen konnten.[2415] Die Meißener Manufaktur musste abermals reagieren, so dass am 11. Mai 1801 angemahnt wurde, durch häufigere Änderung der Bemalung und geringere Verkaufspreise der eigenen Gebrauchsgeschirre das Interesse an den ausländischen Porzellanen zu vermindern und dem wachsenden Absatz der französischen Produkte Einhalt zu gebieten.[2416] Besonders mit Inkrafttreten der Kontinentalsperre im Jahr 1806 wurde erneut ein starkes Aufkommen der französischen Porzellane auf den Leipziger Messen verzeichnet.[2417] In dieser Zeit ab 1800 dominierten vor allem Sèvres bis zum Ende des 19. Jahrhunderts, dann Wien, KPM und auch St. Petersburg den europäischen Porzellanmarkt.[2418] Meißen fiel aus der Riege der führenden Hersteller heraus und schlitterte in schwierige wirtschaftliche Verhältnisse zu Beginn des 19. Jahrhunderts.

Da das Potenzial für innerbetriebliche Antworten auf die Herausforderungen im Vertrieb und im Umgang mit der Konkurrenz mehr und mehr ausgeschöpft wurde und dennoch keine Besserung eintrat, wurden in dieser Zeit erneut Forderungen nach Lösungen von außen erhoben. Neben der Gewährung von Zuschüssen durch die königliche Rentkammer zur Deckung

[2412] Vgl. AA IV 1, S. 407 und Adams (2007), S. 1–3.

[2413] Vgl. Dahlberg, (1997), S. 17.

[2414] Vgl. Dahlberg, (1997), S. 15–17, und Weiß (1994), S. 88. Schon 1781, noch während des Ancien Régime, war man sich in Sèvres der einseitigen Ausrichtung auf die hohen Standespersonen bewusst: „En général, la porcelaine de Sèvres est trop chere; elle ne doit pas être seulement á l'usage des rois et des grands; (..)“, zitiert nach Pallach (1980), S. 660.

[2415] Vgl. AA I Af 11, S. 202.

[2416] Vgl. AA I Af 11, S. 202b.

[2417] Vgl. AA IV 1, S. 411.

[2418] Vgl. Baer (1980), S. 222.

von Finanzierungslücken bedeutete dies auch die Einführung von Einfuhrzöllen für die konkurrierenden ausländischen Porzellane. Die Tendenzen zur wirtschaftsliberalen Handelspolitik in Sachsen sollten nach dem Willen von Marcolini in einem Brief an den König vom 14. November 1811 noch rechtzeitig zugunsten der Manufaktur geändert werden. Die Handelspolitik sollte aktiv zum Schutz und zur Verbesserung der wirtschaftlichen Situation der Meißener Manufaktur beitragen und die Konkurrenz aus dem benachbarten Ausland aus Sachsen fernhalten:

> *„Um den Absatz des Meissner Porcelaine im Lande selbst mehr zu befördern, scheint es höchst nöthig zu seyn, allen Fabrikaten der in den benachbarten Ländern errichteten Porcelain und Fayence-Fabricken, den Eingang in die Königl. Sächs. Staaten gänzlich zu untersagen, oder dieselben wenigstens mit einem so erhöhten Import zu belegen, daß der fernere Debit derselben äußerst erschwert werde".*[2419]

Bis zum damaligen Zeitpunkt existierten Einfuhrverbote lediglich für diejenigen Geschirre, die das Meißener Markenzeichen der gekreuzten Kurschwerter nachahmten, die Einfuhrzölle für die restlichen ausländischen Porzellane hingegen waren mit Resolution vom 23. Juni 1804 auf 25% festgelegt worden, mit Ausnahme der Verkäufe während der Leipziger und Naumburger Messen.[2420] Vordergründig richtete sich diese Maßnahme an die vielen kleinen Manufakturbetriebe aus Thüringen. Doch die Neugründungen in den thüringischen und coburgischen Gebieten sowie in den fränkischen Landesteilen bei Bayreuth und Ansbach konnten ihre Produkte ungehindert über die sächsische Landesgrenzen bringen und sorgten für signifikante Umsatzeinbußen bei der Meißener Manufaktur.[2421] Die Forderung nach staatlicher protektionistischer Intervention in Gestalt eines kompletten Einfuhrverbotes sollte sich gegen Porzellan, Fayence, Steingut und sonstige keramischen Erzeugnisse aus den benachbarten Ländern richten. Sollte dies nicht durchführbar sein, so lautete die Forderung, wenigstens einen derart hohen Einfuhrzoll zu erheben nach dem Gewicht der Ware, dass ein Handel damit vollends unattraktiv werden sollte. Mit den französischen Porzellanen sollte zudem der Einfuhrzoll nach Sachsen genauso berechnet werden wie der Einfuhrzoll für Meißener Produkte nach Frankreich, nämlich nicht nach dem Wert des Porzellans, der einer gewissen Willkür unterlag, sondern nach dem tatsächlichen Gewicht. Und auch für das ab 1807 von Sachsen in Personalunion regierte Herzogtum Warschau sollte ein Einfuhrverbot der Porzellane aus der Wiener und Berliner Manufaktur gelten, oder zumindest sehr hohe Einfuhrzölle erhoben werden, damit die dortige Niederlassung ihre Tätigkeit frei von Wettbewerbszwängen aufnehmen konnte.[2422]

Die Antwort seitens der Landesherrschaft auf diese handelspolitischen Forderungen ließ jedoch zwei Jahre auf sich warten. Am 1. Mai 1813 nahm man sich des Themas an und erteilte weiteren, über die damals herrschenden Handelsrestriktionen hinausgehenden Maßnahmen eine Absage. Eine Erhöhung der Zölle über den bestehenden Einfuhrzoll von 25%

2419 AA I Af 11, S. 211b.

2420 Vgl. HStAD 10026 Loc. 2439/08, S. 6.

2421 Vgl. AA I Af 11, S. 211b, es handelte sich hierbei oft um Steingut- oder Fayencemanufakturen.

2422 Vgl. AA I Af 11, S. 211b–212.

kam fast schon einem Einfuhrverbot gleich, und dies wiederum konnte umso mehr Anlass zu weiteren „Defraudationen" geben.[2423] An einem Hochschaukeln der gegenseitigen Retorsionsmaßnahmen zwischen den wichtigsten Handelspartnern hatte das zuletzt stark durch Kriege geschwächte Sachsen kein Interesse. So erteilte man den Bestrebungen der Manufakturführung, die Lösungen für die Schwierigkeiten des Betriebes von außen zu erhalten, in diesem Punkt eine Absage. Vielmehr wurde die Direktion darauf verwiesen, auf die Probleme der starken Wettbewerbsintensität mit innerbetrieblichen Maßnahmen zu reagieren:

> *„(...) namentlich das französische Porzellan (...) würde seines allgemein anerkannten weit geringeren, innern Gehalts wegen, gar bald in hiesigen [sächsischen] Landen die Concurrenz mit den besseren Waaren der Meissner Manufactur nicht mehr aushalten können, wenn diese in Absicht auf Preis und Formenwechsel nur einigermasen mit jenem Schritt hielte".*[2424]

Diese Antwort beinhaltete eine implizite Kritik an der Direktion Marcolinis. Dieser genoss offensichtlich nicht mehr die unumschränkte Unterstützung, die er noch bei der Einreichung seines Rücktritts 1799 vom König erfahren hatte. Die Konkurrenz aus Frankreich konnte erfolgreich angegangen werden, wenn man denn nur in Meißen in der Gestaltung und dem Preisniveau mit den französischen Porzellanen mithalten könnte. Konnte man in diesen Bereichen mit den französischen Produkten endlich gleichziehen, so würde die schlechtere Qualität der französischen Geschirre endgültig dafür sorgen, dass man den Wettbewerb erfolgreich bestehen könnte. Bezüglich der Handelspolitik zeigte sich die sächsische Regierung relativ fortschrittlich und den Ideen des Freihandels grundsätzlich zugänglich. Besonders nach dem Wiener Kongress hatte das Land ein Interesse, durch günstige Handelsbedingungen die wirtschaftliche Situation zu verbessern. Die Einbußen von Territorien aufgrund der Neuordnung Europas auf dem Wiener Kongress bedeuteten für Sachsen einen erheblichen finanziellen Verlust. Diesen zu kompensieren, konnte nur durch eine Förderung des Handels, besonders des Messehandels, und seiner Einnahmen geschehen. Man trug hier auch den Bedürfnissen der aufstrebenden, besonders aus Leipzig stammenden großbürgerlichen Handelskräften Rechnung.[2425] So erstaunt es nicht, dass der Direktor der Landesökonomie-, Kommerzien- und Manufakturdeputation, Freiherr von Gutschmid, im Jahre 1816 einer protektionistischen Handelspolitik gegenüber ausländischen Porzellanen nichts Positives abgewinnen konnte:

> *„Einfuhrverbote und Erhöhungen der Zölle haben nie Erfolge für den Absatz eigner Waren gebracht. Manufacturen, frei von aller auswärtigen Concurrenz, verbleiben gemeiniglich in ihrer ersten Kindheit, oder gehen gar wohl wieder zugrunde, wenn der im Inneren des Landes ihnen durch Prohibitivgesetze ausschließlich zugesicherte Warenabsatz zu ihrer Aufrechterhaltung nicht ausreicht. Im Gegenteil, die Zulassung*

2423 HStAD 10026 Loc. 2376/07, o. S.

2424 AA I Af 11, S. 221.

2425 Vgl. Groß (2007), S. 172.

fremder Fabrikwaren erweckt und unterhält den inneren Consum und Handel bei den Landesmanufacturen".[2426]

Die sich schon seit 1800 anbahnende Entwicklungstendenz der Industriellen Revolution in Sachsen förderte weitere protoliberale wirtschaftspolitische Ansichten.[2427] Sachsen begann, eine Pionierrolle in diesem Prozess einzunehmen und wurde früh von der Inkubationsphase der Industriellen Revolution ergriffen.[2428] Sachsen konnte zu Beginn des 19. Jahrhunderts mit einem der Hauptträger des Industrialisierungsprozesses, der Baumwollindustrie, und mit erheblichen Ausweitungen in der Spinnerei und Weberei, zum führenden Industrialisierungsgebiet in Deutschland aufsteigen, genauso wie auch in der Metallurgie und im Maschinenbau große Fortschritte zu verzeichnen waren.[2429] Ohne Aussicht auf staatliche Unterstützung im Umgang mit den Wettbewerbern war die Porzellanmanufaktur notgedrungen auf interne betriebliche Antworten auf diese Herausforderung angewiesen. Die Untersuchungskommission im Jahre 1814 berichtete, dass man bei der Preisbildung der Meißener Porzellane nur sehr selten die tatsächlichen Wettbewerbsverhältnisse in den Kalkulationen berücksichtigt hatte:

„auch scheint man bey Bestimmung der Preiße (...) noch in dem Wahn zu stehen, daß die Manufactur so wie in der alten Zeit, keine Nebenbuhler habe und daher die Preiße willkürlich dem Publico vorschreiben könne".[2430]

Dies verdeutlichte, wie unter Marcolini, aber auch unter seinen Vorgängern, die Preispolitik ohne ausreichende Einbeziehung der tatsächlichen Wettbewerbssituation durchgeführt wurde. Unbestreitbar war die Tatsache, dass man in Meißen noch viel zu lange auf die eigenen Erfolge vergangener Zeiten zurückblickte und sich in trügerischer Sicherheit wog, dass man als einstiger Vorzeigebetrieb immer noch aus der Position eines Marktführers agieren konnte. Unter diesen Voraussetzungen schien es nicht notwendig zu sein, neben den variablen Herstellkosten noch zusätzlich die Variable der Wettbewerbsintensität in die Preisbildung einzuführen. Aber dieses sträfliche Vernachlässigen der tatsächlichen Marktverhältnisse und die ein ums andere Mal falsch eingeschätzte Marktsituation führten dazu, dass man auf die von den Wettbewerbern gesetzten Preise nur noch reagieren konnte. Man wurde von einer aktiven Rolle eines dominierenden Anbieters in eine passive Rolle eines oft nur zögerlich reagierenden Marktteilnehmers zurückgedrängt.[2431]

[2426] HStAD 10036 Loc. 36342, Vol. I, S. 16.

[2427] Vgl. Ludwig (2003), S. 33.

[2428] Vgl. Hess/Schäfer (2003), S. 7. Ausführlich zur Industrialisierung in Sachsen Kiesewetter (1988) und Kiesewetter (1984).

[2429] Vgl. Groß (2007), S. 172–174 und Forberger (2003), S. 64–65.

[2430] AA I Bo 6, S. 187.

[2431] Belegt ist für das Jahr 1814, dass die damaligen Preisanpassungen der neuen Direktion unter von Oppel durchgeführt wurden unter Berücksichtigung der Verkaufspreise für englisches Steingut in Deutschland, die der Meißener Manufaktur als Referenzpreise dienten, vgl. AA IV9 28, S. 67b.

3.5.4 Preispolitik und Wettbewerb nach 1814

Unter der neuen Führung des Direktors von Oppel versuchte man aus der passiven Position im Wettbewerbsumfeld herauszukommen. Besonders im technisch-künstlerischen Bereich und dort speziell bei den Brennkapseln und der Vergoldung konnte der Betrieb in Meißen in der Anfangszeit des 19. Jahrhunderts nicht mit der französischen Konkurrenz mithalten. Während man in Meißen mit einer Kapsel durchschnittlich nur 2 Brände bestreiten konnte, waren es in Frankreich mehr als 20 Brände, welche die Kapsel aushalten konnte.[2432] Die Porzellanvergoldung gelang der französischen Manufaktur in Sèvres besonders gut, so dass diese leichten Vergoldungen auf den Porzellanen mit niedrigen Preisen den Markt zu Beginn des 19. Jahrhunderts beherrschten. Goldverzierte Porzellane standen damals hoch im Kurs, und diesem Trend wandte sich besonders das aufstrebende Bürgertum zu.[2433] Diesen starken Wandel im Geschmack wollte sich die Manufaktur in Meißen ebenfalls zunutze machen. Man kam jedoch in der Anfangszeit nicht gegen die Waren aus Frankreich an. Der Oberfaktor der Manufaktur, Martini, war der Meinung, dass es vorteilhaft wäre, wenn die Manufaktur noch einige zusätzliche Opfer bringen würde durch niedrigere Preise, um den „wachsenden Andrang des französischen Porzellains" seit 1806 sowie dessen steigenden Absatz auf den Leipziger Messen, verursacht durch die „glänzende Außenseite und Wohlfeilheit der Ware", entgegenzutreten.[2434] Die Überlegung war abermals, ausgewählte Meißener Porzellane um derart niedrige Verkaufspreise zu liefern, dass jeder andere Konkurrent diese Preise nur durch schlechtere Qualität unterbieten konnte und damit die Nachfrager keinen Grund mehr hatten, auf ausländische Fabrikate zurückzugreifen.[2435] Der Wettbewerb war nötigenfalls durch aggressive Preise vom Markt zu verdrängen, und der momentane Nachteil der verminderten Profitabilität würde sich mit Eliminierung der Wettbewerber zum langfristigen Vorteil wandeln.[2436] Dies war in den Augen von Martini ein entscheidender Unterschied zwischen einem staatlichen und einem privaten Betrieb. Der verlustreiche Schritt der Preisunterbietung hatte für einen privaten Unternehmer viel größere Konsequenzen als für den Staatsbetrieb:

> *„Veranschlage ich das zu bringende Opfer in staatswirthschaftlicher Hinsicht, so geht dem Lande vielleicht nichts dabey verloren – wenn die Erhaltung der Menschenmasse, die von der Fabrik subsistirt, in einem gewissen Zeitraum vielleicht mehr gekostet, als der Ertrag derselben einbrachte, so ist dieses passive plus doch im Lande geblieben".*[2437]

Diese merkantilistisch geprägten Überlegungen verdeutlichen, dass man in Meißen neben betriebswirtschaftlichen Zielen auch weitere Aspekte verfolgte. Die Verdrängung von privaten und ausländischen Wettbewerbern auf Kosten der Profitabilität und dadurch der Staats-

---

[2432] Vgl. AA IV9 25, o. S.

[2433] Vgl. Kunze (1983b), S. 43.

[2434] AA IV 1, S. 29, vgl. auch HStAD 10036 Loc. 41911, S. 205.

[2435] Vgl. AA IV 1, S. 28b und S. 37.

[2436] Vgl. AA IV 1, S. 33.

[2437] AA IV 1, S. 33.

kasse war eine Entscheidung auch für den Erhalt von Arbeitsplätzen und von Geldern im Inland. Der Verlust der Manufaktur konnte kompensiert werden durch den Erhalt der Arbeitsplätze der Manufakturisten, die dadurch wiederum im Inland an der gesamtwirtschaftlichen Wertschöpfung partizipierten und das Volkseinkommen mehrten. Im Zweifel sollten so im Umgang mit den Konkurrenten auf dem Porzellanmarkt auch gesamtwirtschaftliche Überlegungen zum Tragen kommen. Auch darf nicht vergessen werden, dass die Meißener Manufaktur neben ihrem ökonomischen Charakter auch eine kulturpolitische Funktion zu erfüllen hatte. Die Manufaktur galt als Kunstinstitut, und wurde nicht zuletzt auch aus eben solchen kulturpolitischen Erwägungen über viele Jahre hinweg finanziell vom Staat unterstützt.[2438]

Die Forderungen nach Preissenkungen der Meißener Porzellane, um den Wettbewerb zu kontrastieren, waren die stets wiederkehrenden Forderungen von Führungskräften, die eine Preisspirale im Markt nicht fürchteten oder sie erst gar nicht in Betracht zogen. Der Rückgriff auf das probate Mittel der Preissenkung zeigte auch, wie schwierig der preispolitische Umgang mit Meißens Wettbewerbern war. Die Schwierigkeit der Meißener Produkte, im Rahmen eines Preisvergleichs der Konkurrenz besonders aus Frankreich und Berlin standzuhalten, war nicht von der Hand zu weisen. Die Porzellane aus Frankreich waren nach dem kompletten Stillstand der Produktion während der Französischen Revolution in der Napoleonischen Zeit wieder zu wirtschaftlichem Aufschwung gekommen, während das englische Steingut seine dominierende Marktstellung inzwischen etwas eingebüßt hatte.[2439] Die Leipziger Messen wurden zu diesem Zeitpunkt verstärkt mit französischen Geschirren beliefert. Interne Berechnungen in Meißen gingen 1817 davon aus, dass in einer Messewoche bis zu 15.000 Taler mit französischen Porzellanen umgesetzt wurden. Man vermutete sogar, dass durch den Vertrieb der Waren nach Polen und Russland aus Leipzig heraus jährlich bis zu 100.000 Taler mit den französischen Produkten eingenommen werden konnten.[2440] Die französischen Manufakturen gaben den Händlern derart vorteilhafte Konditionen, dass den Geschäftskunden eine lukrative Gewinnmarge für den Weiterverkauf von bis zu 30% und 40% blieb nach Abzug ihrer Spesen.[2441] Dadurch, dass der Handel auf den Messen auch zentrales Drehkreuz für Bestellungen ins Ausland war, spürte die Meißener Manufaktur auch den Wettbewerbsdruck in den ausländischen Märkten. Insbesondere musste man erhebliche Marktanteile des früher umfangreichen Auslandsgeschäfts nach Russland, Polen und in die Türkei an französische und englische Fabrikate abgeben.[2442] Das Geschäft auf den Leipziger Messen lief deshalb weitestgehend an der Meißener Manufaktur vorbei. Allgemein sinkende Preisniveaus durch ein Überangebot an Porzellanen von vielen in- und ausländischen Wettbewerbern waren das Charakteristikum auf dem Porzellanmarkt in den Anfangsjahren des 19. Jahrhunderts.

[2438] Vgl. Walcha (1973), S. 12.

[2439] Vgl. AA I Ak 1, S. 176b.

[2440] Vgl. AA I Ak 1, S. 173–173b.

[2441] Vgl. AA I Ak 1, S. 173b–174, AA IV9 25, S. 7, eigene Berechnungen.

[2442] Vgl. AA IV9 25, S. 4–5.

In einer derartigen Situation entstanden zumindest regional gewisse Tendenzen zur Bildung von Kartellen in der Porzellanbranche. In Thüringen fanden sich die sieben wichtigsten Porzellanmanufakturen im Juni des Jahres 1814 zusammen und schlossen einen Kartellvertrag ab.[2443] In diesem verpflichteten sie sich zu gleichen Preisen für eine ganze Reihe von Erzeugnissen wie Tee- und Kaffeegeschirren und sonstigen Porzellanen. Es wurde ein gemeinsames Vorgehen bei der Kennzeichnung der Porzellanmasse mit einem Stempel vorgeschlagen und eine Vereinheitlichung der Arbeitszeugnisse der Angestellten vereinbart. Auch Konventionalstrafen wurden in das Vertragswerk eingefügt, die den Armenkassen der Bezirke zugutekamen, in denen die Manufakturen angesiedelt waren.[2444] Zur Bildung einer überregionalen keramischen Interessensgemeinschaft mit kartellähnlichen Strukturen zur gemeinsamen Koordinierung der Preispolitik ist es jedoch im betrachteten Zeitraum nicht gekommen. Wurde diese Vorgehensweise in England 1770 mit 27 Betrieben aus der keramischen Branche durchgeführt, konnte im deutschsprachigen Raum etwas Ähnliches nicht realisiert werden.[2445] Die Marktstruktur im deutschen Porzellanmarkt des frühen 19. Jahrhunderts war zu stark atomisiert, als dass man unter Berücksichtigung der vielen kleinen Manufakturen eine gemeinsame Interessensgemeinschaft hätte bilden können. Ohnehin stand die territoriale Zersplitterung Deutschlands nach 1815 einer solchen Vereinigung im Wege. Es blieb bei regional begrenzten und schwach bindenden Wettbewerbsabsprachen mit nur wenigen Kartellmitgliedern.

Ein alternativer Weg sah vor, landesherrschaftliche Interventionen zu fordern zum Schutz der einheimischen Betriebe gegen den ausländischen Wettbewerb. Am 20. April 1817 fand im Rahmen der Leipziger Ostermesse eine Versammlung deutscher Fabrikanten statt. An dieser nahmen vornehmlich Textilhersteller und weitere Manufakturen aus verschiedenen Sektoren teil, die sich durch die vielen billigen ausländischen Produkte während der Messezeit in ihren Geschäften benachteiligt sahen, und zunehmend dieser Konkurrenz nicht gewachsen waren. Bei dieser Versammlung, an der auch Martini als Leiter des Meißener Vertriebs teilnahm, forderte man ein gemeinschaftliches Vorgehen der deutschen Landesfürsten zum Schutze der einheimischen Gewerbe. Eine gemeinsame Absichtserklärung wurde verfasst, welche die deutschen Regenten um die Einführung von Einfuhrverboten oder die Erhöhungen der Zolltarife ersuchte. Es fanden sich jedoch nur wenige Fabrikanten bereit, welche dieses Dokument an die Landesherren weiterleiten wollten, so dass diese Versammlung ohne konkrete Resultate beendet wurde. Man kam jedoch überein, dass alle deutschen Regenten in ihren Landen gegenseitige Handelsfreiheit zusichern sollten, um den Handel und das Gewerbe zu fördern und zu unterstützen.[2446]

Da man von der sächsischen Landesherrschaft keine unmittelbare protektionistische Unterstützung der Vertriebsbemühungen zu erwarten hatte und selbst nur vage Appelle richten konnte, musste Meißen erneut seine eigene Preispolitik gegenüber den Wettbewerbern überdenken. Einem stärkeren Absatz auf den Leipziger Messen und auch im Ausland stand vor-

---

2443 Vgl. Stieda (1902), S. 7–9.

2444 Vgl. Stieda (1902), S. 6.

2445 Vgl. Treue (1964b), S. 18.

2446 Vgl. AA IV9 25, o. S.

dergründig der hohe Preis der Meißener Waren entgegen.[2447] Man überlegte, die Preise im Vertrieb derart zu regulieren, dass die Manufaktur für einen gewissen Zeitraum lediglich die Deckung der Produktionskosten anstreben sollte, um durch diese günstigeren Konditionen wieder mehr Anteile am Handel der Leipziger Messen zu gewinnen. Von Seiten der Geschäftskunden wurde geäußert, dass das einzige Hindernis zum erhöhten Absatz der Meißener Produkte die höheren Preise waren, und keineswegs künstlerische oder qualitative Aspekte.[2448] In einer Besprechung vom 5. Juni 1817 zwischen Direktor von Oppel und seinem Führungspersonal musste man jedoch erkennen, dass selbst eine Reduzierung der bestehenden Verkaufsmargen bei den Preisen womöglich keine Wirkung zeigen könnte.[2449] Die Bemühungen, die Fabrikationskosten weiter zu vermindern, um billigere Geschirre in den Markt besonders gegen die französischen Produkte zu positionieren, schienen kaum realisierbar zu sein. Sie konnten selbst dann nicht erfolgreich sein, wenn man die Marge bei der Preisbildung erheblich weiter heruntersetzen würde – man erwartete in so einem Fall schlichtweg die Gegenantwort in Gestalt einer Reduktion der Preisniveaus der französischen Waren um 10% nach unten. Und selbst eine derartige Reaktion würde den französischen Betrieben immer noch einen Gewinn einbringen.[2450] Der Betrieb in Sèvres, aber auch etliche andere, kleinere französische Porzellanmanufakturen, hatten sich nach Befinden der Meißener Führungskräfte für eine eindeutige Strategie der Kostenführerschaft entschieden, hatten ihre Produktion dementsprechend angepasst und ausgeweitet und waren somit für einen Preiswettbewerb gerüstet.[2451] Diese Ausgangssituation ließ den Meißener Führungskräften prinzipiell zwei strategische Entscheidungsmöglichkeiten offen: Entweder musste man im technisch-künstlerischen Bereich Abstriche machen und das Preisniveau aus Frankreich eingehen, oder die anerkannte bessere Qualität in der Masse und Malerei bei den eigenen Produkten halten und den Preiskampf mit den französischen Porzellanen aufgeben. Man kam in Meißen zu der Überzeugung, dass die Porzellane aus Frankreich nicht mit niedrigeren Preisen zu verdrängen waren, so dass die Bemühungen im Preiswettbewerb auf die Manufakturen aus Berlin und Wien zu richten waren, mit denen man besser Schritt halten konnte.[2452]

Das Problem der Preisgestaltung im Wettbewerb wurde verdeutlicht von Sellier, mit dem seit 1818 ein Kommissionsvertrag bestand zum Vertrieb der Waren in Leipzig. Dieser teilte mit:

> *„Überhaupt sei das Meißner Porzellan teuer, - er [Sellier] wisse nicht, warum man nicht die Preise herabsetze und das französische Porzellan verdränge. Seinem Dafürhalten nach dürfte das sicherste Mittel, das französische Porzellan von hiesigen Messen und Märkten zu verscheuchen darin zu finden sein, daß die Preise den französi-*

2447 Vgl. AA IV9 25, o. S.

2448 Vgl. AA I Ak 1, S. 179b.

2449 Vgl. AA IV 1, S. 95.

2450 Vgl. AA IV 1, S. 95 und AA I Ak 1, S. 174.

2451 Vgl. AA IV9 25, o. S.

2452 Vgl. AA IV 1, S. 100. Für die Berliner Manufaktur kannte man die Preiskalkulationen sogar recht genau. Man wusste, dass auch KPM mit einer Zuschlagskalkulation arbeitete, und dass dort das Pfund gebrannte Porzellanmasse ungefähr 8 Groschen kostete, die Gemeinkosten der Malerei zu 50% aufgeschlagen wurden, sonstige Gemeinkosten zwischen 40% und 60% Aufschlag bekamen und das Gold zu 5 Taler pro Dukat verarbeitet wurde, vgl. AA IV 1, S. 101.

schen Porzellanen gleichgesetzt werden. Denn es sei bekannt, daß das Meißner Porzellan weit mehr geliebt werde als das französische, zumal da jetzt die Malerei und Vergoldung auf dem ersteren der des letzteren wenigstens gleich wäre. Es beruhe nur in der Differenz der Preise, daß von dem ersteren weniger gekauft werde. Und dieses sei sehr bedeutend. Denn eine Tasse von Meißner Porzellan mit einfacher Malerei (...) koste zum Beispiel einen Taler und zwölf Groschen, wogegen eine französische dieser Gattung nur sechzehn Groschen koste. Die Teuerung allein sei die Ursache des geringen Absatzes".[2453]

Vornehmlich arbeitete die Manufaktur immer noch mit der Vergoldungsart, wie sie schon in den Anfangsjahren ab 1710 entwickelt worden war. Diese erforderte einen hohen Aufwand an Gold zum Aufbereiten und zum Anbringen an das Porzellan. Die französischen Betriebe konnten hingegen durch modernere Verfahren billiger vergolden und verbrauchten nur einen Bruchteil des Goldes, welches in Meißen nötig war.[2454] Zudem ging man strategisch vor und erwirkte die günstigen Verkaufspreise durch das Anbringen einer leichten Vergoldung mit wenig Rohstoffverbrauch, während im Inland die Porzellane zumeist mit einer dickeren Schicht Golddekoration ausgestattet wurden.[2455] Ein Grund für den besonderen komparativen Kostenvorteil, den die französischen Porzellane genossen, bestand aber auch in den Lohnkosten. Sellier berichtete 1820, dass der Preisvorteil in den Goldmalereien in der Arbeitsstruktur zu finden war:

„(...) solche Arbeiten werden dort meistens von Kindern und Lehrlingen verfertigt, welche täglich höchstens 2 Groschen, öfter aber auch gar nichts dafür erhalten".[2456]

Schon vor der Ostermesse 1820 wurde diese schlechte preisliche Position der vergoldeten Porzellane aus Meißen angeprangert. Einfache weiße Tassen aus Meißen kosteten 8 Taler das Dutzend, die französischen Produkte hingegen waren während der Leipziger Messe für 4 Taler das Dutzend zu haben. Diesem Preisunterschied von 50% konnte die Manufaktur nicht standhalten, auch weil die Kundschaft sehr preissensibel zu reagieren schien und der Preis zum damaligen Zeitpunkt die wichtigste Entscheidungsvariable beim Porzellankauf geworden war: „Denn heut zu Tage sieht man mehr auf billigen Preis, als auf gute Qualitaet".[2457]

Im August 1820 fand daraufhin erneut ein Gespräch mit Direktor von Oppel und Mitgliedern des Finanzkollegiums in Dresden statt, welches die aktuelle Preispolitik der Manufaktur und die Wettbewerbsposition gegenüber Sèvres zum Gegenstand hatte. Aus technischer Sicht schien es klar, dass das französische Porzellan durch eine weniger flüssige Porzellanmasse geringeren Aufwand bei der Vergoldung hatte. Da das Einbrennen der Vergoldung bei relativ geringen Feuertemperaturen erfolgen konnte, war es möglich, dass die Farbe „mithin nicht so

---

2453 HStAD 10036 Loc. 36342, Vol. II, S. 101.

2454 Bis zu dreimal weniger Gold pro Porzellanstück war in einer französischen Manufaktur für eine Vergoldung nötig, vgl. AA I Ak 2, S. 65b.

2455 Vgl. AA I Bb 132, S. 196b.

2456 HStAD 10036 Loc. 36342, Vol. II, S. 196. Kinderarbeit ließ sich hingegen für die Manufaktur in Meißen archivalisch nicht nachweisen.

2457 HStAD 10036 Loc. 36342, Vol. II, S. 179, vgl. auch AA IV 1, S. 637.

solide aufgetragen zu werden braucht" und dass zusammen mit den niedrigeren Temperaturen im Brandofen auch die Ausschussquote relativ gering blieb.[2458] Aus betriebswirtschaftlicher Sicht kam man zu dem Schluss, dass der französische Preisvorteil sich bald aufzehren müsse. Der Preisvorteil der französischen Manufakturen ging darauf zurück, dass die Porzellanbetriebe in großen Mengen weiße Ware produzierten und sich dabei im Markt erhebliche Preisreduktionen ergeben hatten aufgrund des starken Wettbewerbs. Inspektor Kühn schätzte nämlich, dass neben der wichtigsten Manufaktur zu Sèvres noch 40 bis 50 weitere private Unternehmungen eine mehr oder weniger signifikante Rolle im französischen Porzellanmarkt spielten.[2459] Die aufkaufenden Großhändler profitierten von dieser Preisspirale und übertrugen die Aufträge zur Bemalung der weißen Geschirre an Malereibetriebe, „denen sie das Bemalen und Vergolden (...) zu Spottpreisen abdringen".[2460] Denn auch die Maler mussten sich einem erheblichen Preiskampf stellen vor dem Hintergrund der vielen Emaille- und Vergoldungsbetriebe in Frankreich. In einer derartigen Position der Stärke fanden sich somit die international operierenden französischen Großhändler wieder, die nun diese von ihnen relativ günstig eingekauften Porzellane dann in ganz Europa verkaufen konnten und die günstigen Einkaufskonditionen zum bestimmenden Element ihrer Preisstrategie machten. Die versammelten Mitglieder des Finanzkollegiums und der Direktor von Oppel hegten jedoch die Hoffnung, dass dieses Geschäftsmodell auf absehbare Zeit chancenlos bleiben müsse:

> *„Das Auge des Nichtkenners wird zwar von der Außenseite des französischen Porzellans bestochen, der Kenner aber kann seinen Wert nur seinen niedrigen Preisen angemessen finden und wenn die Sache, welche im Detailhandel sich oft schon ausgesprochen hat: daß das französische Porzellan doch in der Tat jetzt zu schlecht sei, um mit Anstand als Geschenk angewendet werden zu können, auch auf den Großhandel übergehen sollte, so dürfte eine Beschränkung seines Absatzes zuvörderst in unseren nächsten Umgebungen zum Vorteil des Meißner Porzellans zu erwarten sein".*[2461]

Man setzte in Meißen noch große Hoffnungen darauf, dass sich die höhere Qualität der eigenen Produkte bei den Kunden durchsetzen würde und der Nachteil des Preisunterschieds gegenüber dem Wettbewerb sich mittelfristig abschwächen würde. Zur Geltung kam hier das Credo, welches schon in den Vorperioden die betrieblichen Preisstrategien gekennzeichnet hat: Dass im Wettbewerb eher mit dem Instrument der Qualität Erfolg zu erreichen war als mit dem Instrument des Preises. Qualitätsware, die ihren Preis hatte, würde sich auf Dauer gegenüber der schlechten Ware durchsetzen. Sollte sich nämlich die schon im Einzelhandel geäußerte Kritik an der Qualität der französischen Waren auch im Großhandel ausdehnen, so würde die Meißener Manufaktur mit ihrem jahrzehntelang aufgebauten Qualitätsanspruch verlorengegangene Umsätze wieder zurückerobern können. Doch diese Preisstrategie erwies sich als unglücklich, da insbesondere die Verkäufe auf den Leipziger Messen alles andere als zufriedenstellend waren und sich der Preisabstand zum Wettbewerb abermals deutlich be-

---

2458 HStAD 10036 Loc. 41911, S. 205.

2459 Vgl. AA I Bb 132, S. 194b.

2460 AA IV 1, S. 417.

2461 AA IV 1, S. 418.

merkbar machte. Qualität war, wie zuvor erwähnt, in den umsatzträchtigen Segmenten des Porzellanmarktes nicht die wichtigste Entscheidungsvariable.

Mag diese starke Konkurrenz auf preisstrategischer Ebene bei den Verantwortlichen der Manufaktur eine abwartende Haltung ausgelöst haben, initiierte sie hingegen auf technisch-betrieblicher Seite eine langwierige Suche nach verbesserten Vergoldungsverfahren. Malereivorsteher Kersting führte Versuche mit neuen Vergoldungsmethoden seit 1818 durch, was auch zu nennenswerten Reduktionen in den Herstellungskosten führte. Aber erst 1827 gelang es dem Inspektor Kühn, eine Vergoldung mit flüssigem Poliergold zu erfinden, mit der bis zu 25% des bisherigen Goldverbrauchs eingespart werden konnte. Für die Politur der Vergoldungen, die früher nahezu immer von Hand durchgeführt werden mussten, konnten jetzt verstärkt Poliermaschinen eingesetzt werden mit einer Lohnersparnis von bis zu 66%. Die daraus resultierenden Möglichkeiten zur Preisreduktion betrugen bis zu 50%, und die Preisanpassung betraf alle vergoldeten Porzellane.[2462] Um den Vorteil der französischen Manufaktur in Produktion und Preisgestaltung besser ergründen zu können, begab sich 1823 Inspektor Kühn im Rahmen einer ausgedehnten Auslandsreise zur Beobachtung der wichtigsten Wettbewerber nach Frankreich. In Sèvres wurde er vom Direktor Brongniart persönlich empfangen und „mit einer Humanität und einer Freimüthigkeit aufgenommen, die in der That alles, was ich mir davon erwartet hatte, weit übertraf".[2463] Brongniart zeigte Kühn die ganze Einrichtung der Manufaktur und ging mit ihm jeden einzelnen Fabrikationsschritt durch. Kühn hatte sogar die Möglichkeit, mitgebrachte Meißener Porzellanmasse im französischen Brennofen verfertigen zu lassen und das Resultat zu studieren. Für Kühn lag einer der wichtigsten Wettbewerbsvorteile der Sèvres Manufaktur in den erheblich geringeren Ausfallquoten der Gutbrände.[2464] In Sèvres kalkulierte man im Wege einer Vollkostenrechnung ähnlich wie in Meißen, konnte jedoch auf spezifische Risikoaufschläge für den Brennverlust weitestgehend verzichten.[2465] Dies sicherte dem Betrieb aus Frankreich eine bessere preispolitische Position gegenüber seinen Konkurrenten. Bezüglich des Preisniveaus der Porzellane aus den französischen Fabriken merkte Kühn an, dass besonders bei den Gegenständen mit gewissem künstlerischem Anspruch kein nennenswerter Preisunterschied gegenüber den Meißener Fąbrikaten festzustellen war. Und selbst bei einer Vielzahl von gängigen Gebrauchsgeschirren vermisste er das vielgerühmte günstige Preisverhältnis der französischen Erzeugnisse.[2466]

Eine abschließende Betrachtung der preispolitischen Strategien im Umgang mit dem Wettbewerb zeigt, dass sich Meißen spätestens mit Ende des Siebenjährigen Krieges einer Wettbewerbssituation ausgesetzt sah, die erhebliche Verwerfungen im Porzellanmarkt mit sich brachte. Keineswegs kann jedoch aufgrund der hier analysierten Wettbewerbssituation der bisher in der kunsthistorischen Literatur vorherrschenden Meinung gefolgt werden. Diese sieht für Meißen bis zum Jahre 1806 das Monopol für Porzellan in Europa weitestgehend als

2462 Vgl. Kunze (1983b), S. 45–46 und S. 48.

2463 AA I Bb 132, S. 129.

2464 Vgl. AA I Bb 132, S. 165.

2465 Vgl. AA I Bb 132, S. 176.

2466 Vgl. AA I Bb 132, S. 196.

intakt an, da die Manufakturen in Wien und Berlin aufgrund erheblicher Vertriebsbeschränkungen vornehmlich nur in den eigenen inländischen Absatzgebieten verkaufen konnten, während die kleinen Manufakturen aufgrund der erheblichen Qualitätsunterschiede mit Meißen nur wenig konkurrieren konnten.[2467] Eine derartige Einschätzung der Wettbewerbssituation kann aufgrund der durchgeführten Analysen nicht mehr aufrechterhalten werden. Der Verlust des Monopols für europäisches Porzellan erfolgte zwar schon 1720 mit der Gründung der Wiener Porzellanmanufaktur, tatsächlich konnte Meißen jedoch für viele weitere Jahrzehnte seine Vormachtstellung in Produktion und Verkauf behalten. Zu schwach und unbedeutend waren die Wettbewerber, zu groß der technische und künstlerische Vorsprung Meißens. Diese monopolistische Position der sächsischen Manufaktur änderte sich aber langsam in die eines führenden Oligopolisten, der innerhalb einer signifikanten Anzahl von Wettbewerbern weiterhin Marktführer bleiben konnte. Definitiv nach Ende des Siebenjährigen Krieges musste die Meißener Manufaktur ihre Spitzenposition im Markt aufgeben und den Wettbewerb als grundlegende Variable in ihr unternehmerisches Kalkül einfließen lassen.[2468] Erste ernsthafte Überlegungen zu preispolitischen Handlungsoptionen im Umgang mit dem Wettbewerb lassen sich während der Direktion unter der Führung von Helbig feststellen. Ab diesem Zeitpunkt wurde Meißen von den konkurrierenden deutschen und ausländischen Manufakturen im Premiumsegment der hochwertigen Porzellane genauso unter Druck gesetzt wie im niedrigpreisigen Bereich der Gebrauchsgeschirre. Es setzte ein gefährlicher Preiswettbewerb in der gesamten Branche ein, sowohl bei staatlichen wie auch bei privaten Manufakturen, und Preissenkungen zogen unweigerlich entsprechende Gegenreaktionen der Wettbewerber nach sich.[2469] Erschwerend kam auch der Substitutionswettbewerb durch Fayence- und Steingutmanufakturen aus dem In- und Ausland hinzu, der weiteren Druck auf das Preisniveau ausübte. Kleine, aber schlagkräftige Betriebe konkurrierten mit ihrer günstigen Kostenstruktur genauso um Marktanteile wie die etablierten größeren Betriebe. Qualitätsmerkmale und künstlerischer Anspruch der Porzellane waren längst nicht mehr die entscheidenden Kaufkriterien, so dass auch die qualitativ schlechten kleinen Betriebe mit einer aggressiven Preissetzung der Meißener Manufaktur Umsätze streitig machen konnten.

[2467] Vgl. Kunze (1986a), S. 4.

[2468] So auch Jedding (1971), S. I/7, der die Monopolstellung bis zur Mitte des 18. Jahrhunderts als intakt sieht.

[2469] Vgl. Siebeneicker (1993), S. 227–229.

4 Fazit

Die dargestellte Entwicklung der Preispolitik der Meißener Porzellanmanufaktur im „langen" 18. Jahrhundert zeigt, wie schwierig es war, den Preis des „weißen Goldes" kostendeckend zu kalkulieren und ihn auf die vielfältigen Marktgegebenheiten optimal abzustimmen. Die Preispolitik, in der Gründungszeit der Manufaktur sträflich vernachlässigt, wuchs aus ihren bescheidenen Anfängen heraus zusammen mit den übrigen betrieblichen Teilbereichen der Manufaktur, gleichsam als Spiegelbild der technischen, organisatorischen und personellen Veränderungen, bis sie zu einer tragenden Säule der Manufakturführung am Ende des Betrachtungszeitraums wurde.

Die Manufaktur ist untrennbar verbunden mit ihrem Gründer und Förderer. Dies gilt besonders für den künstlerischen Aspekt, aber auch für die hier betrachtete wirtschaftshistorische Entwicklung der Preispolitik. Die alles dominierende Stellung von August dem Starken innerhalb der Manufaktur setzte derart starke Akzente, dass eine ähnliche Position in den nachfolgenden Perioden von niemandem mehr erreicht werden konnte. Der Fürst erlag dabei seiner ausgesprochen großen Leidenschaft für das Porzellan und entschied, dass gerade diese Branche in staatlicher Hand verbleiben sollte und regelmäßig für repräsentative Zwecke zu arbeiten hatte. Gleichzeitig verzichtete er aber nicht darauf, von seiner Manufaktur stets Profitabilität und ordentliche betriebliche Organisation einzufordern. Die Einsetzung immer neuer Manufakturkommissionen, die Bereitschaft, für betriebliche Reformen mehr als nur ein offenes Ohr zu haben, der konstante künstlerische Ansporn und nicht zuletzt der persönliche Einsatz als Direktor waren Maßnahmen, die sowohl zum Nutzen der Manufaktur getroffen wurden als auch zum Nutzen des Staates.

Dass sich in die Belange der Manufaktur auch immer wieder Minister und Beamte mit Sonderwünschen und Spezialaufträgen einmischten, ist als eine natürliche Ausprägung des Merkantilismus zu sehen. Dieses Einmischen ist für die Manufaktur von einem betriebswirtschaftlichen Standpunkt heraus differenziert zu betrachten. Einerseits blockierten derartige Sonderaufträge für Porzellane die Manufaktur komplett für andere Arbeiten, die für den regulären Verkauf bestimmt waren. Andererseits konnte dieses Einmischen, besonders die starke Hand von Premierminister Brühl, die ausgetragenen internen Machtkämpfe in der Manufaktur schlichten und die gesamte Organisation stets wieder zur betrieblichen Ordnung zurückbringen. Das Recht des sächsischen Königs und der von ihm angegebenen Personen, unentgeltlich Porzellan nach Belieben zu entnehmen, hat erhebliche Nachwirkungen auf die Meißener Absatzsituation gehabt und dadurch die Ausprägung einer kommerziell orientierten Preispolitik erheblich verzögert. Beachtenswert sind in diesem Zusammenhang die Zahlungen, die in Form von Geld und Porzellan von der Meißener Manufaktur geleistet worden sind. Im Zeitraum von 1719 bis 1810 sind nicht weniger als 2.222.722 Taler an Geldern und

Porzellanen auf königlichen Befehl hin abgeliefert worden. Der größte Teil dieser Zahlungen, nämlich 62%, wurde in Porzellan geleistet im Werte von 1.368.965 Talern, der Rest hingegen von 853.757 Talern direkt als Geldsumme an die verschiedenen Staatskassen überwiesen.[2470] Eine Vielzahl von Behörden und Institutionen, abgesehen von den Fürstenhäusern selbst, hat direkt oder indirekt von der Manufaktur profitiert. Die königlich-sächsische Rentkammer erhielt in diesem Zeitraum 318.635 Taler an Zahlungen. Für den Premierminister von Brühl sind empfangene Geldzahlungen in Höhe von 60.823 Talern verzeichnet, die gelieferten Porzellane hatten einen Gegenwert von 11.823 Talern.[2471] Während der unterschiedlichen Regierungen im analysierten Zeitraum hat jedoch nicht nur die sächsische Landesherrschaft aus der Manufaktur Profit geschlagen. Während des Siebenjährigen Krieges hat besonders der preußische König Friedrich der Große für erhebliche Entnahmen aus der Manufaktur gesorgt, selbst die französische Administration 1806 hat, wenngleich in unbedeutendem Maße, Geldzahlungen aus der Manufaktur empfangen.

Tabelle 4-1: Überschüsse in Geld und Porzellan 1719–1810

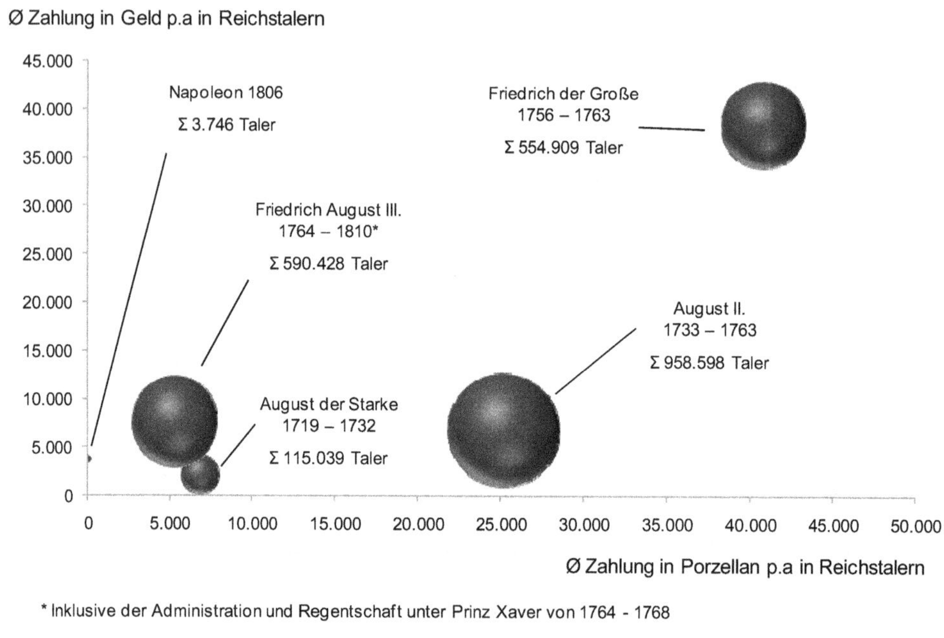

Quelle: AA I Bo 6, S. 22b–23, eigene Berechnungen

Aus der Abbildung ist ersichtlich, dass die Manufaktur während des Siebenjährigen Krieges unter der Herrschaft von Friedrich dem Großen pro Jahr die höchsten Geld- und Porzellanzahlungen liefern musste. Die Gesamtlieferungen an Porzellan aus Meißen übersteigen sogar

---

2470 Vgl. AA I Bo 6, S. 22b–23, eigene Berechnungen.

2471 Vgl. AA I Bo 6, S. 22b–23.

diejenigen, die der preußische König aus der eigenen Berliner Manufaktur KPM anordnete – von 1763 bis zum Tode des Fürsten 1786 lieferte der Berliner Betrieb ungefähr 200.000 Taler an Porzellan, Meißen aber allein während der sieben Jahre unter preußischer Herrschaft Porzellan im Wert von 285.251 Talern.[2472] Die empfangenen Gesamtzahlungen hingegen sind unter König August II. am höchsten gewesen mit einer Summe von 958.598 Talern innerhalb einer Zeitspanne von 30 Regierungsjahren. Dagegen sind die Zahlungen an den Gründer der Manufaktur, August dem Starken, verhältnismäßig gering ausgefallen. Auch vor dem Hintergrund der weitaus geringeren Produktionskapazitäten der Manufaktur während seiner Regierungszeit, zahlte die Manufaktur jährlich im Durchschnitt 6.771 Taler an Porzellan und 2.078 Taler an Geld aus. Die insgesamt getätigten Zahlungen der Manufaktur in Höhe von 115.039 Talern während der Zeit von 1719 bis 1732 betrugen ungefähr 43% aller Einnahmen, welche die Meißener Manufaktur in diesem gleichen Zeitraum erwirtschaften konnte. Unter seinem Sohn August II. wurden 44% aller Manufaktureinnahmen entweder in Geld oder in Porzellan an das Herrscherhaus abgeliefert. Unter seinem späteren Nachfolger Friedrich August III. betrugen die gelieferten Zahlungen zwischen 1764 und 1810 hingegen lediglich 9% der erwirtschafteten Einnahmen im selben Zeitraum.[2473]

Dies zeigt eindrucksvoll, dass die Manufaktur unter August dem Starken und August II. fast zur Hälfte für den Regenten und seinen Hof gewirtschaftet hat. Die königlichen Bestellungen hatten nicht nur einen rein repräsentativen Charakter und mussten für künstlerische und diplomatische Zwecke dienen, sondern sie lasteten in der Manufaktur auch die Produktionskapazitäten aus. Es mag dies in Zeiten geringer Nachfrage und Auslastung aus wirtschaftspolitischen Erwägungen sicherlich gewollt gewesen sein. Fraglich ist, ob bei einem möglichen Ausbleiben oder bei einer wesentlichen Reduktion der königlichen Bestellungen die Aufträge aus dem Privatsektor die fehlenden königlichen Bestellungen hätten kompensieren können. Dazu war der private Sektor im 18. Jahrhundert noch zu schwach in seiner Nachfrage, als dass er die Kaufkraft einer geringen, aber kaufkräftigen Zahl von privilegierten Standespersonen hätte ausgleichen können. Die Geschäftsjahre von 1733 bis zum Siebenjährigen Krieg konnte man aber stets mit Überschüssen abschließen, was auf einen starken regulären Verkauf hindeutet, der parallel zu den unentgeltlich abzuliefernden Porzellanen durchgeführt werden konnte. Wenn also die Manufaktur imstande war, neben den Arbeiten für den König auch noch den Privatsektor profitabel zu bedienen, so hätten die freiwerdenden Kapazitäten bei Ausbleiben oder Reduktion der fürstlichen Aufträge mit hoher Wahrscheinlichkeit in zusätzliche Umsätze aus dem regulären Geschäft umgewandelt werden können. So hat die Bindung erheblicher Kräfte für den König und seinen Hofstaat aber womöglich die Herausbildung einer stärker marktorientierten und auf preis- und absatzpolitische Aspekte sensibilisierten Unternehmensführung in Meißen um mehrere Jahre verzögert. Solange ein großer Teil der Manufaktur für den König gearbeitet hat und solange man mit Aufträgen aus der Residenzstadt versorgt wurde, konnte und wollte man sich nicht mehr als nötig dem kommerziellen Aspekt des Porzellangeschäfts widmen. Die preispolitischen Reformen und Innovationen sind in Meißen deshalb in der Mehrzahl der Fälle in den Jahren unmittelbar nach den Manufakturkrisen der Jahre 1731, 1763 und 1814 entstanden – in Zeiten, in denen eine

[2472] Vgl. Schade (1987), S. 122, AA I Bo 6, S. 22b–23, eigene Berechnungen.

[2473] Vgl. AA I Bo 6, S. 22b–23 und AA I Af 9, S. 123b, eigene Berechnungen.

marktorientierte und profitable Führung der Manufaktur notgedrungen zum Imperativ erhoben werden musste, da die Auftragsarbeiten für Großabnehmer, Königs- und Adelshäuser entweder zu starken innerbetrieblichen Verwerfungen geführt hatten, oder ganz unterblieben.

König August der Starke hat seine Manufaktur stets zu Höchstleistungen angetrieben, genauso wie nach seinem Tode Minister von Brühl als Direktor der Manufaktur mit seinen Bestellungen die Manufaktur zu weiterer künstlerischer Blüte gebracht hat. Die Aufträge des Königs und von Brühl hatten immer Priorität, und mussten in einem Bruchteil der üblichen Herstellungszeit verfertigt werden. Beispielsweise bekam im Mai 1721 die Manufaktur den Auftrag, eine hohe Zahl von Geschirren binnen drei Wochen herzustellen, was eine überaus ambitionierte Frist darstellte, weil allein schon die Malereiarbeiten mehr als zwei Wochen in Anspruch nahmen.[2474] Dennoch begann man unverzüglich mit den Arbeiten an den königlichen Porzellanen und konnte den Auftrag fristgemäß ausführen. Noch größere Schwierigkeiten bereitete eine am 2. April 1732 georderte Lieferung von insgesamt 910 Einzelstücken für das Japanische Palais. Die Manufakturverantwortlichen mussten bei diesem Auftrag die erheblichen Schwierigkeiten in der Produktion der königlichen Porzellane zugeben, wie bei der Herstellung von Apostelfiguren aus Porzellan ersichtlich ist:

> *„[Was] die Verfertigung großer Statuen an Aposteln und dergleichen anbetrifft, wir vor der Hand (...) solche so gut und tüchtig, daß sie vor perfect zu halten nicht liefern können, iedoch (...) allen nur ersinnl. Fleiß anwenden wollen, zu Ihro Königl. Majt. allerhöchsten Vergnügen dergleichen große Stücke und Vasen zu Stande zu bringen, wenn uns nur darzu Zeit gelaßen wird“.*[2475]

Bei den etlichen prunkvollen Porzellanservices und Tischornamenten für den König, seinen Hofstaat und für diplomatische Geschenke, sahen sich die Manufakturisten ebenfalls vor nahezu unüberwindbare technische Hindernissen gestellt. Seit seinem Eintritt in die Manufaktur im Jahre 1731, zeigte sich besonders Kaendler als Modellmeister bereit, diese Herausforderungen anzunehmen. Es war diesem Künstler zu verdanken, dass die Manufaktur ihren Weltruf erlangen konnte. Tatsächlich konnten unter Kaendler herausragende plastische Arbeiten durchgeführt werden, welche die Grenzen der damaligen technischen Machbarkeit überschritten: Eine lebensgroße Reiterstatue von Kurfürst Friedrich August II. sollte das Wirken der Meißener Manufaktur eindrucksvoll demonstrieren.[2476]

Diese künstlerischen Höhen konnten allerdings nicht in gleichem Maße dazu benutzt werden, um in wirtschaftliche Erfolgte umgewandelt zu werden, besonders vor dem Hintergrund des

---

[2474] Vgl. AA I Aa 4, S. 120–120b und S. 202. Dennoch hat die Manufaktur, wenn sie derart angespornt wurde, die ambitionierten Zeitpläne auch eingehalten. Berichtet wird von einer Plastik, die am Schluss des Siebenjährigen Krieges vom fertigen Tonmodell bis zur Aufstellung auf der königlichen Tafel zwei Wochen benötigte, vgl. Mields (1960), S. 135.

[2475] AA I Aa 17, S. 340, ferner AA I Aa 17, S. 59–61. Mit Aposteln sind die berühmten Porzellanfiguren der vier Apostel gemeint, die August der Starke in Auftrag gab, vgl. Wark (1960).

[2476] Die Arbeiten an diesem Reitermonument ganz aus Porzellan waren möglicherweise schon zu Zeiten August des Starken angedacht, konnten aber erst 1751 beginnen. Ein heute noch erhaltenes Porzellanmodell von etwa 1,4 Metern Höhe wurde 1753 von Kaendler fertiggestellt, zur Anfertigung der lebensgroßen Porzellanstatue kam es aufgrund des Siebenjährigen Krieges nicht mehr, vgl. Walcha (1973), S. 95–97 und Zimmermann (1926), S. 178–179 und S. 239. Ausführlich Sponsel (1900), S. 109–190.

Porzellanmarktes des 18. Jahrhunderts. Dieser blieb, trotz aller Hinwendungen zu neuen bürgerlichen Käuferschichten, in seinen grundlegenden Aspekten zwar ein Luxusmarkt für hochwertige Produkte, musste aber aufgrund dieser neuen bürgerlichen Kundensegmente den Elementen der Massenproduktion und des Massenabsatzes von Gebrauchsgeschirren immer mehr Tribut zollen. Der Markt war allgemein im 18. Jahrhundert mehr und mehr geprägt von Produktions- und Vertriebsformen, die ökonomisch, technisch und auch sozial schon über die bisher geltenden Strukturen des Ancien Régime hinausgingen. Der Konsum im Porzellanmarkt gehorchte hingegen aber noch weitestgehend den Regeln einer ständisch geprägten Gesellschaft, in welcher das Konsumverhalten immer noch eine klare soziale Abstufung aufwies. So musste sich die Meißener Manufaktur in diesem Spagat preispolitisch positionieren und der Wahrung der Exklusivität seiner Erzeugnisse genauso Rechnung tragen wie der notwendigen Marktöffnung durch verstärkte Produktion günstiger und gangbarer Produkte. Denn die kleine, ihre geringe Zahl aber durch Kaufkraft kompensierende Käuferschicht der Standespersonen, konnte der Manufaktur ab einer gewissen Betriebsgröße das Auskommen nicht mehr allein garantieren.

Wie ein roter Faden zog sich deshalb durch Meißen ein preispolitisches Dilemma, das ganze Generationen von Führungskräften damals beschäftigte: Hochpreispolitik oder Niedrigpreispolitik? Auf der einen Seite der mehr oder weniger einzig gangbare Weg, um einen profitablen und kostendeckenden Betrieb der Manufaktur zu gewährleisten durch margenstarke Porzellane. Auf der anderen Seite die Notwendigkeit, den Absatz der eigenen Waren zu befördern durch ein Produktportfolio, das eine breite Nachfrage durch gemäßigte Verkaufspreise auf sich ziehen konnte. Dieses Dilemma hat für ein Hin und Her in der Preisgeschichte der Manufaktur gesorgt, ohne je ganz gelöst worden zu sein. Dabei unterstand die Manufaktur den unterschiedlichen strategischen Ansichten und Überzeugungen ihrer Führungskräfte, so dass sich während der verschiedenen Amtszeiten der einzelnen Direktoren charakteristische Ausschläge in die eine oder in die andere Richtung ausmachen lassen. Die Führungskräfte um Böttger kümmerte das erwähnte Dilemma kaum, sie setzten alles daran, maximale Preise herauszuholen. Die Transitionsphase von 1719 bis 1731 war gekennzeichnet durch die Bestrebung, aus den individuellen Marktgegebenheiten heraus die Zahlungsbereitschaften möglichst komplett abzuschöpfen, so dass auch hier die Hochpreispolitik vorherrschend war. Ab 1731 näherte man sich mit mehr Umsicht und Feingefühl an das Dilemma heran. Die Erhebung des Prinzips der Kostendeckung zu einer der tragenden Säulen des Manufakturbetriebs führte zum Ausschlagen des Pendels in die Richtung einer gemäßigten Hochpreispolitik, die mit der Betonung des „billigmäßigen Profits“ Kostendeckung und Gewinn zugleich sichern sollte. Diese bequeme Position der Mitte konnte solange erfolgreich sein, wie die Manufaktur nicht vom Preiswettbewerb erfasst wurde. Die gesamte Direktion unter Premierminister Brühl sah deshalb keine Notwendigkeit, Änderungen zu dieser Position der Mitte vorzunehmen, da hierzu weder aus betriebsinternen, noch aus betriebsexternen Gründen Anlass bestand. Die mutige Hinführung der Manufaktur in eine Politik der Verteidigung und Sicherung der Deckungsbeiträge erfolgte durch Helbig, der mit einer profitablen Manufaktur den Wiederaufbau in der Nachkriegszeit ab 1763 stemmen wollte. Trügerische Wachstumsaussichten und der Wunsch nach einem raschen Wiedererstarken der Manufaktur leiteten unter Direktor von Fletcher die Periode der Niedrigpreispolitik ein. Unter allen Umständen war die Ausweitung der Umsätze und der Marktanteile zur Priorität erhoben worden, und man ließ sich in die von billigen Wettbewerbern eingefädelte Preisspirale mit nach unten ziehen. Der gefährliche Dreischritt von Preissenkungen, Rabatten und Auktionen, leitete unweigerlich den wirtschaftlichen Niedergang ein. Diese Erosion der Preise und der Margen ließ dem unglücklich agierenden Marcolini keine andere Chance, als diesen Kurs weiter beizubehalten und dabei zusehen zu müssen, wie trotz aller Gegenmaßnahmen der Betrieb an den Rand des Ruins geführt wurde. Die harte Aufgabe, die Manufaktur wieder aus einem tiefen Tal herauszuführen, bedurfte einer aufmerksamen Führung, so dass unter von Oppel und Kühn in der Tendenz wieder Kostendeckung und profitable Preise den Ausschlag gaben.

Mit anderen konkurrierenden Manufakturen, die sowohl Porzellan als auch verwandte Keramikgattungen herstellten, stand das Meißener Porzellan in einem starken Preiswettbewerb. Innerbetriebliche Unzulänglichkeiten erschwerten eine adäquate Reaktion darauf: Das Festhalten am Arkanum mit der daraus resultierenden intransparenten Betriebsführung in den Händen weniger, kaufmännisch unerfahrener Kräfte, hemmte allzu oft notwendige strategische Entscheidungen. Die kalkulierten Verkaufspreise verblieben auf hohem Niveau, um besonders den Fehlbränden, den ineffizienten Bränden in den kleinen Porzellanöfen und den steigenden Rohstoff- und Transportkosten Rechnung tragen zu können. Der so gestaltete, kostenintensive Betrieb der Manufaktur erforderte ein entsprechendes Preisniveau, um profitabel arbeiten zu können. Die bis 1817 durchgeführte und für die Preisgestaltung maßgebliche Teilkostenkalkulation konnte lediglich die variablen, direkt zurechenbaren Einzelkosten berücksichtigen. Dadurch, dass man die nicht einkalkulierten Gemeinkosten mit einem mehr oder weniger ausreichenden Gewinnzuschlag abdecken musste, konnte die Manufaktur keine zielgerichtete Preissteuerung durchführen. Die Preisangriffe der neu entstehenden Porzellanmanufakturen führten dazu, dass es zur einer Schwächung der Premiumposition Meißens kam, ohne dass konkret dagegen angegangen werden konnte. Diese Premiumposition war ohnehin ab den 1770er Jahren stark unter Druck gekommen, da das Qualitätsniveau in modischer und technischer Hinsicht in keinem Verhältnis zu den überproportionalen Preisen stand und von den Kunden mit Kaufzurückhaltung quittiert wurde. In einem Markt mit verstärktem Wettbewerb und Konkurrenten, die zunehmend Marktanteile durch aggressive Preissetzung gewinnen konnten, fehlte der Manufaktur das entscheidende kaufmännische Geschick, um das preispolitische Instrumentarium wirksam in dieser Situation einsetzen zu können. Das Aufkommen von Überkapazitäten in der Meißener Manufaktur und bei den Wettbewerbern war die Initialzündung für die Intensivierung des Preiswettbewerbs. Meißen konnte mit den eigenen Verkaufspreisen den allgemeinen, aggressiven Abwärtstrend des Marktes nicht durchbrechen – und sah sich öfter gezwungen, das eigene Preisniveau herabzusetzen, um sich dem allgemeinen Marktverlauf anzupassen. Wie gezeigt wurde, gab man dem Preisdruck im Porzellanmarkt immer wieder nach, und verkaufte im Wege der Auktionen und durch ausufernde Rabattgewährung die Erzeugnisse zu unvorteilhaften Konditionen. Die mittlerweile schwer lastende Lagerware musste darüber hinaus im Wege des Auktionsverkaufs oft mit hohen Verlusten abgesetzt werden. Besonders diese Auktionen mit der verstärkten Zuführung von Porzellan in den Markt sorgten dafür, dass die Marke „Meißen“ an Bedeutung verlor, je mehr sie verbreitet wurde. Der Verwässerung der Marke konnte man auch nicht durch die Erweiterung der Produktlinien um die Sorten II und III entgegentreten. Die Besetzung niedrigerer Preispunkte durch die Einführung einer zweiten und dritten Porzellansorte sollte das Produktportfolio nach unten absichern. Aber diese qualitative Preisdifferenzierung reichte nicht aus, da seitens der Kundschaft eine Differenzierung nicht klar genug wahrgenommen wurde und im Gegenteil weiter zur Verwässerung der Marke beitrug. Das Schwanken zwischen aggressiven, kurzfristig orientierten Preissenkungen und zaghaften, indirekt durchgeführten Preisanpassungen nach unten konnte keine dauerhafte Lösung sein und stellte eine Strategie dar, welche die Meißener Manufaktur in das Niemandsland einer undefinierten und perspektivlosen Preisposition manövrierte. Zu billig durfte das Meißener Porzellan nicht sein – aber zu teuer konnte es auch nicht sein. Dieser unklaren Preisposition standen diametral gegenüber die massiven Rabattzusagen und die hochgradig schädlichen Auktionen, mit denen man in Meißen das Preisniveau erheblich nach unten herabsenkte, um Lagerposten und dadurch die Überkapazitäten abzubauen. Dass in diesem Szenario die Verkaufspreise pro Porzellanstück stärker fielen als die Stückkosten, ist ein eindeutiger Beleg dieser Entwicklung und trug zur kritischen wirtschaftlichen Situation der Manufaktur stark bei.

Wie ebenfalls ausführlich dargestellt wurde, musste die Meißener Manufaktur aufgrund des Preiswettbewerbs die dominierende Stellung in der Preisgestaltung aufgeben. Meißen war während seiner monopolähnlichen Stellung bis zum Siebenjährigen Krieg die Referenz für Preisniveaus im europäischen Markt für Porzellan. Man führte die Preise im Markt, und man hatte mit der preisdominanten Politik auch ein Alleinstellungsmerkmal geschaffen mit exklusiven, hohen Preisen. Meißen setzte, nicht zuletzt aufgrund der technisch-künstlerischen Vorzüge, die Standards in der Branche. Man bestimmte die Verkaufspreise frei und unabhängig von den restlichen, noch viel zu unbedeutenden Wettbewerbern. Die Manufaktur setzte dabei ihre Verkaufspreise allein aus internen strategischen Erwägungen heraus – anfangs noch durch nachfrageorientierte, die Zahlungsbereitschaft abschöpfende Preisbildung, später zunehmend aufgrund der landesherrlichen Forderung nach Profitabilität im Wege kostenorientierter Kalkulationsverfahren. Man diktierte das Preisniveau im Markt und musste auch keine ernsthaften Schäden durch überhöhte Preise befürchten. Solange zudem die Manufaktur Überschüsse erzielte, schien auch kein dringender Handlungsbedarf beim Einsatz der Absatzinstrumente, besonders des Preises, angebracht zu sein. Mit der einsetzenden höheren Wettbewerbsintensität und -dynamik ab der zweiten Hälfte des 18. Jahrhunderts ist ein Wandel dieser dominierenden und aktiven Preispositionierung in eine defensivere und reagierende Position festzumachen. Die Manufaktur verlor den Nimbus des führenden Porzellanherstellers und des aktiven Preisführers im Markt. Das Preisniveau im Markt wurde nicht mehr von Meißen aus gesetzt, so dass die Manufaktur den wichtigsten Aktionsparameter in der Absatzpolitik verlor. Man büßte konsequenterweise nicht nur die Marktmacht in der Preissetzung ein, sondern die Wettbewerber nahmen die Meißener Preislisten als Ausgangspunkt, um wiederum ihre eigenen Preise unterhalb denen der Manufaktur setzen zu können. Was als einziger Aktionsparameter der Manufaktur übrig blieb, war eine stärkere Steuerung der Produktionsstruktur und der Versuch der Anpassung der Produktionsmengen an die Markterfordernisse. Je stärker der Preis als Aktionsparameter verlorenging, umso mehr bemühte man sich in Meißen um eine adäquate Mengen-, Kapazitäts- und Qualitätssteuerung. Die ab 1774 einsetzenden Bemühungen von Marcolini in diesem Bereich wurden ausführlich dargelegt. Die kurz nach dem Siebenjährigen Krieg in falsch verstandenem Eifer zu stark ausgeweitete Kapazität der Manufaktur musste von Marcolini mühsam zurückgefahren werden, da die Manufaktur kein entsprechendes Wachstum aufweisen konnte, welches diese Kapazität gerechtfertigt hätte. Eine solche Entwicklung wie im Falle Meißens nach dem Siebenjährigen Krieg ist typisch für den Eintritt in eine Phase, in der das Unternehmenswachstum überschätzt wird. Der Eintritt in die Abschwungphase war spätestens zur Übernahme der Direktion unter Marcolini erfolgt, konnte aber in Meißen nicht antizipiert werden. Die Vielzahl von Anpassungen im Produktportfolio in dieser Zeit und die häufigen Änderungen in Produktionsstruktur und -menge sind Ausdruck des Wandels des Meißener Betriebes hin zur Rolle eines Mengenanpassers. Man bemühte neben der Abstimmung des Produktionsportfolios auch intensiv die Kostenseite, und wie gezeigt wurde konnten besonders in der schwierigen Zeit unter Marcolini die Kosten weitestgehend unter Kontrolle gehalten werden.

Die im Rahmen dieser Arbeit analysierte Entwicklung der Preispolitik in Meißen zeigt, dass das Rationalitätskalkül des Betriebes erheblichen Schwankungen unterworfen war. Entscheidend für den betrieblichen Erfolg waren die Harmonie zwischen gewählter Preisstrategie und externen Markteinflüssen sowie der Einklang des preispolitischen Anspruchs mit den tatsächlichen innerbetrieblichen Fähigkeiten und Ressourcen. Der Preis ist die Variable, die wie kein anderer Parameter am besten die vielfachen Änderungen der Geschäftspolitik verdeutlichen kann. So erlebte die Meißener Manufaktur von der unsicheren Gründungsphase, über die wachstumsstarke Zeit der Etablierung und Verteidigung des Monopols bis hin zum Wegbrechen der Marktführerschaft mit starkem in- und ausländischen Wettbewerb in einem reifen Markt nahezu sämtliche Entwicklungszyklen eines Marktes. In diesen Entwicklungsstadien spiegelte sich auch der Einsatz des Preisparameters in Meißen wider:

- In der Anfangszeit erfolgte die Abschöpfung des Monopolgewinnes, wo immer dies möglich war, durch stark nachfrageorientierte Preispolitik. Systematisches Vorgehen in der Absatzpolitik und die Berücksichtigung von Kosten- und Rechnungswesen schien durch das Alleinstellungsmerkmal – die Herstellung von europäischem Hartporzellan – nicht notwendig zu sein.
- Die Preispolitik wurde erst 1731 auf neue Grundlagen gestellt, da der Missbrauch mit unter Wert verkauften Porzellanen und zweifelhaften Bewertungen der Geschirre im Zuge der Lemaire-Affäre zu ernsten Störungen des Betriebsablaufs geführt hatte. Die Reifung der Manufaktur in technisch-organisatorischer Sicht bedeutete auch eine Hinwendung der Preispolitik zu einer kostenorientierten Kalkulation, zu einer Formalisierung der preislichen Entscheidungsfindung und zur Etablierung von festen Verkaufspreisen, unterstützt durch Preisdifferenzierungen.
- Bis zum Siebenjährigen Krieg gab es keine Anzeichen in Meißen für nennenswerte preispolitische Veränderungen. Stetes Nachfragewachstum, Kapazitätsauslastung durch häufige Bestellungen der Landesherrschaft, steigende Überschüsse und eine künstlerische und technische Führungsposition sorgten für die Beibehaltung des Status Quo.
- Der Siebenjährige Krieg hatte den Betriebsablauf extrem gestört. Das Wegbrechen des inländischen Marktes nach dem Krieg und der definitiv einsetzende Wettbewerb durch andere Porzellanmanufakturen bedeuteten aus absatzpolitischer Sicht eine wesentliche Zäsur. Der mühsame organisatorische Wiederaufbau wurde deshalb flankiert von Maßnahmen, die auf eine Wiedererlangung der preispolitischen Führung im Markt abzielten. Preistransparenz, Preiskommunikation, systematische Rabatt- und Konditionensysteme

und der Ausbau der Vertriebsanstrengungen waren die wichtigsten Maßnahmen, um verlorene Marktpositionen wieder zu erlangen.

- Die Nachkriegszeit brachte trügerische Konjunkturaussichten und notwendige Wiederaufbaumaßnahmen mit sich. Zu schnell aufgebaute Ressourcen, in der Hoffnung auf rasche Rückkehr zu den Verhältnissen vor dem Krieg, führten zu Überkapazitäten und drückten nun zusätzlich auf das Meißener Preisniveau. Der einsetzende Preiswettbewerb begann dafür zu sorgen, dass Preisanpassungen nach unten als immer dringlicher erachtet wurden, jedoch umso schädlicher für die Gewinnsituation waren. Verstärkte Rabattgewährung, intensive Durchführung von Auktionen und allgemeine und individuelle Preissenkungen zielten auf die schnelle Generierung von Einnahmen ab, ohne Rücksicht auf die Profitabilität.
- Unter Marcolini ab 1774 kam es meist nur zu selektiven Anpassungen der Preise, und dann auch nur indirekt durch die Senkung der Herstellkosten zumeist im Wege von neuen Lohntaxen. Innerbetriebliche Schwierigkeiten setzten der Manufaktur als Folge der stockenden wirtschaftlichen Verhältnisse noch zusätzlich zu. Die Reifung des Porzellanmarktes hatte zur Herausbildung einer Vielzahl von großen und kleinen Konkurrenten geführt. Meißen konnte auf die Marktentwicklungen nur noch im Wege der Anpassung und Änderung der Produktionsmenge reagieren. Das Verharren in festgefahrenen alten Strukturen, ein Stillstand in absatzpolitischer Sicht und nicht zuletzt die teilweise auf sächsischem Territorium geführten Napoleonischen Kriege führten die Manufaktur in eine existenzbedrohende Krise zu Beginn des 19. Jahrhunderts.
- Der radikale Umbau der Manufaktur ab 1814 führte neben den dringend benötigten innerbetrieblichen Restrukturierungen auch zu einem kompletten Umdenken in der Preispolitik. Die Profitabilität sollte im Wege einer Vollkostenrechnung erreicht werden, ein Ausweg aus dem Preiswettbewerb wurde in einer qualitativen Preisdifferenzierung und in einer Erweiterung der Produktlinie in niedrigere Preissegmente gesucht.

Die hier beschriebenen Herausforderungen zeigen, dass die Meißener Manufaktur im 18. Jahrhundert sich schon zu einem großen Teil denjenigen Problemen zu widmen hatte, die erst später in Zeiten der industriellen Massenproduktion des 19. Jahrhunderts auf breiter Front gelöst werden mussten. Wenn für das beginnende 20. Jahrhundert die Entwicklung der Absatzstrategie eine starke Marktorientierung erfuhr, in der die Konkurrenzbeziehungen eine wesentliche Einflussvariable der Absatzbemühungen der damaligen Großunternehmen waren und die gesamte Unternehmensführung immer stärker durch die Absatzmärkte geprägt wurde, so hat Meißen dieses Stadium der Entwicklung mindestens seit dem Jahre 1763 erreicht. Wenn Kürpick schreibt[2477], dass erst mit dem Beginn des Industriezeitalters Faktoren wie wachsende Betriebsgröße und steigende Beschäftigung und somit Produktion auf die Kosten- und Preiskalkulation erstmalig einwirkten und in den Vordergrund traten, so muss diese Erkenntnis nach den hier dargestellten Ausführungen weiter in die vorindustrielle Zeit des 18. Jahrhunderts zurückdatiert werden. Die Jahre intensiven Wachstums in der ersten Hälfte des 18. Jahrhunderts, die hastig aufgebauten und letztlich überzähligen Kapazitäten nach dem Siebenjährigen Krieg und die sich daraus ergebenden Implikationen für die Preispolitik

[2477] Vgl. Kürpick (1965), S. 19.

Meißens stellen einen Problemkreis dar, der sich in ganz analoger Weise auch bei Betrieben inmitten des Industrialisierungszeitalters zeigt. In vielen betriebswirtschaftlichen Aspekten musste die Manufaktur deshalb auf neuartige Herausforderungen reagieren, die sicherlich für die Zeit des Kameralismus und der noch jungen Manufakturen weitgehend neu waren, und deren Bewältigung als absolute Pionierleistungen zu gelten haben. Es mussten Antworten gefunden werden, die mitunter weit über den Wissensstand in der damaligen Handelswissenschaft hinausgingen und das Know-how der größtenteils aus Beamten bestehenden Führungskräfte überstiegen. Die drei wichtigsten Herausforderungen innerhalb der Preispolitik, nicht nur für die Meißener Führungskräfte, waren im Zeitalter vor und während der Industrialisierung die strategische Leitlinie der Preissetzung, die Verteilung der Gemeinkosten bei der Kalkulation und die Entwicklung des Rechnungswesens.

Wie gezeigt wurde, reichten die Kenntnisse in betrieblichen, preispolitischen und kalkulatorischen Angelegenheiten in Meißen oftmals nicht aus, um diesen drei Problemkreisen gerecht zu werden. Noch nicht vollends bewusst war man sich über die mehrdimensionalen Wirkungen der Preispolitik und der benachbarten Themenbereiche wie Kostenerfassung, Rechnungswesen und Kalkulation. Die im gesamten Betrachtungszeitraum wiederholt vorangebrachten Forderungen nach Preissenkungen zur Steigerung der Umsätze verdeutlichen, dass man die vielschichtig ineinander greifenden Wirkungen einer Preis- und Mengenänderung nicht erkannte. Der einfache Schluss, dass durch niedrigere Preise eine höhere Verkaufsmenge die Manufaktur wieder zu besseren Zeiten führen würde, konnte noch nicht die notwendige preispolitische Kenntnis des Elastizitätsgedankens voraussetzen. Man kannte zwar die Wirkungen eines zu niedrigen Verkaufspreises auf den Deckungsbeitrag, und man wusste um die Bedeutung der Margensicherung für die einzelnen Porzellanstücke. Aber man konnte den nächsten darauf aufbauenden Schritt, nämlich die weiterführenden Wirkungsmechanismen einer Preisänderung, noch nicht konkret genug vorhersehen. Darüber hinaus stand die Meißener Manufaktur vor dem Problem der noch gänzlich unerforschten Kostenwirkungen. Anders als für die in den Vorperioden tätigen einfachen Gewerbebetriebe, stellte fixes Kapital, besonders die streckenweise enormen Lagerbestände, eine entscheidende betriebliche Variable für die Manufaktur dar, genauso wie die Veränderungen der Kosten in Relation zur Ausbringungsmenge der Porzellane ebenfalls eine weithin neue betriebswirtschaftliche Herausforderung darstellten und in diesem Ausmaß auch für das 18. Jahrhundert kaum bekannt waren. So entwickelte sich die zum Imperativ auserkorene Bestrebung zur Steigerung des Debit zu einem fast hoffnungslosen Unterfangen. Erfolgreiche Geschäftsjahre basierten oft auf Verkaufspreisen, die eine Kostendeckung nur zufällig ermöglichten. Kalkulationen unterstanden einer wackeligen Ermittlung der tatsächlichen Kostenbasis, und Rechnungswerke konnten vielfach nur einen ungenügenden Einblick in die Betriebsverhältnisse gewähren. Die wirtschaftlich schwachen Geschäftsjahre und die oft beklagten Debitprobleme waren deshalb oft hausgemacht.

Dieser Umstand galt jedoch nicht nur für die Meißener Manufaktur allein. Für das 18. Jahrhundert gilt, dass auch vor dem Hintergrund eines noch nicht vorhandenen theoretischen Unterbaus zur Preispolitik und Kostenerfassung die Kenntnisse in der absatzorientierten Kalkulation allgemein sehr begrenzt waren, sowohl bei privat geführten Betrieben als auch bei staatlichen Unternehmen. Dieser Mangel in den Kenntnissen der Kalkulation dauerte noch mindestens bis zur Hälfte des 19. Jahrhunderts hinein, als es durchaus schon einen gewissen theoretischen Unterbau gab, dieser aber noch nicht den Weg in die Praxis gefunden hatte. Die grundlegenden Probleme der Kalkulation bestanden immer noch, und Kalkulationen beruhten in hohem Maße auf den individuellen Fähigkeiten der Entscheidungsträger.[2478] Erst um 1829 wurden erstmals Abschreibungen an Unternehmenswerten von Bernoulli[2479] zu den Produktionskosten gerechnet, die ersten funktionalen Zusammenhänge zwischen Gesamtkosten, Stück- und Grenzkosten wurden 1838 von Cournot dargestellt[2480], und ein erstes theoretisches Modell zu Preis- und Produktdifferenzierungen sowie zum Zusammenhang von Grenzkosten und Preisbildung wurde 1844 von Dupuit[2481] vorgeschlagen. Erst dadurch wurden die der Mikroökonomie und somit der Preispolitik fundamental zugrundeliegenden theoretische Grundlagen erstmalig aufgestellt.

Der Meißener Betrieb sah sich also noch weit vor der erstmaligen theoretischen Auseinandersetzung der fundamentalen mikroökonomischen Preis- und Kostenzusammenhänge vor Fragen gestellt, die wesentlich die Absatzsituation der Manufaktur betrafen.[2482] Die Manufaktur musste Entscheidungen treffen, um im Porzellanmarkt sowohl für Geschäfts- als auch für Privatkunden möglichst optimal aufgestellt zu sein. Sie hatte deshalb schon seit frühester Zeit ein Interesse, kostengünstig und effizient an Marktinformationen heranzukommen. So war man bereit, sowohl Industriespionage als auch Vertriebs- und Studienreisen durchzuführen, um an brauchbare und verwertbare Marktinformationen zu kommen. Selbst die Überlassung des so wichtigen Leipziger Messehandels in Kommission im Jahre 1818 an das Handelshaus Sellier ist auch im Lichte eines besseren Flusses von Marktinformationen zu sehen. Die gefundenen Antworten auf die sich stellenden Absatzfragen zeigen, dass trotz eines fehlenden theoretischen Unterbaus und eines weitgehend noch nicht entwickelten und gefestigten praktischen Erfahrungsschatzes, die Führung in Meißen in vielerlei Hinsicht fortschrittliche und moderne Ansätze in die Wege leitete. Das absatzpolitische Instrumentarium mitsamt der Preispolitik entwickelte sich zu einem erheblichen Teil im Wege der Trial-and-error-Methode. Die Manufaktur musste sich dringlichen Entscheidungen stellen, und konnte sich dadurch einen Problemlösungsdruck immer wieder neu schaffen, innerhalb dessen man sich den Herausforderungen der Führung des Betriebes stellte. Auf Rückschläge, Absatzkrisen, neue Marktgegebenheiten und allgemein auf enttäuschende Geschäftsjahre reagierte man in Meißen entweder mit bewährten Rezepten, oder aber mit neuartigen, teilweise recht fortschrittlichen Methoden. So folgten auf die Krise nach Böttgers Tod umfassende Veränderungen im Rechnungswerk der Manufaktur. Die Krise um Lemaire ab 1731 führte zur Ein-

---

[2478] Noch im letzten Viertel des 19. Jahrhunderts musste ein Praktiker aus dem Maschinenbau festhalten: „Die meisten Fabriken haben kaum eine genaue Calculation ihrer einzelnen Erzeugnisse, weil sie bei den vielen Artikeln, die sie producieren, zu schwierig erscheint", Roesky (1878), S. 7. Zu den Schwierigkeiten der Kostenrechnung zum Ende des 19. Jahrhunderts auch Pierenkemper (2000), S. 95 und S. 104.

[2479] Vgl. Bernoulli (1829), S. 57.

[2480] Vgl. Cournot (1838), S. 50.

[2481] Vgl. Ekelund (1970), S. 269–271 und S. 275–277 und Ekelund (1968).

[2482] Analog auch die Entwicklung in der Kostenrechnung: Eine Vielzahl von englischen Unternehmen des 18. Jahrhunderts haben in der praktischen Anwendung ihrer Rechnungssysteme die theoretischen Ausarbeitungen zu diesem Thema gegen Ende des 19. Jahrhunderts erheblich antizipiert. Die Möglichkeit, dass eine derartige Antizipation der Theorie durch die Praxis erfolgte, wurde bisher in der Forschung kaum berücksichtigt, vgl. Fleischman/Tyson (1993), S. 506 und Fleischman/Parker (1991), S. 368 und S. 372.

führung der kostenorientierten Preiskalkulation, während der Wiederaufbau und die Expansion nach dem Siebenjährigen Krieg die Einführung neuer Vertriebsstrukturen bedeuteten und schließlich der Neuaufbau nach 1815 sogar einen radikalen Wandel in der Preiskalkulation einleitete. Je stärker die Komplexität und Verschiedenartigkeit der äußeren Marktbedingungen und inneren Betriebsverhältnisse wurde, umso eher rückten entsprechend die Preispolitik und die Kostenrechnung in den Fokus der Meißener Manufakturisten, wobei diese beiden Sphären oftmals parallel angegangen und weiterentwickelt wurden. Der motivierende Effekt kompetitiver Märkte und des Preiswettbewerbs zusammen mit Absatzrückgängen, Überkapazitäten, Margenerosion und dem Vorhandensein weiterer inner- wie außerbetrieblicher Herausforderungen, hat in Meißen deshalb wiederholt zur Herausarbeitung von fortschrittlichen Elementen der Preispolitik geführt. Preisdifferenzierung, Produktdifferenzierung, Premiumpreisstrategie, maximale Abschöpfung von Zahlungsbereitschaften durch nachfrageorientierte Preisbildung, Kalkulation auf Basis von Teilkosten und später auf Vollkosten, erweiterte Preiskommunikation, Vertriebsreisen, Preislagenpolitik, indirekte Preissteuerung, Maßnahmen und Reaktionen im Preiswettbewerb, Produktlinienerweiterung, mehrdimensionale Konditionensysteme in der Vertriebspolitik – allein diese Auswahl an eingesetzten Absatzinstrumenten im betrachteten Zeitraum der Untersuchung könnte ohne Weiteres auch aus einem preispolitischen Portfolio eines Unternehmens der heutigen Zeit stammen. Diese Instrumente sind keineswegs Techniken, die als Innovationen der marketingorientierten Unternehmensführung des 20. Jahrhunderts zu gelten haben. Der bewusste Einsatz von preispolitischen Elementen im deutschsprachigen Raum ist deshalb aufgrund der vorliegenden Arbeit um mindestens ein Jahrhundert zurück zu datieren, somit nicht mehr zu Beginn der Industrialisierung ab ca. 1830 anzusiedeln, sondern in die erste Hälfte des 18. Jahrhunderts. Er beginnt keineswegs erst mit den Großbetrieben des Industriezeitalters, sondern beschäftigt schon die leitenden Kräfte der Manufakturen des Merkantilsystems.

Wenn selbst ein etablierter Forscher im Bereich der Absatzpolitik wie Bagozzi in einem Lehrbuch festhält, dass noch zu Beginn des 20. Jahrhunderts „firms gave little thought to marketing“[2483], so zeigt dies, wie wichtig eine Klarstellung der tatsächlichen absatzpolitischen Bestrebungen, in vorindustrieller wie auch in industrieller Zeit, seitens der Wirtschaftsgeschichte ist. Auch die Argumentation[2484], dass Absatzpolitik und mit ihr verbunden die Preispolitik erst *nach* einer gewissen wirtschaftlichen Entwicklung (nämlich der Industrialisierung) zustande kommen konnte und nicht eine beeinflussende Funktion *für* diese Entwicklung gewesen ist, muss einer kritischen Überprüfung standhalten. Vor diesem Hintergrund muss die bisherige wirtschaftshistorische Ansicht, dass erst mit dem Aufkommen der Industrialisierung das absatzpolitische Instrumentarium in den Vordergrund trat, einer Revision unterliegen. Zu hoffen bleibt, dass zukünftige wirtschaftshistorische Forschungen diese Revision weiter untermauern können.

[2483] Bagozzi (1986), S. 16.

[2484] So bei Bartels (1977), S. 211.

5 Anhang

Abbildung 5-1: Albrechtsburg und Porzellanmanufaktur Meißen um 1726

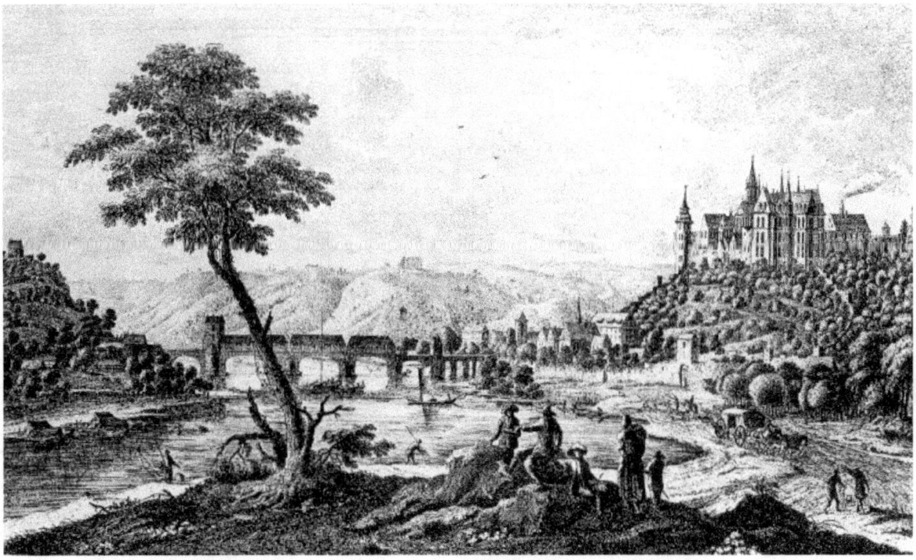

Quelle: Kupferstich nach Johann Alexander Thiele, abgedruckt in Braun (2007), S. 300

Abbildung 5-2: Resolution von August dem Starken vom 25. April 1719 zur Einsetzung einer Untersuchungskommission

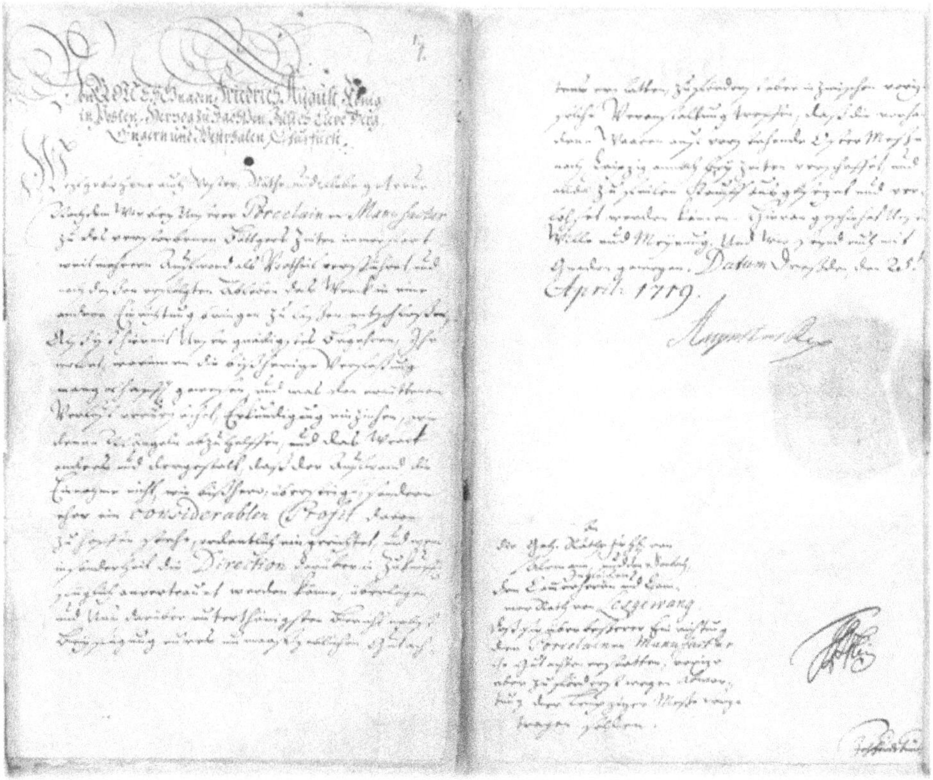

Quelle: AA I Aa 1a, S. 1– 1b, eigenhändige Unterschrift von August dem Starken

Abbildung 5-3: Schematische Darstellung der Herstellung der Porzellanmasse

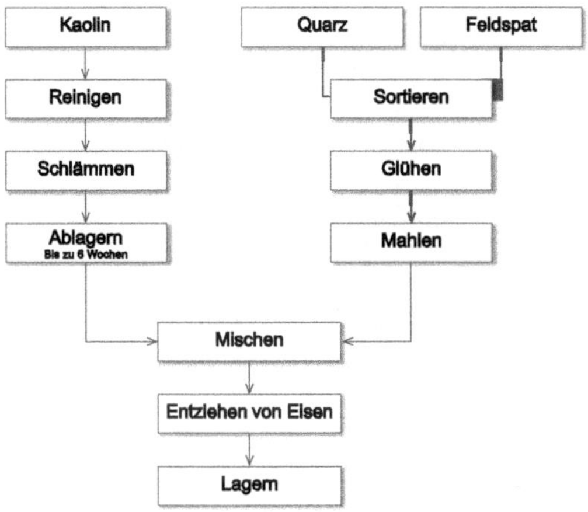

Quelle: In Anlehnung an Brandes (1983a)

Abbildung 5-4: Einteilung keramischer Erzeugnisse

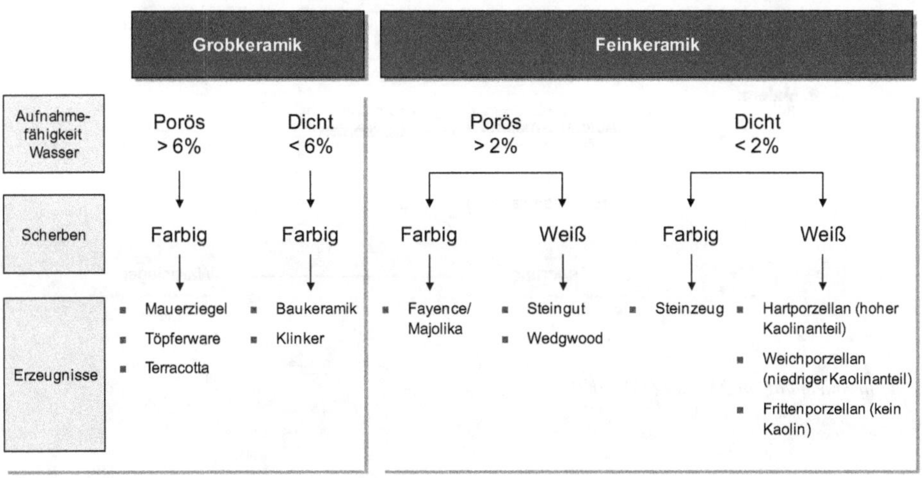

Quelle: In Anlehnung an Salmang/Scholze (2007), S. 692

Abbildung 5-5: Schematische Darstellung der Herstellung des Porzellans

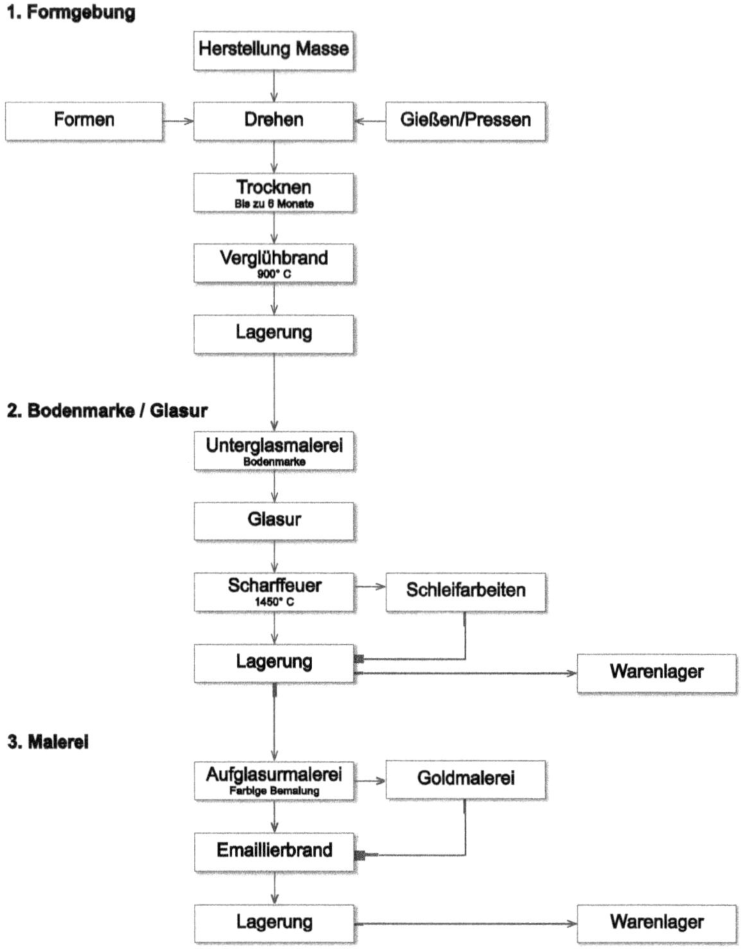

Quelle: In Anlehnung an Brandes (1983a)

Tabelle 5-1: Wirtschaftliche Kennzahlen der Porzellanmanufaktur Meißen 1720–1827

Jahr	Einnahmen	% vs. Vorjahr	Ausgaben	% vs. Vorjahr	Gewinn	Umsatzrendite	Gewinnmarge
1720	9.694,83		9.560,00		134,83	1%	1%
1721	11.368,99	17%	9.809,00	3%	1.559,99	14%	16%
1722	13.887,99	22%	12.765,00	30%	1.122,99	8%	9%
1723	13.292,53	–4%	13.676,00	7%	– 383,47	–3%	–3%
1724	14.968,41	13%	13.566,00	–1%	1.402,41	9%	10%
1725	22.412,73	50%	15.741,00	16%	6.671,73	30%	42%
1726	23.463,30	5%	17.451,00	11%	6.012,30	26%	34%
1727	24.458,65	4%	18.279,00	5%	6.179,65	25%	34%
1728	24.539,20	0%	20.133,00	10%	4.406,20	18%	22%
1729	24.553,90	0%	19.430,00	–3%	5.123,90	21%	26%
1730	26.930,84	10%	21.363,00	10%	5.567,84	21%	26%
1731[1]	22.803,50	–15%	18.876,00	–12%	3.927,50	17%	21%
1732	35.785,04	57%	37.375,92	98%	– 1.590,88	–4%	–4%
1733	55.960,00	56%	41.520,00	11%	14.440,00	26%	35%
1734	33.094,04	–41%	29.835,96	–28%	3.258,08	10%	11%
1735	47.603,75	44%	39.557,00	33%	8.046,75	17%	20%
1736	42.929,29	–10%	48.019,00	21%	– 5.089,71	–12%	–11%
1737	48.671,54	13%	43.836,00	–9%	4.835,54	10%	11%
1738	56.874,42	17%	43.377,00	–1%	13.497,42	24%	31%
1739	55.803,33	–2%	48.380,58	12%	7.422,75	13%	15%
1740	73.535,96	32%	62.043,00	28%	11.492,96	16%	19%
1741	72.814,50	44%	68.914,00	24%	3.900,50	5%	6%
1742	82.330,54	13%	71.891,58	4%	10.438,96	13%	15%
1743	93.716,00	14%	82.646,00	15%	11.070,00	12%	13%
1744	106.878,75	14%	86.539,00	5%	20.339,75	19%	24%
1745	116.346,04	9%	89.353,00	3%	26.993,04	23%	30%
1746	130.687,38	12%	99.884,33	12%	30.803,04	24%	31%
1747	181.108,54	39%	135.503,00	36%	45.605,54	25%	34%
1748	166.854,58	–8%	135.417,00	0%	31.437,58	19%	23%
1749	115.736,25	–31%	107.025,96	–21%	8.710,29	8%	8%
1750							

Fortsetzung Tabelle 5-1: Wirtschaftliche Kennzahlen der Porzellanmanufaktur Meißen 1720– 1827

Jahr	Einnahmen	% vs. Vorjahr	Ausgaben	% vs. Vorjahr	Gewinn	Umsatzrendite	Gewinnmarge
1751							
1752	224.340,17		221.407,67		2.932,50	1%	1%
1753							
1754	310.326,29		299.882,00		10.444,29	3%	3%
1755							
1756							
1757							
1758							
1759							
1760							
1761							
1762	176.687,21		188.362,58		–11.675,38	–7%	–6%
1763							
1764[2]	105.097,92		82.732,00		22.365,92	21%	27%
1765	260.511,67	148%	207.992,79	151%	52.518,87	20%	25%
1766	245.714,96	–6%	199.644,25	–4%	46.070,71	19%	23%
1767	215.607,21	–12%	176.905,71	–11%	38.701,50	18%	22%
1768	189.876,79	–12%	166.785,96	–6%	23.090,83	12%	14%
1769	166.808,46	–12%	148.855,58	–11%	17.952,88	11%	12%
1770	153.132,50	–8%	145.657,08	–2%	7.475,42	5%	5%
1771	140.386,92	–8%	141.220,21	–3%	– 833,29	–1%	–1%
1772	193.766,04	38%	146.067,71	3%	47.698,33	25%	33%
1773	188.697,13	–3%	151.908,33	4%	36.788,79	19%	24%
1774	143.204,79	–24%	153.700,29	1%	– 10.495,50	–7%	–7%
1775	144.663,88	1%	151.130,67	–2%	– 6.466,79	–4%	–4%
1776	152.163,79	5%	135.081,17	–11%	17.082,62	11%	13%
1777	159.869,92	5%	137.330,17	2%	22.539,75	14%	16%
1778	129.251,79	–19%	117.900,46	–14%	11.351,33	9%	10%
1779	113.016,21	–13%	108.329,33	–8%	4.686,87	4%	4%
1780	126.234,08	12%	113.930,29	5%	12.303,79	10%	11%

Fortsetzung Tabelle 5-1: Wirtschaftliche Kennzahlen der Porzellanmanufaktur Meißen 1720– 1827

Jahr	Einnahmen	% vs. Vorjahr	Ausgaben	% vs. Vor-jahr	Gewinn	Umsatz-rendite	Ge-winn-marge
1781	120.870,21	–4%	125.252,21	10%	– 4.382,00	–4%	–3%
1782	133.426,88	10%	120.213,54	–4%	13.213,33	10%	11%
1783	137.032,96	3%	134.928,58	12%	2.104,38	2%	2%
1784	134.247,63	–2%	125.715,25	–7%	8.532,37	6%	7%
1785	130.259,00	–3%	133.743,83	6%	– 3.484,83	–3%	–3%
1786	102.987,83	–21%	128.382,96	–4%	– 25.395,12	–25%	–20%
1787	119.841,38	16%	126.654,33	–1%	– 6.812,96	–6%	–5%
1788	130.250,96	9%	124.568,75	–2%	5.682,21	4%	5%
1789	98.066,29	–25%	115.767,54	–7%	– 17.701,25	–18%	–15%
1790	118.352,92	21%	118.441,17	2%	– 88,25	0%	0%
1791	157.862,17	33%	133.341,00	13%	24.521,17	16%	18%
1792	142.576,96	–10%	132.785,21	0%	9.791,75	7%	7%
1793	113.749,21	–20%	132.441,46	0%	– 18.692,25	–16%	–14%
1794	101.610,38	–11%	130.438,83	–2%	– 28.828,46	–28%	–22%
1795	90.709,04	–11%	114.866,00	–12%	– 24.156,96	–27%	–21%
1796	137.645,54	52%	116.119,00	1%	21.526,54	16%	19%
1797	134.964,42	–2%	125.581,67	8%	9.382,75	7%	7%
1798	116.004,33	–14%	135.692,88	8%	– 19.688,54	–17%	–15%
1799	107.809,67	–7%	137.051,67	1%	– 29.242,00	–27%	–21%
1800	148.475,79	38%	131.377,71	–4%	17.098,08	12%	13%
1801	130.548,13	–12%	150.882,21	15%	– 20.334,08	–16%	–13%
1802	133.446,04	2%	135.474,00	–10%	– 2.027,96	–2%	–1%
1803	155.436,92	16%	138.752,50	2%	16.684,42	11%	12%
1804	166.298,83	7%	188.247,13	36%	– 21.948,29	–13%	–12%
1805	153.167,13	–8%	198.325,78	5%	– 45.158,65	–29%	–23%
1806	132.567,17	–13%	170.538,08	–14%	– 37.970,92	–29%	–22%
1807	65.620,88	–50%	146.708,54	–14%	– 81.087,67	–124%	–55%
1808	75.967,25	16%	164.104,25	12%	– 88.137,00	–116%	–54%
1809	50.134,25	-34%	155.035,04	-6%	- 104.900,79	-209%	-68%

Fortsetzung Tabelle 5-1: Wirtschaftliche Kennzahlen der Porzellanmanufaktur Meißen 1720– 1827

Jahr	Einnahmen	% vs. Vorjahr	Ausgaben	% vs. Vorjahr	Gewinn	Umsatzrendite	Gewinnmarge
1810	50.926,42	2%	160.230,71	3%	- 109.304,29	-215%	-68%
1811	55.685,38	9%	145.888,29	-9%	- 90.202,92	-162%	-62%
1812	51.665,00	-7%	136.760,63	-6%	- 85.095,63	-165%	-62%
1813	24.378,58	-53%	77.193,25	-44%	- 52.814,67	-217%	-68%
1814	106.713,42	338%	116.656,29	51%	- 9.942,88	-9%	-9%
1815	139.271,08	31%	133.818,96	15%	5.452,13	4%	4%
1817	113.817,75	-8%	129.655,50	-16%	- 15.837,75	-14%	-12%
1818	113.420,29	0%	117.029,75	-10%	- 3.609,46	-3%	-3%
1819	108.509,79	-4%	116.977,04	0%	- 8.467,25	-8%	-7%
1820	104.723,67	-3%	117.343,67	0%	- 12.620,00	-12%	-11%
1821	98.001,08	-6%	120.677,42	3%	- 22.676,33	-23%	-19%
1822	84.719,42	-14%	110.915,17	-8%	- 26.195,75	-31%	-24%
1823	85.834,25	1%	129.653,50	17%	- 43.819,25	-51%	-34%
1824	96.672,08	13%	121.162,08	-7%	- 24.490,00	-25%	-20%
1825	116.812,71	21%	125.359,67	3%	- 8.546,96	-7%	-7%
1826	100.398,46	-14%	113.081,83	-10%	- 12.683,38	-13%	-11%
1827	89.345,67	-11%	106.891,54	-5%	- 17.545,88	-20%	-16%
Σ	10.492.728,70		10.881.460,90		- 388.732,21		

Quellen:

AA I Aa 15, S. 53b– 54

AA I Aa 23, S. 44, S. 283ff

AA I Aa 26, S. 30

AA I Aa 39, S. 100– 103

AA I Aa 47, o. S.

AA I Aa 50, S. 13b– 14, S. 147b– 148

AA I Af 9, S. 123b– 124

AA I Af 11, S. 90b, S. 98– 98b, S. 199b– 120

AA I Ah 2, S. 1–3, S. 22–22b, S. 39–40, S. 48–48b, S. 57–58, S. 64b, S. 69, S. 79–80b, S. 85, S. 92, S. 93b, S. 102, S. 103b, S. 110, S. 111b, S. 117, S. 118b, S. 127, S. 129, S. 134, S. 135, S. 147, S. 156, S. 165, S. 168b, S. 210, S. 211b, S. 244, S. 246

AA I Ah 3, S. 13, S. 15, S. 50, S. 52, S. 124, S. 151, S. 180, S. 182, S. 212, S. 213b

AA I Ah 4, S. 24, S. 26, S. 59, S. 61, S. 89, S. 119, S. 120, S. 142, S. 144, S. 170, S. 197

AA I Ah 5, S. 17, S. 47, S. 71

AA V 2 30, S. 317 und S. 320

AA V2 10, S. 3b

AA V2 11, S. 3b

AA V2 42, S. 8

AA III B 10, S. 14

Eigene Berechnungen

Anmerkungen:

Alle Angaben zu Einnahmen, Ausgaben und Gewinn in Reichstalern.

Für die Jahre 1750–1751, 1753, 1755–1761 und 1763 sind archivalisch keine verlässlichen Zahlen auffindbar gewesen.

Aufgrund des damaligen Münzsystems in Sachsen (1 Taler = 24 Groschen, 1 Groschen = 12 Pfennig) sind gewisse Rundungsfehler in dieser Arbeit durch den Einsatz von EDV-gestützten Analysen nicht auszuschließen. So betrugen die tatsächlichen Einnahmen beispielsweise im Jahr 1722 insgesamt 13.887 Taler, 23 Groschen und 9 Pfennige. Wenn man die Pfennigbeträge vernachlässigt (1 Pfennig war der 288. Teil eines Talers), waren die Einnahmen 13.887 und 23/24 Taler. In der Umrechnung der Bruchzahl in die auf zwei Nachkommastellen gerundete Dezimalzahl ergeben sich somit Einnahmen in Höhe von 13.887,99 Talern.

Die hier aufgeführten Einnahmen entsprechen, wo dies aus den Archiven rekonstruierbar war, den tatsächlichen Einnahmen an Bargeld aus dem regulären Verkauf im Einzel- und Großhandel sowie aus den Auktionen. Das kameralistische Rechnungswesen in Meißen verbuchte auch Subventionen, Anfangsbestände in der Manufakturkasse zum Beginn des Kalenderjahres und Aufträge aus königlichen Bestellungen als Einnahmen. In der Mehrzahl der Fälle standen solchen Einnahmen jedoch keine entsprechenden Verkäufe an Porzellanen gegenüber. Weder aus Subventionen noch aus den aus dem Vorjahr übertragenen Überschüssen oder Verlusten in die Manufakturkasse und noch weniger aus den königlichen Bestellungen, die zumeist unentgeltlich abgearbeitet wurden, kann man deshalb die tatsächliche operative Leistungsfähigkeit der Manufaktur erkennen. Aus diesem Grund sind diese Positionen herausgerechnet worden, um die Kennzahl „Einnahmen" stärker als Indikator der jeweiligen wirtschaftlichen Tätigkeit fungieren zu lassen.

Die aufgeführten Ausgaben entsprechen allen zahlungswirksamen Abflüssen von Barmitteln im jeweiligen Kalenderjahr. Sie beinhalten auch, wo dies archivalisch aufgezeichnet wurde, die Kosten für den Vertrieb und die Erhaltung der verschiedenen Niederlassungen, vornehmlich derjenigen in Dresden und Leipzig.

Der Gewinn ist hier die Differenz aus den Einnahmen und den Ausgaben. Die Umsatzrendite entspricht dem Verhältnis des Gewinns zu den Einnahmen. Die Gewinnmarge ergibt sich hingegen aus dem Quotienten von Gewinn und Ausgaben.

1 Zahlen aus dem 1. und 2. Halbjahr des Jahres 1731 addiert.

2 Zahlen nur für das 2. Halbjahr 1764.

Abbildung 5-6: Verlauf der Einnahmen und Gewinne 1720–1827

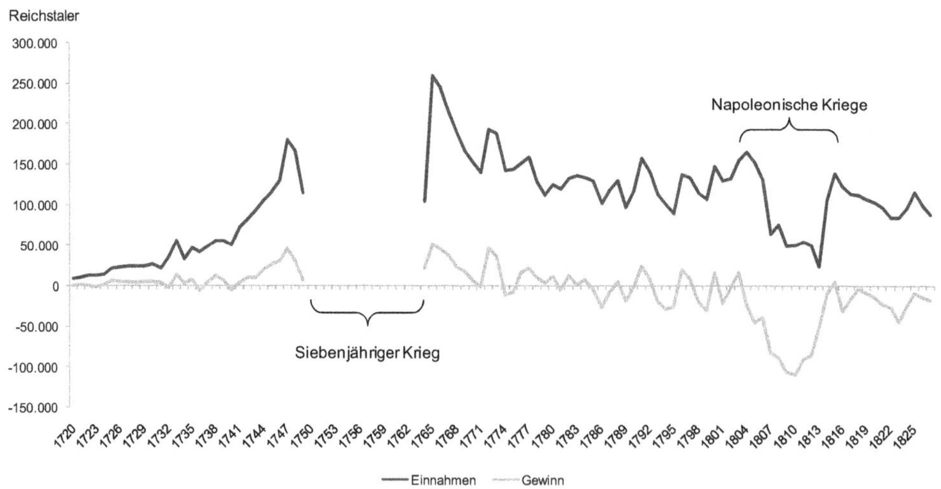

Quelle: siehe Angaben in Tabelle 5-1

Tabelle 5-2: Produktionszahlen der Meißener Porzellanmanufaktur 1776–1827

Jahr	Porzellane Gut	Porzellane Mittelgut	Porzellane Brac	Summe Produktion	% vs. Vorjahr	% Gut	% Mittelgut	% Brac	Brände Porzellan	Stücke pro Brand
1776	202.376	230.547	43.672	476.595		42%	48%	9%	579	823
1777	169.231	228.019	51.170	448.420	–6%	38%	51%	11%	536	837
1778	151.743	219.687	48.454	419.884	–6%	36%	52%	12%	523	803
1779	170.906	189.194	26.064	386.164	–8%	44%	49%	7%	516	748
1780	162.939	163.504	19.380	345.823	–10%	47%	47%	6%	494	700
1781	150.320	171.990	26.803	349.113	1%	43%	49%	8%	491	711
1782	149.113	162.738	26.700	338.551	–3%	44%	48%	8%	490	691
1783	171.515	144.740	28.980	345.235	2%	50%	42%	8%	486	710
1784	162.572	150.456	27.621	340.649	–1%	48%	44%	8%	491	694
1785	160.132	175.668	29.238	365.038	7%	44%	48%	8%	492	742
1786	170.664	200.817	42.848	414.329	14%	41%	48%	10%	488	849
1787	136.297	220.705	40.956	397.958	–4%	34%	55%	10%	491	811
1788	108.961	180.111	37.167	326.239	–18%	33%	55%	11%	465	702
1789	130.973	162.802	40.249	334.024	2%	39%	49%	12%	442	756
1790	105.783	133.201	37.509	276.493	–17%	38%	48%	14%	442	626
1791	140.269	184.513	36.807	361.589	31%	39%	51%	10%	506	715
1792	127.804	162.058	36.500	326.362	–10%	39%	50%	11%	520	628
1793	133.575	168.085	37.049	338.709	4%	39%	50%	11%	541	626
1794	145.287	150.906	29.792	325.985	–4%	45%	46%	9%	524	622
1795	119.342	152.294	25.475	297.111	–9%	40%	51%	9%	449	662
1796	117.600	181.830	23.144	322.574	9%	36%	56%	7%	469	688
1797	126.565	209.658	29.771	365.994	13%	35%	57%	8%	520	704
1798	140.151	218.765	44.744	403.660	10%	35%	54%	11%	525	769
1799	104.329	239.980	55.340	399.649	–1%	26%	60%	14%	566	706
1800	80.202	270.276	49.656	400.134	0%	20%	68%	12%	546	733
1801	82.140	259.738	41.863	383.741	–4%	21%	68%	11%	529	725
1802	97.345	270.357	34.930	402.632	5%	24%	67%	9%	532	757
1803	102.245	311.450	40.104	453.799	13%	23%	69%	9%	563	806
1804	103.120	355.174	43.791	502.085	11%	21%	71%	9%	593	847
1805	103.673	333.800	37.172	474.645	–5%	22%	70%	8%	586	810
1806	84.552	320.248	38.679	443.479	–7%	19%	72%	9%	562	789
1807	62.130	287.743	39.137	389.010	–12%	16%	74%	10%	468	831

Fortsetzung Tabelle 5-2: Produktionszahlen der Meißener Porzellanmanufaktur 1776–1827

Jahr	Porzellane Gut	Porzellane Mittelgut	Porzellane Brac	Summe Produktion	% vs. Vorjahr	% Gut	% Mittelgut	% Brac	Brände Porzellan	Stücke pro Brand
1808	78.290	312.501	40.687	431.478	11%	18%	72%	9%	528	817
1809	66.066	291.784	35.504	393.354	–9%	17%	74%	9%	490	803
1810	62.985	256.205	28.591	347.781	–12%	18%	74%	8%	444	783
1811	61.101	255.896	26.457	343.454	–1%	18%	75%	8%	443	775
1812	89.168	242.531	25.033	356.732	4%	25%	68%	7%	447	798
1813	38.909	180.981	18.908	238.798	–33%	16%	76%	8%	318	751
1814				245.976	3%				405	607
1815				240.068	–2%				300	800
1816				245.925	2%				312	788
1817				299.201	22%				200	1496
1818				394.819	32%				243	1625
1819				382.478	–3%				262	1460
1820				363.383	–5%				203	1790
1821				376.235	4%				213	1766
1822				426.078	13%				229	1861
1823				451.356	6%				208	2170
1824				289.046	–36%				132	2190
1825				261.693	–9%				109	2401
1826				295.396	13%				118	2503
1827				263.459	–11%				100	2635
Σ				**18.802.383 Stücke**						**22.129 Brände gesamt**

Quellen:

AA I Ah 2, S. 4, S. 25b, S. 41, S. 51, S. 59b, S. 65b, S. 71b, , S. 81b, S. 88, S. 94b, S. 104b, S. 112b, 119b, S. 130, S. 136, S. 149b, S. 158b, S. 168b, 212b, S. 247

AA I Ah 3, S. 31, S. 66b, S. 87, S. 101b, S. 150b, S. 180b, S. 210b

AA I Ah 4, S. 23b, S. 67b, S. 98b, S. 125b, S. 148b, S. 179b, S. 205b

AA I Ah 5, S. 24, S. 54, S. 79

AA III B 10, S. 17

AA I Ak 1, S. 43–43b

AA I Af 9, S. 113b

Eigene Berechnungen

Anmerkungen:

Für die Jahre 1814 bis 1827 ist keine Unterteilung in Gut, Mittelgut und Brac verfügbar gewesen. Ab 1817 wirkt sich der Einsatz der neuen Etagenöfen auf die Effizienz pro Brand und auf die absolute Höhe der notwendigen Porzellanbrände aus. Die Gesamtproduktion der Porzellane im Jahre 1827 war um 45% niedriger als die Produktion im Jahre 1776. Innerhalb dieses 51-jährigen Zeitraums sank die Produktion der Porzellane jährlich um durchschnittlich 1,16%.

Abbildung 5-7: Verlauf der Produktionszahlen nach Porzellanqualität 1776–1813

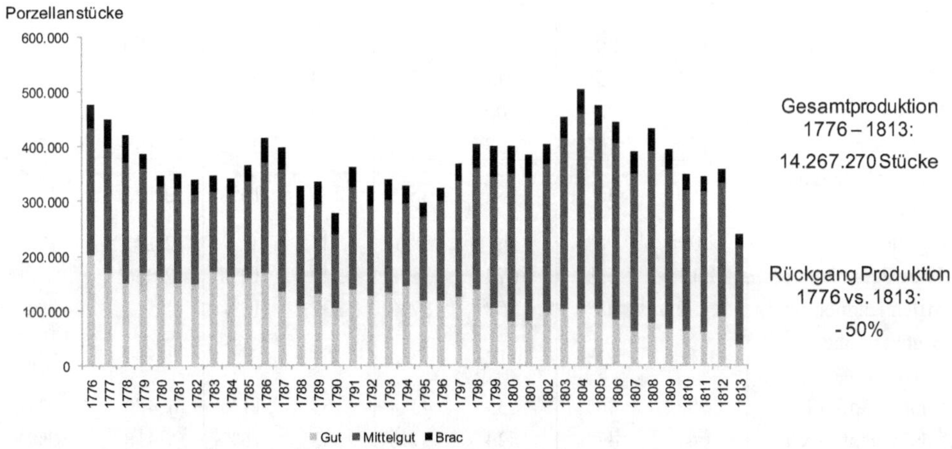

Quelle: Siehe Angaben in Tabelle 5-2, eigene Berechnungen

Tabelle 5-3: Produktionsstruktur 1773 nach Porzellankategorien

Porzellan	Stück Gut	%	Stück Mittelgut	%	Stück Brac	%	Summe	% Gesamtproduktion
Copgen blau	27.294	38%	34.261	48%	10.057	14%	71.612	21%
Schälgen blau	23.535	34%	37.140	53%	9.222	13%	69.897	20%
Schälgen weiß	12.691	24%	31.415	60%	7.957	15%	52.063	15%
Copgen weiß	14.579	41%	15.858	44%	5.466	15%	35.903	10%
Türcken Copgen blau	22.093	69%	6.944	22%	3.207	10%	32.244	9%
Chocolade Becher weiß	6.556	41%	7.320	46%	2.182	14%	16.058	5%
Copgen braun	5.978	58%	2.918	29%	1.323	13%	10.219	3%
Türcken Copgen weiß	4.838	71%	1.095	16%	846	12%	6.779	2%
Türcken Copgen braun	4.095	70%	1.092	19%	648	11%	5.835	2%
Chocolade Becher blau	1.883	56%	1.093	32%	411	12%	3.387	1%
Schälgen braun	821	30%	1.472	54%	413	15%	2.706	1%
Theé Pots weiß	831	35%	1.006	42%	543	23%	2.380	1%
Messer Heffte	1.748	78%	300	13%	182	8%	2.230	1%
Milch Kannen weiß	874	40%	837	38%	471	22%	2.182	1%
Einsetz Schälgen weiß	909	42%	985	45%	279	13%	2.173	1%
Figouren weiß	2.098	98%	46	2%	3	0%	2.147	1%
Theé Pots blau	1.137	55%	674	33%	249	12%	2.060	1%
Milch Kannen blau	722	48%	558	37%	232	15%	1.512	0%
Bluhmen und Früchte	1.358	91%	112	7%	30	2%	1.500	0%
Spühl Näpfe blau	682	46%	633	43%	155	11%	1.470	0%
Spühl Näpfe weiß	661	47%	524	37%	233	16%	1.418	0%
Tobacks Köpfe weiß	654	52%	450	36%	160	13%	1.264	0%
Caffee Kannen blau	534	43%	467	37%	248	20%	1.249	0%
Einsetz Schälgen blau	669	56%	384	32%	138	12%	1.191	0%
Zucker Dosen blau	571	53%	429	40%	75	7%	1.075	0%
Chocolade Becher braun	123	12%	696	67%	227	22%	1.046	0%

Fortsetzung Tabelle 5 3: Produktionsstruktur 1773 nach Porzellankategorien

Porzellan	Stück Gut	%	Stück Mittelgut	%	Stück Brac	%	Summe	% Gesamt-produktion
Zucker Dosen weiß	542	54%	359	36%	103	10%	1.004	0%
Caffee Kannen weiß	351	39%	347	38%	212	23%	910	0%
Thee Büchsen blau	443	58%	238	31%	88	11%	769	0%
Suppen Näpfe weiß	395	55%	252	35%	72	10%	719	0%
Thee Löffell weiß	507	74%	141	21%	35	5%	683	0%
Grouppen	512	84%	90	15%	4	1%	606	0%
Bluhmen Kübell	462	90%	41	8%	13	3%	516	0%
Körbe Große weiß	341	68%	137	27%	27	5%	505	0%
Thee Büchsen weiß	169	36%	200	42%	102	22%	471	0%
Spiel Marquen	342	74%	121	26%	-	0%	463	0%
Chocolade Kannen weiß	206	45%	182	40%	72	16%	460	0%
Körbe Kleine	205	49%	202	48%	14	3%	421	0%
Tabatieren	321	84%	49	13%	13	3%	383	0%
Schreibezeuge blau	255	76%	73	22%	6	2%	334	0%
Theé Pots braun	86	26%	129	39%	112	34%	327	0%
Thee Löffell blau	276	88%	21	7%	15	5%	312	0%
Pomade Büchsen weiß	161	53%	93	31%	50	16%	304	0%
Postamente weiß	269	89%	30	10%	3	1%	302	0%
Chocolade Kannen blau	143	48%	98	33%	59	20%	300	0%
Suppen Näpfe blau	144	48%	126	42%	30	10%	300	0%
Eiß Töpfe	148	50%	128	43%	21	7%	297	0%
Breite Löffell blau	186	73%	58	23%	12	5%	256	0%
Camin Auffsätze	161	64%	91	36%	1	0%	253	0%
Trinck Becher	140	58%	76	31%	26	11%	242	0%
Terrinen blau	125	54%	82	36%	23	10%	230	0%
Schnecken Töpfgen weiß	144	69%	47	22%	19	9%	210	0%
Taffell Leuchter blau	59	29%	133	65%	13	6%	205	0%

Fortsetzung Tabelle 5 3: Produktionsstruktur 1773 nach Porzellankategorien

Porzellan	Stück Gut	%	Stück Mittelgut	%	Stück Brac	%	Summe	% Gesamt-produktion
Potts de Chambre[1] weiß	71	36%	113	57%	14	7%	198	0%
Schreibezeuge weiß	156	79%	29	15%	12	6%	197	0%
Potts de Chambre blau	79	42%	82	43%	28	15%	189	0%
Milch Kannen braun	63	34%	73	39%	49	26%	185	0%
Stock Knöpfe	104	58%	54	30%	22	12%	180	0%
Spühl Näpfe braun	67	37%	89	50%	23	13%	179	0%
Terrinen weiß	69	40%	77	44%	28	16%	174	0%
Schnecken Töpfgen blau	92	53%	71	41%	11	6%	174	0%
Breite Löffell weiß	101	58%	65	38%	7	4%	173	0%
Thiere	152	94%	9	6%	-	0%	161	0%
Zucker Dosen braun	72	46%	70	44%	16	10%	158	0%
Zieffer Blätter	96	72%	31	23%	6	5%	133	0%
Rohm Känngen blau	98	79%	16	13%	10	8%	124	0%
Caffee Kannen braun	45	38%	37	31%	37	31%	119	0%
Körbe Große blau	89	79%	19	17%	4	4%	112	0%
Wasch Becken weiß	37	34%	59	55%	12	11%	108	0%
Rohm Känngen weiß	38	40%	43	45%	15	16%	96	0%
Pomade Büchsen blau	63	75%	10	12%	11	13%	84	0%
Tobacks Büchsen weiß	48	61%	23	29%	8	10%	79	0%
Thee Büchsen braun	23	33%	38	54%	9	13%	70	0%
Taffell Leuchter weiß	28	42%	32	48%	6	9%	66	0%
Meß Kanne weiß	13	20%	30	45%	23	35%	66	0%
Toiletten Schachteln	29	57%	10	20%	12	24%	51	0%
Ragout Terrinen weiß	32	65%	14	29%	3	6%	49	0%

Fortsetzung Tabelle 5 3: Produktionsstruktur 1773 nach Porzellankategorien

Porzellan	Stück Gut	%	Stück Mittelgut	%	Stück Brac	%	Summe	% Gesamt-produk-tion
Leuchter Stücken	38	83%	8	17%	-	0%	46	0%
Hand Leuchter weiß	18	40%	18	40%	9	20%	45	0%
Früchte mit Deckell	25	56%	14	31%	6	13%	45	0%
Puntsch Näpfe blau	23	53%	16	37%	4	9%	43	0%
Einsetz Schälgen braun	-	0%	33	85%	6	15%	39	0%
Chocolade Kannen braun	8	22%	23	62%	6	16%	37	0%
Tobacks Köpfe blau	7	20%	11	31%	17	49%	35	0%
Todten Köpfe	29	88%	4	12%	-	0%	33	0%
Wasch Becken blau	23	72%	9	28%	-	0%	32	0%
Meß Kanne blau	5	20%	6	24%	14	56%	25	0%
Hand Leuchter blau	19	79%	5	21%	-	0%	24	0%
Uhrgehäuße	9	38%	15	63%	-	0%	24	0%
Lampen	21	88%	2	8%	1	4%	24	0%
Perloques[2]	23	96%	1	4%	-	0%	24	0%
Suppen Näpfe braun	4	18%	16	73%	2	9%	22	0%
Crucifixe	16	80%	4	20%	-	0%	20	0%
Ragout Terrinen blau	8	62%	4	31%	1	8%	13	0%
Spiegell Rahmen	7	64%	4	36%	-	0%	11	0%
Figouren blau	7	88%	1	13%	-	0%	8	0%
Spuck Töpfgen blau	5	71%	2	29%	-	0%	7	0%
Postamente blau	4	57%	2	29%	1	14%	7	0%
Weyn Kessell	3	50%	3	50%	-	0%	6	0%
Tobacks Büchsen blau	5	100 %	-	0%	-	0%	5	0%
Glocken auf Schüs-seln	2	40%	2	40%	1	20%	5	0%
Vogell	3	75%	1	25%	-	0%	4	0%
Puntsch Näpfe weiß	2	100 %	-	0%	-	0%	2	0%
Σ	147.006		153.551		46.536		347.093	100%

Quelle: AA I Ah 1, S. 11–15b, eigene Berechnungen

[1] *Nachttöpfe* [2] *Kettenanhänger*

Tabelle 5-4: Ausgabenstruktur der Porzellanmanufaktur Meißen 1765–1773

Position	1765	1766	1767	1768	1769	1770	1771	1772	1773
Gehalt Kommision	3.800	3.800	3.800	4.258	4.300	4.300	5.233	6.500	6.700
Lohn Arkanisten	3.464	2.395	3.007	3.318	2.831	2.235	2.225	2.225	2.323
Lohn Offizianten	1.436	1.077	800	800	817	1.513	1.848	1.801	1.864
Buchhalter und Handelsdiener	5.058	5.230	5.799	6.074	5.491	5.044	5.372	5.186	5.300
Modellierer, Poussierer, Former, Dreher	33.322	29.606	28.887	29.024	26.979	25.679	25.650	25.117	24.743
Maler, Polierer, Farbenreiber	55.418	51.382	46.569	43.598	41.506	39.158	39.365	38.005	38.200
Kapseldreher und Tonarbeiter	4.121	4.840	5.321	4.682	4.351	4.118	3.801	3.636	3.553
Schlämmer und Massenarbeiter	3.671	4.080	4.256	3.690	3.573	3.516	3.122	3.145	2.995
Verglüh-, Gut- und Emaillebrenner	7.972	8.593	8.263	7.518	6.427	6.350	6.334	6.106	5.880
Glasur	1.045	1.104	1.142	893	749	750	749	749	754
Handlanger	6.911	5.045	3.181	2.877	2.678	2.437	2.493	2.409	2.295
„Schloß-Kommando“	1.475	1.957	1.550	1.976	1.413	1.456	1.336	1.200	354
Pension und Krankengeld	2.198	3.507	3.607	3.797	4.273	4.190	4.340	4.893	4.940
„für geheime Materialien“	9.804	11.046	7.982	7.068	5.006	4.822	2.647	3.566	3.910
Vergolden der Porzellane	6.958	5.771	7.894	8.264	7.258	6.253	7.739	5.469	5.655
Ton	5.342	4.182	3.277	2.692	2.113	1.894	1.394	1.930	1.781
Brennholz	28.056	30.200	15.978	21.182	14.656	12.130	13.814	11.588	15.514
Kohlen	2.407	2.807	544	568	512	485	270		
Moos (Verpackung)	749	153	240	173	234	161	216	355	242
Eisenwaren, Öl, Licht	4.049	1.870	1.215	1.479	1.018	960	1.189	1.054	1.635
Sand	254	191	142	184	166	119	153	118	125
Fourage	1.001	1.434	479	377	807	814	1.181	1.492	610

Fortsetzung Tabelle 5-4: Ausgabenstruktur der Porzellanmanufaktur Meißen 1765–1773

Position	1765	1766	1767	1768	1769	1770	1771	1772	1773
Schreibmaterialien	202	213	113	201	104	191	268	213	60
„Inventarienstücke“	841	255	581	107	106	30	113	178	113
Kosten Handwerker	1.997	1.363	962	680	553	497	704	691	818
Reisekosten	2.596	2.661	5.634	2.369	2.408	1.490	1.348	2.663	6.889
Aufwand für Auktionen	5.832	8.376	6.649	2.859	2.979	3.533	3.055	6.238	4.328
Beschläge der Kisten	2.958	3.058	3.832	3.204	2.755	2.766	2.428	4.511	3.481
Messekosten			1.692	1.983	1.912	1.925	1.518	1.006	
bezahlte alte Schulden	3.119	11	400				242	3.228	
Generalakzise		289	174	234	165	139	159	130	181
Sonstige Ausgaben	1.937	3.148	2.935	657	717	703	919	728	1.413
Kosten Brac-Benefiz									329
Kosten Manufakturbrand									4.924

Quelle: AA I Aa 47, o.S., AA I Ah 1, S. 8 und AA V2 42, S. 112b, eigene Berechnungen
Alle Angaben in Reichstalern.

Abbildung 5-8: Prozentuale Gesamtentwicklung der Kostenstruktur 1765 vs. 1773

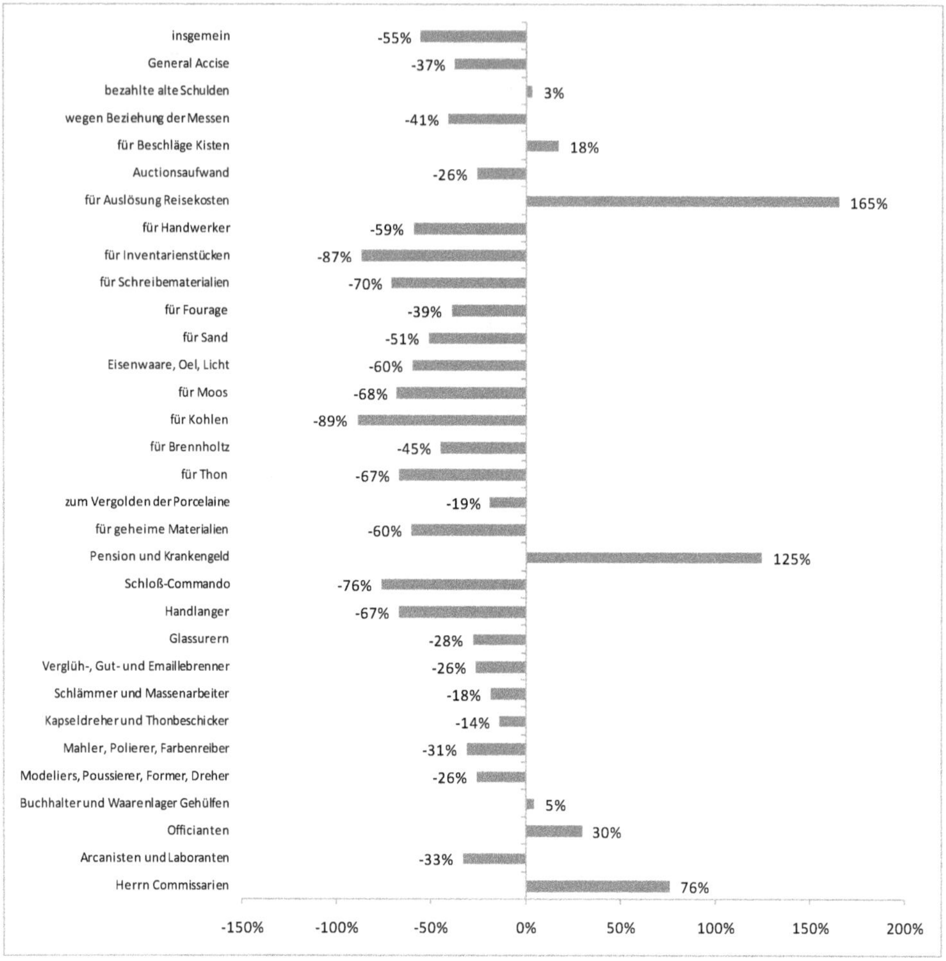

Quelle: AA I Aa 47, o. S., AA I Ah 1, S. 8 und AA V2 42, S. 112b, eigene Berechnungen
Alle Angaben in Reichstalern.
Anmerkung: Der starke Anstieg der Reisekosten ist auf die vielen Vertriebsreisen ins Ausland zurückzuführen, die im Zeitraum 1765–1774 durchgeführt wurden.

Abbildung 5-9: Handelsbeziehungen der Porzellanmanufaktur Meißen in Europa 1734

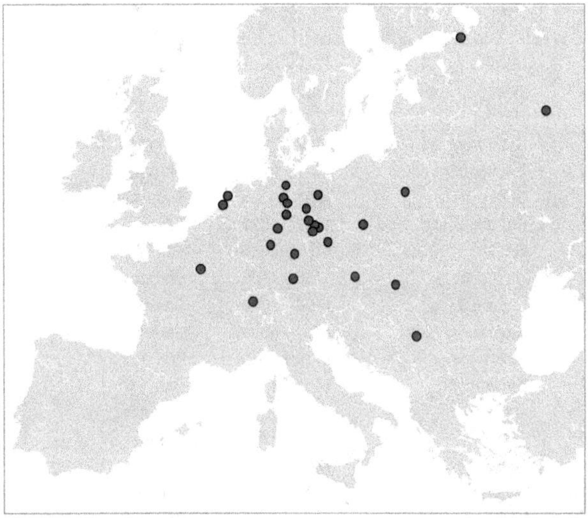

- Altona (1)
- Amsterdam (2)
- Augsburg (4)
- Belgrad (1)
- Berlin (4)
- Braunschweig (2)
- Breslau (3)
- Budapest (1)
- Den Haag (1)
- Dresden (4)
- Erfurt (1)
- Frankfurt/Main (1)
- Halberstadt (1)
- Hamburg (3)
- Hannover (1)
- Kassel (2)
- Leipzig (3)
- Magdeburg (2)
- Moskau (1)
- Nürnberg (1)
- Paris (1)
- Prag (2)
- St. Petersburg (1)
- Warschau (1)
- Wien (3)
- Zöblitz (3)
- Zürich (1)

Quelle: AA I Aa 23, S. 41–42

Abbildung 5-10: Handelsbeziehungen der Porzellanmanufaktur Meißen in Europa 1764

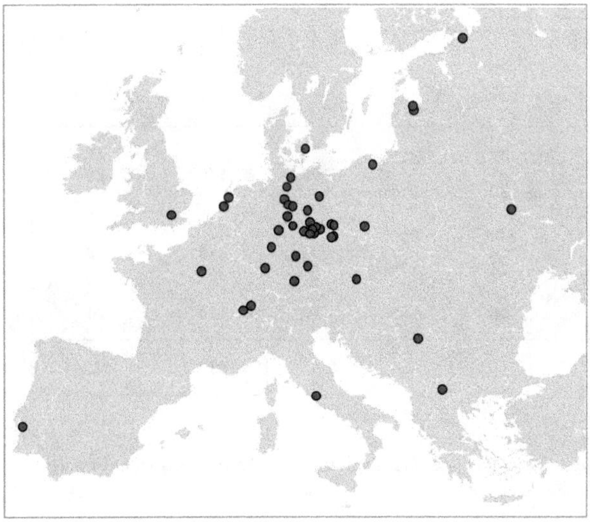

- Amsterdam (4)
- Augsburg (7)
- Bautzen (1)
- Belgrad (1)
- Berlin (9)
- Bern (1)
- Böhmisch-Leipa (2)
- Braunschweig (2)
- Bremen (2)
- Breslau (2)
- Danzig (1)
- Den Haag (1)
- Erfurt (2)
- Frankfurt/Main (2)
- Gotha (1)
- Göttingen (1)
- Halberstadt (2)
- Hamburg (9)
- Hannover (2)
- Herrnhut (1)
- Hildesheim (1)
- Kassel (3)
- Kiew (1)
- Kopenhagen (1)
- Leipzig (8)
- Lissabon (1)
- London (3)
- Lübeck (1)
- Magdeburg (3)
- Mannheim (1)
- Marienberg (1)
- Mazedonien (1)
- Miltitz (1)
- Mitau (3)
- Neuchatel (1)
- Nürnberg (1)
- Paris (4)
- Preschkau (4)
- Regensburg (2)
- Riga (1)
- Rom (1)
- St. Petersburg (3)
- Wien (3)
- Zöblitz (12)

Quelle: AA I Aa 39, S. 173–176

Tabelle 5-5: Gründungen von Porzellanmanufakturen im 18. Jahrhundert

Fürst	Manufaktur	Zeit	Involvierung
1. August der Starke	Meißen	1710 – heute	Gründer
2. Maria Theresia	Wien	1717 – 1866	Käufer
3. Kurfürst Emmerich Joseph von Breidbach	Höchst	1746 – 1866	Käufer
4. Kurfürst Max III.	Nymphenburg	1747 – heute	Gründer
5. Herzog Karl I. von Braunschweig	Fürstenberg	1747 – heute	Gründer
6. Friedrich der Große	Berlin	1751 – heute	Protektor und Käufer
7. Kurfürst Karl Theodor von der Pfalz	Frankenthal	1757 – 1799	Käufer
8. Erbprinz August von Gotha	Gotha	1757 – heute	Käufer
9. Markgraf Alexander	Ansbach	1758 – 1806	Gründer
10. Herzog Carl Eugen	Ludwigsburg	1758 – 1824	Gründer
11. Prinz Eugen von Sachsen-Hildburghausen	Kloster Veilsdorf	1760 – heute	Gründer
12. Fürst von Schwarzburg-Rudolstadt	Sitzendorf	1760 – heute	Protektor
13. Landgraf von Hessen-Darmstadt	Kelsterbach	1761 – 1768	Gründer
14. Fürst von Nassau-Saarbrücken	Ottweiler	1763 - 1789	Gründer
15. Fürstbischof Heinrich VIII. zu Fulda	Fulda	1764 – 1789	Gründer
16. Landgraf Friedrich von Hessen	Kassel	1766 – 1788	Gründer
17. Herzog Christian IV. von Pfalz-Zweibrücken	Gutenbrunn	1767 – 1775	Käufer
18. Fürstbischof von Würzburg	Würzburg	1775 – 1780	Protektor
19. Herzog Karl-August von Sachsen-Weimar	Ilmenau	1777 - heute	Käufer

Quelle: In Anlehnung an Weiß (1994), S. 67

Tabelle 5-6: Ausschussquoten im Jahre 1719/1720 für ausgewählte Porzellanstücke

Produkt	Gelieferte rohe Geschirre 13.11.1719 – 19.12.1719	Gebrannte Geschirre 18.11.1719 – 2.1.1720	Nicht geliefert aus dem Brennhaus	Ausschuss-quote	Verkaufbare Geschirre	Wert der Fehlbrände in Reichstalern	Wert der verkaufbaren Geschirre in Reichstalern
Glatte Spülnäpfe	**159**	**112**	**47**	**30 %**	**20**	**175**	**20**
Belegte Spülnäpfe	**36**	**7**	**29**	**81%**			
Glatte Schälchen	**1752**	**1056**	**684**	**39%**	**372**	**396**	**93**
Belegte Schälchen	**228**	**204**	**24**	**11%**			
Tischkrüge	**72**	**16**	**56**	**78%**	**10**	**124**	**20**
					Σ	**695**	**133**

Quelle: AA I Aa 2, S. 5b, eigene Berechnungen
Anmerkung: Als „belegte" Ware wurden farbige Porzellanstücke bezeichnet, „glatte" Stücke waren unbemalt.

Tabelle 5-7: Ausschussquoten für ausgewählte Porzellane von Februar bis August 1720

In Stücken	Schälchen	Cöpgen	Spülnäpfe	Thee-köpgen	Zucker-dosen	Choco-laden-becher	Milch-kannen	Tisch-krüge	Aufsätze	Schüsseln	Teller	Extrra-Ordinaire Gefäße
Roh geliefert	3048	2238	198	290	217	340	36	47	97	41	83	6
Gebrannt zurück	816	777	60	75	48	117	0	23	17	7	22	0
Aus-schuss	2232	1551	138	215	169	223	36	24	80	34	61	6
Quote	**73%**	**67%**	**70%**	**74%**	**78%**	**66%**	**100%**	**51%**	**82%**	**83%**	**73%**	**100%**

Quelle: AA I Aa 3, S. 393–395, eigene Berechnungen

Abbildung 5-11: Kostenstruktur der Porzellanmanufaktur Meißen 1720

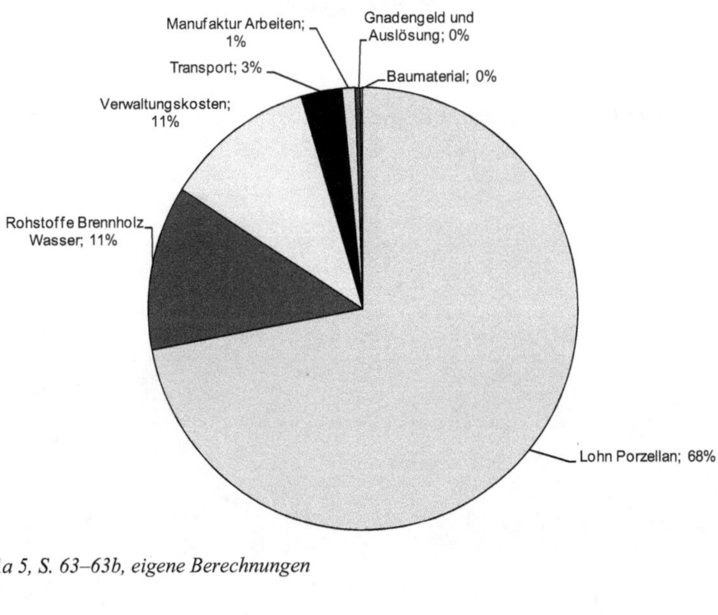

Quelle: AA I Aa 5, S. 63–63b, eigene Berechnungen

Abbildung 5-12: Kostenstruktur der Porzellanmanufaktur Meißen 1731

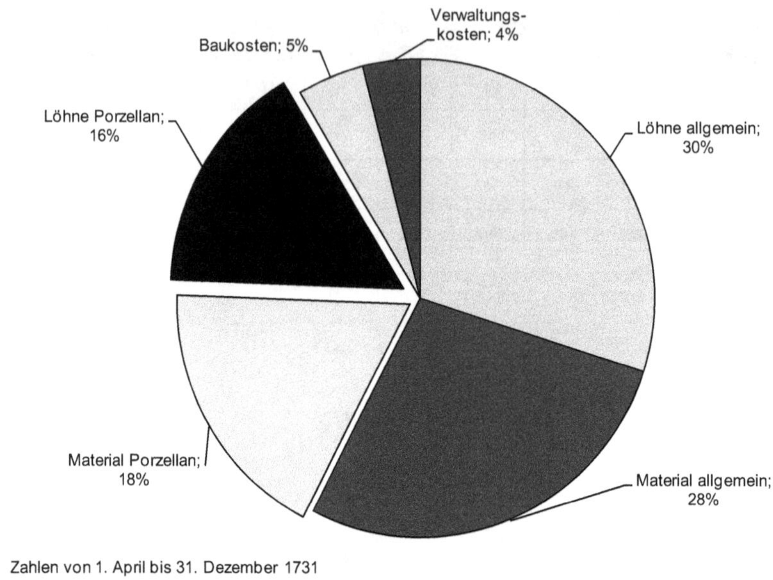

Quelle: AA V 2 10 und AA V 2 11, eigene Berechnungen

Abbildung 5-13: Marge in Relation zu Herstellkosten pro Porzellanstück 1731 – Geschäftskunden

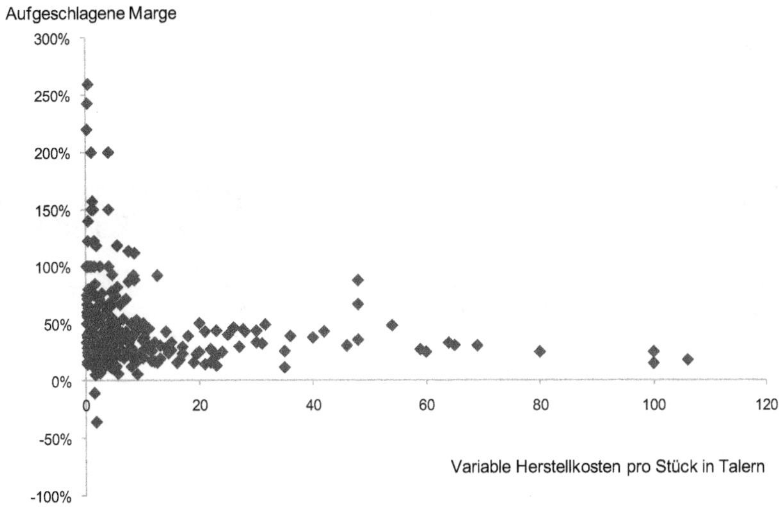

Quelle: AA I Aa 15, S. 286–300 und HStAD 10026 Loc. 1341/11, S. 362–442, eigene Berechnungen

Abbildung 5-14: Marge in Relation zu Herstellkosten pro Porzellanstück 1731 – Privatkunden

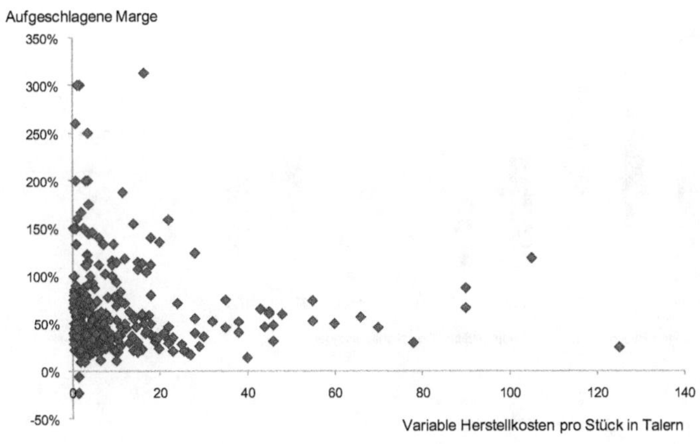

Quelle: AA I Aa 15, S. 286–300 und HStAD 10026 Loc. 1341/11, S. 362–442, eigene Berechnungen

Tabelle 5-8: Durchschnittlicher Aufschlag zwischen Privat- und Geschäftskundenpreisen 1764

	Blau gerippt	Blau glatt	Blaue „Teutsche" Blumen	Braun gerippt	Braun glatt	Gelbbraun gerippt	Gelbbraun glatt	Weiß belegt Mit Blumen	Weiß belegt Mit Weinlaub
Delta alte Preise	+24%	+24%	+27%	+31%	+26%	+29%	+25%	+21%	+21%
Delta neue Preise	+17%	+18%	+17%	+18%	+15%	+19%	+18%	+19%	+14%

	Glatt mit weißem Rand*	Glatt mit braunem Rand **	Glatt mit braunem Rand ***	Glatt mit Gold-Rand	Ozier ord. mit braunem Rand	Ozier ord. mit Gold-Rand	Ozier neu mit Gold-Rand	Gotzkowsky Relief mit Gold-Rand
Delta alte Preise	+28%	-	-	-	-	-	-	-
Delta neue Preise	+20%	+19%	+24%	+20%	+9%	+17%	+15%	+16%

* Mittelgut ** Muster mit bunten Blumen bemalt *** Muster mit purpurnen Blumen bemalt

Quelle: AA I Aa 39, S. 159–169, eigene Berechnungen

Abbildung 5-15: Zahlungen an Rentkammer und Porzellanlieferungen 1764–1773

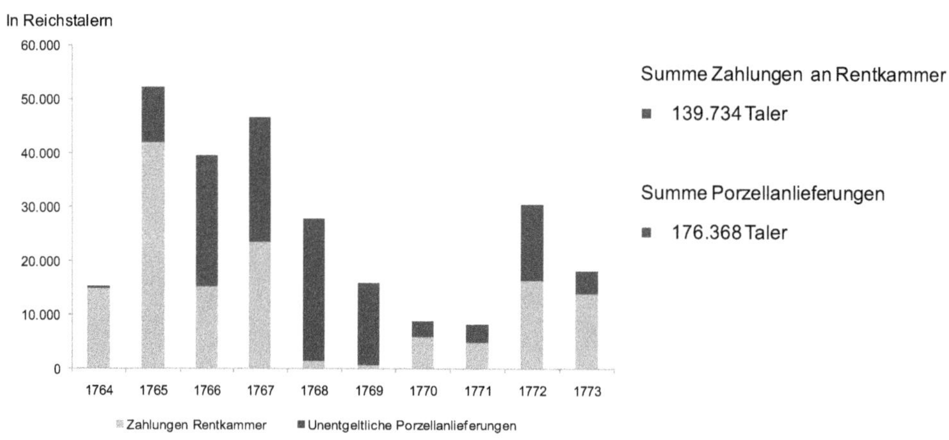

Quelle: AA I Aa 47, o. S., eigene Berechnungen

Abbildung 5-16: Anteil der königlichen Bestellungen an den Gesamteinnahmen 1733–1748

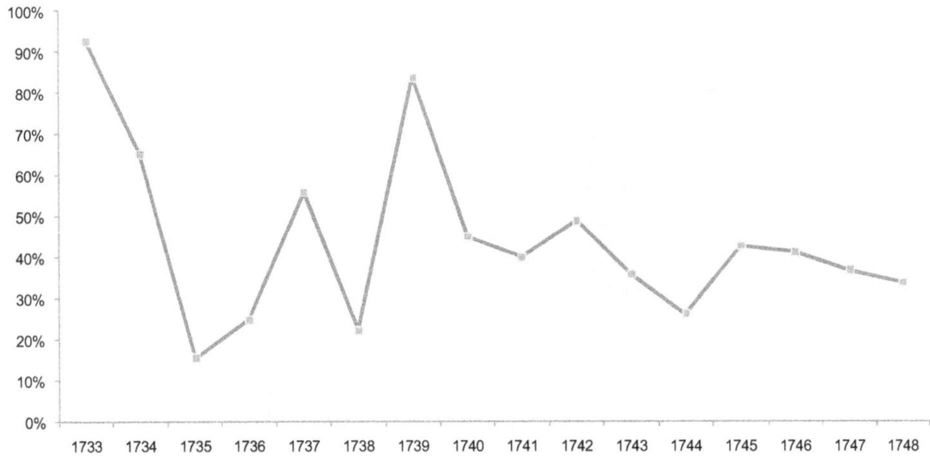

Quelle: AA I Af 11, S. 90b und Braun (2007), S. 305, eigene Berechnungen

Abbildung 5-17: Aufteilung der Einnahmen 1765 nach Vertriebskanälen

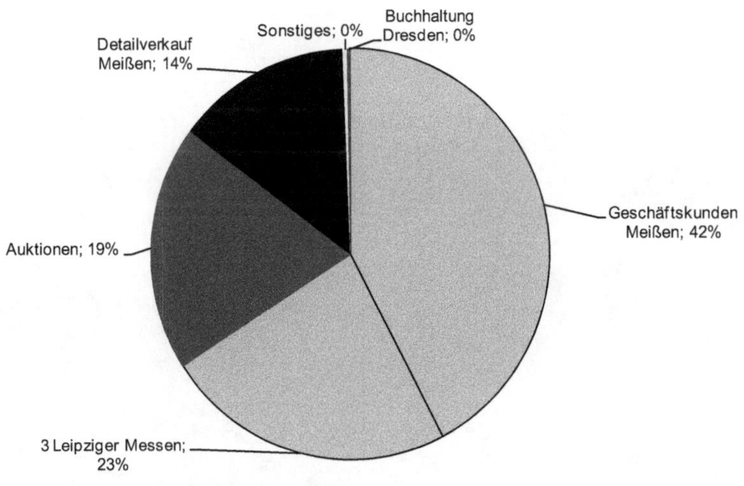

Quelle: AA I Aa 50, S. 13b, eigene Berechnungen

Abbildung 5-18: Vergleich der Umsätze und Kosten 1765–1767

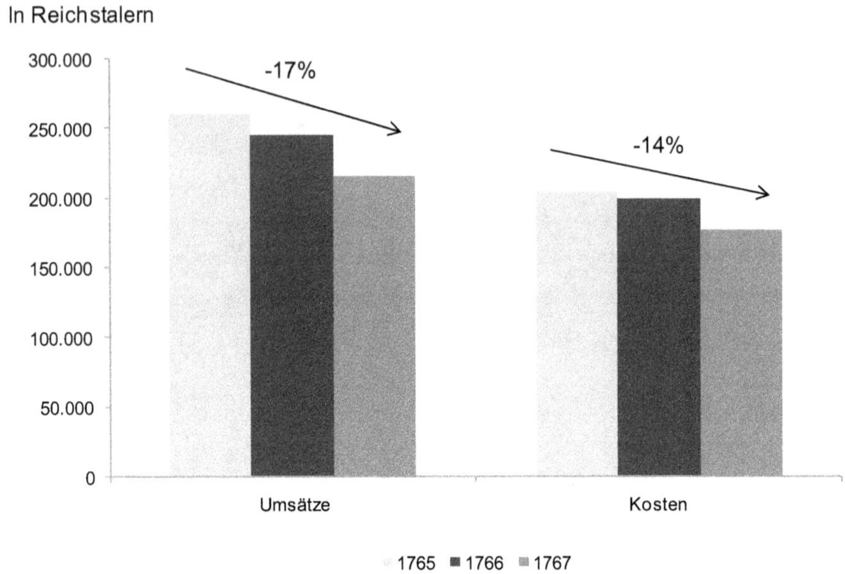

Quelle: AA I Aa 50, S. 13b, S. 147b und AA I V2 33, S. 242b–243, eigene Berechnungen
Anmerkung: Umsatzzahlen ohne Kassenbestand und königliche Bestellungen, Kostenzahlen ohne Sonderposten

Abbildung 5-19: Durchgeführte Porzellanbrände 1752, 1767 und 1773

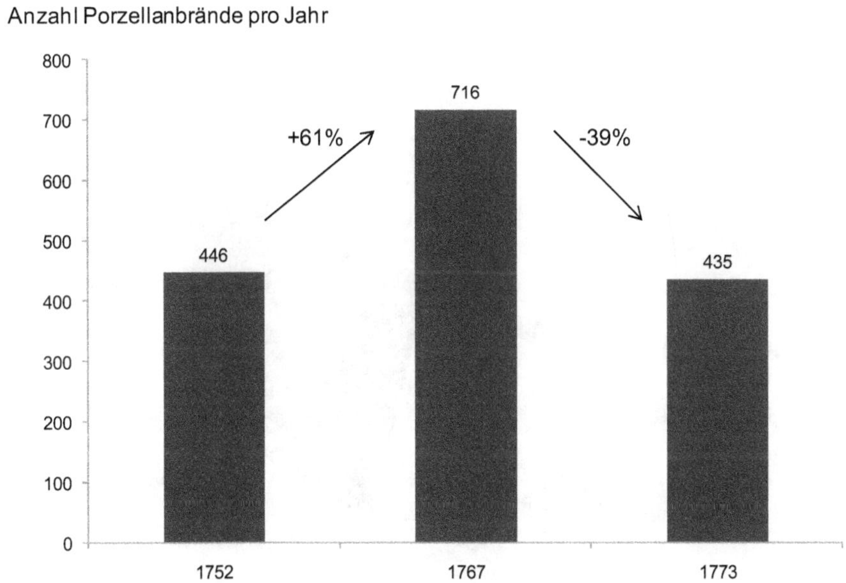

Quelle: AA I Ah 1, S. 10, AA I Aa 49, S. 121, AA I Aa 50, S. 137 , eigene Berechnungen

Abbildung 5-20: Kennzahlen der Porzellanproduktion 1773

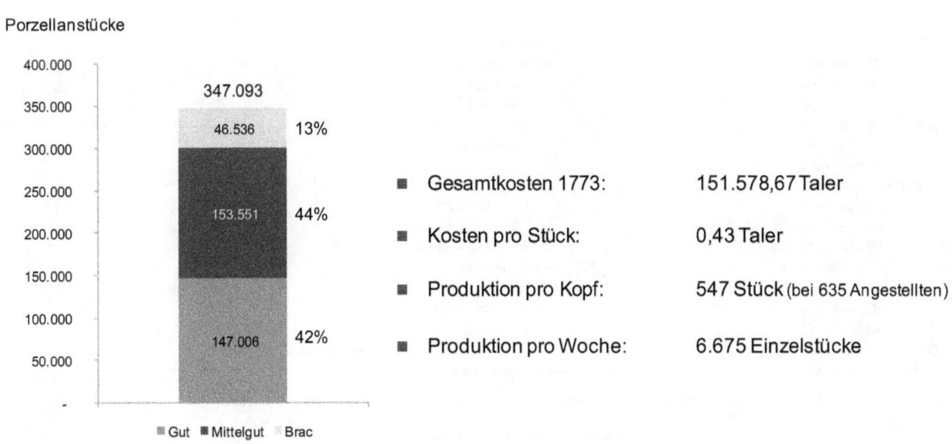

Quelle: AA I Ah 1, S. 11–15b, eigene Berechnungen

Abbildung 5-21: Aufteilung der Produktionsstruktur 1773

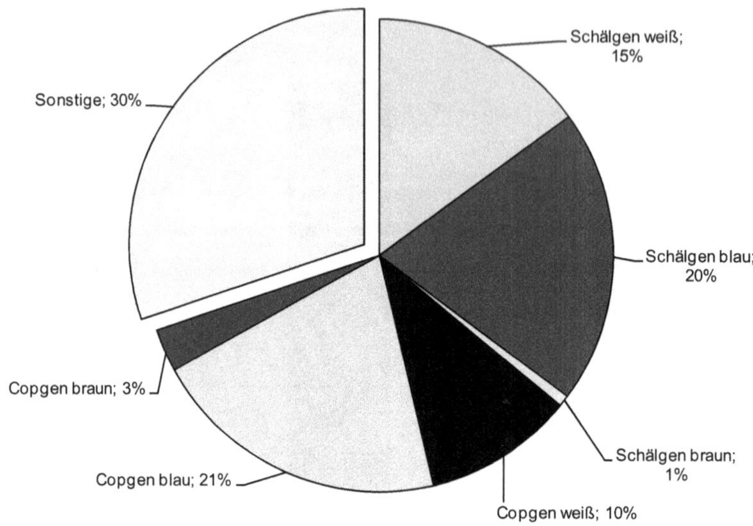

Quelle: AA I Ah 1, S. 11–15b, eigene Berechnungen

Abbildung 5-22: Mengensteuerung 1793 vs. 1795 Top 20 Porzellane

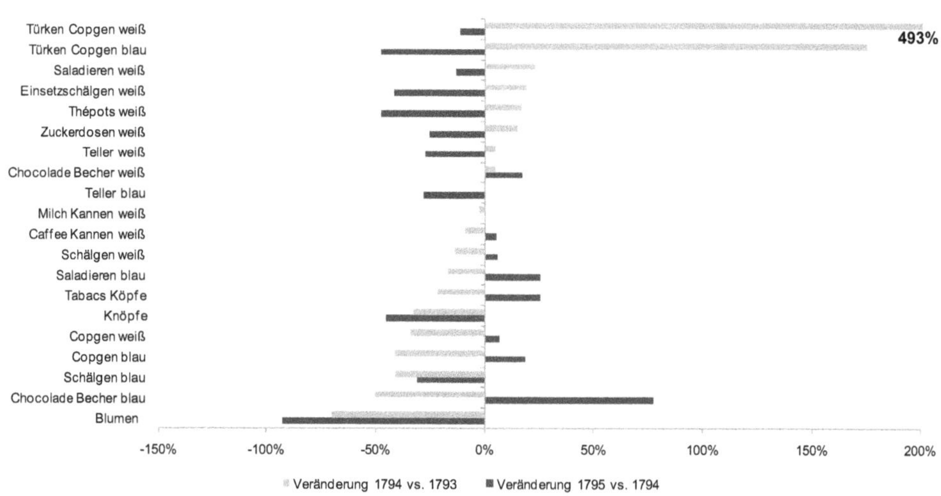

Quelle: AA I Ah 2, S. 226–227b, eigene Berechnungen

Abbildung 5-23: Mengensteuerung 1793 vs. 1795 Bottom 20 Porzellane

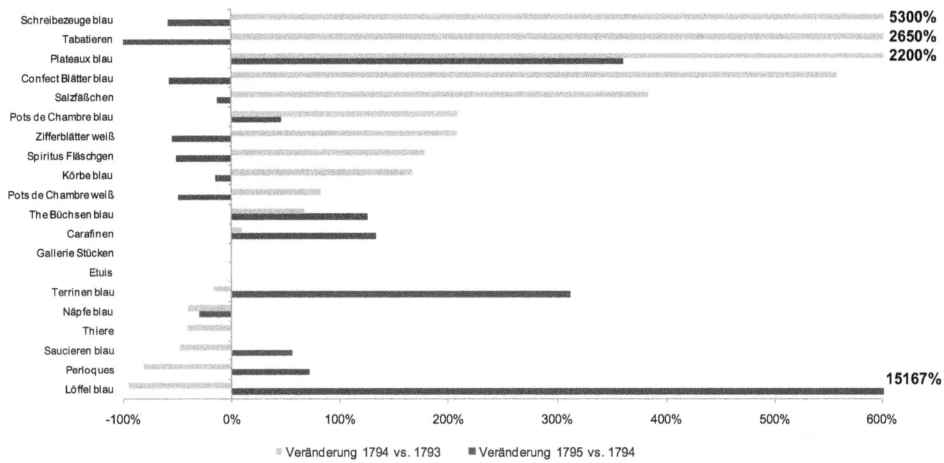

Quelle: AA I Ah 2, S. 226–227b, eigene Berechnungen

Tabelle 5-9: Entwicklung Produktionsstruktur 1793 vs. 1773

Porzellan-kategorien im Vergleich	Porzellane mit Produktions-erweiterung vs. 1773	Produktions-erweiterung in Stücken	Porzellane mit Produktions-rückgang vs. 1773	Produktions-rückgang in Stücken	∅ Produktions-erhöhung	∅ Produktions-rückgang
N = 36	**9** (25%)	**81.841** (99% davon bei Copgen und Schälchen weiß)	**27** (75%)	**104.066** (66% davon bei Copgen und Schälchen blau)	**60%**	**-59%**

Quelle: AA I Ah 2, S. 188–189b und AA I Ah 1, S. 11–15b, eigene Berechnungen

Abbildung 5-24: Lohnreduktionen 1764 vs. 1773 für Malereiabteilungen

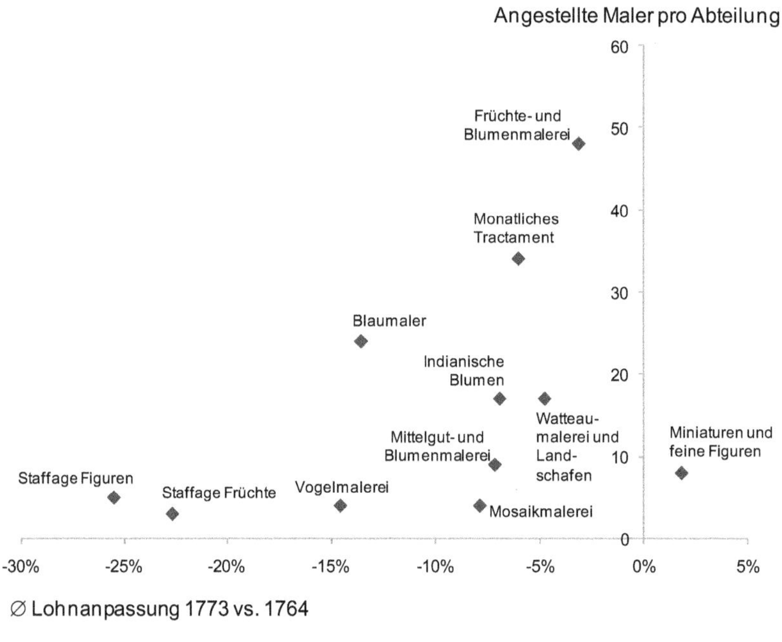

Quelle: AA I Aa 47, S. 174–178, eigene Berechnungen

Abbildung 5-25: Preisbildung für Porzellanfiguren 1814

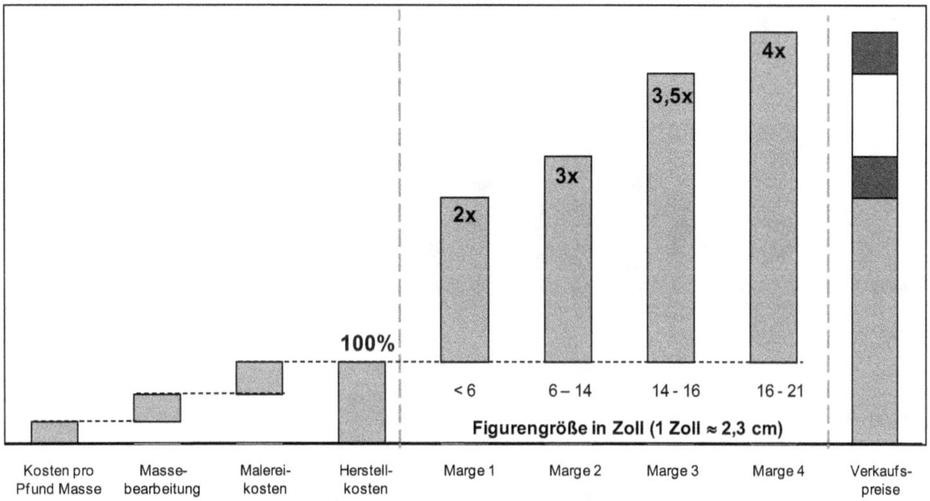

Quelle: AA I Bo 6, S. 52b und AA IV14 15, o. S., eigene Berechnungen

Abbildung 5-26: Vorschlag zur Divisionskalkulation 1814

Gesamtkosten der Produktion 1812			Kosten pro Pfund hergestelltem Porzellan	Groschen	Pfennig
Merkantilische Kosten	**10.937 Taler**	11 %	**Vertriebskosten**		11
Allgemeine Generalkosten	**12.486 Taler**	13 %	**Allgemeine Generalkosten**	1	
Technische Kosten	**75.097 Taler**	76 %	**Eigentliche Fabrikationskosten**	**6**	**3**
Massezubereitung	17.502 Taler		Zubereitete Masse	1	5 ½
Formen und Drehen	11.506 Taler		Gestaltung, Dreher, Former		11
Brennen und Glasur	13.462 Taler		Brennen und Glasur	1	1 ½
Malen und Vergolden	25.649 Taler		Malen und Vergolden	2	1 ½
Sonstige Kosten	6.976 Taler		Sonstige Kosten		7
Gesamtkosten	**98.521 Taler**	2.632 Zentner	**Selbstkosten pro Pfund Porzellan**	**8**	**2**

Quelle: AA I Bo 6, S. 52, eigene Berechnungen

Abbildung 5-27: Produktionswert nach Porzellansorten von 1814–1830

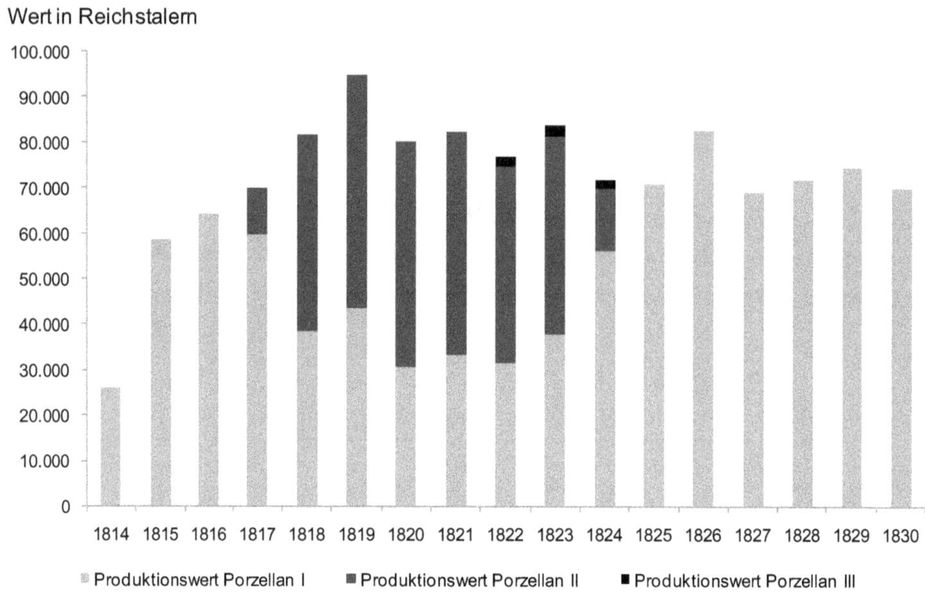

Quelle: AA III M 5, o. S.

Abbildung 5-28: Zahlungsmodalitäten aus Messeverkäufen 1773–1774

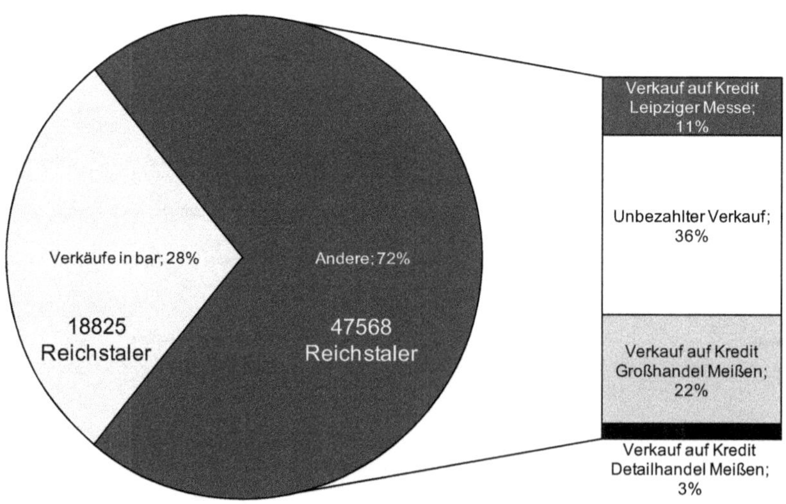

Quelle: AA I Aa 48 S. 97–97b, AA I Aa 47, S. 13, eigene Berechnungen

Abbildung 5-29: Reiseroute Auslandsreise 1765–1767

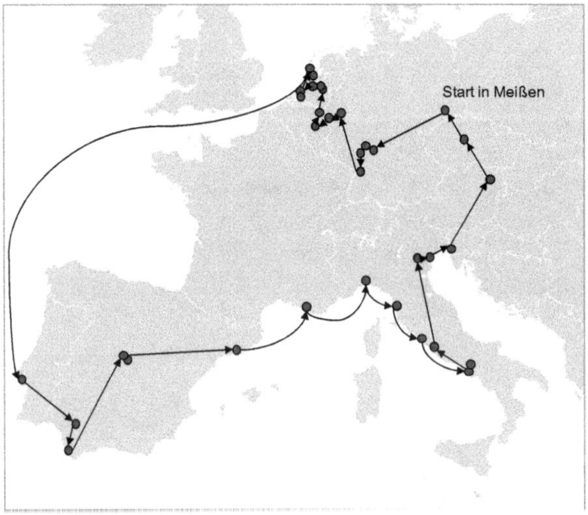

16. Juli 1765 – 21. Juli 1767

- 564 sächs. Meilen über Land
- 626,5 sächs. Meilen über Wasser
- Gesamtentfernung ≈ 10.788km

- 384 Taler Transportkosten
- 757 Taler Logiskosten
- 1.472 Taler Reiseauslösung
- 2.832 Taler Gesamtausgaben

Quelle: AA I Aa 39, S. 94–97, eigene Berechnungen. Anmerkung: 1 sächsische Meile = 9.062 Meter

Abbildung 5-30: Reiseroute Auslandsreise 1770–1774

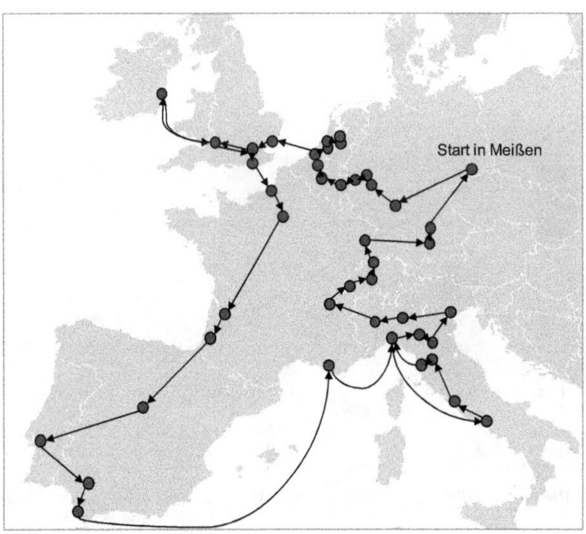

17. Juni 1770 – 14. Dezember 1774

- 805 sächs. Meilen über Land
- 612,5 sächs. Meilen über Wasser
- Gesamtentfernung ≈ 12.845 km

- 733 Taler Transportkosten
- 1.636 Taler Logiskosten
- 3.284 Taler Reiseauslösung
- 6.084 Taler Gesamtausgaben

Quelle: AA IV9 19, S. 6–13b, eigene Berechnungen. Anmerkung: 1 sächsische Meile = 9.062 Meter

Abbildung 5-31: Reiseroute Auslandsreise 1771–1773

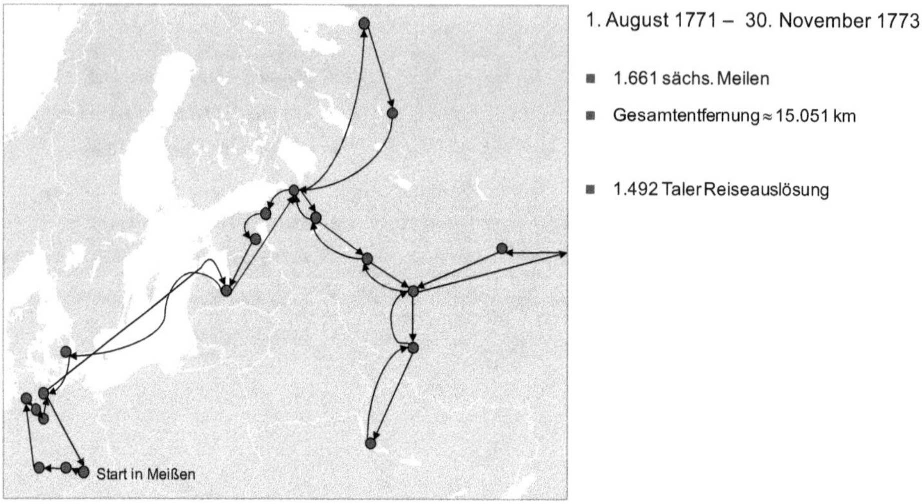

Quelle: AA V2 41, S. 153–154. Anmerkung: 1 sächsische Meile = 9.062 Meter

Abbildung 5-32: Anzahl der Meißener Großkunden und Kommissionslager 1764–1827

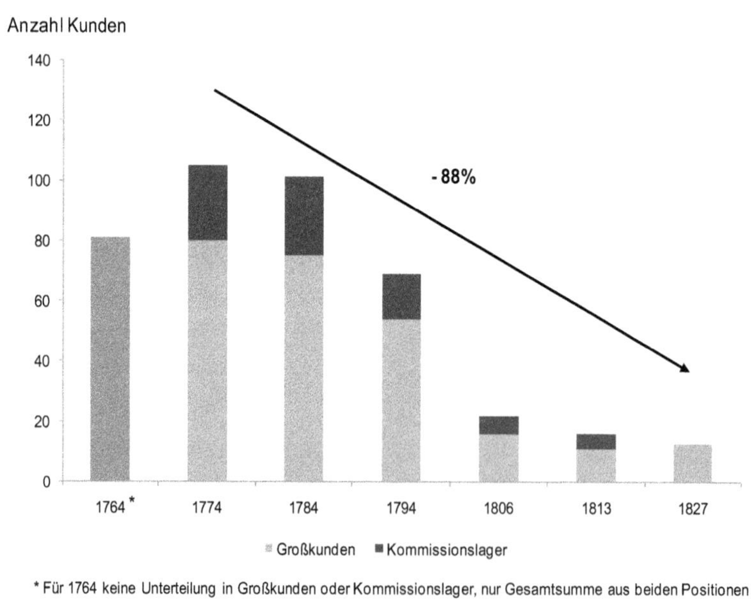

Quelle: AA I Af 9, S. 119–121, eigene Berechnungen

Tabelle 5-10: Gestaffelte Rabattsätze 1820 für Tabaksköpfe

Abnahme in Stücken	Zugestandener Rabatt
> 25	12,5%
≤ 50	16,33%
≤ 75	20%
> 100	25%

Quelle: AA IV 1, S. 366

Tabelle 5-11: Preis- und Konditionensystem 1825

Produktkategorie Porzellansorte I	Zugestandener Rabatt	Exportprämie für ausländische Kaufleute	Gesamtnachlass
Weiße Geschirre	11,66%	5%	16,66%
Einfach bemalte Geschirre in ½ oder ¾ Malerei	12,5%	7,5%	20%
Bemalte Geschirre in voller Malerei, Gold- oder Silberverzierung	16,66%	8,33%	25%
Tabaksgeschirr ab 50 Stück	25%	-	25%

Quelle: AA IV9 23, S. 20 und S. 174

Abbildung 5-33: Entwicklung Preisniveau 1804–1830 für ausgewählte Porzellane

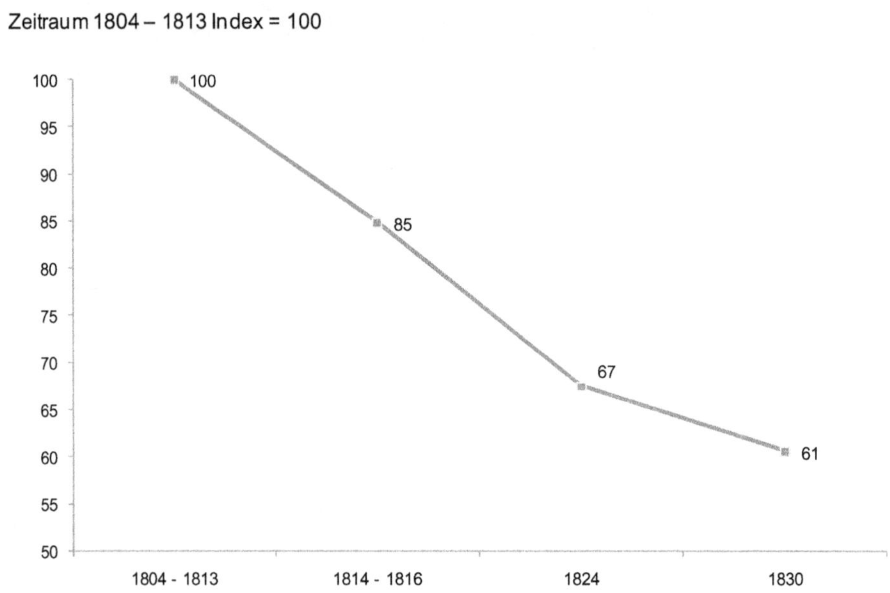

Quelle: AA I Af 10, S. 39b–42, eigene Berechnungen
Anmerkung: Insgesamt 106 vergleichbare Porzellane, Preisniveau nicht inflationsbereinigt

Abbildungsverzeichnis

Tabellenverzeichnis

Quellenverzeichnis

Werksarchiv der Staatlichen Porzellanmanufaktur Meißen GmbH

–

Altes Archiv (AA)

Bestand I „Leitung“

I Aa 1a – I Aa 51

I Ac 1 – I Ac 9

I Ad 3

I Af 9 – I Af 11; I Af 19 – I Af 20

I Ag 89 – I Ag 93

I Ah 1 – I Ah 5

I Ak 1 – I Ak 2; I Ak 12 – I Ak 14; I Ak 19

I Bb 1 – I Bb 2

I Bb 132; I Bb 140

I Be 15F

I Bo 1 – I Bo 9

Bestand III „Betrieb“

III B 10

III 1a – III 4a

III L 6

III M 5 – III M 6

Bestand IV „Vertrieb“

IV0 – IV1

IV9 12 – IV9 13; IV9 15 – IV9 16; IV19 – IV9 25; IV9 28

Bestand V „Rechnungswesen“

V2 1; V2 8 – V2 9; V2 10 – V2 11; V2 30; V2 32 – V2 33; V2 41 – V2 42; V2 109 ; Va 1

Bestand PRET „Pretiosa“

PRET 27 – PRET 28; PRET 49; PRET 88 1

Hauptstaatsarchiv Dresden (HStAD)

Bestand 10026 „Geheimes Kabinett“

Loc. 1339/06 – 1339/07

Loc. 1340/01; 1340/03 – 1340/05

Loc. 1341/01 – 1341/02; 1341/04 – 1341/08; 1341/12

Loc. 1342/01 – 1342/07

Loc. 1343/01 – 1343/05

Loc. 1344/01 – 1344/06

Loc. 1345/01 – 1345/07

Loc. 1346/01; 1346/03 – 1343/04; 1343/06 – 1343/11

Loc. 2097/49

Loc. 2439/07 – 2439/09

Bestand 10036 „Finanzarchiv“

Loc. 32561, Vol. II, Nr. 117 – Nr. 118

Loc. 32562, Vol. IV, Nr. 120a

Loc. 36342, Vol. I – Vol. III; 36342, Vol. VII

Loc. 41911, Nr. 205f; 41911, Nr. 205h; 41911, Nr. 205t

Bestand 10084 „Appellationsgericht“

Loc. 9605

Literaturverzeichnis

Abel, Wilhelm (1974): „Massenarmut und Hungerkrisen im vorindustriellen Europa. Versuch einer Synopsis“, Hamburg 1974.

Abel, Wilhelm (1978): „Agrarkrisen und Agrarkonjunktur. Eine Geschichte der Land- und Ernährungswirtschaft Mitteleuropas seit dem hohen Mittelalter“, 3. Auflage, Hamburg 1978.

Adams, Steven (2007): „Sèvres Porcelain and the Articulation of Imperial Identity in Napoleonic France“, in: Journal of Design History, Band 20, Nummer 3, S. 1–22.

Aho, James (2005): „Confession and the Bookkeeping. The Religious, Moral and Rhetorical Roots of Modern Accounting“, Albany 2005.

Alewell, Karl (1975): „Absatzmethoden“, in: Grochla, Erwin und Waldemar Wittmann (Hrsg.): „Handwörterbuch der Betriebswirtschaft“, 4. Auflage, Band 1, Stuttgart 1974, Sp. 43–51.

Alexander, David G. (1970): „Retailing in England during the Industrial Revolution“, London 1970.

Ambrosius, Gerold und Werner Plumpe und Richard Tilly (2006): „Wirtschaftsgeschichte als interdisziplinäres Fach“, in: Ambrosius Gerold und Dietmar Petzina und Werner Plumpe (Hrsg.): „Moderne Wirtschaftsgeschichte. Eine Einführung für Historiker und Ökonomen“, 2. Auflage, Oldenbourg 2006, S. 9–37.

Ambrosius, Gerold (2004): „Staatstätigkeiten und Staatsunternehmen“, in: Schulz, Günther et al. (Hrsg.): „Sozial- und Wirtschaftsgeschichte. Arbeitsgebiete – Probleme – Perspektiven. 100 Jahre Vierteljahrschrift für Sozial- und Wirtschaftsgeschichte“, Stuttgart 2004, S. 175–190.

Baer, Winfried (1980): „Vom Empire zum Art déco“, in: Hofmann, Friedrich H. (Hrsg.): „Das Porzellan der europäischen Manufakturen“, Frankfurt am Main 1980, S. 213 –225.

Bagozzi, Richard P. (1986): „Principles of marketing management“, Chicago 1986.

Baldwin, John W. (1959): „The medieval theories of the just price: romanists, canonists and theologians in the twelfth and thirteenth centuries“, in: Transactions of the American Philosophical Society, Band 49, Nummer 4, S. 5–91.

Bartels, Robert (1977): „Marketing and Economic Development“, in: Slater, Charles C. (Hrsg.): „Macro-marketing: distributive processes from a societal perspective“, Boulder 1977, S. 211–217.

Bauer, Leonhard und Herbert Matis (1988): „Geburt der Neuzeit. Vom Feudalsystem zur Marktgesellschaft“, München 1988.

Baumgarth, Carsten (2008): „Markenpolitik: Markenwirkungen - Markenführung - Markencontrolling“, 3. Auflage, Wiesbaden 2008.

Becher, Johann Joachim (1673): „Politischer Discurs : Von den eigentlichen Ursachen/ deß Auff- und Abnehmens der Städt/ Länder und Republicken“, 2. Auflage, Frankfurt am Main 1673.

Beck, Rainer (2003): „Luxus oder Decencies? Zur Konsumgeschichte der Frühneuzeit als Beginn der Moderne“, in: Reith, Reinhold und Torsten Meyer (Hrsg.): „Luxus und Konsum - eine historische Annäherung“, Münster 2003, S. 29–46.

Becker, Jochen (1988): „Das Verlust-in-der-Mitte-Phänomen“, in: Thexis, Band 5, Nummer 4, S. 39–43.

Becker, Jochen (2006): „Marketing-Konzeption: Grundlagen des zielstrategischen und operativen Marketing-Managements“, 8. Auflage, München 2006.

Beckmann, August (1915): „Die Rheinisch-Westindische Kompagnie: ihr Wirken und ihre Bedeutung“, Borna-Leipzig 1915.

Beckmann, Johann (1802): „Anleitung zur Technologie oder zur Kenntniß der Handwerke, Fabriken und Manufacturen, vornehmlich derer, die mit der Landwirthschaft, Polizey und Cameralwissenschaft in nächster Verbindung stehn“, 5. Auflage, Göttingen 1802.

Bellinger, Bernhard (1967): „Geschichte der Betriebswirtschaftslehre“, Stuttgart 1967.

Bensch, Auguste Dorothea (1928): „Die Entwicklung der Berliner Porzellanindustrie unter Friedrich dem Großen“, Berlin 1928.

Berghoff, Hartmut (2004): „Moderne Unternehmensgeschichte. Eine themen- und theorieorientierte Einführung“, Paderborn 2004.

Berling, Karl (1891): „Die Fayence- und Steingutfabrik Hubertusburg: ein Beitrag zur Geschichte der sächsischen Keramik“, Dresden 1891.

Berling, Karl (1900): „Das Meissner Porzellan und seine Geschichte“, Leipzig 1900.

Bernoulli, Christoph (1829): „Rationelle oder theoretisch-praktische Darstellung der gesammten mechanischen Baumwollspinnerei für Fabrikanten, Technologen, Mechaniker und alle Freunde der Industrie entworfen“, Basel 1829.

Berry, Christopher J. (1994): „The Idea of luxury: A conceptual and historical investigation“, Cambdrige 1994.

Berry, Helen (2002): „Polite consumption: shopping in eighteenth-century England“, in: Transactions of the Royal Historical Society, Jahrgang 2002, Band 12, S. 375–394.

Beyer, Uwe (1997): „275 Jahre im Zeichen der Blauen Schwerter“, Dresden 1997.

Blaich, Fritz (1982): „Absatzstrategien deutscher Unternehmen im 19. und in der ersten Hälfte des 20. Jahrhunderts“, in: Pohl, Hans (Hrsg.): „Absatzstrategien deutscher Unternehmen“, Beiheft der Zeitschrift für Unternehmensgeschichte, Heft 23, Wiesbaden, 1982, S. 5–46.

Blaschke, Karlheinz (1995): „Kritische Beiträge zu einer Biographie des Kurfürsten Friedrich August I. von Sachsen“, in: Klecker, Christine (Hrsg.): „August der Starke und seine Zeit. Beiträge des Kolloquiums vom 16./17. September 1994 auf der Festung Königstein“, Dresden 1995, S. 7–13.

Bleeck, Hans (1985): „Lüneburgs Salzhandel im Zeitalter des Merkantilismus: (16. bis 18. Jh.)“, Lüneburg 1985.

Blondé, Bruno et al. (2006): „Retail circuits and practices in medieval and early modern Europe: an introduction“, in: Blondé, Bruno et al. (Hrsg.): „Buyers & Sellers. Retail circuits and practices in medieval and early modern Europe“, Turnhout 2006, S. 7–29.

Bodemer, Heinrich (1856): „Die industrielle Revolution: mit besonderer Berücksichtigung auf die erzgebirgischen Erwerbsverhältnisse“, Dresden 1856.

Böhmert, Victor (1880): „Urkundliche Geschichte und Statistik der Meissner Porzellanmanufactur von 1710–1880 mit besonderer Rücksicht auf die Betriebs-, Lohn- und Kassenverhältnisse“, in: Zeitschrift des Königlich Sächsischen Statistischen Bureaus, Band 26, S. 44–93.

Boltz, Claus (1980): „Hoym, Lemaire und Meissen. Ein Beitrag zur Geschichte der Dresdner Porzellansammlung“, in: Keramos, Heft 88, Jahr 1980, S. 3–101.

Borden, Neil H. (1965): „The concept of the marketing mix", in: Schwartz, George (Hrsg.): „Science in Marketing“, New York 1965, S. 386–397.

Boroviczény, Aladár von (1930): „Graf von Brühl. Der Medici, Richelieu und Rothschild seiner Zeit“, Zürich 1930.

Braeuer, Walter (1990): „Kameralismus und Merkantilismus. Ein kritischer Vergleich“, in: Jahrbuch für Wirtschaftsgeschichte, Jahrgang 1990/3, S. 107–111.

Brandes, Heinz (1983a): „Porzellan, eine zerbrechliche Kostbarkeit“, in: Mayr, Hans (Hrsg.): „Meissner Porzellan von 1710 bis zur Gegenwart: unter besonderer Würdigung des Meissner Schaffens Paul Scheurichs anlässl. seines 100. Geburtstages“, Köln 1983, S. 15–23.

Brandes, Heinz (1983b): „Meißen - die Stadt des Porzellans“, in: Mayr, Hans (Hrsg.): „Meissner Porzellan von 1710 bis zur Gegenwart: unter besonderer Würdigung des Meissner Schaffens Paul Scheurichs anlässl. seines 100. Geburtstages“, Köln 1983, S. 9–14.

Brandes, Heinz (1983c): „Johann Friedrich Böttger - Ein Leben für das Porzellan“, in: Mayr, Hans (Hrsg.): „Meissner Porzellan von 1710 bis zur Gegenwart: unter besonderer Würdigung des Meissner Schaffens Paul Scheurichs anlässl. seines 100. Geburtstages“, Köln 1983, S. 24–29.

Braudel, Frank (1982): „Civilization and Capitalism: 15th - 18th century. Volume II. The wheels of commerce“, New York 1982.

Braun, Peter (2007): „Meissen Porcelain and Porcellain Diplomacy“, in: Cassidy-Geiger, Maureen (Hrsg.): „Fragile diplomacy: Meissen porcelain for European courts ca. 1710–63“, New York 2007, S. 301–306.

Braun, Wolfram (1982): „Ökonomie, Geschichte und Betriebswirtschaftslehre: Studien zur klassischen Oekonomie und politischen Theorie der Unternehmung“, 1982 Bern.

Brinkmann, Carl (1967): „Geschichtliche Wandlungen in der Idee des gerechten Preises“, in: Montaner, Antonio (Hrsg.): „Geschichte der Volkswirtschaftslehre“, Köln 1967, S. 356–373.

Brockhoff, Klaus (2002): „Geschichte der Betriebswirtschaftslehre: kommentierte Meilensteine und Originaltexte“, 2. Auflage, Wiesbaden 2002.

Bruchhäuser, Hanns-Peter (1989): „Kaufmannsbildung im Mittelalter: Determinanten des Curriculums deutscher Kaufleute im Spiegel der Formalisierung von Qualifizierungsprozessen“, Köln 1989.

Brunner, Otto (1956): „Das ‚ganze Haus‘ und die alt-europäische ‚Ökonomik‘“, in: Brunner, Otto (Hrsg.): „Neue Wege der Sozialgeschichte“, Göttingen 1956, S. 33–61.

Bücher, Karl (1894a): „Die diokletianische Taxordnung vom Jahre 301. Erster Artikel“, in: Zeitschrift für die gesamte Staatswissenschaft, Band 50, Nummer 2, S. 189–219.

Bücher, Karl (1894b): „Die diokletianische Taxordnung vom Jahre 301. Schluss-Artikel“, in: Zeitschrift für die gesamte Staatswissenschaft, Band 50, Nummer 2, S. 672–698.

Burkhardt, Johannes (1993): „Die Entdeckung des Handels. Die kommerzielle Welt in der Wissensordnung der Frühen Neuzeit“, in: Burkhardt, Johannes und Helmut Koopmann und Henning Krauß (Hrsg.): „Wirtschaft in Wissenschaft und Literatur: drei Perspektiven aus historischer und literaturwissenschaftlicher Sicht“, Augsburg 1993, S. 5–28.

Büsch, Johann Georg (1813): „J. G. Büsch's theoretisch-praktische Darstellung der Handlung“, 1. Teil, 3. Auflage, Wien 1813.

Büschken, Joachim (2007): „Sequentielle nicht-lineare Tarife: nicht-lineare Preispolitik bei Nachfrageunsicherheit“, Wiesbaden 2007.

Campbell, Gordon (2006): „The Grove Encyclopedia of Decorative Arts“, Band 2, New York 2006.

Cassady, Ralph Jr. (1964): „The Price Skirmish - A Distinctive Pattern of Competitive Behavior“, in: California Management Review, Band 7, Nummer 2, S. 11–16.

Cassidy-Geiger, Maureen (2007): „Porcelain and Prestige. Princely Gifts and ‚White Gold‘ from Meissen“, in: Cassidy-Geiger, Maureen (Hrsg.): „Fragile diplomacy: Meissen porcelain for European courts ca. 1710–63“, New York 2007, S. 3–23 .

Chafuen, Alejandro A. (2003): „Faith and liberty: the economic thought of the late scholastics“, Lanham 2003.

Church, Roy (1999): „New perspectives on the history of products, firms, marketing, and consumers in Britain and the United States since the mid-nineteenth century“, in: Economic History Review, Band 52, Nummer 3, S. 405–435.

Coenenberg, Adolf G. und Thomas M. Fischer und Thomas Günther (2007): „Kostenrechnung und Kostenanalyse“, 6. Auflage, Stuttgart 2007.

Cohn, Tobias (1878): „Der Zwangsankauf von Porzellan in der jüdischen Gemeinde zu Potsdam unter Friedrich dem Großen“, in: Mittheilungen des Vereins für die Geschichte Potsdams, NF Band 2 (1878), S. 317–328.

Corvinus, Gottlieb Siegmund (1715): „Nutzbares, galantes und curiöses Frauenzimmer-Lexicon“, Leipzig 1715.

Cournot, Antoine-Augustin (1838): „Untersuchungen über die mathematischen Grundlagen der Theorie des Reichtums“, Jena 1924.

Czok, Karl (1997): „Der sächsische Kurfürst Friedrich August I. (1694–1733)“, in: Duchhardt, Heinz (Hrsg.): „Der Herrscher in der Doppelpflicht. Europäische Fürsten und ihre beiden Throne“, Mainz 1997, S. 189–205.

Czok, Karl (2004): „August der Starke und seine Zeit: Kurfürst von Sachsen, König von Polen“, 4. Auflage, Leipzig 2004.

Dahlberg, Laurie (1997): „France Between the Revolutions, 1789–1848“, in: Ostergard, Derek E. und Tamara Préaud (Hrsg.): „The Sèvres Porcelain Manufactory. Alexandre Brongniart and the Triumph of Art and Industry, 1800–1847”, New York 1997, S. 15–23.

D'Aprile, Iwan-Michelangelo und Winfried Siebers (2008): „Das 18. Jahrhundert. Zeitalter der Aufklärung“, Berlin 2008.

Davenport-Hines, Richard P. T. (1986): „Markets and Bagmen. Studies in the History of Marketing and British Industrial Performance, 1830–1939“, Aldershot 1986.

Davis, Dorothy (1965): „A history of shopping“, London 1965.

de Roover, Raymond (1958): „The Concept of the Just Price: Theory and Economic Policy“, in: The Journal of Economic History, Band 18, Nummer 4, S. 418–434.

Denzel, Markus A. (1996): „Ein Preisvergleich aus dem Mamelucken-Reich. Handelstechnische und metrologische Überlegungen zu ‚Preiskuranten' in Uzzanos Practica della Mercatura“, in: Elkar, Rainer S. et al. (Hrsg.): „Vom rechten Maß der Dinge. Beiträge zur Wirtschafts- und Sozialgeschichte. Festschrift für Harald Witthöft zum 65. Geburtstag“, Teilband 1, St. Katharinen 1996, S. 89–115.

Denzel, Markus A. (2004): „Konjunkturen im Mittelalter und in der Frühen Neuzeit“, in: Schulz, Günther et al. (Hrsg.): „Sozial- und Wirtschaftsgeschichte. Arbeitsgebiete – Probleme – Perspektiven. 100 Jahre Vierteljahrschrift für Sozial- und Wirtschaftsgeschichte“, Stuttgart 2004, S. 191–215.

Desens, Rainer (1998): „Villeroy & Boch: ein Vierteljahrtausend europäische Industriegeschichte“, Mettlach 1998.

de Vries, Jan (2003): „Between purchasing power and the world of goods: understanding the household economy in early modern Europe“, in: Brewer, John und Roy Porter (Hrsg.): „Consumption and the World of Goods“, London 1993, S. 85–132.

Dickinson, Roger (1988): „Lessons from Retailers' Price Experiences of the 1950s“, in: Terence Nevett und Ronald A. Fullerton (Hrsg.): „Historical Perspectives in Marketing. Essays in Honor of Stanley C. Hollander“, Lexington 1988, S. 177–193.

Diller, Hermann (2003): „Aufgabenfelder, Ziele und Entwicklungstrends der Preispolitik“, in: Diller, Hermann und Andreas Hermann (Hrsg.): „Handbuch Preispolitik“, Wiesbaden 2003, S. 3–32.

Diller, Hermann (2008): „Preispolitik“, 4. Auflage, Stuttgart 2008.

Dittrich, Erhard (1974): „Die Deutschen und Österreichischen Kameralisten“, Darmstadt 1974.

Dixon, Donald F. (1981): „The Role of Marketing in Early Theories of Economic Development“, in: Journal of Macromarketing, Band 1, Nummer 2, S. 19–27.

Dixon, Donald F. (2002): „Emerging macromarketing concepts: from Socrates to Alfred Marshall“, in: Journal of Business Research, Band 55, Nummer 2, S. 87–95.

Doenges, Willy (1921): „Meissner Porzellan: seine Geschichte und künstlerische Entwicklung“, 2. Auflage, Dresden 1921.

Dorn, Gerhard (1993): „Geschichte der Kostenrechnung“, in: Chmielewicz, Klaus und Marcell Schweitzer (Hrsg.): „Handwörterbuch des Rechnungswesens“, 3. Auflage, Stuttgart 1993, Sp. 722–729.

Dotson, John E. (1996): „Practical Metrology in Medieval Italian Merchant Manuals“, in: Elkar, Rainer S. et al. (Hrsg.): „Vom rechten Maß der Dinge. Beiträge zur Wirtschafts- und Sozialgeschichte. Festschrift für Harald Witthöft zum 65. Geburtstag“, Teilband 1, St. Katharinen 1996, S. 116–126.

Drahota, Helmut (1984): „Skizzen zur Geschichte der Preise und der Preispolitik im alten Orient und in der Antike“, Berlin 1984.

Dubois, Bernard und Claire Paternault (1995): „Observations: Understanding the world of international luxury brands: The ‚dream formula‘“, in: Journal of Advertising Research, Band 35, Nummer 4, S. 69–76.

Ducret, Siegfried (1955): „Das Memoriale Friedrich Augusts zum Schutze der Meissner Schwertermarke und ihre Imitation durch andere zeitgenössische Fabriken“, in: Keramik-Freunde der Schweiz, Mitteilungsblatt Nr. 32, S. 18–21.

Dürichen, Johannes (1930): „Geheimes Kabinett und Geheimer Rat unter der Regierung Augusts des Starken in den Jahren 1704–1720“, in: Neues Archiv für Sächsische Geschichte, Band 51, S. 68–136.

Dumoulin, Olivier (1990): „Aux origines de l'histoire des prix“, in: Annales. Économies, sociétés, civilisations, Band 45, Nummer 2, S. 507–522.

Durham, John W. (1992): „The Introduction of ‚Arabic‘ Numerals in European Accounting“, in: The Accounting Historians Journal, Band 19, Nummer 2, S. 25–55.

Edwards, John Richard und Edmund Newell (1990): „The Development of Industrial Cost and Management Accounting Before 1850: A Survey of the Evidence“, in: Business History, Band 33, Nummer 1, S. 35–57.

Ehlers, Ferdinand (1923): „Die berufsmännische Organisation, im besonderen der Absatz der deutschen Porzellanmanufakturen im 18. Jahrhundert“, Frankfurt am Main 1923.

Ekelund, Robert B. Jr. (1968): „Jules Dupuit and the Early Theory of Marginal Cost Pricing“, in: The Journal of Political Economy, Band 76, Nummer 3, S. 462–471.

Ekelund, Robert B. Jr. (1970): „Price Discrimination and Product Differentiation in Economic Theory: An Early Analysis“, in: The Quarterly Journal of Economics, Band 84, Nummer 2, S. 268 –278.

Elias, Norbert (1969): „Die höfische Gesellschaft: Untersuchungen zur Soziologie des Könightums und der höfischen Aristokratie; mit einer Einleitung: Soziologie und Geschichtswissenschaft“, 1. Auflage, Neuwied 1969.

Elsas, Moritz John (1936): „Umriss einer Geschichte der Preise und Löhne in Deutschland. Vom ausgehenden Mittelalter bis zum Beginn des 19. Jahrhunderts“, Band 1, Leiden 1936.

Elsas, Moritz John (1940): „Umriss einer Geschichte der Preise und Löhne in Deutschland. Vom ausgehenden Mittelalter bis zum Beginn des 19. Jahrhunderts“, Band 2, Teil A, Leiden 1940.

Elsas, Moritz John (1949): „Umriss einer Geschichte der Preise und Löhne in Deutschland. Vom ausgehenden Mittelalter bis zum Beginn des 19. Jahrhunderts“, Band 2, Teil B, Leiden 1949.

Endemann, Wilhelm (1874): „Studien in der romanisch-kanonistischen Wirthschafts- und Rechtslehre“, Zweiter Band, Berlin 1974.

Engel, Helmut (2004): „Baudenkmal Königliche Porzellan-Manufaktur Berlin: zur Geschichte eines Staatsbetriebes“, Berlin 2004.

Engelhardt, Carl August (1837): „J.F.Böttger: Erfinder des sächsischen Porzellans. Biographie aus authentischen Quellen“, Leipzig 1837.

Erker, Paul (1997): „Aufbruch zu neuen Paradigmen. Unternehmensgeschichte zwischen sozial-geschichtlicher und betriebswirtschaftlicher Erweiterung“, in: Archiv für Sozialgeschichte, Band 37, S. 321–365.

Ersch, Johann Samuel und Johann Gottfried Gruber (1845): „Fabrik“, in: Ersch, Johann Samuel und Johann Gottfried Gruber (Hrsg.): „Allgemeine Encyklopädie der Wissenschaften und Künste“, 1. Sektion, Band 41, 1845.

Falcke, Jeannette (2006): „Studien zum diplomatischen Geschenkwesen am brandenburgisch-preußischen Hof im 17. und 18. Jahrhundert“, Berlin 2006.

Fellmann, Walter (2000): „Heinrich Graf Brühl: ein Lebens- und Zeitbild“, 4. Auflage, München 2000.

Fenske, Michaela (2006): „Marktkultur in der Frühen Neuzeit: Wirtschaft, Macht und Unterhaltung auf einem städtischen Jahr- und Viehmarkt“, Köln 2006.

Ferber, Carl Wilhelm (1832): „Neue Beiträge zur Kenntniß des gewerblichen und commerciellen Zustandes der Preußischen Monarchie: aus amtlichen Quellen“, Berlin 1832.

Fine, Ben und Ellen Leopold (1990): „Consumerism and the Industrial Revolution“, in: Social History, Band 15, Nummer 2, S. 151–179.

Finley, Moses I. (1999): „The Ancient Economy“, Berkeley 1999.

Finkelstein, Andrea (2006): „The grammar of profit: the Price Revolution in intellectual context“, Leiden 2006.

Fischer, David Hackett (1996): „The great wave: price revolutions and the rhythm of history“, New York 1996.

Fitou, Jean-François und Emmanuel Le Roy Ladurie (1993): „Savary und die Praxis des Colbertismus“, in: Schefold, Bertram et al. (Hrsg.): „Le parfait negociant ou instruction generale pour ce qui regarde le commerce de toute forte marchandises, tant de France, que des pays etrangers / Jacques Savary; Vademecum zu einem Klassiker der Handlungswissenschaft“, Düsseldorf 1993, S. 49–84.

Fitzgerald, Robert (1995): „Rowntree and the Marketing Revolution, 1862 - 1969“, Cambridge 1995.

Fleischman, Richard K. und Lee D. Parker (1991): „British Entrepreneurs and Pre-Industrial Revolution Evidence of Cost Management“, in: The Accounting Review, Band 66, Nummer 2, S. 361– 375.

Fleischman, Richard K. und Lee D. Parker (1992): „The cost-accounting environment in the British Industrial Revolution iron industry“, in: Accounting, Business and Financial History, Band 2, Nummer 2, S. 141–160.

Fleischman, Richard K. und Thomas N. Tyson (1993): „Cost Accounting During Industrial Revolution: The Present State of Historical Knowledge“, in: Economic History Review, Band 46, Nummer 3, S. 503–517.

Folnesics, Josef (1907): „Geschichte der K.K. Wiener Porzellan-Manufaktur“, Wien 1907.

Forberger, Rudolf (1958): „Die Manufaktur in Sachsen vom Ende des 16. bis zum Anfang des 19. Jahrhunderts“, Berlin 1958.

Forberger, Rudolf (1960a): „Tschirnhaus und das sächsische Manufakturwesen“, in: Winter, Eduard (Hrsg.): „E. W. von Tschirnhaus und die Frühaufklärung in Mittel- und Osteuropa“, Berlin 1960, S. 214–222.

Forberger, Rudolf (1960b): „Die Meissner Porzellan-Manufaktur in der sächsischen Geschichte“, in: VEB Staatliche Porzellan-Manufaktur Meissen (Hrsg.): „250 Jahre Staatliche Porzellan Manufaktur Meissen. Festschrift zum 250 jährigen Jubiläum“, Meißen 1960, S. 9–51.

Forberger, Rudolf (1962): „Zur Auseinandersetzung über das Problem des Übergangs von der Manufaktur zur Fabrik“, in: Beiträge zur deutschen Wirtschafts- und Sozialgeschichte des 18. und 19. Jahrhunderts, Berlin 1962, S. 171–188.

Forberger, Rudolf (1981): „Zu den Begriffen ‚Manufaktur‘ und ‚Fabrik‘ in technischer und technologischer Sicht“, in: Troitzsch, Ulrich (Hrsg.): Technologischer Wandel im 18. Jahrhundert, 1981, S. 175–187.

Forberger, Rudolf (1982): „Die sächsische Manufaktur in der Ära Augusts des Starken“, in: Petermann, Karl und Manfred Bachmann (Hrsg.): „Meißen, Frühzeit und Gegenwart. Johann Friedrich Böttger zum 300. Geburtstag“, Dresden 1982, S. 33–44.

Forberger, Rudolf (1985): „Vom künstlerisch gestalteten Hartporzellan Böttgers zum technischen Porzellan im 19. Jahrhundert“, in: Sitzungsberichte der Sächsischen Akademie der Wissenschaften zu Leipzig, Band 125, Heft 4, S. 5–30.

Forberger, Ursula (2003): „Der Sächsische Staat und die Fabrik in der Sicht von Rudolf Forberger 1800–1861“, in: Hess, Ulrich und Petra Listewnik und Michael Schäfer (Hrsg.): „Wirtschaft und Staat in der Industrialisierung Sachsens 1750 - 1930“, Leipzig 2003, S. 63–72.

Fowler, Christina (1998): „Changes in Provincial Retail Practice during the Eighteenth Century, with Particular Reference to Central-Southern England“, in: Alexander, Nicholas und Gary Akehurst (Hrsg.): „The Emergence of Modern Retailing, 1750-1950", London 1998, S. 37–54.

Franci, Raffaella und Laura Toti Rigatelli (1982): „Introduzione all'aritmetica mercantile del medioevo e del rinascimento“, Urbino 1982.

Freudenberger, Hermann (1963): „Fashion, Sumptuary Laws and Business“, in: Business History Review, Band 37, Nummer 1/2, S. 37–48.

Freudenberger, Hermann (1968): „Die Struktur der frühindustriellen Fabrik im Umriß (mit besonderer Berücksichtigung Böhmens)“, in: Fischer, Wolfram (Hrsg.): „Wirtschafts- und sozial-geschichtliche Probleme der frühen Industrialisierung“, Berlin 1968, S. 413–433.

Friedrich II. (1920): „Die politischen Testamente Friedrichs des Grossen“, in: Volz, Gustav Berthold (Hrsg.): „Politische Correspondenz Friedrich's des Grossen: Ergänzungsband“, Berlin 1920.

Fritsch, Michael und Thomas Wein und Hans-Jürgen Ewers (1999): „Marktversagen und Wirtschaftspolitik: mikroökonomische Grundlagen staatlichen Handelns“, 3. Auflage, München 1999.

Fullteron, Ronald A. (1988): „How Modern Is Modern Marketing? Marketing's Evolution and the Myth of the ‚Production Era‘“, in: The Journal of Marketing, Band 52, Nummer 1, S. 108–125.

Galambos, Paul (1937): „Der Gerechte Preis“, Wien 1937.

Gerhard, Hans-Jürgen (1998): „Frühneuzeitliche Preisgeschichte. Historische Ansätze und Methoden“, in: Schremmer, Eckart (Hrsg.): „Wirtschafts- und Sozialgeschichte: Gegenstand und Methode“, Stuttgart 1998, S. 73–87.

Gerhard, Hans-Jürgen und Karl Heinrich Kaufhold (2001): „Preise im vor- und frühindustriellen Deutschland: Nahrungsmittel – Getränke – Gewürze – Rohstoffe und Gewerbeprodukte“, Stuttgart 2001.

Gerhard, Hans-Jürgen und Alexander Engel (2006): „Preisgeschichte der vorindustriellen Zeit: ein Kompendium auf Basis ausgewählter Hamburger Materialien“, Stuttgart 2006.

Gierl, Heribert (2003): „Preislagenpolitik“, in: Diller, Hermann und Andreas Hermann (Hrsg.): „Handbuch Preispolitik“, Wiesbaden 2003, S. 115–136.

Gilboy, Elizabeth W. (1967): „Demand as a factor in the Industrial Revolution“, in: Hartwell, Ronald M. (Hrsg.): „The causes of the industrial revolution in England“, London 1967, S. 121–138.

Goder, Wili (1983): „Zur Technikgeschichte des Meißner Porzellans“, in: Mayr, Hans (Hrsg.): „Meissner Porzellan von 1710 bis zur Gegenwart: unter besonderer Würdigung des Meissner Schaffens Paul Scheurichs anlässl. seines 100. Geburtstages“, Köln 1983, S. 30–64.

Goder, Willi und Hannes Walter (1982): „Die Erfindung des europäischen Porzellans“, in: Petermann, Karl und Manfred, Bachmann: „Meißen, Frühzeit und Gegenwart. Johann Friedrich Böttger zum 300. Geburtstag“, Dresden 1982, S. 75–82.

Goez, Werner (1982): „Das Ringen um den ‚gerechten Preis‘ in Spätmittelalter und Reformationszeit“, in: Herrmann, Johannes et al. (Hrsg.): „Der ‚Gerechte Preis‘: Beiträge zur Diskussion um das ‚pretium iustum‘.“, Erlangen 1982, S. 21–32.

Goldthwaite, Richard (1993): „Wealth and the Demand for Art in Italy 1300 - 1600“, Baltimore 1993.

Gotthard, Axel (1999): „Säulen des Reiches. Die Kurfürsten im frühneuzeitlichen Reichsverband. Teilband 2: Wahlen. Der Kampf um die kurfürstliche ‚Präeminenz‘“, Husum 1999.

Gras, Norman S. B. (1933): „Economic Rationalism in the Late Middle Ages“, in: Speculum, Band 8, Nummer 3, S. 304–312.

Grassby, Richard (1999): „The idea of capitalism before the Industrial Revolution“, Lanham 1999.

Gröger, Helmuth (1953): „Die Arbeits- und Sozialverhältnisse der Staatlichen Porzellanmanufaktur Meissen im 18. Jahrhundert“, in: Staatliche Archivverwaltung im Staatssekretariat für Innere Angelegenheiten (Hrsg.): „Forschungen aus mitteldeutschen Archiven: zum 60. Geburtstag von Hellmut Kretzschmar“, Berlin 1953, S. 166–189.

Gröger, Helmuth (1958): „Die staatliche Porzellan-Manufaktur Meissen - Wachstum und Geltung“, in: Keramik-Freunde der Schweiz, Mitteilungsblatt Nr. 41, S. 14–18.

Groß, Reiner (1982): „Zur archivalischen Überlieferung der Porzellanerfindung und Porzellanherstellung in Sachsen“, in: Petermann, Karl und Manfred Bachmann (Hrsg.): „Meißen, Frühzeit und Gegenwart. Johann Friedrich Böttger zum 300. Geburtstag“, Dresden 1982, S. 45–56.

Groß, Reiner (2007): „Geschichte Sachsens“, 4. Auflage, Leipzig 2007.

Gurlitt, Cornelius (1924a): „August der Starke: ein Fürstenleben aus der Zeit des deutschen Barock“, Band 1, Dresden 1924.

Gurlitt, Cornelius (1924b): „August der Starke: ein Fürstenleben aus der Zeit des deutschen Barock“, Band 2, Dresden 1924.

Gutenberg, Erich (1984): „Grundlagen der Betriebswirtschaftslehre. Zweiter Band. Der Absatz“, 17. Auflage, Berlin 1984.

Gysin, Jürgen (1989): „Fabriken und Manufakturen in Württemberg während des ersten Drittels des 19. Jahrhunderts“, St. Katharinen 1989.

Haake, Paul (1906): „Die Wahl Augusts des Starken zum König von Polen“, in: Historische Vierteljahrsschrift, Band 9, Jahr 1906, S. 31–84.

Haake, Paul (1922): „August der Starke im Urteil seiner Zeit und der Nachwelt“, Dresden 1922.

Haake, Paul (1926): „August der Starke“, Berlin 1926.

Haase, Gisela (1982): „Böttger und die Glashütte in Dresden“, in: Petermann, Karl und Manfred Bachmann (Hrsg.): „Meißen, Frühzeit und Gegenwart. Johann Friedrich Böttger zum 300. Geburtstag“, Dresden 1982, S. 222–229.

Haenert, Franziska (1956): „Preispolitik im Handwerk vom 16. bis 18. Jahrhundert unter besonderer Berücksichtigung der Münchner Verhältnisse“, München 1956.

Hagenauer, Selma (1931): „Das ‚justum pretium‘ bei Thoams von Aquino. Ein Beitrag zur Geschichte der objektiven Werttheorie“, Stuttgart 1931.

Halder, Winfried (2007): „Friedrich August III./I. (1763/1806–1827)", in: Kroll, Frank-Lothar (Hrsg.): „Die Herrscher Sachsens: Markgrafen, Kurfürsten, Könige 1089–1918", München 2007, S. 203–222.

Halle, Uta (1996): „Die Diskussion über die Schädlichkeit der Bleiglasur. Ein Beispiel des Produzenten- und Verbraucherschutzes im 18. und 19. Jahrhundert", in: Jockenhövel, Albrecht (Hrsg.): „Bergbau, Verhüttung und Waldnutzung im Mittelalter. Auswirkungen auf Mensch und Umwelt", Stuttgart 1996, S. 247–258.

Hanway, Jonas (1753): „An historical account of the British Trade over the Caspian Sea", Band 2, London 1753.

Hartwick, John (1993): „A brief history of price", London 1993.

Hasse, Ernst (1885): „Geschichte der Leipziger Messen", Leipzig 1885.

Hassel, Georg (1805): „Statistischer Umriss der sämtlichen Europäischen Staaten in Hinsicht ihrer Grösse, Bevölkerung, Kulturverhältnisse, Handlung, Finanz- und Militärverfassung und ihrer aussereuropäischen Besitzungen", Zweites Heft, Braunschweig 1805.

Hassinger, Herbert (1951): „Johann Joachim Becher (1635–1682). Ein Beitrag zur Geschichte des Merkantilismus", Wien 1951.

Hatschek, Hans (1886): „Das Manufakturhaus auf dem Tabor in Wien: ein Beitrag zur österreichischen Wirthschaftsgeschichte des 17. Jahrhunderts", Leipzig 1886.

Haverkamp, Henrik (2005): „Preisbildung für Produktlinien", Wiesbaden 2005.

Hax, Karl (1949): „Die Bedeutung der historischen Methode für die Betriebswirtschaftslehre", in: Zeitschrift für handelswissenschaftliche Forschung , Band 1 NF, S. 550–552.

Heckscher, Eli F. (1932): „Der Merkantilismus", Band 1 und 2, Jena 1932.

Heinze, Rudolph W. (1969): „The Pricing of Meat: A Study in the Use of Royal Proclamations in the Reign of Henry VIII", in: The Historical Journal, Band 12, Nummer 4, S. 583–595.

Heltzer, Michael (1978): „Goods, prices and the organization of trade in Ugarit", Wiesbaden 1978.

Herrmann, Johannes (1982): „Der Gedanke des iustum pretium in der Antike", in: Herrmann, Johannes et al. (Hrsg.): „Der ‚Gerechte Preis': Beiträge zur Diskussion um das ‚pretium iustum'.", Erlangen 1982, S. 9–19.

Hess, Ulrich und Michael Schäfer (2003): „Einleitung: Wirtschaft und Staat in der Industrialisierung Sachsens", in: Hess, Ulrich und Petra Listewnik und Michael Schäfer (Hrsg.): „Wirtschaft und Staat in der Industrialisierung Sachsens 1750 - 1930", Leipzig 2003, S. 7–22.

Hesse, Jan-Otmar (2002): „Im Netz der Kommunikation: die Reichs-Post- und Telegraphenverwaltung 1876–1914", München 2002.

Heuser, Emil (1909): „Die Porzellanwerke von Frankenthal nach dem Pariser und dem Mannheimer Preisverzeichnis: nebst Geschichte der Frankenthaler Formen“, Neustadt an der Haardt 1909.

Hoffmann, Klaus (1982): „Böttger als Alchemist“, in: Petermann, Karl und Manfred Bachmann (Hrsg.): „Meißen, Frühzeit und Gegenwart. Johann Friedrich Böttger zum 300. Geburtstag“, Dresden 1982, S. 59–79.

Höffner, Joseph (1955): „Statik und Dynamik in der scholastischen Wirtschaftsethik“, Köln 1955.

Hofmann, Friedrich H. (1923a): „Geschichte der Bayerischen Porzellan-Manufaktur Nymphenburg. Erstes Buch“, Leipzig 1923.

Hofmann, Friedrich H. (1923b): „Geschichte der Bayerischen Porzellan-Manufaktur Nymphenburg. Drittes Buch“, Leipzig 1923.

Hofmann, Friedrich H. (1980a): „Verkaufsmethoden, Reklame, Markenwesen“, in: Hofmann, Friedrich H. (Hrsg.): „Das Porzellan der europäischen Manufakturen“, Frankfurt am Main 1980, S. 130–147.

Hofmann, Friedrich H. (1980b): „Angewandte Porzellankunst“, in: Hofmann, Friedrich H. (Hrsg.): „Das Porzellan der europäischen Manufakturen“, Frankfurt am Main 1980, S. 195–212.

Hofmann, Friedrich H. (1980c): „Vorbilder und Einflüsse“, in: Hofmann, Friedrich H. (Hrsg.): „Das Porzellan der europäischen Manufakturen“, Frankfurt am Main 1980, S. 110–130.

Holbach, Rudolf (1985): „Formen des Verlags im Hanseraum vom 13. bis zum 16. Jahrhundert“, in: Hansische Geschichtsblätter, Jahrgang 103, S. 41–73.

Hopkins, Keith (1978): „Conquerors and slaves“, Cambridge 1978.

Hörner, Urusla L. (1962): „Die Entwicklung der Porzellanmanufakturen während des deutschen Merkantilismus“, Graz 1962.

Hower, Ralph M. (1935): „Wanted: Material on the History of Marketing“, in: Bulletin of the Business Historical Society, Band 9, Nummer 5, S. 79–81.

Hunger, Johann Gottfried (1783): „Kurze Geschichte der Abgaben, besonders der Konsumtions- und Handels-Abgaben in Sachsen“, 2. Auflage, Dresden 1783.

Issing, Ottmar (2001): „Einführung in die Geldtheorie“, 12. Auflage, München 2001.

Jacobs, Alfred (1964): „Preis I: Preisgeschichte”, in: Handwörterbuch der Sozialwissenschaften, Band 8, Göttingen 1964, S. 459–476.

Jarosch, Walter (2005): „Weißes Gold aus Frankenthal: die Geschichte der Manufaktur 1755 - 1800“, in: Hürkey, Edgar J. und Anja Guntrum (Hrsg.): „Die Kunst Porcelain zu machen: Frankenthaler Porzellan 1755 - 1800“, Frankenthal (Pfalz) 2005, S. 34–40.

Jedding, Hermann (1971): „Europäisches Porzellan. Band 1: Von den Anfängen bis 1800“, München 1971.

Jenks, Stuart (2005): „Von den archaischen Grundlagen bis zur Schwelle der Moderne (ca. 1000–1450)“, in: North, Michael (Hrsg.): „Deutsche Wirtschaftsgeschichte. Ein Jahrtausend im Überblick“, 2. Auflage, München 2005.

Jokisch, Jens (1993): „Kalkulation“, in: Chmielewicz, Klaus und Marcell Schweitzer (Hrsg.): „Handwörterbuch des Rechnungswesens“, 3. Auflage, Stuttgart 1993, Sp. 1021–1030.

Jung-Stilling, Johann Heinrich (1785a): „Versuch eines Lehrbuches der Fabrikwissenschaft“, Nürnberg 1785.

Jung-Stilling, Johann Heinrich (1785b): „Gemeinnütziges Lehrbuch der Handlungswissenschaft: für alle Klassen von Kaufleuten und Handlungsstudirenden“, Leipzig 1785.

Jung-Stilling, Johann Heinrich (1786): „Anleitung zur Cameral-Rechnungswissenschaft nach einer neuen Methode des doppelten Buchhaltens“, Leipzig 1786.

Just, Johannes (1983): „Die künstlerische Erneuerung. Der Weg der Porzellan-Manufaktur Meißen vom 18. zum 20. Jahrhundert“, in: Mayr, Hans (Hrsg.): „Meissner Porzellan von 1710 bis zur Gegenwart: unter besonderer Würdigung des Meissner Schaffens Paul Scheurichs anlässl. seines 100. Geburtstages“, Köln 1983, S. 71–76.

Käfer, Karl (1941): „Der Kettensatz: Ein Beitrag zur Geschichte und Theorie des kaufmännischen Rechnens“, Zürich 1941.

Kaiser, Reinhold (1987): „Imitationen von Beschau- und Warenzeichen im späten Mittelalter“, in: Vierteljahrschrift für Sozial- und Wirtschaftsgeschichte, Band 74, S. 457–478.

Kalberg, Stephen (1981): „Max Webers Typen der Rationalität. Grundsteine für die Analyse von Rationalisierungsprozessen in der Geschichte“, in: Sprondel, Walter Michael und Constans Seyfahrt (Hrsg.): „Max Weber und die Rationalisierung des sozialen Handelns“, Stuttgart 1981, S. 9–38.

Kalisch, Johannes (1962): „Sächsich-Polnische Pläne zur Gründung einer See- und Handelskompanie am Ausgang des 17. Jh.“, in: Kalisch, Johannes und Józef Andrzej Gierowski (Hrsg.): „Um die polnische Krone: Sachsen und Polen während des Nordischen Krieges 1700–1721“, Berlin 1962, S. 45–69.

Karsten, Lorenz (1780): „Europens Handel mit beyden Indien: ein Auszug aus Raynals Geschichte“, Rostock 1780.

Kaufhold, Karl Heinrich (1978): „Das Gewerbe in Preußen um 1800“, Göttingen 1978.

Kaufhold, Karl Heinrich (1986): „Gewerbelandschaften in der Frühen Neuzeit (1650–1800)“, in: Pohl, Hans (Hrsg.): „Gewerbe- und Industrielandschaften vom Spätmittelalter bis ins 20. Jahrhundert“, Stuttgart 1986, S. 112–202.

Kaufhold, Karl Heinrich (1991): „Aufgaben und Entwicklung der preis- und lohngeschichtlichen Forschung in Deutschland", in: Nachrichten der Akademie der Wissenschaften in Göttingen, Band 2, S. 151–193.

Kaulla, Rudolf (1904): „Die Lehre vom Gerechten Preis in der Scholastik", in: Zeitschrift für die gesamte Staatswissenschaft, Band 60, Nummer 4, S. 579–602.

Kaulla, Rudolf (1906): „Die geschichtliche Entwicklung der modernen Werttheorien", Tübingen 1906.

Kellen, Tony (1911): „Lehrbuch der kaufmännischen Propaganda, im besonderen der Anzeige- und Reklame-Kunst", 2. Auflage, Leipzig 1911.

Kelley, William T. (1956): „The Development of Early Thought in Marketing and Promotion", in: The Journal of Marketing, Band 21, Nummer 1, S. 62–67.

Kellner, Wolfgang (1968): „Die preußisch-deutsche Wirtschaftspolitik und ihr Einfluß auf die Spandauer Gewehrfabrik", in: Scripta Mercaturae, Band 2, Jahr 1968, S. 1–23.

Kent, Roland G. (1920): „The Edict of Diocletian Fixing Maximum Prices", in: University of Pennsylvania Law Review, Band 69, Nummer 1, S. 35–47.

Kenzelmann, Christian Beatus (1810): „Historische Nachrichten über die Königliche Porzellan-Manufaktur zu Meissen und deren Stifter Johann Friedrich Freiherrn von Böttger", Meissen 1810.

Kermann, Joachim (1972): „Die Manufakturen im Rheinland 1750–1833", Bonn 1972.

Kiesewetter, Hubert (1984): „Staat und Unternehmen während der Frühindustrialisierung. Das Königreich Sachsen als Paradigma", in: Zeitschrift für Unternehmensgeschichte, Band 29, S. 1–32.

Kiesewetter, Hubert (1988): „Industrialisierung und Landwirtschaft: Sachsens Stellung im regionalen Industrialisierungsprozess Deutschlands im 19. Jahrhundert", Köln 1988.

Kießling, Rudolf (1989): „Umlandpolitik, wirtschaftliche Verflechtung und innerstädtischer Konflikt in den schwäbischen Reichsstädten an der Wende vom Mittelalter zur Neuzeit", in: Jahn, Joachim und Wolfgang Hartung (Hrsg.): „Oberdeutsche Städte im Vergleich. Mittelalter und Frühe Neuzeit", Sigmaringendorf 1989, S. 115–137.

Kilger, Wolfgang und Jochen R. Pampel und Kurt Vikas (2007): „Flexible Plankostenrechnung und Deckungsbeitragsrechnung", 12. Auflage, Stuttgart 2007.

Kisabaka, Linda (2001): „Marketing für Luxusprodukte", Köln 2001.

Kisluk, Eugene J. (2007): „In the Realm of Meissen Porcelain, ‚Golden Liberty' and Diplomacy. Saxony and Poland-Lithuania, 1697–1763", in: Cassidy-Geiger, Maureen (Hrsg.): „Fragile diplomacy: Meissen porcelain for European courts ca. 1710–63", New York 2007, S. 25–41.

Klein-Blenkers, Fritz (1994): „Die Entwicklung der Betriebswirtschaftslehre bis 1955“, in: Klein-Blenkers, Fritz (Hrsg.): „Aufsätze zur Geschichte der Betriebswirtschaftslehre“, Köln 1994, S. 9–63.

Klein-Blenkers, Fritz (1997a): „Die Berücksichtigung und Beurteilung des handlungswissenschaftlichen Wirkens von Jacob Marperger (1656-1730) in der Literatur der alten und neuen Betriebswirtschaftslehre“, in: Klein-Blenkers, Fritz (Hrsg.): „Materialien zu Paul Jacob Marperger und dessen Buch ‚Kauffmannschafft‘ (1714/1715)“, Köln 1997, S. 51–93.

Klein-Blenkers, Fritz (1997b): „Zum Inhalt des Buches von Marperger (1656-1730) "Nothwendig und nützliche Fragen über die Kauffmannschafft" von 1714 (Erster Teil) und 1715 ("Erste Fortsetzung")“, in: Klein-Blenkers, Fritz (Hrsg.): „Materialien zu Paul Jacob Marperger und dessen Buch ‚Kauffmannschafft‘ (1714/1715)“, Köln 1997, S. 109–180.

Klemperer, Paul (2004): „Auctions: theory and practice“, Princeton 2004.

Kloock, Josef und Günter Sieben und Thomas Schildbach (1999): „Kosten- und Leistungsrechnung“, 8. Auflage, Düsseldorf 1999.

Kocka, Jürgen (1973): „Management und Angestellte im Unternehmen der Industriellen Revolution“, in: Braun, Rudolf (Hrsg.): „Gesellschaft in der industriellen Revolution“, Köln 1973, S. 162–201.

Kocka, Jürgen (1975): „Unternehmer in der deutschen Industrialisierung“, Göttingen 1975.

Kocka, Jürgen (1980): „The Rise of the Modern Industrial Enterprise in Germany“, in: Chandler, Alfred D. und Herman Daems (Hrsg.): „Managerial Hierarchies. Comparative Perspectives on the Rise oft he Modern Industrial Enterprise“, Cambridge (Mass.) 1980, S. 77–116.

Kocka, Jürgen (1999): „ Management in der Industrialisierung. Die Entstehung und Entwicklung der klassischen Muster“, in: Zeitschrift für Unternehmensgeschichte, Jahr 1999, Nummer 2, S. 135–149 .

Kolb, Gerhard (1997): „Geschichte der Volkswirtschaftslehre: dogmenhistorische Positionen des ökonomischen Denkens“, München 1997.

Kolbeck, Rosemarie (1980): „Unternehmen I: Unternehmen und Betrieb“, in: Handwörterbuch der Wirtschaftswissenschaft, Band 8, Stuttgart 1980, S. 65–71.

Kotler, Philip und Friedhelm Bliemel (1999): „Marketing Management. Analyse, Planung, Umsetzung und Steuerung“, 9. Auflage, Stuttgart 1999.

Krafft, Barbara (1997): „250 Jahre Porzellan-Manufaktur Nymphenburg: 1747–1997“, München 1997.

Krämer, Andreas und Robert Bongaerts und Armin Weber (2003): „Rabattsysteme und Bonusprogramme“, in: Diller, Hermann und Andreas Hermann (Hrsg.): „Handbuch Preispolitik“, Wiesbaden 2003, S. 551–574.

Kriedte, Peter (1978): „Genesis, agrarischer Kontext und Weltmarktbedingungen“, in: Kriedte, Peter und Hans Medick und Jürgen Schlumbohm (Hrsg.): „Industrialisierung vor der Industrialisierung. Gewerbliche Warenproduktion auf dem Land in der Formationsperiode des Kapitalismus“, Göttingen 1978, S. 36–89.

Kriedte, Peter (1980): „Spätfeudalismus und Handelskapital: Grundlinien der europäischen Wirtschaftsgeschichte vom 16. bis zum Ausgang des 18. Jahrhunderts“, Göttingen 1980.

Kruse, Jürgen Elert (1765): „Allgemeiner und besonders Hamburgischer Contorist. Zweiter Teil“, 2. Auflage, Hamburg 1765.

Kruedener, Jürgen von (1973): „Die Rolle des Hofes im Absolutismus“, Stuttgart 1973.

Krüger, Horst (1958): „Zur Geschichte der Manufakturen und der Manufakturarbeiter in Preußen. Die mittleren Provinzen in der zweiten Hälfte des 18. Jahrhunderts“, Berlin 1958.

Krünitz, Johann Georg (1777): „Oeconomische Encyclopädie oder allgemeines System der Land, Haus- und Staats-Wirthschaft“, Band 10, 1. Auflage, Berlin 1777.

Krünitz, Johann Georg (1801): „Ökonomisch-technologische Encyklopädie oder allgemeines System der Staats-, Stadt-, Haus- und Landwirthschaft und der Kunstgeschichte“, Band 84, Berlin 1801.

Krünitz, Johann Georg (1810): „Ökonomisch-technologische Encyklopädie oder allgemeines System der Staats-, Stadt-, Haus- und Landwirthschaft und der Kunstgeschichte“, Band 115, Berlin 1810.

Kürpick, Heinrich (1965): „Die Lehre von den fixen Kosten“, Köln 1965.

Kunze, Joachim (1982a): „Nebenproduktionen der Meissner Porzellanmanufaktur in der ersten Hälfte des 19. Jahrhunderts“, in: Keramos, Heft 98, Jahr 1982, S. 67–68.

Kunze, Joachim (1982b): „Die Bedeutung des ‚Englischen Handels‘ mit Porzellanen im Altfranzösischen Geschmack der Meißner Manufaktur in der ersten Hälfte des 19. Jahrhunderts“, in: Keramos, Heft 95, Jahr 1982, S. 37–50.

Kunze, Joachim (1983a): „Angaben zu Personalen bei der Königlichen Porzellan-Manufaktur Meißen aus den Jahren 1800 bis 1860“, in: Keramos, Heft 101, Jahr 1983, S. 17–40.

Kunze, Joachim (1983b): „Vergoldungsarten für Porzellane der Meissner Manufaktur in der ersten Hälfte des 19. Jahrhunderts“, in: Keramos, Heft 99, Jahr 1983, S. 43–56.

Kunze, Joachim (1983c): „Die Bedeutung außenstehender Schuldenposten für die Wirtschaftslage der Porzellanmanufaktur Meißen in der ersten Hälfte des 19. Jahrhunderts“, in: Keramos, Heft 102, Jahr 1983, S. 77–79.

Kunze, Joachim (1983d): „Ein Beitrag zu den Formen Meissner Porzellangeschirre von 1814 bis nach 1830“, in: Keramos, Jahr 1983, Heft 102, S. 3–16.

Kunze, Joachim (1984): „Einführung und Verwendung der Chromoxidgrünfarbe bei der Porzellanmanufaktur Meißen ab 1817“, in Keramos, Jahr 1984, Heft 106, S. 19–24.

Kunze, Joachim (1986a): „Die Porzellanmanufaktur Meissen am Ende ihrer Marcoliniperiode in den Jahren 1810 bis 1813“, in: Keramos, Heft 111, Jahr 1986, S. 3–12.

Kunze, Joachim (1986b): „Die technischen Neuerungen bei der Porzellanmanufaktur Meissen ab 1814 bis 1860“, in: Keramos, Heft 113, Jahr 1986, S. 31–62.

Kunze, Joachim (1988): „Der Handel der Porzellanmanufaktur Meissen von 1814 bis 1860“, in: Keramos, Heft 122, Jahr 1988, S. 41–70.

Landauer, Carl (1915): „Die Theorien der Merkantilisten und Physiokraten über die ökonomische Bedeutung des Luxus“, München 1915.

Landes, David S. (1966): „Introduction“, in: Landes, David S. (Hrsg.): „The rise of capitalism“, New York 1966, S. 1–25.

Landes, David S. (1969): „The unbound Prometheus: technological change and industrial development in Western Europe from 1750 to the present“, Cambridge 1969.

Lange, Oskar (1933): „Die allgemeine Interdependenz der Wirtschaftsgrößen und die Isolierungsmethode“, in: Zeitschrift für Nationalökonomie, Band 4, Nummer 1, S. 52–78.

Langholm, Odd (1979): „Price and Value in the Aristotelian Tradition“, Bergen 1979.

Langholm, Odd (1998a): „The legacy of scholasticism in economic thought: antecedents of choice and power“, Cambridge 1998.

Langholm, Odd (1998b): „The Medieval Schoolmen (1200–1400)“, in: Lowry, Todd S. und Barry Gordon (Hrsg.): „Ancient and Medieval Economic Ideas and Concepts of Social Justice“, Leiden 1998, S. 439–501.

Lasslop, Ingo (2005): „Identitätsorientierte Führung von Luxusmarken“, in: Meffert, Heribert und Christoph Burmann und Martin Koers (Hrsg.): „Markenmanagement. Identitätsorientierte Markenführung und praktische Umsetzung“, 2. Auflage, Wiesbaden 2005, S. 469–494.

Lechevallier-Chevignard, Georges (1908): „La manufacture de porcelaine de Sèvres: histoire de la manufacture 1738-1876”, Paris 1908.

Le Duc, Geneviève (1997): „Rodolphe Lemaire et la manufacture de porcelaine de Meissen. Style extrême-oriental ou goût français?“, in: Revue de l'Art, Band 116, Nummer 1, S. 54–60.

Leitherer, Eugen (1961): „Geschichte der Handles- und Absatzwirtschaftlichen Literatur“, Nürnberg 1961.

Lerner, Franz (1952): „Neue Beiträge zur Geschichte der Preise und Löhne in Deutschland, Holland und Italien“, in: Vierteljahrschrift für Sozial- und Wirtschaftsgeschichte, Band 39, S. 251–265.

Leuchs, Johann Michael (1817): „System des Handels“, 2. Auflage, Nürnberg 1817.

Liackhova, Lydia (2007): „In a Porcelain Mirror. Reflections of Russia from Peter I to Empress Elizabeth“, in: Cassidy-Geiger, Maureen (Hrsg.): „Fragile diplomacy: Meissen porcelain for European courts ca. 1710–63“, New York 2007, S. 63–85.

Liebel, Helen P. (1970): „Der Beamte als Unternehmertyp in den Anfangsstadien der Industrialisierung. Johann Friedrich Müller und die Staats- und Wirtschaftsreformen Württembergs, 1750–1780“, in: Ritter, Gerhard A. (Hrsg.): „Entstehung und Wandel der modernen Gesellschaft. Festschrift für Hans Rosenberg zum 65. Geburtstag“, Berlin 1970, S. 221–260.

Linhardt, Hanns (1964): „Die historische Komponente der funktionalen Betriebswirtschaftslehre“, Berlin 1964.

Löffelholz, Josef (1935): „Geschichte der Betriebswirtschaft und der Betriebswirtschaftslehre“, Stuttgart 1935.

Lopez, Robert S. (1969): „Stars and spices: The earliest Italian manual of commercial practice“, in: Explorations in Economic History, Band 7, Nummer 1/2, S. 35–42.

Ludovici, Carl Günther (1755): „Eröffnete Akademie der Kaufleute, oder vollständiges Kaufmanns-Lexicon: woraus sämmtliche Handlungen und Gewerbe, mit allen ihren Vortheilen, und der Art, sie zu treiben, erlernet werden können“, Band 4, Leipzig 1755.

Ludovici, Carl Günther (1756): „Eröffnete Akademie der Kaufleute, oder vollständiges Kaufmanns-Lexicon: woraus sämmtliche Handlungen und Gewerbe, mit allen ihren Vortheilen, und der Art, sie zu treiben, erlernet werden können“, Band 5, Leipzig 1756.

Ludovici, Carl Günther (1768): „Grundriß eines vollständigen Kaufmanns-Systems, nebst den Anfangsgründen der Handlungswissenschaft, und angehängter kurzen Geschichte der Handlung zu Wasser und zu Lande: …“, 2. Auflage, Leipzig 1768.

Ludwig, Jörg (2003): „Staat und Exportunternehmen in Sachsen 1730–1850“, in: Hess, Ulrich und Petra Listewnik und Michael Schäfer (Hrsg.): „Wirtschaft und Staat in der Industrialisierung Sachsens 1750 - 1930", Leipzig 2003, S. 25–49.

Lübke, Diethard (2005): „Die Lemaire-Hoym-Affäre um Meissner Kakiemon-Porzellan, 1729-1731. Bekannte Fakten, neue Interpretationen“, in: Keramos, Heft 187, Jahr 2005, S. 3–20.

Lütge, Friedrich (1941): „Die Preispolitik in München im hohen Mittelalter“, in: Jahrbücher für Nationalökonomie und Statistik, Band 153, S. 162–202.

Lütge, Friedrich (1966): „Deutsche Sozial- und Wirtschaftsgeschichte. Ein Überblick“, 3. Auflage, Berlin 1966.

Luther, Martin (1524): „Von Kauffshandlung und Wucher“, Faksimile-Ausgabe der 1524 erschienenen Erstausgabe, Düsseldorf 1987.

Macve, Richard (2002): „Insights to be gained from the study of ancient accounting history: some reflections on the new edition of Finley's The Ancient Economy", in: The European Accounting Review, Band 11, Nummer 2, S. 453–471.

Magelsen, Hinrich (1772): „Die ersten Gründe des Buchhaltens, sammt Anwendung derselben auf die gewöhnlichsten Vorfälle der Handlung und Wirthschaft", Altona 1772.

Mandelkow, Karl Robert (1964): „Goethes Briefe. Band 2: Briefe der Jahre 1786–1805", 1. Auflage, Hamburg 1964.

Mannheims, Hildegard und Peter Oberem (2003): „Versteigerung: zur Kulturgeschichte der Dinge aus zweiter Hand; ein Forschungsbericht", Münster 2003.

Marperger, Paul Jacob (1714): „Nothwendig und nützliche Fragen über die Kauffmannschafft", Leipzig 1714.

Marperger, Paul Jacob (1718): „Abriss der Commercien und Manufacturen des Churfürstenthum Sachsen und seiner incorporirten Länder", Dresden 1718.

Marperger, Paul Jacob (1733): „Des Neu-eröffneten Kauffmanns-Magazyns. Anderer Theil", 2. Auflage, Hamburg 1733.

Mauter, Horst (2003): „Zur Geschichte der ‚Porzellanmanufaktur' in Plaue an der Havel 1713-1730", in: Keramos, Heft 182, Jahr 2003, S. 53–82.

Matusz, Julius (1996): „Porzellan: Betrachtungen aus der Geschichte der ältesten Manufakturen Europas", Frankfurt am Main 1996.

Matzerath, Josef (2003): „Kursachsen", in: Buchholz, Werner (Hrsg.): „Das Ende der Frühen Neuzeit im ‚Dritten Deutschland'. Bayern, Hannover, Mecklenburg, Pommern, das Rheinland und Sachsen im Vergleich", München 2003, S. 136–165.

Matzerath, Josef (2006): „Adelsprobe an der Moderne: sächsischer Adel 1763 bis 1866; Entkonkretisierung einer traditionalen Sozialformation", Stuttgart 2006.

May, Johann Carl (1763): „Versuch einer allgemeinen Einleitung in die Handlungswissenschaft. Erster Band", Altona 1763.

May, Walter (1989): „Das Holländische und das Japanische Palais", in: Marx, Harald (Hrsg.): „Matthäus Daniel Pöppelmann: der Architekt des Dresdner Zwingers", Leipzig 1989, S. 198–206.

Morgan, Edward V. (1950): „The Study of Prices and the Value of Money", London 1950.

McCarthy, Edmund J. (1960): „Basic Marketing: A Managerial Approach" Homewood 1960.

McClellan, Andrew (1996): „Edme Gersaint and the Marketing of Art in Eighteenth-Century Paris", in: The Art Bulletin, Band 78, Nummer 3, S. 439–453.

McKendrick, Neil (1970): „Josiah Wedgwood and Cost Accounting in the Industrial Revolution", in: Economic History Review, Band 23, Nummer 1, S. 45–67.

McKendrick, Neil (1982a): „Commercialization and the Economy. Chapter One: The Consumer Revolution of Eighteenth-century England“, in: McKendrick, Neil und John Brewer und Jack H. Plumb (Hrsg.): „The Birth of a Consumer Society. The Commercialization of Eighteenth-century England“, London 1982, S. 9–34.

McKendrick, Neil (1982b): „Commercialization and the Economy. Chapter Three: Josiah Wedgwood and the Commercialization of the Potteries“, in: McKendrick, Neil und John Brewer und Jack H. Plumb (Hrsg.): „The Birth of a Consumer Society. The Commercialization of Eighteenth-century England“, London 1982, S. 100–146.

Medick, Hans (1978): „Die proto-industrielle Familienwirtschaft“, in: Kriedte, Peter und Hans Medick und Jürgen Schlumbohm (Hrsg.): „Industrialisierung vor der Industrliali-sierung. Gewerbliche Warenproduktion auf dem Land in der Formationsperiode des Kapitalismus“, Göttingen 1978, S. 90–154.

Meffert, Heribert und Martin Benkenstein (1993): „Preispolitik“, in: Chmielewicz, Klaus und Marcell Schweitzer (Hrsg.): „Handwörterbuch des Rechnungswesens“, 3. Auflage, Stuttgart 1993, Sp. 1583–1592.

Melis, Federigo (1964): „La risoluzione contabile del problema dei costi mercantili nel secolo XIV“, in: Centre Pro Civitate (Hrsg.): „Finances et comptabilité urbaines du XIIIe au XVIe siècle“, Brüssel 1964, S. 279–286.

Mellerowicz, Konrad (1977): „Neuzeitliche Kalkulationsverfahren“, 6. Auflage, Freiburg im Breisgau 1977.

Menezes, Flavio M. und Paulo K. Monteiro (2005): „An Introduction to Auction Theory“, Oxford 2005.

Menninger, Annerose (2004): „Genuss im kulturellen Wandel: Tabak, Kaffee, Tee und Schokolade in Europa (16. - 19. Jahrhundert)“, Stuttgart 2004.

Menzhausen, Joachim (1982a): „Böttgers Schleif- und Poliermühle“, in: Petermann, Karl und Manfred Bachmann (Hrsg.): „Meißen, Frühzeit und Gegenwart. Johann Friedrich Böttger zum 300. Geburtstag“, Dresden 1982, S. 213–221.

Menzhausen, Ingelore (1982b): „Böttgers „Stein- und Rundbackerey“ – die Dresdner Fayencefabrik“, in: Petermann, Karl und Manfred Bachmann (Hrsg.): „Meißen, Frühzeit und Gegenwart. Johann Friedrich Böttger zum 300. Geburtstag“, Dresden 1982, S. 115–116.

Menzhausen, Ingelore (1983): „Das klassische Meißen“, in: Mayr, Hans (Hrsg.): „Meissner Porzellan von 1710 bis zur Gegenwart: unter besonderer Würdigung des Meissner Schaffens Paul Scheurichs anlässl. seines 100. Geburtstages“, Köln 1983, S. 65–70.

Metternich, Ralph K. (1993): „Die Entwicklung der Werttheorie und ihre Beziehung zum Gewinnstreben: eine dogmengeschichtliche Analyse bis zu den Klassikern und Neoklassikern der Nationalökonomie“, Köln 1993.

Metzner, Max (1953): „Kostengestaltung, Preisbildung und Marktprobleme“, Berlin 1953.

Meyer, Thomas (1976): „Produktplanung und Produktgestaltung im Zeitalter des Merkantilismus am Beispiel der Manufaktur Höchst: Ein Beitrag zur Kunst- und Designgeschichte“, Frankfurt am Main 1976.

Meyer, Torsten (2003): „Konsum in ökonomischen Texten der Frühen Neuzeit“, in: Reith, Reinhold und Torsten Meyer (Hrsg.): „Luxus und Konsum – eine historische Annäherung“, Münster 2003, S. 61–82.

Michael, Johannes (1934): „Die kaufmännische Leitung der Porzellan-Manufaktur Meißen zur Zeit August des Starken. Ein Beitrag zur Geschichte des Merkantilismus“, Berlin 1934.

Mickwitz, Gunnar (1939): „Zum Problem der Betriebsführung in der antiken Wirtschaft“, in: Vierteljahrschrift für Sozial- und Wirtschaftsgeschichte, Band 32, S. 1–25.

Mields, Martin (1960): „Die Technik der Porzellan-Manufaktur von der Erfindung bis zur Gegenwart“, in: VEB Staatliche Porzellan-Manufaktur Meissen (Hrsg.): „250 Jahre Staatliche Porzellan Manufaktur Meissen. Festschrift zum 250 jährigen Jubiläum“, Meißen 1960, S. 115–165.

Mills, Geofrey T. (1994): „Early Accounting in Northern Italy: The role of Commercial Development and the Printing Press in the Expansion of Double-Entry from Genoa, Florence and Venice“, in: The Accounting Historians Journal, Band 21, Nummer 1, S. 81–96.

Moldovanu, Benny und Manfred Tietzel (1998): „Goethe's Second-Price Auction“, in: Journal of Political Economy, Band 106, Nummer 4, S. 854–859.

Moorthy, Sridhar K. (1984): „Market Segmentation, Self Selection and Product Line Decisions“, in: Marketing Science, Band 3, Nummer 4, S. 288–305.

Mottek, Hans (1960): „Zum Verlauf und zu einigen Hauptproblemen der industriellen Revolution in Deutschland“, in: Mottek, Hans und Horst Blumberg und Heinz Wutzmer (Hrsg.): „Studien zur Geschichte der industriellen Revolution in Deutschland“, Berlin 1960, S. 11–63.

Mühlmann, Horst (1975): „Luxus und Komfort: Wortgeschichte und Wortvergleich“, Bonn 1975.

Mui, Hoh-cheung und Lorna H. Mui (1989): „Shops and shopkeeping in eighteenth century England“, Kingston 1989.

Müller, Heiko D. (2004): „Einsatz von Customer Relationship Management-Systemen: Bestimmungsgrößen, Ausprägungen und Erfolgsfaktoren“, Wiesbaden 2004.

Mummenhoff, Ernst (1901): „Der Handwerker in der deutschen Vergangenheit“, Leipzig 1901.

Nell-Breuning, Oswald von (1935): „Fortschritte in der Lehre von der Preisgerechtigkeit“, in: Bisleti, Gaetano (Hrsg.): „Miscellanea Vermeersch. Studi di teologia morale e diritto canonico“, Band 1, Rom 1935, 93–110.

Neuhaus, Helmut (2003): „Das Reich in der Frühen Neuzeit“, 2. Auflage, München 2003.

Neuhaus, Helmut (2007): „Friedrich August I. 1694–1733“, in: Kroll, Frank-Lothar (Hrsg.): „Die Herrscher Sachsens: Markgrafen, Kurfürsten, Könige 1089–1918“, München 2007, S. 173–191 und S. 338–340.

Nicklas, Thomas (2007): „Friedrich August II (1733-1763) und Friedrich Christian (1763)“, in: Kroll, Frank-Lothar (Hrsg.): „Die Herrscher Sachsens: Markgrafen, Kurfürsten, Könige 1089–1918“, München 2007, S. 192–202.

Noble, Peter M. und Thomas S. Gruca (1999): „Industrial Pricing: Theory and Managerial Practice“, in: Marketing Science, Band 18, Nummer 3, S. 435–454.

Noonan, John T. Jr. (1957): „The Scholastic Analysis of Usury“, Cambridge 1957.

Nutz, Andreas (1996): „Unternehmensplanung und Geschäftspraxis im 16. Jahrhundert: die Handelsgesellschaft Felix und Jakob Grimmel zwischen 1550 und 1560“, St. Katharinen 1996.

Nutz, Thomas (2003): „‚... & autres curiosités‘. Exotische Artefakte als Objekte des Elitenkonsums im 18. Jahrhunderts“, in: Bayerdörfer, Hans-Peter und Eckhart Hellmuth (Hrsg.): „Exotica: Konsum und Inszenierung des Fremden im 19. Jahrhundert“, Berlin 2003, S. 1–24.

o. V. (1731): „Mercure de France“, Februar 1731.

o. V. (1733): „Merckwürdiges Leben Ihro Königl. Majestät von Pohlen und Churfl. Durchl. zu Sachsen, Friedrichs Augusti, Darinnen alles, Was von dieses grossen Printzen hohen Geburth an, biß auf Dessen tödtlichen Hintritt notabel und denckwürdig, kurtz und aufrichtigst entdecket ist“, Frankfurt am Main 1733.

o. V. (1956): „Was kostete der Betrieb einer kleineren Porzellanfabrik im 18. Jahrhundert?“, in: Keramik-Freunde der Schweiz, Mitteilungsblatt Nr. 35, S. 8–9.

Ô-Býrn, Friedrich August (1877): „Camillo Graf Marcolini, Königlich sächsischer Kabinettsminister, Oberstallmeister und Kämmerer: Eine biographische Skizze“, Dresden 1877.

Oehm, Hans-Joachim (1968): „Die Rheinisch-Westindische Kompagnie“, Neustadt an der Aisch 1968.

Ogilvie, Sheilagh C. (1994): „Soziale Institutionen und Proto-Industrialisierung“, in: Cerman, Markus und Sheilagh C. Ogilvie (Hrsg.): „Proto-Industrialisierung in Europa. Industrielle Produktion vor dem Fabrikszeitalter", Wien 1994, S. 35–49.

Ohlig, Stefanie (1996): „Zur Verkaufspolitik der Höchster Porzellanmanufaktur“, in: Stahl, Patricia (Hrsg.): „Höchster Porzellan 1746–1796“, Frankfurt-Höchst 1996, S. 284–289.

Olbrich, Rainer und Dirk Battenfeld (2007): „Preispolitik“, Berlin 2007.

Olderog, Torsten und Bernd Skiera (2000): „The Benefits of Bundling Strategies“, in: Schmalenbach Business Review, Band 52, Nummer 2, S. 137–159.

Otruba, Gustav (1965): „Anfänge und Verbreitung der böhmischen Manufakturen bis zum Beginn des 19. Jahrhunderts (1820)“, in: Bohemia - Zeitschrift für Geschichte und Kultur der böhmischen Länder, Jahr 1965, Band 6, S. 230–331.

Oxenfeldt, Alfred R. (1966): „Product Line Pricing“, in: Harvard Business Review, Band 44, S. 135–143.

Pallach, Ulrich-Christian (1980): „Auktionen und Auktionskataloge des 18. Jahrhunderts. Bemerkungen zum Luxusmarkt des französischen Ancien Régime“, in: Francia - Forschungen zur westeuropäischen Geschichte, Jahr 1980, Band 8, S. 648–666.

Pallach, Ulrich-Christian (1987): „Materielle Kultur und Mentalitäten im 18. Jahrhundert: wirtschaftliche Entwicklung und politisch-sozialer Funktionswandel des Luxus in Frankreich und im Alten Reich am Ende des Ancien Régime“, München 1987.

Park, Sook Hi (1973): „Chinesisches Auftragsporzellan der Ostasiatischen Handelskompanie in Emden“, Aurich 1973.

Pedley, Mary Sponberg (2005): „The commerce of cartography: making and marketing maps in eighteenth-century France and England“, Chicago 2005.

Penndorf, Balduin (1913): „Geschichte der Buchhandlung in Deutschland“, Leipzig 1913.

Penndorf, Balduin (1950): „Entwicklungsgeschichte des Betriebslebens“, in: Die Handelshochschule, Band 3, Nummer 1, S. 1–60.

Pfaff, Christoph Heinrich (1803): „Ueber die Arbeiten aus gebrannter Erde und insbesondere über die Töpferwaaren und die Hygiocerames, eine neue Gattung derselben. Vom Bürger Fourmy“, in: Französische Annalen für die allgemeine Naturgeschichte, Physik, Chemie, Physiologie und ihre gemeinnützigen Anwendungen, Band 1, Leipzig 1803, S. 10–19.

Pierenkemper, Toni (1994): „Gewerbe und Industrie im 19. und 20. Jahrhundert“, München 1994.

Pierenkemper, Toni (1999): „Was kann eine moderne Unternehmensgeschichtsschreibung leisten? Und was sollte sie tunlichst vermeiden“, in: Zeitschrift für Unternehmensgeschichte, Band 44, Nummer 1, S. 15–31.

Pierenkemper, Toni (2000): „Unternehmensgeschichte. Eine Einführung in ihre Methoden und Ergebnisse“, Stuttgart 2000.

Pierenkemper, Toni (2004): „Wirtschaftsgeschichte und Wirtschaftswissenschaften. Vom Nutzen ihrer Wechselwirkungen“, in: Schulz, Günther et al. (Hrsg.): „Sozial- und Wirtschaftsgeschichte. Arbeitsgebiete – Probleme – Perspektiven. 100 Jahre Vierteljahrschrift für Sozial- und Wirtschaftsgeschichte“, Stuttgart 2004, S. 577–597.

Pierenkemper, Toni (2005): „Wirtschaftsgeschichte. Eine Einführung – oder: wie wir reich wurden“, München 2005.

Piwarski, Kazimierz (1962): „Das Interregnum 1696/1697 in Polen und die politische Lage in Europa“, in: Kalisch, Johannes und Józef Andrzej Gierowski (Hrsg.): „Um die polnische Krone: Sachsen und Polen während des Nordischen Krieges 1700–1721“, Berlin 1962, S. 9–44.

Plumb, John H. (1972): „The Royal Porcelain Craze“, in: Plumb, John H. (Hrsg.): „In the Light of History“, London 1972, S. 57–69.

Plumpe, Werner (2004): „Perspektiven der Unternehmensgeschichte“, in: Schulz, Günther et al. (Hrsg.): „Sozial- und Wirtschaftsgeschichte. Arbeitsgebiete – Probleme – Perspektiven. 100 Jahre Vierteljahrschrift für Sozial- und Wirtschaftsgeschichte“, Stuttgart 2004, S. 403–425.

Plumpe, Werner (2006): „Unternehmen“, in: Ambrosius Gerold und Dietmar Petzina und Werner Plumpe (Hrsg.): „Moderne Wirtschaftsgeschichte. Eine Einführung für Historiker und Ökonomen“, 2. Auflage, Oldenbourg 2006, S. 61–94.

Pöll, Günther (1980): „Luxus: eine wirtschaftstheoretische Analyse“, Berlin 1980.

Pollard, Sidney (1963): „Capital Accounting in the Industrial Revolution“, in: Yorkshire Bulletin of Economic and Social Research, Band 15, Nummer 2, S. 75–91.

Pollard, Sidney (1965): „The Genesis of Modern Management: A Study of the Industrial Revolution in Great Britain“, Harmondsworth 1965.

Porter, Michael E. (1985): „Competitive advantage: creating and sustaining superior performance”, New York 1985.

Posner, Donald (1990): „Mme. de Pompadour as a Patron of the Visual Arts“, in: The Art Bulletin, Band 72, Nummer 1, S. 74–105.

Pott, Klaus Friedrich (1995): „Einleitung. Jung-Stilling, Werdegang eines Kameralwissenschaftlers aus dem Zeitalter der bürgerlichen Selbstfindung“, in: Jung-Stilling, Johann Heinrich: „D. Johann Heinrich Jungs gemeinnütziges Lehrbuch der Handlungswissenschaft“, Nachdruck der 2. Auflag von 1799, Köln 1995, S. IX–XLIV.

Rachel, Hugo (1928): „Acta Borussica. Die Handels-, Zoll- und Akzisepolitik Preußens 1740–1786“, Band 3, Teil 2, Berlin 1928.

Rachel, Hugo und Paul Wallich (1967): „Berliner Grosskaufleute und Kapitalisten. Zweiter Band: Die Zeit des Merkantilismus 1648 - 1806“, Berlin 1967.

Rafael, Johannes (2009): „Zur ‚Taxa Kaendler‘“, in Keramos, Heft 203/204, Jahr 2009, S. 25–70.

Redlich, Fritz (1968): „Frühindustrielle Unternehmer und ihre Probleme im Lichte ihrer Selbstzeugnisse“, in: Fischer, Wolfram (Hrsg.): „Wirtschafts- und sozial-geschichtliche Probleme der frühen Industrialisierung", Berlin 1968, S. 339–412.

Reich, Charlotte (2005): „Faszinationskraft von Luxusmarken: eine empirische Untersuchung der Determinanten der Begehrlichkeit im Hinblick auf Luxusmarken und der resultierenden Wirkung auf die Kaufabsicht", München 2005.

Reichmann, Thomas (1993): „Zuschlagskalkulation", in: Chmielewicz, Klaus und Marcell Schweitzer (Hrsg.): „Handwörterbuch des Rechnungswesens", 3. Auflage, Stuttgart 1993, Sp. 2262–2272.

Reinhardt, Curt (1912): „Tschirnhaus oder Böttger? Eine urkundliche Geschichte der Erfindung des Meissner Porzellans", in: Neues Lausitzisches Magazin, Band 88, S. 1–162.

Reinheckel, Günther (1963): „Johann Jakob Irminger", in: Keramos, Heft 21, Jahr 1963, S. 14–21.

Reinheckel, Günther (1965): „Meissner Service mit Gotzkowsky-Reliefmuster", in: Keramos, Heft 30, Jahr 1965, S. 38–44.

Reininghaus, Wilfried (1990): „Gewerbe in der Frühen Neuzeit", München 1990.

Reuter, Ortulf (1961): „Die Manufaktur im Fränkischen Raum: eine Untersuchung grossbetrieblicher Anfänge in den Fürstentümern Ansbach und Bayreuth als Beitrag zur Gewerbegeschichte des 18. und beginnenden 19. Jahrhunderts", Stuttgart 1961.

Reyer, Herbert (2005): „Kulturgeschichte in Buchstaben und Ziffern. Die Verdrängung der römischen Zahlen durch die arabischen Ziffern am Beispiel Hildesheims im 16. Jahrhundert", in: Hildesheimer Jahrbuch, Jahr 2005, Band 77, S. 61–91.

Riebel, Paul (1994): „Einzelkosten- und Deckungsbeitragsrechnung. Grundfragen einer markt- und entscheidungsorientierten Unternehmensrechnung", Wiesbaden 1994.

Ritter, Helmut (1916): „Ein arabisches Handbuch der Handelswissenschaft", Berlin 1916.

Roesky, Eduard (1878): „Die Verwaltung und Leitung von Fabriken: speciell von Maschinen-Fabriken unter Berücksichtigung des gegenwärtigen Standes der deutschen Industrie mit besonderer Bezugnahme auf die Eisenbranche", Leipzig 1878.

Römer, Carl Heinrich von (1791): „Ueber den Verfall der Städte, insbesondere der chursächsischen", Dresden 1791.

Rostow, Walt W. (1967): „Stadien wirtschaftlichen Wachstums: eine Alternative zur marxistischen Entwicklungstheorie", Göttingen 1967.

Rückert, Rainer (1990): „Biographische Daten der Meißener Manufakturisten des 18. Jahrhunderts", München 1990.

Rückert, Rainer (1994): „Der ‚Catalogus' der Wiener Porcellaine-Lotterie des Jahres 1735. Dokumente zur Wiener Porzellangeschichte unter Meißener Archivalien", in: Keramos, Heft 145, Jahr 1994, S. 11–65.

Saalfeld, Diedrich (1987): „Die Kontinentalsperre“, in: Pohl, Hans (Hrsg.): „Die Auswirkungen von Zöllen und anderen Handelshemmnissen auf Wirtschaft und Gesellschaft vom Mittelalter bis zur Gegenwart“, Stuttgart 1987, S. 121–139.

Salin, Edgar (1967): „Politische Ökonomie. Geschichte der wirtschaftspolitischen Ideen von Platon bis zur Gegenwart“, Tübingen 1967.

Salmang, Hermann und Horst Scholze (2007): „Keramik“, 7. Auflage, Berlin 2007.

Sargentson, Carolyn (1996): „Merchants and Luxury Markets. The Marchands Merciers of Eighteenth-Century Paris“, London 1996.

Savary, Jacques (1676): „Der vollkommene Kauff- und Handelsmann“, Genf 1676.

Savitt, Ronald (1980): „Historical research in marketing", in: Journal of Marketing, Band 44, Nummer 4, S. 52–58.

Schachtschabel, Hans Georg (1939): „Der gerechte Preis - Geschichte einer wirtschaftsethischen Idee“, Berlin 1939.

Schade, Günter (1987): „Berliner Porzellan. Zur Kunst- und Kulturgeschichte der Berliner Porzellanmanufakturen im 18. und 19. Jahrhundert“, München 1987.

Schaier, Joachim (1990): „"... wer imer die Hände rühren will, kan Geld verdienen": ein Beitrag zur Erforschung vorindustrieller Unternehmungen in Singen und Mühlhausen um 1800“, Singen (Hohentwil) 1990.

Schärer, Jürgen (2002): „Das Archiv der Staatlichen Porzellanmanufaktur Meissen GmbH“, in: Archiv und Wirtschaft, Band 35, Nummer 1, S. 18–23.

Schefold, Bertram (1993): „Savarys ‚Parfait négociant‘: die Ordnung der Märkte durch Händler und Staat“, in: Schefold, Bertram et al (Hrsg.): „Le parfait negociant ou instruction generale pour ce qui regarde le commerce de toute forte marchandises, tant de France, que des pays etrangers / Jacques Savary; Vademecum zu einem Klassiker der Handlungswissenschaft“, Düsseldorf 1993, S. 15–48.

Schiele, Hartmut (1967): „Betriebswirtschaftliche Aufschlüsse aus den Fugger-Veröffentlichungen von Götz Freiherrn von Pölnit“, in: Schiele, Hartmut und Manfred Ricker (Hrsg.): „Betriebswirtschaftliche Aufschlüsse aus der Fuggerzeit", Berlin 1967, S. 5–110.

Schillinger, Klaus (2006): „Zeit, Mass und Gewicht in Dresden“, in: Groß, Reiner und Uwe John (Hrsg.): „Geschichte der Stadt Dresden. Band 2: Vom Ende des Dreißigjährigen Krieges bis zur Reichsgründung“, Stuttgart 2006, S. 301–322.

Schivelbuch, Wolfgang (1980): „Das Paradies, der Geschmack und die Vernunft. Eine Geschichte der Genußmittel“, München 1980.

Schlechte, Horst (1958): „Die Staatsreform in Kursachsen 1762-1763. Quellen zum Kursächsischen Rétablissement nach dem Siebenjährigen Kriege“, Berlin 1958.

Schlumbohm, Jürgen (1998): „Mikrogeschichte - Makrogeschichte: Zur Eröffnung einer Debatte“, in: Schlumbohm, Jürgen (Hrsg.): „Mikrogeschichte - Makrogeschichte: komplementär oder inkommensurabel?“, Göttingen 1998, S. 7–32.

Schmoller, Gustav (1884): „Studien über die wirthschaftliche Politik Friedrichs des Großen und Preußen überhaupt von 1680-1786. Das Merkantilsystem in seiner historischen Bedeutung: städtische, territoriale und staatliche Wirthschaftspolitik“, in: Jahrbuch für Gesetzgebung, Verwaltung und Volkswirthschaft, NF 8 (1884), S. 15–61.

Schneider, Dieter (1984): „Managementfehler durch mangelndes Geschichtsbewußtsein in der Betriebswirtschaftslehre“, in: Zeitschrift für Unternehmensgeschichte, Band 29, Heft 2, S. 114–130.

Schneider, Dieter (1993a): „Geschichte der Buchhaltung und Bilanzierung“, in: Chmielewicz, Klaus und Marcell Schweitzer (Hrsg.): „Handwörterbuch des Rechnungswesens“, 3. Auflage, Stuttgart 1993, Sp. 712–721.

Schneider, Dieter (2001): „Betriebswirtschaftslehre. Band 4: Geschichte und Methoden der Wirtschaftswissenschaft“, München 2001.

Schneider, Dietrich (1993b): „Jacques Savarys ‚Le parfait negociant‘“, in: Schefold, Bertram et al (Hrsg.): „Le parfait negociant ou instruction generale pour ce qui regarde le commerce de toute forte marchandises, tant de France, que des pays etrangers / Jacques Savary; Vademecum zu einem Klassiker der Handlungswissenschaft“, Düsseldorf 1993, S. 85–98.

Scholz, Traute (1981): „Produktivkraftentwicklung, Arbeitskräftestruktur und betriebliche Lohnarbeitsverhältnisse in der Porzellanmanufaktur Meißen im 18. und 19. Jahrhundert“, in: Jahrbuch für Wirtschaftsgeschichte, Jahrgang 1981/2, S. 51–103.

Schönfeld, Martin (1998): „Was there a Western Inventor of Porcelain?“, in: Technology and Culture, Band 39, Nummer 4, S. 716–727.

Schramm, Manuel (2007): „Konsumgeschichte“, in: Middel, Matthias (Hrsg.): „Dimensionen der Kultur- und Gesellschaftsgeschichte: Festschrift für Hannes Siegrist zum 60. Geburtstag“, Leipzig 2007, S. 163–183.

Schreier, Martin und Joseph Werfer (2007): „Auktionen versus Lotterien. Ein empirischer Vergleich zur Messung von Zahlungsbereitschaften“, in: Die Betriebswirtschaft, Band 67, Nummer 1, S. 22–40.

Schubert, Hartmut (1962): „Unterkauf und Unterkäufer in Frankfurt am Main im Mittelalter (ein Beitrag zur Geschichte des Maklerrechts)“, Frankfurt am Main 1962.

Schubert, Volker (1994): „Sachsen als Generalgouvernement der Russen und Preußen (1813-1815)“, in: Dresdner Hefte, Heft 37, Jahr 1994, S. 79–98.

Schulz, Hermann (1982): „Das System und die Prinzipien der Einkünfte im werdenden Staat der Neuzeit, dargestellt anhand der kameralwissenschaftlichen Literatur (1600–1835)“, Berlin 1982.

Schumann, Ludwig Friedrich (1835): „Die Kunst durchsichtiges Porzellan und weißes Steingut mit durchsichtiger Glasur anzufertigen“, Weimar 1835.

Schuster, Bettina (1993): „Meissen: Geschichten zur Geschichte und Gegenwart der ältesten Porzellanmanufaktur Europas“, Wien 1993.

Schwartz, Selma und Jeffrey Junger (2007): „Gifts of Meissen Procelain to the French Court, 1728–50“, in: Cassidy-Geiger, Maureen (Hrsg.): „Fragile diplomacy: Meissen porcelain for European courts ca. 1710–63“, New York 2007, S. 141–173.

Seidlitz, Werner von (1888): „Die Meissner Porzellanmanufaktur unter Böttger“, in: Neues Archiv für Sächsische Geschichte und Altertumskunde, Band 9, S. 115–136.

Seidlitz, Werner von (1889): „Die frühesten Nachahmungen des Meissner Porzellans. Die Fabriken in Plaue, Wien und Venedig“, in: Neues Archiv für Sächsische Geschichte und Altertumskunde, Band 10, S. 58–72.

Seyffahrt, Richard (1966): „Von Pfuschern und Fälschern“, in: Keramos, Heft 34, Jahr 1966, S. 123–129.

Seyffarth, Richard (1970): „Die Porzellanmalerei in der Höroldtzeit“, in: Keramos, Heft 50, Jahr 1970, S. 130–146.

Seyffert, Rudolf (1932): „Carl Günther Ludovici und sein Hauptwerk. Die Akademie der Kaufleute“, in: Seyffert, Rudolf (Hrsg.): „Ludovici, Carl Günther: Grundriss eines vollständigen Kaufmanns-Systems“, Omnitypiedruck der 2. Aufl. von 1768, Stuttgart 1932, S. I–XXIV.

Seyffert, Rudolf (1971): „Über Begriff, Aufgaben und Entwicklung der Betriebswirtschaftslehre“, 6. Auflage, Stuttgart 1971.

Scherf, Helmut (1980): „Thüringer Porzellan: unter besonderer Berücksichtigung der Erzeugnisse des 18. und frühen 19. Jahrhunderts“, Leipzig 1980.

Shono, Masako (1973): „Japanisches Aritaporzellan im sogenannten ‚Kakiemonstil‘ als Vorbild für die Meißener Porzellanmanufaktur“, München 1973.

Siebeneicker, Arnulf (1993): „Vom Luxusgegenstand zum Gebrauchsgegenstand. Porzellan wird ‚wohlfeil‘“, in: Ponert, Dietmar Jürgen (Hrsg.): „Die Porzellanmanufaktur F.A. Schumann in Moabit bei Berlin“, Berlin 1993, S. 224–236.

Simon, Thomas (2004): „‚Gute Policey‘. Ordnungsleitbilder und Zielvorstellungen politischen Handelns in der Frühen Neuzeit“, Frankfurt am Main 2004.

Simon, Hermann und Martin Fassnacht (2009): „Preismanagement“, 3. Auflage, Wiesbaden 2009.

Skiera, Bernd (2001): „Preisdifferenzierung“, in: Albers, Sönke et al. (Hrsg.): "Marketing mit Interaktiven Medien. Strategien zum Markterfolg", Frankfurt am Main 2001, S. 267–281.

Slawinger, Gerd (1966): „Die Manufaktur in Kurbayern. Die Anfänge der großgewerblichen Entwicklung in der Übergangsepoche vom Merkantilismus zum Liberalismus 1740-1833“, Stuttgart 1966.

Smail, John (2003): „The Culture of Credit in Eighteenth-Century Commerce: The English Textile Industry“, in: Enterprise and Society, Band 4, Nummer 2, S. 299–325.

Smith, Charles W. (1988): „Auctions: The social construction of value“, London 1989.

Sombart, Werner (1928a): „Der moderne Kapitalismus. Band 2: Das europäische Wirtschaftsleben im Zeitalter des Frühkapitalismus, vornehmlich im 16., 17. und 18. Jahrhundert“, Halbband 1, München 1928.

Sombart, Wernter (1928b): „Der moderne Kapitalismus. Band 2: Das europäische Wirtschaftsleben im Zeitalter des Frühkapitalismus, vornehmlich im 16., 17. und 18. Jahrhundert“, Halbband 2, München 1928.

Sonnemann, Rolf und Eberhard Wächtler (1982): „Das Kurfürstentum Sachsen am Anfang des 18. Jahrhunderts - Geschichte, Wissenschaft und Technik“, in: Petermann, Karl und Manfred, Bachmann (Hrsg.): „Meißen, Frühzeit und Gegenwart. Johann Friedrich Böttger zum 300. Geburtstag“, Dresden 1982, S. 23–32.

Sonnenfels, Joseph von (1769): „Grundsätze aus der Polizey- Handlungs und Finanzwissenschaft, 2. Theil: Handlungswissenschaft“, Wien 1769.

Spicciani, Amleto (1977): „La Mercatura e la formazione del prezzo nella riflessione teologica medioevale“, in: Atti della Accademia Nazionale dei Lincei, Memorie. Classe di scienze morali, storiche e filologiche; Band 8, Nummer 20, Faszikel 3, S. 127–287.

Sponsel, Jean Louis (1900): „Kabinettstücke der Meissner Porzellan-Manufaktur von Johann Joachim Kändler“, Leipzig 1900.

Staffelbach, Bruno (2002): „Ökonomik im Mittelalter. Bericht von einer Zeitreise eines Betriebswirtschafters“, in: Staffelbach, Bruno und Marcel Senn (Hrsg.): „Ökonomik im Mittelalter: eine Zeitreise mit modernen mikroökonomischen Theorien“, Zürich 2002, S. 9–24.

Stahl, Patricia (2002): „Marktstrategien und Vertriebssysteme der Höchster Porzellanmanufaktur im 18. Jahrhundert“, in: Dittmar, Monika und Werner Endres (Hrsg.): "Kiepe, Pferdefuhrwerk, Eisenbahnwaggon: Keramik als Gebrauchs- und Handelsware", Velten 2002, S. 190–199.

Staszewski, Jacek (1996): „August III. Kurfürst von Sachsen und König von Polen“, Berlin 1996.

Staszewski, Jacek (1997): „Der polnische König August II. (1697–1733)“, in: Duchhardt, Heinz (Hrsg.): „Der Herrscher in der Doppelpflicht. Europäische Fürsten und ihre beiden Throne“, Mainz 1997, S. 207–222.

Stearns, Peter N. (1997): „Stages of Consumerism: Recent Work on the Issues of Periodization“, in: The Journal of Modern History, Band 69, Nummer 1, S. 102–117.

Steffenhagen, Hartwig (2003): „Konditionensysteme“, in: Diller, Hermann und Andreas Hermann (Hrsg.): „Handbuch Preispolitik“, Wiesbaden 2003, S. 575–596.

Steinbrück, Johann Melchior (1983): „Bericht über die Porzellanmanufaktur Meissen von den Anfängen bis zum Jahre 1717“, Göttingen 1983.

Steinhüser, Ferdinand August (1931): „Johann Joachim Becher und die Einzelwirtschaft: ein Beitrag zur Geschichte der Einzelwirtschaftslehre und des Kameralismus“, Nürnberg 1931.

Steinkamp, Mirja (1997): „Die Eisenhütte Gittelde 1700 - 1787: eine betriebswirtschaftliche Untersuchung“, Stuttgart 1997.

Stieda, Wilhelm (1902): „Die Anfänge der Porzellanfabrikation auf dem Thüringerwalde“, Jena 1902.

Stieda, Wilhelm (1913): „Die Kontinentalsperre in Sachsen“, in: Berichte über die Verhandlungen der Königl.-Sächsischen Gesellschaft der Wissenschaften, Philologisch-Historische Klasse, Band 65, Leipzig 1913, S. 115–138.

Stihler, Ariane (1998): „Die Entstehung des modernen Konsums: Darstellung und Erklärungsansätze“, Berlin 1998.

Straubel, Rudolf (1995): „Kaufleute und Manufakturunternehmer: eine empirische Untersuchung über die sozialen Träger von Handel und Großgewerbe in den mittleren preußischen Provinzen (1763 bis 1815)“, Stuttgart 1995.

Ströber, Eva (2001): „Einführung“, in: Staatliche Kunstsammlungen Dresden (Hrsg.): „‚La maladie de porcelaine ...‘ : ostasiatisches Porzellan aus der Sammlung Augusts des Starken“, Leipzig 2001, S. 9–13.

Stromer, Wolfgang von (1991): „Der Verlag als strategisches System einer an gutem Geld armen Wirtschaft, am Beispiel Oberdeutschlands in Mittelalter und Früher Neuzeit“, in: Vierteljahrschrift für Sozial- und Wirtschaftsgeschichte, Band 78, S. 153–171.

Stuebel, Heinrich (1937): „Preisgeschichte und Konjunkturforschung“, in: Vierteljahrshefte zur Wirtschaftsforschung, Band 12, S. 344–350.

Stürmer, Michael (1979): „Höfische Kultur und frühmoderne Unternehmer. Zur Ökonomie des Luxus im 18. Jahrhundert“, in: Historische Zeitschrift, Band 229, S. 265–297.

Sundhoff, Edmund (1991): „Dreihundert Jahre Handelswissenschaft. Beiträge zur Geschichte der Betriebswirtschaftslehre“, 2. Auflage, Köln 1991.

Tacke, Georg (1989): „Nichtlineare Preisbildung: höhere Gewinne durch Differenzierung“, Wiesbaden 1989.

Tann, Jennifer (1978): „Marketing Methods in the International Steam Engine Market: The Case of Boulton and Watt“, in: The Journal of Economic History, Band 38, Nummer 2, S. 363–391.

Tausendpfund Alfred (1975): „Die Manufaktur im Fürstentum Neuburg. Studien zur Sozial- und Wirtschaftsgeschichte unter besonderer Berücksichtigung der großbetrieblichen Entwicklung im Zeitalter des Merkantilismus“, Nürnberg 1975.

Tedlow, Richard S. und Geoffrey Jones (1993): „The Rise and Fall of Mass Marketing“, London 1993.

Temin, Peter (2002): „Price Behavior in Ancient Babylon“, in: Explorations in Economic History, Band 39, Nummer 1, S. 46–60.

Teuteberg, Hans Jürgen (1980): „Kaffeetrinken sozialgeschichtlich betrachtet“, in: Scripta Mercaturae, Band 14, Nummer 1, 1980, S. 27–54.

Theuer, Gottfried (1975): „Rabatte und Boni“, in: Grochla, Erwin und Waldemar Wittmann (Hrsg.): „Handwörterbuch der Betriebswirtschaft", 4. Auflage, Band 2, Stuttgart 1975, Sp. 3299–3303.

Thirsk, Joan (1978): „Economic policy and projects: the development of a consumer society in early modern England“, Oxford 1978.

Todeschini, Giacomo (1994): „Il prezzo della salvezza. Lessici medievali del pensiero economico“, Rom 1994.

Treue, Wilhelm (1952a): „Das Porzellan im Handelsbereich der Niederländisch-Ostindischen Kompanie im 17. Jahrhundert (I)“, in: Vierteljahrschrift für Sozial- und Wirtschaftsgeschichte, Band 39, S. 30–62.

Treue, Wilhelm (1952b): „Das Porzellan im Handelsbereich der Niederländisch-Ostindischen Kompanie im 17. Jahrhundert (II)“, in: Vierteljahrschrift für Sozial- und Wirtschaftsgeschichte, Band 39, S. 129–151.

Treue, Wilhelm (1957a): „Der Merkantilismus und das Wirtschaftsgefüge des absolutistischen Zeitalters bis ins frühe 18. Jahrhundert“, in: Valjavec, Fritz (Hrsg.): „Historia Mundi. Ein Handbuch zur Weltgeschichte in zehn Bänden“, Siebter Band, Bern 1957, S. 277–315.

Treue, Wilhelm (1957b): „Das Verhältnis von Fürst, Staat und Unternehmer in der Zeit des Merkantilismus“, in: Vierteljahrschrift für Sozial- und Wirtschaftsgeschichte, Band 44, Nummer 1, S. 26–56.

Treue, Wilhelm (1964a): „Josiah Wedgwood. Ein Pionier in der industriellen Revolution. Teil 1“, in: Keramos, Heft 25, Jahr 1964, S. 25–32.

Treue, Wilhelm (1964b): „Josiah Wedgwood. Ein Pionier in der industriellen Revolution. Teil 2“, in: Keramos, Heft 26, Jahr 1964, S. 14–31.

Treue, Wilhelm (1973a): „Wirtschaftsgeschichte der Neuzeit“, 3. Auflage, Stuttgart 1973.

Treue, Wilhelm (1973b): „Ostasiatisches Porzellan und Wedgwood-Importe in Deutschland im 18. Jahrhundert“, in: Keramos, Heft 59, Jahr 1973, S. 16–27.

Triffin, Robert (1940): „Monopolistic Competition and General Equilibrium Theory“, Cambridge (Mass.) 1940.

Troitzsch, Ulrich (1978): „Manufakturen in Deutschland und ihre theoretische Behandlung in der kameralistischen Literatur. Ansätze zu einem Vergleich“, in: Schneider, Jürgen (Hrsg.): „Wirtschaftskräfte und Wirtschaftswege“, Band 4, 1978, S. 611–624.

Tucci, Ugo (1990): „Benedetto Cotrugli. Il libro dell'arte di mercatura“, Venedig 1990.

Ulbricht, Gunda (2001): „Finanzgeschichte Sachsens im Übergang zum konstitutionellen Staat: (1763 bis 1843)“, St. Katharinen 2001.

Ulivi, Elisabetta (2002): „Scuole e maestri d'abaco in Italia tra Medioevo e Rinascimento“, abgerufen am 17.08.2009 unter: http://php.math.unifi.it/archimede/archimede/fibonacci/catalogo/ulivi.php.

Ullrich, Bernd und Willi Goder (1989): „Johann Melchior Steinbrück“, in: Keramos, Heft 125, Jahr 1989, S. 3–6.

Valjavec, Fritz und Hans Wühr (1957): „Kultur und Kunst des Barock“, in: Valjavec, Fritz (Hrsg.): „Historia Mundi. Ein Handbuch zur Weltgeschichte in zehn Bänden“, Siebter Band, Bern 1957, S. 378–391.

van Klaveren, Jacob (1964): „Die Manufakturen des Ancien Régime", in: Vierteljahrschrift für Sozial- und Wirtschaftsgeschichte, Band 51, Jahr 1964, S. 145–191.

Veblen, Thorstein (1950): „Theorie der feinen Leute: eine ökonomische Untersuchung der Institutionen“, Köln 1950.

Vickrey, William (1962): „Counterspeculation, Auctions and Competitive Sealed Tenders", in: Journal of Finance, Band 16, Nummer 1, S. 8–37.

Vitzthum von Eckstaedt, Karl-Friedrich (1867): „Maurice Comte de Saxe et Marie-Josèphe de Saxe Dauphine de France. Lettres et documents inédits des archives de Dresde“, Leipzig 1867.

Vogel, Julius (1898): „Winckelmann, Johann Joachim“, in: Bayerische Akademie der Wissenschaften (Hrsg.): „Allgemeine Deutsche Biographie“, Band 43, Leipzig 1898, S. 343–363.

Volker, Tijs (1954): „Porcelain and the Dutch East India Company, 1602–1682”, Leiden 1954.

Volker, Tijs (1959): „The japanese Porcelain Trade of the Dutch East India Company after 1683”, Leiden 1959.

Vormbaum, Herbert (1975): „Kalkulationsformen und –verfahren“, in: Grochla, Erwin und Waldemar Wittmann (Hrsg.): "Handwörterbuch der Betriebswirtschaft", 4. Auflage, Band 2, Stuttgart 1975, Sp. 2041–2059.

Wagner, Andreas (1803): „Anweisung zur gründlichen Berechnung der Münz-Sorten-Reduktionen und Arbitragen, wie auch der Waaren-Calculation, Assuranz, Haverey, Bodmerey u.s.w.“, Münster 1803.

Walb, Ernst (1927): „Kameralwissenschaften und vergleichende Betriebswirtschaftslehre: Rede gehalten bei der feierlichen Übernahme des Rektorats Köln am 12. November 1927“, Köln 1927.

Walb, Ernst (1929): „Zur Frage der historischen Betrachtung in der Betriebswirtschaftslehre“, in: Zeitschrift für Handelswissenschaft und Handelspraxis, Band 22, Heft 7, S. 203–211.

Walcha, Otto (1958): „Der Bericht Wildensteins über die ersten Jahre der Manufaktur“, in: Keramik-Freunde der Schweiz, Mitteilungsblatt Nr. 42, S. 17–23.

Walcha, Otto (1959): „Dr. Jacob Bartholomäi, Leibarzt und Mitarbeiter Johann Friedrich Böttgers“, in: Keramos, Heft 3, Jahr 1959, S. 22–34.

Walcha, Otto (1960a): „Quellen zur Manufakturgeschichte Meissens“, Zürich 1960.

Walcha, Otto (1960b): „Die Meissner Porzellanlieferungen an Friedrich II. während der Schlesischen Kriege“, in: Keramos, Heft 7, Jahr 1960, S. 13–16.

Walcha, Otto (1960c): „Die Geschichte der Meissner Manufaktur von 1710 bis 1945“, in: VEB Staatliche Porzellan-Manufaktur Meissen (Hrsg.): „250 Jahre Staatliche Porzellan Manufaktur Meissen. Festschrift zum 250 jährigen Jubiläum“, Meißen 1960, S. 53–87.

Walcha, Otto (1960d): „Die künstlerische Entwicklung der Meissner Manufaktur“, in: VEB Staatliche Porzellan-Manufaktur Meissen (Hrsg.): „250 Jahre Staatliche Porzellan Manufaktur Meissen. Festschrift zum 250 jährigen Jubiläum“, Meißen 1960, S. 167–205.

Walcha, Otto (1961): „Friedrichs II. letzte bedeutende Porzellanbestellung in Meissen“, in: Keramos, Heft 12, Jahr 1961, S. 31–33.

Walcha, Otto (1968): „Die Marcolini-Zeit der Meissner Manufaktur“, in: Keramos, Heft 40, Jahr 1968, S. 13–38.

Walcha, Otto (1973): „Meissner Porzellan“, Dresden 1973.

Wark, Ralph H. (1960): „Die Meißner Apostelfiguren von Johann J. Kaendler“, in: Keramos, Heft 10, Jahr 1960, S. 175–182.

Watzdorf, Erna von (1974): „Irminger, Johann Jacob“, in: Bayerische Akademie der Wissenschaften (Hrsg.): „Neue Deutsche Biographie“, Band 10, Berlin 1974, S. 181–182.

Weber, Eduard (1914): „Literaturgeschichte der Handelsbetriebslehre“, Tübingen 1914.

Weber, Franz Joseph (1798): „Die Kunst das ächte Porzellain zu verfertigen“, Hannover 1798.

Weber, Max (1986): „Gesammelte Aufsätze zur Religionssoziologie“, 8., photomechanisch gedruckte Auflage, Band 1, Tübingen 1986.

Weber, Wilhelm (1959): „Wirtschaftsethik am Vorabend des Liberalismus: Höhepunkt und Abschluß der scholastischen Wirtschaftsbetrachtung durch Ludwig Molina S.J. (1535–1600)“, Münster 1959.

Wehler, Hans-Ulrich (1970): „Theorieprobleme der modernen deutschen Wirtschaftsgeschichte (1800–1945)“, in: Ritter, Gerhard A. (Hrsg.): „Entstehung und Wandel der modernen Gesellschaft. Festschrift für Hans Rosenberg zum 65. Geburtstag“, Berlin 1970, S. 66–107.

Weinhold, Rudolf (1982): „Meister – Gesellen – Manufakturier. Zur Keramikproduktion und ihren Produzenten in Sachsen und Thüringen zwischen 1750 und 1830“, in: Weinhold, Rudolf (Hrsg.): „Volksleben zwischen Zunft und Fabrik. Studien zu Kultur und Lebensweise werktätiger Klassen und Schichten während des Übergangs vom Feudalismus zum Kapitalismus“, Berlin 1982, S. 165–250.

Weiß, Gustav (1994): „Ullstein Porzellanbuch. Eine Stilkunde und Technikgeschichte mit Markenverzeichnis“, Frankfurt am Main 1994.

Weissenborn, Hermann (1866): „Lebensbeschreibung des Ehrenfr. Walther v. Tschirnhaus auf Kiesslingswalde und Würdigung seiner Verdienste“, Eisenach 1866.

Welch, Evelyn (2005): „Shopping in the Renaissance“, New Haven 2005.

Wertenbroch, Klaus und Bernd Skiera (2002): „Measuring Consumer Willingness to Pay at the Point of Purchase“, in: Journal of Marketing Research, Band 39, Nummer 5, S. 228–241.

Wiebe, Georg (1895): „Zur Geschichte der Preisrevolution des XVI. und XVII. Jahrhunderts“, Leipzig 1895.

Wieck, Friedrich Georg (1840): „Industrielle Zustände Sachsens. Das Gesamtgebiet des sächsischen Manufaktur- und Fabrikwesens, Handels und Verkehrs“, Chemnitz 1840.

Wied-Nebbeling, Susanne (1985): „Das Preisverhalten in der Industrie“, Tübingen 1985.

Wilckens, Friedrich (2008): „Krepon, Kredit und Porzellan: vom steilen Aufstieg und tiefen Fall der Unternehmerfamilie Wegeli aus Diessenhofen im Berlin des 18. Jahrhunderts“, Frauenfeld 2008.

Winckelmann, Johann Joachim (1755): „Gedancken über die Nachahmung der Griechischen Wercke in der Mahlerey und Bildhauer-Kunst“, Friedrichstadt 1755.

Winckelmann, Hans (1950): „Kameralistische und kaufmännische Rechnungslegung in öffentlichen Verwaltungen und Betrieben: eine grundsätzliche Betrachtung“, Berlin 1950.

Winkler, Karl Tilman (1993): „Handwerk und Markt: Druckerhandwerk, Vertriebswesen und Tagesschrifttum in London 1695–1750“, Göttingen 1993.

Winterstein, Helmut (1982) : „Der gerechte Preis – heute noch Gegenstand der volkswirtschaftlichen Forschung“, in: Herrmann, Johannes et al. (Hrsg.): „Der ‚Gerechte Preis‘: Beiträge zur Diskussion um das ‚pretium iustum‘.“, Erlangen 1982, S. 33–38.

Wirtz, Rainer (1996): „Kontroversen über den Luxus im ausgehenden 18. Jahrhundert", in: Jahrbuch für Wirtschaftsgeschichte, Jahrgang 1996/1, S. 165–176.

Witthöft, Harald (2006): „Über Korn und Brot - Geld und Münze: rechte Zahl und aequalitas als gerechter Preis in Mittelalter und Neuzeit", in: Vierteljahrschrift für Sozial- und Wirtschaftsgeschichte, Band 93, Nummer 4, S. 438–479.

Wittmann, Waldemar (1982): „Mensch, Produktion und Unternehmung. Eine historische Nachlese", Tübingen 1982.

Wittschewsky, Valentin (1905): „Rußlands Handels-, Zoll- und Industriepolitik von Peter dem Großen bis auf die Gegenwart", Berlin 1905.

Wittwer, Samuel (2007): „Liaisons Fragiles: Exchanges of Gifts between Saxony and Prussia in the Early Eighteenth Century", in: Cassidy-Geiger, Maureen (Hrsg.): „Fragile diplomacy: Meissen porcelain for European courts ca. 1710–63", New York 2007, S. 87–109.

Wollgast, Siegfried (1988): „Ehrenfried Walther von Tschirnhaus und die deutsche Frühaufklärung", Berlin 1988.

Wördemann, Johann Gerhard (1774): „Anweisung zur vollständigen Wechsel- und Waaren-Berechnung der vornehmsten Städte von Europa", Potsdam 1774.

Wübker, Georg (1998): „Preisbündelung: Formen, Theorie, Messung und Umsetzung", Wiesbaden 1998.

Yamey, Basil S. (1949): „Scientific Bookkeeping and the Rise of Capitalism", in: The Economic History Review, New Series, Band 1, Nummer 2/3, S. 99–113.

Yamey, Basil S. (1964): „Accounting and the Rise of Capitalism. Further Notes on a Theme by Sombart", in: Journal of Accounting Research, Band 2, Nummer 2, S. 117–136.

Yamey, Basil S. (2000): „The ‚particular gain or loss upon each article we deal in': an aspect of mercantile accounting, 1300-1800", in: Accounting, Business & Financial History, Band 10, Nummer 1, S. 1–12.

Young, Hilary (1995): „The genius of Wedgwood", London 1995.

Young, Hilary (1999): „Manufacturing outside the Capital: The British Porcelain Factories, Their Sales Networks and Their Artists, 1745-1795", in: Journal of Design History, Band 12, Nummer 3, S. 257–269.

Zais, Ernst (1887): „Die kurmainzische Porzellan-Manufaktur zu Höchst: ein Beitrag zur Geschichte des deutschen Kunstgewerbes", Mainz 1887.

Zemon Davis, Natalie (1960): „Sixteenth-Century French Arithmetics on the Business Life", in: Journal of the History of Ideas, Band 21, Nummer 1, S. 18–48.

Zick, Gisela (1978): „Berliner Porzellan der Manufaktur von Wilhelm Caspar Wegely, 1751–1757", Berlin 1978.

Zielenziger, Kurt (1914): „Die alten deutschen Kameralisten: ein Beitrag zur Geschichte der Nationalökonomie und zum Problem des Merkantilismus“, Jena 1914.

Zimmermann, Ernst (1906): „In welchem Jahre wurde das Meissner Porzellan erfunden?“, in: Neues Archiv für Sächsische Geschichte und Altertumskunde, Band 27, S. 60–88.

Zimmermann, Ernst (1907): „Wer war der Erfinder des Meissner Porzellans?“, in: Neues Archiv für Sächsische Geschichte und Altertumskunde, Band 28, S. 17–49.

Zimmermann, Ernst (1908): „Die Erfindung und Frühzeit des Meissner Porzellans. Ein Beitrag zur Geschichte der deutschen Keramik“, Berlin 1908.

Zimmermann, Ernst (1926): „Meissner Porzellan“, Leipzig 1926.

Zincken, Georg Heinrich (1755): „Anfangsgründe der Cameralwissenschaft, worinne dessen Grundriß weiter ausgeführet und verbessert wird“, Teil 1, Leipzig 1755.

Zottmann, Anton (1937): „Die Wirtschaftspolitik Friedrich des Großen“, Leipzig 1937.

Index

www.ingramcontent.com/pod-product-compliance
Lightning Source LLC
LaVergne TN
LVHW080801011026
849160LV00015B/1499